주식회사 등의 외부감사에 관한 법률 해설

주석외부감사법

한국공인회계사회 회계법연구회

박영사

발간사

2017년 10월 31일 「주식회사 등의 외부감사에 관한 법률」(이하 '외부감사법')이 전부 개정되어 공포되었습니다. 1980년 12월 31일 「주식회사의 외부감사에 관한 법률」 제정 이래 수차례 개정이 있었습니다만 이번에 개정된 법률은 2001년 엔론(Enron)의 대형 분식회계를 계기로 미국에서 제정된 삭스법(Sox: Sarbanes-OXley Act)에 견줄 수 있는 실로 37년 만의 대대적인 회계개혁법이라고 하겠습니다. 안타깝게도 대규모 분식회계는 최근까지 계속 발생해 왔고, 그동안 고질적인 문제로 지적되어 왔던 감사인의 낮은 독립성, 기업의 회계처리 책임성 부족 문제에 대해 시장질서를 확립하고 투자자의 신뢰 회복이 시급하다는 반성이 대두되었습니다. 이번 회계개혁법에는 '주기적 지정감사제 도입', '상장법인 감사인 등록제 도입', '감사인 선정주체(감사위원회)의 변경', '내부회계관리제도 강화', '감사의견 제출기한 연장', '표준감사시간 도입', '품질관리제도 감리 강화', '내부자 신고제도 개선', '회계부정 처벌 강화' 등 회계분식 차단을 위한 기업의 회계처리책임과 역량제고, 감사인의 독립성과 감사품질을 높이는 제도개혁이 망라되어 있습니다.

외부감사법은 기업의 이해관계인 보호, 기업의 건전한 경영, 국민경제 발전을 목적으로 제정된 법률이므로, 회사, 감사인, 투자자나 감독당국 등 이해관계인 모두에게 중요한 역할을 주문하는 내용을 담고 있습니다. 그럼에도 불구하고 회사와 감사인조차 외부감사법 내용을 충분히 알지 못하고, 법조인들도 외부감사법을 쉽게 접근하기 어려운 법률로 인식하여 왔습니다.

이에 한국공인회계사회는 그동안 외부감사법을 안내하는 역할을 넘어 외부감사법의 법리적 해석과 법률적 검토를 통해 발전방향을 모색할 필요성을 인식하였고, 그 실행방안으로 2017년 회계법연구회를 발족시켜 우선 회계·감사에 관한 법률연구를 진행해

왔습니다. 회계법연구회는 상법·자본시장법에 정통한 법학교수, 자본시장 전문가, 회계·감사와 관련한 법률문제를 다루는 로펌 변호사, 감사인들의 실무적 법률이슈를 담당하는 대형 회계법인 소속 변호사, 금융감독원·검찰 등 회계감독 실무경험이 풍부한 변호사, 국회 입법을 담당했던 입법 전문가 등 다양한 분야의 전문가들로 구성하여 활동해 왔습니다. 회계법연구회는 연구활동의 일환으로 이번에 최초로 외부감사법 주석서를 발간하게 되었는데, 이 주석서는 단순히 법령을 해설하는 데 그치는 것이 아니라 각 법조문에 대한 입법취지, 법적 해석과 비판적 견해 등 풍부한 법률적 검토와 의견조회를 통해 내용의 충실성과 객관성을 높이는 노력을 기울여 왔고 향후 외부감사법 개정에서 반영할 내용까지 정리하였습니다.

주석 외부감사법의 주요 특장점은 다음과 같습니다.

첫째, 외부감사법 각 조문의 입법연혁 및 입법취지를 확인함으로써 각 조문의 의미를 명확하게 이해할 수 있습니다.

둘째, 각 조문에 대한 법률적 해석에는 금융위원회 유권해석도 포함시키고, 해당 내용에 대해 추가적 의견이나 비판적 견해, 관련 판례도 소개함으로써 내용을 보다 충실하게 이해할 수 있습니다.

셋째, 회계감사를 잘 모르는 법조인이나 회사의 회계관련자들에게 회계감사에 대한 내용을 알기 쉽게 간단히 소개함으로써 회계감사에 대한 이해도를 높일 수 있습니다.

넷째, 외부감사법에 여전히 남아있는 법리적 문제점을 언급함으로써 향후 외부감사법 개정에 참고할 수 있도록 하였습니다.

다섯째, 외부감사법령과 외감규정, 외감세칙의 별표 등을 부록에 첨부하여 이 책을 읽는 과정에서 별도로 관련 법규를 찾아보지 않도록 하였습니다.

2017년 회계개혁을 위해 하나가 되어 전면적인 외부감사법 개정을 주도해 주신 이진복 의원님, 유의동 의원님을 비롯한 국회의원님들, 최종구 전 금융위원회 위원장님, 국회 법제사법위원회 전상수 수석전문위원님께 우선적으로 감사의 말씀을 드리고 싶습니다. 그리고 외부감사법의 최종적인 완성을 위해 시행령, 시행규칙, 외감규정 등 하위법령 제·개정을 위해 혼신의 힘을 쏟아주신 금융위원회, 금융감독원 실무진들께도 감사의 인사를 드립니다.

이렇게 탄생된 새로운 외부감사법을 법리적으로 깊이 있게 연구하여 주석 외부감사법 발간으로 이어주신 16분의 집필진과 간행에 수고해주신 권재열 편집위원장님, 한석훈 편집위원님께 감사의 말씀을 드립니다. 또한 이 책의 균형잡힌 서술과 실무적인 접근이 가능하도록 유익한 의견을 주신 주요 법무법인의 변호사님들, Big4 회계법인 법무담당 변호사님들, 회계법인 품질관리실 회계사님들께도 감사의 인사를 드리며, 특별히 법리적 오해와 위헌소지여부를 감수해 주신 박일환, 김 신 전 대법관님과 이석연 전 법제처장님께 심심한 감사의 말씀을 드립니다.

정확하고 공정한 회계정보는 국가의 흥망성쇠를 좌우합니다. 회계는 거시경제 통계를 위한 기초데이터를 제공하고, 자원배분을 위해 의사결정에 필요한 정보를 제공하는 기능을 합니다. 회계정보의 투명성은 효율적인 자원배분으로 이어지므로 회계가 바로서야 경제가 바로 서게 됩니다. 이러한 관점에서 회계처리의 적정성과 투명성 확보를 위한 외부감사의 중요성은 아무리 강조해도 지나치지 않을 것이며 이번 주석 외부감사법은 법조인들이 참여한 법률적 해석을 통해 자본시장에서 감사인, 회사, 이해관계인의 이해도를 높여 회계부정을 예방하고, 입법과정에서 미처 확인되지 못한 문제점을 법리적 비판을 통해 대안을 제시함으로써 향후 외부감사법의 나아갈 방향을 고민해보는 계기가 될 것입니다. 앞으로 지속적인 논의와 연구를 통해 더 발전된 외부감사제도가 형성되기를 기대하면서 다시 한번 주석 외부감사법의 탄생을 위해 애쓰신 모든 분들께 감사인사를 드립니다.

2019년 10월 31일

회계의 날에

한국공인회계사회 회장 최 중 경

서문

「주석 외부감사법」은 2017년 전부 개정된 「주식회사 등의 외부감사에 관한 법률」에 관한 법률 주석서입니다. 외부감사 분야에서 오랫동안 연구와 실무를 담당한 법학자와 변호사, 회계사 등 총 16분이 의기투합하여 외부감사법의 모든 조문을 해설하고 집필한 실용서입니다. 주석 외부감사법을 세상에 상재하게 되어 편집 · 간행위원회의 위원장으로서 기쁘기 이를 데 없습니다.

외부감사법의 성공적인 안착과 지속적인 발전을 위해 회계법연구회는 조그마한 업적을 주어야 한다는 사명감으로 본서 발간을 기획하고서 2018년 봄에 집필진을 선정하였습니다. 외부감사법은 민법이나 형법과 같은 법학 분야와는 달리 법학과 회계학 모두에 관한 이해가 전제되어야만 연구할 수 있다는 융합적인 특성으로 인하여 이 분야에 대한 실무적인 필요에도 불구하고 오히려 학계에서의 논의는 그동안 미흡하였던 것이 사실입니다. 이처럼 외부감사법에 관한 연구가 일천하다 보니 각 집필자가 초고를 작성하는 데 많은 어려움이 있었습니다. 집필진이 약 1년에 걸쳐 작성한 초고를 주석서 편집 · 간행위원회 위원들이 분담하여 원고내용을 검토하였습니다. 편집 · 간행위원회 위원은 내용상 중복이나 체계적인 모순이 있는지 또는 실무적으로도 수긍할 수 있는지의 여부 등을 면밀하게 살폈고, 각 집필자는 편집 · 간행위원회 위원들이 제시한 의견을 반영하여 원고를 보완하였으며, 그 후에도 여러 차례 많은 전문가의 의견을 듣고 이를 적극적으로 반영하였습니다. 이처럼 기획에서부터 집필 및 간행에 이르기까지 반복적인 검토가 있었으므로 본서의 내용이 충실하고 객관적일 수밖에 없다고 생각합니다. 이에 본서가 외부감사법에 대한 인식의 지평을 넓히는 데 크게 기여할 것이라고 자부합니다.

무엇보다 한국공인회계사회의 최중경 회장님과 안영균 부회장님께서 처음부터 회계법연구회에 많은 관심을 보여 주신 덕분에 편집·간행위원회는 큰 어려움 없이 본서의 출간에 매진할 수 있었습니다. 본서는 집필자 모두와 편집·간행위원회가 오랜 기간 동안 그 발간에 자신의 일처럼 갖은 정성을 다 기울였다는 점에서 집단지성(Collective Intellectual)이 발현된 결과물이라 할 수 있습니다. 때문에 본서가 관련 법리와 실무적 쟁점을 종합적으로 정리하는 장(場)이 될 뿐만 아니라 본서의 간행이 회계기준과 외부감사제도를 한 단계 진보시키는 계기가 될 것으로 믿어 의심치 않습니다.

마지막으로 어려운 출판환경 속에서도 흔쾌히 출간을 마다하지 않으신 박영사의 안종만 회장님과 여러 관계자 분에게 감사의 말씀을 드립니다. 아울러 본서의 판수를 거듭하면서 보다 좋은 책으로 만들 것을 약속합니다.

2019년 10월 31일

편집·간행위원회 위원장

권 재 열

감수자의 글

2019년 10월 31일 회계의 날을 맞이하여 법률가가 중심이 되어 「주석 외부감사법」이 발간된다고 하니, 법률가의 한 사람이자 본서의 감수자로서 매우 기쁘기 그지없습니다. 그동안 회계업계와 법조계가 서로 먼발치에서 상대를 바라만 보고 있었다면, 이번 「주석 외부감사법」을 통해 회계업계와 법조계가 상호 협력하면 의미 있는 법률 해설서가 나올 수 있다는 점을 세상에 보여준 것 같습니다.

그동안 계속되는 기업의 대규모 분식회계 사건들을 볼 때마다 과연 투자자들이 신뢰할 수 있는 시장을 만들 수 있을까 불안하기도 하였고, 대대적인 회계개혁이 없이는 기업의 회계투명성을 높이는 것이 불가능하다고 느껴졌습니다.

이러한 문제점들을 깊이 있게 공감한 국회, 정부, 회계업계 등이 의기투합하여 2017년 대대적인 회계개혁법인 외부감사법이 전부 개정된 것만으로도 뜻깊은 일이라고 생각했는데, 회계개혁은 단순히 회계업계만의 문제가 아니라 법률가도 나서야 한다는 한국공인회계사회 최중경 회장님의 큰 뜻에 따라 법률가들이 중심이 되어 주석 외부감사법이 탄생하였으니 이는 법조계에도 매우 의미 있는 일이라고 하겠습니다.

외부감사법은 자본시장의 투명성과 국가경제 발전에 중요한 역할을 함에도 불구하고, 법조인들 사이에서는 '회계'와 '감사'가 생소한 분야라는 인식 때문에 법적인 측면의 연구는 거의 없었습니다. 그렇기에 이번에 발간된 「주석 외부감사법」은 실무와 학계에서 법률의 해석과 적용에 대한 고민을 충분히 담아내려는 흔적이 돋보인다는 점에서 법률 주석서로서의 충실한 역할을 하고 있다고 생각합니다.

아무쪼록 「주석 외부감사법」이 기업, 회계업계, 법조계, 정부, 투자자들에게 널리 읽히길 기대하고, 본서에서 언급된 내용들이 향후 외부감사법 개정에도 도움이 되고 발전해 나가기를 기원합니다.

「주석 외부감사법」의 발간을 다시 한번 진심으로 축하드립니다.

2019년 10월 31일

회계의 날을 맞이하여

전 대법관 박 일 환

• 집필진 및 집필조문 •

성 명	현 직	집필 조문
심 영	연세대학교 법학전문대학원 교수	제1조, 제2조, 제3조
백승재	백승재 법률사무소 변호사	제1조, 제31조
권재열	경희대학교 법학전문대학원 원장	제4조, 제5조, 제6조, 제7조
황근식	공인회계사회 연구위원, 공인회계사	제8조
최승재	대한변호사협회 법제연구원장, 변호사	제8조, 제20조, 제21조, 제22조, 제24조, 제25조
김인식	금융감독원 변호사	제9조, 제9조의2
이재원	법무법인 율촌 변호사	제10조, 제11조, 제12조
조성규	법무법인 예헌 변호사, 공인회계사	제13조, 제14조, 제15조
황보현	공인회계사회 법무팀장, 변호사	제16조, 제17조, 제22조, 제25조
박준모	국회입법조사처 입법조사관, 변호사	제16조의2
이한성	삼일회계법인 공인회계사	제18조, 제19조, 제23조
이준봉	성균관대학교 법학전문대학원 교수, 변호사	제18조, 제19조, 제23조
송창영	법무법인 세한 변호사	제26조, 제27조, 제28조, 제29조, 제30조, 제37조, 제38조
김정은	공인회계사회 변호사	제32조, 제33조, 제34조
최광선	전남대학교 법학전문대학원 교수, 변호사	제35조, 제36조
한석훈	성균관대학교 법학전문대학원 교수, 변호사	제39조, 제40조, 제41조, 제42조, 제43조, 제44조, 제45조, 제46조, 제47조, 제48조
16명		합계 50개 조문

(집필조문 順)

• 감 수 •

박일환 前대법관, 김 신 前대법관, 이석연 前법제처장

• 자문위원 •

구 분	성 명	현 직
회계법인	김혜균	삼일회계법인 법무실 변호사
	신우철	삼정회계법인 법무실장 변호사
	안태준	한영회계법인 법무실장 변호사
	주명훈	안진회계법인 법무실장 변호사
법무법인	강석규	법무법인 태평양 변호사, 공인회계사
	강태훈	법무법인 바른 변호사
	김현진	법무법인 세종 변호사, 공인회계사
	박영욱	법무법인 광장 변호사, 공인회계사
	윤영규	법무법인 지평 변호사
	이충훈	법무법인 씨엠 변호사
	임황순	법무법인 율촌 변호사
	정현석	법무법인 화우 변호사
	최재영	김앤장 법률사무소 변호사
학계	전규안	숭실대학교 회계학과 교수
공인회계사회	국주성	공인회계사회 커뮤니케이션팀장, 공인회계사
	이민호	공인회계사회 선임직원
	이재형	공인회계사회 검사역, 공인회계사
계	17명	

(성명 가나다 順)

• 편집 · 간행위원회 •

구 분	성 명	현 직
위원장	권재열	경희대학교 법학전문대학원 원장
위원	한석훈	성균관대학교 법학전문대학원 교수, 변호사
	유태오	공인회계사회 전문위원
	황보현	공인회계사회 법무팀장 변호사(총괄간사)
	허동혁	공인회계사회 책임직원
	박서영	공인회계사회 변호사

• 일러두기 •

01 조문별 주석내용은 Ⅰ. 1. 가. (1), (가), ①, ㉠의 순으로 배열하였다.

02 본문의 법령인용은 원문 그대로 기재하였으며, 제○조 제○항 제○호 등으로 표시하였다.

03 주요 법규 약어표

원 어	약 어
주식회사 등의 외부감사에 관한 법률	외부감사법 또는 법
주식회사 등의 외부감사에 관한 법률 시행령	외부감사법 시행령 또는 법 시행령
주식회사 등의 외부감사에 관한 법률 시행규칙	외부감사법 시행규칙 또는 법 시행규칙
외부감사 및 회계 등에 관한 규정	외감규정
외부감사 및 회계 등에 관한 규정 시행세칙	외감규정 시행세칙
주식회사의 외부감사에 관한 법률	구 외부감사법
주식회사의 외부감사에 관한 법률 시행령	구 외부감사법 시행령
자본시장과 금융투자업에 관한 법률	자본시장법
자본시장과 금융투자업에 관한 법률 시행령	자본시장법 시행령
자본시장과 금융투자업에 관한 법률 시행규칙	자본시장법 시행규칙
공인회계사법	공인회계사법

• 목　차 •

| 제1장 |

총 칙

제1조 목 적

| 제2장 |

회사 및 감사인

제4조 외부감사의 대상

제5조

회계처리기준

제9조의2

주권상장법인 감사인의 등록 및 취소

제11조
증권선물 위원회에 의한 감사인 지정 등

제20조

비밀엄수

| 제3장 |

감독 및 처분

| 제5장 |

벌칙

제39조 벌칙

제45조 몰수

제48조 징역과 벌금의 병과

제47조

과태료

• 표목차 •

한국공인회계사회 회계법연구회
주석외부감사법

제1장

총칙

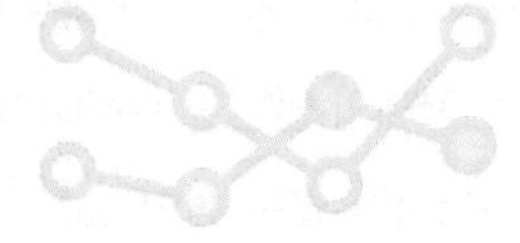

「주식회사 등의 외부감사에 관한 법률」(이하 '외부감사법'이라 함)의 제1장은 '총칙'이라는 제목 아래 외부감사법의 목적, 이 법에서 사용하는 용어의 정의, 다른 법률과의 관계를 규정하고 있다. 구 외부감사법은 별도의 장(章)을 두지 아니하였으나, 2017. 10. 31. 외부감사법은 전부개정(법률 제15022호)되면서 전체가 5장(章)으로 구분되었고 제1조부터 제48조까지의 조문이 규정되었다. 외부감사법은 제1장 제1조 '목적'에서 이해관계인 보호·기업의 건전한 경영·국민경제의 발전을 위하여 '회사의 투명한 회계처리'와 '외부감사인의 공정한 외부감사'가 병행되어야 함을 확인하고 있다. 또한 제2조 '정의'에서 주식회사뿐만 아니라 일정 기준에 해당하는 유한회사도 외부감사 대상에 포함시키고, 대형비상장주식회사에 대해 규율하는 등 이 법에서 사용하는 주요 용어를 명확하게 규정하였다. 그리고 제3조 '다른 법률과의 관계'에서 이 법이 외부감사에 관한 기본법의 지위를 부여하여 회사의 외부감사에 관한 사항을 다른 법률에서 제정·개정할 때 이 법의 목적과 기본원칙에 부합하도록 하였다.

제1장 총칙

제1조(목적)

이 법은 외부감사를 받는 회사의 회계처리와 외부감사인의 회계감사에 관하여 필요한 사항을 정함으로써 이해관계인을 보호하고 기업의 건전한 경영과 국민경제의 발전에 이바지함을 목적으로 한다.

Ⅰ. 입법취지

제1장 총칙은 외부감사법의 기본적 사항을 규정하고 있다. 제1조에서 명시한 외부감사법의 목적은 동법 전체의 지도적 해석기준으로서의 역할을 한다. 특히 불확정한 개념과 위법 여부가 명확하지 않은 이른바 한계사례Grenzfall를 판단함에 있어서 중요한 기준이 된다.

제1조에서 동법이 회사의 회계처리와 회계감사에 관한 규범임을 밝히고 있다. 회계의 적정성과 투명성은 회사가 회계처리기준에 따라 재무제표를 작성하고, 독립성을 가진 외부감사인이 회사의 회계감사를 실시하는 것으로부터 시작된다. 구 외부감사법은 제1조 목적에서 '독립된 외부감사인이 주식회사에 대한 회계감사를 실시하여 회계처리를 적정하게 하도록 함으로써'라고 규정함으로써 회사의 회계처리에 대한 직접적 규제를 하지 않았다. 그러나 현행 외부감사법은 제1조 법의 목적에서부터 ① 회사의 회계처리와 ② 외부감사인의 회계감사를 구분함으로써 회사의 회계처리에 대한 명시적 규제도 외부감사법이 정하고 있음을 명백히 하고 있다. 따라서 회계의 적정성과 투명성에 대한 책임이 회계처리를 담당하는 회사와 독립된 회계감사를 담당하는 외부감사인 모두에게 있다는 점을 알리는 방향으로 변경된 것이다. 또한 제1조는 외부감사법의 최종적 목적이 이해관계인의 보호와 기업의 건전한 경영 그리고 국민경제의 발전에 이바지하는 것이라고 선언하고 있다.

II. 외부감사 일반론

1. 외부감사의 의의

가. 외부감사의 개념

"회계감사를 어떻게 정의할 것인가?"에 대한 많은 시도가 있었다. 미국회계학회American Accounting Association; AAA의 기초적 회계감사개념위원회Committee of Basic Auditing Concepts가 1973년에 발표한 「기초적 회계감사개념에 관한 보고서A Statement on Basic Auditing Concepts; ASOBAC」에서 내린 정의에 의하면 "회계감사란 어떤 실체의 경제적 행위와 사건들에 대하여 경영자가 주장하는 바와 관련된 증거를 객관적으로 수집하고 평가함으로써 그 주장과 사전에 설정된 기준과의 일치정도를 확인하고 그 결과를 이해관계자에게 전달하는 체계적인 과정이다"라고 정의하고 있다.[1] 한편 국제회계사연맹International Federation of Accountants; IFAC이 정의하는 바에 따르면 "회계감사란 감사인으로 하여금 해당 회계서류에 서술된 모든 내용과 체계가 실제로 확인된 재무정보 체계와 일치하는지 여부에 대하여 의견을 표시하는 것"이라고 한다.[2]

요컨대, 회계감사란 정보작성자인 기업과 기업이 제공한 정보를 이용하는 이해관계자로부터 각각 독립적 지위를 갖는 감사인이 정보이용자로 하여금 기업으로부터 제공받은 정보의 질을 평가할 수 있도록 도움을 주어 이들 정보이용자들의 합리적인 의사결정에 기여하는 것을 목적으로 이루어지는 하나의 체계적인 과정이라 할 수 있다. 따라서 일반적으로 잘 정리된 감사의 정의라고 여겨지는 ASOBAC의 감사개념과 마찬가지로 감사라 함은 ① 경영자의 주장Assertion에 대해 ② 관련된 증거를 객관적으로 수집하고 평가하여Objectively Obtaining and Evaluating Evidence ③ 사전에 설정된 기준과의 일치 정도를 확인하고Ascertain the Degree of Correspondence between those Assertions and Established Criteria ④ 그 결과를 이해관계자에게 전달하는 체계적인 과정Communicating

1) AAA, Committee of Basic Auditing Concepts, "A Statement of Basic Auditing Concepts", Studies in Accounting Research, No.6(1973), p.2.; "Auditing is a systematic process of objectively obtaining and evaluating evidence regarding assertions about economic actions and events to ascertain the degree of correspondence between those assertions and established criteria and communicating the results to interested users."

2) 이준섭, 「감사책임법」(법문사, 2005), 10면.

the Results to Interested Users이라고 정의하는 것이 타당하다.[3] 한편 한국공인회계사회는 일반적인 '감사監査'와 '외부감사外部監査'를 구별하여 "일반적인 감사란 감사대상의 행동이나 사건들에 관한 피감사인의 주장이 사전에 설정된 기준과 일치하는가의 여부를 확인하기 위하여 독립적인 제3자가 객관적으로 증거를 수집·평가하고, 그 결과를 이해관계가 있는 이용자들에게 전달하는 체계적인 과정"이라고 정의하고 있으며, "외부감사란 영리기업의 감사대상 재무제표가 재무상태와 경영성과 그리고 기타 재무정보를 기업회계기준에 따라 적정하게 표시하고 있는가의 여부에 대한 합리적인 확신을 얻기 위하여 독립적인 외부감사인이 객관적으로 증거를 수집하고 평가하고 이에 근거하여 재무제표의 적정성에 대한 의견을 표명하는 체계적인 과정"으로 이해하고 있다.[4]

나. 감사의 종류

회계감사에 대한 개념정의에서도 알 수 있듯이 단순 회계감사와 외부감사는 개념상 구분될 수 있는데, 이러한 감사는 감사대상이 무엇이냐에 따라 '업무집행감사'와 '회계감사'로 나눠지고, 그 감사주체가 회사 내부에 있느냐 혹은 외부에 있느냐를 기준으로 '내부감사'와 '외부감사'로 구별된다. 내부감사內部監査는 법인 내부에 별도 기관으로 감사를 선임하거나 또는 감사위원회를 조직하여 이를 담당하고, 외부감사外部監査는 그 법인과는 독립된 별개의 사람 또는 조직에 의해 외부감사업무를 수행하는 것을 말한다. 내부감사와 외부감사를 구별할 실익은 내부감사의 경우 일반적으로 상법이 적용되지만 외부감사의 경우에는 외부감사법이 적용된다. 또한 외부감사의 경우 독립성과 전문가적 적격성이 반드시 요구되지만 내부감사의 경우 독립성이 반드시 요구되는 것은 아니다. 그러나 내부감사도 전문가적 적격성은 반드시 요구된다.[5]

외부감사를 강제 여부에 따라 분류해 보면 회사의 자유의사에 따라 외부감사를 받는 경우를 임의감사任意監査라 하는 반면 법률 또는 규정에 의하여 반드시 외부감사를 받아야 하는 경우를 법정감사法定監査라 한다. 한국에서 실시되는 법정감사는 외부감사법에 의한 일정규모 이상의 특정한 유형의 회사에 대한 재무제표감사(법 제4조), 자

3) 노준화, 「2019 ISA 회계감사」(탐진출판사, 2002), 40면 참조.

4) 이에 대하여 서세원 박사는 한국공인회계사회의 외부감사에 대한 정의는 미국회계학회(AAA)의 정의를 재무제표감사에 한정시킨 경우와 내용상 동일하다고 보고 있다. 서세원, 「회계감사인의 제3자에 대한 책임에 관한 연구」(동국대학교대학원 박사학위논문, 2005), 10면.

5) 노준화, 앞의 책, 99~100면 참조.

본시장법에 의한 상장회사 등에 대한 감사(자본시장법 제169조 제1항), 「독점규제 및 공정거래에 관한 법률」(이하 '공정거래법'으로 줄임)에 의한 상호출자제한기업집단 등에 속한 회사의 감사(공정거래법 제14조 제5항), 「지방공기업법」에 의한 지방자치단체의 결산 및 사업보고서 등에 대한 감사(지방공기업법 제35조 제3항) 등이 있다.

임의감사는 회사의 형태와 규모 등과 관계없이 감사의뢰인의 필요에 따라 자의적으로 받는 감사를 말한다. 따라서 외부감사법과 다른 법률에 의해 받는 외부감사가 아니라면 모두 임의감사에 속한다. 그러나 이 경우에도 감사의 목적이 재무제표의 적정성에 대한 외부감사라면 반드시 회계감사기준에 따라 감사를 수행하여야 한다. 법정감사와 임의감사를 구별할 실익은 법정감사는 해당 법률에 따른 민·형사책임이 발생할 수 있지만 임의감사는 그러하지 아니하다.[6]

감사목적에 따라 감사의 종류를 분류하면 회사의 감사인에게 제시하는 재무제표가 기업회계기준에 따라 작성되었는지를 감사하는 재무제표감사Audits of Financial Statement, 관련법률 또는 규정의 준수여부를 판단하기 위해 감사하는 이행감사Operational Audits, 회사의 업무효율과 효과를 높이기 위해 업무내용에 대해 감사하는 업무감사Compliance Audits가 있는데, 이들 중 재무제표감사가 일반적으로 외부감사로 불리고 있다.[7] 재무제표감사는 그 목적상 반드시 조직의 외부인이 감사(독립성이 필요조건)를 수행하여야 한다. 그러나 업무감사와 이행감사는 감사인이 조직의 내부인이건 외부인이건 관계없다. 또한 재무제표감사는 감사보고서의 이용자가 불특정 다수인데 반해, 업무감사는 경영자가 그 이용자이며, 이행감사의 경우 상급자 또는 감독기관만이 감사보고서의 이용자라는 점에 차이가 있다. 재무제표감사의 목적은 독립적인 감사인이 재무제표의 중요성에 비추어 일반적으로 인정되는 회계기준에 따라 작성되었는지의 여부에 관하여 의견을 표명하기 위하여 수행되는 감사를 말한다.[8]

6) 외부감사법에 따른 법정감사의 경우에만 외부감사법상의 손해배상 책임규정이 적용된다고 판시한 것으로 대법원 2002. 9. 24. 선고 2001다9311, 9328 판결이 있으며, 외부감사법에 따라 법정감사를 하는 회계법인과 감사반에만 형사책임이 인정된다고 판시한 것으로 대법원 2004. 5. 13. 선고 2002도7340 판결이 있다.

7) 노준화, 앞의 책, 92~94면 참조.

8) 권재열, "회계감사와 회계감사인: 「주식회사외부감사에관한법률」과 관련하여", 「연세법학연구」 제5집 제1권(1998. 5), 463면.

다. 감사의견

감사의견은 재무제표가 기업회계기준에 따라 작성되었는지에 대한 감사인의 의견이다. 감사의견에는 적정의견Unqualified Opinion, 한정의견Qualified Opinion, 부적정의견Adverse Opinion 및 의견거절Disclaimer Opinion이 있다. 재무제표는 외부보고 목적으로 작성되기 때문에 감사의견은 외부이용자가 이용할 수 있는 공표용 재무제표에 대한 의견이지, 회사 경영자가 감사인에게 제시하는 최초의 재무제표에 대한 의견은 아니다.

감사인은 재무제표가 기업회계기준에 따라 중요성 관점에서 적정하게 표시되고 있다고 판단했을 경우에 '적정의견'을 표명한다. '한정의견'은 감사인이 판단할 때 회사가 제시하는 재무제표가 기업회계기준의 위배나 감사범위의 제한으로 인한 영향이 중요하여 적정의견을 표명할 수는 없지만 부적정의견이나 의견거절을 표명할 정도로는 중요하지 않고, 전반적이지 않은 경우에 표명한다. 한편 '부적정의견'은 재무제표가 기업회계기준의 위배로 인한 영향이 특히 중요하고 전반적이어서 한정의견의 표명으로는 재무제표의 오도 또는 왜곡표시된 내용을 적절히 공시할 수 없을 경우에 표명한다. 감사인의 '의견거절'이란 감사인이 회사와의 관계에서 독립성이 결여되어 있거나 감사범위의 제한이 특히 중요하고 전반적이어서 충분하고 적합한 감사증거를 확보할 수 없을 경우에 표명한다.[9)]

라. 감사의 기준

(1) 감사인의 행위기준

감사인은 자기가 표명한 감사의견에 대하여 책임을 지게 된다. 따라서 감사의견은 이를 뒷받침하는 충분하고 적합한 감사증거에 기초하여야 한다. 감사받은 재무제표는 그 이용범위가 광범위하며 이용자의 중요한 경제적 의사결정에 이용되기 때문에 감사의견이 잘못 표명되었을 경우 그 파장은 매우 크다. 그렇다면 감사인이 감사의견을 표명하기 위하여 수집하여야 할 충분하고 적합한 증거란 어느 정도일까? 만약 이에 대한 판단기준이 없다면 감사의견에 대한 분쟁은 끊임없을 것이고 결국 사회에서 감사인은 사라지게 될 수도 있다. 또한 감사인이 전문가로서의 정당한 주의를 다하여 감사를 수행하였음에도 불구하고 잘못된 결과만을 보고 감사인에게 책임을 묻는다면

---

9) 감사기준서 700 이하 참조.

아무도 감사인이 되지 않으려고 할 것이다. 이러한 우려 때문에 타당한 연구결과를 바탕으로 외부감사를 수행할 때 따라야 할 구체적인 기준과 절차를 정하고, 감사인으로 하여금 이에 따라 감사를 수행할 것을 요구하고 있다(법 제16조 제1항). 만약 타당한 기준과 절차에 따라 감사하였음에도 불구하고 감사의견이 잘못되었다면 감사인에게 책임을 묻지 않는다. 즉, 감사인이 회계감사기준에 따라 감사를 수행하였다면 전문가로서 정당한 주의를 다한 것으로 보며, 법령에 따라 수행한 감사결과에 대하여는 책임을 묻지 않는다. 이는 회계감사기준이 감사인의 책임한계를 정하는 근거가 될 수 있다는 뜻이다.[10] 이러한 회계감사기준은 한국공인회계사회가 정하되, 금융위원회의 승인을 얻어야 한다(법 제16조 제2항).

(2) 감사인의 판단기준

감사인이 재무제표의 적정성을 판단할 때 적용하는 대표적인 판단기준은 회계처리기준이다(법 제5조 제1항). 적정의견은 기업의 공표용 재무제표가 중요성의 관점에서 회계기준에 따라 작성되었다는 것을 의미한다. 이와 같이 감사인의 판단기준으로는 대표적으로 회계처리기준을 사용하고 있지만 비단 회계처리기준에만 국한되는 것은 아니다. 즉 업종별 회계처리준칙, 연결재무제표준칙 및 회계관행까지도 감사인의 판단기준이 된다. 예컨대, 건설업의 재무제표는 기업회계기준과 건설업회계처리준칙이 감사인의 판단기준이 된다.

회계처리기준은 법 제4조의 규정에 의하여 외부감사를 받는 회사의 회계와 감사인의 감사에 통일성과 객관성을 부여하기 위해 회계처리 및 보고에 관한 기준을 정함을 목적으로 하고 있다(법 제5조 제2항). 금융위원회는 증권선물위원회의 심의를 거쳐 회사의 회계처리기준을 국제회계기준위원회의 국제회계기준을 채택하여 정한 회계처

10) 이와 관련하여 외국의 일부 하급심판례는 외부감사기준이 감사인의 의무의 범위를 정하는 효력을 가지고 있다는 입장을 취하고 있다(LG Frankfurt a. M., BB 1997, 1682, 1684). 한편 다른 하급심판결은 민간기관이 작성한 회계 및 감사기준은 어떠한 경우에도 그 법규범성의 흠결로 인하여 법률규정에 대한 법원의 자유로운 해석에 어떠한 영향도 미칠 수 없다는 점을 분명히 하고 있다(KK-Claussen/Korth, §317 Rdnr.35.). 그런데 이상의 하급심 판결은 모두 독일의 것으로 독일법상으로는 사법상의 주체인 민간기관에게는 입법권한이 주어질 수도 없고, 또한 외부감사기준의 제정에 대한 위임의 근거도 전혀 법률에 있지 않을 뿐더러 한국과 같이 국가 승인절차도 존재하지 않는 여건을 기초로 한 것이다. 한국의 외부감사기준은 제정근거가 법률로부터 위임된 것이고, 국가감독기관의 승인을 얻은 것이라 하더라도 민간기관이 제정한 것이므로 그의 법규범성과 법적 의무성을 부여하기는 어렵다. 다만 감사인의 임무를 구체화하는 해석기준으로서의 효력을 부인할 필요는 없다(이준섭, 앞의 책, 50~51면 참조).

리기준과 그 밖에 이 법에 따라 정한 회계처리기준으로 구분하여 정한다(법 제5조 제1항). 금융위원회는 회계처리기준 제정 및 개정업무를 사단법인 한국회계기준원에 위탁하고 있다(법 시행령 제7조 제1항).

2. 외부감사의 필요성과 역할

가. 외부감사의 필요성

재무제표는 회계정보이용자가 경제적 의사결정을 내리는 데 도움을 줄 수 있는 유용한 정보를 제공할 뿐만 아니라 경영자의 수탁책임에 대한 정보를 제공한다. 이와 같이 회계정보를 제공하는 것을 재무보고Financial Reporting라고 하며, 재무보고의 대표적인 수단이 재무제표Financial Statements이다. 이러한 재무제표를 이용하는 주된 목적 중 하나는 바로 경제적 의사결정에 유용한 정보로 이용하기 위해서이다. 따라서 믿을 수 없는 재무제표를 의사결정에 이용한다면, 의사결정을 잘못 내릴 가능성이 존재한다. 잘못된 의사결정은 중대한 손실을 야기할 수 있기 때문에 재무제표가 유용한 가치를 가지기 위한 필수조건 중의 하나가 바로 신뢰성이다. 잘못된 정보를 이용하여 잘못된 의사결정을 내릴 가능성을 '정보위험Information Risk'이라 하며, 경영자가 작성·보고하는 재무제표에는 정보위험이 존재하기 때문에 이를 신뢰할 수 없고 따라서 그 자체로는 회계정보의 유용성이 떨어진다고 할 수 있다. 결국 외부감사란 재무제표가 회계처리기준에 따라 작성되었는가를 감사하고 이에 대한 의견을 표명함으로써 재무제표의 신뢰성을 제고(정보위험의 감소)시키기 위해 필요하다.[11]

---

11) 노준화, 앞의 책, 78~80면 참조. 재무제표가 정보로서 유용한 가치를 가지기 위해서는 몇 가지 질적인 특성을 갖추어야 하는데 '이해가능성(Understandable)', '목적적합성(Relevance)', '신뢰성(Reliance)' 및 '비교가능성(Comparability)'을 갖추어야 한다. 정보위험이 초래되는 원인과 외부감사의 필요성에 대한 가장 일반적인 설명은 미국회계학회의 기초적 회계감사개념에 관한 보고서(ASOBAC)에 잘 나타나 있다. 이 보고서에서는 정보이용자와 정보제공자간의 이해관계의 상충(Conflict of Interest between Preparer and Users), 회계정보가 정보이용자에게 미치는 중대한 영향(Consequence of Information to Users), 회계정보의 복잡성(Complexity of Subject Matter and Process), 정보이용자와 정보원과의 원격성(Remoteness of Users from Subject Matter and Preparer) 때문에 정보위험이 초래되고, 따라서 외부감사기능이 필요하다고 보고 있다.

나. 외부감사의 역할

이미 전술한 바와 같이 외부감사는 적격성을 갖춘 감사인이 독립적인 입장에서 감사를 수행하는 경우 재무제표의 신뢰성이 제고된다는 것을 전제한다. 즉 감사인이 재무제표에 대한 의견을 표명하면 재무제표 이용자[12]는 재무제표를 보다 더 깊게 신뢰하게 되고 잘못된 회계정보를 이용하여 잘못된 의사결정을 내릴 가능성(정보위험)이 줄어들게 된다. 결국 감사인은 의사결정자들이 이용하는 다양한 정보 중 재무제표에 대하여 검증과정을 거쳐 재무제표가 회계처리기준과 같은 일정한 기준에 따라 작성되었는가에 대한 의견을 표명함으로써 회사가 제시하는 재무제표의 신뢰성을 부여하는 역할을 수행하는 것이다. 이 같은 감사인의 역할을 '재무제표 증명기능 또는 입증기능'Attest Function이라 한다. 다만 주의해야 할 것은 감사인은 회사 경영자가 제시하는 재무제표에 대하여 신뢰성을 부여할 뿐이지. 당해 회사의 건전성 여부에 대한 의견을 표명하는 것은 아니다. 즉 감사인의 적정의견이라는 것은 기업이 공표하는 재무제표가 기업회계기준을 따르고 있다는 뜻이지 회사의 장래 전망을 보장해 주거나 회사 경영자의 능력을 평가하는 것은 아니기 때문이다.[13]

다. 경영자와 감사인 및 재무제표 이용자의 관계

경영자는 재무제표를 작성할 역할과 책임을 가지고 있으며, 감사인은 독립적인 입장에서 이 재무제표가 기업회계기준에 따라 작성되었는지에 대한 의견을 제시함으로써 경영자가 제시하는 재무제표에 대한 신뢰성을 부여하는 역할을 수행한다. 재무제표 이용자는 의사결정시 감사받은 재무제표를 이용하지만 최종 의사결정은 전적으로 투자자가 결정한다. 즉 감사인은 재무제표 이용자의 조언자가 아니며 투자자가 이용하는 재무제표에 대한 신뢰성을 제고하는 역할을 수행할 뿐이다.[14]

12) 재무제표 이용자에는 외부감사초기의 이용자였던 회사의 주주를 비롯하여 채권자, 정부, 국세청, 신용평가회사에는 물론이고 나아가 노동조합, 경제학자, 기업연구가, 교수 및 학생들까지도 포함된다.

13) 노준화, 앞의 책, 82~83면 참조.

14) 노준화, 앞의 책, 29면 참조.

3. 외부감사의 목적, 기능 및 효과

가. 외부감사의 목적

전술한 바와 같이 외부감사의 역할은 재무제표 증명기능 또는 입증기능일 뿐 재무제표를 보증하거나 회사의 건전성에 의견을 표명하는 것은 아니다. 회계감사기준에 따르면 "감사의 목적은 의도된 재무제표 이용자의 신뢰수준을 향상시키는 데 있다. 이 목적은 재무제표가 해당 재무보고체계에 따라 중요성의 관점에서 작성되었는지에 관해 감사인이 의견을 표명함으로써 달성된다. 대부분의 일반목적체계에서 감사의견은 재무제표가 해당 체계에 따라 중요성의 관점에서 공정하게 표시되어 있는지 여부, 또는 진실하고 공정한 관점을 제시하는지 여부에 관한 것이다"(감사기준서 200 재무제표감사). 따라서 "감사기준에 따른 감사는 경영진(적절한 경우 지배기구를 포함)이 해당 감사를 수행하는 데 있어 근본적인 책임을 인정하고 있다는 전제 아래 수행된다"(감사기준서 200 재무제표감사).

이처럼 감사의 주목적은 재무제표의 적정성확보라는 방법을 통하여 감사대상 회사의 재무정보에 대한 신뢰성을 높이기 위하여 감사인의 의견을 표명하는 것이라고 할 수 있다. 그러므로 경영자의 효율이나 경영성과의 평가나 계속기업가능성에 대한 보증은 감사의 목적은 아니며, 사기나 부정행위 또는 오류의 적발은 감사의 부차적 목적일 뿐이다.[15] 따라서 감사인은 재무제표에 대한 의견을 형성하고 표명하는 것에 대하여 책임을 지지만, 재무제표를 작성하고 제시하는 것에 대한 책임은 회사의 경영자에게 있다. 재무제표에 대한 감사가 경영자의 이러한 책임을 면책시켜 주는 것은 아니다(감사기준서 200 재무제표감사).

나. 외부감사의 기능과 효과

이미 살핀 바와 같이 외부감사는 재무제표의 적정성에 대한 입증기능 내지 증명기능을 담당하며, 감사인은 외부감사를 통해 재무제표의 적부에 관한 의견표명을 하고, 회계상의 중대한 오류나 부정을 발견 또는 방지하는 기능을 한다. 이는 '비판적 기능'과 '지도적 기능'으로 일컬어지고 있다. 그 밖에 외부감사는 '정보제공 기능'도

15) 서세원, 앞의 논문, 13면; 이길영, 「외부감사론」(삼영사, 1997), 35면.

수행한다.

비판적 기능은 감사의 본원적인 기능으로서 회사의 회계처리 또는 재무제표의 적부를 회계처리기준에 비추어 비평 또는 비판하는 것을 뜻한다. 즉, 재무제표가 그 회사의 재무상태와 경영성과를 적정하게 표시하는지를 판정하여 그 신뢰성에 대한 의견을 표명하는 것이다. 지도적 기능은 처리된 회계의 결함을 개선하여 적정한 재무제표를 작성할 수 있도록 회사에 조언 또는 권고를 하여 적당한 지도를 하는 것을 가리킨다. 이 경우 회사가 감사인의 수정권고를 받아들일지 여부는 자유선택인 까닭에 감사인이 이를 강제할 수 없다. 만약 회사가 감사인의 조언이나 권고를 무시하고 부적절한 부분을 수정하지 않는다면 감사인은 비판적 기능을 발휘하여 이러한 사실과 이에 대한 의견을 감사보고서에 명기하여 이해관계자에게 그 회사에 대한 정확한 재무정보가 부족함을 공시하고, 이해관계자들 스스로가 피감회사에 대한 투자여부를 비롯한 각종 통제수단을 어떻게 적절히 사용할 것인지를 판단할 수 있게 하는 자료를 제공한다. 마지막으로 정보제공기능은 감사인이 감사업무를 실시하여 수집된 여러 가지 감사정보를 제공하는 기능을 말한다.

외부감사의 효과는 직접적 효과와 간접적 효과로 나눌 수 있다. '직접적 효과'는 재무제표의 적정성에 대하여 감사인의 의견을 표시하여 이해관계자의 이익을 보호하며, 이를 통해 정확한 회계기록으로 경영방침의 수립을 용이하게 함으로써 회사의 건전한 발전도 촉진할 수 있도록 하는 것이다. 즉, 부당한 회계처리를 시정함으로써 재무상태의 투명성이 확보되어 회사의 신용도가 향상되며, 나아가 정기적 또는 계속적인 감사로 회계업무의 부정이나 오류를 방지할 수 있다는 점에서 감사인의 적절한 지도를 통하여 회사내부의 회계조직이 개선되는 효과가 있다. '간접적 효과'는 회사의 합병이나 양도를 용이하게 할 수 있으며 손해보험금의 지급을 용이하게 하고 감독기관이나 세무기관에 대한 회계보고의 신뢰성을 높이는 것이다.[16)]

16) 서세원, 앞의 논문, 13~14면; 이효익, 「현대회계감사론」(무역경영사, 2001), 11~12면.

Ⅲ. 외부감사제도의 도입 및 연혁

1. 「주식회사의 외부감사에 관한 법률」의 제정

한국에서의 외부감사제도는 증권시장의 발전과 그 역사를 같이한다. 1956년 대한증권거래소가 설립이 되면서 한국에서 증권거래가 시작된 후 1962년에 증권거래법이 제정되었다. 그 후 증권시장의 파동을 거친 후, 투자자보호를 보다 강력하게 실천하기 위하여 1963. 4. 27. 법률 제1334호로 증권거래법 제126조의2를 신설하여 증권거래소에 상장된 회사의 재무제표는 외부감사를 받도록 하는 '계리사에 의한 감사증명' 규정을 신설하였다. 이 규정이 우리나라 외부감사제도와 관련된 최초의 규정이다.[17)]

한편, 1980. 12. 31. 법률 제3297호로 제정되고 1981. 1. 1. 시행된 「주식회사의 외부감사에 관한 법률」[18)]은 한국 회계역사에 있어 외부감사제도의 정착과 확대의 분기점이 되는 중대한 사건이었다.[19)] 외부감사법을 제정·시행함으로써 자본금과 자산총액이 일정규모 이상인 주식회사의 경우는 매사업연도 개시일 후 5개월 이내에 주식회사로부터 독립된 외부의 감사인을 선임하여 공인회계사나 회계법인으로부터 외부감사를 받도록 의무화하였고, 이를 위반할 경우에는 형사처벌을 받도록 하였다. 또한 감사보고서의 적정성을 확보하기 위해 감사보고서를 감리하는 감리위원회를 증권감독원에 설치하였다.

외부감사법의 제정은 당시 한국 기업들에 만연해 있던 문제점인 기존 내부감사제도의 실효성 결여, 재무구조의 불건전 및 회계분식, 기업의 대형화와 국제화에 따른 이해관계자의 증대 등에 따라 외부감사제도의 도입이 불가피한 상황을 반영한 것이었다. 사실 외부감사법이 제정되기 이전 주식회사의 형태를 취하고 있던 대부분의 기업들에서 내부감사제도는 유명무실한 형편이었다. 이 같은 배경에는 급속한 경제성장과정에서 경영의 상대적 중요성이 강조되었지만 감사가 등한시되어왔기 때문이었다. 뿐

17) 안상봉·전정수, "한국 공인회계사 제도의 발전사", 「경영사학」 제29집 제4호(한국경영사학회, 2014), 174~175면; 한국공인회계사회, 「공인회계사 50년사」(한국공인회계사회, 2004), 197면.

18) 일정규모 이상의 주식회사에 대하여 외부감사인에 의한 외부감사를 실시함으로써 내부감사제도의 단점을 보완하고 적정한 회계처리를 유도하여 이해관계인의 보호와 기업의 건전한 발전에 기여하려는 것을 제정이유로 하였다.

19) 외부감사법은 1980년 12월 31일에 제정되고, 1981년부터 본격적으로 시행되었으나, 외부감사에 대한 규정은 1982년 1월 1일 이후 최초로 개시하는 사업연도부터 적용되었다.

만 아니라 당시 상법이 감사의 선임 및 권한과 지위 측면에서 감사의 독립성과 실효성을 거둘 수 있도록 규정되어 있지 못한 것도 큰 문제로 지적되었다. 즉, 상법에 의한 내부감사의 경우 기업의 소유와 경영이 분리되지 않아 감사의 선임에 있어서 독립성이 결여되어 있을 뿐 아니라 그 선임자격을 구체적으로 규정하고 있지 않아 전문적 지식을 요하는 감사업무를 감당할 수 있는 자가 선임되지 않는 경우가 많았다. 이로 인하여 감사제도의 운영이 형식적이고 실효성이 없었으므로 회계전문가인 공인회계사로 하여금 외부감사를 담당하게 함으로써 감사의 실효성과 재무정보의 객관성이 보장되어야 한다는 주장이 강하게 제기되었던 것이다.

재무구조의 불건전 및 회계부정도 중요한 문제로 부각되었는데, 당시 한국 기업들의 대부분이 소유와 경영의 분리가 제대로 이루어지지 않아 기업주企業主의 가계家計와 기업의 회계가 구분이 불명확한 경우가 허다하였다. 뿐만 아니라 기업주의 윤리의식이 결여되어 불요불급한 경비지출은 말할 것도 없었고, 기업자금의 고의적인 사외유출 등을 감추기 위하여 회계부정이 이루어졌고 이에 따라 재무구조의 불건전성이 더욱 심화되었다. 이러한 상황을 타개하기 위해서는 외부감사를 도입하고 이를 통하여 기업의 과다한 경비지출을 막고 자금을 효율적으로 운용함으로써 재무구조의 개선과 대외경쟁력 강화를 도모하여야 한다는 것이었다.

이와 함께 기업의 대형화와 국제화에 따른 이해관계자가 늘어나게 된 것도 주요한 배경으로 꼽을 수 있었다. 기업의 규모가 커지고 국제교류가 늘어남에 따라 자연스럽게 그 조직은 복잡하게 될 수밖에 없는데, 특히 자본과 경영이 분리되면서 경영에 직접 참여하지 않는 다양한 이해관계자가 늘어나게 되었다. 이에 따라 그들의 권익보호를 위하여 독립된 제3자에 의한 해당기업의 재무제표의 감사를 통하여 중요한 의사결정을 위한 정확한 정보를 제공하는 외부감사제도가 필요하게 되었다.

당시 석유파동과 국제적 불황에 따른 고물가, 저성장, 실업증대 및 국제수지 악화 등으로 침체에 빠져있던 한국의 경제적 상황도 외부감사법 제정의 촉매가 되기에 충분하였다. 여러 차례에 걸친 경제개발계획기간 동안 기업은 재정·금융면의 혜택과 세제상의 정책적 지원 등을 통하여 고도성장을 지속하여 왔으나 1970년대 후반 국내 경제여건의 악화 속에서 그 취약성이 쉽게 노출되었다. 이것은 선진국에 비하여 타인자본에 대한 의존도가 큰데다가 능력에 넘치는 기업팽창과 비업무용 부동산의 과다소유 등으로 기업의 재무구조가 취약하고, 경쟁적 수출과 생산성 향상 부진으로 인한

국제경쟁력의 약화로 기업의 채산성이 악화되었기 때문이다. 이에 따라 1980. 9. 27. 정부는 국가보위비상대책위원회 명의로 지속적인 경제의 안정적 성장을 통한 국민의 복지향상을 위하여 건전한 기업풍토를 저해하는 요인을 제거함으로써 기업체질을 개선하고 기업을 육성·발전시키기 위한 조치로 기업체질강화대책을 발표하였다.[20]

2. 2018년 회계개혁

가. 입법경과

기존의 「주식회사 외부감사에 관한 법률」이 2018년 「주식회사 등의 외부감사에 관한 법률」로 명칭을 변경하는 것에서 알 수 있듯이 한국 기업의 회계투명성과 외부감사인의 책임성을 크게 개선할 것을 목표로 하여 외부감사법을 전면 개정하였다. 이번 개정을 통해 1980년 외부감사법 제정 이후 가장 근본적이고 외부감사제도 개편이 이루어지게 되었다.

금번의 회계제도개편은 2015년 대우조선해양의 대규모 분식회계가 밝혀지고, 그 부실이 일반 투자자의 손실은 물론 국책은행의 재무건전성 악화로도 이어지면서 회계부정의 근절을 위해 근본적인 회계·감사제도 개혁이 필요하다는 사회적 공감대가 형성된 데 따른 것이다. 종전에는 회사의 재무제표를 감사할 외부감사인(이하 '감사인'으로 줄임) 선임권한이 경영진에게 있어 감사의 독립성 확보가 어려운 상황이었다. 경영진이 감사품질보다 수임료를 기준으로 감사인을 선택함에 따라, 감사인은 수주경쟁과정에서 투입시간을 단축하는 문제가 있었다. 외부감사법상 처벌한도가 낮아 회계부정에 대한 실효성 있는 제재도 어려웠다. 또한 다국적 기업이 외부감사법의 적용대상이 아닌 유한회사의 형태로 한국내 경영활동을 하면서 기업정보 공개를 회피하는 문

---

20) 1979년의 10·26 사태 이후 신군부는 국가보위비상대책위원회(이하 '국보위'로 줄임)를 구성하고 실질적으로는 상임위원회를 두어 업무를 시행하였다. 상임위원회는 경제계를 장악하고 국민으로부터 신뢰를 얻기 위하여 1980. 9. 27.에 국보위 명의로 기업체질강화대책을 발표하였다. 9·27 조치의 주요내용으로 비업무용 부동산의 처분촉진, 재벌그룹의 계열기업정리, 각종협회 및 조합의 정리, 구제금융의 최대한 억제, 여신관리기능의 강화, 외부감사제도의 확대실시 등이 있었다(한국공인회계사회, 앞의 책, 213면). 특히 이 가운데 외부감사제도 확대실시로 증권거래법에 의한 상장법인, 등록법인, 여신관리법인 및 합작법인에 대하여 실시되는 외부감사 이외에 추가로 직전 사업연도말 자본금이 5억 원 이상 또는 총자산이 30억 원 이상인 기업은 공인회계사에 의한 외부감사를 받도록 하였고, 외부감사 전담기구를 설치하고 회계법인의 대형화를 유도하는 내용이 담겨 있었다.

제도 있었다. 이에 제20대 국회에서는 감사인 선임제도의 개편, 표준감사시간제의 도입, 회계부정에 대한 제재 강화, 유한회사에 대한 외부감사법의 적용 등을 담은 17건의 외부감사법 개정안이 발의·제출(의원안 16건, 정부안 1건)되었다. 정무위원회는 2017. 2. 27. 외부감사법의 심사를 위해 공청회를 개최하고, 2016년 11월부터 10개월에 걸쳐 총 6회에 걸쳐 법안심사소위원회 논의를 진행하였다. 총 17건의 개정안들을 통합·조정한 정무위원회 대안은 법제사법위원회를 거치며 적용대상 유한회사의 범위 및 유한회사 감사보고서의 공시범위, 내부회계관리제도에 대한 감사 적용시점 등에 있어 일부내용이 수정되어 2017. 9. 28. 국회 본회의를 통과하여 2018. 11. 1. 시행되었다.

외부감사법은 회계의 투명성 확보와 신뢰성 제고를 위해 회계산업 전반을 개혁하기 위한 것이다. 대규모 분식회계와 부실감사 등 회계부정은 기업의 회계정보에 대한 투자자들의 신뢰를 낮게 하여 자본시장의 발전을 저해하기 때문이다.[21]

나. 주요내용

(1) 외부감사 대상 회사의 확대

구법은 제1조 법의 목적에서 법의 적용대상을 주식회사에 한정하였다. 2011년 상법 개정에 따라 유한회사의 경제적 실질이 주식회사와 더욱 유사하게 되었고 유한회사제도를 이용하여 회계 투명성을 회피하는 사례를 방지하기 위하여 현행법은 법의 적용대상을 '외부감사를 받는 회사'로 하고 '회사'의 범위를 법 제4조와 시행령 제5조에서 정하고 있다. 이에 따라 외부감사 대상 회사가 유한회사까지 확대되었다.[22] 다만, 유한회사의 특수성을 반영하여 적용대상 유한회사의 범위 및 유한회사 감사보고서의 공시범위는 대통령령에서 사원의 수 등을 고려하여 주식회사와 달리 정할 수 있도록 하였다.

---

21) 금융위원회 보도자료, "기업·회계법인·정부가 합심하여 회계투명성을 위한 개혁을 완수하겠습니다. —「2017 회계개혁 TF」Kick-Off 회의 개최—"(2017. 10. 12) 참조.

22) 해외의 경우 일반적으로 유한회사를 외부감사 대상에 포함하고 있다. 영국·독일·호주의 경우 회사법상 모든 회사(유한회사 포함)를 외부감사 의무 대상으로 하되 자산·매출액·종업원 수가 일정규모 이하인 경우 외부감사를 면제하고 있으며, 미국의 경우 상장회사와 일정규모 이상의 자산·주주(사원) 수에 해당하는 주식회사 및 유한책임회사에 대하여 외부감사 의무를 규정하고 있다. 국회정무위원회, 「주식회사의 외부감사에 관한 법률 전부개정법률안(정부제출 의안번호 제5075호) 검토보고서」(2017. 3), 50면 [참고자료 1] 주요국 외부감사 대상 기준 참조.

(2) 회사의 회계처리에 대한 책임 강화

(가) 재무제표 작성과 제출에 대한 회사의 책임 강화

현행법은 감사인과 회사 모두에게 회사의 재무제표 대리 작성을 금지하고 있다. 즉 구 외부감사법은 감사인에게만 회사의 재무제표 작성과 관련된 회계처리 자문행위 금지 의무를 부과하였고 회사의 재무제표 대리작성 요청에 대하여는 명시적 제재 규정이 없었다. 법은 감사인의 독립성을 강화하기 위하여 회사에 대해서도 재무제표 대리작성을 감사인에게 요구하지 못하도록 하였고(법 제6조 제6항), 이를 위반할 경우 처벌하도록 규정하였다(법 제42조 제2호).

현행법은 회사의 감사 전 재무제표 제출 의무를 강화하고 있다(법 제6조 제2항부터 제5항까지). 회사가 법정기한 내에 감사인 및 증권선물위원회에 재무제표를 사전제출하지 않은 경우 그 사유를 공시하도록 하고, 증권선물위원회는 해당 위반사실을 공시할 수 있도록 한다(법 제30조 제1항).

(나) 감사인 선임 권한을 내부감사기구(감사 또는 감사위원회)로 이관

구 외부감사법은 회사 경영진이 감사 또는 감사인선임위원회의 승인을 받아 감사인 선임을 할 수 있도록 함으로써 감사인의 독립성이 우려된다는 문제가 제기되어 다음과 같이 개정되었다. 주식회사의 경우 회사 내부감사기구인 감사위원회 또는 감사가 감사인을 선임한다(법 제10조 제4항).[23] 감사가 감사인을 선임하는 경우도 주권상장법인, 대형비상장주식회사, 금융회사의 경우는 감사인선임위원회의 승인을 받아야 한다(법 제10조 제4항 제1호 나목).

유한회사의 경우는 다음과 같이 감사인을 선임한다. 즉, ① 감사를 두는 경우는[24] 감사가 감사인을 선임한다. ② 감사를 두지 않는 유한회사로 자본금 10억 원 이상인 회사의 경우(법 시행령 제13조 제1항)는 사원총회의 승인으로 감사인을 선임한다(법 제10조 제4항 제2호 나목). ③ 감사를 두지 않는 그 밖의 경우는 회사(경영진)가 감사인을 선임한다(법 제10조 제4항 제2호 다목).

---

23) 법 제37조에 따라 다른 법률에 따라 감사를 선임하지 아니한 회사에 대해서는 제10조에 따른 감사에 관한 사항을 적용하지 아니한다.

24) 유한회사는 감사가 필수기관이 아니라 임의기관이다.

(다) 회사의 회계처리 관련 내부통제 실효성 제고

주권상장법인의 경우 내부회계관리제도에 대한 감사인의 점검수준을 '검토'에서 '감사'로 강화하였다(법 제8조 제6항). 그리고 회사의 대표자(예: 대표이사)는 내부회계관리제도의 운영실태를 직접 주주총회 등에 보고하도록 의무화하였다(법 제8조 제4항).

(라) 회계부정 적발·조치에 대한 내부감사기구의 역할 강화

감사인이 회사가 회계처리 등에 관하여 회계처리기준을 위반한 사실을 발견하면 내부감사기구인 감사 또는 감사위원회에 통보하여야 하는데, 회계부정 통보 시 감사 또는 감사위원회는 외부전문가를 선임하여 위반사실 등을 조사하게 하고 그 결과에 따라 경영진인 회사대표자에게 시정을 요구하여야 한다(법 제22조 제3항).

(마) 부정행위 내부신고자 보호

부정행위 내부신고자 보호를 위하여 회사 및 감사인 등에 대한 조치 감면, 내부신고자의 신분 등에 관한 비밀유지의무, 불이익 대우 금지, 불이익 대우에 대한 손해배상책임, 신고포상금제도 등을 규정하였다(법 제28조). 내부신고자에게 인적사항 공개 및 불이익 조치를 한 경우 벌칙과 과태료를 부과하는 근거가 마련되었다(법 제41조 제5호, 제43조, 제47조 제1항).

(바) 대형비상장주식회사와 금융회사의 회계규율 강화

대형비상장주식회사 및 금융회사의 회계규율이 주권상장법인 수준(감사인을 회계법인으로 제한, 연속하는 3개 사업연도 동일감사인 선임 의무 등)으로 강화되었다(법 제9조, 제10조). 대형비상장주식회사는 중소형 상장주식회사보다 이해관계자 규모가 클 수가 있고, 대형금융회사의 경우 금융지주회사제도에 따라 많은 금융회사가 상장되지 않음으로써 회계규율이 약화될 가능성이 있기 때문이다.

(3) 감사인의 독립성 확보 및 감사품질 제고

(가) 주기적 감사인 지정제 도입

종전에는 회사의 감사인 자유선임을 원칙으로 하되 회계부정 적발, 부채비율 과다 등 제재·감시가 필요한 경우에 한해 증권선물위원회가 감사인을 직권으로 지정하였다. 그러나 현행 외부감사법은 감사인의 독립성 강화 차원에서 비상장법인에 비해

국민경제에 대한 영향력이 큰 '상장법인'과 감사인의 독립성 확보가 상대적으로 어려운 '소유와 경영이 미분리된 회사'[25]에 대해 감사인 지정제를 전면 적용하도록 했다(법 제11조 제2항). 구체적으로, 이들 회사가 감사인을 6년간 자유선임한 이후에는 원칙적으로 3년간 증권선물위원회의 감사인 지정을 받도록 하는 '주기적 지정제'[26]를 마련하였다. 다만, 최근 6년 내 증권선물위원회의 감리를 받은 회사로서 감리 결과 회계처리기준 위반이 발견되지 않은 회사는 지정대상에서 제외하도록 하였다(법 제11조 제3항).

(나) 직권지정제 대상 확대

상장예정과 감리 후 조치 등 특정 사유에 해당하여 감사인을 지정받게 되는 직권지정제의 대상이 확대되었다. 법은 회사의 재무제표 작성의무 위반, 최근 3년간 최대주주(2회) 또는 대표이사(3회) 교체가 빈번한 회사, 주채권은행 또는 소액주주의 요청이 있는 회사, 표준감사시간에 현저히 미달하는 회사 등을 감사인 지정사유로 추가하였고, 기존의 감사인 지정사유인 상장법인 재무기준 요건을 강화하였다(법 제11조 제1항).

(다) 상장회사 감사인 등록제 도입

주권상장법인의 외부감사는 감사품질 관리를 위하여 감사 품질관리체계 구축 등 일정요건을 충족하는 회계법인에만 허용된다(법 제9조의2).

(라) 회계법인의 감사품질관리 책임 강화

감사품질관리기준의 법적 근거를 마련하고 대표이사의 관리책임을 명시하였다(법 제17조). 증권선물위원회는 품질관리 감리결과에 따른 개선권고와 그 이행여부를 점검할 수 있도록 하고, 개선권고 내용과 미이행의 경우 미이행 사실을 외부에 공개할 수 있도록 하였다(법 제29조 제5항부터 제7항까지).

(마) 표준감사시간제 도입

일부 회사의 경우 외부감사를 단순히 비용으로 인식하여 감사품질보다는 낮은 수임료를 제시하는 감사인을 선택하였고 감사인은 수주경쟁과 저가수주로 인하여 충분한 감사시간의 투입이 어려워졌기 때문에 감사품질이 계속 저하되는 문제점이 발생하였다.

---

25) 이는 최대주주 및 특수관계자가 합하여 발행주식 총수의 50% 이상을 소유하고, 최대주주 또는 특수관계자가 대표이사인 회사를 말한다.

26) 이른바 '6+3 지정제'로 일컬어지고 있다.

현행법은 이러한 문제점을 개선하고자 낮은 감사시간과 감사보수를 정상화하고 적정 수준의 감사품질 확보를 유도하기 위하여 표준감사시간을 도입하였다(법 제16조의2). 표준감사시간 미달 회사에는 지정제 적용 등과 같은 사후적인 조치가 부과된다. 표준감사시간은 한국공인회계사회에서 정할 수 있도록 하되, 시행령에 따라 금감원 등 대통령령으로 정하는 이해관계자의 의견을 청취 반영하도록 하고 3년마다 타당성을 재검토하도록 하였다.

(바) 감사인 선임 기한 단축

구법상 회사는 매 사업연도 개시일로부터 4월 이내에 감사인을 선임하도록 하였다. 현행법은 선임 기한을 단축하여 회사가 매 사업연도 개시일로부터 45일 이내에 감사인을 선임하도록 하였다. 다만, 감사위원회를 의무적으로 설치하여야 하는 회사는 매 사업연도 개시일 이전까지 감사인을 선임하여야 한다(법 제10조 제1항).

(4) 회계부정과 감사부실에 대한 감독 및 제재수준 강화

(가) 과징금제도 신설

회계부정에 대한 처벌이 약하다는 지적에 대하여 법은 제재수준을 대폭 강화하였다. 분식회계와 관련된 과징금 부과기준을 회사(회계처리기준 위반금액의 20%)와 회사관계자(회사 부과과징금의 10%) 및 감사인(감사보수의 5배) 별로 정하였다. 과징금은 해당 금액을 초과하지 않는 범위에서 부과될 수 있다. 과징금의 절대금액 상한은 없고 분식금액 등 부당이득에 상응하여 부과된다. 과징금의 제척기간은 위반행위가 있었던 때로부터 8년이다(법 제35조, 제36조).

(나) 회계법인 대표이사와 품질관리담당임원 제재근거 마련

회계법인의 대표이사 또는 품질관리업무 담당이사가 품질관리기준에 따른 업무설계·운영을 소홀히 함으로써 금융위원회가 정하여 고시하는 회사에 대한 중대한 감사 부실이 발생한 경우 제재조치를 할 수 있다(법 제29조 제4항, 별표 2).

(다) 회계부정 관련 회사와 감사인에 대한 제재수준 강화

분식회계를 한 회사 임원에 대한 직무정지 조치가 신설되었다(법 제29조 제1항, 제2항). 회계부정 관련 징역과 벌금의 한도가 상향되었고(법 제39조), 필요적 몰수·추징

(법 제45조)과 징역과 벌금의 병과(법 제48조)도 규정되었다. 감사인의 손해배상책임에 대한 시효도 3년에서 8년으로 연장되었다(법 제31조 제9항).

(라) 회계법인의 보고의무 강화

회계법인인 감사인은 사업보고서에 연차별 감사투입 인력 및 시간, 이사 보수, 이사의 징계내역 등을 추가 기재하도록 하며(법 제25조 제2항), 주권상장법인의 회계법인인 감사인은 그 법인의 경영, 재산, 감사업무의 품질관리 등에 중대한 영향을 미치는 사항이 발생한 경우 이를 증권선물위원회에 지체 없이 보고하여야 한다(법 제25조 제5항).

Ⅳ. 이해관계인의 범위

법은 이해관계인의 범위에 대하여 구체적으로 명시하고 있지 않으나 이해관계인의 범위를 특별히 제한할 필요는 없다. 회사규모가 커질수록 보통은 이해관계인의 범위와 수도 증가하게 된다. 이해관계인의 범위와 그에 미치는 영향은 외부감사대상회사를 정하는 기준이나 규제범위와 규제수준 등에 영향을 미치게 된다.

기업 내부로 볼 때 이해관계인으로는 주주나 유한회사의 사원(투자자), 경영진, 감사(또는 감사위원회), 채권자, 근로자, 기업의 거래상대방, 소비자 등이 있다. 채권자에는 회사에 대출과 같은 신용공여를 한 금융기관, 납품대금을 받아야 하는 계약상대방, 회사의 불법행위로 인해 손해배상을 받아야 하는 피해자 등이 모두 포함된다. 정부도 세수의 투명성확보 등의 면에서 이해관계인에 포함된다. 그 밖에 기업의 주식을 매수하고자 하는 잠재적 투자자나 신용공여를 고려하는 금융기관 등도 이해관계인에 포함하여야 한다.

[심 영·백승재]

제 1 장 총칙

제2조(정의)

이 법에서 사용하는 용어의 뜻은 다음과 같다.

1. "회사"란 제4조 제1항에 따른 외부감사의 대상이 되는 주식회사 및 유한회사를 말한다.
2. "재무제표"란 다음 각 목의 모든 서류를 말한다.
   가. 재무상태표(「상법」 제447조 및 제579조의 대차대조표를 말한다)
   나. 손익계산서 또는 포괄손익계산서(「상법」 제447조 및 제579조의 손익계산서를 말한다)
   다. 그 밖에 대통령령으로 정하는 서류
3. "연결재무제표"란 회사와 다른 회사(조합 등 법인격이 없는 기업을 포함한다)가 대통령령으로 정하는 지배·종속의 관계에 있는 경우 지배하는 회사(이하 "지배회사"라 한다)가 작성하는 다음 각 목의 모든 서류를 말한다.
   가. 연결재무상태표
   나. 연결손익계산서 또는 연결포괄손익계산서
   다. 그 밖에 대통령령으로 정하는 서류
4. "주권상장법인"이란 주식회사 중 「자본시장과 금융투자업에 관한 법률」 제9조 제15항 제3호에 따른 주권상장법인을 말한다.
5. "대형비상장주식회사"란 주식회사 중 주권상장법인이 아닌 회사로서 직전 사업연도 말의 자산총액이 대통령령으로 정하는 금액 이상인 회사를 말한다.
6. "임원"이란 이사, 감사[「상법」 제415조의2 및 제542조의11에 따른 감사위원회(이하 "감사위원회"라 한다)의 위원을 포함한다], 「상법」 제408조의2에 따른 집행임원 및 같은 법 제401조의2 제1항 각 호의 어느 하나에 해당하는 자를 말한다.
7. "감사인"이란 다음 각 목의 어느 하나에 해당하는 자를 말한다.
   가. 「공인회계사법」 제23조에 따른 회계법인(이하 "회계법인"이라 한다)
   나. 「공인회계사법」 제41조에 따라 설립된 한국공인회계사회(이하 "한국공인회계사회"라 한다)에 총리령으로 정하는 바에 따라 등록을 한 감사반(이하 "감사반"이라 한다)
8. "감사보고서"란 감사인이 회사가 제5조 제3항에 따라 작성한 재무제표(연결재무제표를 작성하는 회사의 경우에는 연결재무제표를 포함한다. 이하 같다)를 제16조의 회계감사기준에 따라 감사하고 그에 따른 감사의견을 표명(表明)한 보고서를 말한다.

법 시행령 제2조(재무제표) 「주식회사 등의 외부감사에 관한 법률」(이하 "법"이라 한다) 제2조 제2호 다목에서 "대통령령으로 정하는 서류"란 다음 각 호의 서류를 말한다.

1. 자본변동표
2. 현금흐름표
3. 주석(註釋)

제3조(연결재무제표 등) ① 법 제2조 제3호 각 목 외의 부분에서 "대통령령으로 정하는 지배·종속의 관계"란 회사가 경제 활동에서 효용과 이익을 얻기 위하여 다른 회사(조합 등 법인격이 없는 기업을 포함한다)의 재무정책과 영업정책을 결정할 수 있는 능력을 가지는 경우로서 법 제5조 제1항 각 호의 어느 하나에 해당하는 회계처리기준(이하 "회계처리기준"이라 한다)에서 정하는 그 회사(이하 "지배회사"라 한다)와 그 다른 회사(이하 "종속회사"라 한다)의 관계를 말한다.

② 법 제2조 제3호 다목에서 "대통령령으로 정하는 서류"란 다음 각 호의 서류를 말한다.

1. 연결자본변동표
2. 연결현금흐름표
3. 주석

제4조(대형비상장주식회사) 법 제2조 제5호에서 "대통령령으로 정하는 금액"이란 1천억 원을 말한다.

Ⅰ. 입법취지

법은 구법의 개별 조문에서 규정하였던 주요 용어의 정의를 제2조(정의) 규정에 정리하고 있다. 제2조 정의는 법에서 사용하는 주요 용어에 대한 정의를 규정하고 있는데 간접적으로는 법의 적용범위를 나타내게 된다.

Ⅱ. 용어의 정의

1. 회사

가. 개념

외부감사법상 외부감사 대상이 되는 "회사"란 제4조 제1항에 따른 외부감사의 대상이 되는 주식회사 및 유한회사를 의미하는데, 이는 상법에 따라 설립된 주식회사 및 유한회사를 의미하는 것이므로 외국법에 따라 설립된 외국법인은 해당되지 아니한다. 참고로 상법은 회사의 종류를 법정하고 있고, 상법상 인정되는 회사는 다섯 가지로 합명회사, 합자회사, 유한책임회사, 유한회사, 주식회사이다. 이 중 주식회사와 유한회사는 물적회사로 분류된다. 인적회사는 내부적으로는 구성원인 사원社員 간의 인적 신뢰관계가 중요하고 대외적으로는 회사의 채권자에 대하여 회사가 변제하지 못하는 회사 채무에 대하여 무한책임을 지는 무한책임사원이 존재한다는 특징을 가지고 있다. 이에 비하여 물적회사의 경우 사원은 회사와 사원 간의 관계를 기초로 하는 간접적 관계만이 존재한다. 그리고 대외적 관계에서는 회사는 사원이 제공한 자본의 집중체로서 회사채권자에 대하여 사원은 유한책임만을 부담한다. 따라서 물적회사인 주식회사와 유한회사의 경우 회사의 재산이 대외적 신용의 유일한 기초가 되므로 회사의 회계가 보다 중요하다.

나. 주식회사

주식회사란 상법 제3편 제4장에 따라 설립되고 운영되는 회사이다. 상법은 자본금[1)]이나 자산 규모에 따라 법 적용을 차별화한다. 상법은 자본금 총액이 10억 원 미만인 회사(소규모주식회사)에 대하여 설립규제를 완화하고(상법 제292조 단서, 제318조 제3항), 주주총회 운영에 대한 규제완화(상법 제363조 제4항부터 제6항), 이사 수의 법정하한(3인) 감축 및 이사회 설치의무 면제(상법 제383조 제1항), 감사선임의무의 면제(상법 제409조 제4항)를 하고 있다. 이에 비하여 상법은 상장회사의 지배구조에 대한 특칙을 규정하면서 일정 규모 이상의 상장회사에 관하여는 다음과 같은 별도의 특례를 규정하고 있다. 최근 사업연도 말 현재 자산총액이 1천억 원 이상인 상장회사는 상근감사를 의무적으로 두어야 한다(상법 제542조의10). 최근 사업연도 말 현재 자산총액이 2조 원 이상인 상장회사는 집중투표에 관한 특례(상법 제542조의7 제2항), 사외이사

1) 상법상 자본금이란 회사가 보유하여야 할 순자산액의 기준으로 공시의 방법으로 등기를 하도록 한다. 주식회사에 있어서 자본금이란 액면주식을 발행하는 경우는 '발행주식의 액면총액'을 말하며, 무액면주식을 발행하는 경우는 '주식발행가액의 2분의 1 이상의 금액으로 이사회(상법 제416조 단서에 의한 경우는 주주총회)에서 자본금으로 계상하기로 한 금액의 총액'을 말한다(상법 제451조 제1항과 제2항). 예외적으로 상환주식의 상환(상법 제345조)이나 자기주식의 소각(상법 제343조 제1항 단서)에 의한 경우는 자본금의 변동 없이 발행주식수가 감소하여 발행주식의 액면총액과 자본금이 일치하지 않는다.

의 최저인원(상법 제542조의8 제1항 단서), 주요주주 등 이해관계자와의 거래(상법 제542조의9 제3항), 감사위원회 설치의무(상법 제542조의11), 감사위원 선임시 대주주의 의결권 제한(상법 제542조의12)을 받는다.

상법은 주식회사의 경우 회사의 회계와 관련하여 ① 회계의 원칙, ② 재무제표의 작성·제출·감사·비치 및 공시·승인 및 공고, ③ 영업보고서·감사보고서, ④ 자본금·이익준비금·자본준비금, ⑤ 이익배당·주식배당·중간배당·현물배당, ⑥ 주주의 회계장부열람권·회사의 업무와 재산상태의 검사, ⑦ 이익공여금지·사용인의 우선변제권을 규정하고 있다.

주식회사 회계의 경우는 상법과 시행령으로 규정한 것을 제외하고는 일반적으로 공정하고 타당한 회계관행에 따르도록 한다(상법 제446조의2). 이에 따라 상법 시행령은 회계기준으로는 외부감사법에 따른 외부감사 대상 회사에게 적용하는 ① 국제회계기준위원회의 국제회계기준을 채택하여 정한 회계처리기준과 ② 법 제5조 제1항 제2호에 따른 회계처리기준, 공공기관에게 적용하는 ③ 「공공기관의 운영에 관한 법률」(이하 '공공기관운영법'으로 줄임)에 따른 공기업·준정부기관 회계원칙, 중소기업에게 적용하는 ④ 법무부장관이 금융위원회 및 중소벤처기업부장관과 협의하여 고시하는 회계기준(이하 '중소기업회계기준')으로 구분하여 규정하였다(상법 시행령 제15조).

다. 유한회사

유한회사는 주식회사에 비하여 소규모이고 폐쇄성이 강한 형태의 회사종류이다. 그러나 2011년 상법 개정에 따라 소규모 폐쇄회사를 전제로 한 유한회사의 폐쇄성을 위해 존재하던 많은 제한이 없어져서 유한회사에 대한 이해관계자 보호 실익이 주식회사와 유사하게 되었다. 유한회사는 2010년 16,998개에서 2013년 21,336개로 증가하였고, 이 중 자산 규모가 1,000억 원 이상인 유한회사의 수도 2010년 306개에서 2014년 586개로 증가하였다.[2)] 또한 우리나라에 진출한 다수의 글로벌 기업이 유한회사 형태를 선택하고 있다. 이에 대하여 글로벌 기업이 주식회사와는 달리 기업정보에 대한 공개의무가 없고 회계감독도 받지 않는다는 점 때문에 유한회사 제도를 이

2) 국회정무위원회, 「주식회사의 외부감사에 관한 법률 전부개정법률안(정부제출 의안번호 제5075호) 검토보고서」(2017. 3), 12면.

용하는 것이라는 비판이 이어졌다.[3] 이에 따라 유한회사의 규모와 사회적 영향력의 확대로 인한 소비자, 거래상대방, 근로자 등 이해관계인 보호와 행정당국의 감독권 행사 등을 위하여 유한회사에 대해서도 외부감사를 통해 회계투명성 강화가 필요하고 글로벌 기업의 경우에는 조세회피 방지의 실효성도 확보할 필요가 있다는 입법논의가 진행되었다.[4]

법은 외부감사 의무 대상을 주식회사에 덧붙여 유한회사까지 확대하였다. 구 외부감사법은 주식회사만을 외부감사 의무 대상으로 하면서 구법 제2조 본문에서 외부감사대상회사를 규정하면서 이를 '회사'로 부르기로 한 규정을 두었다. 법은 이를 정의규정으로 옮겼다. 유한회사의 외부감사 기준은 자산, 부채, 종업원수, 매출액 이외에 사원 수(50명 미만)와 유한회사로 조직변경 후 기간(5년) 등을 고려한다(법 제4조 제1항, 법 시행령 제5조 제2항). 유한회사의 경우 매출액, 이해관계인의 범위 또는 사원 수 등을 고려하여 열람되는 회사의 범위 및 감사보고서의 범위를 대통령령으로 달리 정할 수 있도록 하고 있으나(법 제23조 제2항), 현재까지는 시행령에 규정하고 있지 않다.

유한회사는 주식회사와 같이 물적회사로 분류된다. 물적회사는 회사의 채권자에 대하여 모든 사원이 유한책임만을 부담하는 특징을 가진다. 유한회사는 주식회사를 소규모화·폐쇄화한 것이다. 유한회사는 지분의 증권화에 제한이 따르며(상법 제555조),[5] 주식회사와는 달리 정관으로 지분양도를 제한할 수 있다(상법 제556조). 유한회사는 또한 주식회사에 비하여 공시부담이 완화되어 있다.

유한회사는 사원의 출자로 성립하는 자본금을 가지며 자본금은 균등액으로 세분된 출자좌수로 나누어진다. 사원은 출자금액을 한도로 유한책임을 진다. 2011년 개정상법은 주식회사와 같이 유한회사의 출자 1좌의 금액을 100원 이상으로 하고 최저자본금제한(1천만 원 이상)을 삭제하였다. 2011년 개정상법은 또한 유한회사의 사원총수를 제한(50인 초과 못함)하는 규제를 폐지하였다.

유한회사의 경우 재무제표의 작성·제출·감사·비치 및 공시·승인 및 공고, 영업

---

3) 2011년 상법개정 이후 여러 다국적기업이 주식회사에서 유한회사로 전환하거나, 한국지사를 유한회사로 설립하는 경우가 생겼다.

4) 국회정무위원회, 「주식회사의 외부감사에 관한 법률 일부개정법률안(〈외부감사 대상 확대 및 회계법인 대표이사 제재등〉 김해영의원 대표발의 의안번호 제792호, 박용진의원 대표발의 의안번호 제1058호, 배광덕의원 대표발의 의안번호 제2348호) 검토보고서」(2016. 11) 참조.

5) 유한회사는 사원의 지분에 관하여 지시식 또는 무기명식의 증권을 발행하지 못한다.

보고서·감사보고서, 자본금·이익준비금·자본준비금, 이익배당·중간배당, 사원의 회계장부열람권·회사의 업무, 재산상태의 검사에 관한 규정 또는 준용규정(주식회사 규정을 준용)을 두고 있다. 상법은 주식회사나 유한책임회사와는 달리 유한회사의 회계원칙을 규정하고 있지 않다. 외부감사 대상이 되는 유한회사는 일반기업회계기준 K-GAPP의 적용을 받는다(제5조).

표 1 상법상 주식회사와 유한회사의 비교

구분	주식회사	유한회사
주주·사원의 책임	주주는 회사의 채무를 변제할 책임이 없음(유한책임)	사원은 회사의 채무를 변제할 책임이 없음(유한책임)
주주(사원)의 총수	제한 없음	제한 없음 (2011년 상법개정 전에는 50인 미만이었음)
발기인의 수	1명 이상	1명 이상
1주(좌)당 금액	100원 이상/ 무액면주식 발행가능	100원 이상 (2011년 상법개정 전에는 5천원 이상이었음)
최저자본금 규제	없음	없음 (2011년 상법개정 전에는 1천만 원 이상이었음)
지분양도	양도 자유/ 정관으로 이사회 승인을 받도록 할 수 있음)	양도 자유/ 정관으로 제한 가능 (2011년 상법개정 전에는 사원총회 특별결의가 요구되었음)
사채발행 가부	가능	불가능
대표기관	대표이사	대표이사
업무집행기관	이사회	이사
이사의 수	3인 이상 (단, 자본금 10억 원 미만은 1명 또는 2명 가능)	1인 이상
감사의 의의	필수기관 (단, 자본금 10억 원 미만은 임의기관)	임의기관
재무제표 비치·공시	비치의무 / 주주·회사채권자의 열람·등사권	비치의무 / 사원·회사채권자의 열람·등사권
재무제표 승인 주체	주주총회	사원총회
대차대조표 공고	필수적	요구되지 않음

참고: 국회정무위원회, 「주식회사의 외부감사에 관한 법률 전부개정법률안(정부제출 의안번호 제5075호) 검토보고서」(2017. 3.), 13면 표를 수정·보완한 것임.

2. '재무제표'와 '연결재무제표'

(1) 재무제표의 종류

재무제표란 회사가 결산을 위해 작성한다(상법 제447조, 제579조). 주식회사의 경우는 주주총회(상법 제449조 제1항), 유한회사의 경우는 사원총회의 승인(상법 제583조, 449조 제1항)을 받아야 한다.

회사가 작성하여야 하는 재무제표의 구성 서류는 재무상태표, 손익계산서 또는 포괄손익계산서,[6] 자본변동표, 현금흐름표, 주석이다. 상법은 외감대상 회사의 경우 재무제표의 구성 서류를 외부감사법과 일치하도록 규정하고 있다(상법 시행령 제16조). 다만 상법은 재무제표에 이익잉여금 처분계산서 또는 결손금 처리계산서를 추가하고 있다. 상법상 이익배당은 주주총회 (사원총회)결의로 정하여야 하므로(상법 제462조 제2항, 제583조) 이익배당결의의 의안으로 이익잉여금 처분계산서의 작성이 필요하다.

표 2 재무제표의 종류

구분	상 법		외부감사법
	비외감대상회사	외감대상 회사	
법	① 대차대조표 ② 손익계산서	① 대차대조표 ② 손익계산서	① 재무상태표 ② 손익계산서 또는 포괄손익계산서
시행령	③ 자본변동표 ④ 이익잉여금 처분계산서 또는 결손금 처리계산서	③ 자본변동표 ④ 이익잉여금 처분계산서 또는 결손금 처리계산서 ⑤ 현금흐름표 ⑥ 주석	③ 자본변동표 ④ 현금흐름표 ⑤ 주석

근거조문: 상법 제447조, 같은 법 시행령 제16조, 외부감사법 제2조, 법 시행령 제2조.

2009년 개정 외부감사법은 대차대조표를 재무상태표로 용어를 변경하여 상법상의 용어와 차이가 발생하였다. 현행법 제2조는 재무상태표 또는 포괄손익계산서를

6) 손익계산서는 일정 기간 동안 기업의 경영성과에 대한 정보를 제공하는 재무보고서이다. 손익계산서는 당해 회계기간의 경영성과를 나타낼 뿐만 아니라 기업의 미래현금흐름과 수익창출능력 등의 예측에 유용한 정보를 제공한다. 포괄손익계산서는 한국채택국제회계기준에 따라 작성되는 손익계산서로 당기손익, 기타포괄손익(당기손익으로 인식하지 않는 수익과 비용), 당기순손익, 총기타포괄손익, 당기손익과 기타포괄손익을 합한 당기포괄손익을 표시하는 보고서이다.

상법(상법 제447조 및 제579조)에 따른 대차대조표 또는 손익계산서로 본다. 이익잉여금 처분계산서 또는 결손금 처리계산서는 상법상 재무제표로서 주석 공시사항으로 기재한다.

(2) 연결재무제표

지배회사는 연결재무제표를 작성하여야 한다. 연결재무제표는 지배회사와 그 지배회사의 모든 종속회사(법인격이 없는 실체를 포함)를 하나의 경제적 실체로 파악하여 작성하는 재무제표이다. 법 제2조 제3호에서 말하는 다른 회사는 외부감사대상이 되는 회사뿐만 아니라 외부감사대상 여부와 관계없이 모든 형태의 회사(합명회사, 합자회사, 유한책임회사, 유한회사, 주식회사)를 포함하고 법인격이 없는 실체(조합, 합자조합)를 포함한다.

지배·종속관계의 판단은 법 제5조 제1항에서 정한 회계처리기준에 따라 판단한다. 연결재무제표를 구성하는 서류는 연결재무상태표, 연결손익계산서 또는 연결포괄손익계산서, 연결자본변동표, 연결현금흐름표, 주석이다. 상법은 외부감사법에 따른 외부감사대상 주식회사는 연결재무제표를 작성하도록 하고 있으나(상법 제447조 제2항, 시행령 제16조 제2항) 연결재무제표의 구성서류는 구체적으로 규정하고 있지 않다.[7] 연결재무제표도 지배회사 주주총회의 승인을 받아야 한다(상법 제449조 제1항).

3. '주권상장법인'과 '대형비상장주식회사'

「자본시장과 금융투자업에 관한 법률」(이하 '자본시장법'으로 줄임)은 '주권상장법인'과 '상장법인'이란 용어를 사용한다. 즉 자본시장법 제9조 제15항 제3호는 ① 증권시장에 상장된 주권을 발행한 법인 또는 ② 주권과 관련된 증권예탁증권이 증권시장에 상장된 경우에는 그 주권을 발행한 법인에 해당하면 주권상장법인으로 정의한다. 이에 비하여 상법은 '상장회사'라는 용어를 사용한다(상법 제542조의2 제1항). 상법 제3편(회사) 제4장(주식회사) 제13절(상장회사에 대한 특례)의 적용대상은 주식회사인 상장회사만이고 자본시장법의 적용대상은 주식회사 이외의 형태인 법인(예: 한국전력공사)도 포함하기 때문이다. 법에서는 자본시장법에 따른 주권상장법인 중 주식회사를

7) 상법은 유한회사의 경우 연결재무제표에 관한 규정을 두고 있지 않다.

'주권상장법인'으로 규정한다. 따라서 사실상 '주권상장주식회사'를 말한다.

대형비상장주식회사란 주권을 상장하지 아니한 주식회사로서 직전 사업연도 말의 자산총액이 1천억 원 이상인 회사를 말한다(법 시행령 제4조). 대형비상장주식회사는 감사인의 자격(회계법인만 감사가능)(법 제9조 제1항), 동일이사 연속감사 제한(법 제9조 제5항), 동일 감사인 3년 계약 의무화(법 제10조 제3항), 감사인 선임방법(법 제10조 제4항), 증권선물위원회에 의한 감사인 지정(법 제11조), 감사인의 해임(법 제13조) 등과 같은 규제를 상장회사와 동일하게 받는다. 대형비상장주식회사에 대한 회계규율을 강화한 이유는 대형비상장주식회사는 자산규모, 매출액, 종업원 수 등에서 소규모상장회사보다 더 큰 영향을 미칠 수 있음에도 감사의 투명성이 낮아 상장회사와 비상장회사 간의 규제차익이 존재하여 상장기피 요인으로 작용하였던 문제점을 해소하기 위함이다.[8)]

4. 임원

법은 임원에 이사와 감사를 비롯하여, 감사위원회 위원, 집행임원 및 상법상 업무집행지시자 등을 포함하고 있다. 따라서 주식회사가 상법에 따른 집행임원을 두는 경우에는 그 집행임원도 임원에 해당한다. 법은 주식회사가 감사 대신에 감사위원회를 설치한 경우는[9)] 감사위원회 위원(감사위원)을 임원에 포함하는 것으로 규정한다. 다만 감사위원은 동시에 이사이다.

상법 제401조의2(업무집행지시자 등의 책임)는 주식회사의 이사가 아니면서 실제로 업무집행을 하는 자에게 회사 또는 제3자에 대한 손해배상책임을 부과하기 위한 규정이고 법에서도 벌칙을 규정하면서 상법 제401조의2 제1항에 규정한 자(업무집행지시자 등)를 처벌의 대상자로 특정하고 있다. 업무집행지시자 등을 법상 임원으로 보기 때문에 시행령 제12조에 따른 감사인선임위원회의 구성을 할 때 유의해야 한다. 감사인선임위원회의 구성원 중에는 주주 중에서 의결권있는 주식을 가장 많이 소유한 주주 2인을 포함하여야 하지만 해당 회사의 임원인 주주를 제외하므로 업무집행지시자

8) 국회정무위원회, 「주식회사의 외부감사에 관한 법률 일부개정법률안(〈외부감사 대상 확대 및 회계법인 대표이사 제재 등〉 김해영의원 대표발의 의안번호 제792호, 박용진의원 대표발의 의안번호 제1058호, 배광덕의원 대표발의 의안번호 제2348호) 검토보고서」(2016. 11), 13~16면 참조.

9) 상법은 주식회사의 업무감사와 회계감사를 위하여 감사(監事)를 두도록 한다. 주식회사가 감사위원회를 두는 경우는 감사를 둘 수 없다. 즉 감사위원회는 감사를 대체하는 기관이다.

등에 해당하는 주주는 임원인 주주에 해당하여 감사인선임위원회 위원이 될 수 없다.

유한회사의 경우도 주식회사와 같은 임원의 범위가 적용된다. 다만 유한회사는 주식회사와는 기관구성이 다르므로 유한회사의 임원에는 이사와 감사만이 해당한다. 유한회사는 이사를 1인 이상 두어야 한다. 회사 설립시 초대이사는 정관으로 정할 수 있고 회사성립 후에는 이사는 사원총회에서 선임한다. 유한회사의 감사는 임의기관이다. 감사를 두는 경우에 선임방법은 이사와 같다.

5. 감사인

외부감사법에 따른 감사인이란 공인회계사법에 따라 ① 공인회계사가 회계에 관한 감사 등의 직무(공인회계사법 제2조)를 조직적이고 전문적으로 수행하기 위하여 설립한 회계법인[10]과 ② 한국공인회계사회에 등록한 감사반에 한하여 감사인이 될 수 있다. 법은 상장사 감사인 등록제를 도입하여 2019. 11. 1. 이후 시작되는 사업연도(회사 기준)부터 적용하고 있다.

회계법인은 공인회계사의 직무를 조직적이고 전문적으로 수행하기 위하여 공인회계사법에 따라 설립하여 금융위원회에 등록한다. 감사반은 외부감사법에 따라 개업공인회계사 3인 이상이 외부감사를 위해서 한국공인회계사회에 등록함으로써 만들어진다(법 시행규칙 제2조).

외부감사는 회계법인과 감사반만 할 수 있으므로 개인회계사는 외부감사가 금지된다. 또한 주권상장법인과 대형비상장회사, 금융회사는 회계법인만 외부감사를 할 수 있다(법 제9조, 제9조의2). 법 제9조 제1항 제1호 단서는 대통령령으로 정하는 주권상장법인은 제외한다고 규정하고 있고, 법 제9조 제7항에서 감사반인 감사인은 대통령령으로 정하는 주권상장법인인 회사의 3개 사업연도 연속 감사시 참여 공인회계사의 3분의 2를 교체하여야 한다고 함으로써 감사반도 대통령령으로 정하는 주권상장법인의 감사가 가능한 것처럼 되어 있다. 그러나 법 시행령은 제9조 제1항 단서에 해당하는 주권상장법인을 정하고 있지 않고 있으며, 법 제9조의2 제1항에서 '제9조에도 불구하고 주권상장법인의 감사인이 되려는 자는 회계법인'이어야 한다고 되어 있으므로 감사반은 외부감사법상 주권상장법인을 감사할 수가 없다.

---

10) 회계법인은 금융위원회에 등록하여야 한다(공인회계사법 제24조).

표 3 회계법인과 감사반의 비교

구분	회계법인	감사반
근거법률	공인회계사법	외부감사법
등록	금융위원회	한국공인회계사회
이사규정	3인 이상의 이사	없음
공인회계사의 수	10인 이상의 공인회계사	3인 이상의 공인회계사 (개인사무소를 운영하는 공인회계사가 외부감사법 대상 감사를 위해서 3인 이상이 모여 등록)
자본금	5억 원	없음 (법인이 아님)
손해배상준비금	3년간 평균 매출액 10%에 달할 때까지 매년 2%적립	1인당 5천만 원 개인보험 및 공제조합 가입의무
손해배상 공동기금 (외부감사법)	기본: 100인 이상 2.5억 원 100인 미만 0.5억 원 연간: 3개년 평균 외부감사 매출액의 20%까지 매년 4% 적립 추가: 증권선물위원회 조치시 전체감사보수의 3%한도로 추가 적립 가능	없음

출처: 국회정무위원회, 「주식회사의 외부감사에 관한 법률 전부개정법률안(정부제출 의안번호 제5075호) 검토보고서」(2017. 3), 51면.

6. 감사보고서

(1) 의의

법에서 말하는 감사보고서는 감사인이 회사가 작성한 재무제표와 연결재무제표에 대하여 회계감사기준에 따라 감사한 후 감사의견(감사결과)을 표명表明한 보고서를 말한다(법 제18조 제1항). 감사보고서에는 감사범위, 감사의견과 이해관계인의 합리적 의사결정에 유용한 정보가 포함되어야 하며 내부회계관리제도의 검토결과 또는 감사결과에 대한 종합의견을 표명하여야 한다.

상법에서도 감사보고서란 용어를 사용한다. 상법상 감사보고서는 감사가 재무제표를 감사한 후 법정사항을 적어서 이사에게 제출하는 서류를 가리킨다(상법 제447조의4).

(2) 감사보고서 내용

법에 따라 감사인의 감사보고서에는 ① 감사범위, 감사의견, 이해관계인의 합리적 의사결정에 유용한 정보(회사가 작성한 재무제표, 외부감사 참여인원 수, 감사내용, 소요시간 등 외부감사 실시내용을 적은 서류를 첨부)(법 제18조 제2항·제3항)와 ② 내부회계관리제도의 운영실태에 관한 보고내용 검토결과 또는 감사결과에 대한 종합의견(법 제8조 제7항)이 포함되어야 한다.

감사보고서의 감사의견은 재무제표가 회계처리기준에 따라 작성되었는지를 기술하는 것으로 단순히 적정 또는 비적정과 같은 결과만을 전달하게 되면 회사의 특성이나 감사과정에 대한 정보전달이 미흡하다는 문제점이 있게 된다. 이를 보완하기 위한 것이 핵심감사제Key Audit Matters; KAM이다. 핵심감사제는 감사인이 '회사의 재무제표 또는 경영 전반에 핵심적으로 유의해야 할 사항'을 중점적으로 감사하고 그 구체적인 내용을 감사보고서에 기재하도록 한다. 우리나라는 2015년 10월 수주산업 회계투명성 제고방안을 통해 도입하였다.

(3) 감사보고서 제출·공시

감사인은 감사보고서를 회사·증권선물위원회·한국공인회계사회에 제출하여야 한다(법 제23조 제1항). 증권선물위원회와 한국공인회계사회는 제출받은 감사보고서를 3년 동안 일반인이 열람할 수 있도록 하고 인터넷 홈페이지에 게시하여야 한다(법 제23조 제2항, 법 시행령 제27조 제4항). 유한회사의 경우 매출액, 이해관계인의 범위 또는 사원 수를 고려하여 열람되는 회사의 범위 및 감사보고서의 범위를 시행령으로 달리 정할 수 있으나(법 제23조 제2항 단서), 현재까지 시행령은 예외를 정하고 있지 않다.

자본시장법 제159조 제1항에 따른 사업보고서 제출대상법인인 회사가 사업보고서에 감사보고서를 첨부하여 금융위원회와 거래소에 제출하는 경우에는 감사인이 증권선물위원회 및 한국공인회계사회에 감사보고서를 제출한 것으로 본다. 사업보고서에는 감사인의 감사보고서가 첨부되기 때문이다(자본시장법 시행령 제168조 제6항).

자본시장법 제160조에 따라 사업보고서 제출대상법인은 반기보고서와 분기보고서를 금융위원회와 거래소에 제출하여야 한다. 이 경우 감사인이 반기·분기보고서에 포함된 재무제표에 대한 확인 및 의견표시를 하는 반기재무제표에 대한 검토보고서 또는 분기재무제표에 대한 검토보고서를 첨부한다.[11)]

---

11) 법원은 반기·분기재무제표는 외부감사법 적용대상이 아니라고 본다. 대법원 2008. 7. 10. 선고 2008도4068 판결; 대법원 2011. 3. 24. 선고 2010도17396 판결.

(4) 부실감사보고서 관련 책임

감사보고서는 증권선물위원회의 감리대상이 된다(법 제26조). 증권선물위원회는 감사인이 제출한 감사보고서가 법에서 규정한 회계감사기준의 준수여부를 감리한다. 증권선물위원회는 감사인이 감사보고서에 적어야 할 사항을 적지 아니하거나 거짓으로 적은 경우 위반사실을 공시할 수 있다(법 제30조 제1항). 금융위원회는 감사인이 고의 또는 중대한 과실로 회계감사기준을 위반하여 감사보고서를 작성한 경우에는 그 감사인에 대하여 해당 감사로 받은 보수의 5배를 초과하지 아니하는 범위에서 과징금을 부과할 수 있다(법 제35조 제2항).

감사인은 감사보고서와 관련하여 제3자에 대한 손해배상책임을 진다. 즉 감사인이 중요한 사항에 관하여 감사보고서에 적지 아니하거나 거짓으로 적음으로써 이를 믿고 이용한 제3자에게 손해를 발생하게 한 경우에는 그 감사인은 제3자에게 손해를 배상할 책임이 있다. 다만, 연결재무제표에 대한 감사보고서에 중요한 사항을 적지 아니하거나 거짓으로 적은 책임이 종속회사 또는 관계회사의 감사인에게 있는 경우에는 해당 감사인은 이를 믿고 이용한 제3자에게 손해를 배상할 책임이 있다(법 제31조).

부실감사보고서는 또한 형사처벌의 대상이 된다. 감사인 또는 그에 소속된 공인회계사가 감사보고서에 기재하여야 할 사항을 기재하지 아니하거나 거짓으로 기재한 경우에는 10년 이하의 징역 또는 그 위반행위로 얻은 이익 또는 회피한 손실액의 2배 이상 5배 이하의 벌금에 처하며 일정한 경우 가중될 수 있다(법 제39조).

[심 영]

제 1 장 총칙

제3조(다른 법률과의 관계)

① 회사의 외부감사에 관한 다른 법률을 제정하거나 개정하는 경우에는 이 법의 목적과 기본원칙에 맞도록 하여야 한다.

② 공인회계사의 감사에 관한 「자본시장과 금융투자업에 관한 법률」의 규정이 이 법과 다른 경우에는 그 규정을 적용한다. 다만, 회사의 회계처리기준에 관한 사항은 그러하지 아니하다.

Ⅰ. 입법취지

제3조는 외부감사에 관한 기본법으로서의 위치를 부여하고 있다. 외부감사법은 회계처리 및 외부감사에 관한 기본법으로서의 역할을 하고 있어 이를 감안하여 다른 법률과의 관계를 정하고 있다.[1] 따라서 다른 법률에서 회사의 외부감사에 관한 사항을 제정하거나 개정하는 경우에 이 법의 목적과 기본원칙에 맞도록 하여야 한다.

Ⅱ. 자본시장법과의 관계

자본시장법 제10조 제1항은 '금융투자업에 관하여'는 다른 법률에 특별한 규정이 있는 경우를 제외하고는 자본시장법이 정하는 바에 따르도록 한다. 자본시장법 제10조 제1항은 다른 법률이 자본시장법의 적용을 배제할 수 있고 자본시장법에 우선하여 적용될 수 있다는 취지로 해석된다. 그러나 외부감사법은 공인회계사의 감사에 관한 자본시장법의 규정이 외부감사법과 다른 경우에도 외부감사법이 아닌 자본시장법의 규정을 적용하도록 한다. 이 규정은 자본시장법 제10조 제1항과 배치되지 않는

1) 건강가정기본법, 건축기본법, 농업·농촌 및 식품산업 기본법, 문화기본법, 물관리기본법, 물류정책기본법, 사회보장기본법, 식품안전기본법 등에도 이와 같은 규정을 찾아 볼 수 있다.

다. 다만, 법 제3조 제2항 단서의 "회사의 회계처리기준에 관한 사항은 그러하지 아니하다"라는 것은 자본시장법 제10조 제1항에서 말한 자본시장법의 적용을 배제하는 특별규정으로 보아야 한다.[2)]

자본시장법에서 신탁재산의 회계처리에 관하여 외부감사에 관한 사항 중 회계처리기준 이외의 사항(제114조[3)]), 사업보고서 제출연장에 관한 사항(제165조[4)]), 외국법인등에 대한 회계감사 특례(제169조 제3항[5)]), 회계감사인의 손해배상 금액(제170조[6)]), 집합투자재산의 회계처리에 관한 외부감사에 관한 사항(제240조[7)]) 등은 외부감사법의 감사에 관한 사항보다 우선 적용된다.

---

2) 자본시장법에도 금융투자업자의 회계처리(제32조), 신탁재산의 회계처리(제114조), 집합투자재산의 회계처리(제240조)에 관한 규정이 있으나, 회사의 회계처리기준에 관하여는 외부감사법과 충돌하는 경우에는 외부감사법이 우선한다.

3) 자본시장법 제114조에서 신탁업자는 신탁재산에 대하여 그 신탁업자의 매 회계연도 종료 후 2개월 이내에 회계감사를 받도록 하고(제3항), 신탁재산의 회계감사인을 선임하거나 교체하는 경우에는 그 선임일 또는 교체일부터 1주 이내에 금융위원회에 그 사실을 보고하여야 하며(제4항), 회계감사인의 선임기준, 감사기준, 회계감사인의 권한, 회계감사보고서의 제출 및 공시 등에 관하여 필요한 사항을 대통령령으로 정하도록 하고 있는데(제9항), 이러한 내용은 외부감사법의 감사에 관한 사항보다 우선 적용된다.

4) 자본시장법 제165조 제3항 "사업보고서 제출대상법인은 회계감사인과 감사보고서 작성을 위하여 부득이 사업보고서 등의 제출기한 연장이 필요하다고 미리 합의하고, 사업보고서 등의 제출기한 만료 7일 전까지 금융위원회와 거래소에 기한 연장 사유를 기재하여 신고한 경우에는 연1회에 한정하여 사업보고서 등 제출기한을 5영업일 이내에 연장하여 제출할 있다."

5) 자본시장법 제169조 제3항 "외국법인등이 외국 금융투자업관련 법령에 따라 회계감사를 받은 경우로서 대통령령으로 정하는 기준을 충족하였을 경우에는 제1항 본문에 따른 회계감사를 받은 것으로 본다. 이 경우 제2항은 외국 금융투자업관련 법령에 따라 회계감사를 한 회계감사인("외국회계감사인") 또는 회계감사를 받은 외국법인등에게 준용한다."

6) 자본시장법 제170조(회계감사인의 손해배상책임) ①「주식회사 등의 외부감사에 관한 법률」 제31조 제2항부터 제9항까지의 규정은 선의의 투자자가 사업보고서등에 첨부된 회계감사인(외국회계감사인을 포함한다. 이하 이 조에서 같다)의 감사보고서를 신뢰하여 손해를 입은 경우 그 회계감사인의 손해배상책임에 관하여 준용한다.
② 제1항에 따라 배상할 금액은 청구권자가 그 증권(그 증권과 관련된 증권예탁증권, 그 밖에 대통령령으로 정하는 증권을 포함한다. 이하 이 조에서 같다)을 취득 또는 처분함에 있어서 실제로 지급한 금액 또는 받은 금액과 다음 각 호의 어느 하나에 해당하는 금액(처분의 경우에는 제1호에 한한다)과의 차액으로 추정한다.
1. 제1항에 따라 손해배상을 청구하는 소송의 변론이 종결될 때의 그 증권의 시장가격(시장가격이 없는 경우에는 추정처분가격을 말한다)
2. 제1호의 변론종결 전에 그 증권을 처분한 경우에는 그 처분가격
③ 제2항에 불구하고 제1항에 따라 배상책임을 질 자는 청구권자가 입은 손해액의 전부 또는 일부가 중요사항에 관하여 거짓의 기재 또는 표시가 있거나 중요사항이 기재 또는 표시되지 아니함으로써 발생한 것이 아님을 증명한 경우에는 그 부분에 대하여 배상책임을 지지 아니한다.

7) 자본시장법 제240조 제3항에서 투자신탁이나 투자익명조합의 집합투자업자 또는 투자회사등은 집합투자재산에 대하여 회계감사인의 회계감사를 받도록 하고 있다.

Ⅲ. 보론: 상법과의 관계[8)]

외부감사법이 제정된 후로부터 오늘에 이르기까지 동법은 일정한 범위의 주식회사에 대한 회계처리기준을 제시하고 외부감사의 절차를 정하고 있어 상법 제3편(회사)의 특별법으로 인식되어 왔다.[9)] 외부감사의 대상이 되는 회사의 유형과 관련하여 외부감사법이 주식회사 이외에 유한회사를 편입시키고 있다는 점, 외부감사인이 경영진에 대한 견제역할을 충실히 수행할 수 있게 하기 위하여 감사 또는 감사위원회가 외부감사인의 선임과정의 전반에 적극적으로 참여할 것을 요구하고 있다는 점, 그리고 외부감사인의 선임과 관련하여 그간 시행되어 왔던 자유수임제를 제한하고 지정감사제를 확대하는 것을 내용으로 하는 제도를 마련하고 있다는 점 등에서 구 외부감사법의 기본적 사항을 지탱해 오던 패러다임을 수정하고 있기는 하지만 여전히 특정한 사항에 대해서는 상법의 특별법으로서의 지위를 가진다는 것에는 변함이 없다.[10)]

[심 영]

8) 권재열, "「주식회사 등의 외부감사에 관한 법률」과 상법(회사편)의 충돌", 「경희법학」 제53권 제2호(경희대학교, 2019), 59면.

9) 박정우·정래용, 「세법과 기업회계, 상법 및 증권거래법 등과의 합리적인 조화방안에 관한 연구」(2004), 58면.

10) 외부감사법상의 모든 규정이 상법의 특별법으로서의 지위를 가지는 것은 아니다. 하급심 판결 중에는 이 같은 지위를 분명하게 확인한 것이 있다. 예컨대, 울산지방법원은 "외부감사인의 감사보고서는 회계감사에 한정된 판단만 기재되었다고 볼 수 있음에 대하여, 상법상의 감사보고서는 감사의 회계감사권 외에도 이사의 업무집행 전반에 대한 '업무감사권'에 기한 판단도 기재된다고 할 것이어서, 양자의 감사보고서는 그 기능면에서 일치한다고 할 수 없으므로 주식회사의 외부감사에 관한 법률이 상법의 특별법으로서 상법상의 감사보고서에 관한 규정을 배제한다고 보기"는 어렵다고 판결하였다(울산지방법원 2003. 11. 19. 선고 2003가합1485 판결).

한국공인회계사회 회계법연구회
주석외부감사법

제 2 장

회사 및 감사인

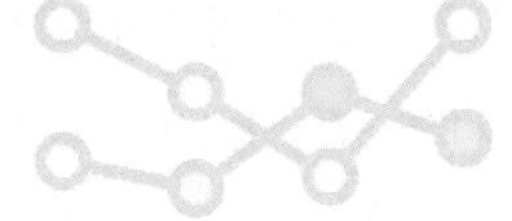

제2장은 외부감사법의 핵심으로서 총 24개의 실체적인 규정으로 구성되어 있다. 외부감사의 대상을 규정한 제4조부터 시작하여 회계처리기준을 밝히고 있고(제5조), 재무제표의 작성책임자를 분명히 하고 있으며(제6조), 지배회사의 권한을 명정하고 있다(제7조). 제8조에서 내부회계관리제도의 운영에 관하여 자세히 규정하고 있으며, 그 다음으로 감사인의 자격 제한(제9조), 감사인의 등록 및 취소(제9조의2), 감사인의 선임, 지정, 보고 및 해임(제10조부터 제13조까지)을 규율하는 조문을 두고 있다. 아울러 전기감사인의 의견진술권(제14조)을 규정하는 한편 감사인의 감사계약 해지(제15조)에 관하여 정하고 있다. 또한 회계감사기준(제16조), 표준 감사시간(제16조의2), 품질관리기준(제17조), 감사보고서의 작성(제18조), 감사조서(제19조), 비밀엄수(제20조), 감사인의 권한(제21조), 부정행위 등의 보고(제22조), 감사보고서의 제출(제23조), 주주총회 등에의 출석(제24조), 회계법인의 사업보고서 제출과 비치·공시(제25조) 등 다양한 내용을 담고 있다.

제4조(외부감사의 대상)

① 다음 각 호의 어느 하나에 해당하는 회사는 재무제표를 작성하여 회사로부터 독립된 외부의 감사인(재무제표 및 연결재무제표의 감사인은 동일하여야 한다. 이하 같다)에 의한 회계감사를 받아야 한다.

1. 주권상장법인
2. 해당 사업연도 또는 다음 사업연도 중에 주권상장법인이 되려는 회사
3. 그 밖에 직전 사업연도 말의 자산, 부채, 종업원수 또는 매출액 등 대통령령으로 정하는 기준에 해당하는 회사. 다만, 해당 회사가 유한회사인 경우에는 본문의 요건 외에 사원 수, 유한회사로 조직변경 후 기간 등을 고려하여 대통령령으로 정하는 기준에 해당하는 유한회사에 한정한다.

② 제1항에도 불구하고 다음 각 호의 어느 하나에 해당하는 회사는 외부의 감사인에 의한 회계감사를 받지 아니할 수 있다.

1. 「공공기관의 운영에 관한 법률」에 따라 공기업 또는 준정부기관으로 지정받은 회사 중 주권상장법인이 아닌 회사
2. 그 밖에 대통령령으로 정하는 회사

법 시행령 제5조(외부감사의 대상) ① 법 제4조 제1항 제3호 본문에서 "직전 사업연도 말의 자산, 부채, 종업원 수 또는 매출액 등 대통령령으로 정하는 기준에 해당하는 회사"란 다음 각 호의 어느 하나에 해당하는 회사를 말한다.

1. 직전 사업연도 말의 자산총액이 500억 원 이상인 회사
2. 직전 사업연도의 매출액(직전 사업연도가 12개월 미만인 경우에는 12개월로 환산하며, 1개월 미만은 1개월로 본다. 이하 같다)이 500억 원 이상인 회사
3. 다음 각 목의 사항 중 3개 이상에 해당하지 아니하는 회사
   가. 직전 사업연도 말의 자산총액이 120억 원 미만
   나. 직전 사업연도 말의 부채총액이 70억 원 미만
   다. 직전 사업연도의 매출액이 100억 원 미만
   라. 직전 사업연도 말의 종업원(「근로기준법」 제2조 제1항 제1호에 따른 근로자를 말하며, 다

음의 어느 하나에 해당하는 사람은 제외한다. 이하 같다)이 100명 미만

1)「소득세법 시행령」 제20조 제1항 각 호의 어느 하나에 해당하는 사람

2)「파견근로자보호 등에 관한 법률」 제2조 제5호에 따른 파견근로자

② 법 제4조 제1항 제3호 단서에서 "대통령령으로 정하는 기준에 해당하는 유한회사"란 제1항 제1호 또는 제2호에 해당하거나, 같은 항 제3호 각 목의 사항 및 직전 사업연도 말의 사원(「상법」 제543조 제1항에 따른 정관에 기재된 사원을 말한다. 이하 같다)이 50명 미만인 경우 중 3개 이상에 해당하지 아니하는 유한회사를 말한다. 다만, 2019년 11월 1일 이후 「상법」 제604조에 따라 주식회사에서 유한회사로 조직을 변경한 유한회사는 같은 법 제606조에 따라 등기한 날부터 5년간 제1항에 따른다.

③ 법 제4조 제2항 제2호에서 "대통령령으로 정하는 회사"란 다음 각 호의 회사를 말한다.

1. 해당 사업연도에 최초로 「상법」 제172조에 따라 설립등기를 한 회사
2. 법 제10조 제1항 및 제2항에 따른 감사인 선임기간의 종료일에 다음 각 목의 어느 하나에 해당되는 회사[감사인을 선임한 후 다음 각 목의 어느 하나에 해당하게 된 회사로서 「금융위원회의 설치 등에 관한 법률」 제19조에 따른 증권선물위원회(이하 "증권선물위원회"라 한다)가 인정하는 회사를 포함한다]

가.「지방공기업법」에 따른 지방공기업 중 주권상장법인이 아닌 회사

나.「자본시장과 금융투자업에 관한 법률」 제9조 제18항 제2호 및 제3호에 따른 투자회사 및 투자유한회사, 같은 법 제249조의13에 따른 투자목적회사

다.「기업구조조정투자회사법」 제2조 제3호에 따른 기업구조조정투자회사

라.「자산유동화에 관한 법률」 제2조 제5호에 따른 유동화전문회사

마.「민법」 제32조에 따라 금융위원회의 허가를 받아 설립된 금융결제원으로부터 거래정지처분을 받고 그 처분의 효력이 지속되고 있는 회사. 다만, 「채무자 회생 및 파산에 관한 법률」에 따라 회생절차의 개시가 결정된 회사는 제외한다.

바. 해산·청산 또는 파산 사실이 등기되거나 1년 이상 휴업 중인 회사

사.「상법」 제174조에 따라 합병절차가 진행 중인 회사로서 해당 사업연도 내에 소멸될 회사

아. 그 밖에 가목부터 사목까지에 준하는 사유로 외부감사를 할 필요가 없는 회사로서 금융위원회가 고시하는 기준에 해당하는 회사

Ⅰ. 입법취지

실정법상 법률의 적용 범위에 관련한 규정은 그 법률의 효력이 어느 대상에게 어

느 범위까지 미치는지를 정하는 것을 내용으로 하는데, 이는 국민의 권리·의무와 밀접하게 연관되어 있다.[1] 법은 그 적용대상이 되는 회사를 주식회사와 유한회사를 의미하는 것으로 규정하기는 하지만(법 제2조 제1호) 그 구체적인 적용범위를 명시적으로 정한 규정을 찾을 수는 없다. 다만, 외부감사의 대상을 분명히 하고 있을 뿐이다.

법 제4조는 외부감사의 대상을 한정적으로 나열하여 규정하는 방식, 이른바 적극적 규정방식Positive System을 취하고 있고, 그 적용대상을 정함에 있어 2가지 기준으로 상장 여부와 자산, 부채, 종업원의 수 또는 매출액 등을 사용하고 있다.

다만, 법 시행령 제5조 제1항 제1호와 제2호에서는 자산총액 500억 원과 매출액 500억 원 이상의 회사를 외부감사 대상으로 하면서, 시행령 제5조 제3호는 자산, 부채, 매출액, 종업원의 구체적인 기준 요건 중 3개 이상에 해당하지 아니한 경우에는 외부감사 대상에 포함시키는 방식으로 규정하고 있다.

법의 적용으로 많은 자들이 영향을 받을 경우에는 법의 적절성에 대한 합의가 이루어질 가능성이 감소한다. 즉, 적용대상의 범위가 크면 클수록, 또는 적용될 경우의 범위가 넓으면 넓을수록 모든 대상에 두드러지게 적합한 규범을 찾는 것은 더 곤란하다는 것이다.[2] 제4조가 정한 외부감사의 의무대상이 비교적 넓다보니 그 대상을 동일하게 취급하는 것에 대한 정당성을 모색할 필요성이 대두되었고, 그 결과 시행령에 다소 자세하게 규정한 점이 특징이다.

II. 외부감사의 의의

법에 따르면 외부감사는 회계처리를 적정하게 하기 위하여 회사로부터 독립된 외부의 감사인이 그 회사에 대하여 실시하는 회계감사로 정의된다. 주식회사에 대한 감사는 내부감사와 외부감사로 나뉜다. 전자는 감사·감사위원회가 수행하는 반면에 후자는 법이 정한 특정한 요건을 충족하면 의무적으로 실시하여야 한다. 또한 감사인의 임무는 회계감사에 한정된다는 점에서 회계감사와 업무감사를 모두 수행하는 상법상의 기관인 감사 또는 감사위원회와는 구별된다. 주식회사의 감사 내지 감사위

1) 법제처, 「법령 입안·심사 기준」(법제처, 2012), 109면.

2) Alan Watson, Comparative Law and Legal Change, 37 Cambridge Law Journal 313, 330(1978).

원회는 필수기관이지만, 유한회사의 감사는 임의기관(상법 제568조 제1항)이다. 따라서 유한회사의 경우에는 내부감사를 받는 것이 의무는 아니다. 그러나 법은 유한회사가 주식회사와 그 경제적 실질이 유사하다고 보아 회계감독 관련 규제의 형평을 도모하고 회계정보 이용자의 올바른 판단을 유도하기 위하여 외부감사의 대상으로 포함시키고 있다. 이상과 같이 제4조는 법에 따른 외부감사의 대상 범위를 정한 규정이라는 점에서 사실상 법의 적용범위를 정하는 것을 내용으로 하고 있다고 하더라도 지나치지 않다.

Ⅲ. 외부감사 대상 회사

1. 주권상장법인

금융투자상품을 사고파는 자본시장이 원활하게 운영되기 위해서는 선행적으로 정보의 투명성이 보장되어야 한다. 투자대상 기업에 관하여 정보를 획득하는 다양한 수단 중에서 가장 기본적이면서도 중요한 것으로서 그 기업의 재무제표를 들 수 있다. 즉, "기업의 재무제표 및 이에 대한 외부감사인의 회계감사 결과를 기재한 감사보고서는 대상 기업의 정확한 재무상태를 드러내는 가장 객관적인 자료로서 [한국]거래소 등을 통하여 일반에 공시되고, 기업의 신용도와 상환능력 등의 기초자료로서 기업이 발행하는 회사채 및 기업어음의 신용등급평가와 금융기관의 여신제공 여부의 결정에 중요한 판단근거"로서 기능하기 때문이다.[3] 이처럼 재무정보에 대한 신뢰성을 확보하기 위하여 법 제4조는 주권상장법인의 경우에는 반드시 법에 따른 외부감사를 받을 것을 요구하고 있다.

2. 주권상장예정법인

법 제4조 제1항 제2목은 해당 사업연도 또는 다음 사업연도 중에 주권상장법인이 되려는 회사는 외부감사법에 따른 외부감사를 받을 의무를 부담하는 것으로 정하

3) 대법원 2017. 12. 22. 선고 2017도12649 판결.

고 있다. 여기서 '주권상장법인이 되려는 회사'가 되기 위해서는 2단계의 절차를 거쳐야 한다. 먼저 상장을 희망하는 회사가 상장예비심사청구계획을 한국거래소에 통보하여야 하고, 그 다음으로 한국거래소가 상장예비심사청구예정기업의 목록을 금융감독원에 전달하게 되는데, 이 과정에서 상장예비심사청구예정기업의 목록에 들어있는 회사가 주권상장법인이 되려는 회사, 즉 주권상장예정법인이다. 물론 유한회사는 증권을 발행할 수 없으므로[4] 상장예정법인은 주식회사에 한한다.

주권발행회사와 투자자 사이에 정보의 비대칭Information Asymmetry이 존재한다는 것은 발행회사의 기업공개와 관련하여 이른바 역선택Adverse Selection을 야기하여 비용을 증가시킬 우려가 있다. 역선택이 있는 경우 주식매매와 관련하여 유동성을 줄이는 부작용을 낳게 된다. 금융시장(자본시장)에서는 유동성이 떨어지는 회사의 주식에 대한 투자를 꺼리게 될 것이어서 그 결과 당해 회사는 주식을 할인하여 발행할 수밖에 없는 처지에 놓인다. 이는 발행회사의 자본금조달의 비용을 높이는 효과가 있게 된다. 만약 엄격한 회계처리기준과 외부감사를 통해 정보의 비대칭을 완화한다면 할인발행을 줄일 수 있어 자금조달비용을 낮출 수 있다.[5] 이에 제4조는 장래 주권을 상장하려는 회사에 대해서도 법을 적용하여 외부감사를 요구하고 있다.

이에 포함되는 회사의 구체적인 유형으로 다음의 2가지가 있다. 첫째, 자본시장법 제390조에 따른 상장규정에 따른 우회상장되는 주식회사에 대해서는 법이 적용된다(외감규정 제2조 제1항 제1호). 우회상장은 비상장회사가 상장을 위한 심사나 공모주청약 등의 절차를 밟지 않은 채 상장회사와의 인수·합병 등을 통해 곧바로 증권시장에 상장하는 것을 말한다. 이 같은 방식의 상장기회를 이용하여 비상장주식회사는 복잡한 절차를 거치지 않고 상장할 수 있음과 동시에 기존 상장회사는 규모의 경제를 추구할 수 있다. 만약 비상장회사가 회계처리를 불투명하게 하였거나 내부회계관리제도를 제대로 구축하지 못하여 그 가치가 과대평가되었다면 우회상장은 기존 상장회사의 가치를 감소시켜 그 주주에게 피해를 가져다 줄 여지가 있다. 이에 우회상장하는 회사의 경우에는 자본시장의 신뢰성을 강화하기 위한 차원에서 외부감사의 대상으로 정하고 있는 것이다.

---

4) 유한회사는 지분을 증권화할 수 없으므로(상법 제555조) 증권형태로 상장될 수 없다.

5) Christian Leuz & Robert E. Verrecchia, The Economic Consequences of Increased Disclosure, 38 Journal of Accounting Research 91, 92(2000).

둘째, 자본시장법 시행령 제6조 제4항 제14호에 따른 기업인수목적회사Special Purpose Acquisition Company; SPAC와의 합병상장이 인정되는 회사도 외부감사를 받아야 한다. 여기서 '기업인수목적회사'라 함은 주식의 공모를 통해 거래소에 상장하여 마련한 자금으로 다른 기업을 인수합병M&A하는 것을 유일한 사업목적으로 하는 명목상의 회사Paper Company를 가리킨다. 비상장회사가 기업인수목적회사와 합병하여 상장하는 것은 사실상 우회상장하고 동일하므로 외부감사의 대상이 된다.

3. 일정한 기준에 해당하는 비상장주식회사

가. 일반기준

외부감사를 의무적으로 받게 되면 재무제표에 대한 신뢰가 제고되어 정보위험Information Risk을 줄이는 효과가 있다. 일반적으로 비상장주식회사는 자원배분을 담당하는 금융시장을 이용하지 않는다는 점에서 그러한 회사의 경우 대개 외부감사에 투입하여야 하는 노력과 비용이 오히려 큰 부담으로 작용할 수 있다. 이에 회사의 경영부담을 감안하여 법은 일정한 기준에 해당하는 비상장주식회사에 한하여 외부감사를 의무화하고 있다.

강제적인 외부감사를 받아야 하는 비상장주식회사를 골라내는 기준을 어떻게 설정할지는 입법정책적으로 판단할 사항이다. 2018년 11월 외부감사법이 전면개정되어 시행되기 전까지는 외부감사 대상이 되는 회사의 범위를 정할 때 자산·부채·종업원의 수를 기준으로 하였지만 법은 매출액도 새로운 기준으로 포함시키고 있다는 점이 특징이다. 이처럼 의무적인 외부감사의 기준을 다양화한 것은 설령 자산, 부채 등을 자의적으로 낮추더라도 외부감사의 대상으로부터 빠져나갈 수 없도록 하는 데 그 이유가 있다. 또한 매출액이 회사의 경제적 실질을 반영하는 지표라는 점에서 매출액을 기준으로 신설하고 있다. 즉, 매출액의 규모는 회사의 재무상황 내지 재무건전성과 관련성이 높다는 점 및 매출액의 규모가 시장에 미치는 영향력의 크기와 연계되어 있다는 점을 고려한 결과이다.

제4조에 의하여 외부감사가 의무화되는 대상[6]을 나누어 살펴보면 아래와 같다.

---

6) 법 제42조 제4호에서는 정당한 이유 없이 외부감사 대상이 되는 법인이 법정 기한 내에 감사인을 선임하지 아니한 경우

우선, 자산규모면에서 직전 사업연도 말의 자산총액이 500억 원 이상인 회사이거나 매출액 규모에서 직전 사업연도의 매출액이 500억 원 이상인 회사는 법의 적용을 받는다. 후자의 경우 직전 사업연도가 12개월 미만인 경우에는 12개월로 환산하며, 1개월 미만은 1개월로 본다.

다음으로, '직전 사업연도 말의 자산총액이 120억 원 미만,' '직전 사업연도 말의 부채총액이 70억 원 미만,' '직전 사업연도의 매출액이 100억 원 미만' 및 '직전 사업연도 말의 종업원이 100명 미만'의 기준 중에서 3개 이상에 해당하지 않는 비상장주식회사는 외부감사를 받아야 한다. 여기서의 '종업원'이라 함은 근로기준법 제2조 제1항 제1호에 따른 근로자를 말하며, 소득세법 시행령 제20조 제1항 각 호의 어느 하나에 해당하는 일용근로자와 「파견근로자보호 등에 관한 법률」 제2조 제5호에 따른 파견근로자는 제외한다. 일용근로자는 일반적으로 근로기간이나 장소가 불규칙·부정기적이다 보니 그 수를 기준으로 삼기가 곤란하기 때문에 제외시킨 것이다. 파견근로자는 임금을 지급하고 고용관계가 유지되는 고용주와 업무지시를 하는 사업주가 일치하지 않아 당해 회사(사업주)의 종업원으로 보는 것이 당연하다고 할 수 없어 그 수를 제외하라는 것이다.

나. 특칙

일정한 기준에 해당하는 비상장주식회사가 사업연도 중에 분할하거나 합병하여 상법 제172조에 따라 설립등기를 한 회사는 설립등기를 한 날을 기준으로 최초 사업연도에 직전 사업연도 말의 자산총액이 500억 원 이상인 회사이거나 '직전 사업연도 말의 자산총액이 120억 원 미만'이면서 '직전 사업연도 말의 부채총액이 70억 원 미만'이고 '직전 사업연도 말의 종업원이 100명 미만'인 회사가 아니라면 외부감사를 면제받는 대상회사인 신설회사에 해당하지 않는 것으로 본다. 즉, 위의 기준에 해당하는 회사는 형식적으로는 신설회사임에도 불구하고 기존의 회사를 분할 또는 합병에 의하여 포괄승계하는 까닭에 투자자 보호차원에서 외부감사 의무대상회사로 간주하는 것이다(외감규정 제2조 제2항).

에는 형사제재를 하도록 하고 있다. 그러나 가결산 결과 사업연도 말의 자산 등이 외부감사 대상 기준에 미달한다고 판단되고 회사가 외부감사를 피하기 위하여 고의적으로 가결산 결과를 조작하였다고 볼 수 없다면 실제 법정기한 이후에 감사인을 선임이 가능하고, 기한 이후에 감사인을 선임하였다는 이유만으로 형사제재를 받지 아니한다고 보아야 한다.

4. 일정한 기준에 해당하는 유한회사

가. 일반기준

제4조는 자산·부채·종업원의 수 및 매출액을 기준으로 하여 일정한 규모 이상의 유한회사에 적용된다. 구체적으로 살펴보면, 제4조에 따라 자산규모면에서 직전 사업연도 말의 자산총액이 500억 원 이상인 유한회사이거나 매출액 규모에서 직전 사업연도의 매출액이 500억 원 이상인 유한회사는 외부감사를 의무적으로 받아야 한다. 후자의 경우에 직전 사업연도가 12개월 미만 이라할지라도 12개월로 환산하며, 1개월 미만은 1개월로 본다. 또한 '직전 사업연도 말의 자산총액이 120억 원 미만,' '직전 사업연도 말의 부채총액이 70억 원 미만,' '직전 사업연도의 매출액이 100억 원 미만' 및 '직전 사업연도 말의 종업원이 100명 미만,' 그리고 '직전 사업연도 말 상법 제543조 제1항에 따른 정관에 기재된 사원이 50명 미만'의 기준 중에서 3개 이상에 해당하지 않는 유한회사는 제4조의 적용을 받는다. 이 경우의 종업원의 정의는 일정한 기준에 해당하는 비상장주식회사에서의 종업원의 그것과 동일하므로 일용근로자와 파견근로자의 수를 제외한 후에 종업원의 수를 산정하여야 한다. '일정한 기준에 해당하는 비상장주식회사'와는 달리 이 경우에 사원의 수를 추가적인 기준으로 설정한 것은 일반적으로 주식회사에 비하여 이해관계자가 많지 않은 유한회사에 대해서는 제4조의 적용대상으로부터 제외할 수 있음을 명시적으로 천명한 것이다.

나. 특칙

2011년 상법개정에서 유한회사의 이용을 활성화하기 위하여 유한회사에 대한 기존의 규제 중에서 사원총수의 상한선(50인 이하)과 사원의 지분양도에 대한 제한이 폐지되었다. 이로 인하여 유한회사의 경제적 실질이 주식회사에 많이 근접한다는 평가를 받고 있다. 이 때문에 일정한 규모 이상의 주식회사는 외부감사를 받는 것을 회피하기 위하여 유한회사로 전환하고자 하는 유인이 덩달아 증가한 것으로 알려져 있다.[7] 이에 제4조는 2019. 11. 1. 이후 상법 제604조에 따라 주식회사에서 유한회사

7) 김명아 외 3인, 「회계투명성제고를 위한 회계 및 외부감사통합법 제정에 관한 연구」 한국공인회계사회 연구용역 최종보고서(한국법제연구원, 2014), 43~44면.

로 조직을 변경한 회사는 등기부상 유한회사일지라도 상법 제606조에 따라 등기한 날부터 5년간은 여전히 비상장주식회사로 보되 만약 위에서 살펴본 '일정한 기준에 해당하는 비상장회사'에 해당한다면 제4조에 의하여 외부감사를 받을 것을 요구하고 있다. 말하자면, 주식회사가 유한회사로 조직전환을 하는 경우에는 일정한 기간동안 주식회사로 간주하여 제4조의 적용 여부를 결정하는 것이다.

이 밖에 일정한 기준에 해당하는 유한회사가 사업연도 중에 분할 또는 합병을 하여 상법 제172조에 따라 설립등기를 한 회사는 설립등기를 한 날을 기준으로 최초 사업연도에 직전 사업연도 말의 자산총액이 500억 원 이상인 회사이거나, '직전 사업연도 말의 자산총액이 120억 원 미만,' '직전 사업연도 말의 부채총액이 70억 원 미만,' '직전 사업연도 말의 종업원이 100명 미만,' '직전 사업연도 말의 사원(상법 제543조 제1항에 따른 정관에 기재된 사원을 말함)이 50명 미만'의 기준 중에서 3개 이상에 해당하지 않는 경우 외부감사를 면제받는 대상회사인 신설회사에 해당하지 않는 것으로 간주되어 외부감사를 받아야 한다(외감규정 제2조 제2항).

Ⅳ. 외부감사의 제외대상

1. 의의

제4조는 개별법에서 회계감사를 의무화 하는 등 별도의 규율이 마련된 경우 및 재무제표작성에 필요한 기업실체의 가정Business Entity Assumption 또는 계속기업의 가정Going Concern Assumption 등을 충족시키지 못하는 경우에 한하여 외부감사의무로부터 제외될 수 있음을 정하고 있다. 이와 같이 제4조가 외부감사의 제외대상범위를 명시적으로 규정함으로써 법이 추구하는 정책과 다른 법률이 추구하는 정책과의 모순·충돌로 인한 혼란을 피할 수 있어 오히려 법의 궁극적 목적을 보다 쉽게 달성할 수 있는 이점이 있다.

어느 회사가 자금이 부족한 상태에 있거나 세무조사나 검찰수사를 받고 있다는 사정만으로는 제4조의 적용대상에서 제외되지 않는다. 어느 회사가 특정한 이유를 들어 제4조에 따른 외부감사의 대상에서 제외되었다고 하더라도 그러한 외부감사의 제외사유가 해소되었다면 다시 외부감사의 대상이 된다. 그러므로 실무적으로는 매년 제4조에 따른 외부감사대상 여부를 확인할 필요가 있다.

2. 외부감사 제외대상 회사

가. 공기업·준정부기관으로 지정받은 비상장회사

공공기관운영법에 따라 공기업 또는 준정부기관으로 지정받은 회사 중 비상장회사에 대해서는 제4조에 따른 외부감사의 대상이 되지 않을 수 있다. 공공기관운영법에 의한 공기업 또는 준정부기관에 대한 외부감사는 필수적인 사항이어서 이와 관련하여 다음과 같은 별도의 규정을 두고 있는 것이다. 즉, 공공기관운영법 제43조의3에 따르면 공기업·준정부기관은 회계감사인을 선임하기 위하여 전문성과 독립성이 확보된 회계감사인선임위원회(공공기관운영법 제20조에 따른 감사위원회를 설치한 때에는 이를 회계감사인선임위원회로 봄)를 구성·운영하여야 한다. 이 경우 해당 공기업·준정부기관의 비상임이사는 모두 회계감사인선임위원회의 위원으로 선임되어야 한다.

나. 신설회사

주주와 채권자를 비롯하여 종업원, 거래처, 정부 등 다양한 이해관계집단을 위해서는 회사의 업력業歷에 상관없이 회계투명성이 확보되어야 하며, 이러한 회계투명성의 보장은 국가경제에 대한 신뢰성 제고로 이어진다. 특히 정부차원에서 조세회피를 차단함과 동시에 과세를 매길 수 있는 근거를 마련하기 위해서라도 외부감사를 의무화할 필요가 있다. 그러나 회사를 설립하기 위해서는 많은 노력과 비용이 든다. 게다가 그렇게 설립된 회사라 할지라도 계속기업Going Concern으로 존재할 수 있을지는 명확하지 않다. 이 같은 상황에서 해당 사업연도에 최초로 상법 제172조에 따라 설립등기를 한 회사에 대하여 외부감사를 요구하는 것은 그 회사에게 과중한 부담으로 작용할 수 있는 까닭에 제4조는 외부감사의 대상으로부터 이를 제외할 수 있음을 명시하고 있다.

다. 지방공기업 중 비상장회사

법 제10조 제1항 및 제2항에 따른 감사인 선임기간의 종료일 현재 지방공기업법에 따른 지방공기업 중 비상장된 회사 또는 감사인을 선임한 후 지방공기업법에 따른 지방공기업 중 비상장된 회사로서 「금융위원회의 설치 등에 관한 법률」 제19조에 따른 증권선물위원회가 인정하는 회사는 제4조가 정한 외부감사의 대상으로부터 제외될 수 있다.

지방공기업법상 지방공기업으로는 지방직영기업 및 지방공사와 지방공단이 있는데, 이들에 대해서는 동법이 개별적으로 회계감사를 실시할 것을 명시적으로 규정하고 있다. 구체적으로 살펴보면, 지방자치단체의 장은 지방직영기업의 결산서 및 사업보고서와 기타 서류에 공인회계사의 회계감사보고서를 첨부하여 다음연도 지방의회에 제출하여 승인을 얻어야 한다(지방공기업법 제35조 제3항). 지방공사와 지방공단은 결산완료 후 결산서를 작성하여 지방공기업법 시행령이 정하는 서류 및 지방자치단체의 장이 지정하는 공인회계사의 회계감사보고서를 첨부하여 지체없이 지방자치단체의 장에게 보고하여 승인을 얻어야 한다(지방공기업법 제66조 제2항, 제76조 제2항).

라. 투자회사, 투자유한회사 및 투자목적회사

자본시장법은 '집합투자'를 "2인 이상 투자자로부터 모은 금전 등 또는 국가재정법 제81조에 따른 여유자금을 투자자 또는 각 기금관리주체로부터 일상적인 운용지시를 받지 아니하면서 재산적 가치가 있는 투자대상자산을 취득·처분, 그 밖의 방법으로 운용하고 그 결과를 투자자 또는 각 기금관리주체에게 배분하여 귀속시키는 것"이라고 정의한다(자본시장법 제6조 제5항). 자본시장법상의 '집합투자'를 수행하기 위한 기구를 집합투자기구라 한다(자본시장법 제9조 제18항). 집합투자기구의 법적 형태에는 투자신탁, 투자회사, 투자유한회사, 투자합자회사, 조합형태(투자조합·투자익명조합) 및 사모집합투자기구가 있다(자본시장법 제9조 제19항). 사모집합투자기구의 일종인 경영참여형 사모집합투자기구는 자본시장법이 정한 일정한 방법으로 경영참여형 사모집합투자기구 재산을 운용할 의무를 진다(자본시장법 제249조의12 제1항·자본시장법 시행령 제271조의15 제2항 내지 제5항). 이 경우 재산을 운용하는 방법 중의 하나가 투자의 수단인 투자목적회사를 통해 운용하는 것이다. 투자목적회사에는 상법의 주식회사 또는 유한회사에 관한 규정이 적용된다(자본시장법 제249조의13 제1항).

제4조는 일정한 기준에 해당하는 비상장주식회사와 유한회사를 대상으로 하여 외부감사를 강제하기는 하지만, 이들이 단순히 자본시장법상 투자기구Vehicle로 이용

되고 있다면 재무제표의 작성에 요구되는 기업실체의 가정과 계속기업의 가정을 충족시키지 못하고 있어 굳이 외부감사를 의무화할 실익이 없다. 이에 제4조는 자본시장법 제9조 제18항 제2호 및 제3호에 따른 투자회사 및 투자유한회사, 그리고 자본시장법 제249조의13에 따른 투자목적회사를 외부감사의 대상으로부터 제외될 수 있음을 규정하고 있다.

마. 기업구조조정투자회사

기업구조조정투자회사법에 따르면 '기업구조조정투자회사'Corporate Restructuring Vehicle; CRV라 함은 "약정체결기업의 경영정상화를 도모하는 것을 목적으로 약정체결기업에 투자하거나 약정체결자산을 매입하는 등의 방법으로 자산을 운영하여 그 수익을 주주에게 배분하는 회사"로서 동법에 의하여 설립된 회사를 말한다(제2조 제3호). 여기서 '약정체결기업'은 "재무상태가 악화되었으나 회생가능성이 있는 기업으로서 채권금융기관과의 협상과 조정의 과정을 통하여 기업개선계획을 마련하고 기업개선을 위한 약정을 체결하여 경영정상화를 도모하는 기업"을 가리킨다(제2조 제2호). 이처럼 CRV는 워크아웃 대상기업에 대한 금융기관의 부실채권정리를 원활하게 하기 위하여 도입된 회사이다. 이 때문에 CRV는 금융기관적인 성격을 띠고 있어 금융위원회의 감독을 받는다.

CRV는 주식회사의 형태를 취하지만, 본점 외의 영업소를 설치할 수 없으며 직원을 고용하거나 상근인 임원을 둘 수 없는 서류상의 회사Paper Company에 지나지 않는다(제7조). CRV의 존립기간은 5년 이내로 하되, 존립기간의 연장이 필요하다고 CRV의 주주총회에서 의결하는 경우에는 1년의 범위내에서 존립기간을 연장할 수 있다(제3조 제2항).

이상과 같이 CRV는 특정한 목적을 위하여 한시적으로 존립하는 회사이어서 계속기업이라 볼 수 없을 뿐만 아니라 기업구조조정을 위한 수단으로서의 의미를 지닐 뿐이라는 점에 비추어 제4조는 CRV를 외부감사 대상으로부터 제외될 수 있음을 규정하고 있다.

바. 유동화전문회사

「자산유동화에 관한 법률」(이하 "자산유동화법"으로 줄임)에 따르면 '유동화전문회사'는 동법의 규정에 의하여 설립되어 자산유동화업무를 영위하는 회사를 말한다(제2

조 제5호). 자산유동화법은 특수목적기구를 이용하여 자산유동화를 하는 방식을 채택하고 있다. 그러한 특수목적기구에는 특수목적회사Special Purpose Company인 유동화전문회사와 특수목적신탁Special Purpose Trust인 신탁회사가 있다. 전자는 자산보유자로부터 자산을 양도받아 이를 기초로 증권을 발행·판매할 수 있도록 하는 일시적 기구이다(자산유동화법 제2조 제5호). 구체적으로 살펴보면, 유동화전문회사는 일정한 실체가 없이 증권화라는 일시적인 목적을 위하여 장부상 설립되는 이른바 서류상 회사이어서 직원을 고용할 수 없다(자산유동화법 제20조 제2항). 유동화전문회사는 설립과 운영이 비교적 간편한 유한회사의 형태를 취하여야 한다(자산유동화법 제17조 제1항). 이처럼 유동화전문회사는 자산유동화를 위하여 일시적으로 존재하는 수단에 지나지 않으므로 기업구조조정투자회사와 마찬가지의 이유에서 제4조가 요구하는 외부감사의 대상에서 제외될 수 있는 것이다.

사. 거래정지처분을 받은 회사

금융위원회의 허가를 받아 설립된 금융결제원으로부터 거래정지처분을 받고 그 처분의 효력이 지속되고 있는 회사는 제4조가 정하고 있는 외부감사를 받지 않을 수 있다. 예컨대, 당좌거래 정지처분 중에 있는 회사는 외부감사의 대상에서 제외된다. 이 회사는 재무제표의 작성이 요구되는 계속기업의 가정이 의미없는 경우에 해당하여 외부감사의 대상으로부터 제외될 수 있는 것이다. 그러나 「채무자 회생 및 파산에 관한 법률」(이하 '채무자회생법'으로 줄임)에 따라 회생절차의 개시가 결정된 회사는 그러하지 않다. 회생절차가 개시된 회사라는 것은 법률로써 기업부도를 유예받는 이른바 법정관리를 의미한다. 법정관리기업이 법원의 관리하에 있기는 하지만 법정관리제도가 채권자들의 희생위에서 기업정상화를 도모한다는 점과 법원이 관리한다는 것이 회계처리를 제대로 하였다는 것을 증명하지 않는다는 점 등의 이유로 인하여 투자자와 채권자를 보호하기 위한 차원에서 제4조에 의한 외부감사를 받아야 한다.

아. 해산등기된 회사 등

'회사의 해산'이라 함은 회사가 권리능력을 상실하는 법률요건이다. 회사는 해산에 의하여 그 본래의 목적인 영업을 할 수 없게 되기는 하나 바로 법인격이 소멸하는 것은 아니다. 합병·분할·분할합병과 파산의 경우가 아니라면 회사는 해산에 의하여 청산절차에 들어가고 그 절차가 종료하기까지 청산의 목적범위 내에서 존속한다(상법 제531조 제1항, 제613조 제1항). 여기서 '청산'이란 회사의 일체 법률관계를 종료하고 그 재산을 분배하는 것을 목적으로 하는 절차를 말한다. 주식회사가 해산한 때에는 해산사유가 있는 날로부터 본점소재지에서는 2주, 지점소재지에서는 3주 내에 그 해산의 등기를 신청하여야 한다(상법 제228조, 제521조의2, 제613조 제1항, 상업등기법 제60조). 청산이 종결된 때에는 청산인은 결산보고서의 승인이 있은 날로부터 2주 내에 청산종결의 등기를 신청하여야 한다(상법 제541조 제1항, 제613조 제1항).

채무자가 지급을 할 수 없는 경우 법원은 신청에 따라 결정으로 파산을 선고한다(채무자회생법 제305조 제1항). 파산이 선고되면, 별도의 조치 없이 채무자가 파산선고 당시에 가진 모든 재산은 파산재단에 속하고, 파산재단을 관리 및 처분하는 권한은 파산선고와 동시에 파산관재인에게 속한다(동법 제312조 제1항, 제382조, 제384조). 파산선고의 결정이 있는 경우 법원은 채무자의 법인등기부 관할 등기소에 파산등기를 촉탁하여야 한다(동법 제23조 제1항).

이상과 같이 해산·청산 또는 파산 사실이 등기된 회사는 계속기업이 아니므로 외부감사의 대상에서 제외될 수 있다. 이 밖에 1년 이상 휴업 중인 회사도 계속기업이 아니므로 외부감사를 받지 않을 수 있다. 1년 이상 휴업 중인지를 판단하는 기준은 일반적으로 사업장 별로 그 사업을 실질적으로 휴업하는 날이 휴업일 기간 산정의 시기始期가 되지만 휴업일이 명백하지 않다면 그 휴업신고서를 접수하는 일자를 기준으로 하여 그 기간을 산정하여야 한다(부가가치세법 제8조 제6항, 동법 시행령 제13조 제6항).

자. 합병으로 인하여 소멸될 회사

'회사의 합병'은 독립적인 2 이상의 회사가 하나의 회사로 되는 경우를 말한다. 합병은 크게 흡수합병과 신설합병으로 나누어진다. 전자는 어느 회사가 다른 회사를 흡수하여 그 결과 다른 회사의 존재가 사라지는 것을 말하는데, 이는 대상회사를 완전히 지배하게 되는 경우에 해당한다. 결국 대상기업이 소멸될 회사로 된다. 후자는 어느 2 이상의 회사가 합병을 위해 해체 후 새로운 회사를 설립하는 경우를 뜻한다. 이 경우는 합병의 주체가 모두 소멸될 회사이다. 이상과 같이 합병의 경우에는 그것이 구체적으로 흡수합병이든 신설합병이든 간에 소멸될 회사가 반드시 존재하게 된다. 합병으로 인하여 소멸될 회사는 계속기업이 아니므로 외부감사의 대상으로부터 제외될 수 있다.

차. 외부감사를 받을 필요가 없는 회사

기존에 외부감사를 받아왔던 회사라 할지라도 새로운 경제환경의 변화로 인하여 외부감사가 큰 부담으로 작용하거나 효용이 떨어질 경우도 발생할 수 있고, 앞서 언급한 사유들에 준하는 사유로 회사의 정상정인 영업활동이 불가능하여 외부감사를 받을 수 없는 경우도 있다. 만약에 외부감사가 제4조 소정의 적용대상회사에게 불필요한 상황이 발생하게 된다면 법의 적용을 배제하는 것이 바람직하다. 위에서 살펴본 바와 같이 특정한 사유로 인하여 외부감사의 적용대상으로부터 제외될 수 있는 회사에 준하는 사유가 있다면 금융위원회가 외부감사를 할 필요가 없는 회사로 고시할 수 있는 것이다. 이처럼 제4조가 외부감사가 면제될 수 있는 회사의 범위를 일률적으로 고정하지 않고 있다는 점이 특징이다. 즉, 경제환경의 변화나 휴업·폐업 등의 사유로 회사의 정상적인 영업이 불가능한 경우에는 제4조 내지 동 시행령의 개정이 없더라도 금융위원회의 고시로서 외부감사를 받을 필요가 없는 회사를 정할 수 있게 설계되어 있는 것이다.

현행 금융위원회 고시인 외부감사 및 회계 등에 관한 규정은 다음의 4가지 경우 중 어느 하나에 해당하는 회사는 외부감사를 받을 필요가 없는 것으로 정하고 있다. 첫째, 금융위원회가 「상호저축은행법」 또는 「금융산업의 구조개선에 관한 법률」(이하 '금융산업구조개선법'으로 줄임)에 따라 상호저축은행의 관리인을 선임한 경우, 둘째 국세청에 휴업 또는 폐업을 신고한 경우, 셋째 채권, 부동산 또는 그 밖의 재산권을 기초로 자본시장법에 따른 증권을 발행하거나 자금을 차입할 목적으로 설립된 법인으로서 「법인세법 시행령」 제10조 제1항 제4호 각 목의 요건(마목 제외)을 모두 갖춘 경우, 넷째 연락 두절 등 사회의 통념에 비추어 폐업한 회사로 인정될 수 있는 경우로서 「금융위원회의 설치 등에 관한 법률」에 따른 증권선물위원회가 회사에 감사인으로부터 회계감사를 받을 것을 요구하기가 거의 불가능한 경우에는 경우 중 어느 하나에 해당하면 외부감사를 받지 않을 수 있다(외감규정 제2조 제3항).

표 4 주요국 외부감사 대상 기준

국가	회사유형[8]	외부감사 의무[9]		
		근거규정	대상	외부감사기준
미국	주식회사, 유한책임회사, 무한책임조합, 유한책임조합,	증권거래법 (12조(b)항,12조(g)항) SEC Rule (§ 240.12.g-1)	**상장회사,** 자산 $1천만 이상, 주주 500인 이상 **장외 등록법인**	-
일본	주식회사, 합동회사, 합자회사, 합명회사,	회사법 (제2조 제6호,제328조)	일정규모 이상의 주식회사 **(대회사)**	자본금 5억엔 이상 또는 부채총계 200억엔 이상
		금융상품거래법 (제193조의2 제1항)	유가증권신고서 제출회사 (상장회사, 협회등록주 발생회사, 주주수 500인 이상)	-
영국	공개주식회사, 비공개 유한책임회사, 무한책임회사, 공동이익회사	회사법 (Company Act 2006) 제475조~제484조	**모든 회사** (소규모회사 면제)	소규모회사 기준: 다음 중 2이상 해당 (**매출액 £6.5백만**, 총자산 £3.26백만, 종업원 50인 이하)
독일	주식회사, 유한회사, 합자회사, 합명회사	상법(HGB)(제316조)	**모든 회사** (소규모회사 면제)	소규모회사 기준: 다음 중 2이상 해당 (**매출액 €9.68백만**, 총자산 €4.84백만, 종업원 50인 이하)
싱가폴	회사(주식회사), 유한책임회사, 합자회사, 합작기업	회사법 (The Companies Act 제205조)	**모든 주식회사와** **유한책임회사** (소규모회사 면제)	소규모회사 기준 : 종업원수 20인 이하이고, **수입 S$ 5백만 이하**
호주	공개회사(주식회사), 비공개회사(유한회사), 무한책임회사	회사법	**모든 공개회사와** **비공개회사** (소규모 비공개회사 면제)	소규모회사 기준 : 다음중 2이상 해당 **매출액 A$25백만** **이하** 자산 A$12.5백만 이하 종업원 50인 이하

참고: 국회정무위원회, 「주식회사의 외부감사에 관한 법률 전부개정법률안(정부제출 의안번호 제5075호) 검토보고서」(2017. 3), 50면.

[권재열]

8) 한정미, 「새로운 공동기업 형태 도입에 따른 중소기업 조직관련 법제 정비방안」(한국법제연구원, 2009. 11).

9) 조현우 외 2인, "자산규모에 의한 외부감사 대상 기준이 적절한가?", 「회계저널」 제17권(2008. 9). 소규모회사 기준(영국, 독일 등).

제 2 장 회사 및 감사인

제5조(회계처리기준)

① 금융위원회는 「금융위원회의 설치 등에 관한 법률」에 따른 증권선물위원회(이하 "증권선물위원회"라 한다)의 심의를 거쳐 회사의 회계처리기준을 다음 각 호와 같이 구분하여 정한다.

1. 국제회계기준위원회의 국제회계기준을 채택하여 정한 회계처리기준
2. 그 밖에 이 법에 따라 정한 회계처리기준

② 제1항에 따른 회계처리기준은 회사의 회계처리와 감사인의 회계감사에 통일성과 객관성이 확보될 수 있도록 하여야 한다.

③ 회사는 제1항 각 호의 어느 하나에 해당하는 회계처리기준에 따라 재무제표를 작성하여야 한다. 이 경우 제1항 제1호의 회계처리기준을 적용하여야 하는 회사의 범위와 회계처리기준의 적용 방법은 대통령령으로 정한다.

④ 금융위원회는 제1항에 따른 업무를 대통령령으로 정하는 바에 따라 전문성을 갖춘 민간 법인 또는 단체에 위탁할 수 있다.

⑤ 금융위원회는 이해관계인의 보호, 국제적 회계처리기준과의 합치 등을 위하여 필요하다고 인정되면 증권선물위원회의 심의를 거쳐 제4항에 따라 업무를 위탁받은 민간 법인 또는 단체(이하 "회계기준제정기관"이라 한다)에 회계처리기준의 내용을 수정할 것을 요구할 수 있다. 이 경우 회계기준제정기관은 정당한 사유가 없으면 이에 따라야 한다.

⑥ 「금융위원회의 설치 등에 관한 법률」에 따라 설립된 금융감독원(이하 "금융감독원"이라 한다)은 「자본시장과 금융투자업에 관한 법률」 제442조 제1항에 따라 금융감독원이 징수하는 분담금의 100분의 8을 초과하지 아니하는 범위에서 대통령령으로 정하는 바에 따라 회계기준제정기관에 지원할 수 있다.

⑦ 회계기준제정기관은 사업연도마다 총수입과 총지출을 예산으로 편성하여 해당 사업연도가 시작되기 1개월 전까지 금융위원회에 보고하여야 한다.

법 시행령 제6조(회계처리기준) ① 다음 각 호의 어느 하나에 해당되는 회사는 법 제5조 제3항 후단에 따라 같은 조 제1항 제1호의 회계처리기준(이하 "한국채택국제회계기준"이라 한다)을 적용하여야 한다.

1. 주권상장법인. 다만, 「자본시장과 금융투자업에 관한 법률 시행령」 제11조 제2항에 따른 코넥스시장(이하 "코넥스시장"이라 한다)에 주권을 상장한 법인은 제외한다.
2. 해당 사업연도 또는 다음 사업연도 중에 주권상장법인이 되려는 회사. 다만, 코넥스시장에 주권을 상장하려는 법인은 제외한다.
3. 「금융지주회사법」에 따른 금융지주회사. 다만, 같은 법 제22조에 따른 전환대상자는 제외한다.
4. 「은행법」에 따른 은행
5. 「자본시장과 금융투자업에 관한 법률」에 따른 투자매매업자, 투자중개업자, 집합투자업자, 신탁업자 및 종합금융회사
6. 「보험업법」에 따른 보험회사
7. 「여신전문금융업법」에 따른 신용카드업자

② 제3조 제1항에 따른 지배·종속의 관계에 있는 경우로서 지배회사가 연결재무제표에 한국채택국제회계기준을 적용하는 경우에는 연결재무제표가 아닌 재무제표에도 한국채택국제회계기준을 적용하여야 한다.

제7조(회계처리기준 관련 업무 위탁 등) ① 금융위원회는 법 제5조 제4항에 따라 다음 각 호의 업무를 「민법」 제32조에 따라 금융위원회의 허가를 받아 설립된 사단법인 한국회계기준원(이하 "한국회계기준원"이라 한다)에 위탁한다.

1. 회계처리기준의 제정 또는 개정
2. 회계처리기준 해석 및 관련 질의에 대한 회신
3. 그 밖에 회계처리기준과 관련하여 금융위원회가 정하는 업무

② 한국회계기준원은 회계처리기준에 관한 사항을 심의·의결하기 위하여 총리령으로 정하는 바에 따라 9명 이내의 위원으로 구성되는 회계처리기준위원회를 두어야 한다.

③ 한국회계기준원은 매년 총지출 예산의 10퍼센트에 해당하는 금액을 직전 2개 사업연도 총지출 예산액이 될 때까지 적립하여야 한다.

④ 「금융위원회의 설치 등에 관한 법률」에 따라 설립된 금융감독원(이하 "금융감독원"이라 한다)은 법 제5조 제6항에 따라 「자본시장과 금융투자업에 관한 법률」 제442조 제1항에 따라 징수한 분담금의 8퍼센트를 넘지 아니하는 범위에서 한국회계기준원의 해당 사업연도 총지출 예산과 제3항에 따라 해당 사업연도에 적립하여야 하는 금액을 더한 금액에서 해당 사업연도 자체수입(금융감독원으로부터 지원받는 금액을 제외한 나머지 수입을 말한다)을 뺀 금액을 지원한다.

⑤ 한국회계기준원은 제4항에 따른 지원금이 감소하는 등 재정상 어려움으로 사업을 정상적으로 유지하기 어렵다고 인정되는 경우에는 금융위원회의 승인을 받아 제3항에 따른 적립금을 사용할 수 있다.

⑥ 제4항에 따른 지원금의 지급 방법, 지급 시기 및 그 밖에 필요한 사항은 금융위원회가 정한다.
⑦ 제1항부터 제6항까지에서 규정한 사항 외에 회계처리기준과 관련된 업무에 필요한 사항은 금융위원회가 정한다.

Ⅰ. 입법취지

재무제표의 신뢰를 높이고 상호 비교할 수 있기 위해서는 일정한 회계처리기준에 따라 재무제표를 작성할 수밖에 없다. 말하자면, 각 회사가 자유롭게 재무제표를 작성하는 것을 내버려둔다면 현재의 회사 실적을 파악할 수 있을지라도 과거의 실적이나 다른 회사의 실적과 비교하기 곤란하게 되어 재무제표를 작성한 효용이 떨어진다. 이에 회사는 미리 마련된 통일된 회계처리기준에 의거하여 재무제표를 작성하는 것이 마땅하다. 오늘날 회계처리기준은 국내에서도 다양하게 존재하여 회사가 선택할 수도 있으며,[1] 국제적으로 통일된 회계처리기준도 존재한다. 이 때문에 투자결정을 할 경우 대상회사가 어느 회계처리기준으로 재무제표를 작성했는지를 확인하는 것도 필요하다.

법 제5조의 표제어는 '회계처리기준'으로 되어 있지만, 실제적인 내용은 회계처리기준의 종류, 작성주체, 각 처리기준이 적용되는 회사의 범위와 적용방법 및 이와 같은 업무의 위탁가부, 회계기준제정기관의 의무 및 이에 대한 지원 등을 규정하고 있다.

Ⅱ. 회계처리기준의 제정 등

1. 금융위원회의 권한

자본시장에서 회사를 공개할 것인지의 여부는 해당 회사가 결정할 사항이며, 만약 회사를 공개하였다면 회사는 공개회사로서의 의무를 제대로 이행하지 못한다면 그로 인하여 발생하는 책임을 부담하는 주체이기도 하다. 그러나 회사에 대한 투자자

1) 예컨대, 외부감사법을 적용받지 않는 회사도 아래에서 살펴보는 한국채택국제회계기준에 의하여 연결재무제표를 작성하는 것은 가능하다.

등을 보호하는 것이 단순히 회사의 책무에 국한된다고 할 수 없다. 회사와 투자자를 비롯한 공개회사의 이해관계자가 자본시장에서 제대로 역할을 수행할 수 있도록 제도를 설계하는 것은 정부의 책무이다.

자본주의경제에 있어서 기본적인 인프라를 구성하는 회계처리기준을 설정하는 권한은 기본적으로 정부에 부여되어 있다. 이에 제5조 제1항도 금융위원회가 「금융위원회의 설치 등에 관한 법률」(이하 "금융위원회 설치법"으로 줄임)에 따른 증권선물위원회(이하 "증권선물위원회"라 함)의 심의를 거쳐 제5조의 적용대상회사의 회계처리기준을 정하는 주체임을 명시적으로 규정하고 있다. 그러한 회계처리기준은 회사의 회계처리와 감사인의 회계감사에 통일성과 객관성이 확보될 수 있도록 하여야 한다.

2. 회계처리기준을 정하는 업무의 위탁

제5조에 따라 금융위원회는 회계처리기준제정업무를 전문성을 갖춘 민간 법인 또는 단체에 위탁할 수 있다. 이에 법의 시행령에 따라 금융위원회는 회계처리기준의 제정 또는 개정, 회계처리기준 해석 및 관련 질의에 대한 회신, 그 밖에 회계처리기준과 관련하여 금융위원회가 정하는 업무를 민법 제32조에 따라 금융위원회의 허가를 받아 1999년 9월 1일에 설립된 사단법인 한국회계기준원(이하 "한국회계기준원"이라 함)에 위탁하고 있다.[2] 한국회계기준원은 회계처리기준에 관한 사항을 심의·의결하기 위하여 9명 이내의 위원으로 구성되는 회계처리기준위원회Korea Accounting Standards Board; KASB를 두어야 한다.[3]

---

2) 엄밀하게 이야기하자면, "'위탁'이란 법률에 규정된 행정기관의 장의 권한 중 일부를 다른 행정기관의 장에게 맡겨 그의 권한과 책임 아래 행사하도록 하는 것을 말한다"(행정권한의 위임 및 위탁에 관한 규정 제2조 제2호). 금융위원회가 회계처리기준을 제정할 권리를 행정기관이 아닌 한국회계기준원에게 넘긴 것이 행정법상 위탁의 개념에 정확하게 들어맞지는 않는다.

3) 회계처리기준위원회는 위원장 1명을 포함한 9명의 위원으로 성별을 고려하여 구성한다. 위원장은 한국회계기준원의 원장이 겸임한다. 회계처리기준위원회의 위원은 회계처리기준위원 후보추천위원회가 추천한 후보 중 8명을 한국회계기준원 이사회의 의결을 거쳐 한국회계기준원의 원장이 위촉하며, 그 중 1명은 한국회계기준원 총회의 승인을 받아 한국회계기준원의 원장이 상임위원으로 위촉한다. 회계처리기준위원 후보추천위원회는 대한상공회의소 회장, 한국상장회사협의회 회장, 전국은행연합회 회장, 한국금융투자협회 회장, 한국공인회계사회 회장, 금융감독원 원장, 한국거래소 이사장, 한국회계학회 회장 및 한국회계기준원 원장이 추천하는 9명의 위원으로 성별을 고려하여 구성한다. 회계처리기준위원 후보추천위원회는 회계에 관한 전문지식과 공정한 직무수행을 위한 도덕성을 갖춘 사람이면서 ① 공인회계사 자격을 취득한 후에 관련된 업무에 10년 이상의 실무 경력이 있는 공인회계사, ② 재무 또는 회계 분야의

한국회계기준원이 정한 회계처리기준이 규범성을 가지기 위해서는 회계처리기준을 정할 권리를 가진 금융위원회의 승인이 필요하다. 이 같이 금융위원회가 승인권을 가진다는 것을 분명히 하기 위하여 제5조는 금융위원회에게 이해관계인의 보호, 국제적 회계처리기준과의 합치 등을 위하여 필요하다고 인정되면 증권선물위원회의 심의를 거쳐 한국회계기준원에 회계처리기준의 내용을 수정할 것을 요구할 수 있는 권리를 부여하고 있다. 이 경우 한국회계기준원은 정당한 사유가 없으면 이에 따라야 한다.

이상과 같은 금융위원회의 권리행사를 뒷받침한다는 차원에서 다음과 같은 하부적인 의무와 권한을 한국회계기준원과 금융위원회에 각각 부과하거나 부여하고 있다. 먼저 한국회계기준원은 회계처리기준을 제정하거나 개정하는 경우에 제정·개정의 내용과 외부 의견을 청취한 결과와 회계처리기준위원회에 상정된 안건과 의사록을 금융위원회에 지체없이 보고하여야 한다(외감규정 제5조 제1항). 또한 금융위원회가 한국회계기준원에 위탁한 업무와 관련하여 업무협의 및 자료 제출을 요구할 수도 있다(외감규정 제5조 제2항).

석사 이상 학위를 취득한 자로서 재무 또는 회계 분야의 공인된 연구기관의 연구원으로서 10년 이상 근무한 경력이 있는 자, 또는 대학(이에 상응하는 외국 대학 포함)에서 조교수 이상으로 재직하면서 재무 또는 회계 분야를 가르치는 자로서 10년 이상 근무한 경력이 있는 자에 해당하는 자, ③ 주권상장법인 또는 금융위원회설치법 제38조에 따른 검사 대상 기관(이에 상응하는 외국금융기관 포함)에서 재무 또는 회계 분야 업무에 임원으로 10년 이상 또는 직원으로 15년 이상 근무한 경력이 있는 자, ④ 국가, 지방자치단체, 공공기관운영법에 따른 공공기관, 금융감독원, 거래소 또는 자본시장법 제9조 제17항에 따른 금융투자업관계기관(같은 항 제8호는 제외함)에서 재무 또는 회계 분야 업무 또는 이에 대한 감독 업무에 10년 이상 종사한 경력이 있는 자 중 어느 하나에 해당하는 사람을 위촉할 인원의 2배수 내에서 추천할 수 있다. 다만, ① 피성년후견인 또는 피한정후견인, ② 파산선고를 받고 복권되지 아니한 사람, ③ 금고 이상의 실형을 선고받고 그 집행이 끝나거나(집행이 끝난 것으로 보는 경우를 포함함) 집행이 면제된 날부터 5년이 지나지 아니한 사람, ④ 금고 이상의 형의 집행유예를 선고받고 그 유예기간 중에 있는 사람, ⑤ 「금융회사의 지배구조에 관한 법률 시행령」 제5조에 따른 금융관련법령에 따라 벌금 이상의 형을 선고받고 그 집행이 끝나거나(집행이 끝난 것으로 보는 경우를 포함함) 집행이 면제된 날부터 5년이 지나지 아니한 사람, ⑥ 공인회계사법에 따라 직무정지(일부 직무정지를 포함함)를 받은 후 그 직무정지기간 중에 있거나 등록취소 또는 직무정지를 받은 날부터 5년이 지나지 아니한 사람 중 어느 하나에 해당하는 사람은 위원이 될 수 없다. 위원의 임기는 3년으로 하며, 한 차례만 연임할 수 있다. 다만, 임기가 만료된 경우에도 후임자가 위촉될 때까지 그 직무를 수행할 수 있다. 위원장이 부득이한 사유로 직무를 수행할 수 없을 때에는 상임위원이 그 직무를 대행하며, 위원장과 상임위원이 모두 부득이한 사유로 직무를 수행할 수 없을 때에는 위원으로 위촉된 순서에 따라 그 직무를 대행한다. 위의 사항 외에 회계처리기준위원회의 구성 및 운영 등에 필요한 사항은 한국회계기준원이 정한다(시행규칙 제3조).

3. 한국회계기준원의 운영

한국회계기준원은 매년 총지출 예산의 10%에 해당하는 금액을 직전 2개 사업연도 총지출 예산액이 될 때까지 적립하여야 한다. 금융위원회 설치법에 따라 설립된 금융감독원(이하 "금융감독원"이라 함)은 자본시장법 제442조 제1항에 따라 금융감독원이 징수하는 분담금의 최대 8% 범위 내에서 한국회계기준원의 해당 사업연도 총지출 예산과 해당 사업연도에 적립하여야 하는 금액을 더한 금액에서 해당 사업연도 자체수입(금융감독원으로부터 지원받는 금액을 제외한 나머지 수입을 말함)을 뺀 금액을 지원한다.

금융감독원으로부터 받는 지원금의 지급방법, 지급시기 및 그 밖에 필요한 사항은 금융위원회가 정한다.[4] 한국회계기준원은 사업연도마다 총수입과 총지출을 예산으로 편성하여 해당 사업연도가 시작되기 1개월 전까지 금융위원회에 보고하여야 한다. 만약 금융감독원으로 부터의 지원금이 감소하는 등 재정상 어려움으로 사업을 정상적으로 유지하기 어렵다고 인정되는 경우에는 금융위원회의 승인을 받아 적립금을 사용할 수 있다. 이 밖에 회계처리기준과 관련된 업무에 필요한 사항은 금융위원회가 정한다.

Ⅲ. 기업회계기준의 구조[5]

회계기준위원회는 2000년 외부감사법 개정에 따라 회계처리기준(이하 '기업회계기준')의 제정 및 개정 업무를 수행하여 왔는데, 뒤에서 언급할 '한국채택국제회계기준'을 도입하면서부터 2010 회계연도까지 적용되던 종전의 기업회계기준은 2011년도부터 '한국채택국제회계기준', '일반기업회계기준, '특수분야회계기준' 등으로 구성된다. '한국채택국제회계기준'은 기준서와 해석서로 구성되며, 기준의 본문은 아니지만 실무적용의 편의를 위하여 관련 실무지침 등을 제공하며, 일반기업회계기준, 특수분야회계기준 등도 기준서와 해석서로 구성되며 관련 실무지침 등을 제공한다.

4) 금융위원회가 고시한 외감규정 제5조 제3항에 따르면 금융감독원장은 분기별로 한국회계기준원에 지원하는 금액을 4등분한 금액을 그 분기가 시작된 달의 말일까지 한국회계기준원에 지급한다. 다만, 지원금과 자본시장법 제442조 제1항에 따라 징수한 금액 간에 상당한 차이가 발생하는 등 부득이한 이유로 한국회계기준원에 지원금을 제때 지급하기가 곤란한 경우에 금융감독원장은 금융위원회의 승인을 받아 해당 분기의 지원금 지급액을 조정할 수 있다.

5) 한국회계기준원 회계기준위원회, 「기업회계기준 전문」(2011.12.23. 개정) 문단 15-33 참조.

1. 한국채택국제회계기준의 구조

‘한국채택국제회계기준’은 회계기준위원회가 국제회계기준을 근거로 제정한 회계기준이다. 한국채택국제회계기준을 구성하는 ‘기업회계기준서’는 원칙적으로 목적, 적용범위, 회계처리방법, 공시, 부록 등으로 구성된다. 부록은 용어의 정의, 적용보충기준 등으로 구성된다. 그리고 서문, 결론도출근거, 적용사례, 실무적용지침은 기준서의 일부를 구성하지는 않으나 기준서를 적용하는 데 편의를 제공하기 위해 실무지침으로 제시된다. 기준서의 각 문단은 해당 기준서의 목적과 결론도출근거, 본 전문과 ‘재무보고를 위한 개념체계’ 등을 바탕으로 이해하여야 한다. 한국채택국제회계기준을 구성하는 기업회계기준서의 일련번호는 국제회계기준International Accounting Standard; IAS 및 국제재무보고기준International Financial Reporting Standard; IFRS의 일련번호에 근거하여 부여한다. 국제회계기준IAS에 대응하는 기업회계기준서의 일련번호는 1001호부터 1099호까지를 사용하고 국제재무보고기준IFRS에 대응하는 기업회계기준서의 일련번호는 1101호부터 1999호까지 사용한다. 한국채택국제회계기준을 구성하는 ‘기업회계기준해석서’는 기업회계기준서에서 명시적으로 언급되지 않은, 새롭게 인식된 재무보고문제에 대하여 지침을 제공한다. 또한 구체적인 지침이 없다면 잘못 적용될 수 있는 내용에 대한 권위 있는 지침을 제공한다.

한국채택국제회계기준을 구성하는 기업회계기준해석서는 참조, 배경, 적용범위, 회계논제, 결론, 시행일, 경과규정 등으로 구성된다. 그리고 서문, 결론도출근거, 적용사례, 실무적용지침은 해석서의 일부를 구성하지는 않으나 해석서를 적용하는 데 편의를 제공하기 위해 실무지침으로 제시된다. 각 기업회계기준해석서는 해당 해석서의 적용범위에 대한 제한규정을 둔다.

한국채택국제회계기준을 구성하는 기업회계기준해석서의 일련번호는 국제회계기준해석SIC[6] 및 국제재무보고기준해석IFRIC[7]의 일련번호에 근거하여 부여한다. 국제회계기준해석SIC에 대응하는 기업회계기준해석서의 일련번호는 2001호부터 2099호까지를 사용하고 국제재무보고기준해석IFRIC에 대응하는 기업회계기준해석서의 일련번호는 2101호부터 2999호까지 사용한다.

6) Standing Interpretations Committee가 발표한 해석서.

7) International Financial Reporting Standards Interpretations Committee가 발표한 해석서.

회계기준의 실무적용을 위해서는 적절한 해석이 필요하므로 한국회계기준원은 국제회계기준위원회International Accounting Standards Board; IASB가 발표한 기준서의 결론도출근거, 적용사례, 실무적용지침 등을 근거로 한 실무지침과 국제재무보고기준해석위원회International Financial Reporting Standards Interpretations Committee; IFRS IC가 발표한 해석서의 부록을 근거로 한 실무지침을 발표하였다.

국제회계기준에는 없으나 한국채택국제회계기준에 추가된 문단은 해당 문단번호에 '한'이라는 접두어를 붙여 구분 표시한다. 국제회계기준의 문단을 회계기준위원회가 삭제한 경우에는 관련된 문단번호 옆에 '한국회계기준원 회계기준위원회가 삭제함'이라고 표시한다. 한국채택국제회계기준에서는 대응되는 국제회계기준을 언급하고, 특별한 예외를 언급하지 않는 경우에는 한국채택국제회계기준을 준수하면 국제회계기준을 준수하는 것임을 명시한다.

2. 일반기업회계기준의 구조

'일반기업회계기준'은 외부감사법의 적용대상기업 중 '한국채택국제회계기준'에 따라 회계처리하지 아니하는 기업이 적용해야 하는 회계처리기준이다. 일반기업회계기준을 구성하는 기준서와 해석서에 사용할 수 있도록 3001호부터 3999호까지의 일련번호와 4001호부터 4999호까지의 일련번호를 각각 남겨두었으나, 현재 일반기업회계기준에는 별도의 일련번호를 부여하지 않았다. 일반기업회계기준은 각 주제별로 별도의 장으로 구분되고, 각 장은 본문과 부록으로 구성되며, 문단식 구조를 채택하고 있다. 각 문단은 각 장의 목적과 결론도출근거, 본 전문과 '재무회계개념체계' 등을 배경으로 이해하여야 한다.

일반기업회계기준의 본문은 목적, 적용범위, 회계처리방법, 공시, 용어의 정의와 적용보충기준으로 구성되어 있다. 부록은 실무지침, 적용사례, 결론도출근거와 소수의견 등 기준의 일부를 구성하지 않으나 기준을 적용하는 데 편의를 제공하기 위하여 제시되고 있다. 부록의 소수의견에는 의결 결과에 반대한 위원의 논거를 약술한다.

종전의 기업회계기준 가운데 보험업회계처리준칙과 기업회계기준등에관한해석【56-90】'임대주택건설사업자의 임대 후 분양주택에 관한 회계처리'는 추후 일반기업회계기준에 의해 대체되기 전까지 일반기업회계기준의 범주에 포함된다.

3. 특수분야회계기준의 구조

'특수분야회계기준'은 관계 법령 등의 요구사항이나 우리나라에 고유한 거래나 기업환경 등의 차이를 반영하기 위하여 회계기준위원회가 제정하는 회계기준으로서 기준서와 해석서로 구성된다. 특수분야회계기준을 구성하는 기준서의 일련번호는 5001호부터 5999호까지를 사용하며, 해석서는 6001호부터 6999호까지 부여할 수 있다.

종전의 기업회계기준 가운데 기업회계기준서 제102호, 제104호, 제105호는 각각 기업회계기준서 제5002호 '기업구조조정투자회사', 제5003호 '집합투자기구', 제5004호 '신탁업자의 신탁계정'으로 재구성되어 특수분야회계기준의 범주에 포함된다. 종전의 기업회계기준 가운데 제5001호 '결합재무제표'와 기업회계기준등에관한 해석 【57-6】 '기업집단결합재무제표준칙 사례'는 한시적으로 특수분야회계기준의 범주에 포함된다.

Ⅳ. 한국채택국제회계기준의 의의 및 적용

1. 한국채택국제회계기준의 채택

자본시장의 국경이 무너져 투자가 글로벌화 되면서 국제적으로 단일·통합된 회계처리기준의 등장을 기대하였다. 이 같은 기대에 부응하여 출현한 것이 바로 국제회계기준International Financial Reporting Standards; IFRS이다. 이는 회계에 관한 세계공통적인 기준을 마련하는 것을 주된 이념으로 1973년 런던에서 설립된 비영리·민간 국제기구인 국제회계기준위원회International Accounting Standards Board; IASB[8]가 각국 회계기준을 검토한 끝에 제정한 것이다. 한국채택국제회계기준(이하 "K-IFRS"로 줄임)은 금융위원회가 2009년 시행된 「주식회사의 외부감사에 관한 법률」(법률 제9408호) 제13조에

8) IFRS를 개발·발간하는 일은 IFRS 재단(IFRS Foundation) 산하의 15인의 상임멤버로 구성된 IASB가 수행한다. IFRS의 내용에 관하여 제기된 해석관련 이슈를 해결하고자 14인의 멤버로 구성된 IFRS해석위원회(IFRS Interpretations Committee: IFRSIC)도 운영되고 있다. 강선민·한봉희·황인태, 「IFRS 적용이 우리나라 연결재무제표에 미치는 영향」(한국경제연구원, 2010), 35~36면.

의거하여 채택한 것이며, 이는 IFRS를 우리말로 옮긴 이른바 한국판 IFRS라고 할 수 있다. 이처럼 K-IFRS는 IFRS를 전폭적으로 일시一時에 수용한 것이라는 점에서 회계기준의 빅뱅Big Bang으로 평가된 바 있다.[9] 제5조에 따라 금융위원회가 정할 수 있는 회계처리기준은 한국채택국제회계기준과 법에 따라 정한 기타의 회계처리기준이다. 그러나 후자에 대해서는 법에 정한 바가 없으므로[10] 사실상 한국채택국제회계기준이 법이 정한 유일한 회계처리기준이다.

2. K-IFRS의 특징과 그 도입의 의의

법에 의하여 한국이 IFRS를 전면적으로 수용함으로써 회계투명성의 제고와 그로 인한 한국의 국제적 신인도의 개선 및 글로벌한 범주에서의 원활한 자금조달을 기대하였다. 또한 글로벌시장에서 경제활동의 비중이 높은 회사들의 경우에는 재무제표를 이중적으로 작성하여야 하는 비용과 노력을 절감할 수도 있다.[11] 그러면 IFRS의 한국판인 K-IFRS의 특징은 무엇인가?

K-IFRS의 특징을 밝히기 위해 오랜 세월동안 기업들이 사용하였던 일반기업회계기준Korean-Generally Accepted Accounting Principles; K-GAAP과 비교하여 그 차이를 제시하기로 한다. 첫째, K-GAAP은 그간 규정중심기준Rules-Based Standard이었지만 K-IFRS는 원칙중심기준Principle-Based Standards이라는 점이 특징이다. 즉, K-IFRS는 각종 회계처리에 관련된 나열식 규칙이나 규정을 제시하는 것이 아니라 회계처리의 적정성을 판단할 수 있는 원칙과 근거만을 제시하고 있다. 이는 다양하고 복잡하게 이루어지는

9) 다시 말하자면, '회계기준의 빅뱅'이라는 의미는 기존의 기준을 두고 이를 수정해 나가는 방식이 아니라 일시에 IFRS를 그대로 수용하는 것을 의미한다.

10) 예컨대, 법의 시행령 제27조에 따르면 감사보고서를 제출하여야 하는 회사를 K-IFRS를 적용하는 회사와 그러하지 않은 회사로 양분하고 있다. 따라서 법이 명백하게 정한 회계기준은 K-IFRS가 유일하기는 하지만, 실제로는 그러하지 않은 회계기준이 존재함을 시사한다. 한편, 한국회계기준원의 회계기준위원회는 외부감사 의무대상기업 중에서 K-IFRS를 채택하지 않은 일반기업에게 임의적용할 것을 목적으로 기존의 기업회계기준을 수정·보완한 '일반기업회계기준'을 제정하여 2011년부터 시행하고 있다. 구 외부감사법하에서 일반기업회계기준의 법적인 성질이 외부감사법의 하위규범으로 평가받았지만, 법에서는 명문의 기준이 없는 까닭에 그 지위가 분명하지 않다. 참고로 일반기업회계기준 제1장 1.1은 "일반기업회계기준은 '주식회사의 외부감사에 관한 법률'의 적용대상기업 중 한국채택국제회계기준에 따라 회계처리하지 아니하는 기업의 회계와 감사인의 감사에 통일성과 객관성을 부여하기 위하여 동 기업의 회계처리 및 보고에 관한 기준을 정함을 목적으로 한다"고 정하고 있다.

11) 김태석·김준호, "국제회계기준 도입준비와 대응과제", 「국제회계연구」 제34집(한국국제회계학회, 2010), 107면.

회사활동에 대하여 세부적인 규정을 마련하는 것이 현실적으로 불가능하며, 특히 규정의 자구해석에 치중하는 경우 규제회피Regulatory Avoidance라는 부작용을 낳을 수 있다는 점을 고려하여 기존의 입장을 변경한 것이다.[12]

둘째, K-GAAP에서는 개별재무제표가 주主재무제표이지만, K-IFRS에서는 종속회사를 두고 있는 회사의 경우 연결재무제표가 주재무제표이다. K-GAAP에서는 연결재무제표를 작성하여야 하는 의무가 있는 경우에 한하여 이를 추가적으로 작성할 것을 요구하지만, K-IFRS에서는 사업보고서, 분·반기보고서 등 모든 공시정보를 연결실체에 대한 연결재무제표를 기준으로 작성하여야 한다.

셋째, 취득원가 내지 역사적 원가Historical Cost에 입각하여 자산을 평가하도록 한 K-GAAP과는 달리 K-IFRS는 자산과 부채를 공정가치(시장가치)로 평가Fair Value Accounting한다.[13] 여기서 '공정가치'라 함은 시장에서 구매자와 판매자 간에 공정하게 거래되는 금액을 의미한다. 이처럼 K-IFRS에서는 기업의 실질적 시장가치를 반영하여 이해관계자들에게 유용한 정보를 제공하기 위해 공정가치로 평가된 금액으로 재무제표를 작성하여야 한다.

표 5 K-IFRS과 K-GAAP의 비교

K-IFRS	구분	K-GAAP
원칙 중심	**특징**	규정 중심
연결재무제표	**주재무제표**	개별재무제표
• 경제적 실질 중심 • 실무적 적용과 해석에서 높은 수준의 판단 요구	**회계처리**	기존 정해진 법적 형식에 따른 처리
• 원칙적으로 자산·부채를 공정가치로 평가 • 객관적 평가 어려운 항목은 취득원가로 평가	**자산·부채 평가차이**	신뢰성 중시
거래의 실질에 맞는 회계처리방법 규정	**법률과 정책 목적에 따른 차이**	법률 및 정책에 따라 현실 고려

출처: 금융감독원(http://ifrs.fss.or.kr)

12) 위의 논문, 99면.

13) 송인만·노형식, 「IFRS와 금융상품의 공정가치 평가」(한국금융연구원, 2011), 7면.

이상과 같은 K-IFRS의 도입으로 인한 부정적인 측면도 역시 존재한다. 그러한 부정적인 것으로는 첫째, 연결재무제표를 작성하는 데에는 개별재무제표의 작성보다 더 많은 노력과 비용이 들어가기 때문에 재무보고에 대한 비용증가가 초래된다. 둘째, K-IFRS에서는 정보이용자를 보호하기 위하여 공시하여야 할 사항이 많이 추가되었다.[14] 공시의무사항의 증가로 공시에 오류가 발생할 수 있는 가능성이 증가하였으며, 만약 오류가 있는 경우 국제적인 손해배상청구소송을 당할 수 있는 위험이 증가하였다. 특히 연결재무제표를 작성하기 위해서는 종속회사의 협조가 반드시 필요하기 때문에 그러한 협조가 없다면 연결재무제표가 부실하게 작성될 우려가 있다. 셋째, 원칙중심의 회계이다 보니 회계처리 방법 등을 다양하게 선택할 수 있는 까닭에 복수의 회사 사이에 재무정보를 비교하기가 곤란한 측면이 있다. 마지막으로, 회계처리기준의 다양성으로 인하여 경영진의 재량이 넓어지다 보니 오류의 가능성도 함께 높아질 우려가 있다.[15]

3. 상법상 K-IFRS의 지위

기업회계기준은 세계적인 자본시장의 흐름과 추세에 좇아 지속적으로 변화되고 있으나 상법의 회계규정[16]은 오랜 기간 동안 개정이 이뤄지지 않아 기업회계기준과 상법 회계규정의 괴리가 벌어져 왔고, 따라서 그 괴리를 해소하기 위한 논의가 끊임없이 제기되어 왔다. 상법의 회계규정은 주주와 채권자 등 기업의 이해관계자들의 이익 조정을 위한 규범적 규율인 반면에, 기업회계기준은 정확한 회계정보 제공을 직접적인 목적으로 하는 것으로서 양자의 목적은 다르지만 경제적 측면에서 일치되는 것이 바람직하기 때문이었다.[17]

2012년 시행 개정상법은 "회사의 회계는 이 법과 대통령령으로 규정한 것을 제외하고는 일반적으로 공정하고 타당한 회계관행에 따른다"고 규정하는 한편(상법 제446조의2), 기존 상법전에 있었던 자산의 평가방법, 창업비, 개업비, 신주발행비, 사채차액, 건설배당이자, 연구개발비 등 회계처리 관련 사항들을 전면 삭제하였다. 이는

---

14) 송인만·노형식, 앞의 책, 6~7면.

15) 김태석·김준호, 앞의 논문, 109면.

16) 주로 주식회사의 회계에 관한 상법 제3편 제4장 제7절을 뜻한다.

17) 김광윤, "최근 상법상 회계규정의 개정시안에 대한 비판적 고찰", 「회계저널」 제15권 제4호(한국회계학회, 2006), 26~27면.

당초 상법개정취지대로 "상법의 회계규정과 기업회계기준의 불일치가 해소되어 회계규범이 이원화되는 현상을 방지"하는 데 기여하고 있다.[18)]

상법 제446조의2와 같은 법 시행령 제15조는 주식회사를 먼저 유형화한 후에 각 회사가 따라야 할 회계원칙을 정하고 있다. 구체적으로 살펴보면, 상법 시행령 제15조는 회사의 유형별로 적용할 회계원칙을 달리 규정하고 있다. 즉, 외감기업에는 K-IFRS 또는 일반기업회계기준을 적용하며(1호), 공공기관에 대해서는 공기업·준정부기관 회계원칙을 적용한다(2호)는 것이다. 그리고 나머지 유형의 법인에 대해서는 법무부장관이 금융위원회 및 중소벤처기업부장관과 협의하여 고시한 회계기준을 적용한다(3호)고 규정하고 있다. 이처럼 상법 시행령 제15조는 외감기업 중에서 일정한 범주에 속한다면 K-IFRS의 적용이 의무화됨을 명정하고 있는데, 이는 회계기준의 법규성에 관하여 논란이 여전히 존재함에도 불구하고[19)] 상법이 K-IFRS를 간접적으로 법원法源으로 수용하고 있음을 의미한다.[20)]

4. K-IFRS의 적용범위

가. 원칙

위에서 살펴본 바와 같이 K-IFRS의 가장 큰 특징은 실적이 이른바 계열사까지 총망라한 연결실적으로 정리된다는 것이다. 제5조는 지배·종속의 관계에 있는 기업집단에서 지배회사가 연결재무제표에 K-IFRS을 적용하는 경우에는 연결재무제표가 아닌 재무제표에도 K-IFRS를 적용하여야 한다. 연결재무제표는 미국을 중심으로 발전된 경제적 실체Economic Entity라는 개념을 바탕으로 하여 투자회사가 대상회사에 대하여 실질적인 지배력을 가지고 있다면 그 대상회사(종속회사)와 투자회사(지배회사)를 단일의 경제적 동일체로 가정하고 작성하기 때문이다.[21)]

---

18) 이는 정부가 국회에 제출한 '상법 일부개정법률안'(의안번호: 1566)의 '주요내용'에서 법무부가 밝힌 개정취지이다.

19) K-IFRS의 법규성에 대하여 회의적인 문헌으로서 관심을 가질 만한 것으로는 황남석, "기업회계기준의 법규성 재고(再考)", 「상사법연구」 제31권 제1호(한국상사법학회, 2012), 251면 이하가 있다.

20) 이에 대하여 외부감사법은 상법의 특별법이어서 외부감사대상기업은 외부감사법의 규율을 받기 때문에 상법 시행령 제15조와 같은 규정을 두어야 하는 현실적인 필요성이 없다는 비판이 있다. 이철송, 「회사법강의」(제26판)(박영사, 2018), 950면.

21) 강선민·한봉희·황인태, 앞의 책, 29~30면.

나. 구체적 적용범위

(1) 주권상장법인 내지 주권상장예정법인

주식회사 중에서 주권상장법인(주권상장법인이 되려는 회사 포함)과 비상장금융회사는 제5조에 따라 K-IFRS의 적용을 받는 대상이 된다(법 제13조 제1항 제1호, 법 시행령 제7조의2 제1항). 재무제표는 그 회사의 재무상태 및 영업성과의 역사를 보여주는 자료이다. 주권상장법인은 K-IFRS에 의하여 회계처리를 하여야 하지만, 만약 상장을 전후하여 적용되는 회계처리기준이 상이한 경우 회계정보의 비교가능성을 저해시킬 우려가 있다. 이에 주권상장을 하려는 법인에게도 K-IFRS가 적용된다.

자본시장법 시행령 제11조 제2항에 따른 코넥스시장에 주권을 상장한 법인이나 상장하려는 법인에게는 K-IFRS에 의한 회계처리의무가 부과되지 않는다. 코넥스 시장Korea New Exchange; KONEX은 초기 중소기업이 자본시장을 통해 용이하게 자금조달을 하는 것을 지원하기 위하여 개설된 중소기업전용 시장이다. 코넥스 시장에 상장되는 회사가 중소기업에 한정되다 보니 일반투자자가 참여하기에는 투자위험이 높다. 이에 코넥스 시장에의 시장참여자의 범위를 일정 수준의 위험을 감수할 능력을 갖춘 전문투자자로 제한하고 있다.[22] 요약하자면, 코넥스 시장에 상장한 회사 내지 이에 상장하려는 회사는 그 규모가 중소기업에 머무르고 있어 회계처리 능력과 인적자원이 상대적으로 부족할 뿐만 아니라 이 시장에 상장된 회사의 경우 재무제표(회계정보)의 사용 목적이 다른 주권상장법인과 다르기 때문에 K-IFRS에 의한 회계처리를 주문하지 않는 것이다. 또한 법이 그동안 시장에서의 투자자 보호를 전제로 하여 왔다는 점을 고려하면 전문투자자에 대한 보호필요성은 일반투자자의 그것에 비하여 상대적으로 그 수준이 낮다는 점에 비추어서도 코넥스 시장에 상장한 법인 내지 상장하려는 법인에 대해서는 K-IFRS에 의한 회계처리를 요하지 않는다.

(2) 비상장금융회사

상장되지 않은 금융지주회사, 은행, 투자매매업자·투자중개업자·집합투자업자·신탁업자·종합금융회사, 보험회사, 신용카드업자는 규모에 상관없이 K-IFRS에 의하여 회계처리를 하여야 한다. 비상장금융회사에게 K-IFRS에 의한 회계처리를 의무화

22) 한국거래소, 「2016 코넥스시장의 이해」(한국거래소, 2015), 8~9면.

한 주된 이유는 감독당국이 불특정다수인의 재산에 대한 거래·관리·처분 등을 행하는 금융회사에 대하여 원활하게 규제하려는 목적에서 찾을 수 있다. 더 나아가 비상장금융회사의 재무상태와 경영성과에 대한 회계정보의 신뢰성을 제고하고 동종의 금융회사 간의 비교가능성을 증대하기 위하여 K-IFRS를 적용하는 측면도 있다.

비상장금융회사의 경우에는 각 금융회사의 유형에 따라 별도의 근거규정도 함께 가지고 있다는 점이 특징이다. 각각의 근거규정을 이를 나누어서 살펴보기로 한다.

금융지주회사감독규정(금융위원회고시 제2017-31호) 제31조 제1항은 금융지주회사(비은행지주회사로의 전환대상자는 제외함)는 회계처리 및 재무제표 작성에 있어서 K-IFRS에 따를 것을 정하고 있다. 은행업감독규정(금융위원회고시 제2018-27호)도 이와 동일한 내용의 규정을 두어 은행이 K-IFRS에 의하여 회계처리를 할 것을 요구하고 있다(제32조 제1항).

금융투자업자는 금융투자업자 회계처리준칙[23] 및 K-IFRS에 따라 회계처리를 하여야 한다(자본시장법 제32조 제1항 제3호). 자본시장법상의 금융투자업자에는 투자매매업자·투자중개업자·집합투자업자·투자자문업자·투자일임업자·신탁업자 및 종합금융투자사업자가 있지만(제8조), 자본시장법상 완화된 진입규제가 적용되는 투자자문업자와 투자일임업자에게는 K-IFRS에 의하여 회계처리를 할 의무를 부과하지 않는다. 이 같은 의무를 부과하지 않는 것은 투자자문업자와 투자일임업자가 고객의 자산을 수탁하지 않는 금융투자업자라는 점을 반영한 결과이다.

보험업감독규정(금융위원회고시 제2018-32호) 제6장은 보험회사에 대한 감독을 위하여 사용되는 회계처리기준을 정함을 목적으로 하는 회계처리기준을 마련하고 있다. 동 규정 제6-1조 제1항은 동 규정 제6장에서 정하지 아니한 사항은 외부감사법에 따른 K-IFRS를 준용한다는 것을 명시적으로 규정하고 있다.

여신전문금융업감독규정(금융위원회고시 제2018-27호) 제15조 제1항은 신용카드업자(겸영여신업자 제외)가 K-IFRS를 준수할 것을 요구하고 있다.

23) 이는 금융투자업규정(금융위원회고시 제2018-22호) 제3편 제1장에 규정되어 있다.

V. 위반 효과

1. 행정제재

증권선물위원회는 회사가 재무제표를 작성하지 않거나 회계처리기준을 위반하여 재무제표를 작성한 경우 해당 회사에 임원의 해임 또는 면직 권고, 6개월 이내의 직무정지, 일정 기간 증권의 발행제한, 회계처리기준 위반사항에 대한 시정요구 및 그 밖에 필요한 조치를 할 수 있다(법 제29조 제1항 제1호). 또한 증권선물위원회는 회계처리기준을 위반하여 재무제표를 작성한 회사가 있는 경우에는 금융위원회가 정하는 바에 따라 그 위반사실이 확정된 날부터 3년 이내의 기간 동안 해당 위반사실을 공시할 수 있다(법 제30조 제1항 제1호).

2. 벌칙

상법 제401조의2 제1항 및 제635조 제1항에 규정된 자[24)]나 그 밖에 회사의 회계업무를 담당하는 자가 제5조에 따른 회계처리기준을 위반하여 거짓으로 재무제표를 작성·공시한 경우에는 10년 이하의 징역 또는 그 위반행위로 얻은 이익 또는 회피한 손실액의 2배 이상 5배 이하의 벌금에 처한다(법 제39조 제1항). 만약 자회사의 자산총액의 100분의 5에 해당하는 금액이 500억 원 이상인 경우로서, 회사가 제5조에 따른 회계처리기준을 위반한 결과 재무제표상 변경된 금액이 자산총액의 10% 이상인 경우에는 무기 또는 5년 이상의 징역에 처하며, 그 변경된 금액이 자산총액의 5% 이상 10% 미만인 경우에는 3년 이상의 유기징역에 처한다(법 제39조 제2항).

[권재열]

24) 상법 제401조의2 제1항에 규정된 자는 업무집행지시자, 무권대행자, 표현이사이다. 상법 제635조 제1항에 규정된 자는 회사의 발기인, 설립위원, 업무집행사원, 업무집행자, 이사, 집행임원, 감사, 감사위원회 위원, 외국회사의 대표자, 검사인, 공증인, 감정인, 지배인, 청산인, 명의개서대리인, 사채모집을 위탁받은 회사와 그 사무승계자 또는 직무대행자이다.

제 2 장 회사 및 감사인

제6조(재무제표의 작성 책임 및 제출)

① 회사의 대표이사와 회계담당 임원(회계담당 임원이 없는 경우에는 회계업무를 집행하는 직원을 말한다. 이하 이 조에서 같다)은 해당 회사의 재무제표를 작성할 책임이 있다.
② 회사는 해당 사업연도의 재무제표를 작성하여 대통령령으로 정하는 기간 내에 감사인에게 제출하여야 한다.
③ 「자본시장과 금융투자업에 관한 법률」 제159조 제1항에 따른 사업보고서 제출대상법인인 회사는 제2항에 따라 재무제표를 기간 내에 감사인에게 제출하지 못한 경우 사업보고서 공시 후 14일 이내에 그 사유를 공시하여야 한다.
④ 주권상장법인인 회사 및 대통령령으로 정하는 회사는 제2항에 따라 감사인에게 제출한 재무제표 중 대통령령으로 정하는 사항을 증권선물위원회에 제출하여야 한다. 이 경우 제출 기한·방법·절차 등 제출에 필요한 사항은 대통령령으로 정한다.
⑤ 주권상장법인인 회사가 제4항에 따른 제출기한을 넘길 경우 그 사유를 제출기한 만료일의 다음 날까지 증권선물위원회에 제출하여야 한다. 이 경우 증권선물위원회는 해당 사유를 「자본시장과 금융투자업에 관한 법률」 제163조의 방식에 따라 공시하여야 한다.
⑥ 회사의 감사인 및 그 감사인에 소속된 공인회계사는 해당 회사의 재무제표를 대표이사와 회계담당 임원을 대신하여 작성하거나 재무제표 작성과 관련된 회계처리에 대한 자문에 응하는 등 대통령령으로 정하는 행위를 해서는 아니 되며, 해당 회사는 감사인 및 그 감사인에 소속된 공인회계사에게 이러한 행위를 요구해서는 아니 된다.

법 시행령 제8조(재무제표의 작성 책임 및 제출) ① 법 제6조 제2항에서 "대통령령으로 정하는 기간"이란 다음 각 호의 구분에 따른 기한을 말한다.

1. 재무제표: 정기총회 개최 6주 전(회생절차가 진행 중인 회사는 사업연도 종료 후 45일 이내)
2. 연결재무제표: 다음 각 목의 구분에 따른 기한
   가. 한국채택국제회계기준을 적용하는 회사: 정기총회 개최 4주 전(회생절차가 진행 중인 회사는 사업연도 종료 후 60일 이내)
   나. 한국채택국제회계기준을 적용하지 아니하는 회사: 사업연도 종료 후 90일 이내[「자본시장과 금융투자업에 관한 법률」 제159조 제1항에 따른 사업보고서 제출대상법인(이하 "사업

보고서 제출대상법인"이라 한다) 중 직전 사업연도 말의 자산총액이 2조 원 이상인 법인은 사업연도 종료 후 70일 이내]

② 제1항에도 불구하고 사업보고서 제출대상법인이 「자본시장과 금융투자업에 관한 법률」 제159조 제1항에 따른 사업보고서 제출기한(이하 "사업보고서 제출기한"이라 한다) 이후 정기총회를 개최하는 경우에 재무제표를 감사인에게 제출하여야 하는 기한은 다음 각 호의 구분에 따른다.

1. 재무제표: 사업보고서 제출기한 6주 전(회생절차가 진행 중인 회사는 사업연도 종료 후 45일 이내)
2. 연결재무제표: 다음 각 목의 구분에 따른 기한
   가. 한국채택국제회계기준을 적용하는 회사: 사업보고서 제출기한 4주 전(회생절차가 진행 중인 회사는 사업연도 종료 후 60일 이내)
   나. 한국채택국제회계기준을 적용하지 아니하는 회사: 제1항 제2호 나목의 기한

③ 법 제6조 제4항 전단에서 "대통령령으로 정하는 회사"란 다음 각 호의 회사를 말한다.

1. 대형비상장주식회사
2. 「금융산업의 구조개선에 관한 법률」 제2조 제1호에 따른 금융기관 및 「농업협동조합법」에 따른 농협은행(이하 "금융회사"라 한다)

④ 법 제6조 제4항 전단에서 "대통령령으로 정하는 사항"이란 법 제6조 제2항에 따라 회사가 감사인에게 제출한 재무제표를 말한다.

⑤ 주권상장법인인 회사 및 제3항 각 호의 회사는 법 제6조 제4항 후단에 따라 감사인에게 재무제표를 제출한 후에 즉시 그 재무제표를 「정보통신망 이용촉진 및 정보보호 등에 관한 법률」 제2조 제5호에 따른 전자문서(이하 "전자문서"라 한다)로 증권선물위원회에 제출하여야 한다.

⑥ 법 제6조 제6항에서 "대통령령으로 정하는 행위"란 다음 각 호의 어느 하나에 해당하는 행위를 말한다.

1. 해당 회사의 재무제표를 대표이사와 회계담당 이사(회계담당 이사가 없는 경우에는 회계업무를 집행하는 직원을 말한다)를 대신하여 작성하는 행위
2. 해당 회사의 재무제표 작성과 관련된 회계처리에 대한 자문에 응하는 행위
3. 해당 회사의 재무제표 작성에 필요한 계산 또는 회계 분개[분개, 부기(簿記)에서 거래 내용을 차변(借邊)과 대변(貸邊)으로 나누어 적는 일을 말한다]를 대신하여 해주는 행위
4. 해당 회사의 재무제표 작성과 관련된 회계처리방법의 결정에 관여하는 행위

Ⅰ. 입법취지

기업이 경영활동에 따른 회계처리가 복잡해지면서 회사들이 재무제표를 작성하는 업무를 감사인에 의존하는 관행이 있음이 밝혀졌다. K-IFRS를 도입한 이래 이 같은 관행이 심화되면서, 2013년 12월 30일 외부감사법이 개정되면서 "회사의 대표이사와 회계담당 이사가 재무제표를 작성할 책임이 있다"는 점과, 외부감사의 독립성과 중립성을 보장하기 위하여 "회사의 감사인은 해당회사의 재무제표를 대표이사와 회계담당 이사를 대신하여 작성하거나 재무제표 작성과 관련된 회계처리에 대한 자문에 응하는 행위를 금지"하는 내용이 삽입되었다. 그럼에도 불구하고 지속적인 분식회계와 부실감사가 문제되자 2017년 정부는 외부감사법 전면개정안을 발의하면서 감사인의 독립성 강화를 위해 현재 감사인에게만 회사 재무제표 대리 작성, 회계처리 자문행위 금지 의무를 부과하던 것을 회사에 대하여도 이러한 행위를 감사인에게 요구하지 못하도록 하고 이를 위반한 경우 형사처벌도 가능하도록 하여 회계처리에 1차적인 책임은 회사에게, 독립적인 외부감사에 대한 책임은 감사인에게 있음을 명확히 하였다. 또한 사업보고서 제출대상법인인 회사들이 회계처리 능력 부족으로 인하여 재무제표를 법정기한 내에 감사인에게 제출하지 못하고 이로 인해 감사인의 감사의견을 법정기한 내에 받지 못하여 사업보고서(분·반기 검토보고서 포함)를 금융위원회와 거래소에 늦게 제출하여 행정조치를 받게 되는 문제점이 발생하였다. 따라서 이러한 현실을 고려하여 자본시장법 제165조 제3항도 개정하여 사업보고서 제출대상법인이 재무제표를 늦게 제출하여 감사인의 감사의견 역시 늦어져서 사업보고서 제출기한 연장이 필요하다고 감사인과 합의하면 사업보고서 제출기한 만료 7일 전까지 금융위원회와 거래소에 기한 연장 사유를 기재하여 신고한 경우에는 연 1회에 한정하여 사업보고서 제출기한을 5영업일 이내에서 연장하여 제출할 수 있도록 하였다. 따라서 본조는 재무제표 작성에 있어서 책임의 주체를 명확히 하고, 그렇게 작성된 재무제표를 제출하여야 하는 상대방과 그 기한 등을 정하고 있으며, 외부감사의 독립성 확보를 위하여 회사의 감사인에 대한 재무제표 대리 작성 요구행위 자체를 금지하도록 하는데 의의가 있다.

II. 재무제표 작성의 책임자

1. 재무제표 작성 책임주체

외부감사의 대상이 되는 회사가 재무제표를 독립적으로 작성할 능력이 부족한 것을 이유로 감사인으로 하여금 당해 회사의 임직원을 대신하여 외부감사의 대상이 되는 재무제표를 작성하도록 하거나, 자문·용역·서비스 등 그 명칭을 불문하고 대가가 있든 없든 간에 재무제표 작성에 필요한 기초자료를 작성하게 하고, 더 나아가 검토하도록 하는 경우가 현실에서는 자주 발생한 바 있다. 또한 외부감사 대상회사가 재무제표의 작성행위 전반에 중요한 영향을 미칠 수 있는 사항 등과 관련하여 업무를 지원하게 하거나 관여하도록 하는 경우도 목격되고 있다. 외부감사 대상회사의 이상과 같은 행위는 감사인 스스로가 작성한 재무제표를 스스로가 감사하는 이른바 자기감사의 위험Self-Audit Threat에 놓이게 된다.[1] 이에 정부는 이 같은 위험에 의하여 회계품질이 저하되는 것을 방지하기 위하여 2013년 구 외부감사법 개정에서 회사의 재무제표의 작성책임 주체를 명백하게 규정하게 되었다.[2]

2013년 개정된 구 외부감사법의 제7조는 재무제표의 작성책임 주체를 대표이사와 회계담당이사로 한정[3]하는 반면에, 법 제6조 제1항은 그 주체를 대표이사와 회계담당 임원 내지 회계업무담당 직원으로 명정하고 있다. 제6조 제6항은 구 외부감사법과 마찬가지 취지에서 감사인으로 하여금 자기감사의 위험을 야기할 수 있는 행위를 하는 것을 금지하며, 더 나아가 해당 회사는 감사인 및 그 감사인에 소속된 공인회계사에게 이러한 행위를 요구할 수 없다고 규정하고 있다. 시행령은 감사인이 자기감사

1) 2013년 개정 전의 구 외부감사법 시절에는 일부 회사가 재무제표를 작성하는 업무를 감사인에게 떠맡기는 관행이 실제 존재함에 따라 외부감사의 회계오류 검증기능이 약화되어 회계정보에 대한 신뢰성이 떨어진다는 우려가 제기되었다. 금융위원회 보도자료, "'회사의 재무제표 작성책임' 관련 유의사항 안내"(2014. 9. 30), 8면.

2) 이은철·박석진, "재무제표 대리작성 근절을 위한 외부감사법 개정의 실효성에 관한 연구: 회계감사과정에서 변경된 당기순이익을 중심으로", 「회계학연구」 제41권 제1호(2016), 199~200면.

3) 2013년 구 외부감사법 제7조 제1항은 "회사의 대표이사와 회계담당 이사(회계담당 이사가 없는 경우에는 회계업무를 집행하는 직원을 말한다)는 해당 회사의 재무제표(연결재무제표를 작성하는 회사의 경우에는 연결재무제표를 포함한다. 이하 이 조에서 같다)를 작성할 책임이 있다"고 규정함과 동시에 제4항에서 "회사의 감사인은 해당 회사의 재무제표를 대표이사와 회계담당 이사를 대신하여 작성하거나 재무제표 작성과 관련된 회계처리에 대한 자문에 응하는 등 대통령령으로 정하는 행위를 하여서는 아니 된다"고 명시하였다.

위험에 놓일 수 있는 구체적인 유형으로 해당 회사의 재무제표를 대표이사와 회계담당 이사(회계담당 이사가 없는 경우에는 회계업무를 집행하는 직원을 말함)를 대신하여 작성하는 행위, 해당 회사의 재무제표 작성과 관련된 회계처리에 대한 자문에 응하는 행위, 해당 회사의 재무제표 작성에 필요한 계산 또는 회계 분개(분개, 부기에서 거래 내용을 차변과 대변으로 나누어 적는 일을 말함)를 대신하여 해주는 행위, 해당 회사의 재무제표 작성과 관련된 회계처리방법의 결정에 관여하는 행위를 한정적으로 제시하고 있다.

2. 해석상 유의사항

구 외부감사법과 현행법이 대표이사를 재무제표작성 책임자로 정하고 있다는 점에서는 공통되지만, 현행법이 구 외부감사법과 달리 '회계담당 임원'이라는 표현을 사용하고 있다. 법이 '임원'을 이사, 감사(감사위원회 위원 포함), 상법상 집행임원(상법 제408조의2) 및 업무집행지시자, 무권대행자, 표현이사(상법 제401조의2 제1항)의 어느 하나에 해당하는 자로 정의하고 있음(법 제2조 제6호)을 고려한다면 제6조는 재무제표작성 책임자를 구 외부감사법상의 '회계담당 이사'로 한정하지 않겠다는 의사가 반영된 것으로 읽힌다. 특히, 예컨대, 법의 여러 다른 규정에서 보는 바와 같이 법이 행위의 주체 또는 법적용의 대상을 명시적으로 특정하는 방식의 태도를 취한다는 점[4]을 고려하면 제6조는 의도적으로 '회계담당 임원'을 재무제표작성의 책임자로 규정한 것으로 보인다.

상법상 재무제표가 감사에게 제출되면 감사는 그에 대한 감사보고서를 작성한 후 이를 이사에게 제출하여야 하는 의무를 부담하고 있다는 사실(상법 제447조의3, 제447조의4)을 감안한다면 제6조의 '회계담당 임원'은 구 외부감사법과 마찬가지로 '회계담당 이사'를 의미하는 것으로 축소하여 풀이하여야 한다. 집행임원 설치회사의 경우에는 '회계담당 임원'에 '회계담당 집행임원'도 포섭된다. 감사에게는 회계담당이라는 직무가 부여될 수 없을 뿐만 아니라 그가 재무제표 작성의 책임자가 된다면 내부감사와 관련하여 자기감사의 위험에 놓여 지기 때문이다. 또한 업무집행지시자, 무권대행자 및 표현이사는 사전적으로 회계담당이라는 직무가 부여될 수 없으므로 회계담당 임원에 포함될 여지가 없다. 이처럼 제6조 제1항은 법의 목적을 고려하여 "지나치게

---

4) 법은, 예컨대 제22조 제1항에서 보는 바와 같이 감사인의 부정행위 등의 보고대상을 '임원'의 직무수행이 아니라 '이사'의 직무수행으로 특정하여 규정하고 있다.

넓게 파악된 법문을 그 목적에 맞게 축소적용"[5]하여야 한다.

3. 관련사항: 감사의 역할

대표이사와 회계담당 임원의 재무제표 작성과 관련하여 감사가 주의의무를 다 하기 위해서는 "재무제표가 회사에 의해 직접 작성된 것인지 여부" 등을 확인하여야 한다. 즉, 회사가 감사인으로 하여금 감사대상회사의 재무제표를 대신 작성하게 하거나 재무제표의 작성과 관련하여 감사인으로 부터 자문을 구하는 등의 행위를 하는지의 여부를 감시하여야 한다. 만약 감사대상회사가 재무제표를 직접 작성할 능력을 갖추지 못하였다고 판단하는 경우에는 이사회에 별도의 회계사를 고용할 것을 권고하여야 한다.[6] 이사와 집행이사의 업무집행을 감시·감독하는 것은 상법이 감사에게 부과하고 있는 의무(상법 제412조, 제408조의9)이므로 선량한 관리자의 주의를 다하여 감시·감독의무를 이행하지 않은 경우에는 회사에 대하여 손해를 배상할 책임을 부담한다(상법 제414조).

감사를 두지 않는 유한회사의 경우에는 대표이사와 회계담당 임원의 재무제표 작성과 관련해서는 감시할 주체가 사실상 없게 되므로[7] 상대적으로 감사인의 외부감사에 대한 비중이 상승하게 된다.

III. 재무제표의 제출

1. 감사인에 대한 제출

회사는 해당 사업연도의 재무제표를 작성하여 기간 내에 감사인에게 제출하여야 한다. 법문상으로 '회사'가 감사인에게 재무제표를 제출한다고 규정하지만, 재무제표

5) 이러한 축소적용을 목적론적 축소(teleologische Reduktion)라 한다. 김영환, "법학방법론의 관점에서 본 유추와 목적론적 축소", 「법철학연구」 제12권 제1호(2009), 22면.

6) 금융감독원, "외부감사 관련 감사 및 감사위원회 운영 모범사례"(2015).

7) 이 때문에 유한회사의 감사제도는 매우 불완전한 것으로 평가되고 있다. 이철송, 「회사법강의」(제27판)(박영사, 2019), 1212면.

의 작성과 제출은 대표이사의 업무집행사항에 속하므로 대표이사가 그 의무자이다.[8)]

법 제6조는 감사인이 충분한 감사시간을 확보할 수 있도록 하기 위하여 제출기한을 명시적으로 정하고 있다. 제6조는 개별재무제표를 작성하여야 하는 회사는 물론이고 연결재무제표를 작성하여야 하는 회사도 상법에 따라 개별재무제표 또는 이와 더불어 연결재무제표를 이사회 및(또는) 정기주주총회의 승인을 받아야 한다는 점을 고려하여(상법 제447조, 제449조 제1항, 제449조의2, 동법 시행령 제16조 제2항) 주주총회의 승인을 기준으로 하여 그 기한을 제시하고 있다. 구체적으로 살펴보면, 재무제표 혹은 연결재무제표인지의 여부 및 K-IFRS를 적용하는 회사인지의 여부에 따라 감사인에 제출하여야 하는 기간을 달리 규정하고 있다. 또한 K-IFRS를 적용하지 않는 회사라고 하더라도 자본시장법 제159조 제1항에 따른 사업보고서 제출대상법인(이하 "사업보고서 제출대상법인"이라 함) 중 직전 사업연도 말의 자산총액이 2조 원 이상인지의 여부에 따라 그 기간이 또 달라진다. 이를 나누어 살펴보기로 한다.

첫째, 재무제표는 정기주주총회 개최 6주 전(회생절차가 진행 중인 회사는 사업연도 종료 후 45일 이내)에 감사인에게 제출하여야 한다. 회사실무에서는 이사가 사전에 감사인의 감사監査를 고려하여 재무제표를 작성한다.[9)] 상법에 따르면 이사는 정기주주총회일의 6주 전에 재무제표와 영업보고서를 감사에게 제출하여야 하며(상법 제447조의3), 감사는 정기주주총회회일의 2주 전에 감사보고서를 이사에게 제출하여야 한다(상법 제447조의4 제1항). 다만, 상장회사의 경우에는 예외적으로 이사에게 감사보고서를 주주총회일의 1주 전까지 제출할 수 있을 뿐이다(상법 제542조의12 제6항).

둘째, 연결재무제표는 지배회사와 종속회사가 각각의 개별재무제표를 작성한 이후 이를 집계하여 작성하여야 한다. 그러므로 연결재무제표의 작성시기는 이들 재무제표가 작성된 이후 일정기간이 지난 시점으로 할 수밖에 없다. K-IFRS를 적용하는 회사의 경우 연결재무제표를 정기주주총회 개최 4주 전(회생절차가 진행 중인 회사는 사업연도 종료 후 60일 이내)에 제출하여야 한다. K-IFRS를 적용하지 않는 회사의 경우 연결재무제표를 사업연도 종료 후 90일 이내에 제출하여야 한다. 사업보고서 제출대상법인 중 직전 사업연도 말의 자산총액이 2조 원 이상인 법인은 연결재무제표를 사

8) 이철송, 「회사법강의」(제26판)(박영사, 2018), 974면.

9) 최준선·김춘, "상법상 회사회계규정에 대한 소고—개정상법의 문제점 및 보완과제—", 「성균관법학」 제23권 제2호(성균관대학교, 2011), 371면.

업연도 종료 후 70일 이내에 제출할 의무가 있다. 이 같은 의무에도 불구하고 사업보고서 제출대상법인이 사업보고서 제출기한(이하 "사업보고서 제출기한"이라 함) 이후 정기주주총회를 개최하는 경우에는 재무제표를 감사인에게 제출하여야 하는 기한은 그 제출대상이 재무제표인지 아니면 연결재무제표인지에 따라 달라진다. 먼저 재무제표는 사업보고서 제출기한 6주 전(회생절차가 진행 중인 회사는 사업연도 종료 후 45일 이내)에 감사인에게 제출하여야 한다. 연결재무제표의 경우 K-IFRS를 적용하는 회사라면 사업보고서 제출기한 4주 전(회생절차가 진행 중인 회사는 사업연도 종료 후 60일 이내)에 제출하여야 하지만 K-IFRS를 적용하지 않는 회사라면 사업연도 종료 후 90일 이내(사업보고서 제출대상법인 중 직전 사업연도 말의 자산총액이 2조 원 이상인 법인은 사업연도 종료 후 70일 이내)에 제출하여야 한다. 만약 사업보고서 제출대상법인인 회사가 이상의 재무제표를 기간 내에 감사인에게 제출하지 못한 경우 사업보고서 공시 후 14일 이내에 그 사유를 공시하여야 한다.

2. 증권선물위원회에 대한 제출

제6조는 회사의 재무제표 작성책임을 명확히 하기 위해 주권상장법인인 회사와 대형비상장주식회사, 금융산업구조개선법 제2조 제1호에 따른 금융기관 및 농업협동조합법에 따른 농협은행은 재무제표를 감사인에게 제출한 후에 즉시 동일한 재무제표를 「정보통신망 이용촉진 및 정보보호 등에 관한 법률」 제2조 제5호에 따른 전자문서(이하 '전자문서'라 함)로 증권선물위원회에 제출할 것을 요구하고 있다. 증권선물위원회는 법 제6조 제4항에 따라 주권상장법인이 제출하는 재무제표를 접수하는 업무를 한국거래소에 위탁(법 시행령 제44조 제3항)하는 한편 법 제6조 제4항에 따라 주권상장법인이 아닌 회사가 제출하는 재무제표를 접수·심사하는 업무를 금융감독원장에게 위탁한다(법 시행령 제44조 제2항). 만약 주권상장법인인 회사가 제출기한을 넘길 경우 그 사유를 제출기한 만료일의 다음 날까지 증권선물위원회에 제출하여야 한다. 이 경우 증권선물위원회는 해당 사유를 자본시장법 제163조[10]의 방식에 따라 공시하여야 한다.

10) 자본시장법 제163조(사업보고서등의 공시) 금융위원회와 거래소는 사업보고서등을 3년간 일정한 장소에 비치하고, 인터넷 홈페이지 등을 이용하여 공시하여야 한다. 이 경우 기업경영 등 비밀유지와 투자자 보호와의 형평 등을 고려하여 대통령령으로 정하는 사항을 제외하고 비치 및 공시할 수 있다.

Ⅳ. 위반 효과

1. 행정제재

증권선물위원회는 회사가 제6조를 위반한 경우 해당 회사에 임원의 해임 또는 면직 권고, 6개월 이내의 직무정지, 일정 기간 증권의 발행제한 및 그 밖에 필요한 조치를 할 수 있다(법 제29조 제1항 제1호·제2호). 다만, 유한회사는 증권을 발행하지 않으므로(상법 제555조) 증권선물위원회가 제6조를 위반한 유한회사에 대하여 일정 기간 증권의 발행제한을 조치로서 부과할 수는 없다.

증권선물위원회는 제6조에 따른 재무제표를 사전에 제출하지 않은 회사가 있는 경우에는 금융위원회가 정하는 바에 따라 그 위반사실이 확정된 날부터 3년 이내의 기간 동안 해당 위반사실을 공시할 수 있다(법 제30조 제1항 제3호).

2. 벌칙

상법 제401조의2 제1항 및 제635조 제1항에 규정된 자, 그 밖에 회사의 회계업무를 담당하는 자, 감사인 또는 그에 소속된 공인회계사나 법 제20조 제4호에 따른 감사업무와 관련된 자가 제6조를 위반하여 재무제표를 제출하지 않거나 감사인 또는 그에 소속된 공인회계사가 재무제표를 작성하거나 회사가 감사인 또는 그에 소속된 공인회계사에게 재무제표 작성을 요구하는 경우에는 3년 이하의 징역 또는 3천만 원 이하의 벌금에 처한다(법 제42조 제1호·제2호).

[권재열]

제 2 장 회사 및 감사인

제7조(지배회사의 권한)

① 지배회사는 연결재무제표 작성을 위하여 필요한 범위에서 종속회사(제2조 제3호에 따른 지배·종속의 관계에 있는 회사 중 종속되는 회사를 말한다. 이하 같다)의 회계에 관한 장부와 서류를 열람 또는 복사하거나 회계에 관한 자료의 제출을 요구할 수 있다.
② 지배회사는 제1항에 따르더라도 연결재무제표 작성에 필요한 자료를 입수할 수 없거나 그 자료의 내용을 확인할 필요가 있을 때에는 종속회사의 업무와 재산상태를 조사할 수 있다.

Ⅰ. 입법취지

K-IFRS의 도입으로 지배회사와 종속회사를 경제적으로 하나의 회사로 보아 재무상태와 경영성과를 종합하여 작성하는 연결재무제표가 주재무제표로 되었는데, 이는 단순히 재무제표의 종류가 다양화되는 수준에 머무르는 것이 아니라 기업집단의 지배구조와 이사, 감사 내지 감사위원회 위원 등 회사의 기관구성원들의 업무범위, 책임에 대해서도 변화를 초래한다. 그러므로 (연결)지배회사가 (연결)종속회사의 재무정보에 대한 실질적인 통제권을 가지고 있는 경우에 한하여 진정한 의미에서 연결재무제표의 주 재무제표화를 달성할 수 있다. 이에 제7조는 지배회사가 연결재무제표를 작성하기 위하여 필요한 범위내에서 종속회사에 대하여 열람, 복사, 자료제출을 요구할 권한과 조사할 권한을 인정하고 있다.

K-IFRS의 도입·시행으로 말미암아 연결재무제표가 주재무제표가 됨으로써 개별재무제표를 작성하는 경우보다 연결재무제표의 작성에 필요한 정보가 더 많을 수밖에 없는 까닭에 당연히 결산에 더 많은 노력과 시간을 투입하여야 한다. 더군다나 법상 연결재무제표를 중심하는 공시체계로의 전환과 상법상 연결재무제표에 대한 이사회의 승인이 의무화됨으로 인하여 지배회사(연결재무제표 작성회사)의 이사가 손해배상책임을 부담할 가능성이 커지고 그 손해배상의 범위도 확대되었다.[1] 그러나 현재 국내

1) 금융감독원 보도자료, "개정 상법 시행에 따른 회계제도 변경 및 결산시 유의사항 안내"(2012. 4. 17), 3면.

기업집단의 지배구조를 살펴 볼 때 지배회사가 종속회사(연결대상회사)에 대하여 효율적으로 통제하는 것을 기대하기란 용이하지 않다. 왜냐하면 지배회사의 이사가 종속회사의 중요한 의사결정이나 내부통제 및 재무결산에 관여하지 못하는 관행이 있기 때문이다.[2)] 만약 이러한 관행이 지속될 경우 지배회사가 종속회사에 대하여 관리·감독권을 제대로 행사하지 못하는 상황임에도 불구하고 지배회사가 종속회사의 재무제표 작성과 관련한 오류 또는 부정 등에 대해서는 법적 책임을 부담하여야 하는 기형적인 현상이 발생할 수 있다. 따라서 연결재무제표를 작성하여야 하는 지배회사가 그 작성과정에 있어서의 실효성을 확보할 수 있는 방안으로서 종속회사에 대하여 행사할 수 있는 몇 가지 권한을 제7조가 정하고 있는 것이다.

II. 지배회사의 권한

제7조는 외부감사의 전단계前段階에서 연결재무제표 작성에 필요한 회계장부에 대한 열람·등사권과 재산상태에 대한 조사권의 행사주체를 지배회사로 규정하고 있다. 이 경우 제7조가 권한행사의 주체를 '회사'라고 규정하고 있기는 하지만 실제로는 이를 '대표이사'로 읽어야 한다. 왜냐하면 이러한 권한은 명백하게 대표이사의 대표행위에 의하여 이루어져야 하므로 대표이사에 의한 행위로서 집행되어야 하기 때문이다.[3)]

제7조를 단순히 문리적으로만 해석한다면 종속회사 측으로서는 지배회사의 권한행사로부터 스스로를 방어할 수 있는 길이 봉쇄되어 있음을 알 수 있다. 그 이유를 구체적으로 살펴보기로 한다. 상법은 소수주주에게 회사의 회계장부에 대한 열람·등사를 '청구'할 권리를 인정[4)]하는 반면에 제7조는 지배회사에게 청구권이라는 개념을 넘어 직접 회계장부를 열람·등사할 수 있는 권한을 부여하고 있다. 더 나아가 시배회사가 주주로서 상법상 회계장부열람권을 행사하면 자회사(종속회사)는 법인주주인 모회사(지배회사)의 회계장부열람·등사 청구가 부당하다는 것을 증명하여 모회사의 이 같

2) 노세진, "국제회계기준 도입의 영향과 대응방안에 관한 연구", 「경영교육저널」 제14권(대한경영교육학회, 2008), 88면.

3) 이철송, 「회사법강의」(제26판)(박영사, 2018), 721~722면 참조.

4) 상법에 따르면 발행주식의 총수의 3% 이상에 해당하는 주식을 가진 주주는 이유를 붙인 서면으로 회계의 장부와 서류의 열람 또는 등사를 청구할 수 있으며, 이 경우 회사는 그 주주의 청구가 부당하다고 증명하는 경우 그러한 열람·등사를 거부할 수 있다(제466조).

은 열람을 거부할 수 있는 반면에[5] 제7조 제1항에는 이 같은 거부사유에 관해서는 명시하지 않고 있다. 연결재무제표가 부실할 경우 지배회사 대표이사와 회계담당 임원의 책임문제가 대두될 수 있어 이에 대한 대책으로 제7조 제2항이 지배회사에게 종속회사의 업무와 재산상태를 조사할 수 있는 권한을 부여하기는 하지만, 지배회사의 조사권에 대한 종속회사의 거부사유에 대해서도 명시하지 않고 있다. 그렇다고 해서 종속회사가 행사할 수 있는 거부사유를 전혀 규정하지 않는 것으로 보기는 어렵다. 벌칙 규정에서 '정당한 이유 없이' 지배회사의 열람, 복사, 자료제출 요구 등을 거부할 경우 처벌하도록 규정하고 있는 취지에 비추어 볼 때, 정당한 사유가 있는 경우에는 거부할 수 있다고 해석되기 때문이다. 특히 제7조 제1항이 '연결재무제표 작성을 위하여 필요한 범위에서'라는 요건을 두고 있으므로 지배회사의 열람, 복사 및 자료제출을 요구할 권한이 이 같은 요건을 벗어난다는 것을 증명한다면 지배회사의 권한행사를 거부할 수 있는 것이다.

Ⅲ. 벌칙

상법 제401조의2 제1항 및 제635조 제1항에 규정된 자, 그 밖에 회사의 회계업무를 담당하는 자, 감사인 또는 그에 소속된 공인회계사나 법 제20조 제4호에 따른 감사업무와 관련된 자가 정당한 이유 없이 제7조에 따른 지배회사의 열람, 복사, 자료제출 요구 또는 조사를 거부·방해·기피하거나 거짓 자료를 제출한 경우에는 3년 이하의 징역 또는 3천만 원 이하의 벌금에 처한다(법 제42조 제3호).

[권재열]

5) 대법원 판례도 상법 제466조 제1항에서 규정하고 있는 주주의 회계장부와 서류 등에 대한 열람·등사권 행사가 "회사업무의 운영 또는 주주 공동의 이익을 해치거나 주주가 회사의 경쟁자로서 취득한 정보를 경업에 이용할 우려가 있거나, 또는 회사에 지나치게 불리한 시기를 택하여 행사하는 경우 등에는 정당한 목적을 결하여 부당한 것이라고 보아야 한다"고 밝히고 있다(대법원 2018. 2. 28. 선고 2017다270916 판결).

제 2 장 회사 및 감사인

제8조(내부회계관리제도의 운영 등)

① 회사는 신뢰할 수 있는 회계정보의 작성과 공시(公示)를 위하여 다음 각 호의 사항이 포함된 내부회계관리규정과 이를 관리 · 운영하는 조직(이하 "내부회계관리제도"라 한다)을 갖추어야 한다. 다만, 주권상장법인이 아닌 회사로서 직전 사업연도 말의 자산총액이 1천억 원 미만인 회사와 대통령령으로 정하는 회사는 그러하지 아니하다.

1. 회계정보(회계정보의 기초가 되는 거래에 관한 정보를 포함한다. 이하 이 조에서 같다)의 식별 · 측정 · 분류 · 기록 및 보고방법에 관한 사항
2. 회계정보의 오류를 통제하고 이를 수정하는 방법에 관한 사항
3. 회계정보에 대한 정기적인 점검 및 조정 등 내부검증에 관한 사항
4. 회계정보를 기록 · 보관하는 장부(자기테이프 · 디스켓, 그 밖의 정보보존장치를 포함한다)의 관리 방법과 위조 · 변조 · 훼손 및 파기를 방지하기 위한 통제 절차에 관한 사항
5. 회계정보의 작성 및 공시와 관련된 임직원의 업무 분장과 책임에 관한 사항
6. 그 밖에 신뢰할 수 있는 회계정보의 작성과 공시를 위하여 필요한 사항으로서 대통령령으로 정하는 사항

② 회사는 내부회계관리제도에 의하지 아니하고 회계정보를 작성하거나 내부회계관리제도에 따라 작성된 회계정보를 위조 · 변조 · 훼손 및 파기해서는 아니 된다.

③ 회사의 대표자는 내부회계관리제도의 관리 · 운영을 책임지며, 이를 담당하는 상근이사(담당하는 이사가 없는 경우에는 해당 이사의 업무를 집행하는 자를 말한다) 1명을 내부회계관리자(이하 "내부회계관리자"라 한다)로 지정하여야 한다.

④ 회사의 대표자는 사업연도마다 주주총회, 이사회 및 감사(감사위원회가 설치된 경우에는 감사위원회를 말한다. 이하 이 조에서 같다)에게 해당 회사의 내부회계관리제도의 운영실태를 보고하여야 한다. 다만, 회사의 대표자가 필요하다고 판단하는 경우 이사회 및 감사에 대한 보고는 내부회계관리자가 하도록 할 수 있다.

⑤ 회사의 감사는 내부회계관리제도의 운영실태를 평가하여 이사회에 사업연도마다 보고하고 그 평가보고서를 해당 회사의 본점에 5년간 비치하여야 한다. 이 경우 내부회계관리제도의 관리 · 운영에 대하여 시정 의견이 있으면 그 의견을 포함하여 보고하여야 한다.

⑥ 감사인은 회계감사를 실시할 때 해당 회사가 이 조에서 정한 사항을 준수했는지 여부 및 제4항에 따른 내부회계관리제도의 운영실태에 관한 보고내용을 검토하여야 한다. 다

만, 주권상장법인의 감사인은 이 조에서 정한 사항을 준수했는지 여부 및 제4항에 따른 내부회계관리제도의 운영실태에 관한 보고내용을 감사하여야 한다.
⑦ 제6항에 따라 검토 또는 감사를 한 감사인은 그 검토결과 또는 감사결과에 대한 종합의견을 감사보고서에 표명하여야 한다.
⑧ 제1항부터 제7항까지에서 규정한 사항 외에 내부회계관리제도의 운영 등에 필요한 사항은 대통령령으로 정한다.

법 시행령 제9조(내부회계관리제도의 운영 등) ① 법 제8조 제1항 각 호 외의 부분 단서에서 "대통령령으로 정하는 회사"란 다음 각 호의 어느 하나에 해당되는 회사를 말한다.
1. 유한회사
2. 「법인세법」 제51조의2 제1항 각 호의 어느 하나에 해당하는 회사
3. 그 밖에 회사의 특성을 고려할 때 법 제8조 제1항에 따른 내부회계관리제도(이하 "내부회계관리제도"라 한다)를 운영하기가 어려운 회사로서 금융위원회가 정하여 고시하는 기준에 맞는 회사

② 법 제8조 제1항 제6호에서 "대통령령으로 정하는 사항"이란 다음 각 호의 사항을 말한다.
1. 법 제8조 제1항에 따른 내부회계관리규정(이하 "내부회계관리규정"이라 한다)의 제정 및 개정을 위한 절차
2. 법 제8조 제3항에 따른 내부회계관리자(이하 "내부회계관리자"라 한다)의 자격요건 및 임면 절차
3. 법 제8조 제4항에 따른 운영실태[회사의 대표자, 감사[회사에 법 제2조 제6호에 따른 감사위원회(이하 "감사위원회"라 한다)가 설치되어 있는 경우에는 감사위원회를 말한다. 이하 이 조에서 같다], 내부회계관리규정을 관리·운영하는 임직원 및 회계정보를 작성·공시하는 임직원(이하 이 조에서 "회사의 대표자등"이라 한다)이 법 제8조 제2항을 준수하였는지를 포함한다] 보고의 기준 및 절차
4. 법 제8조 제5항에 따른 평가·보고의 기준 및 절차
5. 법 제8조 제5항에 따른 평가 결과를 회사의 대표자등의 인사·보수 및 차기 사업연도 내부회계관리제도 운영계획 등에 반영하기 위한 절차 및 방법
6. 연결재무제표에 관한 회계정보를 작성·공시하기 위하여 필요한 사항(지배회사가 주권상장법인인 경우만 해당한다)
7. 내부회계관리규정 위반의 예방 및 사후조치에 관한 다음 각 목의 사항
가. 회사의 대표자등을 대상으로 하는 교육·훈련의 계획·성과평가·평가결과의 활용 등에 관

한 사항

나. 회사의 대표자등이 내부회계관리규정을 관리·운영하는 임직원 또는 회계정보를 작성·공시하는 임직원에게 내부회계관리규정에 위반되는 행위를 지시하는 경우에 해당 임직원이 지시를 거부하더라도 그와 관련하여 불이익을 받지 아니하도록 보호하는 제도에 관한 사항

다. 내부회계관리규정 위반행위 신고제도의 운영에 관한 사항

라. 법 제22조 제3항·제4항에 따른 조사·시정 등의 요구 및 조사결과 제출 등과 관련하여 필요한 감사의 역할 및 책임에 관한 사항

마. 법 제22조 제5항에 따른 자료나 정보 및 비용의 제공과 관련한 회사 대표자의 역할 및 책임에 관한 사항

바. 내부회계관리규정을 위반한 임직원의 징계 등에 관한 사항

8. 그 밖에 내부회계관리규정에 포함하여야 할 사항으로서 금융위원회가 정하는 사항

③ 회사는 내부회계관리규정을 제정하거나 개정할 때 감사의 승인 및 이사회의 결의를 거쳐야 한다. 이 경우 감사와 이사회는 승인 또는 결의의 이유 등을 문서(전자문서를 포함한다. 이하 같다)로 작성·관리하여야 한다.

④ 회사의 대표자는 법 제8조 제4항 본문에 따라 다음 각 호의 사항이 포함된 문서(이하 "내부회계관리제도 운영실태보고서"라 한다)를 작성하여 이사회 및 감사에게 대면(對面) 보고를 하여야 한다. 다만, 법 제8조 제4항 단서에 따라 내부회계관리자가 보고하는 경우에는 보고 전에 회사의 대표자가 그 사유를 이사회 및 감사에게 문서로 제출하여야 한다.

1. 내부회계관리제도의 운영실태를 점검한 결과 및 취약 사항에 대한 시정조치 계획
2. 직전 사업연도에 보고한 제1호에 따른 시정조치 계획의 이행 결과
3. 다음 각 목의 사항을 확인하고 서명하여 보고 내용에 첨부하였다는 사실

가. 보고 내용이 거짓으로 기재되거나 표시되지 아니하였고, 기재하거나 표시하여야 할 사항을 빠뜨리고 있지 아니하다는 사실

나. 보고 내용에 중대한 오해를 일으키는 내용이 기재되거나 표시되지 아니하였다는 사실

다. 충분한 주의를 다하여 보고 내용의 기재 사항을 직접 확인·검토하였다는 사실

⑤ 감사는 법 제8조 제5항 전단에 따라 내부회계관리제도의 운영실태를 평가(감사위원회가 설치되어 있는 경우에는 대면 회의를 개최하여 평가하여야 한다)한 후 다음 각 호의 사항을 문서(이하 "내부회계관리제도 평가보고서"라 한다)로 작성·관리하여야 한다.

1. 해당 회사의 내부회계관리제도가 신뢰성 있는 회계정보의 작성 및 공시에 실질적으로 기여하는지를 평가한 결과 및 시정 의견
2. 내부회계관리제도 운영실태보고서에 거짓으로 기재되거나 표시된 사항이 있거나, 기재하거나 표시하여야 할 사항을 빠뜨리고 있는지를 점검한 결과 및 조치 내용

3. 내부회계관리제도 운영실태보고서의 시정 계획이 회사의 내부회계관리제도 개선에 실질적으로 기여할 수 있는지를 검토한 결과 및 대안

⑥ 감사 또는 감사인은 법 제8조 제5항 또는 제6항에 따른 평가 또는 검토 등을 하는 데 필요한 자료나 정보를 회사의 대표자에게 요청할 수 있다. 이 경우 회사의 대표자는 특별한 사유가 없으면 지체 없이 이를 제공하여야 한다.

⑦ 감사는 정기총회 개최 1주 전까지 내부회계관리제도 평가보고서를 이사회에 대면 보고하여야 한다.

⑧ 주권상장법인의 감사인은 법 제8조 제6항 단서에 따라 감사를 할 때에는 법 제16조에 따른 회계감사기준(이하 "회계감사기준"이라 한다)을 준수하여야 한다.

⑨ 사업보고서 제출대상법인은 금융위원회가 정하는 바에 따라 다음 각 호의 사항을 공시하여야 한다.

1. 내부회계관리제도 운영실태보고서
2. 내부회계관리제도 평가보고서
3. 그 밖에 금융위원회가 정하는 사항

⑩ 제1항부터 제9항까지에서 규정한 사항 외에 내부회계관리제도를 효과적으로 운영하는 데 필요한 사항은 금융위원회가 정한다.

제29조(증권선물위원회의 감리업무 등) 법 제26조 제1항 제4호에서 "대통령령으로 정하는 업무"란 회사가 내부회계관리제도를 법 제8조에 따라 운영했는지에 대한 감리(법 제26조 제1항 제2호의 업무를 수행하면서 필요한 경우로 한정한다) 업무를 말한다.

Ⅰ. 입법취지

1. 국내 연혁

우리나라의 내부회계관리제도는 2001년 8월 제정된 「기업구조조정촉진법(이하 '기촉법')」에서 처음 법제화되었다. 기촉법은 IMF 구제 금융 이후 신속하고 원활한 기업구조조정을 촉진하고자 제정된 한시법이었다. 효과적인 기업구조조정에는 구조조정이 필요한 부실 징후 기업을 적시에 파악하는 것이 중요하였으며 부실 징후 기업을 적시에 파악하려면 신뢰성 있는 회계정보가 필요하였다. 이에 따라 기촉법은 회계정보의 신뢰성을 높일 목적으로 내부회계관리제도를 도입하였다. 기촉법에 따라 외부감

사 대상인 기업들은 신뢰할 수 있는 회계정보를 작성하고 공시할 수 있도록 내부회계관리규정과 이를 관리·운영하는 조직, 즉 내부회계관리제도를 갖추고 내부회계관리자는 매 반기 이사회와 감사(감사위원회 포함)에게 내부회계관리제도 운용실태를 보고하여야 했다. 또한 감사인은 내부회계관리제도의 적정성 및 준수여부와 내부회계관리자의 내부회계관리 운용실태에 대한 보고내용을 검토하는 의무를 부담하였다. 다만 감사인이 검토의견을 감사보고서에 표시하는 것은 내부회계관리제도의 적정성 및 준수여부 등이 의문시 되거나 허위 또는 부실한 회계정보를 제공할 우려가 있는 경우로 제한하였다.

2003년 SK글로벌의 대형 분식 사건이 터짐에 따라 회계 투명성을 제고하여야 한다는 사회적 요구가 더욱 높아지게 된다. 이러한 사회적 요구에 따라 정부와 국회는 감사인의 연속 감사 제한 등을 골자로 외부감사법을 개정하였는데 이때 한시법인 기촉법에 있던 내부회계관리제도를 항구법인 외부감사법으로 이관하였다. 당시 외부감사법은 미국의 회계개혁법(Sarbanes-Oxely Act of 2002, 이하 'SOX법') 404를 차용하여 상장기업과 자산 1,000억 원 이상 비상장기업의 감사인은 감사보고서에 내부회계관리제도의 적정성 및 준수여부와 내부회계관리자의 내부회계관리 운영 실태에 대한 보고내용을 검토하고 검토 의견을 표명하도록 하였다.

이후 한국상장회사협의회 산하 내부회계관리제도운영위원회(이하 '내부회계관리제도운영위'라 한다)에서 기업이 내부회계관리제도를 설계·운영하기 위한 준거 기준으로 내부회계관리제도 모범규준(2005. 6. 제정)과 적용해설서(2005. 12. 제정)를 제정 발표하였고, 같은 해 한국공인회계사회에서 감사인의 검토 수행 기준인 내부회계관리제도 검토기준을 발표하였다. 이러한 모범규준과 검토기준은 미국의 COSO Framework(1992)'와 상장회사회계감독위원회Public Company Accounting Oversight Board; PCAOB의 'Auditing Standards No. 2'를 주로 참고하여 제정되었다.

외부감사법상 내부회계관리제도는 2017년 회계개혁을 위해 외부감사법이 전면 개정되면서 상장법인을 대상으로 내부회계관리제도 인증 수준이 감사로 상향되었다('다. 개정취지' 참조). 내부회계관리제도운영위는 2018년 감사 대상이 되는 기업들이 준수하여야 할 새로운 모범규준('신 모범규준')을 제정하였다. 신 모범규준은 COSO 개념체계(2012)와 미국 증권거래위원회(Securities and Exchange Commission, 이하 'SEC')의 '재무보고 내부통제에 대한 경영진 보고 지침Commission Guidance Regarding

Management's Report on ICOFR'을 대폭 수용하여 제정되었다. 이어서 한국공인회계사회에서 내부회계관리제도 감사 기준(감사기준서 1100 '내부회계관리제도의 감사')를 발표하였는데 내부회계관리제도 감사 기준은 PCAOB Auditing Standards 2201의 내용을 바탕으로 제정되었다.

2. 비교법: 미국의 회계개혁법

우리나라의 내부회계관리제도 관련 제도에 가장 큰 영향을 준 대표적인 입법례는 미국의 회계개혁법인 SOX법이다. 2000년대 초반 미국에서 Enron, Worlcom, Tyco 등 대형 회계부정 사건이 연달아 터지자, 미국은 대규모 회계 부정 사건에 따른 시장의 신뢰성 저하 사태의 재발을 막기 위해 기업지배구조의 투명성 제고와 회계 보고서에 대한 최고경영자의 책임 강화를 주요 내용으로 하는 SOX법을 제정하였다.[1)]

SOX법 404 조항'SOX 404'은 SEC에 등록된 상장법인을 대상으로 재무보고에 관한 내부통제(Internal Controls over Financial Reporting, 이하 '재무보고 내부통제'로 줄임)를 구축·운영하도록 의무화하였다. SOX 404는 다음과 같은 두 개의 요구사항으로 구성되어 있다.

- SOX 404(a): 상장법인의 사업보고서에 재무보고 내부통제를 수립하고 유지할 책임이 경영진에게 있음을 기술하고 경영진이 재무보고내부통제가 효과적인지 평가하여 공시하도록 요구
- SOX 404(b): 외부감사인이 재무보고내부통제의 효과성과 관련된 경영진의 공시내용을 감사하고 의견을 표명하도록 요구

SOX 404는 대형 분식사건이 CEO·CFO 등 최고경영진이 재무보고의 신뢰성을 유지할 책임을 인식하지 못한 데서 비롯된 것으로 보고 신뢰성 있는 재무보고를 위한

1) 박선종, "미국 기업회계개혁법과 소규모상장회사", 「상사판례연구」 제22권 제1호(2009) 269~303면; 안수현, "회계제도개혁법의 입법 현황과 실무상 몇 가지 고려점: 美國 Sarbanes-Oxley Act와의 비교를 통하여", 「증권법연구」 제4권 제2호(2003) 233~267면; 한국은행, "미 기업 會計不正의 原因 및 企業會計 改革法의 내용" 제2002-9호(2002. 9. 29~10. 5); 김순석, "美國 企業改革法의 主要內容과 우리나라에 대한 시사점", 상장협연구 제47호(2003) 117~144면 등 다수.

내부통제를 유지하고 평가할 책임이 최고경영진에게 있음을 명확히 한 것으로 볼 수 있다.

SEC는 Accelerated Filer[2)]에 대해 2004. 11. 15. 이후 종료하는 사업연도부터 SOX 404(a)와 SOX 404(b)의 적용을 의무화하였다. Non-accelerated Filer에 대해서는 2007. 12. 15. 이후 종료하는 사업연도부터 SOX법 404(a)의 적용을 의무화하였으며, SOX 404(b)의 적용은 계속적으로 연기하다가 2010. 7. 21. 적용을 영구히 면제하였다. 따라서 현재 Non-accelerated Filer는 ICFOR의 효과성에 대한 경영진의 평가보고서만 제출하면 되며 재무보고내부통제에 대한 외부감사는 면제되고 있다.

SEC는 SOX 404의 구체적 실행을 위해 2003년 재무보고 내부통제에 대한 경영진 보고서와 관련된 규정을 발표하였다. SEC는 이 규정에서 경영진이 재무보고 내부통제를 평가할 때 사용할 준거 기준을 특정하지는 않았으나 COSO 개념체계가 준거 기준으로서 SEC의 기준을 만족하며 경영진은 COSO 개념체계를 준거 기준으로 사용할 수 있음을 명확히 하였다. 이에 따라 현재까지 미국 상장법인 대부분은 COSO 개념체계를 재무보고 내부통제의 효과성 평가를 위한 준거 기준을 사용하고 있다.

COSO Committee of Sponsoring Organizations of the Treadway Commission는 부정 재무보고의 원인을 분석하고 대책을 마련할 목적으로 1986년 민간 주도로 조직된 Treadway Commission을 지원하고자 미국공인회계사회 American Institute of Certified Public Accountants; AICPA 등 5개 기관이 결성한 조직이다. COSO는 효과적인 내부통제에 대한 연구를 수행하고 1992년 내부통제 통합개념체계(Internal Control-Integrated Framework, 이하 'COSO 개념체계'이라 한다)를 발표하였다. COSO Framework(1992)는 효과적인 내부통제를 위해 갖추어야 할 내부통제의 5개 구성 요소[3)]를 제시하였다. 이후 COSO Framework은 2013년에 5개 구성 요소가 존재하고 기능하는 데에 필요한 17개 원칙을 제시하는 구조로 재편되었다('COSO 개념체계(2013)').

SOX 404(b)에 따라 감사인이 재무보고 내부통제의 효과성을 감사하는 데 적용할 감사 기준은 SOX법에 따라 설립된 미국 상장회사회계감독위원회(Public Company

2) 2분기 마지막일 기준으로 public float가 $75백만 이상인 회사로, 특정년도에 accelerated filer가 되면 public float가 $50백만 미만이 되기 전까지 해당 지위가 유지됨.

3) COSO의 내부통제 5가지 구성요소는 ① 통제환경(Control Environment), ② 리스크 평가(Risk Assessment), ③ 통제활동(Control Activities), ④ 정보 및 의사소통(Information and Communication), ⑤ 모니터링(Monitoring)이다.

Accounting Oversight Board, 이하 'PCAOB'라 한다)에서 제정하였다. PCAOB는 2004년 재무보고내부통제에 대한 감사 기준인 Auditing Standard No. 2를 제정(2004. 3. 9.)하였는데 Auditing Standard No. 2는 규정 중심, 절차 나열식이어서 재무보고 내부통제의 유지와 감사에 비효율을 초래한다는 비판을 받게 된다. PCAOB는 이러한 비효율 해소를 위해 내부통제 감사에 하향식 접근법(위험 기반 접근법)을 도입하고 2007년 새로운 재무보고 내부통제 감사기준인 Auditing Standards No.5를 발표한다. Audit Standard No.5는 2015년 PCAOB의 감사기준 번호 체계 개편에 따라 Auditing Standard 2201로 변경되었다.

미국의 재무보고 내부통제 감사에서 회사의 재무보고 내부통제가 효과적이지 않음을 나타내는 의견, 즉 부적정 의견은 그 비율이 SOX 404(b) 시행 첫 해인 2004년에 15.7%에 달했다. 이후 부적정 의견 비율은 점차 감소하여 2010년 3.4%까지 내려갔다가 소폭 증가하여 현재까지 5% 내외의 비율을 보이고 있다.[4]

3. 개정 취지

우리나라는 최근 대기업의 대규모 분식회계가 잇따라 발생하는 등 회계 신뢰성 저하가 사회적인 문제가 되고 있고 이는 2017년 스위스 국제개발경영연구원(IMD)에서 발표한 회계투명성 순위에서 우리나라가 전체 63개국 중 최하위를 기록하는 결과로 나타났다. 낮은 회계투명성의 원인으로 감사인에게 비난의 화살이 집중되는 경향이 있으나, 일차적으로 신뢰성 있는 재무제표를 작성할 책임은 기업과 기업의 경영진에게 있다. 따라서 회계 신뢰성을 회복하려면 일방적으로 감사인에 대한 제재를 강화하는 방향을 취할 것이 아니라 기업 경영진의 재무제표 작성 책임을 강화하고 기업 내부통제가 적절하게 기능하도록 제도를 개선하는 것이 중요하다. 이처럼 기업 경영진의 재무제표 작성 책임과 기업의 내부통제를 강화하려는 취지로 도입된 대표적인 제도가 미국의 SOX법이다. Enron 등 대형 분식 사건 이후 제정된 SOX법은 사업보고서에 기업의 CEO와 CFO가 재무제표가 신뢰성 있게 작성되었다는 인증certification을 하도록 요구(SOX 302)하고 있으며 또한 재무보고 내부통제를 수립하고 유지할 책임이 경영진에게 있음을 기술하고 경영진이 재무보고 내부통제가 효과적인지 평가하

4) 출처: Audit Analytics(www.AuditAnalytics.com).

여 공시하도록 요구(SOX 404)하고 있다. 이는 재무제표의 신뢰성을 확보할 최종 책임은 최고 경영진에게 있음을 법적으로 명확히 한 것이다.

우리나라도 기업 경영진의 재무제표 작성 책임과 기업의 내부통제를 강화하려는 취지로 미국의 SOX 404를 참고하여 2003년 외부감사법에 내부회계관리제도의 운영 평가와 감사인 검토를 도입하였으며 2011년에는 외부감사법에 기업이 감사받기 전 재무제표를 증권선물위원회에 제출하도록 하는 요구사항이 추가되었다.

그러나 국내 내부회계관리제도가 미국의 제도를 상당 부분 차용하였음에도 감사인의 인증 수준을 '감사'가 아닌 '검토'로 낮추어 도입하다 보니 회계정보의 신뢰성 제고를 위한 내부통제의 강화라는 소기의 목적을 효과적으로 달성하지 못하였다는 평가를 받았다. 이에 따라 감사인의 내부회계관리제도 인증 수준을 미국이나 일본처럼 감사로 상향하여야 한다는 요구가 대두하였으며, 2017년 회계개혁을 위해 외부감사법이 전면 개정되면서 상장법인을 대상으로 내부회계관리제도 인증 수준이 감사로 상향되었다.

구체적으로 법 제8조 제4항 및 제6항은 ① 내부회계관리제도 운영실태 등을 내부회계관리자가 아닌 '회사의 대표자'가 직접 주주총회 등에 보고하도록 하고, ② 상장법인에 한하여 내부회계관리제도에 대한 인증수준을 현행 '검토'에서 '감사'로 상향하는 내용으로 개정되었다.

표 6 외부감사법상 내부회계관리제도 규정 개정 전후 비교

<table>
<tr><th>구분</th><th>개정 전</th><th colspan="2">개정 후</th></tr>
<tr><td>조항</td><td>제2조의3</td><td colspan="2">제8조</td></tr>
<tr><td>적용대상</td><td>상장법인 및 자산총액
1천억 원 이상
비상장법인</td><td colspan="2">상장법인 및 자산총액 1천억 원 이상
비상장법인(유한회사, SPC 등 제외)</td></tr>
<tr><td rowspan="6">인증수준</td><td rowspan="6">외부감사인에 의한
'<u>검토(Review)</u>'</td><td colspan="2">• 외부감사인에 의한 <u>'검토(Review)'</u> 또는 <u>'감사(Audit)'</u>(*1)
(*1) 감사는 상장법인에 한하여 적용
• 감사보고서 작성일 기준 전년 말 별도/개별재무제표 기준[5)]
자산 규모에 따라 도입시기에 차등을 둠</td></tr>
<tr><td>자산총액</td><td>적용시점</td></tr>
<tr><td>2조 원 이상</td><td>2019년 감사보고서</td></tr>
<tr><td>5천억 원 이상</td><td>2020년 감사보고서</td></tr>
<tr><td>1천억 원 이상</td><td>2022년 감사보고서</td></tr>
<tr><td>상장법인 전체</td><td>2023년 감사보고서</td></tr>
</table>

구분	개정 전	개정 후
내부회계 관리제도 운영실태 보고 주체	내부회계관리자	회사의 대표자
내부회계 관리제도 운영실태 보고 대상	이사회, 감사(위원회)	이사회, 감사(위원회), 주주총회 ※ 단, 회사의 대표자가 필요하다고 판단하는 경우 이사회 및 감사(위원회)에 대한 보고는 내부회계관리자가 할 수 있음

II. 내부회계관리제도의 구축·운영·평가

일반적으로 내부회계관리제도는 회사의 재무제표가 일반적으로 인정되는 회계처리기준에 따라 작성·공시되었는지에 대한 합리적 확신을 제공하기 위해 설계·운영되는 내부통제제도의 일부분으로서 회사의 이사회와 경영진을 포함한 모든 구성원들에 의해 지속적으로 실행되는 과정을 의미한다.[6] 법률상 내부회계관리제도는 신뢰할 수 있는 회계정보의 작성과 공시를 위하여 제정한 내부회계관리규정과 이를 관리·운영하는 조직을 의미하며(법 제8조 제1항) 회사는 내부회계관리제도를 갖출 의무와 내부회계관리제도에 의하지 아니하고 회계정보를 작성하거나 내부회계관리제도에 따라 작성된 회계정보를 위조·변조·훼손 및 파기해서는 안 된다는 법적인 의무를 부담하게 된다(법 제8조 제2항).

외부감사법상 내부회계관리제도의 취지에 대해서 대법원은 "외부감사법은 주식회사로부터 독립된 외부의 감사인이 그 주식회사에 대한 회계감사를 실시하여 회계처리의 적정을 기하게 함으로써 이해관계인의 보호와 기업의 건전한 발전에 기여함을 목적으로 하고 있는바, … (중략) … 이는 2000년 증권거래법 등 금융업에 관한 법률의 개정을 통해 우리나라에 등장하게 된 '내부통제제도'의 일환으로, 기업경영의 효율성 및 재무보고의 신뢰성 제고 그리고 법규의 준수를 통한 위법행위의 방지를 목적으로 기업 내의 업무처리 시스템을 통한 경영을 감시하는 장치를 말한다"고 설시하였다.[7]

5) 금융위 외부감사법 FAQ 8.

6) 내부회계관리제도 평가 및 보고 모범규준 문단 1.

7) 대법원 2011. 1. 13. 선고 2008다36930 판결.

1. 대상 회사

내부회계관리제도를 갖추어야 하는 회사는 법 제8조 제1항과 법 시행령 제9조 제1항에서 규정하고 있다. 주권상장법인과 직전년도말 자산총액 1,000억 원 이상인 주권비상장법인이 그 대상이다. 다만 법 시행령 제9조 제1항은 (i) 유한회사, (ii) 「법인세법」 제51조의2 제1항 각 호의 어느 하나에 해당하는 회사, (iii) 그 밖에 회사의 특성을 고려할 때 법 제8조 제1항에 따른 내부회계관리제도를 운영하기가 어려운 회사로서 금융위원회가 정하여 고시하는 기준에 맞는 회사는 대상에서 제외하였다. 「법인세법」 제51조의2 제1항[8] 각 호의 어느 하나에 해당하는 회사는 유동화전문회사 등 특수목적기업SPC으로서 자산 관리 업무를 수탁회사 등에 위임하는 등 특수목적기업의 성격상 실질적으로 내부회계관리제도가 필요하지 않은 점을 고려하여 내부회계관리

8) 제51조의2(유동화전문회사 등에 대한 소득공제) ① 다음 각 호의 어느 하나에 해당하는 내국법인이 대통령령으로 정하는 배당가능이익의 100분의 90 이상을 배당한 경우 그 금액은 해당 사업연도의 소득금액에서 공제한다. 〈개정 2014.1.1, 2015.7.24, 2015.8.28〉

1. 「자산유동화에 관한 법률」에 따른 유동화전문회사
2. 「자본시장과 금융투자업에 관한 법률」에 따른 투자회사, 투자목적회사, 투자유한회사, 투자합자회사(같은 법 제9조 제19항 제1호의 경영참여형 사모집합투자기구는 제외한다) 및 투자유한책임회사
3. 「기업구조조정투자회사법」에 따른 기업구조조정투자회사
4. 「부동산투자회사법」에 따른 기업구조조정 부동산투자회사 및 위탁관리 부동산투자회사
5. 「선박투자회사법」에 따른 선박투자회사
6. 「민간임대주택에 관한 특별법」 또는 「공공주택 특별법」에 따른 특수 목적 법인 등으로서 대통령령으로 정하는 법인
7. 「문화산업진흥 기본법」에 따른 문화산업전문회사
8. 「해외자원개발 사업법」에 따른 해외자원개발투자회사
9. 제1호부터 제8호까지와 유사한 투자회사로서 다음 각 목의 요건을 갖춘 법인일 것
   가. 회사의 자산을 설비투자, 사회간접자본 시설투자, 자원개발, 그 밖에 상당한 기간과 자금이 소요되는 특정사업에 운용하고 그 수익을 주주에게 배분하는 회사일 것
   나. 본점 외의 영업소를 설치하지 아니하고 직원과 상근하는 임원을 두지 아니할 것
   다. 한시적으로 설립된 회사로서 존립기간이 2년 이상일 것
   라. 「상법」이나 그 밖의 법률의 규정에 따른 주식회사로서 발기설립의 방법으로 설립할 것
   마. 발기인이 「기업구조조정투자회사법」 제4조 제2항 각 호의 어느 하나에 해당하지 아니하고 대통령령으로 정하는 요건을 충족할 것
   바. 이사가 「기업구조조정투자회사법」 제12조 각 호의 어느 하나에 해당하지 아니할 것
   사. 감사는 「기업구조조정투자회사법」 제17조에 적합할 것. 이 경우 "기업구조조정투자회사"는 "회사"로 본다.
   아. 자본금 규모, 자산관리업무와 자금관리업무의 위탁 및 설립신고 등에 관하여 대통령령으로 정하는 요건을 충족할 것

제도 대상에서 제외한 것으로 보인다.[9] 한편 현재까지 금융위원회가 내부회계관리제도를 운영하기가 어려운 회사로 고시한 회사는 없다.

2. 준거 기준

회사는 내부회계관리제도를 설계·운영하는 준거 기준에는 공적 규율체계와 민간 자율규제가 있다. 내부회계관리제도 설계·운영에 대한 공적 규율체계는 외부감사법, 동법 시행령, 외부감사 및 회계 등에 관한 규정, 동 규정 시행세칙이며, 민간 자율규제로서 상장회사협의회는 「내부회계관리제도모범규준」를 운영하고 있다(금융위 외부감사법 FAQ 13).

상장회사협의회에서 운영하는 「내부회계관리제도모범규준」은 크게 검토 대상 회사들에 적용하는 '구 모범규준'과 감사 대상 회사들에 적용하는 '신 모범규준'으로 나눌 수 있다. 구 모범규준은 내부회계관리제도 모범규준(2005. 6. 제정)과 적용해설서(2005. 12. 제정), 중소기업 적용해설서(2007. 6. 제정)로 구성되며 2022년까지 내부회계관리제도 감사를 받지 않는 회사에 적용된다.[10] 신 모범규준은 다음과 같은 체계로 구성되었으며 2022년까지는 감사 대상 회사에 한정하여 적용된다.

표 7 내부회계관리제도 신 모범규준 구성체계

구분	설계 및 운영	평가 및 보고
Level 1	(원칙적 적용) 설계·운영 개념체계	(원칙적 적용) 평가·보고 모범규준
Level 2	(자율적 지침) 설계·운영 적용기법	(자율적 지침) 평가·보고 적용기법
Level 3	(자율적 지침) 설계·운영 적용사례	

3. 내부회계관리규정

내부회계관리제도 적용 대상인 회사는 신뢰할 수 있는 회계정보의 작성과 공시를

9) 금융위원회의 외부감사법 내부회계관리제도 FAQ(2019. 1. 28)에 따르면 주권상장된 선박투자회사 등도 법인세법 제51조의2 제1항을 충족하는 경우에는 내부회계관리제도 예외 대상에 해당하여 내부회계관리제도 관련 규정을 적용할 필요가 없다(FAQ 3).

10) 「내부회계관리제도모범규준 적용의견서 18-1」(내부회계관리제도운영위원회, 2018. 6. 28).

위하여 내부회계관리규정과 이를 관리·운영하는 조직을 갖추어야 한다(법 제8조 제1항). 외부감사법은 내부회계관리규정과 이를 관리·운영하는 조직을 포괄하여 "내부회계관리제도"라고 지칭하고 있다. 외부감사법 제8조 제1항, 동법 시행령 제9조 제1항에 따라 내부회계관리규정에 포함하여야 하는 내용은 다음과 같다.

1. 회계정보(회계정보의 기초가 되는 거래에 관한 정보를 포함한다. 이하 이 조에서 같다)의 식별·측정·분류·기록 및 보고 방법에 관한 사항
2. 회계정보의 오류를 통제하고 이를 수정하는 방법에 관한 사항
3. 회계정보에 대한 정기적인 점검 및 조정 등 내부검증에 관한 사항
4. 회계정보를 기록·보관하는 장부(자기테이프·디스켓, 그 밖의 정보보존장치를 포함한다)의 관리 방법과 위조·변조·훼손 및 파기를 방지하기 위한 통제 절차에 관한 사항
5. 회계정보의 작성 및 공시와 관련된 임직원의 업무 분장과 책임에 관한 사항

(이상 외부감사법 제8조 제1항)

6. 내부회계관리규정의 제정 및 개정을 위한 절차
7. 법 제8조 제3항에 따른 내부회계관리자의 자격요건 및 임면절차
8. 법 제8조 제4항[11]에 따른 운영실태[회사의 대표자, 감사[회사에 법 제2조 제6호에 따른 감사위원회(이하 "감사위원회"라 한다)가 설치되어 있는 경우에는 감사위원회를 말한다. 이하 이 조에서 같다], 내부회계관리규정을 관리·운영하는 임직원 및 회계정보를 작성·공시하는 임직원(이하 이 조에서 "회사의 대표자등"이라 한다)이 법 제8조 제2항을 준수하였는지를 포함한다] 보고의 기준 및 절차
9. 법 제8조 제5항[12]에 따른 평가·보고의 기준 및 절차
10. 법 제8조 제5항[13]에 따른 평가 결과를 회사의 대표자등의 인사·보수 및 차기 사업연도 내부회계관리제도 운영계획 등에 반영하기 위한 절차 및 방법
11. 연결재무제표에 관한 회계정보를 작성·공시하기 위하여 필요한 사항(지배회사가 주권상장법인인 경우만 해당한다)[14]

---

11) 회사 대표자의 운영실태 보고.

12) 감사(또는 감사위원회)의 운영실태 평가 보고.

13) 감사(또는 감사위원회)의 운영실태 평가 보고.

14) 연결 기준 내부회계관리제도의 시행 시기는 다음과 같다(법 시행령 부칙 제3조).

1. 직전 사업연도말 자산총액 2조 원 이상인 주권상장법인: 2021년 12월 31일 이후 시작되는 사업연도

12. 내부회계관리규정 위반의 예방 및 사후조치에 관한 다음 각 목의 사항
    가. 회사의 대표자등을 대상으로 하는 교육·훈련의 계획·성과평가·평가결과의 활용 등에 관한 사항
    나. 회사의 대표자등이 내부회계관리규정을 관리·운영하는 임직원 또는 회계정보를 작성·공시하는 임직원에게 내부회계관리규정에 위반되는 행위를 지시하는 경우에 해당 임직원이 지시를 거부하더라도 그와 관련하여 불이익을 받지 아니하도록 보호하는 제도에 관한 사항
    다. 내부회계관리규정 위반행위 신고제도의 운영에 관한 사항
    라. 법 제22조 제3항·제4항에 따른 조사·시정 등의 요구 및 조사결과 제출 등과 관련하여 필요한 감사의 역할 및 책임에 관한 사항
    마. 법 제22조 제5항에 따른 자료나 정보 및 비용의 제공과 관련한 회사 대표자의 역할 및 책임에 관한 사항
    바. 내부회계관리규정을 위반한 임직원의 징계 등에 관한 사항

(이상 법 시행령 제9조 제2항)

회사는 내부회계관리규정을 제정하거나 개정할 때 감사의 승인 및 이사회의 결의를 거쳐야 한다. 이 경우 감사와 이사회는 승인 또는 결의의 이유 등을 문서(전자문서를 포함한다. 이하 같다)로 작성·관리하여야 한다(법 시행령 제9조 제3항). 감사를 둔 회사는 감사가 승인한 이후 이사회의 결의를 거쳐야 하고, 감사위원회를 설치한 회사는 감사위원회의 '결의'로서 승인하여야 하며 이때 이사회의 결의는 필요하지 않다.[15)]

4. 내부회계관리규정을 관리·운영하는 조직

회사의 대표자는 내부회계관리제도의 관리·운영을 책임지며, 이를 담당하는 상근이사(담당하는 이사가 없는 경우에는 해당 이사의 업무를 집행하는 자를 말한다) 1명을 내부회계관리자로 지정하여야 한다(법 제8조 제3항). 법령에서 내부회계관리자의 자격요

---

2. 직전 사업연도말 자산총액 5천억 원 이상 2조 원 미만인 주권상장법인: 2022년 12월 31일 이후 시작되는 사업연도
3. 그 밖의 주권상장법인: 2023년 12월 31일 이후 시작되는 사업연도

상기 자산총액은 별도/개별재무제표를 기준으로 한다(금융위 외부감사법 FAQ 6).

15) 금융위원회의 외부감사법 내부회계관리제도 FAQ(2019. 1. 28) FAQ 24, 12.

건을 별도로 정하지는 않았으나 회사는 법 시행령 제9조 제2항에 따라 내부회계관리자의 자격요건을 내부회계관리규정에 포함하여야 한다.

회사는 내부회계관리제도를 관리·운영하는 조직을 갖추어야 한다(법 제8조 제1항). 내부회계관리규정을 관리·운영하는 조직의 형태에 대하여 법령상의 규정은 없으며, 회사는 내부회계관리제도의 취지를 훼손하지 않는 범위 내에서 경영여건에 맞게 관련 조직을 운영해야 한다.[16] 외부감사법에서는 내부회계관리규정과 이를 관리·운영하는 조직 외에 경영진이나 감사(감사위원회)의 내부회계관리제도 운영실태 평가를 위한 전담 조직을 요구하지는 않는다. 내부회계관리제도운영위에서 발표한 내부회계관리제도 모범규준 등 적용 FAQ에서도 모범규준 등의 전반적인 취지상 평가를 위한 전담조직을 구성하는 것이 필수적인 사항은 아니라고 밝히고 있다.

외감규정에 따라 내부회계관리제도와 관련된 임직원 및 회계정보의 작성·공시와 관련된 임직원은 맡은 업무를 수행하는데 필요한 권한과 역량을 충분히 갖추어야 한다(외감규정 제6조 제2항). 또한 회계정보의 작성·공시와 관련된 임직원의 업무분장과 책임에 관한 사항은 내부회계관리규정에 포함되어야 하며(법 제8조 제1항 제5호) 법 제8조 제1항 제1호부터 제4호까지의 업무가 효과적으로 수행될 수 있도록 정하여야 한다(외감규정 제6조 제1항).

Ⅲ. 내부회계관리제도 운영실태보고 및 평가

1. 내부회계관리제도 운영실태보고

회사의 대표자는 법 제8조 제4항에 따라 사업연도마다 주주총회, 이사회 및 감사(또는 감사위원회, 이하 동일함)에게 회사의 내부회계관리제도의 운영실태를 보고하여야 한다. 대표자의 주주총회 보고 의무는 법령상 근거가 없기 때문에 내부회계관리자에 이전할 수 없고, 대표이사의 사퇴, 사망 등으로 대표이사의 업무를 대행하는 사람이 주주총회 보고의무를 수행하는 것은 가능하다.[17] 대표자의 이사회 및 감사에 대한 보고

16) 금융위원회의 외부감사법 내부회계관리제도 FAQ(2019. 1. 28) FAQ 10.

17) 금융위원회의 외부감사법 내부회계관리제도 FAQ(2019. 1. 28) FAQ 16.

는 대표자가 필요하다고 판단하는 경우 내부회계관리자가 하도록 할 수 있으며, 이 경우 회사의 대표자는 보고 전에 내부회계관리자가 보고하는 사유를 이사회 및 감사에게 문서로 제출하여야 한다(법 시행령 제9조 제4항). 다만 대표자의 내부회계관리제도 운영실태 보고 의무는 내부회계관리제도에 대한 회사 대표자의 책임성을 확보하기 위해 도입되었기 때문에 그 예외는 개별적·구체적 상황을 고려하여 엄격하게 판단해야 하며 따라서 회사 내규 등으로 이사회 및 감사에 대한 보고 주체를 내부회계관리자만으로 규정하는 것은 허용되지 않는다. 회사의 대표자가 이사회 및 감사에 보고를 할 경우 감사의 내부회계관리제도 평가보고서 작성이 과도하게 지체되는 등 내부회계관리제도 운영의 효율성이 저해될 가능성이 큰 경우에는 내부회계관리자가 보고를 수행하는 것이 가능하다.[18] 회사의 대표자가 이사회 및 감사에 대한 운영실태 보고를 내부회계관리자에 위임할 때에 '대표자가 필요하다고 판단하는 경우'는 이사회 및 감사에 대한 보고가 충실하게 이루어지기 위해서는 내부회계관리자의 보고가 필요한 경우를 의미하며, 단지 대표자가 전문가가 아니라는 이유로 위임하는 것은 입법취지에 부합하지 않는다.[19]

회사의 대표자는 내부회계관리제도 운영실태를 이사회 및 감사에게 보고할 때 반드시 대면對面 보고하여야 하며, 다음 각 호의 사항이 포함된 "내부회계관리제도 운영실태보고서"를 작성하여 보고하여야 한다(법 시행령 제9조 제4항).

1. 내부회계관리제도의 운영실태를 점검한 결과 및 취약 사항에 대한 시정조치 계획
2. 직전 사업연도에 보고한 제1호에 따른 시정조치 계획의 이행 결과
3. 다음 각 목의 사항을 확인하고 서명하여 보고 내용에 첨부하였다는 사실
   가. 보고 내용이 거짓으로 기재되거나 표시되지 아니하였고, 기재하거나 표시하여야 할 사항을 빠뜨리고 있지 아니하다는 사실
   나. 보고 내용에 중대한 오해를 일으키는 내용이 기재되거나 표시되지 아니하였다는 사실
   다. 충분한 주의를 다하여 보고 내용의 기재 사항을 직접 확인·검토하였다는 사실

회사는 내부회계관리제도 운영실태보고서를 작성하는 데 필요한 기준 및 절차를

18) 금융위원회의 외부감사법 내부회계관리제도 FAQ(2019. 1. 28) FAQ 17.
19) 금융위원회의 외부감사법 내부회계관리제도 FAQ(2019. 1. 28) FAQ 5.

내부회계관리규정에 포함하여야 하며(법 시행령 제9조 제2항 제3호), 기준 및 절차를 정할 때 다음 각 호에 따른 사항을 고려하여 각각 정하여야 한다(외감규정 제6조 제3항 제1호).

가. 내부회계관리제도가 회사에 적합한 형태로 설계·운영될 것
나. 신뢰할 수 있는 회계정보의 작성과 공시를 저해하는 위험을 예방하거나 적시에 발견하여 조치할 수 있는 상시적·정기적인 점검체계를 갖출 것
다. 내부회계관리제도의 효과성을 점검하기 위한 객관적인 성과지표를 정할 것
라. 회사의 대표자는 다목에 따른 성과지표 및 내부회계관리제도에 취약사항이 있는지에 대한 점검결과 등을 고려하여 회사의 내부회계관리제도가 효과적인지에 대한 의견을 제시할 것
마. 내부회계관리제도에 대하여 영 제29조에 따른 감리를 받은 경우에는 그 감리에 따른 시정조치 계획을 영 제9조 제4항 제1호의 계획에 반영할 것

회사의 대표자가 주주총회에서 내부회계관리제도의 운영실태를 보고할 때에도 상기 법 시행령 제9조 제4항 각 호의 사항과 외감규정 제6조 제3항 제1호 각 목의 사항을 고려하여 보고해야 한다.[20)]

2. 감사의 내부회계관리제도 운영실태 평가 보고

감사(감사위원회)는 법 제8조 제5항 및 법 시행령 제9조 제5항에 따라 내부회계관리제도의 운영실태를 평가(감사위원회가 설치되어 있는 경우에는 대면 회의를 개최하여 평가하여야 한다)한 후 내부회계관리제도 평가보고서를 작성하여 정기총회 개최 1주 전까지 이사회에 대면 보고하여야 한다. 감사의 내부회계관리제도 평가보고서에는 다음의 내용이 포함되어야 한다(법 시행령 제9조 제5항).

1. 해당 회사의 내부회계관리제도가 신뢰성 있는 회계정보의 작성 및 공시에 실질적으로 기여하는지를 평가한 결과 및 시정 의견
2. 내부회계관리제도 운영실태보고서에 거짓으로 기재되거나 표시된 사항이 있거나, 기재하거나 표시하여야 할 사항을 빠뜨리고 있는지를 점검한 결과 및 조치 내용
3. 내부회계관리제도 운영실태보고서의 시정 계획이 회사의 내부회계관리제도

20) 금융위원회의 외부감사법 내부회계관리제도 FAQ(2019. 1. 28) FAQ 15.

개선에 실질적으로 기여할 수 있는지를 검토한 결과 및 대안

감사의 내부회계관리제도 평가보고서는 회사의 본점에 5년간 비치하여야 한다. 감사는 상기 평가를 수행하는 데 필요한 자료나 정보를 회사의 대표자에게 요청할 수 있으며, 회사의 대표자는 특별한 사유가 없으면 지체 없이 이를 제공하여야 한다(법 시행령 제9조 제6항).

회사는 감사의 평가보고서를 작성하는 데 필요한 기준 및 절차를 내부회계관리규정에 포함하여야 하며(법 시행령 제9조 제2항 제4호), 기준 및 절차를 정할 때 다음 각 호에 따른 사항을 고려하여 각각 정하여야 한다(외감규정 제6조 제3항 제1호).

가. 회사의 경영진 및 회사의 경영에 사실상 영향력을 미칠 수 있는 자가 회계정보의 작성·공시과정에 부당하게 개입할 수 없도록 내부회계관리제도가 설계 및 운영되는지를 평가할 것
나. 법 제8조 제1항 제1호부터 제6호까지의 사항이 실질적으로 운영되는지를 평가할 것
다. 회사의 대표자가 내부회계관리제도 운영실태보고서 작성에 관한 기준 및 절차를 준수하는지를 평가할 것

회사는 내부회계관리규정에 감사의 운영실태 평가 결과를 회사의 대표자 등의 인사·보수 및 차기 사업연도 내부회계관리제도 운영계획 등에 반영하기 위한 절차 및 방법을 포함하여야 한다(법 시행령 제9조 제2항 제5호). 이때 회사의 대표자 등에는 회사의 대표자 외에도 감사(감사위원회), 내부회계관리규정을 관리·운영하는 임직원 및 회계정보를 작성·공시하는 임직원이 포함된다(법 시행령 제9조 제2항 제3호).

경영진의 운영실태 평가·보고에 더하여 감사의 운영실태 평가를 요구한 것은 우리나라 내부회계관리제도의 특징이라 할 수 있다. 우리나라 외부감사법상 감사(감사위원회)는 경영진에게 내부회계관리제도 운영실태를 보고 받는 대상(법 제8조 제4항)이면서 동시에 별도의 운영실태 평가를 수행하고 보고하는 주체(법 제8조 제5항)이기도 하다. 또한 감사(감사위원회)는 내부회계관리제도를 운영하는 주체 중 하나로서 경영진의 운영실태 보고 시 평가 대상이기도 하다.[21]

21) 회사의 경영진은 법 시행령 제9조 제2항 제3호에 따라 운영실태 평가 시 '회사의 대표자 등'이 법 제8조 제2항을

내부회계관리제도 평가 및 보고 모범규준은, 이사회는 경영진이 설계·운영하는 내부회계관리제도 전반에 대한 감독책임을 지며 감사(위원회)는 경영진과는 독립적으로 내부회계관리제도에 대한 평가기능을 수행하고 이사회에 보고함으로써 내부회계관리제도의 적정한 운영과 지속적인 개선을 지원한다[22]고 규정하고 있다. 또한 모범규준은 감사(위원회)는 이와 같은 업무 수행을 통해 경영진이 실시한 평가 절차와 운영실태 평가 결과의 적정성을 '감독자의 관점'에서 독립적으로 평가한다고 규정하고 있다.[23] 즉 감사(감사위원회)는 경영진과 같은 수준으로 상세하게 운영실태를 평가하는 것이 아니라 내부회계관리제도의 적정한 운영과 지속적인 개선을 '지원'하는 차원에서 경영진의 운영실태 평가를 적정한지 '감독'하는 수준의 평가를 수행하면 충분한 것으로 이해할 수 있다.

3. 사업보고서와 내부회계관리제도

사업보고서 제출대상법인은 금융위원회가 정하는 바에 따라 내부회계관리제도 운영실태보고서, (감사의) 내부회계관리제도 평가보고서를 사업보고서에 첨부하여 공시하여야 하며(법 시행령 제9조 제9항), 내부회계관리규정과 이를 관리·운영하는 조직 및 인력에 관한 사항, 감사인의 검토의견 또는 감사의견을 함께 사업보고서에 첨부하여야 한다(외감규정 제7조 제1항).

Ⅳ. 내부회계관리제도의 검토·감사

1. 검토 및 감사의 인증 수준과 인증 대상

감사인은 회계감사를 실시할 때 해당 회사가 법 제8조에서 정한 사항을 준수했는지 여부 및 법 제8조 제4항에 따른 내부회계관리제도의 운영실태에 관한 보고 내용(경영진의 '내부회계관리제도 운영실태 보고서')을 검토하여야 하며 주권상장법인의 감사

준수하였는지 평가하여야 하며, 같은 조항에 따라 '회사의 대표자 등'에는 감사(감사위원회)가 포함된다.

22) 내부회계관리제도 평가 및 모범규준 문단 93.

23) 내부회계관리제도 평가 및 모범규준 문단 96.

인은 이를 감사하여야 한다. 내부회계관리제도 검토나 감사를 수행하는 감사인은 회계감사를 실시하는 감사인과 동일하며 감사인은 회계감사보고서에 내부회계관리제도 검토보고서 또는 감사보고서를 첨부하여야 한다.

내부회계관리제도 검토는 인증 수준이 '소극적 확신'으로서 경영진의 운영실태보고서에 대해 소극적 의견을 표명하는 것을 의미한다. 내부회계관리제도 검토를 수행하는 감사인은 경영진의 평가 결과에 의존하여 주로 질문과 분석적 절차를 수행한 후 '경영자의 운영실태보고 내용이 모범규준에 따라 작성되지 않았다고 판단하게 하는 점이 발견되지 않았다'고 하는 소극적 확신을 표명한다.

반면 내부회계관리제도 감사는 인증 수준이 '적극적 확신'이며 내부회계관리제도의 '효과성' 자체를 인증 대상으로 한다. 내부회계관리제도 감사를 수행하는 감사인은 독립적으로 위험 평가와 독립적인 통제 테스트 절차를 수행하고 '내부회계관리제도가 중요성의 관점에서 효과적으로 설계·운영되는지' 적극적인 확신을 표명하게 된다.

2. 회계감사기준의 준수

내부회계관리제도 감사를 수행하는 감사인은 외부감사법 제16조에 따른 회계감사기준(이하 "회계감사기준"이라 한다)을 준수하여야 한다(법 시행령 제9조 제8항). 이에 따라 한국공인회계사회가 제정한 내부회계관리제도 감사기준서(감사기준서 1100)도 금융위원회의 승인을 받아 회계감사기준에 포함되었다. 증권선물위원회의 감사보고서 감리는 '회계감사기준'의 준수 여부에 대한 감리[24]인바, 내부회계관리제도 감사의 수행 기준이 회계감사기준이 됨으로써 내부회계관리제도 감사보고서 역시 증권선물위원회의 감리 대상에 포함되게 되었다.

대법원은 "외부감사법에 따라 만들어진 회계감사기준은 특별한 사정이 없는 한 일반적으로 공정·타당하다고 인정되는 것으로서 감사인의 위와 같은 주의의무 위반 여부에 대한 판단의 주요한 기준이 된다."고 판시하였다.[25] 이러한 대법원의 판시에 따라 구체적인 사건이 문제가 되는 경우 감사인의 주의의무를 다하였는지 판단하는 일차적인 기준은 감사기준을 제대로 준수하여 감사에 임하였는지 여부가 될 것이다.

24) 법 제26조 제1항 제1호.

25) 대법원 2017. 3. 30. 선고 2014두13195 판결.

내부회계관리제도 감사 역시 외부감사법에 따른 회계감사기준에 따라 수행하므로 감사인의 주의의무 위반 여부 역시 동일한 기준이 적용된다고 볼 수 있다.

V. 위반의 효과

1. 행정제재

외부감사법 제8조 제1항 또는 제3항을 위반하여 내부회계관리제도를 갖추지 아니하거나 내부회계관리자를 지정하지 아니한 자, 동조 제4항(경영진의 운영실태 보고)을 위반하여 내부회계관리제도의 운영실태를 보고하지 아니한 자, 동조 제5항(감사의 운영실태 평가 보고)을 위반하여 운영실태를 평가하여 보고하지 아니하거나 그 평가보고서를 본점에 비치하지 아니한 자, 동조 제6항 및 제7항을 위반하여 내부회계관리제도의 운영실태에 관한 보고내용 등에 대하여 검토 및 감사하지 아니하거나 감사보고서에 종합의견을 표명하지 아니한 자에 대하여 3천만 원 이하의 과태료가 부과될 수 있다(법 제47조 제2항).

한편 법 제26조 제1항 제1호에 따라 감사인의 내부회계관리제도 감사보고서는 증권선물위원회의 감리 대상이며 법 시행령 제29조에 따라 회사가 법 제8조에 따라 내부회계관리제도를 운영했는지도 증권선물위원회의 감리 대상이다. 외감규정 등에 따라 내부회계관리제도에 중요한 취약점이 있는 경우 재무제표 감리를 포함한 증권선물위원회의 감리에서 감리 조치가 가중될 수 있다(외감규정 제27조, 동 규정 별표 7, 외감규정 시행세칙 별표 1).

2. 벌칙

대표이사, 이사, 내부회계관리제도 운영에 관련된 자로서 법 제8조 제2항을 위반하여 내부회계관리제도에 따라 작성된 회계정보를 위조, 변조, 훼손 또는 파기한 경우, 5년 이하의 징역 또는 5천만 원 이하의 벌금에 처해질 수 있다(법 제41조 제1호).

[황근식·최승재]

제 2 장 회사 및 감사인

제9조(감사인의 자격 제한 등)

① 다음 각 호의 어느 하나에 해당하는 회사의 재무제표에 대한 감사는 회계법인인 감사인이 한다.

1. 주권상장법인. 다만, 대통령령으로 정하는 주권상장법인은 제외한다.
2. 대형비상장주식회사
3. 「금융산업의 구조개선에 관한 법률」 제2조 제1호에 해당하는 금융기관, 「농업협동조합법」에 따른 농협은행 또는 「수산업협동조합법」에 따른 수협은행(이하 "금융회사"라 한다)

② 금융위원회는 감사인의 형태와 그에 소속된 공인회계사의 수 등을 고려하여 감사인이 회계감사할 수 있는 회사의 규모 등을 총리령으로 정하는 바에 따라 제한할 수 있다.

③ 회계법인인 감사인은 「공인회계사법」 제33조 제1항 각 호의 어느 하나에 해당하는 관계에 있는 회사의 감사인이 될 수 없으며, 감사반인 감사인은 그에 소속된 공인회계사 중 1명 이상이 같은 법 제21조 제1항 각 호의 어느 하나에 해당하는 관계에 있는 회사의 감사인이 될 수 없다.

④ 감사인에 소속되어 회계감사업무를 수행할 수 있는 공인회계사는 대통령령으로 정하는 실무수습 등을 이수한 자이어야 한다.

⑤ 회계법인인 감사인은 동일한 이사(「공인회계사법」 제26조 제1항에 따른 이사를 말한다. 이하 이 조에서 같다)에게 회사의 연속하는 6개 사업연도(주권상장법인인 회사, 대형비상장주식회사 또는 금융회사의 경우에는 4개 사업연도)에 대한 감사업무를 하게 할 수 없다. 다만, 주권상장법인인 회사, 대형비상장주식회사 또는 금융회사의 경우 연속하는 3개 사업연도에 대한 감사업무를 한 이사에게는 그 다음 연속하는 3개 사업연도의 모든 기간 동안 해당 회사의 감사업무를 하게 할 수 없다.

⑥ 회계법인인 감사인은 그 소속공인회계사(「공인회계사법」 제26조 제3항에 따른 소속공인회계사를 말한다)를 주권상장법인인 회사에 대한 감사업무의 보조자로 함에 있어서 동일한 보조자에게 해당 회사의 연속하는 3개 사업연도에 대한 감사업무를 하게 한 경우, 그 다음 사업연도에는 그 보조자의 3분의 2 이상을 교체하여야 한다.

⑦ 감사반인 감사인은 대통령령으로 정하는 주권상장법인인 회사의 연속하는 3개 사업연도에 대한 감사업무를 한 경우, 그 다음 사업연도에는 그 감사에 참여한 공인회계사의 3분의 2 이상을 교체하여야 한다.

> 법 시행령 제10조(감사인의 자격) ① 법 제9조 제4항에서 "대통령령으로 정하는 실무수습 등을 이수한 자"란 「공인회계사법 시행령」 제12조 제1항 각 호의 어느 하나에 해당하는 기관에서 2년 이상(같은 항 제4호의 기관인 경우에는 3년 이상) 실무수습을 받은 사람을 말한다. 이 경우 실무수습기간을 산정할 때에는 「공인회계사법」 제7조 제1항에 따른 실무수습기간을 포함한다.
> ② 제1항에 따른 실무수습에 관하여는 「공인회계사법 시행령」 제12조 제3항 및 제4항을 준용한다.

Ⅰ. 입법취지

제9조는 '감사인의 자격 제한 등'이라는 표제 하에 외부감사법 대상 회사에 대한 감사인의 자격 제한(제1항), 감사할 수 있는 회사의 규모 등을 하위규정에 위임(제2항), 공인회계사법상 감사인의 직무제한 규정 인용(제3항), 감사인 소속 공인회계사의 자격(제4항), 감사업무에 참여한 회계법인 이사의 주기적 교체(제5항), 감사업무 보조자의 주기적 교체(제6항), 감사반의 감사에 참여한 공인회계사의 주기적 교체(제7항) 등 다양한 내용을 담고 있다.

이 중 구법에 비해 크게 달라진 내용은 대형비상장주식회사 및 금융회사에 대한 회계규율 강화로서, 대형비상장주식회사 및 금융회사의 경우 회계법인만이 감사할 수 있도록 제한함으로써 주권상장법인에 준하는 회계규율을 적용하도록 개선하였다. 대형비상장주식회사 및 금융회사는 많은 이해관계자가 있어 분식회계 발생시 사회적 파장과 손실이 크다는 점에서 주권상장법인과 동일한 수준의 고도의 회계투명성이 요구되었는바, 개정법에서는 이러한 사회적 요구를 담아냈다는 점에서 중요한 진전이 이뤄진 것이다.

Ⅱ. 감사인의 자격제한 등

1. 외부감사법 대상 회사에 대한 감사인의 자격 제한

가. 연혁

구법(제3조 제1항)은 외부감사법상 외부감사를 실시하는 감사인을 「공인회계사법」

제23조에 따른 회계법인과 한국공인회계사회에 등록을 한 감사반으로 나누되,[1] 연결재무제표 또는 대통령령으로 정하는 주권상장법인의 재무제표를 감사하는 감사인은 회계법인[2]으로 한정하였다. 회계법인은 공인회계사법에 근거하여 자본금 5억 원 이상, 3인 이상의 이사를 포함하여 공인회계사가 10인 이상으로 구성된 경우로서 금융위원회에 등록을 하여야 하는 반면, 감사반은 외부감사법에 근거하여 외부감사를 위해 3인 이상의 개업공인회계사들로 구성된 경우로서 한국공인회계사회에 등록을 하여야 한다. 회계법인은 상법상 유한회사 규정을 준용하는 특수법인이라고 할 수 있고, 감사반은 외부감사를 위해 개업공인회계사들로 조직된 조합 유사한 형태라고 할 수 있다.

나. 내용

현행법상 감사인 유형도 회계법인과 감사반으로 이원화되어 있는 것은 구법과 동일하나(제2조 제7호), 신법은 감사인의 자격제한 대상법인을 주권상장법인, 대형비상장주식회사, 금융회사로 확대하였다는 점에서 큰 차이를 보인다. 즉, 신법은 주권상장법인, 대형비상장주식회사, 「금융산업의 구조개선에 관한 법률」 제2조 제1호에 해당하는 금융기관, 「농업협동조합법」에 따른 농협은행 또는 「수산업협동조합법」에 따른 수협은행의 재무제표에 대한 감사는 회계법인인 감사인이 한다고 규정함으로써 경제적 실질이 주권상장법인에 가까울 뿐 아니라 이해관계자가 많아 고도의 회계투명성이 요구되는 대형비상장주식회사 및 금융회사에 대해 감사인의 자격 및 선임 등과 관련하여 주권상장법인에 준하는 회계규율을 적용하여 분식회계를 방지하고 감사업무의 효율성 제고를 기하고자 하였다.

본조에서 '주권상장법인'을 특별히 한정하지 않았으므로 여기서 '주권상장법인'이란 자본시장법에 따른 유가증권시장, 코스닥시장, 코넥스시장의 주권상장법인을 모두 포함하는 개념이다. 제9조 제1항 제1호 단서는 "다만, 대통령령으로 정하는 주권상장법인은 제외한다"고 규정하고 있지만, 이 규정의 위임을 받아 대통령령으로 따로 정하고 있는 사항은 없으며, 특히 신법은 주권상장법인 감사인 등록제를 도입하면서

1) 과거 우리나라의 감사인 유형은 회계법인, 합동회계사무소 및 감사반으로 구분되어 있었으나, 1997년 말 합동회계사무소 유형이 폐지되어 현재는 회계법인과 감사반 형태로 이원화되어 있다.

2) 다만, 구 외부감사법 시행령 제3조 제3항은 "연결재무제표를 작성하는 지배회사와 연결재무제표에 포함되는 종속회사 모두가 유가증권시장상장법인에 해당되지 아니하는 연결재무제표의 경우에는 같은 항 제2호에 따른 감사인(=감사반)을 포함한다"고 규정하였다.

제9조에도 불구하고 주권상장법인의 감사인이 되려는 자의 자격을 금융위원회에 등록된 회계법인으로 엄격히 제한(법 제9조의2 제1항)하고 있으므로 위 단서 규정은 사실상 의미 없는 조항이라고 할 것이다.

한편, 현행법 제31조 제2항은 "감사인이 중요한 사항에 관하여 감사보고서에 적지 아니하거나 거짓으로 적음으로써 이를 믿고 이용한 제3자에게 손해를 발생하게 한 경우에는 그 감사인은 제3자에게 손해를 배상할 책임이 있다."고 규정하고 있는바, 구법상 판례[3] 등에 비추어 보면 위 규정에 따라 손해배상책임을 지는 감사인은 외부감사법에 따라 외부감사의 대상이 되는 회사에 대하여 외부감사를 하는 감사인에 한정된다.

다. 시행시기 등

현행법 시행 전에 선임(변경선임 포함)된 감사인에 대해서는 그 임기 동안 제9조 제1항의 개정규정에도 불구하고 종전의 제3조 제1항에 따르도록 하고 있다(법 부칙 제4조 제2항).

2. 감사할 수 있는 회사의 규모 등의 하위규정 위임

금융위원회는 감사인의 형태와 그에 소속된 공인회계사의 수 등을 고려하여 감사인이 회계감사할 수 있는 회사의 규모 등을 총리령으로 정하는 바에 따라 제한할 수 있다. 이 규정은 1996년 12월 30일 외부감사법 개정시 현재의 내용과 같이 개정되어

3) 대법원 2002. 9. 24. 선고 2001다9311 판결[주식회사의외부감사에관한법률 제17조 제1항은 "감사인이 그 임무를 게을리하여 회사에 대하여 손해를 발생하게 한 때에는 그 감사인은 회사에 대하여 손해를 배상할 책임이 있다", 제2항은 "감사인이 중요한 사항에 관하여 감사보고서에 기재하지 아니하거나 허위의 기재를 함으로써 이를 믿고 이용한 제3자에게 손해를 발생하게 한 경우에는 그 감사인은 제3자에 대하여 손해를 배상할 책임이 있다"고 규정하고 있지만, 위 제17조 제2항의 규정에 따라 손해배상책임을 지는 감사인은 같은 법 제3조에 따라 외부감사를 하는 감사인에 한정되고, 주식회사의외부감사에관한법률은 그 입법목적이 '주식회사로부터 독립된 외부의 감사인이 그 주식회사에 대한 회계감사를 실시하여 회계처리의 적정을 기하게 함으로써 이해관계인의 보호와 기업의 건전한 발전에 기여함을 목적'으로 하고 있고(제1조), 외부감사의 대상이 되는 회사 및 감사의 범위에 관하여 '직전사업년도 말의 자산총액이 대통령령이 정하는 기준액 이상인 주식회사'와 '재무제표'로 한정하고 있고(제2조), 그러한 감사를 실시할 수 있는 감사인에 대하여 '공인회계사법 제23조의 규정에 의한 회계법인(제3조 제1항 제1호)' 또는 '공인회계사법 제41조의 규정에 의하여 설립된 한국공인회계사회에 총리령이 정하는 바에 의하여 등록을 한 감사반(제3호)'으로 한정하고 있음에 비추어 볼 때, 위 제17조 제2항의 규정에 따라 손해배상책임을 지는 감사인은 주식회사의외부감사에관한법률 제2조에 따라 외부감사의 대상이 되는 회사에 대하여 외부감사를 하는 같은 법 제3조의 감사인에 한정된다.]

유지되어 온 규정으로서, 이 규정의 위임에 따라 과거 외부감사법 시행규칙에서 감사할 수 있는 회사의 규모 등을 제한하는 규정을 두기도 하였으나, 2006년 외부감사법 시행규칙 개정시 삭제된 이후 현재까지 총리령에서 따로 정하고 있는 사항은 없어 현재는 법률상 위임의 근거조항만 남아있게 되었다.

한편, 현행법은 제9조의2에서 주권상장법인 감사인 등록제를 새로이 도입함으로써 주권상장법인의 감사인의 경우 감사인의 형태(통합관리법인인지 독립채산제인지 등)나 그에 소속된 공인회계사의 수 등에 일정한 요건을 갖추도록 하고 있다.

3. 공인회계사법상 감사인의 직무제한 규정 준용

가. 취지 및 연혁

법 제9조 제3항은 감사 대상 회사와 일정한 이해관계가 있는 감사인이 동 회사의 감사인이 될 수 없도록 함으로써 감사인의 독립성을 확보하고자 하는 규정으로서, 법 제9조 제5항 내지 제7항과 더불어 외부감사인의 직무수행의 공정성 및 독립성을 확보하기 위한 대표적인 제도로 기능하여 왔다. 본 제도는 1989. 12. 30. 법 개정시 신설 도입된 후 약간의 문구 수정을 거쳐 현재에 이르고 있다.

나. 내용

(1) 회계법인인 감사인의 경우

회계법인인 감사인은 「공인회계사법」 제33조 제1항 각 호의 어느 하나에 해당하는 관계에 있는 회사의 감사인이 될 수 없다. 「공인회계사법」 제33조 제1항의 경우에는 동항 각호의 1에 해당하는 자에 대한 재무제표를 '감사하거나 증명하는 직무를 행하지 못한다'고 규정하고 있는 반면, 법 제9조 제3항의 경우에는 「공인회계사법」 제33조 제1항 각 호의 어느 하나에 해당하는 관계에 있는 회사의 '감사인이 될 수 없다'고 규정하고 있어 규정내용에 약간의 차이가 있다. 이에 따라 「공인회계사법」에 따를 경우 감사인이 되는 것만으로는 충분하지 않고 실제로 감사보고서를 작성하는 등 감사 또는 증명의 직무를 수행한다면 위반에 해당되지만, 외부감사법에 따를 경우 감사인이 되는 것만으로도 위반이 되며 실제 감사 또는 증명의 직무를 수행할 것까지 요하지 않는다고 봄이 타당하다.

판례 역시 「공인회계사법」 위반[4] 사안에서 "원심이, 위 피고인에 대한 공소사실 중 위 피고인이 2001. 12. 10. 주식회사 ○○전자통신의 주식 1만주를 제3자 명의로 취득하고서도 2002. 1. 3.부터 2002. 3. 2.까지 재고조사를 하는 등으로 위 회사의 2001년도 재무제표를 감사하는 직무를 행하였다는 점에 관하여, 위 피고인이 감사 직무의 수행에 착수하였지만, 이 사건 수사로 인하여 감사보고서를 작성하지 못하였는바, 공인회계사법 제21조 제3호와 제53조 제3항에서 일정한 경우에 공인회계사의 직무를 제한하고 이를 위반하는 때에 처벌하는 규정을 둔 이유는 이해관계가 있는 공인회계사가 재무제표를 감사하여 작성한 감사보고서는 그 직무수행의 공정성에 대한 신뢰를 해칠 우려가 있기 때문에 이를 막자는 것이고, 재무제표에 대한 회계감사의 직무는 재무제표 및 그 밖의 자료의 검토 등을 거쳐 그 결과를 보고함으로써 완료되는 것이므로, 이 사건에서 위 피고인과 상관없이 다른 회계법인이 새로이 감사에 착수하여 회계감사보고서를 작성하였고 위 피고인이 수행한 직무가 거기에 영향을 주었다는 사정도 찾아볼 수 없는 이상 위 피고인이 공인회계사법 제21조 제3호의 규정에 위반하여 직무를 행한 때에 해당한다고 볼 수 없다고 판단한 것은 옳[다]"고 판시한 바 있다.[5]

회계법인이 감사인이 될 수 없는 회사는 「공인회계사법」 제33조 제1항 각 호의 어느 하나에 해당하는 관계에 있는 회사로서, 그 내용은 다음과 같다. 첫째, 회계법인이 주식을 소유하거나 출자하고 있는 자이다(제1호). 회계법인인 감사인이 주식을 소유하고 있거나 출자하고 있는 자(회사를 포함한다)로서, 소유하거나 출자하고 있는 지분 등의 다과는 불문한다. 둘째, 회계법인의 사원이 제21조 제1항 각 호의 1에 해당하는 관계가 있는 자이다(제2호). 회계법인의 사원[6]이 공인회계사법 제21조 제1항 각 호의 1에 해당하는 관계가 있는 자(회사를 포함한다)로서, ① 사원 또는 그 배우자가 임원이나 그에 준하는 직위(재무에 관한 사무의 책임있는 담당자를 포함한다)에 있거나, 과거 1년 이내에 그러한 직위에 있었던 자, ② 사원 또는 그 배우자가 그 사용인[7]이거

4) 엄밀하게는 공인회계사법 제21조 위반으로 기소된 공인회계사에 대한 사안이다.

5) 대법원 2003. 4. 8. 선고 2003도382 판결.

6) 회계법인은 유한회사 형태로서 사원의 출자를 받아 설립되는바, 회계법인의 사원의 성명이나 출자좌수 등은 정관기재사항으로서(공인회계사법 제23조 제2항), 회계법인의 사원은 공인회계사(해당 회계법인에 고용된 외국공인회계사를 포함한다)이어야 하며, 그 수는 3명 이상이어야 한다(동법 제26조 제5항).

7) 공인회계사법 제21조 제1항 제2호에서 '사용인'의 의미가 피고용인(종업원, employee)인지 또는 고용주(경영자,

나 과거 1년 이내에 사용인이었던 자, ③ 그 밖에 사원 또는 그 배우자와 뚜렷한 이해관계가 있어서 그 직무를 공정하게 행하는 데 지장이 있다고 인정되어 대통령령으로 정하는 자를 말한다. 위 ③에서 '대통령령으로 정하는 자'란 공인회계사법 시행령 제14조 제1항 각 호의 어느 하나에 해당하는 관계에 있는 자를 말한다.[8] 셋째, 위의 자 외에 회계법인이 뚜렷한 이해관계를 가지고 있거나 과거 1년 이내에 그러한 이해관계를 가지고 있었던 것으로 인정되는 자로서 대통령령이 정하는 자이다(제3호). 그 밖에 회계법인이 뚜렷한 이해관계를 가지고 있거나 과거 1년 이내에 그러한 이해관계를 가지고 있었던 것으로 인정되는 자(회사를 포함한다)로서, ① 과거 1년 이내에 자기의 재무제표 등에 대하여 감사 또는 증명업무를 행한 회계법인의 담당사원 또는 그 배우자가 임원이나 그에 준하는 직위(재무에 관한 사무의 책임있는 담당자를 포함한다)에 있는 자, ② 회계법인과 1억 원 이상의 채권 또는 채무관계에 있는 자, ③ 회계법인과 제14조 제1항 제3호 내지 제5호의 규정에 준하는 관계가 있는 자를 말한다(공인회계사법 시행령 제15조의2 제1항).

(2) 감사반인 감사인의 경우

감사반인 감사인은 그에 소속된 공인회계사 중 1명 이상이 「공인회계사법」 제21

---

employer)인지 여부가 문제된다. 이와 관련하여 현재까지 판례는 없으나, 금융위원회 법령해석심의위원회(2017. 5. 16)에서는 피고용인으로 해석한 바 있다. 피고용인으로 해석할 경우 규제의 범위가 과도하게 넓어지는 측면이 없지 않으나, 상법·법인세법·자본시장법 등 다른 법령에서도 사용인을 피고용인(종업원)을 의미하는 개념으로 사용하고 있는 점 및 법제처가 제공하는 공인회계사법 영문번역본에서도 'employee'로 번역되어 있는 점, 동 규정은 2003. 12. 11. 개정시 '배우자'만 추가된 것으로서 개정 전 공인회계사법 제21조 제1항 제2호의 '사용인'을 경영진(고용인)으로 해석할 경우 제1호(임원)와 내용상 중복되어 제2호를 별도로 둘 실익이 없었을 것이므로 '사용인'을 피고용인으로 규정하였음이 명백한 점 등을 근거로 하고 있다. 그러나 위와 같이 '사용인'의 의미를 '피고용인'으로 해석할 경우 규제의 범위가 과도하게 넓어지며, 특히 사원의 배우자가 재무보고업무와 무관한 단순한 '피고용인'이거나 '피고용인'이었던 경우까지 포함하는 것은 규제의 취지를 넘어서는 지나친 규제로서 국제적 정합성에도 부합하지 않으므로 입법론상 재고의 여지가 있어 보인다.

8) 공인회계사법 시행령 제14조 제1항 제1호와 관련하여 우리사주조합을 통하여 감사 대상 회사의 주식을 소유하고 있는 경우에도 우리사주조합원 개인이 주식을 소유한 것으로 보아 감사업무가 제한되는지 여부가 문제된다. 이에 대해서도 현재까지 판례는 없으나, 금융위원회 법령해석심의위원회(2017. 5. 16)에서는 우리사주조합이 보유한 조합원 계정 주식의 소유자는 우리사주조합이므로 해당 회사에 대한 감사업무는 제한되지 아니한다고 결론을 내린 바 있다. 우리사주조합원 계정 주식의 경우 예탁기간 동안 처분이 제한되는 등 조합원이 소유권자로서 전면적·배타적 지배권을 행사할 수 있다고 보기 어려운 점, 주주명부상 우리사주 주식의 주주는 우리사주조합으로 명시되어 있는 점, 주주권 행사시 조합원의 의사를 반영하기는 하나 주주권 행사 자체는 우리사주조합의 명의로 이루어지고 있는 점, 침익적 제재규정이나 형벌법규는 엄격한 해석을 요한다는 점 등을 근거로 하고 있다.

조 제1항 각 호의 어느 하나에 해당하는 관계에 있는 회사의 감사인이 될 수 없다. 「공인회계사법」 제21조 제1항 각 호의 1에 해당하는 관계가 있는 회사는 ① 소속된 공인회계사 또는 그 배우자가 임원이나 그에 준하는 직위(재무에 관한 사무의 책임있는 담당자를 포함한다)에 있거나, 과거 1년 이내에 그러한 직위에 있었던 회사, ② 소속된 공인회계사 또는 그 배우자가 그 사용인이거나 과거 1년 이내에 사용인이었던 회사, ③ 그 밖에 소속된 공인회계사 또는 그 배우자와 뚜렷한 이해관계가 있어서 그 직무를 공정하게 행하는 데 지장이 있다고 인정되어 대통령령으로 정하는 회사를 말한다. 위 ③에서 '대통령령으로 정하는 자'란 공인회계사법 시행령 제14조 제1항 각 호의 어느 하나에 해당하는 관계에 있는 자를 말한다.

4. 감사인 소속 공인회계사의 자격

감사인에 소속되어 회계감사업무를 수행할 수 있는 공인회계사는 대통령령으로 정하는 실무수습 등을 이수한 자이어야 한다. 여기서 "대통령령으로 정하는 실무수습 등을 이수한 자"란 「공인회계사법 시행령」 제12조 제1항 각 호의 어느 하나에 해당하는 기관에서 2년 이상(같은 항 제4호의 기관인 경우에는 3년 이상) 실무수습을 받은 사람을 말하고, 이 경우 실무수습기간을 산정할 때에는 「공인회계사법」 제7조 제1항에 따른 실무수습기간을 포함하며, 그 밖에 실무수습에 관하여는 「공인회계사법 시행령」 제12조 제3항 및 제4항을 준용한다(법 시행령 제10조 제1항·제2항).

공인회계사법 제2조의 직무를 수행하고자 금융위원회에 등록하려는 공인회계사는 1년 이상의 실무수습을 받도록 되어 있는 반면, 외부감사법상 감사인에 소속되어 회계감사업무를 수행할 수 있는 공인회계사는 2년 이상(같은 항 제4호의 기관인 경우에는 3년 이상)의 실무수습을 받을 것을 요한다.

5. 감사업무에 참여한 회계법인 이사의 주기적 교체

가. 연혁

감사업무에 참여한 회계법인 이사[9]의 주기적 교체 규정은 1996년 12월 30일 외부감사법 개정시 신설되어 1997년부터 시행된 규정으로서, 신설 당시에는 회계법인인 감사인의 경우 동일한 이사로 하여금 연속하는 6개 사업연도에 대한 감사업무를 행하게 할 수 없도록 규정하고 있었다. 당시 이 규정의 신설 목적은 감사업무를 수행하는 회계법인 파트너(담당이사)를 일정 주기(신설 당시 5년)로 강제 교체시킴으로써 감사인과 피감회사의 유착으로 인한 감사인의 독립성 훼손을 방지[10]하는 데 있었으며, 2001년 3월 28일 외부감사법 개정시 주권상장법인 및 협회등록법인(구 증권거래법에 의한 협회등록법인을 말함)에 대한 회계법인 이사 교체 주기를 5년에서 3년으로 단축하여 이를 강화하고자 하였다.[11]

이후 미국에서 Enron 사태 등 대형 회계부정사건이 발생한 후 회계제도 개혁법(SOX법) 제정 등 회계감독제도를 강화하려 하였고, 이에 우리나라도 2003년 12월 11일 외부감사법 개정을 통해 감사인 의무교체 제도를 추가로 도입하였다. 즉, 기업회계 및 경영의 투명성을 높여 투자자를 보호하고 우리 기업 및 시장에 대한 국내외 신뢰를 높이기 위하여 주권상장법인이 6개 사업연도를 초과하여 동일한 감사인을 선임할 수 없도록 감사인의 주기적인 교체를 의무화하는 규정을 신설하였고, 이는 2006년 1월 1일 이후 최초로 개시하는 사업연도부터 적용하도록 하였다.

그러나 미국, 일본 등 주요국은 감사인의 독립성을 제고하기 위하여 감사참여자만 주기적으로 교체하도록 하고 있으나, 우리나라는 감사참여자 교체 제도와 함께 감사인 의무교체 제도도 함께 운용하고 있어 감사의 효율성이 저하되고 기업과 감사인에게 과도한 부담으로 작용하고 있다는 비판에 따라 2009년 2월 3일 외부감사법 개정시 감사인 의무교체 제도가 폐지되었고, 그 대신 회계법인 감사담당이사의 주기적 교체 제도의 실효성을 높이기 위하여 주권상장법인의 연속하는 3개 사업연도에 대한 감사업무를 한 이사에게는 그 다음 연속하는 3개 사업연도의 모든 기간 동안 해당 회사의 감사

9) 회계법인은 공인회계사로서 사원(출자자)인 이사를 3인 이상 두어야 하며(공인회계사법 제26조 제1항), 이사 외의 자로 하여금 회계에 관한 감사 및 증명에 관한 업무를 행하게 하여서는 아니 된다(동법 제34조 제1항).

10) 회계부정 사건에는 감사인의 독립성과 전문성이 논란의 중심에 있었으며, 특히 1982년 '감사인지정제도'가 폐지되고 '자유수임제도'가 도입되는 등의 제도의 변화 속에 감사인의 독립성 확보가 중요한 문제로 부각되었는바, 주권상장법인의 경우 감사계약을 3년 단위로 하는 '감사인 유지제도'와 특정기업의 경우 감독당국에서 감사인을 지정하는 '감사인 지정제도'와 더불어 '감사인 강제교체제도'는 구법에서 감사인의 독립성을 강화하기 위해 도입한 주요 제도였다[이상호·이용규·박경호, "파트너 강제교체제도와 감사품질 향상에 대한 실증분석", 「기업경영연구」 제21권 제6호(2014. 12), 2면].

11) 박연희·정문기, "파트너 강제교체가 감사품질에 미치는 영향: 파트너 강제교체 규정 개정 전·후 비교", 「회계학연구」 제40권 제1호(2015. 2), 42면.

업무를 하게 할 수 없다는 내용의 소위 3년 휴식기간제도Cooling-Off를 도입하였다.[12)]

현행법은 주권상장법인뿐 아니라 대형비상장주식회사 또는 금융회사 감사인의 경우에도 담당이사 교체 주기를 3년으로 적용함과 동시에 3년 휴식기간제도를 적용받도록 함으로써 주권상장법인의 감사인과 동일한 제한을 받도록 하고 있다.[13)] 본조의 적용대상이 되는 이사는 감사담당이사(감사책임자)나 품질관리검토이사에 국한되는 것이 아니라 감사업무에 참여한 회계법인의 등기이사 전체가 해당된다.

나. 외국의 경우

앞서 기술한 바와 같이 미국, 영국, EU, 호주 등 주요 국가는 감사인의 독립성을 제고하기 위하여 감사참여자를 주기적으로 교체하도록 하는 제도를 두고 있는바, 감사담당이사와 품질관리검토이사를 나누어 연속감사 제한 규정을 적용하고 있고, 연속감사 허용기간은 대체로 5~7년으로 정하고 있으며, 연속감사 후 금지기간은 2~6년으로 다양하다.

표 8 외국의 회계법인 이사 연속감사 제한 규정[14)]

구분	감사담당이사 (연속감사 허용기간/ 연속감사 후 금지기간)	품질관리검토이사 (연속감사 허용기간/ 연속감사 후 금지기간)
국제윤리기준	7년 / 2년	7년 / 2년
미국	5년 / 5년	5년 / 5년
영국	5년 / 5년	7년 / 5년
호주	5년 / 2년	5년 / 2년
EU	7년 / 3년	규정 없음
독일	7년 / 3년	7년 / 3년
프랑스	6년 / 6년	6년 / 6년

12) 박연희·정문기, 앞의 논문, 42면.

13) 당초 정부가 제출한 개정안은 외부감사인의 전문성·연속성 및 국제적 정합성 등을 고려하여 의무 교체 대상 이사를 등기이사 전체에서 감사담당이사와 품질관리검토이사로 축소하는 등 연속감사 제한규정을 일부 완화하는 내용이었으나, 입법과정에서 2009년 감사인 의무교체 제도가 폐지에 이어 연속감사 제한규정까지 완화하는 경우 회계법인 담당이사와 피감회사 간 유착 문제 및 감사업무의 객관성 약화가 나타날 수 있다는 점을 고려할 필요가 있다는 견해도 있어서 정부안을 그대로 받아들이지 아니하였다.

다. 내용

(1) 주권상장법인 등의 경우

회계법인[15]인 감사인은 동일한 이사에게 주권상장법인인 회사, 대형비상장주식회사 또는 금융회사의 연속하는 4개 사업연도에 대한 감사업무를 하게 할 수 없으며, 동 회사의 연속하는 3개 사업연도에 대한 감사업무를 한 이사에게는 그 다음 연속하는 3개 사업연도의 모든 기간 동안 해당 회사의 감사업무를 하게 할 수 없다.[16] 여기서 '이사'란 「공인회계사법」 제26조 제1항에 따른 이사로서 등기이사 전체[17]를 말한다. 위와 같이 등기이사 전체가 연속감사 제한 규정의 적용을 받는 점 및 연속감사 허용기간이 3년으로 비교적 짧은 점 등에서 외국의 입법례와 차이를 보인다.

현행법은 기존에 규정된 주권상장법인 뿐 아니라 대형비상장주식회사 및 금융회사에 대해서도 주권상장법인과 동일하게 강화된 규율의 적용을 받도록 개정하였는

14) 유한회사에 대한 외부감사 도입 및 감사인 선임제도 개선 등에 대한 국회 정무위원회 검토보고서(2017. 3), 24면. 참고로 국제윤리기준, 미국, 영국, EU의 이사 교체규정은 공적 실체(또는 상장회사)에 대한 감사에 적용된다.

15) 회계법인만 담당이사 연속감사 제한 규정의 적용을 받으며, 감사반의 경우에는 담당이사 교체에 관한 별도의 규정을 두지 않고 그 대신 감사에 참여하는 공인회계사의 3분의 2를 주기적으로 교체하도록 하고 있다(제9조 제7항).

16) 동일 이사의 3개 사업연도 연속감사 이후 연속하는 3개 사업연도의 감사제한과 관련하여 동 의무가 3년 연속감사 이후에도 감사인의 변경이 없이 그대로 유지된 경우에만 적용되는지 아니면 감사인의 변경 여부와 무관하게 적용되어야 하는지 여부가 문제된다. 예컨대 A회계법인이 甲회사의 연속하는 3개 사업연도(2011~2013년)에 대해 감사를 한 후 감사인 지정 등의 사유로 B회계법인이 1년간(2014년) 甲회사를 감사한 다음 다시 A회계법인이 甲회사의 연속하는 3개 사업연도(2015~2018년)에 대한 감사인이 된 경우 A회계법인은 과거 甲회사에 대한 감사 시 감사담당이사였던 a이사로 하여금 다시 甲회사를 감사하도록 할 수 있는지의 문제이다. 이와 관련하여 현재까지 판례는 없으나, 금융위원회 법령해석심의위원회(2017. 5. 16)는 동일 이사에 대한 연속감사 제한은 감사인의 연속감사를 전제로 한 것이므로 감사인 변경이 일어난 경우에는 적용될 수 없다고 해석한 바 있다. 구 외부감사법 제3조 제4항 단서는 동항 본문과 연계하여 해석함이 타당하며 이렇게 볼 경우 동항은 주권상장법인의 경우 연속하는 6개 사업연도에 대한 감사를 전제하는 것으로 보이는 점, 동 조항의 수범자는 감사인으로서 담당이사에게 해당 의무를 부여하기 위해서는 별도의 법령상 근거가 필요한 점 등을 근거로 하고 있다.

17) '연속감사 의무교체대상 이사'의 범위를 '공인회계사법상 등기이사 전체'로 규정하는 것은 미국·영국 등 외국의 사례에 비해 과도한 규제로서 국제적 정합성이 떨어질 뿐 아니라, 피감사기업의 사정과 위험을 잘 이해하고 있는 파트너가 3년마다 교체됨으로써 전문성 결여에 따른 감사실패 가능성이 지적되고 있으며, 동일 회계법인에 속한 파트너 간의 강제교체가 감사인의 독립성을 강화하고 감사품질을 향상시키는 데 실효성이 있는지에 대해서도 의문이 제기되는 상황이다. 더욱이 대형회계법인에 비해서 규모가 작은 중소형 회계법인의 경우에는 파트너 교체에 따른 부담과 위험이 상대적으로 클 수밖에 없어서 제도의 형평성 문제가 꾸준히 제기되고 있는 실정이므로[이상호·이용규·박경호, "파트너 강제교체제도와 감사품질 향상에 대한 실증분석", 「기업경영연구」 제21권 제6호(2014. 12), 20면], 향후 외부감사법 개정 시 당초 정부안과 같은 방향으로의 개정을 심도있게 검토할 필요가 있어 보인다.

바, 대형비상장주식회사 및 금융회사의 경우 감사반 선임 금지(법 제9조 제1항), 담당이사의 연속감사 제한(법 제9조 제5항), 3년 연속 동일감사인 선임 의무(법 제10조 제3항), 감사인 선임 절차(법 제10조 제4항), 감사(위원회)의 감사보고서 확인 의무(법 제10조 제6항), 회사의 감사인 해임의무 및 증권선물위원회 보고의무(법 제13조 제2항·제3항), 감사인의 감사계약 해지(법 제15조 제2항) 등에서 주권상장법인과 동일한 규율을 적용받는다.

(2) 비상장법인의 경우

회계법인인 감사인은 동일한 이사에게 비상장회사의 연속하는 6개 사업연도에 대한 감사업무를 하게 할 수 없다. 주권상장법인인 회사, 대형비상장주식회사 또는 금융회사의 경우와 달리 '3년 휴식기간제도'의 적용을 받지 않으므로 연속하는 5개 사업연도에 대한 감사업무를 한 이사는 그 다음 연속하는 1개 사업연도에 대한 감사업무만 하지 않으면 다시 해당 회사에 대한 감사업무를 할 수 있다.

표 9 동일 이사 등의 연속감사 제한 규정

구분		주권상장법인	대형비상장주식회사 및 금융회사	비상장법인
회계법인	이사 연속감사 제한 적용대상	등기이사 전체 (공인회계사법 제26조 제1항에 따른 이사)		
	담당이사	3년 참여 후 3년 제한	3년 참여 후 3년 제한	5년 참여 후 1년 제한
	감사 참여 공인회계사 (보조자)	3년 참여 후 2/3 이상 교체	-	-
감사반	감사 참여 공인회계사	-18)	-	-

18) 구법에서는 코스닥 및 코넥스시장에 상장된 법인의 감사에 참여한 공인회계사의 경우 3년 참여 후 3분의 2 이상 교체의무(구 외부감사법 제3조 제6항, 동법 시행령 제3조 제2항)가 적용되었으나, 신법(제9조 제7항)에서는 주권상장법인 감사인 등록제의 도입으로 인해 동 규정 적용의 여지가 없게 되었다.

라. 위반 효과

제9조 제5항의 규정을 위반하여 감사업무를 한 경우 감사인 및 감사인에 소속된 공인회계사에 대한 조치사유가 된다(별표 1 제5호 및 별표 2 제3호). 감사인에 소속된 공인회계사에 대한 조치사유가 됨을 규정한 점에서 감사인은 물론이고 동 규정을 위반하여 실제 감사업무를 수행한 담당이사도 조치대상자로 삼으려는 것이 입법자의 의도로 보이나, 제9조 제5항의 문언은 "회계법인인 감사인은 감사업무를 하게 할 수 없다"로 되어 있어 마치 회계법인인 감사인만 수범자이고 감사업무를 수행한 담당이사는 수범자가 아닌 것처럼 규정되어 있으므로 입법상 개선이 필요한 것으로 보인다.

마. 적용례 등

2017. 10. 31. 전부개정된 외부감사법은 2018. 11. 1.부터 시행되었으나, 제9조 제5항의 개정규정은 동법 시행 이후 시작되는 사업연도의 재무제표에 대한 감사업무를 하는 이사부터 적용한다(법 부칙 제4조 제1항 전단). 따라서 주권상장법인 이외의 대형비상장주식회사 또는 금융회사 감사인의 경우 2018. 11. 1. 이후 시작되는 사업연도의 재무제표에 대한 감사업무를 하는 이사부터 이사 교체주기 3년 및 3년 휴식기간제도의 제한을 적용받게 되며, 이 경우 연속하는 사업연도의 산정은 제9조 제5항의 개정규정이 적용되기 전의 사업연도를 포함하여 계산한다(법 부칙 제4조 제1항 후단).

6. 감사업무 보조자의 주기적 교체

가. 연혁

감사업무 보조자의 주기적 교체 규정은 2001. 3. 28. 외부감사법 개정시 신설된 규정으로서, 회계법인인 감사인은 그 소속공인회계사를 주권상장법인 및 협회등록법인에 대한 감사업무의 보조자로 함에 있어서 동일한 보조자로 하여금 연속하는 3개 사업연도에 대한 감사업무를 행하게 한 경우 그 다음 사업연도에는 그 보조자의 3분의 2 이상을 교체하여야 한다고 규정하였고, 이후 적용대상 회사에 대한 일부 개정을 거쳐 2007. 8. 3. 외부감사법 개정시 적용대상 회사가 "주권상장법인인 회사"로 개정

되었으며, 신법은 종전의 규정을 그대로 승계하고 있다.[19)]

나. 내용

회계법인인 감사인은 그 소속공인회계사를 주권상장법인인 회사에 대한 감사업무의 보조자로 함에 있어서 동일한 보조자에게 해당 회사의 연속하는 3개 사업연도에 대한 감사업무를 하게 한 경우, 그 다음 사업연도에는 그 보조자의 3분의 2 이상을 교체하여야 한다. 여기서 '소속공인회계사'란 「공인회계사법」 제26조 제3항에 따른 소속공인회계사로서, 회계법인의 공인회계사 중 이사가 아닌 공인회계사를 말하며, 제9조 제2항·제3항이나 제29조 제4항 등에서 규정하는 '소속된 공인회계사' 또는 「공인회계사법」 제48조 제3항에서 규정하는 '소속 공인회계사'와는 개념상 구분된다.

위 규정은 주권상장법인인 회사의 감사인에게만 적용되며 대형비상장주식회사 및 금융회사와 비상장법인 등에 대해서는 적용되지 않는다.[20)]

7. 감사반의 감사에 참여한 공인회계사의 주기적 교체

가. 연혁

감사반의 감사에 참여한 공인회계사의 주기적 교체 규정 역시 2001. 3. 28. 외부감사법 개정시 신설된 규정으로서, 감사반인 감사인은 협회등록법인인 회사의 연속하는 3개 사업연도에 대한 감사업무를 행한 경우 그 다음 사업연도에는 그 감사에 참여한 공인회계사의 3분의 2 이상을 교체하여야 한다고 규정하였다. 이후 적용대상 회사에 대한 일부 개정을 거쳐 2013. 5. 28. 외부감사법 개정시 적용대상 회사가 "대통령령으로 정하는 주권상장법인인 회사"로 개정되었으며, 2017. 10. 31. 전부개정된

---

19) 당초 정부가 제출한 개정안은 외부감사인의 전문성·연속성 및 국제적 정합성 등을 고려하여 감사업무 보조자의 주기적 교체 제도를 전면 폐지하는 내용이었으나, 국회 논의과정에서 이를 수용하지 않고 현행 제도를 그대로 유지하는 쪽으로 개정되었다.

20) 다수의 이해관계자를 보유하고 분식회계 발생 시 사회적 손실이 커서 고도의 회계투명성이 요구되는 점에 있어서 주권상장법인과 대형비상장주식회사·금융회사 간 차이가 없음에도 규율상 차이를 두어야 할 합리적인 이유가 없다. 오히려 감사업무 보조자의 주기적 교체 제도는 그 준수 여부를 감독하기가 사실상 어렵고 감사인의 독립성을 제고하는 데 실효성이 있는지 의문일 뿐 아니라, 계속감사기간의 단축으로 인한 전문성·연속성 결여로 감사품질을 하락시킬 우려가 있으며 국제적 정합성에도 부합하지 않는바, 당초 정부안과 같이 동 제도를 전면 폐지하는 방향으로의 개정을 검토할 필요가 있어 보인다.

외부감사법은 종전의 규정을 그대로 승계하고 있다.[21)]

나. 내용

감사반인 감사인은 대통령령으로 정하는 주권상장법인인 회사의 연속하는 3개 사업연도에 대한 감사업무를 한 경우, 그 다음 사업연도에는 그 감사에 참여한 공인회계사의 3분의 2 이상을 교체하여야 한다. 회계법인의 경우 동일한 회사를 연속해서 감사한 담당이사를 의무적으로 교체하도록 하고 있으나(법 제9조 제5항), 감사반의 경우에는 담당이사 교체에 관한 별도의 규정을 두지 않고 그 대신 감사에 참여하는 공인회계사의 3분의 2를 주기적으로 교체하도록 하고 있다. 이는 담당이사와 보조자로 나누어 업무를 수행하는 회계법인과 달리 감사반은 담당이사제도 없이 3인 이상의 회계사가 공동으로 감사업무를 수행하고 감사업무에 참여한 모든 공인회계사가 공동으로 서명한 감사보고서를 발행하는 등 공동으로 책임을 부담하고 있는 업무현실을 반영한 것이다.

위 규정의 적용대상과 관련하여 구 외부감사법 시행령 제3조 제2항은 "대통령령으로 정하는 주권상장법인"이란 코스닥시장상장법인 또는 코넥스시장상장법인을 말한다고 규정하고 있었으나, 개정된 외부감사법 시행령(2018년 4월 19일 입법예고)에서는 이러한 규정을 두고 있지 않다. 이는 신설된 외부감사법 제9조의2에 의해 주권상장법인 감사인 등록제가 도입됨에 따라 주권상장법인의 감사인이 되려는 자는 금융위원회에 등록된 회계법인일 것을 요하게 되었기 때문이다. 즉, 주권상장법인 감사인 등록제로 인해 감사반은 더 이상 주권상장법인의 감사인이 될 수 없게 되었고, 이에 따라 법 제9조 제7항은 주권상장법인 감사인 등록제가 시행[22)]되기 이전까지만 제한적으로 의미를 가지게 될 것이다.

---

21) 당초 정부가 제출한 개정안은 감사반의 독립성을 강화하기 위해 감사반의 경우에도 소속 공인회계사 전원의 교체제도를 도입하여 5년을 초과하여 연속 감사하는 것을 금지하는 방향으로 제도를 강화하고자 하였으나, 국회 논의과정에서 감사반이 회계법인에 비해 최소 인원·자본금·손해배상준비금 등 낮은 규제수준을 적용받는 감사인임을 고려하면 회계법인에 대해서는 연속감사 제한규정을 완화하면서 감사반에 대해서는 오히려 강화하는 것은 형평성 차원에서 문제가 있을 수 있다는 의견에 따라 현행 제도를 유지하는 방향으로 개정되었다.

22) 법 제9조의2의 개정규정은 전부개정된 외부감사법 시행일부터 1년이 경과한 날(2019. 11. 1) 이후 시작되는 사업연도부터 적용한다.

Ⅲ. 위반 효과

공인회계사법 제21조 제1항 또는 제33조 제1항 위반의 경우 회계법인 및 공인회계사에 대한 행정제재 또는 징계사유에 해당됨은 물론이고 형사처벌[23]까지 가능하나, 법 제9조 제3항 위반의 경우에는 형사처벌 규정은 존재하지 않고 감사인[24]에 대한 조치사유가 된다. 즉, 법 제9조 제3항을 위반하여 감사인이 될 수 없는 회사의 감사인이 된 경우 동법 별표 1 제4호에 해당되어 증권선물위원회는 당해 감사인에게 동법 제29조 제3항에 따른 조치를 할 수 있다.[25][26]

법 제9조 제5항의 경우 앞서 본 바와 같이 그 문언이 "회계법인인 감사인은 감사업무를 하게 할 수 없다"로 되어 있어 마치 감사업무를 수행한 담당이사는 수범자가 아닌 것처럼 규정되어 있음에도, 감사인에 소속된 공인회계사에 대한 조치사유가 됨을 규정(동법 별표 2 제3호)하고 있으므로 제9조 제5항의 규정을 위반하여 감사업무를 한 경우 감사인은 물론 감사인에 소속된 공인회계사(동 규정을 위반하여 실제 감사업무를 수행한 담당이사)에 대한 조치사유가 된다(별표 1 제5호 및 별표 2 제3호).

한편, 외부감사법 별표 1에서는 감사인에 대한 조치사유로 제9조 중 제2항, 제3항, 제5항 위반만을, 별표 2에서는 감사인에 소속된 공인회계사에 대한 조치사유로 제9조 중 제5항만을 명시하고 있으나, 별표 1 및 별표 2는 "그 밖에 이 법 또는 이 법에 따른 명령을 위반한 경우"라는 포괄조항을 두고 있는 점 및 외감규정 시행세칙 별표 3은 법 제9조 제6항 및 제7항 위반에 대한 조치기준도 두고 있는 점 등을 고려하면 제9조 중 제2항·제3항·제5항 이외의 규정 위반의 경우에도 조치사유가 될 수 있다.

---

23) 공인회계사법 제53조(벌칙) ③ 공인회계사로서 다음 각 호의 어느 하나에 해당하는 자는 1년 이하의 징역 또는 1천만 원 이하의 벌금에 처한다.

1. 제21조 제1항·제2항(제33조 제2항에서 준용하는 경우를 포함한다) 또는 제33조 제1항을 위반하여 재무제표를 감사하거나 증명하는 직무를 수행한 자

24) 법 제9조 제3항 위반에 대해서는 당해 감사인에 대한 조치만 가능하나, 공인회계사법 제21조 제1항 또는 제33조 제1항 위반의 경우에는 회계법인은 물론 감사·증명에 참여한 공인회계사도 조치대상이 된다.

25) 증권선물위원회는 감사인이 법 제9조 제3항 위반 시 그 위반의 중요도 및 위반 동기에 따라 당해 감사인에게 손해배상공동기금 추가적립 명령, 당해 회사에 대한 5년 이내의 감사업무 제한, 경고 등의 조치를 부과하여 왔다.

26) 한편, 감사인이 「공인회계사법」 제21조 또는 제33조를 위반한 경우 회사는 지체 없이 감사인과의 감사계약을 해지하여야 하며, 감사계약을 해지한 후 2개월 이내에 새로운 감사인을 선임하여야 한다(법 제13조 제1항).

제9조 위반에 대한 조치시 구체적인 조치기준은 그간 증권선물위원회(금융감독원)의 내부기준으로 운영되어 왔으나, 2019년 3월 29일 개정된 외감규정 시행세칙 별표 3에서 제9조 제3항, 제5항부터 제7항까지의 외부감사인의 독립성 관련 의무 위반행위에 대한 구체적인 조치기준[27)]을 마련하여 2019년 4월 1일부터 시행함으로써 국민의 알권리 및 조치대상자의 권익보호가 한층 강화될 것으로 기대된다.

[김인식]

27) 동 조치기준에서는 외부감사인의 독립성 관련 의무 위반행위에 대해 위법행위의 동기(고의, 중과실, 과실)와 위법행위의 중요도(중대, 보통, 경미, 감경시 최소)를 기준으로 기본적으로 외감규정 시행세칙 별표 1 '심사·감리결과 조치양정기준'상 고의Ⅲ 단계부터 과실Ⅴ 단계까지에 해당하는 조치를 부과할 수 있도록 규정하고 있다.

제 2 장 회사 및 감사인

제9조의2(주권상장법인 감사인의 등록 및 취소)

① 제9조에도 불구하고 주권상장법인의 감사인이 되려는 자는 다음 각 호의 요건을 모두 갖추어 금융위원회에 등록하여야 한다.

1. 「공인회계사법」 제24조에 따라 금융위원회에 등록된 회계법인일 것
2. 감사품질 확보를 위하여 금융위원회가 정하는 바에 따른 충분한 인력, 예산, 그 밖의 물적 설비를 갖출 것
3. 감사품질 관리를 위한 사후 심리체계, 보상체계, 업무방법, 그 밖에 금융위원회가 정하는 요건을 갖출 것

② 제1항 각 호의 요건을 모두 갖추고 있는지 여부를 심사하는 절차와 관련하여 필요한 세부사항은 대통령령으로 정한다.

③ 금융위원회는 제1항에 따라 주권상장법인 감사인 등록을 결정한 경우 등록결정한 내용을 관보 및 인터넷 홈페이지 등에 공고하여야 한다.

④ 제1항 및 제2항에 따라 주권상장법인 감사인으로 등록한 자는 등록 이후 제1항 각 호의 등록요건을 계속 유지하여야 한다.

⑤ 금융위원회는 제1항에 따라 등록한 감사인이 같은 항의 요건을 갖추지 못하게 되거나 증권선물위원회로부터 대통령령으로 정하는 업무정지 수준 이상의 조치를 받은 경우 해당 감사인의 주권상장법인 감사인 등록을 취소할 수 있다.

법 시행령 제11조(주권상장법인 감사인의 등록 및 취소) ① 법 제9조의2 제1항에 따른 주권상장법인의 감사인이 되려는 자(이하 이 조에서 "신청인"이라 한다)는 등록신청서를 금융위원회에 제출하여야 한다.

② 금융위원회는 제1항에 따른 등록신청서를 접수하면 신청인이 법 제9조의2 제1항 각 호의 요건(이하 이 조에서 "등록요건"이라 한다)을 모두 갖추었는지를 심사하여 등록신청서를 접수한 날부터 4개월 이내에 등록 여부를 결정하고, 그 결과와 이유를 지체 없이 신청인에게 문서로 통지하여야 한다. 이 경우 등록신청서에 흠결(欠缺)이 있으면 보완을 요구할 수 있으며, 필요한 경우에는 신청인이 등록요건을 갖추었는지를 확인하기 위해 현장조사를 할 수 있다.

③ 제2항의 심사기간을 산정할 때 등록신청서 흠결의 보완기간 등 금융위원회가 정하는 기간은 심

사기간에 산입하지 아니한다.
④ 법 제9조의2 제5항에서 "증권선물위원회로부터 대통령령으로 정하는 업무정지 수준 이상의 조치를 받은 경우"란 법 제29조 제3항 제1호 또는 제2호에 따른 조치를 받은 경우를 말한다.
⑤ 제1항부터 제4항까지에서 규정한 사항 외에 신청인의 등록신청서 제출에 따른 심사, 주권상장법인 감사인의 등록 또는 등록취소에 관한 세부적인 사항은 금융위원회가 정한다.

Ⅰ. 입법취지

주권상장법인 감사인 등록제는 주권상장법인의 외부감사는 감사품질 관리를 위하여 일정 요건을 갖추어 금융위원회에 등록한 회계법인만 할 수 있도록 하는 제도이다. 다수의 이해관계자가 존재하는 주권상장법인에 대해 일정한 요건을 충족한 회계법인만이 감사업무가 가능하도록 하는 제도이다.

구 외부감사법상 외부감사를 실시하는 감사인은 회계법인과 감사반으로 구분하고,[1] 유가증권시장 상장법인의 감사인은 회계법인으로 제한되어 있으나, 그 밖의 코스닥시장이나 코넥스시장 상장법인의 경우에는 감사반도 외부감사를 수행할 수 있었다. 또한 외부감사법 적용대상회사의 감사인은 자본금·인력 등 형식적 요건만 충족되면 금융위원회에 등록할 수 있고, 이와 같이 금융위원회에 등록한 회계법인은 감사품질 및 손해배상능력 등과 상관없이 모두 상장회사 및 비상장 지정대상 회사에 대하여 외부감사를 수행할 수 있었다.

주요 선진국의 경우 회계법인의 등록의무 및 품질관리시스템 구축·운영의무를 법제화하고 있으나, 우리나라의 경우 감사인의 실질적 감사품질과는 무관하게 금융위원회에 등록된 감사인은 상장법인 및 금융회사에 대한 감사를 제한 없이 할 수 있기 때문에 부실감사로 인해 다수 이해관계자의 피해 우려가 크고, 부실감사 발생시 손해배상능력이 없는 감사인이 많으므로 선의의 이해관계자의 보호가 미흡하다는 지적이 지속적으로 제기되어 왔다.[2] 특히 주권상장법인의 경우 불특정 다수의 이해관계자가

1) 과거 감사인의 유형은 회계법인, 합동회계사무소 및 감사반으로 구분되어 있었으나, 1997년 말 합동회계사무소 유형이 폐지되어 현재는 회계법인과 감사반 형태로 이원화 되어 있다.

2) 이상복, "개정 외부감사법상 감사인책임 관련제도의 주요내용과 과제", 「법과 기업 연구」 제8권 제1호(서강대학교, 2018), 135면.

존재하여 분식회계 발생시 국민경제에 대한 파급효과가 매우 크므로 상장법인을 감사하는 감사인에게는 보다 높은 수준의 감사품질이 요구되며 이로써 보다 높은 품질의 회계정보를 제공해야 할 필요성이 크다. 상장법인의 재무제표가 공시되기 전에 사전적인 품질관리감독을 통하여 감사인이 보다 높은 품질의 감사서비스를 제공할 수 있다면 재무제표 왜곡으로 인한 투자자의 피해를 최소화할 수 있기 때문이다.

한편 외부감사서비스의 구매자(기업)와 이용자(투자자 및 이해관계자, 감독기관 등 정보이용자)가 상이함에 따라 구매자인 기업 입장에서는 외부감사의 품질보다는 비용을 우선 고려하는 경향이 있었고, 이로 인해 회계법인간 가격위주의 경쟁이 만연하고 영업을 우선시하는 관행[3]이 고착됨에 따라 상장사를 감사하는 회계법인에 높은 감사품질을 기대하기 어려운 지경에 처하였다.

현행법은 외부감사 시장의 경쟁력을 '영업'에서 '감사품질'로 전환하여 외부감사 품질을 제고하고자 충분한 인력·예산·그 밖의 물적 설비 및 감사품질관리 시스템 등을 갖추고 금융위원회에 등록한 회계법인만 주권상장법인의 감사인이 될 수 있도록 하고, 사후적으로 요건에 미달하는 회계법인은 주권상장법인 감사인 등록을 취소하려는 것으로서, 구법상의 회계법인 설립·등록제도보다 강화된 제도를 도입하여 상장법인 감사인의 감사품질 관리와 관련된 인프라의 구축·유지 노력을 유도하려는 것으로서 매우 바람직하다.[4]

사실 주권상장법인 감사인 등록제는 Enron 등 회계부정사건에 따른 주요 국가들의 감독강화 추세에 발맞추어 우리 감독당국도 2000년대부터 지속적으로 도입하고자 하였으나, 제도 도입에 대한 사회적 논란[5] 등에 따라 도입이 지체되다가 2015년

3) 감사품질을 저해하는 회계업계의 관행으로는 ① 감사업무는 회계사 1인당 매출액이 가장 낮은 분야이기 때문에 감사업무 담당이사들은 감사품질보다는 부가업무 창출이나 신규 거래처 발굴을 중시하거나, ② 감사업무는 타 업무에 비해 업무 강도가 매우 높음에도 보상은 별반 차이가 없을 뿐 아니라 상여금은 오히려 낮게 책정되거나, ③ 중소형 회계법인들은 법인의 규모 확대를 위해 감사품질관리에 대한 고려 없이 독립채산제 형태로 분사무소를 남설하는 등의 경향을 들 수 있다.

4) 감사인 선임제도 개선 등 회계투명성 제고방안 도입에 대한 국회 정무위원회 검토보고서(2017. 9), 20면; 이상복, 앞의 논문, 136면.

5) 주권상장법인 대부분이 12월 결산법인인 상황에서 감사인 등록제가 도입될 경우 일부 등록된 회계 법인에만 감사업무가 한꺼번에 집중됨으로써 업무과부하로 인해 오히려 감사품질을 저하시키는 원인이 될 수 있으며, 또 회계감사를 하려면 공인회계사 자격시험에 합격해 2년의 수습 등을 통해 감사인 자격을 갖추면 되지 감사인 자격 외에 또 다른 자격을 갖춰야 회계감사를 할 수 있도록 하는 것은 헌법의 직업선택의 자유와 공인회계사법에 규정된 공인회계사와 회계법인의 권리를 침해할 소지가 크다는 것이 감사인 등록제를 반대하는 측의 입장이다(고영일, "감사인 등록제 유

의 이른바 대우조선해양 회계분식 사건을 계기로 제도 도입에 급물살을 타게 되었는바, 감독당국은 2016. 12. 30.「회계 투명성·신뢰성 제고방안」을 통해 주권상장법인 감사인 등록제를 마련하고 감사인 지정제도 운영시에도 등록된 감사인만 지정을 받을 수 있도록 제한하겠다는 입장을 발표하였고, 이는 김종석 의원이 2017. 5. 1. 발의한 외부감사법 개정안에 반영되어 의원입법 형태로 개정되었다.

II. 현황 및 기대 효과

1. 구법상 감사인 자격 관련 제도 및 문제점

가. 제도 현황

전술한 바와 같이 구 외부감사법에 따르면 회계법인은 자본금이 5억 원 이상일 것, 이사와 직원 중 10인 이상이 공인회계사일 것 등 형식적 요건이 충족되면 금융위원회에 등록할 수 있으며(공인회계사법 제24조), 이와 같이 금융위원회에 등록한 회계법인은 감사품질 및 손해배상능력 등과 상관없이 모두 상장회사 및 비상장 지정대상회사에 대하여 외부감사를 수행할 수 있었다(구 외부감사법 제3조 제1항). 또한 외부감사를 수행하는 감사인을 회계법인과 감사반으로 구분하고 유가증권시장상장법인의 감사인은 회계법인으로 제한하였으나, 유가증권시장상장법인 이외에 코스닥시장이나 코넥스시장 상장법인의 경우 감사반도 이에 대한 외부감사를 수행할 수 있었다.[6]

한편, 금융위원회에 등록된 감사인의 감사에 중대한 착오 또는 누락이 있는 경우 등 일정한 사유가 발생하면 금융위원회는 그 등록을 취소하거나 업무의 전부 또는 일부의 정지를 명할 수 있고(공인회계사법 제39조 제1항), 증권선물위원회는 감사업무의 품질향상을 위한 감사인의 업무 설계 및 운영에 관한 감리업무(품질관리감리업무)를 수행하고 그 감리결과 필요한 경우 당해 감사인에게 1년 이내의 기한을 정하여 품질관

감", 「지방재정과 지방세」 통권 제44호, 276~279면).

6) 구 외부감사법 제3조 제2항은 금융위원회가 감사인의 형태와 그에 소속된 공인회계사의 수 등을 고려하여 감사인이 감사할 수 있는 회사의 규모 등을 총리령으로 정하는 바에 따라 제한할 수 있다고 규정하였으나, 이 규정의 위임을 받아 총리령에서 따로 정하고 있는 사항은 없다.

리제도 또는 그 운영의 개선을 권고할 수 있으나, 개선권고사항은 공표하지 아니한다(구 외부감사법 제15조 제1항, 동법 시행령 제8조 제3항, 구 외감규정 제52조 제2항).

나. 문제점

(1) 부적격 감사인에 의한 부실감사 우려

외부감사를 수행하는 회계법인은 전사적인 감사품질 관리제도[7]의 구축·운영을 통해 소속공인회계사 및 감사절차 등에 대한 관리를 철저히 하여 감사품질 수준을 높여야 한다. 그러나 공인회계사법에 따른 금융위원회 등록의 경우 회계법인의 품질관리제도 구축 정도, 손해배상능력 등 질적·내용적 요소를 도외시한 채 자본금, 인력 등 양적·형식적 요소 위주로 등록요건으로 하고 있어 품질관리 시스템이 미흡한 부적격한 회계법인의 부실감사로 인해 투자자 피해를 야기할 우려가 컸다.

특히 앞에서 본 바와 같이 외부감사서비스의 구매자(기업)와 이용자(투자자 및 이해관계자, 감독기관 등 정보이용자)가 상이함에 따라 구매자인 기업 입장에서는 외부감사의 품질보다는 비용을 우선 고려하는 경향이 있었고, 이로 인해 회계법인 간 가격위주의 경쟁이 만연하고 영업을 우선시하는 관행이 고착됨에 따라 상장사를 감사하는 회계법인에 높은 감사품질을 기대하기 어려운 지경에 처하였으며, 부적격 회계법인의 저가수임에 따른 부실감사로 인한 투자자 피해가 발생함에 따라 주권상장법인의 외부감사 전반에 대한 신뢰성을 저하시키는 결과를 초래하였다.

(2) 주권상장법인 감사인에 대한 차별화된 감독 곤란

독립적인 회계전문가가 기업재무정보를 감사하도록 함으로써 공시정보 왜곡에 의한 투자자 피해 등 경영자와 외부이해관계자 간 정보불균형에 따른 문제를 해소하는 것이 외부감사의 중요한 목적임을 감안할 때, 주권상장법인은 다수의 이해관계자

---

7) 현행 품질관리기준에서는 감사업무의 품질보장을 위하여 감사인이 갖추어야 할 감사품질 관리제도의 주요절차를 6대 요소로 구분하여 규정하고 있는데, 6대 요소는 ① 품질보장을 위한 경영진의 운영책임(경영진이 궁극적인 책임을 지고 감사업무의 품질유지가 보장되도록 감사인 조직의 정책과 절차를 시행), ② 윤리적 요구사항(조직과 구성원들의 독립성 유지 등 제반 법규를 준수하도록 정책과 절차를 시행), ③ 업무의 수임과 유지(적정하게 수행할 수 있는 업무를 수임하고 유지하도록 정책과 절차를 시행), ④ 업무의 수행(전문적 기준과 법규를 준수하여 업무를 수행하고 그에 따라 적정한 감사보고서가 발행될 수 있도록 정책과 절차를 시행), ⑤ 모니터링(품질관리정책과 절차의 준수 여부를 지속적으로 검토하고 평가), ⑥ 인적자원(업무를 수행하는데 필요한 역량과 적격성을 갖춘 구성원을 충분히 보유하고 그 구성원이 적정하게 업무를 수행할 수 있도록 정책과 절차를 시행)으로 구분된다.

가 존재하고 감사실패시 자본시장 전체의 신뢰성에 영향을 미치는 등 감독상 중요성이 크므로 주권상장법인 감사인에 대하여 차별화되고 강화된 감독을 실시하는 것은 불가피하다. 그러나 구법에서는 주권상장법인에 대해 높은 감사품질 관리제도를 보유한 외부감사인이 선정되도록 하는 제도적 장치가 미흡함에 따라 주권상장법인과 비상장법인 감사인 간 차별화된 감독이 곤란한 측면이 있었다.

(3) 감사품질 제고 유인 및 국제적 정합성 미흡

과거 증권선물위원회의 품질관리감리 결과 일부 중소형 회계법인의 경우 상장법인의 감사인임에도 불구하고 대형 회계법인에 비해 품질관리제도의 구축·운영이 크게 미흡하고 개별감사업무의 감사절차도 크게 소홀히 한 사례가 다수 발견되었고, 특히 상당수 법인이 팀별 독립채산제[8] 형태로 운영되고 있는 등 법인 차원의 일관된 감사품질 관리제도가 정착되지 않고 있었다. 이와 같이 주권상장법인을 감사하는 상당수의 중소형 회계법인의 감사품질 관리가 미흡함에도 차별화된 적격성제도의 미비로 인하여 감사품질관리가 크게 취약한 감사인의 감사품질 관리 수준을 조속히 제고하는 것이 곤란하였다. 또한 중소형 회계법인 그룹 내에서도 법인별로 감사품질 관리제도의 구축·운영 상황에 상당한 차이가 있음에도 불구하고 감사품질 관리가 우수한 회계법인에 대한 별다른 혜택이나 인센티브 등이 존재하지 않아 감사품질 제고를 유인하기 어려웠다.[9]

한편, 후술하는 바와 같이 미국·영국·EU 등 주요 국가가 주권상장법인 감사인에 대한 등록 등 적격성제도를 마련하고 있다는 점에서 회계감독제도의 국제적 정합성도 미흡한 실정이었다.[10]

---

8) 독립채산제법인은 인사, 보상, 자금 등이 개별 감사팀별로 이루어지고 있어 법인 차원의 품질관리제도를 개별 감사팀에게 강제할 수단이 없고, 팀별 업무수행 현황을 법인 차원에서 관리·통제할 수 없어 제대로 된 품질관리제도의 구축·운영이 매우 어렵다.

9) 감사보수 경쟁 위주의 감사시장에서는 회계법인의 감사품질 향상과 영업실적의 인과관계가 크지 않으므로 제도적 혜택 등이 수반되지 않는 한 우수한 품질관리 구축 유인이 낮을 수밖에 없다.

10) 미국, 영국, EU, 일본 등 주요 국가들은 사후적인 감독보다는 사전적인 감독에 중점을 두고 감사인에 대한 감독을 수행하고 있으며, 특히 이해관계자가 많은 상장기업을 감사하는 회계법인은 감독기관에 등록하도록 하고 등록회계법인에게 품질관리시스템을 구축하여 운영할 의무를 부여하고, 감독기관의 품질관리감리 및 품질관리감리 결과에 따른 사후관리를 할 수 있는 권한을 법제화하고 있다[김문철·전영순,최진영, "외부감사인에 대한 품질관리감리제도의 문제점 및 개선방안", 「회계저널」 제20권 제3호(2011. 6), 70면].

(4) 감독상 한계

외부감사를 수행하는 회계법인의 경우 자본금, 인력 등 양적 요소만 설립요건으로 규정되어 있는 관계로 회계법인의 품질관리제도 구축 정도, 손해배상능력 등 질적 요소에 대한 감독은 사실상 불가능하였다. 또한 구법상 회계감독은 감사보고서 발행 후 사후적발 위주로 진행되었고 이에 따라 부실감사를 사전에 예방하기에는 한계가 존재하였다.

또한, 조치를 받더라도 별다른 불이익이 수반되지 않는 개선권고[11] 위주의 품질관리감리제도의 제도적 한계상 회계법인이 실효성 있는 품질관리제도를 구축할 유인이 턱없이 부족하였고, 감사인 등록제가 동반되지 않는 품질관리제도만으로는 회계법인의 품질관리의무에 대한 법적 근거가 미흡하여 불완전한 감독에 그칠 수밖에 없었다.

2. 제도 도입에 따른 기대 효과

가. 감사인의 품질관리제도 구축에 따른 감사품질 제고

기존에 상장법인을 감사하는 전체 회계법인[12]에 대하여 일괄등록을 실시함으로써 주권상장법인 감사인의 감사품질 관리제도 구축을 조기에 유도할 수 있으며, 등록신청에 대한 심사결과 요건을 충족하지 못하는 회계법인에 대한 등록거부제도를 통하여 품질관리제도 구축이 크게 미흡한 감사인의 주권상장법인 감사를 차단함으로써 감사품질 제고에 기여할 것으로 보인다. 즉 감사품질에 영향을 주는 필수적이고 중요한 요건을 충족한 감사인만이 주권상장법인에 대한 감사를 하도록 하는 강화된 등록제에 따라 최초 진입장벽을 높임으로써 손해배상능력이 부족하고 품질관리수준이 취약한 회계법인이 주권상장법인을 감사함에 따라 발생하는 위험을 미연에 방지하고 회계법인의 전반적인 품질관리수준 개선효과를 거둘 수 있을 것으로 예상된다. 특히 감사실

11) 품질관리감리 결과 회계법인의 품질관리시스템 및 그 운영상 미비점이나 취약점이 발견되어 개선권고를 하더라도 그 이행을 강제할 수 있는 법적 근거가 없어 품질관리감리제도의 목적을 달성하기가 어려웠다(김문철·전영순·최진영, 앞의 논문, 71면).

12) 2018년 4월 말 현재 주권상장법인과 감사계약을 체결한 회계법인은 117개로서, 그 중 감사계약 체결 대상 상장법인의 수를 기준으로 1~3개인 회계법인이 51개사, 4~9개인 회계법인이 35개사, 10개 이상인 회계법인이 31개사로 파악되고 있다(금융감독원 집계자료). 3개 이하의 상장법인과 감사계약을 체결한 회계법인이 51개사에 이르는 점을 감안할 때 등록신청을 포기하는 감사인도 다수 존재할 것으로 예상된다.

패시 다수 이해관계자의 피해는 물론 자본시장 전체의 신뢰성에 타격을 주게 되는 주권상장법인의 감사인에 대하여 차별화된 감독을 실시할 수 있게 됨으로써 국내 자본시장의 한 단계 도약에 디딤돌 역할을 할 것으로 예상된다.

나. 회계감사 시장구조 재편

주권상장법인 감사인 등록제가 도입되면 당장 혼자서는 품질관리시스템을 갖추기 힘들면서도 코스닥·코넥스 상장법인에 대한 감사를 수행하고 있던 감사반 및 중소형 회계법인의 업무영역이 좁아지게 되며, 상장법인 회계감사시장은 중대형 회계법인에 더욱 집중되는 등 감사인 간 양극화 현상이 나타나게 될 것이다.[13]

특히 주권상장법인 감사인 등록제의 핵심적 요건이 인력요건 및 통합관리법인 요건임을 감안할 때, 팀별 독립채산제 형태로 운영됨에 따라 법인 차원의 일관된 감사품질 관리제도가 구축되지 않은 중소형 회계법인[14]의 경우 등록기준에 맞추기 위해 회계법인 간 인수합병 등을 통해 몸집불리기에 나서거나 아예 주권상장법인 감사업무를 포기하는 등 선택의 기로에 서게 될 것이며, 이로 인해 국내 회계감사 시장구조는 상당 부분 재편이 불가피할 것으로 예상된다.

다. 주권상장법인 감사인에 대한 사전적·실효적 감독

주권상장법인 감사인 등록제 도입으로 회계법인의 품질관리제도 구축 정도, 손해배상능력 등 질적 요소에 대한 감독이 가능하게 되었을 뿐 아니라 감사인 등록시 품질관리제도 구축 여부에 대한 점검이 가능해짐에 따라 감사인에 대한 사전적·예방적 감독이 가능하게 되었다.[15]

---

13) 이와 관련하여 주권상장법인 대부분이 12월 결산법인인 상황에서 감사인 등록제 도입으로 인해 일부 등록된 회계법인에만 감사업무가 한꺼번에 집중됨으로써 업무과부하로 인해 오히려 감사품질을 저하시키는 원인이 될 수 있다는 견해도 있다(고영일, "감사인 등록제 유감", 「지방재정과 지방세」 통권 제44호, 276~277면).

14) 과거 품질관리감리 결과에 비추어 보면 대다수의 중소형 회계법인은 독립채산제로 운영되고 있어 법인 전체 차원의 일원화되고 체계적인 품질관리제도 구축·운용이 미흡한 반면, 통합관리법인 및 대형회계법인은 법인 전체 차원의 일원화된 품질관리시스템에 대한 경영진의 의지 및 해외 제휴 회계법인의 엄격한 품질관리 요구 등으로 인하여 품질관리제도의 구축·운용이 비교적 양호한 수준으로 파악되었다.

15) 사후적인 감리와 비교하여 회계법인의 품질관리감독은 사전적으로 감사품질을 제고하여 피감회사의 왜곡된 회계정보가 시장에 전달될 가능성을 낮추는 예방적 효과를 기대할 수 있으며, 특히 이해관계자가 많은 상장회사의 경우 그 재무제표 공시 전에 사전적인 품질관리감독을 통하여 감사인이 보다 높은 품질의 감사서비스를 제공할 수 있다면 재무제표 왜곡으로 인한 투자자의 피해를 최소화할 수 있으므로 품질관리감독의 예방적 효과는 더욱 중요하다

또한 등록요건을 유지하지 못하는 경우 감사인 등록을 취소하는 등 주권상장법인 감사인에 대한 퇴출의 법적 근거(법 제9조의2 제5항)가 생김에 따라 감사인의 품질관리제도 구축 및 운영에 대한 실효적이고 상시적인 감독이 가능하며, 감독당국의 감사보고서 감리 및 품질관리감리와 더불어 회계법인에 대한 비교적 완비된 감독 체계가 구축되었다.

라. 품질관리감리제도와 유기적 연계

품질관리감리제도는 원래 회계법인의 감사품질을 감독하기 위해 도입된 감사인 등록제의 일부로 운영되는 제도[16]임에도 구법에서는 감사인 등록제의 도입 없이 품질관리감리제도만 도입·운영함으로써 제도 본연의 기능이 발휘될 수 없는 구조적 한계를 지니고 있었다.

그러나 이제 주권상장법인 감사인 등록제가 도입됨으로써 종래 운영되어 왔던 품질관리감리제도와 서로 연계되어 작동할 수 있게 되었고, 이에 따라 그간 개선권고 등 강제성 없는 조치 중심으로 운영됨에 따라 실효성 논란이 있었던 품질관리감리 제도가 감사인의 품질관리수준을 향상하고 주권상장법인 감사인 등록제를 뒷받침하는 실질적 의의를 가지는 제도로 기능할 수 있게 되었다. 양 제도를 체계적이고 유기적으로 운영할 경우 우리나라의 회계 투명성 및 신뢰성 제고에 크게 기여할 수 있는 계기가 될 것이다.

Ⅲ. 외국제도 비교

2001년부터 시작된 Enron 등 회계부정사건을 계기로 미국, 영국, EU, 일본 등 주요 국가들은 감사인에 대한 감독을 자율규제에서 정부규제로 전환하였다. 이를 위하여 각국의 회계감독기구는 자국의 상장법인을 감사하는 회계법인은 감사인 등록과 함께 일정 수준 이상의 감사품질관리시스템을 구축하여 운영하도록 요구하고, 감독당국의 품질관리감리도 받도록 정하고 있다.[17]

(김문철·전영순·최진영, 앞의 논문, 70면).

16) 이상복, 앞의 논문, 135면.

17) 이상복, "개정 외부감사법상 감사인책임 관련제도의 주요내용과 과제", 「법과 기업 연구」 제8권 제1호(2018), 137면.

표 10 주권상장법인 감사인에 대한 감독제도 비교[18]

구분	미국	영국	EU	일본
상장법인 감사인 등록	PCAOB[19]에 등록	감사인 소속 회계사협회[20]에 등록	법정감사인은 회원국의 승인을 받아야 함	공인회계사협회에 등록
등록 취소권자	PCAOB	FRC(Financial Report Council) 및 회계사협회	각 회원국의 공적감독기관	공인회계사협회장
상장법인 감사인에 대한 품질관리감리 등 감독주체	PCAOB	FRC 산하 POB(Professional Oversight Board)	공적감독기관 (예산 등에 있어서 독립성 요건을 구비하여야 함)	CPAAOB (Certified Public Accountants and Auditing Oversight Board)의 감독에 따라 공인회계사 협회가 실시 (CPAAOB의 직접실시도 가능)
공적 감독기관의 품질관리감리 대상	상장회사의 감사인	상장기업 및 공익에 미치는 영향이 큰 법인을 감사하는 감사인	모든 법정감사인	모든 상장회사 감사인 포함
품질관리 미흡시 조치	관련법규 및 전문적 기준 위반시 조사 및 제재절차 진행 가능 (포괄적)	관련 법규 위반시 법정감사인 자격취소 및 기타 제재조치 가능 (포괄적)	회원국은 품질관리 감리결과를 매년 공표하여야 하며, 품질관리감리에 따른 개선권고가 이행되지 않는 경우 행정조치를 취할 수 있어야 함	품질관리제도가 중요하게 부적절한 경우 징계 가능 (미이행사항의 공표, 상장회사감사인 등록취소 등)

즉, 미국·영국·일본 등 주요 국가의 경우 모두 일정한 수준의 품질관리체제 구축을 요건으로 하여 감독기관에 등록된 회계법인에 한해 상장법인에 대한 외부감사를 허용하며, 그 밖에 공적 감독기관에 의한 품질관리감리 실시, 품질관리감리에 따른 조

18) 「유한회사에 대한 외부감사 도입 및 감사인 선임제도 개선 등에 대한 국회 정무위원회 검토보고서」(2017. 9), 53면.

19) SEC 등록법인의 감사보고서를 발행하는 회계법인을 감시·감독하기 위한 비영리기관으로서 Sarbanes-Oxley Act 2002 규정에 의거해 설립되었다.

20) FRC(Financial Report Council)가 회계사협회에 대한 감독권을 보유.

치부과 등 엄격한 적격성 감독제도를 운영하고 있다. 예컨대, 미국의 경우 상장기업회계감독위원회(Public Company Accounting Oversight Board, 이하 'PCAOB'라 한다)는 감사인 등록제를 도입하여 상장법인 및 증권거래위원회(Securities and Exchange Commission, 이하 'SEC'라 한다)에 등록된 증권거래인의 감사보고서를 발행하는 모든 회계법인을 등록시키되, 엄격한 등록승인기준을 운영하기보다는 등록된 회계법인에 대한 품질관리감독을 강화[21]하는 방식으로 운영 중[22]이며, 영국을 포함한 EU의 경우 상장법인 감사인을 포함한 법정감사인에 대한 등록제를 도입하고 있다.

Ⅳ. 주권상장법인 감사인 등록

1. 감사인 등록의무

주권상장법인의 감사인이 되려는 자는 금융위원회에 등록된 회계법인일 것, 금융위원회가 정하는 바에 따른 충분한 인력, 예산, 그 밖의 물적 설비를 갖출 것 및 감사품질 관리를 위한 사후 심리체계, 보상체계, 업무방법, 그 밖에 금융위원회가 정하는 요건을 갖출 것 등 법 제9조의2 제1항 제1호 내지 제3호의 요건을 모두 갖추어 금융위원회에 등록하여야 한다(법 제9조의2 제1항). 법 제9조는 주권상장법인 중 대통령령으로 정하는 법인은 회계법인이 아닌 감사인이 감사할 수 있는 것처럼 규정하고 있으나, 본조로 인하여 주권상장법인의 감사인은 「공인회계사법」 제24조에 따라 금융위원회에 등록된 회계법인일 것을 요한다. '주권상장법인'을 특별히 한정하지 않았으므로 본조에서 '주권상장법인'이란 「자본시장과 금융투자업에 관한 법률」에 따른 유가증권시장, 코스닥시장, 코넥스시장의 주권상장법인을 모두 포함하는 개념이다.

일반적으로 행정상 진입규제의 방식에는 허가제,[23] 인가제,[24] 등록제 및 신고제

---

21) 즉, 등록을 엄격하게 제한하는 방식이라기보다 등록된 회계법인에 대한 품질관리감독을 강화하는 방식으로 운영한다.

22) 「감사인 선임제도 개선 등 회계투명성 제고방안 도입에 대한 국회 정무위원회 검토보고서」(2017. 9), 19면.

23) 행정기관이 일정한 요건의 구비 여부를 심사한 후 법령에서 정한 일반적인 상대적 금지를 해제하여 상대방으로 하여금 특정한 사실행위 또는 법률행위를 적법하게 할 수 있도록 하는 행정행위로서, 실무상 규제가 없을 경우 공익을 심히 해칠 우려가 있는 경우에 이를 방지하기 위한 강력한 진입규제로서 작용한다.

24) 특정 법률관계 당사자의 행위를 보충하여 그 법률행위의 효력을 완성시키는 행정행위로서, 실무상 기본적으로 당사

등이 있으며, 통상 위 순서에 따라 그 규제의 강도가 정해진다. 원래 등록이란 법이 정한 일정한 사항을 공적장부에 기재함으로써 그 존부 또는 진위를 공적으로 표시 또는 증명하는 것을 말하며, 일정한 등록요건을 갖추면 등록이 허용되고 행정기관의 재량적 판단여지가 허가나 인가에 비해 상대적으로 적어 투명성이 높은 진입규제 방식으로서, 대표적으로 자본시장법상 금융투자업 중 투자자문업 및 투자일임업 등이 등록제로 운영되고 있다.

법 제9조의2 제1항에 따라 외감규정 별표 1에서 정하고 있는 감사인 등록요건의 경우 대체로 객관적 수치로 측정 가능한 정량적 요소가 주를 이루며 정성적 요소가 적은 관계로 행정기관의 재량적 판단여지가 적은 전형적인 등록제의 형태이며, 다만 최소한의 형식적인 요건만을 요구하는 것이 아니라 감사품질에 영향을 주는 필수적이고 중요한 다수의 요건을 요구하며 그 요건을 충족한 감사인만이 주권상장법인의 감사인이 될 수 있도록 함으로써 통상적인 등록제보다는 강화된 형태를 띠고 있다.[25)]

한편, 공인회계사법 제24조는 동법 제2조의 직무를 수행하고자 하는 회계법인은 자본금 5억 원 이상, 10명 이상의 공인회계사 등 형식적 요건을 갖추어 금융위원회에 등록하도록 정하고 있는바, 이 등록제도는 본조의 감사인 등록과는 구별되는 것으로서 감사업무를 포함한 세무, 감정, 증명 등 전체 공인회계사 직무의 영위를 위하여 그 설립시 등록의무를 규정한 것이므로 본조의 감사인 등록과는 별개의 제도로 유지·운영될 것으로 보인다.

2. 등록절차

주권상장법인의 감사인이 되려는 자가 금융위원회에 등록하기 위해서는 다음과 같은 절차에 따른다.

자의 자율에 맡기되 공익에 반하는 법률행위의 효과를 차단하는 것을 목적으로 하는 진입규제이다.

25) 물론 감독당국이 등록요건을 심사하거나 등록거부 또는 등록 취소를 하는 과정에서 사실상 허가제나 인가제에 가까운 형태로 운영될 가능성도 배제할 수는 없으나, 제도 도입 초기인 점 및 중소형 회계법인에 대한 형평성 등을 감안하여 등록제 본연의 취지에 부합하도록 운영하는 것이 제도의 원활한 정착에 도움이 될 것으로 보인다.

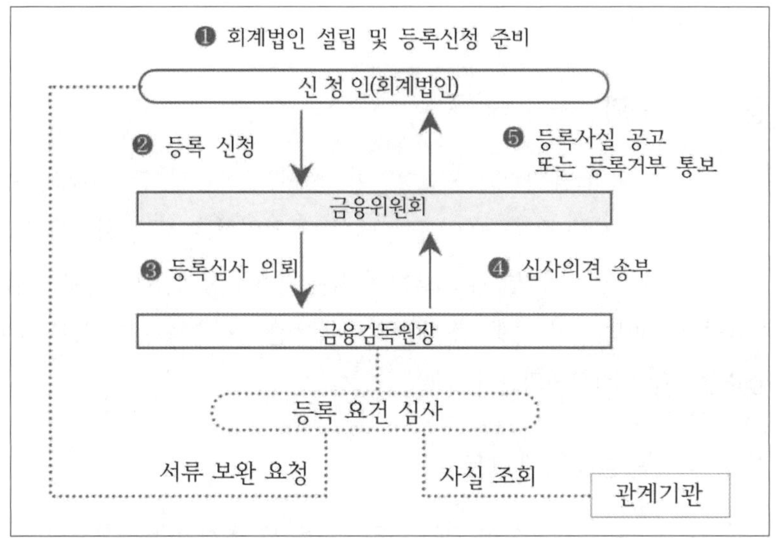

가. 등록신청 준비

상장법인 감사인 등록을 신청하고자 하는 경우 신청인이 법에서 정하고 있는 등록요건을 갖추었는지 확인하고 등록신청서 및 첨부서류 등을 준비한다.

나. 등록신청서 제출[26)]

금융위원회 등록을 위해서는 신청인이 등록신청서를 금융위원회에 제출하여야 하고(법 시행령 제11조 제1항), 이때 금융감독원장에게 함께 제출할 수도 있다(외감규정 시행세칙 제4조 제2항). 즉, 등록요건을 갖추고 서류작업이 완료되면 등록신청서 및 첨부서류를 신청공문과 함께 금융위원회 또는 금융위원회 및 금융감독원장에 제출하면 된다. 등록신청서에 기재 또는 첨부하여야 할 사항은 ① 신청인 및 소속 임직원의 현황, ② 법 제9조의2 제1항 각 호의 등록요건에 관한 사항, ③ 위 기재내용을 입증(증명)하는 데 필요한 서류이며, 등록신청서 작성에 필요한 서식은 금융감독원장[27)]이 정하는바(외감규정 제8조 제3항·제4항), 구체적인 등록신청서는 외감규정 시행세칙 별지

26) 주권상장법인 감사인 등록제에 관한 제9조의2의 개정규정은 법 시행일(2018. 11. 1)부터 1년이 경과한 날 이후 시작되는 사업연도부터 적용하되, 주권상장법인 감사인 등록 신청은 제9조의2의 개정규정 적용시점으로부터 6개월 전부터 할 수 있다(법 부칙 제5조).

27) 등록신청서 및 첨부서류의 양식 및 작성요령 등은 금융감독원이 마련한 「상장법인 감사인 등록 매뉴얼」에 자세히 소개되어 있다.

제8호 서식에 따른다.

다. 등록심사 의뢰

등록신청을 접수한 금융위원회는 신청인이 법 제9조의2 제1항 각 호의 요건(등록요건)을 모두 갖추었는지를 심사하여야 하는데, 금융위원회는 「금융위원회의 설치 등에 관한 법률」 제71조에 따라 법 제9조의2에 따른 등록심사에 관한 업무를 금융감독원장에게 위탁하므로(법 시행령 제44조 제1항) 등록요건 충족, 등록거부사유 등에 대한 심사를 금융감독원에 심사의뢰한다.

라. 등록심사 및 심사의견 송부

금융감독원장은 등록요건 충족 여부를 제출서류 및 관계기관 사실조회 등을 통해 확인하고, 심사에 필요한 범위 내에서 신청인에게 자료를 요구할 수 있다(외감규정 제8조 제5항). 금융감독원장은 등록신청서에 흠결이 있으면 신청인에게 보완을 요구할 수 있다(법 시행령 제11조 제2항 후문). 신청인이 등록요건을 충족하는지는 신청인의 직전 사업연도 개시일부터 등록신청일까지의 실적을 고려하여 판단함이 원칙이나(외감규정 제8조 제6항), 법 제9조의2가 최초로 시행되기 전에 시행령 제11조 제1항에 따라 등록신청서를 제출한 회계법인을 심사하는 경우에는 위 규정에도 불구하고 전부개정된 외감규정 시행일 이전의 실적은 고려하지 아니할 수 있다(외감규정 부칙 제9조).

금융감독원장은 등록심사시 서면심사를 원칙으로 하되, 필요한 경우에는 신청인이 등록요건을 갖추었는지를 확인하기 위해 현장조사[28]를 할 수 있는데(법 시행령 제11조 제2항 후문), 현장조사는 신청인이 동의한 경우에 신청인이 동의한 범위 내에서 실시할 수 있고, 동의 의사를 문서로 제출하는 데 걸리는 기간은 등록심사기간에 산입되지 않으며(외감규정 제8조 제8항·제9항 제3호), 동의 의사를 표현하지 않은 기간의 정도, 중요성 등에 따라 등록신청이 거부될 수도 있을 것으로 보인다(외감규정 시행세칙 별지 제10호 서식 현장조사통보서 기재내용 참조).

금융감독원장은 현장조사를 하기 전에 조사의 목적, 조사기간과 장소, 조사원의

28) 전부개정된 외부감사법령의 특징 중 하나는 감독당국에 현장조사 권한을 부여한 것인바, 금융감독원장은 주권상장법인 감사인 등록제와 관련한 등록요건 구비 여부를 확인하기 위해 현장조사를 할 수 있으며(법 시행령 제11조 제2항 후문), 증권선물위원회는 법 제29조 제5항에 따라 감사인으로부터 개선권고사항 이행계획 및 실적 등을 문서로 제출받고 필요한 경우 현장조사를 할 수 있다(법 시행령 제34조 제1항).

성명과 직위, 조사범위와 내용, 조사시 요구할 자료 등의 사항이 기재된 문서(현장조사통보서)를 신청인에 발송하여야 하며(외감규정 제8조 제7항), 금융감독원 직원임을 표시하는 증표를 휴대하고 관계자에게 제시한다(외감규정 시행세칙 제5조 제1항).

마. 등록사실 공고 또는 등록거부 통보

금융감독원의 등록심사담당부서장은 등록심사를 종료한 때에는 지체없이 등록심사결과보고서를 작성하여 금융감독원장에게 보고하여야 하고, 이를 보고받은 금융감독원장은 금융위원회에 등록심사결과보고서를 통보하여야 한다(외감규정 시행세칙 제5조 제3항·제4항).

금융위원회는 금융감독원의 등록심사결과를 토대로 등록신청서 접수일로부터 4개월 이내에 등록 여부를 결정한다(법 시행령 제11조 제2항). 이 경우 심사기간을 산정함에 있어서 등록신청서 흠결의 보완기간 등 금융위원회가 정하는 기간[29]은 심사기간에 산입하지 아니한다(법 시행령 제11조 제3항).

금융위원회는 등록 여부에 대해 결정한 내용과 그 이유를 지체없이 신청인에게 문서로 통지하여야 하고(법 시행령 제11조 제2항 전문), 주권상장법인 감사인 등록을 결정한 경우 등록결정한 내용을 관보 및 인터넷 홈페이지 등에 공고하여야 한다(법 제9조의2 제3항).

---

29) 외감규정 제8조(주권상장법인 감사인의 등록요건 등) ⑨ 영 제11조 제3항에서 "등록신청서 흠결의 보완기간 등 금융위원회가 정하는 기간"이란 다음 각 호의 어느 하나에 해당하는 기간을 말한다.

1. 금융감독원장이 신청인에 등록신청서에 있는 흠결(심사결과에 영향을 미칠 수 있는 오류 또는 누락을 말한다. 이하 이 항에서 같다)을 보완할 것을 신청인에 요구한 날부터 신청인이 금융감독원장의 요구에 따라 그 흠결을 보완한 결과를 금융감독원장에게 제출하는 날까지의 기간
2. 금융감독원장이 신청인에 자료를 요구한 날부터 신청인이 그 자료를 금융감독원장에게 제출하는 날까지의 기간
3. 금융감독원장이 신청인에 현장조사를 요구한 날부터 신청인이 그 요구에 동의한다는 의사를 금융감독원장에게 문서로 제출하는 날까지의 기간
4. 신청인의 대표이사 또는 품질관리업무 담당이사(감사인의 대표자가 법 제17조 제3항에 따라 지정한 이사를 말한다. 이하 같다)가 형사소송의 당사자인 경우에 그 소송 절차가 끝날 때까지의 기간. 다만, 해당 소송이 등록에 중대한 영향을 미칠 수 있는 경우에 한정한다.
5. 신청인이 법 제9조의2 제1항 각 호의 요건을 충족하는지 확인하기 위하여 금융감독원장이 한국공인회계사회 또는 관계 기관 등에 심사에 필요한 자료를 요청한 날부터 해당 기관이 자료를 금융감독원장에게 제출한 날까지의 기간
6. 금융위원회 위원장이 금융감독원장으로부터 심사결과를 접수한 날부터 금융위원회가 등록을 의결하는 날까지의 기간

금융위원회에 등록된 회계법인만이 주권상장법인의 감사인이 될 수 있고, 금융위원회의 등록거부는 등록거부되는 회계법인의 실체상 권리관계에 변동을 가져오는 구체적 사실에 관한 법집행으로서 공권력의 행사 또는 이에 준하는 행정작용이며, 신청인은 외부감사법 등에 따라 법규상 신청권을 가지는바, 신청인의 등록신청에 대한 금융위원회의 등록거부 통보는 항고소송의 대상이 되는 처분[30]에 해당되므로 등록거부 통보를 받은 신청인으로서는 등록거부에 대해 항고소송 등으로 불복할 수 있을 것이다.

금융감독원장은 금융위원회에서 최종 등록결정한 사실이 확인된 경우에는 지체없이 등록심사 시작일과 금융위원회에 심사결과 통보일, 자료제출 요구 등 심사기간 산정에 필요한 사항, 등록심사결과, 금융위원회가 신청인에게 통보한 등록결정 내용과 통보일, 등록취소 및 거부에 관한 사항을 기재하여 등록심사 처리 및 등록에 관한 사항을 주권상장법인 감사인 등록관리부로 관리한다(외감규정 시행세칙 제6조).

3. 감사인 등록요건[31]

주권상장법인 감사인 등록을 위해서는 ①「공인회계사법」 제24조에 따라 금융위원회에 등록된 회계법인일 것, ② 감사품질 확보를 위하여 금융위원회가 정하는 바에 따른 충분한 인력, 예산, 그 밖의 물적 설비를 갖출 것, ③ 감사품질 관리를 위한 사후

30) 국민의 적극적 신청행위에 대하여 행정청이 그 신청에 따른 행위를 하지 않겠다고 거부한 행위가 항고소송의 대상이 되는 행정처분에 해당하는 것이라고 하려면, 그 신청한 행위가 공권력의 행사 또는 이에 준하는 행정작용이어야 하고, 그 거부행위가 신청인의 법률관계에 어떤 변동을 일으키는 것이어야 하며, 그 국민에게 그 행위발동을 요구할 법규상 또는 조리상의 신청권이 있어야 한다(대법원 1998. 7. 10. 선고 96누14036 판결; 대법원 2007. 10. 11. 선고 2007두1316 판결 등). 그리고 거부처분의 처분성을 인정하기 위한 전제요건이 되는 신청권의 존부는 구체적 사건에서 신청인이 누구인가를 고려하지 않고 관계 법규의 해석에 의하여 일반 국민에게 그러한 신청권을 인정하고 있는가를 살펴 추상적으로 결정되는 것이고, 신청인이 그 신청에 따른 단순한 응답을 받을 권리를 넘어서 신청의 인용이라는 만족적 결과를 얻을 권리를 의미하는 것은 아니라고 할 것이므로, 국민이 어떤 신청을 한 경우에 그 신청의 근거가 된 조항의 해석상 행정발동에 대한 개인의 신청권을 인정하고 있다고 보이면 그 거부행위는 항고소송의 대상이 되는 처분으로 보아야 할 것이고, 구체적으로 그 신청이 인용될 수 있는가 하는 점은 본안에서 판단하여야 할 사항이다(대법원 1996. 6. 11. 선고 95누12460 판결; 대법원 2009. 9. 10. 선고 2007두20638 판결 등).

31) 미국의 경우 엄격한 등록승인기준을 운영하기보다는 등록된 회계법인에 대한 품질관리감독을 강화하는 방식으로 운영 중이며, 등록을 거부한 경우 홈페이지를 통해 외부에 공개하고 있는바, PCAOB에 등록하지 않고 상장법인에 대한 감사보고서를 발행한 후 사후적으로 등록을 신청한 경우가 대부분의 등록거부 사유이며, 그 밖에 등록시 필요한 정보의 미기재, PCAOB의 추가적인 정보 제공 또는 확인 요청에 대한 불응 등으로 등록거부된 경우도 존재한다.

심리체계, 보상체계, 업무방법, 그 밖에 금융위원회가 정하는 요건을 갖출 것을 요하며(법 제9조의2 제1항), 위 ② 및 ③ 요건은 외감규정 별표 1[32]에서 정하고 있는바, 아래에서 자세히 기술한다. 주권상장법인의 감사인이 되려는 자는 위 요건을 정관 또는 내규로 정하도록 하고 있다(외감규정 제8조 제2항).

외감규정 별표 1에서 정하는 감사인 등록요건은 주권상장법인 감사에 필요한 충분한 인력·예산·물적설비 요건과 현행 품질관리기준 중 감사품질에 중요한 영향을 주는 사항을 중심으로 도출된 것으로서, 일정 규모 이상의 통합관리법인,[33] 품질관리부서의 권한 강화[34] 및 감사품질제고를 위한 보상체계[35]를 핵심적 요소로 하고 있다.[36]

가. 인력

(1) 공인회계사 및 품질관리업무[37] 담당자의 수

회계제도 개혁에 따라 도입된 주기적 감사인 지정제, 핵심감사제, 내부회계관리제도 감사 등은 감사인에 높은 전문성을 요구하며, 부실감사에 대한 손해배상 시효가 연장(3년→8년)되고 부실감사에 대한 과징금이 강화되는 등 투자자 등에 대한 회계법인의 책임도 강화되고 있는 추세 및 과거 품질관리감리 결과 등록 공인회계사 수가 많을수록 회계법인의 품질관리 수준이 높았던 점 등을 감안할 때 회계법인의 대형화·조직화가 긴절한 상황이었다.

이에 외감규정은 회계법인의 경우 상시적으로 근무하는 법 제9조 제4항에 따른 공인회계사[38]를 40명[39] 이상으로 유지하도록 하되, 다만 지방회계법인(주사무소의

32) 2018. 11. 1. 전부개정된 외감규정에서는 규정개정예고시와는 달리 별표 1이 삭제되었다가, 2019. 1. 30. 금융위원회가 의결한 외감규정 개정안에서 비로소 별표 1이 신설되었다.

33) 일관된 품질관리제도를 법인 전체수준에서 일관되게 시행하기 위해서는 일정규모(공인회계사 40명 이상 유지 등) 이상의 법인을 통합하여 관리하는 운영체계.

34) 품질관리제도의 안정적인 운영을 위해 회계법인 내 품질관리책임자 및 품질관리부서의 권한 및 위상 제고.

35) 이사의 성과평가시 품질관리요소를 최대한 반영하고 감사업무투입인력에 대해 감사보수, 감사위험, 감사업무수행시간 등에 비례하여 충분히 보상하는 공정한 보상체계.

36) 제도 도입으로 인하여 회계법인의 기존 감사고객 및 향후 업무기회 상실 등 회계법인 및 감사시장에 미치는 영향이 매우 크므로 등록요건 및 심사기준에 있어서는 엄격한 객관성 및 합리성이 담보될 필요성이 제기된다.

37) 법 제17조에 따른 품질관리기준에서 정의하는 품질관리시스템의 설계·구축·운용과 관련된 업무를 말한다.

38) 공인회계사법에 따라 금융위원회에 등록한 공인회계사 중 법 제9조 제4항에 따라 2년 이상의 실무수습을 이수한 공인회계사를 말한다.

39) 2018년 4. 말 현재 주권상장법인과 감사계약을 체결한 회계법인(117개사) 중 등록공인회계사 수가 40인 이상인

소재지가 수도권정비계획법 제2조 제1호에 따른 수도권이 아닌 회계법인)은 공인회계사를 20명 이상으로 유지할 수 있도록 규정하였다. 당초 규정개정 예고시(2018. 8. 3.)에는 주사무소主事務所[40] 기준으로 40명 이상일 것을 요건으로 하였으나, 규정개정 과정에서 주사무소 기준이 삭제[41]되고 지방회계법인에 대한 요건이 20명으로 완화[42]되었다.

한편, 품질관리업무를 담당하는 사람(품질관리업무 담당이사는 제외하며, 이하 "품질관리업무 담당자"라 한다)은 경력기간이 5년 이상인 사람으로서, 품질관리업무 담당자의 수는 아래와 같다. 다만, 공인회계사가 20명 이상 40명 미만인 지방회계법인은 품질관리업무 담당자를 1명 이상 두어야 한다.

[외감규정 별표 1] 품질관리업무 담당자의 수 산정기준

공인회계사 수	40명~70명	71명~100명	101명~300명	301명 이상
품질관리업무 담당자의 수	1명 이상	2명 이상	2명에 100명을 초과한 인원의 2%를 합한 수 이상(소수점 이하는 절사)	6명에 300명을 초과한 인원의 1%를 합한 수 이상(소수점 이하는 절사)

(2) 대표이사 및 품질관리업무 담당이사의 요건

대표이사(감사보고서에 서명을 하는 대표이사에 한정한다. 이하 같다) 및 품질관리업무 담당이사(감사인의 대표자가 법 제17조 제3항에 따라 감사업무 설계 및 운영에 대한 책임을 지도록 지정한 담당이사 1명을 말함. 이하 동일함)의 경력기간은 각각 10년 및 7년 이상

회계법인은 34개(29.1%)에 불과하여 동 요건을 충족하기 위해 회계법인 간 합병 등에 따른 시장구조 재편이 불가피할 것으로 보인다.

40) 회계법인들이 감사품질관리에 대한 고려 없이 단순히 인적요건(40명 이상)을 충족하기 위해 회계법인들의 단순 연합체 형태로 분사무소를 남설하는 행태를 방지하기 위해 주사무소 기준으로 인력규모 기준이 설정되었던 것으로 보인다.

41) 주사무소 기준을 삭제하는 대신 분사무소 소속 공인회계사가 감사업무를 수행한 회사의 감사보고서는 모두 사전심리할 것이 요건으로 추가되었다[(별표 1) 3. 심리체계 중 다.5)].

42) 지방회계법인의 경우 분사무소를 포함하여 회계사 수가 40명 이상인 지방회계법인은 1개소에 불과하고 대부분 소속 공인회계사가 20명 이하이며, 회계법인이 대부분 서울에 소재(2019. 1. 현재 175개 중 145개)하고 있어 지방회계법인의 합병이 어려운 측면과 지방 소재 상장사가 같은 지역 회계법인으로부터 감사받을 수 있는 기회가 차단되는 등 외부감사인 선택권이 지나치게 제한될 수 있는 측면 등을 감안한 것이다.

일 것을 요한다. 여기서 경력기간은 법 제9조 제4항에 따른 실무수습 등을 이수한 이후에 「공인회계사법 시행령」 제12조 제1항 각 호의 어느 하나에 해당하는 기관에서 회계처리 또는 외부감사 업무를 수행한 기간을 말한다.

당초 규정개정 예고시(2018. 8. 3.)에는 법령에 따라 벌금 이상의 형을 선고받거나 등록취소 또는 직무정지를 받는 등 일정한 경우에는 일정한 기간을 경과할 것을 요건으로 규정하였으나 규정개정 과정에서 동 요건이 삭제되었고, 이에 따라 위 경력기간 요건만 남게 되었다.

(3) 품질관리업무 담당이사와 품질관리업무 담당자의 업무

품질관리업무 담당이사와 품질관리업무 담당자는 다음의 업무만을 수행한다고 규정하고 있으므로 이 이외의 업무를 수행하여서는 아니 된다.

1) 품질관리 제도의 설계 및 관리
2) 감사보고서 발행 전·후 심리(감사업무 수행과정에서의 중요한 판단사항 및 감사보고서 작성 내용을 감사조서, 증빙자료 등에 따라 객관적으로 평가하여 감사의견에 흠결이 없도록 하는 품질관리 활동을 말한다)
3) 법령등·회계처리기준·회계감사기준·품질관리기준 등 외부감사 시 준수해야 할 사항에 관한 자문
4) 외부감사 업무 수임 건의 감사위험(감사인이 중요하게 왜곡표시되어 있는 재무제표에 대하여 부적절한 감사의견을 표명할 위험을 말한다. 이하 같다) 유무 확인 등 타당성 검토
5) 품질관리 관련 교육훈련 기획 및 운영
6) 법 제26조 제1항 제3호에 따른 감리 결과에 대한 개선권고사항 이행상태 점검
7) 감사조서 관리
8) 그 밖에 주권상장법인 감사인 등록요건 유지 등 품질관리에 관한 업무

나. 물적설비 및 업무방법

국내 회계법인 상당수는 사실상 독립채산제(법인 내 감사조직들이 각각 수임한 감사건 관련 수입·지출을 자체 관리하고, 법인에는 할당받은 분담금을 납부하는 방식의 경영형태를 말함)로 운영되기 때문에 법인 차원의 인력·자금 관리가 어려워 품질관리를 위한 투자에 제약이 있었던 것이 현실이었다. 감사품질관리의 효과성·일관성을 확보하기

위해서는 회계법인의 인사, 자금, 품질관리 등을 통합관리하기 위한 조직, 내규, 전산시스템 등 체계의 구축이 요망되는바, 외감규정은 회계법인의 물적설비 및 업무방법과 관련하여 다음의 요건을 갖추도록 규정하고 있다.

가. 품질관리의 효과성·일관성을 확보할 수 있도록 회계법인 내 인사(人事), 수입·지출의 자금관리, 회계처리, 내부통제, 감사업무 수임(受任) 및 품질관리 등 경영 전반의 통합관리를 위한 체계(이하 이 호에서 조직, 내부규정, 전산시스템 등을 말한다)를 갖출 것
나. 지배구조의 건전성 및 의사결정의 투명성을 확보하기 위하여 대표이사 및 경영에 사실상 영향력을 행사하는 자 등을 효과적으로 견제할 수 있는 체계를 갖출 것
다. 감사업무를 수임하거나 수행하는 과정에서 담당 공인회계사가 독립성(감사의견에 편견을 발생시키는 등 부당한 영향을 미칠 우려가 있는 이해관계를 회피하는 것을 말한다. 이하 같다)을 유지하였는지를 신뢰성있게 점검·관리할 수 있는 체계를 갖출 것
라. 개별 감사업무에 대해 독립성과 전문성(감사업무를 수행하는데 필요한 교육·훈련 및 경험, 감사대상 회사의 업무 등에 대한 전문지식 등을 충분히 갖춘 것을 말한다)을 가진 자가 담당이사로 선정될 수 있도록 그 절차 및 방법이 공정성, 투명성 및 합리성을 가질 것
마. 소속 공인회계사(법 제9조 제4항에 따른 실무수습 등을 이수하지 않은 사람도 포함한다)가 외부감사 업무를 수행하는데 투입한 시간의 신뢰성 및 타당성을 확보할 수 있는 체계를 갖출 것
바. 감사조서 등 감사업무 관련 정보의 생산부터 보존까지의 모든 과정에 걸쳐 진본성(眞本性), 무결성(無缺性), 신뢰성 및 이용가능성이 보장될 수 있도록 관리하는 체계를 갖출 것

다. 심리체계

회계법인의 심리체계와 관련하여 다음의 요건을 갖추어야 한다. 앞에서 본 바와 같이 당초 규정개정 예고(2018. 8. 3.)와 달리 '1. 인력' 부분에서 주사무소 기준을 삭제하는 대신 분사무소 소속 공인회계사가 감사업무를 수행한 회사의 감사보고서는 모두 사전심리할 것이 요건으로 추가되었고[아래 다.5)], 심리결과의 문서화 범위도 '감사의견에 영향을 미칠 수 있는 중요한 지적사항에 대한 검토의견'으로 명확하게 개정되었다(아래 마.).

가. 품질관리업무 담당이사, 품질관리업무 담당자 또는 경력기간이 5년 이상인 공인회계사로서 일정한 기준 및 절차에 따라 독립성과 전문성을 갖추었다고 인정된 사람이 심리를 수행

할 것

나. 심리의 대상·범위·방법·절차, 심리를 담당하는 사람의 자격요건, 권한 및 책임 등을 구체적으로 명확하게 정할 것

다. 다음 중 어느 하나에 해당하는 회사의 감사보고서는 대표이사가 서명을 하기 전에 심리를 거칠 것

1) 주권상장법인

2) 대형비상장주식회사

3) 금융회사

4) 감사인 지정을 받은 회사

5) 분사무소 소속 공인회계사가 감사업무를 수행한 회사

6) 그 밖에 이해관계자 보호 필요성이 크거나 감사위험이 높은 회사

라. 직전 사업연도에 감사업무를 수행한 이사 중 100분의 30 이상에 대하여 그 이사가 담당하여 작성한 직전 사업연도 감사보고서를 심리할 것

마. 감사의견에 영향을 미칠 수 있는 중요한 지적사항에 대한 검토내용은 문서로 작성하여 보관할 것

라. 보상체계

회계법인의 보상체계와 관련하여 다음의 요건을 갖추어야 한다. 당초 규정개정 예고(2018. 8. 3.)와 달리 평균 연봉 비교대상자에 품질관리업무 담당이사를 포함하고, 평균 연봉은 이사군理事群과 비이사군非理事群으로 구분하여 비교하도록 규정하였다.

가. 감사업무를 수행하는 이사의 성과평가에서 감사업무의 품질을 평가하는 지표(다음의 사항을 포함한다)가 차지하는 비중을 100분의 70 이상으로 할 것

1) 금융위원회, 증권선물위원회 및 한국공인회계사회의 조치유무 또는 수사기관의 공소제기 여부

2) 내부규정 준수여부 및 심리결과

3) 외부감사 업무를 수행하는데 투입한 시간 및 독립성 유지상태에 대한 점검결과

4) 교육시간

5) 해당 사업연도에 함께 감사업무를 수행한 자들을 대상으로 한 설문조사 결과

나. 품질관리업무 담당자의 평균 연봉(기본급여, 성과에 따른 급여, 그 밖에 부가급여 등 급여의 성격을 불문하고 매년 지급되는 일체의 금전적 보상을 말한다. 이하 이 목에서 같다)은 그 직무의 곤란성 및 책임의 정도를 충분히 반영하여 다음의 구분에 따른 연봉보다

높은 수준으로 차별화하여 지급할 것
1) 품질관리업무 담당자가 이사인 경우: 소속 이사의 평균 연봉
2) 품질관리업무 담당자가 이사가 아닌 경우: 소속 공인회계사(이사는 제외한다)의 평균 연봉

4. 등록요건 유지 및 사후관리

가. 등록요건 유지의무 위반에 따른 등록 취소

법 제9조의2 제1항 및 제2항에 따라 주권상장법인 감사인으로 등록한 자는 등록 이후 제1항 각 호의 등록요건을 계속 유지하여야 하며(법 제9조의2 제4항), 만약 그 등록요건을 유지하지 못하는 경우 금융위원회는 해당 감사인의 주권상장법인 감사인 등록을 취소할 수 있다(법 제9조의2 제5항).

법 제26조 제1항 제3호의 품질관리기준의 준수 여부에 대한 감리(품질관리감리)를 담당하는 부서장은 업무수행과정 중 등록요건 유지의무 위반 혐의가 발견된 경우에는 감리를 실시하고, 감리 실시 결과 등록한 감사인이 등록요건을 갖추지 못한 것으로 판단되는 경우에는 외감규정 시행세칙 제5조 제3항에 따른 등록심사결과보고서를 작성하여 금융감독원장에게 보고하며, 금융감독원장은 이를 금융위원회에 통보하여야 한다(외감규정 시행세칙 제7조 제1항·제2항).

나. 증권선물위원회 조치에 따른 등록 취소

금융위원회는 주권상장법인 감사인으로 등록한 감사인이 증권선물위원회로부터 대통령령으로 정하는 업무정지 수준 이상의 조치를 받은 경우 해당 감사인의 주권상장법인 감사인 등록을 취소할 수 있는데(법 제9조의2 제5항), 여기서 "증권선물위원회로부터 대통령령으로 정하는 업무정지 수준 이상의 조치를 받은 경우"란 법 제29조 제3항 제1호(등록취소 건의) 또는 제2호(업무의 전부 또는 일부 정지 건의)에 따른 조치를 말한다(법 시행령 제11조 제4항). 회계법인에 대한 업무정지 및 등록취소 사유에 관하여는 공인회계사법 제39조 제1항에서 정하고 있다.

위와 같은 사후관리는 일정한 등록요건을 갖춘 감사인만을 등록시킨 후 품질관리

감리 등을 통해 등록요건을 유지하지 못하거나 품질관리 수준이 취약한 감사인을 선별하여 등록을 취소하는 제도로서, 주권상장법인 감사인 등록제 시행 초기 시장의 혼란을 방지하는 동시에 감사인의 전반적인 품질관리수준 향상을 유도하게 될 것이다.

5. 적용례 등

주권상장법인 감사인 등록제에 관한 법 제9조의2의 개정규정은 법 시행일(2018년 11월 1일)부터 1년이 경과한 날 이후 시작되는 사업연도부터 적용한다. 다만, 주권상장법인 감사인 등록 신청은 법 제9조의2의 개정규정 적용시점으로부터 6개월 전부터 할 수 있다(법 부칙 제5조).

[김인식]

제 2 장 회사 및 감사인

제10조(감사인의 선임)

① 회사는 매 사업연도 개시일부터 45일 이내(다만, 「상법」 제542조의11 또는 「금융회사의 지배구조에 관한 법률」 제16조에 따라 감사위원회를 설치하여야 하는 회사의 경우에는 매 사업연도 개시일 이전)에 해당 사업연도의 감사인을 선임하여야 한다. 다만, 회사가 감사인을 선임한 후 제4조 제1항 제3호에 따른 기준을 충족하지 못하여 외부감사의 대상에서 제외되는 경우에는 해당 사업연도 개시일부터 4개월 이내에 감사계약을 해지할 수 있다.

② 제1항 본문에도 불구하고 직전 사업연도에 회계감사를 받지 아니한 회사는 해당 사업연도 개시일부터 4개월 이내에 감사인을 선임하여야 한다.

③ 주권상장법인, 대형비상장주식회사 또는 금융회사는 연속하는 3개 사업연도의 감사인을 동일한 감사인으로 선임하여야 한다. 다만, 주권상장법인, 대형비상장주식회사 또는 금융회사가 제7항 각 호의 사유로 감사인을 선임하는 경우에는 해당 사업연도의 다음 사업연도부터 연속하는 3개 사업연도의 감사인을 동일한 감사인으로 선임하여야 한다.

④ 회사는 다음 각 호의 구분에 따라 선정한 회계법인 또는 감사반을 해당 회사의 감사인으로 선임하여야 한다.

1. 주권상장법인, 대형비상장주식회사 또는 금융회사
   가. 감사위원회가 설치된 경우: 감사위원회가 선정한 회계법인 또는 감사반
   나. 감사위원회가 설치되지 아니한 경우: 감사인을 선임하기 위하여 대통령령으로 정하는 바에 따라 구성한 감사인선임위원회(이하 "감사인선임위원회"라 한다)의 승인을 받아 감사가 선정한 회계법인 또는 감사반
2. 그 밖의 회사: 감사 또는 감사위원회가 선정한 회계법인 또는 감사반. 다만, 다음 각 목의 어느 하나에 해당하는 경우에는 해당 목에서 정한 바에 따라 선정한다.
   가. 직전 사업연도의 감사인을 다시 감사인으로 선임하는 경우: 그 감사인
   나. 감사가 없는 대통령령으로 정하는 일정규모 이상의 유한회사인 경우: 사원총회의 승인을 받은 회계법인 또는 감사반
   다. 나목 외의 감사가 없는 유한회사인 경우: 회사가 선정한 회계법인 또는 감사반

⑤ 감사 또는 감사위원회(제4항 제2호 단서에 따라 감사인을 선임한 회사는 회사를 대표하는 이사를 말한다. 이하 이 조에서 같다)는 감사인의 감사보수와 감사시간, 감사에 필요

한 인력에 관한 사항을 문서로 정하여야 한다. 이 경우 감사위원회가 설치되지 아니한 주권상장법인, 대형비상장주식회사 또는 금융회사의 감사는 감사인선임위원회의 승인을 받아야 한다.
⑥ 감사 또는 감사위원회는 제23조 제1항에 따라 감사보고서를 제출받은 경우 제5항에서 정한 사항이 준수되었는지를 확인하여야 한다. 이 경우 감사위원회가 설치되지 아니한 주권상장법인, 대형비상장주식회사 또는 금융회사의 감사는 제5항에서 정한 사항이 준수되었는지를 확인한 문서를 감사인선임위원회에 제출하여야 한다.
⑦ 회사가 다음 각 호의 구분에 따라 감사인을 선임하는 경우에는 해당 호에서 정한 규정을 적용하지 아니한다.
1. 제11조 제1항 및 제2항에 따라 증권선물위원회가 지정하는 자를 감사인으로 선임하거나 변경선임하는 경우: 제1항 본문, 제2항, 제3항 본문 및 제4항
2. 제15조 제1항 또는 제2항에 따라 감사계약이 해지된 경우: 제1항 본문, 제2항 및 제3항 본문
3. 선임된 감사인이 사업연도 중에 해산 등 대통령령으로 정하는 사유로 감사를 수행하는 것이 불가능한 경우: 제1항 본문, 제2항 및 제3항 본문

⑧ 회사가 제7항 각 호에 따른 사유로 감사인을 선임하는 경우에는 그 사유 발생일부터 2개월 이내에 감사인을 선임하여야 한다
⑨ 제1항부터 제8항까지에서 규정한 사항 외에 감사인 선임 절차 및 방법, 감사인선임위원회의 운영 등에 필요한 사항은 대통령령으로 정한다.

Ⅰ. 입법취지

감사인은 외부감사의 대상이 되는 회사의 재무제표가 회계처리기준에 따라 적정하게 작성되었는지를 감사하는 역할을 수행한다. 따라서 감사인이 회사와 독립된 지위에서 객관적이고 공정하게 감사를 수행할 수 있도록 하는 제도적 장치를 마련하는 것은 외부감사제도의 핵심이라고 할 수 있다. 그러나 우리나라의 외부감사법에 따르면 감사를 받는 회사가 감사인을 선임할 권한과 감사인의 보수를 결정할 권한을 가진다. 따라서 감사인으로서는 감사인으로 선임하는 회사의 입장과 선호를 고려할 수밖에 없는 구조적 한계가 존재하였다. 본조는 이러한 구조적 한계 안에서 회사의 감사

인 선임절차를 통하여 감사인이 회사에 대한 독립성을 유지할 수 있도록 보장하기 위한 규정이다.

II. 연혁

감사인 선임 절차를 규제함으로써 감사인의 독립성을 보장하려는 시도는 외부감사법의 입법 초기부터 현재까지 계속되어 왔다. 입법자는 외부감사법 중 감사인 선임 절차 부분의 끊임없는 개정을 통해 입법 당시까지 확인된 문제점들을 보완하고 감사인 선임 절차의 보완을 통해 감사인의 독립성을 확보하려는 노력을 계속하여 왔다. 과거의 개정 내용 중 이와 관련된 것들을 정리하면 아래 표와 같다.

표 11 감사인 선임에 관한 연혁

구분	내용
1989. 12. 30. 법률 제4168호	감사인 선임시 감사의 제청, 이사회 의결, 정기주주총회의 승인을 거치도록 함
1996. 12. 30. 법률 제5196호	• 정기주주총회에서 감사인 선임을 승인할 때 대주주 의결권 제한 • 투자자보호가 특히 요구되는 상장법인의 경우 3개 사업연도 단위로 감사인을 선임하도록 함으로써 감사인 독립성 제고
1998. 2. 24. 법률 제5522호	• 상장법인과 대규모기업집단 소속 계열회사에 대한 감사인의 독립성과 공신력 제고를 위해 감사인선임위원회 설치를 의무화
2001. 3. 28. 법률 제6427호	• 감사인 선임시 기존에는 정기주주총회에서 승인을 얻도록 하였으나, 앞으로는 감사 또는 감사인선임위원회의 승인을 얻어 사후에 정기주주총회에 보고하도록 함 • 상장법인 외에 협회등록법인도 연속하는 3개 사업연도의 감사인을 동일인으로 선임하도록 함
2003. 12. 11. 법률 제6991호	• 주권상장법인 및 협회등록법인은 6개 사업연도를 초과하여 동일감사인의 감사를 받을 수 없도록 함 • 단, 외국인투자기업으로서 모기업과의 관계상 연속적인 감사가 불가피한 경우나 회계투명성이 보장되는 기업에 한하여 상장을 허용하는 외국의 증권거래소에 유가증권이 상장되어 있는 경우는 6개 사업연도를 초과하려 동일감사인의 감사를 받을 수 있도록 함
2009. 2. 3. 법률 제9408호	• 감사참여자 교체 제도와 감사인 의무교체 제도를 함께 운용하는 것은 감사의 효율성이 저하된다는 고려 아래, 주권상장법인이 6개 사업연도를 초과하여 동일한 감사인을 선임할 수 없도록 한 감사인 의무교체제도를 폐지함

구분	내용
2017. 10. 31. 법률 제15022호	• 회사는 매 사업연도 개시일부터 45일 이내에 감사인을 선임하도록 하되, 감사위원회를 의무적으로 설치하여야 하는 회사는 매 사업연도 개시일 이전까지 감사인을 선임하도록 함 • 감사인 선임절차의 투명성 확보를 위하여 회사 경영진이 감사 또는 감사인선임위원회의 승인을 받아 감사인을 선임하던 것을 감사 또는 감사위원회가 선정한 자를 선임하도록 변경함 • 회사의 재무제표 작성의무 위반, 최근 3년간 최대주주(2회) 또는 대표이사(3회) 교체가 빈번한 회사, 주채권은행 또는 대통령령으로 정하는 주주의 요청, 표준감사시간에 현저히 미달한 경우 등을 감사인 지정 사유로 추가하고, 기존 감사인 지정 사유인 상장법인 재무기준 요건을 일부 강화함

한편 부칙(법률 제15022호, 2017. 10. 31., 이하 "부칙")에 따르면, 감사인 지정기간(법 제10조 제1항), 감사인 선임 관련 준수사항의 문서화 및 사후확인(법 제10조 제5항·제6항)과 관련된 내용은 2018. 11. 1. 이후 선임(변경선임 포함)하는 감사인부터 적용한다(법 부칙 제6조 제1항 본문). 다만, 2018. 11. 1. 전에 2018. 11. 1.이 속하는 사업연도가 개시된 경우에는 종전의 규정에 의해 매 사업연도 개시일부터 4개월 이내에 감사인을 선임할 수 있다(법 부칙 제6조 제1항 단서).

또한, 2018. 11. 1. 전에 종전 규정에 따라 선임(변경선임 포함)된 감사인에 대하여는 그 임기 동안 법 제10조 제4항이 정한 절차에 따라 선임된 것으로 본다(법 부칙 제6조 제2항).

법 제10조의 내용 중 대형비상장주식회사 및 금융회사에 대한 내용(법 제10조 제3항)은 2018. 11. 1. 이후 시작되는 사업연도부터 적용한다(법 부칙 제7조).

Ⅲ. 감사인의 선임

1. 감사인 선임기간

가. 개요

법 제10조 제1항과 제2항은 회사의 종류에 따라 아래 표와 같이 일정한 기간 이내에 감사인을 선임하도록 강제하고 있다.

표 12 외부감사인 선임기간

구분	내용
원칙	사업연도 개시일부터 45일 이내
(예외1) 상법 및 금융사지배구조법상 감사위원회 의무설치 회사	사업연도 개시일 이전
(예외2) 직전 사업연도에 회계감사를 받지 아니한 회사	사업연도 개시일부터 4개월 이내

위 조문을 적용할 때 "상법 및 금융사지배구조법상 감사위원회 의무설치회사"는 「상법」 제542조의11 또는 「금융회사의 지배구조에 관한 법률」(이하 "금융사지배구조법") 제16조에 따라 감사위원회를 설치하여야 하는 회사를 의미한다. 그 구체적인 내용은 다음과 같다.

1) (상법) 최근 사업연도말 자산총액이 2조 원 이상인 주권상장법인(법 제542조의11 제1항, 법 시행령 제37조 제1항)
2) (금융사지배구조법) 다음 회사를 제외한 금융회사(법 제3조 제3항, 제16조 제1항, 법 시행령 제6조 제3항)
   - (제외회사) 최근 사업연도말 자산 5조 원(상장사는 2조 원) 미만 보험회사, 여신전문금융회사, 종합금융회사, 금융투자업자(집합투자재산, 투자일임재산, 신탁재산의 합계액이 20조 원 미만인 경우에 한함), 자산 7천억 원 미만 상호저축은행

한편, 감사인을 선임한 회사가 그 후에 자신의 직전 사업연도말의 자산, 부채, 종업원수 또는 매출액 등이 외부감사법에서 정한 기준을 충족하지 못하여 외부감사의 대상에서 제외되는 경우에는 해당 사업연도 개시일부터 4개월 이내에 감사계약을 해지할 수 있다(법 제10조 제1항 단서).

나. 감사인 선임기간 단축

구 외부감사법(2017. 10. 31. 법률 제15022호로 개정되기 전의 것)은 회사의 구분 없이 모두 매 사업연도 개시일부터 4개월 이내에 감사인을 선임하도록 하였다.

감사인은 과거 각 사업연도 종료 후 통상 3개월 이내에 감사의견을 제시하여 왔다. 구 외부감사법에 따르면 감사인은 회사에게 정기주주총회 1주일 전까지 감사보고서를 제출해야 하는데(구 외부감사법 제8조 제1항, 구 외부감사법 시행령 제7조 제1항 제1

호), 대부분의 회사들은 사업연도 종료 후 3개월 이내에 정기주주총회를 개최하므로,[1] 감사보고서 제출 역시 각 사업연도 종료 후 3개월 이내에 이루어져 왔다.

그런데 이렇게 되면 감사보고서가 제출된 이후에 감사인 선임계약이 체결된다. 따라서 회사가 이후 사업연도에 대한 감사인 선임계약 체결을 이유로 감사인에게 감사의견을 회사에게 유리한 방향으로 형성할 것을 은근히 요구할 위험이 있다.[2]

나아가, 당해연도 감사인 선임기간(사업연도 개시 후 4개월 이내)이 전년도 감사업무가 집중되는 기간(회계연도 종료 후 1~3개월)과 겹치므로, 독립적인 감사업무 수행에 지장을 주는 측면이 있다는 문제도 제기되었다.[3] 이에 따라 법 제10조 제1항은 회사로 하여금 원칙적으로 각 사업연도 개시일부터 45일 이내에 감사인을 선임하도록 규정하였다.

한편, 규모가 큰 주권상장법인의 경우 다수의 투자자와 이해관계인들이 있으므로 감사인의 독립성을 보다 강하게 보장할 필요가 있다. 다수의 당사자들과 거래하는 금융회사들도 마찬가지이다. 상법과 금융사지배구조법은 이러한 회사들의 경우 감사위원회를 의무적으로 설치하도록 하여 회사가 보다 투명하게 운영될 수 있도록 하는 제도적 장치를 마련하였다. 법 제10조 제1항 괄호 안의 부분은 이러한 측면을 고려하여 위와 같은 회사들의 경우 감사인 선임기간을 일반적인 경우보다 단축하여 매 사업연도 개시일 이전에 감사인을 선임하도록 하였다.

다만, 직전 사업연도에 회계감사를 받지 아니한 회사의 경우에는 위와 같이 감사인 선임계약 체결을 미끼로 하여 감사인의 감사의견 형성에 영향을 미칠 우려가 없다. 따라서 법 제10조 제2항은 이 경우에는 기존과 동일하게 사업연도 개시일부터 4개월 이내에 감사인을 선임할 수 있도록 하였다.

---

1) 「상법」은 주식회사가 반드시 각 사업연도 말일로부터 3개월 내에 주주총회를 개최하여야 한다고 강제하지는 않는다. 다만, 「상법」상 주주총회를 개최하기 위해서는 먼저 의결권을 행사할 주주를 정하여야 하고, 이를 위해 기준일을 설정하여야 한다(상법 제354조 제1항). 또한 기준일은 주주로서 권리를 행사할 날에 앞선 3월 내의 날로 정하여야 한다(상법 제354조 제3항). 많은 주식회사들은 사업연도의 말일을 기준일로 삼고, 그로부터 3개월이 지난날을 정기주주총회일자로 결정하는 경우가 많다. 이와 관련된 내용으로는, 김건식, "주주와 주주총회: 이론과 실무", 「한국기업지배구조원 주최 국제심포지움」 제3주제(2012. 10. 30); 송민경, "주총 내실화를 위한 법제 개선 방안: 주총 개최일 분산 및 주주의 정보 접근 제한 완호", 「CGS Report」 제3권 제10호(한국기업지배구조원, 2013) 참조.

2) 금융위원회·금융감독원, "회계 투명성 및 신뢰성 제고를 위한 종합대책"(2017. 1. 20), 3면.

3) 금융위원회 보도자료, "「주식회사의 외부감사에 관한 법률」 전부개정안 입법예고"(2014. 10. 7), 8면.

다. 외부감사 대상이 아닌 회사의 감사계약 후 4개월 내 해지 허용

구 외부감사법이 회사로 하여금 매 사업연도 개시일부터 4개월 이내에 감사인을 선임하도록 한 것에는 나름의 합리성이 있었다. 외부감사법은 원칙적으로 주식회사 중 일정한 기준 이상의 외형을 갖춘 회사에 대하여 외부감사를 받도록 요구한다(법 제4조 제1항 제3호). 이때 외부감사의 대상인지 여부는 직전 사업연도말의 자산, 부채, 종업원수 또는 매출액 등 객관적인 지표에 의하여 결정된다(법 시행령 제5조). 그런데 직전 사업연도말의 자산총액, 매출액 등의 지표는 직전 사업연도의 재무정보에 대한 결산이 이루어져야 비로소 확정이 가능하다. 주식회사의 재무정보는 통상 내부적인 결산과 감사, 그리고 외부감사인의 재무제표 감사를 거쳐 정기 주주총회의 승인을 받아 확정된다(상법 제449조). 따라서 주식회사는 이러한 재무제표 확정 절차가 종료되어야 비로소 자신이 그 사업연도에 외부감사를 받아야 하는지 여부를 확인할 수 있다. 구 외부감사법이 매 사업연도 개시일부터 4개월 이내에 감사인을 선임하도록 한 것은 위와 같이 현실적으로 외부감사 대상 여부를 확인하기 위해서는 직전 사업연도 재무정보가 확정되는 시간을 고려한 측면이 있었다.

그런데 본조 제1항의 개정으로 인하여 원칙적인 감사인 선임기간이 매 사업연도 개시일부터 45일로 단축되었다. 이 경우 회사 중에서는 임시 결산자료를 바탕으로 자신이 외부감사 대상이라고 판단하여 위 기한 내에 감사인을 선임하였는데, 실제 직전 사업연도 재무제표를 확정한 후 보니 외부감사 대상이 아니라고 판단하는 회사가 생길 수 있다.

본조 제1항 단서는 위와 같은 경우, 비록 회사가 감사인을 선임하였더라도 그 사업연도 개시일부터 4개월 이내에 직전 사업연도말의 자산, 부채, 종업원수 또는 매출액 등 객관적인 지표에 비추어 외부감사대상 기준을 충족하지 못한다는 사실이 확인되는 경우에는 이미 체결한 감사인 선임계약을 해지할 수 있다고 규정하였다.

2. 감사인 선임대상 사업연도

가. 개요

주권상장법인, 대형비상장주식회사 및 금융회사는 연속하는 3개 사업연도의 감사인을 동일한 감사인으로 선임하여야 한다. 여기서 주권상장법인, 대형비상장주식회사 및 금융회사의 의미는 다음과 같다.

1) (주권상장법인) 증권시장(유가증권시장, 코스닥시장, 코넥스시장)에 상장된 주권을 발행한 법인(법 제2조 제4호, 자본시장법 제9조 제15항 제3호)
2) (대형비상장주식회사) 비상장법인 중 직전 사업연도말의 자산총액이 1천억 원 이상(법 제2조 제5호, 법 시행령 제4조)
3) (금융회사) 은행, 중소기업은행, 투자매매업자, 투자중개업자, 집합투자업자, 투자자문업자, 투자일임업자, 보험회사, 상호저축은행, 신탁업자, 종합금융회사, 금융지주회사, 농협은행, 수협은행(법 제9조 제1항 제3호, 「금융산업의 구조개선에 관한 법률」 제2조 제1호)

다만, 증권선물위원회가 지정하는 자를 감사인으로 선임, 변경선임한 경우, 독립성 훼손 등을 이유로 감사계약이 해지된 경우, 해산 등의 사유로 선임된 감사인이 감사를 수행하는 것이 불가능한 경우 등의 사유로 주권상장법인, 대형비상장주식회사, 금융회사가 감사인을 선임하는 경우에는 해당 사업연도의 다음 사업연도부터 연속하는 3개 사업연도의 감사인을 동일한 감사인으로 선임하여야 한다.

나. 주권상장법인등의 3개 사업연도 동일감사인 선임 강제

피감회사가 임의로 감사인을 선임할 수 있도록 허용하는 것에는 장점과 단점이 있다. 회계법인이나 공인회계사들이 감사인으로 선임되기 위해 경쟁하는 과정에서 자연스럽게 감사품질은 높아지고 감사보수는 낮아지도록 유도할 수 있다는 점은 장점이다. 반대로 피감회사가 감사인 선임을 이유로 감사인의 감사의견 결정에 영향을 미칠 위험이 있다는 점은 감사인 자율선임제도의 대표적인 단점이다. 우리나라의 외부감사법은 과거부터 현재에 이르기까지 이러한 감사인 자율선임제도의 단점을 보완하기 위해 노력하여 왔다.

외부감사법상 이러한 노력의 대표적인 것이 바로 주권상장법인에 대한 3개 사업연도 동일감사인 선임을 강제하는 것이다. 다수의 주주들과 이해관계인이 있고 불특정다수의 투자자들이 언제든 주식을 매매할 수 있는 주권상장법인의 경우 감사인이 한번 선임되면 3개 사업연도 동안은 동일한 감사인으로부터 외부감사를 받도록 하여 감사인의 독립성을 보장하려는 취지이다. 이러한 제도는 1996. 12. 30. 법률 제5196

호로 처음 도입되었고, 현재까지 동일하게 이어지고 있다.

이러한 제도로 인하여 주권상장법인이 동일한 감사인을 계속 선임하게 되자 이번에는 주권상장법인과 감사인의 관계가 지나치게 밀접하게 됨에 따라 오히려 감사인의 독립성이 저해된다는 지적이 있었다. 이에 따라 2003. 12. 11. 법률 제6991호로 개정된 외부감사법은 주권상장법인 및 협회등록법인이 6개 사업연도를 초과하여 동일 감사인의 감사를 받을 수 없도록 하기도 하였다. 그러자 이번에는 외부감사법이 이미 동일한 감사업무 보조자가 계속하여 동일한 회사에 대한 감사업무를 맡을 수 없도록 하는 감사참여자 교체제도를 두고 있음에도 불구하고, 위와 같이 감사인 교체까지 강제하는 것은 감사 효율성을 떨어뜨린다는 지적이 있었다. 이에 따라 2009. 2. 3. 법률 제9408호로 개정된 외부감사법은 위와 같은 주권상장법인 및 협회등록법인의 감사인 의무교체 제도를 폐지하였다. 이에 따라 현행 외부감사법은 주권상장법인 등에 대하여 3개 사업연도 동일감사인 선임만을 강제하고 있다. 다만, 현행 외부감사법은 주권상장법인 및 소유, 경영 미분리 회사가 연속하는 6개 사업연도에 대하여 감사인을 자유롭게 선임한 경우에는 그 이후 3개 사업연도에 대하여는 증권선물위원회가 지정하는 회계법인을 감사인으로 선임하거나 변경선임할 것을 요구할 수 있도록 하는 주기적 감사인 지정제도를 도입하여(법 제11조 제2항), 감사인의 독립성을 보호하고 있다. 이와 관련된 자세한 내용은 아래 외부감사법 제12조의 내용과 관련하여 다시 살펴본다.

3개 사업연도에 동일 감사인을 선임해야 하는 제도는 다수의 이해관계자가 있어 감사인의 독립성 보호의 필요성이 큰 회사에 대하여만 적용된다. 현행 외부감사법은 그 적용대상을 주권상장법인뿐만 아니라 앞서 살펴본 대형비상장주식회사와 금융회사에 대하여까지 넓히고 있다. 위 제도의 적용대상을 시기별로 정리하면 아래 표와 같다.

표 13 동일 감사인 선임제도 연혁

구분	적용대상
1997. 1. 1. ~ 2001. 3. 31.	상장법인
2001. 4. 1. ~ 2005. 6. 29.	주권상장법인, 협회등록법인
2005. 6. 30. ~ 2009. 2. 3.	주권상장법인, 코스닥상장법인
2009. 2. 4. ~ 2018. 10. 31.	주권상장법인(자본시장법상 주권상장법인)
2018. 11. 1. ~ 현재	주권상장법인, 대형비상장주식회사, 금융회사

3. 감사인 선정권자 및 선정절차

가. 개요

주권상장법인, 대형비상장주식회사 또는 금융회사는 (1) 감사위원회가 설치된 경우에는 감사위원회가 선정한 회계법인 또는 감사반을, (2) 감사위원회가 설치되지 아니한 경우는 감사인선임위원회의 승인을 받아 감사가 선정한 회계법인 또는 감사반을 감사인으로 선임해야 한다(법 제10조 제4항 제1호).

외부감사법 시행령은 감사인선임위원회의 구성에 대하여 다음과 같이 규정하고 있다(법 시행령 제12조).

> 법 시행령 제12조(감사인선임위원회 등) ① 법 제10조 제4항 제1호 나목에 따른 감사인선임위원회(이하 "감사인선임위원회"라 한다)는 위원장 1명을 포함하여 7명 이상의 위원으로 구성한다.
> ② 감사인선임위원회의 위원(이하 이 조에서 "위원"이라 한다)은 다음 각 호의 사람이 된다. 다만, 다음 각 호에 해당하는 사람이 없는 등 부득이한 경우에는 감사인을 선임하는 회사로부터 독립하여 공정하게 심의를 할 수 있는 사람으로서 경영·회계·법률 또는 외부감사에 대한 전문성을 갖춘 사람으로 감사인선임위원회를 구성할 수 있다.
> 1. 감사 1명
> 2. 다른 법령에 따라 선임된 사외이사(이사로서 그 회사의 상시업무에 종사하지 아니하는 이사를 말한다. 이하 이 조에서 "사외이사"라 한다)가 있는 회사의 경우에는 그 사외이사 중 2명 이내
> 3. 「법인세법 시행령」 제43조 제7항 및 제8항에 따른 지배주주 및 그와 특수관계에 있는 주주를 제외한 기관투자자(「법인세법 시행령」 제161조 제1항 제4호에 따른 기관투자자를 말한다) 중에서 의결권 있는 주식(「자본시장과 금융투자업에 관한 법률」 제9조 제17항 제3호에 따른 증권금융회사가 같은 법 제326조 제1항 제2호에 따른 대여 업무 수행을 위하여 담보 목적으로 취득한 주식은 제외하며, 직전 사업연도 말에 소유한 주식을 기준으로 한다. 이하 이 호에서 같다)을 가장 많이 소유하고 있는 기관투자자의 임직원 1명. 다만, 사업연도 개시 후 감사인선임위원회 개최 통보일 전날까지 소유한 의결권 있는 주식 수가 현저하게 감소한 기관투자자는 제외한다.
> 4. 다음 각 목의 어느 하나에 해당하는 주주를 제외한 주주 중에서 의결권 있는 주식(「자본시장과 금융투자업에 관한 법률」 제9조 제17항 제3호에 따른 증권금융회사가 같은 법 제326조 제1항 제2호에 따른 대여 업무 수행을 위하여 담보 목적으로 취득한 주식은 제외하며, 직전

사업연도 말에 소유한 주식을 기준으로 한다)을 가장 많이 소유한 주주(기관투자자인 경우 소속 임직원을 말한다) 2명. 다만, 사업연도 개시 후 감사인선임위원회 개최 통보일의 전날까지 소유한 의결권 있는 주식(담보 목적으로 취득한 주식은 제외한다) 수가 현저하게 감소한 주주는 제외한다.

가. 「법인세법 시행령」 제43조 제7항 및 제8항에 따른 지배주주 및 그와 특수관계에 있는 주주

나. 해당 회사의 임원인 주주

다. 제3호에 따른 기관투자자

5. 「법인세법 시행령」 제43조 제7항 및 제8항에 따른 지배주주 및 그와 특수관계에 있는 주주를 제외한 채권자 중 채권액(감사인선임위원회 개최 통보일의 전날에 보유한 채권을 기준으로 한다)이 가장 많은 2개 금융회사(「한국산업은행법」에 따른 한국산업은행 및 「한국수출입은행법」에 따른 한국수출입은행을 포함한다)의 임원 각 1명

③ 감사인선임위원회의 위원장(이하 이 조에서 "위원장"이라 한다)은 사외이사 중에서 호선(互選)하되, 사외이사가 없는 경우에는 금융위원회가 정하는 바에 따라 위원 중에서 호선한다.

④ 감사인선임위원회의 회의는 재적위원 3분의 2 이상의 출석으로 개의(開議)하고, 출석위원 과반수의 찬성으로 의결한다.

⑤ 제4항에도 불구하고 위원(질병, 외국거주, 소재불명 또는 그 밖에 이에 준하는 부득이한 사유로 직접 의결권을 행사할 수 없음이 명백한 위원은 제외한다)이 모두 동의할 때에는 다음 각 호의 위원이 모두 출석하면 감사인선임위원회의 회의를 개의하여 출석위원 전원의 찬성으로 의결할 수 있다.

1. 위원장
2. 제2항 제1호에 따른 위원
3. 제2항 제2호에 따른 위원 중 1명. 다만, 해당 위원이 없거나 부득이한 사유로 의결권을 행사할 수 없는 경우에는 제2항 제3호부터 제5호까지의 규정에 따른 위원 중 1명

⑥ 제2항 제3호부터 제5호까지의 규정의 어느 하나에 해당하는 위원이 부득이한 사유로 의결권을 행사할 수 없는 경우에는 그 위원의 대리인이 의결권을 행사할 수 있다. 이 경우 그 대리인은 위원이 의결권을 행사하지 못한 사유 및 그 위원의 대리인임을 객관적으로 증명할 수 있는 문서를 감사인선임위원회에 제출하여야 한다.

⑦ 회사는 감사인선임위원회에 출석한 위원의 인적사항 및 감사인선임위원회 회의의 주요 발언 내용 등을 문서로 작성·관리하여야 한다.

⑧ 제1항부터 제7항까지에서 규정한 사항 외에 감사인선임위원회의 운영 등에 필요한 세부적인 사항은 금융위원회가 정한다.

주권상장법인, 대형비상장주식회사 또는 금융회사를 제외한 그 밖의 회사는 원칙적으로 감사 또는 감사위원회가 선정한 회계법인 또는 감사반을 감사인으로 선임하여야 한다(법 제10조 제4항 제2호 각 목 외의 부분). 다만, 직전 사업연도의 감사인을 다시 선임하는 경우에는 별도의 감사인 선임절차를 거칠 필요 없이 그 감사인을 선임할 수 있고(같은 항 제2호 가목), 감사가 없는 유한회사의 경우에는 회사가 회계법인 또는 감사반을 감사인으로 선임할 수 있다(같은 항 제2호 다목). 다만, 자본금 10억 원 이상인 유한회사의 경우에는 사원총회의 승인을 받아 회계법인 또는 감사반을 감사인으로 선임하여야 한다(같은 항 제2호 나목, 법 시행령 제13조 제1항).

외부감사법 시행령은 아래와 같이 감사인 선정절차에 대하여 규정하고 있다(법 시행령 제13조).

법 시행령 제13조(감사인 선정 등) ① 법 제10조 제4항 제2호 나목에서 "대통령령으로 정하는 일정규모"란 자본금 10억 원을 말한다.

② 법 제10조 제7항 제3호에서 "해산 등 대통령령으로 정하는 사유"란 다음 각 호의 어느 하나에 해당하는 경우를 말한다.

1. 감사인이 파산 등의 사유로 해산하는 경우(합병으로 인한 해산의 경우는 제외한다)
2. 감사인인 회계법인이 「공인회계사법」 제39조 제1항에 따라 등록이 취소되거나 업무의 전부 또는 일부가 정지된 경우
3. 감사인인 감사반의 등록이 총리령으로 정하는 바에 따라 취소되거나 효력이 상실된 경우
4. 감사인인 감사반의 구성원이 「공인회계사법」 제48조 제2항 제1호부터 제3호까지의 규정에 해당하는 징계를 받은 경우
5. 주권상장법인의 감사인이 법 제9조의2 제5항에 따라 등록이 취소된 경우
6. 감사인이 법 제29조 제3항 또는 제4항에 따른 조치로 해당 회사에 대한 감사업무를 계속 수행할 수 없는 경우
7. 그 밖에 감사인이 해당 사업연도의 회계감사를 수행할 수 없다고 증권선물위원회가 인정하는 경우

③ 법 제10조 제4항에 따라 감사인 선정(승인을 포함한다. 이하 이 조에서 같다)을 하는 자는 미리 선정에 필요한 기준과 절차를 마련하여야 한다. 이 경우 법 제10조 제4항 제1호 나목, 같은 항 제2호 나목 또는 같은 호 다목에 해당할 때에는 그 기준과 절차에 대하여 감사인선임위원회 또는 사원총회의 승인을 받아야 한다.

④ 제3항 전단에 따른 기준에는 다음 각 호의 사항이 포함되어야 한다.

1. 감사시간 · 감사인력 · 감사보수 및 감사계획의 적정성
2. 감사인의 독립성(감사 의견에 편견을 발생시키는 등 부당한 영향을 미칠 우려가 있는 이해관계를 회피하는 것을 말한다) 및 전문성(감사업무를 수행하는 데 필요한 교육 · 훈련 및 경험, 감사대상 회사의 업무 등에 대한 전문지식 등을 충분히 갖춘 것을 말한다)
3. 직전 사업연도에 해당 회사에 대하여 감사업무를 한 감사인[이하 "전기감사인(前期監査人)"이라 한다]의 의견진술 내용 및 다음 각 목의 사항. 다만, 직전 사업연도에 회계감사를 받지 아니한 경우에는 제외한다.
  가. 전기감사인이 감사인 선임 시 합의한 감사시간 · 감사인력 · 감사보수 · 감사계획 등을 충실하게 이행하였는지에 대한 평가 결과
  나. 전기감사인이 감사업무와 관련하여 회사에 회계처리기준 해석, 자산 가치평가 등에 대한 자문을 외부기관에 할 것을 요구한 경우 요구 내용에 대한 감사 · 감사위원회와 전기감사인 간의 협의 내용, 자문 결과 및 그 활용 내용
  다. 해당 사업연도의 감사 · 감사위원회와 전기감사인 간의 대면 회의 개최횟수, 참석자 인적사항, 주요 발언 내용 등
  라. 그 밖에 감사인 선정의 객관성 및 신뢰성을 확보하기 위하여 필요한 기준으로서 금융위원회가 정하는 사항

⑤ 감사위원회, 감사인선임위원회 및 사원총회는 감사인을 선정하기 위하여 대면 회의를 개최하여야 한다. 이 경우 다음 각 호의 사항을 문서로 작성 · 관리하여야 한다.

1. 제4항 각 호의 사항에 대한 검토 결과
2. 대면 회의의 개최횟수, 참석자 인적사항, 주요 발언 내용 등

⑥ 제1항부터 제5항까지에서 규정한 사항 외에 감사 · 감사위원회 · 감사인선임위원회 또는 사원총회의 감사인 선임 및 관리 등에 필요한 세부적인 사항은 금융위원회가 정한다.

나. 감사인 선정과 선임

과거에는 회사의 경영진이 감사인 선정 권한을 가지고 있고, 보수 및 감사시간도 결정하고 있었다. 경영진은 감사인 선임과 관련하여 정기주주총회의 승인을 받거나(2001년 이전) 감사 또는 감사위원회의 승인을 받아야 하였으므로(2001년 이후) 과거에도 감사인 선정에 대한 통제절차가 마련되어 있었다.

현행 외부감사법은 회사의 경영진이 감사인 선정권한과 보수 및 감사시간 결정권한을 가지고 있는 것 자체가 잠재적으로 감사인의 독립성을 저해할 수 있다는 판단

아래, 감사인 선정 권한을 회사의 경영진에서 감사 또는 감사위원회로 이전하였다.[4)]

이에 따라 현행 외부감사법에 따르면 회사는 원칙적으로 감사 또는 감사위원회가 선정한 회계법인 또는 감사반을 감사인으로 선임하여야 한다. 참고로, 현행 외부감사법은 감사인의 "선정"과 "선임"이라는 용어를 구분하여 사용하고 있다.[5)] "선정"은 여러 감사인 후보들 중 하나를 골라내는 행위를 의미한다. 현행 외부감사법은 감사인 선정권한을 감사 또는 감사위원회에 부여한다. "선임"은 회사가 선정된 감사인 후보와 감사계약을 체결하는 것을 의미하고, 법률상 계약 주체인 회사와 감사인 사이에 "선임" 계약이 체결된다.

구체적으로, 주권상장법인, 대형비상장주식회사 또는 금융회사가 감사위원회를 설치한 경우에는 감사위원회에 감사인 선정 권한이 있다(법 제10조 제4항 제1호 가목). 주식회사는 정관이 정한 바에 따라 감사에 갈음하여 이사회내 위원회의 하나로 감사위원회를 설치할 수 있다(상법 제415조의2 제1항). 감사위원회의 경우 감사 1인이 아니라 3명 이상의 이사로 구성되고, 그 중 3분의 2 이상이 사외이사이므로(상법 제415조의2 제2항), 독립성이 보다 강하게 보장된다고 볼 수 있다. 이에 따라 외부감사법은 감사인의 독립성 유지의 필요성이 큰 주권상장법인, 대형비상장주식회사 또는 금융회사의 경우 감사위원회가 설치되어 있으면 그 감사위원회에서 감사인을 결정하도록 한 것이다.

주권상장법인, 대형비상장주식회사 또는 금융회사에 감사위원회가 설치되어 있지 않으면 감사가 감사인을 결정하는 것이 아니라 별도의 감사인선임위원회를 구성하여 그 승인을 받아 감사인을 결정해야 한다. 이 경우 감사인선임위원회는 감사 1명, 사외이사 중 2명 이내, 직전 사업연도말 기준 의결권 있는 주식을 가장 많이 소유한 기관투자자[6)]의 임직원 1인, 직전 사업연도말 기준 의결권 있는 주식을 소유한 주주[7)] 2인, 채권액이 가장 많은 2개 금융회사[8)] 임원으로 구성된다(법 시행령 제12조 제2항 각 호 외의 부분 본문). 다만, 위의 요건에 해당하는 사람이 없는 경우에는 회사로부터 독

---

4) 금융위원회 보도자료, "「주식회사의 외부감사에 관한 법률」 전부개정안 입법예고"(2014. 10. 7), 8면.

5) 금융감독원 PPT자료, "신 외감법 주요 개정 내용: 감사인 선임, 재무제표 제출, 감사인 지정"(2018. 12), 16면.

6) 지배주주(특수관계자 포함)인 기관투자자는 제외한다. 또한 증권금융회사가 담보목적으로 취득한 주식 및 감사인선임위원회 개최 통보일의 전날까지 주식 수가 현저히 감소한 기관투자자도 제외된다.

7) 지배주주(특수관계자 포함) 및 임원인 주주는 제외한다. 또한 증권금융회사가 담보목적으로 취득한 주식 및 감사인선임위원회 개최 통보일의 전날까지 주식 수가 현저히 감소한 주주도 제외된다.

8) 지배주주(특수관계자 포함)인 금융회사는 제외한다.

립하여 공정하게 심의를 할 수 있는 사람으로서 경영, 회계, 법률 또는 외부감사에 대한 전문성을 갖춘 사람으로 감사인선임위원회를 구성할 수 있다(같은 조 제2항 각 호 외의 부분 단서). 감사인선임위원회는 원칙적으로 재적위원 3분의 2 이상의 출석으로 개의하고, 출석위원 과반수의 찬성으로 의결한다(같은 조 제4항). 다만, 위원들이 동의한 때에는 위원장, 감사, 사외이사 위원이 모두 출석하면 회의를 개의하여 출석위원 전원의 찬성으로 의결할 수 있다(약식 감사인선임위원회. 같은 조 제5항).

주권상장법인, 대형비상장주식회사 또는 금융회사 외의 회사들은 원칙적으로 감사 또는 감사위원회가 감사인을 선정할 수 있다(법 제10조 제4항 제2호 각 목 외의 부분 본문). 다만, 직전 사업연도의 감사인을 다시 감사인으로 선정하는 경우에는 별도의 절차를 거칠 필요 없이 그 감사인을 감사인으로 선임할 수 있다(같은 호 가목). 회사가 최초 감사인을 선정할 때 감사 또는 감사위원회가 감사인의 독립성을 검토하였을 것이므로, 매년 이러한 절차를 다시 반복하도록 하는 것은 비효율적이기 때문이다. 다만, 앞서 살펴본 대형비상장주식회사의 경우 이 규정이 적용되지 아니하므로 전기와 동일한 감사인을 재선임하는 경우에도 매 감사인 선임시마다 감사인 선정절차를 거쳐야 한다.

또한, 유한회사의 경우 감사를 둘 수 있으나, 반드시 감사를 두어야 하는 것은 아니다(상법 제568조). 따라서 감사가 없는 유한회사의 경우 회사가 감사인을 결정할 수 있다(법 제10조 제4항 제2호 다목). 다만, 외부감사법은 자본금이 10억 원 이상인 유한회사는 사원총회의 승인을 받은 회계법인 또는 감사반을 감사인으로 선임하도록 하여 규모가 큰 유한회사의 감사인의 독립성을 확보하도록 하였다(같은 호 나목).

한편, 자본금의 총액이 10억 원 미만인 주식회사는 감사를 선임하지 아니할 수 있다(상법 제409조 제4항). 따라서 이러한 주식회사의 감사인은 누가 주체가 되어 선임하는지가 문제된다. 외부감사법은 이와 관련하여 특별히 규정하고 있지 아니한다. 일종의 입법 공백이라 볼 수 있는데, 현실적으로는 위에서 살펴본 유한회사의 규정을 준용하는 것이 합리적이라 생각된다.

다. 감사인 선정절차

(1) 감사인 후보 평가 기준

감사인을 선정하려 하는 감사 또는 감사위원회는 미리 선정에 필요한 기준과 절차를 마련해 두어야 한다(법 시행령 제13조 제3항 전문). 이러한 기준에는 다음과 같은 내용이 포함되어야 한다(같은 조 제4항).

1. 감사시간, 감사인력, 감사보수, 감사계획의 적정성
2. 감사인의 독립성 및 전문성
3. 법 제14조에 따른 전기 감사인의 의견진술 내용 등
   가. 감사인 선임 시 합의한 감사시간, 인력, 보수, 계획의 이행 평가
   나. 전기감사인과 감사/감사위원회 사이의 기준 해석, 가치평가 등 관련 외부자문에 대한 협의
   다. 전기감사인과 감사/감사위원회 사이의 대면회의 개최횟수 등

감사위원회가 감사인을 선정하는 경우에는 위와 같은 기준을 마련하기만 하면 되지만, 감사, 감사인선임위원회, 또는 유한회사의 경영진이 감사인을 선정하는 경우에는 위와 같은 감사인 후보 평가 기준에 대해 감사인선임위원회 또는 사원총회의 승인을 받아야 한다(법 시행령 제13조 제3항 단서).

(2) 대면회의

감사위원회, 감사인선임위원회 및 사원총회는 감사인을 선정하기 위하여 대면 회의를 개최하여야 한다(시행령 제13조 제5항 각 호 외의 부분). 이 경우 감사인 후보 평가기준을 적용한 검토 결과와 대면 회의의 개최횟수, 참석자 인적사항, 주요 발언 내용 등을 모두 문서화하여 보관하여야 한다(같은 항 제1호·제2호). 감사인 후보를 평가하는 과정을 문서화하여 남겨두면 감사인 선정 절차가 투명하게 유지될 것을 기대할 수 있다. 그리고 이를 통해 궁극적으로 감사인의 독립성 또한 확보될 것으로 기대된다.

4. 감사인 선임 관련 준수사항의 문서화 및 사후확인

가. 감사인 선임 관련 준수사항의 문서화

감사 또는 감사위원회(전기감사인을 동일하게 선임하거나 감사가 없는 유한회사의 경우는 회사를 대표하는 이사를 의미한다. 이하 같다)는 감사인의 감사보수와 감사시간, 감사에 필요한 인력에 관한 사항을 문서로 정해두어야 한다(법 제10조 제5항 전문). 이 경우 감사위원회가 설치되지 아니한 주권상장법인, 대형비상장주식회사 또는 금융회사

의 감사는 감사인선임위원회의 승인을 받아야 한다(같은 항 후문).

회사의 입장에서는 감사비용 역시 회사가 지출하는 비용의 하나이므로, 당연히 가능한 적은 비용을 지출하고자 할 수밖에 없다. 따라서 회사의 입장에서는 비용을 최소화할 수 있는 방안을 찾으려 노력할 수밖에 없다.

그런데 감사품질은 기본적으로 투입되는 자원에 비례하여 높아진다. 감사업무는 통상 수인의 공인회계사들로 구성된 감사팀이 회사에 나와 재무제표 및 원장의 거래 내역을 보고 해당 내역의 실재성과 진실성을 검증하는 형태로 진행된다. 한 사람의 공인회계사가 제한된 시간 내에 살펴볼 수 있는 자료의 양에는 한계가 있다. 따라서 투입된 공인회계사의 수가 많고 회사와 관련된 업무를 하는 시간이 길어질수록 잘못된 회계처리를 발견할 확률이 높아진다. 나아가, 경험이 많은 공인회계사가 투입된다면 더 적은 시간을 투입하더라도 더 효율적으로 문제들을 찾아낼 가능성이 높을 것이다. 그러나 회계법인이나 감사반의 입장에서 더 많은 공인회계사를 더 오랜 시간 동안 투입한다는 것은 그만큼 비용(인건비)이 더 많이 드는 일일 수밖에 없다. 이러한 관점에서 보면 감사보수와 감사품질 사이에는 일종의 정正의 비례관계가 있다고 볼 수 있다.

이러한 상황에서 회사가 비용을 절감하기 위한 취지에서 감사보수를 무작정 낮춘다면, 위와 같은 사정을 고려할 때, 회사에 제공되는 감사품질이 낮아질 수밖에 없다.

따라서 외부감사법은 감사 또는 감사위원회로 하여금 회사에 요구되는 최소한의 감사시간, 감사에 필요한 인력 등을 사전적으로 문서로 정하여 두도록 함으로써, 최소한의 감사품질을 보장할 수 있도록 하였다.

다만, 외부감사에 대한 전문성이 없는 감사 또는 감사위원회로서는 외부감사에 필요한 최소한의 감사시간이나 인력을 사전에 결정하기 어려울 수 있다. 이 부분은 결국 회사의 특성과 다른 유사 업종의 회사에 평균적인 감사시간, 인력 등을 참고할 수밖에 없을 것이다. 이와 관련하여 외부감사법은 감사인으로 하여금 감사보고서에 외부감사 참여 인원수, 감사내용, 소요시간 등 외부감사 실시내용을 첨부하여 공시하도록 하고 있다(법 제18조 제3항, 시행세칙 별지 제4호 서식). 따라서 감사 또는 감사위원회는 이렇게 공시된 자료를 통해 유사한 업종이나 규모의 다른 회사에 대하여 소요된 감사시간이나 인력들을 확인하여 회사의 감사인 선정 시 참고할 수 있을 것이다.

나. 문서화한 준수사항의 이행상황 사후확인

감사 또는 감사위원회는 감사보고서를 제출받은 경우 위와 같이 미리 정하여 둔 사항들이 준수되었는지를 확인하여야 한다(법 제10조 제6항 전문). 이 경우 감사위원회가 설치되지 아니한 주권상장법인, 대형비상장주식회사 또는 금융회사의 감사는 위 사항들이 준수되었는지를 확인한 문서를 감사인선임위원회에 제출하여야 한다(같은 항 후문).

감사 또는 감사위원회로 하여금 사전적으로 투입하기로 정하여 둔 감사관련 자원(시간, 인력)이 실제로 투입되었는지를 사후적으로 확인하도록 함으로써, 감사품질을 양적인 측면에서 관리하도록 한 것이다.

5. 감사인 선임절차의 예외

가. 개요

앞에서 살펴본 감사인 선임절차에 대하여는 다음과 같은 예외가 있다(법 제10조 제7항).

1. 법 제11조 제1항 및 제2항에 따라 증권선물위원회가 지정하는 자를 감사인으로 선임하거나 변경선임하는 경우: 제1항 본문, 제2항, 제3항 본문 및 제4항 미적용
2. 법 제15조 제1항 또는 제2항에 따라 감사계약이 해지된 경우: 제1항 본문, 제2항 및 제3항 본문 미적용
3. 선임된 감사인이 사업연도 중에 해산 등 대통령령으로 정하는 사유로 감사를 수행하는 것이 불가능한 경우: 제1항 본문, 제2항 및 제3항 본문 미적용

법 제10조 제7항 제3호에서 "해산 등 대통령령으로 정하는 사유"는 다음과 같다(법 시행령 제13조 제2항).

법 시행령 제13조(감사인 선정 등) ② 법 제10조 제7항 제3호에서 "해산 등 대통령령으로 정하는 사유"란 다음 각 호의 어느 하나에 해당하는 경우를 말한다.

1. 감사인이 파산 등의 사유로 해산하는 경우(합병으로 인한 해산의 경우는 제외한다)

2. 감사인인 회계법인이 「공인회계사법」 제39조 제1항에 따라 등록이 취소되거나 업무의 전부 또는 일부가 정지된 경우
3. 감사인인 감사반의 등록이 총리령으로 정하는 바에 따라 취소되거나 효력이 상실된 경우
4. 감사인인 감사반의 구성원이 「공인회계사법」 제48조 제2항 제1호부터 제3호까지의 규정에 해당하는 징계를 받은 경우
5. 주권상장법인의 감사인이 법 제9조의2 제5항에 따라 등록이 취소된 경우
6. 감사인이 법 제29조 제3항 또는 제4항에 따른 조치로 해당 회사에 대한 감사업무를 계속 수행할 수 없는 경우
7. 그 밖에 감사인이 해당 사업연도의 회계감사를 수행할 수 없다고 증권선물위원회가 인정하는 경우

위와 같은 예외사유가 있는 경우에는 그 사유 발생일부터 2개월 이내에 감사인을 선임하여야 한다(법 제10조 제8항).

나. 증권선물위원회가 지정하는 자를 감사인으로 선임하거나 변경선임하는 경우

증권선물위원회는 일정한 사유가 있는 경우 회사에게 3개 사업연도의 범위에서 증권선물위원회가 지정하는 회계법인을 감사인으로 선임하거나 변경선임할 것을 요구할 수 있다(법 제11조 제1항).

이러한 경우까지 회사에게 매 사업연도 개시일부터 45일 이내(초도감사인 경우 사업연도 개시일부터 4개월 이내)에 감사인을 선임할 것을 요구할 수는 없다(제1항 본문, 제2항). 또한 증권선물위원회가 감사인을 지정하는 만큼 감사인의 독립성은 보장되어 있다고 보아도 무방하다. 따라서 3개 사업연도 동일감사인 선임 의무나 감사 또는 감사위원회가 감사인을 선정하는 절차 역시 불필요하다고 볼 수 있다. 이에 따라 외부감사법은 증권선물위원회가 감사인을 지정하는 경우 위와 같은 외부감사법상 선임절차의 예외를 인정하고 있다.

다. 감사계약 해지 등으로 인한 재선임의 경우

감사인은 독립성이 훼손된 경우나 회사로부터 감사의견과 관련하여 부당한 요구나 압력을 받은 경우 등의 사유가 있으면 사업연도 중이라도 감사계약을 해지할 수

있다(법 제15조 제1항·제2항). 또한 감사인이 파산 등의 사유로 해산하거나 회계법인의 등록이 취소되는 경우, 감사반의 등록이 취소되는 등 현실적으로 감사인이 감사업무를 계속 수행할 수 없는 사유가 발생할 수도 있다(법 제10조 제7항 제3호, 법 시행령 제13조 제2항).

구체적으로, 감사인이 파산으로 해산하거나 회계법인, 감사반의 등록이 취소되면 그 이후부터는 현실적으로 감사를 수행할 수 없으므로 감사계약을 다시 체결하여야 할 것이다(법 시행령 제13조 제2항 제1호·제2호·제3호). 비슷한 사례로, 사업연도 중 주권상장법인 감사인으로 등록한 회계법인이 등록 취소를 당한다면 해당 회계법인은 그 사업연도에 주권상장법인 감사를 계속 진행할 수 없을 것이다(법 시행령 제13조 제2항 제5호). 또한 금융위원회에 의하여 감사 업무 정지 명령을 받은 경우에도 마찬가지이다(법 시행령 제13조 제2항 제2호). 다만, 해당 회사의 감사업무 외의 감사업무 정지 처분을 받은 경우(예컨대 비상장회사 감사 중 상장회사 감사업무 정지 처분을 받은 경우 등)라면 감사계약을 다시 체결할 필요는 없을 것이다.

이러한 사유가 발생하면 회사는 사업연도 중이라도 다시 감사인을 선임하여야 한다. 그런데 이 경우 이미 법률상 감사인 선임기간(사업연도 개시일부터 45일 이내 또는 초도감사인 경우 사업연도 개시일부터 4개월 이내)이 경과되었을 가능성이 높다. 따라서 외부감사법은 회사가 위와 같은 사유로 인하여 감사인을 재선임하는 경우에는 외부감사법상 법정 감사인 선임기간에 대한 예외를 인정하였다.

나아가, 이는 정상적인 감사인 선임절차라고 볼 수 없으므로, 외부감사법은 이 경우 주권상장법인, 대형비상장주식회사 또는 금융회사에 대하여 3개 사업연도 동일감사인 선임제한의 예외를 인정하였다. 따라서 주권상장법인, 대형비상장주식회사 또는 금융회사가 위와 같은 예외 사유로 사업연도 중에 감사인을 선임하는 경우에는 그 감사인과 반드시 3개 사업연도에 대한 연속적인 감사계약을 체결하도록 강제되지 않는다.

한편, 위와 같은 사유로 감사인을 선임한다고 하더라도 감사인의 독립성을 보장하기 위한 절차를 준수할 필요가 있다. 이 경우는 증권선물위원회가 직접 감사인을 선임하는 것이 아니고 회사가 직접 감사인을 선임하기 때문이다. 따라서 외부감사법은 위와 같은 경우 회사의 감사 또는 감사위원회가 감사인을 선정하는 절차는 동일하게 거치도록 하고 있다. 이 경우 회사는 위와 같은 사유 발생일부터 2개월 이내에 위와 같은 감사인 선정절차를 거쳐 감사인을 선임하여야 한다(법 제10조 제8항).

Ⅳ. 위반 효과

회사가 정당한 이유 없이 외부감사법이 정한 기간 내에 감사인을 선임하지 않으면 해당 회사는 해당 사업연도에 감사인이 존재하지 않는 상태가 된다. 이는 외부감사를 통해 재무제표의 신뢰성을 제고하려는 외부감사법의 취지와 맞지 않는다. 이에 따라 외부감사법은 이러한 상황을 방지하기 위한 여러 규정들을 두고 있다.

우선, 회사가 법 제10조 제4항부터 제6항까지 정한 절차를 지키지 않는 경우 증권선물위원회는 회사에 임원의 해임 또는 면직 권고, 6개월 이내의 직무정지, 일정 기간 증권의 발행제한 그 밖에 필요한 조치를 할 수 있다(법 제29조 제1항 제2호).

또한, 회사가 정당한 이유 없이 법 제10조 제1항·제2항 또는 제8항에 따른 기간 내에 감사인을 선임하지 아니한 경우 그 행위자를 3년 이상의 징역 또는 3천만 원 이하의 벌금에 처한다(법 제42조 제4호). 위 규정은 이사, 감사, 업무집행지시자, 회계업무를 담당하는 자, 감사인 등을 포괄적으로 행위자로 규정하고 있는데, 회사와 감사인 사이의 감사계약은 회사 대표이사에 의하여 체결되는 것이므로, 기본적으로 위 규정은 회사의 대표이사에 대하여 적용될 것으로 보인다. 다만, 이 경우 회사에 대하여도 동일한 내용의 벌금이 부과될 수 있다(양벌규정. 법 제46조 본문). 회사가 그 위반행위를 방지하기 위하여 해당 업무에 관하여 상당한 주의와 감독을 게을리하지 아니하였다는 점을 입증(증명)한 경우는 회사에 벌금이 부과되지 않는다(법 제46조 단서).

다음으로, 회사가 감사인의 선임기간 내에 감사인을 선임하지 아니하면, 증권선물위원회가 지정하는 회계법인을 감사인으로 선임할 것을 요구할 수 있다(법 제11조 제1항 제2호). 즉, 외부감사법은 사후적으로 증권선물위원회가 감사인을 선임하지 아니한 회사의 감사인을 지정하도록 하여 외부감사 대상 회사가 감사인을 선임하지 아니하는 상황을 최대한 방지하고 있다.

나아가, 외부감사법이 증권선물위원회로 하여금 회사로부터 감사인 선임 보고를 받도록 하는 것도 위와 같이 회사의 감사인 미선임 상황을 방지하기 위한 제도의 하나로 볼 수 있을 것이다(법 제12조).

[이재원]

제 2 장 회사 및 감사인

제11조(증권선물위원회에 의한 감사인 지정 등)

① 증권선물위원회는 다음 각 호의 어느 하나에 해당하는 회사에 3개 사업연도의 범위에서 증권선물위원회가 지정하는 회계법인을 감사인으로 선임하거나 변경선임할 것을 요구할 수 있다.

1. 감사 또는 감사위원회(감사위원회가 설치되지 아니한 주권상장법인, 대형비상장주식회사 또는 금융회사의 경우는 감사인선임위원회를 말한다. 이하 이 조에서 같다)의 승인을 받아 제10조에 따른 감사인의 선임기간 내에 증권선물위원회에 감사인 지정을 요청한 회사
2. 제10조에 따른 감사인의 선임기간 내에 감사인을 선임하지 아니한 회사
3. 제10조 제3항 또는 제4항을 위반하여 감사인을 선임하거나 증권선물위원회가 회사의 감사인 교체 사유가 부당하다고 인정한 회사
4. 증권선물위원회의 감리 결과 제5조에 따른 회계처리기준을 위반하여 재무제표를 작성한 사실이 확인된 회사. 다만, 증권선물위원회가 정하는 경미한 위반이 확인된 회사는 제외한다.
5. 제6조 제6항을 위반하여 회사의 재무제표를 감사인이 대신하여 작성하거나, 재무제표 작성과 관련된 회계처리에 대한 자문을 요구하거나 받은 회사
6. 주권상장법인 중 다음 각 목의 어느 하나에 해당하는 회사
   가. 3개 사업연도 연속 영업이익이 0보다 작은 회사
   나. 3개 사업연도 연속 영업현금흐름이 0보다 작은 회사
   다. 3개 사업연도 연속 이자보상배율이 1 미만인 회사
   라. 그 밖에 대통령령으로 정하는 재무기준에 해당하는 회사
7. 주권상장법인 중 대통령령으로 정하는 바에 따라 증권선물위원회가 공정한 감사가 필요하다고 인정하여 지정하는 회사
8. 「기업구조조정 촉진법」 제2조 제5호에 따른 주채권은행 또는 대통령령으로 정하는 주주가 대통령령으로 정하는 방법에 따라 증권선물위원회에 감사인 지정을 요청하는 경우의 해당 회사
9. 제13조 제1항 또는 제2항을 위반하여 감사계약의 해지 또는 감사인의 해임을 하지 아니하거나 새로운 감사인을 선임하지 아니한 회사

10. 감사인의 감사시간이 제16조의2 제1항에서 정하는 표준 감사시간보다 현저히 낮은 수준이라고 증권선물위원회가 인정한 회사
11. 직전 사업연도를 포함하여 과거 3년간 최대주주의 변경이 2회 이상 발생하거나 대표이사의 교체가 3회 이상 발생한 주권상장법인
12. 그 밖에 공정한 감사가 특히 필요하다고 인정되어 대통령령으로 정하는 회사

② 증권선물위원회는 다음 각 호의 어느 하나에 해당하는 회사가 연속하는 6개 사업연도에 대하여 제10조 제1항에 따라 감사인을 선임한 경우에는 증권선물위원회가 대통령령이 정하는 기준과 절차에 따라 지정하는 회계법인을 감사인으로 선임하거나 변경선임할 것을 요구할 수 있다.

1. 주권상장법인. 다만, 대통령령으로 정하는 주권상장법인은 제외한다.
2. 제1호에 해당하지 아니하는 회사 가운데 자산총액이 대통령령으로 정하는 금액 이상이고 대주주 및 그 대주주와 대통령령으로 정하는 특수관계에 있는 자가 합하여 발행주식총수(의결권이 없는 주식은 제외한다. 이하 같다)의 100분의 50 이상을 소유하고 있는 회사로서 대주주 또는 그 대주주와 특수관계에 있는 자가 해당 회사의 대표이사인 회사

③ 제2항에도 불구하고 다음 각 호의 어느 하나에 해당되는 회사는 제10조 제1항에 따라 감사인을 선임할 수 있다.

1. 증권선물위원회가 정하는 기준일로부터 과거 6년 이내에 제26조에 따른 증권선물위원회의 감리를 받은 회사로서 그 감리 결과 제5조에 따른 회계처리기준 위반이 발견되지 아니한 회사
2. 그 밖에 회계처리의 신뢰성이 양호한 경우로서 대통령령으로 정하는 회사

④ 제1항 및 제2항에 따라 증권선물위원회가 감사인의 선임이나 변경선임을 요구한 경우 회사는 특별한 사유가 없으면 이에 따라야 한다. 다만, 해당 회사 또는 감사인으로 지정받은 자는 대통령령으로 정하는 사유가 있으면 증권선물위원회에 감사인을 다시 지정하여 줄 것을 요청할 수 있다.

⑤ 제4항 단서에 따라 회사가 증권선물위원회에 감사인을 다시 지정하여 줄 것을 요청할 경우 사전에 감사 또는 감사위원회의 승인을 받아야 한다.

⑥ 회사는 제1항 및 제2항에 따라 증권선물위원회로부터 지정받은 감사인을 지정 사업연도 이후 최초로 도래하는 사업연도의 감사인으로 선임할 수 없다.

⑦ 증권선물위원회가 감사인의 선임이나 변경선임을 요구하여 회사가 감사인을 선임하는 경우에도 제10조 제5항 및 제6항을 적용한다.

Ⅰ. 입법취지

우리나라의 외부감사법은 기본적으로 회사가 자율적으로 감사인을 선임할 수 있도록 하는 감사인 자율선임제도를 규정하고 있다. 앞서 살펴본 바와 같이 이러한 감사인 자율선임제도는 감사인들 사이의 경쟁을 통해 감사품질은 높이고 감사보수는 낮추는 순기능이 있다. 그러나 감사인 자율선임제도에는 감사인이 감사인을 선임하고 보수를 결정하는 회사의 영향을 받을 수밖에 없는 내재적 한계가 존재한다. 따라서 외부감사법은 여러 제도를 통해 감사인 자율선임제도 아래에서 감사인이 독립성을 유지할 수 있도록 하는 장치들을 두고 있다. 본조에서 살펴볼 감사인 지정제도는 그러한 제도들 중 핵심적인 위치를 차지하고 있는 제도의 하나이다. 외부감사법은 감사인의 독립성 상실을 의심할 만한 사정이 있거나 특별히 공정한 감사가 필요하다고 인정되는 경우에는 증권선물위원회가 직접 감사인을 지정하여 줄 수 있도록 함으로써 감사인의 독립성을 제도적으로 보장하고 있다. 또한 최근 들어 큰 규모의 분식회계 사건들이 문제되면서 사회적으로 감사인 자율선임제도가 과연 감사인의 독립성을 보장하여 줄 수 있는지에 대하여도 많은 의문이 제기되고 있다. 이러한 일련의 상황을 반영하여 외부감사법은 점차 증권선물위원회가 감사인을 지정하는 요건을 확대하는 경향을 보이고 있다.

Ⅱ. 연혁

감사인이 독립성을 유지하기 어렵다고 인정되거나 특히 공정한 감사가 필요하다고 인정되는 회사에 대하여 증권선물위원회(구 증권관리위원회)가 감사인을 지정할 수 있도록 한 제도는 외부감사법 시행 초기인 1989년경에 도입되었다(1989. 12. 30. 법률 제4168호). 이러한 증권선물위원회에 의한 감사인 지정 제도는 현재까지 유지되고 있다. 다만, 증권선물위원회가 감사인을 지정할 수 있는 사유들은 법령 개정을 통해 다소 변화가 있었다. 또한 외부감사법은 가장 최근 개정(2017. 10. 31. 법률 제15022호)을 통하여 상장법인 및 소유, 경영 미분리 회사에 대해 연속하는 6개 사업연도의 감사인을 회사가 선임한 이후에는 증권선물위원회가 지정하는 감사인을 선임하도록

표 14 감사인 지정제도 연혁

구분	내용
1989. 12. 30. 법률 제4168호	감사인이 독립성을 유지하기 어렵다고 인정되는 회사와 특히 공정한 감사가 필요하다고 인정되는 회사의 경우 증권관리위원회가 감사인 지명하도록 함
2014. 5. 28. 법률 제12715호	주권상장법인 중 일정한 재무기준에 해당하는 회사에 대하여 증권선물위원회가 감사인을 지정하도록 하고, 지정받은 감사인을 지정 사업연도 이후 최초로 도래하는 사업연도의 감사인으로 선임할 수 없도록 함
2017. 10. 31. 법률 제15022호	상장법인 및 소유, 경영 미분리 회사에 대해 연속하는 6개 사업연도의 감사인을 회사가 선임한 이후에는 증권선물위원회가 지정하는 감사인을 선임하도록 하는 주기적 감사인 지정제도를 도입함. 다만, 최근 6년 이내에 감리를 받은 결과 회계부정이 발견되지 않은 경우 등은 여기서 제외함

하는 이른바 주기적 감사인 지정제도를 새롭게 도입하였다.

한편 부칙(법률 제15022호, 2017. 10. 31.)에 따르면, 법 제10조의 내용 중 대형비상장주식회사 및 금융회사에 대한 내용(법 제11조 제1항 제1호)은 2018. 11. 1. 이후 시작되는 사업연도부터 적용한다(법 부칙 제7조).

주기적 감사인 지정제도와 관련된 내용(법 제11조 제2항)은 2019. 11. 1. 이후 시작되는 사업연도부터 적용한다(법 부칙 제8조 전문). 이 경우 연속하는 6개 사업연도의 산정은 2019. 11. 1. 전의 사업연도를 포함하여 계산한다.

Ⅲ. 감사인 지정사유

1. 감사인 지정의 법적 성격

본조에서는 증권선물위원회가 감사인을 지정할 수 있는 사유 및 그 절차에 대하여 주로 규정하고 있다. 그러나 감사인 지정사유 및 절차에 대해 살펴보기에 앞서 우선, 증권선물위원회가 감사인을 지정하는 것의 법적 성격을 살펴볼 필요가 있다.

증권선물위원회는 법률상 규정된 사유가 있는 회사에 대하여 증권선물위원회가 지정하는 회계법인을 감사인으로 선임하거나 변경선임할 것을 요구할 수 있다(법 제11조 제1항). 그리고 이러한 요구를 받은 회사는 특별한 사유가 없으면 이에 따라야 하고(법 제11조 제4항), 이를 따르지 아니한 회사에 대하여는 벌칙이 주어진다(법 제44조 제1호·제2호). 이러한 법률 규정을 종합하면, 증권선물위원회의 감사인 지정은 행정청이 행하는 구체적 사실에 관한 법집행으로서의 공권력의 행사, 즉 행정처분에 해당한다고 보는 것이 타당하다고 생각된다.

이에 대한 명시적인 대법원 판례는 찾기 어려우나, 하급심법원 판례 중에는 증권선물위원회가 한 감사인 지정이 행정처분임을 전제로 그 취소를 구하는 회사의 청구를 기각한 판결이 있다(서울행정법원 2014. 8. 22. 선고 2014구합9219 판결, 서울고등법원 2014. 12. 12. 선고 2014누62519 판결. 해당 판결은 대법원 2015. 1. 12. 선고 2015두53840 심리불속행 판결로 확정되었다).

위와 같은 논리에 따라 법 제11조 제1항이 정한 직권지정사유로 인한 증권선물위원회의 감사인 지정을 행정처분으로 본다면, 법 제11조 제2항이 정한 주기적 지정사유로 인한 증권선물위원회의 감사인 지정도 역시 행정처분으로 볼 수 있는지에 대하여는 논란의 여지가 있다. 법 제11조 제1항의 경우 감사인이 독립성을 유지하기 어렵다고 인정되는 경우이거나 특히 공정한 감사가 필요하다고 인정되는 경우로서 증권선물위원회가 구체적인 사실에 대하여 공익을 위해 법을 집행한다고 볼 수 있는 경우이므로 비교적 쉽게 처분성을 인정할 수 있다. 그러나 법 제11조 제2항은 기본적으로 각각의 회사에 특유한 사유가 발생하였기 때문이 아니라 일정한 기간이 지나면 자동적으로 증권선물위원회가 감사인을 지정하도록 하여 일정 규모 이상 회사의 회계처리 투명성을 확보하기 위한 측면이 보다 강하다. 즉, 법 제11조 제2항은 구체적 사실에 대한 법집행이라기보다는 일종의 자동적인 감사인 선임 제도 내지 시스템을 규정한 측면이 강하다고 볼 여지가 있다. 따라서 이러한 측면에서 보면 법 제11조 제2항에 따른 감사인 지정은 행정처분이 아니라고 볼 여지도 있는 것이다. 그러나 외부감사법은 법 제11조 제1항과 제2항의 지정사유에 따른 감사인 지정절차나 효과에 대하여는 특별히 구별하지 않고 있는 것으로 보인다. 즉, 법 제11조 제2항에 의하여 감사인이 지정되더라도 회사는 이에 따를 의무가 있고(법 제11조 제4항), 이를 따르지 아니하면 제재가 가해진다(법 제44조 제1호·제2호). 그렇다면, 회사가 증권선물위원회의 감사인 지정을 수인해야 하는 공법적 법률관계 성립에 있어서는 법 제11조 제1항과 제2항의 차이가 크지 아니하므로, 이러한 측면에서 볼 때는 법 제11조 제2항에 따른 감사인 지정 역시 행정처분으로 새기는 것이 타당하다고 생각된다.

참고로, 증권선물위원회의 감사인 지정처분과 관련하여 자주 문제되는 것 중 하나는 증권선물위원회가 일정한 법 위반행위를 한 감사반이나 회계법인을 감사인 지정대상에서 제외하는 처분이다. 이러한 감사인 지정제외처분의 법적 성격 역시 문제될 수 있는데, 대법원은 이를 "법위반행위를 한 감사인에 대하여 하는 기타 필요한 조치의 하나로서 감사인지정시 일정한 회사수에 대한 감사인지정을 제외하는 것을 내용으로 하는 것으로서 일종의 수익적 행정행위의 철회에 해당한다"고 보고 있다(대법원 2004. 7. 8. 선고 2002두1946 판결).

2. 직권지정

가. 개요

증권선물위원회는 감사인이 독립성을 유지하기 어렵다고 인정되거나 특히 공정한 감사가 필요하다고 인정되는 회사에 대하여 3개 사업연도의 범위에서 증권선물위원회가 지정하는 회계법인을 감사인으로 선임하거나 변경선임할 것을 요구할 수 있다(법 제11조 제1항).

외부감사법은 회계법인이 감사반보다 규모가 커서 내부적인 감사품질 유지에 보다 적합하다는 점을 고려하여, 증권선물위원회가 감사인을 지정하는 경우에는 회계법인 중에서 감사인으로 지정하도록 하였다. 또한 증권선물위원회는 3개 사업연도의 범위에서 감사인 선임을 요구할 수 있는데, 구체적인 내용은 다음과 같다(외감규정 제10조, 시행세칙 제10조).

표 15 감사인 지정기간 구분

구분	지정기간
주권상장법인, 소유, 경영 미분리 비상장법인에 대한 주기적 지정 사유(법 제11조 제2항)의 경우	3개 사업연도
법규위반 지정 사유(법 제11조 제1항 제2호, 제3호,[1] 제5호, 제9호, 법 시행령 제14조 제6항 제3호 및 제6호)가 있는 경우	2개 사업연도
그 밖의 회사	1개 사업연도

1) 법 제10조 제3항·제4항의 감사인 선임절차를 위반한 경우에 한한다.

증권선물위원회가 감사인을 지정할 수 있는 사유는 외부감사법의 개정에 따라 변하여 왔는데, 아래에서는 현행 외부감사법이 규정하고 있는 감사인 지정 사유들을 살펴본다.

나. 감사인이 독립성을 유지하기 어렵다고 인정되는 경우

(1) 감사인 선임기간 내에 감사인을 선임하지 아니한 회사(제2호)

회사는 법 제10조 제1항에 따른 법정 감사인 선임기간 내에 감사인을 선임하여야 한다. 만약 회사가 법정 선임기간 내에 감사인을 선임하지 아니하면 강제로라도 감사인을 선임하도록 할 필요가 있다. 외부감사법의 취지에 비추어 볼 때, 외부감사를 받지 아니한 재무제표가 공시되도록 할 수는 없기 때문이다. 또한 회사가 법률이 정한 선임절차를 거치지 아니하고 임의로 감사인을 선임하면 해당 감사인의 독립성을 보장할 수 없다. 따라서 외부감사법은 증권선물위원회가 감사인 선임기간 내에 감사인을 선임하지 못한 회사의 감사인을 직접 지정할 수 있도록 하였다.

(2) 감사인 선임절차를 위반하여 감사인을 선임한 회사(제3호 전단)

외부감사법은 감사인의 독립성을 보장하기 위해 주권상장법인 등의 3개 사업연도 동일감사인 선임의무 및 감사 또는 감사위원회에 의한 감사인 선임절차를 규정하고 있다(법 제10조 제3항·제4항). 회사가 이러한 감사인 선임절차를 위반하여 감사인을 선임하였다면, 이는 그 자체로 감사인의 독립성 훼손위험의 표지에 해당한다고 볼 수 있다. 따라서 외부감사법은 이러한 경우 증권선물위원회가 직권으로 감사인을 지정할 수 있도록 하였다.

(3) 증권선물위원회가 회사의 감사인 교체 사유가 부당하다고 인정한 회사(제3호 후단)

증권선물위원회가 회사의 감사인 교체 사유가 부당하다고 인정한다면 직접 감사인을 지정할 수 있다.

우선, 여기서 감사인 '교체'가 무엇을 의미하는지에 대하여는 다소 논란의 소지가 있다. 우선 생각해 볼 수 있는 것은 회사가 감사인과 예컨대 3년간의 감사계약을 체결하기로 약속하였다가 1년의 기간만 지났음에도 불구하고 감사인을 변경하려는 경우를 생각해 볼 수 있다. 이러한 경우는 당연히 '교체'로 볼 수 있을 것이다. 그 외에 회사가 외부감사법에 따라 감사계약을 해지하고 새롭게 감사인을 선임하는 경우도 '교체'로 볼 수 있을 것이다. 그렇다면, 회사가 기존 감사계약에서 정한 기간이 종료되어 새롭게 감사인을 선임하는 경우도 '교체'로 볼 수 있을까? 외부감사법이 회사가 직전 사업연도에 감사를 수행한 감사인 외의 다른 감사인을 선임하는 경우 전기 감사인에게 감사 또는 감사위원회에 의견진술을 할 수 있는 권리를 주고 있다는 점을 고려하면(법 제14조 제1항), 여기서 '교체'에는 전기감사인 외에 다른 감사인을 선임하는 경우도 포함된다고 해석할 여지가 있다. 그러나 '교체'는 문언상 정당한 권리가 있는 감사인을 다른 감사인과 바꾼다는 의미로 보아야 할 것이므로, 단지 전기감사인과 다른 감사인을 선임하려 한다고 하여 감사인의 '교체'로 보는 것은 다소 무리가 있다고 사료된다.

다음으로, 감사인 교체 사유가 '부당'하다는 것이 정확히 어떠한 상황을 의미하는지 판단기준을 제시하기는 어렵다. '부당'은 불확정개념이기 때문이다. 다만, 「외부감사 및 회계 등에 관한 규정」(이하 "외감규정")은 다음과 같은 경우를 '부당한 감사인 교체 사유'로 규정하고 있다(외감규정 제11조).

1. 회사가 감사인이 회계감사기준에 따른 중요한 절차를 수행하는 것을 제한하는 감사계약을 감사인에 요구하는 경우
2. 회사의 발기인, 설립위원, 업무집행사원, 업무집행자, 이사, 집행임원, 감사, 감사위원회 위원, 외국회사의 대표자, 검사인 등 「상법」 제635조 제1항에 규정된 자, 회사의 회계업무를 담당하는 자, 주주 또는 채권자가 감사의견과 관련하여 부당한 요구를 하거나 압력을 행사한 경우
3. 회사가 정당한 이유 없이 감사보수를 현저히 낮출 것을 요구하거나 직전 사업연도의 감사계약에 따른 의무를 이행하지 않은 경우

(4) 증권선물위원회의 감리 결과 회계처리기준을 위반하여 재무제표를 작성한 사실이 확인된 회사(제4호)

증권선물위원회의 감리 결과 회계처리기준을 위반하여 재무제표를 작성하였음에도 감사인이 이를 확인하지 못한 회사의 경우에는 감사인의 독립성에 문제가 있거나 감사인의 감사품질이 낮을 것이라는 합리적 의심을 할 수 있다. 따라서 외부감사법은 이 경우 증권선물위원회가 감사인을 지정할 수 있도록 하였다. 다만, 증권선물위원회,

금융감독원장 또는 한국공인회계사회가 감리결과 조치를 하지 않거나 경고 이하의 조치를 한 경우는 회계처리기준에 대한 경미한 위반으로 보아 감사인 지정대상으로 보지 아니한다(법 제11조 제1항 제4호 후단, 외감규정 제12조 제1항).

(5) 회사의 재무제표를 감사인이 대신하여 작성하거나 재무제표 작성과 관련된 회계처리에 대한 자문을 요구하거나 받은 회사(제5호)

회사의 재무제표 작성 책임은 회사의 대표이사와 회계담당 임원에게 있다(법 제6조 제1항). 감사인과 감사인에 소속된 공인회계사는 해당 회사의 재무제표를 대표이사와 회계담당 임원을 대신하여 작성하거나 재무제표 작성과 관련된 회계처리에 대한 자문에 응하는 행위 등을 하여서는 아니 된다(같은 조 제6항). 감사인이 직접 재무제표를 작성하여 주었거나 관련된 자문을 한 경우 해당 재무제표를 감사하면서 독립성을 유지할 수 없기 때문이다(자기감사). 그럼에도 불구하고 감사인이 위와 같은 의무를 위반하였다면 이는 감사인의 독립성이 훼손되었기 때문이라고 볼 수 있다. 따라서 외부감사법은 이러한 경우 증권선물위원회가 새롭게 감사인을 지정할 수 있도록 하였다.

다만, 금융감독원은 법 제6조 제6항의 규정이 재무제표 작성에 대한 외부감사인의 '직접적인' 개입을 금지하는 것으로, 기업이 스스로 판단하거나 다른 기관에서 자문을 받은 내용에 대하여 외부감사인이 구체적 견해를 제시하는 행위 등은 여기서의 '자문' 또는 '관여'에 해당하지 않는다는 입장이다.[2] 따라서 감사인이 특정한 입장을 적극적으로 제시한 것이 아니라 회사의 요청에 따라 회사의 판단 내용에 대한 의견을 제시하는 정도로는 위 제5호의 지정사유에 해당하지 않을 것이다.

(6) 공인회계사법상 직무제한 위반에 해당하는 감사인 및 감사 또는 감사위원회가 해임을 요청한 감사인을 해임하지 않거나 새로운 감사인을 선임하지 않는 회사(제9호)

공인회계사와 회계법인은 독립성이 침해될 위험이 있는 회사의 재무제표에 대한 감사업무를 수행할 수 없다(공인회계사법 제21조, 제33조). 만약 감사인이 위와 같은 공인회계사법상 직무제한 의무를 위반하였다면, 회사는 지체 없이 감사계약을 해지하여야 한다(법 제13조 제1항). 또한 주권상장법인 등이 3개 사업연도 동일감사인을 선임하

2) 금융위원회 보도자료, "기업의 외부감사 부담 완화를 위한 감독지침 등"(2019. 3. 12), 8면.

여 감사를 받고 있다고 하더라도 감사인이 그 기간 중에 회사의 기밀을 누설하는 등 직무상 의무를 위반하거나 부당한 요구를 하는 등의 사정이 있으면 감사 또는 감사위원회의 요청에 따라 감사인을 해임하여야 한다(법 제13조 제2항).

위와 같은 사정들은 감사인의 독립성이 침해되었음을 보여주는 전형적인 사정이라고 볼 수 있다. 그럼에도 불구하고 회사가 감사인을 해임하지 않는다면, 그러한 감사인으로부터 감사를 받은 재무제표 또한 신뢰할 수 없게 된다. 이에 따라 외부감사법은 이러한 경우 증권선물위원회로 하여금 회사에 감사인을 지정할 수 있도록 하였다.

다. 특히 공정한 감사가 필요하다고 인정되는 경우

(1) 감사 또는 감사위원회(감사인선임위원회)의 승인을 받아 감사인 선임기간 내에 증권선물위원회에 감사인 지정을 요청한 회사(제1호)

회사의 감사 또는 감사위원회가 자체적으로 독립적인 감사인을 선임하지 못하고 감사인 선임기간 내에 증권선물위원회에 감사인 지정을 요청한 경우, 증권선물위원회는 관련 절차에 따라 감사인을 지정하여 줄 수 있다.

(2) 주권상장법인 중 계속기업 불확실성이 존재하는 경우(제6호)

주권상장법인이 갑자기 도산절차를 밟는 경우 수많은 이해관계자들에게 영향을 줄 수 있다. 따라서 외부감사법은 주권상장법인 중 계속기업 가정에 불확실성이 존재하는 회사의 경우 특히 공정한 감사가 필요하다고 보아 증권선물위원회의 감사인 지정 사유로 규정하였다. 구체적으로, (i) 3개 사업연도[3] 연속 영업이익이 0보다 작은 회사, (ii) 3개 사업연도 연속 영업현금흐름이 0보다 작은 회사, (iii) 3개 사업연도 연속 이자보상배율(영업이익을 이자비용으로 나눈 비율)이 1 미만인 회사에 대하여는 증권선물위원회가 감사인을 지정하게 된다(법 제11조 제1항 제6호 가목 내지 다목). 여기서 영업이익, 영업현금흐름 및 이자보상배율은 회사가 법 제23조 제3항에 따라 증권선물위원회에 제출한 재무제표(연결재무제표를 작성하는 회사의 경우에는 연결재무제표)를 기준으로 산정하되, 금융회사의 영업이익은 이자비용을 차감하지 않고 산정한다(외감규정 제12조 제3항).

또한 위 요건에 해당하지 아니하더라도 아래와 같은 기준을 모두 충족하는 회사

3) 직전 사업연도를 포함한 이전 3개 사업연도를 의미한다(외감규정 제12조 제2항).

에 대하여는 증권선물위원회가 감사인을 지정한다(법 시행령 제14조 제1항). 다만, 금융회사와 자본시장법상 기업인수목적회사는 아래 기준을 모두 충족하더라도 감사인 지정대상이 되지 아니한다. 업종의 특성상 아래 기준을 충족하더라도 반드시 비정상적인 재무상태에 놓여 있다고 단정할 수 없기 때문이다.

1. 직전 사업연도의 재무제표(연결재무제표를 작성하는 회사의 경우에는 연결재무제표)의 부채비율(부채총액을 자기자본으로 나눈 값)이 같은 업종 평균[4]의 1.5배를 넘는 회사
2. 직전 사업연도 재무제표의 부채비율이 200퍼센트를 넘는 회사
3. 직전 사업연도 재무제표의 이자보상배율(영업이익을 이자비용으로 나눈 값)이 1 미만인 회사

(3) 주권상장법인 중 증권선물위원회가 공정한 감사가 필요하다고 인정하는 회사(제7호)

증권시장은 불특정다수의 투자자들이 거래를 하는 시장이다. 따라서 투자자들이 주식 매매 거래에서 미리 예측할 수 없었던 손해를 입지 않도록 주식의 상장 및 관리와 관련된 제도를 정비하여 둘 필요가 있다. 이에 따라 거래소는 증권시장에 상장할 증권의 심사 및 상장증권의 관리를 위한 증권상장규정을 정하여 두고 이를 적용한다(자본시장법 제390조 제1항). 상장규정은 주권상장법인이 증권시장의 운영과 관리를 위한 규정들을 위반하거나 회사의 재무상태가 상장기준에 미달하는 등의 사유가 발생할 경우 이를 관리종목으로 지정하였다가 이러한 상태가 유지될 경우 상장을 폐지하도록 하는 규정들을 두고 있다. 이러한 회사들은 조만간 상장 폐지가 될 위험이 있는 회사들이므로 투자자 보호를 위해 해당 회사의 회계정보를 엄격하게 감사할 필요가 있다. 이에 따라 외부감사법은 주권상장법인 중 상장규정에 따라 관리종목으로 지정된 회사의 경우 증권선물위원회가 감사인을 지정할 수 있도록 하였다(법 시행령 제14조 제3항 제1호 각 목 외의 부분 본문). 다만, 회사의 영업활동과 직접적인 관련이 없는 사유로 관

---

4) 12월에 결산을 하는 주권상장법인 중 같은 업종(연결재무제표를 작성하는 회사인 경우에는 지배회사의 업종을 말한다)에 속한 회사의 직전 사업연도 말 평균 부채비율(부채총액을 자기자본으로 나눈 비율을 말한다. 이하 이 조에서 같다)을 말한다(외감규정 제12조 제4항) 이 경우 부채비율 산정시 다음 중 어느 하나에 해당하는 회사는 포함하지 아니한다(외감규정 제12조 제5항).

1. 해당 업종 내 부채비율이 가장 높은 회사 및 가장 낮은 회사. 이 경우, 부채비율이 음수인 회사는 제외한다.
2. 자기자본이 영(零)이거나 음수인 회사

리종목으로 지정된 회사, 즉, (i) 주주 수나 상장주식 수 등 주식분산 기준을 충족하지 못하였거나, (ii) 주식거래량 기준을 충족하지 못한 경우, 또는 (iii) 시가총액 기준을 충족하지 못하여 관리종목으로 지정된 회사의 경우에는 그러하지 아니하도록 하였다 (법 시행령 제14조 제3항 제1호 각 목 외의 부분 단서).

한편, 코스닥시장의 경우에도 유가증권시장과 유사하게 상장규정을 두고 있다. 이에 따라 외부감사법은 위와 동일한 취지에서, 코스닥시장 상장규정에 따라 투자주의 환기종목으로 지정된 법인에 대하여도 증권선물위원회가 감사인을 지정할 수 있도록 하였다(법 시행령 제14조 제3항 제2호 각 목 외의 부분 본문). 다만, 감사인의 내부회계관리제도 검토 과정에서 취약점이 발견되어 투자주의 환기종목으로 지정된 경우는 그러하지 아니한다(법 시행령 제14조 제3항 제2호 각 목 외의 부분 단서).

(4) 주채권은행 또는 기관투자자인 주주가 증권선물위원회에 감사인 지정을 요청한 회사(제8호)

감사계약은 회사와 감사인 사이에 체결된다. 따라서 감사인을 선임하고 감사계약을 체결하는 것도 회사의 업무이고, 원칙적으로 채권자나 주주들이 직접적으로 관여할 수 있는 종류의 업무가 아니다. 외부감사법은 이러한 원칙의 예외를 두어, 특별한 사정이 있는 경우는 채권자나 주주가 증권선물위원회에 감사인 지정을 신청할 수 있도록 하였다. 그러나 이는 주식회사의 기관 구조와 채권자 및 주주와 회사 사이의 관계를 고려할 때 매우 이례적인 일이므로 외부감사법은 이를 매우 제한적으로만 허용하고 있다.

먼저, 외부감사법은 「기업구조조정 촉진법」에 따른 주채권은행에 대하여 감사인 지정 신청을 할 수 있도록 허용하고 있다. 「기업구조조정 촉진법」에 따른 구조조정이 진행되는 경우 채권금융기관들은 구조조정 대상 회사의 재무정보가 투명하고 객관적으로 작성되는 것에 깊은 이해관계를 가질 수밖에 없다. 이러한 상황에서 회사가 직접 감사인을 선임한다면 채권금융기관들은 그렇게 선임된 감사인이 회사를 위해 재무제표를 공정하게 감사하지 아니할 수 있다고 우려할 수 있다. 이에 따라 외부감사법은 채권금융기관들을 대표하여 회사를 관리하는 주채권은행으로 하여금 증권선물위원회에 감사인 선임을 신청할 수 있도록 하였다.

다음으로, 외부감사법은 투자대상회사의 장기적인 가치 향상과 지속적인 성장을 추구함으로써 고객과 수익자의 중장기적인 이익을 도모할 책임(외부감사법은 이를 "수탁자 책임"이라 한다)을 효과적으로 이행할 기관투자자인 주주로서 일정한 요건을 갖춘 자가 증권선물위원회에 감사인 지정을 신청할 수 있도록 하였다(시행령 제14조 제4항). 기관투자자로서 회사의 건실한 성장에 이해관계를 가지고 있는 자가 회사의 재무제표에 대한 보다 객관적이고 공정한 외부감사가 필요하다고 판단한 경우, 그러한 판단을 존중하겠다는 취지이다. 구체적으로, 외부감사법상 감사인 지정 신청이 허용되는 기관투자자인 주주의 요건은 다음과 같다(외감규정 제13조 제1항).

1. 수탁자 책임에 관한 원칙에 따라 주주활동을 수행하였을 것
2. 감사인 지정 요청 대상이 되는 회사("피신청인")가 발행한 의결권 있는 주식의 5% 이상을 1년 이상 계속 보유하였을 것
3. 피신청인의 회계처리 또는 외부감사가 적정하게 이루어지고 있는지를 확인하기 위하여 상법상 회계장부 열람청구, 회계처리와 관련된 임시주주총회 개최 제안 중 하나의 행위를 하였을 것
4. 기관투자자가 피신청인에 증권선물위원회에서 피신청인의 감사인을 지정한 날부터 1년 이상 피신청인이 발행한 주식의 5% 이상을 계속 보유하겠다고 확약할 것

위와 같은 요건에 해당하는 주채권은행이나 기관투자자는 금융감독원장에게 감사인 지정 신청서를 제출하여야 하고(외감규정 제13조 제2항), 금융감독원장은 신청서를 접수한 후 대상 회사에 그 사실을 알려야 한다(같은 조 제3항). 이러한 신청서에 흠결이 없고, 감사인을 지정하더라도 대상 회사의 경영에 미치는 피해가 크지 아니하며, 수탁자 책임 원칙에도 어긋나지 않는다면, 금융감독원장은 대상 회사의 감사인을 지정할 수 있다(같은 조 제4항). 이 경우 금융감독원장이 주채권은행 또는 기관투자자의 감사인 지정 요청에 불구하고 감사인 지정을 하지 않는 경우에는 지체 없이 대상 회사와 주채권은행 또는 기관투자자에게 그 사실과 이유를 문서로 통지하여야 한다(같은 조 제5항).

(5) 감사시간이 표준감사시간보다 현저히 낮은 경우(제10호)

앞서 살펴본 것과 같이 감사품질은 투입되는 감사시간과 정(正)의 비례관계에 있다고 볼 수 있다. 따라서 감사인이 투입한 감사시간이 표준적으로 소요되는 시간에 현저히 미치지 못한다면, 특별한 사정이 없는 한 그러한 감사인이 제공하는 감사품질을

신뢰하기는 매우 어렵다. 이에 따라 외부감사법은 이러한 경우 증권선물위원회가 감사인을 지정할 수 있도록 규정하였다. 다만, 감사인이 어느 정도나 표준감사시간보다 낮은 감사시간을 투입하였을 때 "현저히 낮다"고 볼 수 있는지는 객관적인 판단기준을 제시하기 어려운 문제이다. 생각건대, 감사시간이 표준감사시간의 50%에도 미치지 못한다면 일단 "현저히 낮은" 경우로 보더라도 큰 무리가 없을 것이라 생각된다. 그러나 감사시간이 "현저히 낮은"지 여부는 결국 회사의 규모, 업무의 성격, 해당 사업연도에 발생한 회계적 쟁점의 유무 및 그 난이도 등을 종합적으로 고려하여 판단할 수밖에 없을 것이다.

(6) 과거 3년간 최대주주의 변경이 2회 이상 발생하였거나 대표이사의 교체가 3회 이상 발생한 주권상장법인(제11호)

주권상장법인의 최대주주나 대표이사가 자주 교체되고 있다는 것은 회사의 경영이 안정적으로 이루어지지 않고 있다는 것을 의미한다. 이처럼 회사의 경영이 혼란스러운 상황이라면 회사의 재무정보 역시 정확하게 작성되지 아니할 위험이 있다. 그리고 그로 인한 손해는 증권시장에 참여한 불특정다수의 투자자들에게 돌아간다. 따라서 외부감사법은 이러한 점을 고려하여 위와 같은 사유가 있는 경우에는 증권선물위원회가 감사인을 지정할 수 있도록 하였다. 참고로 여기서 '과거 3년간'이란 금융감독원장이 법 제11조 제1항 또는 제2항에 따라 지정한 회계법인을 감사인으로 선임하거나 변경선임할 것을 요구할 회사를 판단하는 기준이 되는 날(지정대상 선정일)부터 3년 전에 해당하는 날까지의 기간을 말한다(외감규정 제12조 제8항).

(7) 상장예정회사(제12호, 시행령 제14조 제6항 제1호)

(가) "주권상장법인이 되려는 회사"의 의미

외부감사법상 "상장예정회사"를 요건으로 한 규정으로는 세 개의 조항을 찾을 수 있다. 먼저, 외부감사법에 따르면 "해당 사업연도 또는 다음 사업연도 중에 주권상장법인이 되려는 회사"는 외부감사를 받아야 한다(법 제4조 제1항 제2호). 다음으로, "해당 사업연도 또는 다음 사업연도 중에 주권상장법인이 되려는 회사"는 한국채택국제회계기준을 적용하여야 한다(법 제5조 제3항 후단, 법 시행령 제6조 제1항 제2호), 마지막으로 본조에서 정한 것과 같이 증권선물위원회는 "해당 사업연도 또는 다음 사업연도 중에 주권상장법인이 되려는 회사"에 대하여 감사인을 지정할 수 있다.

따라서 여기서 "주권상장법인이 되려는 회사"에 해당하는지 여부는 객관적으로 정하여질 필요가 있다. 단순히 "주권상장법인이 되려는 회사"라는 요건을 단순히 회사가 주관적으로 주권을 상장할 계획을 가지고 있는지 여부에 따라 판단한다면 외부감사법상 위와 같은 여러 규정의 적용 여부가 회사의 내심의 의사라는 주관적인 사정에 따라 달라질 수 있어 불합리한 결과가 발생할 수 있기 때문이다. 구체적으로, 어떠한 회사가 외부감사법에 따라 재무제표에 대한 외부감사를 받는 회사가 되면 그와 관련된 외부감사법상 여러 규제들, 즉 외부감사법상 의무를 이행하지 아니할 경우 부과되는 행정상, 형사상, 민사상 제재의 적용을 받게 된다. 이러한 상황에서 "주권상장법인이 되려는 주식회사" 중 "되려는"의 의미를 주식회사의 주관적 내심의 의사로 해석하는 것은 외부감사법상 규율을 규율의 대상이 되는 주식회사의 주관적 내심의 의사로 좌우하겠다는 것이어서 합리적이라고 보기 어렵다.

따라서 여기서 "주권상장법인이 되려는 회사"는 적어도 그와 같은 주관적 의사가 상장 관련 금융당국이나 기관에 표시되고 그 의사의 실현으로 어느 정도 객관적 요건에 해당하는 사정이 있는 경우를 의미한다고 해석하는 것이 타당하다고 생각된다.

(나) "주권상장법인이 되려는 회사"에 대한 감사인 지정

일단 "해당 사업연도 또는 다음 사업연도 중에 주권상장법인이 되려는 회사"로 인정되면 증권선물위원회가 지정하는 감사인으로부터 감사를 받아야 한다. 증권시장에 주권을 상장하기 전에 독립성이 보장된 감사인으로부터 외부감사를 받도록 하여 상장예정회사의 객관적인 재무정보가 투자자들에게 전달되도록 하기 위함이다.

다만, 이미 유가증권시장에 주권을 상장한 회사가 코스닥시장에 주권을 상장하려 하거나 반대로 이미 코스닥시장에 주권을 상장한 회사가 유가증권시장에 주권을 상장하려는 경우는 제외한다(법 시행령 제14조 제6항 제1호 가목·나목). 기존에 주권을 상장하면서 한차례 지정감사인으로부터 재무제표 감사를 받았을 것이기 때문이다.

또한 그 외에 코넥스시장에 주권을 상장하려는 법인과 주권상장법인이 되려는 기업인수목적회사의 경우에도 감사인 지정을 받지 않아도 된다(법 시행령 제14조 제6항 제1호 다목·라목).

(8) 감사보수 미지급, 미증액, 감사자료 미제출 또는 감사의견 관련 부당압력 등의 사유로 감사인이 감사계약을 해지한 회사(제12호, 법 시행령 제14조 제6항 제2호)

감사보수를 지급하지 아니하거나 자료를 제공하여 주지 않는 등 회사의 기존 태도에 비추어 볼 때 성실하게 외부감사를 받을 것이라고 보기 어려운 경우에는 증권선물위원회가 지정한 감사인으로부터 보다 공정한 감사를 받도록 할 필요가 있기 때문이다.

(9) 외부감사법상 제반 의무를 위반한 회사(제12호, 법 시행령 제14조 제6항 제3호)

회사가 외부감사법상 재무제표 제출 및 공시(법 제6조 제2항 내지 제5항), 내부회계관리제도의 운영(법 제8조 제1항 내지 제5항), 감사인의 자격 제한(법 제9조 제1항), 감사인 선임시 준수사항(법 제10조 제5항·제6항), 감사인 선임 등의 보고, 통지 공고(법 제12조), 감사인 해임 및 재선임(법 제13조), 감사인의 의견진술권(법 제14조), 감사인의 자료열람 등의 권한(법 제21조), 부정행위 등의 조사 및 시정요구(법 제22조 제3항 내지 제6항), 부정행위 신고자의 보호(법 제28조 제2항·제3항) 등을 위반한 경우 증권선물위원회는 감사인을 지정할 수 있다. 다만, 증권선물위원회, 금융감독원장 또는 한국공인회계사회가 조치를 하지 않거나 경고 이하의 조치를 한 경우는 제외한다(외감규정 제12조 제1항).

(10) 다른 법률에서 정하는 바에 따라 증권선물위원회에 감사인 지정이 의뢰된 회사(제12호, 법 시행령 제14조 제6항 제4호)

예를 들어 상호저축은행법 제24조의14는 상호저축은행이 일정한 사유에 해당하는 경우 금융위원회가 증권선물위원회에 감사인 지명을 의뢰할 수 있다고 규정하고 있다. 또한 여신전문금융업법 제56조도 여신전문금융회사가 법을 위반한 경우 금융위원회가 증권선물심의위원회의 심의를 거쳐 여신전문금융회사의 감사인을 지정할 수 있다고 규정한다.

(11) 소속 임직원이 일정금액 이상의 횡령, 배임 혐의로 고소, 공소제기된 주권상장법인(제12호, 법 시행령 제14조 제6항 제5호)

외감규정이 정한 횡령, 배임 기준 금액은 다음과 같다(외감규정 제13조 제6항 각호 외의 부분 전문). 이 경우 연결재무제표를 작성하는 회사인 경우에는 자기자본과 자산총액을 연결재무제표 기준으로 판단한다(같은 항 후문).

1. 유가증권시장 상장법인
  가. 임원: 자기자본의 0.5%(자산총액 2조 원 이상인 경우 자기자본의 0.25%)
  나. 직원: 자기자본의 5%(자산총액 2조 원 이상인 경우 자기자본의 2.5%)
2. 코스닥시장
  가. 임원: 자기자본의 0.5%(자산총액 2천억 원 이상인 경우 자기자본의 0.25%)
  나. 직원: 자기자본의 5%(자산총액 2천억 원 이상인 경우 자기자본의 3%)
3. 코넥스시장
  가. 임원: 자기자본의 0.5%(자산총액 2천억 원 이상인 경우 자기자본의 0.25%)
  나. 직원: 자기자본의 10%

본조는 횡령, 배임 혐의로 "고소" 또는 "공소제기된" 주권상장법인에 대하여 적용된다. "공소제기"의 경우 검사가 범죄의 혐의가 있다고 보아 법원의 판단을 받기 위해 형사소송을 제기하는 행위이므로(형사소송법 제246조, 제247조), 임직원에 대하여 횡령, 배임 혐의로 공소가 제기되었다면 그 소속회사의 재무제표에 대한 엄격한 감사를 위해 감사인을 지정하는 것이 정당화될 수 있다.

한편, 본조는 "공소제기" 외에 "고소"가 제기된 주권상장법인에 대하여도 적용되는데, "고소" 외에 "고발"의 경우는 어떠할까. 형사소송법상 "고소"는 범죄로 인한 피해자가 국가기관에 범죄를 알리는 행위를 의미하고(형사소송법 제223조), "고발"은 누구든지 범죄가 있다고 사료하는 때에 국가기관에 이를 알리는 행위를 의미한다(형사소송법 제234조 제1항). 위와 같은 요건에 비추어 볼 때, "고발"보다는 "고소"의 범위가 좁고, 피해자가 하는 행위라는 점에서 "고소"의 경우 "고발"보다 범죄의 혐의가 보다 뚜렷하다고 볼 수 있다. 본조의 경우 문언상 분명하게 "고소"의 경우에 적용되고, 위와 같이 "고소"와 "고발"은 신고자와 범죄의 혐의 측면에서 차이가 있으므로, 본조는 "고소"의 경우에만 적용되고 "고발"의 경우에는 적용되지 않는다고 생각된다.

(12) 회사가 주기적 지정기초자료를 기한 내에 제출하지 않거나 부실기재하여 제출한 경우(제12호, 법 시행령 제14조 제6항 제6호)

회사가 감사인의 주기적 지정 사유에 해당하여 관련 자료를 제출해야 함에도 이를 기한 내에 제출하지 않거나 미기재, 부실기재 또는 거짓기재를 하여 제출한 경우 증권선물위원회가 감사인을 지정할 수 있다.

3. 주기적 지정

가. 개요

주권상장법인(코넥스시장은 제외) 또는 소유와 경영이 제대로 분리되지 아니한 비상장법인의 경우 6개 사업연도를 연속하여 자유롭게 감사인을 선임하였다면, 그 이후 3개 사업연도의 경우에는 증권선물위원회가 지정하는 회계법인을 감사인으로 선임하도록 요구할 수 있도록 하여 위와 같은 회사들의 재무제표의 신뢰성을 높이려는 제도이다.

주기적 감사인 지정제도는 2018. 11. 1. 시행된 현행 외부감사법(2017. 10. 31. 법률 제15022호로 개정된 것)에서 처음 도입된 제도로, 2019. 11. 1. 이후 시작되는 사업연도부터 적용한다. 이 경우 연속하는 6개 사업연도의 산정은 2019. 11. 1. 이전의 사업연도를 포함하여 계산한다[부칙(법률 제15022호, 2017. 10. 31.) 제8조].

나. 주기적 감사인 지정 대상 회사

(1) 주권상장법인

유가증권시장 상장법인과 코스닥시장 상장법인을 의미하고, 코넥스시장 상장법인은 주기적 감사인 지정대상에서 제외된다(법 제11조 제2항 제1호 단서, 법 시행령 제15조 제2항).

(2) 소유, 경영 미분리 비상장법인

비상장법인 중 아래 3가지 요건에 모두 해당하는 회사를 의미한다.

> 1. 직전 사업연도 자산총액이 1천억 원 이상일 것
> 2. 직전 사업연도 말 기준 지배주주 및 그 특수관계자의 지분율(의결권 있는 주식)이 50% 이상 일 것
> 3. 직전 사업연도 말 기준 지배주주 또는 그 특수관계자가 대표이사인 회사

위 요건 중 세 번째 요건의 해석에 대하여는 논란의 여지가 있다. 세 번째 요건을 문언 그대로 해석하면, 지배주주와 특수관계가 있는 자가 대표이사이기만 하면 해당 요건을 충족하고, 그 특수관계자가 회사의 주주인지 아닌지는 고려할 대상이 아니라고 볼 수 있다. 예를 들어, 지배주주 A와 그 특수관계자인 B가 회사의 지분 50% 이상을 소유함과 동시에(두 번째 요건), 지배주주 A의 다른 특수관계자인 C(회사의 지분 미보유)가 회사의 대표이사이면 위 세 번째 요건도 충족한다는 것이다. 다른 한편, 위 세 번째 요건은 지배주주 또는 그 특수관계자인 주주가 동시에 대표이사인 경우에 적용되는 것으로 해석될 수도 있다. 두 번째 요건에서 지배주주 및 그 특수관계자가 회사의 지분 50% 이상을 소유할 것을 요구하고 있는데, 세 번째 요건인 대표이사 요건에서 위와 같은 두 번째 요건에서 정의된 "특수관계자"라는 용어를 동일하게 사용하고 있으므로, 세 번째 요건에서 "특수관계자"는 두 번째 요건에서와 마찬가지로 회사의 지분을 보유한 "특수관계자"를 의미하는 것으로 해석할 수 있다. 외부감사규정은 여기서의 "특수관계자"를 특수관계에 있는 "주주"로 규정하여 후자의 입장을 취하고 있다(외감규정 제15조 제2항).

다. 주기적 감사인 지정의 면제

(1) 개요

증권선물위원회로부터 지정기준일로부터 과거 6년 이내에 감리를 받았으나 회계처리기준 위반이 발견되지 아니한 회사는 주기적 감사인 지정을 면제받을 수 있다(법 제11조 제3항 제1호). 또한 회사가 직접 증권선물위원회에 감리를 신청하여 감리 결과 회계처리기준 위반이 발견되지 아니한 회사 역시 주기적 감사인 지정 면제 대상이다(법 시행령 제15조 제5항 각 호 외의 부분). 이때 증권선물위원회에 감리를 신청할 수 있는 회사의 요건은 다음과 같다(같은 항 각 호).

1. 지정기준일부터 과거 6년 이내에 증권선물위원회로부터 재무제표 감리를 받지 아니하였을 것
2. 회사가 증권선물위원회에 감리를 신청한 날이 속하는 사업연도 및 그 직전 2개 사업연도의 감사의견(내부회계관리제도 검토의견 포함)에 회사의 내부회계관리제도에 중요한 취약점이 발견되었다는 내용이 없을 것
3. 회사가 제2호의 감사의견을 작성한 감사인을 지정기준일 이후 도래하는 다음 3개 사업연도의 감사인으로 선임하지 않기로 확약할 것

(2) "지정기준일" 및 "감리"의 의미

본조에서는 먼저 "지정기준일"이 언제인지가 문제된다. 법 제11조 제3항 제1호는 "증권선물위원회가 정하는 기준일"로부터 과거 6년 이내에 감리를 받아 회계처리기준 위반이 발견되지 아니하였을 것을 요건으로 하는데, 여기서 "증권선물위원회가 정하는 기준일"의 의미가 명확하지 않기 때문이다. 다만, 법 시행령은 "증권선물위원회가 감사인의 선임 또는 변경선임을 요구하는 날"을 "지정기준일"로 정의하고 있다(법 시행령 제15조 제5항 제1호). 또한 법 시행령은 위와 같이 정의된 "지정기준일"을 감사인 지정절차의 기준일로 사용하고 있다(법 시행령 제17조). 나아가, 외감규정도 같은 취지에서 "금융감독원장이 감사인 지정 사실을 해당 회사에 통지하는 날"을 "지정기준일"로 정의한다(외감규정 제15조 제7항). 이러한 점들을 고려하면 본조 제11조 제3항 제1호의 "증권선물위원회가 정하는 기준일"은 "증권선물위원회가 감사인의 선임 또는 변경선임을 요구하는 날"을 의미한다고 새기는 것이 타당해 보인다.

다음으로, 본조에서 주기적 감사인 지정의 면제 사유로 정하고 있는 "감리"의 의미가 문제된다. 먼저 외부감사법상 "감리"는 (i) 감사보고서의 회계감사기준 준수 여부 감리(제1호), (ii) 재무제표의 회계처리기준 준수 여부 감리(제2호. 이하 "재무제표 감리"), (iii) 감사업무의 품질관리기준 준수 여부 감리(제3호)로 구분된다(법 제26조 제1항). 본조는 "감리를 받아 회계처리기준 위반이 발견되지 아니한 경우"에 적용되므로, 문언상 위 (ii) 재무제표의 회계처리기준 준수 여부 감리(제2호)를 의미하는 것으로 해석된다. 외부감사법 시행령이 회사가 지정기준일부터 과거 6년 이내에 위 제2호의 재무제표 감리를 받지 아니한 경우 증권선물위원회에 감리를 신청할 수 있다고 규정하고 있는 것도 본조의 감리가 "재무제표 감리"를 의미한다는 것을 전제한 것으로 보인다(법 시행령 제15조 제5항 제1호). 또한 외감규정이 주기적 감사인 지정대상 회사가 지

정기준일 1년전까지 금융감독원장 또는 한국공인회계사회장에게 재무제표 감리를 신청할 수 있다고 규정하고 있는 것도 마찬가지 취지로 이해된다(외감규정 제15조 제7항).

참고로, 구 외감규정(2018. 11. 1. 금융위원회고시 제2018-28호로 전부개정되기 전의 것)은 감리의 방법에 따라 "심사감리"와 "정밀감리"를 구분하고 있어 본조의 "감리"에 "심사감리", "정밀감리"가 모두 포함되는지가 문제될 수 있었다. 즉, 구 외감규정에 따르면 "심사감리"는 감리대상기업의 재무제표에 특이사항이 있는지 또는 특이사항이 법규위반가능성이 높은 사항인지를 점검하기 위한 목적으로 수행하는 감리업무를 의미하고, "정밀감리"는 감사보고서 감리를 실시하면서, 심사감리 결과 발견된 특이사항의 법규위반가능성이 높은 경우, 그 위반 여부를 조사하기 위하여 실시하는 감리를 의미하였다(구 외감규정 제50조의2 제1항). "심사감리"도 "감리"의 일종이므로, 회사가 과거 6년 이내에 구 외감규정에 따른 "심사감리"만 받아도 주기적 감사인 지정을 면제받을 수 있는지가 논란이 될 수 있었다. 그러나 현행 외감규정(2018. 11. 1. 금융위원회고시 제2018-28호로 전부개정된 것)은 "재무제표 심사"와 "재무제표 감리"를 구분하여 이러한 논란을 방지하고 있다. 즉, 현행 외감규정에 따르면 "재무제표 심사"는 "감리집행기관이 회사의 공시된 재무제표 등에 회계처리기준 위반사항이 있는 지를 검토하여 발견된 특이사항에 대한 회사의 소명을 들은 후에 회계처리기준 위반사항이 있다고 판단되는 경우에 재무제표의 수정을 권고하는 업무"를 의미한다(외감규정 제23조 제1항 제1호 나목 괄호 안의 규정). 감리집행기관은 이러한 재무제표 심사를 수행한 결과 회계처리기준 위반 혐의가 고의 또는 중과실에 해당한다고 판단하거나 회사가 재무제표 심사에 따른 권고사항을 이행하지 아니하는 경우 재무제표 감리를 수행할 수 있다(외감규정 제23조 제1항 제2호). 이처럼 외감규정상 "재무제표 심사"는 구 외감규정의 "심사감리"에 대응하는 절차이나, 현행 외감규정상 "재무제표 감리"와 구분된 별도의 절차로서 "감리" 그 자체에 해당하지 않는다. 따라서 현행 외감규정에 따르면 "재무제표 심사"가 아니라 "재무제표 감리"를 받은 경우만 본조에 따라 주기적 감사인 지정 면제를 받을 수 있을 것으로 보인다.

라. 주기적 감사인 지정의 연기

증권선물위원회는 다음의 회사에 대한 주기적 감사인 지정을 연기할 수 있다(외감규정 제14조 제2항·제3항). 참고로, 아래와 같은 회사로서 감사인 지정이 연기된 회사가 그 이후 감사인 지정 대상회사(주권상장법인, 소유, 경영 미분리 비상장법인)가 아니게 된 경우에는 감사인을 지정하지 아니할 수 있다(시행세칙 제14조).

1. 2019. 11. 1. 이전에 체결한 3개 사업연도 동일 감사인 선임계약이 종료되지 않은 경우
2. 증권선물위원회의 재무제표 감리가 종료되지 않은 경우
3. 연결재무제표에 포함되는 회사간[5]의 주기적 지정대상 사업연도를 일치시키고자 하는 경우

또한 증권선물위원회는 그 외에도 감사인 지정 대상이 되는 회사의 수가 주기적 감사인 지정이 시행된 날부터 8년째 되는 날이 속하는 사업연도까지의 연평균에 상당하는 수를 초과할 것으로 예상되는 경우에도 주기적 감사인 지정을 연기할 수 있다. 이 경우 (i) 직전 사업연도에 감사인 지정이 연기된 회사가 있는 경우에는 그 회사의 감사인부터 지정하고, 그 외의 경우에는 (ii) 직전 사업연도 말 자산총액이 큰 회사의 감사인부터 지정하는 방식으로 감사인을 지정하고, 나머지 초과분에 해당하는 회사의 감사인은 다음 해에 지정할 수 있다(외감규정 제14조 제3항).

Ⅳ. 감사인 지정절차

1. 감사인 지정대상 선정일, 지정대상 사업연도, 지정기준일

감사인 지정대상인지 여부를 판단하는 기준일자(이하 "지정대상 선정일")와 지정대상 사업연도, 그리고 감사인 지정을 통보하는 기한(이하 "지정기준일")은 다음과 같다(외감규정 제12조 제9항, 별표 2).

5) 연결재무제표에 포함되는 둘 이상의 회사가 다음 중 어느 하나에 해당하는 경우를 말한다(외감규정 제14조 제2항 제3호 각목).
  가. 회사집단 내 회사들 간에 감사인 지정을 받는 사업연도가 달라서 회사집단의 경영효율성이 현저히 저해되는 등 과도한 비용이 발생할 수 있다고 판단한 경우
  나. 회사집단 내에서 감사인 지정을 받아야 하는 사업연도가 비교적 늦은 회사가 감사인 지정을 받는 사업연도를 앞당기는 것이 곤란한 특별한 사유가 있는 경우

가. 직권 지정 사유가 있는 경우

[외감규정 별표 2]

감사인 지정 사유	지정대상 선정일	지정대상 사업연도	지정기준일
회사/주주/채권자가 감사인 지정을 요청한 경우(법 제11조 제1항 제1호 및 제8호, 영 제14조 제6항 제1호 및 제4호)	회사 등이 증권선물위원회에 감사인 지정을 요청한 날	지정대상 선정일이 속하는 사업연도	지정대상 선정일이 속한 달의 다음 달 초일부터 6주가 지난 날
선임기간 내에 감사인 미선임 회사(법 제11조 제1항 제2호)	사업연도가 시작된 후 6개월 째 되는 달의 초일		
감사인 부당교체, 해임의무 위반, 감사인의 감사계약 해지, 지정기초자료 미(부실)제출 회사(법 제11조 제1항 제3호 및 제9호, 영 제14조 제6항 제2호 및 제6호)	금융감독원장이 감사인 지정 사유가 발생하였음을 확인한 날		
그 밖의 경우	사업연도가 시작된 후 9개월 째 되는 달의 초일[6]	지정대상 선정일이 속하는 사업연도의 다음 사업연도	

나. 주기적 지정 사유가 있는 경우

주기적 감사인 지정의 경우 (i) 지정대상 선정일은 사업연도가 시작된 후 9개월 째 되는 날의 초일, (ii) 지정대상 사업연도는 지정대상 선정일이 속하는 사업연도의 다음 사업연도, (iii) 지정기준일은 지정대상 선정일이 속한 달의 다음 달 초일부터 6주가 지난 날이다.

2. 감사인 지정절차

감사인 지정대상 선정일을 기준으로 감사계약 체결까지의 절차를 요약하면 다음과 같다.

6) 감사인 선임기간 단축을 감안하여 다음 사업연도 감사인을 미리 지정하여 줌으로써 회사와 감사인이 미리 충실한 외부감사를 준비할 수 있는 충분한 시간을 부여하기 위하여 감사인 지정시기를 사업연도 개시 전으로 앞당겨 규정하였다고 한다. 금융감독원 PPT자료, "신 외감법 주요 개정 내용: 감사인 선임, 재무제표 제출, 감사인 지정"(2018. 12), 47면.

1) 감사인 지정대상 선정일 2) (2주 내: 회사 → 증권선물위원회) [주기적 감사인 지정의 경우] 지정 기초자료 제출 3) (지정기준일 4주전: 증권선물위원회 → 회사) 지정감사인 사전통지 4) (2주 내: 회사 → 증권선물위원회) 사전통지 의견제출 5) (지정대상 선정일의 다음 달 1일부터 6주 내: 증권선물위원회 → 회사) 지정감사인 본 통지 6) (1주 내: 회사 → 증권선물위원회) 재지정요청 7) (지정기준일부터 2주 내) 감사계약 체결

가. [주기적 감사인 지정의 경우] 지정 기초자료 제출

주권상장법인 및 소유, 경영 미분리 비상장법인은 사업연도 개시 후 9개월째 되는 달의 초일로부터 2주 이내에 증권선물위원회에 감사인 지정대상 회사를 선정하기 위하여 필요한 지정 기초자료를 전자문서로 제출하여야 한다(법 시행령 제17조 제1항, 외감규정 제15조 제3항, 시행세칙 제15조).

나. 지정감사인 사전통지 및 사전통지 의견제출

증권선물위원회는 감사인을 지정하려는 경우 해당 회사와 그 회사의 감사인으로 지정하려는 회계법인에게 지정기준일부터 4주 전까지 지정 예정 내용을 문서로 통지하여야 한다(법 시행령 제17조 제2항, 외감규정 제15조 제1항). 다만, 회사가 감사인 재지정을 요청하여 재지정하는 경우이거나 회사의 의견을 반영하여 감사인을 재지정하는 경우에는 사전통지를 생략하거나 그 기간을 단축할 수 있다(외감규정 제15조 제4항).

이 경우 통지를 받은 회사와 회계법인은 사전통지를 받은 날부터 2주 이내에 증권선물위원회에 의견을 제출할 수 있다(법 시행령 제17조 제3항). 이러한 의견이 외감규정이 정한 감사인 재지정 사유에 해당하는 경우 증권선물위원회는 그 의견을 반영할 수 있다(법 시행령 제17조 제4항, 외감규정 제15조 제1항·제5항).

다. 지정감사인 본 통지

증권선물위원회는 감사인의 선임 또는 변경선임을 요구하려는 경우에는 지정기준일까지 해당 회사와 그 회사의 감사인으로 지정하는 회계법인(이하 "지정감사인"), 그리고 한국공인회계사회에 지정 내용을 통지한다(법 시행령 제17조 제5항 전문, 외감규정

제15조 제1항·제8항). 이 경우 증권선물위원회는 회사와 지정감사인 간의 감사계약을 원활하게 체결하거나 감사품질 확보 등을 위하여 적정 감사시간 또는 적정 감사보수 등을 정하여 권고할 수 있다(법 시행령 제17조 제5항 후문, 외감규정 제15조 제1항).

라. 재지정요청

회사 또는 지정감사인은 아래의 사유가 있으면 증권선물위원회에 감사인을 다시 지정하여 줄 것을 요청할 수 있다(법 제11조 제4항 단서, 법 시행령 제17조 제7항, 외감규정 제15조 제5항·제6항). 이 경우 회사는 아래 요청사유를 증명하는 서류를 첨부하여 지정감사인 본 통지를 받은 날부터 1주 이내에 증권선물위원회에 요청하여야 한다(법 시행령 제17조 제8항). 또한 회사는 사전에 감사 또는 감사위원회로부터 지정감사인 재지정 요청에 대한 승인을 받아야 한다(법 제11조 제5항).

1) 회사가 「외국인투자 촉진법」 제2조 제1항 제5호에 따른 외국투자가(개인은 제외하며, 이하 "외국투자가"라 한다)가 출자한 회사로서 그 출자조건에서 감사인을 한정하고 있는 경우
2) 지정감사인이 사업보고서 또는 수시보고서의 미(허위)기재, 지정된 회사와 감사계약 미체결, 회사에 부당한 비용 부담을 요구하는 등의 사정이 있는 경우
3) 지정감사인과 회사가 「공인회계사법」상 직무제한 관계(출자관계, 특수관계 등)에 해당되는 경우
4) 감사인의 독립성이 훼손되는 경우
5) 회사가 지정받은 감사인이 속한 집단보다 상위 집단에 속한 회계법인 중 어느 하나를 지정해 줄 것을 요청하는 경우
6) 회사가 자신이 속한 집단보다 상위 집단에 속한 회계법인 중 어느 하나를 지정받은 경우로서 회사가 그 보다 하위 집단(회사가 속한 집단보다는 상위의 집단이어야 함)에 속한 회계법인을 지정해 줄 것을 요청하는 경우[7)]
7) 지배, 종속회사간 지정감사인을 일치시키려 하는 경우
8) 회생절차가 개시된 회사가 법원이 선임을 허가한 감사인을 지정해 줄 것을 요청하는 경우
9) 감사인으로 지정받은 회계법인이 법령에 따라 회사의 감사인이 될 수 없는 경우

마. 감사계약 체결

증권선물위원회로부터 지정감사인 본 통지를 받은 회사는 특별한 사유가 없으면

7) 금융위원회 공고 제2019-293, 2019. 8. 12.에 따른 개정안으로, 2019. 10. 3.부터 시행될 예정임.

이에 따라야 한다(법 제11조 제4항 본문). 이 경우 회사는 특별한 사유가 없으면 지정기준일부터 2주 이내에 감사계약을 체결하여야 한다(시행령 제17조 제6항).

3. 감사인 지정의 기준

증권선물위원회는 일정한 기준과 절차에 따라 적절한 회계법인을 회사의 감사인으로 지정한다. 여기서는 증권선물위원회가 어떠한 기준과 절차로 특정한 회계법인을 감사인으로 지정하는지를 살펴본다.

가. 감사인으로 지정할 수 있는 회계법인

법 제11조 제1항과 제2항은 "회계법인"을 감사인으로 지정할 수 있다고 규정한다. 따라서 감사인으로 지정되기 위해서는 기본적으로 감사반이 아닌 "회계법인"이어야 한다. 그러나 증권선물위원회가 감사인을 지정하는 경우는 대개 감사인의 독립성 확보가 특히 중요하거나 공정한 감사가 특히 요구하는 경우이다. 따라서 회계법인이기만 하면 되는 것이 아니라 독립성과 감사품질을 보장할 수 있는 기본적인 요건을 갖춘 회계법인만 감사인으로 지정될 수 있다.

먼저, 주권상장법인의 감사인이 되기 위해 금융위원회에 등록된 회계법인은 감사인으로 지정될 수 있다(법 시행령 제16조 제1항 제1호, 외감규정 제14조 제1항). 이러한 회계법인의 경우 감사품질 확보를 위한 인력, 예산, 그 밖의 물적 설비 및 감사품질 관리를 위한 사후 심리체계, 보상체계, 업무방법 등의 요건을 갖추고 있으므로 감사인으로 지정하더라도 일정한 감사품질을 보장할 수 있기 때문이다(법 제9조의2 제1항).

다음으로, 최근 3년간 금융위원회, 증권선물위원회, 한국공인회계사회로부터 외부감사법이나 공인회계사법상 업무정지 조치를 받지 아니한 회계법인도 감사인으로 지정될 수 있다(법 시행령 제16조 제1항 제2호, 외감규정 제14조 제1항). 지난 3년의 기간 중 한 번이라도 업무정지 조치를 받은 회계법인의 경우 독립성과 감사품질을 보장할 수 없기 때문에 감사인 지정 대상에서 제외한 것이다.

나. 감사인으로 지정할 수 없는 회계법인

앞서 살펴본 감사인으로 지정할 수 있는 회계법인의 요건을 갖추었더라도, 그 회계법인이 과거에 감사업무를 부실하게 하여왔다고 볼 수 있는 사정이 있다면 그 회계법인을 감사인으로 지정하는 것은 적절하지 않다. 외부감사법은 아래와 같은 회계법인들의 경우 위 (1)에서 살펴본 감사인으로 지정할 수 있는 회계법인으로서의 요건을 갖추었더라도 증권선물위원회가 감사인으로 지정할 수 없도록 하고 있다(법 시행령 제16조 제2항, 외감규정 제14조 제7항·제8항).

1) 감사보고서에 기재하여야 할 사항을 미(거짓)기재한 혐의로 공소가 제기된 회계법인
→ 공소 대상 감사보로서에 대하여 감리를 시작한 날부터 감리결과에 따른 조치가 확정되기 전까지 감사인 지정 제외함.
2) 사업보고서 또는 수시보고서에 보고하여야 할 사항을 미(거짓)기재한 회계법인
→ 회계법인의 고의/중과실/과실 여부와 행위태양을 고려하여 정한 지정제외점수 부여
3) 증권선물위원회로부터 지정 사실을 통보받은 날부터 2주 이내에 특별한 사유 없이 회사와 감사계약을 체결하지 아니한 회계법인
→ 감사인 지정 사실을 통보받은 날부터 2주가 되는 날부터 1년간 감사인 지정 제외
4) 회사에 과도한 감사보수를 요구하거나 불필요한 자료를 요구하는 등의 행위를 하여 공인회계사회로부터 징계를 받은 경우
→ 지정제외점수 90점 부과하고 해당 회사에 대한 감사인 지정을 취소함. 또한 1년 이내에 감리를 실시함.

다. 감사인 지정시 고려사항

감사인으로 지정할 수 있는 회계법인에 해당한다고 하여 회사의 규모나 업종, 회계법인이 제공할 수 있는 감사품질의 수준 등을 고려하지 아니하고 임의로 감사인을 지정할 수는 없다. 예를 들어 수 만명이 근무하는 주권상장법인에 대하여 소속 공인회계사가 수십 명에 불과하고 주권상장법인 감사 경험도 없는 회계법인을 감사인으로 지정한다면, 그러한 회계법인에서 수행한 감사업무에 대하여 충분한 감사품질을 담보하기 어려울 것이다.

이에 따라 외부감사법은 증권선물위원회가 회사의 감사인을 지정할 때 (i) 해당 회사의 규모나 업종, (ii) 해당 회계법인에 소속된 등록 공인회계사 수 및 해당 회계법인의 감사품질관리 수준, (iii) 감사인을 감리 또는 평가한 결과 등을 고려하여야 한다고 규정한다(법 시행령 제16조 제3항).

이에 따라 외감규정 별표 3, 4는 다음과 같은 방식으로 증권선물위원회로 하여금

감사인 지정대상 회계법인을 선정하도록 하고 있다.

(1) 회사의 규모나 업종에 따른 구분

외감규정은 회사의 자산총액을 기준으로 회사를 다음 표와 같이 5개 군(郡)으로 구분한다(별표 4 제1항).

[외감규정 별표 4]

구분	구분 기준
가군	직전 사업연도 말(직전 사업연도의 결산이 없는 경우에는 회사의 설립일을 말한다. 이하 이 호에서 같다) 자산총액이 5조 원 이상인 경우
나군	직전 사업연도 말 자산총액 1조 원 이상이고 5조 원 미만인 경우
다군	직전 사업연도 말 자산총액이 4천억 원 이상이고 1조 원 미만인 경우
라군	직전 사업연도 말 자산총액이 1천억 원 이상이고 4천억 원 미만인 경우
마군	직전 사업연도 말 자산총액이 1천억 원 미만인 경우

(2) 소속된 등록 공인회계사 수 및 해당 회계법인의 감사품질관리 수준에 따른 회계법인 구분

외감규정은 아래와 같이 회계법인 역시 5개 군群으로 구분한다.

[외감규정 별표 4]

<table>
<tr><th rowspan="2">구분</th><th colspan="5">구분 기준</th><th rowspan="2">해당 회계 법인</th></tr>
<tr><th>법 제9조 제4항에 따른 공인회계사 수</th><th>직전 사업연도 감사업무 매출액</th><th>품질관리 업무 담당이사 및 담당자의 비중</th><th>손해배상 능력</th><th>직전 사업연도 감사대상 상장사 수</th></tr>
<tr><td>가군</td><td>600인 이상</td><td>500억 원 이상</td><td rowspan="3">별표 1 제1호 마목에 따른 품질관리 업무 담당자(품질관리업무 담당이사 포함) 수의 120% 이상 (소수점 이하는 절사한다)</td><td>200억 원 이상</td><td>100사 이상</td><td>4개 충족</td></tr>
<tr><td>나군</td><td>120인 이상</td><td>120억 원 이상</td><td>60억 원 이상</td><td>30사 이상</td><td>4개 충족</td></tr>
<tr><td>다군</td><td>60인 이상</td><td>40억 원 이상</td><td>20억 원 이상</td><td>10사 이상</td><td>4개 충족</td></tr>
<tr><td>라군</td><td>30인 이상</td><td>15억 원 이상</td><td>2명 이상</td><td>10억 원 이상</td><td>5사 이상</td><td>3개 충족</td></tr>
<tr><td>마군</td><td colspan="6">감사인 지정이 가능한 그 밖의 회계법인</td></tr>
</table>

(3) 구체적인 감사인 지정 방법

외감규정은 기본적으로 군별로 구분된 회사에 대하여 그와 같거나 더 높은 군에 속한 회계법인을 대응시키는 방식으로 감사인을 지정한다. 이 경우 같은 군에 속해있는 회계법인 중 어느 회계법인을 먼저 감사인으로 지정할 것인지를 결정해야 한다.

이에 따라 외감규정은 '감사인지정 점수'라는 개념을 도입한다(별표 3). 구체적으로, 감사인지정 점수는 '감사인 점수'를 (1+감사인으로 지정을 받은 회사 수)로 나눈 수치로 산정한다. 여기서 "감사인 점수"는 소속 공인회계사들의 경력기간에 일정한 가중치를 곱하여 산정한 후 회계법인의 전체 매출액 중 회계감사업무 매출액이 차지하는 비중이 50% 미만인 경우 일정한 비율의 점수를 차감하는 방식으로 산정된다. 그리고 '감사인으로 지정을 받은 회사 수'는 해당연도 10월 1일부터 다음 해 9월 30일까지 감사인으로 지정을 받은 회사 수를 의미한다. 결국, '감사인지정 점수'는 회계법인이 감사를 수행할 수 있는 능력(경력 공인회계사의 수)을 감사인으로 지정받은 회사의 수로 나눈 점수로서, 회계법인이 지정받은 회사 하나에 투입할 수 있는 감사업무 수행능력을 수치로 표시한 것으로 이해할 수 있다.

외감규정은 회사 군별(예컨대 '나군')로 직전 사업연도 말 자산총액이 높은 회사부터 순서대로 감사인을 지정하되, 같거나 높은 군(예컨대, '가군' 및 '나군')에 속하는 회계법인 중에서 감사인지정 점수가 높은 회계법인 순서대로 지정한다. 다만, 낮은 군에 속하는 회사(예컨대 '나군')가 높은 군(예컨대 '가군')에 속하는 회계법인을 지정해줄 것을 요청하는 경우에는 그 회사가 요청한 높은 군에 속하는 회계법인으로 한정하여 감사인을 지정하게 된다(별표 4 제3항).

한편, 외감규정은 '지정제외점수'라는 개념을 적용하여 지정제외점수를 부여받은 회계법인은 일정한 지정제외점수 별로 일정한 회사를 감사인 지정을 받을 수 있는 회사에서 제외한다. 구체적으로, 증권선물위원회는 감사인이 외부감사법을 위반하는 경우 감사인에 대한 등록 취소 건의, 업무정지, 손해배상공동기금 추가 적립 명령, 감사업무 제한, 경고, 주의 등의 조치를 취할 수 있다(법 제29조 제3항). 외감규정은 이처럼 회계법인이 증권선물위원회 또는 한국공인회계사회로부터 위와 같은 조치를 받은 경우 고의/중과실/과실 여부와 행위태양을 고려하여 일정한 지정제외점수를 부여할 수 있도록 하였다. 그리고 매년 8월 31일을 기준으로 누적된 지정제외점수가 30점 이상에 해당하게 되는 때에는 10월 1일부터 일정한 점수(예컨대 자산총액이 5조 원 이상인

회사의 경우 90점)당 1개의 회사를 감사인 지정을 받을 수 있는 회사에서 제외하도록 하였다(별표 4 제4항).

(4) 회계법인의 분할, 분할합병과 감사인 지정의 관계

회계법인은 일반 회사와 유사하게 합병, 분할, 분할합병 등의 구조조정을 할 수 있다. 대법원은 회계법인이 합병을 하는 경우 일반적인 회사합병과 마찬가지로 사법상의 관계뿐만 아니라 공법상의 관계까지 모두 합병으로 인하여 존속한 회계법인에게 승계된다고 보고 있다(대법원 2004. 7. 8. 선고 2002두1946 판결). 구체적으로, 대법원은 감사인지정 및 감사인지정제외와 관련된 공법상 관계는 감사인의 인적, 물적 설비와 위반행위의 태양과 내용 등과 같은 객관적 사정에 기초하여 이루어지는 것으로서 합병으로 존속하는 법인에게 승계된다고 보고 있다(위 대법원 2002두1946 판결).

그렇다면, 회계법인의 분할 및 분할합병의 경우(공인회계사법 제37조의2)는 어떻게 보아야 할까. 분할 및 분할합병의 경우에는 합병과는 다소 다른 측면에서 논란의 여지가 있다. 앞서 살펴본 것과 같이 감사인 지정은 회계법인의 규모나 업종, 소속된 등록 공인회계사 수 및 해당 회계법인의 감사품질관리 수준, 감리 또는 평가한 결과 등을 고려하여 이루어진다(법 시행령 제16조 제3항). 그런데 회계법인이 분할 또는 분할합병을 하는 경우 위와 같은 지표에 변동이 생길 수밖에 없다. 따라서 회계법인이 분할 또는 분할합병을 한 경우 (i) 기존에 감사인 지정을 받아 체결한 감사계약이 승계되는지, (ii) 기존에 부여받은 지정제외점수가 승계되는지가 문제된다.

먼저 (i) 기존에 체결된 지정감사계약이 승계되는지 살펴본다. 앞서 살펴본 것과 같이 증권선물위원회에 의한 감사인 지정은 공법상의 행정처분으로서의 성격을 가진다. 또한 증권선물위원회는 감사인 지정이 필요한 회사를 규모나 업종 따라 가~마 군群으로 분류하고, 마찬가지로 회계법인도 소속된 등록 공인회계사 수, 감사품질관리 수준, 감사인에 대한 감리 결과 등을 종합적으로 고려하여 가~마 군群으로 분류한 후 가군의 회사에 대해서는 가군의 회계법인 중 감사인지정점수가 높은 순서로, 나군의 회사에 대해서는 나군 이상의 회계법인 중 감사인지정점수가 높은 순서로 감사인으로 지정하는 등의 방식을 사용한다. 나아가, 증권선물위원회가 감사인을 지정하기 위해서는 당사자 회사의 의견 제출 등 엄격한 절차를 거쳐야 한다(법 시행령 제17조). 따라서 회계법인이 분할하면서 지정감사계약을 임의로 배분할 수 있다고 한다면 신설·승

계법인이 외부감사법상 낮은 군群에 속한다고 하더라도 높은 군群의 회사를 감사할 수 있게 되는 등 외부감사법상 감사인 지정 기준이 형해화되는 문제가 발생할 수 있다. 이는 지정감사를 통해 감사 품질을 높게 유지하려는 외부감사법의 취지에 어긋난다. 따라서 감사인으로 지정된 회계법인이 분할하여 새로운 회계법인을 신설하더라도 감사인 지정 처분 자체가 변경되지 않는 한 지정감사계약은 분할신설 회계법인이 아니라 분할존속 회계법인에게 여전히 남아 있다고 보는 것이 합리적이라고 생각된다.

한편, 위와 같이 볼 경우, 이번에는 분할존속 회계법인이 분할 후 규모 등에 비추어 볼 때 외부감사법상 낮은 군群에 속하게 되었음에도 여전히 높은 군群에 속하는 회사에 대한 지정감사업무를 이행하는 문제가 발생할 수 있다. 외부감사법과 규정은 이러한 경우에 대한 처리를 명시적으로 규정하고 있지는 않다. 그러나 외부감사법은 감사인을 지정함에 있어 회사와 회계법인이 의견을 제시할 수 있도록 하고(법 시행령 제17조 제3항), 증권선물위원회는 그러한 의견이 타당하다고 판단되면 그 의견을 반영하여 감사인을 재지정할 수 있다고 규정한다(법 시행령 제17조 제4항, 외감규정 제15조 제5항). 또한 외감규정은 증권선물위원회가 지정한 감사인과 회사의 군群별 대응이 잘못되었거나 그 밖에 감사인으로 지정받은 회계법인이 법령 등에 따라 해당 회사의 감사인이 될 수 없는 경우 감사인을 다시 지정할 수 있다고 규정한다(외감규정 제15조 제5항 제3호·제6호). 따라서 분할존속 회계법인이 기존 지정감사계약을 유지하는 것이 외부감사법상 감사인 지정 기준에 위반된다면, 증권선물위원회는 위와 같은 감사인 재지정 규정을 준용하여 감사인을 재지정하는 것을 고려할 필요가 있을 것이다.

다음으로, (ii) 회계법인이 분할 또는 분할합병을 하는 경우 기존에 부여받은 지정제외점수가 승계되는지를 살펴본다. 외부감사법은 회계법인이 사업보고서 또는 수시보고서에 거짓으로 기재하거나 표시한 사항이 있는 경우 또는 보고하여야 할 사항을 빠뜨린 경우 증권선물위원회가 해당 회계법인을 감사인으로 지정하지 아니할 수 있다고 규정한다(법 시행령 제16조 제2항 제2호). 이에 따라 증권선물위원회는 회계법인이 증권선물위원회나 한국공인회계사회로부터 법 제29조에 따른 제재制裁 조치를 받은 경우에 지정제외점수를 부여한다(외감규정 제14조 제8항 제2호, 별표 4 제4항 나목). 매년 8월 31일을 기준으로 누적된 지정제외점수가 30점 이상에 해당하게 되는 경우 피감회사의 규모에 비례하여 30~90점당 1개의 피감회사에 대한 감사인 지정을 받을 수 없게 되고, 3년간 사용하지 아니한 지정제외점수는 소멸한다(외감규정 별표 4 제4항

다목, 라목). 또한 앞서 살펴본 바와 같이 지정제외점수로 인한 감사인지정제외처분은 감사인지정시 일정한 회사 수에 대한 감사인지정을 제외하는 것을 내용으로 하는 것으로서 일종의 수익적 행정행위의 철회로서의 성질을 가지고, 감사인지정제외와 관련한 공법상의 관계는 감사인의 인적·물적 설비와 위반행위의 태양과 내용 등과 같은 객관적 사정에 기초하여 이루어지는 것으로서 합병으로 존속하는 법인에게 승계된다(대법원 2004. 7. 8. 선고 2002두1946 판결).

한편, 권리·의무가 포괄적으로 승계되는 합병에서와 달리 분할 또는 분할합병에서는 신설·승계법인이 분할되는 회계법인의 권리와 의무를 분할계획서 또는 분할합병계약서에서 정하는 바에 따라 승계한다(부분적 포괄승계. 공인회계사법 제37조의2 제7항, 상법 제530조의10). 따라서 이 경우 분할되는 회계법인이 분할계획서 또는 분할합병계약서에 지정제외점수를 분할하여 기재할 경우 승계·신설법인이 이에 따라 지정제외점수를 승계할 수 있는지가 문제된다. 또한 만약 지정제외점수가 분할계획서에 따라 승계되지 않는다면 어떠한 기준에 의하여 승계될 것인지도 문제된다.

지정제외점수는 감사인 지정이라는 수익적 행정행위의 철회를 위한 기초적 법률관계에 해당하고, 부여시 회계처리기준이나 각종 법령 위반과 관련된 의도(고의·중과실·과실) 및 행위 태양이 고려된다(외감규정 별표 4 제4항 나목). 따라서 신설·승계법인에 대한 지정제외점수의 승계는 신설·승계법인에게 어느 한도까지 감사인지정제외처분을 하는 것이 정당한지에 대한 공법적 고려를 바탕으로 이루어져야 하고, 분할되는 회계법인의 주관적 의도에 따라 이를 승계하는 것은 타당하지 않다고 생각된다. 나아가, 일반적으로 존속분할의 경우 분할 전 회사의 법인격은 분할 후의 존속회사와 동일성을 유지하는 점, 분할되는 회계법인이 임의대로 지정제외점수를 안분하여 배분할 수 있다고 한다면 지정제외점수가 많이 누적된 분할되는 회계법인이 이를 악용하여 대부분의 인적·물적 자산을 분할하여 신설·승계법인을 설립함으로써 감사인지정제외 처분을 회피할 수 있게 되는 점을 고려하더라도 분할되는 회계법인의 주관적 의도에 따라 지정제외점수를 승계할 수 있도록 하는 것은 타당하지 않다고 생각된다. 따라서 분할계획서에 지정제외점수의 배분과 관련된 내용을 기재하는 것은 적절하지 않고, 가사 이를 기재하더라도 분할계획서의 기재만으로 지정제외점수가 신설·승계법인에게 승계된다고 보기는 어려울 것이다.

그렇다면 어떠한 기준을 가지고 지정제외점수를 안분하여 배분할 것인지가 문제되는데, 현재로서는 이에 대한 명확한 기준이 없어 논란의 소지가 있다. 따라서 가능하다면 외부감사법령이나 외감규정에 회계법인의 분할 또는 분할합병시의 지정제외 점수 안분에 대한 내용을 구체적으로 규정해 두는 것이 좋을 것이다.

V. 지정감사인의 재선임 금지

회사가 증권선물위원회가 지정한 감사인을 지정대상 사업연도의 감사인으로 선임하여 감사를 받았다면, 그 이후 최초로 도래하는 사업연도에 증권선물위원회가 지정하였던 감사인을 다시 감사인으로 선임할 수는 없다(법 제11조 제6항). 이는 증권선물위원회가 감사인의 선임이나 변경선임을 요구하여 회사가 감사인을 선임하는 경우도 마찬가지이다(법 제11조 제7항). 회사가 지정대상 사업연도 이후 사업연도에 대한 감사계약 체결을 이유로 증권선물위원회가 지정한 감사인의 감사의견 형성에 영향을 미칠 가능성을 사전에 차단하기 위한 규정이다.

VI. 위반 효과

외부감사법은 일정한 사유가 있으면 증권선물위원회가 감사인을 지정할 수 있도록 하고, 회사에는 이를 따를 의무를 지운다(법 제11조 제1항·제2항·제4항). 그럼에도 불구하고 회사가 이를 위반할 수 있으므로, 회사의 의무 위반을 방지하기 위한 제도적 장치가 필요하다.

우선, 회사가 정당한 이유 없이 감사인 선임 또는 변경선임 요구에 따르지 아니한 경우 증권선물위원회는 해당 회사에 임원의 해임 또는 면직 권고, 6개월 이내의 직무정지, 일정 기간 증권의 발행제한 그 밖에 필요한 조치를 할 수 있다(법 제29조 제1항 제3호).

또한, 회사가 정당한 이유 없이 증권선물위원회의 감사인 선임 또는 변경선임 요구에 따르지 않거나, 증권선물위원회가 지정한 감사인 외에 다른 감사인을 선임한 경우 그 행위자를 1년 이하의 징역 또는 1천만 원 이하의 벌금에 처한다(법 제44조 제1

호·제2호). 위 규정은 이사, 감사, 업무집행지시자, 회계업무를 담당하는 자, 감사인 등을 포괄적으로 행위자로 규정하고 있는데, 회사와 감사인 사이의 감사계약은 회사 대표이사에 의하여 체결되는 것이므로, 기본적으로 위 규정은 회사의 대표이사에 대하여 적용될 가능성이 높을 것이다. 다만, 이 경우 회사에 대하여도 동일한 내용의 벌금이 부과될 수 있다(양벌규정. 법 제46조 본문). 회사가 그 위반행위를 방지하기 위하여 해당 업무에 관하여 상당한 주의와 감독을 게을리하지 아니하였다는 점을 입증(증명)한 경우는 회사에 벌금이 부과되지 않는다(법 제46조 단서).

위와 같은 벌칙 규정과 별개로, 회사가 지정된 감사인을 선임하지 아니하고 임의의 감사인을 선임한 경우 그 감사계약의 효력을 부인할 수 있는지도 문제된다. 그러나 외부감사법은 회사에 지정된 감사인을 선임할 의무를 부과하고 그 의무를 이행하지 않는 경우 벌칙을 규정할 뿐이므로, 이를 근거로 회사가 임의로 체결함 감사계약의 효력 자체를 부인하기는 어려울 것으로 보인다.

[이재원]

제 2 장 회사 및 감사인

제12조(감사인 선임 등의 보고)

① 회사는 감사인을 선임 또는 변경선임하는 경우 그 사실을 감사인을 선임한 이후에 소집되는 「상법」에 따른 정기총회에 보고하거나 대통령령으로 정하는 바에 따라 주주 또는 사원(이하 "주주등"이라 한다)에게 통지 또는 공고하여야 한다.
② 회사가 감사인을 선임 또는 변경선임하는 경우 해당 회사 및 감사인은 대통령령으로 정하는 바에 따라 증권선물위원회에 보고하여야 한다. 다만, 회사는 다음 각 호의 어느 하나에 해당되는 경우에는 보고를 생략할 수 있다.

1. 회사의 요청에 따라 증권선물위원회가 지정한 자를 감사인으로 선임한 경우
2. 증권선물위원회의 요구에 따라 감사인을 선임 또는 변경선임하는 경우
3. 주권상장법인, 대형비상장주식회사 또는 금융회사가 아닌 회사가 직전 사업연도의 감사인을 다시 선임한 경우

Ⅰ. 입법취지

외부감사법은 감사인 선임시 정기주주총회에 보고하거나 주주에게 통지 또는 공고하도록 규정하고 있다. 구 외부감사법(2001. 3. 28. 법률 제6427호로 개정되기 전의 것)은 감사인 선임시 정기주주총회에서 승인을 얻도록 하였으나, 2001. 3. 28. 법률 제6427호로 개정되면서 감사인 선임 후 정기주주총회에 보고하도록 제도를 변경하였다.

또한 외부감사법은 회사가 감사인을 선임하는 경우 증권선물위원회에 그 내용을 보고하도록 하고 있다.

한편 부칙(법률 제15022호, 2017. 10. 31.)에 따르면, 증권선물위원회에 대한 감사인 선임 보고(법 제12조 제2항) 중 개정된 내용(대형비상장주식회사 또는 금융회사가 아닌 회사가 직전 사업연도의 감사인을 다시 선임한 경우)은 2018. 11. 1. 이후 선임(변경선임 포함)하는 감사인부터 적용한다(법 부칙 제6조 제1항 본문).

II. 감사인 선임 등의 보고

1. 주주에 대한 보고

주주는 회사에 자금을 투자한 투자자이고, 회사의 재산 중 채무를 변제하고 남은 잔여재산에 대한 권리를 가진 자들로서 회사의 재무정보에 대한 가장 깊은 이해관계를 가진다. 이에 따라 주주들은 회사의 재무제표가 회계처리기준에 따라 적절하게 작성되었는지 여부를 감사하는 감사인의 선임에 대하여도 관심을 가질 수밖에 없다. 이에 따라 외부감사법은 과거 정기주주총회에서 감사인 선임에 대하여 승인을 받도록 규정하고 있었으나, 2001. 3. 28. 법률 제6427호로 개정된 외부감사법은 감사인 선임에 대해 감사 또는 감사위원회의 승인을 받도록 하고, 주주총회에는 사후적으로 보고하도록 하는 방식으로 변경하였다. 다수의 주주들이 모인 주주총회에서 감사인의 적격성과 독립성을 일일이 판단하기가 쉽지 않다는 점과, 회사의 업무에 대한 1차적인 감사 권한을 가진 회사의 감사 또는 감사위원회에게 감사인 선정 승인 권한을 부여하는 것이 보다 효과적일 수 있다는 고려가 반영된 것으로 보인다.

현행 외부감사법에 따르면 회사가 감사인을 선임 또는 변경선임하는 경우 (i) 그 사실을 감사인을 선임한 이후에 소집되는 정기주주총회에 보고하거나, (ii) 주주(최근 주주명부 폐쇄일의 주주) 또는 사원에게 문서로 통지하거나, (iii) 인터넷 홈페이지에 선임 또는 변경선임한 감사인과의 감사계약이 종료될 때까지 공고하는 방식으로 보고할 수 있다(법 제12조 제1항, 법 시행령 제18조 제1항). 현행 외부감사법은 회사가 독립성을 갖춘 감사인을 선임할 수 있도록 여러 제도적 장치들을 마련하고 있으므로, 주주총회의 감사인 선임 감독에 대하여는 절차나 방식을 간소화하여 회사의 부담을 덜어주기 위해 위와 같은 방식으로 규정한 것으로 보인다.

2. 증권선물위원회에 대한 보고

외부감사법은 주주에 대한 보고는 간소하게 할 수 있도록 허용한 반면, 증권선물위원회에 대한 보고는 법령이 정한 요건을 갖추어 하도록 보다 엄격하게 규제하고 있다. 증권선물위원회는 회사의 감사인 선임에 대한 감독 및 감사인 지정 권한을 가지고 있다는 점을 고려하여, 증권선물위원회가 회사의 감사인 선임 내역을 지속적으로 확인, 감독하는 것을 돕기 위한 취지로 이해된다.

우선, 회사는 감사계약을 체결한 날부터 2주 이내에 증권선물위원회에 감사인 선임 사실을 보고하여야 한다(보고기한. 법 시행령 제18조 제2항 각 호 외의 부분).

다음으로, 회사는 증권선물위원회에 전자문서의 형태로 (i) 감사계약서 사본, (ii) 감사위원회 개최사실 또는 감사인선임위원회 및 사원총회의 감사인 선임 승인사실을 증명하는 서류, (iii) 감사인의 교체사유 및 전기 감사인의 의견진술 내용을 제출해야 한다(보고방법. 법 시행령 제18조 제2항 각 호).

마지막으로, 회사는 증권선물위원회가 지정한 감사인을 선임하는 경우 또는 직전 사업연도 감사인을 다시 선임하는 경우(주권상장법인, 대형비상장주식회사, 금융회사가 아닌 회사에 한함) 증권선물위원회에 대한 감사인 선임 보고를 생략할 수 있다(보고생략. 법 제12조 제2항 각 호). 이 경우 증권선물위원회는 이미 회사의 감사인 선임 내용을 파악하고 있으므로, 재차 보고를 할 필요가 없기 때문이다.

Ⅲ. 위반 효과

우선, 회사가 정당한 이유 없이 증권선물위원회에 감사인 선임 보고를 하지 않는 경우 증권선물위원회는 해당 회사에 임원의 해임 또는 면직 권고, 6개월 이내의 직무정지, 일정 기간 증권의 발행제한 그 밖에 필요한 조치를 할 수 있다(법 제29조 제1항 제2호).

또한, 증권선물위원회에 감사인 선임 보고를 하지 아니한 자에게는 500만 원 이하의 과태료가 부과된다(법 제47조 제4항 제1호).

[이재원]

제 2 장 회사 및 감사인

제13조(감사인의 해임)

① 감사인이 「공인회계사법」 제21조 또는 제33조를 위반한 경우 회사는 지체 없이 감사인과의 감사계약을 해지하여야 하며, 감사계약을 해지한 후 2개월 이내에 새로운 감사인을 선임하여야 한다.

② 제10조 제3항에도 불구하고 주권상장법인, 대형비상장주식회사 또는 금융회사는 연속하는 3개 사업연도의 동일 감사인으로 선임된 감사인이 직무상 의무를 위반하는 등 대통령령으로 정하는 사유에 해당하는 경우에는 연속하는 3개 사업연도 중이라도 매 사업연도 종료 후 3개월 이내에 다음 각 호의 구분에 따라 해임요청된 감사인을 해임하여야 한다. 이 경우 회사는 감사인을 해임한 후 2개월 이내에 새로운 감사인을 선임하여야 한다.

1. 감사위원회가 설치된 경우: 감사위원회가 해임을 요청한 감사인
2. 감사위원회가 설치되지 아니한 경우: 감사가 감사인선임위원회의 승인을 받아 해임을 요청한 감사인

③ 주권상장법인, 대형비상장주식회사 또는 금융회사는 제1항 또는 제2항에 따라 감사계약을 해지하거나 감사인을 해임한 경우에는 지체 없이 그 사실을 증권선물위원회에 보고하여야 한다.

법 시행령 제19조(감사인의 해임) 법 제13조 제2항에서 "직무상 의무를 위반하는 등 대통령령으로 정하는 사유에 해당하는 경우"란 다음 각 호의 어느 하나에 해당하는 경우를 말한다.

1. 감사인이 회사의 기밀을 누설하는 등 직무상 의무를 위반한 경우
2. 감사인이 그 임무를 게을리하여 회사에 손해를 발생하게 한 경우
3. 감사인이 회계감사와 관련하여 부당한 요구를 하거나 압력을 행사한 경우
4. 외국투자가가 출자한 회사로서 그 출자조건에서 감사인을 한정하고 있는 경우
5. 지배회사 또는 종속회사가 그 지배·종속의 관계에 있는 회사와 같은 지정감사인을 선임하여야 하는 경우

Ⅰ. 입법취지

외부감사법이 2014. 5. 28. 법률 제12715호로 개정될 당시 개정이유에 따르면, 공인회계사법상 직무제한 규정을 위반한 감사인의 감사계약 해지 의무화의 도입 목적으로 '회계제도의 투명성 및 감사인의 독립성 제고'를 제시하고 있다.

한편 외부감사법이 2017. 10. 31. 전면 개정되는 과정에서 제13조와 관련하여 특별한 개정이유를 제시하고 있지 않으나, ① 외부감사법이 2017. 10. 31. 전면적으로 개정된 이유는 감사인의 독립성과 책임성을 강화하고 감사업무의 품질을 높이기 위한 목적이라는 점, ② 만일 외부감사법에서 회사에 감사인 해임의 의무를 부여하지 않고 해임할 수 있는 권한만을 부여한다면, 감사인의 직무상 의무 위반으로 해임 사유가 발생하였음에도 회사의 의사에 따라 감사인 해임이 결정될 수 있어 감사인의 독립성에 실제 문제가 발생할 수 있다는 점, ③ 당초 주권상장법인에 대하여 3개 사업연도 단위로 외부감사인을 선임하도록 한 것은 일정 기간 외부감사인의 지위를 보장함으로써 외부감사인의 독립성을 제고하기 위한 취지라는 점 등을 고려한다면, 결국 법 제13조의 목적은 감사인의 독립성 확보를 위하여 일정한 경우 감사계약을 해지하거나 감사인을 해임할 의무를 회사에 부과하는 것으로서, 법 제13조의 해석에 있어 기본적으로 이와 같은 제도적 취지를 염두에 두어야 한다.

법 제13조의 문언상 확인되는 특성은 회사에 대하여 감사계약을 해지하거나 감사인을 해임할 법정 권한을 부여하는 것이 아니라, 그에 관한 법정 의무를 부여하는 형태로 규정되어 있다는 점으로서, 법 제15조가 감사인에 대하여 감사계약을 해지할 수 있는 권한을 부여하는 형태로 규정된 것과 대비된다.

통상적으로 법령이나 계약에서 해지사유를 규정할 경우 이를 이유로 해지할 수 있는 권한을 부여하는 형태로 규정하는 경우가 통상적이고, 일정한 경우 당사자의 별도 의사표시 없이 해당 사유의 발생만으로 계약의 효력이 상실되도록 하는 것이 자연스러우나, 법 제13조는 해지나 해임의 의무를 부여하는 형태로 규정되어 있다.

II. 연혁

법 제13조는 ① 법 제4조 제1항 각 호에 해당하는 외부감사 대상인 주식회사 및 유한회사(이하 '회사')의 감사계약 해지(제1항), ② 주권상장법인(법 제2조 제4호), 대형비상장주식회사(법 제2조 제5호), 금융회사(법 제9조 제1항 제3호, 이하 주권상장법인 및 대형비상장주식회사와 통칭하여 '주권상장법인 등')의 감사인 해임(제2항), ③ 주권상장법인 등의 보고의무(제3항)로 구성되어 있다.

구 외부감사법에서는 회사의 감사계약 해지는 개정 전 외부감사법 제4조 제9항에, 주권상장법인의 감사인 해임 및 보고는 개정 전 외부감사법 제4조의2 제2항 및 제3항에 흩어져 규정되어 있었는데, 2017년 전면 개정된 외부감사법에서는 회사의 감사계약 해지 또는 감사인 해임에 관한 내용을 하나의 조항으로 규율하였다.

당초 회사의 감사계약 해지는 외부감사법이 2014. 5. 28. 법률 제12715호 개정되면서 최초로 도입되었으며, 최초 도입 당시부터 현행 규정과 같이 회사가 감사계약 해지의 의무를 부담하는 형태로 존속하였다.

한편 주권상장법인의 감사인 해임은 1996. 12. 30. 법률 제5196호로 개정된 외부감사법에 최초로 규정되었는데, 당초 감사인의 해임에는 절차적으로 증권관리위원회의 승인이 필요한 것으로 규율하였다가, 2001. 3. 28. 법률 제6247호로 개정되면서 감사인선임위원회의 승인을 얻어 감사인을 해임할 수 있는 것으로 변경되었고, 외부감사법이 2017. 10. 31. 법률 제15022호로 전면 개정되면서 회사의 감사계약 해지와 마찬가지로 주권상장법인 등이 감사인 해임의 의무를 부담하는 형태로 개정되었다. 또한 주권상장법인 이외에 대형비상장주식회사 및 금융회사도 감사인 해임 의무의 부담 주체로 추가[1)]되었고, 감사위원회가 설치되었는지 여부에 따라 감사인 해임 방법에 차이를 두게 되었는데, 이를 제외하고는 개정 전 외부감사법의 내용과 차이가 없다.

주권상장법인 등의 보고의무는 위와 같이 주권상장법인 등의 감사인 해임이 감사인선임위원회로 변경되면서 2001. 3. 28. 법률 제6247호에서 최초로 규정되기 시작하였다.

1) 이는 법 제13조 제2항 및 제3항에 특유한 사항이 아니라, 3개 사업연도 단위로 동일감사인을 선임하여야 하는 의무가 대형비상장주식회사와 금융회사에 대하여 확대된 결과에 기인한 것으로 보인다(법 제10조 제3항).

Ⅲ. 감사인의 해임

1. 회사의 감사계약 해지의무 및 신규 감사인의 선임(제1항)

가. 감사계약의 해지사유

(1) 규정의 취지

법 제13조 제1항에 따른 해지의 사유는 감사인이 공인회계사법에 따른 직무제한 규정을 위반한 경우로서, 법 제13조 제1항은 공인회계사법에 따른 공인회계사 및 회계법인의 직무제한 규정을 원용하는 방식으로 해지사유를 규정하고 있다.

감사인이 공인회계사법에 규정된 직무제한 규정을 위반한 경우 그 독립성에 심각한 문제가 발생할 수 있으므로, 법 제13조 제1항에서는 이와 같은 사유가 발생한 경우 회사에 대하여 감사계약에 관한 해지의무를 부과함으로써, 회계제도의 투명성 및 감사인의 독립성 제고를 도모하고 있으며, 그 구체적인 해지사유는 ① 공인회계사가 공인회계사법 제21조를 위반한 경우와 ② 회계법인이 공인회계사법 제33조를 위반한 경우로 구분된다.

(2) 공인회계사법 제21조에 따른 공인회계사의 직무제한

먼저 '공인회계사'의 직무제한에 관한 공인회계사법 제21조[2] 및 그 위임을 받아

---

2) 공인회계사법 제21조(직무제한) ① 공인회계사는 다음 각호의 1에 해당하는 자에 대한 재무제표(「주식회사 등의 외부감사에 관한 법률」 제2조에 따른 연결재무제표를 포함한다. 이하 같다)를 감사하거나 증명하는 직무를 행할 수 없다.

1. 자기 또는 배우자가 임원이나 그에 준하는 직위(재무에 관한 사무의 책임있는 담당자를 포함한다)에 있거나, 과거 1년 이내에 그러한 직위에 있었던 자(회사를 포함한다. 이하 이 조에서 같다)
2. 자기 또는 배우자가 그 사용인이거나 과거 1년 이내에 사용인이었던 자
3. 제1호 및 제2호외에 자기 또는 배우자와 뚜렷한 이해관계가 있어서 그 직무를 공정하게 행하는 데 지장이 있다고 인정되어 대통령령으로 정하는 자

② 공인회계사는 특정 회사(해당 회사가 다른 회사와 「주식회사 등의 외부감사에 관한 법률」 제2조 제3호에 따른 지배·종속 관계에 있어 연결재무제표를 작성하는 경우 그 다른 회사를 포함한다)의 재무제표를 감사하거나 증명하는 업무를 수행하는 계약을 체결하고 있는 기간 중에는 해당 회사에 대하여 다음 각 호의 어느 하나에 해당하는 업무를 할 수 없다.

1. 회계기록과 재무제표의 작성
2. 내부감사업무의 대행
3. 재무정보체제의 구축 또는 운영

세부사항을 규정하고 있는 공인회계사법 시행령 제14조[3]의 규정은 ① 일정한 인적관

---

4. 자산·자본, 그 밖의 권리 등(이하 "자산등"이라 한다)을 매도 또는 매수하기 위한 다음 각 목의 업무(부실채권의 회수를 목적으로 대통령령으로 정하는 사항은 제외한다)
   가. 자산등에 대한 실사·재무보고·가치평가
   나. 자산등의 매도·매수거래 또는 계약의 타당성에 대한 의견제시
5. 인사 및 조직 등에 관한 지원업무
6. 재무제표에 계상되는 보험충당부채 금액 산출과 관련되는 보험계리업무
7. 민·형사 소송에 대한 자문업무
8. 자금조달·투자 관련 알선 및 중개업무
9. 중요한 자산의 처분 및 양도, 지배인의 선임 또는 해임 등 경영에 관한 의사결정으로서 임원이나 이에 준하는 직위의 역할에 해당하는 업무
10. 그 밖에 재무제표의 감사 또는 증명업무와 이해상충의 소지가 있는 것으로서 대통령령으로 정하는 업무

③ 제2항의 공인회계사는 같은 항 각 호의 어느 하나에 해당하는 업무 외의 업무는 내부통제절차 등 대통령령으로 정하는 절차에 따라 할 수 있다.

3) 공인회계사법 시행령 제14조(직무제한) ① 법 제21조 제1항 제3호에서 "대통령령으로 정하는 자"라 함은 공인회계사 또는 그 배우자와 다음 각 호의 어느 하나에 해당하는 관계에 있는 자를 말한다.
1. 당해 공인회계사 또는 그 배우자가 주식 또는 출자지분을 소유하고 있는 자
2. 공인회계사 또는 그 배우자와 3천만 원 이상의 채권 또는 채무관계에 있는 자. 다만, 다음 각 목의 어느 하나에 해당하는 채권 또는 채무를 제외한다.
   가. 법 제2조의 규정에 따른 공인회계사의 직무와 직접 관련된 채권
   나. 「예금자보호법」에 따라 보호되는 금액 한도 이내의 예금·적금 등 채권
   다. 표준약관에 따라 구입하거나 정상적인 가액으로 구입한 회원권·시설물이용권 등 채권
   라. 「근로자퇴직급여 보장법」에 따른 퇴직연금 등 채권
   마. 「금융위원회의 설치 등에 관한 법률」 제38조의 규정에 따른 기관으로부터 받은 주택담보대출·예금담보대출 등 통상의 절차에 따라 담보를 제공하고 성립된 채무
   바. 「여신전문금융업법」 제2조 제3호의 규정에 따른 신용카드의 사용에 의한 지급기일이 2월 이내인 채무 중 연체되지 아니한 채무
   사. 감사기간 중 합병·상속 또는 소송 등에 의하여 비자발적으로 발생된 채권 또는 채무
3. 당해 공인회계사에게 무상으로 또는 통상의 거래가격보다 현저히 낮은 대가로 공인회계사 사무소를 제공하고 있는 자
4. 당해 공인회계사에게 공인회계사 업무외의 업무로 인하여 계속적인 보수를 지급하거나 기타 경제상의 특별한 이익을 제공하고 있는 자
5. 당해 공인회계사에게 법 제2조의 규정에 의한 직무를 수행하는 대가로 자기 회사의 주식·신주인수권부사채·전환사채 또는 주식매수선택권을 제공하였거나 제공하기로 한 자

② 공인회계사는 법 제21조 제2항 제4호 각 목 외의 부분에 따라 부실채권의 회수를 목적으로 하는 채권자협의체가 구성된 경우에 그 채권자협의체의 구성원(이하 "구성원"이라 한다)이 출자전환 또는 대주주의 담보제공 등을 원인으로 하여 취득한 자산·자본·그 밖의 권리 등(이하 "자산등"이라 한다)을 공동으로 매도하기 위하여 하는 법 제21조 제2항 제4호 각 목의 업무(이하 "실사등의 업무"라 한다)를 할 수 있다.

③ 제2항에도 불구하고 다음 각 호의 어느 하나에 해당하는 공인회계사는 제2항에 따른 실사등의 업무를 할 수 없다.
1. 자산등을 공동으로 매도하는 업무를 주관하는 구성원을 감사하거나 증명하는 업무를 수행하는 공인회계사

계의 성립에 따른 공인회계사의 직무 제한(공인회계사법 제21조 제1항), ② 특정 회사의 재무제표를 감사하거나 증명하는 업무를 수행하는 계약을 체결하고 있는 기간 중의 업무 제한(공인회계사법 제21조 제2항), ③ 공인회계사가 공인회계사법 제21조 제2항에 따라 금지되는 업무 이외의 업무를 수행하기 위하여 거쳐야 하는 절차에 관한 사항으로 구성되어 있다.

(3) 공인회계사법 제33조에 따른 회계법인의 직무제한

다음으로 '회계법인'의 직무제한에 관한 공인회계사법 제33조 및 그 위임을 받아 세부사항을 규정하고 있는 공인회계사법 시행령 제15조의2[4]는 다음과 같으며, ① 일정한 인적관계의 성립에 따른 회계법인의 직무 제한(공인회계사법 제33조 제1항)을 규정하면서, ② 특정 회사의 재무제표를 감사하거나 증명하는 업무를 수행하는 계약을 체결하고 있는 기간 중의 업무 제한 및 ③ 회계법인이 특정회사와의 감사계약 기간 중 금지되는 업무 이외의 업무를 수행하기 위하여 거쳐야 하는 절차에 관하여는 공인회계사법 제21조 제2항·제3항을 원용하는 형태로 구성되어 있다.

---

2. 공동으로 매도하고자 하는 자산등의 100분의 50 이상을 소유한 구성원을 감사하거나 증명하는 업무를 수행하는 공인회계사
3. 공인회계사가 감사하거나 증명하는 업무를 수행 중인 구성원들이 보유하고 있는 자산등의 합계가 공동으로 매도하고자 하는 자산등의 100분의 50이상에 해당하는 공인회계사

④ 법 제21조 제3항에서 "내부통제절차 등 대통령령으로 정하는 절차"란 공인회계사가 법 제21조 제2항 각 호의 어느 하나에 해당하는 업무 외의 업무를 수행하기 전에 그 회사의 감사(「상법」 제415조의2에 따른 감사위원회를 포함한다. 이하 이 조에서 "감사등"이라 한다)와 그 업무에 대하여 협의하고, 이해상충의 소지가 높은 업무에 대하여는 감사등의 동의를 얻는 절차를 말한다.

⑤ 공인회계사는 제4항의 절차에 따라 그 업무를 수행한 경우에는 감사등과의 협의사항 및 감사등의 동의와 관련한 사항을 문서화하여 8년간 보존한다.

4) 공인회계사법 시행령 제15조의2(회계법인의 직무제한) ① 법 제33조 제1항 제3호에서 "대통령령이 정하는 자"라 함은 다음 각 호의 어느 하나에 해당하는 자를 말한다.
1. 과거 1년 이내에 자기의 재무제표 등에 대하여 감사 또는 증명업무를 행한 회계법인의 담당사원 또는 그 배우자가 임원이나 그에 준하는 직위(재무에 관한 사무의 책임있는 담당자를 포함한다)에 있는 자
2. 회계법인과 1억 원 이상의 채권 또는 채무관계에 있는 자. 이 경우 제14조 제1항 제2호 단서의 규정은 회계법인에 대하여 이를 준용한다.
3. 회계법인과 제14조 제1항 제3호 내지 제5호의 규정에 준하는 관계가 있는 자

② 제14조 제2항 내지 제5항의 규정은 회계법인에 관하여 이를 준용한다. 이 경우 "공인회계사"는 "회계법인"으로 본다.

(4) 구체적인 해석

(가) 직무제한 사유의 발생 시기의 문제

감사인의 직무제한 범위에 해당하는 경우, 당초 감사인이 감사 또는 증명하는 업무를 수행할 수 없으므로, 회사로서는 해당 감사인과 계약을 체결하여서는 아니 된다. 따라서 법 제13조 제1항은 기본적으로 감사계약을 체결할 당시에는 공인회계사법에 따른 감사인의 직무제한 규정을 위반하지 않았으나, 후발적으로 감사인의 직무제한 사유가 발생한 경우를 예정하고 있는 것으로 보인다.

그러나 감사계약의 체결 당시에는 이와 같은 감사인의 직무제한 규정에 위반된다는 점을 인지하지 못하였다가 후발적으로 이를 인지하게 된 경우에도 해당 감사계약을 해지함으로써 감사인을 감사업무에서 배제하여 회계제도의 투명성 및 감사인의 독립성을 도모할 필요가 있으므로, 법 제13조 제1항이 적용되어야 함이 타당하다.

나아가 감사계약의 체결 당시에 감사인의 직무제한 규정에 위반된다는 점을 인식하고도 감사계약을 체결한 경우, 이는 사법상으로 사회상규에 위반되는 법률행위(민법 제103조)로서 그 감사계약의 유효성 자체가 문제될 수 있으나, 해당 감사인을 신속히 감사업무에서 배제시켜 법률관계의 안정을 확보하는 동시에 회계제도의 투명성을 유지한다는 차원에서 법 제13조 제1항의 적용을 배제할 것은 아니라고 생각된다.

(나) 해지사유에 관한 해석의 문제

회사의 감사계약 해지 의무의 대상이 되는 공인회계사법상 직무제한 사유는 일정한 인적 관계의 성립 등과 같이 그 사유의 발생 여부를 명확하게 판단할 수 있는 경우도 있지만, 업무제한의 대상이 되는 구체적인 업무의 범위와 같이 개념 자체로 판단이 엇갈릴 수 있는 사항도 있다.

이에 실무적으로는 회사의 감사계약 해지 의무가 발생하였는지 여부를 쉽게 판단할 수 없는 경우가 발생할 수 있을 뿐만 아니라, 감사계약의 당사자인 회사와 감사인 사이에 해지사유가 발생하였는지에 관하여 분쟁이 발생할 수도 있다.

실제 대법원 판례에서는, 공인회계사법 제21조 제2항 제4호 가목에 따른 '자산 등에 대한 실사' 업무의 해석이 문제되기도 하였다(대법원 2012. 10. 25. 선고 2011도9171 판결[5]).

---

5) 다만 이는 감사계약의 해지사유의 발생 여부가 아니라, 공인회계사법 제21조 위반에 따른 형사상 죄책이 문제되었

한편 공인회계사가 공인회계사법 제21조 제2항에 따라 금지되는 업무 이외의 업무를 수행하기 위해서는 일정한 절차를 거쳐야 하는데(공인회계사법 제21조 제3항), 이에 따라 공인회계사는 그 회사의 감사 또는 감사위원회와 그 업무에 대하여 협의하고, 이해상충의 소지가 높은 업무에 대하여는 감사 또는 감사위원회의 동의를 얻는 절차를 거쳐야 한다.

그런데 '세무조정 업무'는 '이해상충의 소지가 높은 업무'에 해당되지 않으므로, 감사대상회사에 세무조정 업무 제공시 해당 회사의 감사(감사위원회)와 협의 과정을 거치는 것으로 충분하다(금융위원회/금융감독원 180169, 2019. 1. 10 외부감사인인 공인회계사의 이해상충 관련 문의).

(5) 해지의무의 부담 주체

법 제13조 제1항의 문언상 해지의무의 부담 주체는 '회사'이다. 특히 법 제13조 제3항에서는 주권상장법인 등의 증권선물위원회 보고 의무와 관련하여 그 대상을 '외부감사법 제13조 제1항에 따른 감사계약 해지' 또는 '외부감사법 제13조 제2항에 따른 감사인 해임'으로 규정하고 있다.

따라서 법 제13조 제2항에 따른 주권상장법인 등[6]도 법 제13조 제1항의 적용을 받는다는 점은 문언상 이론의 여지가 없어 보인다.

나. 해지사유 발생의 효과

(1) 회사의 감사계약 해지에 관한 의무의 발생

법 제13조 제1항의 문언상 공인회계사법에 따른 직무제한의 사유가 발생한 경우 회사는 감사계약을 해지할 의무를 부담하며, 임의로 그 판단에 따라 해지권 행사 여부를 결정할 수는 없다. 이는 해지사유가 발생하였음에도 회사가 감사계약을 해지하지 않는 경우, 감사인의 독립성에 영향을 줄 수 있는 점을 고려한 결과로 보인다.

법 제13조 제1항에서 회사에 대하여 감사계약 해지에 관한 법정의무를 부과하고

던 사안이다.

6) 감사인은 공인회계사법에 따른 직무제한 사유가 발생한 경우 해당 감사계약을 해지할 수 있으며(법 제15조 제1항, 제9조 제3항, 법 시행령 제21조 제1항 제1호), 공인회계법상 직무 제한 규정을 위반하여 재무제표를 감사하거나 증명하는 직무를 수행한 감사인은 1년 이하의 징역 또는 1천만 원 이하의 벌금에 처하도록 규정되어 있다(공인회계사법 제53조 제3항 제1호).

있는 이상, 해당 사유가 반드시 감사계약에 해지사유로 명시되지 않아도 회사는 공인회계법상 직무제한 규정 위반을 이유로 감사계약을 해지할 수 있으며, 한국공인회계사가 예시로 작성하여 배포한 외부감사계약서에서도 공인회계사법상 직무제한 규정 위반을 해지사유로 열거하고 있지 않다.

(2) 회사의 감사계약 해지의 시기 및 방법

해지의무에 관하여 일정한 기한을 부여하고 있는 법 제13조 제2항과 달리 회사는 지체 없이 감사계약을 해지하여야 한다. 법문상 감사계약에 관한 해지의무를 부과하는 취지에 불과하고, 감사계약이 자동적으로 종료된다거나 그 효력을 상실한다는 내용은 없으므로, 실제 감사계약이 해지되기 위해서는 회사의 감사계약 해지라는 조치가 필요하다.

또한 감사위원회의 설치 여부에 따라 해지의 방법을 달리하는 법 제13조 제2항과 달리, 법 제13조 제1항에서는 이와 같은 시기적 제한 이외에 해지의 구체적인 방법 등에 관하여 아무런 내용을 규율하고 있지 않으므로, 해지의 방법에 관하여는 민법상 해지에 관한 일반적인 내용이 적용되어야 한다.

따라서 해지는 감사계약의 상대방인 감사인에 대한 의사표시의 방법으로 하여야 한다(민법 제543조 제1항). 구두로 의사표시를 하여도 무방하지만 해지 의사표시가 있었는지 여부에 관한 법적 분쟁을 막기 위하여 실무적으로는 문서의 형태로 그 도달을 증명할 수 있는 우편의 방법으로 이루어지는 것이 통상적이라고 할 수 있다. 그 내용과 도달을 모두 증명할 수 있는 내용증명 우편을 이용하는 것이 바람직하다.

(3) 회사의 감사계약 해지의 효과 및 신규감사인 선임 의무

감사계약이 해지된 경우 그 감사계약은 장래에 대하여 효력을 상실하며(민법 제550조), 해지사유의 발생에 귀책사유 있는 자는 그로 인하여 상대방에게 발생한 손해를 배상할 의무를 부담할 수 있다(민법 제551조).

감사계약의 해지에 따른 구체적인 효과를 감사계약에서 미리 정하는 것도 무방하며, 실제 한국공인회계사회에서 예시로 작성하여 배포한 외부감사계약서[7]에서도 해

7) 한국공인회계사회에서 작성하여 배포한 외부감사계약서의 감사계약 해지와 관련된 구체적인 내용은 법 제15조에 관한 주석을 참조.

지사유의 발생 원인이 누구에게 있는지에 따라 보수액의 귀속 등에 관한 특수한 규율을 규정하고 있다. 다만 이와 같은 감사계약 해지에 관한 감사계약의 내용이 해지권의 행사 여부에 중대한 영향을 미칠 정도로 회사에게 불리하게 규정된 경우, 그 조항의 적법·유효성이 문제될 수 있다.

다만 법 제13조 제1항에 따라 계약이 해지된 경우, 같은 조 제2항의 경우와 달리 법 제14조에 따른 전기감사인의 의견진술권 적용대상에 해당하지 않는다.

회사는 감사계약을 해지한 후 2개월 이내에 새로운 감사인을 선임하여야 하는데, 그에 관하여는 원칙적으로 법 제10조에 규정된 감사인 선임 절차를 따라야 한다. 다만 법 제10조의 감사인 선임 시기에 관한 규정은 감사인의 중도 해임을 전제로 한 규정이 아니므로 제13조의 경우 위 제10조의 규정을 현실적으로 준수하기 어려운 때가 많을 것이므로 이에 대하여는 예외를 인정해 줄 필요가 있다.

2. 주권상장법인 등의 감사인 해임의무 및 신규 감사인의 선임(제2항)

가. 감사계약의 해지사유

(1) 규정의 취지

주권상장법인 등은 연속하는 3개 사업연도의 감사인을 동일한 감사인으로 선임하여야 하며(법 제10조 제3항), 이는 감사인의 지위를 일정기간 보장함으로써 감사인의 독립성을 제고하고 이를 통하여 회계의 투명성을 확보하기 위한 조치이다.

그러나 일정한 경우 연속하는 3개 사업연도에 관하여 동일한 감사인으로부터 외부감사를 받더라도 도중에 해당 감사인을 해임할 현실적인 필요가 발생할 수 있으므로, 법 제13조 제2항에서는 그 사유와 방법을 규율하고 있다.

(2) 구체적인 해임 사유

법 제13조 제2항은 그 구체적인 해임사유를 대통령령으로 정할 것을 규정하고 있는데, 이에 따른 법 시행령 제19조의 규정은 다음과 같다.

법 시행령 제19조(감사인의 해임) 법 제13조 제2항에서 "직무상 의무를 위반하는 등 대통령령으로 정하는 사유에 해당하는 경우"란 다음 각 호의 어느 하나에 해당하는 경우를 말한다.

1. 감사인이 회사의 기밀을 누설하는 등 직무상 의무를 위반한 경우
2. 감사인이 그 임무를 게을리하여 회사에 손해를 발생하게 한 경우
3. 감사인이 회계감사와 관련하여 부당한 요구를 하거나 압력을 행사한 경우
4. 외국투자가가 출자한 회사로서 그 출자조건에서 감사인을 한정하고 있는 경우
5. 지배회사 또는 종속회사가 그 지배·종속의 관계에 있는 회사와 같은 지정감사인을 선임하여야 하는 경우

법 시행령 제19조에서 "직무상 의무를 위반하는 등 대통령이 정하는 사유에 해당하는 경우"를 열거하고 있으므로, 그 문언의 해석상 법 제13조 제2항에 규정된 '직무상 의무 위반'은 법 시행령 제19조 각 호에 열거된 사유에 국한된다고 해석된다. 즉, 이들 사유는 예시적 사유가 아니라 제한적 열거적 사유로 보는 것이 타당하다.

한편 법 제13조 제1항의 경우와 마찬가지로, 법 제13조 제2항에 따른 감사인 해임 사유도 구체적인 해지사유의 발생 여부와 관련하여 판단의 여지가 발생할 수 있으며, 감사계약의 당사자인 회사와 감사인 사이에 해지사유가 발생하였는지에 관하여 분쟁이 발생할 수도 있다.

외부감사법 시행령은 2017. 10. 31. 법률 제15022호로 개정된 외부감사법이 2018. 11. 1.부터 시행되는 것에 맞추어 2018. 10. 30. 대통령령 제29269호로 개정되었는데, 2018. 10. 30. 대통령령 제29269호로 개정되기 전의 외부감사법 시행령(이하 '개정전 외부감사법 시행령')에 따른 감사인 해임 사유[8]와 현행 외부감사법 시행령에 따른 감사인 해임 사유는 큰 차이가 없다.

다만 개정전 외부감사법 시행령에서는 '증권선물위원회의 감사보고서 감리, 품질관리 감리 결과 감사인이 금융위원회가 정하는 사유에 해당하게 된 경우'를 감사인 해임사유로 규정하였으나, 이와 같은 사유는 현행 외부감사법 시행령에서는 삭제되었다. 그런데 현행 외부감사법 시행령은 2018. 11. 1.부터 시행되므로(법 부칙 제1조), 2018. 11. 1. 이후에는 위와 같은 사유가 발생하더라도 주권상장법인 등은 감사인을 해임할 의무를 부담하지 않게 되었다.

8) 개정전 외부감사법 시행령은 제3조 제7항에서 감사인 해임 사유를 규정하였다.

또한 법 시행령 제19조 제5호의 해지사유와 관련하여, 개정전 외부감사법 시행령 제3조 제7항 제6호에서는 '주권상장법인인 종속회사가 주권상장법인인 지배회사와 동일한 감사인을 선임하려는 경우'를 해지사유로 규정하였으나, 현행 법 시행령에서는 동일한 '지정감사인'을 선임하는 경우로 그 사유를 특정하되, 그 적용범위는 주권상장법인 이외에 대형비상장주식회사 및 금융회사까지 확대되었다(법 제13조 제2항).

법 제13조 제2항에서 회사에 대하여 감사계약 해지에 관한 법정의무를 부과하고 있는 이상, 해당 사유가 반드시 감사계약서상에 해지사유로 명시되지 않아도 회사는 법 시행령 제19조의 사유가 발생한 경우 감사계약을 해지하여야 한다. 한국공인회계사회가 예시로 작성하여 배포한 외부감사계약서에서도 법 시행령 제19조의 사유를 해지사유로 열거하고 있지 않다.

나. 해지사유 발생의 효과

(1) 주권상장법인 등의 감사인 해임에 관한 의무의 발생

법 제13조 제1항에서는 회사에 대하여 '감사계약의 해지' 의무를 부과하고 있으나, 법 제13조 제2항에서는 주권상장법인 등에 대한 '감사인 해임' 의무를 부과하고 있다.

이는 법 제10조 제3항에서 연속하는 3개 사업연도에 관하여 동일한 감사인을 '선임'할 의무를 부과하는 것에 대응하여 '해임'이라는 표현을 사용하였을 뿐이며, 일정한 사유가 발생한 감사인을 감사인 지위에서 탈퇴시킨다는 점에서 '감사계약의 해지'와 '감사인 해임'에 본질적인 차이는 없는 것으로 생각된다.

법 제13조 제2항의 문언상 법 시행령 제19조 각 호의 사유가 발생한 경우 회사는 감사인을 해임할 의무를 부담하며, 임의로 그 판단에 따라 해임여부를 결정할 권한을 보유하는 것으로 해석할 수 없다고 보아야 한다.

감사인 해임에 따른 구체적인 효과를 감사계약에서 미리 정하는 것도 무방하며, 다만 이와 같은 감사계약 해지에 관한 감사계약의 내용이 해지권의 행사 여부에 중대한 영향을 미칠 정도로 회사에게 불리하게 규정된 경우, 그 조항의 적법·유효성이 문제될 수 있다는 점은 법 제13조 제1항의 경우와 동일하다.

(2) 감사인 해임의 시기 및 방법

법 시행령 제19조 각 호의 사유가 발생한 경우, 주권상장법인 등은 연속하는 3개 사업연도 중이라도 감사인을 해임할 의무를 부담한다.

다만 법 제13조 제1항에 따른 회사의 감사계약 의무가 '지체 없이' 행사되어야 하는 반면에, 법 제13조 제2항에 따른 감사인 해임 의무는 매 사업연도 종료 후 3개월 이내에 행사되면 충분하다.

여기서 '매 사업연도 종료 후 3개월 이내'의 문언이 단순히 해임의 종기만을 규정한 것인지 아니면 매 '사업연도 종료시부터 3개월 이내'의 의미로 보아 해임의 시기(시작시점)도 함께 규정한 것인지, 즉 당해 사업연도 종료 전까지는 해임할 수 없는 것으로 볼 것인지가 논란이 될 수 있다. 문언상으로만 보면 후자로 해석될 여지가 많지만, 감사인의 독립성이 훼손된 상황에서는 그 감사인을 조기에 감사업무에서 배제하는 것이 바람직하므로 굳이 후자로 해석할 것이 아니라 전자로 해석하는 것이 바람직하다. 그래서 당해 사업연도 종료 전이라도 해임할 수 있다고 보아야 할 것이다.

하지만, 법 제15조 제2항과 비교해 보면, 이 규정은 감사계약해지를 규정함에 있어 그 시기를 감사인 해임의 경우와 마찬가지로 '매 사업연도 종료 후 3개월 이내'라고 규정하면서 그 해지대상을 '남은 사업연도에 대한 감사계약'이라고 규정하여 당해 사업연도가 아닌 그 다음 사업연도에 대한 감사계약을 해지한다는 취지를 밝히고 있으므로 법 제13조 제2항도 감사인 해임의 시작시점을 당해 사업연도 종료 후로 정한 것으로 해석할 여지를 남겨두고 있다.

그리고 주식회사의 경우 통상적으로 매 결산기가 종료된 이후 3개월 이내에 정기주주총회를 개최하는데, 한국채택국제회계기준을 적용하는 회사의 경우 정기주주총회 개최 1주 전까지 감사보고서를 제출하여야 하고(법 시행령 제27조 제1항 제1호), 외부감사 업무를 수행한 결과 감사보고서를 제출하기 위해서는 상당한 시간이 소요된다는 점을 고려한다면, 부득이한 사정이 없는 이상 위 감사인 해임 의무의 행사기한이 임박한 시기에 감사인이 해임되는 상황을 상정하기는 현실적으로 어렵다. 더구나 감사인을 해임한 후 새로운 감사인이 선임되기까지 2개월 정도가 소요되므로 사실상 새로운 감사인이 감사를 수행하여 감사보고서를 정기주주총회에 제출하는 것은 거의 불가능하다.

그래서 당해 결산기가 종료된 후에는 해임사유가 발생하더라도 현실적으로 회사가 해임 의무를 이행하기는 어렵다고 할 수 있고, 이러한 경우의 제재로서 나중에 설명하는 바와 같이 법 제11조 제1항 제9호에 의하여 증권선물위원회가 회사에 대하여 증권선물위원회가 지정하는 감사인을 선임하도록 요구할 수 있겠으나 그에 따라 선임되는 감사인은 당해 결산기의 감사업무를 수행하기는 어렵고 그 다음 결산기부터 감사업무를 수행하게 될 것이다.

오히려 당해 결산기가 종료된 후에 해임사유가 발생한 경우에는 회사가 해임은 하되 그 해임의 효과는 당해 결산기가 아닌 그 다음 결산기부터 발효되는 것으로 해석하는 것이 합리적이다. 앞서 설명한 바와 같이 법 제15조 제2항과 비교해보더라도 이와 같이 해석하는 것이 타당해 보인다. 즉, 법 제15조 제2항은 감사인 해임의 경우와 마찬가지로 그 시기를 '매 사업연도 종료 후 3개월 이내'라고 규정하면서 그 해지 대상을 '남은 사업연도에 대한 감사계약'이라고 규정함으로써 당해 사업연도가 아닌 그 다음 사업연도에 대한 감사계약을 해지한다는 취지를 밝히고 있기 때문이다.

한편 감사인 해임의 절차와 관련하여, ① 감사위원회가 설치된 경우, 감사위원회의 해임 요청을, ② 감사위원회가 설치되지 않은 경우, 감사가 감사인선임위원회의 승인을 받아 해임을 요청하는 절차를 거쳐야 한다. 이는 감사인의 선임에도 감사위원회의 설치 여부에 따라 감사인 선정 주체를 감사위원회 또는 감사인선임위원회의 승인을 받은 감사로 규정한 것에 대응하여 그 감사인의 해임에도 감사위원회 등의 관여를 절차적으로 보장한 취지로 해석된다.

(3) 감사인 해임의 효과 및 신규감사인 선임 의무

감사인이 해임된 경우 그 효과는 감사계약이 해지된 경우와 본질적인 차이가 있다고 할 수는 없다.

다만 법 제13조 제1항에 따라 계약이 해지된 경우와 달리, 법 제13조 제2항에 따라 감사인이 해임된 경우 법 제14조에 따른 전기감사인의 의견진술권 적용대상에 해당한다.

주권상장법인 등은 감사인을 해임한 후 2개월 이내에 새로운 감사인을 선임하여야 하는데, 그에 관하여는 원칙적으로 법 제10조에 규정된 감사인 선임 절차를 따라야 한다.

다. 감사인 해임 의무의 주체

법 제13조 제2항에 따른 감사인 해임 의무의 부담 주체는 어디까지나 주권상장법인 등으로서, 법 제10조 제3항에 따른 3개 사업연도 연속 동일 감사인 선임 의무를 전제하고 있다.

따라서 명확한 법적 근거 없이 일정한 불이익이나 의무를 부과할 수는 없으므로, 주권상장법인 등에 해당하지 않는 일반적인 회사가 법 제13조 제2항에 따른 감사인 해임의무를 부담하지는 않는다는 점은 분명해 보인다.

다만 주권상장법인 등에 해당하지 않는 일반적인 회사가 법 시행령 제19조에 해당하는 사유로 감사계약을 해지할 수 있는지[9] 문제될 수 있다.

그런데 감사인의 지위 보장을 통한 독립성 확보를 위하여 감사계약의 해지사유는 제한적으로 해석할 필요가 있으며, 일반적인 회사가 법 시행령 제19조의 사유로 감사계약을 해지할 수 있다고 볼 경우, 그와 같은 사유가 발생하였지만 아직 해지권이 행사되지 않은 상황에서 감사인의 지위가 불안해져 그 독립성에 영향을 받을 수 있다. 따라서 감사계약을 해지하여야 하는 현실적인 필요성에 불구하고, 일반적인 회사가 법 시행령 제19조에 해당하는 사유로 감사계약을 해지할 수는 없다는 해석이 부득이 하다고 생각된다. 물론 이 경우에도 채무불이행을 원인으로 하는 민법에 따른 일반적인 해지까지 제한된다고 볼 수는 없다.

한편 감사인은 법 제15조에서 감사계약을 해지할 수 있는 사유를 규정하고 있는 점, 법 시행령 제19조에 규정하고 있는 해임 사유가 감사인의 직무위반 등을 전제로 하고 있는 점에 비추어 볼 때, 감사인이 법 시행령 제19조의 사유를 원용하여 감사계약을 해지하는 상황을 상정하기는 어렵다.

3. 주권상장법인 등의 증권선물위원회 보고(제3항)

주권상장법인 등은 ① 법 제13조 제1항에 따른 감사계약의 해지 및 ② 법 제13조 제2항에 따른 감사인 해임을 지체 없이 증권선물위원회에 보고하여야 한다.

이와 같은 증권선물위원회에 대한 보고를 수령하는 업무는 금융감독원장에 대하여 위탁되어 있다(법 시행령 제44조 제2항).

9) 감사계약 해지에 관한 사법상의 원칙상 감사계약에 해당 사유가 감사계약의 해지사유로 규정되어 있는 것을 전제로 한다.

Ⅳ. 위반 효과

법 제13조 제1항 또는 제2항에 따라 감사계약의 해지 또는 감사인 해임의 의무를 부담하는 회사가 이를 이행하지 않는 경우, 증권선물위원회는 해당 회사에 임원의 해임 또는 면직 권고, 6개월 이내의 직무정지, 일정 기간 증권의 발행 제한 그 밖에 필요한 조치를 할 수 있다(법 제29조 제1항 제5호).

또한 회사가 법 제13조 제1항 또는 제2항을 위반하여 감사계약의 해지 또는 감사인의 해임을 하지 아니하거나 새로운 감사인을 선임하지 아니한 경우 감사인 지정 사유에 해당한다. 즉, 법 제11조 제1항 제9호에 의하면 제13조 제1항 또는 제2항을 위반하여 감사계약의 해지 또는 감사인의 해임을 하지 아니하거나 새로운 감사인을 선임하지 아니한 회사의 경우 증권선물위원회는 그 회사에 3개 사업연도의 범위에서 증권선물위원회가 지정하는 회계법인을 감사인으로 선임하거나 변경선임할 것을 요구할 수 있으므로 이에 따른 제재를 받게 된다.

그런데 법 제11조 제1항 제12호에 해당하면 같은 항 제9호와 마찬가지로 위에서 본 바와 같이 증권선물위원회가 감사인을 선임하거나 변경선임할 수 있는데, 법 시행령 제14조 제6항 제3호 바목은 법 제11조 제1항 제12호의 위임에 따라 법 제13조에 따른 감사인의 해임 및 재선임에 관한 규정을 위반한 회사를 들고 있다. 위 시행령 규정은 법 제11조 제1항 제9호의 규정과 일부 중첩되는 부분이 있다.

요컨대, 회사의 의사에 반하여 감사인이 지정되는 불이익을 피하고 회사의 의사에 따른 감사인을 지정할 수 있기 위하여는 법 제13조 제1항 또는 제2항의 규정을 위반하여서는 아니 된다.

한편 공인회계법상 직무 제한 규정 위반에 관하여 공인회계사법에서 벌칙을 규정하고 있는 점은 앞서 살펴본 바와 같다.

[조성규]

제 2 장 회사 및 감사인

제14조(전기감사인의 의견진술권)

① 회사는 직전 사업연도에 해당 회사에 대하여 감사업무를 한 감사인[이하 "전기감사인"(前期監査人)이라 한다] 외의 다른 감사인을 감사인으로 선임하거나 제13조 제2항에 따라 전기감사인을 해임하려면 해당 전기감사인에게 감사 또는 감사위원회(감사위원회가 설치되지 아니한 주권상장법인, 대형비상장주식회사 또는 금융회사의 경우에는 감사인선임위원회를 말한다)에 의견을 진술할 수 있는 기회를 주어야 한다.
② 회사는 제13조 제2항에 따라 해임되는 감사인이 제1항에 따라 의견을 진술한 경우에는 그 내용을 증권선물위원회에 보고하여야 한다.
③ 제1항과 제2항에 따른 의견진술의 방법, 보고절차 등에 관한 사항은 대통령령으로 정한다.

법 시행령 제20조(전기감사인의 의견진술권) ① 회사는 법 제14조 제1항에 따라 전기감사인에게 새로운 감사인과의 감사계약 체결 2주 전까지 문서 또는 구술로 의견을 진술할 수 있다는 사실을 문서로 통지하여야 한다.
② 회사는 법 제13조 제2항에 따라 해임되는 전기감사인이 의견을 진술한 경우에는 지체 없이 다음 각 호의 사항을 금융위원회가 정하는 바에 따라 증권선물위원회에 문서로 제출하여야 한다.

1. 전기감사인을 해임한 사유
2. 전기감사인이 진술한 의견
3. 감사위원회 위원 전원 또는 감사인선임위원회 위원 중 과반수가 제1호 및 제2호의 내용을 확인하고 서명한 사실

Ⅰ. 입법취지

전기감사인의 의견진술권은 2001. 3. 28. 법률 제6427호로 개정된 외부감사법에 제4조의5로 최초 도입되었다가, 2017. 10. 31. 법률 제15022호로 개정되면서 제14조로 이동하였는데, 전기감사인의 의견진술권은 최초 규정된 이후 별다른 내용의 차이가 없이 실질적으로 동일하다.

2001. 3. 28. 법률 제6427호로 개정된 외부감사법의 개정 이유에 따르면, 전기감사인의 의견진술권 조항의 취지는 '회사가 감사인을 해임하고자 하는 경우에는 당해 감사인에게 감사 또는 감사인선임위원회에 의견을 진술할 수 있는 기회를 주도록 의무화하고, 해임되는 감사인이 의견을 진술한 때에는 그 내용을 증권선물위원회에 보고하도록 하여 회사가 부당하게 감사인을 해임할 수 없도록 하기 위함이다. 행정절차법에서 처분의 상대방에게 보장하고 있는 청문권과 유사한 제도로 이해할 수 있다.

법 제14조 제3항에서는 전기감사인 등의 의견진술의 방법이나 보고절차 등에 관한 세부적인 사항의 규율을 대통령령에 위임하고 있으며, 법 시행령 제20조에서는 아래와 같이 의견진술 및 보고의 절차에 관한 내용을 규정하고 있다.

법 시행령 제20조는 외부감사법이 2017. 10. 31. 법률 제15022호로 전면 개정되는 것에 맞추어 2018. 10. 30. 대통령령 제29269호로 개정된 외부감사법 시행령에 처음으로 규정되었다.

외부감사법에 전기감사인의 의견진술권이 최초 도입된 이래 외부감사법에 외부감사법 시행령이 2018. 10. 30. 대통령령 제29269호로 개정되기 이전에 외부감사법 시행령은 ① 회사는 전기감사인 또는 해임되는 감사인에 대하여 10일 이상의 기간을 정하여 감사 또는 감사인선임위원회에 구술 또는 서면으로 의견을 진술할 수 있는 기회를 주어야 한다는 내용과 ② 지정된 날까지 의견진술이 없는 경우에는 의견이 없는 것으로 간주한다는 내용으로 구성되어 있었다(2018. 10. 30. 대통령령 제26269호로 개정되기 전의 법 시행령 제4조의5).

II. 전기감사인 등의 의견진술권

회사는 ① 전기감사인 이외의 다른 감사인을 감사인으로 선임하거나 ② 제13조 제2항에 따라 전기감사인을 해임하기 위하여 절차적으로 전기감사인에게 의견진술의 기회를 부여하여야 한다.

이를 위하여 회사는 새로운 감사인과의 감사계약 체결 2주 전까지 문서 또는 구술로 의견을 진술할 수 있다는 사실을 전기감사인에게 문서로 통지하여야 하며(법 시행령 제20조 제1항), 전기감사인은 회사의 감사 또는 감사위원회(또는 감사인선임위원회)

에 대하여 의견을 진술하게 되는데, 다만 법률에 따라 감사를 선임하지 아니한 회사[1]에 대하여는 '감사'에 관한 사항을 적용하지 않는다(법 제37조).

의견진술의 내용에 관하여 특별한 제한은 없는 것으로 생각되며, ① 전기감사인 이외의 다른 감사인을 감사인으로 선임한 경우, 그 의견 진술의 내용은 그와 같은 감사인 교체가 관련 법령이나 계약에 위반된다거나 자신이 감사인으로 적합한 반면에 새로운 감사인이 적합하지 않다는 취지가 될 것이며, ② 제13조 제2항에 따라 전기감사인을 해임하는 경우, 그 의견 진술의 내용은 그 해임사유가 발생하지 않았다거나 그 해임사유가 발생한 원인에 관한 해명 등이 될 것으로 보인다.

본 규정의 취지는 절차적으로 감사 또는 감사위원회에 전기감사인이 의견을 진술함으로써, 감사인의 교체나 해임에 대하여 자기 시정을 할 수 있는 기회를 부여하는데 있으므로, 본 규정에 따른 의견 진술의 기회를 부여하였다는 점만으로 감사인의 교체나 해임이 관련 법령이나 계약에 위반되지 않는다는 점이 확정된다거나, 법 제13조 제2항에 따른 해지사유의 발생이 확정되는 등의 효과가 발생한다고 보기 어렵다.

여기서 감사인의 교체는 해임과 달리 일정한 법적 요건이 필요한 것이 아니며 계약의 자유에 의한 회사의 선택권이므로 이러한 선택권을 행사하는 것이 설령 전기감사인에게 불이익을 준다고 하더라도 탓하기 어렵다. 따라서 이 경우 전기감사인에게 의견진술권을 부여하여야 한다는 것은 그야말로 훈시적 규정의 의미일 뿐으로 보이므로 그 의무를 위반하였다고 해서 아래에서 보는 바와 같이 법 제11조 제1항 제12호에 따른 감사인 지정의 제재를 가하는 것은 바람직한 입법태도는 아니라고 본다.

Ⅲ. 증권선물위원회에 대한 보고

회사는 제13조 제2항에 따라 해임되는 감사인이 의견을 진술한 경우, ① 전기감사인을 해임한 사유, ② 전기감사인이 진술한 의견 및 ③ 감사위원회 위원 전원 또는 감사인선임위원회 위원 중 과반수가 위 사유와 의견을 확인하고 서명한 사실을 증권선물위원회에 보고하여야 한다.

---

1) 자본금 총액이 10억 원 미만인 주식회사는 감사를 선임하지 않을 수 있으며(상법 제409조 제4항), 감사위원회를 설치할 경우 감사를 선임할 수 없다(상법 제415조의2).

위와 같은 보고 업무는 금융감독원장에 대하여 업무위탁되어 있는데(법 시행령 제44조 제2항), 「외부감사 및 회계 등에 관한 규정」에서는 「외부감사 및 회계 등에 관한 규정 시행세칙」 별지 제16호 서식에 따라 작성하여 금융감독원장에게 제출하여야 함을 규정하고 있다(「외부감사 및 회계 등에 관한 규정」 제16조 제3항).

금융감독원장에 대한 보고를 통하여 감사인 교체의 적법성이나 감사인 해임사유의 발생 여부가 확정되는 등의 일정한 효력이 주어지는 것은 아니다.

Ⅳ. 위반 효과

본 규정의 목적은 부당하게 감사인을 교체하거나 감사인을 해임하는 경우에 감사인의 의견을 청취함으로써 자기 시정의 기회를 갖게 하는 것에 불과하므로, 이를 위반하였다는 이유만으로 전기감사인의 교체나 전기감사인 해임이 위법해진다고 볼 수는 없다고 생각된다. 아울러 위와 같은 의견진술의 기회를 부여하였다고 해서 전기감사인의 교체나 해임이 모두 정당화되는 것도 아니다. 하지만 나중에 전기감사인의 교체나 해임의 부당성이나 위법성이 문제가 되어 손해배상 등의 법적 분쟁이 야기되었을 때 전기감사인에게 위와 같은 의견진술의 기회를 제대로 부여하지 않았다면 실체적 정당성 여부를 떠나 절차적 정당성을 갖추지 못하였다는 이유로 회사에 불리한 요소로 작용할 수 있으므로 의견진술의 기회는 제대로 부여해두는 것이 좋다.

또한 전기감사인에 대한 의견진술 조항을 위반한 경우, 증권선물위원회는 해당 회사에 임원의 해임 또는 면직 권고, 6개월 이내의 직무정지, 일정 기간 증권의 발행 제한 그 밖에 필요한 조치를 할 수 있다(법 제29조 제1항 제5호). 나아가 법 제11조 제1항 제12호는 '그 밖의 공정한 감사가 특히 필요하다고 인정되어 대통령령으로 정하는 회사'의 경우 법 제14조를 위반한 경우 증권선물위원회가 회사에 대하여 3개 사업연도의 범위에서 증권선물위원회가 지정하는 회계법인을 감사인으로 선임하거나 변경선임할 것을 요구할 수 있다고 규정하면서, 그 위임에 의한 법 시행령 제14조 제6항 제3호 사목에서 법 제14조에 따른 의견진술권에 관한 규정을 위반한 회사를 들고 있으므로 이들 규정에 의한 제재를 받을 수 있다.

[조성규]

제 2 장 회사 및 감사인

제15조(감사인의 감사계약 해지)

① 감사인은 제16조에 따른 회계감사기준에서 정하는 독립성이 훼손된 경우 등 대통령령으로 정하는 사유에 해당하는 경우에는 사업연도 중이라도 감사계약을 해지할 수 있다.
② 제10조 제3항에도 불구하고 주권상장법인, 대형비상장주식회사 또는 금융회사의 감사인은 감사의견과 관련하여 부당한 요구나 압력을 받은 경우 등 대통령령으로 정하는 사유에 해당하는 경우에는 연속하는 3개 사업연도 중이라도 매 사업연도 종료 후 3개월 이내에 남은 사업연도에 대한 감사계약을 해지할 수 있다.
③ 감사인은 제1항 또는 제2항에 따라 감사계약을 해지한 경우에는 지체 없이 그 사실을 증권선물위원회에 보고하여야 한다.

법 시행령 제21조(감사인의 감사계약 해지) ① 법 제15조 제1항에서 "회계감사기준에서 정하는 독립성이 훼손된 경우 등 대통령령으로 정하는 사유에 해당하는 경우"란 다음 각 호의 어느 하나에 해당하는 경우를 말한다.

1. 법 제9조에 따라 감사인이 될 수 없는 경우
2. 다음 각 목의 어느 하나에 해당하는 경우
   가. 회계감사기준에서 정하는 독립성이 훼손된 경우로서 증권선물위원회가 인정하는 경우
   나. 「공인회계사법」 제43조 제1항에 따른 직업윤리에 관한 규정에서 정한 감사인의 독립성이 훼손된 경우로서 증권선물위원회가 인정하는 경우
3. 회사가 직전 사업연도 또는 해당 사업연도 중 감사보수 지급에 관한 감사계약에 따른 의무를 이행하지 아니한 경우
4. 감사계약을 체결한 후 회사의 합병, 분할 또는 사업의 양도·양수로 주요 사업부문의 성격이나 회사의 규모가 현저히 달라졌으나 감사보수에 대한 재계약이 이루어지지 아니한 경우
5. 감사인(주권상장법인, 대형비상장주식회사 또는 금융회사의 감사인으로 한정한다)이 감사업무(「자본시장과 금융투자업에 관한 법률 시행령」 제170조 제1항에 따라 반기보고서 또는 분기보고서에 첨부하는 회계감사인의 확인 및 의견 표시를 위하여 수행하는 업무를 포함한다)와 관련하여 회사에 자료를 요청하였으나 회사가 특별한 사유 없이 요청한 자료를 제출하지 아니하여 감사업무에 현저한 지장을 주었다고 인정되는 경우

② 감사인이 제1항 제3호부터 제5호까지의 규정에 따른 사유로 감사계약을 해지할 수 있는 기한

은 해당 회사의 사업연도가 시작된 후 9개월 이 되는 날이 속하는 달의 초일로 한다.

③ 법 제15조 제2항에서 "감사의견과 관련하여 부당한 요구나 압력을 받은 경우 등 대통령령으로 정하는 사유에 해당하는 경우"란 다음 각 호의 어느 하나에 해당하는 경우를 말한다.

1. 「상법」 제635조 제1항 각 호 외의 부분 본문에서 규정한 자, 회사의 회계업무를 담당하는 자, 주주 또는 채권자로부터 감사 의견과 관련하여 부당한 요구나 압력을 받은 경우
2. 법 제8조 제6항 단서에 따른 내부회계관리제도 감사 의견에 2개 사업연도 연속하여 중요한 취약점이 발견되었다는 내용이 포함된 경우

④ 감사인은 법 제15조 제3항에 따라 감사계약을 해지한 후에 지체 없이 다음 각 호의 사항을 금융위원회가 정하는 바에 따라 증권선물위원회에 보고하여야 한다.

1. 감사계약을 해지한 사유 및 그 사유를 증명할 수 있는 자료
2. 감사계약 해지에 대한 해당 회사의 의견
3. 그 밖에 금융위원회가 정하는 사항

외감규정 제17조(감사인의 감사계약 해지결과 보고) 감사인은 영 제21조 제4항에 따라 감사계약 해지 후 2주 이내에 같은 항 각 호의 사항을 금융감독원장이 정하는 서식에 따라 작성하여 금융감독원장에게 제출하여야 한다.

Ⅰ. 입법취지

법 제15조는 ① 감사인의 감사계약 해지(제1항), ② 감사인의 주권상장법인 등에 관한 감사계약 해지의 특칙(제2항), ③ 감사계약 해지에 따른 감사인의 보고의무(제3항)로 구성되어 있다.

당초 개정 전 외부감사법 제6조 제3항 내지 제5항에서 현행 법 제15조와 거의 유사한 내용의 규정을 규율하고 있었는데, 이는 2009. 2. 3. 법률 제9408호 개정된 외부감사법에서 신규로 도입되었다.

법 제13조에서는 일정한 사유가 발생하는 경우 회사에 대하여 감사계약 해지 또는 감사인 해임의 의무를 부과하고 있는 반면에, 법 제15조에서는 감사인에게 해지할 권한을 부여하는 형태로 규정되어 있다. 즉, 법 제13조에서 회사에 대하여 감사인을 해임할 의무를 부여하면서도 회사가 그와 같은 의무를 이행하지 아니할 경우 그 상대

방인 감사인 스스로 감사계약을 해지함으로써 감사업무에서 빠져나올 수 있도록 한 것이다. 그러나 ① 그 해지사유는 법 제13조에 따른 사유와 중복될 수 있는 점, ② 감사인은 「공인회계사윤리기준」(이하 "윤리기준")에 따라 독립성을 유지하여야 하는 점, ③ 감사인에 대하여는 별도로 공인회계사법이나 회계감사기준에 따른 규율이 적용될 수 있다는 점 등을 고려한다면, 법 제15조의 규정이 있다고 해서 자유로이 감사계약 해지 여부를 선택할 수 있는 권한이 있다고만 볼 수는 없다.

2009. 2. 3. 법률 제9408호로 개정된 외부감사법에서 감사인의 감사계약 해지권을 신설하게 된 이유로서, '회사의 경우 감사계약 해지권이 있으나, 감사인은 감사계약 해지권이 없어 감사가 불가능한 경우에도 감사를 해야 하는 문제점'을 지적하면서, 그 기대효과로서 '감사인이 제한된 범위에서 해당 사업연도 중이나 매 사업연도 종료 후 3개월 이내에 감사계약을 해지할 수 있도록 함으로써 감사인의 과도한 부담을 완화하고 정상적인 감사가 이루어질 수 있을 것'이라고 제시하고 있었는데, 현행 외부감사법에서는 회사의 경우 감사계약 해지권이 아니라 감사계약 해지의무를 부여하고 있으므로 그와의 균형상 감사인에게도 단순히 해지권이 아니라 의무에 가까운 권한으로 해석할 여지가 있다.

따라서 법 제15조를 해석함에 있어서는, 제13조와 마찬가지로 '회계제도의 투명성 및 감사인의 독립성을 제고'라는 제도적 취지와 아울러, 감사인을 감사업무에서 배제시켜야 할 현실적인 필요가 함께 고려되어야 한다.

II. 감사인의 감사계약 해지

1. 감사인의 감사계약 해지사유

가. 감사계약의 해지사유 일반론

법 제15조 제1항에서는 감사인이 감사계약을 해지할 수 있는 구체적인 사유를 대통령령에 위임하고 있으며, 법 시행령 제21조에서는 감사인이 감사계약을 해지할 수 있는 사유를 열거하고 있다.

법 시행령 제21조에 따르면, 감사인이 감사계약을 해지할 수 있는 사유는 크게 ① 법 제9조에 감사인의 자격제한 등의 사유가 발생한 경우(법 시행령 제21조 제1항 제1호), ② 감사인의 독립성이 훼손된 경우(법 시행령 제21조 제1항 제2호) 및 ③ 감사계약의 상대방이 감사보수 지급이나 감사업무에 필요한 자료를 제공할 의무를 이행하지 않아 감사계약을 해지할 현실적인 필요가 있는 경우(법 시행령 제20조 제1항 제3호 내지 제5호)로 구분할 수 있다.

나. 개정전 외부감사법에 따른 감사계약 해지사유와 비교

현행 법 제15조 제1항은 개정전 외부감사법 제6조 제3항의 규정과 실질적인 차이가 없으며, 그 세부적인 감사계약 해지사유를 규정한 법 시행령 제21조 제1항도 개정전 외부감사법 시행령 제5조의2 제1항과 큰 차이는 없다.

다만 현행 외부감사법 시행령에서는 감사계약이 체결된 이후 회사 규모 등이 변경되었음에도 감사보수에 관한 재계약이 이루어지지 않은 경우(법 시행령 제21조 제1항 제4호)가 새롭게 감사계약의 해지사유로 구성되었고, 감사인의 자격제한 사유나 독립성 훼손에 따른 해지사유의 정확한 범위 등에 관하여도 미세한 조항상의 차이[1)]가 발견된다.

그런데 외부감사법 시행령은 제21조의 적용과 관련하여 특별한 경과조치를 규정하지 않았으므로, 부칙 제1조에 따라 현행 법 시행령 제21조는 2018. 11. 1.부터 시행된다는 점을 고려할 때, ① 현행 외부감사법 시행 이후 감사계약이 체결되었거나, ② 현행 외부감사법 시행 이전에 감사계약이 체결되었음에도 그 해지사유를 구체적으로 감사계약에 기재하지 않은 경우, 감사계약의 해지사유의 발생여부는 현재 시행되고 있는 외부감사법 및 동법 시행령을 기준으로 판단되어야 한다.

한편 회계법인이 실제 감사계약을 체결하는 경우, 그 해지에 관한 조항에서 해지사유를 구체적으로 열거하는 상황을 상정할 수 있고, 실제 국내 대형회계법인이 사용한 감사계약에서는 그 해지사유로 외부감사법에 따른 감사인의 해지규정을 원용하는 사례가 발견된다.

이 경우 최근 외부감사법 시행령의 개정과 관련하여, 2018. 11. 1. 이전에 감사계약이 체결된 경우로서, 그 해지사유로 개정전 외부감사법이나 개정전 외부감사법 시행령의 구체적인 조항을 원용하고 있다면, 실제 그 감사계약의 해지사유는 개정전

1) 보다 구체적인 내용에 관하여는 아래 개별 항목에 관한 분석에서 자세히 살펴보도록 한다.

외부감사법 시행령 또는 현행 외부감사법 시행령 중 어떤 것을 기준으로 판단하여야 하는지 문제될 수 있다.

이 점에 관하여 아직 명시적인 판단을 내리는 선례는 확인되지 않으나, ① 위와 같은 감사계약의 조항은 감사계약 체결 당시의 외부감사법 및 그 시행령을 기준으로 확정적으로 감사계약 해지사유를 확정시키기 위한 의도라기 보다는, 단순히 감사계약의 해지사유에 관하여 관련 법령의 사유를 원용하는 의사에 불과한 점, ② 외부감사법 또는 그 시행령의 개정 이후에 종전 규정을 계속 적용하기 위해서는 부칙에 경과규정을 두어야 하지만, 외부감사법 또는 그 시행령이 개정되면서 그 부칙에서 감사계약 해지사유의 적용과 관련하여 특별한 경과규정[2)]을 규율하지 않고 있는 점, ③ 감사계약의 해지는 이미 개정된 외부감사법이 시행된 이후에 발생하는 점 등을 고려한다면, 그 해지사유의 존재 여부는 현행 외부감사법 및 그 시행령을 기준으로 판단하는 것이 타당하다고 생각된다.

다. 해지사유의 발생 시기의 문제

법 시행령 제21조 제1항 제3호 내지 제5호의 해지사유는 그 문언상 감사계약 체결 이후에 발생한 사정을 이유로 한 해지사유에 해당한다.

한편 감사인의 자격제한이나 독립성 훼손으로 인한 해지사유(법 시행령 제21조 제1항 제1호, 제2호)의 경우에도, 당초 감사인과 회사로서는 감사계약을 체결하는 것 자체가 적절한지 여부가 문제될 수 있으므로, 법 제15조 제1항은 기본적으로 감사계약을 체결할 당시에는 그 해지사유가 발생하지 않았으나, 감사계약 체결 이후 후발적으로 해지사유가 발생한 경우를 예정하고 있는 것으로 보인다.

그러나 감사계약의 체결 당시에는 이와 같은 자격제한이나 독립성 훼손 사유를 인지하지 못하였다가 후발적으로 이를 인지하게 된 경우에도 해당 감사계약을 해지함으로써 감사인을 감사업무에서 배제하여 회계제도의 투명성 및 감사인의 독립성을 도모할 필요가 있으므로, 법 제15조 제1항이 적용되어야 함이 타당하다.

나아가 감사계약의 체결 당시에 감사인의 자격제한이나 독립성 훼손사유에 해당

2) 그 반면에 2017. 10. 31. 법률 제15022호로 개정된 법 부칙 제6조 제2항에서는, 개정전 외부감사법에 따라 선임된 감사인에게 현행 외부감사법이 적용됨을 전제로, 개정전 외부감사법 규정에 따라 선임된 감사인들이 현행 법 제10조 제4항에 위반되는 부적격 감사인이 될 수 있음을 감안하여 개정전 외부감사법에 따라 선임된 감사인들의 지위를 인정해 주는 경과규정을 두고 있다.

된다는 점을 인식하고도 감사계약을 체결한 경우, 이는 사법상으로 사회상규에 위반되는 법률행위(민법 제103조)로서 그 감사계약의 유효성 자체가 문제될 수 있으나, 해당 감사인을 신속히 감사업무에서 배제시켜 법률관계의 안정을 확보하는 동시에 회계제도의 투명성을 유지한다는 차원에서 법 제15조 제1항의 적용을 배제할 것은 아니라고 생각된다. 오히려 이러한 경우 뒤늦게나마 감사계약을 해지하지 않는다면 나중에 손해배상 등의 법적 분쟁에서 불리한 요소로 작용할 수 있다.

라. 감사인의 자격 제한 사유의 발생에 따른 감사계약의 해지(법 시행령 제21조 제1항 제1호)

법 시행령 제21조 제1항 제1호에 따른 해지의 사유는 감사인의 자격제한 등의 사유가 발생한 경우로서, 법 시행령 제21조 제1항 제1호는 법 제9조(감사인의 자격제한 등)를 원용하는 방식으로 해지사유를 규정하고 있다.

위 규정은 감사인의 자격요건에 관한 것으로서 감사계약기간 중이라고 하더라도 감사인이 감사인으로서의 자격요건을 결여하게 되는 사유가 발생하면 법적으로 감사업무를 수행할 수 없어 회사에 대하여 감사계약에 대한 이행불능의 상태에 빠지는 것을 고려한 것으로 해석된다. 감사계약이 이행불능 상태에 있음에도 감사계약을 그대로 존치할 경우 감사인으로서는 회사로부터 손해배상 등의 민사상 청구를 당하는 문제에 직면할 수 있으므로 이를 사전에 해소하기 위하여 이러한 감사계약의 해지권을 부여한 것이다. 감사인에게 귀책사유가 있는지 여부는 불문하므로 설령 감사인에게 귀책사유가 있다고 하더라도 감사계약을 해지할 수 있다고 보아야 할 것이다. 실제로 감사인에게 귀책사유가 있는 경우를 상정하기는 쉽지 않다.

다만, 민법 제551조에서는 계약의 해지는 손해배상의 청구에 영향을 미치지 아니한다고 규정하고 있으므로 예외적으로 감사인에게 귀책사유가 인정된다면 회사로부터 손해배상청구를 당할 우려도 있다. 예를 들어 법 제9조 제4항은 감사인에 소속되어 회계감사업무를 수행할 수 있는 공인회계사는 대통령령으로 정하는 실무수습 등을 이수한 자이어야 한다고 규정하고 있는데 소속 공인회계사들이 실무수습을 제대로 이수하지 않음으로써 감사인의 요건을 결여하게 된 경우 감사인에게 귀책사유가 있다고 볼 여지가 많으므로 이러한 경우 감사인이 감사계약을 해지하더라도 회사로부터 손해배상책임을 추궁당할 우려가 있다.

법 제9조 각항의 어느 하나에라도 해당되면 감사인의 결격사유가 되어 감사계약을 해지할 수 있는데, 그 사유들 중에서 실제 실무적으로 감사계약의 해지사유로 문제될 수 있는 부분은 법 제9조 제2항·제3항의 사유로 생각된다. 당초 개정전 외부감사법 시행령에서는 감사인의 자격제한 등으로 인한 해지사유는 법 제9조 제3항[3]의 사유, 즉 공인회계사법 제33조 제1항에 해당하는 경우로만 규정되어 있었는데, 이는 법 제13조 제1항에 따른 감사인의 감사계약 해지 의무와 중복된 사유로서, 회사가 지체 없이 감사계약을 해지할 의무를 부담하는 이상, 감사인의 감사계약 해지 권한이 실제로는 별다른 실익이 없는 상황이 발생할 수 있다. 하지만 회사가 지체 없이 감사계약을 해지하지 않을 경우 이 규정에 의하여 감사인이 스스로 감사계약을 해지할 수 있도록 함으로써 무기평등의 원칙이 지켜진다고 할 수 있다.

마. 독립성 훼손으로 인한 감사계약 해지(법 시행령 제21조 제1항 제2호)

(1) 감사인의 독립성 훼손에 관한 판단

법 제15조 제1항에서 말하는 '제16조에 따른 회계감사기준에서 정하는 독립성이 훼손된 경우 등 대통령령으로 정하는 사유'에 관하여, 법 시행령 제21조 제1항 제2호는 ① 회계감사기준에서 정하는 독립성이 훼손된 경우 및 ② 공인회계사법 제43조 제1항에 따른 직업윤리에 관한 규정에서 정한 감사인의 독립성이 훼손된 경우를 규정하고 있다.

그런데 회계감사기준에서는 윤리기준에 따라 감사인이 감사대상기업과 독립성을 요구하도록 규정하고 있으며(감사기준서 200 문단 A16), 이에 윤리기준에서는 재무제표에 대한 감사업무 등 인증업무Assurance Engagement를 수행하는 감사인은 공익의 보호를 위하여 윤리기준에서 정하는 바에 따라 인증의뢰인(감사대상회사)에 대하여 독립성을 유지하도록 규정하고 있다(윤리기준 290.1).

윤리기준에서는 독립성을 ① 정신적 독립성(전문가적 판단을 손상시키는 요인에 영향을 받지 않고 의견을 표명할 수 있는 정신적 상태)과 ② 외관상 독립성(관련 모든 정보를 알고 있는 합리적인 제3자가 회계법인 등의 성실, 공정, 전문가적 의구심이 손상된 것으로 판단하게 만드는 중요한 사실이나 상황을 회피하는 것)으로 구분하면서(윤리기준 290.8), 재무제표감사업무에서는 잠재적이고 광범위한 정보이용자와 관련되어 있음을 이유로 외관상 독립성이 특히 중요함을 강조하고 있다(윤리기준 290.14).

3) 개정전 외부감사법 제3조 제3항과 동일한 내용으로 보인다.

한편 윤리기준에서는 윤리강령의 준수에 지장을 초래할 수 있는 잠재적인 위협의 유형으로서, ① 이기적 위협(공인회계사 본인, 그의 직계가족Immediate Family 또는 측근가족 Close Family이 재무적 또는 기타 이해관계가 있는 경우에 발생), ② 자기검토위협(공인회계사가 과거에 본인이 판단한 사항에 대하여 검토를 수행하는 경우에 발생), ③ 변호위협(공인회계사가 공정성이 손상될 수 있을 정도로 어떤 입장이나 의견을 옹호하는 경우에 발생), ④ 유착위협(공인회계사가 밀접한 관계로 인하여 타인의 이익에 지나치게 동정적이 되는 경우에 발생) 및 ⑤ 압력위협(공인회계사가 현실적 또는 잠재적인 협박의 가능성 때문에 공정하지 못하게 되는 경우에 발생)을 제시하면서(윤리기준 100.10), 위와 같은 잠재적인 위협이 발생할 수 있는 상황을 예시하고 있는데(윤리기준 200.4~200.8), 구체적인 상황에 있어 감사인의 독립성이 훼손되었는지 여부를 판단함에 있어 위와 같은 잠재적인 위협의 구체적인 요소를 검토할 필요가 있다.

만일 감사인의 독립성에 위협을 발생시키는 사유가 발생한 경우, 안전장치를 적용하여 그러한 위협을 제거하거나 수용가능한 수준으로 감소시키기 위한 적합한 조치를 취하여야 한다(회계감사기준서 220.11(C)). 그러나 적합한 조치를 통하여 해당 위협을 해소할 수 없다면, 감사계약을 해지할 수밖에 없다(회계감사기준서 220 A6).

일정한 인적관계의 형성과 같이 감사인의 독립성 훼손 여부 판단이 용이한 경우도 있을 수 있으나, 실제 구체적인 사안에 있어서는 그 판단기준의 추상성으로 인하여 감사계약을 해지할 정도로 독립성이 훼손되었는지 여부를 쉽게 확정할 수 없는 경우가 발생할 가능성이 높으며, 이 경우 감사계약의 해지사유에 관하여 감사인과 회사의 입장이 상호 배치되는 상황이 발생할 수도 있다.

(2) 현행 외부감사법 시행령에 따른 구체적인 해지사유의 해석

개정전 외부감사법은 감사계약 해지사유를 '회계감사기준 또는 공인회계사윤리기준에서 정한 독립성이 훼손된 경우'로만 규정하고 있었으나(개정전 외부감사법 시행령 제5조의2 제2호·제3호), 현행 법 시행령 제21조 제1항 제2호에서는 여기에 더하여 "증권선물위원회가 인정하는 경우"라는 문구가 추가되었다.

이는 감사인의 독립성 훼손 사유가 발생하였다고 하더라도, 그 사유가 경미하여 회계법인 내 감사팀의 교체 등으로 그러한 위협을 제거하거나 수용가능한 수준으로 감소시킬 수 있다면, 반드시 감사계약을 해지할 필요는 없다는 점을 고려한 것으로 보인다.

그런데 통상적으로 외부감사법 시행령에서 위와 같은 문구를 규정하는 경우, 「외부감사 및 회계 등에 관한 규정」이나 그 시행세칙에서 그 대상을 보다 자세히 특정할 수 있는 조항을 규율하게 되지만, 개정된 외부감사법 시행에 맞추어 2018. 11. 1. 시행된 「외부감사 및 회계 등에 관한 규정」 및 그 시행세칙에서는 '증권선물위원회가 인정하는 경우'에 관하여 아무런 규정을 신설하지 않았다.

따라서 법 시행령 제21조 제1항 제2호에 추가된 '증권선물위원회가 인정하는 경우'라는 문구는, 구체적인 사안에 있어 금융당국이 감사인의 독립성 훼손 여부를 살펴 감사계약의 해지가 불가피한 정도로 독립성이 훼손되었는지를 판단하겠다는 취지로 해석함이 타당하다.

바. 회사의 감사계약상 의무불이행으로 인한 감사계약 해지(법 시행령 제21조 제1항 제3호 내지 제5호)

법 시행령 제21조 제1항에서는, 감사인의 자격제한이나 독립성 훼손 이외에, ① 회사가 감사계약상 감사보수 지급 의무를 이행하지 아니한 경우(제3호), ② 회사의 규모가 현저히 변경되는 등의 사정이 발생하였으나, 감사보수에 대한 재계약이 이루어지지 아니한 경우(제4호), ③ 회사가 감사인의 자료 제출 요청에 응하지 않아 감사업무에 현저한 지장을 주었다고 인정되는 경우(제5호), 감사인이 감사계약을 해지할 수 있도록 규정하고 있다.

위 조항은 감사인의 독립성을 추구한다기보다는, 감사인이 감사계약을 해지할 현실적인 필요가 인정되는 경우 감사인에게 해지권한을 부여하여 감사인의 권익을 보호하기 위한 점에 주목적이 있는 것으로 보인다.

2. 감사계약 해지의 방법 및 효과

가. 해지 권한의 주체

법 제15조 제1항의 문언상 감사인이 법 시행령 제21조 제1항의 사유가 발생한 경우 감사계약을 해지할 권한을 보유함은 분명하다.

다만 법 제15조 제1항에 근거하여 법 시행령 제21조의 사유가 발생한 경우 회사가 감사계약을 해지할 수 있다고 볼 수 있는지 문제될 수 있다.

그런데 ① 후술하는 바와 같이, 감사계약의 당사자에게 임의적인 해지권을 인정할 경우 감사인의 독립성이 저해될 수 있는 점, ② 회사의 감사계약 해지에 관하여는 법 제13조에서 의무의 형태로 별도 조항을 규율하고 있는 점 등에 비추어 볼 때, 법 시행령 제21조의 사유가 발생한 경우 회사가 감사계약에 관한 해지권한을 보유한다고 해석함은 타당하지 않다고 생각된다. 다만, 감사인에게 귀책사유가 있는 경우 민법상의 해지권을 행사할 수 있음은 별론으로 한다.

나. 해지의 방법

법 제15조 제1항에서는 일정한 사유가 발생한 경우 '사업연도 중'이라도 감사계약을 해지할 수 있다고 규정하고 있을 뿐이며, 특히 법 시행령 제21조 제1항 제3호부터 제5호까지의 사유는 사업연도가 시작된 후 9개월이 되는 날이 속하는 달의 초일까지로 제한된다.

법 시행령 제21조 제1항 제3호부터 제5호까지의 해지사유는 주로 감사인의 권익을 보호하기 위한 목적인데, 제한시기가 경과된 이후 해지권이 행사할 경우 실제 회사의 외부감사 업무에 지장이 초래될 수 있음을 감안한 것으로 보인다.

이상의 내용 이외에는 해지의 방법이나 시기에 관하여 별다른 내용을 규정하고 있지 않으므로, 민법상 해지에 관한 일반적인 내용이 적용되어야 한다.

따라서 해지는 감사계약의 상대방인 감사인에 대한 의사표시의 방법으로 하여야 하며(민법 제543조 제1항), 구두상으로 하여도 무방하나 해지 의사표시의 유무에 관한 추후 법적 분쟁에 대비하기 위하여 실무적으로는 문서의 형태로 그 도달을 증명할 수 있는 우편의 방법으로 이루어지는 것이 통상적이라고 할 수 있다. 그 내용과 도달을 모두 증명할 수 있는 내용증명 우편을 이용하는 것이 바람직하다.

다. 해지의 효과

법 제15조 제1항에서 감사인에 대하여 감사계약을 해지할 수 있는 법정권한을 부여하고 있는 이상, 해당 사유가 반드시 감사계약에 해지사유로 명시되지 않아도 감사인은 법 시행령 제21조 제1항의 사유가 발생한 경우 감사계약을 해지할 수 있다. 한국공인회계사회가 예시로 작성하여 배포한 외부감사계약서에서도 법 시행령 제21

조 제1항의 사유를 해지사유로 열거하고 있지 않다.

법 제15조 제1항에 따른 해지가 적법·유효하기 위해서는 실제 해지사유가 발생하여야 하며, 그렇지 않은 경우 해지의 효과는 발생하지 않는다고 보아야 한다.

법 제15조에서는 감사계약 해지로 인한 효과를 별도로 규정하고 있지 않은데, 만일 감사계약이 해지된 경우 그 감사계약은 장래에 대하여 효력을 상실하며(민법 제550조), 해지사유의 발생에 귀책사유 있는 자는 그로 인하여 상대방에게 발생한 손해를 배상할 의무를 부담할 수 있다(민법 제551조).

감사계약의 해지에 따른 구체적인 효과를 감사계약에서 미리 정하는 것도 무방하며, 실제 한국공인회계사회에서 예시로 작성하여 배포한 외부감사계약서에서도 해지사유의 발생 원인이 누구에게 있는지에 따라 보수액의 귀속 등에 관한 특수한 규율을 규정하고 있다.

감사인이 감사계약을 적법·유효하게 해지하였다면, 회사는 법 제10조에 따라 감사인을 신규로 선임하여야 한다. 다만 법 제15조 제1항에 따라 감사계약이 해지된 경우, 법 제10조 제7항 제2호에 따라 신규 감사인의 선임과 관련하여 ① 사업연도 개시일로부터 45일 이내에 감사인을 선임하여야 한다는 제한(법 제10조 제1항 본문), ② 직전 사업연도에 회계감사를 받지 않은 경우 사업연도 개시일로부터 4개월 이내에 감사인을 선임하여야 한다는 제한(법 제10조 제2항) 및 ③ 주권상장법인 등은 연속하는 3개 사업연도의 감사인을 동일한 감사인으로 선임하여야 한다는 제한(법 제10조 제3항 본문)이 적용되지 않는다.

Ⅲ. 감사인의 주권상장법인 등에 대한 감사계약 해지(제2항)

1. 감사계약의 해지사유

가. 규정의 취지

주권상장법인 등은 연속하는 3개 사업연도의 감사인을 동일한 감사인으로 선임하여야 하며(법 제10조 제3항), 이는 감사인의 지위를 일정기간 보장함으로써 감사인의 독립성을 제고하고 이를 통하여 회계의 투명성을 확보하기 위한 조치이다.

그러나 일정한 경우 연속하는 3개 사업연도에 관하여 동일한 감사인으로부터 외부감사를 받기 이전에 감사계약을 해지할 필요가 발생할 수 있으므로, 법 제15조 제2항에서는 그 사유와 방법을 규율하고 있다.

법 제13조 제2항에서는 일정한 사유가 발생한 경우 주권상장법인 등에 대하여 감사인 해임의 의무를 부과하는 형태로 규정하고 있는 반면에, 법 제15조 제2항에서는 주권상장법인 등의 감사인에 대하여 해지할 권한을 부여하는 형태로 규율하고 있다.

나. 구체적인 해지사유

법 제15조 제2항은 그 구체적인 해임사유를 대통령령으로 정할 것을 규정하고 있는데, 이를 법 시행령 제21조 제3항에서 규정하고 있다.

개정전 외부감사법 시행령 제5조의2 제2항에서는 현행 법 시행령 제21조 제3항 제1호에 해당하는 감사 의견과 관련한 부당한 요구나 압력을 받은 경우만을 감사계약 해지사유로 규정하였는데, 현행 외부감사법 시행령에서는 '내부회계관리제도 감사 의견에 2개 사업연도 연속하여 중요한 취약점이 발견되었다는 내용이 포함된 경우'를 감사계약 해지사유로 추가하였다.

위 규정에서 말하는 '부당한 요구나 압력'이나 '중요한 취약점'은 모두 추상적이고 탄력적인 불확정개념으로서 법적 분쟁의 소지를 많이 안고 있다. 먼저 '부당한 요구나 압력'의 요건에 관하여 여기에 해당하는지 여부를 객관적으로 판단할 수 있으면 좋을 텐데 실은 그러하지 아니하다. 회사의 입장에서 그와 같은 부당한 요구나 압력을 행사한 적이 없다고 주장하더라도 감사인의 입장에서는 그와 같은 요구나 압력이 있었다고 느낄 수 있다. 그리고 '중요한 취약점'의 요건에 관하여도 이에 해당하는지 여부를 객관적으로 판단하기가 쉽지 않다. 입법자의 입장에서 불가피한 측면도 있겠지만 바람직한 입법태도는 아니다.

이러한 요건들의 추상성과 모호성 때문에 결국 감사인의 해지권 행사가 그 요건을 갖추었는지 여부에 관하여 다툼이 있는 경우 금융당국의 판단이나 법원에서의 소송을 통해서 종국적으로 판단될 수밖에 없다. 그래서 감사인이 위 요건을 갖추었다고 주장하면서 감사계약의 해지 의사표시를 하였으나 회사의 입장에서 그 해지를 인정할 수 없다고 다투는 경우 감사인으로서는 해지의 요건을 갖추었는지 여부에 관하여 확신할 수 없는 입장이라면 해지의 의사표시에도 불구하고 감사업무를 계속 수행하는 것이 안전할 것으로 보인다. 해지의 의사표시가 있었다는 이유만으로 감사업무를 수행하지 않았을 경우 나중에 해지의 요건을 갖추지 못하였다고 판단될 경우 감사업무 미수행으로 인한 손해배상책임을 져야 할 우려가 있기 때문이다.

법 제15조 제2항에서 감사계약에 관한 감사인의 법정 해지사유를 규정하고 있는 이상, 해당 사유가 반드시 감사계약에 해지사유로 명시되지 않아도 회사는 법 시행령 제21조 제3항의 사유가 발생한 경우 감사계약을 해지할 수 있으며, 한국공인회계사가 예시로 작성하여 배포한 외부감사계약서에서도 법 시행령 제21조 제3항의 사유를 해지사유로 열거하고 있지 않다.

2. 감사계약 해지의 방법 및 효과

가. 해지 권한의 주체

법 제15조 제2항의 문언상 감사인이 법 시행령 제21조 제1항의 사유가 발생한 경우 감사계약을 해지할 권한을 보유하며, 이를 반드시 행사할 의무를 부담하는 것으로 볼 수 없다.

다만 회사가 법 제15조 제2항에 근거하여 법 시행령 제21조의 사유가 발생한 경우 감사계약을 해지할 수 있다고 볼 수 있는지 문제될 수 있으나, 법 제15조 제1항과 마찬가지로 가능하지 않다고 봄이 타당하다고 생각된다.

나. 해지의 시기와 방법

법 시행령 제21조 각 호의 사유가 발생한 경우, 주권상장법인 등의 감사인은 연속하는 3개 사업연도 중이라도 감사인을 해임할 의무를 부담한다.

다만 감사인은 매 사업연도 종료 후 3개월 이내에 감사계약을 해지할 수 있다는 시기적 제한이 있으며, 주권상장법인 등의 감사인 해임과 달리 그 해임에 관하여 절차적인 제한은 규정되어 있지 않다.

다. 해지의 효과

감사인이 감사계약을 적법·유효하게 해지하였다면, 회사는 법 제10조에 따라 감사인을 신규로 선임하여야 한다. 다만 법 제15조 제2항에 따라 감사계약이 해지된 경우, 같은 조 제1항과 마찬가지로 사업연도 개시일로부터 45일 이내에 감사인을 선임하여야 한다는 등의 제한은 적용되지 않는다(법 제10조 제7항 제2호).

Ⅳ. 감사계약 해지에 관한 증권선물위원회 보고(제3항)

주권상장법인 등의 감사인은 법 제15조 제1항 또는 제2항에 따라 감사계약을 해지한 경우 지체 없이 그 사실을 증권선물위원회에 보고하여야 한다.

이와 같은 증권선물위원회에 대한 보고를 수령하는 업무는 금융감독원장에 대하여 위탁되어 있다(법 시행령 제44조 제2항).

법 시행령 제21조 제4항 및 「외부감사 및 회계 등에 관한 규정」 제17조에 따르면, 감사계약을 해지한 사유 및 그에 대한 회사의 의견 등을 감사계약 해지 후 2주 이내에 「외부감사 및 회계 등에 관한 규정 시행세칙」 별지 제17호 서식에 따라 작성하여 금융감독원장에게 제출하여야 한다.

금융감독원장에 대한 감사계약 해지 보고 자체에 일정한 법률적인 효력이 부여되지는 않으나, 법 시행령 제21조 제1항 제2호에 따른 독립성 훼손의 해지사유와 관련하여, 증권선물위원회는 구체적인 사안에 있어 일응 감사인이 제출한 자료를 기준으로 감사계약의 해지가 불가피한 정도로 독립성이 훼손되었는지를 판단하게 될 것으로 보인다.

Ⅴ. 감사계약에 따른 임의적인 해지사유의 인정 여부

헌법재판소는 감사계약의 법적 성질에 관하여 "감사인은 회사에 대하여는 위임관계에 있다"는 취지로 판시하였으며(헌법재판소 1996. 10. 4. 선고 94헌가8 결정), 서울서부지방법원도 "회계법인은 피감회사와 외부감사계약을 체결하고 피감회사가 작성한 재무제표의 적정성을 검토하는 사무의 처리를 수임한 자에 해당한다"고 판시하였는바(서울서부지방법원 2007. 6. 27. 선고 2005가합8699 판결), 감사계약의 법적 성질은 기본적으로 민법상 위임계약으로 이해된다.

그런데 민법상 위임계약은 각 당사자가 언제든지 해지할 수 있고, 다만 당사자 일방이 부득이한 사유 없이 상대방이 불리한 시기에 계약을 해지하면 손해배상책임을 부담할 뿐이며(민법 제689조), 계약자유의 원칙상 임의적인 해지사유를 규정할 수도 있다.

그러나 이상에서 살펴본 바와 같이, 외부감사법에서는 감사인의 독립성을 보장하기 위한 목적 등을 위하여 감사계약의 해지사유를 정하고 있으므로(제13조·제15조), 이는 일반법인 민법의 특별규정으로 보아 감사계약의 경우에는 원칙적으로 민법상 위임의 상호해지의 자유 원칙이 배제되고, 외부감사법에서 정한 사유에 해당하는 등의 특별한 사유가 없는 한 일방 당사자가 감사계약을 임의로 해지할 수는 없다고 보아야 할 것이다. 특히 감사계약의 해지는 단순히 감사인과 회사 둘 사이의 사법적 이해관계에 국한되는 것이 아니라 그 계약의 이행여부가 회사를 둘러싼 다수의 채권자와 투자자들의 이해관계에도 연결되므로 위와 같이 해석하는 것이 합리적이다.

또한 감사계약에서 외부감사법에 법정된 해지사유 이외의 해지사유를 정한 약정해지권 조항이 유효한지 여부가 문제되는데, 계약자유의 원칙을 중시한다면 무효로 보기는 어려울 것으로 보이지만 위에서 언급한 바와 같은 사정을 고려한다면 그 판단에 있어서 신중한 접근이 필요하다.

아직까지 이와 같은 점을 명확히 확인하는 법원의 판례를 찾아볼 수는 없으나, 금융감독원은 외부감사법상 해지사유에 해당되지 않는 단순 상호합의로는 감사계약을 해지할 수 없다고 회신한 바 있다(금융감독원 2014. 11. 10. 회신 FAQ 참조).

한편 감사인이 회사에 관하여 외부감사 업무를 수행하는 경우 회사와 감사계약을 체결하게 되며, 한국공인회계사회가 예시로 작성하여 배포한 외부감사계약서의 해지 관련 조항[4]에서도 법정 해지사유 이외의 사유를 규정하고 있지 않으며, 해지에 따른

4) 한국공인회계사회가 예시한 외부감사계약서 제13조(해지) ① 회사의 사정에 따라 본 계약을 해지할 때에는 감사인이 회사에 이미 청구한 해당사업연도 보수액은 감사인에게 귀속되는 것으로 한다. 다만, 감사인의 귀책사유에 해당하는 경우로서 외감법 제11조 제1항 및 제2항에 따라 증권선물위원회로부터 감사인을 지정받은 경우에는 그러하지 아니하다.

② 제1항 본문의 경우 회사는 감사인에게 회사의 사정에 따라 중간감사 착수일 이후에 본 계약이 해지되는 경우 해당 사업연도 감사계약보수액의 2분의 1에 미달하는 경우에는 회사는 감사인에게 해당 사업연도 감사계약보수액의 2분의 1을 지급하여야 하며, 결산감사 착수일 이후에 본 계약이 해지되는 경우 해당 사업연도 감사계약보수액의 전액을 지급하여야 한다.

법률효과 위주의 조항을 규율하고 있다.

다만 위 외부감사계약 제6조에서는 불가항력적인 사유로 인한 감사계약의 종료를 규정하고 있는데, 감사계약은 법정 해지사유 이외의 임의적인 해지사유가 가능한지 여부가 문제되는 점을 감안하여 볼 때, 위 불가항력적 사유는 전쟁이나 천재지변 등과 같이 객관적으로 계약의 이행이 불가능한 사유로서, 별도의 의사표시 없이 감사계약이 자동적으로 해지된 것으로 보아야 할 정도의 사유가 발생한 경우를 지칭하는 것으로 매우 엄격하게 해석할 필요가 있다.

또한 이와 같은 감사계약 해지의 법률효과에 관한 감사계약의 내용이 해지권의 행사 여부에 중대한 영향을 미칠 정도로 일방 당사자에게 불리하게 규정된 경우, 그 조항의 적법·유효성이 문제될 수 있다.

Ⅵ. 위반 효과

법 제15조 제1항 또는 제2항은 감사인에게 해지의 권한을 부여하는 형태로 규정되어 있으며, 감사인이 감사계약을 해지하지 않는 행위는 외부감사법상 벌칙이나 과태료의 적용대상으로 보기는 어려운 측면이 있다. 하지만 앞서 언급한 바와 같이 감사계약을 해지했어야 하는 상황이었고, 그와 같은 해지권을 행사할 수 있었음에도 이를 게을리함으로써 회사에 손해가 발생한 경우 손해배상책임이 발생할 수 있다는 점을 유의하여야 한다.

그리고 감사인의 독립성이 훼손되어 감사계약 해지 이외의 다른 대안이 없는 경

③ 감사인은 감사인의 사정에 따라 본 계약을 1개 사업연도 기간중에 해지를 할 때에는 이미 영수한 해당사업연도 보수액의 2배를 회사에 배상한다. 다만, 외감법 제10조 제1항 단서 및 제11조 제1항 및 제2항 동법 시행령 제13조 제2항에 따른 해지사유가 발생하여 해지하는 경우에는 이미 영수한 해당 사업연도의 보수액을 반환한다.

④ 감사인은 회사가 회사의 사업연도 종료일까지 제8조 제1항의 감사보수 지급기한을 준수하지 아니하는 등 외감법 제15조 제1항 및 제2항, 동법 시행령 제21조 제1항 제3호부터 제5호까지에서 정한 사유가 발생한 때에는 환급 또는 배상 없이 감사계약을 해지할 수 있다. 이 경우 회사는 감사인의 업무수행기간까지의 보수액을 정산하여 지급한다.

⑤ 제1항, 제3항 및 제4항의 경우, 연결재무제표에 대한 감사계약은 자동해지된 것으로 한다.

⑥ 회사 또는 감사인이 불가항력적 사유로 인하여 본 계약의 이행이 불가능하게 된 경우 계약은 종료하는 것으로 하고 보수의 지급 등에 관하여는 상호합의에 의하여 정하는 것으로 한다.

⑦ 본 계약이 해지 또는 종료되는 경우 제7조에 따른 감사인의 감사보고서 제출의무는 소멸된다.

우와 같이 실질적으로 감사인의 권한으로만 볼 수는 없는 상황이 발생할 수도 있다.

감사인이 법 시행령 제21조 제1항 제3호 내지 제5호, 같은 조 제3항 제1호의 사유로 감사계약을 해지한 경우 감사인 지정사유에 해당한다(법 제11조 제1항 제12호, 법 시행령 제14조 제6항 제2호).

[조성규]

제 2 장 회사 및 감사인

제16조(회계감사기준)

① 감사인은 일반적으로 공정·타당하다고 인정되는 회계감사기준에 따라 감사를 실시하여야 한다.

② 제1항의 회계감사기준은 한국공인회계사회가 감사인의 독립성 유지와 재무제표의 신뢰성 유지에 필요한 사항 등을 포함하여 대통령령으로 정하는 바에 따라 금융위원회의 사전승인을 받아 정한다.

법 시행령 제22조(회계감사기준) ① 회계감사기준에는 다음 각 호의 사항이 포함되어야 한다.

1. 감사인의 독립성을 유지하기 위한 요건
2. 감사계획의 수립 방법과 감사 절차
3. 감사 의견의 구분 및 결정 방법
4. 감사조서의 작성 등 감사업무의 관리
5. 감사결과의 보고기준

② 회계감사기준에 관한 사항을 심의·의결하기 위하여 한국공인회계사회에 11명 이내의 위원으로 구성되는 회계감사기준위원회를 둔다.

③ 제2항에 따른 회계감사기준위원회의 구성 및 운영 등에 필요한 사항은 총리령으로 정한다.

④ 한국공인회계사회는 법 제16조 제2항에 따라 회계감사기준에 대한 금융위원회의 사전승인을 받기 위하여 회계감사기준 제정안 또는 개정안을 회계감사기준위원회의 심의·의결을 거쳐 금융위원회에 제출하여야 한다.

⑤ 금융위원회는 이해관계인의 보호, 국제적 회계감사기준과의 합치 등을 위하여 필요한 경우 한국공인회계사회에 회계감사기준의 개정을 요청할 수 있다.

Ⅰ. 입법취지

회사가 작성한 재무제표의 신뢰성을 제고하고 회계정보이용자의 경제적 의사결정을 내리는 데 도움을 주기 위해서 외부감사법상 감사인은 일반적으로 공정·타당하다고 인정되는 회계감사기준에 따라 감사를 실시함으로써 피감회사의 재무제표에 대한 적정여부에 대한 의견을 표명하여야 한다.[1] 회계처리기준이 회사가 반드시 준수해야 할 재무제표 작성기준이라고 한다면, 회계감사기준은 회사로부터 독립된 감사인이 회사가 작성한 재무제표가 회계처리기준에 따라 적정하게 작성되었는지를 확인하기 위하여 반드시 준수해야 할 기준이라고 할 수 있다.

이러한 회계감사기준은 회계처리기준과 마찬가지로 투명한 기업회계제도 확립을 위해 공정하고 타당하다고 인정되는 기준이어야 한다. 이에 따라 외부감사법은 1981년 제정 초기[2]부터 일반적으로 공정·타당하다고 인정되는 감사기준에 따라 감사를 실시하도록 하고, 이러한 감사기준은 공인회계사법에 따라 설립된 한국공인회계사회가 주무부처인 금융위원회의 승인을 받아 제정하도록 하였다.

회계감사기준이 일반적으로 공정·타당하다고 인정되는 기준으로 인정받기 위해서는 회계와 감사에 관해 전문적인 기관으로서 공인회계사법상 법정단체인 한국공인회계사회가 제정하도록 하였고, 실제 회계감사기준을 제정할 때에는 한국공인회계사회에 회계감사기준위원회를 두어 감사인의 독립성 유지와 재무제표 신뢰성 유지에 필요한 사항 등을 포함한 회계감사기준에 관한 사항을 심의·의결하도록 하였으며, 회계감사기준위원회의 심의·의결을 거친 회계감사기준 제정·개정안을 금융위원회에 제출하여 사전승인을 받도록 하였다.

회계감사기준은 일반적으로 공정·타당하다고 인정되는 기준으로 인정받기 위해서 회계감사기준 제정·개정시 국제적 정합성을 유지하고 회계감사기준의 높은 품질을 대내외적으로 표방하기 위해 국내 법제도와 상충되는 내용 외에는 국제감사인증기준위원회International Auditing and Assurance Standards Board; IAASB가 제정한 국제감사기준International Standards on Auditing을 기초로 제정·개정되고 있으나 한국 회계감사기준이 국제감사기준의 모든 감사기준서를 도입하고 있지는 않다.[3] 특히 국제감사기준에는

---

1) 대법원 2017. 3. 30. 선고 2014두13195 판결 참조.

2) 1980. 12. 31.에 제정되어 1981. 1. 1.부터 시행된 최초의 외부감사법 제5조에 따르면 제1항에서 "감사인은 일반적으로 공정·타당하다고 인정되는 감사기준에 따라 기중감사와 결산감사를 실시하여야 한다", 제2항에서 "제1항의 감사기준은 공인회계사법 제13조의 규정에 의하여 설립된 공인회계사회가 재무부장관의 승인을 얻어 정한다"라고 규정하였고, 동일한 내용으로 현재 전면개정된 외부감사법에도 규정되어 있다.

3) 회계감사기준 전문(前文) 제4조, 제10조, 제16조. 외부감사법상 회계감사기준에 포함되지 않는 국제감사기준(국제감사기준서 800, 805, 810)은 특정목적 감사와 관련된 감사기준으로 외부감사법상 회계감사에는 적용되지 않으며, 공인회계사회는 이 기준서들을 별도로 도입하여 시행함으로써 국제감사기준과의 정합성을 유지하고 있다.

내부회계관리제도 감사에 관한 감사기준서는 없지만 한국 회계감사기준은 외부감사법상 상장법인 등에 대한 내부회계관리제도 감사가 도입됨에 따라 별도의 내부회계관리제도의 감사기준을 마련하였다.[4)]

II. 회계감사기준의 법적 성격

법 제16조에서 감사인은 일반적으로 공정·타당하다고 인정되는 회계감사기준에 따라 감사를 실시할 의무를 지는데, 비즈니스 현장의 다변화로 인하여 점차 감사행위도 다양하고 복잡하게 됨에 따라 일률적으로 회계감사기준을 법률에서 정하는 것이 쉽지 않다. 따라서 대부분의 입법례는 회계감사기준이 갖추어야 할 가이드라인만을 제시하고, 그 구체적인 기준의 제정은 다른 기관에 위임하는 것이 일반적이다. 한국의 경우도 회계감사기준은 한국공인회계사회가 감사인의 독립성 유지와 재무제표의 신뢰성 유지에 필요한 사항을 포함하여 대통령령이 정하는 바에 따라 금융위원회 사전승인을 받아 정하는 절차를 취하고 있다. 법 시행령 제22조 제1항에서는 회계감사기준이 갖추어야 할 가이드라인으로 (1) 독립성 유지요건, (2) 감사계획의 수립방법과 감사절차, (3) 감사의견의 구분 및 결정방법, (4) 감사조서의 작성 등 감사업무의 관리에 관한 사항, (5) 감사결과의 보고기준에 관한 사항이 반드시 포함되도록 하고 있고, 이러한 내용을 포함한 회계감사기준은 한국공인회계사회가 금융위원회의 사전승인을 받아서 정한다.

회계감사기준을 위반하는 경우에는 외부감사법은 감사인에 대한 행정제재뿐만 아니라 형사처벌이 가능하게 되는데, 국가기관이 아닌 민간단체가 정한 회계감사기준이 어떠한 법적 성격과 효력을 갖는지 명확히 할 필요가 있다. 민간기관에 대한 입법권을 부정하는 전통적인 독일의 통설에 따르면 민간기구인 독일회계기준위원회가 제정하는 회계기준은 위헌이라거나 간접적인 추정적 효력만 있을 뿐으로 보고 있다. 이와 같은 논리에서 민간기관이 정하는 회계감사기준도 독일 하급심 판례[5)]에서는 민간기관이 작성한 회계 및 감사기준은 어떠한 경우에도 그 법규범성의 흠결로 인하여 법

4) 회계감사기준 전문(前文) 제14조.

5) LG Stuttgart Urt. vom 8.12.1975-14 O 504/73.

률규정에 대한 법원의 자유로운 해석에 어떠한 영향도 미칠 수 없다고 보았다. 다만, 독일의 일부 판례 중에서 회계감사기준이 감사인의 의무의 범위를 정하는 효력을 가지고 있다[6]고 보았고, 현재 독일 상법 제321조 및 제322조는 외부감사인이 작성해야 할 감사보고서 내용을 상세히 기술하면서 감사의 방법, 범위, 결과에 대한 내용을 언급[7]하고 있는데, 이는 회계감사기준이 감사활동에 관한 기준을 도출하는 하나의 모범standard 역할을 한다거나, 법률상 외부감사인의 주의의무를 구체화하고 감사절차 위반에 대한 판단기준이 된다는 점은 인정하고 있다고 할 수 있다.

한국 회계감사기준의 경우도 독일의 논의와 크게 다르지 않다고 보인다. 즉, 한국 회계감사기준이 비록 외부감사법에 근거를 두고 있으나 민간기관인 한국공인회계사회가 제정하므로 그 자체만으로 법규성을 인정하기는 어렵다고 보인다.[8] 하지만 한국공인회계사회는 반드시 감독관청인 금융위원회의 사전승인을 얻어 회계감사기준을 제정하도록 하고 있고, 회계감사기준에 포함되어야 할 중요 사항은 대통령령에서 언급하고 있으므로 회계감사기준이 감사인의 주의의무를 구체적으로 판단하고 해석하는 기준으로서 기능을 한다는 점은 부인하기 어렵다. 대법원 판례(대법원 2011. 1. 13. 선고 2008다36930 판결)도 "감사인은 외부감사법에 따라 감사업무를 수행함에 있어서 일반적으로 공정·타당하다고 인정되는 회계감사기준에 따라 감사를 실시함으로써 피감회사의 재무제표에 대한 적정한 의견을 표명하지 못함으로 인해 이해관계인의 손해를 방지하여야 할 주의의무가 있다. 외부감사법에 따라 제정되는 회계감사기준 및 한국공인회계사회가 그 시행을 위하여 마련한 회계감사준칙은 특별한 사정이 없는 한 일반적으로 공정·타당하다고 인정되는 것으로서 감사인의 위와 같은 주의의무 위반 여부에 대한 판단의 주요한 기준이 된다"고 하였는데, 이는 회계감사기준 위반만으로 곧바로 민사상 손해배상의무를 부담한다거나 행정제재 또는 형사제재를 받는 것이 아니지만, 회계감사기준은 감사인이 준수하여야 할 의무를 구체화하고 있으므로 회계감사기준 준수여부는 감사인의 주의의무 위반 판단에 있어 주요한 기준이 된다고 볼 수 있다.

---

6) 이준섭, 「감사책임법」(법문사, 2005), 50면.

7) 황남석, "외부감사 제도의 개선을 위한 유럽연합의 법제 고찰", 「회계와 감사의 부정에 관련된 법제적 접근」 세미나(한국회계학회, 2017. 3. 13), 90~91면.

8) 이준섭, 앞의 책, 51면.

Ⅲ. 회계감사기준의 주요 내용

1. 일반적으로 공정·타당하다고 인정되는 기준

가. 의미

감사인은 일반적으로 공정·타당하다고 인정되는 회계감사기준에 따라 감사를 실시하여야 하는데, 회계감사기준이 어떻게 일반적으로 공정·타당하다고 인정될 수 있는지에 관한 규정은 없다. 다만 외부감사법에서는 일반적으로 공정·타당하다고 인정되는 회계감사기준이 되기 위해서는 회계·감사의 전문기관인 한국공인회계사회가 대통령령으로 정하는 절차에 따라 금융위원회의 사전승인을 받아 제정된다는 점만을 규정하고 있고, 대법원 판례(대법원 2011. 1. 13. 선고 2008다36930 판결)도 외부감사법에 따라 제정된 회계감사기준은 특별한 사정이 없는 한 일반적으로 공정·타당하다고 인정되는 것으로 보고 있다.

회계기준이나 회계원칙에 관한 법률 조항들을 살펴보면 일반적으로 공정하고 타당하다는 회계기준이나 회계관행이라는 표현을 쓰고 있다. 상법 제446조의2에서 "회사의 회계는 이 법과 대통령령으로 규정한 것을 제외하고는 일반적으로 공정하고 타당한 회계관행에 따른다"라고 하고 있고, 이러한 표현은 미국에서 말하는 '일반적으로 인정된 회계원칙generally accepted accounting principles; GAAP'과 영국이나 유럽에서 사용되는 '진실하고 공정한 개관true and fair view'이라는 개념과 유사하고, 일본 회사법상의 '일반적으로 공정하고 타당하다고 인정되는 기업회계의 관행(제431조)'에 상응하는 표현이 한국 상법에 규정된 것으로 보인다[9].

나. 국제감사기준과의 관계

한국은 자체적인 감사기준을 사용하여 왔다가 1999년 국제회계사연맹Internationl Federation of Accountants; IFAC[10]의 국제감사기준International Standards on Auditing; ISA을 회계

9) 정동윤 편집대표, 「주석상법」(제5판)(한국사법행정학회, 2014), 268면.

10) 국가간 교역과 자본이동이 활성화됨에 따라 미국공인회계사를 중심으로 국제회계사연맹(IFAC)이 1977년 창립되었고, 현재 130개국과 175개 회계사협회로부터 3백만 명 이상의 회계사로 구성되어 있다. 국제회계사연맹은 1991년 국제감사기준을 발표한 이래 전 세계 100여 개 이상에서 채택하는 국제적 기준이 되었고, 전 세계적인 국제감

감사준칙으로 일부 수정을 거쳐 국제감사기준을 처음 도입하였다. 이후 2005년 한국공인회계사회는 국제회계사연맹이 발표한 사항을 토대로 기본원리와 주요 절차 부분은 회계감사기준으로, 해설 및 사례에 해당하는 사항은 회계감사기준 적용 지침의 형태로 개정하였다. 한편, 한국공인회계사회는 국제회계사연맹 산하 국제감사인증기준위원회Interantional Auditing and Assurance Standards Board; IAASB가 2006년 11월부터 2009년 3월까지 발표한 신국제감사기준Clarified New International Accounting Standards; Clarified ISA을 2014년 1월 1일 이후부터 시작하는 회계연도의 재무제표감사부터 적용하도록 하여 한국의 회계감사기준으로 완전히 수용하였다.[11] 또한 국제회계사연맹 산하 국제감사인증기준위원회Interantional Auditing and Assurance Standards Board; IAASB는 2008년 금융위기 이후 외부감사의 신뢰성에 대한 비판과 개선요구에 대응해 2015년 1월 국제감사기준을 개정하였고, 금융위원회는 2017년 12월 한국공인회계사회가 국제감사기준 개정사항을 반영한 회계감사기준 개정안을 승인하여 2018년 12월 15일 이후 종료되는 보고기간의 재무제표에 대한 감사부터 적용하도록 하였다. 그 주요 내용으로는 (i) 핵심감사사항Key Audit Matters; KAM을 상장회사에 전면 도입, (ii) 상장회사 감사의 경우에는 업무수행이사의 이름을 기재하도록 함으로써 감사 관련 정보의 투명성 제고와 업무수행이사의 책임성 강화, (iii) 감사보고서에 '계속기업 관련 중요한 불확실성'이라는 제목을 별도로 기재하도록 하여 계속기업 관련 보고의무 강화, (iv) 정보이용자가 가장 필요로 하는 정보인 감사의견을 감사보고서 맨 처음에 기재하는 것이다.

국제감사기준은 국제감사기준인증위원회IAASB가 제정한 감사의 표준적 방법으로 강제성은 없으며, 국제감사기준을 도입하고 있는 나라들은 국제감사기준을 모델로 하여 각국의 감사환경에 따라 일부를 수정하여 도입하고 있다. 국제회계기준IFRS은 기업의 언어로서 경영진과 투자자들 간의 커뮤니케이션 수단이며, 국제회계기준위원회ISAB는 국제회계기준을 직역·직독하는 방법으로 번역하여 사용하지 않을 경우 국제회계기준을 사용하였다는 표현을 사용할 수 없도록 금지하고 있다.[12] 미국의 감사기준은 미국공인회계사회American Institute of Certified Public Accountants; AICPA가 제정하여 비상

사기준의 통일성과 이해가능성을 높이기 위해 2006년부터 2009년까지 새로운 체계를 따른 신국제감사기준(New ISAs)를 발표하였다.

11) 이효익·김한수·이종은, 「New ISA 회계감사」(신영사, 2018), 73면.

12) 노준화, 「2019 New ISA 회계감사」(도서출판 탐진, 2019), 47면.

장기업에 적용하는 SASStatement on Auditing Standards와 상장회사회계감독위원회Public Company Accounting Oversight Board; PCAOB가 제정하여 상장기업에 적용하는 PCAOB Standards로 이원화 되어 있다. 그러나 한국 감사기준은 비상장회사와 상장회사를 구분하지 않고 한국공인회계사회가 금융위원회 승인을 받은 하나의 회계감사기준을 사용하고 있다.

한국 회계감사기준 전문前文 문단 10에서 회계감사기준은 국제감사기준의 도입을 원칙으로 하되, 모든 국제감사기준을 도입한 것은 아니고 총 37개의 국제감사기준(200~810) 중에서 특정목적 감사에 대한 특별 고려사항을 다루는 800번대(800, 805, 810) 3개 기준서를 제외한 34개(200번부터 720번대)의 일반목적 재무제표 감사기준서만을 도입하였다[13]. 또한 2017년 전면개정된 외부감사법상 상장법인에 대한 내부회계관리제도 감사가 도입됨에 따라 2018년 10월 개정된 회계감사기준은 감사기준서 1100에서 내부회계관리제도의 감사를 제정하고 이를 포함시켰다.

2. 주요 내용

회계감사기준은 법 제16조 제2항에서 한국공인회계사회가 감사인의 독립성 유지와 재무제표의 신뢰성 유지에 필요한 사항 등을 포함하여 대통령령으로 정하는 바에 따라 금융위원회의 사전승인을 받아 정하여야 하는데, 외부감사법 시행령 제22조에서 반드시 포함되어야 할 사항은 (1) 감사인의 독립성을 유지하기 위한 요건, (2) 감사계획의 수립 방법과 감사 절차, (3) 감사 의견의 구분 및 결정 방법, (4) 감사조서의 작성 등 감사업무의 관리, (5) 감사결과의 보고기준에 관한 사항이다. 위와 같은 내용은 현행 회계감사기준에서 총 34개의 일반 재무제표에 대한 감사기준서와 1개의 내부회계관리제도감사에 관한 기준서에 포함되어 있는데, 감사기준서를 크게 4가지 내용으로 다시 분류를 하면 일반기준서, 실시관련기준서, 보고관련기준서, 내부회계관리제도감사기준서로 구분된다.

가. 일반기준서(감사기준서 200)

감사기준서 200은 재무제표감사를 수행하는 모든 과정에 걸쳐 독립된 감사인의

13) 800번대 기준서는 외부감사법상 회계감사기준으로 도입하지 않았지만 한국공인회계사회가 자율규정으로 도입하였다.

전반적인 목적을 제시하며, 독립된 감사인이 해당 목적을 충족할 수 있도록 설계된 감사의 성격과 범위를 설명한다. 또한 감사기준의 범위, 권위 및 구조를 설명하고, 감사기준의 준수의무 등 모든 감사에 적용되는 독립된 감사인의 일반적 책임을 규정한 요구사항을 포함한다(문단1).

감사의 목적은 재무제표 이용자의 신뢰수준을 향상시키는 데 있고, 재무제표가 해당 재무보고체계에 따라 중요성 관점에서 작성되었는지에 관해 감사인이 의견을 표명함으로써 달성된다(문단3). 감사기준은 감사인이 감사의견의 기초로써 재무제표가 전체적으로 부정이나 오류로 인하여 중요하게 왜곡표시되지 아니하였는지에 대하여 합리적인 확신을 얻을 것을 요구하는데, 감사인은 충분하고 적합한 감사증거를 입수하여 감사위험(즉, 재무제표가 중요하게 왜곡표시되어 있음에도 불구하고 감사인이 부적합한 의견을 표명할 위험)을 수용가능한 낮은 수준으로 감소시켰을 때 이러한 확신을 얻는다(문단5). 감사기준은 감사인이 합리적인 확신을 얻을 수 없으며 감사보고서상 한정의견으로는 해당 상황에 비추어 의도된 재무제표 이용자들에 대한 보고목적으로 충분하지 아니한 모든 경우에, 의견을 거절하거나 관련 법규상 가능한 경우 감사업무를 해지, 철회 또는 사임하도록 요구한다(문단12).

감사인은 재무제표 감사업무를 수행할 때, 공인회계사법 제21조, 제33조, 외부감사법 제6조 그리고 감사와 관련된 독립성 요구사항을 포함한 관련 윤리적 요구사항을 준수하여야 하고(문단14), 재무제표를 중요하게 왜곡표시되게 하는 상황이 존재할 수 있음을 인식하고 전문가적 의구심을 가지고 감사를 계획하고 수행하여야 하며(문단15), 합리적 확신을 얻기 위하여 감사위험을 수용가능한 낮은 수준으로 감소시키고 이에 의해 감사의견의 근거가 되는 합리적인 결론을 도출할 수 있도록 충분하고 적합한 감사증거를 입수하여야 한다(문단17).

감사인은 해당 감사와 관련된 감사기준서들을 모두 준수하여야 하나(문단18), 감사위험을 영(0)으로 감소시키도록 감사인에게 기대할 수 없으며, 재무제표에 부정이나 오류로 인한 중요한 왜곡표시가 없다는 절대적 확신은 얻을 수 없다(A45). 따라서 감사가 감사기준에 따라 적절하게 계획되고 수행되었어도, 감사의 고유한계 때문에 재무제표의 중요한 왜곡표시가 발견되지 않을 불가피한 위험이 존재한다. 이로 인해 부정이나 오류로 인한 재무제표의 중요한 왜곡표시가 차후에 발견되었다는 사실 자체만으로 감사기준에 따른 감사를 수행하지 못했다는 것을 의미하는 것은 아니다. 그러나 감사의 고유한계가 감사인이 설득력이 부족한 감사증거에 만족하는 것을 정당화시키지는 아니한다. 감사인이 감사기준에 따라 감사를 수행하였는지 여부는 각 상황에서 감사인이 수행한 감사절차, 이 결과 입수된 감사증거의 충분성과 적합성, 그리고 감사인의 전반적인 목적에 비추어 해당 감사증거에 대한 평가를 기초로 한 감사보고서의 적합성에 의해 결정된다(A52).

나. 실시관련기준서(감사기준서 210~620)

실시관련기준은 감사인이 실제 현장감사업무를 계획하거나 수행하는 과정에서 증거를 수집하기 위해 일반적으로 준수해야 할 행위기준으로 회계감사기준서 210부터 620까지로 구성되어 있다. 전반적인 회계감사 과정은 ① 감사계약의 수임단계, ② 위험평가절차와 감사계획수립단계, ③ 감사증거의 수집, ④ 감사의견 형성 및 감사보고 단계로 나뉘는데, 실시관련 기준서는 감사계약 체결에서부터 감사계획의 수립, 감사증거 수집 및 평가, 그리고 현장감사의 종료시점까지 준수하여야 할 요구사항을 규정하고 이에 대한 적용 및 기타 설명자료를 제공하고 있다.

감사인은 감사계약의 수임단계에서 감사기준서 201에 따라 감사인이 피감회사의 경영진과 감사업무 조건을 합의할 때 책임에 관한 사항을 확인하고, 감사의 특정 전제조건들이 존재하는지 확인한다. 감사 수임여부가 결정되면 감사의 사전적 활동으로서 업무팀을 구성하고 피감회사의 지배기구와 커뮤니케이션을 진행한다(감사기준서 260). 감사의 계획수립과 수행이 있어서 기업 및 기업환경을 이해하고 중요왜곡표시위험을 식별하고 평가한다(감사기준서 300, 315 등). 감사인은 식별하고 평가한 피감회사의 중요왜곡표시위험에 대한 대응을 설계하고 전반적인 감사전략과 감사계획을 수립한다(감사기준서 320, 330 등). 감사인은 감사증거를 수집하고 분석적 절차를 거치고, 외부조회 등을 통해 감사 중 식별된 왜곡표시를 평가한다(감사기준서 500, 505, 520, 450 등). 이러한 감사절차를 거쳐 감사인은 재무제표에 대한 의견을 형성하고 감사보고서를 작성하게 된다(감사기준서 700 등).

다. 보고관련기준서(감사기준서 700~720)

감사를 완료한 후 감사대상이 되는 재무제표에 대해 감사인이 감사의견을 형성하고 전달하는 과정에서 적용해야 할 기준으로 감사기준서 700부터 720까지로 구성되어 있다. 감사인은 재무제표가 중요성 관점에서 해당 재무보고체계에 따라 작성하였는지 여부에 대한 의견을 형성하여야 하고(감사기준서 700 문단10), 재무제표에 전체적으로 부정이나 오류로 인한 중요한 왜곡표시가 없는지에 대하여 합리적인 확신을 얻었는지 여부에 대하여 결론을 내려야 하는데, (i) 감사기준서 330에 따라 충분하고 적합한 감사증거를 입수했는지 여부에 대한 감사인의 결론, (ii) 미수정 왜곡표시가 감사기준서 450에 따라 개별적으로 또는 집합적으로 중요한지 여부에 대한 감사인의 결론, (iii) 해당기업 회계실무의 질적인 측면, 재무보고체계 요구사항의 관점에서 특이사항 등에 대한 평가 등이 고려되어야 한다(감사기준서 700 문단11). 또한 상장기업의 경우 감사인은 감사기준서 701에 따른 핵심감사사항을 커뮤니케이션하여야 하고, 감사의견의 변형이 필요하다고 판단되는 경우 감사기준서 705에 따라 3가지 변형의견(한정의견, 부적정의견, 의견거절)을 결정하여야 한다.

라. 내부회계관리제도의 감사(감사기준서 1100)

법 제8조 제6항 단서에 따르면, 주권상장법인의 감사인은 내부회계관리제도의 운영실태에 관한 보고내용을 감사하여야 한다. 내부회계관리제도감사에서 감사인은 기업의 내부회계관리제도의 효과성에 대한 경영진 평가에 명시된 일자 현재 중요한 취약점이 존재하는지 여부에 대한 합리적인 확신을 얻고, 그 의견을 감사보고서에 표명하고 경영진 및 지배기구에 보고하는 것을 목적으로 한다. 내부회계관리제도에 대한 감사결과에 대하여 감사인은 적정의견을 표명하거나 감사의견의 변형이 필요한 경우 부적정의견 또는 의견거절을 할 수 있다. 내부회계관리제도도 재무제표감사와 같이 고유한계로 인하여 중요한 왜곡표시를 발견하거나 예방하지 못할 수 있다.

3. 회계감사 실무지침

회계감사 실무지침은 2005년 12월 20일 회계감사기준위원회의 심의·의결을 거쳐 한국공인회계사회에서 제정하였다. 이러한 회계감사 실무지침은 회계감사기준 전문前文에 따라 회계감사기준의 이해와 실무적용에 관한 사항 그리고 회계감사업무를 수행하는 과정에서 지침이 필요한 기타사항에 대하여 회계감사기준위원회의 입장을 명확하게 표명함으로써 회계감사업무를 수행함에 있어 요구되는 감사인의 전문가적 판단을 돕는 것을 목적으로 한다. 이 실무지침은 회계감사기준위원회가 심의·의결하여 제정·공포하는 것으로 특별한 사정이 없는 한 일반적으로 공정·타당하다고 인정되므로(대법원 2011. 1. 13. 선고 2008다36930 판결 참조[14]), 이를 위반하는 경우에는 회계감사기준 위반과 유사하게 손해배상, 감리조치, 형사책임 문제가 발생할 수 있다. 회계감사 실무지침으로 '회계감사 실무지침의 제정과 운영절차(2014-1)', '재무상태표 및 감사의견 신문공고(2014-2)', '대차대조표 등 명칭의 변경(2014-3)', '감사인의 감사보고서가 첨부된 재무제표 책자 인쇄, 편철 등에 관한 실무지침(2015-1)', '수주산업 감사시 특별 고려사항에 대한 실무지침(2016-1)', '전기오류수정에 관한 회계감사 실무지침(2017-1)', '업무수행이사 이름 공시 예외에 관한 회계감사실무지침(2018-1)', '지배기구와의 커뮤니케이션에 관한 회계감사실무지침(2018-2)', '감사 전 재무제표 확인 등에 관한 회계감사실무지침(2018-3)' 등이 있다.

Ⅳ. 회계감사기준 제정·개정 절차

법 시행령 제22조에서는 회계감사기준에 관한 사항을 심의·의결하기 위하여 한국공인회계사회에 11명 이내의 위원으로 구성되는 회계감사기준위원회를 두도록 하고 있는데, 회계감사기준위원회는 위원장 1명을 포함한 11명의 위원으로 성별을 고려하여 구성된다(법 시행규칙 제4조 제1항). 회계감사기준위원회 위원은 회계에 관한 전문지식과 공정한 직무수행을 위한 도덕성을 갖춘 사람으로서, 한국공인회계사회 상근부회장 1명과 금융감독원 소속 회계관련 부서장 1명을 제외한 9명의 위원은 ① 공인회계사 자격을 가진 사람으로서 그 자격을 취득한 후에 관련된 업무에 10년 이상의 실무 경력이 있거나, ② 재무 또는 회계 분야의 석사 이상 학위를 취득한 사람으로서,

14) 이 판결에서 한국공인회계사회가 회계감사 기준의 시행에 관하여 필요한 세부사항을 정한 '회계감사준칙'은 특별한 사정이 없는 한 일반적으로 공정·타당하다고 인정된다고 보았다. 그러나 '회계감사준칙'은 2005년 국제감사기준 전면 도입에 따라 폐기되었고, 2005. 12. 20. 한국공인회계사회는 회계감사·인증기준위원회 심의·의결을 거쳐 '회계감사 실무지침'을 제정하였고, 현재까지 이를 운영하고 있다. '회계감사 실무지침'도 회계감사기준의 이해와 실무적용에 관한 사항 그리고 회계감사업무를 수행하는 과정에서 지침이 필요한 사항에 정한 것이므로, '회계감사준칙'의 법적 성격과 동일하다. 따라서 '회계감사 실무지침'도 특별한 사정이 없는 한 일반적으로 공정·타당하다고 인정되는 것으로서 감사인의 주의의무 위반 여부에 대한 판단의 주요한 기준이 된다.

(i) 재무 또는 회계 분야의 공인된 연구기관의 연구원으로서 10년 이상 근무한 경력이 있거나, (ii) 대학에서 조교수 이상으로 재직하면서 재무 또는 회계 분야를 가르치는 사람으로서 10년 이상 근무한 경력이 있거나, (iii) 주권상장법인 또는 금융기관 등에서 재무 또는 회계 분야 업무에 임원으로 10년 이상 또는 직원으로 15년 이상 근무한 경력이 있거나, (iv) 국가·지방자치단체·금융감독원·거래소 또는 금융투자업관계기관에서 재무 또는 회계 분야 업무 또는 이에 대한 감독 업무에 10년 이상 종사한 경력을 가진 사람(법 시행규칙 제3조 제5항) 중에서 한국공인회계사회 회장이 임명하거나 위촉한다. 이때 9명의 위원은 한국회계학회가 추천하는 공인회계사 1명, 소속 공인회계사 수가 500명 이상인 회계법인 소속 공인회계사 2명과 500명 미만 회계법인(감사반 포함) 소속 공인회계사 2명, 회계법인 또는 감사반 소속이 아닌 공인회계사 중 상장회사협의회 회장 추천 1명·거래소 이사장 추천 1명·대한상공회의소 회장 추천 1명, 대한변호사협회 회장이 추천하는 재무 또는 회계 전문지식을 갖춘 변호사 1명 총 9명으로 구성된다(법 시행규칙 제4조 제4항).

회계감사기준위원회 위원장은 한국공인회계사회 상근부회장 1명과 금융감독원 소속 회계관련 부서장 1명을 제외한 9명의 위원 중에서 호선하고(법 시행규칙 제4조 제2항), 위원장이 부득이한 사유로 직무를 수행할 수 없을 때에는 위원으로 임명되거나 위촉된 순서에 따라 그 직무를 대행한다(법 시행규칙 제4조 제6항). 위 9명의 위원의 임기는 2년으로 하며, 한 차례만 연임할 수 있는데, 다만 임기가 만료된 경우에도 후임자가 위촉될 때까지 그 직무를 수행한다(법 시행규칙 제4조 제7항). 위 규정 이외에 회계감사기준위원회의 구성 및 운영 등에 필요한 사항은 한국공인회계사회가 정한다.

한국공인회계사회가 정한 회계감사기준위원회 운영규정 제5조에 따르면, 회계감사기준위원회는 ① 회계감사기준의 제정·개정, ② 내부회계관리제도감사기준의 제정·개정, ③ 품질관리기준의 제정·개정 , ④ 위 기준들에 대한 해석, ⑤ 위 기준들에 대한 실무지침의 제정·개정, ⑥ 외부감사법 감사외의 감사, 검토, 인증 및 공인회계사법에 따른 회계에 관한 감사·감정·증명·계산 등에 관한 기준의 제정·개정 및 해석, ⑦ 이에 대한 실무지침의 제정·개정, ⑧ 위 기준 및 관련 실무 등에 대한 연구·검토, ⑨ 기타 한국공인회계사회 회장이 요구하는 회계감사와 관련된 사항의 심의를 다룬다. 회계감사기준위원회는 재적위원 3분의 2의 출석과 출석위원 과반수의 찬성으로 의결한다(동 운영규정 제7조).

회계기준위원회는 국제회계사연맹에서 국제회계감사기준의 제정·개정이 발표되거나 회원의 건의, 금융위원회 또는 금융감독원의 제정·개정 필요성 제기, 기타 제정·개정의 문제가 제기되는 경우에는 제정·개정 계획을 수립하고, ① 제정·개정 초안 작성, ② 공개초안 작성, ③ 제정·개정의 예고 및 의견조회, ④ 제정·개정안 작성의 순서대로 진행한다. 이때 의견조회를 하는 경우에는 금융위원회, 금융감독원, 한국회계학회, 한국상장회사협의회, 대한상공회의소, 전국경제인연합회, 중소기업협동조합중앙회, 회계법인 및 감사반, 기타 회계감사기준위원회가 정하는 제정·개정과 관련된 기관 또는 단체 등 이해관계자의 의견을 들어야 한다(동 운영규정 제9조 및 제10조).

V. 위반 효과

1. 사법적 효력

감사인은 회계감사기준에서 정하는 독립성이 훼손되는 경우로서 증권선물위원회가 인정하는 경우에는 사업연도 중이라도 감사계약을 해지할 수 있도록 하고 있다(법 제15조, 법 시행령 제21조 제1항). 또한 감사인이 그 임무를 게을리하여 회사에 손해를 발생하게 한 경우에 그 감사인은 회사에 손해를 배상할 책임이 있고(법 제31조 제1항), 감사인이 중요한 사항에 관하여 감사보고서에 적지 아니하거나 거짓으로 적음으로써 이를 믿고 이용한 제3자에게 손해를 발생하게 한 경우에는 그 감사인은 제3자에게 손해를 배상할 책임이 있다(법 제31조 제2항).

2. 행정제재

증권선물위원회는 재무제표 및 감사보고서의 신뢰도를 높이기 위하여 감사인이 제출한 감사보고서가 회계감사기준을 준수하였는지 여부에 대하여 감리를 진행하고(법 제26조), 회계감사기준을 위반하여 감사를 실시한 경우에는 증권선물위원회는 법 제29조 제3항 및 제4항(별표 1, 2)에 따른 제재조치를 취할 수 있다.

또한 금융위원회는 감사인이 고의 또는 중대한 과실로 회계감사기준을 위반하여 감사보고서를 작성한 경우에는 감사인이 해당 감사로 받은 보수의 5배를 초과하지 아니하는 범위에서 과징금을 부과할 수 있다(법 제35조 제2항).

3. 벌칙

감사인 또는 그에 소속된 공인회계사가 회계감사기준에 위반하여 감사보고서에 기재하여야 할 사항을 기재하지 아니하거나 거짓으로 기재한 경우에는 10년 이하의 징역 또는 그 위반행위로 얻은 이익 또는 회피한 손실액의 2배 이상 5배 이하의 벌금에 처한다(법 제39조 제1항). 그러나 회사의 자산총액의 100분의 5에 해당하는 금액이 500억 원 이상인 경우로서 회계처리기준을 위반하여 회사의 재무제표상 손익 또는 자기자본 금액이 변경되고, (i) 그 재무제표상 변경된 금액이 자산총액의 100분의 10 이상인 경우에는 무기 또는 5년 이상의 징역, (ii) 그 재무제표상 변경된 금액이 자산총액의 100분의 5 이상으로서 자산총액의 100분의 10 미만인 경우에는 3년 이상의 유기징역에 처한다.

표 16 회계감사기준 구성

기준서 번호	회계감사기준 제목	국제감사기준 제목
200	독립된 감사인의 전반목적 및 감사기준에 따른 감사의 수행	Overall Objective of the Independent Auditor, and the Conduct of an Audit in Accordance with International Standards on Auditing
210	감사업무 조건의 합의	Agreeing the Terms of Audit Engagements
220	재무제표감사의 품질관리	Quality Control for an Audit of Financial Statements
230	감사문서	Audit Documentation
240	재무제표감사에서의 부정에 관한 감사인의 책임	The Auditor's Responsibilities Relating to Fraud in an Audit of Financial Statements
250	재무제표감사에서의 법률과 규정의 고려	Consideration of Laws and Regulations in an Audit of Financial Statements

기준서 번호	회계감사기준 제목	국제감사기준 제목
260	지배기구와의 커뮤니케이션	Communication with Those Charged with Governance
265	내부통제 미비점에 대한 지배기구와 경영진과의 커뮤니케이션	Communicating Deficiencies in Internal Control to Those Charged with Governance and Management
300	재무제표감사의 계획수립	Planning an Audit of Financial Statements
315	기업과 기업환경에 대한 이해를 통한 중요한 왜곡표시 위험의 식별과 평가	Identifying and Assessing the Risks of Material Misstatement Through Understanding the Entity and Its Environment
320	감사의 계획수립과 수행에 있어서의 중요성	Materiality in Planning and Performing an Audit
330	평가된 위험에 대한 감사인의 대응	The Auditor's Responses to Assessed Risks
402	서비스조직을 이용하는 기업에 관한 감사 고려사항	Audit Considerations Relating to an Entity Using a Service Organization
450	감사중 식별된 왜곡표시의 평가	Evaluation of Misstatements Identified during the Audit
500	감사증거	Audit Evidence
501	감사증거 – 특정 항목에 대한 구체적인 고려사항	Audit Evidence – Specific Considerations For Selected Items
505	외부조회	External Confirmations
510	초도감사 – 기초잔액	Initial Audit Engagements—Opening Balances
520	분석적 절차	Analytical Procedures
530	표본감사	Audit Sampling
540	공정가치 등 회계추정치와 관련 공시에 대한 감사	Auditing Accounting Estimates, Including Fair Value Accounting Estimates, and Related Disclosures
550	특수관계자	Related Parties
560	후속사건	Subsequent Events
570	계속기업	Going Concern
580	서면진술	Written Representations

기준서 번호	회계감사기준 제목	국제감사기준 제목
600	그룹재무제표 감사 - 부문감사인이 수행한 업무 등 특별 고려사항	Special Considerations—Audits of Group Financial Statements (Includingthe Work of Component Auditors)
610	내부감사인이 수행한 업무의 활용	Using the Work of Internal Auditors
620	감사인측 전문가가 수행한 업무의 활용	Using the Work of an Auditor's Expert
700	재무제표에 대한 의견 형성과 보고	Forming an Opinion and Reporting on Financial Statements
701	감사보고서 핵심감사사항 커뮤니케이션	Communicating Key Audit Matters in the Independent Auditor's Report
705	감사의견의 변형	Modifications to the Opinion in the Independent Auditor's Report
706	감사보고서의 강조사항문단과 기타사항문단	Emphasis of Matter Paragraphs and Other Matter(s) Paragraphs in the Independent Auditor's Report
710	비교정보 - 대응수치 및 비교재무제표	Comparative Information—Corresponding Figures and Comparative Financial Statements
720	감사받은 재무제표를 포함하고 있는 문서 내의 기타정보와 관련된 감사인의 책임	The Auditor's Responsibility in Relation to Other Information in Documents Containing Audited Financial Statements
1100	내부회계관리제도의 감사	

Ⅵ. 참고 판례

1. 감사기준 위반을 인정한 경우

가. 서울행정법원 2000. 11. 2. 선고 99구29349 판결

기업회계기준 제50조는 회수가 불확실한 채권에 대한 대손추산은 합리적이고 객관적인 기준에 의하도록 규정하고 있으므로, 감사인으로서는 피감회사가 자체적으로 설정한 건전성 분류기준에서 정한 항목에 국한할 것이 아니라 채무자 회사의 재무구조, 상환능력 등 제반 사정을 종합하여 실질적으로 대출금에 대한 회수가 가능한지 여부를 판단하였어야 함에도 이를 소홀히 하여 감사기준을 위반하였다.

나. 서울행정법원 2003. 4. 2. 선고 2002구합9308 판결

감사인은 각 거래의 진실성에 의문을 가지고 운영위원회 의사록, 계약서 등을 검토하고, 거래 상대방에 대하여 조회한 후 피감회사 대표이사 혹은 대주주 회사의 대표이사로부터 각 거래가 채권, 어음 등 매입거래와 각 독립적이고 완결된 계약이라는 취지의 확인서를 받으려고 하였으나 거절당하는 등 감사 종결 후에도 위 각 거래의 진실성 여부 및 재매입 약정의 존재가능성에 대한 의문을 가질 수밖에 없었고, 또 실제로 그러한 의문을 갖고 있었던 것으로 보임에도 불구하고, 확인된 정보만으로는 거래의 진실성을 부정하기 어렵다는 이유로 한정의견이나 의견거절을 표명하지 아니하고 적정의견을 표명하였을 뿐만 아니라, 적정의견을 표명함에 있어서도 재무제표의 주석이나 감사보고서의 특기사항에 위 각 외화자산과 원화채권의 매각사실과 피감회사가 주장하는 바에 따른 매각금액 및 손실을 기재하는 데 그쳤을 뿐 거래의 진실성에 의문의 여지가 있음에 대하여 시사를 하는 어떠한 기재도 하지 아니하였다. 이는 결국 감사인이 위와 같은 비정상적인 거래에 대하여 갖고 있는 의문을 합리적인 자료에 의하여 제거하지 아니한 채 재무제표의 적정성에 대한 확신이 없는 상태에서 아무런 유보도 없이 적정의견을 표시한 것이어서 감사기준에 위반한 경우에 해당한다.

다. 서울행정법원 2010. 9. 2. 선고 2010구합18741 판결

감사대상인 재무제표 자체의 허위성과 감사과정에서의 회계감사기준 준수 여부는 별개의 문제이므로 이 사건 주식의 허위계상 문제와 감사인인 원고가 회계감사기준에 따라 감사를 수행하였는지 여부는 무관하다. (중략) 이 사건 처분은 감사인에게 회사의 이 사건 재무제표에 이 사건 주식이 허위계상된 사실을 발견하지 못한 책임을 묻는 것이 아니라 원고가 회계감사기준 등에 따라 감사인으로서 당연히 하여야 할 주의의무를 다 하지 못하였다는 것을 처분사유로 삼고 있다. 따라서 이 사건 주식이 허위계상된 이상 원고가 한 이 사건 회계감사도 당연무효가 되므로 피고가 이를 이 사건 처분의 사유로 삼을 수 없다는 취지의 원고 주장은 이유 없다.

회계감사기준은 타감사인의 감사결과를 활용할 수 없고, 감사인이 타감사인에게 위임한 부문의 재무정보에 대하여 추가적 감사절차를 충분히 수행할 수 없는 경우에는 감사인은 감사범위의 제한을 이유로 한정의견을 표명하거나 감사의견 표명을 거절하여야 한다고 규정하고 있다(회계감사기준 600.5). 甲으로부터 송부되어 온 감사보고서 초안에 자본총계 등이 수차례 수정되어 있는 점, A회계법인에서 지분법 투자회사에 관한 감사의견이 최종 결정되지 않은 점, 지분법피투자회사의 계속기업에 대한 불확실성의 의문이 제기되고 있는 점, 이 사건 주식이 피감사대상회사의 재무상태에 미치는 영향 등을 고려하여 보면 감사인으로서는 감사범위 제한을 이유로 한정의견을 표명하거나 감사의견 표명을 거절하였어야 함이 마땅한 것으로 보인다.

라. 서울행정법원 2012. 9. 13. 선고 2011구합43409 판결

기업회계기준서 제8호 문단 33, 34에 의하면, 유가증권으로부터 회수할 수 있을 것으로 추정되는 금액이 채무증권의 상각 후 취득원가 또는 지분증권의 취득원가보다 작은 경우에는 감액손실을 인식할 것을 고려하여야 하고, 1년 이상 휴업 중인 경우, 완전자본잠식 상태에 있는 경우 등 유가증권발행자의 재무상태가 심각하게 악화된 경우, 기타 이에 준하는 사유 등 감액손실이 발생하였다는 객관적인 증거가 있는 경우에는 감액이 불필요하다는 명백한 반증이 없는 한, 회수가능액을 추정하여 감액손실을 인식하여야 한다고 규정하고 있다. 또한 회계감사기준 500 및 620에 의하면, 감사인은 감사의견 형성의 기초가 될 합리적인 감사결론을 도출할 수 있도록 충분하고 적합한 감사증거를 확보하여야 하고, 경영자주장에 대하여 충분하고 적합한 감사증거를 수집하지 못한 경우에는 한정의견 내지 감사의견 표명을 거절하여야 하며, 전문가의 업무를 활용하는 경우 동 전문가의 업무 내지 그 수행업무 범위가 감사목적에 적절하다는 충분하고 적합한 감사증거를 입수하여야 하고, 전문가의 수행업무가 감사인이 입증하려고 하는 경영자 주장에 대한 감사증거로서 적합한지 평가하여야 한다. A회사는 이 사건 감사 당시 완전자본잠식 상태에 있었기 때문에 재무상태가 심각하게 악화된 상태에 있었음이 충분히 인정된다. 그리고 A회사가 이 사건 구분건물을 보유하고 있었음이 인정된다고 하더라도, A회사가 시공자에게 이 사건 구분건물에 대한 공사대금을 지급하지 아니하여 시공자가 A회사의 법인인감 등을 관리하고 있었고, 준공 후 3년이 지났음에도 이 사건 구분건물이 미분양 상태에 있었음을 감안할 때, 위와 같은 사정 및 이에 대한 감정평가자료만으로 감액이 불필요하다는 명백한 반증이 있는 것으로 볼 수 없다. 따라서 이 사건 감사인은 감사에 있어 A회사 주식을 감액손실로 인식하였어야 함에도 불구하고 이를 소홀히 한 잘못이 있다.

마. 서울행정법원 2014. 1. 14. 선고 2013구합50845 판결

피감회사의 비외감 계열사는 매출액이 지속해서 감소하고 당기순손실을 기록하고 있었으며, 매출액 대부분을 계열사에 의존하고 있었을 뿐만 아니라 완전자본잠식 상태에 있었는바, 외형적으로나 객관적으로 위와 같이 계열사에 대한 매출 이외에 독자적인 영업실적이 거의 없던 비외감 계열사가 피감회사 등 3개 회사로부터 거액의 자금을 차용할 필요성이 있었는지 의심을 가지지 않을 수 없다. 감사인들 스스로도 이 사건 대여금의 실재성, 회수 가능성을 감사의 중점사항으로 선정하였다고 주장하고 있으면서, 위 중점사항을 판단하는 데에 중요한 요소로 보이는 대여 경위에 관하여는 단순히 이사회 의사록에 '운영자금'이라고 기재된 부분을 믿고서 추가적인 조사를 하지 아니하였다. (중략) 감사인은 회사의 외부감사인으로 지정되어 이 사건 외부감사업무를 수행하게 되었다. 따라서 원고들은 회계처리기준을 위반한 재무제표를 작성·공시한 전력이 있는 회사의 재무제표에 대하여 이 사건 외부감사를 함에 있어서는 더욱 높은 수준의 주의의무를 기울여 그 업무를 수행했어야 한다.

바. 서울고등법원 2014. 7. 4. 선고 2013누30676 판결

회계감사기준 '240. 부정과 오류에 대한 감사인의 책임', '505. 외부조회' 등의 관계 규정 및 외부감사제도의 도입취지, 즉 독립된 직업적 전문가인 감사인으로 하여금 감사대상회사의 재무제표 등을 감사하고 이에 관한 의견을 표명하도록 함으로써 기업의 공신력을 높이는 한편, 주주 또는 투자자 등 외부 이해관계인을 보호하고 그들의 의사결정에 영향을 주는 중요한 공익적 기능을 담당하는 점 등을 종합하여 보면 감사인이 피감회사가 보유한 금융자산의 실재성 확인을 위하여 필요한 절차를 모두 수행하였더라도 피감회사의 자금거래의 구체적인 내역, 고유위험과 통제위험의 수준 등에 비추어 회계전문가로서 합리적인 의심을 가질 만한 사정이 있다면 외부조회 등 감사절차를 실시하여야 할 것이다. 그런데 앞서 본 각 증거에 의하여 인정되는 아래와 같은 제반 사정을 종합하여 보면, 감사인은 선급금 거래처에 대하여 실제 선급금을 지급받았는지 여부, 그 지급 및 반환 경위, 그 자금의 출처 등에 대하여 금융거래 내역을 확인하는 외에 추가적인 확인조치를 취하지 않았으므로, 외부감사법에 정한 회계감사기준을 위반한 것으로 볼 수 있다.

사. 서울고등법원 2015. 4. 23. 선고 2014누61950 판결

대출채권에 대한 대손충당금을 설정하는 것은 장래에 있어서의 손실을 미리 예측하여 현재의 손실로 파악하는 것으로서 그 전제가 되는 대출채권의 분류에 관한 판단기준을 획일적으로 규정할 수는 없는 것으로 보이고, 위 감독규정이나 시행세칙에서도 주로 고려되어야 하는 사유로 연체횟수 등이 예시되어 있는 등의 사정에 비추어보면, 자산건전성 분류의 적정성을 판단함에 있어서는 그 대출채권에 관한 사정뿐만 아니라 당시의 경제적 여건과 전망, 경제 정책의 변화 등을 포함한 모든 사정을 종합하여 평가하여야 하고, 이는 평가자의 합리적인 판단에 의존할 수밖에 없는 것으로 보인다. 이에 따라 회계의 관행은 물론 위 감독규정과 시행세칙을 직접 집행하는 금융감독원의 검사에서도 위와 같이 연체횟수 등에 따라 획일적으로 자산건전성을 분류하기보다는 일응 위 규정에 따른 연체횟수를 기준으로 하되, 저축은행 측에서 업종의 특수성이나 연체횟수에도 불구하고 회수가 예상되는 등의 특별한 사정을 소명한 경우에는 그와 같은 소명을 인정하기도 하고, 사회경제적인 여건의 변화에 따라 위 규정을 신축적으로 적용하고 있다. 자산건전성 분류기준에서 폐업 중인 기업체에 대한 여신은 '고정' 항목으로 규정되어 있지만, 이는 예시에 불과하여 감사인인 원고로서는 반드시 위 기준을 따라야 하는 것은 아니고, 회수가능성 등의 제반사정을 고려하여 합리적으로 분류할 수 있다고 봄이 상당하고 따라서 연체기준에 관한 자산건전성 분류기준에 의하더라도 '정상'의 범위 내에 있는 '미연체된 4건, 3개월 이하 연체된 2건'을 원고가 '요주의'로 분류한 것이 합리성이 없다고 보이지는 아니하고 이에 관하여 원고가 일반적으로 공정·타당하다고 인정되는 회계감사기준을 위반하여 감사를 실시한 것으로 볼 수도 없다. 다만 '6개월 이상 연체된 2건'은 '고정 이하'의 범위 내에 있음이 분명하므로 이에 관하여 원고가 '요주의'로 분류한 것은 합리적인 판단이라고 보기 어렵다.

아. 대법원 2017. 3. 30. 선고 2014두13195 판결

감사인이 외부조회를 시도하였음에도 답변 거부 등으로 인해 필요한 감사절차를 충분히 수행할 수 없었다면, 대체적 절차나 추가적 감사절차를 수행하여 감사증거를 입수하여야 하고, 외부조회 및 기타의 감사절차를 수행한 결과 재무제표의 경영자 주장에 대하여 충분하고 적합한 감사증거를 입수했는지 평가하여야 하며(회계감사기준 505의 4.5), 이러한 절차를 거치고도 경영자 주장에 대하여 충분하고 적합한 감사증거를 수집하지 못한 경우에는 한정의견을 표명하거나 감사의견 표명을 거절하여야 한다(회계감사기준 500의 2.3).

2. 감사기준 위반을 부정한 경우

가. 서울행정법원 2000. 11. 2. 선고 99구29349 판결

감사인이 책임준비금 계상의 적정성 여부를 파악하기 위하여 행한 표본조사의 범위가 다소 좁았다고 보여지기는 하지만, 설령 광범위한 표본조사를 거쳤다고 하더라도 피감회사의 조직적 차원에서 보유계약 파일과 책임준비금 파일을 일치시켜 온 이상 책임준비금을 과소계상한 사실을 발견할 수 있었으리라고 보여지지는 아니하므로, 감사인이 이 부분에 대한 감사업무를 제대로 수행하지 않았다고 보기는 어렵다.

나. 서울고등법원 2015. 4. 23. 선고 2014누61950 판결

자산건전성 분류기준에서 6개월 이상 연체하는 여신은 '고정'항목으로 규정되어 있지만, 이는 예시에 불과하여 감사인인 원고로서는 반드시 위 기준을 따라야 하는 것은 아니고, 회수가능성 등의 제반사정을 종합하여 합리적으로 분류할 수 있다고 봄이 상당하고, 원고가 위 17건의 대출채권 중 10건에 대하여 결산일 이후 연체이자가 회수된 점을 회수가능성에 관한 특별한 사정으로 고려하여 위 예시와 달리 위 대출채권에 관하여 '요주의'로 분류한 것이 위 분류기준에 비추어 볼 때 합리성을 상실하였다고 단정할 수 없고 일반적으로 공정·타당하다고 인정되는 회계감사기준을 위반하여 감사를 실시한 것으로 볼 수 없다.

3. 감사기준 위반은 있으나 손해배상은 부정한 경우

가. 대법원 2011. 1. 13. 선고 2008다36930 판결

감사인에게 금융기관에 대한 조회서에 정확한 조회처의 주소가 표시되도록 할 의무가 부과되는 취지는, 감사인으로 하여금 해당 금융기관 계좌에 관하여 왜곡되지 아니한 감사증거를 확보하도록 하여 궁극적으로 재무제표가 피감회사의 재무상태와 경영성과 및 기타 재무정보를 적정하게 표시하고 있는지 여부를 검증하고 그에 대한 올바른 의견을 표명하도록 하는데 있고, 특별한 사정이 없는 한 위와 같은 재무제표의 검증 및 그에 대한 의견표명을 떠나 직접적으로 피감회사의 내부자가 저지르는 장래의 부정행위를 예방하고자 하는데 있다고 보기는 어렵다. 감사인이 피감회사의 재무제표에 대한 회계감사를 실시하면서 피감회사 자금팀장이 제공한 허위의 조회처 주소를 신뢰한 나머지 이를 제대로 확인하지 않고 예금잔액조회를 하여 위 자금팀장의 횡령 등 범행을 발견하지 못한 사안에서, 조회처 주소를 제대로 확인하지 않은 감사인의 잘못과 특정 회계연도에 대한 외부감사가 종료한 후에 자금팀장의 횡령 등 범행이 계속됨으로 인하여 피감회사에게 확대된 횡령금액 상당의 손해 사이에는 상당인과관계가 없다.

[황보현]

제 2 장 회사 및 감사인

제16조의2(표준 감사시간)

① 한국공인회계사회는 감사업무의 품질을 제고하고 투자자 등 이해관계인의 보호를 위하여 감사인이 투입하여야 할 표준 감사시간을 정할 수 있다. 이 경우 대통령령으로 정하는 절차에 따라 금융감독원 등 대통령령으로 정하는 이해관계자의 의견을 청취하고 이를 반영하여야 한다.
② 한국공인회계사회는 3년마다 감사환경 변화 등을 고려하여 제1항에서 정한 표준 감사시간의 타당성 여부를 검토하여 이를 반영하고 그 결과를 공개하여야 한다.

법 시행령 제23조 (표준 감사시간 제정 · 변경 절차 등) ① 법 제16조의2 제1항 후단에서 "금융감독원 등 대통령령으로 정하는 이해관계자"란 다음 각 호의 자를 말한다.

1. 회사
2. 회계법인
3. 투자자 또는 회사의 재무제표를 분석하는 업무를 수행하는 사람 등 회계정보이용자
4. 금융감독원

② 한국공인회계사회는 표준 감사시간을 공정하게 정하기 위하여 표준감사시간심의위원회(이하 이 조에서 "위원회"라 한다)를 둔다.
③ 위원회는 위원장 1명을 포함한 15명 이내의 위원으로 구성한다. 이 경우 위원회의 위원(이하 이 조에서 "위원"이라 한다)은 회사 · 회계법인을 대표하는 위원 각각 5명, 투자자 또는 회사의 재무제표를 분석하는 업무를 수행하는 사람 등 회계정보이용자를 대표하는 위원 4명, 금융감독원장이 추천하는 위원 1명으로 구성한다.
④ 회사를 대표하는 위원은 다음 각 호의 사람이 1명씩 추천하며, 한국공인회계사회 회장이 위촉한다.

1. 「자본시장과 금융투자업에 관한 법률」 제370조에 따른 허가를 받은 한국상장회사협의회 회장
2. 「자본시장과 금융투자업에 관한 법률」 제370조에 따른 허가를 받은 한국코스닥협회 회장
3. 「상공회의소법」에 따라 설립된 대한상공회의소 회장
4. 「중소기업협동조합법」에 따라 설립된 중소기업중앙회 회장
5. 그 밖에 금융위원회가 정하는 단체의 장

⑤ 회계법인 및 회계정보이용자를 대표하는 위원은 한국공인회계사회 회장이 위촉한다.

⑥ 위원회의 위원장은 회계정보이용자를 대표하는 위원 중에서 한국공인회계사회 회장이 위촉한다.

⑦ 한국공인회계사회는 위원회 심의를 거친 표준 감사시간 제정안 또는 개정안을 20일 이상 인터넷 홈페이지에 공고하고, 공청회를 개최하여야 한다.

⑧ 한국공인회계사회는 위원회의 심의를 거쳐 표준 감사시간을 정한다.

⑨ 제1항부터 제8항까지에서 규정한 사항 외에 위원회 운영 등에 필요한 세부적인 사항은 한국공인회계사회가 정한다.

Ⅰ. 입법취지

대우조선해양, 모뉴엘, STX 사건 등 대형 분식회계·부실감사가 지속적으로 발생하자, 이를 근절하기 위한 대대적인 회계개혁 필요성에 따라 2017년 전면개정[1])된 외부감사법에는 감사인 선임제도의 개선뿐만 아니라, 감사의 품질 자체를 실질적으로 높이도록 유도하는 제도도 포함되었는데, 그중 하나가 표준감사시간 제도이다.

저비용·저품질의 부실감사는 감사보고서를 이용하는 국민전체에게 피해를 야기하고 막대한 사회적 비용을 유발시킬 수 있다는 문제제기가 지속적으로 있었는바, 감사의 적정 품질을 담보할 수 있는 최소한의 회계감사 표준투입 기준의 필요성에 대해서, 적정 감사보수 또는 적정 감사시간을 중심으로 국회·정부·학계에서 논의[2])가 이루어졌다. 실제 감사시간과 감사품질 간의 상관관계는 그 동안 회계학계에서 실증연구[3])를 통해 입증(증명)된 예도 있고, 기존 외부감사법 역시 감사품질의 신뢰성에 대한 판단기준의 제공을 위해 감사보고서에 외부감사 참여인원 수 및 소요시간에 관한 기재서류의 첨부를 의무화[4])하고 있었다.

한국의 외부감사 시간·보수 현황을 살펴보면, 감사보수의 경우 유사규모 회사에 대한 외국 감사보수와 비교할 때, 일본의 11~28%, 미국의 7~24% 수준에 불과하

1) 1981년 외감법 제정 이후 29번의 개정이 있었는데, 전부개정은 2017. 10. 31. 개정이 유일하다. 국회법에서는 입법절차에 있어 법률제정과 전부개정을 동일하게 취급하여 공청회 등 절차를 거치도록 하고 있다.

2) 이재은·전규안·이영한, “적정 감사투입시간 및 감사보수 최저한도의 산정에 관한 연구(적정 감사투입시간·감사보수 프로젝트 금융위원회 최종보고서)”(2016. 11. 11); 「2004658 정무위원회 검토보고서」(김관영 의원 대표발의, 의안번호 제4658호); 「2006825 정무위원회 검토보고서」(김종석 위원 대표발의, 의안번호 제6825호).

3) 정재욱·김진회·임태균, “감사특성이 감사품질에 미치는 영향”, 「회계연구」 제14권 제3호(통권 제27호)(대한회계학회, 2009. 12).

4) 구 외부감사법 제7조의2(감사보고서의 작성) 제3항, 구 시행령 제6조의2(감사보고서의 첨부서류) 제1항.

고, 감사시간의 경우 일본의 37~83%, 미국의 20~41% 수준[5)]인 것으로 조사된 사례가 있으며, 저가 수임의 영향에 대한 설문조사에 있어서 감사인의 97%가 감사품질을 저하시킨다고 답한 바 있다.[6)]

이러한 문제점을 해소하기 위한 감사시간·보수 규제의 도입과 관련하여, 국회 정무위원회 제1법안심사 소위원회(2017. 9. 20.)에서는, 최저 감사보수 기준을 마련하는 것은 감사인 간의 가격경쟁을 봉쇄하여 피감회사의 비용증가로 귀결되는 경쟁제한적 가격규제이므로 신중한 검토가 필요하다는 공정거래위원회 의견과, 피감회사의 자산규모·업종 및 감사인의 역량 등에 따라 감사보수가 다양할 수 있는데 이를 일률적으로 정하는 것은 현실적으로 어려우므로 최저보수 기준은 신중해야 한다는 금융위원회의 의견 등을 감안하여 이번 개정에는 반영하지 않은 반면, 적정 감사시간 규제와 관련하여서는, 감사품질 확보를 통한 투자자 등 이해관계인의 보호를 위하여 한국공인회계사회가 표준감사시간을 정하도록 하고 이에 현저히 미달하는 회사의 경우 감리 또는 지정감사인 적용 등을 통해 불이익을 부여할 수 있도록 하는 내용으로 "표준감사시간" 제도를 도입하게 되었다. 또한, 금융위원회는 보도자료를 통해 감사인이 표준감사시간을 준수하지 못하고 이에 대한 합리적인 설명을 하지 못하는 경우에는 한국공인회계사회 회칙 개정 등을 통해 제재를 할 수 있는 방안을 마련하도록 하였다.[7)]

표준감사시간 제도 도입은 감사의 품질과 관련하여, 사후적·간접적으로 품질미달에 대해 페널티를 부과하는 방식이 아니라, 사전적으로 직접 품질관리를 하여 투자자 등 이해관계자를 보호하겠다는 일종의 입법적 결단이었다.

---

5) (일본·미국 감사보수 및 미국 감사시간 자료) 노준화, "감사보수 및 재무제표 대리작성의 문제점과 개선방안", 「회계저널」 제24권 제3호(한국회계학회, 2015. 6), 297면.

6) 「회계투명성 향상을 위한 회계제도 개선 방안」(한국회계학회, 2016. 12), 106면.

7) 금융위원회 보도자료, "2017 회계개혁 TF 활동 중간결과"(2017. 11. 23). 참고로 한국공인회계사회는 공인회계사법 제41조에 따라 금융위원회의 인가를 받아 설립된 법정단체로서, 회칙개정시 반드시 금융위원회의 승인을 얻도록 하고 있다. 따라서 금융위원회는 한국공인회계사회의 회칙 개정에 관여하여 공인회계사의 행위를 규율할 수 있게 된다.

II. 표준감사시간 제도

1. 의의

법 제16조의2 제1항은 "감사업무 품질 제고"와 이를 통한 "투자자 등 이해관계인의 보호"를 위하여 감사인이 투입하여야 할 표준감사시간을 정할 수 있다고 규정하고 있다. 이를 감안할 때, 표준감사시간은 감사인이 회계감사기준을 충실히 준수하고 적정한 감사품질을 유지하기 위해 투입해야 하는 감사시간을 의미한다고 볼 수 있다. 표준감사시간은 감사업무(내부회계관리제도 검토 또는 감사, 업무 수임검토 등 부수업무 포함)와 분반기 검토를 수행하는 감사인의 담당이사, 등록공인회계사, 수습공인회계사, 품질관리검토자, 전산감사·세무·가치평가 등 내부전문가의 투입시간을 모두 포함한다.

2. 법적 성격

표준감사시간은 '감사품질제고' 및 '투자자 등 이해관계자 보호'를 위하여 외부감사법에 따라 외부감사 전문가집단인 한국공인회계사회가 제정하는 일반적 기준이다. 따라서 표준감사시간 제도는 회계투명성과 감사품질 제고를 위한 자율규제의 규범이기는 하지만 법률에 근거를 두고 있는 이상 일정한 규범적 효력을 가진다고 할 수 있다.

표준감사시간을 준수하지 못하는 것 자체만으로 법령위반이 되는 것은 아니지만, 감사품질에 문제가 있다는 표지가 될 수 있으므로, 외부감사법에서는 표준감사시간에 현저하게 미달한 경우에는 증권선물위원회는 피감회사에 대해 감사인을 지정할 수 있도록 하고 있다. 또한 금융위원회는 한국공인회계사회 회칙 개정에 관여하여 감사인이 표준감사시간을 준수하지 못하고 이를 합리적으로 설명하지 못하는 경우(Comply or Explain 방식)에는 징계할 수 있는 근거를 마련[8]하도록 하였다. 따라서 표준감사시간의 입법취지나 입법배경을 볼 때, 감사인과 회사가 준수해야 할 규범적 효력을 가지고 있음을 부인하기 어렵다.

---

8) 금융위원회, 앞의 보도자료, 6면 참조.

3. 표준감사시간과 공정거래법과의 조화

「독점규제 및 공정거래에 관한 법률」(이하 '공정거래법')은 "공정하고 자유로운 경쟁을 촉진시킴으로써 창의적인 기업활동을 조장하고 소비자를 보호함과 아울러 국민경제의 균형있는 발전을 도모"함을 목적(제1조)으로 하므로, 소비자후생을 증대시키는 공공개입은 기본적으로 정당하다는 전제에 서 있다. 공정거래법이 제58조에서 다른 법률 또는 그 법률에 의한 명령에 따라 행하는 정당한 행위에 대하여 적용제외를 둔 것도, 기계적인 법 적용을 통하여 오히려 공정거래법의 입법취지가 훼손되는 것을 방지하기 위한 법제적 장치이다.

외부감사 서비스는 외부감사 의뢰의 주체인 피감회사에 대하여 이루어지는 것으로서 업무 본질상 피감회사와 감사인 간 이해상충이 발생하는 영역인바, 일반적인 재화·용역 시장에 대한 경쟁제한성의 척도로 평가할 수 있는 대상이 아니며,[9] 투자자 등 이해관계인을 보호하고 기업의 건정한 경영과 국민경제의 투명성을 담보하기 위해서 공공개입이 필요한 분야라고 할 수 있다. 특히, 법 제16조의2의 표준감사시간 제도는 사전적으로 직접 감사품질 관리를 하겠다는 일종의 입법적 결단이며, 이는 공정거래법 제57조의 "다른 법률"에 해당하는 조항이다.

---

9) 공정거래법 적용제외의 관점이 아니라, 경쟁제한성의 규범적 관점에서 보더라도, 감사업무의 본질에서 기인하는 시장실패를 극복하고 감사인 간 저가 수주 경쟁이 아니라 품질경쟁을 촉진하기 위하여 외부감사법에 따라 한국공인회계사회가 표준감사기준을 제정하는 것은 아래 대법원 판례에 비추어 공정거래법의 취지에 반한다고 볼 수 없다("경쟁제한성 여부는 당해 상품의 특성, 소비자의 제품선택 기준, 당해 행위가 시장 및 사업자들의 경쟁에 미치는 영향 등 여러 사정을 고려하여, 당해 행위로 인하여 일정한 거래분야에서의 경쟁이 감소하여 가격, 수량, 품질 기타 거래조건 등의 결정에 영향을 미치거나 미칠 우려가 있는지를 살펴 개별적으로 판단하여야 한다", 대법원 2006. 11. 9. 선고 2004두14564 판결).

참고로, 공정거래위원회는 2018. 4. 한국공인회계사회가 2015년부터 시행되는 300세대 이상 공동주택 외부감사 의무화에 대비하여 최소감사시간 100시간을 정하여 이를 회계사들에게 통지한 행위가 공정거래법 위반(가격담합)에 해당한다고 하여, 한국공인회계사회와 소속임원 및 실무자를 검찰에 고발하고, 한국공인회계사회에 대하여는 시정명령, 법위반사실 공표명령 및 과징금 5억 원을 부과하였다. 검찰 고발 건에 관하여 2019. 4. 25. 서울서부지방검찰청은 최소감사기간을 정한 것만으로는 가격결정행위로 볼 수 없고, 공정거래법은 소비자 보호 및 국민경제의 균형있는 발전을 도모한다는 측면에서 국토교통부 요청에 따라 감사제도 개선 일환으로 진행된 최소감사시간은 감사품질 제고 및 적정관리비 사용을 유도할 목적으로 제정되었던 만큼 이를 공정거래법에 위반된다고 보기 어렵다고 하여 무혐의 결정을 내렸다. 또한 서울고등법원 2019. 8. 22. 선고 2018누63855 판결도 공정거래위원회의 시정명령, 법위반사실 공표명령 및 과징금 5억 원 부과처분을 전부 취소하면서, 최소감사시간 100시간 결정 및 통지만으로는 가격결정의 기준을 제시하였다거나 회계사들에게 공동인식이 형성되어 가격결정에 영향을 미쳤다고 단정하기 어렵다고 판단하였다.

Ⅲ. 표준감사시간 제정·변경 절차

1. 제정의무

법 제16조의2 제1항에서 "한국공인회계사회가 표준감사시간을 정할 수 있다"고 규정하고 있는바, 이는 표준감사시간 제정 주체를 한국공인회계사회로 한다는 취지이다. 표준감사시간 제정 주체에 대해서는 실제로 입법과정(2017. 9. 20. 국회정무위원회 제1법안심사 소위원회)에서 금융위원회로 할지 아니면 한국공인회계사로 할지에 관하여 논의가 있었고 위 소위원회의 심의 끝에 한국공인회계사로 그 제정 주체로 하기로 결정된 사항이다.

위 조항의 해석을 통하여 한국공인회계사회가 표준감사시간 도입 시기에 대해서까지 선택할 수 있는 재량을 부여받았다고 보기는 어려운 측면이 있다. "할 수 있다"는 법률규정에 대해, "하지 않을 수 있다"고 해석하는 것은 사안의 구체적 타당성을 기할 필요가 있는 경우에 해당할 수 있는바, 예를 들어 과징금을 부과할 수 있다고 하였을 때 개별적 사안의 특수성을 고려하여 과징금을 부과하지 않을 수 있는 재량을 부여할 필요가 있기 때문이다. 그러나 표준감사시간은 법령과 같은 일반적 기준으로서, 일반적 기준의 설정 그 자체에 대해 이를 아예 제정하지 않음으로서 구체적 타당성을 기한다는 것은 생각하기 어렵다. 이는 표준시간 조정제도 등을 두어 일반적 기준의 설계에 있어 구체적 타당성을 제고하는 장치를 두는 것과는 별개의 문제이다. 따라서 합리적 안이 마련되었음에도 위 법조항의 해석을 통하여 도입시기를 조율한다는 것은 문리해석이나 입법취지에 맞지 않는 측면이 있다.

경과규정 없이 사전적·직접적 감사품질관리의 수단으로 표준감사시간 도입에 대해 입법적 결단을 한 이상, 과도하지도 않고 과소하지도 않은 적정 표준감사시간을 정하는 데 필요한 최소한의 시간에, 각 이해관계자가 법의 입법취지와 결단에 따른 의무합치적인 집중력을 발휘하여 표준감사시간을 정하고 지체없이 이를 품질관리수단으로 활용하여야 할 것이다.

즉, 표준감사시간은 사전적 품질관리 수단으로 도입된 입법적 결단으로서 각 이해관계자는 입법취지에 맞게 지체없이 의무에 합당한 표준감사시간을 제정할 수 있도록 하여야 하고, 이를 감사품질 관리수단으로 활용해야 하는 것을 의미한다.

2. 이해관계자의 의견 청취

법 제16조의2에 정한 표준감사시간 제도는 표준감사시간의 제정으로 부담이 전가될 수 있는 회사의 입장을 고려하는 균형추로서, 절차적 장치와 실체적 장치를 두고 있다. 사전적·절차적·일반적 규율로서, 법 제16조의2 제1항 후단에서 의견청취 절차를 규정하고 있고, 동조 제2항에서 3년 주기의 피드백 절차를 규정하고 있는 한편, 사후적·실체적 규율로서, 표준감사시간보다 현저히 낮은 수준으로 인정되는 경우 감사인지정사유로 추가하고 있다. 법률이 마련한 이러한 균형추의 기능적 의미와 역할에 대해서 충분히 음미를 하고 그 취지가 구현될 수 있도록 실무를 운용할 필요가 있다.

이러한 규율체계에 대한 이해를 바탕으로, 한국공인회계사회는 표준감사시간의 제정주체이나 반드시 이해관계자의 의견을 청취하고 반영하여야 한다. 이해관계자들도 표준감사시간에 대한 단순한 의견만을 주장하는 것에 그칠 것이 아니라 적극적으로 그 주장에 대한 합리적인 입증(증명)과 상호 의견교환을 통해 한국공인회계사회가 합리적인 표준감사시간을 제정할 수 있도록 협력할 의무가 있다.

법 제16조의2 제1항 단서에서, 한국공인회계사회는 대통령령으로 정하는 절차에 따라 대통령령으로 정하는 이해관계자의 의견을 청취하고 이를 반영하여 공정한 표준감사시간을 정하여야 하는데, 이해관계자는 회사, 회계법인, 회계정보이용자, 금융감독원으로 구성되어 있다(법 시행령 제23조 제1항). 또한 공정한 표준감사시간을 정하기 위하여 한국공인회계사회는 표준감사시간심의위원회를 두어야 하는데, 표준감사시간심의위원회는 위원장 1명을 포함한 15명 이내의 위원으로 구성하도록 하고 있다. 위원은 회사를 대표하는 위원 5명, 회계법인을 대표하는 위원 5명, 투자자 등 회계정보이용자를 대표하는 위원 4명과 금융감독원장이 추천하는 위원 1명으로 구성한다. 회사를 대표하는 위원은 한국상장회사협의회 회장 추천 1인, 한국코스닥협회 회장 추천 1인, 대한상공회의소 회장 추천 1인, 중소기업중앙회 회장 추천 1인, 금융위원회가 정하는 단체의 장 추천 1인으로 한국공인회계사회 회장이 위촉하고, 회계법인 및 회계정보이용자를 대표하는 위원은 한국공인회계사회 회장이 위촉한다(법 시행령 제23조 제2항부터 제6항).

한국공인회계사회는 표준감사시간심의위원회 심의를 거친 표준감사시간 제정안 또는 개정안을 20일 이상 인터넷 홈페이지에 공고하고, 공청회를 개최하여야 한다. 또한 한국공인회계사회는 표준감사시간심의위원회의 심의를 거쳐 표준감사시간을 정하는데, 대통령령으로 규정한 사항 외에 표준감사시간심의위원회 운영 등에 필요한 세부적인 사항은 한국공인회계사회가 정하도록 하고 있다(법 시행령 제23조 제2항부터 제9항).

3. 표준감사시간심의위원회 심의

외부감사법 시행령 제23조에서는 공정한 표준감사시간 제정·개정을 위하여 한국공인회계사회는 표준감사시간심의위원회 심의를 거쳐 표준감사시간 제정안 또는 개정안을 20일 이상 인터넷 홈페이지에 공고하고 공청회를 개최하여야 하고(제7항), 한국공인회계사회는 표준감사시간심의위원회 심의를 거쳐 표준감사시간을 제정·개정하도록 규정(제8항)하고 있다.

한편, 외부감사법령에서 회계처리기준[10)]이나 회계감사기준[11)]은 반드시 회계기준원이나 회계감사기준위원회에서 기준 제정안 또는 개정안에 대한 심의·의결을 거쳐 금융위원회의 승인을 받도록 하고 있는 것과 달리, 표준감사시간은 외부감사법령에서 표준감사시간심의위원회의 심의·의결이 아닌 심의[12)]를 거친 후 금융위원회의 승인이라는 절차 없이 한국공인회계사회가 제정할 수 있다는 점에서 차이가 있다.

---

10) 법 제5조(회계처리기준) ④ 금융위원회는 제1항에 따른 업무를 대통령령으로 정하는 바에 따라 전문성을 갖춘 민간 법인 또는 단체에 위탁할 수 있다.
법 시행령 제7조(회계처리기준 관련 업무 위탁 등) ② 한국회계기준원은 회계처리기준에 관한 사항을 심의·의결하기 위하여 총리령으로 정하는 바에 따라 9명 이내의 위원으로 구성되는 회계처리기준위원회를 두어야 한다.

11) 법 제16조(회계감사기준) ② 제1항의 회계감사기준은 한국공인회계사회가 감사인의 독립성 유지와 재무제표의 신뢰성 유지에 필요한 사항 등을 포함하여 대통령령으로 정하는 바에 따라 금융위원회의 사전승인을 받아 정한다.
법 시행령 제22조(회계감사기준) ② 회계감사기준에 관한 사항을 심의·의결하기 위하여 한국공인회계사회에 11명 이내의 위원으로 구성되는 회계감사기준위원회를 둔다.

12) 위 회계처리기준이나 회계감사기준의 경우와 같이 "심의·의결"을 요구하지 않고 단순히 "심의"를 거치는 것으로 규정되어 있다.

Ⅳ. 표준감사시간[13] 주요 내용

한국공인회계사회가 제정한 「표준감사시간」에 따르면 표준감사시간은 외부감사법에 따른 회계감사 대상회사에 대하여 감사업무의 품질을 제고하고 투자자 등 이해관계인의 보호를 위하여 감사인이 투입하여야 할 시간으로서(제1조), 외부감사법에 따른 회계감사를 수행하는 감사인에게 표준감사시간이 적용되나 '법인세법 제51조의2 제1항[14] 각호의 어느 하나에 해당하는 회사', 사업연도가 1년 미만인 회사, 그 밖에 회사의 특성을 고려할 때 표준감사시간을 정하기 어렵다고 한국공인회계사회가 정하는 회사 등에 대해서는 표준감사시간의 산정이 어려우므로 한국공인회계사회가 제정한 표준감사시간 적용대상이 아니다(제2조).

'표준감사시간'에는 감사업무(내부회계관리제도 검토 또는 감사는 포함하나 영문감사는 제외, 업무 수임검토 등 부수업무 등도 포함됨)와 분·반기검토를 수행하는 담당이사, 등록공인회계사, 수습공인회계사, 품질관리검토자, 전산감사·세무·가치평가 등 회계법인 내부전문가의 투입시간을 포함한다. '감사인 숙련도'는 담당이사, 등록회계사, 수습회계사, 품질관리검토자, 세무·전산·평가 등 회계법인 내부 전문가로 구성된 감사팀의 팀단위 숙련도를 말하는데, 개별감사팀의 감사인숙련도는 감사팀원의 경력별 가중치를 감사팀원의 감사투입시간 비중으로 가중평균하여 산정한다. 이때 경력별가중치는 「외부감사 및 회계등에 관한 규정('외감규정')」 별표 3. 감사인지정점수 산정기준에서 제시한 경력별가중치를 적용하고, 경력기간, 산정기준일 등에 관한 사항은 외감규정 별표 3에서 정하는 바에 따른다. '기준숙련도'는 표준감사시간 산정의 기준이 되는 평균적인 감사인숙련도를 말하는데, 기준숙련도에 기초하여 산정된 표준감사시간을 개별 감사팀의 감사인숙련도에 맞게 증가 또는 감소시키기 위해 적용하는 '숙련도조정계수(=기준숙련도/개별감사팀 감사인숙련도)'를 통해 표준감사시간을 산정하게 된다(제3조).

한국공인회계사회가 제정한 표준감사시간은 피감회사의 상장여부, 자산 규모, 사업의 복잡성, 감사위원회 등 지배기구의 역할 수준, 내부회계관리제도의 구성, 감사인 특성 등에 따라 그룹을 11개의 그룹으로 세분화하였고, 개별 감사팀의 숙련도를 고려하

13) 표준감사시간(한국공인회계사회 2019. 2. 13. 제정) 주요 내용.

14) 법인세법 제51조의2(유동화전문회사 등에 대한 소득공제) 제1항.

여 산정하였으며, 그룹별 표준감사시간의 시행의 적용시기와 적용률을 정하였다(제4조).

그룹 1부터 그룹 10의 표준감사시간은 그룹별 표준감사시간표와 가감요인[15]에 기초한 산정결과와 숙련도조정계수(개별감사팀 단위)를 곱하여 산정하고, 해당 사업연도에 적용하는 표준감사시간은 직전 사업연도 감사시간 대비 150%를 상한으로 하고 100%를 하한으로 한다. 다만 그룹 3부터 그룹 10까지의 경우 최초 사업연도에는 130%를 상한으로 하고, 3년간은 최초에 적용된 사업연도의 감사시간 대비 200%를 한도로 한다. 그리고 내부회계관리제도 감사를 하여야 하는 상장법인은 표준감사시간의 40%(순수지주사는 20%)를 내부회계관리제도 감사시간으로 하여 가산하고, 내부회계관리제도 감사 시행 첫 해는 30%(순수지주사는 15%), 둘째 해는 35%(순수지주사는 17.5%)로 가산할 수 있다. 또한 종속회사 또는 관계회사의 감사인이 회사의 감사인과 동일한 경우, 연결재무제표 감사의 경우 연결기준 기업규모에서 동일 감사인이 감사하는 종속회사 기업규모를 차감하여 산정하고, 관계회사가 포함된 재무제표 감사의 경우에는 총자산에서 동일 감사인이 감사하는 관계회사 장부금액을 차감한다. 복수업종을 영위하는 회사의 표준감사시간은 매출액이 가장 큰 업종을 기준으로 산정하거나, 주요업종을 기준으로 산정한 표준감사시간을 해당 업종별 매출액 비율로 가중평균하여 산정할 수 있다(제5조).

한국공인회계사회는 법 제16조의2 제2항에 따라 3년마다 감사환경 변화 등을 고려하여 제5조에서 정한 표준감사시간의 타당성 여부를 검토하여 이를 반영하고 그 결과를 공개하고, 회사 재무정보의 변동과 실제감사투입시간 자료의 축적 등 최신 자료를 반영하여 표준감사시간을 업데이트한다(제6조).

한국공인회계사가 제정한 표준감사시간은 2019년 1월 1일 이후 개시하는 사업연도의 재무제표 감사부터 적용하되, 그룹 9와 그룹 10의 경우 표준감사시간의 시행을 각각 1년과 2년 유예할 수 있고, 그룹 11은 표준감사시간 시행을 3년간 유예하며 3년 후에 적용여부를 다시 검토한다.

15) 그룹별로 연결 여부, 자회사 수, 위험계정비중, 금융지주사, 비금융지주사, 미국상장사, 핵심감사제, 초도감사 등을 고려하여 가감률을 결정한다.

표 17 그룹별 시행시기와 표준감사시간 적용률

그룹	기준(개별자산)	시행방안	2019	2020	2021
그룹 1	2조 원 이상 (연결규모 5조 원 이상)	2019 시행	100%	100%	100%
그룹 2	2조 원 이상 상장사	2019 시행	100%	100%	100%
그룹 3	5천억 원 이상 2조 원 미만 상장사	2019 시행 단계적 적용	85% 이상	90% 이상	95% 이상
그룹 4	1천억 원 이상 5천억 원 미만 상장사	2019 시행 단계적 적용	85% 이상	90% 이상	95% 이상
그룹 5	5백억 원 이상 1천억 원 미만 상장사	2019 시행 단계적 적용	80% 이상	85% 이상	90% 이상
그룹 6	5백억 원 미만 상장사	2019 시행 단계적 적용	80% 이상	85% 이상	90% 이상
그룹 7	코넥스, 사업보고서 제출대상	2019 시행 단계적 적용	70% 이상	80% 이상	90% 이상
그룹 8	1천억 원 이상 비상장사	2019 시행 단계적 적용	70% 이상	80% 이상	90% 이상
그룹 9	5백억 원 이상 1천억 원 미만 비상장사	2020 시행 단계적 적용	유예	70% 이상	80% 이상
그룹 10	2백억 원 이상 5백억 원 미만 비상장사	2021 시행 단계적 적용	유예	유예	70% 이상

V. 위반 효과

1. 회사

증권선물위원회는 감사인의 감사시간이 법 제16조의2 제1항에서 정하는 표준감사시간보다 현저히 낮은 수준이라고 인정하는 회사의 경우 3개 사업연도의 범위에서 회계감법인을 감사인으로 지정하여 선임하거나 변경선임할 것을 요구할 있다(법 제11조 제1항 제10호).

2. 감사인

공인회계사는 한국공인회계사회 회칙에 따라 법 제16조의2에 따른 표준감사시간을 준수할 의무가 있고, 표준감사시간을 준수하지 아니한 합리적 이유를 설명하지 아니한 경우에는 회칙상에 따른 제재를 받을 수 있다.

[박준모]

제 2 장 회사 및 감사인

제17조(품질관리기준)

① 감사인은 감사업무의 품질이 보장될 수 있도록 감사인의 업무설계 및 운영에 관한 기준(이하 "품질관리기준"이라 한다)을 준수하여야 한다.

② 품질관리기준은 한국공인회계사회가 감사업무의 품질관리 절차, 감사인의 독립성 유지를 위한 내부통제 등 감사업무의 품질보장을 위하여 필요한 사항을 포함하여 대통령령으로 정하는 바에 따라 금융위원회의 사전승인을 받아 정한다.

③ 감사인의 대표자는 품질관리기준에 따른 업무설계 및 운영에 대한 책임을 지며, 이를 담당하는 이사 1명을 지정하여야 한다.

법 시행령 제24조(품질관리기준) ① 법 제17조 제1항에 따른 품질관리기준(이하 "품질관리기준"이라 한다)에는 다음 각 호의 사항이 포함되어야 한다. 이 경우 회계법인의 형태나 규모 등을 고려하여 그 내용 및 적용 방식을 달리 정할 수 있다.

1. 회계법인의 경영진 등 감사업무의 품질관리를 위한 제도를 만들고 운영하는 자의 책임
2. 감사인의 독립성 등 윤리적 요구사항을 준수하는 데 필요한 내부통제 방안
3. 감사대상 회사의 위험에 대한 평가 등 감사업무를 맡고 유지하는 데 필요한 내부통제 방안
4. 감사업무수행 인력 및 감사업무의 품질관리 인력의 운영
5. 감사업무의 품질관리에 필요한 업무방식
6. 제1호부터 제5호까지의 규정에 따른 사항을 지속적으로 점검하고 평가하는 업무와 관련된 사항

② 한국공인회계사회는 법 제17조 제2항에 따라 품질관리기준에 대한 금융위원회의 사전승인을 받기 위하여 품질관리기준 제정안 또는 개정안을 회계감사기준위원회의 심의·의결을 거쳐 금융위원회에 제출하여야 한다.

③ 금융위원회는 이해관계인의 보호, 국제적 품질관리기준과의 합치 등을 위하여 필요한 경우 한국공인회계사회에 대하여 품질관리기준의 개정을 요구할 수 있다. 이 경우 한국공인회계사회는 특별한 사유가 없으면 이에 따라야 한다.

Ⅰ. 입법취지

감사품질관리Auditing Quality Control란 감사업무의 질적 수준에 대한 유지·향상을 위하여 감사의 계약 이전부터 사후관리까지 감사의 전 과정을 통제·관리하는 감사인의 내부통제제도로서, 경영진의 운영책임·윤리적 요구사항·업무의 수임과 유지·인적자원·업무의 수행·모니터링 등을 주된 점검요소로 한다. 구 외부감사법은 감사인의 감사품질관리 또는 내부통제와 관련한 법률상 기준을 규정하지 않고 2005년부터 한국공인회계사회가 국제회계사연맹International Federation of Accountants; IFAC 산하 국제감사인증기준위원회International Auditing and Assurance Standards Board; IAASB가 작성한 품질관리기준서1International Standard on Quality Control1; ISOC1을 기초로 품질관리기준을 마련하여 사용하고 있었다. 그러나 동양, 모뉴엘, 대우조선해양 분식회계 사건 등 대규모 분식회계와 부실감사가 감사품질관리에 대한 제도적 허점과 분식회계 당사자에 대한 미온적 제재에 기인한 것으로 판단되자 자율규제로 운영되어 오던 위 품질관리기준에 대하여 법률상 근거를 외부감사법에 명확히 규정함으로써 감사 품질제고와 정보이용자 보호를 강화하였다.[1)]

Ⅱ. 품질관리기준 제도

1. 목적

감사보고서에 표명된 감사의견의 적절성, 재무제표상의 오류가 사실대로 발견될 확률과 발견된 오류가 정직하게 보고될 확률의 결합치를 '감사품질[2)]Audit Quality'이라고 한다면, 이러한 적발확률(적격성의 종속변수)과 보고확률(독립성의 종속변수)을 향상시키기 위한 모든 제도적 장치를 감사품질관리Quality Control라고 정의한다.[3)] 한국에서

1) 「2002278 정무위원회 검토보고서」(제윤경 의원 대표발의, 의안번호 제2278호); 「2000792 정무위원회 검토보고서」(김해영 위원 대표발의, 의안번호 제792호) 참조.

2) 감사품질이란 회계감사의 산출물인 감사의견에 대한 품질을 말하는데, 특정 감사인이 피감회사의 회계시스템에서 부적절하게 처리된 사항을 발견하고, 이러한 발견사항을 보고할 결합 확률의 기대치로 정의되기도 한다, DeAngelo (1981), "Auditor Size and Audit Quality", Journal of Accounting and Economics 3, 183~199면.

3) 이창우·송혁준·전규안·권오상, 「회계감사 Study Guide」, 경문사(2019), 31면.

회계법인의 품질관리는 국제품질관리기준International Standard on Quality Control; ISQC을 토대로 한국공인회계사회가 2005년에 제정한 '감사 등 업무의 품질관리기준'에 따라 자율규제로 이루어지고 있었고, 이번 외부감사법 개정으로 인해 감사업무의 품질이 보장될 수 있는 감사인의 업무설계 및 운영에 관한 기준으로 '품질관리기준'이 명시적으로 도입되었다. 품질관리기준은 한국공인회계사회가 감사업무의 품질관리 절차, 감사인의 독립성 유지를 위한 내부통제 등 감사업무의 품질보장을 위하여 필요한 사항을 포함하여 금융위원회의 사전승인을 받아 정하게 된다.

금융감독원은 2007년부터 한국공인회계사회가 제정한 품질관리기준서에 따라 회계법인에 대한 품질관리 감리를 실시하였고 미비점에 대한 개선권고를 해오고 있었다.[4] 그러나 당시 품질관리기준은 별도의 법령상 근거가 없고 품질관리 감리의 근거만 시행령[5]에 규정되어 있는 등 품질관리제도의 법적 근거가 미흡하고, 개선권고의 실효성 확보를 위한 이행점검 또는 권고 미이행사실 공개 등 사후조치에 대한 법적 근거가 없는 상황이었다. 참고로 외국 사례를 살펴보면, 미국은 상장기업회계감독위원회Public Company Accounting Oversight Board; PCAOB, 영국은 전문가감독위원회Professional Oversight Board; POB, 일본은 공인회계사·감사심사위원회Certified Public Accountants and Auditing Oversight Board; CPAAOB가 각각 감사인의 품질관리에 대해 감리를 수행하고 있으며, 품질관리가 미흡한 경우 법정감사인 자격 취소(영국), 미이행사항 공표(일본) 등 제재조치를 두고 있고, 품질관리감리결과 공개여부의 경우, 영국은 회계법인별 보고서를 발행하여 감리결과를 모두 공개하나, 미국은 미비점을 1년 내 개선하지 못하는 경우에 한하여 공개하고, 일본은 감리결과를 공개하지 않고 각 회계법인에게만 배포하는 것으로 파악되고 있다.[6] 이러한 외국 사례를 참고하여 이번 전면개정된 외부감사법에서는 품질관리기준의 법적근거를 마련하였고, 감사인 대표자[7]의 품질관리시스템 관리책임을 명

4) 금융감독원 보도자료, "회계법인 품질관리감리제도 도입 5년의 성과 및 과제"(2013. 1. 15) 참조.

5) 법 제15조(증권선물위원회의 감리업무 등) ① 증권선물위원회는 감사를 공정하게 수행하기 위하여 필요한 감사보고서의 감리와 그 밖에 대통령령으로 정하는 업무를 한다.
법 시행령 제8조(증권선물위원회의 감리업무) ③ 법 제15조 제1항에서 "대통령령으로 정하는 업무"란 감사업무의 품질향상을 위한 감사인의 업무 설계 및 운영에 관한 감리업무(이하 "품질관리감리업무"라 한다. 이하 같다)를 말한다.

6) 「2005075 정무위원회 검토보고서」(정부 발의, 의안번호 제5075호), 53~54면.

7) 법 제17조 제3항이 회계법인에게는 당연히 적용되지만 감사반에게도 적용되는지 여부는 해석상 명확하지 아니하다. 감사반도 외부감사법상 외부감사의 실시주체이므로 감사품질에 대한 책임을 부과하는 것이 필요하고, 감사반 소속 공인회계사는 각각 감사보고서에 기명날인을 하여 감사보고서에 대해 공동책임을 지므로 그 권한과 책임이 회계법

시하였으며, 증권선물위원회는 품질관리 감리결과에 따른 개선권고 내용 및 그 이행 여부를 공개하고, 품질관리기준 위반으로 중대한 감사부실이 발생하면 감사인 대표자와 품질관리담당이사에 대한 행정제재를 가할 수 있도록 하였다.

2. 법적 성격

법 제17조에서 감사인은 감사업무의 품질이 보장될 수 있도록 '품질관리기준'을 준수하여야 하고, 증권선물위원회는 재무제표 및 감사보고서의 신뢰도를 높이기 위해 법 제26조에서 감사인의 감사업무에 대하여 '품질관리기준의 준수여부에 대한 감리 및 품질관리수준에 대한 평가'를 하도록 하였다. 또한 회계법인의 대표이사 또는 품질관리 담당이사가 품질관리기준에 따른 업무설계·운영을 소홀히함으로써 금융위원회가 정하여 고시하는 회사에 대한 중대한 감사 부실이 발생한 경우, 증권선물위원회는 회계법인 대표이사 또는 품질관리담당이사에 대하여 각종 제재를 하도록 하게 되어 있다. 또한 감사인 및 감사인에 소속된 회계사들이 임무를 게을리하여 품질관리기준을 위배한 경우에는 회사 또는 제3자에게 손해를 배상할 수 있고(법 제31조), 품질관리기준을 위반하여 허위의 감사보고서를 작성하게 되는 경우에는 형사처벌도 받을 수 있다(법 제39조). 다만, 품질관리기준도 국가기관이 아닌 민간단체가 정하되 금융위원회의 사전승인을 받도록 한 점에서 회계감사기준의 성격과 유사하다. 따라서 품질관리기준이 비록 외부감사법에 근거를 두고 있으나 민간기관인 한국공인회계사회가 제정을 하므로 그 자체만으로 법규성을 인정하기는 어렵다고 보인다. 하지만 한국공인회계사회가 감독관청인 금융위원회의 사전승인을 얻어 품질관리기준을 제정하도록 하고 있고, 품질관리기준에 포함되어야 할 중요 사항은 대통령령에서 언급하고 있으므로 품질관리기준이 감사인의 주의의무를 구체적으로 판단하고 해석하는 기준으로

인의 이사와 유사하다고 할 수 있다. 또한 품질관리기준서1 제12조 (g)에서 감사반도 회계법인에 포함하므로 당연히 품질관리기준이 적용된다고 할 것이다. 그러나 감사반은 외부감사를 위해 3인 이상의 개업 공인회계사로 구성될 뿐이므로 회계법인과 달리 대표자나 담당이사라는 것이 명시적으로 존재하지 아니한다. 따라서 동조 제3항은 (i) 문언에 충실하게 감사반은 적용되지 아니한다는 견해(부정설), (ii) 감사반은 구성원 각자가 대표자인 동시에 업무담당이사가 된다는 견해(긍정설 중 각자 대표자설), (iii) 감사반도 동 조항 취지에 맞게 품질관리 업무 설계 및 운영을 위한 대표자를 별도로 선임하고, 이를 담당하는 구성원을 일종의 이사로 선임해야 한다는 견해(긍정설 중 별도 선임설) 등 다양한 해석론이 존재할 수 있다. 따라서 본 조항이 문언해석상 감사반에게도 명확하게 적용될 수 있도록 조항을 수정하고, 품질관리기준서에서도 감사반의 품질관리 책임소재를 명확하게 규정할 필요가 있다.

서 기능을 한다고 볼 수 있다. 따라서 회계감사기준과 마찬가지로 품질관리기준 위반으로 곧바로 외부감사법 위반으로 인하여 민사상 손해배상의무를 부담한다거나 행정제재 또는 형사제재를 받는 것이 아니라, 외부감사인이 이해관계인의 손해를 방지하여야 할 주의의무를 구체화하고 이를 위반하였는지 여부를 판단하는 기준이 된다고 보는 것이 타당하다.[8)]

Ⅲ. 품질관리기준의 주요 내용

1. 품질관리기준서의 범위

한국공인회계사회가 2005년 12월 22일 제정한 품질관리기준서에 외부감사법의 개정의 취지를 고려하여 2018년 10월 10일 관련 내용을 대대적으로 개정하였다. 우선 품질관리기준의 제정근거가 법률에 명시됨에 따라 과거 한국공인회계사회가 국제품질관리기준서1에 기초한 종전 품질관리기준서1의 개정이 아닌 법률에 따른 품질관리기준서1 제정이라고 하였다(품질관리기준 前文 제7조). 다만, 10여 년 이상 사용되어 오던 국제품질관리기준서를 전면 개정하는 형식으로 하기보다는 국제품질관리기준서1의 구성방식과 문단번호를 동일하게 하면서 외부감사법 등에 따른 한국 특유한 외부회계감사제도를 고려하여 문단을 추가하였고, 과거 기준과 동일하게 외부감사법에 따라 실시하는 감사업무 이외에도 그 밖의 재무제표 감사, 검토 그리고 인증 및 관련 서비스 업무를 수행하는데 필요한 내용도 품질관리기준서에 담도록 하였다.

2. 품질관리기준 요구사항

법 시행령 제24조에서 따르면 품질관리기준에는 ① 회계법인의 경영진 등 감사업무의 품질관리를 위한 제도를 만들고 운영하는 자의 책임, ② 감사인의 독립성 등 윤리적 요구사항을 준수하는 데 필요한 내부통제 방안, ③ 감사대상 회사의 위험에 대한 평가 등 감사업무를 맡고 유지하는 데 필요한 내부통제 방안, ④ 감사업무수행

8) 대법원 2011. 1. 13. 선고 2008다36930 판결 참조.

인력 및 감사업무의 품질관리 인력의 운영, ⑤ 감사업무의 품질관리에 필요한 업무방식, ⑥ 위 규정에 따른 사항을 지속적으로 점검하고 평가하는 업무와 관련된 사항이 포함되어야 한다. 다만, 회계법인의 형태나 규모 등을 고려하여 그 내용 및 적용 방식을 달리 정할 수 있다. 이러한 내용을 포함하여 품질관리기준서가 제정되었는데, 회계감사기준 220 및 품질관리준서1의 문단 16에서 요구되는 품질관리스시템의 6대 구성요소로서, (a) 회계법인[9]내 품질에 대한 리더십 책임, (b) 관련 윤리적 요구사항, (c) 의뢰인 관계 및 특정 업무의 수용과 유지, (d) 인적자원, (e) 업무의 수행, (f) 모니터링에 관한 정책과 절차를 포함하도록 하고 있다.

가. 회계법인의 감사품질에 대한 리더십 책임

감사인은 품질이 업무수행시 핵심이라는 것을 인식할 수 있는 내부 문화를 촉진할 수 있도록 설계된 정책과 절차를 수립하여야 한다. 이러한 정책과 절차는 회계법인의 최고경영자(또는 그에 준하는 직위)나 사원총회(또는 그에 준하는 기구)가 회계법인의 품질관리시스템에 대한 궁극적인 책임을 지도록 요구하여야 한다. 이에 따라 법 제17조 제3항에서 감사인의 대표자는 품질관리기준에 따른 업무설계 및 운영에 대한 책임을 지고, 품질관리담당이사 1명을 지정하도록 하고 있다(문단 한18-1 참조). 감사기준서 220의8에서는 업무수행이사가 개별 감사업무의 품질 전반에 대한 리더십 책임을 지도록 하는 것에 비해, 품질관리기준서1은 감사인 대표자 및 품질담당이사가 품질관리시스템 운영이 적절하게 작동될 수 있도록 하는 리더십 책임을 부여받은 것을 의미한다.

나. 관련 윤리적 요구사항

회계법인은 회계법인 및 구성원이 관련 윤리적 요구사항을 준수하고 있다는 합리적 확신을 제공하도록 설계된 정책과 절차를 수립하여야 한다(문단 20). 감사업무 수행과정에서 가장 대표적인 윤리적 요구사항이 바로 감사인의 독립성이다. 따라서 감사기준에서도 업무수행이사는 독립성의 위협이 되는 상황과 관계를 식별하고 평가하

9) 품질관리기준서1은 회계법인내 품질에 관한 사항만 언급하고 있으나, 외부감사법상 감사인에는 회계법인과 감사반을 포함하고 있고, 감사인은 품질관리기준을 준수하여야 하므로 품질관리기준서에서 회계법인이라고 설명하는 내용은 외부감사를 수행할 수 있는 감사반도 포함하는 것으로 해석하는 것이 타당하다.

여야 하고, 안전장치를 적용하여 그러한 위협을 제거하거나 수용가능한 수준으로 감소시켜야 하는데, 회계법인 역시 구성원들과 독립성 요구사항에 관한 커뮤니케이션을 통해 독립성에 위협을 발생시키는 상황과 관계를 식별·평가하고, 안전장치를 적용함으로써 해당 위협을 제거하거나 수용 가능한 수준으로 감소시키는 적합한 조치를 취하여야 하고, 법규상 해지가 가능한 경우에는 해당 계약을 해지하여야 한다(문단 21). 즉, 회계법인 내 품질관리시스템이 유효하게 작동하도록 하는 내부시스템을 갖추어서, 회계법인의 구성원들이 자신이 알게 된 독립성 위반을 회계법인에게 신속히 통보하도록 하고, 독립성 위반에 대처할 책임이 있는 업무수행이사나 다른 구성원들과 신속히 커뮤니케이션을 하여야 한다. 또한 회계법인은 독립성이 요구되는 모든 구성원으로부터 최소한 연 1회 독립성에 대한 정책과 절차를 준수하고 있다는 확인서를 받아야 한다(문단 24). 그리고 주권상장법인, 대형비상장회사 또는 금융회사의 경우 회계법인의 이사는 연속하는 3개 사업연도를 초과할 수 없고, 소속 공인회계사가 주권상장법인의 보조자로 감사업무 수행 시 해당 회사의 연속하는 3개 사업연도에 대한 감사업무를 한 경우 그 다음 사업연도에는 그 보조자의 3분의 2 이상을 교체(법 제9조 제5항·제6항)하는 등의 사실 뿐만 아니라 외부감사법에 따라 교체된다는 합리적인 확신을 제공하도록 설계된 정책과 절차를 수립하여야 한다(문단 한25-1 참조).

다. 의뢰인 관계 및 특정 업무의 수용과 유지

회계법인은 (i) 업무수행을 위한 적격성과 업무를 수행할 시간과 자원 등 역량이 있고, (ii) 관련 윤리적 요구사항을 준수할 수 있으며, (iii) 의뢰인의 성실성을 고려하였고 성실성이 결여되었다고 결론을 내리게 할 것 같은 정보를 가지고 있지 않는 경우에만 의뢰인 관계 및 특정 업무를 수용하고 유지할 것이라는 합리적 확신을 제공하도록 품질관리시스템을 구축하여야 한다(문단 26). 의뢰인의 성실성 고려와 관련하여 감사인 지정제도로 인해 수임하는 경우에도 업무수임 및 유지 정책에 대한 위험평가절차를 수행하여야 하나, 위험평가절차 결과, 감사인 지정이 되지 않았더라면 업무를 수임하지 않았을 것이라는 결과가 도출된 경우에는 해당 고객 또는 업무에 대한 위험에 대응하기 위한 감사절차를 수립하고 이에 대한 감사품질을 유지할 수 있도록 관련 절차를 수립하는 것이 적절하다(문단 한A19-1). 이러한 품질관리스템의 정책과 절차에는 (i) 새로운 의뢰인과 업무를 하기 전에 기존의 업무를 유지할 것인지를 판단하는 데 필요한 정보의 입수, (ii) 새로운 의뢰인과 기존 의뢰인의 업무 수용시 잠재적 이해상충이 식별된 경우 업무 수용의 결정, (iii) 이슈를 식별하고 업무 수용 또는 유지를 결정한 경우 어떻게 해결되었는지에 대한 문서화를 갖추어야 한다(문단 27). 만일 회계법인이 조기에 알았다면 업무를 거절하였을 정보를 입수하게 되는 경우, 업무 수용이나 유지에 대한 정책과 절차를 수립할 때, 해당 상황에 적용되는 전문직 책임과 법적 책임, 해당업무 해지 또는 의뢰인과의 관계 모두를 해지할 가능성도 포함되어야 한다(문단 28).

라. 인적 자원

회계법인은 전문직 기준과 해당 법규의 요구사항에 따라 업무룰 수행하고, 회계법인이나 업무수행이사가 해당 상황에 적합한 보고서를 발행할 수 있도록 필요한 적격성과 역량을 갖추고 윤리원칙을 준수하는 충분한 인력을 보유하고 있다는 합리적 확신을 제공하도록 품질관리시스템을 구축하여야 한다(문단 29). 특히 회계법인은 감사업무팀을 배정할 때, (i) 업무수행이사가 의뢰인의 경영진의 핵심구성원과 지배기구에 커뮤니케이션을 하고, (ii) 업무수행이사는 적격성과 역량·권한을 가지며, (iii) 업무수행이사의 책임을 명확히 정의되고 있으며 업무수행이사에게 커뮤니케이션되도록 하여야 한다(문단 30). 또한 업무팀의 구성원도 전문직 기준이나 해당 법규 요구사항에 따른 업무를 수행하고, 회계법인이나 업무수행이사가 해당 상황에 적합한 보고서를 발생할 수 있도록 적절하게 업무배정이 되는 정책과 절차를 수립하여야 한다(문단 31). 특히 해당 감사업무에 투입된 시간을 관리하는 것이 보다 중요할 수 있으므로 개별 감사업무별로 품질관리검토자가 포함된 업무팀이 해당 감사업무를 수행하기 위하여 소요된 시간을 적시성 있게 집계하고, 집계된 감사시간을 적절하게 유지하고 관리하도록 하여야 한다(문단 한A31-1).

마. 업무의 수행

회계법인은 전문직 기준과 해당 법규의 요구사항에 따라 업무가 수행되고 적합한 보고서를 발행한다는 합리적 확신을 제공할 수 있도록 품질관리시스템을 구축하여야 한다(문단 34). 이때 회계법인은 적합한 자문과 그에 따른 결론이 도출되도록 하는 시스템, 업무팀이 내린 유의적 판단과 도달한 결론에 대한 객관적인 평가를 내리는 업무품질관리검토 시스템을 갖추어야 하고(문단 35), 회계법인은 업무품질관리검토의 성격, 시기 및 범위를 정하는 정책과 절차를 수립하여야 한다(문단 36). 또한 (i) 품질관리검토자의 적격성, 객관성 등에 대한 정책과 절차를 수립하고, (ii) 품질관리검토에 관한 문서화에 대한 사항, (iii) 업무팀 내부의 의견차이, 자문수행자의 의견차이, 업무수행이사와 품질관리검토자 간 의견차이를 다루고 해결하기 위한 정책과 절차를 수립하여야 한다(문단 42~44). 특히 업무 수행 중 외부인을 활용하는 경우 공인회계사법 제34조(업무의 집행방법) 및 제35조(경업의 금지)에 따라 제한되는지 여부를 면밀히 검토하여야 한다. 업무 보고서 확정 후 최종업무파일의 취합을 완료하고, 업무문서의 비밀유지, 안전한 보관, 무결성, 접근성 및 재생가능성에 관한 품질관리시스템을 갖추고(문단 46), 외부감사법에 따라 실시되는 감사조서는 감사종료시점부터 8년간 보존 관리하여야 한다(문단 한47-1). 또한 감사조서 최종 취합종료일 이후 변동사항에 대해서는 감사조서 변경·추가시 이를 검토한 자의 성명, 변경·추가 일시, 변경·추가의 구체적인 사유와 그 내용 등 업무조서의 변경·추가와 관련된 정보를 기록하여 해당 업무조서 보존기간 동안 보존할 수 있어야 한다(문단 한A57-1).

바. 모니터링

회계법인은 품질관리시스템과 관련된 정책과 절차가 관련성이 있고 적절하며 효과적으로 운영되고 있다는 모니터링 절차를 수립하여야 하고(문단 48), 모니터링 과정에서 발견된 미비점의 영향을 평가하고, 적합한 개선조치를 위한 권고사항을 업무수행이사와 적절한 구성원들과 커뮤니케이션하여야 한다(문단 49~50). 회계법인은 업무수행이사와 다른 적합한 개인들에게 품질관리시스템에 대한 모니터링 결과를 최소한 연 1회 커뮤니케이션을 한다(문단 53).

Ⅳ. 품질관리기준 제정·개정 절차

법 시행령 제24조에 따르면 한국공인회계사회는 법 제17조 제2항에 따라 품질관리기준에 대한 금융위원회의 사전승인을 받기 위하여 품질관리기준 제정안 또는 개정안을 회계감사기준위원회의 심의·의결을 거쳐 금융위원회에 제출하여야 한다. 금융위원회는 이해관계인의 보호, 국제적 품질관리기준과의 합치 등을 위하여 필요한 경우 한국공인회계사회에 대하여 품질관리기준의 개정을 요구할 수 있고, 한국공인회계사회는 특별한 사유가 없으면 이에 따라야 한다.

품질관리기준도 회계감사기준과 마찬가지로 국제감사인증기준위원회IAASB가 제정한 품질관리기준서ISOC1를 기초로 도입되므로, 이를 제정·개정하는 위원회도 회계감사기준위원회에서 하도록 하였다. 회계감사기준위원회 구성과 운영절차에 대한 내용은 위 회계감사기준에 대한 내용과 동일하다.

V. 위반 효과

1. 사법적 효력

품질관리기준은 감사인이 준수해야 할 의무에 해당하므로 회계감사기준 위반과 마찬가지로 품질관리기준을 위반하여 회사 또는 제3자에게 손해가 발생한 경우에는 감사인은 회사 또는 제3자에게 손해를 배상할 책임이 있다(법 제31조).

2. 행정제재

증권선물위원회는 재무제표 및 감사보고서의 신뢰도를 높이기 위하여 감사인의 감사업무에 대하여 제17조에 따른 품질관리기준의 준수여부에 대한 감리 및 품질관리수준에 대한 평가를 하고(법 제26조), 품질관리기준 준수 여부에 대한 감리결과 감사업무의 품질 향상을 위하여 필요한 경우에는 1년 이내의 기한을 정하여 감사인의 업무설계 및 운영에 대하여 개선을 권고하고, 그 이행여부를 점검할 수 있으며(법 제29조 제5항), 개선권고사항을 해당 감사인에게 개선권고를 한 날부터 3년 이내의 기간 동안 외부에 공개할 수 있다(법 제29조 제6항). 해당 감사인이 개선권고를 받은 날부터 1년 이내에 정당한 이유없이 해당 개선권고사항을 이행하지 아니한 경우에는 증권선물위원회가 그 사실을 확인한 날부터 3년 이내의 기간 동안 그 사실을 외부에 공개할 수 있고, 그 내용을 공개하기 전에 해당 감사인의 의견을 청취하여야 한다(법 시행령 제35조).

감사인이 품질관리기준을 준수하지 못하거나 개선권고를 이행하지 아니한 경우 법 제29조 제3항에 따른 감사인에 대한 제재가 가능하고, 회계법인의 대표이사 또는 품질관리담당이사가 품질관리기준에 따른 업무설계·운영을 소홀히 함으로써 금융위원회가 정하여 고시하는 회사에 대한 중대한 감사 부실이 발생한 경우에는 법 제29조 제4항에 제재를 받을 수 있다.

3. 벌칙

품질관리기준 위반만으로 허위의 감사보고서 작성죄가 될 가능성은 높지 않으나, 감사업무담당이사나 소속공인회계사가 회계감사기준을 위반하고, 감사인 대표자나 품질관리담당이사가 고의로 품질관리기준을 위반하여 허위의 감사보고서를 작성하게 된 경우에는 10년 이하의 징역 또는 그 위반행위로 얻은 이익 또는 회피한 손실액의 2배 이상 5배 이하의 벌금에 처한다(법 제39조 제1항). 그러나 회사의 자산총액의 100분의 5에 해당하는 금액이 500억 원 이상인 경우로서 회계처리기준을 위반하여 회사의 재무제표상 손익 또는 자기자본 금액이 변경되고, (i) 그 재무제표상 변경된 금액이 자산총액의 100분의 10 이상인 경우에는 무기 또는 5년 이상의 징역, (ii) 그 재무제표상 변경된 금액이 자산총액의 100분의 5 이상으로서 자산총액의 100분의 10 미만인 경우에는 3년 이상의 유기징역에 처한다.

표 18 주요국의 회계감사 품질관리제도[10)]

구분	미국	영국	일본	EU	한국
상장회사 감사인 품질관리 감리주체	PCAOB(Public Company Accounting Oversight Board)	FRC(Financial Report Council)산하 POB(Professional Oversight Board)	CPAAOB (Certified Public Accountants and Auditing Oversight Board)의 감독에 따라 공인회계사협회가 실시(직접 실시도 가능)	공적감독기관(예산 등에 있어서 독립성 요건을 구비하여야 함)	시장에 영향이 큰 회계법인은 금감원이 기타회계법인은 한국공인회계사회

10) 「2005075 정무위원회 검토보고서」(정부 제출, 의안번호 제5075호), 53면.

구분	미국	영국	일본	EU	한국
공적 감독기관의 품질관리 감리대상	상장회사의 감사인	상장기업 및 공익에 미치는 영향이 큰 법인을 감사하는 모든 회계법인	모든 상장회사 감사인 포함	모든 법정감사인	시장에 영향이 큰 회계법인
품질관리 미흡시 조치	관련법규 및 전문적 기준 위반시 조사 및 제재절차 진행가능(포괄적)	관련 법규 위반시 법정감사인 자격취소 및 기타 제재 조치가능 (포괄적)	품질관리제도가 중요하게 부적절한 경우 징계가능 (미이행사항의 공표, 상장회사감사인 등록취소 등)	회원국은 품질관리감리결과를 매년 공표하여야 하며, 품질관리감리에 따른 개선권고가 이행되지 않는 경우 행정조치를 취할 수 있어야 함	조치 없음

표 19 주요국의 품질관리감리결과 공개제도11)

구분	영국·노르웨이	미국·캐나다	일본·호주
공개수준	전문 공개	부분 공개	사실상 비공개
공개현황	종합보고서는 '05년 6월부터, 회계법인별 보고서는 '08년 12월부터 공개	회계법인별 감리결과보고서를 홈페이지에 공시	공개가 정례화되지는 않았으며, 필요시 일정기간 동안의 검사결과를 종합한 종합보고서 발행 및 공개
공개대상	영국 FRC(재무보고평의회)에서 품질관리감리를 실시하는 회계법인에 대한 품질관리감리 결과	상장회사를 감사하는 회계법인 등에 대한 미국 PCAOB(상장사회계감독위원회)의 품질관리감리 결과	상장회사를 감사하는 회계법인 등에 대한 일본 CPAAOB(공인회계사감사심사위원회)의 품질관리감리 결과
공개방법	• 종합보고서 및 회계법인별 보고서를 모두 발행 및 공개 • 회계법인별 보고서에 품질관리 제도 및 개별감사업무관련 미비점을 모두 기술	• 회계법인별 보고서를 발행 및 공개 • 개별감사업무 관련 미비점은 공개하나, 품질관리제도 관련 미비점에 대하여는 1년 내 개선하지 못하는 경우에 한하여 공개	감리결과 공개는 종합보고서로만 실시(회계법인별 보고서는 감리받은 각 회계법인에게만 배포)
개선권고 미이행시 조치	미이행 사실공개	• 품질관리제도상 미비점 공개 • 추가검사, 조사 및 제재 진행 가능	미이행 사실공개 / 징계가능

[황보현]

11) 「2005075 정무위원회 검토보고서」(정부 제출, 의안번호 제5075호), 54면.

제 2 장 회사 및 감사인

제18조(감사보고서의 작성)

① 감사인은 감사결과를 기술(記述)한 감사보고서를 작성하여야 한다.

② 제1항의 감사보고서에는 감사범위, 감사의견과 이해관계인의 합리적 의사결정에 유용한 정보가 포함되어야 한다.

③ 감사인은 감사보고서에 회사가 작성한 재무제표와 대통령령으로 정하는 바에 따라 외부감사 참여 인원수, 감사내용 및 소요시간 등 외부감사 실시내용을 적은 서류를 첨부하여야 한다.

법 시행령 제25조(감사보고서의 첨부서류) ① 외부감사법 제18조 제3항에 따라 감사인은 다음 각 호의 사항을 감사보고서에 첨부하여야 한다.

1. 직무 또는 직급에 따라 구분된 외부감사 참여인원과 총 외부감사 참여인원
2. 제1호에 따라 구분된 외부감사 참여인원별 감사 시간과 총 감사 시간
3. 회계감사기준에 따른 감사절차에 따라 수행한 주요 감사 내용(감사인이 감사업무와 관련하여 외부 전문가로부터 자문·조언 등의 용역을 제공받은 경우 그 내용을 포함한다)
4. 감사 또는 감사위원회와의 대면 회의 횟수, 각 회의의 참석자 및 주요 논의 내용

② 제1항에 따라 첨부하여야 하는 사항에 관한 서류의 작성서식 및 그 밖의 세부적인 사항은 금융위원회가 정한다.

Ⅰ. 입법취지

외부감사법에서는 회사가 작성한 회계연도별 재무제표에 대해 감사인이 동 재무제표가 회계처리기준에 따라 작성되었는지 회계감사기준에 따라 감사절차를 수행하고, 감사조서를 통해 수행한 감사절차를 문서화하도록 하고 있다. 한편 외부감사의 결과물인 감사보고서에는 회사가 작성한 재무제표와 외부감사실시 내용 등을 첨부하여야 하고, 동 감사보고서는 외부감사법령에서 정한 일정한 기한까지 전자문서 형태로 증권선물위원회 등에 제출하여야 하며, 정보이용자들은 외부감사법 대상 회사의 재무

정보와 감사보고서를 금융감독원이 운영하는 전자공시시스템(DART시스템)을 통해 무상으로 이용할 수 있다.

법 제18조 '감사보고서의 작성'은 2003. 12. 11. 외부감사법 개정시 구 외부감사법 제7조의2의 내용을 담아 신설된 조항이며, 그 신설 이전에는 감사인이 회사로부터 재무제표를 제출받아 감사보고서를 작성하여 회사등에 제출하여야 한다는 내용만 있었고, 감사보고서에 어떤 정보가 포함되어야 하는지에 대해서는 외부감사법 단계에서 규정하지 않았었다. 법 개정 당시 제안이유를 살펴보면, 구 외부감사법 제20조 제1항 제2호에서 '감사보고서에 기재하여야 할 사항을 기재하지 아니하거나 허위 기재'를 한 감사인을 3년 이하의 징역 또는 3천만 원 이하의 벌금에 처하도록 하면서 정작 감사보고서에 기재하여야 할 사항이 무엇인지 전혀 규정하고 있지 않아, '감사보고서에 기재할 사항'의 의미가 불명확하여 죄형법정주의에 위배될 우려가 있으므로 이를 명확히 하고자 법안을 제안하였다고 설명하고 있다. 즉 개정전 법률이 감사보고서에 기재하여야 할 사항을 불명확하게 규정하고 있어 어떠한 행위가 금지되고 어떠한 행위가 허용되는지 예측할 수 없을 뿐 아니라 국가형벌권의 차별적이거나 자의적인 법 해석을 예방할 수 없다는 점 등을 고려해서 동 조항을 신설한 것이다.[1] 동 벌칙조항과 관련하여 제기된 위헌심판제청 사건에서 헌법재판소는 '감사보고서에 기재하여야 할 사항을 기재하지 아니하는 행위'를 범죄의 구성요건으로 규정한 구 주식회사의 외부감사에 관한 법률 제20조 제1항 제2호 전단이 죄형법정주의상 요구되는 명확성의 원칙에 위배라고 결정하였다. '감사보고서에 기재하여야 할 사항' 부분은 그 의미가 법률로서 확정되어 있지 아니하고, 법률 문언의 전체적, 유기적인 구조와 구성요건의 특수성, 규제의 여건 등을 종합하여 고려하여 보더라도 수범자가 자신의 행위를 충분히 결정할 수 있을 정도로 내용이 명확하지 아니하여 동 조항부분은 죄형법정주의에서 요구하는 명확성의 원칙에 위배된다고 판단한 것이다(헌법재판소 2004. 1. 29. 선고 2002헌가20 결정).

한편 동조 제3항의 외부감사실시에 관한 내용 역시 2014. 5. 28. 외부감사법 개정시 신설된 것으로서 이는 감사인이 어떠한 내용을 어떻게 감사하였는지를 확인할 필요가 있다는 의견[2]을 반영하여 감사실시내용을 감사보고서의 첨부 서류로 공시하도록 한 것이다.

1) 외부감사법 중 개정법률안(엄호성의원 대표발의) 검토보고(2002. 11. 재정경제위원회).

2) 외부감사법 일부개정안(김기식의원 대표발의)(2013. 11. 29).

II. 감사보고서의 작성

외부감사 대상 회사는 외부감사법에 따라 회계처리기준(제5조)을 적용하여 재무제표(제2조 제2호)를 작성하여야 하며, 동 재무제표를 법 제10조(감사인 선임)에 따라 선임된 감사인에게 '외부감사법 제6조(재무제표의 작성 책임 및 제출)와 외부감사법 시행령 제8조에서 정한 기한'까지 감사인에게 제출하여야 한다.

감사인은 회사가 제출한 재무제표에 대하여 법 제16조의 회계감사기준에 따라 회계감사를 수행하고, 그 결과를 감사보고서로 작성해서 증권선물위원회 및 한국공인회계사회에 '외부감사법 제23조(감사보고서의 제출 등)와 외부감사법 시행령 제27조에서 정한 기한'까지 제출하여야 한다. 한편 법 제18조 제3항은 감사보고서에 첨부될 내용을 시행령에 위임하고 있다.

감사보고서의 정보가치 증대를 위한 핵심감사사항Key Audit Matters; KAM 등을 도입한 회계감사기준의 개정과 내부회계관리제도 역할의 중요성을 감안하여 개정된 외부감사법 시행령은 외부감사인이 감사와 대면한 내용 등을 감사보고서 첨부서류에 포함하도록 신설하고 있다. 또한 외부감사법 시행령의 위임 규정에 따라 금융위원회는 「외부감사 및 회계등에 관한 규정」, 금융감독원은 「외부감사 및 회계등에 관한 규정 시행세칙」에서 세부적인 사항을 정하고 있다.

1. 감사보고서 본문

법 제18조 제1항과 제2항에서 규정한 감사보고서의 형식과 이에 포함될 내용에 대해서는 회계감사기준의 감사기준서 700 '재무제표에 대한 의견형성과 보고'의 문단 20~51에서 규정하고 있다. 주요 내용은 제목, 수신인, 감사의견, 감사의견근거, 핵심감사사항, 재무제표에 대한 경영진과 지배기구의 책임, 재무제표감사에 대한 감사인의 책임, 기타외부감사법규의 요구사항에 대한 보고, 업무수행이사, 감사인의 명칭, 감사인의 주소 및 감사보고서일에 대한 것이다.

가. 제목과 수신인(700 문단 21, 22, A15, A16)

감사보고서 제목을 '독립된 감사인의 감사보고서'로 사용하도록 하고 있는데 이는 독립된 감사인의 감사보고서라는 것을 명확히 나타내는 제목을 통해 다른 사람들이 발행한 보고서와 구별하기 위함이다. 회사는 회사로부터 독립된 외부 감사인에 의한 회계감사를 받아야 하고, 감사인은 독립성 규정을 준수하여야 하며, 독립성 유지를 위한 내부통제를 갖추어야 한다. 또한 감사인이 회계감사기준에서 정하는 독립성을 훼손한 경우에는 감사계약을 해지할 수 있도록 하고 있다. 이러한 전제하에서 발행되는 감사보고서만이 '독립된 감사인의 감사보고서'라는 제목으로 발행될 수 있을 것이다.

수신인은 누구를 위하여 보고서가 작성되는지에 따라 결정되며, 통상 감사대상기업의 주주나 지배기구를 수신인으로 하는데 예를 들면 'OO주식회사 주주 및 이사회"로 수신인을 기재할 수 있다.

나. 감사의견 및 근거

감사보고서의 첫 번째 단락[3]을 '감사의견'이라는 제목으로 하고 이에는 감사대상기업의 명칭, 해당재무제표가 감사받았다는 사실, 재무제표를 구성하는 단위재무제표의 명칭, 기업의 회계정책의 요약을 포함한 재무제표의 주석에 대한 언급 및 재무제표를 구성하는 단위재무제표의 보고대상 일자나 기간을 포함하도록 하고 있다. 또한 적정의견[4]을 표명할 때 기업의 재무제표가 "한국채택국제회계기준에 따라, 중요성의 관점에서 공정하게 표시하고 있습니다."라는 문구를 사용하도록 하고 있다.

감사의견 단락 다음에는 '감사의견근거'라는 제목의 단락을 포함하여야 하는데 동 단락에는 감사가 감사기준에 따라 수행되었고, 감사와 관련한 윤리적 요구사항을 이행하였으며, 입수한 감사증거가 감사의견의 근거를 제공하는데 충분하고 적합하다는 믿음 등을 기술하도록 하고 있다.

---

3) 2017. 12. 회계감사기준 개정전 감사보고서에서 감사의견의 위치는 마지막에 위치하고 있었으나, 감사보고서에서 정보이용자가 가장 필요로 하는 정보는 감사의견이므로 의견단락을 맨 처음으로 배치하고 그 다음에 의견근거단락을 배치하도록 회계감사기준이 개정되었다.

4) 한국에서는 적정의견이라는 단정적인 표현을 쓰고 있어 재무제표가 맞고 바르게 작성되었다는 어감이 강하게 있으나, 미국은 비한정의견(unqualified opinion), 일본은 무한정적정의견(無限定適正意見)을 사용하고 있어 한정이 아닌 의견이라는 유보적인 표현을 사용하고 있다.

다. 핵심감사사항(Key Audit Matters; KAM)의 상장사에 대한 도입

2017년 12월 13일 회계감사기준 개정시[5] 감사보고서가 회사의 주요 재무적 이슈사항에 대해 보다 구체적인 정보를 제공하여 유용성을 증대하기 위해 상장회사는 의무적으로 그 외(의 회사)는 자율적으로 감사보고서에 핵심감사사항을 포함하도록 하였다. 감사인은 회사의 감사위원회 등 기업의 내부감사기구와 협의하여 핵심감사사항[6]을 선정하고 감사보고서에 선정 이유, 감사인이 수행한 절차 및 그 결과를 기술하도록 한 것이다. 다만, 'sensitive matter'(기업이 공개적으로 공시하지 않았던 정보)에 대해서는 극히 예외적인 상황에서는 기술하지 않을 수 있다.

한편 회사와 감사인의 업무 부담 등을 고려해서 핵심감사사항은 자산 2조 원 이상 상장사(코넥스 제외)의 '18년 감사보고서'부터 다음과 같이 순차적으로 적용하여 2020년부터 전체 상장사에 적용하도록 하고 있다.

표 20 핵심감사사항 도입시기

상장사 규모	도입시기	비 고
자산 2조 원 이상	2018년 감사보고서('19년 작성)	감사위원회 의무설치
자산 1천억 원 이상	2019년 감사보고서	상근감사 의무설치
전체 상장사	2020년 감사보고서	-

라. 경영진과 지배기구, 감사인의 책임

'재무제표에 대한 경영진과 지배기구의 책임'이라는 제목의 단락에서 다음과 같이 경영진과 지배기구의 책임에 대한 내용을 기술하도록 하고 있다.

경영진은 재무제표를 공정하게 표시할 책임, 부정이나 오류로 인한 중요한 왜곡표시가 없는 재무제표를 작성하기 위한 내부통제에 대한 책임, 기업의 계속기업으로서의 존속능력에 대한 평가와 해당되는 경우 계속기업 관련 사항의 공시뿐 아니라 회

5) 2017. 10. 31. 외부감사법 전면개정과 병행해서 감사보고서의 정보가치를 증대시키고 감사인의 책임성을 강화하기 위해 감사보고서관련 회계감사기준이 개정되었다.

6) 예: 수주산업의 진행기준에 따른 수익인식, 영업권 손상평가, 금융자산 평가, 신 회계기준 적용, 퇴직연금자산 및 부채의 평가, 수익인식, 계속기업평가, 부문매각 등.

계의 계속기업전제 사용이 적합한지 여부에 대한 평가 책임을 각 부담한다. 한편 지배기구는 재무보고절차의 감시에 대한 책임을 부담한다.

다음 단락은 '감사인의 책임'을 기술하는데 동 문단에 포함될 주요 내용은 다음과 같다.

- 감사인의 목적은 재무제표가 부정이나 오류로 중요하게 왜곡표시되지 아니하였는지 여부에 대해 합리적인 확신을 얻어 감사보고서를 발행하는데 있음. 다만 감사가 항상 중요한 왜곡표시를 발견할 것을 보장하지는 않음.
- 감사인은 감사과정에서 전문가적 의구심을 유지함.
- 재무제표의 중요왜곡표시위험을 식별하고 평가하며 그러한 위험에 대응하는 감사절차를 설계하고 수행하여 감사의견의 근거로서 충분하고 적합한 감사증거를 입수함.
- 회계정책의 적합성과 경영진이 도출한 회계추정치와 관련 공시의 합리성을 평가함.
- 경영진의 회계의 계속기업전제 사용의 적절성과, 입수한 감사증거를 근거로 계속기업으로서의 존속능력에 대하여 유의적 의문을 초래할 수 있는 사건이나 상황과 관련된 중요한 불확실성이 존재하는지 여부에 대하여 결론을 내림.
- 공시를 포함한 재무제표의 전반적인 표시와 구조 및 내용을 평가하고, 재무제표가 기초가 되는 거래와 사건을 공정한 표시가 달성될 수 있는 방식으로 표시하고 있는지 여부를 평가함.
- 감사범위, 시기 및 유의적 내부통제미비점 등을 지배기구와 커뮤니케이션하여야 하고, 독립성에 관한 윤리적 요구사항을 준수하고, 독립성 문제와 관련된 내용 등을 지배기구와 커뮤니케이션함.

마. 상장사 감사인의 업무수행이사 성명 기재

회계감사기준 개정 전에는 감사보고서상 감사인을 '○○회계법인 대표이사 ○○○'로 기재[7]하고 있었으나, '업무담당이사는 ○○○입니다'라는 문구를 상장기업은 의무적으로 추가하도록 하였고, 그 외의 기업은 자율적으로 적용하도록 하였다. 이러한

7) 회계감사기준 이외에도 공인회계사법 제34조 제2항에서 회계법인이 재무제표에 대하여 감사 또는 증명을 하는 경우에는 대표이사가 당해 문서에 회계법인 명의를 표시하고 기명날인하도록 하고 있다.

감사보고서 실명제는 업무담당이사의 이름을 감사보고서에 포함해서 감사에 대한 책임을 보다 강화함으로써 감사품질을 제고하는 것을 목적으로 한다. 그러나 실명 공개로 개인의 안전에 대한 위협이 합리적으로 예상되는 경우에는 공시하지 않을 수 있도록 면제규정Harm's Way Exemption을 두고 있다.[8] 즉 이러한 우려사항을 고려해서 감사의견이 변형되는 경우, 회사가 상장규정에서 요구하는 요건을 충족하지 못하여 상장폐지되거나 상장적격성 심사대상이 되는 경우, 기타 유의적 위협이 발생할 수 있는 징후가 있는 경우에는 담당이사의 이름을 공시하지 않아도 된다(회계감사 실무지침 2018-1 업무수행이사 이름 공시 예외에 관한 회계감사실무지침).

2. 감사보고서와 회사의 재무제표

회계감사기준의 감사보고서에 회사가 작성한 재무제표는 포함되지 않는다. 재무제표의 작성 책임은 해당 회사의 대표이사와 회계담당임원(회계담당임원이 없는 경우에는 회계업무를 집행하는 직원을 말함)에게 있고, 이들이 해당사업년도의 재무제표를 작성하여 감사인에게 제출하여야 한다(법 제6조 제1항·제2항). 또한 감사인 및 그 감사인에 소속된 공인회계사는 해당회사의 재무제표를 대표이사나 회계담당임원을 대신하여 작성하거나 재무제표 작성과 관련된 회계처리에 대한 자문에 응하는 등의 행위를 할 수 없고, 해당회사는 감사인 및 그 감사인에 소속된 공인회계사에게 이러한 행위를 요구할 수 없다(법 제6조 제6항).[9]

---

8) 회계감사기준은 국제감사인증기준위원회가 제정한 국제감사기준(International Standards on Auditing; ISA)의 대부분을 번역 후 한국에 맞게 일부 수정해서 제정 및 개정이 되고 있다. 국제감사인증기준위원회는 업무수행이사 이름 기재에 따른 개인의 신변위협을 고려하여 "드문 상황으로서, 업무수행이사의 이름을 공시하는 것이 개인의 안전에 대한 유의적인 위협을 발생시킨다고 합리적으로 예상되는 경우에는" 업무수행이사의 이름을 기재하지 않아도 된다는 내용(이하 '면제규정(Harm's Way Exemption)'이라 한다)을 포함하였다. 그리고 이 면제규정은 업무수행이사, 업무팀원 등에게 신체적 피해(Physical Harm)가 초래될 수 있는 개인의 안전위협이 발생할 수 있는 드문 상황에서 적용 가능토록 하고 감사인의 법적 책임이나 법규 및 전문가적 제재 위협을 이유로는 면제규정을 적용할 수 없게 하였다(회계감사기준 개정 개요, 한국공인회계사회).

9) 회사의 재무제표를 감사인이 대신 작성하는 경우 3개 사업년도의 범위에서 증권선물위원회가 지정하는 회계법인으로 부터 감사를 받아야 하며(법 제11조 제1항 제5호), 회사와 회사의 임원은 일정기간 증권발행제한, 임원의 해임 또는 면직권고 등 행정처벌을 받고(법 제29조 제1항 제2호), 감사인 또는 그에 소속된 공인회계사가 재무제표를 작성하거나 회사가 감사인 또는 그에 소속된 공인회계사에게 재무제표 작성을 요구하는 경우 3년 이하의 징역 또는 3천만 원 이하의 벌금에 처한다(법 제42조 제2호).

그러나 감사보고서와 회사의 재무제표가 포함된 감사보고서라는 명칭의 책자를 감사인의 명의로 인쇄하여 회사에 제공하여 온 감사인의 오랜 관행이 감사보고서에 재무제표가 포함된다거나 감사인이 재무제표 작성에 관여한다는 오해를 불러일으켰다. 또한 비상장법인의 경우 금융감독원의 전자공시시스템에 감사인이 감사보고서(재무제표를 포함한)를 공시[10]하도록 하고 있어 제3자가 볼 때는 재무제표도 감사인이 작성한 것으로 오해할 수 있는 상황이었다. 이를 근절하기 위해 공인회계사회는 회계감사실무지침[11] 2015-1「감사인의 감사보고서가 첨부된 재무제표 책자 인쇄, 편철 등에 관한 실무지침」을 제정하여 회사의 재무제표가 포함된 책자를 인쇄 또는 편철하는 경우 감사보고서 명칭, 감사인의 명의, 감사인을 상징하는 로고, 디자인, 색깔 등을 사용하지 못하도록 하고 있다.[12]

3. 첨부서류

감사보고서에 첨부되는 서류는 회사가 작성한 재무제표(재무상태표, 손익계산서, 자본변동표, 현금흐름표, 주석)와 감사인이 작성한 내부회계관리제도 검토(감사)의견 및 외부감사실시내용이다.

가. 내부회계관리제도 검토 보고서 등

법 제8조 제7항에 따라 감사인이 작성하는 내부회계관리제도 검토 또는 감사의

---

10) 「자본시장과 금융투자업에 관한 법률」 제159조 제1항에 따른 사업보고서 제출대상법인인 회사가 사업보고서에 감사보고서를 첨부하여 금융위원회와 같은 법에 따라 거래소허가를 받은 거래소에 제출하는 경우에는 감사인이 증권선물위원회 및 한국공인회계사회에 감사보고서를 제출한 것으로 본다. 그러나 그 외의 경우에는 감사보고서(회사가 작성한 재무제표 포함)를 정기총회 종료 후 2주 이내에 증권선물위원회 및 한국공인회계사회에 제출하여야 한다(법 제23조 제1항, 법 시행령 제27조 제3항).

11) 회계감사 실무지침은 '회계감사기준 전문(前文)'에 따라 회계감사기준의 이해와 실무적용에 관한 사항 그리고 회계감사업무를 수행하는 과정에서 지침이 필요한 기타사항에 대하여 감사·인증기준위원회(현 회계감사기준위원회)의 입장을 명확하게 표명함으로써 회계감사업무를 수행함에 있어서 요구되는 감사인의 전문가적 판단을 돕는 것을 목적으로 하고 있다(회계감사실무지침 2014-1 회계감사 실무지침의 제정과 운영절차).

OOO주식회사의 재무제표
별첨: 독립된 외부감사인의 감사보고서

12) 실무지침 2015-1을 적용함에 있어 참고목적으로 감사인에게 '재무제표 책자의 표지와 목차 예시'가 제공되고 있는데 표지의 제목은 다음과 같이 감사보고서는 재무제표와 구분되도록 되어 있다.

견은 회사가 작성한 내부회계관리제도 운영실태보고 내용에 대한 검토(감사) 보고서이다. 감사보고서에는 첨부문서에 감사인의 내부회계관리제도 검토의견이 있고 하단에 회사가 작성한 내부회계관리제도 운영실태보고서가 포함되어 있다.

나. 외부감사 실시내용

법 제18조 제3항과 법 시행령 제25조(감사보고서의 첨부서류)에 따라 외부감사 실시내용[13)]에는 직무 또는 직급에 따라 구분된 외부감사 참여인원 수와 총 외부감사 참여인원 수, 앞에서 구분된 외부감사 참여인원 수별 감사 소요시간과 총 감사 소요시간, 회계감사기준에 따른 감사절차에 따라 수행한 주요 감사내용(감사대상 회사가 감사업무와 관련하여 외부 전문가로부터 자문 등의 용역을 제공받은 경우 해당 내역을 포함), 감사 또는 감사위원회와의 대면 회의 횟수, 각 회의의 참석자 및 주요 논의내용이 포함되어야 한다. 동 서류의 작성서식 및 그 밖의 세부적인 사항은 금융위원회 규정인 「외부감사 및 회계 등에 관한 규정」 제19조와 동 규정 시행세칙 제3조 제4항 별지 제4호와 제4호의2~4 서식에 규정되어 있다.

다. 감사인의 중요성 금액

한편 개정된 「외부감사 및 회계 등에 관한 규정」 제19조에 의하여 외부감사실시내용으로 새로이 추가된 내용은 다음과 같다.

감사인은 외부감사 수행시 회계정보의 누락 또는 왜곡으로 인해 회계정보 이용자의 판단에 영향을 미칠 수 있는 금액의 하한(이하 '중요성 금액')을 회사 또는 계정별로 설정하고, 회계처리기준 위반여부 및 정도를 중요성 금액을 기준으로 판단하고 있는 바, 동 중요성 금액에 대한 구체적인 내용을 개정 「외부감사 및 회계 등에 관한 규정」 제19조 제1항에 따른 첨부서류에 기재하여야 한다. 다만, 중요성 금액 및 이에 대한 판단근거는 감리집행기관에 감사보고서를 제출하는 경우에는 반드시 첨부하고, 일반인이 열람하는 감사보고서에서는 그 첨부 여부를 감사인이 선택할 수 있다.

또한 동조 제2항은 주권상장법인에 대한 외부감사를 수행하는 과정에서 핵심적으로 감사해야 할 항목을 선정하기 위해 감사인이 회사의 감사 등과 함께 논의한 대면

13) 외부감사실시 내용 공시제도는 2014회계연도 감사보고서부터 시행하고 있으며, 감사인이 전자공시시스템(DART)를 통하여 감사보고서 첨부문서로 공시하고 있어 누구나 인터넷을 통해 열람이 가능하다.

회의 횟수, 각 회의의 참석자 및 주요 논의 내용 역시 첨부서류에 기재하도록 요구한다.

상기 중요성 금액은 감리집행기관의 재무제표와 감사보고서 감리시 위법행위의 중요도를 결정하는 기준으로 사용된다. 다만 감사인이 중요성 금액을 정하는 과정에서의 판단내용이 합리성을 현저히 결한 경우 또는 중요성 금액을 정하지 않은 경우에는 감리집행기관이 정한 별도의 중요성 기준을 적용한다. 감사인이 중요성 금액을 정하는 과정에서의 판단 내용이 합리성을 현저히 결한 경우는 ① 회계법인이 회사별 규모, 상장여부, 감사위험 등을 고려한 구체적이고 체계적인 중요성 금액 결정기준을 마련하지 않은 경우, ② 회사별 중요성 금액을 정함에 있어 담당이사의 재량에 크게 의존하는 경우, ③ 합리적 근거 없이 표준 중요성 기준 방식의 중요성 금액과 현저하게 차이가 나는 경우 등이다(시행세칙 별표 1 심사감리결과 조치 양정기준. Ⅳ. 위법행위 유형 구분 및 위법행위의 중요도 결정과정 등 2. 중요성 기준금액).

> 외감규정 제19조(감사보고서의 첨부서류 등) ① 감사인은 법 제23조 제1항에 따라 감리집행기관에 감사보고서를 제출하는 경우에 중요성 금액(재무제표상 회계정보의 누락 또는 왜곡으로 인해 회계정보이용자의 판단에 영향을 미칠 수 있는 금액을 말한다. 이하 같다) 및 그 판단 근거를 기재한 문서를 첨부하여야 한다. 다만, 감사보고서에 중요성 금액 및 그 판단근거를 기재하거나 첨부한 경우에는 그러하지 아니하다.
>
> ② 감사인은 영 제25조 제1항 제4호에 따라 주권상장법인에 대한 외부감사를 수행하는 과정에서 핵심적으로 감사해야할 항목을 선정하기 위해 감사(감사위원회가 설치된 경우에는 감사위원회를 말한다)와 함께 논의한 대면 회의 횟수, 각 회의의 참석자 및 주요 논의내용을 감사보고서에 기재하여야 한다.
>
> ③ 감사인은 법 제23조 제1항에 따라 영 제25조 제1항 각 호의 사항을 금융감독원장이 정하는 서식에 따라 작성하여 감리집행기관에 제출하여야 한다.

> 외감규정 시행세칙 제3조(신고서식 등) ① ~ ③ 생략
>
> ④ 규정 제19조 제3항에 의한 감사인의 감사보고서 첨부서류는 별지 제4호 서식, 규정 제19조 제1항에 의한 중요성 금액의 첨부서류는 별지 제4호의2에 따른다. 다만 감사인이 중요성 금액을 일반인이 열람하는 감사보고서에 첨부하고자 하는 경우에는 별지 제4호 서식에 중요성 금액을 포함하여 기재할 수 있다.

Ⅲ. 위반 효과

법 제18조를 벌칙조항에서 직접 참조하고 있지는 않는다. 그러나 법 제39조 제1항에서 감사인 또는 그에 소속된 공인회계사가 감사보고서에 기재하여야할 사항을 기재하거나 거짓으로 기재한 경우에는 10년 이하의 징역 또는 그 위반행위로 얻은 이익 또는 회피한 손실액의 2배 이상 5배 이하의 벌금에 처하도록 규정하고 있으므로 감사인 또는 그에 소속된 공인회계사가 법 제18조에 따른 감사보고서 기재사항을 허위로 기재한 경우 위 조항에 따라 처벌될 수 있다.

증권선물위원회는 법 제29조 제1항 제5호에 따라 '외부감사법 또는 외부감사법에 따른 명령을 위반한 경우'에 회사 및 감사인 등에 대해 일정한 행정조치를 할 수 있다. 또한 내부회계관리제도의 운영실태에 관한 보고내용 등에 대하여 검토 및 감사하지 아니하거나 감사보고서에 종합의견을 표명하지 아니한 경우에 대하여서는 법 제47조 제2항 제3호에 따라 3천만 원 이하의 과태료를 부과한다.

[이한성·이준봉]

제 2 장 회사 및 감사인

제19조(감사조서)

① 감사인은 감사를 실시하여 감사의견을 표명한 경우에는 회사의 회계기록으로부터 감사보고서를 작성하기 위하여 적용하였던 감사절차의 내용과 그 과정에서 입수한 정보 및 정보의 분석결과 등을 문서화한 서류(자기테이프 · 디스켓, 그 밖의 정보보존장치를 포함한다. 이하 "감사조서"라 한다)를 작성하여야 한다.
② 감사인은 감사조서를 감사종료 시점부터 8년간 보존하여야 한다.
③ 감사인(그에 소속된 자 및 그 사용인을 포함한다)은 감사조서를 위조 · 변조 · 훼손 및 파기해서는 아니 된다.

Ⅰ. 입법취지

법 제19조 '감사조서'는 2003. 12. 11. 외부감사법 개정시 신설된 구 외부감사법 제14조의2의 내용을 담은 조항이며 그 신설 당시 '감사보고서 작성' 조항과 같이 새로이 포함되었다. 한편 동조 제2항의 감사조서 보존의무 기간을 구 회계감사준칙에서는 5년으로 정하고 있었으나 별도로 외부감사법에서 규정하지는 않았었는바 이로 인하여 외부감사법에 따른 구속력을 부여할 수 없고 고의적인 훼손·위변조·파기시 처벌규정 역시 없다는 문제가 발생되어, 2003. 12. 11. 외부감사법 개정시 8년 보관하도록 법단계에서 규정하고 처벌규정도 신설하였다.

구 회계감사기준 제20조(감사업무의 관리) ① 감사인은 감사계약에서부터 감사보고서가 발행되기 전까지의 모든 절차를 조직적으로 관리하여야 한다.
② 감사인은 재무제표에 대한 감사의견이 이 기준에 따라 실시한 감사결과라는 것을 뒷받침하기 위하여 감사조서를 작성한다.
③ 감사조서는 감사인의 소유이며 감사종료후 상당기간 이를 보존하여야 한다

구 회계감사준칙 230 문서화: 감사조서의 비밀유지, 안전한 보관, 본존 및 소유권

13. 감사인은 감사조서의 비밀유지와 안전한 보관을 위한 관리를 하고, 기록보존에 대한 법적·전문가적 요구에 맞는 충분한 기간동안(최소한 5년간) 보존하기 위하여 적합한 절차를 채택하여야 한다.

II. 감사조서의 작성 및 보존

법 제19조(감사조서)는 감사조서가 감독기관의 감사인에 대한 감리·조사에 있어서 부실감사여부를 판단하는 중요한 자료이나 2003년까지 외부감사법률상 보존이 의무화되어 있지 않고 구 회계감사준칙에만 규정되어 있어 외부감사법에 따른 구속력이 부여되지 않는다는 문제점에 대응하기 위하여 신설된 조항이다.

감사인은 감사보고서를 작성하기 위해 수행한 감사절차의 내용 등을 문서화하여야 하는데 이를 감사조서라고 하며 감사인은 이때 작성한 감사조서를 8년간 보관하여야 한다. 한편 동조는 감사인과 소속 임직원에게 작성된 감사조서의 보존 의무를 부과하고 이에 위반하여 감사조서를 위조, 변조, 훼손 및 파기한 행위는 형사 벌칙 및 행정처벌 대상이 된다.

1. 감사조서

감사조서는 회사의 회계기록과 감사인의 감사보고서를 연결시켜주는 연결고리로서 감사기간 중 당해 감사와 관련하여 감사인이 적용하였던 감사절차의 내용과 감사절차의 수행을 통해서 입수한 정보와 도달한 결론 등에 대해 감사인이 기록한 문서이다.[1]

법 제19조 제1항의 감사조서에 대한 내용 외에 보다 구체적인 감사조서에 대한 내용은 회계감사기준 감사기준서 230 '감사문서'에서 정하고 있다.

회계감사기준에서 감사문서(또는 감사조서)를 감사인이 수행한 감사절차, 입수한 관련 감사증거 및 감사인이 도달한 결론에 관한 기록이라고 정의하고 있으며(감사기준

1) 외부감사법 중 개정 법률안(정부제출) 검토보고(재정경제위원회, 2003. 7), 14면.

서 230 감사문서 문단6(a)), 감사조서의 예로 감사프로그램, 분석자료, 이슈에 대한 비망록, 유의적 사항의 요약, 조회서 및 진술서, 점검표, 유의적 사항에 대한 왕복문서를 들고 있다(감사기준서 230 문단 A3). 한편, 감사파일은 감사업무의 감사문서를 구성하는 기록들을 포함하는 실물 또는 전자적 형태의 편철이나 기타 저장매체로서(문단 6(b)), 법 제19조 제1항의 자기테이프·디스켓, 그 밖의 정보보존장치가 그 예가 될 수 있다.

2. 감사조서의 취합 및 보존

감사인은 해당 업무의 보고서가 확정된 후 업무팀이 적시에 최종업무파일의 취합을 완료하도록 하는 정책과 절차를 수립하도록 하여야 한다. 감사인이 최종업무파일의 취합 완료 기한을 설정하도록 요구하고 있는데 감사업무의 경우에는 감사보고서일로부터 60일을 초과하지 않도록 하고 있다(품질관리기준서1[2] 문단 45, A54).

구 회계감사기준[3] 230.3.1에 따라 감사인이 수립·시행하여야 하는 '감사조서의 보안유지, 안전보관 및 일정기간 보존을 위한 적합한 절차'에 어떤 내용이 포함되는지에 대한 금융감독원의 실무진 의견으로는 회계감사에 관한 실무의견서[4] [2009-2] '감사조서의 보존절차'(발표일: 2009. 3. 24.)가 있다. 이에 따르면 감사인은 감사조서의 보안유지, 안전보관 및 일정기간 보존을 위하여 감사조서를 적시에 작성하여 감사보고서일 후 60일 이내에 취합을 완료하여야 하고, 취합이 완료된 감사조서에 접근하는 경우에는 접근자, 접근일시, 접근사유, 감사조서를 변경·추가하는 경우에는 그 사유 등 감사조서 접근내역을 기록·보관하여야 하며, 감사조서 취합 완료 후에는 어떠한 종류의 감사조서라도 삭제하거나 폐기하여서는 아니 되고, '종료된 감사업무에 대한 사후조사과정에서 제기된 문제와 관련하여 감사조서를 명확히 할 필요가 있는 경우'와 같이 불가피한 경우를 제외하고는 감사조서를 변경할 수 없다.

---

2) 공인회계사회 회계감사기준위원회에서 제정한 기준서로 재무제표 감사와 검토, 그리고 기타 인증 및 관련 서비스 업무의 수행을 위한 품질관리시스템에 대한 회계법인의 책임을 다루고 있다.

3) 2006. 9. 8. 개정된 회계감사기준으로 이후 몇 번의 개정 후 현재의 회계감사기준서로 변경되었다.

4) 감사조서 보존절차와 관련한 실무의견서는 구 회계감사기준 230.3.1의 내용을 가지고 작성된 것이다. 구 감사기준 내용이 현재의 회계감사기준서 230 문단 15와 A23의 내용과 비슷하나 금융감독원의 실무의견서는 동 내용을 반영하여 개정하지는 않은 상황이다.

3. 감사조서의 소유권

법규상 달리 명시하고 있지 않는 한, 감사조서는 감사인의 자산이다. 다만 감사인은 업무문서의 일부나 발췌 내용을 공개하는 것이 수행된 업무의 유효성이나, 인증업무 경우의 회계법인 및 구성원의 독립성을 훼손하지 않는다면 회계법인의 재량으로 의뢰인이 이를 이용하게 할 수 있다(품질관리기준서 1 문단 A63). 2013년도까지 적용된 회계감사기준에는 이와 비슷한 내용이 있었으나 회계감사기준이 개정되면서 삭제되고 현재는 품질관리기준서에 포함되어 있다.

4. 감사조서 보존 기간

외부감사법에 따르면 감사조서를 8년간 보관하도록 하고 있으며, 회계감사기준에서는 감사인은 최종감사파일의 취합이 완료된 후에는 그 보존기간(외부감사법에 따른 감사의 경우 감사종료 시점부터 법정기한) 종료 전까지 어떠한 성격의 감사문서도 삭제하거나 폐기할 수 없다고 규정한다. 또한 감사관련 문서 보존기간을 감사보고서일(그룹감사[5]의 경우 그룹감사보고서일)로부터 5년 이상으로 규정하고 있다(감사기준서 230 감사문서 문단 15와 A23).

한편 회사 서류의 경우 상법상 상업장부와 영업에 관한 중요서류는 10년간 보존하고, 전표 또는 이와 유사한 서류는 5년간 보존하도록 하고 있다(상법 제33조 제1항[6]). 미국의 경우 SOX법[7]에서 감사조서를 최소 7년을 보관하도록 하고 있고, 미국

5) 그룹재무제표(연결재무제표, 지분법적용 재무제표 등)에 대한 감사를 의미한다.

6) "「공인회계사법」 제18조에서는 공인회계사는 그 직무에 관하여 장부를 작성하고 이를 사무소에 비치해야 한다고 하고, 같은 법 제40조에서는 회계법인에 관하여 제18조를 준용하도록 규정하고 있는바, 위 규정에 따라 공인회계사 또는 회계법인이 직무에 관하여 작성한 장부의 보존기간은?"이라는 질의와 관련해서 법제처의 회신(법제처 08-0118, 2008. 5. 22)은 다음과 같이 보존기간을 정한 것이 아닌 것으로 회신한 사례가 있다.

"「공인회계사법」 제18조 및 제40조 제1항에 따라 공인회계사 또는 회계법인이 그 직무에 관하여 작성한 장부가 「국세기본법」 등 관계 법령에서 규정하고 있는 "장부 및 증빙서류"에 해당하는 경우에는 해당 관계 법령에서 정한 기간 동안 보존해야 할 것이나, 「공인회계사법」 제18조 및 제40조 제1항에 따른 보존기간은 정하여 있지 아니합니다."

7) SARBANES-OXLEY ACT OF 2002
SEC. 103. [15 U.S.C. 7213] AUDITING, QUALITY CONTROL, AND INDEPENDENCE STANDARDS AND RULES.

의 회계감독기구Public Company Accounting Oversight Board; PCAOB가 제정한 감사기준Auditing Standards[8)]에 따라 미국 상장회사의 감사인은 상장회사의 감사조서를 7년간 보존하여야 한다. 다른 전문자격사의 경우를 보면 변호사는 수임에 관한 장부를 작성하고 그 작성일로부터 3년간 보관하여야 하고(변호사법 제28조과 동법 시행령 제7조), 세무사나 관세사의 법에서는 별도로 보관이나 보존기간에 대한 규정이 없는 상황이다.

외부감사는 회사가 작성한 재무제표가 회계기준에 맞게 작성되었는지 여부를 회계감사기준에 따라 확인하는 업무를 수행하는 것이고, 동 업무 수행 결과가 감사보고서이며, 감사보고서를 작성하는 과정과 결론을 기술한 감사조서는 보완적 서류에 불과하다. 따라서 감사조서를 일률적으로 8년간 보존하도록 하는 것은 변호사, 세무사 등 다른 전문가 영역의 업무수행문서 보존기간과 비교할 때 지나치게 장기長期에 해당하고, 미국이 상장회사에 대한 감사조서 보존기간만을 둔 것을 고려할 때, 상장회사보다 이해관계인이 적은 비상장회사의 감사조서에 대해서까지 상장회사의 감사조서와 동일하게 8년간 보존하도록 한 것은 재고가 필요하다.

Ⅲ. 위반 효과

감사인 또는 그에 소속된 공인회계사나 감사업무와 관련된 자로서 감사조서를 위조·변조·훼손 또는 파기한 경우 5년 이하의 징역 또는 5천만 원 이하의 벌금에 처한다(법 제41조 제1항 제2호). 또한 감사인과 감사인 소속 공인회계사가 감사조서를 감사종료시점부터 8년간 보존하지 않은 경우나 감사조서를 위조·변조·훼손 또는 파기한

---

(2) RULE REQUIREMENTS. - In carrying out paragraph (1), the Board-

(A) shall include in the auditing standards that it adopts, requirements that each registered public accounting firm shall-

(i) prepare, and maintain for a period of not less than 7 years, audit work papers, and other information related to any audit report, in sufficient detail to support the conclusions reached in such report;

8) AS 1215: Audit DocumentationRetention of and Subsequent Changes to Audit Documentation.14 The auditor must retain audit documentation for seven years from the date the auditor grants permission to use the auditor's report in connection with the issuance of the company's financial statements (report release date), unless a longer period of time is required by law.

경우에는 증권선물위원회는 행정조치를 금융위원회에 건의하거나 조치를 할 수 있다(법 제29조 제3항과 제4항, 별표 1과 별표 2).

금융감독원의 심사·감리결과 조치양정기준(외감규정 시행세칙 별표 1)에서는 회사, 감사인 또는 공인회계사가 정당한 이유 없이 외부감사법 제27조 제1항에 의한 자료 제출 등의 요구·열람 또는 조사를 거부(보존의무위반, 자료제출 요구에 대하여 3회 이상 거부 또는 현저하게 미흡한 자료를 제출하는 경우를 포함한다)·방해·기피하거나 허위의 자료를 제출하는 경우에는 특별한 사정이 없는 한 회사에 대해서는 증권발행제한 11월, 감사인 지정 3년, 대표이사 등 해임권고 등의 기본조치를 할 수 있고, 감사인과 공인회계사에게 당해회사 감사업무제한 4년 등의 조치를 할 수 있다.

한편, 금융감독원은 동 시행세칙에 감사조서 보존과 관련한 양정규정을 신설(별표 3 독립성 및 감사조서 보존 등 의무 위반 양정기준)하여 2019. 4. 1.부터 시행하고 있다. 과거 증권선물위원회의 실무지침으로 운영해 온 감사인의 감사조서 보존의무 위반에 대한 조치기준을 반영하여 시행세칙의 별표 3으로 신설한 것이다. 감사조서 보존의 의무 위반행위의 동기(고의, 중과실, 과실)와 중요도(중대, 보통, 경미)를 고려해서 조치를 판단하도록 하고 있다. 중요도의 경우에는 감사대상회사가 상장, 대형비상장, 금융회사인지 여부에 의하여 중대, 보통, 경미로 구분한다. 조치는 감사인과 회계사의 경우 각각 시행세칙 별표 1 '심사·감리 결과 조치양정기준'에 따라 이루어지는데 이때 '손해배상공동기금 추가적립'과 '과징금' 조치는 제외된다.

Ⅳ. 관련 판례

감사와 관련된 회계사 등이 감사조서를 위조·변조·훼손 또는 파기한 경우의 형사처벌 조항과 관련하여 다음과 같은 판례가 있다.

1. 외부감사법상 외부감사가 아닌 감사의 조서 변조시 사문서 변조죄로 본 사례

외부감사법상 외부감사대상이 아닌 회사의 감사인인 경우 구 외부감사법 제14조의2(감사조서)를 적용할 수 없고 사문서 변조 및 동행사죄로 처벌하여야 하는지 여부와 관련하여, 과거 감사조서를 실제 작성한 회계사가 회계법인 명의의 감사조서를 변조하였고 변조한 감사조서를 검찰수사관에 제출함으로써 형법 제231조와 제234조 사문서 변조 및 동행사죄가 성립한 것으로 본 판례이다(서울고등법원 2009. 12. 11. 선고 2009노1531 판결,[9] 서울중앙지방법원 2009. 6. 4. 선고 2008고합1413 판결).

2. 감사보고서 감리 과정에서 당초 감사조서와는 다른 감사절차 수집활동 등의 내용을 수정 또는 추가 기재한 사례

감사인이라 할지라도 감사를 실시하여 감사의견을 표명한 이후에는 독립된 외부의 감사인이 회계감사기준에 의거하여 감사를 수행하였고 적정한 감사의견을 도출하였는지를 입증(증명)하는 증거인 감사조서 내용을 변경[10]하여 변조하는 경우 감사조서 변조죄로 처벌된다는 판례이다(광주고등법원 2012. 9. 27. 선고 2011노449 판결).

9) 원심은, 감사조서는 감사인이 감사를 실시하여 감사의견을 표명한 경우 회사의 회계기록으로부터 감사보고서를 작성하기 위하여 적용하였던 감사절차의 내용과 그 과정에서 입수한 정보 및 정보의 분석결과 등을 문서화한 서류(자기테이프·디스켓, 그 밖의 정보보존장치를 포함한다)를 말하는바(법 제14조의2 제1항), 감사 당시 감사절차가 적정하게 이루어졌는지 여부를 심사하는 중요한 문서로서 그 내용에 따라 기업과 관련 있는 주주, 임원, 투자자 등 이해관계인들에게 상당한 영향을 미치고, 사후에 금융감독원 등이 그 내용에 있어서 분식회계가 이루어졌는지, 감사인이 분식회계사실을 파악하기 위하여 얼마나 노력하였는지 파악할 수 있는 자료로 사용되는 것으로 중요한 사실을 증명하는 사문서에 해당하고, 감사인은 감사조서를 감사종료 시점부터 8년간 보존하여야 한다는 규정(법 제14조의2 제2항)의 취지에 비추어 감사종료 시점에 완성된 문서라고 봄이 상당하며, 피고인은 검찰에 제출하여 이를 행사할 목적으로 2008. 11. 28.경 이 사건 감사조서에 2005. 12. 31.기준 공소외 2 주식회사 수정사항집계표 등을 2006. 3. 10.자로 소급 작성하여 감사조서에 끼워놓고, '선급비용 명세서' 하단에 감사보고서에서 데이터베이스 구입비용 및 판촉물제작비를 선급비용으로 계상한 것이 타당하다는 취지의 기재를 삽입하여 Y회계법인 명의의 감사조서를 변조하였고, 2008. 12. 1.경 위와 같이 변조한 감사조서를 그 정을 모르는 검찰수사관 공소외 136에 제출함으로서 이를 행사하였으므로 사문서변조 및 동행사죄가 성립한다고 하였는바, 이 점에 관한 원심의 사실인정 및 판단은 정당한 것으로 수긍이 되고, 거기에 법리를 오해하여 판결에 영향을 미친 위법이 있다고 할 수 없다.

10) 피고인 C는 금융감독원의 감리 과정에서 감사조서의 제출을 요구받고 D(주)의 위 두 회사에 대한 단기대여금의 회수가능성에 대한 당초 감사조서의 기재 내용이 충분하지 못하자, 단기대여금의 회수가능성이 있어 대손충당금을 설정하지 않는다는 결론의 동일성에는 변화를 주지 않으면서도 그와 같은 결론을 도출하기 위해 수행했던 구체적인 감사절차, 수집활동 등의 내용을 당초 감사조서와는 다른 새로운 내용으로 수정 또는 추가 기재하고, 관련 서류를 새로이 제출받아 첨부함으로써 당초 감사조서와는 다른 새로운 증명력을 작출케 하는 변조행위를 하였다고 봄이 상당하다.

3. 감사보고서일로부터 60일 이후 감사조서에 특정 입증감사절차 등을 편입하거나 제외한 사례

감사조서가 될 서류모음이 비록 완성된 감사조서로서는 다소 미비한 점이 있더라도 감사보고서일로부터 60일이 경과한 이후부터는 그 상태로 감사조서로 완결되었다고 보아야 할 것이므로 감사조서에 편입 또는 제외하는 행위는 감사조서의 변조[11] 또는 파기[12]에 해당한다고 판단한 판례이다(서울고등법원 2013. 12. 12. 선고 2013노1579 판결).

4. 감사보고서 발행당시 특정 매뉴얼조서의 미작성 등을 알고도 60일이 경과하여 작성하여 편철한 사례

2015. 3.경에 2014 회계연도 감사보고서 발행 당시 실행예산 추가 검토 매뉴얼조서의 미작성 및 편철 누락 사실을 알고도 2015. 7. 이후 A글로벌의 D사 외부감사에 관한 내부감리 이전까지 이를 문제삼지 않고 방치하였는바, 매뉴얼조서는 감사조서와 달리 전자화되지 아니하고 종이 형태로 존재하지만 전자감사조서 및 이에 연결된 매뉴얼조서철이 일체로서 감사조서를 구성하므로, 이 사건과 같이 감사보고서일까지도 매뉴얼조서철에 편철하지 아니한 매뉴얼조서의 내용을 사후에 작성하고 작성일자까지 감사보고서일 이전으로 소급하여 기재한 후 이를 매뉴얼조서철에 편철한 행위는 기존 감사조서에 새로운 증명력을 부여하는 것으로서 구 외부감사법 제14조의2 제3항에 규정한 감사조서의 변조에 해당된다고 판단한 판례이다(서울고등법원 2017. 12. 7. 선고 2017노1888 판결[13]).

[이한성 · 이준봉]

11) 2009 회계연도 감사보고일인 2009. 9. 25.로부터 60일이 경과한 2009. 11. 25.경에는 물론 그 이전인 2009. 11.경이라도 특별한 사정이 없는 이상 그 서류 현상에 대한 변경이 예정되어 있지 아니한 점에 비추어, 2008 회계연도 감사조서 뿐만 아니라 2009 회계연도 감사조서도 이미 완결되어 있었다고 할 것이므로, 그곳에 편철되어 있는 '대출채권 입증감사절차'를 감사조서에 편입하는 행위는 실제로 행해진 감사절차와 감사조서의 내용상 불일치를 가져옴으로써 실질적으로 감사조서의 내용에 변경을 가져오는 것이어서 감사조서의 변조에 해당한다.

12) 2010 회계연도 감사보고일인 2010. 8. 11.로부터 60일이 한참이나 경과한 2011. 1.경에는 이미 2008 내지 2010 회계연도 감사조서는 모두 완결되었다고 할 것이므로, 여기에 편철됨에 따라 감사조서의 일부가 되어있던 금융자문수수료 약정서를 감사조서로부터 분리하여 제외하는 행위는 감사조서의 파기에 해당한다.

13) 1심인 서울중앙지방법원 2017. 6. 9. 선고 2016고합1357 판결의 결론과 동일하며, 대법원 2018. 3. 27. 선고 2017도21645 판결에서 상고기각되어 확정되었다.

제 2 장 회사 및 감사인

제20조(비밀엄수)

다음 각 호의 어느 하나에 해당하는 자는 그 직무상 알게 된 비밀을 누설하거나 부당한 목적을 위하여 이용해서는 아니 된다. 다만, 다른 법률에 특별한 규정이 있는 경우 또는 증권선물위원회가 제26조 제1항에 상당하는 업무를 수행하는 외국 감독기관과 정보를 교환하거나 그 외국 감독기관이 하는 감리·조사에 협조하기 위하여 필요하다고 인정한 경우에는 그러하지 아니하다.

1. 감사인
2. 감사인에 소속된 공인회계사
3. 증권선물위원회 위원
4. 감사 또는 감리 업무와 관련하여 제1호부터 제3호까지의 자를 보조하거나 지원하는 자
5. 증권선물위원회의 업무를 위탁받아 수행하는 한국공인회계사회의 관련자

Ⅰ. 입법취지

감사인은 외부감사 업무를 수행함에 있어 전문직업인으로서 정당한 주의를 다하여야 하며, 관계법규에서 규정한 책임과 의무를 충실히 이행하여야 한다. 회계감사기준은 신의성실에 관한 하나의 요건으로서 감사인이 업무상 지득한 정보를 정당한 사유 없이 누설하거나 감사목적 이외에 이를 사용하지 못하도록 하는 부작위의무로서 이를 규정하고 있다. 감사인은 다른 전문가, 예를 들어 변호사와 같이 자신이 전문적으로 수행하는 업무와 관련하여 그 의뢰인의 비밀을 엄수하여야 하는 의무를 부담하는 것이다. 이를 통해서 의뢰인은 자유롭게 감사인에게 진실된 내용을 전달할 수 있게 되어 감사인의 감사결과의 적정성을 담보할 수 있다. 1981년 외부감사법 제정 당시에는 감사인, 그 직무보조인 또는 감사업무와 관련된 자에 대하여만 비밀엄수의무를 부과하였으나, 1993. 12. 31. 이 부분을 개정하여 감리업무에 관련된 증권선물위원회 위원, 감리업무를 보조하거나 지원하는 자, 증권선물위원회로부터 업무를 위탁받아 수행하는 한국공인회계사회의 관련자들도 비밀엄수의무를 부담한다는 점을 명

확히 하였다. 다만 다른 법률에 특별한 규정이 있는 경우 또는 증권선물위원회가 제26조 제1항에 상당하는 업무를 수행하는 외국 감독기관과 정보를 교환하거나 그 외국 감독기관이 하는 감리·조사에 협조하기 위하여 필요하다고 인정한 경우에는 비밀엄수를 부담하지 아니하도록 하고 있다.

II. 비밀엄수의무의 특징

비밀엄수의무는 체계상으로는 '충실의무'[1]에 속하는 것으로 이해되며, 다수의 수임을 전제로 하는 외부감사인에게 충실의무를 일반적으로 기대할 수는 없으나, 비밀유지의 필요성은 존재하므로 그에 한하여 인정되는 것이라고 설명할 수 있다. 외부인이 회사내부 사정에 관한 주요 정보를 파악하였다면 이를 비밀로 유지해야 하는 것은 피감회사 이익 보호를 위해서 당연하다 할 것인바, 위 규정은 비밀엄수의무가 부과되는 주체로는 외부감사인(1호), 그에 소속된 공인회계사(2호), 그리고 이들을 보조하거나 지원하는 자(4호)로 규정하여 망라적으로 규율하고 있다.

특히 일반적인 재화의 경우에는 특정인이 그 재화를 사용하는 경우 타인이 함께 사용할 수 없지만, 영업비밀은 정보재인 까닭에 거의 무상으로 복제할 수 있을 뿐만 아니라 그것을 공유한다고 하더라도 개개인이 소비하는 정보량에 대해서는 전혀 영향을 미치지 않는다.[2] 게다가 영업비밀이 누설된 이후에는 이를 전부 회수한다는 것은 사실상 불가능하기 때문에 사전적인 누설방지가 매우 중요하다. 따라서 법률에서 이러한 비밀누설이 '금지'된다는 점을 명문으로 밝히는 것은 감사인 등이 이러한 의무

1) Duty of loyalty는 충실의무로 번역되는데, 신뢰관계가 존재하는 당사자 간에 대리인이 본인의 이익과 대리인 자신의 이익이 충돌하는 경우에 본인의 이익을 우선하라는 이익상충(conflict of interest) 상황에서의 행위규범을 의미한다. 이는 선관의무(duty of care)와 함께 신뢰관계를 가진 당사자간에 존재하는 신인의무(fiduciary duty)의 한 내용이다.

2) 영업비밀은 「부정경쟁방지 및 영업비밀보호에 관한 법률」(이하 '영업비밀보호법'으로 줄임)에서 규정한 영업비밀 개념이 기본적인 개념이다. 영업비밀보호법 제2조 제2호는 영업비밀을 정의하고 있다("영업비밀"이란 공공연히 알려져 있지 아니하고 독립된 경제적 가치를 가지는 것으로서, 합리적인 노력에 의하여 비밀로 유지된 생산방법, 판매방법, 그 밖에 영업활동에 유용한 기술상 또는 경영상의 정보를 말한다.). 그러나 반드시 이 개념에 국한될 것은 아니며 개별적으로 법이 달리 규정한다면 이에 따라서 같이 또는 다르게 규정될 수 있다. 영업비밀보호법상 영업비밀은 비공지성, 경제성, 비밀관리성이라는 요건이 요구되는바, 이를 각 요건의 상세에 대해서는 한국특허법학회 편, 「영업비밀보호법」(2017), 13~66면 참조.

위반으로 인한 이득취득가능성을 사전에 봉쇄하고자 하는 의사에 기반한 것이다.[3)]

외부감사법 외에도 공인회계사법 또한 감사인인 공인회계사와 그 사무직원 또는 공인회계사였거나 그 사무직원이었던 자는 그 직무상 알게 된 비밀을 누설하지 않을 것을 요구하고 있다. 위 규정은 상법에서 준법지원인은 재임 중 뿐만 아니라 퇴임 후에도 직무상 알게 된 회사의 영업상 비밀을 누설하여서는 안 되는 의무를 부담한다고 한 규정(상법 제542조의13 제8항), 이사 및 집행임원의 비밀유지의무와도 대응된다(상법 제382조의4,[4)] 제408조의9). 이사는 퇴임하는 경우 회사와 이사와의 사이에 위임계약관계가 소멸하므로 원칙적으로는 퇴임 후에는 이상의 의무를 부담하지 않는 것이나, 위 규정은 이사가 퇴임한 후 재임 중에 취득한 특수한 정보, 영업의 노하우 및 특수한 기술을 공개하거나 종전 근무지에서 지득하게 된 지식, 경험, 거래처와의 신뢰관계 등을 이용하여 별도의 회사를 설립하거나 경쟁관계에 있는 회사에 취업하는 등의 방법으로 종전에 재임하였던 회사의 영업비밀을 누설할 우려가 있어 이를 금지하기 위한 차원에서 부작위의무를 규정하기 위하여 동조가 마련된 것이다. 그렇다면 상법에서 정한 이러한 비밀준수의무는 회사의 이익을 보호하기 위하여 정책적으로 인정한 법정의무로서의 의미가 크다.[5)] 이에 반하여 외부감사법의 동 규정은 감사인의 비밀엄수의무가 감사계약이 종료된 후에도 존속하는지에 대해서는 명시적으로 규정하고 있지 않으나 감사인의 손해배상책임이나 감사조서 보존기한 등을 고려할 때 감사계약 종료 후에도 비밀엄수의무는 존속한다고 볼 수 있다.

Ⅲ. 비밀엄수의무의 주체

본조에서 비밀엄수의무를 부담하는 주체는 감사인, 감사인에 소속된 공인회계사, 증권선물위원회 위원, 감사 또는 감리 업무와 관련하여 이들을 보조하거나 지원하는 자, 또는 증권선물위원회의 업무를 위탁받아 수행하는 한국공인회계사회의 관련자로

3) 정동윤 편집대표, 「주석상법」(제5판)(한국사법행정학회, 2014), 217면 참조.

4) 상법상 이사의 비밀유지의무는 2001년 개정 상법에서 도입된 것인데, 2001년 이전에도 학설에 의하여 이사의 비밀유지의무가 인정되고 있었다.

5) 정찬형, 「상법강의(상)」, 992면 참조.

특정하고 있다. 이들이 비밀엄수의무를 위반하는 경우에는 피감회사 등 비밀을 침해당한 피해자들에게 손해를 배상해야 할 수도 있고, 감사인 및 감사인에 소속된 공인회계사들은 공인회계사법상 징계책임을 질 수 있으며, 법 제20조에 따라 형사처벌을 받을 수 있다.

Ⅳ. 비밀엄수의무의 요건

1. 직무상 지득한 비밀

가. 의의

본조는 감사업무나 감리업무에 관련된 자들이 외부감사 또는 감리과정에서 직무상 지득한 비밀에 대한 보호를 규정하는 것이므로 반드시 직무를 수행하거나 처리하는 과정에서 지득한 비밀이어야 한다.[6] 따라서 본조의 주체가 감사업무나 감리업무와 관련 없이 지득한 비밀은 본조에서 말하는 비밀엄수의 대상이 되지 아니한다. 또한, 비밀이란 일반적으로 알려져 있지 않은 사실로서 주관적으로 본인이 특히 숨기고 싶은 성질을 가진 사항뿐만 아니라 객관적으로 비밀로서 보호해야 할 가치가 있는 것이어야 한다.[7] 이때 보호되어야 할 비밀은 피감회사와 같은 외부감사의 대상뿐만 아니라 직무상 알게 되는 제3자에 대한 비밀도 포함된다고 할 수 있다.

나. 부정경쟁방지법의 영업비밀과의 관계

외부감사법상 직무상 비밀은 반드시 「부정경쟁방지 및 영업비밀에 관한 법률」(이하 '부정경쟁방지법')상의 '영업비밀'이어야 하는 것은 아니다. 부정경쟁방지법 제2조 제2호는 '영업비밀'을 "공공연히 알려져 있지 아니하고 독립된 경제적 가치를 가지는 것으로서, 상당한 노력에 의하여 비밀로 유지된 생산방법, 판매방법, 그 밖에 영업활동에 유용한 기술상 또는 경영상의 정보"로 정의하고 있다. 대법원 판례에 따르면 "공연히 알려져 있지 아니하다"는 것은 그 정보가 간행물 등의 매체에 실리는 등 불특정

6) 정동윤 편집대표, 「주석상법」(제5판)(한국사법행정학회, 2014), 218~219면.

7) 대법원 2003. 12. 26. 선고 2002도7339 판결.

다수인에게 알려져 있지 않기 때문에 보유자를 통하지 아니하고는 그 정보를 통상 입수할 수 없는 것을 말하고, "독립된 경제적 가치를 가진다"는 것은 그 정보의 보유자가 그 정보의 사용을 통해 경쟁자에 대하여 경쟁상의 이익을 얻을 수 있거나 또는 그 정보의 취득이나 개발을 위해 상당한 비용이나 노력이 필요하다는 것을 뜻하며, "상당한 노력에 의하여 비밀로 유지된다"는 것은 그 정보가 비밀이라고 인식될 수 있는 표시를 하거나 고지를 하고, 그 정보에 접근할 수 있는 대상자나 접근 방법을 제한하거나 그 정보에 접근한 자에게 비밀준수의무를 부과하는 등 객관적으로 그 정보가 비밀로 유지·관리되고 있다는 사실이 인식 가능한 상태인 것을 가리킨다.[8]

감사인이 부담하는 비밀유지의무는 이런 영업비밀이어야만 하는 것은 아니지만, 대체적으로 영업비밀요건과 부합하는 경우가 많은 것이다. 왜냐하면 이미 누구나 알고 있는 것으로 언론 등에 의해서 공지되어 있는 것은 직무상 지득하였다고 보기 어려울 것이기 때문이다.

다. 공인회계사법상 비밀유지의무와의 관계

전문가를 규율하는 법들인 「변호사법」,[9] 변리사법, 세무사법 등과 마찬가지로 공인회계사법 제20조도 모두 비밀유지의무를 두고 있다. 이는 전문가에 대하여 의뢰인이 자유롭게 자신의 문제를 토로하고 의론할 수 있어야 제대로 된 자문을 할 수 있기 때문에 필요한 규정으로 이는 의뢰인을 보호하는 규정임과 동시에 전문가 제도의 근간을 이룬다.[10] 이러한 점에서 공인회계사법 제20조(비밀엄수)도 타 전문가법률과 마찬가지로 "공인회계사와 그 사무직원 또는 공인회계사이었거나 그 사무직원이었던 자는 그 직무상 알게 된 비밀을 누설하여서는 아니 된다. 다만, 다른 법령에 특별한 규정이 있는 경우에는 그러하지 아니하다"라고 하여 비밀유지를 규정하고 있다. 이에 공인회계사인 외부감사인은 자신의 직역에 대한 전문가로서의 비밀유지의무를 부담하고 있으며, 외부감사인에 대해서는 외부감사법의 비밀유지의무도 중첩적인 것으로 이해된다.

8) 대법원 2011. 7. 14. 선고 2009다12528 판결 등 다수의 판결에 의해서 정립된 개념이다.

9) 변호사법 제26조(비밀유지의무 등) 변호사 또는 변호사이었던 자는 그 직무상 알게 된 비밀을 누설하여서는 아니 된다. 다만, 법률에 특별한 규정이 있는 경우에는 그러하지 아니하다.

10) 이와 관련하여 상세한 논의는 최승재, 「변호사와 의뢰인 사이의 비밀보호를 위한 제도 연구」. 법률신문(2014) 참조.

참고로 공인회계사법 제40조의16(비밀 엄수)은 "외국공인회계사와 그 사무직원 또는 외국공인회계사이었거나 그 사무직원이었던 자는 그 직무상 알게 된 비밀을 대한민국 내외를 막론하고 누설하여서는 아니 된다. 다만, 다른 법령에 특별한 규정이 있는 경우에는 그러하지 아니하다."라고 하여 그 사무직원 등에게도 비밀유지의무를 부담하도록 하고 있다. 그러나 외국공인회계사는 외부감사업무를 할 수 없으므로 원칙적으로 본조에 따른 외부감사법상 비밀엄수의무를 부담하지는 않는다. 다만, 외국공인회계사라고 하더라도 외부감사업무를 보조하거나 지원하는 경우에는 공인회계사법이 아니라 본조에 따라 비밀유지의무를 부담할 수 있다.

벌칙의 면에서 공인회계사법 제53조 제2항 제2호는 "공인회계사로서 제20조에 해당하는 자는 3년 이하의 징역 또는 3천만 원 이하의 벌금에 처한다."라고 규정하고 있는바, 이는 외부감사법상 비밀엄수의무에 위반에 의한 형사처벌과 그 양형이 같다. 공인회계사가 외부감사업무와 관련하여 비밀을 누설한 경우 1개의 행위가 두 법률의 범죄구성요건을 충족하고 양형도 동일하므로 양자의 관계는 상상적 경합관계에 있다고 본다.

라. 상법상 영업비밀과의 관계

상법상 이사의 영업비밀 유지의무가 이사의 선관주의의무 내지 충실의무의 영역 내에 존재한다는 점을 감안한다면 이 의무의 대상이 되는 영업비밀의 범위는 부정경쟁방지법에서 정의하는 것보다 더 넓을 수밖에 없다. 따라서 이사가 재임 중에 알게 된 영업상의 정보 중에서 회사가 외부의 간섭없이 관리할 수 있고 경제적 가치가 있어 회사 또는 제3자가 이용가능한 것이라면 영업비밀에 포함될 수 있다. 결국은 종전에 재임하였던 회사의 정당한 이익, 회사의 대외적인 신뢰, 또는 주주·채권자 등을 해하거나 손실을 초래할 가능성이 있고 공지되지 않은 영업비밀만이 이 의무의 대상이 된다. 제한된 범위의 사람이 알고 있더라도 비밀유지의무의 대상이 되는 정보로서 비밀성을 가질 수 있다면 영업비밀로 될 수 있다.[11]

이미 공지성이 충분한 회사의 정관, 주주총회 또는 이사회의 의사록, 주주명부, 사채원부 및 재무제표 등은 영업비밀의 대상이라 할 수 없지만, 회계장부는 그 열람

11) 예컨대, 고객관계나 영업상의 신용도 영업비밀에 속하게 된다. 대법원 2010. 3. 11. 선고 2009다82244 판결. 이 판결은 사용자와 근로자 사이의 경업금지약정의 유효성에 관한 것이기는 하지만, 몇 가지 특정한 정보가 영업비밀에 해당하는지에 관하여 판단하고 있다는 점에서 주목할 만하다.

을 할 수 있는 자가 한정되어 있다는 점에서 영업비밀에 해당한다. 재무제표의 내용은 그 재무제표가 작성완료되어 상법상의 공시의무를 이행하기 전까지는 영업비밀에 속할 수 있다. 대법원은 상당 부분 동종업계에 알려져 있고 관련업체들이 별다른 노력을 하지 않고도 확보할 수 있는 바이어Buyer 명단은 영업비밀에 해당하지 않는다고 판시하였다.[12)]

마. 국가공무원법상 '직무상 비밀'과의 관계

국가공무원법 제60조는 "공무원은 재직 중은 물론 퇴직 후에도 직무상 알게 된 비밀을 엄수하여야 한다."고 규정하고 있다. 이 의무를 위반하는 경우 징계의 대상이 될 뿐만 아니라(국가공무원법 제78조), 형법 제127조의 비밀누설죄에 해당하여 형사책임도 부과받게 된다. 앞에서 살펴본 영업비밀과 달리, 여기서 '직무상 알게 된 비밀'이란 '국가 공무의 민주적, 능률적 운영을 확보하여야 한다는 이념에 비추어 볼 때 당해 사실이 일반에 알려질 경우 그러한 행정의 목적을 해할 우려가 있는지 여부를 기준으로 판단하여야 하며, 구체적으로는 행정기관이 비밀이라고 형식적으로 정한 것에 따를 것이 아니라 실질적으로 비밀로서 보호할 가치가 있는지, 즉 그것이 통상의 지식과 경험을 가진 다수인에게 알려지지 아니한 비밀성을 가졌는지, 또한 정부나 국민의 이익 또는 행정목적 달성을 위하여 비밀로서 보호할 필요성이 있는지 등이 객관적으로 검토되어야 한다. 이것이 대법원 판례의 태도이다.[13)] 이에 따르면 공무원의 비밀유지의무가 있는 '직무상 알게 된 비밀'에는 공무원 자신의 직무범위와 관련되는 비밀뿐만 아니라 직무를 수행하는 과정에서 직접 또는 간접으로 들어서 알게 된 타인 또는 타부서 소관의 비밀까지 포함하는 것으로 이해되고 있다. 반면 형법상의 비밀누설죄의 경우에는 '법령에 의한 직무상 비밀'이라고 규정하고 있는데 판례는 법령에 의하여 비밀로 분류된 경우뿐만 아니라 객관적·일반적으로 외부에 알려지지 않는 것에 상당한 이익이 있는 사항을 포함한다고 해석하는 입장이다. 국가공무원법상의 '직무상 알게 된 비밀'과 형법상 비밀누설죄의 '법령에 의한 직무상 비밀'은 사실상 의미가 다르지 않게 된다.[14)]

---

12) 대법원 2008. 7. 10. 선고 2006도8278 판결 참조.

13) 대법원 1996. 10. 11. 선고 94누7171 판결.

14) 임재홍, "공무원의 비밀준수의무의 범위", 「행정판례평선」(2011), 1063~1064면.

2. '누설하거나 부당한 목적을 위하여 이용'하는 행위

누설이란 비밀이 '새어나감'을 의미하는 것으로 적극적으로 비밀유지의무를 부담하는 주체인 감사인, 감사인에 소속된 공인회계사, 증권선물위원회 위원, 감사 또는 감리 업무와 관련하여 제1호부터 제3호까지의 자를 보조하거나 지원하는 자, 증권선물위원회의 업무를 위탁받아 수행하는 한국공인회계사회의 관련자가 제3자에게 이를 알리는 것을 의미한다. 논란이 될 수 있는 것은 적극적으로 누설하는 행위를 하는 외에 비밀관리를 제대로 하지 않은 경우인데, 이런 경우에도 부작위에 의한 누설을 인정할 것인지의 문제가 있다고 본다. 감사인 등의 경우에는 비밀유지의무가 있다. 이때의 비밀유지의무는 비밀로 유지될 수 있는 상태로 두는 것, 즉 비밀관리를 하여야 하는 것으로 해석하여야 할 것이다. 그러므로 만연히 제3자가 쉽게 지득할 수 있는 상태에 둠으로 누설이 되는 경우에는 부작위에 의한 누설로 본조 위반행위로 볼 것이다.

한편 본조는 '누설'뿐만 아니라 '부당한 목적을 위하여 이용하는 행위'를 규정하고 있는바, 본조에서 말하는 '부당한 목적을 위하여 이용하는 행위'의 대표적인 경우는 제공받은 목적 외로 비밀정보를 이용하는 경우를 들 수 있다. 예를 들어 감사목적으로 제공받은 정보를 증권투자목적으로 정보를 모으고 있는 자에게 제공하는 경우에는 본조 위반이 될 수 있고, 자본시장법과 같이 다른 법령에서 비밀정보를 이용하여 미공개정보이용행위를 하는 경우에는 해당 법규에 따라 처벌받을 수도 있다.

3. 감사조서와 비밀엄수

실무상 국세청, 예금보험공사, 주요주주나 지배회사의 감사위원회나 소송 등에서 감사인들에게 외부감사 수행당시 작성한 감사조서를 제출해 달라는 요청이나 요구가 빈번하게 발생한다. 이 경우 감사조서가 법 제20조 비밀엄수 조항의 '비밀'에 해당하는지, 아니면 감사조서의 일부만이 구체적인 상황에 따라 '비밀'에 해당하는지 여부가 문제될 수 있다. 또한 법원의 문서제출명령에 따라 감사조서를 제출하는 경우 제20조 단서의 '다른 법률에 특별한 규정이 있는 경우'에 해당하는지와 나아가 형사소송법 제112조는 공인회계사가 업무상 비밀을 이유로 하여 압수를 거부할 수 있도록 하고 있으며, 이는 수사기관에 의한 압수에도 준용되는데,[15] 이때 이러한 형사소송법의 규정에 근거하여 감사조서의 압수를 거부할 수 있는지도 문제된다.

감사조서가 본조의 비밀이 되는지 여부에 대해서는 외부감사법에서 비밀에 대한 별도의 규정을 두고 있지 않으므로 영업비밀보호법에서 규정하는 비밀의 요소들을 갖추고 있거나, 그에 해당하지 않더라도 그 성격상 비밀이라고 볼 수 있는 경우에는 본조의 비밀에 해당할 수 있다고 본다. 이런 점에서 감사조서는 비밀에 해당할 수 있다고 할 것이나, 이는 감사조서이기 때문에 비밀이 되는 것이라기보다는 비밀의 요건에 부합하는 경우에는 요건에 부합하기 때문이라고 보아야 할 것이다. 따라서 감사조서 내용의 일부만이 구체적인 상황에 따라 '비밀'에 해당한다고 볼 수 있다. 소송 과정에서 문서제출명령에 따라 감사조서를 제출해야 하는 경우는 본조 단서의 '다른 법률에 특별한 규정이 있는 경우'에 해당한다고 보는 것이 타당하다. 문서제출명령은 민사소송법에 따라 법원이 문서소지인에게 제출을 명하는 것이므로 민사소송법상의 문서제출명령의 요건을 구비한 경우는 제20조 단서의 '다른 법률에 특별한 규정이 있는 경우'에 해당한다고 보는 것이 타당하다. 형사소송법 제112조는 공인회계사가 업무상 비밀을 이유로 하여 압수를 거부할 수 있도록 하고 있으며, 이는 수사기관에 의한 압수에도 준용되지만, 그렇다고 하더라도 중대한 공익상 필요가 있는 때에는 예외가 되므로 수사의 필요성은 결국 비밀유지로 인해서 얻게 되는 이익과 수사에서의 필요성을 서로 형량하여 판단하여야 하는 것이므로 일반적으로 항상 형사소송법의 규정에 근거하여 감사조서의 압수를 거부할 수 있다고 볼 수는 없다.

V. 위반 효과

1. 민사책임

감사인이 비밀유지의무를 위반한 경우, 계약에 특별한 정함이 없으면 감사인에

15) 형사소송법 제112조(업무상비밀과 압수) 변호사, 변리사, 공증인, 공인회계사, 세무사, 대서업자, 의사, 한의사, 치과의사, 약사, 약종상, 조산사, 간호사, 종교의 직에 있는 자 또는 이러한 직에 있던 자가 그 업무상 위탁을 받아 소지 또는 보관하는 물건으로 타인의 비밀에 관한 것은 압수를 거부할 수 있다. 단, 그 타인의 승낙이 있거나 중대한 공익상 필요가 있는 때에는 예외로 한다.

대해서는 외부감사법에 따라 부담하는 책임 외에도 민법상 위임에 관한 규정에 의한 책임을 부담하게 된다. 따라서 감사인은 선량한 관리자의 주의로서 직무를 수행할 책임을 부담하며(민법 제681조), 이를 위반한 경우 계약상의 채무불이행에 따른 손해배상책임을 부담할 뿐 아니라 경우에 따라서는 불법행위책임을 부담할 수 있다. 이 경우 양자는 청구권경합 관계에 있다. 나아가 감사인의 잘못으로 제3자에게 손해를 가한 경우에는 그에 대한 불법행위책임이 인정될 수도 있다.

감사인 및 감사인에 소속된 공인회계사가 아닌 본조의 주체들이 본조에 따라 직무상 비밀을 누설하는 경우 이로 인해 피해를 입은 자에 대하여 불법행위로 인한 손해배상책임을 부담할 수 있다.

2. 행정책임

감사인과 감사인 소속 공인회계사가 직무상 알게 된 비밀을 누설하거나 부당한 목적을 위하여 이용한 경우, 증권선물위원회는 행정조치를 금융위원회에 건의하거나 조치를 할 수 있다(법 제29조 제3항과 제4항, 별표 1과 별표 2).

또한 감사인, 감사인에 소속된 공인회계사, 감사업무를 보조한 사무직원들은 본조 위반과 동시에 공인회계사법상 제20조의 비밀엄수의무를 위반한 경우에 해당하므로, 공인회계사법 위반에 따라 공인회계사법 제48조에 따른 징계를 받을 수 있다.

3. 형사책임

본조에 따른 비밀엄수의무를 위반하여 비밀을 누설하거나 부당한 목적을 위하여 이용한 경우, 감사인 등은 동법 제42조 제5호에 따라 3년 이하의 징역 또는 3천만 원 이하의 벌금에 처할 수 있다. 본조는 감사인 등 감사 또는 감리업무 관련자들에 대한 처벌을 하는 신분범에 해당하고, 신분이 없는 자는 정범으로 형사처벌이 되지 않으나, 신분이 없는 자의 경우에도 형법 제33조(공범과 신분) "신분관계로 인하여 성립될 범죄에 가공한 행위는 신분관계가 없는 자에게도 전3조의 규정을 적용한다. 단, 신분관계로 인하여 형의 경중이 있는 경우에는 중한 형으로 벌하지 아니한다."는 규정에 따라 형사처벌의 대상이 될 수 있다. 감사인은 외부감사법상의 형사책임뿐만 아니라 감사인은 위임계약에 따라 타인의 사무처리자의 지위에 있게 되는 만큼 임무에 위배하여 감사대상 주식회사에 재산상 손해를 가하고 재산상 이익을 취득하게 되면 업무상 배임으로 형사처벌을 받을 수 있고, 임무에 관하여 부정한 청탁을 받고 비밀을 누설하면서 금품을 수수할 경우에는 형법상 배임수재의 죄책을 질 수도 있다.[16] 그 외 앞서 본 자본시장법 등 다른 법을 위한 경우, 이에 대한 형사처벌 등이 발생할 수도 있으며 공인회계사는 금융위원회에 의한 징계도 받을 수 있다.

[최승재]

16) 표성수, "주식회사 감사인의 특수한 법적 책임", 「인권과 정의」 제360호, 대한변호사협회(2006. 8), 90~91면.

제 2 장 회사 및 감사인

제21조(감사인의 권한 등)

① 감사인은 언제든지 회사 및 해당 회사의 주식 또는 지분을 일정 비율 이상 소유하고 있는 등 대통령령으로 정하는 관계에 있는 회사(이하 "관계회사"라 한다)의 회계에 관한 장부와 서류를 열람 또는 복사하거나 회계에 관한 자료의 제출을 요구할 수 있으며, 그 직무를 수행하기 위하여 특히 필요하면 회사 및 관계회사의 업무와 재산상태를 조사할 수 있다. 이 경우 회사 및 관계회사는 지체 없이 감사인의 자료 제출 요구에 따라야 한다.
② 연결재무제표를 감사하는 감사인은 그 직무의 수행을 위하여 필요하면 회사 또는 관계회사의 감사인에게 감사 관련 자료의 제출 등 필요한 협조를 요청할 수 있다. 이 경우 회사 또는 관계회사의 감사인은 지체 없이 이에 따라야 한다.

법 시행령 제26조(관계회사의 범위 등) ① 법 제21조 제1항 전단에서 "해당 회사의 주식 또는 지분을 일정 비율 이상 소유하고 있는 등 대통령령으로 정하는 관계에 있는 회사"란 다음 각 호의 어느 하나에 해당하는 회사를 말한다.

1. 제3조 제1항에 따른 지배·종속의 관계에 있는 종속회사
2. 회계처리기준에 따른 관계기업(종속회사는 아니지만 투자자가 일정한 영향력을 보유하는 기업을 말한다)
3. 회계처리기준에 따른 공동기업(둘 이상의 투자자가 공동으로 지배하는 기업을 말한다)
4. 그 밖에 해당 회사와 이해관계가 있는 것으로 금융위원회가 정하는 회사

② 법 제21조에 따라 감사인이 제출 요구 또는 협조 요청을 할 수 있는 자료는 장부, 서류 및 전자문서(회사 경영 과정에서 발생하는 정보를 전산처리하는 시스템에 축적된 전자파일 등을 포함한다) 등 그 형태에 관계없이 감사인이 감사업무를 수행하는 데 필요한 정보를 효과적으로 제공할 수 있는 매체로 한다.

Ⅰ. 입법취지

본조는 구 외부감사법 제6조에서 규정하고 있던 사항 중 감사인이 회사 및 관계

회사에 대한 회계장부와 서류 열람·등사권, 자료제출요구권 등에 관한 조항만을 별도의 규정으로 만들었다. 본 조항은 1981년 외부감사법 제정 당시부터 존재했던 조항인데, 1993. 12. 31. 연결재무제표 감사인의 회사 및 관계회사 감사인에 대한 자료제출요구권이 신설되어 현재에까지 이르고 있다. 당시 연결재무제표 감사인의 회사 또는 관계회사 감사인에게 감사 관련 자료의 제출 등 필요한 협조를 요청한 경우 회사 또는 관계회사의 감사인은 지체없이 이에 따라야 하는 의무를 부과한 반면, 회사의 감사인이 회사 또는 관계회사에 회계자료 제출 요구에 대하여 회사 또는 관계회사의 수인의무에 대한 규정이 없었다. 그러나 구 외부감사법 제20조 제3항 제5호[1]에서 감사인의 자료제출요구에 불응하는 경우 3년 이하의 징역 또는 3천만 원 이하의 벌금이 규정되어 있는 점, 연결재무제표 감사인의 자료제출 요구에 따른 회사 및 관계회사 감사인이 이에 따를 의무와의 균형을 고려하여 이번 개정법에서는 감사인이 회사 또는 관계회사에 대한 자료제출 요구에 대하여 회사 또는 관계회사는 지체없이 감사인에게 자료 제출 요구에 따라야 한다고 규정하였다.

II. 감사인의 권한

1. 감사인의 자료제출 요구권

감사인은 언제든지 회사 및 해당 회사의 주식 또는 지분을 일정 비율 이상 소유하고 있는 등 대통령령으로 정하는 관계에 있는 회사(이하 '관계회사')의 회계에 관한 장부와 서류를 열람 또는 복사하거나 회계에 관한 자료의 제출을 요구할 수 있다. 이 때 회사 및 관계회사는 지체 없이 감사인의 자료제출 요구에 따라야 한다. 즉 감사인의 자료제출 요구권과 회사 등의 의무가 하나의 대응하는 짝으로 기능한다.

회사법상 회사의 재무제표의 신뢰성은 감사나 감사위원회 같은 내부감독기관의

1) 구 외부감사법 제20조(벌칙) ③ 「상법」 제401조의2 및 제635조 제1항에 규정된 자, 그 밖에 회사의 회계업무를 담당하는 자, 감사인 또는 그에 소속된 공인회계사나 제9조 제4호에 따른 감사업무와 관련된 자가 다음 각 호의 어느 하나에 해당하는 행위를 하면 3년 이하의 징역 또는 3천만 원 이하의 벌금에 처한다.

5. 정당한 이유 없이 제6조 및 제6조의2에 따른 감사인 또는 지배회사의 열람, 등사, 자료제출요구 또는 조사를 거부·방해·기피하거나 관련 자료를 제출하지 아니한 경우

감사에 달려있으나 감사나 감사위원회가 재무제표의 감사에 필요한 독립성과 전문성을 확보하기 어렵다. 그리하여 외부감사 대상회사의 경우 재무제표의 정확성은 감사(감사위원회)의 감사보다는 외부감사인의 회계감사를 통해 확보될 수 있다. 이러한 점에서 독립적인 전문가에 의해 수행되는 외부감사제도는 회사법상 감사제도를 보충하는 역할을 한다고도 볼 수 있다.

외부감사의 직무는 피감회사와 감사인 간에 '감사계약'에 의해서 결정되고, 그 내용은 회사법상 감사(감사위원회)의 경우와는 달리 그 업무에는 '업무감사'는 포함하지 않고 재무제표에 대한 '회계감사'만 포함되어 있다. 따라서 회계감사의 실효성을 확보하기 위하여 본조와 같은 규정을 두지 않으면 회사의 비협조적인 태도로 인해 적절한 감사업무를 수행하기 어렵게 된다. 또한 감사인은 차기 감사업무를 수임하려고 하더라도 감사계약에 감사인의 자료제출권과 같은 실효성 있는 규정을 명시적으로 두기 어려울 수도 있기 때문에, 법에 이러한 조항을 둠으로써 감사인의 실효적인 감사 업무수행이 가능하게 된다고 할 수 있다.

2. 감사인의 재산상태조사권

그 직무를 수행하기 위하여 특히 필요하면 회사 및 관계회사의 업무와 재산상태를 조사할 수 있다. 이 경우 회사 및 관계회사는 지체 없이 감사인의 자료제출 요구에 따라야 한다. 감사인이 감사를 실효성 있게 수행하기 위해서는 감사인의 재무정보에 대한 접근권한이 필수적인바, 이러한 권한이 현실에서 실효성을 갖기 위해서는 피감회사와의 협력적 관계를 필연적인 요건으로 한다. 특히 감사인의 정보접근권에 비하여 업무 및 재산상태에 대한 조사권한은 한층 더 진보된 권한이다.

감사인은 제한된 감사기간 동안 제한된 인력으로 감사를 수행하여야 한다. 이 경우 피감기업이 제공하는 정보만으로 감사를 행하면 실체적인 진실에 접근할 수 없고 형식적인 고무도장의 역할만을 할 가능성이 있어 원래 공인회계사 제도를 두고 이를 통해서 외부감사를 하도록 한 입법취지가 몰각될 수 있다. 이와 같은 점을 감안하면 이런 감사인의 재산상태조사권을 통한 정보접근권의 보장은 외부감사제도의 본질적인 것이라고 할 수 있다.

이런 점에서 피감회사가 감사인의 정보제공권의 일환으로서 재산상태조사권을 침해하여 제공하여야 할 정보를 정당한 이유 없이 제공하지 않는 경우 외부감사법이 규정한 제재 외에 감사인은 이를 근거로 하여 감사의견에 자신이 가지게 된 우려를 반영할 수 있다고 할 것이다.

3. 상법상 감사의 보고요구권 및 조사권과의 비교

상법 제412조의5[2]는 1995년 개정법에서 신설된 규정으로, 모회사의 감사가 그 직무를 행하기 위하여 필요한 때에 자회사에 대하여 영업의 보고를 요구할 수 있고, 또한 자회사가 보고를 지체하거나 자회사가 보고한 내용을 확인할 필요가 있는 경우에는 모회사의 감사가 자회사의 업무와 재산상태를 조사할 수 있다는 것을 규정하고 있다. 이 경우 자회사는 정당한 이유가 있는 경우 감사의 보고요구 및 조사를 거부할 수 있다(동조 제3항).

종래에는 모회사의 감사가 자회사의 회계장부를 열람하는 것은 물론, 자회사의 영업에 관한 보고 또는 자회사의 재산상태를 조사할 수 없어서, 모회사가 자회사를 이용하여 분식결산을 하는 경우에는 모회사의 철저한 감사가 불가능하였던바, 이에 1995년 개정법에서 자회사에 대한 조사권을 신설한 것이다.

우선 감사의 자회사에 대한 영업보고요구권(동조 제1항)은 모회사의 감사로서 직무를 수행하기 위하여 필요한 경우에 한하여 인정되며, 모회사에 대한 감사에서와 같이 일반적이고 포괄적인 영업상태의 보고를 요구하는 것은 허용되지 않는다. 감사가 자회사에 대하여 보고를 요구할 때에 그 요구사항은 특정한 사항이어야 하므로, 모회사의 감사의 직무집행에 필요 없는 사항에 관하여 영업보고를 요구한다든가, 보고해야 할 사항이 충분히 특정되지 않는 경우에는 자회사는 그 보고요구에 응할 필요가 없으며, 그러한 보고를 거절하여도 모회사의 감사에 의한 조사권은 미치지 않는다.

다음으로 감사의 자회사에 대한 조사권(동조 제2항)을 살펴보면, 동조의 구조상 모회사의 감사는 영업보고를 요구하지 않고 곧바로 조사권을 행사할 수는 없고, 영업

2) 상법 제412조의5(자회사의 조사권) ① 모회사의 감사는 그 직무를 수행하기 위하여 필요한 때에는 자회사에 대하여 영업의 보고를 요구할 수 있다.
② 모회사의 감사는 제1항의 경우에 자회사가 지체없이 보고를 하지 아니할 때 또는 그 보고의 내용을 확인할 필요가 있는 때에는 자회사의 업무와 재산상태를 조사할 수 있다.
③ 자회사는 정당한 이유가 없는 한 제1항의 규정에 의한 보고 또는 제2항의 규정에 의한 조사를 거부하지 못한다.

보고를 요구하였으나 자회사가 지체없이 보고를 하지 않는 경우, 또는 보고는 있었더라도 그 내용을 확인하기 위하여 필요한 경우에 한해서만 직접 자회사 조사권이 인정된다. 이는 자회사라고 하여도 독립한 법인격을 가진 것을 존중하기 위한 것이다. 여기서 '지체 없이 보고를 하지 않는 경우'라 함은 일반적으로 필요한 기간 내에 보고를 하지 않는 경우와 기간 내에 보고를 하였으나, 그 보고가 요구했던 특정한 사항에 명백히 적합하지 않은 경우도 포함한다고 보고 있다. '보고의 내용을 확인할 필요가 있는 때'라 함도 보고는 있었지만 제반사정에 비추어 보아 당해 보고의 진부에 대하여 의문이 있어서 확인할 필요가 있는 경우를 말한다.

모회사의 감사가 직접적으로 조사할 수 있는 자회사의 업무 또는 재산상태의 범위는 먼저 자회사에 대하여 보고를 요구한 사항에 한하며, 모회사의 감사는 자회사의 업무·재산 상황을 조사하기 위하여 필요한 경우에 자회사의 회계장부 등을 열람할 수 있고 보조자를 사용할 수도 있다.[3)]

Ⅲ. 관계회사의 범위

법 제21조의 감시인의 권한이 미치는 관계회사의 범위에 대해서는 법 시행령 제26조가 규정하고 있다. 법 시행령 제26조(관계회사의 범위 등) 제1항은 법 제21조 제1항 전단에서 "해당 회사의 주식 또는 지분을 일정 비율 이상 소유하고 있는 등 대통령령으로 정하는 관계에 있는 회사"란 다음 각 호의 어느 하나에 해당하는 회사를 말한다고 하면서, ① 제3조 제1항에 따른 지배·종속의 관계에 있는 종속회사, ② 회계처리기준에 따른 관계기업(종속회사는 아니지만 투자자가 일정한 영향력을 보유하는 기업을 말한다), ③ 회계처리기준에 따른 공동기업(둘 이상의 투자자가 공동으로 지배하는 기업을 말한다), ④ 그 밖에 해당 회사와 이해관계가 있는 것으로 금융위원회가 정하는 회사[4)]

3) 정동윤, 「주석상법」(제5판)(한국사법행정학회, 2014), 652~655면.

4) 금융감독위원회 고시 제21조(관계회사의 범위) 영 제26조 제1항 제4호에서 "그 밖에 해당 회사와 이해관계가 있는 것으로 금융위원회가 정하는 회사"란 다음 각 호의 어느 하나에 해당하는 회사를 말한다.

1. 해당 회사의 발행주식총수 또는 출자지분의 100분의 20 이상을 소유하고 있는 회사 또는 해당 회사가 발행주식총수 또는 출자지분의 100분의 20 이상을 소유하고 있는 회사
2. 동일인이 해당 회사를 포함한 둘 이상의 회사의 각 발행주식총수 또는 출자지분의 100분의 30 이상을 소유하

를 관계회사로 규정하고 있다.

법 시행령 제26조 제2항은 "법 제21조에 따라 감사인이 제출 요구 또는 협조 요청을 할 수 있는 자료는 장부, 서류 및 전자문서(회사 경영 과정에서 발생하는 정보를 전산처리하는 시스템에 축적된 전자파일 등을 포함한다) 등 그 형태에 관계없이 감사인이 감사업무를 수행하는 데 필요한 정보를 효과적으로 제공할 수 있는 매체로 한다."고 규정하여 감사인이 제출 요구 또는 협조 요청을 할 수 있는 자료를 규정하고 있다.

Ⅳ. 위반 효과

피감회사의 대표이사, 회계담당임원, 회계담당자 등이 감사인으로부터 자료제출 또는 조사요구를 정당한 이유 없이 거부, 방해, 기피하거나 거짓 자료를 제출한 경우 동법 제42조 제3호에 의하여 3년 이하의 징역 또는 3천만 원 이하의 벌금에 처할 수 있다. 방해를 한 자연인은 자유형의 대상이 될 수 있을 것이나 피감회사의 경우에는 벌금형으로 양벌규정에 의한 처벌대상이 될 것이다.

[최승재]

고 있는 경우 해당 회사 외의 회사

3. 그 밖에 해당 회사와 이해관계가 있다고 인정되는 회사

제 2 장 회사 및 감사인

제22조(부정행위 등의 보고)

① 감사인은 직무를 수행할 때 이사의 직무수행에 관하여 부정행위 또는 법령이나 정관에 위반되는 중대한 사실을 발견하면 감사 또는 감사위원회에 통보하고 주주총회 또는 사원총회(이하 "주주총회등"이라 한다)에 보고하여야 한다.
② 감사인은 회사가 회계처리 등에 관하여 회계처리기준을 위반한 사실을 발견하면 감사 또는 감사위원회에 통보하여야 한다.
③ 제2항에 따라 회사의 회계처리기준 위반사실을 통보받은 감사 또는 감사위원회는 회사의 비용으로 외부전문가를 선임하여 위반사실 등을 조사하도록 하고 그 결과에 따라 회사의 대표자에게 시정 등을 요구하여야 한다.
④ 감사 또는 감사위원회는 제3항에 따른 조사결과 및 회사의 시정조치 결과 등을 즉시 증권선물위원회와 감사인에게 제출하여야 한다.
⑤ 감사 또는 감사위원회는 제3항 및 제4항의 직무를 수행할 때 회사의 대표자에 대해 필요한 자료나 정보 및 비용의 제공을 요청할 수 있다. 이 경우 회사의 대표자는 특별한 사유가 없으면 이에 따라야 한다.
⑥ 감사 또는 감사위원회는 이사의 직무수행에 관하여 부정행위 또는 법령이나 정관에 위반되는 중대한 사실을 발견하면 감사인에게 통보하여야 한다.
⑦ 감사인은 제1항 또는 제6항에 따른 이사의 직무수행에 관하여 부정행위 또는 법령에 위반되는 중대한 사실을 발견하거나 감사 또는 감사위원회로부터 이러한 사실을 통보받은 경우에는 증권선물위원회에 보고하여야 한다.

Ⅰ. 입법취지

본조는 기본적으로 외부감사인과 내부감사의 부정행위에 대한 상호 조사 및 보고·통보의무뿐만 아니라 증권선물위원회에 이를 보고하도록 규정하고 있다. 특히 제22조 제3항 내지 제5항은 이번 외부감사법을 전면 개정할 때 신설된 규정으로서, 내부감사가 회계부정을 발견하면 외부전문가를 선임하여 조사·시정조치를 하고 그 결과를 증권선물위원회와 감사인에게 제출하도록 하며, 이러한 경우 필요한 자료나 정보, 자금 등을 회사 대표에게 요청할 수 있고, 요청에 불응한 회사 대표에 대해서는 과태료를 부과하도록 하였다.

위와 같이 신설된 감사(위원회)의 조사의무는 미국의 분식 등 부정행위와 관련된 감사위원회의 주요 의무사항이 반영된 것이며, 내부고발제도Whistleblowing Program의 실효성 확보를 위한 것으로 이해할 수 있다. 종래 외부감사법상 외부감사인이 경영진의 부정행위 등을 인지한 경우, 감사(위원회)에게 통보하고 주주총회에 보고하도록 하고 있을 뿐이며, 회사 외부에는 그 사실을 알리도록 되어 있지 않았으나 이번 개정법에서는 조사 및 시정조치한 결과를 증권선물위원회와 외부감사인에게 제출하도록 하여 독립적인 감사업무를 하게 한 점도 중요하다. 또한 감사 또는 감사위원회가 회사의 회계처리 위반사실을 알게 된 때, 회사의 비용으로 직접 외부전문가(법무법인·회계법인 등)를 선임하여 조사 및 시정조치를 하도록 하여 내부감시기구 스스로 적절한 조치를 취할 수 있도록 하였다.

II. 해외 입법례

1. 미국

외부감사제도는 전통적으로 회사 또는 회사기관의 부정행위를 예방하는 것과 밀접히 관련되어 있는데, 미국의 경우, SEC는 외부감사인으로 하여금 회사의 재무제표에 영향을 줄 수 있는 불법행위를 발견하였거나 그 징후를 알게 된 경우 회사의 경영진과 감사위원회에게 알리고 재무제표에 미치는 영향이 중요Material한지 및 경영진이 적절한 시정조치를 적시에 취하였는지에 대한 결론을 내도록 하고 있다. 대부분의 경우 감사위원회는 부정행위 발생여부와 관련하여 Independent Special Counsel(주로 법무법인 또는 회계법인)을 고용하여 독립적인 조사를 실시한 뒤, 검찰출신의 조사 전문가, 회계법인의 포렌직Forensic 팀, 법무법인, 회사의 감사 등이 참여를 통해서 실시한 조사결과에 기초한 이들의 권고에 따라 과거 재무제표 수정, 내부통제강화 등 필요한 시정조치를 수행한다.[1] 그리고 이사회 또는 감사위원회는 외부감사인으로부터

1) Section 10A Audit Requirements of Securities Exchange Act of 1934.

검토 결과를 전달 받은 후 1영업일 이내 그 사실을 SEC에 보고하고 외부감사인에 SEC 보고문서의 사본을 제출하여야 한다.[2)]

2. 유럽

1995년 6월 유럽의 통합법으로 제정된 EU지침법Council Directive 95/26/EC 제5.1조도 법정감사인이 감사를 수행하는 과정에서 부정행위 또는 그 우려가 있는 행위를 탐지한 경우, 즉시 관련기관에 보고하도록 하는 보고의무 규정을 두고 있다. 이는 우리나라의 외부감사법과 유사하다.[3)]

Ⅲ. 부정행위 등의 통보·보고의무

1. 감사인의 부정행위 등의 통보·보고의무

가. 이사의 직무수행 부정행위 통보·보고의무

본조 제1항은 감사인이 감사업무를 수행할 때 이사의 직무수행에 관하여 부정행위 또는 법령이나 정관에 위반되는 중대한 사실을 발견하면 감사 또는 감사위원회에

2) Section 10A (3) Notice to Commission; response to failure to notify
An issuer whose board of directors receives a report under paragraph (2) shall inform the Commission by notice not later than 1 business day after the receipt of such report and shall furnish the registered public accounting firm making such report with a copy of the notice furnished to the Commission. If the registered public accounting firm fails to receive a copy of the notice before the expiration of the required 1-business-day period, the registered public accounting firm shall
(A) resign from the engagement; or
(B) furnish to the Commission a copy of its report (or the documentation of any oral report given) not later than 1 business day following such failure to receive notice.

3) European Parliament and Council Directive 95/26/EC of 29 June 1995 amending Directives 77/780/EEC and 89/646/EEC in the field of credit institutions, Directives 73/239/EEC and 92/49/EEC in the field of non-life insurance, Directives 79/267/EEC and 92/96/EEC in the field of life assurance, Directive 93/22/EEC in the field of investment firms and Directive 85/611/EEC in the field of undertakings for collective investment in transferable securities (Ucits), with a view to reinforcing prudential supervision Official Journal L 168, 18/07/1995 P.0007-0013.

통보하고, 주주총회 또는 사원총회에 보고하여야 한다. 구 외부감사법은 보고의 대상을 주주총회라고 하였으나 개정 외부감사법은 주식회사 외에 유한회사도 외부감사 대상으로 포함하였으므로 유한회사의 사원총회도 그 보고대상으로 포함하여 "주주총회 등"으로 하였다. 또한 본조 제7항에서는 감사인은 제1항에 따른 통보·보고 외에 증권선물위원회에 보고도 하여야 하며, 본조 제2항에 따라 감사 또는 감사위원회로부터 이사의 직무수행에 관하여 부정행위 또는 법령이나 정관에 위반되는 중대한 사실을 통보받은 경우에는 증권선물위원회에 보고하여야 한다. 만일 감사업무 수행 중에 발견된 것이 아니라 언론 보도(예: 고위 임원 검찰 고발) 등을 통해 이사의 부정행위 등을 감사인이 알게 되었을 때 제1항에 따른 주주총회 보고 의무와 제7항에 따른 증권선물위원회에 보고의무가 생기는지가 문제될 수 있으나, 본조 제1항은 감사인의 직무 수행과정에서 발견된 이사의 부정행위 등만을 요건으로 하므로 언론보도를 보고 알았다고 해서 제1항의 부정행위 보고의무가 생긴다고는 볼 수 없다.

법 제21조 제1항에서 감사인은 언제든지 회사 및 관계회사의 회계 장부와 서류에 대한 열람·복사권 및 회계에 관한 자료제출 요구권이 있고, 직무 수행 중에 특히 필요하면 회사 및 관계회사의 업무와 재산상태를 조사할 수 있다. 그렇다면 본조에서 감사인이 감사업무 수행과정에서 이사의 부정행위 또는 법령이나 정관에 중대한 위반 사실을 발견하기 위한 적극적인 조사의무가 존재하는지 여부가 문제될 수 있다. 해석상 이사의 부정행위 등의 발견에 관하여는 감사인의 적극적 조사의무가 있는 것이 아니라 감사과정에서 발견된 부정을 묵비 또는 왜곡하지 말아야 하는 소극적 의무로 이해하는 것이 타당하다.[4)]

나. 회사의 회계처리기준 위반에 대한 통보의무

본조 제2항에서 감사인은 회사가 회계처리 등에 관하여 회계처리기준을 위반한 사실을 발견하면 감사 또는 감사위원회에 통보하여야 한다. 본조는 제1항과 제2항을 구분하여 감사인의 감사업무 수행 과정에서 발견한 부정행위 등이 회계처리에 위반사항과 그렇지 않은 사항을 구분하여, 만일 회계처리기준 위반사실을 발견하면 제2항에 따라 감사 또는 감사위원회에 통보하면 되고, 이사의 부정행위 등을 발견하면 제1항에 따라 감사 또는 감사위원회에 통보하고, 주주총회 또는 사원총회에 보고하

4) 서울서부지방법원 2006. 7. 26. 선고 2005가합6082 판결.

도록 하고 있다. 즉 본조의 전체적인 취지를 고려하면, 회사의 회계처리기준 위반과 이사의 부정행위나 법령·정관 위반을 구분하는 것으로 보인다. 그러나 회계처리기준은 상법과 외부감사법에 따라 규범적 의미를 가지고 있기 때문에 회계처리기준 위반은 법령위반에 해당한다고 볼 수 있다. 다만, 모든 회계처리기준위반을 법령위반으로 본다면 제1항과 제2항을 구분한 취지에 반할 수 있으므로, 결국 제1항의 법령위반과 제2항의 회계처리기준 위반의 차이는 회계처리기준 위반의 고의 여부나 중대성에 의한 차이라고 해석하는 것이 합리적일 수 있다. 그렇다면 회계처리기준 위반의 고의 여부나 중대성을 기준으로 고의나 중대한 회계처리기준 위반은 부정행위나 법령위반에 해당하여 제1항이 적용되고, (중)과실에 의한 회계처리기준 위반은 제2항에 따라 규율되는 것이라고 해석될 수 있다. 그러나 이러한 견해에 따르더라도 (중)과실에 의한 회계처리기준 위반을 제2항에 따라 감사인이 감사 수행과정에서 수시로 감사 또는 감사위원회에 보고하고 이를 감사 또는 감사위원회가 조사하여 시정하는 것까지 기다린다면, 적시에 감사보고서를 제출하기 어려워서 감사업무의 효율성을 해칠 수 있다.

한편으로 제1항의 이사의 부정행위나 법령·정관 위반 등에는 원칙적으로 제2항의 회계처리기준 위반사실은 포함되지 않고, 예외적으로 회계처리기준 위반이 다른 법령 위반으로 연결되는 경우에는 제1항 위반으로 해석할 수 있다. 이러한 견해에 따르면 회계처리기준 위반사실은 제2항만 적용된다. 그러나 이렇게 해석하더라도 제2항의 회계처리기준 위반이 고의 또는 (중)과실에 상관없이 모든 회계처리기준 위반으로 해석된다면 앞서 언급한 것과 마찬가지로 감사업무의 효율성을 해칠 수 있다. 따라서 이러한 견해에 따르더라도 제2항의 회계처리기준 위반은 고의 또는 중대한 회계처리기준 위반으로 한정하도록 해석하는 것이 필요할 수 있다. 즉 제2항의 회계처리기준위반과 제1항의 법령위반의 관계, 제2항 회계처리기준 위반의 정도 등에 대해서는 명확하게 할 필요가 있다.

제2항에 따라 감사인이 회계처리기준 위반사실을 감사 또는 감사위원회가 통보하면, 감사 또는 감사위원회가 외부전문가를 선임하여 조사한 후, 조사결과 및 회사의 시정조치 결과 등을 감사 또는 감사위원회로부터 제출받고, 이 과정에서 회사의 대표자에게 필요한 자료나 정보 및 비용의 제공을 요청할 수 있다.

2. 감사 · 감사위원회의 부정행위 조사 · 통보의무

가. 회계처리기준 위반사실 조사의무

본조 제2항에 따라 감사인이 회사의 회계처리기준 위반사실을 발견하여 감사 또는 감사위원회에 통보하면, 이를 통보받은 감사 또는 감사위원회는 제3항 내지 제5항에 따라 회사의 비용으로 외부전문가(법무법인 또는 회계법인 등)를 선임하여 위반사실 등을 조사하도록 하고 그 결과에 따라 회사의 대표자에게 시정 등을 요구하여야 한다. 그리고 그 조사결과 및 회사의 시정조치 결과 등을 즉시 증권선물위원회와 감사인에게 제출하고, 이러한 직무를 수행할 때, 회사의 대표자에게 필요한 자료나 정보 및 비용의 제공을 요청할 수 있으며, 회사의 대표자는 감사 또는 감사위원회의 이러한 요청에 특별한 사유가 없으면 따라야 한다. 다만 본조 제3항을 감사인이 회계처리기준 위반사실을 감사인 또는 감사위원회에 통보한 경우만으로 해석한다면, 회사 자체적인 조사나 내부고발을 통해서 회계처리기준 위반이 밝혀지더라도 제3항 이하의 조문이 적용될 여지가 없게 된다. 이러한 문제점을 해결하기 위해서 제2항의 주체를 감사인으로 한정할 필요는 없으며 입법적 개선이 필요하다.

나. 이사의 부정행위 등 통보의무

감사 또는 감사위원회는 이사의 직무수행에 관하여 부정행위 또는 법령이나 정관에 위반되는 중대한 사실을 발견하면 감사인에게 통보하여야 한다(제6항). 이러한 통보의무는 제1항의 감사인의 이사의 부정행위 등을 발견하여 감사 또는 감사위원회에 통보하는 것과 상응한다. 즉, 감사인이 이사의 부정행위 등을 발견하거나, 감사 또는 감사위원회가 이사의 부정행위 등을 발견하면 상호 통보의무를 부담함으로써 감시기구로서의 역할을 상호 보완하는 역할을 하는 것이다. 그러나 감사인은 제1항에 따라 이사의 직무수행에 관한 부정행위 등을 발견하면 감사 또는 감사위원회에 통보하고, 주주총회 또는 사원총회에 보고하여야 하며, 제7항에 따라 증권선물위원회에 보고하여야 하는 반면, 감사 또는 감사위원회는 이사의 부정행위 등을 발견하면 제6항에 따라 감사인에게 통보하면 되고, 주주총회 또는 사원총회나 증권선물위원회에 보고하여야 할 의무가 없다. 또한 감사 또는 감사위원회는 회사의 회계처리기준 위반사실을 감사인에 통보받으면 이를 조사하고 회사의 시정조치 결과 등을 제4항에 따라 증권선물위원회에 제출하는데, 이사의 부정행위 등을 발견하더라도 외부감사법상 이를 조사하고 증권선물위원회에 제출해야 할 의무는 존재하지 않는다. 회계처리나 회계감사에 관한 사항은 증권선물위원회에서 담당하기 때문에 회계처리위반에 관한 조사결과는 감사 또는 감사위원회에서, 감사인이 외부감사 중에 발견된 이사의 부정행위 등은 증권선물위원회에서 보고하도록 하는 것으로 보인다. 그러나 이사 부정행위 또는 법령·정관 위배 등이 회계처리기준 위반사항이 아니라면 이러한 사실을 감사인이 증권선물위원회에 보고하는 것이 아니라 상법상 주주총회나 사원총회에 이사의 해임청구건의 등을 통해 해결하는 것이 바람직할 것으로 판단된다.

3. 보고·통보의 시기

본조 제4항에서 감사 또는 감사위원회는 회계처리기준 위반사실에 대한 외부전문가 조사결과 및 회사의 시정조치 결과 등을 즉시 증권선물위원회와 감사인에게 제출하여야 한다고 되어 있을 뿐이고, 본조에서는 감사인, 감사·감사위원회가 이사의 부정행위나, 회계처리기준 위반사실 등을 상호 통보하거나 증권선물위원회에 보고할 때 구체적으로 언제까지 보고하여야 할지에 대하여 규정하고 있지 않다. 현행법의 해석론으로는 ① 입법목적상 감사인, 감사·감사위원회가 발견한 이사의 부정행위 등, 회계처리기준 위반을 언제까지 통보하느냐에 따라서 회사의 손실 여부나 그 정도가 달라질 수 있으며, ② 입법자도 구체적으로 하루, 이틀 이런 식으로 단정적인 일자를 주는 것이 구체적 타당성을 해칠 수 있기 때문에 구체적으로 일자를 특정하지 않은 것일 뿐 천천히 통보하여도 된다는 것은 아니라고 할 것이므로 이와 같은 사실을 발견하면 지체 없이 그 사실을 통보하도록 하는 것으로 보아야 할 것이나 입법적으로 이를 명확히 할 필요가 있다.[5] 그리고 여기서 주주총회는 정기총회일 경우가 일반적이겠으나 그렇지 않을 수도 있으므로, 감사인이 이사의 부정행위 등을 감사 등에게 통보한 후 '최초로 소집되는 주주총회'라고 명확히 규정하는 것이 타당하다.[6]

---

5) 실무적으로는 대부분의 회사가 12월 말 법인이므로 감사인이 기말감사를 진행하는 순서에 따라서 2월 말 또는 3월 초에 감사를 하다가 회계처리기준 위반을 발견할 경우 제3항 이하에 규정된 외부전문가가 조사해서 시정조치 요구할 시간적 여유가 없게 되는 점이 문제가 될 수 있으므로 이런 점을 감안해서 실효성 있도록 제도가 운영되기 위해서는 주주총회일로부터 2개월 전에는 통보가 있도록 하는 것이 제도적으로 바람직하다.

6) 정준우, "외부감사법상 외부감사인의 책임에 관한 비판적 검토", 「경제법연구」 제14권 제1호(2015), 295면.

Ⅳ. 보론: 상법상 감사의 조사·보고의무와의 관계

상법은 1984년 상법 제412조 규정을 도입하여 감사의 영업보고요구권과 업무재산상태조사권을 규정하고, 제413조 규정을 도입하여 감사는 이사가 주주총회에 제출할 의안 및 서류를 조사하여 법령 또는 정관에 위반하거나 현저하게 부당한 사항이 있는지의 여부에 관하여 주주총회에 진술하여야 할 감사의 의무에 관하여 규정하고 있다. 감사의 영업보고요구권과 업무재산상태조사권은 감사가 그 직무를 수행함에 있어서 가장 기본적인 권한이자 책무이며, 감사는 회사영업의 전반에 걸쳐서 그 운영의 상황에 관하여 수시 또는 정기적으로, 또 일반적 또는 특정사항에 관하여 보고를 요구하거나 조사를 할 수 있는, 이른바 상시감사 또는 기중감사라고 할 수 있다. 또한 상법 제413조는 주주총회에 대한 감사의 보고의무를 일반적으로 규정한 조항으로서 이사회에의 출석권·의견진술권(상법 제391조의2), 이사의 위법행위유지청구권(상법 제402조) 등과 함께 이사의 불법 또는 부당한 업무집행에 대한 예방수단이 되는바, 감사의 직무 중 중요한 하나를 차지하고 있다. 여기에서 의견진술의무의 대상이 되는 '법령위반'이란 상법위반뿐만 아니라 기타의 법령, 예컨대 행정법규의 위반까지도 포함한다고 해석되고 있다. 또한 '현저하게 부당한 사항'이란 형식상 법령·정관의 구체적인 내용에 위반되지는 않지만, 그러한 의안 내지 서류를 이사가 주주총회에 제출하는 것이 이사의 선량한 관리자로서의 의무를 위반하게 되는 경우 등을 말한다.[7] 이와 같은 상법상 감사의 조사의무 및 보고의무는 일응 외부감사법의 감사인의 조사의무 및 보고의무와 중첩되는 것으로 보이는 면이 있다. 그러나 상법상 감사는 주주총회에 제출할 의안이나 서류가 법령이나 정관위반 사항을 적극적으로 조사하여 주주총회에 의견진술을 해야 할 의무가 존재하나, 앞서 언급하였듯이 외부감사법상 감사인은 회사의 업무와 재산상태를 조사할 권한은 있으나, 이사의 부정행위, 법령·정관 위반사실 또는 회사의 회계처리기준 위반사실을 발견하기 위한 적극적 조사의무는 존재하지 아니한다. 이러한 점에서 감사 및 감사위원회와 감사인의 관계는 유사하지만 각 법령에 따른 서로 병렬적인 각자의 의무이며 그 기능이 다르다고 할 것이다.[8]

---

7) 정동윤, 「주석상법」(제5판)(한국사법행정학회, 2014), 655~659면.

8) 울산지방법원 2003. 11. 19. 선고 2003가합1485 판결 참조. 외부감사법이 상법의 특별법으로서 재무제표 승인과 관련하여 주주총회 개회 전 감사의 감사보고서가 제출되도록 한 상법 규정을 배제하는지 여부에 대해서 법원은 "「주

V. 위반 효과

1. 행정제재

감사인 또는 그에 소속된 공인회계사가 제22조 제1항 또는 제7항을 위반하여 이사의 부정행위 또는 법령 등에 대한 통보 또는 보고의무를 이행하지 않은 경우, 제22조 제2항을 위반하여 회사의 회계처리기준 위반사실을 감사 또는 감사위원회에 통보하지 않은 경우, 법 제29조 제3항 및 제4항(별표 1, 2)에 따라 행정제재를 받을 수 있다.

회사의 대표자가 동법 제22조 제5항에 따라 감사 또는 감사위원회의 직무수행에 필요한 자료나 정보 및 비용의 제공 요청을 정당한 이유 없이 따르지 아니한 경우, 동법 제47조 제2항 제4호에 따라 3천만 원 이하의 과태료가 부과될 수 있다.

2. 벌칙

감사인이 동법 제22조에 따른 이사의 부정행위 등을 보고하지 아니한 경우, 동법 제42조 제3호에 따라 5년 이하의 징역 또는 5천만 원 이하의 벌금에 처할 수 있다.

외부감사법이 개정되기 전에는 부정행위의 보고의무를 위반한 감사인의 법정형이 '3년 이하의 징역 또는 3천만 원 이하의 벌금'이었는데, 개정법은 이를 '5년 이하의 징역 또는 5천만 원 이하의 벌금'으로 크게 가중하였다(법 제41조 제3호). 개정 전에도 외부감사인의 부정행위 보고의무 위반에 대하여 징역형까지 가하는 것은 지나치게 가혹하므로 징역형을 삭제하는 것이 바람직하다는 견해[9]가 있었지만 개정법은 형사처벌을 강화하는 방향으로 개정되었다.

식회사의외부감사에관한법률」은 적용대상인 주식회사를 외부의 감사인으로 하여금 '회계감사'를 실시하여 회계처리의 적정을 기하도록 하는데 목적을 두고 있어 외부감사인의 감사보고서는 회계감사에 한정된 판단만 기재되었다고 볼 수 있음에 대하여, 상법상의 감사보고서는 감사의 회계감사권 외에도 이사의 업무집행 전반에 대한 '업무감사권'에 기한 판단도 기재된다고 할 것이어서, 양자의 감사보고서는 그 기능면에서 일치한다고 할 수 없으므로 「주식회사의외부감사에관한법률」이 상법의 특별법으로서 상법상의 감사보고서에 관한 규정을 배제한다고 보기는 어려워 주주총회 1주간 전부터 외부감사인과 감사의 감사보고서를 모두 제출받아야만 재무제표 승인과 관련된 모든 절차를 준수했다고 할 것이다"라고 판시하였다.

9) 성승제, "'주식회사의 외부감사에 관한 법률'과 '공인회계사법'상 외부감사인의 징계", 「법과 정책연구」 제9집 제2호 (한국법정책학회, 2009) 656면.

미국의 Enron 사건에서 감사인이 컨설팅 업무를 위해서 부정행위를 발견하고도 이를 보고를 하지 않아서 결과적으로 부정행위를 조기에 제어하지 못하고 커다란 투자자 손해를 발생시킨 점을 감안하여 보면 부정행위의 보고의무가 중요한 것은 사실이다. 그러나 단순히 형사처벌을 강화하는 것에 그치는 것이 아니라 외부감사인이 독립성을 갖출 수 있도록 하는 환경을 조성하면서 보고의무를 위반할 경우의 처벌도 동시에 강화하여야 실효성을 가질 수 있는 것이 아닌가 하는 점도 고려할 필요가 있다. 그리고 감사인은 대표이사 등으로부터 제출받은 재무제표의 내용을 확인하는 주체임에도 불구하고, 감사인 또는 그에 소속된 공인회계사에게 거짓 자료를 제시하거나 거짓이나 그 밖의 부정한 방법으로 정상적인 외부감사를 방해한 회사의 대표자는 그보다 약한 '3천만 원 이하의 과태료'(법 제47조 제2항 제4호)에 처하고 있다. 따라서 이사 등의 부정행위 보고의무를 위반한 외부감사인의 법정형은 그 합리성과 관련하여 재검토 필요성이 대두되고 있는바, 구체적으로는 회사의 회계업무 담당자에 대한 법정형과 동일하거나 오히려 낮게 책정해야 한다는 견해가 있다는 점도 고려할 필요가 있다.[10)]

[최승재 · 황보현]

10) 정준우, "외부감사법상 외부감사인의 책임에 관한 비판적 검토",「경제법연구」제14권 제1호(2015), 295~296면.

제 2 장 회사 및 감사인

제23조(감사보고서의 제출 등)

① 감사인은 감사보고서를 대통령령으로 정하는 기간 내에 회사(감사 또는 감사위원회를 포함한다)·증권선물위원회 및 한국공인회계사회에 제출하여야 한다. 다만, 「자본시장과 금융투자업에 관한 법률」 제159조 제1항에 따른 사업보고서 제출대상법인인 회사가 사업보고서에 감사보고서를 첨부하여 금융위원회와 같은 법에 따라 거래소허가를 받은 거래소에 제출하는 경우에는 감사인이 증권선물위원회 및 한국공인회계사회에 감사보고서를 제출한 것으로 본다.

② 증권선물위원회와 한국공인회계사회는 제1항에 따라 감사인으로부터 제출받은 감사보고서를 대통령령으로 정하는 기간 동안 대통령령으로 정하는 바에 따라 일반인이 열람할 수 있게 하여야 한다. 다만, 유한회사의 경우에는 매출액, 이해관계인의 범위 또는 사원 수 등을 고려하여 열람되는 회사의 범위 및 감사보고서의 범위를 대통령령으로 달리 정할 수 있다.

③ 회사는 「상법」에 따라 정기총회 또는 이사회의 승인을 받은 재무제표를 대통령령으로 정하는 바에 따라 증권선물위원회에 제출하여야 한다. 다만, 정기총회 또는 이사회의 승인을 받은 재무제표가 제1항 본문에 따라 감사인이 증권선물위원회 등에 제출하는 감사보고서에 첨부된 재무제표 또는 같은 항 단서에 따라 회사가 금융위원회와 거래소에 제출하는 사업보고서에 적힌 재무제표와 동일하면 제출하지 아니할 수 있다.

④ 직전 사업연도 말의 자산총액이 제11조 제2항 제2호에서 정하는 금액 이상인 주식회사(주권상장법인은 제외한다)는 같은 호에 따른 대주주 및 그 대주주와 특수관계에 있는 자의 소유주식현황 등 대통령령으로 정하는 서류를 정기총회 종료 후 14일 이내에 증권선물위원회에 제출하여야 한다.

⑤ 회사는 대통령령으로 정하는 바에 따라 재무제표와 감사인의 감사보고서를 비치·공시하여야 한다.

⑥ 주식회사가 「상법」 제449조 제3항에 따라 대차대조표를 공고하는 경우에는 감사인의 명칭과 감사의견을 함께 적어야 한다.

⑦ 회사의 주주등 또는 채권자는 영업시간 내에 언제든지 제5항에 따라 비치된 서류를 열람할 수 있으며, 회사가 정한 비용을 지급하고 그 서류의 등본이나 초본의 발급을 청구할 수 있다.

법 시행령 제27조(감사보고서의 제출 등) ① 법 제23조 제1항 본문에 따라 감사인이 감사보고서를 회사에 제출하여야 하는 기한은 다음 각 호의 구분에 따른다.

1. 한국채택국제회계기준을 적용하는 회사: 정기총회 개최 1주 전(회생절차가 진행 중인 회사의 경우에는 사업연도 종료 후 3개월 이내)
2. 한국채택국제회계기준을 적용하지 아니하는 회사: 다음 각 목의 구분에 따른 기한
   가. 재무제표: 제1호의 기한
   나. 연결재무제표: 사업연도 종료 후 120일 이내(사업보고서 제출대상법인 중 직전 사업연도 말 현재 자산총액이 2조 원 이상인 법인의 경우에는 사업연도 종료 후 90일 이내)

② 제1항에도 불구하고 감사인은 회사가 사업보고서 제출기한 이후 정기총회를 개최하는 경우로서 해당 회사의 재무제표(한국채택국제회계기준을 적용하지 아니하는 회사의 연결재무제표는 제외한다)를 감사하는 경우에는 감사보고서를 사업보고서 제출기한 1주 전(회생절차가 진행 중인 회사는 사업연도 종료 후 3개월 이내)까지 회사에 제출하여야 한다.

③ 법 제23조 제1항 본문에 따라 감사인이 감사보고서를 증권선물위원회 및 한국공인회계사회에 제출해야 하는 기한은 다음 각 호의 구분에 따른다.

1. 재무제표: 정기총회 종료 후 2주 이내(회생절차가 진행 중인 회사인 경우에는 해당 회사의 관리인에게 보고한 후 2주 이내)
2. 연결재무제표: 다음 각 목의 구분에 따른 기한
   가. 한국채택국제회계기준을 적용하는 회사: 제1호의 기한. 이 경우 재무제표에 대한 감사보고서와 동시에 제출한다.
   나. 한국채택국제회계기준을 적용하지 아니하는 회사: 사업연도 종료 후 120일 이내(사업보고서 제출대상법인 중 직전 사업연도 말 현재 자산총액이 2조 원 이상인 법인의 경우에는 사업연도 종료 후 90일 이내)

④ 증권선물위원회 및 한국공인회계사회는 제3항에 따라 감사인으로부터 제출받은 감사보고서를 법 제23조 제2항 본문에 따라 3년 동안 일반인이 열람할 수 있도록 하고, 인터넷 홈페이지에 게시하여야 한다.

⑤ 회사는 법 제23조 제3항 본문에 따라 재무제표를 정기총회 또는 이사회 승인을 받은 날부터 2주 이내에 증권선물위원회에 제출하여야 한다. 다만, 회생절차가 진행 중인 회사의 경우에는 그 회사의 관리인에게 보고하여 승인받은 날부터 2주 이내에 증권선물위원회에 제출하여야 한다.

⑥ 법 제23조 제4항에서 "대주주 및 그 대주주와 특수관계에 있는 자의 소유주식현황 등 대통령령으로 정하는 서류"란 대주주 및 그 대주주와 특수관계에 있는 자의 소유주식현황과 그 변동내용 등을 기재한 문서를 말한다.

⑦ 회사가 법 제23조 제5항에 따라 재무제표와 감사인의 감사보고서를 비치·공시할 때에는 다음

각 호의 방법에 따른다.

1. 재무제표 및 감사보고서: 다음 각 목의 구분에 따른 방법
   가. 주식회사: 「상법」 제448조 제1항에 따라 비치·공시
   나. 유한회사: 「상법」 제579조의3 제1항에 따라 비치·공시
2. 연결재무제표 및 감사보고서: 제1항에 따른 제출기한이 지난 날부터 본점에 5년간, 지점에 3년간 비치·공시

⑧ 제1항, 제2항, 제5항 및 제6항에 따른 감사보고서 등은 금융위원회가 정하는 바에 따라 전자문서로 제출하여야 한다.

Ⅰ. 입법취지

법 제23조 '감사보고서 제출 등'은 구 외부감사법 제8조 '감사보고서의 제출 등'과 동법 제14조 '감사보고서 등의 비치 공시 등'이 통합된 조항이다. 구 외부감사법 제14조에는 회계법인의 사업보고서 비치 공시에 대한 내용도 있었는데 동 내용은 현 외부감사법 제25조 '회계법인의 사업보고서 제출과 비치공시 등' 제3항으로 이관되었다.

그리고 이번 외부감사법에 유한회사가 외부감사 대상으로 새로이 포함되면서 유한회사의 경우 열람되는 회사의 범위 및 감사보고서의 범위를 대통령령에서 정할 수 있도록 제23조 제2항 단서가 추가되었으나, 아직 시행령에서는 이를 정하고 있지 않아 이 예외 규정을 적용받는 유한회사는 없는 실정이다.

한편 회사의 사업보고서에 감사보고서를 첨부하여 제출한 경우 감사인은 별도로 감사보고서를 제출할 필요가 없다고 규정한 법 제23조 제1항 단서 규정은 2009. 2. 3. 개정될 때 추가된 것이다.

Ⅱ. 감사보고서의 제출 등

감사보고서의 제출 등 조항은 감사인은 작성한 감사보고서를 일정 기한 안에 회사, 증권선물위원회 및 한국공인회계사회에 제출하도록 하고 있고, 회사는 정기총회 또는 이사회 승인을 받은 재무제표를 증권선물위원회에 제출하여야 한다. 해당 기관

은 제출받은 감사보고서를 일반인이 이용할 수 있도록 인터넷 홈페이지에 게시하여야 한다. 한편 회사는 재무제표와 감사인의 감사보고서를 비치 공시하여야 하고, 회사 중 주식회사는 대차대조표를 공고할 때 감사인의 명칭과 감사의견을 함께 적어야 한다. 이러한 일련의 절차를 통해 투자자와 채권자 등 회사의 이해관계자는 별도의 비용 부담 없이 무료로 회사의 회계기간별 회계정보를 이용할 수 있다.

1. 회사의 재무제표 제출

회사는 재무제표를 상법에 따른 정기총회 또는 이사회의 승인을 받고 2주 이내에 증권선물위원회에 제출하여야 한다. 회사에 대하여 채무자 회생 및 파산에 관한 법률에 따른 회생절차가 진행중인 경우에는 정기총회가 없으므로 회사는 관리인에게 보고한 후 2주 이내에 관리인의 승인을 받아 재무제표를 증권선물위원회에 제출하여야 한다. 다만 해당 재무제표가 감사인이 제출하는 감사보고서에 첨부된 재무제표와 동일하면 이를 다시 제출하지 않아도 된다. 따라서 현실적으로 감사인이 감사보고서를 제출하면 회사가 별도로 재무제표를 증권선물위원회에 제출하는 경우는 거의 없다.

외부감사법의 감사보고서 제출기한 이외에도 자본시장법에서는 상장법인 등은 사업보고서를 사업연도 경과 후 90일 이내에 금융위원회와 한국거래소에 제출하여야 하며, 부속서류로서 감사보고서 등을 첨부하여야 한다. 상장법인이 감사보고서를 감사인으로부터 제출받지 못하면 사업보고서를 법정 제출기한까지 제출할 수 없는 상황이 발생하게 되는데 이러한 경우에는 한국거래소 규정[1]에 따라 관리종목으로 지정되며, 제출기한으로부터 10일이 경과하면 상장폐지 사유가 된다. 이와 같이 상장법인 등이 감사보고서와 관련해서 사업보고서 제출기한을 준수하지 못할 경우 상장폐지 등

1) 유가증권시장 상장규정(한국거래소 규정) 제47조(관리종목지정) ① 거래소는 보통주권 상장법인이 다음 각 호의 어느 하나에 해당하는 경우에는 해당 보통주권을 관리종목으로 지정한다.
1. 정기보고서 미제출: 사업보고서, 반기보고서 또는 분기보고서를 법정 제출기한까지 제출하지 않은 경우
제48조(상장폐지) ① 거래소는 보통주권 상장법인이 다음 각 호의 어느 하나에 해당하는 경우에는 해당 보통주권을 상장폐지한다.
1. 정기보고서 미제출: 사업보고서, 반기보고서 또는 분기보고서와 관련하여 다음 각 목의 어느 하나에 해당하는 경우
가. 사업보고서 미제출로 제47조 제1항 제1호에 따라 관리종목으로 지정된 상태에서 해당 사업보고서를 그 법정 제출기한부터 10일 이내에 제출하지 않은 경우

의 상황이 되어서 투자자에게 막대한 피해가 발생할 수 있거나, 무리하게 제출기한을 맞추기 위해 충분한 감사가 이루어지지 못할 수 있는 문제가 제기되었다. 자본시장법에서는 감사시간이 부족하거나 회사와 감사인 간 이견이 조율되지 않거나 감사증거의 확보가 지연되는 등으로 충실한 감사의견을 내기 어려운 상황을 감안해서 사업보고서 등의 제출대상법인이 그 회계감사인과 감사보고서 작성을 위하여 부득이 사업보고서 등의 제출기한 연장이 필요하다고 합의하고 신고한 경우 제출기한을 연 1회에 한하여 5영업일 이내에서 연장할 수 있도록 하고 있다(자본시장법 제165조 제3항).

2. 감사인의 감사보고서 제출

감사인은 감사결과를 기술한 감사보고서를 작성한 후 회사의 재무제표 작성 근거 규정에 따른 각 제출기한에 따라 이를 제출하여야 한다. 따라서 감사인은 한국채택국제회계기준 적용여부에 따라 각 아래 기한까지 회사, 증권선물위원회, 공인회계사회에 감사보고서를 제출하여야 한다.

표 21 감사보고서 제출기한

제출대상	감사보고서 제출기한	
	한국채택국제회계기준 적용 재무제표	한국채택국제회계기준 미적용 재무제표
회사	정기주주총회 1주 전[2]	• 재무제표: 정기주주총회 1주 전[3] • 연결재무제표: 사업연도 종료 후 120일(사업보고서 제출 대상회사로 직전 사업연도 말 자산이 2조 원 이상인 회사는 90일)
증권선물위원회 및 한국공인회계사회	정기주주총회 종료 후 2주 이내	• 재무제표: 정기주주총회 종료 후 2주 이내 • 연결재무제표: 사업연도 종료 후 120일(사업보고서 제출 대상회사로 직전 사업연도 말 자산이 2조 원 이상인 회사는 90일)

2) 주권상장회사는 감사인으로부터 감사보고서를 제출받은 때 거래소에 신고하여야 하는데(유가증권시장 공시규정 제7조 제1항, 코스닥시장 공시규정 제6조 제1항) '감사보고서 제출공시' 제목으로 이루어지며, 감사보고서가 첨부되고 정보이용자는 전자공시시스템 등을 통해 조회가 가능하다.

3) 감사인은 회사가 사업보고서 제출기한 이후 정기총회를 개최하는 경우로서 회사의 재무제표(한국채택국제회계기준을 적용하지 아니하는 회사의 연결재무제표는 제외)를 감사하는 경우에는 감사보고서를 사업보고서 제출기한 1주전(회생절차가 진행중인 회사는 사업연도 종료 후 3개월 이내)까지 회사에 제출하여야 한다(법 시행령 제27조 제2항).

이때 회사가 자본시장법상 사업보고서에 감사보고서를 첨부하여 각 사업연도 경과 후 90일 이내에 거래소에 제출하면, 감사인이 증권선물위원회와 공인회계사회에 감사보고서를 제출한 것으로 본다.

3. 감사보고서 등의 제출 방법

감사인은 증권선물위원회에 감사보고서를 제출하여야 하는데 2001년 1월(2001. 1.)부터는 전자공시를 하였다면 그 서면제출이 면제되고 있다. 전자공시는 금융감독원이 운영하는 전자공시시스템(DART시스템: Data Analysis, Retrieval and Transfer System)을 통해 공시의무자가 공시서류를 전자문서의 방법으로 제출하는 것을 의미하고, 일반이용자는 인터넷 또는 모바일 서비스를 통해 그 내용을 즉시 열람할 수 있다. 또한 제출인이 공시서류를 금융감독원에 한번만 제출하면 금융감독원이 제출된 공시서류를 한국거래소 등 관계기관에 자동으로 전송하고, 일반이용자는 금융감독원 전자공시시스템을 통하여 인터넷 등에서 제출된 모든 공시정보를 이용할 수 있게 된다(전자문서제출요령, 금융감독원 2017. 8.).

4. 전자문서로 제출하는 경우(전자공시)

자본시장법 제436조에서 전자문서에 의한 신고와 관련된 법적 근거에 대하여 규정하고 있으며, 동법 시행령 제385조에서는 전자문서의 정의, 효력 등을 규정하고 구체적인 절차, 방법 등을 금융위원회에 위임한다. 그 위임에 따라 금융위원회 규정인 증권의 발행 및 공시 등에 관한 규정 제6장과 금융감독원 규정인 동 규정 시행세칙 제4장은 각 전자문서의 작성 제출과 관련된 제반사항에 대하여 규정한다(전자문서제출요령, 금융감독원 2017. 8.).

5. 감사인의 명칭과 감사의견 병기

회사가 상법 제449조 제3항에 따라 주주총회의 승인을 얻은 대차대조표를 공고하는 경우 감사인의 명칭과 감사의견을 함께 적어야 한다.

한국공인회계사회는 감사인의 명칭과 감사의견의 병기와 관련해서 회계감사실무지침 2014-2 [재무상태표 및 감사의견 신문공고]를 제정하여 감사인이 회사에 신문공고 문안을 제공할 때 이를 활용하도록 하고 있다.

6. 대주주 및 대주주의 특수관계자 등의 소유주식현황 등 제출

법 제23조 제4항의 내용은 2009년 2월 3일 개정시 신설된 것이다. 법 제11조 제2항 제2호에 따라 자산총액이 1천억 원 이상인 회사 중 대주주 및 그 대주주와 대통령령으로 정하는 특수관계에 있는 자가 합하여 발행주식총수(의결권이 없는 주식은 제외)의 50% 이상을 소유하고 있는 회사로서 대주주 또는 그 대주주와 특수관계에 있는 자가 해당회사의 대표이사인 회사인 경우에 대하여서는 감사인을 지정하고 있다. 이때 지정대상 여부를 판단하기 위해서는 해당 회사가 관련 정보를 증권선물위원회에 제출할 필요가 있어서 동 규정이 신설되었다.

그런데 2017. 11.에 전면 개정된 법 시행령 제17조 제1항, 외감규정 제15조 제3항 및 외감규정 시행세칙 제15조 제1항에서도 회사는 감사인 선임 또는 변경선임 여부 결정에 필요한 자료를 금융위원회가 정하는 바에 따라 증권선물위원회에 전자문서로 제출하도록 하고 있다. 금융위원회의 외감규정 제15조 제3항과 금융감독원의 외감규정 시행세칙 제15조 제1항에서 상기 법 제11조 제2항 제2호의 회사는 매 사업연도가 시작된 후 9개월째 되는 달의 초일부터 2주 이내에 '대형비상장주식회사의 감사인 지정 기초자료신고서'(외감규정 시행세칙 별지 20)를 금융감독원장에게 제출하도록 하고 있는데, 동 신고서의 내용은 법 제23조 제4항의 서류와 동일한 내용으로 각각의 규정에서 제출을 규정하고 있다. 다만 제출시점이 정기총회 종료 후 14일 이내와 사업연도가 시작된 후 9개월째 되는 달의 초일부터 2주 이내로 차이가 있을 뿐이다. 물론 시점이 다르므로 후자 시점까지 특수관계자 간 지분율 변동 등으로 지정대상이 되지 않을 가능성도 있겠으나 변동이 없는 경우에는 동일한 내용을 두 번 제출해야 하는 상황이 발생할 수 있으므로 관계기관은 변동이 없으면 제출하지 않도록 하거나, 전자의 제출 조항은 삭제하고 후자만 가지고 운영하는 것도 고려할 필요가 있다.

7. 회사의 재무제표와 감사인의 감사보고서 비치 · 공시

회사는 회사의 재무제표와 그에 대한 감사보고서를 본점에 5년간, 지점에는 3년간 비치공시하여야 한다. 이때 재무제표에는 연결재무제표와 그에 대한 감사보고서를 포함한다.

Ⅲ. 위반 효과

1. 행정제재

증권선물위원회는 감사인 또는 감사인에 소속된 공인회계사가 감사보고서를 기간 내에 제출하지 않은 경우 일정한 기간을 정하여 지정 회사 등에 대한 감사업무 제한, 경고, 주의 등의 조치를 할 수 있다(법 제29조 제3항과 제4항, 별표 1과 2).

회사가 재무제표와 감사인의 감사보고서를 비치 공시하지 않으면 500만 원 이하의 과태료를 부과한다(법 제47조 제4항 제2호). 법 시행령 제48조(과태료의 부과기준 등)와 동 시행령 별표 2(과태료 부과기준)에서는 1백만 원을 기준금액으로 정하고 증권선물위원회가 위반행위의 정도, 위반행위의 동기와 그 결과 등을 고려하여 동 기준금액을 감경 또는 면제하거나 2분의 1 범위에서 가중할 수 있도록 한다.

2. 벌칙

회사가 주주총회 등에서 승인받은 재무제표를 증권선물위원회에 제출하지 않으면 3년 이하의 징역 또는 3천만 원 이하의 벌금에 처하고, 감사인이 감사보고서를 제출하지 않거나 주식회사가 대차대조표를 공고하는 경우에 감사인의 명칭과 감사의견을 함께 적지 아니한 경우 1년 이하의 징역 또는 1천만 원 이하의 벌금에 처한다(법 제42조 및 제44조).

[이한성 · 이준봉]

제 2 장 회사 및 감사인

제24조(주주총회등에의 출석)

감사인 또는 그에 소속된 공인회계사는 주주총회등이 요구하면 주주총회등에 출석하여 의견을 진술하거나 주주등의 질문에 답변하여야 한다.

Ⅰ. 입법취지

감사인은 회사의 이해관계자 등 정보이용자들이 올바르게 판단하고 경영진에 대한 충실한 감시역할을 수행할 수 있도록 하기 위하여 계약상 그리고 법률상 정하여진 바에 따른 여러 권리와 의무를 부담한다. 그 중 감사인 또는 그에 소속된 공인회계사의 주주총회 출석 및 의견진술·답변의무에 관한 본조는 1981년 외부감사법 제정 때부터 존재하던 조항으로 당시 감사인에게만 주주총회 출석의무 등을 부과하던 것을 1989년 12월 30일 개정시 감사인에 소속된 공인회계사도 포함되었다. 그리고 이번 개정법에서 유한회사도 외부감사 대상이 되면서 주주총회와 사원총회를 포함하여 '주주총회등'으로 하고, '주주총회등에의 출석'이라는 조문으로 수정되었다.

Ⅱ. 출석 및 의견진술권한의무의 내용

1. 감사인의 주주총회 출석 및 진술, 답변의무

감사인 또는 그에 소속된 공인회계사는 주주총회 또는 사원총회가 요구하면 주주총회 또는 사원총회에 출석하여 의견을 진술하거나 주주 또는 사원의 질문에 답변하여야 한다. 이를 통해서 주주나 사원은 직접적으로 외부감사인의 의견을 듣고 회사의 재무에 대한 사항을 확인할 수 있다.

2. '주주총회등의 요구'의 내용

본조는 감사인의 출석 및 답변의무와 관련하여 '주주총회등이 요구하면'이라고만 규정하고 있을 뿐 구체적인 내용에 대해서는 규정하고 있지 않다. 즉 외부감사인 등에게 주주총회 결의로 요구해야 하는지 아니면 주주총회의 의장이 요구해야 하는지, 그리고 구두로 요구하면 되는지 아니면 서면이나 전자문서에 의하여 요구해야 하는지가 명확하지 않다.

이에 관하여, 주주총회가 외부감사인이나 그에 소속된 공인회계사에게 주주총회에의 출석을 요구하거나 또는 주주가 답변을 요구하는 이유는 회계감사에 연관된 재무제표의 승인이나 회사에 대한 이사의 책임 여부 등에 관하여 합리적인 의사결정을 하도록 하는 것이 본조의 규정취지 및 목적이다. 이와 같은 점을 감안하면, 외부감사인과 그에 소속된 공인회계사에게 누가 어떠한 방식으로 출석을 요구해야 하는지 명확히 규정하여야 한다는 견해가 있다.[1]

개정론으로 주주총회 출석요구를 할 수 있는 주체 및 방식에 대해서 입법적으로 해결하는 것이 바람직할 것이나 현행 법 제24조의 해석론으로는 주주총회에 대해서 주체에 대한 제한이 없으므로 주주총회를 소집하는 소집권자의 요구로 봄이 타당할 것이고 주주총회를 소집하는 과정에서 주주로서는 주주제안권을 행사하면서 필요하다고 판단하는 경우 감사인의 출석 및 의견진술을 요구하는 것으로 하면 될 것이다. 방식에 대해서는 별다른 제한이 없으므로 주주총회 소집권자의 소집시에 이를 감사인에게 요청하거나 소수주주의 경우 주주제안권의 요건을 구비하지 못하는 경우에도 단독주주권으로 주주총회 소집시 감사인의 출석 및 답변을 요구하는 것이 가능하다고 봄이 상당하다. 그 방식도 구두로 요청하거나 서면으로 요청하는 것이 모두 가능할 것이나 현실적으로 서면 요청이 있는 경우가 대부분일 것이라고 생각된다. 이때 서면은 전자우편이나 모사전송 등의 경우를 모두 포함하는 것으로 해석함이 당연하다. 반드시 회사가 정한 양식이나 방법에 의하여야 할 것은 아니나 만일 회사가 내부규정으로 특정한 방식을 정한 경우라면 그 방식이 외부감사법의 규정을 잠탈하거나 사회상규 위반으로 무효로 볼 것이 아니라면 그 방식을 따르도록 하여야 할 것이다.

참석요구 기간의 경우에도 외부감사법은 아무런 규정을 두고 있지 않으나 참석요

1) 정준우, "외부감사법상 외부감사인의 책임에 관한 비판적 검토", 「경제법연구」 제14권 제1호(2015), 296면.

구 기간은 합리적으로 감사인이 참석에 응할 수 있는 기간으로 봄이 상당할 것인바, 주주총회 소집통지 전에 이루어진다면 별다른 문제가 없을 것이나 주주총회일 직전 또는 당일 주주총회 중에 갑자기 감사인의 참석 및 답변을 요구하였고 감사인이 이에 참석하는 것이 시간적인 제약 등으로 인해서 합리적으로 기대될 수 없는 경우라면 본조 위반이라고 볼 수는 없다고 할 것이다.

Ⅲ. 위반 효과

1. 행정제재

증권선물위원회는 감사인 또는 그에 소속된 공인회계사가 주주총회등에 출석요구에 응하지 아니하는 경우 법 제29조 제3항 및 제4항(별표 1, 2)에 따라 감사인과 그에 소속된 공인회계사에 대한 행정조치를 할 수 있다. 또한 주주총회등의 출석요구에 응하지 아니하는 경우 법 제47조 제3항에 따라 1천만 원 이하의 과태료가 부가될 수 있다.

2. 벌칙

감사인 또는 그에 소속된 공인회계사가 동법 제24조에 따라 주주총회등에 출석하여 거짓으로 진술을 하거나 사실을 감춘 경우, 동법 제41조 제4호에 의하여 5년 이하의 징역 또는 5천만 원 이하의 벌금에 처할 수 있다.

구 외부감사법(2009. 2. 3. 이전)에서는 주주총회에의 출석의무나 답변의무를 위반한 감사인과 그의 공인회계사에 대하여 가해졌던 벌칙은 '1년 이하의 징역 또는 1천만 원 이하의 벌금'이었는데, 벌칙이 너무 가혹하다는 그동안의 비판[2])을 수용하여 2009. 2. 3. 외부감사법을 개정하면서 과태료 처분으로 완화하고 현재에까지 이르고 있다.

[최승재]

2) 정준우, 「감사와 외부감사인의 법적 책임」(한국상장회사협의회, 2005), 185면 및 296면 참조. 그러나 회사와 위임계약관계에 있는 외부감사인이 주주총회 등의 요구에 응하여 출석하거나 답변하지 않았다고 하여 계약상의 책임이 아닌 형사처벌이나 행정처분을 가하는 것이 타당한지는 여전히 의문이다.

제 2 장 회사 및 감사인

제25조(회계법인의 사업보고서 제출과 비치 · 공시 등)

① 회계법인인 감사인은 매 사업연도 종료 후 3개월 이내에 사업보고서를 증권선물위원회와 한국공인회계사회에 제출하여야 한다.

② 제1항의 사업보고서에는 그 회계법인의 상호, 사업내용, 재무에 관한 사항, 감사보고서 품질관리 관련 정보, 연차별 감사투입 인력 및 시간, 이사 보수(개별 보수가 5억 원 이상인 경우에 한정한다), 이사의 징계 내역, 그 밖에 총리령으로 정하는 사항을 기재한다.

③ 회계법인인 감사인은 제1항에 따라 제출한 사업보고서를 대통령령으로 정하는 바에 따라 비치 · 공시하여야 한다.

④ 증권선물위원회와 한국공인회계사회는 제1항에 따라 회계법인으로부터 제출받은 사업보고서를 대통령령으로 정하는 기간 동안 대통령령으로 정하는 바에 따라 일반인이 열람할 수 있게 하여야 한다.

⑤ 주권상장법인의 회계법인인 감사인은 그 회계법인의 경영, 재산, 감사보고서 품질 관리 등에 중대한 영향을 미치는 사항으로서 대통령령으로 정하는 사실이 발생한 경우에는 해당 사실을 적은 보고서(이하 "수시보고서"라 한다)를 지체 없이 증권선물위원회에 제출하여야 한다.

⑥ 제5항에 따른 수시보고서의 작성 절차 및 방법 등에 관한 사항은 총리령으로 정한다.

법 시행령 제28조(회계법인의 사업보고서 제출과 비치 · 공시 등) ① 회계법인인 감사인은 법 제25조 제3항에 따라 사업보고서를 해당 사업연도 종료일부터 3년간 주사무소와 분사무소에 각각 비치하고, 인터넷 홈페이지에 공시하여야 한다. 이 경우 사업보고서 내용 중 회계법인의 지배구조 등 감사업무의 품질관리와 관련하여 중요한 사항은 금융위원회가 정하는 바에 따라 별도로 인터넷 홈페이지에 공시하여야 한다.

② 증권선물위원회와 한국공인회계사회는 법 제25조 제4항에 따라 사업보고서를 3년 동안 일반인이 열람할 수 있도록 하고, 인터넷 홈페이지에 공시하여야 한다.

③ 법 제25조 제5항에서 "대통령령으로 정하는 사실"이란 다음 각 호의 사항을 말한다.

1. 감사업무 수행 과정에서 중요 사항이 나타난 사실
2. 회계법인의 내부에 중요한 변화가 발생한 사실

3. 행정청의 처분 등 외부환경의 변화로 회계법인의 경영에 중요한 변화가 발생한 사실
4. 그 밖에 감사업무의 이해관계자 보호 등을 위하여 긴급하게 공시하여야 할 필요가 있다고 금융위원회가 정하는 사항

Ⅰ. 입법취지

회계법인의 사업보고서 공시제도는 1996. 12. 30. 구 외부감사법이 개정되면서 도입된 제도[1]이다. 회계법인의 자본금, 손해배상능력, 회계감사능력 등에 상당한 차이가 있으므로 감사인의 경영성과에 대한 정보를 공시하여 회사가 이를 알 수 있도록 함으로써 감사인 간 공정한 경쟁을 유도하고 회사가 적합한 감사인을 선임하기 위해 도입된 것이었다. 이번에 개정된 외부감사법에서는 구 외부감사법의 제3조의2 및 제14조에 있는 회계법인 사업보고서 제출과 비치·공시에 대한 제도를 한 개의 조문으로 합하고, 회계법인 사업보고서에 기재할 사항을 보다 구체화하였으며, 회계법인의 경영, 재산, 감사보고서 품질 관리 등에 영향을 미치는 경우에는 수시보고서를 증권선물위원회에 제출하도록 하였다.

Ⅱ. 회계법인 사업보고서

1. 회계법인 사업보고서 기재사항 및 제출

가. 회계투명성과 감사품질 제고의 간접통제 기능

회계법인인 감사인은 사업연도 종료 후 3개월 이내에 사업보고서를 증권선물위원회와 한국공인회계사회에 제출하여야 한다. 회계법인의 사업보고서에는 회계법인의 상호,[2] 사업내용, 재무에 관한 사항, 감사보고서 품질관리 관련 정보, 연차별 감사투

1) 국회재정경제위원회, 「주식회사의 외부감사에 관한 법률 개정법률안(정부제출 의안번호 제208호) 검토보고서」(1996. 12), 22면.

2) 상호는 상법상 회사의 명칭을 의미한다. 비록 회계법인은 공인회계사법 제40조 제2항에서 회계법인에 관하여 공인

입 인력 및 시간, 이사보수(개별 보수가 5억 원 이상인 경우에 한정한다), 이사의 징계 내역, 그 밖에 총리령[3]에 따라 회계법인의 인력, 손해배상공동기금이나 손해배상책임보험 등 손해배상능력, 증권선물위원회로부터 받은 감리평가결과, 회계법인 업무와 관련된 최근 3년간 민·형사 소송 등을 기재하여야 한다. 일반적으로 사업보고서 제도는 자본시장법상 상장회사와 같이 다양한 이해관계인이 존재하는 경우 회사의 영업이나 재무상황 등을 외부에 공시하여 투자자 등을 보호하기 위해 도입된 제도이다. 물론 자본시장법상의 사업보고서 기재 내용과 회계법인의 사업보고서 기재 내용은 다소 차이가 있으나, 회계법인의 사업보고서도 사업내용, 인력현황, 재무상황, 감사품질관리정보, 이사 보수, 이사 징계내역, 손해배상능력 등 매우 자세한 내용을 사업보고서에

회계사법에서 규정되지 아니한 사항은 상법 중 유한회사에 관한 규정을 준용하도록 하고 있으나 회계법인 자체는 상법상 설립된 법인이 아니라 공인회계사법 제23조에 따라 설립된 특수법인에 해당한다. 공인회계사법도 회계법인의 상호라면 표현 대신 '명칭'이라는 표현을 쓰고 있으므로 향후 '상호' 대신 '명칭'이란 표현으로 개정이 필요하다.

3) 법 시행규칙 제5조(사업보고서의 기재사항 및 제출) ① 법 제25조 제2항에 따라 사업보고서에 기재하여야 할 사항은 다음 각 호와 같다.

1. 회계법인의 개략적 현황
   가. 재무제표와 그 부속명세서
   나. 최근 3개 사업연도 회계감사, 세무대리 및 경영자문 등 사업부문별 매출액
   다. 그 밖에 조직, 외국 회계법인과의 제휴 등 해당 회계법인의 경영 현황으로서 금융위원회가 정하는 사항
2. 법 제17조 제1항에 따른 감사인의 업무설계 및 운영에 관한 기준에 관하여 금융위원회가 정하는 사항
3. 회계법인의 인력에 관한 사항
   가. 이사·사원 및 소속 공인회계사 현황
   나. 최근 3개 사업연도의 회계감사, 세무대리 및 경영자문 등 사업부문별 인원 및 보수
   다. 그 밖에 인력의 교육훈련 및 변동 등에 관하여 금융위원회가 정하는 사항
4. 「공인회계사법」 제28조 제1항에 따른 손해배상준비금의 적립, 법 제32조 제1항에 따른 손해배상공동기금의 적립 및 영 제38조 제1항에 따른 손해배상책임보험의 가입에 관한 사항
5. 최근 3년간 「금융위원회의 설치 등에 관한 법률」에 따른 증권선물위원회(이하 "증권선물위원회"라 한다)로부터 법 제26조 제1항에 따른 감리 및 평가(이하 "감리등"이라 한다)를 받은 결과 중 금융위원회가 정하는 사항
6. 회계법인(이사와 소속 공인회계사를 포함한다)의 업무와 관련된 최근 3년간 민사·형사 소송에 관한 사항

② 제1항에 따른 사업보고서의 작성 서식은 금융감독원장이 정한다.

③ 회계법인은 제1항에 따른 사업보고서를 금융감독원장과 한국공인회계사회에 「정보통신망 이용촉진 및 정보보호 등에 관한 법률」 제2조 제5호에 따른 전자문서(이하 "전자문서"라 한다)로 제출할 수 있다.

제6조(수시보고서의 작성 절차 및 방법) ① 주권상장법인의 회계법인인 감사인(이하 이 조에서 "감사인"이라 한다)은 영 제28조 제3항 각 호의 어느 하나에 해당하는 사실을 기재한 보고서(이하 이 조에서 "수시보고서"라 한다)를 금융감독원장이 정하는 서식에 따라 작성하여야 한다.

② 감사인은 법 제25조 제5항에 따라 금융감독원장에게 수시보고서를 제출할 때 금융감독원장이 그 내용을 객관적으로 확인하는데 필요한 자료를 함께 제출하여야 한다.

③ 감사인은 수시보고서를 금융감독원장에게 전자문서로 제출할 수 있다.

기재하여 이를 공시하도록 하는 점에서 상당히 유사하다. 이러한 사업보고서 공시 제도를 회계법인에게 유사하게 적용하도록 한 것은 회계법인이 자본시장의 파수꾼의 역할을 하는 만큼 회계법인의 내부 현황의 투명한 공개를 통해 간접적으로 기업의 투명성을 높이고, 감사업무의 충실도 가져올 수 있다는 목적에 부합한다고 보인다. 즉, 회계법인은 외부감사 대상회사에 대한 감사업무를 수행하고, 감사의견에 따라 상장여부, 대출여부 등 회사의 영업활동에 중요한 영향을 미치고, 허위의 감사보고서는 회사 및 투자자들에게 손해를 주므로, 이를 규제하기 위한 하나의 방편으로 회계법인의 사업보고서를 구체적으로 기재하도록 한 것으로 보인다. 이는 외부감사제도가 회사의 회계투명성을 높여 이해관계인 보호, 기업의 건전한 경영, 국민경제 발전과도 연관되므로 상장회사 등의 사업보고서 만큼, 회사를 감사하는 감사인 스스로도 투명한 자신의 상황을 공개함으로써 회계투명성을 높인다는 측면에서 회계법인의 사업보고서 공시제도는 합리적인 측면이 있다. 또한 회계법인의 사업보고서를 공시하는 것은 회계법인이 감사업무에 보다 충실을 기해 감사품질을 높일 수 있다는 측면도 있다. 감사보고서 품질관리 관련한 정보를 비롯해 감사투입 인력 및 시간, 이사의 징계내역 등은 회사가 적법하고 품질높은 감사인을 선임하기 위해서 필요한 것이므로 이를 공시하는 것은 감사품질을 담보하기 위한 것으로 볼 수 있다. 감사품질은 감사인이 재무제표의 왜곡표시를 발견할 확률과 이를 보고할 확률의 결합확률이라고 정의되고 있는바,[4] 감사품질을 결정하는 두 가지 요소는 감사인이 전문가적 능력(적격성)을 발휘하여 재무제표의 왜곡표시를 발견할 수 있는 확률과 발견한 왜곡표시를 독립성을 유지하면서 보고할 확률로 구성된다. 따라서 회계법인 사업보고서를 통해 감사품질과 관련하여 감사인의 독립성과 적격성의 측정은 중요한 의미를 갖는다. 과거 학계의 연구들은 대형회계법인(감사인)으로부터 감사를 받은 경우 그렇지 않은 기업에 비해 회계정보의 질이 높다거나,[5] 산업전문성이 높은 감사인이 감사한 기업이 그렇지 않은 기

4) DeAngelo, L., "Auditor size and audit quality", Journal of Accounting and Economics 3, 1981, 183-199; 김현진·김정교, "감사인의 적격성이 보수주의와 회계투명성에 미치는 영향", 「국제회계연구」 제63집(한국국제회계학회, 2015), 255면.

5) Becker et al., "The effect of audit quality on earnings management", Contemporary Accounting Research 15(1). 1998, 1-24; Geiger and Rama, "Audit firm size and going-concern reporting accuracy", Accounting Horizons 20(1). 2006, 1-17; 백원선·유재권, "감사인 유형과 보수주의", 「회계와 감사연구」 제41호(2005), 241~260면; 김정교 등, "감사품질이 이익조정에 미치는 영향", 「국제회계연구」 제38집(2011), 43~74면.

업에 비해 회계정보의 질이 높다는 점을 발견했다.[6] 한편 감사보수나 감사시간이 높을수록 회계정보의 질이 증가함을 밝혔다.[7] 외부감사법 동 조항이 회계법인의 사업보고서의 기재사항으로 요구하는 사항들은 감사품질을 결정하는 검증된 요인이라는 점에서 의의가 있다.

나. 비판

회계법인의 사원은 공인회계사들로 구성될 수밖에 없고, 회계법인은 상법상 유한회사에 준하도록 규정하고 있는 폐쇄적 인적회사임에도 불구하고, 상장회사와 유사한 사업보고서 공시제도를 두어 회계법인의 지배구조, 인력구조, 이사보수를 모두 공개하고 전자공시시스템에 공시하도록 하는 것은 법무법인, 세무법인, 특허법인 등 다른 전문자격사 법인에게는 존재하지 않는 제도이므로 이들과 비교하여 형평성 문제가 제기될 수 있다.

특히 회계법인의 이사인 공인회계사의 보수가 5억 원 이상인 경우, 회계법인 사업보고서에 공시하여야 하는데, 이사 보수 공개를 통해 회계법인의 투명성을 제고할 수 있는지 여부가 불분명하고, 이사 보수 공개가 회계법인의 감사품질과 인과관계가 존재하는지도 밝혀져 있지 아니하다. 사업보고서를 공개하는 상장법인의 경우 영업활동으로 투자자에 대한 배당 및 기업가치를 올리는 것이 상장법인의 주요한 목적이므로 경영진 등의 보수 공개를 통해 상장회사 현황을 이해관계인에게 공개하는 것은 어느 정도 수긍할 수 있지만, 폐쇄적 인적회사에 불과한 전문자격사법인의 주요 구성원들이 연간 5억 원 이상 보수를 받았다는 이유만으로 이를 외부에 공개하는 것이 외부감사법 제1조에서 말하는 이해관계인 보호, 기업의 건전한 경영, 국민경제발전에 이바지하려는 외부감사법 목적에 부합하는지 의문이다.

또한 이사의 징계 내역 등을 사업보고서에 기재하여 공시하도록 한 것도 적격한

6) O'Keefe et al., "The production of audit services: Evidence from a major public accounting firm", Journal of Accounting Research. 32(2), 1994, 241-261; Krishnan, "Does Big6 auditor industry expertise contain earnings management?", Accounting Horizon 17(Supplement), 2003, 1-16; 정문종·이재맹, "회계감사 품질대용치와 산업별 전문감사인: 우리 회계감사 시장의 현황을 중심으로". 「회계저널」 제5권 제2호(1996), 239~274면.

7) 박종일·최관, "비정상적인 감사보수와 감사시간이 재량적 발생액에 미치는 영향". 「세무와 회계저널」 제10권 제3호(2009), 265~301; 문상혁 외, "결산일 차이가 감사보수, 감사시간, 그리고 감사품질에 미치는 영향". 「회계와 감사연구」 제42호(2005), 135~165면.

회계법인을 선임하려는 회사의 알권리와 감사품질 제고라는 목적에서 도입된 것으로 보이나, 다른 전문자격사법인의 경우 자체 운영하는 홈페이지 등에 징계내역을 공개[8] 하는 것과 달리, 회계법인의 사업보고서는 자체 홈페이지 이외에 금감원 공시시스템에도 계속적으로 공시되어 일반인이 쉽게 그 내용에 접근할 수 있다는 측면에서 회계법인 및 이사들의 프라이버시권이나 영업수행의 자유를 침해할 우려가 있다.

2. 회계법인 사업보고서 비치·공시

회계법인인 감사인은 증권선물위원회와 한국공인회계사회에 제출한 사업보고서를 해당 사업연도 종료일부터 3년간 주사무소와 분사무소에 각각 비치하고, 인터넷 홈페이지에 공시하여야 한다. 이 경우 사업보고서 내용 중 회계법인의 지배구조 등 감사업무의 품질관리와 관련하여 중요한 사항은 금융위원회가 정하는 바[9]에 따라 별도로 인터넷 홈페이지에 공시하여야 한다. 또한 증권선물위원회와 한국공인회계사회는 회계법인으로부터 제출받은 사업보고서를 3년 동안 일반인이 열람할 수 있도록 하고, 인터넷 홈페이지에 공시하여야 한다.

---

8) 변호사법 제98조의5(징계의 집행) ③ 대한변호사협회의 장은 징계처분을 하면 이를 지체 없이 대한변호사협회가 운영하는 인터넷 홈페이지에 3개월 이상 게재하는 등 공개하여야 한다.

④ 대한변호사협회의 장은 변호사를 선임하려는 자가 해당 변호사의 징계처분 사실을 알기 위하여 징계정보의 열람·등사를 신청하는 경우 이를 제공하여야 한다.

⑤ 징계처분의 공개 범위와 시행 방법, 제4항에 따른 변호사를 선임하려는 자의 해당 여부, 열람·등사의 방법 및 절차, 이에 소요되는 비용에 관하여 필요한 사항은 대통령령으로 정한다.

9) 금융위원회 고시 제22조(회계법인의 공시사항) ① 회계법인이 「주식회사 등의 외부감사에 관한 법률 시행규칙」 제5조 제1항 각 호의 규정에 따라 사업보고서에 기재하여야 할 사항은 별표 5와 같다.

② 회계법인은 영 제28조 제1항 후단에 따라 법 제25조 제1항에 따른 사업보고서(이하 "사업보고서"라 한다)의 내용 중 다음 각 호의 사항을 기재한 문서(이하 이 조에서 "투명성 보고서"라 한다)를 사업보고서와 별도로 인터넷 홈페이지에 게시하여야 한다.

1. 지배구조
2. 이사의 보수
3. 감사인의 업무설계 및 운영 관련 업무(이하 "품질관리업무"라 한다) 담당 인력
4. 소속 공인회계사 연차별 인원 수
5. 심리(審理)체계

③ 투명성 보고서의 서식은 금융감독원장이 정한다.

④ 주권상장법인의 감사인은 영 제28조 제3항 제4호에 따라 별표 6에서 정하는 사실이 발생한 경우에 그 사실을 적은 보고서를 증권선물위원회에 제출하여야 한다.

3. 수시보고서

주권상장법인의 회계법인인 감사인은 그 회계법인의 경영, 재산, 감사보고서 품질 관리 등에 중대한 영향을 미치는 사항으로서 대통령령으로 정하는 사실이 발생한 경우에는 해당 사실을 적은 보고서(이하 "수시보고서")를 지체 없이 증권선물위원회에 제출하여야 한다. 이때 수시보고서 제출시 적시하여야 하는 대통령령으로 정하는 사항으로는 감사업무 수행 과정에서 중요 사항이 나타난 사실, 회계법인의 내부에 중요한 변화가 발생한 사실, 행정청의 처분 등 외부환경의 변화로 회계법인의 경영에 중요한 변화가 발생한 사실, 그 밖에 감사업무의 이해관계자 보호 등을 위하여 긴급하게 공시하여야 할 필요가 있다고 금융위원회가 정하는 사항이다. 외감규정 시행세칙 별지 제7호 서식에 따르면, 감사보고서의 철회 및 재발행(1-가), 독립성 위반에 관한 사항(1-나), 외국회계감독기구에 감사인으로 등록(1-다), 명칭 변경(2-가), 정관변경(2-나), 대표이사 및 품질관리업무 담당이사의 선임과 해임(2-다), 주사무소 또는 분사무소의 이전 등(2-마), 합병 등에 관한 사항(2-바), 외국법인과의 제휴(2-사), 특수관계자에 관한 사항(2-아), 인가·인가취소 등 행정조치(3-가), 소속 공인회계사의 징계처분(3-나), 벌금·과태료·추징금(3-다), 손해배상청구(3-라), 경영분쟁의 발생(3-마), 소속이사의 기소(3-바), 출자사원의 변경(3-사), 임직원의 범죄혐의 발생(3-아)이 수시보고서에 포함되어야 하는 사항들이다. 그러나 앞서 언급하였듯이 이러한 수시보고서 제도도 상장법인의 수시공시제도를 본따서 회계투명성과 감사품질 제고를 위해서 도입된 것으로 볼 수 있다. 그러나 회계법인의 사업보고서와 수시보고서에 기재할 사항은 매우 구체적이고 광범위한데다가, 기재 내용의 오류나 누락, 지연제출 등의 경우 회계법인은 행정제재뿐만 아니라 감사인 지정에서 제외될 수 있으므로, 회계법인의 사업보고서 기재내용 범위, 누락이나 지연제출에 대한 행정제재의 수준을 재고할 필요가 있다.

III. 위반 효과

증권선물위원회는 회계법인의 사업보고서 또는 수시보고서를 미제출 또는 지연제출하거나, 사업보고서 또는 수시보고서의 기재사항 중 중요사항에 관하여 거짓의 기재 또는 표시가 있거나 중요사항의 기재 또는 누락되어 있는 경우, 감사인에 대한 행정제재[10]를 할 수 있다(법 제29조 제3항 별표 1).

사업보고서 또는 수시보고서에 거짓으로 기재하거나 표시한 사항이 있는 경우 또는 보고하여야 할 사항을 빠뜨린 경우, 증권선물위원회는 회계법인을 감사인으로 지정하지 아니할 수 있다(법 시행령 제16조 제2항 제2호, 외감규정 제14조 제8항 제2호).

[최승재·황보현]

---

10) 제29조(회사 및 감사인 등에 대한 조치 등) ③ 증권선물위원회는 감사인이 별표 1 각 호의 어느 하나에 해당하는 경우에는 다음 각 호의 조치를 할 수 있다.

1. 해당 감사인의 등록을 취소할 것을 금융위원회에 건의
2. 일정한 기간을 정하여 업무의 전부 또는 일부 정지를 명할 것을 금융위원회에 건의
3. 제32조에 따른 손해배상공동기금 추가 적립 명령
4. 일정한 기간을 정하여 다음 각 목의 어느 하나에 해당하는 회사에 대한 감사업무 제한
   가. 제11조에 따라 증권선물위원회가 감사인을 지정하는 회사
   나. 그 밖에 증권선물위원회가 정하는 특정 회사
5. 경고
6. 주의
7. 그 밖에 위법행위를 시정하거나 방지하기 위하여 필요한 조치

제 3 장

감독 및 처분

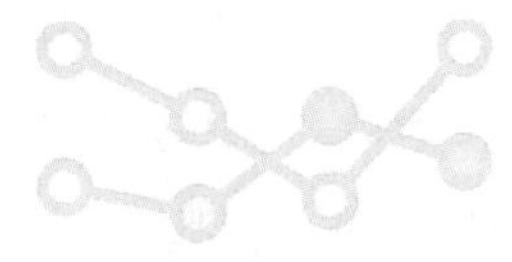

제3장은 감독 및 처분에 관한 사항으로서 총 11개의 조문으로 구성되어 있다. 우선, 제26조부터 제30조까지는 증권선물위원회의 감리업무 및 행정조치 일반에 관한 내용으로 구성되어 있다. 증권선물위원회는 기업회계의 기준 및 회계감리에 관한 업무를 수행하기 위하여 금융위원회에 둔 조직인데, 외부감사법상 감사인의 감사보고서, 회사의 재무제표, 감사인의 품질관리기준 준수에 관한 감리업무(제26조)를 담당하고 있고, 증권선물위원회의 이러한 감리업무 수행을 위한 제출요구 등에 관한 사항(제27조), 회계정보와 관련하여 회사의 부정행위를 신고한 자들에 대한 보호(제28조), 증권선물위원회의 감리업무에 따른 회사 및 감사인 등에 대한 조치(제29조), 위반행위의 공시 등(제30조)을 규정하고 있다. 다음으로는 감사인이 그 임무를 게을리하여 회사나 제3자에게 손해를 발생하게 한 경우 일반적인 민사책임의 특례규정 성격을 가진 감사인의 손해배상책임에 관한 사항(제31조)을 규정하고 있고, 감사인의 손해배상을 담보하기 위한 손해배상공동기금 적립제도(제32조), 손해배상공동기금의 지급 및 한도 등(제33조)에 대한 사항을 규정하고 있다. 아울러 이번 개정법에서는 금전적인 행정제재로서 과징금 제도를 도입하여 과징금 부과의 근거(제35조) 및 과징금의 부과·징수(제36조)에 관한 사항 등 회사와 감사인에 대한 행정책임과 민사책임에 관한 사항을 규율하고 있다.

제26조(증권선물위원회의 감리업무 등)

① 증권선물위원회는 재무제표 및 감사보고서의 신뢰도를 높이기 위하여 다음 각 호의 업무를 한다.

1. 제23조 제1항에 따라 감사인이 제출한 감사보고서에 대하여 제16조에 따른 회계감사기준의 준수 여부에 대한 감리
2. 제23조 제3항에 따라 회사가 제출한 재무제표에 대하여 제5조에 따른 회계처리기준의 준수 여부에 대한 감리
3. 감사인의 감사업무에 대하여 제17조에 따른 품질관리기준의 준수 여부에 대한 감리 및 품질관리수준에 대한 평가
4. 그 밖에 대통령령으로 정하는 업무

② 이 법에 따른 증권선물위원회의 업무수행에 필요한 사항은 금융위원회가 증권선물위원회의 심의를 거쳐 정한다.

법 시행령 제29조(증권선물위원회의 감리업무 등) 법 제26조 제1항 제4호에서 "대통령령으로 정하는 업무"란 회사가 내부회계관리제도를 법 제8조에 따라 운영했는지에 대한 감리(법 제26조 제1항 제2호의 업무를 수행하면서 필요한 경우로 한정한다) 업무를 말한다.

Ⅰ. 입법취지

외부감사법 제정 이후 감리업무의 주체는 증권감독원 감리위원회, 증권관리위원회, 증권선물위원회로 변경되어 왔으며, 업무의 범위도 당초 감사인이 제출한 감사보고서에 대한 감리만을 그 업무로 하였다가 점차 확대되고 있다.

외부감사법에서는 감사인이 제출한 감사보고서에 대한 감리업무 외에, 회사가 제출한 재무제표에 대한 감리업무와 감사인의 품질관리에 대한 감리·평가업무를 증권선물위원회의 업무로 명확하게 규정하고 있으며, 시행령에서 회사의 내부회계관리제

도에 대한 감리업무를 그 업무로 추가하고 있다. 또한 외감규정에 감리집행기관이 회사의 공시된 재무제표 등에 회계처리기준 위반사항 유무를 검토하여 위반사항의 신속한 수정을 권고하는 재무제표 심사업무를 추가하였다.

아울러 종래 '감사보고서의 감리'라고 규정되어 있던 것을 '감사인이 제출한 감사보고서에 대하여 회계감사기준의 준수 여부에 대한 감리'라고 규정하여 다음과 같이 그 업무의 내용을 명확히 하였다.[1)]

표 22 신구 외부감사법 감리에 관한 비교

구 외부감사법	외부감사법
1. 감사보고서 감리	1. 감사보고서 감리 2. 재무제표 감리 3. 감사인의 품질관리 감리 및 평가
2. 그 밖에 시행령으로 정하는 업무 (감사인의 품질관리 감리 업무)	4. 그 밖에 시행령으로 정하는 업무 (회사의 내부회계관리제도 감리) (외감규정[2)]: 재무제표 심사)

II. 증권선물위원회의 감리업무

1. 감사인의 감사보고서에 대한 감리

증권선물위원회는 감사인이 법 제23조 제1항에 따라 제출한 감사보고서가 법 제16조에 따른 회계감사기준을 준수하여 작성되었는지 여부에 대하여 감리한다. 회계감사기준은 특별한 사정이 없는 한 일반적으로 공정·타당하다고 인정되는 것으로서 감사인의 주의의무 위반 여부에 대한 판단의 주요한 기준이 된다.[3)]

금융감독원장, 한국공인회계사회와 같은 감리집행기관은 감사인이 다음 중 어느 하나에 해당하는 경우, 감사보고서의 회계감사기준 준수 여부 또는 품질관리기준의

1) 금융위원회 보도자료, "회계개혁을 위한 외부감사법 시행령 전부개정안 발표"(2018. 4. 9), 13면.
2) 「외부감사 및 회계 등에 관한 규정」 제23조 참조.
3) 대법원 2011. 1. 13. 선고 2008다36930 판결.

준수 여부에 대한 감리를 실시할 수 있다. 이 경우 품질관리수준에 대한 평가를 함께 실시할 수 있다(외감규정 제23조 제7항).

① 회계감사를 하는 회사 중에서 주권상장법인 또는 감사인 지정을 받은 회사가 차지하는 비중이 높은지, 법 제29조 제5항에 따른 감리집행기관의 개선권고 사항 이행 여부 등을 고려하여 감리집행기관이 감리 대상으로 선정한 경우, 사업보고서 또는 법 제25조 제5항에 따른 수시보고서를 부실하게 작성하는 등 경영투명성이 낮다고 판단되는 경우, 감리를 받은 후 경과한 기간 등을 고려하여 무작위로 표본을 추출한 결과 감리 대상으로 선정된 경우

② 외국 회계감독기관의 요청을 고려하여 외국 회계감독기관과 함께 감사인 감리를 해야 할 필요가 있는 경우

③ 법 제9조의2 제1항에 따른 등록요건 유지의무, 회계감사기준 또는 품질관리기준 등을 위반했다는 실명 제보가 접수되거나 중앙행정기관이 감사인 감리를 의뢰한 경우에 그 내용 및 관련 증빙자료를 각각 검토한 결과 법령 등의 위반 혐의가 상당한 개연성이 있다고 인정되는 경우

④ 감리집행기관이 감리 등을 수행한 결과 감사인 감리가 필요하다고 판단한 경우

⑤ 금융위원회 또는 증권선물위원회가 감사인 감리 대상 감사인을 선정하여 감리집행기관에 알리는 경우

2. 회사의 재무제표에 대한 감리

가. 재무제표에 대한 심사

재무제표에 대한 심사란, 감리집행기관이 회사의 공시된 재무제표 등에 회계처리기준 위반사항이 있는지를 검토하여 특이사항이 발견되면, 이에 대한 회사의 소명을 듣고 회계처리기준 위반사항이 있다고 판단되는 경우에 재무제표의 수정을 권고하는 업무를 말하며, 이번에 규정에 새로이 도입되었다(외감규정 제23조 제1항 제1호 나목). 재무제표에 대한 심사업무가 포함되어 있는 외감규정 제23조는 2019. 4. 1.부터 적용한다(외감규정 부칙 제2018-28호 제7조).

종래 회사의 회계처리에 대한 감리는 심사감리와 정밀감리로 구분되었다. 심사

감리는 표본추출방식을 통해 선정된 감리대상 회사의 재무제표 등 공시자료를 바탕으로 특이사항이 있는지를 확인한 후 특이사항이 증빙자료 등을 통해 소명이 되면 감리를 종결하고, 그렇지 않은 경우에는 정밀감리를 실시하였다. 정밀감리는 회계처리기준 또는 회계감사기준 위반 등을 확인하기 위하여 회사의 회계에 대한 장부와 관련 서류의 열람, 회사 및 감사인에 대한 자료제출 요구, 회사의 임직원 및 감사인 소속 공인회계사에 대한 질문서·문답서 등에 의한 의견의 진술 또는 보고의 요구, 회사의 업무와 재산상태의 조사, 관련 기관에 대한 자료제출 요청 등의 방식으로 이루어졌다.

이와 관련하여 대규모 분식회계 사건이 수년간 지속되는 등 기존의 감독방식이 투자자 보호 및 신뢰 확보에 효과적이지 않다는 평가가 있었다. 즉, 재무제표의 왜곡을 신속하게 정정할 수 있도록 지도하기보다는 사후 적발·제재에 지나치게 편중된 측면이 있고, 주권상장법인에 대한 감리주기가 약 25년에 달하는 등 감리가 회사의 회계부정 유인에 대한 억지력을 가진다고 보기가 어려운 상황이었다. 이에 대부분의 선진국에서 재무제표 심사를 통해 회계오류의 신속한 수정을 유도하고, 감리주기도 우리나라에 비해 훨씬 짧다는 점에 주목하여 새로이 재무제표 심사 제도를 외감규정에 도입하게 된 것이다.[4][5]

나. 재무제표에 대한 감리

증권선물위원회는 회사가 개정 법 제23조 제3항에 따라 제출한 재무제표에 대하여 법 제5조에 따른 회계처리기준을 준수하여 작성되었는지 여부에 대하여 감리한다. 감리집행기관은 회사가 다음 중 어느 하나에 해당하는 경우 재무제표 감리를 실시할 수 있다(외감규정 제23조 제1항).

① 전산시스템에 의한 분석 등을 통해 회계처리기준 위반 가능성 또는 예방 필요성이 높다고 판단되는 경우, 재무제표 감리 또는 재무제표 심사를 받은 후 경

4) 금융위원회 보도자료, "「외부감사 및 회계 등에 관한 규정」 전부개정안 마련 등 회계개혁 추진 경과"(2018. 7. 31), 9면.

5) 세칙에 따르면, 재무제표 심사결과 회계처리기준 위반사항을 발견할 경우 신속한 정정을 유도하기 위해 회사에 대하여 재무제표 위반사항을 일정 기한(10영업일) 내에 수정공시할 것을 권고하고, 과실로 인한 경미한 위반사항에 대해서는 회사가 수정권고를 충실히 이행한 경우 금융감독원장의 경고, 주의로 심사절차를 종결하도록 하였으며, 재무제표 심사의 경우에도 소명의 기회제공, 사전통지 등의 절차를 거치도록 근거를 마련하고 관련 서식을 개정하였다.

과한 기간 등을 고려하여 무작위로 표본을 추출한 결과 선정된 경우

② 재무제표 심사 결과, 회계처리기준 위반 혐의가 고의 또는 중과실에 해당한다고 판단하는 경우, 재무제표 심사 시작일로부터 과거 5년 이내의 기간 동안 경고를 2회 이상 받은 상태에서 회계처리기준 위반 혐의가 발견된 경우, 감리집행기관이 회사의 공시된 재무제표에 회계처리기준 위반이 있다고 판단하여 그 재무제표를 수정하여 공시할 것을 권고하였으나 해당 회사가 특별한 이유 없이 권고사항을 이행하지 않는 경우

③ 공시된 재무제표를 회사가 자진하여 수정하는 경우로서, 수정된 금액이 중요성 금액의 4배 이상이거나 최근 5년 이내에 3회 이상 수정한 경우

④ 감리집행기관이 법 제26조 제1항에 따라 감사보고서에 대한 회계감사기준 준수 여부에 대한 감리 등의 업무를 수행한 결과 재무제표 감리가 필요하다고 판단한 경우

⑤ 금융위원회 또는 증권선물위원회가 재무제표 감리 대상 회사를 정하여 감리집행기관에 알리는 경우

⑥ 회사가 시행령 제15조 제5항에 따라 감리집행기관에 재무제표 감리를 신청한 경우

⑦ 회사의 회계처리기준 위반에 관한 실명 제보가 접수되거나 중앙행정기관이 재무제표 감리를 의뢰한 경우

⑧ 「금융위원회의 설치 등에 관한 법률」 제37조 각 호에 따른 금융감독원의 업무를 수행한 결과 회계처리기준 위반 혐의가 발견된 경우

위에 열거된 사유 중 회사가 ① 또는 ③의 사유에 해당하는 경우에는 재무제표 감리를 실시하기 전에 재무제표 심사를 실시하여야 하며, 감리집행기관이 피조사자에게 회계처리기준 위반사항을 수정하여 재무제표를 공시할 것을 권고할 수 있다. 이 경우 회계처리기준 위반사항이 없는 경우에는 조치 등이 없다는 사실을 해당 회사에 알려야 한다. 한편, 한국공인회계사회는 재무제표 심사를 수행한 결과에 대하여 경고, 주의, 내부회계관리제도상 취약사항의 해소 등 위법상태를 시정하거나 다른 위법행위를 방지하기 위한 권고 중 어느 하나에 해당하는 조치가 필요하다고 판단한 경우에 그 심사가 종료되는 날이 속하는 분기가 종료된 후 다음 달까지 증권선물위원회 위원

장에게 해당 심사 결과를 증권선물위원회 회의의 안건으로 부의할 것을 요청하여야 한다(외감규정 제23조 제2항, 제28조 제1항·제2항). 회사가 위 ⑦ 또는 ⑧의 사유에 해당하는 경우에도 이와 같이 업무를 수행할 수 있다(외감규정 제23조 제3항).

감리집행기관은 재무제표 심사를 수행하는 과정에서 회계처리기준의 해석이 쟁점이 되는 경우에는 그 쟁점 관련 사항을 증권선물위원회 위원장에게 지체 없이 보고하여야 하고(외감규정 제23조 제4항), 재무제표 심사를 실시한 결과가 위 ②의 사유에 해당하여 재무제표 감리를 실시하는 경우에는 그 사실을 지체 없이 증권선물위원회 위원장에게 보고하여야 한다(외감규정 제23조 제5항).

다만, 위와 같은 감리 실시 사유가 있는 경우에도, 다음 중 어느 하나에 해당하는 회사에 대해서는 재무제표 감리를 실시하지 아니할 수 있다(외감규정 제23조 제6항).

① 해당 혐의와 관련하여 수사, 형사소송 또는 증권 관련 집단소송이 진행 중인 경우(수사기관이 재무제표 감리를 의뢰한 경우 제외)

② 해당 혐의에 대한 상당한 증거가 있으나 사안의 성격상 수사기관의 강제조사가 필요하다고 판단되는 경우

③ 해당 혐의가 금융감독원장이 정하는 기준에 미달하여 증권선물위원회의 조치 가능성이 없다고 판단되는 경우

④ 법 제19조 제2항에 따른 감사조서 보존기간(8년)이 경과된 경우

⑤ 재무제표 심사 과정에서 회계처리기준의 해석이 쟁점이 되어 증권선물위원회 위원장에게 보고한 내용 중에서 증권선물위원회 심의 결과 해당 회계처리기준에 대한 회사의 해석이 적절한 것으로 인정되는 경우

위와 같은 사유에 해당하는 경우 감리집행기관의 판단에 따라 감리를 실시하지 않을 수 있다는 것일 뿐 그러한 경우에 반드시 감리를 실시하지 않도록 하는 것은 아니다. 예를 들면, 감사보고서의 감리는 공정한 감사업무 수행을 확보하려는 것이고 수사는 범죄행위를 조사하여 처벌하려는 것으로서 그 목적이나 성격, 절차 및 결과가 상이한데, 다만 감리 절차와 수사 절차가 동시에 진행되면 절차중복으로 인하여 비효율이나 피해가 생길 수 있으므로, 이러한 사정을 고려하여 감리를 실시하지 않을 수도 있게 한 것이다.[6]

6) 서울고등법원 2012. 4. 6. 선고 2011누23803 판결.

또한 감리는 회사의 회계처리기준 위반 및 감사인의 회계감사기준 위반 여부를 점검하여 회사의 회계처리의 적정을 도모하고 다양한 이해관계자들을 보호하여 기업의 건전한 경영을 유도하려는 중대한 공익적 목적을 가진 것이어서 형사처벌이나 손해배상의 가능성이 없어졌다고 하여 감리의 필요성도 없어진 것은 아니므로 이와 같은 경우에 감리를 실시하였다고 하여 이를 위법하다고 할 수 없다.[7)]

3. 감사인의 품질관리기준의 준수 여부 감리 및 품질관리수준 평가

외부감사법은 한국공인회계사회가 금융위원회의 사전승인을 받아 정하는 감사업무의 품질보장을 위한 기준(품질관리기준) 준수를 의무화하고(제17조), 증권선물위원회가 감사인의 품질관리기준 준수 여부를 감리 및 평가하도록 하고 있다.

종래 우리나라에서 감사인의 품질관리는 국제품질관리기준International Standard on Quality Control; ISQC에 준거하여 한국공인회계사회가 2005년에 제정한 "감사 등 업무의 품질관리기준"에서 정한 6가지 구성요소가 적절히 구축·운영되고 있는지 한국공인회계사회의 자율규제로 이루어져 왔으며, 금융감독원은 2007년부터 주요 회계법인에 대한 품질관리감리업무를 직접 실시하여 미비점에 대한 개선권고를 해오고 있다.[8)]

그러나 위와 같은 품질관리기준은 별도의 법령상 근거가 없고 품질관리 감리의 근거만 시행령[9)]에 규정되어 있는 등 품질관리제도의 법적 근거가 미흡하였다. 외국의 사례를 살펴보면, 미국은 상장기업회계감독위원회Public Company Accounting Oversight Board; PCAOB, 영국은 전문가감독위원회Professional Oversight Board; POB, 일본은 공인회계사·감사심사위원회Certified Public Accountants and Auditing Oversight Board; CPAAOB가 각각 감사인의 품질관리에 대해 감리를 수행하고 있으며, 품질관리가 미흡한 경우 법정감사인의 자격 취소(영국), 미이행사항 공표(일본) 등 제재조치를 두고 있다.[10)]

금융위원회는 회계법인의 품질관리수준 평가 결과를 감사인 지정 점수 및 감리대상 선정 등에 활용할 예정이라고 밝힌 바 있는데,[11)] 개정 외감규정에 의하면 증권선

7) 서울행정법원 2008. 5. 29. 선고 2006구합29270 판결.
8) 금융감독원 보도자료, "회계법인 품질관리감리제도 도입 5년의 성과 및 과제"(2013. 1. 15), 2면.
9) 구 외부감사법 제15조(증권선물위원회의 감리업무 등), 구 외부감사법 시행령 제8조(증권선물위원회의 감리업무).
10) 국회 정무위원회, 「주식회사의 외부감사에 관한 법률 일부개정법률안 심사보고서(의안번호 제5075호)」(2017. 3), 36면.
11) 금융위원회 보도자료, "회계개혁을 위한 외부감사법 시행령 전부개정안 발표"(2018. 4. 9), 13면.

물위원회는 법 제26조 제1항에 따른 감리 또는 평가 결과를 고려하여 감사인 지정 점수를 조정할 수 있으며(외감규정 별표 3 제2호), 법 제29조 제5항에 따른 품질관리기준 개선권고사항을 충실하게 이행하였는지 등을 고려하여 감사인 감리대상을 선정할 수 있음을 명시하고 있다(외감규정 제23조 제7항 제1호 가목).

4. 회사의 내부회계관리제도에 대한 감리

외부감사법은 증권선물위원회로 하여금 회사가 제출한 재무제표에 대한 감리 업무를 수행하면서 회사가 내부회계관리제도를 제대로 운영했는지 여부를 감리할 수 있도록 그 법적 근거를 마련하였다.

한편, 법 제8조 제6항·제7항은 감사인으로 하여금 회계감사를 실시할 때 회사의 내부회계관리제도의 운영실태에 대한 보고내용을 검토(주권상장법인의 경우 보고내용을 감사[12])하고 그 검토결과 또는 감사결과에 대한 종합의견을 감사보고서에 표명하도록 규정하고 있다. 주권상장법인의 감사인은 회사의 내부회계관리제도의 운영실태에 대한 보고내용을 감사할 때, 내부회계관리제도 감사기준이 포함된 회계감사기준을 준수하도록 규정함으로써(법 시행령 제9조 제8항) 감사인이 주권상장법인의 내부회계관리제도 운영실태에 대한 감사를 부실하게 할 경우 제재할 수 있는 근거를 마련하였다.[13]

감리집행기관은, 재무제표 감리 또는 재무제표 심사를 받는 회사의 회계처리기준 위반이 회사 내부회계관리규정 위반에 기인한다고 판단되는 경우 또는 직전 사업연도의 감사보고서에서 회사 내부회계관리제도에 취약사항이 있다는 감사의견 또는 검토의견을 제시한 경우에 내부회계관리제도에 대한 감리를 실시할 수 있다(외감규정 제23조 제8항).

---

12) 감사인의 내부회계관리제도 감사는 감사보고서 작성일 기준 전년 말 자산총액 2조 원 이상의 주권상장법인에 대해서는 2019년 감사보고서부터, 자산총액 5천억 원 이상의 주권상장법인에 대해서는 2020년 감사보고서부터, 자산총액 1천억 원 이상의 주권상장법인에 대해서는 2022년 감사보고서부터 적용하고, 2023년 감사보고서부터는 전체 주권상장법인에 대하여 적용(법 부칙[2017. 10. 31. 제15022호] 제3조).

13) 참고로 검토는 감사인이 내부회계관리제도 검토기준에 따라 질문 및 제한된 문서 확인을 통해 소극적 확신 수준의 인증을 하는 절차인 반면, 감사는 내부회계관리제도 감사기준에 따라 질문, 관찰, 문서검사, 재수행 등을 통해 합리적 확신 수준의 인증을 하는 절차이다.

Ⅲ. 감리집행기관의 점검사항 공표 등

감리집행기관은 매년 6월에 다음 사업연도 재무제표 감리 또는 재무제표 심사에서 중점적으로 점검할 업종, 계정 또는 회계처리기준 등을 홈페이지 등을 통해 공표하여야 한다. 이 경우 불가피한 이유로 6월 이후에 추가적으로 중점적으로 점검할 사항을 공표하는 경우에는 회사가 회계처리에 대한 판단을 하기 위하여 검토할 수 있는 시간 등을 고려하여야 한다(외감규정 제24조 제1항).

[송창영]

제 3 장 감독 및 처분

제27조(자료의 제출요구 등)

① 증권선물위원회는 제26조 제1항에 따른 업무를 수행하기 위하여 필요하면 회사 또는 관계회사와 감사인에게 자료의 제출, 의견의 진술 또는 보고를 요구하거나, 금융감독원의 원장(이하 "금융감독원장"이라 한다)에게 회사 또는 관계회사의 회계에 관한 장부와 서류를 열람하게 하거나 업무와 재산상태를 조사하게 할 수 있다. 이 경우 회사 또는 관계회사에 대한 업무와 재산상태의 조사는 업무수행을 위한 최소한의 범위에서 이루어져야 하며, 다른 목적으로 남용해서는 아니 된다.
② 제1항에 따라 회사 또는 관계회사의 장부와 서류를 열람하거나 업무와 재산상태를 조사하는 자는 그 권한을 표시하는 증표를 지니고 관계인에게 보여 주어야 한다.
③ 증권선물위원회는 제11조에 따른 업무를 수행하기 위하여 필요하면 세무관서의 장에게 대통령령으로 정하는 자료의 제출을 요청할 수 있다. 이 경우 요청을 받은 기관은 특별한 사유가 없으면 이에 따라야 한다.
④ 증권선물위원회는 이 법에 따른 업무를 수행하기 위하여 필요하면 한국공인회계사회 또는 관련 기관에 자료의 제출을 요청할 수 있다. 이 경우 요청을 받은 기관은 특별한 사유가 없으면 이에 따라야 한다.

법 시행령 제30조(자료의 제출요구 등) 법 제27조 제3항 전단에서 "대통령령으로 정하는 자료"란 증권선물위원회가 법 제11조 제1항 및 제2항에 따라 감사인의 선임 또는 변경선임을 요구하는 데 필요한 회사의 상호, 대표자의 성명, 본점 주소, 사업자등록번호, 법인등록번호, 전화번호, 사업연도의 기간과 그 개시일 및 종료일, 자산총액, 부채총액, 매출액, 종업원 수 및 법인유형 등 국세청의 과세 관련 자료를 말한다.

Ⅰ. 입법취지

외부감사법 제정 이후 증권관리위원회(현재는 증권선물위원회)는 감리업무 수행에 필요한 경우 회사, 관계회사, 감사인에 대한 자료의 제출, 의견의 진술 또는 보고를 요구할 수 있도록 하였다. 또한 증권감독원 소속 직원(현재는 금융감독원장)에게 회사 또는 관계회사의 회계에 관한 장부와 서류의 열람 또는 업무와 재산상태를 조사할 수 있도록 하였다.

이와 관련하여 외부감사법에서는 회사 또는 관계회사에 대한 업무와 재산상태의 조사가 업무수행을 위한 최소한의 범위에서 이루어져야 하며, 다른 목적으로 남용해서는 아니 된다는 내용을 새로이 규정하였다.

또한 법 제11조에 따른 감사인 지정 등의 업무를 수행하기 위하여 필요하면 국세청(현재는 세무관서의 장)에게 일정한 자료의 제출을 요청할 수 있도록 하였다. 한때 결합재무제표 작성 대상 통보 업무 수행을 위해 공정거래위원회도 자료제출을 요청할 수 있는 기관에 포함되었으나, 2009. 2. 3. 해당 업무가 삭제되면서 자료제출 요청 대상 기관에서 제외되었다.

아울러 종래 별도의 조항으로 있던 한국공인회계사회 또는 관련 기관에 대한 자료제출 요청 근거를 위 조항에 통합하여 규정하였다.

II. 감리집행기관의 자료의 제출요구 등

감리집행기관은 감리 등을 수행하는데 필요한 범위 내에서 회사, 관계회사 및 감사인에 대하여 자료의 제출 및 의견의 진술 또는 보고를 요구할 수 있고, 회사 및 관계회사에 대하여 회계에 관한 장부와 서류의 열람 및 업무와 재산상태의 조사를 요구할 수 있으며(외감규정 제24조 제2항), 회사, 감사인은 정당한 이유 없이 위와 같은 자료제출 등의 요구·열람 또는 조사를 거부·방해·기피하거나 거짓 자료를 제출하여서는 아니 된다(법 제29조 제1항 제4호, 제3항 [별표 1] 제17호).

법 제26조 제1항에 따른 업무를 수행하기 위하여 필요하면 자료의 제출 등을 요구할 수 있다고 규정하여 제출을 요구할 수 있는 자료의 범위에 관하여 의무보존기간 내의 문서에 한한다는 등의 제한을 두고 있지 않으므로, 문서의 의무 보존기간이 경과하였더라도 피조사자가 이를 보관하고 있는 이상 제출의무를 진다고 보아야 한다.[1)]

1) 서울행정법원 2008. 5. 29. 선고 2006구합29270 판결. 원고가 항소하였으나 항소기각되었고(서울고등법원 2009. 2. 3. 선고 2008누16614 판결), 이후 상고하였으나 상고를 취하하여 확정되었다.

또한 행정제재와 관련하여 감리집행기관의 회계감리 과정에서 일정한 부분의 거래가 과대계상된 것임을 자인하는 내용의 확인서나 문답서를 작성받은 경우, 그 확인서나 문답서가 작성자의 의사에 반하여 강제로 작성되었거나 혹은 그 내용의 미비 등으로 인하여 구체적인 사실에 대한 입증자료로 삼기 어렵다는 등의 특별한 사정이 없는 한 그 확인서의 증거가치가 쉽게 부인되지 않는다.[2)]

Ⅲ. 피조사자의 방어권 강화

외부감사법에서 과징금 제도가 도입되어 회사의 위반행위가 고의·중과실인 경우에 회계처리기준 위반금액의 20% 내에서 과징금이 부과되는 등 제재 수위가 강화됨에 따라 감리 결과 제재조치의 수용성을 높이기 위해 피조사자의 방어권을 충분히 보장하고 절차를 공정·투명하게 진행할 필요성이 대두되었으며, 이를 반영하여 피조사자의 방어권을 보장하기 위한 제도가 외감규정에 새로이 마련되었다.[3)]

1. 자료제출 요구 방식

감리집행기관이 자료제출 및 의견의 진술 또는 보고를 요구하거나 장부나 서류의 열람 및 업무와 재산상태의 조사를 하고자 하는 경우에는 피조사자가 그 요구를 이행하는데 필요한 충분한 기간을 정하여 목적, 구체적인 요구내용, 요구하는 사람의 성명과 직위, 피조사자가 목적과 구체적인 요구내용을 이해하는데 필요한 사항으로서 감리집행기관이 정하는 사항을 피조사자에 문서로 알려야 한다. 다만, 요구사항을 미리 문서로 알리면 감리 등의 목적을 달성하기가 곤란하다고 판단되는 경우에는 구두口頭로 알릴 수 있다(외감규정 제24조 제3항).

2) 서울고등법원 2013. 1. 11. 선고 2012누19603 판결.

3) 금융위원회 보도자료, "「외부감사 및 회계 등에 관한 규정」 전부개정안 마련 등 회계개혁 추진 경과"(2018. 7. 31), 11면.

2. 대리인의 참여

피조사자가 「행정절차법」 제12조 제1항에 따른 대리인을 조사 과정에 참여시켜 줄 것을 감리집행기관에 요구하는 경우에 감리집행기관은 그 대리인을 조사 과정에 참여시켜야 한다. 다만, 다음 중 어느 하나에 해당하는 상황이 발생할 가능성이 있다고 판단되는 경우에는 그러하지 아니하다(외감규정 제24조 제4항).

① 증거의 인멸·은닉·조작 또는 조작된 증거의 사용
② 공범의 도주 등 감리 등에 현저한 지장을 초래
③ 피해자, 해당 사건에 대한 감리 등에 필요한 사실을 알고 있다고 인정되는 자 또는 그 친족의 생명, 신체나 재산에 대한 침해
④ 피조사자가 진술 등 조사과정에 협조함으로 인해 소속 회사 또는 회계법인 등으로부터 받는 불이익

감리집행기관은 대리인이 조사과정에 참여한 후에 위 ① 내지 ④ 중 어느 하나에 해당하는 상황 또는 다음 중 어느 하나에 해당하는 상황이 발생하거나 발생할 가능성이 있다고 판단되는 경우에는 대리인에게 퇴거를 요구하고 대리인 없이 조사를 개시 또는 진행할 수 있다(외감규정 제24조 제5항).

① 피조사자의 대리인 참여요청이 조사의 개시 및 진행을 지연시키거나 방해하는 것으로 판단되는 경우
② 감리집행기관의 승인 없이 심문에 개입하거나 모욕적인 언동을 하는 경우
③ 피조사자에게 특정한 답변 또는 부당한 진술 번복을 유도하는 경우
④ 조사과정을 촬영, 녹음, 기록하는 경우
⑤ 그 밖에 이에 준하여 조사목적 달성을 현저하게 어렵게 하는 경우

감리집행기관은 앞서 살펴본 사유 중 어느 하나에 해당한다는 이유로 대리인의 참여를 제한하는 경우에 그 구체적 사유를 피조사자의 진술내용을 기록한 문답서, 감리위원회 및 증권선물위원회에 상정하는 안건에 각각 기재하여야 한다(외감규정 제24조 제6항).

3. 피조사자의 자료열람 요구

피조사자는 문답서, 감리집행기관의 요청에 따라 사건과 관련된 특정 사실관계 등에 관한 진술에 거짓이 없다는 내용을 본인이 작성하고 기명날인한 확인서 및 사건과 관련하여 본인이 감리집행기관에 제출한 자료에 대한 열람을 신청할 수 있다. 다만, 감리 등의 과정에서 작성된 문답서는 감리집행기관이 외감규정 제31조 제1항에 따른 조치 사전통지를 한 이후에 신청할 수 있다(외감규정 제25조 제1항).

위와 같은 피조사자의 열람 신청이 있는 경우에 감리집행기관은 열람을 허용하여야 한다. 다만, 외감규정 제24조 제4항에서 정한 대리인의 조사 과정 참여 제한 사유에 해당하는 경우 또는 조사결과 발견된 위법행위에 대하여 검찰총장에게 고발, 통보 또는 수사의뢰를 해야 한다고 판단한 사안에 대하여 문답서에 대한 열람을 신청한 경우에는 열람을 허용하지 않을 수 있다(외감규정 제25조 제2항).

Ⅳ. 위반 효과

정당한 이유 없이 위와 같은 자료제출 등의 요구·열람 또는 조사를 거부·방해·기피하거나 거짓 자료를 제출한 경우 증권선물위원회는 회사에 대하여, 임원의 해임 또는 면직 권고, 6개월 이내의 직무정지, 일정 기간 증권의 발행제한, 회계처리기준 위반사항에 대한 시정요구 및 그 밖에 필요한 조치를 할 수 있다(법 제29조 제1항 제4호).

'거부', '기피'의 의미에 관하여 관련 법령에서 별도로 정의규정을 두고 있지는 아니하나, 특히 '기피'의 경우 그 사전적 의미가 '꺼리거나 싫어하여 피한다'라는 뜻으로 일반적으로 이해되고 있고, '거부'의 경우와 별개로 독립된 요건으로 볼 경우 '거부'의 경우와 달리 나중에라도 자료를 제출하는지 여부는 고려대상이 아닌 것으로 해석된다고 본다. 7회에 걸쳐 적법한 제출요구를 받고도 정당한 사유 없이 2년 4개월 가량 자료제출을 미루다가 뒤늦게 자료를 제출한 경우라면 그 자체로 자료제출의 '기피'에 해당된다고 보아야 할 뿐만 아니라, 여러 차례 거듭된 자료제출 요구를 받고도 자료제출 없이 각 자료제출 요구 시에 정한 제출시한이 도과되면 그와 동시에 자료제

출의 거부가 이미 성립한 것으로 볼 여지도 있다고 본 하급심 판결이 있다.[4)]

행정법규 위반에 대하여 가하는 행정제재는 행정목적의 달성을 위하여 행정 법규 위반이라는 객관적 사실에 착안하여 가하는 제재이므로 반드시 현실적인 행위자가 아니라도 법령상 책임자로 규정된 자에게 부과하고, 특별한 사정이 없는 한 위반자에게 고의나 과실이 없더라도 부과할 수 있으므로, 회사의 직원이 업무집행행위로서 허위자료를 제출한 경우 회사의 지시 여부를 불문하고 회사가 허위자료 제출에 따른 행정 법규 위반의 책임을 부담한다.[5)]

또한 감사인이나 소속 공인회계사가 그와 같은 행위를 하는 경우에는 증권선물위원회는, 감사인에 대하여 금융위원회에 해당 감사인의 등록 취소 또는 일정한 기간 업무의 전부 또는 일부 정지 명령을 건의하거나 법 제32조에 따른 손해배상공동기금 추가 적립 명령, 일정한 기간을 정하여 법 제11조에 따라 증권선물위원회가 감사인을 지정하는 회사나 증권선물위원회가 정하는 특정 회사에 대한 감사업무 제한, 경고, 주의, 위법행위를 시정하거나 방지하기 위하여 필요한 조치를 취할 수 있으며(법 제29조 제3항 별표 1), 감사인에 소속된 공인회계사에 대하여 금융위원회에 공인회계사 등록 취소 또는 일정한 기간 직무의 전부 또는 일부 정지 명령을 건의하거나 일정한 기간을 정하여 주권상장법인, 대형비상장주식회사, 법 제11조에 따라 증권선물위원회가 감사인을 지정하는 회사, 그 밖에 증권선물위원회가 정하는 특정 회사에 대한 감사업무 제한, 경고, 주의, 그 밖에 위법행위를 시정하거나 방지하기 위하여 필요한 조치를 취할 수 있다(법 제29조 제4항 별표 2).

아울러 상법 제401조의2 제1항 및 제635조 제1항에 규정된 자, 그 밖에 회사의 회계업무를 담당하는 자, 감사인 또는 그에 소속된 공인회계사나 법 제20조 제4호에 따른 감사업무와 관련된 자가 그와 같은 행위를 하는 경우에는 3년 이하의 징역 또는 3천만 원 이하의 벌금에 처한다(법 제42조 제6호).

[송창영]

4) 서울고등법원 2009. 2. 3. 선고 2008누16614 판결.

5) 대법원 2015. 1. 29. 선고 2014두328 판결.

제3장 감독 및 처분

제28조(부정행위 신고자의 보호 등)

① 증권선물위원회는 회사의 회계정보와 관련하여 다음 각 호의 어느 하나에 해당하는 사실을 알게 된 자가 그 사실을 대통령령으로 정하는 바에 따라 증권선물위원회에 신고하거나 해당 회사의 감사인 또는 감사에게 고지한 경우에는 그 신고자 또는 고지자(이하 "신고자등"이라 한다)에 대해서는 제29조에 따른 조치를 대통령령으로 정하는 바에 따라 감면(減免)할 수 있다.

1. 제8조에 따른 내부회계관리제도에 의하지 아니하고 회계정보를 작성하거나 내부회계관리제도에 따라 작성된 회계정보를 위조·변조·훼손 또는 파기한 사실
2. 회사가 제5조에 따른 회계처리기준을 위반하여 재무제표를 작성한 사실
3. 회사, 감사인 또는 그 감사인에 소속된 공인회계사가 제6조 제6항을 위반한 사실
4. 감사인이 제16조에 따른 회계감사기준에 따라 감사를 실시하지 아니하거나 거짓으로 감사보고서를 작성한 사실
5. 그 밖에 제1호부터 제4호까지의 규정에 준하는 경우로서 회계정보를 거짓으로 작성하거나 사실을 감추는 경우

② 제1항에 따라 신고 또는 고지를 받은 자는 신고자등의 신분 등에 관한 비밀을 유지하여야 한다.

③ 신고자등이 제1항에 따른 신고 또는 고지를 하는 경우 해당 회사(해당 회사의 임직원을 포함한다)는 그 신고 또는 고지와 관련하여 직접 또는 간접적인 방법으로 신고자등에게 불이익한 대우를 해서는 아니 된다.

④ 제3항을 위반하여 불이익한 대우로 신고자등에게 손해를 발생하게 한 회사와 해당 회사의 임직원은 연대하여 신고자등에게 손해를 배상할 책임이 있다.

⑤ 증권선물위원회는 제1항에 따른 신고가 회사의 회계정보와 관련하여 같은 항 각 호의 어느 하나에 해당하는 사항을 적발하거나 그에 따른 제29조 또는 제30조에 따른 조치 등을 하는 데에 도움이 되었다고 인정하면 대통령령으로 정하는 바에 따라 신고자에게 포상금을 지급할 수 있다.

법 시행령 제31조(부정행위 또는 고지) ② 법 제28조 제1항에 따른 신고 또는 고지를 하는 자(이하 "신고자등"이라 한다)는 다음 각 호의 사항을 적은 문서(이하 "신고서"라 한다)에 위반행위의 증거 등을 첨부하여 제출하여야 한다.

1. 신고자등의 인적사항
2. 위반행위를 한 자
3. 위반행위의 내용
4. 신고 또는 고지의 취지 및 이유

③ 신고자등은 제2항에도 불구하고 신고서를 제출할 수 없는 특별한 사정이 있는 경우에는 구술(口述)로 위반행위를 신고하거나 고지할 수 있다. 이 경우 위반행위의 증거 등을 제출하여야 한다.

④ 제3항에 따른 구술신고 또는 구술고지를 받는 자는 신고서에 신고자등이 말한 사항을 적은 후 신고자등에게 보여주거나 읽어 들려주고 신고자등이 그 신고서에 서명하거나 도장을 찍도록 하여야 한다.

⑤ 제1항 제2호에 따른 고지를 받은 감사인 또는 감사는 신고서 및 신고자등으로부터 받은 증거 등을 신속하게 증권선물위원회에 넘겨야 한다.

⑥ 증권선물위원회는 신고 또는 고지 사항에 대하여 신고자등을 대상으로 인적사항, 신고 또는 고지의 경위와 취지 및 그 밖에 신고 또는 고지의 내용을 특정하는데 필요한 사항 등을 확인할 수 있다. 이 경우 증권선물위원회는 해당 사항의 진위 여부를 확인하는 데 필요한 범위에서 신고자등에게 필요한 자료의 제출을 요구할 수 있다.

⑦ 제1항부터 제6항까지에서 규정한 사항 외에 신고자등이 증권선물위원회에 신고하거나 해당 회사의 감사인 또는 감사에게 고지하는 방법 등은 금융위원회가 정한다.

제32조(신고자등에 대한 조치의 감면) 증권선물위원회는 신고자등이 다음 각 호의 요건을 모두 갖춘 경우 법 제28조 제1항에 따라 신고자등에 대한 법 제29조에 따른 조치를 감면(減免)할 수 있다.

1. 신고자등이 신고하거나 고지한 위반행위의 주도적 역할을 하지 아니하였고, 다른 관련자들에게 이를 강요한 사실이 없을 것
2. 증권선물위원회, 감사인이나 감사가 신고자등이 신고하거나 고지한 위반행위에 관한 정보를 입수하지 아니하였거나 정보를 입수하고 있어도 충분한 증거를 확보하지 아니한 상황에서 신고하거나 고지하였을 것
3. 위반행위를 신고하거나 고지하였으며, 그 위반행위를 증명하는 데 필요한 증거를 제공하고 조사가 완료될 때까지 협조하였을 것

제33조(신고자등에 대한 포상) ① 증권선물위원회는 법 제28조 제5항에 따라 같은 조 제1항에 따른 신고 행위를 위반행위로 의결한 날부터 4개월 이내(특별한 사정이 있는 경우를 제외한다)에 10억 원의 범위에서 신고된 위반행위의 중요도와 위반행위의 적발 또는 그에 따른 조치 등에 대한 기여도 등을 고려하여 포상금의 지급 여부 및 지급액 등을 심의·의결하여야 한다. 이 경우 금융위

원회는 그 심의·의결일부터 1개월 이내에 포상금을 지급한다.
② 그 밖에 포상금 지급기준 등 포상금 지급에 필요한 사항은 금융위원회가 정한다.

Ⅰ. 입법취지

본 조항은 2003. 12. 11. 구 외부감사법 일부 개정 당시에 처음 신설되었다. 외부감사법은 부정행위 신고 대상의 범위를 확대하여 감사인의 재무제표 대리작성 행위(법 제6조 제6항)도 신고 사유에 포함하였고, 종래 내부회계관리제도와 관련하여서는 동 제도에 위배된 회계처리, 재무제표의 작성 및 공시를 하는 경우를 신고 사유로 규정하였으나, 외부감사법에서는 그 범위를 확대하여 내부회계관리제도에 의하지 아니하고 회계정보를 작성하거나 내부회계관리제도에 따라 작성된 회계정보를 위조·변조·훼손 또는 파기한 사실까지 그 대상으로 하였다. 또한 종래 주권상장법인인 회사의 부정행위 신고자에서 모든 회사의 부정행위 신고자로 신고 포상금 지급대상을 확대하였다.

종래 회사의 임직원이 위반행위를 한 경우에는 그 회사의 감사인 또는 감사(감사위원회 포함)에게 고지하도록 규정하고 있었으나, 개정 시행령에서는 이 경우 감사인 또는 감사(감사위원회 포함)에게 고지하거나 증권선물위원회에 신고하도록 하였다(법 시행령 제31조 제1항 제2호). 또한 신고나 고지의 방법을 시행령에 규정하고 구술口述로 위반행위를 신고하거나 고지하는 방법에 대해서도 새로이 시행령에 규정하였다(법 시행령 제31조 제2항·제3항).

법 제28조 제1항 및 제5항의 개정규정은 이 법 시행 이후 신고하거나 고지하는 자부터 적용한다(법 부칙 제15022호 제10조).

Ⅱ. 부정행위 신고자 보호

1. 신고방법 및 접수, 처리

법 시행령 제31조에 의하여 부정행위를 신고하고자 하는 자는 본인의 신원(성명·주민등록번호·주소 및 전화번호)을 밝히고, 부정행위가 특정될 수 있도록 행위자, 부정행위의 내용, 방법 등 구체적인 사실을 적시하고 관련 증거자료를 첨부하여, 문서, 우편, 모사전송FAX 또는 인터넷 등 신고내용을 증명할 수 있는 방법에 의하여 증권선물위원회 또는 금융감독원장에게 신고하여야 한다(신고포상규정[1] 제5조).

신고서를 제출할 수 없는 특별한 사정이 있는 경우에는 구술로 위반행위를 신고하거나 고지할 수 있다. 이 경우 위반행위의 증거 등을 제출하여야 한다. 구술신고 또는 구술고지를 받는 자는 신고서에 신고자등이 말한 사항을 적은 후 신고자등에게 보여주거나 읽어 들려주고 신고자등이 그 신고서에 서명하거나 도장을 찍도록 하여야 한다.

신고자가 회사의 임직원의 위반행위를 그 회사의 감사인 또는 감사에게 고지한 경우, 고지를 받은 감사인 또는 감사는 신고서 및 신고자등으로부터 받은 증거 등을 신속하게 증권선물위원회에 넘겨야 한다.

증권선물위원회는 신고 또는 고지 사항에 대하여 신고자등을 대상으로 인적사항, 신고 또는 고지의 경위와 취지 및 그 밖에 신고 또는 고지의 내용을 특정하는 데 필요한 사항 등을 확인할 수 있으며, 해당 사항의 진위 여부를 확인하는 데 필요한 범위에서 신고자등에게 필요한 자료의 제출을 요구할 수 있다.

2. 신고자의 보호

신고 또는 고지를 받은 자는 신고자의 신분 등에 관한 비밀을 유지하여야 한다. 또한 해당 회사(그 임직원 포함)는 그 신고 또는 고지와 관련하여 직접 또는 간접적인 방법으로 신고자등에게 불이익한 대우를 해서는 아니 되며, 이를 위반하여 불이익한 대우로 신고자등에게 손해를 발생하게 한 회사와 그 임직원은 연대하여 신고자등에게 손해를 배상할 책임이 있다.

또한 신고자의 신분비밀 보호를 위하여 필요하다고 인정되는 경우에는 감리 또는 조사결과 처리안 등 관련 서류 작성 시 신고자의 인적사항의 전부 또는 일부를 기재하지 아니할 수 있다(신고포상규정 제10조 제2항).

1) 금융위원회 고시인 「회계관련 부정행위 신고 및 포상 등에 관한 규정」.

3. 신고자등에 대한 조치의 감면

증권선물위원회는 신고자등이 다음 요건을 모두 갖춘 경우 신고자 등에 대하여 법 제29조에 따른 조치를 감면減免할 수 있다.

① 신고자 등이 신고하거나 고지한 위반행위의 주도적 역할을 하지 않았고, 다른 관련자들에게 이를 강요한 사실이 없을 것

② 증권선물위원회, 감사인이나 감사가 신고자등이 신고하거나 고지한 위반행위에 관한 정보를 입수하지 아니하였거나 정보를 입수하고 있어도 충분한 증거를 확보하지 않은 상황에서 신고하거나 고지하였을 것

③ 위반행위를 신고하거나 고지하였으며, 그 위반행위를 증명하는 데 필요한 증거를 제공하고 조사가 완료될 때까지 협조하였을 것

4. 신고자등에 대한 포상

증권선물위원회는 특별한 사정이 없는 한 신고 행위를 위반행위로 의결한 날부터 4개월 이내에 10억 원의 범위에서 신고된 위반행위의 중요도와 위반행위의 적발 또는 그에 따른 조치 등에 대한 기여도 등을 고려하여 포상금의 지급 여부 및 지급액 등을 심의·의결하여야 한다. 이 경우 금융위원회는 그 심의·의결일부터 1개월 이내에 포상금을 지급한다. 포상금 지급기준 등과 관련한 세부 내용은 금융위원회 고시인 신고포상규정에 규정되어 있다.

한편, 법 제28조 제5항 등 관련 법령 자체만으로는 곧바로 신고자에게 구체적인 포상금청구권이 발생한다고 볼 수 없고, 증권선물위원회가 위 규정들에 기하여 산정한 포상금을 지급하기로 하는 행정처분을 함으로써 비로소 구체적인 포상금청구권이 발생한다. 따라서 신고자로서는 증권선물위원회를 상대로 포상금 지급신청을 하여 증권선물위원회가 포상금을 지급하지 아니하기로 하는 처분을 하면 그 취소를 구하는 항고소송을 제기할 수 있다.[2)]

2) 서울고등법원 2010. 7. 13. 선고 2010누933 판결.

Ⅲ. 위반 효과

상법 제401조의2 제1항 및 제635조 제1항에 규정된 자, 그 밖에 회사의 회계업무를 담당하는 자, 감사인 또는 그에 소속된 공인회계사나 법 제20조 제4호에 따른 감사업무와 관련된 자가 제28조 제2항을 위반하여 신고자등의 신분 등에 관한 비밀을 누설한 경우 5년 이하의 징역 또는 5천만 원 이하의 벌금에 처한다(법 제41조 제5호).

또한 법 제28조 제3항을 위반하여 신고자등에게 「공익신고자 보호법」 제2조 제6호에 해당하는 불이익조치를 한 자는 2년 이하의 징역 또는 2천만 원 이하의 벌금에 처한다(법 제43조).

아울러 제28조 제2항을 위반하여 신고자등의 인적사항 등을 공개하거나 신고자등임을 미루어 알 수 있는 사실을 다른 사람에게 알려주거나 공개한 자, 제28조 제3항을 위반하여 신고자등에게 불이익한 대우를 한 자에게는 5천만 원 이하의 과태료를 부과한다(법 제47조 제1항).

[송창영]

제 3 장 감독 및 처분

제29조(회사 및 감사인 등에 대한 조치 등)

① 증권선물위원회는 회사가 다음 각 호의 어느 하나에 해당하면 해당 회사에 임원의 해임 또는 면직 권고, 6개월 이내의 직무정지, 일정 기간 증권의 발행제한, 회계처리기준 위반사항에 대한 시정요구 및 그 밖에 필요한 조치를 할 수 있다.

1. 재무제표를 작성하지 아니하거나 제5조에 따른 회계처리기준을 위반하여 재무제표를 작성한 경우
2. 제6조, 제10조 제4항부터 제6항까지, 제12조 제2항, 제22조 제6항 또는 제23조 제3항부터 제6항까지의 규정을 위반한 경우
3. 정당한 이유 없이 제11조 제1항 및 제2항에 따른 증권선물위원회의 요구에 따르지 아니한 경우
4. 정당한 이유 없이 제27조 제1항에 따른 자료제출 등의 요구·열람 또는 조사를 거부·방해·기피하거나 거짓 자료를 제출한 경우
5. 그 밖에 이 법 또는 이 법에 따른 명령을 위반한 경우

② 증권선물위원회는 퇴임하거나 퇴직한 임원이 해당 회사에 재임 또는 재직 중이었더라면 제1항에 따른 조치를 받았을 것으로 인정되는 경우에는 그 받았을 것으로 인정되는 조치의 내용을 해당 회사에 통보할 수 있다. 이 경우 통보를 받은 회사는 그 사실을 해당 임원에게 통보하여야 한다.

③ 증권선물위원회는 감사인이 별표 1 각 호의 어느 하나에 해당하는 경우에는 다음 각 호의 조치를 할 수 있다.

1. 해당 감사인의 등록을 취소할 것을 금융위원회에 건의
2. 일정한 기간을 정하여 업무의 전부 또는 일부 정지를 명할 것을 금융위원회에 건의
3. 제32조에 따른 손해배상공동기금 추가 적립 명령
4. 일정한 기간을 정하여 다음 각 목의 어느 하나에 해당하는 회사에 대한 감사업무 제한
   가. 제11조에 따라 증권선물위원회가 감사인을 지정하는 회사
   나. 그 밖에 증권선물위원회가 정하는 특정 회사
5. 경고
6. 주의

7. 그 밖에 위법행위를 시정하거나 방지하기 위하여 필요한 조치

④ 증권선물위원회는 감사인에 소속된 공인회계사(「공인회계사법」 제26조 제4항에 따른 대표이사를 포함한다)가 별표 2 각 호의 어느 하나에 해당하는 경우에는 다음 각 호의 조치를 할 수 있다.

1. 공인회계사 등록을 취소할 것을 금융위원회에 건의
2. 일정한 기간을 정하여 직무의 전부 또는 일부 정지를 명할 것을 금융위원회에 건의
3. 일정한 기간을 정하여 다음 각 목의 어느 하나에 해당하는 회사에 대한 감사업무 제한
   가. 주권상장법인
   나. 대형비상장주식회사
   다. 제11조에 따라 증권선물위원회가 감사인을 지정하는 회사
   라. 그 밖에 증권선물위원회가 정하는 특정 회사
4. 경고
5. 주의
6. 그 밖에 위법행위를 시정하거나 방지하기 위하여 필요한 조치

⑤ 증권선물위원회는 감사인에 대한 제26조 제1항 제3호에 따른 품질관리기준 준수 여부에 대한 감리 결과 감사업무의 품질 향상을 위하여 필요한 경우에는 1년 이내의 기한을 정하여 감사인의 업무설계 및 운영에 대하여 개선을 권고하고, 대통령령으로 정하는 바에 따라 그 이행 여부를 점검할 수 있다.

⑥ 증권선물위원회는 제5항의 개선권고사항을 대통령령으로 정하는 바에 따라 외부에 공개할 수 있다.

⑦ 증권선물위원회는 감사인이 제5항에 따른 개선권고를 정당한 이유 없이 이행하지 아니하는 경우에는 미이행 사실을 대통령령으로 정하는 바에 따라 외부에 공개할 수 있다.

[별표 1] 감사인에 대한 조치 사유(제29조 제3항 관련)

1. 제6조 제6항을 위반하여 해당 회사의 재무제표를 대신하여 작성하거나 재무제표 작성과 관련된 회계처리에 대한 자문에 응하는 등의 행위를 한 경우
2. 제8조 제6항을 위반하여 같은 조에서 정한 사항의 준수 여부 및 내부회계관리제도의

운영실태에 관한 보고내용을 검토 또는 감사하지 않은 경우
3. 제9조 제2항을 위반하여 감사인이 회계감사할 수 없는 회사를 회계감사한 경우
4. 제9조 제3항을 위반하여 감사인이 될 수 없는 회사의 감사인이 된 경우
5. 제9조 제5항을 위반하여 감사업무를 한 경우
6. 제15조 제3항을 위반하여 감사계약을 해지한 사실을 증권선물위원회에 보고하지 않은 경우
7. 제16조 제1항을 위반하여 일반적으로 공정·타당하다고 인정되는 회계감사기준에 따르지 않고 감사를 실시한 경우
8. 제19조 제2항을 위반하여 감사조서를 감사종료 시점부터 8년간 보존하지 않은 경우
9. 제19조 제3항을 위반하여 감사조서를 위조·변조·훼손 또는 파기한 경우
10. 제20조를 위반하여 직무상 알게 된 비밀을 누설하거나 부당한 목적을 위하여 이용한 경우
11. 제22조 제1항 또는 제7항을 위반하여 이사의 부정행위 또는 법령 위반사항 등에 대한 통보 또는 보고의무를 이행하지 않은 경우
12. 제22조 제2항을 위반하여 회사의 회계처리기준 위반 사실을 감사 또는 감사위원회에 통보하지 않은 경우
13. 제23조 제1항을 위반하여 감사보고서를 기간 내에 제출하지 않은 경우
14. 제24조를 위반하여 주주총회등의 출석요구 등에 응하지 않은 경우
15. 제25조 제1항 또는 제5항을 위반하여 사업보고서 또는 수시보고서를 미제출 또는 지연제출하거나, 사업보고서 또는 수시보고서의 기재사항 중 중요 사항에 관하여 거짓의 기재 또는 표시가 있거나 중요 사항의 기재 또는 표시가 누락되어 있는 경우
16. 제25조 제3항을 위반하여 사업보고서를 비치·공시하지 않은 경우
17. 제27조 제1항을 위반하여 증권선물위원회의 자료제출 등의 요구·열람 또는 조사를 거부·방해·기피하거나 거짓 자료를 제출한 경우
18. 제31조 제8항을 위반하여 손해배상공동기금의 적립 또는 보험가입 등 필요한 조치를 하지 않은 경우
19. 제32조 제1항을 위반하여 손해배상공동기금을 적립하지 않은 경우
20. 그 밖에 이 법 또는 이 법에 따른 명령을 위반한 경우

[별표 2] 감사인에 소속된 공인회계사에 대한 조치 사유(제29조 제4항 관련)

1. 제6조 제6항을 위반하여 해당 회사의 재무제표를 대신하여 작성하거나 재무제표 작성과 관련된 회계처리에 대한 자문에 응하는 등의 행위를 한 경우
2. 제8조 제6항을 위반하여 같은 조에서 정한 사항의 준수 여부 및 내부회계관리제도의 운영실태에 관한 보고내용을 검토 또는 감사하지 않은 경우
3. 제9조 제5항을 위반하여 감사업무를 한 경우
4. 제16조 제1항을 위반하여 일반적으로 공정·타당하다고 인정되는 회계감사기준에 따르지 않고 감사를 실시한 경우
5. 회계법인의 대표이사 또는 품질관리업무 담당이사가 제17조 제1항을 위반하여 품질관리기준에 따른 업무설계·운영을 소홀히 함으로써 금융위원회가 정하여 고시하는 회사[1]에 대한 중대한 감사 부실이 발생한 경우. 이 경우 감사 부실의 중대성에 대한 판단기준은 위반행위의 동기, 내용 및 정도 등을 감안하여 금융위원회가 정하여 고시[2]한다.
6. 제19조 제2항을 위반하여 감사조서를 감사종료 시점부터 8년간 보존하지 않은 경우
7. 제19조 제3항을 위반하여 감사조서를 위조·변조·훼손 또는 파기한 경우
8. 제20조를 위반하여 직무상 알게 된 비밀을 누설하거나 부당한 목적을 위하여 이용한 경우
9. 제22조 제1항 또는 제7항을 위반하여 이사의 부정행위 또는 법령 위반사항 등에 대한 통보 또는 보고의무를 이행하지 않은 경우
10. 제22조 제2항을 위반하여 회사의 회계처리기준 위반 사실을 감사 또는 감사위원회에 통보하지 않은 경우
11. 제23조 제1항을 위반하여 감사보고서를 기간 내에 제출하지 않은 경우
12. 제24조를 위반하여 주주총회등의 출석요구 등에 응하지 않은 경우
13. 제27조 제1항을 위반하여 증권선물위원회의 자료제출 등의 요구·열람 또는 조사를 거부·방해·기피하거나 거짓 자료를 제출한 경우
14. 그 밖에 이 법 또는 이 법에 따른 명령을 위반한 경우

1) 주권상장법인, 대형비상장주식회사, 금융회사(외감규정 제34조 제1항).

2) '중대한 감사부실'이란 감사업무를 수행한 이사가 등록취소 또는 1년 이상의 전부 직무정지 조치를 받는 경우를 말한다(외감규정 제34조 제2항).

법 시행령 제34조(품질관리기준 감리 후 개선권고 이행 점검) ① 증권선물위원회는 법 제29조 제5항에 따라 감사인으로부터 개선권고사항 이행계획 및 실적 등을 문서로 제출받고 필요한 경우 현장조사를 할 수 있다.
② 감사인이 증권선물위원회의 개선권고사항을 금융위원회가 정하는 기한까지 이행하지 아니할 때에는 그 경위 및 향후 처리방안을 증권선물위원회에 지체 없이 보고하여야 한다.
③ 제1항 및 제2항에서 규정한 사항 외에 개선권고사항의 이행 점검에 필요한 세부적인 사항은 금융위원회가 정한다.
제35조(품질관리기준 감리 후 개선권고사항 등의 공개) ① 증권선물위원회는 법 제29조 제6항에 따라 같은 조 제5항의 개선권고사항을 해당 감사인에 개선권고를 한 날부터 3년 이내의 기간 동안 외부에 공개할 수 있다.
② 증권선물위원회는 법 제29조 제7항에 따라 감사인이 같은 조 제5항에 따른 개선권고를 받은 날부터 1년 이내에 정당한 이유 없이 해당 개선권고사항을 이행하지 아니하는 경우에는 증권선물위원회가 그 사실을 확인한 날부터 3년 이내의 기간 동안 그 사실을 외부에 공개할 수 있다.
③ 증권선물위원회는 제1항 및 제2항에 따른 공개를 하기 전에 해당 감사인의 의견을 청취하여야 한다.
④ 제1항부터 제3항까지에서 규정한 사항 외에 개선권고사항 및 미이행 사실 등의 공개에 필요한 사항은 금융위원회가 정한다.

Ⅰ. 입법취지

구 외부감사법 제정 당시에는 감사인을 징계 대상으로 규정하고 있었으나, 이후 감사인에 소속된 공인회계사, 회사와 그 임원까지 대상을 확대하였다. 외부감사법에서는 회사와 그 임원에 대한 조치사유는 본조에 열거하여 규정하되, 감사인에 대한 조치사유는 별표 1에, 감사인 소속 공인회계사에 대한 조치사유는 별표 2에 각 열거하여 규정하였다.

아울러 감사인의 품질관리기준 준수 여부에 대한 감리 결과, 개선권고, 개선권고사항 외부 공개 및 정당한 이유 없이 개선권고사항을 이행하지 않을 경우 이를 외부에 공개할 수 있는 법적 근거를 신설하였다.

II. 주요 신설내용

1. 회계법인 대표이사 및 품질관리업무 담당이사에 대한 제재

외부감사법은 감사인에 소속된 공인회계사(대표이사 포함)가 [별표 2]에 열거된 위반행위를 한 경우 등록 취소, 직무 정지, 감사업무 제한, 경고, 주의 등 필요한 조치를 할 수 있도록 규정하고 있다.

[별표 2]의 제5호에서는 부실감사가 이루어진 경우 해당 감사보고서 작성에 참여한 담당이사 외에 대표이사 및 품질관리업무 담당이사에 대해서도 품질관리 소홀과 중대한 감사부실이라는 요건이 충족되는 경우 제재조치를 취할 수 있도록 근거를 마련하고 있다.

구 외부감사법상 회계법인 이사에 대한 제재조치 규정을 살펴보면, 법률에서는 '감사인에 소속된 공인회계사'[3] 전체를 적용 대상으로 하고 있으나, 규정 및 그 시행세칙에서는 대표이사에 대하여 '감독책임을 소홀히 한 경우 필요한 조치를 할 수 있다'는 내용 외에 특별한 조치 규정을 두지 않고 있었다.[4]

회계법인의 대표이사는 공인회계사법 제34조에 따라 감사보고서에 기명날인을 하는 자이고, 품질관리업무 담당이사는 감사보고서를 회사에 제출하기 이전에 해당 감사보고서의 작성과 관련된 중요사항과 결론을 객관적으로 평가하는 업무를 수행하는 자인바, 감사보고서에 대한 책임성 확보 및 부실감사 방지 차원에서 품질관리 소홀로 금융위원회가 정하여 고시하는 회사에 대한 중대한 감사부실이 발생한 경우 담당이사 및 담당공인회계사와 함께 대표이사와 품질관리업무 담당이사에게도 제재조

3) 「공인회계사법」 제26조의 해석상 대표이사는 공인회계사이어야 하므로, '감사인에 소속된 공인회계사'에는 대표이사 및 품질관리업무 담당이사가 포함된다.

4) 「외부감사 및 회계 등에 관한 규정」 제54조(공인회계사에 대한 조치) ② 제1항의 규정에 의한 조치를 함에 있어서는 담당이사를 주책임자로 하여 조치하고, 당해업무를 보조한 공인회계사(이하 "담당공인회계사"라 한다)를 보조책임자로 하여(감사반의 경우에는 해당 감사업무에 참여한 공인회계사 중 주된 책임이 있는 자를 주책임자로 하고 그 외의 자를 보조책임자로 한다) 조치한다. 다만, 주책임자와 보조책임자를 구분하여 조치하는 것이 심히 부당하다고 인정되는 경우에는 그러하지 아니하다.

③ 제2항의 규정에 의하여 주책임자에게 제1항 제1호의 조치를 하는 경우에는 위법행위 당시 감사인에 소속된 공인회계사중 다음 각 호의 자가 감독책임을 소홀히 한 경우에도 필요한 조치를 할 수 있다.

1. 당해 감사보고서에 서명한 대표이사
2. 담당이사의 지시·위임에 따라 담당공인회계사를 감독할 위치에 있는 공인회계사

치를 할 수 있도록 근거를 두게 된 것이다.[5)]

2. 품질관리에 대한 개선권고 및 개선권고사항 공개 제도

외부감사법에 따르면, 증권선물위원회는 감사인에 대한 법 제26조 제1항 제3호에 따른 품질관리기준 준수 여부에 대한 감리 결과, 필요한 경우 품질관리에 대하여 개선을 권고하고, 개선권고사항을 시행령으로 정하는 바에 따라 외부에 공개하거나 미이행 사실을 외부에 공개할 수 있도록 하였다.

외국 사례를 살펴보면, 품질관리가 미흡한 경우 다음과 같이 법정감사인 자격 취소(영국), 미이행사항 공표(일본) 등 제재조치를 두고 있다.[6)]

또한 품질관리감리결과 공개여부의 경우, 영국은 회계법인별 보고서를 발행하여 감리결과를 모두 공개하나, 미국은 미비점을 1년 내 개선하지 못하는 경우에 한하여 공개하고, 일본은 감리결과를 공개하지 않고 각 회계법인에게만 배포하는 것으로 파악된다.[7)]

표 23 해외 품질관리제도 비교

구분	미국	영국	일본	EU	한국
상장회사 감사인 품질관리 감리주체	PCAOB (Public Company Accounting Oversight Board)	FRC(Financial Report Council)산하 POB(Professional Oversight Board)	CPAAOB (Certified Public Accountants and Auditing Oversight Board)의 감독에 따라 공인회계사 협회가 실시(직접 실시도 가능)	공적감독기관(예산 등에 있어서 독립성 요건을 구비하여야 함)	증권선물위원회

5) 국회 정무위원회, 「주식회사의 외부감사에 관한 법률 전부개정법률안 검토보고(의안번호 제5075호)」(2017. 3), 43면.

6) 국회 정무위원회, 「주식회사의 외부감사에 관한 법률 전부개정법률안 검토보고(의안번호 제5075호)」(2017. 3), 53면. 단, 우리나라의 경우 외부감사법 내용 반영.

7) 국회 정무위원회, 「주식회사의 외부감사에 관한 법률 전부개정법률안 검토보고(의안번호 제5075호)」(2017. 3), 54면. 단, 우리나라의 경우 외부감사법 및 하위 규정 내용 반영.

구분	미국	영국	일본	EU	한국
공적 감독기관의 품질관리 감리대상	상장회사의 감사인	상장기업 및 공익에 미치는 영향이 큰 법인을 감사하는 모든 회계법인	모든 상장회사 감사인 포함	모든 법정감사인	모든 법정감사인
품질관리 미흡시 조치	관련법규 및 전문적 기준 위반시 조사 및 제재절차 진행가능(포괄적)	관련 법규 위반시 법정감사인 자격취소 및 기타 제재 조치가능 (포괄적)	품질관리제도가 중요하게 부적절한 경우 징계가능 (미이행사항의 공표, 상장회사감사인 등록취소 등)	회원국은 품질관리감리 결과를 매년 공표하여야 하며, 품질관리감리에 따른 개선권고가 이행되지 않는 경우 행정조치를 취할 수 있어야 함	개선권고, 개선권고 및 이행점검, 개선권고사항 및 미이행 사실 외부공개, 회계법인의 대표이사 또는 품질관리업무 담당이사에 대한 제재조치가능, 감사인 점수에 반영

표 24 해외 품질관리감리결과 공개에 관한 비교

구분	영국·노르웨이	미국·캐나다	일본·호주	한국
공개수준	전문 공개	부분 공개	사실상 비공개	개선권고사항 공개 단, 회계처리기준 위반 혐의 등 시장에 혼란을 발생시킬 수 있는 사항, 감사인의 정당한 이익을 해할 우려가 있다고 인정되는 경영상 비밀에 관한 사항은 제외
공개현황	종합보고서는 '05년 6월부터, 회계법인별 보고서는 '08년 12월부터 공개	회계법인별 감리결과 보고서를 홈페이지에 공시	공개가 정례화되지는 않았으며, 필요시 일정기간 동안의 검사결과를 종합한 종합보고서 발행 및 공개	증권선물위원회가 인터넷홈페이지에 공개
공개대상	영국 FRC(재무보고평의회)에서 품질관리감리를 실시하는 회계법인에 대한 품질관리감리 결과	상장회사를 감사하는 회계법인 등에 대한 미국 PCAOB (상장사회계감독위원회)의 품질관리감리 결과	상장회사를 감사하는 회계법인 등에 대한 일본CPAAOB(공인회계사감사심사위원회)의 품질관리감리 결과	개선권고사항 및 미이행 사실

구분	영국·노르웨이	미국·캐나다	일본·호주	한국
공개방법	• 종합보고서 및 회계법인별 보고서를 모두 발행 및 공개 • 회계법인별 보고서에 품질관리 제도 및 개별감사업무관련 미비점을 모두 기술	• 회계법인별 보고서를 발행 및 공개 • 개별감사업무 관련 미비점은 공개하나, 품질관리제도 관련 미비점에 대하여는 1년 내 개선하지 못하는 경우에 한하여 공개	감리결과 공개는 종합보고서로만 실시 (회계법인별 보고서는 감리받은 각 회계법인에게만 배포)	증권선물위원회가 인터넷홈페이지에 공개
개선권고 미이행시 조치	미이행 사실공개	• 품질관리제도상 미비점 공개 • 추가검사, 조사 및 제재 진행 가능	미이행 사실공개/ 징계가능	이행 사실 외부 공개

Ⅲ. 증권선물위원회 조치의 유형

증권선물위원회는 회사가 법령 등을 위반한 경우에는 임원의 해임 또는 면직 권고, 임원의 6개월 이내 직무정지, 1년 이내의 증권 발행제한, 3개 사업연도 이내의 감사인 지정, 경고, 주의, 시정요구, 각서(회계처리기준을 성실하게 준수하겠다는 확약) 제출 요구 등 그 밖에 필요한 조치를 할 수 있다(외감규정 제26조 제1항). 다만, 「금융위원회의 설치 등에 관한 법률」 제38조에 따른 금융감독원의 검사대상기관이 금융감독원장의 검사결과에 따라 조치를 받거나 받을 예정인 경우에는 조치의 수준, 성질 등을 감안하여 필요한 경우 조치를 아니할 수 있다(외감규정 제26조 제2항). 퇴임하거나 퇴직한 임원이 해당 회사에 재임 또는 재직 중이었더라면 조치를 받았을 것으로 인정되는 경우에는 그 받았을 것으로 인정되는 조치의 내용을 해당 회사에 통보할 수 있고, 이 경우 통보를 받은 회사는 그 사실을 해당 임원에게 통보하여야 한다.

또한 증권선물위원회는 감사인이 법령 등을 위반한 경우에는 금융위원회에 등록취소, 1년 이내의 업무의 전부 또는 일부의 정지처분을 건의할 수 있고, 감사인이 조치결과를 통지받은 날부터 1년 이내에 결산일이 도래하는 회사 중 금융감독원장으로부터 감사인을 지정받은 회사, 증권선물위원회의 조치가 있는 날부터 5년 이내의 기간 동안 위법행위와 관련된 회사에 대한 각 감사업무 제한, 법 제32조에 따른 손해배상공동기금의 추가적립(위법행위와 관련된 회사로부터 받았거나 받기로 한 감사보수를 한도함), 경고, 주의, 시정요구, 각서 제출요구 등 그 밖에 필요한 조치를 할 수 있다(외감규정 제26조 제3항).

한편 증권선물위원회는 공인회계사가 법령등을 위반한 경우에는 금융위원회에의 등록취소, 2년 이내의 직무의 전부 또는 일부의 정지처분을 건의할 수 있고, 공인회계사가 조치결과를 통지받은 날부터 1년 이내에 결산일이 도래하는 회사 중 금융감독원장으로부터 감사인을 지정받은 회사, 주권상장법인, 대형비상장주식회사에 해당하는 회사에 대한 감사업무 제한, 증권선물위원회의 조치가 있는 날부터 5년 이내의 기간 동안 위법행위와 관련된 회사에 대한 감사업무 제한, 연간 20시간 이내의 범위 내에서 한국공인회계사회가 실시하는 직무연수 실시의무 부과, 경고, 주의, 시정요구, 각서 제출요구 등 그 밖에 필요한 조치를 할 수 있다(외감규정 제26조 제4항).

이때 감사를 담당했던 이사를 주책임자로 하고, 주책임자의 감사업무를 보조한 공인회계사(담당 공인회계사)를 보조책임자로 한다. 다만, 주책임자와 보조책임자를 구별하여 조치를 부과하는 것이 상당히 부당한 경우에는 그러하지 아니하다(외감규정 제26조 제5항). 또한 주책임자에 법 제29조 제4항 제1호 또는 1년 이상의 전부 직무정지를 내리는 경우에는 해당 감사보고서에 서명한 대표이사, 주책임자에 법 제29조 제4항 제1호부터 제3호까지의 조치를 하는 경우에는 주책임자의 지시·위임에 따라 담당 공인회계사를 감독하는 공인회계사에 대하여 그 감독을 소홀히 한 경우 필요한 조치를 할 수 있다(외감규정 제26조 제6항).

증권선물위원회는 재무제표 감리 또는 감사인 감리를 한 결과 법 제39조부터 제44조까지에 해당하는 위법행위(벌칙부과 대상행위)가 발견된 경우에는 관계자를 검찰총장에게 고발하여야 한다. 다만, 위법행위의 동기·원인 또는 결과 등에 비추어 정상참작의 사유가 있는 경우에는 검찰총장에게 통보할 수 있다(외감규정 제26조 제7항). 이 경우 위법행위에 대한 직접적인 증거는 없으나 제반 정황으로 보아 벌칙부과 대상행위가 있다는 상당한 의심이 가고 사건의 성격상 수사기관의 강제조사가 필요하다고 판단되는 경우에는 검찰총장에게 수사를 의뢰할 수 있다(외감규정 제26조 제8항). 참고로 검찰 고발의 경우에는 피고발인이 형사소송법상 피의자 신분이 되는 반면, 통보나 수사의뢰의 경우에는 그 대상자가 피내사자의 신분이 된다.

해임 또는 면직 권고, 6개월 이내의 직무정지 조치의 경우 지배구조법 제5조 제1

항 제7호 및 동법 시행령 제7조 제2항에 따라 일정기간 금융회사의 임원이 될 수 없는 효과가 발생하게 되는 점, 시정요구의 경우 외감규정 제36조 제1항에서 증권선물위원회는 감리결과 조치사항의 이행여부를 확인하기 위해 조치대상자로 하여금 그 이행내용을 보고토록 규정하고 있으며, 법 제29조 제1항 제5호[8]에 따라 증권선물위원회의 조치를 받을 수 있어 회사로 하여금 위반사항이 지적된 재무제표를 수정하도록 사실상 강제하고 있으며, 회사가 수정요구를 거부할 수 있을 것으로는 기대하기 어려운 점, 감사인 지정의 경우 회사의 위법행위에 대한 제재조치의 하나로 다루어지고 있으며 감사인 지정 조치에 따라 회사는 향후 지정감사인을 선임해야 할 의무를 부담하게 되므로 다른 제재조치 들과 특별히 구별할 이유가 없는 점 등을 고려할 때 임원 해임권고, 재무제표 수정요구 및 감사인지정 조치는 행정처분에 해당한다고 볼 수 있다.[9]

다만, 외부감사법 위반행위자에 대한 검찰고발 조치는 수사기관에 단순히 수사의 단서를 제공하는 사실행위에 불과할 뿐만 아니라, 행정청 상호간의 행위로서 피조치자의 권리의무에 직접 영향을 미치지 아니하므로 행정심판이나 행정소송의 대상이 되는 행정처분에 해당하지 않는다.[10]

회계법인이 다른 회계법인과 합병한 경우, 특정회사에 대한 감사업무제한처분과 같이 성질상 이전을 허용하지 않는 것을 제외하고는 감사인지정처분, 감사인지정제외처분이나 손해배상공동기금추가적립처분 등의 피합병법인의 권리·의무는 합병으로 존속한 회사에 승계되고, 이는 합병 전 소멸 회계법인의 부실 감사 내지 그로 인한 행정처분 사유의 승계에도 마찬가지로 적용된다.[11]

외부감사법에 근거한 감리결과 조치처분의 경우 공인회계사법에 따른 징계와 달리 3년의 징계시효 규정이 적용되지 않는다.[12] 참고로 외부감사법위반에 따른 형사처벌의 경우 형사소송법상 공소시효가 적용되고, 법 제35조에 따른 과징금부과처분에 대해서는 8년의 부과제척기간이 적용되며[13](법 제35조 제3항), 회계처리기준을 위

8) 그 밖에 이 법 또는 이 법에 따른 명령을 위반한 경우.

9) 중앙행정심판위원회 재결 2012-15745; 서울행정법원 2012. 6. 27. 선고 2012구합20557 판결; 서울행정법원 2013. 11. 7. 선고 2012구합18981 판결; 서울고등법원 2013. 12. 11. 선고 2013누11996 판결.

10) 중앙행정심판위원회 재결 2013-03215; 대법원 1995. 5. 12. 선고 94누13794 등 판결.

11) 대법원 2004. 7. 8. 선고 2002두1946 판결; 서울행정법원 2000. 11. 2. 선고 99구29349 판결.

12) 서울행정법원 2011. 8. 18. 선고 2010구합25831 판결. 공인회계사법에 따른 징계의 경우 3년의 징계시효가 적용된다(공인회계사법 제48조 제4항).

13) 다만, 법 제26조에 따른 감리가 개시된 경우 그 기간의 진행이 중단된다.

반한 재무제표를 사업보고서 등을 통해 공시한 행위에 대한 자본시장법상 과징금부과 처분은 5년의 부과제척기간이 적용된다(자본시장법 제429조 제5항).

Ⅳ. 조치등의 기준

증권선물위원회는 감리등을 수행한 결과에 대하여 법 제29조에 따른 조치 또는 고발등(조치등)을 하는 경우에 위반동기, 위법행위의 중요도, 조치등의 가중·경감 사항을 충분히 고려하여야 한다(외감규정 제27조 제1항). 해당 고려 사항에 관한 기준은 외감규정 별표 7에서 다음과 같이 정하고 있다(외감규정 제27조 제2항).

[별표7] 조치등의 기준(제27조제2항 관련)

1. 위반동기
 가. 고의적인 위법행위란 위법사실 또는 그 가능성을 인식하고 법령등을 위반한 행위를 말하며, 다음의 구분에 따른 경우에 해당하는 위법행위에는 고의가 있다고 본다. 다만, 피조사자가 고의가 없음을 합리적으로 소명하는 경우에는 그러하지 아니하다.
  1) 회사 및 임직원
   가) 가공의 자산을 계상하거나 부채를 누락하는 등 회계정보를 의도적으로 은폐·조작 또는 누락시켜서 재무제표를 작성한 경우
   나) 회계장부, 전표(傳票) 등 회계장부 작성의 기초가 되는 서류, 관련 전산자료 및 증빙자료 등을 위·변조하여 재무제표를 작성한 경우
   다) 감사인이 요구한 자료를 위·변조하는 등 외부감사를 방해한 경우
   라) 다음의 어느 하나에 해당하는 상황으로서 위법행위가 회사, 주주 또는 임직원(「상법」 제401조의2에 따른 사실상의 이사를 포함한다. 이하 같다)의 이익에 직접적이고 상당한 영향을 미치는 경우
    (1) 재무제표에 나타나지 않는 자금의 조성, 임직원의 횡령·배임 및 「특정 금융거래정보의 보고 및 이용 등에 관한 법률」 제2조 제4호에 따른 자금세탁행위 등과 관련되는 경우
    (2) 특수관계자와의 비정상적 거래와 관련되는 경우

(3) 금융기관의 여신제공, 채무감면 등과 관련되는 경우
(4) 회계처리기준 위반사항을 수정하면 「자본시장과 금융투자업에 관한 법률」 제390조에 따른 상장규정에 따라 거래소에 상장을 할 수 없거나, 상장을 유지할 수 없는 경우
(5) 「자본시장과 금융투자업에 관한 법률」에 따른 불공정거래행위와 관련되는 경우
마) 그 밖에 위법사실 또는 그 가능성을 인식하고 법을 위반한 경우
2) 감사인 및 공인회계사
가) 회사의 회계처리기준 위반을 묵인하거나 회사와 공모(共謀)하여 회사가 회계처리기준을 위반하여 재무제표를 작성하게 한 경우
나) 위법행위가 감사인 또는 공인회계사의 이익에 직접적이고 상당한 영향을 미치는 경우
다) 그 밖에 위법사실 또는 그 가능성을 인식하고 법을 위반한 경우
나. 고의적인 위법행위가 아닌 경우에는 과실에 따른 위법행위로 본다. 다만, 위법행위가 다음을 모두 충족하는 경우에는 그 위법행위에 중과실(重過失)이 있다고 본다.
1) 직무상 주의의무를 현저히 결(缺)하였다고 판단할 수 있는 상황으로서 다음의 어느 하나에 해당하는 경우
가) 회계처리기준 또는 회계감사기준을 적용하는 과정에서의 판단 내용이 합리성을 현저히 결한 경우
나) 회계처리기준 위반과 관련하여 내부회계관리규정 또는 회계감사기준에서 요구하는 통상적인 절차를 명백하게 거치지 않거나, 형식적으로 실시한 경우
다) 그 밖에 사회의 통념에 비추어 직무상 주의의무를 현저히 결하였다고 인정할 수 있는 경우
2) 회계정보이용자의 판단에 미치는 영향력이 큰 회계정보로서 다음의 어느 하나에 해당하는 경우
가) 회계처리기준 위반 관련 금액이 중요성 금액을 4배 이상 초과한 경우
나) 감사인이 회사의 재무제표 또는 경영전반에 대하여 핵심적으로 감사해야할 항목으로 선정하여 감사보고서에 별도로 작성한 내용인 경우
다) 그 밖에 사회의 통념에 비추어 위법행위가 회계정보이용자의 판단에 미치는 영향력이 크다고 볼 수 있거나 경제·사회에 미치는 영향이 클 것이라고 판단되는 경우
2. 위법행위의 중요도
가. 위법행위의 중요도에 따른 등급은 중요성 금액 대비 회계처리기준 위반 금액의 비율

에 따라 정한다. 다만, 위법행위의 중요도를 회계처리기준 위반 금액으로 판단하기 어려운 경우에는 해당 위법행위가 회계정보이용자의 판단에 미치는 영향력을 판단할 수 있는 기준을 별도로 정하여 판단한다.

나. 중요성 금액은 감사인이 회계감사기준에 따라 합리적으로 판단한 금액으로 본다. 다만, 그 금액을 정하는 과정에서의 판단 내용이 합리성을 현저히 결한 경우 또는 감사인이 중요성 금액을 정하지 않은 경우에는 금융감독원장이 다음의 사항을 고려하여 중요성 금액을 정한다.

1) 회사의 자산총액, 매출액 또는 그 밖의 재무성과

2) 그 밖에 회계처리기준 위반이 이해관계자에 미치는 영향

3. 조치등의 가중·감경

가. 가중사유

1) 회사가 증권선물위원회 또는 금융감독원장으로부터 조치(위반동기가 과실인 경우에 한정한다)를 받은 날부터 3년 이내에 고의 또는 중과실에 따른 법령등의 위반이 있는 경우

2) 회사가 증권선물위원회로부터 조치(위반동기가 고의 또는 중과실인 경우로 한정한다)를 받은 날부터 5년 이내에 고의 또는 중과실에 따른 법령등의 위반이 있는 경우

3) 공인회계사가 증권선물위원회 또는 한국공인회계사회로부터 조치를 받은 날부터 2년 이내에 다시 위법행위를 한 경우. 다만, 경고 이하의 조치를 받은 경우 2회 이상 받은 경우에 적용한다.

4) 위반기간이 3개 사업연도를 초과한 경우(고의인 경우에 한정한다)

5) 위법행위를 은폐 또는 축소하기 위하여 허위자료를 제출하거나 자료제출을 거부하는 경우

6) 내부회계관리제도에 중요한 취약사항이 있는 경우

7) 그 밖에 사회의 통념에 비추어 위법행위의 내용 또는 정도에 비해 조치등의 수준이 낮다고 판단되는 경우

나. 감경사유

1) 회사의 직전 사업연도 말 자산규모 또는 직전 3개 사업연도의 평균 매출액 규모가 1,000억 원 미만인 경우(단, 법 제4조 제1항 제1호 또는 제2호에 해당하는 회사, 대형비상장주식회사 및 금융회사는 제외한다)

2) 감사인 감리 또는 법 제26조 제1항 제3호에 따른 품질관리수준에 대한 평가를 한

결과 법 제17조에 따른 품질관리기준을 충실히 이행하였다고 판단되는 경우

3) 회사 또는 감사인이 위법행위와 직접 관련된 투자자 등 이해관계자의 피해를 충분히 보상하였다고 판단되는 경우

4) 법 제28조 제1항 각 호의 어느 하나에 해당하는 사실을 증권선물위원회에 신고하거나 해당 회사의 감사인 또는 감사(감사위원회가 설치된 경우에는 감사위원회를 말한다)에게 고지한 경우

5) 회사가 감리집행기관으로부터 재무제표 감리 또는 재무제표 심사가 시작된다는 사실을 통지받기 전(감리집행기관이 감리등을 실시하기 전에 해당 회사가 회계처리기준 위반 혐의가 있다는 사실을 인지하게 된 경우에는 그 인지한 날 이전)에 자진하여 회계처리기준 위반 내용을 수정공시하거나 수정공시해야할 사항을 별도의 공시자료를 통해 투자자 등 이해관계자에 알린 경우

6) 회사가 감리집행기관이 감리를 실시한다는 내용의 문서를 최초로 받은 날 이후 1개월 이내에 회사가 자진하여 회계처리기준 위반 내용을 수정공시한 경우. 다만, 수정공시한 내용이 다음의 어느 하나에 해당하는 경우는 제외한다.

가) 감리집행기관의 재무제표 심사 결과 회계처리기준 위반으로 지적된 사항

나) 회사가 감리집행기관이 감리를 실시한다는 내용의 문서를 최초로 받은 날 이후 1개월 이내에 감리집행기관으로부터 받은 문서의 내용과 직접 관련된 사항

7) 공인회계사가 조치일로부터 10년 이내에 정부 표창규정에 따른 장관급 이상의 표창, 금융위원회 위원장, 금융감독원장으로부터 기업 회계투명성 제고에 기여한 공적으로 표창을 받은 경우. 다만, 동일한 공적에 의한 감경은 1회에 한하며, 검찰총장에의 고발등, 금융위원회에의 등록취소·전부 직무정지가 건의된 경우에는 적용하지 아니한다.

8) 위법행위의 원인, 결과, 방법 등으로 보아 정상을 특별히 참작할 사유가 있는 경우

9) 그 밖에 위반자의 현실적 부담능력, 위반행위로 인해 취득한 이익의 규모 등을 고려해야할 필요가 있는 경우

4. 조치등의 병과

증권선물위원회와 감리집행기관은 2개 이상의 조치를 병과할 수 있다.

5. 회계처리기준 위반 외 법령등 위반에 대해서는 금융감독원장이 위반행위의 원인 및 결과 등을 고려하여 조치등의 기준을 정할 수 있다.

금융감독원장은 외감규정 별표 7에 따른 조치등에 관한 기준(양정기준)을 정할 수 있으며(외감규정 제27조 제4항), 증권선물위원회는 조치등을 결정하는 경우에 양정기준을 참고할 수 있고, 양정기준에서 고려되지 아니하거나 양정기준과 다르게 고려할 사유가 있는 경우에는 양정기준과 달리 결정할 수 있다(외감규정 제27조 제5항·제6항).[14)]

금융감독원장은 외부감사법 및 관련규정 개정의 후속조치로 회계·감사기준위반에 대한 조치양정기준을 전면 개편하였으며, 주요 내용은 다음과 같다.[15)]

① 회사의 회계처리기준 위반이 횡령·배임·자금세탁행위 또는 거래소 상장·상장폐지 목적 등과 관련한 고의적 위반이고 위반금액이 50억 원 이상인 경우 회사 규모와 관계없이 위반의 동기를 고의로 간주하여 조치할 수 있도록 하였고, 회사 임원에 대한 6월 이내의 직무정지를 신설하였으며, 공인회계사에 대한 감사업무제한 범위에 대형비상장사 약 2,500사를 추가하였다.

② 중대한 감사부실이 발생할 경우 감사품질관리 소홀에 책임이 있는 회계법인 대표이사 등에 대한 조치기준을 마련하고, 회계처리기준 위반과 관련 없는 감사절차 위반에 대한 조치기준을 마련하였다.

③ 위반동기와 관련하여 고의가 아니면 원칙적으로 과실로 판단하며, 중과실 판단 요건에 정량적 요소(중요성 금액 4배 초과 등)를 추가하는 등 구체화함으로써 중과실 판단을 엄격히 운용하도록 하였다.

④ 과실로 인한 경미한 회계처리기준 위반의 경우 회사가 수정권고를 이행하면 경고, 주의로 조치하고, 기타 주석사항, 연결범위 적용 위반에 대한 조치를 완화[16)]하도록 하였다.

⑤ 회계법인의 독립성의무 위반 및 감사조서 보존 등 의무 위반, 사업보고서·수시보고서 제출 등 의무 위반에 대한 조치기준을 신설하였다.

금융감독원장은 재무제표 심사(내부회계관리제도 감리를 한 경우에는 내부회계관리제도 감리 포함)를 수행한 결과 위반의 동기가 과실에 해당하는 경우 경고, 주의, 내부회

14) 이에 따른 구체적인 심사·감리결과양정기준은 외감규정 시행세칙 [별표 1]에 규정되어 있다.

15) 금융감독원 보도자료, "「외부감사 및 회계 등에 관한 규정 시행세칙」개정"(2019. 4. 1), 1면.

16) 연결범위에 대한 판단 오류로 누락된 종속회사 규모가 회사의 규모에 비해 상대적으로 큰 위반의 경우 등 위반정보의 중요성에 비해 과도한 조치를 하는 것을 방지하기 위함이다. 금융감독원 보도자료, "「외부감사 및 회계 등에 관한 규정 시행세칙」개정"(2019. 4. 1), 9면.

계관리제도상 취약사항의 해소 등 위법상태를 시정하거나 다른 위법행위를 방지하기 위한 권고 조치를 할 수 있다. 다만, 피조사자의 재무제표에 회계처리기준 위반이 발견된 경우에는 그 위반사항에 대한 수정공시를 한 경우에 한정한다(외감규정 제27조 제3항).

증권선물위원회 및 감리집행기관은 피조사자가 사망한 경우, 회사가 청산사무를 사실상 종결하여 조치등 대상의 소재지를 찾을 수 없는 경우 또는 청산등기가 완료된 경우, 회사가 영업을 폐지한 후 해산 또는 청산 절차를 밟지 않고 있으나 인적·물적 시설 등 법인의 실체가 없는 상태로 방치되어 있어 조치 등이 불가능한 경우, 위법행위의 중요도가 일정수준 미만인 경우(고의적인 법령등 위반에 따른 회계처리기준 위반금액이 50억 원 이상인 경우로서, 재무제표에 나타나지 않는 자금의 조성, 임직원의 횡령·배임 및 「특정 금융거래정보의 보고 및 이용 등에 관한 법률」 제2조 제4호에 따른 자금세탁행위 등과 관련되는 경우 또는 유가증권시장, 코스닥시장, 코넥스시장에의 상장 또는 상장폐지와 관련되는 경우 제외)에는 조치 등을 하지 않을 수 있다(외감규정 제27조 제7항).

V. 감리결과 처리 등

1. 감리집행기관의 감리결과 처리

감리집행기관은 재무제표 심사를 수행한 결과 공시된 재무제표에 회계처리기준 위반사항이 있는 경우에는 피조사자에 해당 재무제표를 수정하여 공시할 것을 권고할 수 있다. 이 경우 회계처리기준 위반사항이 없는 경우에는 조치 등이 없다는 사실을 해당 회사에 알려야 한다(외감규정 제28조 제1항).

한국공인회계사회는 재무제표 심사를 수행한 결과에 대하여 외감규정 제39조 제1항 각 호의 어느 하나에 해당하는 조치[17]가 필요하다고 판단한 경우에 그 심사가 종료되는 날이 속하는 분기가 종료된 후 다음 달까지 증권선물위원회 위원장에게 해당 심사 결과를 증권선물위원회 회의의 안건으로 부의할 것을 요청하여야 한다(외감규정 제28조 제2항).

---

17) 경고, 주의, 내부회계관리제도상 취약사항의 해소 등 위법상태를 시정하거나 다른 위법행위를 방지하기 위한 권고.

감리집행기관은 증권선물위원회 위원장에게 감리 등을 수행한 결과, 조치 등에 대한 이의신청에 관한 사항 및 법 제29조에 따른 조치에 대한 직권재심에 관한 사항을 증권선물위원회 회의의 안건으로 부의할 것을 요청할 수 있다(외감규정 제28조 제3항). 이 경우 증권선물위원회 위원장은 각 안건을 증권선물위원회에 부의하고자 하는 경우 감리위원회의 심의를 거쳐야 한다. 다만, 증권선물위원회 위원장이 긴급한 처리 등이 필요하다고 인정하는 경우에는 그러하지 아니할 수 있다(외감규정 제28조 제4항).

증권선물위원회 위원장은, 금융감독원이 금융회사의 검사를 수행한 결과 회계처리기준 위반 혐의가 발견된 경우 감리결과를 관련 금융회사 검사에 대한 금융위원회의 조치가 있기 전에 증권선물위원회에 상정하여야 한다. 다만, 다른 법령 등의 위반이 회계처리기준 위반에 대한 판단보다 먼저 결정되어야 하는 경우에는 그러하지 아니하다(외감규정 제28조 제5항).

2. 감리위원회의 설치 및 운영

증권선물위원회는 감리 결과에 대한 조치 등에 관한 사항과 조치에 대한 이의신청 및 직권재심에 관한 사항을 효율적으로 심의하기 위하여 증권선물위원회 소속으로 감리위원회를 둔다(외감규정 제29조 제1항). 증권선물위원회 상임위원이 감리위원회의 위원장이 되며 금융위원회의 자본시장 정책 업무를 담당하는 고위공무원, 한국공인회계사회 위탁감리위원회 위원장, 금융감독원 회계전문심의위원, 회계전문가, 변호사 등 총 9인으로 구성된다(외감규정 제29조 제2항부터 제4항). 감리위원회의 소집, 제척 등 운영과 관련한 사항은 외감규정 제30조에서 자세히 규정하고 있다. 참고로 한국공인회계사의 위탁감리위원회는 위원장 1명과 8명의 위원으로 구성된다(법 시행규칙 제11조).

3. 사전통지 및 당사자등의 의견제출

감리집행기관(과징금 부과금액이 5억 원 이상인 경우에는 금융위원회)은 조치예정일 10일 전까지 피조사자 또는 그 대리인(당사자 등)에게 회의 개최 예정 일시 및 장소, 당사자의 성명 또는 명칭과 주소, 조치 등의 원인이 되는 사실관계(회계처리기준, 회계감사기준, 품질관리기준, 그 밖에 법령등의 위반에 대한 판단근거 포함), 조치 등의 근거가 되는 법령 등, 조치 등의 내용(감리위원회에 상정될 안건에 감리집행기관이 기재할 내용과 동일하여야 함) 및 적용기준(위반동기 등을 포함), 조치 등에 관한 증거자료 목록(조치 등에 검찰총장에의 고발 등이 포함된 경우에는 제외), 조치 등의 내용에 관한 사항에 대하여 의견을 제출할 수 있다는 안내 및 의견을 제출하지 아니하는 경우의 처리방법, 의견을 제출할 수 있는 기관의 주소와 연락처, 그 밖에 필요한 사항을 통지(사전통지)하여야 한다(외감규정 제31조 제1항).

다만, 공공의 안전 또는 복리를 위하여 긴급히 조치할 필요가 있는 경우, 해당 조치의 성질상 의견청취가 현저히 곤란하거나 명백히 불필요하다고 인정될 만한 타당한 이유가 있는 경우에는 사전통지를 하지 아니할 수 있으며, 이에 따라 사전통지를 하지 아니한 경우에 금융위원회 위원장 또는 증권선물위원회 위원장은 회의에서 당사자등에게 그 사유를 알려야 한다(외감규정 제31조 제2항·제3항).

4. 조치 등의 통지 및 이의신청 등 불복

피조사자는 조치 등을 통지받은 날부터 30일 이내에 금융위원회 또는 증권선물위원회에 이의신청을 할 수 있다. 피조사자가 이의신청을 하는 경우에 그 이유를 관련 증빙자료와 함께 금융위원회 또는 증권선물위원회에 제출하여야 한다(외감규정 제33조 제2항·제3항). 금융위원회 위원장 또는 증권선물위원회 위원장은 이의신청을 접수한 날부터 60일 이내에 이의신청에 대한 판단 결과를 당사자등에게 알려야 한다. 다만, 부득이한 사정이 있으면 30일의 범위에서 그 기간을 연장할 수 있다(외감규정 제33조 제4항). 이의신청에 대한 판단 결과를 알려야 하는 기한을 연기하려는 경우에는 그 기한이 도래하기 7일 전까지 그 사실(연기사유, 새로운 처리기한 등을 포함)을 당사자등에게 알려야 하며, 이의신청에 대한 판단 결과를 당사자등에게 알린 이후에 당사자등은 동일한 조치에 대하여 추가로 이의신청을 할 수 없다(외감규정 제33조 제5항·제6항).

금융위원회 위원장, 증권선물위원회 위원장 또는 감리집행기관은 조치 등을 하는 경우에 피조사자에게 조치 등의 내용, 사유 및 조치등에 대한 불복절차를 알려주어야 한다. 다만, 검찰에 고발 등을 하는 경우에는 알려주지 아니할 수 있다(외감규정 제33조 제1항).

처분[18]에 해당하는 조치에 대해서 피조치자는 해당 조치가 있음을 안 날부터 90일 이내 또는 해당 조치가 있었던 날부터 180일 이내에 피청구인 또는 행정심판위원회에 행정심판을 제기할 수 있고(행정심판법 제23조 제1항, 제27조), 해당 처분등[19]이 있음을 안 날부터 90일 이내 또는 해당 조치가 있었던 날부터 1년 이내에 법원에 취소소송을 제기할 수 있다(행정소송법 제20조). 한편, 행정심판, 취소소송이 제기된 경우에 처분등이나 그 집행 또는 절차의 속행으로 인하여 생길 회복하기 어려운 손해를 예방하기 위하여 긴급한 필요가 있다고 인정할 때에는 처분등의 효력이나 그 집행 또는 절차의 속행의 전부 또는 일부의 정지를 신청할 수 있다(행정심판법 제30조, 행정소송법 제23조).

[송창영]

18) 행정청이 행하는 구체적 사실에 관한 법집행으로서의 공권력의 행사 또는 그 거부, 그 밖에 이에 준하는 행정작용(행정심판법 제2조 제1호). 심판청구의 기간은 각 기간 중 먼저 도래한 것으로 기간을 정한다.

19) 행정청이 행하는 구체적 사실에 관한 법집행으로서의 공권력의 행사 또는 그 거부와 그 밖에 이에 준하는 행정작용(처분) 및 행정심판에 대한 재결(행정소송법 제2조 제1항 제1호). 취소소송의 제소기간은 각 기간 중 먼저 도래한 것으로 기간을 정한다.

제3장 감독 및 처분

제30조(위반행위의 공시 등)

① 증권선물위원회는 회사 또는 감사인이 다음 각 호의 어느 하나에 해당하는 경우에는 금융위원회가 정하는 바에 따라 그 위반사실이 확정된 날부터 3년 이내의 기간 동안 해당 위반사실을 공시할 수 있다.

1. 제5조에 따른 회계처리기준을 위반하여 재무제표를 작성한 경우
2. 감사보고서에 적어야 할 사항을 적지 아니하거나 거짓으로 적은 경우
3. 그 밖에 이 법 또는 「금융실명거래 및 비밀보장에 관한 법률」 등 대통령령으로 정하는 금융 관련 법령을 위반한 경우

② 증권선물위원회는 제26조 제1항 제1호·제2호에 따른 감리 결과 및 이에 대한 증권선물위원회의 조치내용을 금융위원회가 정하는 바에 따라 인터넷 홈페이지에 게시하고 거래소(대상회사가 주권상장법인인 경우만 해당한다)와 대통령령으로 정하는 금융기관에 각각 통보하여야 한다.

③ 제2항에 따른 금융기관은 증권선물위원회로부터 통보받은 내용을 신용공여의 심사 등에 반영할 수 있다.

법 시행령 제36조(위반행위의 공시 등) ① 법 제30조 제1항 제4호에서 "「금융실명거래 및 비밀보장에 관한 법률」 등 대통령령으로 정하는 금융 관련 법령"이란 「기업구조조정투자회사법 시행령」 제5조 제1항 각 호의 법령을 말한다.

② 법 제30조 제2항에서 "대통령령으로 정하는 금융기관"이란 다음 각 호의 금융기관을 말한다.

1. 「은행법」에 따라 인가를 받은 은행(같은 법 제59조에 따라 은행으로 보는 자를 포함한다)
2. 「농업협동조합법」에 따른 농협은행
3. 「수산업협동조합법」에 따른 수협은행
4. 「한국산업은행법」에 따른 한국산업은행
5. 「한국수출입은행법」에 따른 한국수출입은행
6. 「중소기업은행법」에 따른 중소기업은행
7. 「자본시장과 금융투자업에 관한 법률」에 따른 집합투자업자, 신탁업자 및 종합금융회사
8. 「보험업법」에 따른 보험회사

9. 「신용보증기금법」에 따른 신용보증기금
10. 「기술보증기금법」에 따른 기술보증기금
11. 그 밖에 회사에 대한 신용공여의 심사 등에 반영하기 위하여 증권선물위원회에 감리결과 등의 통보를 요청하는 금융기관

Ⅰ. 입법취지

2001년 외부감사법 개정 당시에 신설된 내용으로, 2003년 개정 당시에는 증권선물위원회로부터 감리 결과 및 조치내용을 통보받은 금융기관은 이를 신용공여의 심사 등에 반영하여야 한다고 의무사항으로 규정되어 있었으나, 2007년 개정 이후 금융기관이 반영 여부를 임의로 결정할 수 있도록 현재와 같은 내용으로 개정되었다.

Ⅱ. 위반행위의 공시

증권선물위원회 위원장은 회사의 회계처리기준을 위반한 재무제표 작성, 감사인의 감사보고서 기재 누락 또는 거짓 기재에 대한 조치 등이 결정되면 지체 없이 조치 등의 일시, 조치 등의 원인이 되는 사실, 조치 등의 내용을 인터넷 홈페이지에 게시하여야 한다. 다만, 경고 이하의 조치 내지 과실에 따른 위법행위에 대한 조치는 그러하지 아니하다(외감규정 제38조 제1항).

아울러 증권선물위원회는 감리 등의 결과에 따른 조치 등에 관한 사항을 법 시행령 제36조 제2항에서 정한 금융기관, 공정거래위원회, 국세청, 한국공인회계사회, 전국은행연합회, 종합금융협회, 생명보험협회, 손해보험협회, 상호저축은행중앙회. 예금보험공사, 여신전문금융업협회, 한국거래소, 한국금융투자협회, 신용평가 전문기관 및 채권가격 평가기관에 통보하여야 한다(외감규정 제38조 제2항).

[송창영]

제3장 감독 및 처분

제31조(손해배상책임)

① 감사인이 그 임무를 게을리하여 회사에 손해를 발생하게 한 경우에는 그 감사인은 회사에 손해를 배상할 책임이 있다.

② 감사인이 중요한 사항에 관하여 감사보고서에 적지 아니하거나 거짓으로 적음으로써 이를 믿고 이용한 제3자에게 손해를 발생하게 한 경우에는 그 감사인은 제3자에게 손해를 배상할 책임이 있다. 다만, 연결재무제표에 대한 감사보고서에 중요한 사항을 적지 아니하거나 거짓으로 적은 책임이 종속회사 또는 관계회사의 감사인에게 있는 경우에는 해당 감사인은 이를 믿고 이용한 제3자에게 손해를 배상할 책임이 있다.

③ 제1항 또는 제2항에 해당하는 감사인이 감사반인 경우에는 해당 회사에 대한 감사에 참여한 공인회계사가 연대하여 손해를 배상할 책임을 진다.

④ 감사인이 회사 또는 제3자에게 손해를 배상할 책임이 있는 경우에 해당 회사의 이사 또는 감사(감사위원회가 설치된 경우에는 감사위원회의 위원을 말한다. 이하 이 항에서 같다)도 그 책임이 있으면 그 감사인과 해당 회사의 이사 및 감사는 연대하여 손해를 배상할 책임이 있다. 다만, 손해를 배상할 책임이 있는 자가 고의가 없는 경우에 그 자는 법원이 귀책사유에 따라 정하는 책임비율에 따라 손해를 배상할 책임이 있다.

⑤ 제4항 단서에도 불구하고 손해배상을 청구하는 자의 소득인정액(「국민기초생활 보장법」 제2조 제9호에 따른 소득인정액을 말한다)이 대통령령으로 정하는 금액 이하에 해당되는 경우에는 감사인과 해당 회사의 이사 및 감사는 연대하여 손해를 배상할 책임이 있다.

⑥ 제4항 단서에 따라 손해를 배상할 책임이 있는 자 중 배상능력이 없는 자가 있어 손해액의 일부를 배상하지 못하는 경우에는 같은 항 단서에 따라 정해진 각자 책임비율의 100분의 50 범위에서 대통령령으로 정하는 바에 따라 손해액을 추가로 배상할 책임을 진다.

⑦ 감사인 또는 감사에 참여한 공인회계사가 제1항부터 제3항까지의 규정에 따른 손해배상책임을 면하기 위하여는 그 임무를 게을리하지 아니하였음을 증명하여야 한다. 다만, 다음 각 호의 어느 하나에 해당하는 자가 감사인 또는 감사에 참여한 공인회계사에 대하여 손해배상 청구의 소를 제기하는 경우에는 그 자가 감사인 또는 감사에 참여한 공인회계사가 임무를 게을리하였음을 증명하여야 한다.

1. 제10조에 따라 감사인을 선임한 회사
2. 「은행법」 제2조 제1항 제2호에 따른 은행
3. 「농업협동조합법」에 따른 농협은행 또는 「수산업협동조합법」에 따른 수협은행
4. 「보험업법」에 따른 보험회사
5. 「자본시장과 금융투자업에 관한 법률」에 따른 종합금융회사
6. 「상호저축은행법」에 따른 상호저축은행

⑧ 감사인은 제1항부터 제4항까지의 규정에 따른 손해배상책임을 보장하기 위하여 총리령으로 정하는 바에 따라 제32조에 따른 손해배상공동기금의 적립 또는 보험가입 등 필요한 조치를 하여야 한다.

⑨ 제1항부터 제4항까지의 규정에 따른 손해배상책임은 그 청구권자가 해당 사실을 안 날부터 1년 이내 또는 감사보고서를 제출한 날부터 8년 이내에 청구권을 행사하지 아니하면 소멸한다. 다만, 제10조에 따른 선임을 할 때 계약으로 그 기간을 연장할 수 있다.

법 시행령 제37조(손해배상책임) ① 법 제31조 제5항에서 "대통령령으로 정하는 금액 이하에 해당하는 경우"란 손해배상을 청구한 날이 속하는 달의 직전 12개월간 손해배상을 청구하는 자의 소득인정액(「국민기초생활 보장법」 제2조 제9호에 따른 소득인정액을 말한다)을 합산한 금액이 1억 5천만 원 이하인 경우를 말한다.

② 법 제31조 제6항에 따른 손해액의 추가 배상 책임은 같은 조 제4항 단서에 따라 손해를 배상할 책임이 있는 자 중 배상능력이 없는 자를 제외한 자가 그 배상능력이 없는 자로 인하여 배상하지 못하는 손해액에 대하여 같은 항 단서에 따라 정해진 각자 책임비율의 50퍼센트 내에서 그 책임비율에 비례하여 정한다.

Ⅰ. 감사인의 민사책임

1. 개 관

우리나라 증권관계법[1]은 증권거래와 관련된 감사인의 민사책임에 대해 주로 외

1) 본 주석서에서 증권관계법이라 함은 자본시장법, 외부감사법 등 증권거래와 관련된 사항을 규율하는 모든 법령 및

부감사법과 자본시장법에서 이를 규정하고 있다.[2] 법 제31조는 감사인에 대한 민사책임으로서 감사인이 손해배상책임을 져야 할 경우를 두 가지로 규정하고 있다. 하나는 부실감사로 인해 고객인 피감회사에 발생한 손해에 관한 배상책임을 지는 것이고, 다른 하나는 감사보고서의 부실기재로 인해 제3자에게 발생한 손해에 관해 배상책임을 지는 것이다.

부실감사에 대한 피감사회사에 대한 책임은 감사인이 그 임무를 게을리하여 회사에 대하여 손해를 발생하게 한 때에는 그 감사인은 회사에 대하여 손해를 배상할 책임이 있으며, 이 경우 그 감사반인 감사인의 경우에는 당해 회사에 대한 감사에 참여한 공인회계사가 연대하여 손해를 배상할 책임을 진다(법 제31조 제1항 및 제3항). 감사인과 회사의 관계를 위임에 준하는 관계로 보는 견해에 따르면 이 책임은 계약상의 채무불이행책임을 더욱 강화하여 연대책임까지 규정한 것으로 볼 수 있다.

감사인의 제3자에 대한 민사책임에 관하여는 증권시장에서 부실감사보고와 관련하여 제3자, 즉 불특정 다수의 감사보고서 이용자(특히 일반투자자)에 대한 것이 특히 문제된다. 증권관계법에서 규정하는 공인회계사를 포함한 감사인의 형사상의 책임은 감사인이 고의로 감사보고서 등을 허위로 작성한 경우에 해당되는 것으로서 일반적인 업무상 과실에 대하여는 적용되지 아니한다.[3] 그러나 민사상의 손해배상책임은 고의에 의한 경우는 물론이고 업무상 단순과실의 경우에도 적용되며, 이때 일반 불법행위에 대한 손해배상책임도 경합함은 앞의 각주에서 설명하였다.[4]

한편 자본시장법상 외부감사인의 책임과 관련된 규정은 발행시장과 유통시장으로 구분하여 달리 규정하고 있다. 발행시장에서 증권의 공모와 관련한 책임의 유형은

규칙, 협회규정 등을 총괄하여 지칭한다.

2) 증권관계법의 위반행위로 인해 손해를 입은 투자자는 민법상의 일반 불법행위 규정(민법 제750조 이하)에 의해 손해배상도 받을 수 있다. 그러나 민법상의 손해배상책임을 주장하기 위해서는 투자자가 가해자인 발행인의 과실과 자신의 손해액을 증명해야 하는 것이 큰 부담일 수 있다. 자본시장법은 이러한 투자자의 입증부담을 덜기 위해 제125조 내지 제127조에서 민법상의 불법행위책임에 대한 특칙을 규정하고 있다. 자본시장법 제125조와 민법상 불법행위 책임은 서로 배척하는 것이 아니라 경합적으로 적용된다고 보는 것이 일반적이다(김건식·정순섭, 「자본시장법」(두성사, 2009), 146면); 판례도 증권관계법에서 규정하고 있는 감사인의 책임(특히 법 제31조 제2항)과 민법상 일반 불법행위책임(민법 제750조)과의 관계에 대해 법조경합설이 아니라 청구권경합설 입장을 취하고 있다(대법원 1997. 9. 12. 선고 96다41991 판결 등).

3) 법 제39조, 자본시장법 제444조 제13호.

4) 미국에서는 고의에 의한 부실감사에 대해 소위 징벌적 손해배상책임(Punitive Damage)도 부담시키고 있다. 이에 대한 자세한 내용은 윤승한, 「자본시장법 강의」(삼일인포마인, 2009), 631면.

기본적으로 미국의 1933년 증권법의 규정과 대체로 유사하다. 즉, 누구든지 불특정 다수인에게 증권을 공모하려 하는 경우에는 사전에 금융위원회에 증권신고서와 투자설명서를 제출하여야 한다(자본시장법 제119조, 제123조).[5] 또한 신고서에는 외부감사인의 감사의견을 기재하고,[6] 감사보고서를 첨부하여야 한다(자본시장법 제125조, 「증권의 발행 및 공시 등에 관한 규정」 제2-4조).[7] 그리고 신고서 중 중요사항에 대하여 거짓의 기재 또는 표시가 있거나 중요한 사항의 기재 또는 표시를 아니 함으로써 증권 취득자에게 손해를 끼친 때에는 외부감사인 등 관련자는 그 손해에 대하여 배상할 책임을 진다(자본시장법 제125조, 제126조).[8]

요컨대 발행시장의 경우, 증권신고서에 포함된 감사보고서의 중요사항에 부실기재가 있는 경우 증권 매수인은 누구든지, 외부감사인과 직접 당사자 및 거래관계에 있지 아니하여도, 뿐만 아니라 증권신고서를 읽어보지 않았어도, 부실기재와 투자자의 손실사이에 직접 인과관계가 없더라도, 그리고 외부감사인의 고의성을 증명하지 않더라도 외부감사인을 상대로 손해배상을 청구할 수 있도록 하고 있다. 이처럼 증권관계법은 증권의 공모와 관련된 공인회계사의 업무상 과실 또는 고의적인 부정행위 등에 대하여, 그로 인하여 피해를 입은 일반투자자 등이 손해배상 청구소송을 함에 있어서 민법에서 일반적으로 요구되고 있는 제반 요건을 대폭 완화 또는 면제하여 그들이 보다 쉽게 소송을 제기할 수 있도록 지원함으로써 효과적으로 일반투자자를 보호하려 하고 있다.[9] 반면, 유통시장에서 공시하는 사업보고서등[10]에 첨부되는 감사보고서의 경우로서 감사인이 중요한 사항에 관하여 감사보고서에 기재하지 아니하거나 허위의 기재를 함으로써 이를 믿고 이용한 제3자에게 손해를 발생하게 한 때에는 감사인은 선의의 투자자에 대하여 손해배상책임을 부담한다(자본시장법 제162조, 제

5) 미국 1933년 증권법 제11조 참조.

6) 회사가 이를 기재한다.

7) 미국 1933년 증권법 제5조 및 제7조 참조.

8) 미국 1933년 증권법 제5조 및 제7조, 미국 1934년 증권거래법 제10조 참조; 윤승한, 앞의 책, 651면.

9) "George Spellmire, Wayne Baliga and Debra Winiarski, Accountants' Legal Liability - Prevention and Defense, 1993, HBJ Miller Accounting Publishing, Liability - Prevention and Defense, 1993, HBJ Miller Accounting Publishing, Inc., New York, pp18.01-18.03"(윤승한, 앞의 책, 631면 재인용).

10) '사업보고서등'이라 함은 사업보고서, 반기보고서, 분기보고서, 주요사항보고서를 의미한다(자본시장법 제162조). 이 중 감사보고서 첨부의무가 있는 공시서류는 사업보고서이다. 반기보고서의 경우 자산 2조 원 이상의 대규모기업은 감사보고서 첨부의무가 있고, 2조 원 미만 기업은 검토보고서를 첨부하여야 한다. 검토보고서는 감사보고서는 아니지만 일단 재무정보에 관해 외부감사인이 증명하는 것이므로 역시 책임의 전제가 되는 공시서류로 보아야 한다.

170조 및 법 제31조 제2항부터 제7항까지). 이처럼 우리나라 증권관계법에서 규정하고 있는 감사인의 손해배상책임은 발행시장과 유통시장에 있어서 요건과 증명책임 및 대상과 관련하여 상당한 차이가 있다.[11)]

2. 발행시장에서의 감사인 책임

발행시장에서의 공시의무위반에 대한 규제[12)]로서 자본시장법상 손해배상책임 관련규정은 제124조(정당한 투자설명서의 사용), 제125조(거짓의 기재 등으로 인한 배상책임), 제126조(손해배상액) 및 제127조(배상청구권의 소멸)에서 각각 규정하고 있다. 이 규정들은 미국·일본을 통하여 수용되기는 하였으나 이들 나라와는 조금씩 다른 차이를 보이고 있다. 또한 투자설명서 사전 교부의무 규정 등은 구 증권거래법에는 찾아볼 수 없는 규정들이다.

자본시장법은 증권신고서의 신고인(발행인)[13)]을 포함하여 증권신고서 작성지시·

11) 종전 증권거래법이 적용된 시절에는 유통시장에서의 배상책임에 관해 직접 규정한 바도 없는데 발행시장의 배상책임 규정을 곧바로 준용한 관련 판례(대법원 1997. 9. 12. 선고 96다41991 판결; 한국강관판례)는 그간 학계에서 논란이 있었던 문제이다.

12) 발행시장에서의 공시규제는 투자자의 투자판단에 필요한 정확한 정보를 충분히 제공하는 것을 목적으로 한다. 투자자의 투자결정이 충분하고 정확한 정보를 토대로 이루어지는 경우에만 발행시장에서의 자원의 효율적인 배분이 이루어질 수 있기 때문이다. 이를 위해 자본시장법에서는 이러한 목적이 실효성 있게 달성되는 것을 담보하기 위해 행정상, 형사상, 민사상의 통제수단 등 다양한 장치를 마련하고 있다(이중 행정상 제재와 형사상 제재에 관하여 자세한 것은 김건식·정순섭, 앞의 책, 142~144면 참조).

13) 자본시장법 제119조는 증권의 모집 또는 매출시 증권신고서 제출의무자를 발행인으로 제한하므로 증권의 신규발행은 물론 매출의 경우에도 발행인이 신고자가 된다. 단, 발행인이 주주의 매출을 위하여 신고서를 제출할 의무가 있는 것은 아니므로 스스로 신고서를 제출한 경우에 책임의 주체가 된다. 따라서 모집의 경우는 물론 매출의 경우에도 발행인이 신고서를 제출한 이상 '신고 당시의 발행인의 이사'는 신고자로서 책임을 지고(자본시장법 제125조 제1항 제1호), 매출의 경우에는 그와 동시에 '매출신고 당시의 매출인'도 책임을 지게 된다(자본시장법 제125조 제1항 제7호). 여기서 '신고 당시'가 신고서 제출시·수리시·효력발생시 중 구체적으로 언제를 의미하는지에 관한 구체적 규정은 없으나, 증권신고서 상의 허위기재나 누락이 손해배상책임의 요건이고 한편으로는 청약개시 전까지는 정정신고서를 제출할 수 있으므로 신고서 제출시의 이사와 신고서 효력발생시의 이사는 모두 손해배상책임의 주체가 된다. 이사는 등기이사를 의미하는 것이며 비등기 집행이사는 제외된다. 이사가 없는 경우에는 이에 준하는 자를 의미하며(자본시장법에서 신설), 법인 설립 전에 신고 된 경우에는 그 발기인을 말한다. 그리고 '신고 당시'라는 규정상 신고 후에 이사로 선임된 자와 신고 전에 사임·해임 등으로 이사의 지위를 상실한 자는 책임주체가 될 수 없다. 상법상 이사의 손해배상책임에 대한 소멸시효기간은 10년이다. 그러나 자본시장법 제127조에서 배상청구권의 소멸시효는 청구자가 안 날로부터 1년 이내 또는 효력 발생일로부터 3년 이내 청구권을 행사하지 아니하면 소멸하는 것으로 규정하므로, 소멸시효를 넘긴 경우 이사에 대한 손해배상청구의 의미는 자본시장법에 의한 손해배상

집행자, 공인회계사 등 공인된 자격을 가진 자, 인수인, 투자설명서 작성 교부자, 매출증권의 소유자 등으로 책임부담자의 범위를 광범위하게 포섭하고 있다(자본시장법 제125조 제1항 각 호).[14] 책임의 주체를 이와 같이 광범위하게 규정한 것은 이와 같은 기업 감시자들로 하여금 스스로 진실한 정보의 완전공개가 이루어지도록 기업을 감시하라는 취지라고 볼 수 있다.

공인회계사는 감정인, 신용평가를 전문으로 하는 자, 변호사, 변리사 또는 세무사 등 공인된 자격을 가진 자(그 소속단체를 포함)와 같이 신고서 기재사항 또는 첨부서류에 서명한 경우에는 손해배상책임의 주체가 된다(자본시장법 제125조 제1항 제3호). 그런데 공인회계사에 대하여는 법 제31조 제2항 내지 제7항에 별도의 책임규정을 두고 있으므로 굳이 자본시장법상에서 열거할 필요가 없으며, 또한 이들 공인된 자격을 가진 자 등은 증명[15] 내지 서명·인증하지 아니한 기재사항 또는 그 첨부서류에 대하여는 선의·무과실을 증명하면 면책되므로, 실제로는 다른 주체에 비하여 책임범위가 좁은 편이라는 견해가 있다.[16] 그러나 특히 발행 공시 책임의 경우 자본시장법은 외부감사법에서 규율하는 원고의 신뢰요건을 요하지 않으므로 자본시장법이 책임부담자를 포괄적으로 규정하지 않는 한 공인회계사도 당연히 열거되어야 할 것이다. 증명 내지 서명·인증하지 않은 공시서류에 대하여는 달리 문제될 것이 없으므로 당연히 책임범위가 좁은 편인 것은 사실이다. 그러나 실제에 있어서는 결국 자력資力을 가진 공인회계사 내지 회계법인을 상대로 대부분의 소송이 집중되고 있는 현실을 감안하면, 감사인에 대하여 책임범위가 좁다고 보기는 어려울 것이다.

청구가 아니라 민법 제750조에 의한 일반 불법행위에 대한 손해배상청구 가능기간을 의미한다고 보아야 할 것이다. 상법 제401조의2 제1항 각 호의 업무집행지시자로서 증권신고서의 작성을 지시하거나 집행한 자도 손해배상책임의 주체가 된다(자본시장법 제125조 제1항 제2호). 감사는 이사의 직무집행을 감사하고 언제든지 이사에 대하여 영업에 관한 보고를 요구하거나 회사의 업무와 재산 상태를 조사할 수 있는 지위에 있는데, 입법론적으로는 투자자 보호를 위하여 일본과 같이 감사도 손해배상채무자에 포함시켜야 할 것이다. 상법에 의하면 감사도 악의 또는 중대한 과실로 임무를 해태한 때에는 제3자에 대한 손해배상책임을 지고(상법 제414조 제2항), 회사나 제3자에 대하여 손해배상책임이 있는 경우에 이사와 연대하여 배상할 책임이 있다(상법 제414조 제3항).

14) 미국 1933년 증권법 제11조(a)는 책임주체를 다음과 같이 규정한다.
1. 등록신고서에 서명한 자 2. 등록신고서 제출당시 발행인의 이사 또는 이와 유사한 역할 수행자 또는 파트너인 자(자신의 동의로 등록신고서에 기재된 자 포함) 3. 등록신고서, 보고서 또는 평가서를 자신이 작성 또는 인증하였거나 위 서류를 작성 또는 인증한 자로서 공인회계사, 기술자 또는 감정인 기타신고서를 작성할 수 있는 자 4. 해당 증권에 관한 인수인.

15) 외부감사인의 증명은 재무제표에 대한 감사의견(적정, 부적정, 한정, 의견거절)을 말한다고 할 것이다.

16) 임재연, 「자본시장법」(박영사, 2015), 372면.

3. 유통시장에서의 감사인 책임[17)]

자본시장법은 그간 학계에서 제기되던 위 문제들[18)]을 해결하기 위하여 발행공시 책임 규정인 제125조 내지 제127조와는 별도로 미국과 일본처럼 유통공시책임 규정인 제162조를 신설하였다. 동조는 사업보고서 등 및 그 첨부서류 중 거짓의 기재 등으로 인하여 증권을 거래한 자가 손해를 입은 경우에는 신뢰의 인과관계를 요하지 않고 동조 제1항 각 호에 명기된 자는 손해배상책임을 지고 증명책임 또한 피고가 부담한다는 규정을 명문화하였다. 미국은 발행공시책임을 규율하는 1933년 증권법 제11조, 제12(1)조, 제12(2)조 등에서는 인과관계의 증명을 요하지 않는 반면, 유통공시책임을 규율하는 1934년 증권거래법 제18(a)조에서는 명문으로 책임인정의 전제조건으로 신뢰의 인과관계를 요구하고 있다. 일본 금융상품거래법金融商品取引法은 발행시장에서의 취득자를 원칙적인 손해배상청구권자로 규정하지만(제18조, 제19조, 제21조), 이와 별도로 제22조는 신고자의 임원, 매출유가증권의 소유자, 감사증명을 한 공인회계사 또는 감사법인 등은 유가증권신고서상의 허위기재나 누락에 대하여 알지 못하면서 당해 유가증권신고서의 신고자가 발행인인 유가증권을 "모집이나 매출에 의하지 않

17) 유통공시의무위반과 관련하여 자본시장법 제162조는 구 증권거래법에서 규율하는 입법태도와는 다르다. 수시 및 정기공시의무에 관한 구 증권거래법 제186조 제4항과 제186조의5는 모두 유가증권신고서와 투자설명서에 관한 구 증권거래법 제14조 내지 제16조를 준용하였다. 그러나 자본시장법은 유통공시의무위반과 관련된 종래의 준용규정이 폐지하고 별도의 법조문(제162조)으로 규율하면서 그 내용(책임요건, 배상액, 소멸시효 등)을 한 조문 안에 모두 담고 있다.

18) 유통공시책임규정은 종전 손해배상책임규정의 흠결을 1996년 증권거래법을 개정하면서 발행시장에 관한 증권거래법 제14조를 준용하는 형식으로 입법적으로 해결하려 한 것인데, 과연 정기적, 계속적, 수시적으로 공시하는 유통시장공시와 단 1회적으로만 주어지는 발행시장 공시가 성격상 그리고 책임구성에 있어서 동일한 것인지에 대하여는 의문이 제기되고 있었다. 손해의 인과관계가 추정되는 발행공시 책임에서와 같이 유통공시책임에서 투자자가 정기 및 수시공시의 내용을 믿고 거래하다 손해가 발생한 인과관계를 주가의 변동요인이 너무나도 다양한 증권시장에서 그대로 그 인과관계의 증명책임을 발행 기업이 부담하고, 손해액이 법정되어 있는 상태에 대해 의문을 표시하는 주장도 있었다. 손해액의 산정에 있어서도 구 증권거래법 제15조를 준용하는 관계로 피고가 증명책임을 지고 또한 손해액이 법정되어 있으나, 발행공시와 달리 유통공시는 비치 공시의무만 있으며, 정기·계속적으로 제공되고 있는 상태인데 시세하락에 의한 피해에 대한 증명책임을 피고가 지고 손해액이 법정되어 있는 상태 또한 의문시 된다는 주장도 있었다. 구 증권거래법 제14조 및 제15조는 발행시장에서 유가증권을 취득한 자의 손해배상청구권에 관하여는 그 책임발생원인과 책임범위에 대하여 상세히 규정하지만, 유통시장에서 유가증권을 취득한 자의 손해배상청구권에 대하여는 아무런 규정이 없었다. 외국의 입법례를 살펴보면 미국의 1933년 증권법과 1934년 증권거래법, 일본의 금융상품거래법(金融商品取引法) 제18조 내지 제21조와 제22조는 발행공시책임과 유통공시책임을 별도로 규정하고 있다. 따라서 유통시장에서의 취득자도 손해배상을 청구할 수 있도록 할 필요가 있는데, 이는 구 증권거래법의 해석론으로는 무리이고 입법적인 보완에 의하여 해결되어야 할 것이었다. 이에 대한 상세한 논의는 임재연, 앞의 책, 42면 이하 및 90면; 이준섭, "증권거래법 쟁점에 대한 입법론적 고찰", 「인천법학논총」 제3집, 119면 이하 참조.

고" 취득하는 자에게 손해배상책임을 진다고 규정한다.

반면 자본시장법은 유통공시책임과 관련하여 신뢰의 인과관계를 요하지 않으므로 그 책임수준이 미국과 일본 등의 경우보다 더욱 엄격하게 피고에게 배상책임을 묻고 있는 것으로 보인다. 그러나 자본시장법은 제162조를 개정하면서 감사인을 책임부담자로 남겨둔 채 배상책임의 근거가 되는 감사보고서를 제외하였고, 감사인 책임규정인 제170조를 개정하면서 투자자에게 신뢰의 인과관계를 요구하는 것으로 법을 개정하였다.[19][20]

따라서, 외부감사인의 유통시장에서 책임과 관련하여 감사보고서상 거짓 기재 등으로 책임을 부담해야 하는 경우에는 자본시장법 제170조 및 법 제31조 제2항부터 제9항까지의 규정이 적용될 것이나, 그 이외의 서류(사업보고서, 반기보고서, 분기보고서, 주요사항보고서 등)에 첨부되는 서류 중 중요사항에 관한 거짓의 기재 또는 표시로 인해 책임을 져야하는 경우에는 자본시장법 제162조가 적용된다고 할 것이다.

II. 감사인의 외부감사법상 손해배상책임

1. 감사인의 피감사회사에 대한 손해배상책임

가. 책임의 법적 성질

(1) 계약책임

감사인과 피감사회사 간에는 위임계약관계가 존재한다. 따라서 감사인은 민법 제681조의 선량한 관리자의 주의의무로써 직무를 수행해야 한다. 만약 그 계약에 위반

19) 자본시장법 제162조에서 감사보고서를 제외한 점은 입법기술상의 문제로 넘기더라도, 공인회계사 책임규정인 동법 제170조에서 증권취득자에게 신뢰요건을 추가한 점은 책임법체계상 혼란스러운 면이 있다고 하면서, 즉 증명책임 전환규정은 그대로 둔 채 투자자에게 신뢰의 인과관계를 요구하는 약간 모순된 입법이 이루어지게 된 것이라고 주장하는 견해가 있다[박용석, "상장기업 공시의무위반과 손해배상책임", 고려대학교 법무대학원 석사학위논문(2010), 88면 이하 참조].

20) 유통공시는 발행공시와 전혀 그 성격이 다르다고 할 수 있다. 즉 투자자를 투자판단에 이르게 한 해당 회사 및 유가증권에 관한 정보는 각개의 사업보고서나 반기보고서 또는 적시공시에 의한 것이 유일한 것이 아니고 또는 이들 공시정보가 직접적으로 투자를 권유하기 위한 것도 아니기 때문에 책임을 인정하기 위해서는 실제로 이들 공시를 믿고 투자를 했는지가 반드시 밝혀질 것이 필요하다.

하여 피감사회사에 손해를 끼친 경우에는 원칙적으로 감사인은 회사에 대하여 위임계약에 기초한 계약위반으로 인한 손해배상책임을 지는 것이다.[21)]

법 제31조 제1항의 피감사회사에 대한 감사인의 손해배상책임은 감사인이 그 임무를 게을리하여 회사에 대해 손해가 발생했을 때 배상하는 책임이다. 이는 감사인의 임무해태로 인한 위임계약 불이행 때문에 발생하는 손해배상책임으로 과실책임주의에 근거하고 있다.[22)]

(2) 불법행위책임과의 경합

감사인의 임무해태가 피감사회사에 대해 채무불이행 또는 불법행위 성립을 위한 책임요건을 구성할 수 있다(청구권경합). 따라서 회사 측에서는 감사인의 채무불이행으로 인한 손해배상청구권과 불법행위로 인한 손해배상청구권을 선택적으로 주장할 수 있다.[23)]

나. 요건

감사인이 그 임무를 게을리하여 회사에 대하여 손해를 발생하게 한 때에는 그 감사인은 회사에 대하여 손해를 배상할 책임이 있다(법 제31조 제1항). 따라서 i) 감사인의 임무해태, ii) 회사의 손해발생, iii) 임무해태와 손해발생 사이의 인과관계가 감사인의 회사에 대한 손해배상책임의 발생요건이라 할 수 있다. 그 중 쟁점이 되는 점은 아래와 같다.

(1) 임무해태

감사인은 피감사회사에 대하여 위임계약 상의 선관주의의무를 부담한다(민법 제681조). '임무를 게을리하여'란 감사인이 피감사회사와의 계약에 따라 부담하는 선관주의의무, 즉 선량한 관리자의 주의의무를 게을리하는 것이다. 감사인이 그 임무를 게을리하여 회사에 손해를 발생하게 한 경우에는 그 감사인은 회사에 대하여 손해를 배

---

21) 백승재, "감사인의 부실감사책임에 대한 법적제재의 적정성에 대한 제언", 고려대학교 법무대학원 석사학위논문(2007), 42면.

22) 권재열, "외부감사인의 법적책임", 「비교사법」 제8권(1998), 355면; 김학언, "공인회계사의 민사책임", 연세대학교 대학원 석사학위논문(2005), 12면.

23) 권재열, 위의 논문, 357면, 김학언, 위의 논문, 13면.

상할 책임이 있다. 이 경우 감사반인 감사인의 경우에는 해당 회사에 대한 감사에 참여한 공인회계사가 연대하여 손해를 배상할 책임을 진다(법 제31조 제1항·제3항). 이러한 의무는 개개인의 차이를 고려하지 않는 추상적 평균인을 전제로 하는 의무로서, 민법상 일반적으로 수임인에게 요구되는 정도의 주의의무 외에 공인회계사법 혹은 외부감사법에서 요구하는 주의의무 역시 포함한다. 또한 민법상 외부감사인이 선관주의의무를 해태하면 회사에 대하여 채무불이행책임(민법 제390조) 또한 지니게 된다. 이에 관해 대법원은 2013. 1. 24. 선고 2012다91224 판결에서 '그 직무수행상 필요로 하는 충분한 주의'를 선관주의의무라고 정의한다. 이에 법원은 서울서부지방법원 2006. 7. 26. 선고 2005가합6082 판결에서 감사인은 외부감사계약을 체결하고 재무제표의 적정성을 검토하는 사무의 처리를 수임한 사람으로서 선량한 관리자의 주의를 다하여 수임업무를 처리할 의무가 있다고 판시한 바 있다.

법 제31조 제7항에 따라 감사인 또는 감사에 참여한 공인회계사가 손해배상책임을 면하기 위하여는 그 임무를 게을리하지 아니하였음을 증명하여야 한다(법 제31조 제7항 본문). 다만, 법 제10조에 따라 감사인을 선임한 회사, 은행법 제2조 제1항 제2호에 따른 은행, 농업협동조합법에 따른 농협은행, 수산업협동조합법에 따른 수협은행, 보험업법에 따른 보험회사, 자본시장법에 따른 종합금융회사 또는 상호저축은행법에 따른 상호저축은행이 감사인 또는 감사에 참여한 공인회계사에 대하여 손해배상청구의 소를 제기하는 경우에는 그 자가 감사인 또는 감사에 참여한 공인회계사가 임무를 게을리하였음을 증명하여야 한다(법 제31조 제7항 단서).

(가) 주의의무의 주요기준

감사인은 외부감사법에 따라 회사에 대한 감사업무를 수행함에 있어서 일반적으로 공정·타당하다고 인정되는 회계감사기준에 따라 감사를 실시함으로써 피감사회사의 재무제표에 대한 적정한 의견을 표명하지 못함으로 인한 이해관계인의 손해를 방지하여야 할 주의의무가 있다(법 제1조, 제16조 제1항). 한편 법 제16조 제2항은 한국공인회계사회가 회계감사기준을 정하도록 하였고, 법 시행령 제22조 제2항·제4항에 따라 한국공인회계사회는 회계감사기준을 '회계감사기준위원회'의 심의·의결을 거쳐 정한다. 한편, 회계감사기준 이외에 회계감사기준의 이해와 실무적용에 관한 사항과 지침이 필요한 사항에 대해 회계감사기준위원회의 입장을 명확히 하기 위해 회계감사기준 전문에 의해 회계감사실무지침이 제정되었다. 위와 같이 '회계감사기준' 및 '회계감사실무지침'은 외부감사법상 요구되는 감사인의 업무수행을 위해 일응의 기준으로서 제정된 것이다. 따라서 '회계감사기준' 및 '회계감사실무지침'은 특별한 사정이 없는 한 일반적으로 공정·타당하다고 인정되는 것으로서 외부감사인의 감사직무 수행상 주의의무 위반 여부에 대한 판단의 주요기준이 된다. 판례도 대법원 2011. 1. 13. 선고 2008다36930 판결에서 회계감사기준과 한국공인회계사회가 그 시행을 위하여 마련한 회계감사준칙, 즉 회계감사기준 적용지침[24]은 외부감사인의 주의의무 위반여부에 대한 주요한 판단기준이 된다는 취지로 판시하였다. 회계감사기준과 실무지침이나 적용지침에서 요구하는 감사인의 주의의무 수준은 일반 평균인의 주의의무보다 현저히 고도화된 주의의무라고 볼 것이다. 이는 특별한 자격시험을 거쳐 회계전문가임이 인정된 공인회계사에게 부여되는 주의의무이고 보니 공인회계사로 구성된 감사인에게 부여되는 주의의무도 고도화된 것이다.

(나) 감사방법 적용에 있어서의 상당한 재량권

그렇다면, 감사인이 감사기준과 실무지침이나 적용지침을 위반하여 감사업무를 수행하였다고 하여 반드시 과실과 위법성이 징표되는가? 이에 대해 법원은 '코어비트 사건'에서 "외부감사인의 독립성 및 전문성을 감안할 때 외부감사과정에서 외부감사기준에 정한 모든 절차를 반드시 실시하여야 한다고 볼 수는 없고, 감사인은 외부감사 절차에서 필요한 감사증거를 수집하고 평가하는 감사방법을 적용함에 있어서 상당한 재량권을 가진다."고 판시하면서 감사인의 책임을 부인하였다.[25][26]

'코어비트 사건'의 경우에는 회계법인이 증권선물위원회로부터 손해배상공동기금 30% 추가적립과 감사업무 2년 제한 조치를 받았음에도 불구하고, 대법원 판례는 회계법인의 감사인으로서의 전문성 및 독립성을 인정하여 감사과정에서의 감사방법 선

24) 회계감사기준 적용지침은 회계감사기준의 실무적용에 관한 해석과 필요한 입증감사절차 등을 규정하기 위해 회계실무지침과 같은 목적으로 제정되었다.

25) 서울중앙지방법원 2012. 10. 12. 선고 2011가합1823 판결. 이 판결은 고등법원 판결(서울고등법원 2013. 8. 21. 선고 2013나5376 판결)을 거쳐, 최근 대법원 판결(대법원 2014. 12. 24. 선고 2013다76253 판결)에서 그대로 확정되었다.

26) 이와 동일한 취지로 회계법인의 손해배상청구를 기각한 사건으로는 대법원 2011. 1. 13. 선고 2008다36930 판결, 서울중앙지방법원 2013. 7. 24. 선고 2013가합4437 판결, 서울서부지방법원 2006. 7. 26. 선고 2005가합6082 판결 등이 있다.

택의 재량을 인정하고, 회계법인의 책임을 부정한 경우이다. 한편, 증권선물위원회의 감리조치에 따른 감사인에 대한 징계가 회계법인 책임인정의 근거가 될 수 있을까? 증권선물위원회가 투자선급금 과대계상 등을 인정하여 3년간 감사업무 제한조치를 취한 경우에도 판례는 손해의 인과관계가 인정되지 아니한다는 점을 들어 회계법인의 책임을 기각한 사례도 있다(서울중앙지방법원 2012. 3. 16. 선고 2010가합78185 판결). 따라서 일반적으로 증권선물위원회의 감리조치에 따른 감사인에 대한 징계가 회계법인의 책임인정의 근거로 보기는 어렵다 할 것이다.

(다) 추정에 대한 합리성 인정

소위 '쌍용차 사건'으로 불리우는 대법원 2014. 11. 13. 선고 2014다20875, 2014다20882(병합) 해고무효확인등 사건에서 대법원은 최초로 회계처리기준상의 손상차손의 인식과 관련하여 그 기준에 관한 판시를 하였는바, 대법원 판례의 입장은 손상차손을 인식함에 있어 미래에 대한 추정은 불확실성이 존재할 수밖에 없는 점을 고려할 때 그 추정이 합리적이고 객관적인 가정을 기초로 한 것이라면, 그 추정이 다소 보수적으로 이루어졌다고 하더라도 그 합리성을 인정하여야 한다는 것이고, 그와 같은 합리성을 판단함에 있어 현저히 합리성을 결여한 것이 아닌 이상 그 추정의 합리성을 인정하여야 한다고 판시하였다. 이는 기업의 재무제표 작성에 있어 적용하는 여러 가지 회계추정(대손충당금, 손상차손 등)의 합리성 판단에 있어 공인회계사에게 재량이 있음을 확인한 것이라고 생각된다.

(라) 감사인의 회계사실 진실성 확인의무 여부

외부감사법에서 요구하고 있는 감사인의 '임무해태'와 관련하여, 감사인에게 회계사실의 진실성 여부까지 확인해야 할 의무가 있는지에 관하여는 견해가 대립하고 있다.

소극적 의무로 보는 입장으로서, 감사인의 경우 재무제표가 기업회계기준에 맞게 작성되었는지에 관한 의견을 표명하는 것을 임무로 할 뿐 재무제표의 정확성이나 객관적인 특정사실의 유무를 증명하는 것은 아니라고 보는 견해가 있다. 즉 회계기록이나 재무제표의 정확성 또는 오류의 부존재, 특정의 객관적 사실의 존부에 관하여는 재무제표를 작성한 경영자가 책임을 질 것이며 감사인의 책임은 아니라는 견해이다.[27]

---

27) 최병성, "상법상 감사와 외부감사인의 책임한계와 효율적 연계방안", 「상장협」 제26호(1992), 31면.

이에 대하여 적극적인 의무로 보는 견해도 있다. 상법상 감사도 외부감사에 대해 회계문서에 나타난 기업의 경제적 사실의 실재성과 정당성을 검증하고 그 회계사실을 재무제표 등의 회계문서에 표시하는 회계처리의 적정성을 감사해야 한다. 이를 태만히 할 경우에는 회사에 발생한 손해에 대해 배상책임을 부담한다(상법 제414조). 따라서 (i) 감사와 감사인이 회사가 작성한 회계문서에 대한 실재성과 정당성 및 회계처리의 적정성을 감사한다는 측면에서 본질적으로 그 임무에 대하여 공동책임을 부담하는 것이 타당하고, (ii) 감사인은 상법상 감사보다 회계의 전문가이므로 회계사실의 실재성 및 정당성에 대한 검증능력이 더 뛰어날 것이며, (iii) 외부감사법이 감사인에게 회계사실의 실재성과 정당성을 검증할 권한과 의무를 부여하고 있으므로 감사인은 언제든지 회사 및 당해 회사의 관계회사에 회계에 관한 서류와 자료를 제출받아 조사할 수 있는데다가, (iv) 기업의 투명성 제고와 국제기준에 부합하는 기업회계기준 및 회계관행의 확립이라는 현실적 필요성을 고려할 때 감사인에게 회계사실의 진실성 검증 의무를 부과하는 것은 당연한 요청이라는 견해이다.[28]

생각건대 외부감사는 감사대상 재무제표가 회사의 재무상태와 경영성과 및 기타 재무정보를 일반적으로 인정된 회계처리기준에 따라 중요성 관점에서 적정하게 표시하고 있는지에 대하여 감사인이 독립적으로 의견을 표명하는 데 그 목적이 있다.[29] 또한 감사인의 의견이 감사보고서 이용자에게 재무제표의 신뢰성을 제고시킬 수는 있어도 회사의 장래 존속능력 또는 회사업무집행에 대한 경영진의 효율성이나 효과성을 보장하는 것은 아니다.[30] 게다가 감사인의 의견은 회사의 재무상태 또는 경영성과의 양호 여부를 평가하거나 장래전망을 보장하는 것이 아니며, 감사인은 부정이나 오류에 의한 중요한 왜곡표시가 감사과정에서 적발될 것임을 보장하지도 않는다. 감사인은 감사를 위해 회사로부터 받은 회계에 관한 장부, 서류, 자료 등의 문서가 진실하다고 신뢰하고 감사를 수행하며, 회사의 임직원에 의한 내부공모, 위조, 변조 등 문서의 허위성 여부에 대한 조사판단은 재무제표 감사의 범위가 아니라는 한계가 있다. 감사인과 피감사회사 간에 일반적으로 사용되는 한국공인회계사회가 마련한 표준외부감사계약서를 보더라도 (i) 외부감사인의 감사목적은 회사의 재무제표가 한국의 기업회

28) 김학언, 앞의 논문, 14면.

29) 한국공인회계사회, 회계감사기준서 100(총칙) 문단 3.

30) 한국공인회계사회, 회계감사기준 적용지침 100(총칙) 문단 3, 3.2.

계기준에 따라 표시되고 있는가의 여부에 대하여 의견을 표명하는 데 있으며, (ii) 회계처리상 모든 부정이나 허위의 적발에 있는 것은 아니라는 점, (iii) 적절한 공시를 포함하여 재무제표 작성의 책임은 회사의 경영자에게 있으며, 여기에는 적절한 회계자료 유지, 내부통제, 회계정책의 선정과 적용, 회사자산의 보호에 대한 사항들이 포함된다는 점, (iv) 또한 감사인이 행하는 감사는 제반 법규에 대한 불이행사항의 방지 및 발견을 목적으로 하지 않으며 이의 책임은 회사의 경영자에게 있다는 점, (v) 이러한 회사의 경영자가 부담하는 책임은 이 사건 외부감사계약에 의해 수행되는 재무제표에 대한 감사에 의해 경감되지 않는다는 점이 규정되어 당사자 간에 합의된 사항이라 할 수 있고, (vi) 감사인이 감사업무를 수행하면서 회사 경영자에게 요구하여 수령하는 '경영자확인서'의 내용에도 위와 같은 감사의 한계를 인정하는 내용이 있는 점을 보면, 감사인에게 적극적으로 회사 재무제표 등 회계사실의 진실성 검증의무가 있다고 볼 수는 없을 것이다.[31)]

(마) 회사의 부정행위에 대한 부정적발의무 여부

외부감사의 목적은 회사의 재무제표가 기업회계기준(연결재무제표기준)에 따라 재무상태와 경영성과 및 이익잉여금(잉여금)의 변동과 재무상태의 변동내용을 적정하게 표시하고 있는가의 여부에 대하여 의견을 표명하는 데 있으며, 회계처리상 모든 부정이나 허위의 적발에 있는 것은 아니다. 회계감사기준 240(부정과 오류에 대한 감사인의 책임)에서도 부정이나 오류를 방지하기 위하여 적절한 내부통제구조를 갖추고 이를 운용하여야 하는 책임은 내부감시기구와 경영자에게 있다고 규정하고 있다. 이처럼 외부감사인은 그 업무의 한계상 부정적발의무를 부담하지 않는다. 법원도 회사직원의 부정행위를 예방하지 못함으로써 확대된 손해에 대해서는 상당인과관계를 인정하고 있지 않다.

감사인이 은행조회서의 주소처를 제대로 확인하지 못하여 피감사회사의 직원이 위조한 은행조회서를 가지고 감사업무를 수행함으로써 회사의 부외부채를 확인하지 못한 사안에서 대법원 2011. 1. 13. 선고 2008다36930 판결은 "감사인이 금융기관에 대한 조회서의 주소를 제대로 확인하지 아니한 잘못이 있다고 하더라도 그와 관련한 피감사회사의 모든 손해에 대하여 감사인이 손해배상책임을 져야 한다고 볼 수는

31) 앞의 회계감사기준 적용지침 580 문단 4. '경영자확인서' 예시 참조.

없고, 그 손해배상책임을 인정하기 위해서는 감사인의 잘못과 피감사회사의 손해 사이에 상당인과관계가 있음이 인정되어야 할 것이며, 상당인과관계의 유무를 판단함에 있어서는 일반적인 결과 발생의 개연성은 물론이고, 감사인의 의무를 부과하는 법령 기타 행동규범의 목적, 가해행위의 태양 및 피침해이익의 성질 및 피해의 정도 등을 종합적으로 고려하여야 할 것이다. … 외감법상의 감사인에게 금융기관에 대한 조회서에 정확한 조회처의 주소가 표시되도록 할 의무가 부과되는 취지는, 감사인으로 하여금 해당 금융기관 계좌에 관하여 왜곡되지 아니한 감사증거를 확보하도록 하여 궁극적으로 재무제표가 피감사회사의 재무상태와 경영성과 및 기타 재무정보를 적정하게 표시하고 있는지 여부를 검증하고 그에 대한 올바른 의견을 표명하도록 하는데 있고, 특별한 사정이 없는 한 위와 같은 재무제표의 검증 및 그에 대한 의견표명을 떠나 직접적으로 피감사회사의 내부자가 저지르는 장래의 부정행위를 예방하고자 하는 데에 있다고 보기는 어렵다."고 판시하면서 조회처 주소를 제대로 확인하지 않은 감사인의 잘못과 특정 회계연도에 대한 외부감사가 종료한 후에 자금팀장의 횡령 등 범행이 계속됨으로 인하여 피감사회사에게 확대된 횡령금액 상당의 손해 사이에는 상당인과관계가 없다고 본 원심판결이 정당하다고 판단하였다.

(바) 회사의 손해확대를 방지해야 할 주의의무 여부

피감사회사의 자금업무를 담당하던 직원이 회사 명의의 약속어음을 위조하는 등 횡령행위를 하고 은행조회서를 위조하여 감사인에게 제출하는 등의 감사방해행위를 하였는데, 감사인이 은행조회절차상의 주의의무를 해태하여 은행조회서를 담당직원(횡령하였던 직원)에게 교부하였다는 이유로 손해배상을 청구한 사건에서, 불법행위에 기한 손해배상책임과 관련하여 서울고등법원 2003. 11. 19. 선고 2003나20277 판결은 "감사인이 업무상 주의의무를 위반하였다고 하더라도 감사인에게 위와 같은 주의의무를 부과하는 것은 피감사회사가 제출한 대차대조표 등 재무관련 서류의 진실성을 담보하고 감사보고서의 객관성과 정확성을 도모함으로써 궁극적으로 이해관계 있는 제3자의 이익을 보호하고자 하는 것이지 피감사회사 자신의 이익을 보호하기 위한 것으로 보기는 어려우므로 피감사회사에 대한 관계에서 손해배상책임을 부담하지 않고, 설령 그렇다고 하더라도 상당인과관계가 존재하지 않는다."는 이유로 피감사회사가 외부감사인에게 제기한 손해배상청구를 기각하였다.

또한 피감사회사의 경영진들이 공모하여 분식회계를 하였는데, 피감사회사가 감사인을 상대로 하여 부실감사로 인한 불법행위에 기한 손해배상을 청구하면서 선택적으로 외부감사계약상의 채무불이행을 원인으로 한 손해배상청구도 추가하였으나, 법원은 피감사회사와 감사인인 회계법인 사이에 체결된 외부감사계약에서 허위 기타 부정한 자료를 감사인에게 제공함으로써 감사인에게 손해를 끼쳤을 때 피감사회사가 그 손해에 대하여 배상하기로 하였으면서도, 허위 기재된 재무제표를 제공한 점, 감사인이 피감사회사의 분식회계에 가담하지 않은 점 등을 고려하고, 피감사회사가 전직 임직원의 조직적이고 치밀한 공모행위를 통하여 분식결산한 점을 감사인이 발견하지 못하였다는 점을 들어 감사인에게 선량한 관리자의 주의의무 위반을 이유로 채무불이행 책임을 물을 수는 없다는 이유로 기각하였다. 즉, 법원은 "고의로 불법행위를 저지른 주체가 그러한 사실을 적발하지 못한 감사인에게 손해배상을 청구하는 것이어서, 손해의 공평·타당한 부담이라는 불법행위와 손해배상의 기본법리에 반할 뿐 아니라 명백히 신의칙에도 어긋난다."고 판단하였다(위 판결은 항소심인 서울고등법원 2005. 6. 29. 선고 2004나74417 판결에서 항소기각, 상고심인 대법원 2005. 11. 25. 선고 2005다41030 판결에서 상고기각됨으로써 그대로 확정됨).

이처럼 회사 관계자들이 고의적으로 분식회계를 은폐하고 감사인이 이를 발견하지 못한 사안에서 회사가 감사인을 상대로 손해배상청구를 할 경우에 대부분 감사인의 책임을 인정하지 않고 있다.[32]

32) 미국의 경우 감사인의 피감사회사에 대한 책임을 부정한 판례들이 다수이다. William R. Craig v. James T. Anyon, 212 A.D. 55 (Supreme Court of New York, Appellate Division) 사건에서, 주식 및 상품중개인인 원고의 종업원이 5년 동안 장부를 조작하여 100만 달러 이상을 유출하였는데 피고 회계법인은 그 기간 동안 원고의 장부를 감사하고도 원고에게 그 장부들이 적절하게 기록되었으며 특이사항이 없다는 취지의 감사의견참고자료를 제시하였다. 이 사건에서 위 종업원은 원고의 재고관리부서에 오랫동안 근무하였고 감사인에게 감사보고서의 기초가 되는 관련 장부와 기록참고자료를 제공하였다. 위 종업원의 횡령사실이 밝혀진 이후 원고는 피고 회계법인에 대하여 피고 회계법인이 상당한 주의를 가지고 감사절차를 수행하였더라면 장부의 허위기재 사실은 발견되었을 것이고 횡령을 저지른 종업원은 해고되어 더 이상의 손해는 발생하지 않았을 것이라고 주장하였다. 이에 대해 법원은 원고 스스로가 자신의 사업을 부주의하게 경영하였고 그 종업원을 적절히 감독하지 못하였기 손실이 발생한 것이지, 피고 회계법인이 주의의무를 게을리하거나 계약을 위반하였기 때문이 아니라고 판단하여 원고의 청구를 기각하였다. 법원은 "감사인들이 의심을 야기할 만한 것이 없고 이사들도 수년 동안 발견하지 못한 직원의 사기(위계)가 저질러진 때는 감사인들은 사기가 있음을 발견하지 못한 것에 대하여 책임을 지지 않는다. 직원의 횡령이나 그의 신원보증의 부족을 원인으로 주장되는 손해는 자연스러운 것도 아니고 감사인이 정당한 감사를 수행하지 못한 데서 주로 초래된 결과도 아니다."라고 판시하였다. 또한, David B. Stratton v. Leonard Sacks, etc., et al., 99 B.R. 686 (D. of MD.) 사건은 FAMCO(First American Mortgage Company)의 파산관재인과 그 승계인들이

(2) 회사의 손해발생

감사인의 임무해태로 인하여 회사에 손해가 발생하였어야 한다. 예컨대 감사인이 회계장부와 회계서류에 대한 감사를 태만히 하여 회사의 금전이 횡령되고 있는 것을 발견하지 못함으로 인하여 회사에 손해가 발생한 경우가 그 전형적인 예라 하겠다. 이 경우의 손해는 금전적인 손해가 일반적이겠지만, 그 밖에 금전적 평가가 가능한 기타의 손해도 포함된다.

(3) 임무해태와 손해발생 사이의 인과관계

감사인의 회사에 대한 손해배상책임도 다른 손해배상책임에 있어서와 마찬가지로 손해의 발생과 감사인의 임무해태와의 사이에 인과관계의 존재를 필요로 한다.

다. 책임제한 약정의 효력

회계법인과 회사가 외부감사계약을 체결하면서 작성한 외부감사계약서에서 "감사인인 회계법인의 계약사항 위반, 감사 및 검토 수행 시 고의 또는 중대한 과실로 인하여 피감사회사에 발생한 손실에 대하여 회계법인은 이 계약에 따라 수령하는 당해 연도 감사보수금액을 한도로 배상책임을 진다."라고 약정한 사안에서, 위 규정은 회계법인이 여러 고객들과 계약을 체결하기 위하여 일정한 형식으로 미리 마련한 것으로 「약관의 규제에 관한 법률」(이하 '약관규제법'이라 함)에서 정한 '약관'에 해당하는데, 감사인 제도의 목적과 취지, 외부감사법에서 인정하고 있는 감사인의 민·형사상

FAMCO가 파산에 이를 때까지 FAMCO의 외부감사를 수행하였던 회계법인들을 상대로 제기한 소송에서 Michael Clott이라는 지배주주 겸 CEO는 FAMCO의 자산을 가지고 이중(二重)으로 담보 제공하고 FAMCO의 기금을 자기 개인의 이익을 위하여 유용하였고, 피고 회계법인에게 감사 관련 정보를 제대로 제공하지 않아 피고 회계법인은 미수금 계정의 회수가능성에 대해 정확하게 판단할 수가 없었다. 이와 같이 Clott을 비롯한 FAMCO의 고위 임원들은 피고 회계법인에게 잘못된 사실관계를 전달하거나 FAMCO의 장부에 허위기재를 하였고, 회계법인은 Clott에게 이중매도의 가능성에 대하여 질문하였을 때, Clott은 이중매도 기타 특이사항은 발생하지 않을 것이라고 확인해 주기도 하였다. 이러한 사안에서 법원은, 피고 회계법인이 펀드의 특이사항을 발견하여 주주들에게 통지하였더라도 Clott의 기금 유용을 방지할 수는 없었을 것이라고 판시하였다(위 판례에서도 저지 가능성을 부정한 것으로 해석된다). 법원은 또한, Clott의 기금유용으로 인한 원고의 손실은 근본적으로 Clott의 기망적 행위와 다른 임직원들의 부주의에 기인하는 것이어서 피고 회계법인의 불법행위는 그 손해의 원인이라고 할 수 없다고 판시하면서 원고의 청구를 기각하였다. 참고로, 위 판결은 원고의 직원인 Clott의 허위 정보제공(감사방해)에 의해 감사인이 장부의 허위기재를 적발하지 못한 경우에 관한 것으로서 이러한 경우 감사인의 책임을 물을 수 없다는 입장을 취하였음을 알 수 있다.

책임 등 제반 사정에 비추어 볼 때 위 규정은 외부감사 업무수행 시 위법성이 매우 큰 감사인의 고의 또는 중과실로 인하여 피감사회사에 부담해야 할 손해배상책임의 범위를 상당한 이유 없이 회계법인이 받은 감사보수 금액의 한도로 제한하는 조항에 해당하여 약관규제법 제7조 제2호에 따라 무효라고 판시한 사례가 있다(서울남부지방법원 2013. 12. 10. 선고 2012가합11137 판결).

2. 감사인의 제3자에 대한 책임

가. 의의 및 법적 성질

감사인은 계약관계에 있지는 않지만, 제3자인 투자자에 대하여도 법 제31조 제2항에 따른 손해배상책임을 부담한다. 감사인이 중요한 사항에 관하여 감사보고서에 적지 아니하거나 거짓으로 적음으로써 이를 믿고 이용한 제3자(주로 일반투자자)에게 손해를 발생하게 한 경우에는 그 감사인은 제3자에 대하여 손해배상책임이 있고(법 제31조 제2항 본문), 연결재무제표에 대한 감사보고서에 중요한 사항을 적지 아니하거나 거짓으로 적은 책임이 종속회사 또는 관계회사의 감사인에게 있는 경우에는 해당 감사인은 이를 믿고 이용한 제3자에게 손해를 배상할 책임이 있다(법 제31조 제2항 단서). 이 경우에도 감사반인 감사인의 경우에는 감사에 참여한 공인회계사가 연대책임을 진다(법 제31조 제3항). 또한 이러한 법 제31조 제2항의 책임은 자본시장법 제170조 제1항에 의해 선의의 투자자에 대한 감사인의 손해배상책임에 준용되고 있다.

이렇게 계약관계에 있지 않은 제3자의 손해도 배상해야 할 책임이 부여되는 이유는 감사보고서의 부실 및 허위기재를 원인으로 제3자가 감사보고서를 신뢰함으로써 이용했을 것이라는 가정 아래 이러한 책임이 주어지는 것이다. 즉 부실 및 허위의 감사보고서의 기재와 투자자의 신뢰라는 제한된 인과관계를 전제로 민법 제750조[33]의 일반 불법행위의 특칙으로서의 책임을 인정하고 있다는 견해가 있다.[34]

이에 대하여, 아래와 같이 증권관계법 위반행위로 손해를 입은 투자자에 대한 자본시장법상의 손해배상책임과 민법상 불법행위책임의 관계를 청구권경합으로 보는

33) 민법 제750조는 "고의 또는 과실로 인한 위법행위로 타인에게 손해를 가한 자는 그 손해를 배상할 책임이 있다"고 규정하고 있다.

34) 이준섭, "외부감사인의 비례책임제도", 「상사법연구」 제33권 제3호(한국상사법학회, 2014. 11), 75면.

판례의 입장에서는 외부감사법상의 제3자에 대한 책임은 제3자 보호를 위하여 민법상의 불법행위책임보다 그 요건이나 증명책임을 완화한 별도의 법정책임으로 보는 견해도 있을 수 있다.

한편 법 제31조와 자본시장법 제170조의 규정은 서로 비슷한 양상을 띠고 있지만, 외부감사법의 규정은 투자자에 국한되지 않은 일반적 제3자에 대한 손해배상을 다루고 있고, 자본시장법의 규정은 감사인이 자본시장 영역의 투자자에게 책임을 지도록 규정한 특칙이라고 여겨진다.[35)]

이와 관련하여, 일반투자자가 감사인에 대하여 자본시장법 제125조 또는 제170조의 손해배상책임을 묻는 경우에 민법상의 일반 불법행위책임(제750조)도 물을 수 있는지 여부의 문제가 있다. 학설 중에는 불법행위책임과 계약책임은 일반법·특별법 관계에 있으므로 우선 특수관계인 계약책임을 먼저 적용해야 하기에 민법상 일반 불법행위책임은 물을 수 없다는 법조경합설[36)]이 있다. 이에 대하여 우리나라의 다수설과 판례의 입장인 청구권경합설에 따르면 자본시장법상의 책임뿐만 아니라 일반 불법행위책임도 물을 수 있게 된다(대법원 1999. 10. 22. 선고 97다26555 판결). 이 입장에서는 동일한 급부에 대해서 서로 다른 청구권에 의한 별개의 소송이 허용되므로 비록 하나의 청구권을 주장하여 패소하더라도 다른 청구권이 시효로 소멸하지 않는 한, 다시 그 다른 청구권을 주장하여 소를 제기할 수 있다. 이 경우 각 두 개의 청구권은 서로 다른 것이므로 소송물도 다르게 되어 한쪽 기판력이 다른 쪽에 영향을 주지 않고, 또한 동시에 소를 제기하더라도 중복제소의 금지법칙에 반하지 않게 된다. 한편 독일도 증권거래소법Börsengesetz 제45조가 사업설명서책임Prospekthaftung을 규율하고 있고, 그 책임질 자에 외부감사인을 포함시키고 있다. 그런데 사업설명서책임은 일반 불법행위책임(독일 민법 제823조)에 대한 특별규범의 성질을 띠고 있다. 현재 독일에서는 증권거래소법의 배상범위의 한정과 단기의 소멸시효[37)] 등을 근거로 특별 불법행위청구권에서 다루며 이에 따라 일반 민법상의 청구권 기초는 배제되고 있다. 이와 관련

35) 이는 자본시장법에서의 감사보고서 부실 기재와 그에 대한 신뢰를 책임성립의 인과관계로 확정하고, 그에 따른 손해배상의 범위에 관해서도 책임충족의 인과관계를 일일이 증명하기 번거로운 특수성을 고려하여 법률(자본시장법 제170조 제2항)로 지정한 것이다. 이준섭, 앞의 논문("외부감사인의 비례책임제도"), 76면

36) 김동필, "부실감사에 의한 외부감사인의 손해배상책임에 관한 연구", 울산대학교 대학원 박사학위논문(2007. 2), 47면.

37) 독일은 청구권에 대한 5년의 소멸시효가 존재한다.

한 독일의 BuM-판결[38]에서 독일 법원은 만일 일반 민법상의 불법행위에 기한 청구권을 원용하더라도 증권거래소법 제45조와 제46조의 책임범위를 넘어서서는 안 된다고 판시한 사례가 있다. 이는 민법의 일반적 적용으로 특별법의 적용범위까지 차지하여 특별규범법의 존재를 무의미하지 않게 하려는 것이다.[39]

나. 요건

자본시장법 제170조 및 이에 의해 준용되는 법 제31조 제2항에 의해 일반투자자인 제3자에 대한 감사인의 책임이 성립하기 위한 요건으로는 ① 감사인이 중요한 사항에 관하여 감사보고서에 적지 아니하거나 거짓으로 적을 것, ② 선의의 투자자가 위 감사보고서(자본시장법 제170조의 경우에는 사업보고서등에 첨부된 감사보고서)를 믿고 이용할 것, ③ 감사인의 임무해태, ④ 제3자에게 손해가 발생할 것 등이다.

여기서 '중요한 사항'이란 감사인 책임설정의 기준이 되므로 정보의 부족 뿐만 아니라 범람 또한 피하기 위해 '중요한 사항'이라는 개념으로 의무적 공시범위를 설정하고 있는 것으로 이해해야 할 것이다. 따라서 중요한 사항이란 감사인이 투자자에게 제공해야 할 정보의 최소, 최대기준이라 할 것인바, 제3자가 피감사회사와 거래를 함에 있어서 영향을 미칠 수 있는 사항이라고 할 수 있다. 판례는 자본시장법 제125조의 중요사항이 무엇인지에 대한 판단에서 중요한 사항이란 '투자자의 합리적인 투자판단 또는 해당 금융투자상품의 가치에 중대한 영향을 미칠 수 있는 사항'(자본시장법 제47조 제3항)을 말하는 것으로서, 이는 합리적인 투자자가 금융투자상품과 관련된 투자판단이나 의사결정을 할 때에 중요하게 고려할 상당한 개연성이 있는 사항을 의미한다. 나아가 어떠한 사항이 합리적인 투자자가 중요하게 고려할 상당한 개연성이 있는 사항에 해당하는지는 그 사항이 거짓으로 기재·표시되거나 그 기재·표시가 누락됨으로써 합리적인 투자자의 관점에서 이용할 수 있는 정보의 전체 맥락을 상당히 변경하는 것으로 볼 수 있는지에 따라 판단하여야 한다고 판시하고 있다.[40]

---

38) BGH= AG 1986, S. 78~79.

39) 이준섭, 앞의 책, 203면.

40) 대법원 2015. 12. 23. 선고 2013다88447 판결 참조. 동 판례는 대한해운의 영업 중 가장 중요한 부분은 장기용선한 선박을 제3자 대선하는 것이므로 용선 대선 계약에 따른 손익발생에 관한 구체적인 내용은 대한해운의 주식을 매수하려는 투자자의 합리적 투자판단에 중대한 영향을 미칠수 있는 사항이라고 전제하고 있다. 동 판례에 의하면 피감사회사의 주요영업의 손익관련한 구체적 내용은 투자판단의 중요한 사항이라 할 것이다.

감사인이 중요한 사항에 관하여 감사보고서에 적지 아니하거나 거짓으로 적은 경우에는 감사인의 임무해태 사실은 법률상 추정되므로, 감사인 또는 감사에 참여한 공인회계사가 그로 인한 손해배상책임을 면하기 위하여는 그 임무를 게을리하지 아니하였음을 증명하여야 한다(법 제31조 제7항 본문). 다만, 법 제10조에 따라 감사인을 선임한 회사, 은행법 제2조 제1항 제2호에 따른 은행, 농업협동조합법에 따른 농협은행, 수산업협동조합법에 따른 수협은행, 보험업법에 따른 보험회사, 자본시장법에 따른 종합금융회사 또는 상호저축은행법에 따른 상호저축은행이 감사인 또는 감사에 참여한 공인회계사에 대하여 손해배상 청구의 소를 제기하는 경우에는 그 자가 감사인 또는 감사에 참여한 공인회계사가 임무를 게을리하였음을 증명하여야 한다(법 제31조 제7항 단서).

위 '선의의 투자자가 위 감사보고서를 믿고 이용할 것'이란 요건은 외부감사인의 부실감사와 위 감사보고서를 믿고 투자한 일반투자자의 손해발생 사이에 인과관계를 인정할 수 있는지 여부의 문제다. 이러한 인과관계는 거래의 인과관계와 신뢰의 인과관계로 구분할 수 있다.

(1) 거래의 인과관계

투자자가 감사보고서가 거짓으로 기재된 것을 알았더라면 증권의 취득 또는 처분행위 등을 하지 않았을 것이라는 사실관계가 존재하는 경우 거래의 인과관계가 인정된다.[41] 판례는 제3자인 투자자의 보호를 위하여 거래의 인과관계를 사실상 추정하는 입장이다. 즉, 대법원은 주식거래에 있어서 대상 기업의 재무상태는 주가를 형성하는 가장 중요한 요인 중의 하나이고, 그 기업의 재무제표에 대한 감사인의 감사보고서는 대상 기업의 정확한 재무상태를 드러내는 가장 객관적인 자료로서 일반투자자에게 제공·공표되어 주가 형성에 결정적인 영향을 미치므로 일반투자자로서는 그 대상 기업의 재무상태를 가장 잘 나타내는 감사보고서가 정당하게 작성되어 공표된 것으로 믿고 주식거래를 한 것으로 보아야 하기 때문에 인과관계를 긍정한다(대법원 2007. 10. 25. 선고 2006다16758 판결).[42] 따라서 최종 회전매입결정이 분식회계가 이루어진

41) 심현지, "감사보고서상 거짓기재와 감사인의 손해배상책임 — 판례를 중심으로 —", 「BFL」 제82호(서울대학교 금융법센터, 2017. 3), 62면.

42) 사실 이러한 판례는 거래인과관계를 사실상 추정하는 데에 미국의 시장사기이론을 수용한 것으로 보인다. 시장사기

사업연도의 재정건전성과 무관한 정책적 고려에 의해 이루어졌다고 하더라도 외부감사상의 과실과 기업어음 회전매입행위 간의 인과관계도 인정하며(대법원 2007. 1. 11. 선고 2005다28082 판결), 대규모 분식회계사실을 밝히지 못한 감사인의 과실과 기업체 발행 기업어음 매입행위의 인과관계 역시 인정된다(대법원 2008. 6. 26. 선고 2006다35742 판결). 이러한 명확한 한정 및 이러한 판결 외에 대법원은 기업체의 재무상태 외에 사업계획의 타당성, 채권보전방법, 거래실적 및 전망, 기업체의 수익성, 사업성과, 기업분석 및 시장조사결과 등도 모두 저조했다는 등의 다른 요인들도 함께 고려된다는 사정만으로 외감법상의 인과관계가 단절되지 않는다고 본다(대법원 2008. 7. 10. 선고 2006다79674 판결). 또한 이러한 손해배상청구는 발행시장에서 유가증권을 취득한 투자자들에게 국한되지 않고, 유통시장에서 유가증권을 취득한 주주들에게도 청구권이 주어진다(서울고등법원 2008. 9. 26. 선고 2007나107783, 107790 판결).

한편 미국에서도 이와 비슷한 판결이 존재한다. 미국 Basic Inc. v. Levinson, 485 U.S. 224 (1988)은 분식회계 및 부정회계 방지에 대한 1934년 증권거래법 Securities Exchange Act of 1934의 10(b) 규정과 깊이 연관되어 있는 증권거래위원회(SEC) 규칙 10b-5에 큰 변화를 준 사건이며 현재 분식회계 및 부정회계와 관련하여 대한민국 사법부에서도 인용하는 사건이다. 이 사건에서 미국 연방법원은 시장사기이론 Fraud-on-the-Market Theory을 통해 투자자들 및 제3자는 시장에 배포되어 있는 보고서를 사실로 간주Rebuttable Presumption하고 투자자들에게 잘못된 정보에 대해 의심하지 않은 것을 투자자의 과실로 보는 것은 비현실적이기 때문에[43] 이에 따른 보고서는 사실을 바탕으로 작성되어야 하고, 거짓 및 허위보고와 주식 투자자들의 결정 간의 인과관계 역시 인정되며, 이는 주가를 변동시킬 수 있는 요인이라는 것도 인정했다.[44] 이 사건을 계기로 미국뿐만 아니라 다른 나라에서도 이를 바탕으로 감사인의 책임을 인정하

이론(fraud-on-the-market theory)은 증권거래 관련 신고내용 중 중요한 허위기재나 누락이 있는 경우 이는 필연적으로 시장가격의 형성에 영향을 주게 되므로, 그 영향을 받은 시장가격으로 증권을 취득한 자는 신뢰를 하여 거래한 것으로 본다는 것이다(심현지, 위의 논문, 63면).

43) The Court also held that it was impractical to require individuals to show a specific reliance on misleading information within an impersonal market. Therefore, it is reasonable for courts to use a presumption of reliance for the purpose of adjudicating such cases, though the presumption can be rebutted.

44) There is a causal link between any misstatement and any stock purchaser, because the misstatements defraud the entire market and thus affect the price of the stock.

며 거래 인과관계에 따른 신뢰의 중요성을 더욱 확고하게 만들며, 제3자인 투자자들의 손해배상청구소송 역시 가능케 했다.

(2) 신뢰의 인과관계

법 제31조 제2항은 '선의의 투자자가 위 감사보고서를 믿고 이용할 것'을 감사인의 제3자에 대한 손해배상책임의 요건으로 규정함으로써 투자자에게 신뢰의 인과관계도 갖출 것을 요구하고 있다.

이와 관련하여, 법원은 피감사회사의 '자산 과다 계상' 분식회계(및 그에 따른 부실감사) 이후 피감사회사 주식의 양수도계약을 체결한 자의 감사인에 대한 손해배상청구에 관하여, "허위 계상된 자산을 발견하지 못하고 작성한 이 사건 감사보고서를 신뢰하여 이 사건 주식양도계약을 체결하였거나 진술 및 보장 약정을 체결하였다는 점을 인정할 증거가 없다."는 이유를 들어 감사인의 잘못과 당해 사건의 원고들 주장 손해 사이에 상당인과관계가 없다고 판시하였다.[45]

한편 공개시장에서 유가증권을 취득한 투자자는 발행회사가 불법행위를 할 경우에 그 회사가 발행한 증권에 관한 발행시장 공시에 관해 그에 따른 손해배상청구권이 주어진다. 발행회사가 유가증권에 대한 공개시장에서의 공개 모집을 시행할 때 내면적 정보를 제공하는 발행시장 공시로 인해 투자자들이 유가증권을 취득했다고 가정하기 때문에, 제3자인 투자자는 발행회사의 불법행위에 대한 손해배상청구권이 인정되는 것이다. 이는 각국의 입법례[46]와 판례[47]를 통해서도 정당화된다.[48]

45) 대법원 2011. 1. 13. 선고 2008다36930 판결(원고 하나캐피탈을 제외한 나머지 원고들이 피고가 작성한 이 사건 감사보고서를 신뢰하여 하나은행과 주식양도계약을 체결하고 원고 하나캐피탈의 재무 상황에 대한 진술 및 보장 약정을 함으로써 손해를 입었다고 주장함에 대하여, "오히려, 원고 하나캐피탈을 제외한 나머지 원고들이 허위 계상된 자산을 발견하지 못하고 작성한 이사건 감사보고서를 신뢰하여 이 사건 주식양도계약을 체결하였거나 진술 및 보장 약정을 체결하였다는 점을 인정할 증거가 없고, 오히려 판시 각 증거들에 의하여 인정되는 원고들 사이의 관계, 이 사건 주식양도계약 체결의 동기와 경위에 비추어 보면, 원고 하나캐피탈을 제외한 나머지 원고들은 이 사건 감사보고서를 검토하고 이를 신뢰하여 이 사건 주식양도계약을 체결하기로 결정한 것이라기보다는 자금조달 비용 하락, 은행 보유 영업자산 활용, 전문 인력 수혈 및 원고 하나캐피탈을 제외한 나머지 원고들의 투자금 회수, 코오롱 그룹의 대외 신인도 제고 등의 목적으로 계약한 것으로 보이므로, 이 사건 감사절차에 있어서 피고의 잘못과 원고 하나캐피탈을 제외한 나머지 원고들이 주장하는 손해 사이에 상당인과관계가 없다."고 판시하였다.)

46) 미국의 1933년 증권법 제11조에서 유가증권신고서가 공시된 후 1년 이내에 취득한 주식의 경우에는 취득자가 그 신고서를 신뢰하고 투자를 했다고 추정한다. 이에 따라 신뢰의 증명은 원고가 아닌 피고인 외부감사인 및 발행회사가 해야 한다(증명책임의 전환).

47) 독일의 1982년 사업설명서책임에 관한 판례(BuM)에서도 독일 증권거래소법 제45조에 의거하여 사업설명서책임

(3) 감사보고서 발행 전 주식을 취득한 투자자에 대한 인과관계 인정 여부

대우전자㈜의 분식회계와 관련하여 감사인인 안진회계법인의 손해배상책임 여부가 문제되었던 서울지방법원 2002. 9. 12. 선고 2000가합78841 판결에서 분식회계 이후에 주식을 매수한 투자자에 대한 손해배상책임은 인정하면서도 그 이전부터 주식을 보유하고 있던 원고들에 대하여는 "대우전자㈜의 제27기 사업보고서와 감사보고서가 1998. 3. 31., 제28기의 것은 1999. 3. 31.에 공시되었으나, 이들이 대우전자㈜ 주식을 매수한 것은 1997. 6. 16.과 1995. 4. 15.이므로 선의의 투자자 또는 감사보고서를 믿고 이용한 제3자에 해당한다고 볼 수 없다."는 이유를 들어 손해배상청구를 기각하였다. 분식회계와 관련하여 감사인의 손해배상책임 존부가 문제된 대부분의 사안은 분식회계 이후에 주식을 매수한 투자자들이 손해배상을 청구한 경우에 문제되고, 분식회계가 있기 전에 투자를 한 경우에는 인과관계가 인정되지 않아 문제되지 않는다.

다. 손해배상액의 추정

감사인이 배상하여야 할 손해배상액은 감사보고서의 중요한 사항에 관한 기재 누락이나 거짓 기재로 인하여 발생한 제3자의 모든 손해액이다. 다만, 자본시장에서 증권의 취득 또는 처분으로 발생하는 손해에 대하여는 입증(증명)곤란을 방지하기 위하여 법률상의 추정 규정을 두고 있다. 즉, 발행공시와 관련해서는 자본시장법 제126조에 따라 그 손해액을 '청구권자가 해당 증권을 취득함에 있어서 실제로 지급한 액'에서 ① 손해배상 청구 소송의 변론종결시 해당 증권의 시장가격(시장가격이 없는 경우에는 추정처분가격), ② 그 변론종결 전에 그 증권을 처분한 경우에는 그 처분가격을 공제한 금액으로 추정한다(자본시장법 제126조 제1항). 그 배상책임을 지는 감사인은 청구권자가 입은 손해액의 전부 또는 일부가 중요사항에 관한 기재 누락이나 거짓 기재로 인하여 발생한 것이 아님을 증명하면 그 부분에 대한 배상책임을 지지 않는다(자본시장법 제126조 제2항). 유통공시와 관련해서는 자본시장법 제170조에 따라 그 손해액을 '청구권자가 해당 증권을 취득 또는 처분함에 있어서 실제로 지급한 금액 또는 받은 금액'과 ① 손해배상 청구 소송의 변론종결시 해당 증권의 시장가격(시장가격이 없

은 일단 사업설명서가 공시된 이후에는 신뢰의 인과관계가 추정된다고 판시하여 이 점을 명확히 하고 있다.

48) 이준섭, 앞의 책, 210면.

는 경우에는 추정처분가격), ② 그 변론종결 전에 그 증권을 처분한 경우에는 그 처분가격(처분으로 인한 손해의 경우에는 위 ①의 가격에 한함)과의 차액으로 추정한다(자본시장법 제170조 제2항). 그 배상책임을 지는 감사인은 청구권자가 입은 손해액의 전부 또는 일부가 중요사항에 관한 기재 누락이나 거짓 기재로 인하여 발생한 것이 아님을 증명하면 그 부분에 대한 배상책임을 지지 않는다(자본시장법 제170조 제3항).

일반적으로 주식매매 당사자가 분식결산이나 부실감사로 입는 손해배상액에 관해서 대법원 판례는 '부실감사로 인하여 상실하게 된 주가 상당액'이라고 보고, 그 금액은 "특별한 사정이 없는 한 분식결산 및 부실감사가 밝혀져 거래가 정지되기 전에 정상적으로 형성된 주가와 분식결산 및 부실감사로 인한 거래정지가 해제되고 거래가 재개된 후 계속된 하종가를 벗어난 시점에 정상적으로 형성된 주가의, 또는 그 이상의 가격으로 매도한 경우에는 그 매도가액과의 차액 상당"이라고 판시하고 있다(대법원 1997. 9. 12. 선고 96다41991 판결).

한편, 감사인의 부실감사로 손해를 입게 된 투자자가 민법상의 불법행위책임에 기하여 배상을 구할 경우 기업어음CP을 매입한 투자자에게 특별한 사정이 없는 한 분식회계를 밝히지 못한 감사보고서의 내용은 기업어음의 가치를 결정하는 데 영향을 주어 부당하게 가격을 형성하게 하는 원인이 되고, 이로 인해 기업어음을 매입한 사람은 손해를 입었다고 보아야 하므로, 분식회계 및 부실감사로 인하여 기업어음의 가치평가를 그르쳐 기업어음을 매입한 사람이 입은 손해액은 기업어음의 대금에서 기업어음의 실제가치, 즉 분식회계 및 부실감사가 없었더라면 형성되었을 기업어음의 가액을 공제한 금액이라고 판시하였다(대법원 2008. 6. 26. 선고 2007다90647 판결).

3. 손해배상책임의 내용

가. 연대책임과 비례책임

감사보고서의 중요한 사항에 관한 기재 누락이나 거짓 기재로 인하여 감사인의 회사나 제3자에 대한 손해배상책임이 인정되는 경우에 감사인이 감사반인 경우에는 감사에 참여한 공인회계사가 연대하여[49] 손해를 배상하여야 한다(법 제31조 제3항).

49) 법 제31조 제3항의 '연대하여'라는 의미가 일반연대책임을 의미하는 것인지 아니면 부진정연대책임을 의미하는 것

그뿐만 아니라 분식회계 등으로 회사의 이사, 감사 또는 감사위원회 위원도 그 책임이 있으면 모두 연대책임을 부담하는 것이 원칙이다(법 제31조 제4항, 자본시장법 제170조 제1항). 따라서 현행 증권관계법에 의하면 투자자들 중 선의의 투자자들은 분식회계로 인해 발생한 손해가 있을 경우에는 기업 감시자로서 감사인의 감사실패를 추궁하면서 이를 이유로 비록 감사인의 감사실패가 부득이하게 발생한 것이라 할지라도 감사인에게 전부책임을 물을 수 있다.[50]

이들 상호간의 책임이 어떠한 법적 성격을 가지는지에 관하여는 아무런 규정이 없다. 이에 대해 기업 감시자의 객관적 행위공동으로 인한 불법행위로 인해 투자자에게 손해를 끼친 경우이므로, 공동불법행위자의 부진정연대책임을 적용하여 채권자는 한 채무자에게 손해의 전부에 대해 배상을 청구할 수 있고, 손해배상을 한 채무자는 다른 채무자에게 각각의 부담부분에 대한 구상권을 행사하여야 한다는 견해가 있다.[51] 이에 대하여 입법론으로는 증권관련 집단소송의 도입에 따라 이러한 연대책임

인지 의문이 있을 수 있다. 생각건대 감사업무는 고도의 분업적·조직적 형태로 운영되는 것인바, 신뢰의 원칙이 적용될 여지가 높다는 점에서 감사반이 수행한 감사업무가 실패하였다고 하여 감사에 참여한 공인회계사 모두에게 과실이 있다고 할 수 없는 점, 감사실패(부실감사)에 대해 상호의사연락이나 주관적 관련성이 있다고 할 수 없는 점, 따라서 채무자인 공인회계사 사이에 주관적 관련이 있다고 할 수 없으므로 피해자와 공인회계사 1인 사이에 발생한 사유(채권의 만족사유 제외)를 다른 공인회계사에게도 미친다고 할 수는 없다는 점(상대효), 피해자인 투자자 보호를 위해 담보적 효력을 강화할 필요가 있다는 점 등에 비추어 볼 때, 위 '연대하여'란 부진정연대채무를 일컫는 것이라고 해석하는 것이 타당할 것으로 보인다.

50) 미국에서는 증권법상 손해배상책임에 관련된 피고가 다수인 경우, 이 공동피고들은 법률규정 또는 판례에 의해 연대책임을 부담하였다. 공동피고에는 증권발행회사의 이사와 같은 '1차적 위반자(Primary Violator)'뿐만 아니라, 회계사, 변호사, 인수인, 투자은행 등 증권사기에 소극적으로 가담한 '2차적 위반자(Secondary Violator)'도 포함되어 있었다. 그런데 1차적 위반자와 2차적 위반자가 함께 연대책임을 부담하게 되므로 피고 중 누구든지 자력이 풍부한 자, 예컨대 회계법인을 상대로 소송을 제기할 인센티브가 있었고, 일단 피고가 되면 방어를 위해 막대한 소송비용을 부담해야 했을 뿐만 아니라, 패소하면 전 손해액을 배상할 위험 때문에 피고들은 원고가 제시하는 화해에 응할 수밖에 없었다. 이 때문에 실제 2차적 위반자의 법위반 여부가 불확실하더라도 무모한 소송이 제기되었고, 피고가 된 자는 손해발생에 기여한 과실정도가 낮더라도 높은 금액의 화해에 응하게 되었다. 회계법인 등 상대적으로 사기행위에 관여한 정도가 낮은 피고들은 귀책비율이 낮은데도 거액책임을 부담할 위험에 처하였고 화해압력을 받고 있었기에, 연방의회는 2차적 위반자가 부담하는 소송비용과 화해압력이 비단 그들뿐만 아니라 투자자에게도 나쁜 영향을 미친다는 점을 인정하고 1995년 사적증권소송개혁법(PSLRA)을 제정하여 일정한 범주의 피고에 대해서는 연대책임을 적용하지 않고 귀책비율에 응한 비례적 책임을 부담시키는 것을 허용하기에 이르렀다[이에 관해 자세한 내용은 최문희, "증권관련집단소송과 비례적 책임에 관한 소고—도입여부와 추가부담재판에 관한 고찰을 중심으로—", 「증권법연구」 제6권 제1호(한국증권법학회, 2005. 6), 79, 80면 참조].

51) 판례도 부진정연대채무를 인정하여 "각자" 지급하라는 판결을 하였다(서울지방법원 2000. 6. 30. 선고 98가합114034 판결); 임재연, 앞의 책, 375면; 미국 1933년 증권법 제11조(f)도 연대책임과 구상권을 명문으로 규정하고 있다.

은 남소의 우려가 있으므로 미국의 예와 같이 연대책임에서 제외하는 경우를 인정해야 한다는 견해도 있다.[52)53)]

그러나 피감사회사 임직원의 분식결산행위와 외부감사인의 과실행위가 공동불법행위로 간주 가능한지 여부를 검토해 볼 필요가 있다. 객관적 공동설에 의하면 객관적 공동의 관련이 존재하기 위한 조건으로서 ① 동시발생적인 복수의 행위가 조건이 되어 손해를 발생시키며, ② 시기를 달리하여 발생한 행위가 연쇄적으로 다른 행위를 유발시켜 손해를 발생시키거나. ③ 복수의 행위가 복합하여 일체적인 침해행위가 되어 불가분의 손해를 발생시키는 경우 중 하나를 충족시켜야 공동불법행위로 간주된다. 한편 피감사회사 임직원의 분식결산행위와 감사인의 과실행위는 보통 ③유형에 속하는 공동불법행위일 가능성이 있지만, 임직원의 재무제표작성행위와 회계인의 감사보고서 작성행위는 일체의 행위라고 보기는 어렵고, 오히려 독립적인 행위로 간주됨이 적절하다. 또한 감사인이 피감사회사의 재무제표 작성단계에서 조언 및 관여를 한 상황 이외에는 감사인의 탐지노력과 해당회사의 회계부정행위는 완전히 상반된 이해관계를 갖고 있기 때문에, 함께 공동불법행위가 성립된다는 것은 이론적 근거가 박약하다고 해석된다.[54)]

그러므로 재무제표의 작성책임이 있는 회사가 분식회계를 하였을 때, 감사인이 이를 발견하지 못하였다고 하여 회사의 임직원과 함께 연대책임을 부담한다면 이는 법리적 관점 및 자기책임의 원리에 반하는 것이고, 1차적으로 회계부정을 저지른 해당 회사의 이사 등과 같은 수준의 책임을 부담하고 또한 연대책임을 부담하는 것은

---

52) 현재 「증권관련 집단소송법」상 그 대상이 되고 있는 공시책임(특히 자본시장법 제125조의 발행공시책임)에 있어 배상책임자는 연대책임관계에 있다고 보는 것이 일반적이다. 그런데 이와 같은 연대책임관계는 집단소송으로 책임 추궁을 하는 경우 남소 등의 부작용을 낳는 요인이 된다는 것이 미국에서의 경험이다. 즉 일정한 경우 기존 법률상 배상책임을 부담하는 자의 연대책임관계를 배제하고 비례적 책임으로의 전환을 통해 강요적인 화해를 방지하는 것을 검토할 필요가 있다는 견해가 있다[이준섭, "증권집단소송의 도입과 증권거래법상 손해배상체계의 개선방안", 「증권법연구」 제4권 제2호(한국증권법학회, 2003. 12), 7면; 최문희, 앞의 논문, 77면].

53) 1995년 제정된 사적증권소송개혁법(Private Securities Litigation Reform Act of 1995; PSLRA)은 사외이사의 경우 증권법위반을 명백히 인식하고 위반행위를 한 경우에만(Knowledgly Committed a Violation)에만 연대책임을 지고[1933년 증권법 § 11(f)(2)(A)이 PSLRA인 1934년 증권거래법 § 21D(f)를 준용함], 그렇지 않은 경우에는 자신이 초래한 손해에 비례한 책임(Proportionate Liability)을 지도록 규정함으로써 이들의 책임을 경감하였다. 이밖에도 호주는 Civil Liability Act 제35조, 캐나다는 Business Corporation Act Part 19.1, 독일, 프랑스, 오스트리아, 그리스 등은 EU 2006 적용지침에 따라 비례책임을 규정하고 있다고 한다[이성우, "비례책임제도 도입과 자본시장 투자자보호에 관한 연구", 「강원법학」 제41권(강원대학교 비교법학연구소, 2014. 2), 844~847면].

54) 이준섭, 앞의 논문("외부감사인의 비례책임제도"), 80면.

너무 가혹하며[55] 형평성 또는 정의의 관념에 반한다는 견해가 있다.[56]

이러한 점을 고려하여 외부감사법은 감사인이 회사의 분식회계를 알고 가담하는 등 감사보고서의 기재 누락이나 거짓 기재 사실을 알았던 경우와 같이 고의인 경우에 한하여 연대책임을 부담하고, 감사보고서 작성과 관련하여[57] 그러한 고의가 없는 경우에는 피감사회사에서 고의 또는 과실로 재무제표를 허위 또는 부실하게 작성하여 피감사회사의 임원에게도 책임이 주어질 때에 한해, 법원이 귀책사유에 따라 정하는 책임비율에 따라 손해를 배상할 책임이 있을 뿐이다(법 제31조 제4항 단서). 다만, 이러한 비례책임을 부담하는 경우에도 그 손해배상책임 있는 자 중 배상능력 없는 자가 있어 손해액의 일부를 배상하지 못할 때에는, 손해배상책임 있는 나머지 자들이 그 배상능력 없는 자로 인하여 배상하지 못하는 손해액에 대하여 각자 책임비율의 50퍼센트 내에서 그 책임비율에 비례하여 정한다(법 제31조 제6항, 법 시행령 제37조 제2항).

이와 관련하여 종전 대법원 판결에서도 제일저축은행의 부실감사와 관련된 감사인에 대한 손해배상 청구 사건에서 "외부감사 후 이루어진 거액의 횡령과 부실대출 등의 범죄행위가 손해의 확대에 기여하였을 개연성을 배제할 수 없으므로, 감사인의 책임제한액을 피감사회사 임원들과 동일하게 정한 것은 형평의 원칙에 비추어 현저히 불합리하다."고 판시하였다.[58] 이러한 비례책임제도는 감사인에게 주어진 과도한 책임이 경감되는 효과를 불러일으켰지만,[59] 한편 다른 이사·감사 또는 감사위원회 위원의 책임이 인정되지 않을 경우에는 감사인에게 전액배상의 책임이 주어진다.[60] 다만, 손해배상을 청구하는 자의 손해배상 청구일이 속하는 달 직전 12개월간의 소득인정액(「국민기초생활 보장법」 제2조 제9호에 따른 소득인정액) 합산금액이 1억 5천만 원 이하인 경우에는 감사인과 해당 회사의 이사·감사 또는 감사위원회 위원은 연대하여

55) 심현지, 앞의 논문, 70면.

56) 이준섭, 앞의 논문("외부감사인의 비례책임제도"), 78면.

57) 감사보고서와 관련된 청구에 관해서만 적용되고, 기타의 공시의무 위반에 대하여는 적용되지 않는다[최문희, "회계감사인의 비례책임제도의 쟁점과 바람직한 운용방안 — 개정 외감법에 대한 비판적 고찰과 개선과제를 중심으로 —", 「저스티스」 통권 제144호(한국법학원, 2014. 10), 240면 이하]. 반면에 미국에서는 1934년 증권거래법에 기한 모든 청구에 적용되고 1933년 증권법에 기한 사외이사에 대한 청구에도 적용된다(임재연, 앞의 책, 819면).

58) 대법원 2016. 9. 30. 선고 2013다85172 판결; 대법원 2016. 9. 28. 선고 2014다221517 판결; 심현지, 앞의 논문, 66, 67면.

59) 이준섭, 앞의 논문("외부감사인의 비례책임제도"), 86면.

60) 이준섭, 앞의 논문("외부감사인의 비례책임제도"), 87면.

손해를 배상할 책임이 있다(법 제31조 제5항, 법 시행령 제17조 제1항).[61]

이와 같은 외부감사법상의 비례책임은 자본시장법상 사업보고서등에 첨부되는 감사보고서를 작성한 감사인의 책임을 규정한 자본시장법 제170조가 외부감사법 제31조 제2항부터 제9항까지를 준용하고 있으므로 유통시장에서의 감사인에게도 적용된다. 그 밖에도 이러한 비례책임은 신탁재산에 대한 감사인의 감사보고서(자본시장법 제115조)와 집합투자재산에 대한 감사보고서(자본시장법 제241조)를 작성한 감사인에게도 적용된다. 증권의 발행과 관련하여 증권신고서 등에 첨부한 감사보고서를 발행한 감사인에게 비례책임이 적용되지 않도록 한 이유는 발행시장에 제공되는 정보는 투자자들로서는 일차적이며 그 밖의 다른 중요한 공시정보가 부족하다고 할 만큼 투자판단에 중요한 가치를 지니는 것이므로 투자자를 보호하기 위해 비례책임의 적용을 배제하고 증권발행시장 감시자간에 연대책임을 지도록 하여 투자자보호에 만전을 기하려 한 것으로 사료된다.

해외의 사례에서도 비례책임 제도의 정당성을 확인할 수 있다. 미국법에서는 불가분채무로서의 분할책임Several Liability이 비례책임제도와 매우 흡사하다고 보여 진다. 분할책임은 다수의 채무자가 오로지 각자의 책임부담분Their Respective Obligations만의 채무를 부담하고, 각 채무자는 채권자에 대해 자신의 몫에 대해서만 분리하여 책임을 부담하게 되므로 원칙적으로 내부관계에 있어서 구상권이 생기지 않는 장점을 가진다.[62] 일본에서는 회계감사인의 민사상 손해배상책임은 과실상계에 의해 그 배상액이 조정되고 있을 뿐,[63] 이사·감사 등 회사 임원과의 연대책임이 인정되고 있고, 비례책임 제도는 아직 금융상품거래법 및 공인회계사법에 도입되어 있지 않다.[64] EU 역시 비례책임 제도의 도입 대신 채무배상액의 경감 방식으로 감사인의 책임을 제한하고

61) 한편, 피해자의 일정소득 수준에 따라 책임관계가 달라지는 이러한 입법에 대하여는 여러 가지 부정적 견해도 존재한다. 이에 찬성하는 견해는 당사자의 정보비대칭 문제나 영세투자자 보호의 강화를 이유로 들지만, 반대하는 견해는 소득규모가 낮으면 정보의 비대칭성이 더 낮은지가 의문스럽다고 하거나 일정소득 수준 이상의 피해자에게 비례책임이 적용되면서 피해자에게 보다 불리한 판결이 선고되기에 헌법상 평등의 원칙에 위배될 가능성을 언급한다[이준섭, 앞의 논문("외부감사인의 비례책임제도"), 94면].

62) 우리 민법에서도 분할책임을 지는 다수의 채무자가 있는 경우 그들 다수 채무자 내부관계에서 구상권이 발생할 여지가 없다[이준섭, 앞의 논문("외부감사인의 비례책임제도"), 81, 82면].

63) 김영주, "유가증권신고서의 허위기재와 외부감사인의 책임", 「기업법연구」 제28권 제2호(한국기업법학회, 2014. 6), 375면.

64) 일본 회사법에 의거해서, 감사인이 고의 또는 중대한 과실로 인해 제3자에게 손해를 발생시킨 경우 제3자에 대한 손해배상책임의무가 인정된다(김영주, 위의 논문, 379면).

있다. 유럽위원회의 '유럽민사법 공통기준안DCFR'은 "고의에 의하여 발생한 손해가 아닌 한, 전보배상액이 가해자의 귀책정도 또는 손해예방비용의 정도와 비례하지 않는 경우에, 배상액을 경감하는 것이 오히려 공평하고 합리적이라면 가해자에 대한 배상액의 경감이 가능하다."라고 규정하고 있다.[65] 또한 스페인은 1988년 감사법The Law of Audit 1988에서 중규모 및 대규모 기업의 재무제표 감사를 의무화하였으며, 2010년에 비례책임제를 도입하였다. 이에 따라 비례책임제도의 도입으로 스페인에서는 감사인이 연대책임에 따라 제3자의 손해 전액을 배상해야 하는 경우는 더 이상 발생하지 않을 것으로 보인다.[66]

나. 책임제한

판례는 감사인의 손해배상책임이 2차적 책임이라는 점, 손해분담의 공평이라는 손해배상제도의 이념 등을 감안하여 외부감사와 손해발생과의 인과관계를 인정함에 신중을 기한다거나 손해배상액을 제한하는 경우도 있다.

(1) 국내 판결

(가) 대법원 2016. 12. 15. 선고 2015다241228 판결

원고 사립학교 교직원연금공단은 피고 삼일회계법인이 피고 한솔신텍 주식회사의 제9기와 제10기 재무제표에 대한 외부감사를 수행할 당시 충분하고 적합한 감사증거를 수집하여 이를 대조 및 확인하는 절차를 소홀히 하여 원심 판시와 같은 한솔신텍의 분식회계 사실을 발견하지 못한 채 한솔신텍의 제9기와 제10기 재무제표에 대한 감사보고서에 적정 의견을 표시함으로써 감사인의 임무를 게을리하였다고 주장하며 삼일회계법인에게 그로 인한 손해 전액의 배상을 청구한 사건이다.

대법원은 "투자자 또는 제3자가 감사인에 대하여 감사보고서의 거짓 기재 등으로 인한 손해배상을 청구하기 위하여는 그 감사보고서를 믿고 이용하였어야 하는 것인데, 한편 주식거래에서 대상 기업의 재무상태는 주가를 형성하는 가장 중요한 요인 중의 하나이고, 대상 기업의 사업보고서의 재무제표에 대한 감사인의 외부감사를 거

65) 한태일, "불법행위 손해배상 원칙의 수정으로서 책임제한과 비례책임의 비교", 「법학논총」 제29권 제1호(국민대학교 법학연구소, 2016. 6), 235면.

66) 정규언, "외부감사인의 비례책임제도 시행과 개선과제", 「회계·세무와 감사 연구」 제58권 제3호(한국공인회계사회, 2016. 9), 221면.

쳐 작성된 감사보고서는 대상 기업의 재무상태를 드러내는 가장 객관적인 자료로서 투자자에게 제공·공표되어 그 주가형성에 결정적인 영향을 미치는 것이어서, 주식투자를 하는 투자자로서는 그 대상 기업의 재무상태를 가장 잘 나타내는 사업보고서의 재무제표와 이에 대한 감사보고서가 정당하게 작성되어 공표된 것으로 믿고 주가가 당연히 그에 바탕을 두고 형성되었으리라는 생각 아래 대상 기업의 주식을 거래한 것으로 보아야 한다."며 감사인의 부실감사에 대한 책임을 인정하였다. 다만,"사업보고서 등이나 감사보고서의 거짓 기재 이외에도 매수한 때부터 손실이 발생할 때까지의 기간 동안의 해당 기업이나 주식시장의 전반적인 상황의 변화 등도 손해 발생에 영향을 미쳤을 것으로 인정되나, 성질상 그와 같은 다른 사정에 의하여 생긴 손해액을 일일이 증명하는 것이 극히 곤란한 경우가 있을 수 있고, 이와 같은 경우 손해분담의 공평이라는 손해배상제도의 이념에 비추어 그러한 사정을 들어 손해배상액을 제한할 수 있다."라고 판시하며 감사인의 손해배상책임을 일부 제한하였다.

(나) 서울중앙지방법원 2013. 11. 8. 선고 2011가합56779 판결

저축은행의 후순위사채 판매와 관련하여 분식회계가 인정된 사건에서 분식회계를 한 주체인 ㈜삼화저축은행의 책임을 70%로 인정하였음에 비하여, 감사인인 대주회계법인의 책임은 손해액의 20%로 인정하여, 감사인의 책임을 제한하였고, 그와 같은 사정은 다른 분식회계 관련 판결도 유사하거나 동일하다.

법원은 이 사건에서 "이 사건 각 후순위사채는 고위험의 금융투자상품으로 투자자로서는 그에 따르는 위험을 부담해야 하는 점, 삼화저축은행이 파산에 이르게 된 것에는 이 사건 분식회계에서 문제된 대출뿐만 아니라 다른 부실대출이나 부동산 경기의 악화로 삼화저축은행의 영업환경이 변화된 것 또한 상당한 원인이 되었을 것으로 보이는 점, 이 사건 분식회계에 의해 과장된 삼화저축은행의 재무상태 정도 및 원고들은 삼화저축은행의 재무상태뿐만 아니라 당시 시장의 전망 등을 종합적으로 고려해서 이 사건 각 후순위사채에 투자한 것인 점, 피고 대주회계법인은 이 사건 분식회계를 적극적으로 묵인한 것이 아니라 이를 발견하지 못한 데 과실이 있는 것에 불과한 점 등의 사정을 고려하여, 삼화저축은행의 책임을 70%로, 피고 대주회계법인의 책임을 20%로 제한한다."고 판시하였다.

(다) 대법원 2016. 9. 28. 선고 2014다221517 판결

원심은 제1심 판결이유를 인용하는 등의 판시와 같은 이유를 들어, 소외인 일가를 비롯한 제일저축은행 임원들의 거액의 횡령과 부실대출 등의 범죄행위와 시장의 경제상황 변화 등이 원고가 이 사건 후순위사채를 취득한 후에 제일저축은행이 영업정지를 거쳐 파산에 이른 데에 원인이 되었을 것으로 인정되나, 성질상 그와 같은 다른 사정에 의하여 생긴 손해액을 일일이 증명하는 것이 극히 곤란하다고 인정하고, 이러한 사실을 비롯한 원심 판시 사정과 이 사건 변론에 나타난 여러 사정을 참작하여 피고의 책임을 자본시장법에 의한 추정에 기초하여 산정한 판시 손해액의 60%로 제한하였다.

그러나 감사인인 피고가 분식회계를 밝히지 못한 과실로 외부감사법에 의한 책임을 진다 하더라도, 횡령·부실대출·분식회계 등의 범죄행위 또는 불법행위를 저지른 소외인을 비롯한 제일저축은행 임원들이나 제일저축은행의 책임과는 그 발생 근거 및 성질에 차이가 있고, 원심 인정과 같이 피고의 외부감사 후에 이루어진 소외인 등의 거액의 횡령과 부실대출 등의 범죄행위가 손해의 발생 내지 확대에 기여하였다면 그 부분 손해는 피고와 무관하므로 이에 대하여 피고에게 원심 인정과 같은 책임을 지우는 것은 손해의 공평·타당한 분배의 원칙에 반한다.

(라) 대법원 2015. 11. 27. 선고 2013다211032 판결

증권신고서와 투자설명서의 중요사항에 관한 부실 기재로 사채권의 가치평가를 그르쳐 사채권 매입으로 인하여 손해를 입게 되었다는 이유로 민법의 불법행위에 기한 손해배상을 청구하는 경우에, 그 손해액은 사채권의 매입대금에서 사채권의 실제 가치 즉 증권신고서와 투자설명서의 중요사항에 관한 부실 기재가 없었더라면 형성되었을 사채권의 가액을 공제한 금액으로서, 원칙적으로 불법행위 시인 사채권의 매입시를 기준으로 산정하여야 한다.[67] 그리고 불법행위로 인한 손해배상채무에 대하여는 원칙적으로 별도의 이행 최고가 없더라도 공평의 관념에 비추어 불법행위로 그 채무가 성립함과 동시에 지연손해금이 발생하므로,[68] 증권신고서와 투자설명서의 중요사항에 관한 부실 기재로 인한 손해배상채무에 대하여도 이와 마찬가지로 보아야 한다.

67) 대법원 2008. 6. 26. 선고 2007다90647 판결 등 참조.

68) 대법원 2011. 1. 13. 선고 2009다103950 판결 참조.

한편 자본시장법 제125조 제1항은 증권신고서와 투자설명서 중 중요사항에 관하여 거짓의 기재 또는 표시가 있거나 중요사항이 기재 또는 표시되지 아니함으로써 증권의 취득자가 손해를 입은 경우에는 그 손해를 배상하도록 규정하고 있고, 제126조 제1항은 그 손해액에 관하여 추정 규정을 두고 있다. 자본시장법 제125조 제1항에서 정한 이와 같은 손해배상책임은 민법의 불법행위책임과는 별도로 인정되는 법정책임이지만[69] 그 실질은 민법의 불법행위책임과 다르지 아니하고, 제126조 제1항은 증권의 취득자가 입은 손해액의 추정 규정에 불과하므로, 자본시장법 제125조 제1항에서 정한 손해배상채무에 대한 지연손해금의 발생 시기에 대하여도 민법의 불법행위책임에 기한 손해배상채무의 경우와 달리 볼 것은 아니다. 또한 이러한 법리는 자본시장법 제170조 제1항, 법 제17조 제2항에 따른 손해배상책임의 경우에도 마찬가지로 보고 있다.

(마) 서울중앙지방법원 2013가합4475 판결

세림회계법인이 2008. 3. 21. ㈜프로비타에 대하여 의견거절의 감사의견을 제시한 후, 프로비타의 요청으로 재감사를 실시한 다음 2008. 4. 10. 프로비타의 2007 회계연도 재무제표에 대한 감사의견을 기업회계기준 위배에 의한 한정의견으로 변경하였던 사건이다. 법원은 세림회계법인이 증권선물위원회로부터 단기대여금(2007년 9,000만 원)에 대한 감사절차 소홀, 지분법 적용 투자주식의 취득가액(2008년 114억 2,900만 원)에 대한 감사절차 소홀을 이유로 2010. 5. 20. 프로비타에 대한 조사·감리조치까지 받았음에도 불구하고, 프로비타의 주주가 제기한 손해배상청구소송에서 세림회계법인에 대하여 5%의 책임만이 인정되기도 하였다.

(바) 서울중앙지방법원 2011. 4. 28. 선고 2010가합41558 판결

증권선물위원회가 감사보고서에 대해 조사 및 감리를 실시한 결과 장기대여금, 단기대여금 대여처, 자기주식 과소계상 관련 '감사절차 소홀'에 관하여 회계감사기준 위반사항을 적발하고, 회계법인에 대하여 부실감사를 이유로 감사보수의 70%를 손해배상기금에 적립하도록 하는 처분을 한 경우에도 하급심 판례는 손해의 인과관계가 인정되지 아니한다는 점을 들어 회계법인의 책임을 10%만 인정한 경우도 있다.[70]

69) 대법원 1998. 4. 24. 선고 97다32215 판결 등 참조.

70) 현재까지 선고된 사례에 대한 통계분석에 의하면, 분식회계와 관련된 손해배상청구소송에서 회계법인은 대략 13%

(2) 해외 판결

(가) 영국 Caparo Industries v. Dickman and others

영국은 감사인의 과실에 따른 제3자에 대한 책임이 매우 제한적이다. 이 사건에서 법원은 제3자가 감사인에게 주의의무Duty of Care를 적용하여 손해배상책임을 지우기 위해서는 ① 피고의 행동으로 인한 피해가 합리적으로 예견되어야 하고, ② 피고와 원고가 충분히 가까운 관계Proximity에 있어야 하며, ③ 배상책임을 부과하는 것이 공정하고 합리적Fair, Just and Reasonable이라야 한다고 판시하였다.

그 중 ②의 조건을 만족시키기 위해서는 ① 전문가는 그의 산출물이 알려진 제3자에게 전달된다는 사실을 알고 있어야 하며, ② 제3자는 전문가의 산출물을 이용한 결과로 손실을 입어야 하고, ③ 전문가의 산출물은 원래의 목적대로 이용되어야 한다고 덧붙였다.[71]

(나) 미국 Cenco Inc. v. Seidman & Seidman, 686 F.2d 449(C.A.III. 1982)

미국 일리노이 주법에서는 감사인의 부실감사와 주주들의 손해발생 사이의 인과관계는 인정되고 있지만, 경영자에 의한 부정과 감사인의 부실감사에 관하여 경영자가 감사인에게 손해배상 청구한 사안에 대해서는 인과관계를 인정하지 않고 있다. 이 사건은 회사 내의 회계부정이 증권거래위원회SEC에 의하여 적발되자 주주들이 회사Cenco Inc., 경영자 및 감사인을 상대로 집단소송을 제기하였다. 감사인은 350만 달러의 손해배상책임을 부과 받았고 이를 이행하였다. 한편 집단소송이 종결된 후에 Cenco Inc.의 새로운 경영진이 외부감사인에게 손해배상을 청구했으나, 일리노이 주법에서는 경영자에 의한 부정으로 인한 외부감사인의 부실감사에 대하여 회사는 손해배상청구 소송을 제기할 수 없으므로 이를 기각했다.[72]

비율로 책임을 부담한다. 참고로 2014. 12. 4. 한국회계학회에서는 회사와 감사인의 법적 책임에 관한 심포지엄을 개최하였으며, 위 심포지엄에서 고려대학교 경영학과 이한상 교수는 회계법인의 법적 책임에 대한 통계분석이라는 주제발표를 하였다. 이한상 교수는 위 발표에서 법원자료를 이용하여 2006년 이후 소장이 접수되거나 2014년 5월 이전에 선고가 이루어진 모든 판결을 수집하여 외부감사법, 민법, 자본시장법과 관련하여 회계법인이 피고가 된 사례 최종 표본 44건에 대한 통계적 분석을 통하여 감사인 책임 관련 판례의 실증분석을 한 결과 통상적 소송의 청구액은 10억 2,800만 원이며, 회계법인은 57%의 경우 패소를 하여 약 6,200만 원의 손해배상 판결을 받았는데, 대략 13%의 책임비율(평균은 18%)을 기록하였다고 연구결과를 발표한 바 있다.

71) 정규언, 앞의 논문, 223면.

72) 김동필, 앞의 논문, 99면.

다. 책임의 소멸

회사나 제3자의 감사인에 대한 외부감사법상 손해배상청구권은 그 청구권자가 해당 사실을 안 날부터 1년 이내 또는 감사보고서를 제출한 날부터 8년 이내에 행사하지 않으면 소멸한다(법 제31조 제9항).[73] 이때 감사보고서의 기재 누락이나 거짓 기재 사실을 언제 알았느냐라는 청구권 소멸의 기산점 문제에 대하여, 투자자보호 입장에서 감사보고서의 기재 누락이나 거짓 기재 사실을 현실적으로 인식하는 것이 아니라, 그 사실이 불법행위로서 이를 원인으로 하여 외부감사인을 상대로 손해배상을 청구할 수 있다는 점을 인식했을 때로 볼 수도 있겠으나, 판례는 외부감사법상의 부실감사와 관련한 감사인에 대한 손해배상청구권의 소멸기간 기산점에 대하여 '감사보고서의 기재 누락이나 거짓 기재 사실을 현실적으로 인식한 때'로 보고, "일반인이 그와 같은 감사보고의 기재 누락이나 거짓 기재의 사실을 인식할 수 있는 정도라면 특별한 사정이 없는 한 청구권자 역시 그러한 사실을 현실적으로 인식하였다고 봄이 상당하다."고 판시하고 있다.[74] 판례는 이러한 입장에서 외부감사에 대한 별도의 감리결과를 기초로 증권선물위원회의 회계법인과 소속 공인회계사들에 대한 징계건의 내지 처분이 있었던 때,[75] 위법행위에 관하여 관련 기관에 진술하거나,[76] 대표이사가 위법행위와 관련 없는 사람으로 변경되어 해당 위법행위에 관한 사항을 파악한 경우[77]에는

73) 발행공시에 관한 자본시장법 제125조에 따른 손해배상책임은 그 청구권자가 해당 사실을 안 날부터 1년 이내 또는 해당 증권에 관하여 증권신고서의 효력이 발생한 날부터 3년 이내에 청구권을 행사하지 아니한 경우에는 소멸한다(자본시장법 제127조).

74) 대법원 1997. 9. 12. 선고 96다41991 판결["증권거래법 제197조 제1항에 의하여 준용되는 구 외부감사법 제17조 제2항, 제6항 전단(현행 외부감사법 제31조 제2항, 제9항 본문)에 의하면, 감사인이 중요한 사항에 관하여 감사보고서에 기재하지 아니하거나 허위의 기재를 함으로써 제3자에게 손해를 발생하게 한 때에는 그 감사인은 제3자에 대하여 손해배상책임이 있고, 이 손해배상책임은 그 청구권자가 당해 사실을 안 날로부터 1년 이내 또는 감사보고서를 제출한 날로부터 3년 이내에 청구권을 행사하지 아니한 때에는 소멸한다고 규정하고 있는바, 여기서 '당해 사실을 안 날'이라 함은 문언 그대로 청구권자가 외부감사법 제17조 제2항(현행 법 제31조 제2항) 소정의 감사보고서의 기재누락이나 허위기재의 사실을 현실적으로 인식한 때라고 볼 것이고, 일반인이 그와 같은 감사보고의 기재누락이나 허위기재의 사실을 인식할 수 있을 정도라면 특별한 사정이 없는 한 청구권자 역시 그러한 사실을 현실적으로 인식하였다고 봄이 상당하다."고 판시하였다].

75) 대법원 2007. 1. 11. 선고 2005다28082 판결.

76) 대법원 1993. 12. 21. 선고 93다30402 판결.

77) 서울중앙지방법원 2002. 8. 20. 선고 2002가합51727 판결에서는 부실감사를 원인으로 외부감사인에 대하여 손해배상청구를 하였는데, 분식결산과 관련이 없는 대표이사가 새로 선임된 때에는 분식결산 사실을 알았다고 보아야 하고 그때부터 소멸시효가 진행하는 것으로 판단하였다(위 판결에 대하여 원고는 서울고등법원 2004나74417, 대

소멸기간이 기산되는 것으로 보고 있다. 금융감독원 등 감독기관에서 감사인의 감사보고서에 부실기재가 있었음을 지적하여 공고하거나 주식거래정지처분을 내린 경우에는 그 감사보고서를 믿고 투자한 자도 그 사실을 안 것으로 추정하는 것이 타당할 것이다.[78]

법 제31조 제9항의 소멸기간이 소멸시효기간인지 아니면 제척기간인지는 명백하지 아니하다. 소멸시효로 보는 것이 이사·감사의 책임과 비교하여 균형이 맞는다고 하는 견해도 가능하고, 권리소멸의 효과는 소급하지 않고 중단되지 않으며 변론주의가 적용되지 않고 출소기간으로 해석하여야 한다는 점에서 제척기간으로 보는 견해도 가능하다. 유가증권신고서와 사업설명서에 대한 허위기재 책임에 대한 배상청구권의 소멸을 규정한 일본 금융상품거래법金融商品取引法 제20조[79]도 그 청구권(즉, 金融商品取引法 제18조 규정의 청구권)은 일정기간 "행사하지 않는 때에는 소멸한다."라고 규정하고 있지만, 이를 제척기간으로 해석하고 있다. 이와 같이 제척기간을 둔 것은 금융상품거래법 제18조의 책임(허위 기재 유가증권신고서 등의 제출자 또는 발행자의 책임: 이는 무과실책임으로 되어 있다)은 중한 것이기 때문에 장기간에 걸쳐서 배상청구권을 인정하는 것은 적당하지 않고, 또한 증권거래에 관한 사건을 조기에 해결할 필요가 있기 때문이라고 보고 있는바, 타당한 견해라고 생각한다.

라. 손해배상책임의 보장

감사인은 법 제31조 제1항부터 제4항까지의 규정에 따른 손해배상책임을 보장하기 위하여 총리령으로 정하는 바에 따라 법 제32조에 따른 손해배상공동기금의 적립 또는 보험가입 등 필요한 조치를 하여야 한다(법 제31조 제8항).

[백승재]

법원 2005다41030호로 각 항소 및 상고를 하였으나 모두 기각되어 판결이 확정되었다).

78) 양승규, "감사인의 부실감사로 인한 손해배상책임; 제3자에 대한 책임을 중심으로", 「서울대학교 법학」 제38권 3·4호(1997), 285면.

79) 우리나라의 자본시장법 제127조와 유사한 규정이다.

제 3 장 감독 및 처분

제32조(손해배상공동기금의 적립 등)

① 회계법인은 제31조 제1항 및 제2항에 따른 회사 또는 제3자에 대한 손해를 배상하기 위하여 한국공인회계사회에 손해배상공동기금(이하 "공동기금"이라 한다)을 적립하여야 한다. 다만, 대통령령으로 정하는 배상책임보험에 가입한 경우에는 공동기금 중 제2항에 따른 연간적립금을 적립하지 아니할 수 있다.

② 제1항에 따라 적립하여야 할 공동기금은 기본적립금과 매 사업연도 연간적립금으로 하며, 그 적립한도 및 적립금액은 대통령령으로 정한다.

③ 제1항에 따라 공동기금을 적립한 회계법인은 대통령령으로 정하는 경우 외에는 한국공인회계사회에 적립한 공동기금을 양도하거나 담보로 제공할 수 없으며, 누구든지 이를 압류 또는 가압류할 수 없다.

법 시행령 제38조(손해배상책임보험의 가입 등) ① 법 제32조 제1항 단서에서 "대통령령으로 정하는 배상책임보험"이란 다음 각 호의 요건을 모두 갖춘 손해배상책임보험(이하 이 조에서 "손해배상책임보험"이라 한다)을 말한다.

1. 보상한도가 그 회계법인에 소속된 공인회계사의 수에 5천만 원을 곱하여 산출한 금액(그 산출금액이 30억 원 미만인 경우에는 30억 원) 이상인 보험
2. 사고 한 건당 보상한도와 회계법인의 자기부담금이 금융위원회의 승인을 받아 한국공인회계사회가 정하는 기준에 맞는 보험

② 회계법인은 손해배상책임보험에 가입한 경우에는 증명서류를 갖추어 한국공인회계사회에 그 사실을 통지하여야 한다.

③ 한국공인회계사회는 손해배상책임보험에 가입한 회계법인이 다음 각 호의 어느 하나에 해당하는 경우에는 그 회계법인이 법 제32조 제2항에 따라 적립한 연간적립금(연간적립금 운용에 따른 수익금을 포함한다)을 반환하여야 한다.

1. 회계법인이 가입한 손해배상책임보험이 가입 전에 발생한 손해배상책임을 보장하는 보험인 경우
2. 소멸시효 완성 등의 사유로 손해배상책임보험 가입 전에 발생한 손해배상책임이 소멸한 경우

제39조(손해배상공동기금의 적립금액 등) ① 법 제32조 제2항에 따라 회계법인이 같은 조 제1항에 따른 손해배상공동기금(이하 "공동기금"이라 한다)으로 적립하여야 하는 기본적립금은 다음 각 호의 구분에 따른 금액으로 한다.

1. 회계법인에 소속된 공인회계사의 수(산정방법은 한국공인회계사회가 정하는 바에 따른다. 이하 같다)가 100명 미만인 경우: 5천만 원
2. 회계법인에 소속된 공인회계사의 수가 100명 이상인 경우: 2억 5천만 원

② 법 제32조 제2항에 따른 적립한도는 직전 2개 사업연도와 해당 사업연도 감사보수 평균의 20퍼센트로 한다. 이 경우 적립금 총액(회계법인이 공동기금으로 적립하여야 하는 기본적립금과 연간적립금의 누계액 및 그 운용수익금의 합계액을 말한다. 이하 이 조 및 제42조에서 같다) 산정 시 법 제29조 제3항 제3호에 따른 추가 적립금은 제외한다.

③ 회계법인이 매년 공동기금으로 적립하여야 하는 연간적립금은 해당 사업연도 감사보수의 4퍼센트로 한다. 다만, 금융위원회는 회계법인의 감사보수 증가율, 적립금 총액 또는 법 제33조 제5항에 따른 공동기금의 실질잔액 등을 고려하여 회계법인이 연간적립금의 적립비율을 달리하여 적립하게 할 수 있다.

④ 제3항에도 불구하고 증권선물위원회는 법 제29조 제3항 제3호에 해당하는 회계법인에 직전 사업연도 감사보수의 3퍼센트 이내의 금액을 연간적립금으로 추가 적립하게 할 수 있다.

⑤ 한국공인회계사회는 제4항에 따라 추가로 적립된 연간적립금(그 적립금의 운용수익금은 제외한다)에 대하여 추가 적립의 원인이 되는 감사업무에 대한 법 제31조 제9항에 따른 손해배상 청구권 행사기간이 끝났을 때에는 이를 적립한 회계법인의 반환청구에 따라 반환한다. 다만, 손해배상청구권 행사기간 종료일에 그 감사업무를 원인으로 하여 법 제31조에 따른 손해배상을 청구하는 소송이 진행 중인 경우에는 그 소송의 확정판결이 내려진 후에 반환한다.

⑥ 회계법인은 다음 각 호의 어느 하나에 해당하는 경우 해당 초과분에 상당하는 금액을 인출할 수 있다.
1. 제1항 제2호에 해당하는 회계법인이 같은 항 제1호에 해당하게 된 경우: 기본적립금의 초과분(초과분 운용에 따른 수익금을 포함한다)
2. 해당 회계법인의 적립금 총액이 적립한도의 110퍼센트를 넘게 된 경우: 적립한도의 초과분

제40조(공동기금의 적립시기) 회계법인은 다음 각 호의 구분에 따른 기간에 기본적립금과 연간적립금을 공동기금으로 적립하여야 한다.
1. 기본적립금: 설립인가일부터 1년 이내. 다만, 사업연도 중에 공인회계사의 수가 증가하여 100명 이상이 된 경우에는 그 다음 사업연도 종료일 이내로 한다.
2. 연간적립금: 매 사업연도 종료일부터 3개월 이내

제41조(공동기금의 양도) ① 회계법인은 법 제32조 제3항에 따라 「공인회계사법」 제37조 제1항 각 호(제3호는 제외한다)의 사유로 해산하는 경우 공동기금을 양도할 수 있다.

② 회계법인은 제1항에 따른 양도를 하는 경우 그 사유 발생일(승인이 필요한 경우에는 그 승인일)부터 3년이 지난 날(이하 이 항에서 "양도가능일"이라 한다) 이후 공동기금을 양도할 수 있다. 다만, 양도가능일에 법 제31조에 따른 해당 회계법인의 손해배상책임과 관련한 소송이 진행 중인 경우에는 그 소송의 확정판결에 따른 공동기금의 지급이 종료된 날부터 양도할 수 있다.

Ⅰ. 손해배상공동기금의 적립

1. 의의

외부감사법에 따른 외부감사의 부실로 인하여 회계법인이 회사 또는 제3자로부터 손해배상청구를 당하는 경우 회계법인의 책임 능력을 강화하기 위하여 손해배상공동기금이라는 제도를 두어 회계법인으로 하여금 매년 일정 금액을 한국공인회계사회에 적립하도록 의무화 하고 있다. 외부감사법에 따른 손해배상 소송의 확정판결을 받은 자는 한국공인회계사회에 배상금을 신청할 수 있고 한국공인회계사회는 신청자의 요건이 충족되면 적립된 손해배상공동기금을 지급해 주어야 한다. 회계법인은 공인회계사법에 따라 회계법인 내부에 손해배상준비금을 적립하여야 하는 의무도 있으나, 이와 달리 손해배상공동기금은 한국공인회계사회라는 외부 단체에의 적립을 의무화하고, 적립절차·적립금액·운용방법 등을 규정하고 있으며, 손해배상공동기금의 지급도 외부감사법에 따른 손해배상청구(확정판결)에 한정하고 있으므로 '외부감사법상 감사 실패에 대한 안전장치'라는 점에 의의가 있다.

2. 연혁

회계법인이 무한책임 회사에서 유한책임 회사로 전환함에 따라 회계법인의 손해배상능력을 강화하고 투자자 보호를 강화하기 위해 손해배상공동기금 제도를 신설하였다(1996. 12. 30. 일부개정 법률 제5196호). 회계법인 소속 사원이 회계법인의 채무에 대하여 직접·무한으로 책임을 부담할 경우에는 사원의 전 재산에 대하여 책임을 물을 수 있기 때문에 회계법인에 별도의 책임배상 장치를 둘 필요가 없었으나, 회계법인 책임의 구조를 사원의 유한책임으로 변경하면서 회계법인의 손해배상에 대비한 장치를 마련하였다. 모든 회계법인은 의무적으로 한국공인회계사회에 일정 금액을 손해배상공동기금으로 적립하여야 했으나 법률 개정을 통해 일정 배상책임보험을 가입한 회계법인은 손해배상공동기금 중 연간적립금을 적립하지 않을 수 있는 근거조항이 마련되었다(2001. 3. 28. 일부개정 법률 제6427호). 이에 따라 회계법인은 법인 내부의 선택에 따라 연간 적립금 대신 배상책임보험에 가입할 수 있게 되었다. 이후 두 차례 개정이 있었으나(2009. 2. 3. 일부개정 법률 제9408호, 2017. 10. 31. 전부개정 법률 제15022호) 조문 내용은 크게 달라지지 않고 문구 수정에 그쳤다.

3. 손해배상공동기금의 적립의무

회계법인은 법 제31조 제1항 및 제2항에 따른 피감사회사 및 제3자에 대한 손해를 배상하기 위하여 한국공인회계사회에 손해배상공동기금을 적립하여야 한다(법 제32조 제1항 본문). 회계법인이 적립하여야 할 손해배상공동기금은 기본적립금과 연간적립금으로 나눌 수 있는데, 기본적립금은 회계법인의 소속된 공인회계사 수에 따라, 연간 적립금은 해당 사업연도 회계감사보수총액에 따라 결정된다. 기본적립금은 회계법인에 소속된 공인회계사수가 100명 미만일 경우에는 5천만 원, 100명 이상일 경우에는 2억 5천만 원을 적립하여야 한다(법 시행령 제39조 제1항). 기본적립금은 회계법인 설립인가일부터 1년 이내에 적립하여야 하고, 만약 사업연도 중에 공인회계사의 수가 증가하여 100명 이상이 된 경우에는 그 다음 사업연도 종료일 이내에 적립하여야 한다(법 시행령 제40조 제1호). 그리고 회계법인이 매년 손해배상공동기금으로 적립하여야 하는 연간적립금은 해당 사업연도 회계감사보수총액(법에 따른 회계감사에 따른 보수 총액을 말함)의 100분의 4에 해당하는 금액을 매 사업연도 종료일부터 3개월 이내에 적립하여야 한다(법 시행령 제39조 제3항 본문, 제40조 제2호).

한편 손해배상공동기금 외에 공인회계사법은 회계법인에게 손해배상준비금을 회계법인 내부에 적립하도록 의무를 부과하고 있다. 즉, 회계법인은 공인회계사법 제2조의 직무를 수행하다가 발생시킨 위촉인 또는 제3자(공인회계사법 제2조 제1호의 규정에 의한 직무를 행하는 경우)의 손해에 대한 배상책임(외부감사법의 규정에 의한 손해배상책임 포함)을 보장하기 위하여 일정 금액을 매 사업연도마다 적립하도록 규정하고 있으며,[1] 이 손해배상준비금은 금융위원회의 승인 없이 손해배상 외에 다른 용도로 사용할 수 없도록 강제하고 있다(공인회계사법 제28조 제2항). 공인회계사(회계법인의 이사, 소속공

1) 회계법인은 당해 사업연도 총 매출액의 100분의 2에 해당하는 금액을 매 사업연도마다 손해배상준비금으로 적립하여야 하며, 회계법인이 위 손해배상준비금을 직전 2개 사업연도 및 당해 사업연도 총 매출액 평균의 100분의 10에 해당하는 금액에 달할 때까지 적립하여야 한다(공인회계사법 시행령 제20조 제1항, 제2항). 만약 회계법인이 손해배상준비금을 사용한 경우 회계법인 이사 또는 소속공인회계사를 포함한 직원에게 구상권을 행사할 수 있고 그 구상한 금액을 손해배상준비금으로 계상하여야 한다(공인회계사법 시행령 제3항).

인회계사 및 외국공인회계사 포함)가 금융위원회의 승인 없이 손해배상준비금을 손해배상 외의 용도로 사용한 경우에는 5년 이하의 징역 또는 5천만 원 이하의 벌금에 처하도록 규정하고 있다(공인회계사법 제53조 제1항, 제28조 제2항).

공인회계사법에 근거한 손해배상준비금과 외부감사법에 다른 손해배상공동기금 모두 회계법인의 배상능력을 강화하기 위한 것이지만, 손해배상준비금은 회계법인 내부 유보인 반면 손해배상공동기금은 외부인 한국공인회계사회에 적립하도록 강제한 점, 손해배상준비금은 공인회계사법 제2조에 따른 직무수행으로 인한 손해로 그 사용범위가 넓으나 손해배상공동기금은 외부감사법에 따른 손해배상 중 확정판결이 있는 경우로 그 범위가 제한되어 있는 점, 기금의 적립방식 및 적립 한도에 있어 차이가 있다. 따라서 공인회계사법에 따른 손해배상준비금을 적립하였다고 하여 외부감사법상 손해배상공동기금의 적립의무가 면제되거나 대체할 수 없으므로 회계법인은 각 근거법에 따른 적립의무를 모두 이행하여야 한다.

4. 연간적립금과 배상책임보험

회계법인이 일정 요건을 갖춘 배상책임보험에 가입한 경우 공동기금 중 연간적립금을 적립하지 않을 수 있다(법 제32조 제1항 단서). 연간적립금만을 면제하므로 회계법인이 배상책임보험에 가입하더라도 기본적립금은 적립하여야 한다. 연간적립금 적립을 대체할 수 있는 배상책임보험의 요건을 구체적으로 살펴보면 첫째, 보상한도가 해당 회계법인에 소속된 공인회계사의 수에 5천만 원을 곱하여 산출한 금액(그 산출금액이 30억 원 미만일 경우에는 30억 원) 이상인 보험이어야 하고, 둘째, 사고 1건당 보상한도와 회계법인의 자기부담금이 금융위원회의 승인을 받아 한국공인회계사회가 정하는 기준[2]에 부합되는 보험이어야 한다(법 시행령 제38조 제1항). 사고 1건 당 보상한도는 손해배상공동기금을 적립하였을 경우의 회계법인별 한도와 동일하여야 하는데, 외부감사법 시행령은 회계법인이 한국공인회계사회에 공동기금 지급을 신청한 날의 직전 사업연도 말 적립금 총액의 2배를 회계법인별 한도로 보고 있다(법 시행령 제42조 제1항). 그리고 회계법인의 자기부담금(공제금액)이 총 보상한도의 100분의 3 이하이어야 한다(손해배상공동기금 관리 및 운영규정 제7조 제1항 1호). 다만, 공제금액은 당

2) 「손해배상공동기금 관리 및 운영규정」(한공회내규 제56호) 제7조.

해 회계법인의 손해배상책임보험 가입일 현재 대차대조표상 자기자본금액의 100분의 50을 초과할 수 없다(손해배상공동기금 관리 및 운영규정 제7조 제1항 2호). 회계법인이 요건 모두를 갖춘 손해배상책임보험에 가입한 경우 증명서류를 갖추어 한국공인회계사회에 통지하여야 한다(법 시행령 제38조 제2항).

회계법인이 기본적립금과 연간적립금을 적립하다가 배상책임보험에 가입하는 경우 한국공인회계사회는 연간적립금(해당 연간적립금의 운용에 따른 수익금을 포함)을 반환하여야 한다. 그러나 배상책임보험에 가입한 사실만으로 한국공인회계사회가 연간적립금을 해당 회계법인에 반환할 수는 없고, 회계법인이 가입한 손해배상책임보험이 손해배상책임보험 가입 전에 발생한 손해배상책임을 보장하는 보험인 경우에 해당하거나, 소멸시효의 완성 등의 사유로 손해배상책임보험 가입 전에 발생한 손해배상책임이 소멸한 경우에 해당하는 경우에만 반환한다(법 시행령 제38조 제3항).

5. 손해배상공동기금의 적립한도

외부감사법은 회계법인이 적립해야 하는 손해배상공동기금의 상한을 두어 일정기금을 적립한 경우 적립의무를 면제하고 나아가 적립된 손해배상공동기금이 일정금액 초과할 경우 초과분에 상당하는 금액을 인출할 수 있도록 하여 피해자 구제와 더불어 회계법인의 자금운용 자유의 조화를 꾀하고 있다. 회계법인의 기본적립금과 연간적립금의 누계액 및 그 운용수익금의 합계액(이하 '적립금 총액'이라 함)이 직전 2개 사업연도와 해당사업연도 감사보수총액 평균의 100분의 20에 해당하는 금액(이하 '적립한도'라고 함)보다 높을 경우에는 추가 적립의무가 없다(법 시행령 제39조 제2항). 이 경우 적립금 총액에는 증권선물위원회의 감리조치 중 하나인 손해배상공동기금의 추가적립은 제외된다. 또한 회계법인의 소속공인회계사 수가 100명 이상에서 100명 미만으로 줄어든 경우 기본적립금의 초과분(해당 초과분의 운용에 따른 수익금을 포함한다) 또는 해당 회계법인의 적립금 총액이 적립한도의 100분의 110을 초과하게 된 경우에는 적립한도의 초과분을 인출할 수 있다(법 시행령 제39조 제6항).

6. 손해배상공동기금의 추가적립

회계법인은 일반적으로 공정·타당하다고 인정되는 회계감사기준에 따라 감사를 실시하여야 하는데 이를 위반할 경우 증권선물위원회는 회계법인에게 법 제29조 제3항에 따라 다양한 조치를 할 수 있는데 그 중 하나로 손해배상공동기금 추가적립 명령을 발할 수 있다(법 제29조 제3항 제3호). 증권선물위원회는 일정 기간을 정하여 해당 회계법인으로 하여금 직전 사업연도 감사보수 총액의 100분의 3의 범위에서 연간적립금을 추가로 적립하게 할 수 있으며 이때 추가로 적립한 연간 적립금은 본래 적립의무가 있는 연간적립금 적립한도의 적립금 총액에서 제외된다(법 시행령 제39조 제4항).

그리고 한국공인회계사회는 증권선물위원회의 조치로 회계법인이 추가 적립한 연간적립금(그 적립금의 운용수익금은 제외)에 대하여 위 조치와 관련된 감사업무에 대한 법 제31조 제9항에 따른 손해배상청구권 행사기간이 끝난 때에는 이를 적립한 회계법인의 반환청구에 따라 반환한다(법 시행령 제39조 제5항 본문). 다만, 손해배상청구권 행사기간 종료일 현재 그 감사업무를 원인으로 하여 외부감사법상 손해배상을 청구하는 소송이 진행 중인 경우에는 그 소송의 확정판결이 내려진 후에 반환한다(법 시행령 제39조 제5항 단서).

7. 손해배상공동기금의 양도 제한

회계법인의 손해배상공동기금은 회계법인의 손해배상책임으로부터 피해자를 두텁게 보호하기 위한 것이므로 회계법인 임의로 손해배상공동기금을 처분할 수 없다. 그리하여 회계법인은 합병을 제외한 해산사유가 발생한 경우에만 손해배상공동기금을 양도할 수 있을 뿐 그 외에는 양도하거나 담보로 제공할 수 없으며 누구든지 이를 압류 또는 가압류할 수 없다(법 제32조 제3항, 법 시행령 제41조).

회계법인은 정관이 정한 사유의 발생, 사원총회의 결의, 등록의 취소, 파산, 법원의 명령 또는 판결의 사유로(합병의 경우는 제외) 해산하는 경우(공인회계사법 제37조) 손해배상공동기금을 양도할 수 있는데, 양도가 가능한 경우라 하더라도 해산 사유 발생일(승인이 필요한 경우에는 그 승인일)부터 3년이 지난 날(이하 양도가능일이라 함) 이후 손해배상공동기금을 양도할 수 있다(법 시행령 제41조 제1항, 제2항 본문). 그러나 양도

가능일 현재 회계법인이 법 제31조에 따른 손해배상책임과 관련한 소송이 진행 중인 경우에는 해당 소송의 확정판결에 따른 손해배상공동기금의 지급이 종료된 날부터 이를 양도할 수 있다(법 시행령 41조 제2항 단서). 이는 법 제31조에 따른 손해배상청구권이 청구권자가 해당 사실을 안 날부터 1년 이내 또는 감사보고서를 제출한 날부터 8년 이내에 청구권을 행사하지 않으면 소멸하는 점을 반영하여 회계법인이 해산하더라도 그 권리행사 가능성이 거의 없어질 때까지 손해배상기금을 확보해 두려는 것이다.

8. 손해배상공동기금의 승계 및 퇴사 사원의 반환청구권 여부

회계법인간 합병하는 경우에는 피합병회계법인의 권리·의무는 사법상의 관계나 공법상의 관계를 불문하고 그의 성질상 이전을 허용하지 않는 것을 제외하고는 모두 합병으로 인하여 존속한 회계법인에게 승계된다. 따라서 회계법인간 합병이 이루어지는 경우 소멸하는 회계법인의 손해배상공동기금은 존속회계법인 또는 신설회계법인에 승계된다.

나아가 회계법인 흡수합병 이전에 피합병회계법인(소멸회사)에 부과되었던 손해배상공동기금 추가적립 등의 처분도 존속회계법인에게 승계된다는 것이 판례의 입장이다(대법원 2004. 7. 8. 선고 2002두1946 판결). 법원은 해당 처분으로 존속회계법인의 신용과 명예의 훼손을 가져오게 된다고 하더라도 이는 회계법인이 흡수합병의 선택을 스스로 결행한 데에 따라 수반된 것이므로 감수할 수밖에 없다고 판단하고 있다.

한편, 사원이 퇴사할 경우 퇴사 사원은 손해배상공동기금 적립분의 반환청구권을 가지는 것인지 문제될 수 있다. 회계법인이 별산제로 운영되는 경우 법인의 조직력이 약해 각 사원별로 분담한 손해배상공동기금에 대한 권리를 주장할 수 있는가에 대한 문제이다. 그러나 공인회계사법은 회계법인에 상법 중 유한회사에 관한 규정을 준용함으로써 법인격과 조직력을 지닌 단체로 규정하고 있으므로(공인회계사법 제40조 제2항), 실제로는 사원간의 합의에 따라 회계법인을 별산제로 운영한다고 하더라도 사원은 회계법인에 대하여 출자지분에 대한 권리 외에 법인재산에 대한 직접적 청구권이 있는 것이 아니다. 또한 손해배상공동기금의 적립의무는 회계법인의 의무이고 그 기금에 대한 권리는 해당 회계법인에게 귀속되는 것이므로, 손해배상공동기금을 관리·운영하는 한국공인회계사회는 법률에 규정한 사유가 아닌, 회계법인 사원의 퇴사를 이유로 해당 회계법인의 손해배상공동기금의 일정부분을 반환해 줄 수 없다. 그리고 퇴사하는 사원이 회계법인에게 손해배상공동기금의 분담분의 지급을 요청할 경우에도 마찬가지 이유로 회계법인은 법률상 이를 반환해 줄 의무는 없다. 공인회계사가 소속 회계법인을 탈퇴한 후 다른 회계법인을 신설하거나 다른 회계법인에 참여하더라도 마찬가지로 보아야 할 것이다.

인적 결합 요소가 강한 회계법인은 강행적 법률의 규제와 맞물려 구조조정이 쉽지 않다. 회계법인에는 상법 중 유한회사에 관한 규정을 준용하기 때문에 기존에는 합병만 가능하였다. 그러나 최근 회계법인의 대형화·조직화·세계화 추세와 더불어 외부감사법 전부개정(2017. 10. 31. 법률 제15022호)으로 상장회사 감사인 등록제가 도입되어 회계법인 조직변경의 유연화가 어느 때보다 필요하게 되었다. 이에 공인회계사법을 일부개정(2018. 12. 31. 법률 제16181호) 하여 회계법인의 분할·분할합병 제도를 도입하였다(공인회계사법 제37조의2). 이에 따라 회계법인은 단순분할의 경우 분할계획서, 분할합병의 경우 분할합병계약서에 정하는 바에 따라 손해배상공동기금 또는 공인회계사법 제28조에 따른 손해배상준비금을 승계할 수 있게 되었다(공인회계사법 제37조의2 제4항). 승계의 방법에 대한 구체적인 규정은 없으므로, 당사자의 의사 합치에 의해 승계비율이 결정될 수 있으며, 보통 분할 지분에 비례하여 손해배상공동기금이 승계될 것으로 보인다.

9. 손해배상공동기금의 적립의무 위반

외부감사법은 회계법인이 손해배상공동기금 적립의무을 위반하더라도 벌칙규정을 두고 있지 아니하여 회계법인이 손해배상공동기금을 적립하지 않더라도 형사처벌이나 과태료는 부과할 수 없다. 그러나 법 제29조 제3항 및 별표 1 제19호에 의해 행정상 제재는 가능하다. 또한 손해배상공동기금의 적립이 회계법인 사업보고서 기재사항이고(법 제25조 제2항, 법 시행규칙 제5조 제1항 제4호), 감사인 지정 방법으로 손해배상공동기금 적립액나 손해배상책임보험의 연간보험료 및 손해배상준비금 적립액을 손해배상능력의 평가기준으로 규정되어 있으며(「외부감사 및 회계 등에 관한 규정」 제14조 제9항 별표 4 감사인 지정 방법), 감사인 품질관리 의무에 비추어 보더라도(법 제17조) 법에서 정한 사항을 준수하지 아니한 경우 품질관리기준 위반에 따른 책임을 부담하게 된다는 점은 간접적인 강제수단이 되고 있다.

[김정은]

제 3 장 감독 및 처분

제33조(공동기금의 지급 및 한도 등)

① 한국공인회계사회는 회계법인이 제31조 제1항 및 제2항에 따른 회사 또는 제3자에 대한 손해배상의 확정판결을 받은 경우에는 해당 회사 또는 제3자의 신청에 따라 공동기금을 지급한다.
② 제1항에 따라 한국공인회계사회가 지급하는 신청자별, 회계법인별 한도는 대통령령으로 정한다.
③ 한국공인회계사회가 제1항에 따른 지급을 하는 경우 회계법인은 제2항에 따른 한도에서 연대책임을 진다.
④ 한국공인회계사회는 제1항에 따른 지급을 한 경우 그 지급의 원인을 제공한 해당 회계법인에 대하여 구상권을 가진다.
⑤ 한국공인회계사회가 제1항에 따른 지급을 한 결과 한국공인회계사회가 정하는 바에 따라 산정한 공동기금의 실질잔액이 제32조 제2항에 따른 기본적립금보다 적으면 한국공인회계사회는 대통령령으로 정하는 바에 따라 회계법인으로 하여금 그 부족한 금액을 적립하게 할 수 있다.

법 시행령 제42조(공동기금의 지급 및 한도 등) ① 한국공인회계사회는 법 제33조 제1항에 따라 공동기금을 지급할 때에는 그 손해배상의 원인을 제공한 회계법인(이하 이 조에서 "배상책임법인"이라 한다)이 적립한 공동기금을 우선 사용하여야 하며, 부족분에 대해서는 같은 조 제2항에 따른 회계법인별 한도(회계법인이 한국공인회계사회에 공동기금 지급을 신청한 날의 직전 사업연도 말 적립금 총액의 2배를 말한다. 이하 이 조에서 같다) 내에서 다른 회계법인이 적립한 금액을 그 적립금액에 비례하여 사용한다. 이 경우 회계법인별 한도 산정 시 법 제29조 제3항 제3호에 따른 추가 적립금은 적립금 총액에서 제외한다.
② 한국공인회계사회는 제1항에 따라 지급을 하는 경우 신청자별로 지급하여야 할 배상금액의 총계가 회계법인별 한도를 넘게 된 경우에는 회계법인별 한도 내에서 한국공인회계사회가 산정하는 기준에 따라 신청자에게 나누어 지급한다.
③ 법 제33조 제2항에 따른 신청자별 한도는 신청자의 손해배상 확정판결 금액과 3천만 원 중 적은 금액으로 한다.

④ 한국공인회계사회는 법 제33조 제4항에 따라 배상책임법인의 적립금 총액을 넘게 지급한 금액에 대하여 구상권(求償權)을 행사한다.
⑤ 한국공인회계사회는 제4항에 따라 구상한 경우 다른 회계법인이 적립한 공동기금의 사용분을 그 사용비율에 따라 우선하여 보전(補塡)한다.
⑥ 한국공인회계사회는 공동기금의 사용으로 공동기금의 실질잔액이 기본적립금보다 적게 된 경우에 법 제33조 제5항에 따라 1년 이내의 기간을 정하여 해당 회계법인으로 하여금 그 부족한 금액을 적립하게 하여야 한다. 다만, 배상책임법인은 그 부족한 금액을 즉시 적립하여야 한다.

Ⅰ. 손해배상공동기금의 지급

1. 지급요건 및 절차

한국공인회계사회는 회계법인이 법 제31조에 따라 피감사회사 또는 제3자에 대한 손해배상의 확정판결을 받은 경우 피감사회사 또는 제3자의 신청에 따라 손해배상공동기금(이하 '공동기금'이라 함)을 지급한다(법 제33조 제1항). 외부감사법에 따른 '손해배상의 확정판결'을 요건으로 하고 있기 때문에 외부감사법상의 청구권이 아닌 민법상 채무불이행 손해배상청구나 불법행위에 기한 손해배상청구를 청구원인으로 확정판결을 받고 이를 근거로 한국공인회계사회에 공동기금을 신청할 경우 한국공인회계사회는 공동기금을 지급할 수 없다. 그리고 신청인은 확정판결을 받아야만 공동기금을 지급받을 수 있고, 아직 재판이 진행 중이거나 확정판결이 나오기 전에는 공동기금을 지급받을 수 없다.

회계법인을 상대로 법 제31조에 의한 손해배상의 확정판결을 받은 피감사회사 또는 제3자는 확정판결문 사본을 첨부하여 한국공인회계사회에 공동기금을 신청할 수 있다.[1] 한국공인회계사회는 피감사회사 또는 제3자가 손해배상공동기금 지급을 신청하는 경우 신청한 날부터 다음 달 말일까지 공동기금을 지급하여야 하고, 공동기금을 지급하였을 때에는 그 사실을 금융위원회에 보고하여야 한다(법 시행규칙 제4조).

1) 「손해배상공동기금 관리 및 운영규정」 제5조.

2. 지급한도

공동기금의 지급 신청자는 확정판결을 받더라도 인용 금액 전부를 제한 없이 지급받지 못하고 신청자별, 회계법인별 한도 내에서 지급받을 수 있다. 신청자별 지급한도는 해당 신청자의 손해배상 확정판결금액과 3천만 원 중 적은 금액이고, 회계법인별 한도는 해당 회계법인의 직전 사업연도 말 현재 적립금 총액의 2배에 해당하는 금액이다(법 시행령 제42조 제1항·제3항). 여기서 '직전 사업연도'란 신청자가 한국공인회계사회에 공동기금의 지급을 신청한 날을 기준으로 정한다. 한국공인회계사회가 공동기금을 신청자에게 지급하는 경우 회계법인은 위 한도 내에서 연대책임을 진다(법 제33조 제3항).

한국공인회계사회는 신청자의 신청에 따라 공동기금을 손해배상에 충당할 때에는 그 손해배상의 원인을 제공한 회계법인(이하 '배상책임법인'이라 함)이 적립한 공동기금을 우선 사용하여야 한다(법 시행령 제42조 제1항 제1문 전단). 만약 배상책임법인이 적립한 공동기금이 신청자에게 지급하여야 할 금액에 부족할 경우 그 부족분은 회계법인별 한도(즉, 직전 사업연도 말 현재 적립금 총액의 2배, 이하 '회계법인별 한도'라 함) 내에서 다른 회계법인이 적립한 금액을 그 적립금액에 비례하여 사용한다(법 시행령 제42조 제1항 제1문 후단).

예컨대, 신청인 1인이 확정판결을 받은 금액이 4,000만 원이더라도 신청자별 한도는 3,000만 원이기 때문에 한국공인회계사회는 신청인에게 3,000만 원만 공동기금을 지급할 수 있다. 만약 배상책임법인의 공동기금의 적립금액이 2,000만 원인 경우 배상책임법인의 적립금 2,000만 원을 우선 사용하고, 나머지 1,000만 원은 다른 회계법인이 적립한 금액으로 지급하는데, 각 회계법인의 적립금액에 비례한 금액을 모아 1,000만 원을 지급한다. 이때 배상책임법인의 공동기금 적립금이 500만 원에 불과한 경우 500만 원을 우선 사용하고, 회계법인별 한도 범위인 적립금 총액의 2배의 범위 내에서 부족분을 지급하므로 다른 회계법인이 적립한 금액 중 500만 원만 지급할 수 있다. 그리하여 신청인이 3,000만 원의 공동기금을 신청하더라도 이 사례에서는 1,000만 원만 지급받을 수 있다.

그리고 1개의 배상책임법인에 대하여 확정판결을 받은 신청자가 다수인 경우 공동기금 지급 한도는 일정 시점에 따라 변동되고 신청일자에 따라 신청인에게 예측하지 못한 손해가 발생할 수 있기 때문에, 일정기간 동안 동일한 사건(예를 들면 동일한 감사보고서로 인한 손해배상청구)에 대하여 공동기금을 신청한 신청자들을 함께 묶어 동일한 방법으로 공동기금을 지급하고 있다. 즉, 신청자별로 지급하여야 할 배상금액의 총계가 회계법인별 한도를 초과하게 된 경우에는 회계법인별 한도의 범위에서 신청자가 공동기금의 지급을 신청한 날이 속한 달에 접수된 확정판결사건 중 동일한 사건의 신청자별 신청금액을 합계한 후 이를 백분율로 환산하여 산출한 신청자별 비율에 따라 배상책임법인의 회계법인별 한도에 내에서 신청자에게 나누어 지급한다.

예컨대 신청인이 공동기금을 신청한 날이 5월 10일이라면 5월간 한국공인회계사회에 접수된 동일한 사건으로 인한 공동기금 신청자의 신청금액을 검토한다. 신청인 1이 5월 10일에 2,000만 원에 대한 공동기금의 지급을 신청하고, 신청인 2가 5월 15일에 동일한 사건으로 2,000만 원에 대한 공동기금의 지급을 신청하였으나, 배상책임법인의 직전 사업연도 말 적립금이 1,000만 원일 경우 회계법인별 한도는 2,000만 원이므로 신청인의 배상금액 총합인 4,000만 원에 각 신청금액의 비율인 50%씩 나누어 지급하게 되므로 신청인 1과 2는 각 1,000만 원만 지급받을 수 있다.

한편, 한국공인회계사회가 신청인의 신청에 따라 공동기금을 지급하는 경우 회계법인은 위 회계법인별 한도 내에서 연대책임을 부담한다고 규정하였는데(법 제33조 제3항), 이는 한국공인회계사회와 공동기금의 지급 사유가 발생한 회계법인 사이의 책임관계를 규정한 것이다. 본래 연대책임은 채권자의 보호를 위해 다수의 채무자 누구에게라도 채권을 주장할 수 있고, 채무자 1인이 지급한 경우 다른 채무자도 채무를 면할 수 있다는 것이 가장 큰 특징이다. 한국공인회계사회는 해당 배상책임법인과 함께 회계법인별 한도 내에서 신청인에게 연대책임을 부담하고, 한국공인회계회가 지급한 공동기금만큼 신청인의 해당 회계법인에 대한 손해배상채권은 소멸한다.

그리고 한국공인회계사회는 해당 회계법인에 대하여 구상권을 가진다. 구체적으로 살펴보면, 한국공인회계사회는 신청자에게 배상책임법인의 적립금 총액을 넘게 공동기금을 지급한 경우 지급한 금액에 대하여 구상권을 가진다(법 시행령 제42조 제4항). 한국공인회계사회가 구상한 금액은 다른 회계법인이 적립한 공동기금의 사용분을 그 사용비율에 따라 우선하여 보전補塡한다(법 시행령 제42조 제5항). 또한 한국공인회계사회가 공동기금을 지급한 결과 공동기금의 실질 잔액이 기본적립금보다 적게 되면 1년 이내의 기간을 정하여 해당 회계법인으로 하여금 그 부족한 금액을 적립하게 하여야 하고 배상책임법인은 그 부족한 금액을 즉시 적립하여야 한다(법 제33조 제5항, 법 시행령 제42조 제6항).

[김정은]

제 3 장 감독 및 처분

제34조(공동기금의 관리 등)

① 한국공인회계사회는 공동기금을 회계법인별로 구분하여 관리하여야 하며, 한국공인회계사회의 다른 재산과 구분하여 회계처리하여야 한다.
② 공동기금의 운용방법, 지급 시기·절차, 반환, 그 밖에 공동기금의 관리에 필요한 세부사항은 총리령으로 정한다.
③ 금융위원회는 필요하다고 인정되는 경우 한국공인회계사회의 공동기금의 관리 등에 관하여 검사를 할 수 있다.

법 시행규칙 제7조(손해배상공동기금의 운용 등) ① 한국공인회계사회는 법 제32조 제1항에 따른 손해배상공동기금(이하 "공동기금"이라 한다)의 운용·관리에 관한 사항을 심의·의결하기 위하여 공동기금운용위원회(이하 이 조에서 "위원회"라 한다)를 둔다.
② 한국공인회계사회는 공동기금을 다음 각 호의 방법으로 운용한다.
1. 국채·공채, 그 밖에 위원회가 정하는 유가증권의 매입
2. 위원회가 지정하는 금융기관에의 예치
3. 그 밖에 금융위원회가 정하는 방법
③ 한국공인회계사회는 공동기금을 운용한 결과 수익금이 발생하는 경우 해당 사업연도에 그 수익금(공동기금을 운용하는 과정에서 발생한 비용을 제외한 금액을 말한다)을 공동기금에 적립한다.
④ 위원회의 구성과 운영, 그 밖에 공동기금 관리에 필요한 사항은 한국공인회계사회가 금융위원회의 승인을 받아 정한다.
제8조(공동기금 관리현황 등의 보고) 한국공인회계사회는 매년 7월 말까지 해당 사업연도 공동기금의 관리 등에 관한 주요 사항을 금융위원회에 보고하여야 한다.
제9조(공동기금의 지급) ① 한국공인회계사회는 법 제33조에 따라 법 제31조 제1항 및 제2항에 따른 회사 또는 제3자가 공동기금 지급을 신청하는 경우 신청한 날부터 다음 달 말일까지 공동기금을 지급하여야 한다.
② 한국공인회계사회는 제1항에 따라 공동기금을 지급하였을 때에는 그 사실을 금융위원회에 보고하여야 한다.
제10조(공동기금의 반환) ① 한국공인회계사회는 공동기금을 적립한 회계법인이 「공인회계사법」 제37조 제1항 각 호의 사유(같은 항 제3호는 제외한다. 이하 이 조에서 같다)로 해산하는 경우

그 회계법인이 공동기금에 적립한 금액에서 한국공인회계사회가 영 제42조 제1항 및 제2항에 따라 사용한 금액을 뺀 금액(이하 이 조에서 "공동기금 잔액"이라 한다)을 그 회계법인의 사원(해산 당시의 사원으로 한정한다)에게 반환한다.
② 한국공인회계사회는 공동기금 잔액을 제1항에 따른 반환의 사유가 발생한 날부터 3년이 지난 후에 반환한다. 다만, 반환을 하려는 날에 법 제31조에 따른 손해배상책임과 관련된 소송의 판결이 확정되지 않은 경우에는 판결이 확정된 날(제9조에 따라 공동기금을 지급하는 경우에는 공동기금을 지급한 날을 말한다) 이후에 반환한다.

Ⅰ. 손해배상공동기금의 관리

1. 공동기금운용위원회

한국공인회계사회는 손해배상공동기금을 관리하여야 하며 손해배상공동기금의 운용·관리에 관한 사항을 심의·의결하기 위하여 공동기금운용위원회를 두고 있다(법 시행규칙 제7조 제1항). 공동기금운용위원회는 한국공인회계사회 회장(이하 '회장'이라 함)이 위촉하는 10인 이내의 위원으로 구성되며, 위원은 회장이 회계법인의 공동기금 적립규모 등을 참작하여 지정하는 회계법인의 대표 또는 그 대표가 추천하는 당해 회계법인의 이사 및 한국공인회계사회의 상근임원 중 회장이 지명하는 자 1인으로 하며 위원장의 위원회에서 호선한다.[1] 공동기금운용위원회의 회의는 회장이 필요하다고 인정하는 때에 위원장과 협의하여 소집하며, 회장은 회의를 소집함에 있어서 회일을 정하고 회의 개최 1주일 전까지 회의의 일시, 장소 및 부의사항을 각 위원에게 서면으로 통지하여야 한다.[2] 공동기금 운용위원회는 위원 과반수 이상의 출석과 출석위원 과반수 이상의 찬성으로 의결하며, 의사록에 의사의 경과내용과 그 결과를 기재하고 위원장이 기명날인하여야 한다.[3] 한편, 위원장은 공동기금운용위원회의 심의·의결 결과를 지체없이 회장에게 보고하여야 하고, 회장은 위 보고를 받은 경우 특별한 사

1) 「손해배상공동기금 관리 및 운영규정」 제13조 제2항.
2) 위 운영규정 제14조.
3) 위 운영규정 제15조, 제16조.

정이 없는 한 보고받은 날부터 10일 이내에 공동기금 운용위원회의 결정에 따라 조치하여야 한다.[4]

공동기금의 운영방법은 1. 국채·공채, 그 밖에 공동기금위원회가 정하는 유가증권의 매입, 2. 공동기금위원회가 지정하는 금융기관에의 예치, 3. 그 밖에 금융위원회가 정하는 방법으로 정하고 있으며, 한국공인회계사회가 공동기금을 운용한 결과 과실(즉, 수익금)이 발생하는 경우 해당 사업연도 말에 그 중 공동기금을 관리·운용에 소요된 비용을 제외한 금액을 과실이 발생한 해당 회계법인별 공동기금적립금의 적립비율에 따라 회계법인별로 공동기금에 안분하여 산입한다.[5] 다만, 공동기금의 지급·인출·양도·반환 등 회장이 필요하다고 인정되는 경우에는 적절한 시기에 이를 산입할 수 있다.[6] 한국공인회계사회는 공동기금운용위원회의 결정에 따라 금융기관 등에 예치 등 조치하는 경우 그 명의는 한국공인회계사회 명의로 하며 한국공인회계사회의 다른 재산과 구분하여 회계법인별로 회계처리를 하여야 한다.[7]

회계법인은 해산(합병은 제외)을 이유로 한 양도 외에는 한국공인회계사회에 적립한 공동기금을 양도하거나 담보로 제공할 수 없으며 누구든지 이를 압류 또는 가압류할 수 없다.[8] 한국공인회계사회는 매년 7월 말까지 해당사업연도 손해배상공동기금의 관리 등에 관한 주요사항을 금융위원회에 보고하여야 한다(법 시행규칙 제8조).

2. 손해배상공동기금의 반환

회계법인이 해산하는 경우 한국공인회계사회에 적립해 두었던 손해배상공동기금을 반환받을 수 있다. 즉, 회계법인이 공인회계사법 제37조 제1항 각 호의 사유(합병은 제외)[9]로 해산하는 경우 당해 회계법인이 적립한 공동기금에서 한국공인회계사회가 법령에 따라 지급한 금액을 뺀 금액(공동기금 잔액)을 그 회계법인 사원에게 반환한

4) 위 운영규정 제17조.

5) 위 운영규정 제19조 제2항 본문.

6) 위 운영규정 제19조 제2항 단서.

7) 위 운영규정 제19조 제1항.

8) 법 제32조 제3항, 위 운영규정 제19조 제3항.

9) 즉, 회계법인의 해산사유 중 "정관에 정한 사유의 발생, 사원총회의 결의, 등록의 취소, 파산, 법원의 명령 또는 판결"을 말한다.

다(법 시행규칙 제10조 제1항). 이때 사원은 해산 당시의 사원으로 한정한다. 구체적인 정함은 없으나 회계법인의 해산으로 인한 청산가치의 분배이므로 사원의 지분에 따라 공동기금을 분배받을 수 있다. 한편, 회계법인이 해산된 이후에도 회계법인 존속 중의 사건으로 손해배상청구가 발생할 수 있기 때문에 한국공인회계사회는 회계법인에게 공동기금을 바로 반환하지 않고, 반환의 사유가 발생한 날부터 3년이 지난 후에 반환한다(법 시행규칙 제10조 제2항 본문). 다만, 반환하려는 날에 법 제31조에 따른 손해배상책임과 관련된 소송의 판결이 확정되지 않은 경우에는 판결이 확정된 날(공동기금을 지급하는 경우에는 공동기금을 지급한 날) 이후에 반환하도록 하고 있다(법 시행규칙 제10조 제2항 단서).

그리고 증권선물위원회의 감리조치로 인해 추가로 적립한 연간 적립금(그 적립금의 운용수익금 제외)은 증권선물위원회의 조치와 관련된 감사업무에 대한 법 제31조에 따른 손해배상청구권 행사기간(청구권자가 해당 사실을 안 날로부터 1년 이내 또는 감사보고서를 제출한 날부터 8년 이내)이 끝난 때에는 이를 적립한 회계법인의 반환청구에 따라 반환한다(법 시행령 제39조 제5항 본문). 만약 손해배상청구권 행사기간 종료일에 그 감사업무를 원인으로 하여 법 제31조에 따른 손해배상을 청구하는 소송이 진행 중인 경우에는 그 소송의 확정판결이 내려진 후에 반환한다(법 시행령 제39조 제5항 단서).

[김정은]

제 3 장 감독 및 처분

제35조(과징금)

① 금융위원회는 회사가 고의 또는 중대한 과실로 제5조에 따른 회계처리기준을 위반하여 재무제표를 작성한 경우에는 그 회사에 대하여 회계처리기준과 달리 작성된 금액의 100분의 20을 초과하지 아니하는 범위에서 과징금을 부과할 수 있다. 이 경우 회사의 위법행위를 알았거나 현저한 주의의무 위반으로 방지하지 못한 「상법」 제401조의2 및 제635조 제1항에 규정된 자나 그 밖에 회사의 회계업무를 담당하는 자에 대해서도 회사에 부과하는 과징금의 100분의 10을 초과하지 아니하는 범위에서 과징금을 부과할 수 있다.
② 금융위원회는 감사인이 고의 또는 중대한 과실로 제16조에 따른 회계감사기준을 위반하여 감사보고서를 작성한 경우에는 그 감사인에 대하여 해당 감사로 받은 보수의 5배를 초과하지 아니하는 범위에서 과징금을 부과할 수 있다.
③ 제1항 및 제2항의 규정에 따른 과징금은 각 해당 규정의 위반행위가 있었던 때부터 8년이 경과하면 이를 부과하여서는 아니 된다. 다만, 제26조에 따른 감리가 개시된 경우 위 기간의 진행이 중단된다.

제36조(과징금의 부과 · 징수)

① 금융위원회는 제35조에 따른 과징금을 부과하는 경우에는 대통령령으로 정하는 기준에 따라 다음 각 호의 사항을 고려하여야 한다.

1. 회사의 상장 여부
2. 위반행위의 내용 및 정도
3. 위반행위의 기간 및 횟수
4. 위반행위로 인하여 취득한 이익의 규모

② 금융위원회는 고의 또는 중대한 과실로 제5조에 따른 회계처리기준을 위반하여 재무제표를 작성한 법인이 합병을 하는 경우 그 법인이 한 위반행위는 합병 후 존속하거나 합병으로 신설된 법인이 한 위반행위로 보아 과징금을 부과 · 징수할 수 있다.
③ 금융위원회는 회사 또는 감사인이 동일한 사유로 「자본시장과 금융투자업에 관한 법률」 제429조에 따른 과징금을 부과받는 경우 해당 과징금이 제35조에 따른 과징금보다 적으면 그 차액만을 부과한다.

④ 제35조에 따른 과징금의 부과·징수에 관하여는 「자본시장과 금융투자업에 관한 법률」 제431조부터 제434조까지 및 제434조의2부터 제434조의4까지의 규정을 준용한다.
⑤ 제1항부터 제4항까지에서 규정한 사항 외에 과징금의 부과·징수에 필요한 사항은 대통령령으로 정한다.

법 시행령 제43조(과징금 부과기준 및 부과·징수) ① 법 제36조 제1항 각 호 외의 부분에서 "대통령령으로 정하는 기준"이란 별표 1의 기준을 말한다.
② 법 제35조에 따라 과징금을 부과하는 경우에는 금융위원회가 정하여 고시하는 방법에 따라 그 위반행위의 종별과 해당 과징금의 금액을 명시하여 이를 납부할 것을 문서로 통지하여야 하고, 통지를 받은 자는 통지를 받은 날부터 60일 이내에 금융위원회가 정하여 고시하는 수납기관에 과징금을 납부하여야 한다.

Ⅰ. 과징금 부과

1. 입법취지

과징금 제도는 행정적 제재를 위한 제도로 널리 도입되고 사용되고 있었으나 회계감사 분야에서는 보다 실효성 있는 금전적 제재가 필요하다는 판단 하에 금융위원회가 2014. 10. 10. 외부감사법에 대한 전면개정안을 입법예고하면서 본격적인 논의가 시작되었고, 2018. 3. 20. 외부감사법이 전면개정되면서 결실을 맺었다. 2014년 이전에도 자본시장법 및 공인회계사법에는 도입되어 있었으나 금융위원회는 그 제재 액수와 횟수가 건전한 회계감사 환경을 조성하기에 미흡하였다고 판단했던 것으로 보인다.

정부가 가장 먼저 제출했던 개정 법률안에는 과징금 도입을 위한 자세한 내용이 설명되어 있지는 않으나 국회 정무위원회가 2017. 3. 작성한 검토보고서에서는 "자본시장법의 적용을 받지 않는 비상장회사와 유한회사 등의 분식회계 행위에 대하여 제재할 필요성이 있다."는 취지로 기재되어 있다. 참조할 만한 사례로서 자본시장법상의 과징금 제도가 도입된 배경을 설명한 자료가 있다. 자본시장법의 구법인 증권거래법에서 과징금 제도는 공시의무 위반행위에 대하여 1999. 4. 1. 도입되었는데 그 배경은 다음과 같다고 한다.[1] 첫째 공시의무위반에 대한 형사처벌이 가능하였지만 그 상한이 2,000만 원에 불과하여 경제적 억제효과가 현저히 미흡하고, 징역형은 공시의무의 주체인 법인에 대하여 부과할 수 없다는 점, 둘째 민사상 손해배상책임은 손해액 산정기준이 없고 증명이 곤란하며 투자자별 손해액이 소액이기 때문에 소송을 수행할 유인이 적다는 점, 셋째 증권발행제한 · 임원해임권고 · 경고 · 주의 등 다른 행정조치의 경우도 상징적인 의미일 뿐 실질적인 제재효과는 미흡하다는 점 등을 들고 있다. 자본시장법상 과징금이 도입된 이후 자본시장 규제에 있어서 실효성이 인정되면서 자본시장법에서의 과징금 제재는 적용대상과 적용범위가 확대되는 추세에 있다.[2]

법 제35조에서는 과징금 부과의 요건, 기준 및 제척기간에 관한 근거를 마련한 반면, 법 제36조에서는 제35조에 따른 과징금 부과에 있어서의 특수한 고려사항 및 부과 · 징수절차를 규정하고 있다. 제35조가 과징금에 있어서 법률로 정하여야 할 가장 기본적인 내용을 규정하고 있다고 한다면 제36조는 과징금 부과에 있어서 구체적인 사정을 반영할 수 있는 다양한 요소들의 근거를 마련하였다.

2. 과징금의 의의

과징금이란 '행정법상의 의무를 위반한 자에게 경제적 이익이 발생한 경우 그 이익을 박탈하여 경제적 불이익을 부과하기 위한 제도', '행정청이 일정한 행정법상의 의무를 위반한 데 대한 제재로서 부과하는 금전적 부담', '행정법상 의무불이행 또는 의무위반이 있을 때에 행정청이 의무자에게 부과 · 징수하는 금전적 제재', '행정법상의 의무위반 또는 불이행에 대하여 관계법이 부과하는 행정적 제재금으로서 주로 경제행정법상 의무를 위반한 자가 당해 위반행위로 인해 얻은 불법적 이익을 전적으로 박탈함으로써 간접적으로 의무이행을 강제하는 효과를 거두기 위한 취지에서 도입된 제도' 등으로 다양하게 정의되고 있다.[3] 헌법재판소 2001. 5. 31. 선고 99헌가18 결정에서는 과징금이란 "행정법상 의무를 불이행하였거나 위반한 자에 대하여 ① 당해 위반행위로 얻은 경제적 이익을 박탈하기 위하여 부과하거나 ② 사업의

1) 한국증권법학회, 「자본시장법(주석서 II)」(박영사, 2015), 1038면(초판 성희활, 개정판 정윤모).
2) 한국증권법학회, 앞의 책, 1039면.
3) 최광선, "주식회사의 외부감사에 관한 법률에 있어서 과징금 도입의 문제점과 개선방안", 「상사법연구」 제34권 제4호(한국상사법학회, 2016. 2), 85면.

취소·정지에 갈음하여 부과되는 금전상의 제재를 의미한다."고 판시하였다. 요약하면 과징금이란 행정청이 행정법상의 의무를 위반한 자 등에게 부과하는 금전적 제재라고 할 수 있을 것인데 실무상으로 다양한 금전적 제재수단이 있으므로 구별되는 개념들을 살펴보기로 한다.

벌금이란 국가가 범죄인에게 일정한 금액의 납부를 명하여 그 금액한도 내에서 범죄인의 재산을 박탈하는 것을 내용으로 하는 형벌이다. 과징금과 벌금을 비교하여 보면 다음과 같다. 첫째 과징금은 행정청이 부과하나, 벌금은 법원이 재판을 통하여 부과하는 점, 둘째 과징금은 행정청이 구체적인 행정법상의 위반행위자에 대하여 개별적으로 부과하며 그 부과는 행정행위에 속하나, 벌금은 형법상의 범죄행위에 대하여 과하는 형벌에 해당한다는 점, 셋째 일정한 종류의 과징금은 형벌의 면제를 의미하지만, 벌금은 국가 형벌권의 행사이므로 행정질서벌과 무관하게 진행된다는 점, 넷째 과징금은 행정처분으로 부과하는 것이므로 그에 대한 불복은 행정쟁송절차에 따르나, 벌금은 행정형벌로서 부과되므로 그에 대한 불복은 형사소송절차에 의한다는 점 등에서 차이가 있다. 결국 과징금은 벌금과 비교할 때 ① 행정청의 재량에 의해 그 부과 여부와 금액이 결정되고, ② 부과액이 상당히 고액이면서도 감독기관 내부 규정에 따라 운영되어 예견가능성이 보다 적으며, ③ 권리구제의 폭이 쟁송 정도 밖에 없어 비교적 협소하다는 특징을 가진다.[4)]

과태료는 행정질서벌의 일종으로 행정법규의 위반행위가 직접 행정목적을 침해하는 것은 아니고 다만 행정목적 달성에 장애가 되는 정도의 비행인 경우에 과하여지는 것이다. 신고 또는 보고, 장부비치 등 행정상의 위무 위반에 대한 태만행위에 대하여 부과하는 행정질서벌로서 금전적 제재이다. 과징금은 금전제재로서 특수한 과태료의 성격을 가진다고 할 수 있다. 과태료와 과징금을 비교해 보면, 과태료는 행정상 의무위반행위에 대한 질서벌이고 과징금은 행정상 의무위반시 그 이행을 확보하기 위한 행정상의 수단인 점, 과태료로서 부과될 금전의 한도액은 가벌성의 정도에 따라 법정상한선이 정해져 있으나 과징금은 의무위반상태 하에서 취득한 수익을 기준으로 결정되는 점, 과태료는 원칙적으로 법원에 의하여 부과되며 부과결정에 따른 불복을 비송사건절차법에 의하게 되나 과징금은 행정청에 의하여 부과되며 불복은 행정쟁송절차에 의한다는 점 등에서 차이를 보인다.[5)]

4) 최광선, 앞의 논문, 86면.

부담금은 국가 또는 공공단체가 '특정한 공익사업'에 충당하기 위하여 사업에 소요되는 경비의 전부 또는 일부를 그 공익사업과 특별한 관계에 있는 자에게 부담시키는 공법상의 금전급부의무로 이해하여 왔다. 그러나 최근에는 특정한 사업보다 더 넓은 의미의 공익사업을 위하여 공용부담이 행하여지고 그 부담이 특정한 개인이나 특정한 재산권에 한한다고 보기는 어렵기 때문에 부담금의 개념도 확대되고 있다. 과징금은 부당한 이득의 환수 또는 영업정지 갈음 등의 제재로서 행위에 대한 제재수단인 점에 비하여 부담금은 특정한 공익사업에 관계되는 자들에게 부과되는 금전이라는 점에서 차이를 보인다.[6]

강제금이란 일정기간 내에 비대체적 작위의무 또는 부작위의무를 이행하지 아니하면 소정의 금액을 부과·징수할 것을 계고한 후 당해 의무불이행에 대하여 과하는 금전벌로서, 의무불이행자에게 금전적 부담을 과함으로써 상대방의 심리를 일정한 방향으로 유도하는 의사에 대한 영향을 통하여 의무자의 의무이행을 강제하는 간접강제이다. 이러한 강제금은 현재 존재하고 장래에도 존속하게 될 의무불이행 상태를 재고하게 하여 장래에 대한 복종을 강제한다. 이는 행정상 작위 또는 부작위 의무의 위반이 전제가 되기 때문에 집행벌의 성격을 가지므로 법위반에 대한 제재와 의무이행 확보성질을 가지는 과징금과는 구별된다.[7]

3. 과징금 제도의 연혁과 유형

가. 과징금 제도의 연혁

1962년 제정된 긴급통화조치법(1962. 6. 9. 제정 법률 제1088호)에서 우리나라 법체계상 최초로 과징금이라는 문언이 도입되었다.[8] 동법 제21조는 "모든 법령 중의 한화표시금액과 법률 또는 국회나 국가재건최고회의의 의결 혹은 동의를 얻어 정하는 과징금, 가격 또는 요금은 환가비율로써 원으로 변경된다."고 규정한바, 과징금을 국가기관이 부과하는 일체의 금전적 급부를 의미하는 용어로 사용하고 있다. 즉 과징금

5) 최광선, 위의 논문, 86, 87면.

6) 최광선, 앞의 논문, 87면.

7) 최광선, 위의 논문, 87, 88면.

8) 전태희, "행정법상 과징금 제도의 의의와 한계", 「법제와 입법」 제7호(2014), 105면.

은 우리 법체계에 있어 법률적 실질을 갖는 법률적 용어로서 도입된 것이 아니라 금전적 급부 일반을 지칭하는 사실상의 용어로서 도입된 것으로 보인다.[9)]

행정상 금전제재수단의 의미로서 과징금이 최초로 도입된 것은 1980년 국가보위입법회의가 제정한 「독점규제 및 공정거래에 관한 법률」(1980. 12. 31. 제정 법률 제3320호, 이하 '공정거래법'이라 함)이었다고 한다.[10)] 당시 공정거래법 제6조는 "경제기획원장관의 가격인하명령에 불응한 시장지배적 사업자에게 그 가격인상의 차액에 해당하는 금액을 국고에 납부"하도록 규정하고 있다. 이는 1947년 제정된 일본의 「사적독점의 금지 및 공정거래의 확보에 관한 법률」의 입법례에 따른 것으로 보인다.[11)]

자본시장법에 규정되어 있는 과징금은 그 법의 전신인 증권거래법에서부터 규정되어 있었다. 1999. 2. 1. 신설된 증권거래법상 과징금은 공시제도의 실효성을 높이기 위하여 공시의무를 위반하거나 공시대상 서류에 허위의 기재 등을 한 경우에는 금융감독위원회가 최고 5억 원의 범위 내에서 과징금을 부과할 수 있도록 하였다.[12)]

2001년에는 공인회계사법에 과징금이 도입되었다. 부실감사를 한 회계법인과 공인회계사에 대한 효과적인 제재수단으로서 과징금 제도를 도입하여 회계법인 또는 공인회계사가 감사 또는 증명업무를 수행함에 있어서 중대한 착오 또는 누락으로 부실감사를 한 경우 회계법인에 대하여는 5억 원 이하의 과징금을, 공인회계사에 대하여는 1억 원 이하의 과징금을 각각 부과할 수 있도록 하는 것이다. 공인회계사법 제52조의2에서 업무정지 또는 직무정지에 갈음하여 과징금을 부과할 수 있도록 함으로써 중복 또는 과잉제재의 소지를 최대한 줄이려고 하였다. 이때 '갈음하여'라는 문구는 '동등한 정도의 수준으로'라기 보다는 '대신하여'로 보는 것이 타당한 것으로 보인다. 왜냐하면 공인회계사법의 과징금은 업무정지나 직무정지를 부과하면 너무 무거운 제재가 될 경우 이를 대신하여 금전적 제재를 부과한다는 의미로 해석되기 때문이다.[13)] 현재 공인회계사법상의 과징금은 사실상 부과된 적이 없는데 공인회계사법 시행령 제39조의 부과기준을 보다 구체화하여 실행이 될 수 있도록 제도가 정비되어야 한다고 생각한다. 제도의 정비와 아울러 실무상 유연한 해석과 집행이 요구된다고 하겠다.

9) 전태희, 위의 논문, 105면.
10) 전태희, 앞의 논문, 105면.
11) 전태희, 위의 논문, 105면.
12) 최광선, 앞의 논문, 89면.
13) 최광선, 위의 논문, 89면.

나. 과징금의 유형

(1) 이익박탈 과징금

1980년 공정거래법에 도입된 이래 다수의 법률에서 활용되고 있는 과징금 유형으로 행정상 의무위반으로 취득한 불법성을 가지는 이익을 벌금형 또는 몰수·추징 선고에 따르는 형사절차에 의하지 아니하고 보다 간이한 방법으로 환취하기 위하여 규정된 것이다. 주된 목적이 불법한 이익의 간이한 환수에 있으므로 과징금 부과의 기준이 공정거래법처럼 매출액 등에 대하여 일정한 비율로 규정되는 경우가 많다.[14)]

(2) 영업정지 갈음 과징금

1981년 개정된 자동차운수사업법에 도입된 이래 영업정지처분을 규정하고 있는 다수의 법률에서 활용하게 된 과징금 유형으로 영업정지처분에 따른 공·사익상의 폐해를 고려하여 대안적, 비례적 제재수단으로 이용되었다. 동법은 영업정지사유가 있는 경우에도 자동차운수사업자에게 영업정지처분을 하는 경우 차량운행정지에 따라 국민에게 교통 불편이 초래되는바, 이를 방지하면서도 행정상 의무이행을 확보하기 위한 대안적 제재수단으로서 과징금을 도입한 것이다.[15)]

이후 영업정지갈음 과징금은 영업정지처분을 하는 경우 공익에 중대한 영향이 있는 경우 뿐 아니라 「가축분뇨의 관리 및 이용에 관한 법률」에서와 같이 영업정지처분이 사익에 상당한 영향을 미치는 경우에 있어 비례적 제재수단으로 과징금이 도입되기 시작하였다. 이 경우 과징금은 통상의 행정제재의 목적에서 부과되므로 과징금 부과의 기준이 정액으로 되어 있기도 하고 특정기준에 따른 비율로 규정되는 경우도 상당히 존재한다.[16)]

(3) 행정법령 위반에 대한 금전적 제재로서의 과징금

1995년 「부동산 실권리자명의 등기에 관한 법률」에서 도입된 과징금이 대표적인데, 소유권 이전등기를 장기간 신청하지 않은 경우 등에 부과되는 과징금이 여기에

14) 최광선, 앞의 논문, 89, 90면.

15) 최광선, 위의 논문, 90면.

16) 배정범, "행정불법에 대한 제재수단으로서의 과징금에 대한 고찰", 고려대학교 대학원 석사학위논문(2004. 12), 63~70면.

해당한다. 이 경우의 과징금은 그 금액이 위반행위로 인하여 얻게 되는 이익과 직결되어 있지 않고 영업정지처분과 연계되어 있지도 않다는 점에서 위에서 언급한 두 유형의 과징금과는 다르다.[17] 이는 일정한 행정법상의 의무위반에 대한 단순한 금전적 제재에 불과하여 실질적으로는 벌금 또는 과태료와 다를 점이 별로 없다. 입법론적으로는 행정제재금이라고 하더라도 그 성격은 벌금의 성격을 가지는데 형사소송절차에 따른 엄격한 통제를 회피하기 위하여 과징금을 부과한다는 점에서 바람직하지 못하다.

다. 과징금의 위헌성 또는 이중처벌금지원칙 위배 여부

외부감사법의 과징금 제도 도입에서도 나타나듯이 각 정부 부처에서 과징금을 추가로 신설하려는 입법경향이 있다. 그럼에도 불구하고, 다른 한편에서는 과징금 제도의 위헌적 요소를 지적하는 견해가 꾸준히 제시되고 있다. 감사인에 대한 과징금 부과와 같이 추상적·추정적인 경제적 이득을 대상으로 하는 과징금은 위반행위가 있으면 통상적으로 경제적 이득이 발생한다는 전제 하에 그 경제적 이득을 추정하여 과징금을 부과하는 것이고, 이와 같은 과징금에는 경제적 이득의 환수라는 요소와 의무위반에 대한 처벌이라는 요소가 함께 포함되어 있으므로, 그러한 범위 내에서 과징금의 독자성이 감퇴하여 위헌성의 의심이 강하게 제기된다는 유력한 견해가 있다.[18] 과징금이 이익박탈의 수단이라는 점을 감안하면 감사인이 얼마의 이득을 취하였고 그에 따라 얼마를 과징금으로 부과하는지 명확한 기준이 있어야 함에도 불구하고 그 기준에 대한 충분한 고민 없이 감사보수만을 기준으로 과징금을 산정함은 입법적 검토가 충분하지 못한 결과로 보인다. 즉, 이 견해는 과징금이 벌금형과 마찬가지로 사실상 위반행위에 대한 처벌 수단으로 기능하면서도, 행정형벌에 요구되는 엄격한 법치주의적 안전장치(죄형법정주의, 증거능력의 제한, 무죄추정의 원칙 등)를 회피하는 수단으로 악용될 위험이 있다는 점을 지적하고 있으므로 입법론적으로 충분히 경청할만한 가치가 있다. 실제로 불법적 이익의 환수 수단으로 일반적으로 인정되던 형법상의 몰수·추징 제도가 엄격한 형사절차에 따라 운영됨에 따라 발생하는 제약을 극복하기 위해 본래적 과징금 제도가 고안된 것이라는 점까지 감안하면, 본래적 과징금은 행정형벌의 법치주의적 안전장치들을 우회하기 위해 만들어진 것으로서 태생적으로 위헌적 요소를

17) 조정찬, "과징금·부담금·연체금 및 가산금", 「법제」(2011. 3), 39면 이하.

18) 박정훈, "협의의 행정벌과 광의의 행정법", 「법학」 제41권 제4호(서울대학교 법학연구소, 2001), 314면.

내포하고 있는 것으로 평가될 수 있다.[19)]

그러나 헌법재판소는 구 공정거래법(1999. 12. 28. 법률 제6043호로 개정되기 전의 것) 제24조의2 과징금 부과조항에 대한 위헌심판청구사건에서 합헌 결정을 내린 바 있다. 그 이유로서, 첫째, 과징금 부과는 헌법 제13조 제1항에 규정된 '처벌'이라고 볼 수 없으므로 부당내부거래 억지라는 행정목적을 위한 제재금 또는 부당이득환수의 성격을 가지는 과징금을 부과하더라도 이중처벌이 되지 않는다고 한다. 다시 말해 헌법 제13조 제1항의 처벌은 형사처벌로 좁게 해석된다고 한다. 둘째, 부당내부거래의 실효성 있는 규제를 위하여 형사처벌에 과징금을 더한 것이 과잉제재는 아니라고 한다. 셋째, 공정거래위원회가 전문성과 독립성을 가지며 당사자들의 절차적 참여권을 보장하고 있으므로 비록 법관이 직접 과징금 결정을 하지 않는다고 하더라도 권력분립 원칙 또는 적법절차 원칙에 반하지 않는다는 것이다. 이에 대하여 같은 사건에서 소수의 반대의견은 ① 매출액을 기준으로 과징금을 부과하는 것은 자기의 행위와 상관관계가 없는 매출액이라는 다른 요소에 의하여 책임의 범위를 정하는 것이 되어 자기책임 원리에 위배되고, ② 과징금이 당해 기업에게 사활적 이해를 가진 제재가 될 수 있을 뿐만 아니라 경제 전반에도 중요한 영향을 미칠 수 있는 것임을 생각할 때, 그 부과절차는 적법절차의 원칙상 적어도 재판절차에 상응하게 조사기관과 심판기관이 분리되어야 하고, 심판관의 전문성과 독립성이 보장되어야 하며, 증거조사와 변론이 충분히 보장되어야 하고, 심판관의 신분이 철저하게 보장되어야만 할 것인데도, 이러한 점에서 매우 미흡하므로 적법절차 원칙에도 위배된다고 주장한 바 있다.[20)] 나아가 과징금은 부당이득환수적 요소는 전혀 없이 순수하게 응보와 억지의 목적만을 가지고 있는 실질적 형사제재로서 절차상으로 형사소송절차와 전혀 다른 별도의 과징금 부과절차에 의하여 부과되므로 행정형벌과는 별도로 거듭 처벌된다고 하지 않을 수 없어 이중처벌금지 원칙에 위반되고, 위반사실에 대한 확정판결이 있기 전에 이미 법 위반사실이 추정되어 집행되고, 집행정지를 신청할 수 있는 당사자의 절차적 권리도 배제되어 있으므로 무죄추정원칙에도 위배된다고 보는 반대의견도 있었다.[21)]

---

19) 최광선, 앞의 논문, 92면.

20) 헌법재판소 2003. 7. 24. 선고 2001헌가25 결정 당시 재판관 한대현, 권성, 주선회의 반대의견.

21) 헌법재판소 2003. 7. 24. 선고 2001헌가25 결정 당시 재판관 김영일의 반대의견.

행정법상 의무이행을 확보하는 수단으로는 행정이 직접 의무이행상태를 실현시키는 직접적인 강제수단과 의무이행에 대한 불이익을 부과하는 심리적 강제를 통해 의무이행을 담보하는 간접적 강제수단으로 구별되고, 간접적 강제수단은 부과되는 불이익의 종류에 따라 크게 형법상의 형벌을 부과하는 '행정형벌', 비송사건절차법에 의한 과태료를 부과하는 '행정질서벌', 위반사실의 공표, 과징금, 공급거부, 수익적 행정행위의 철회 등과 같은 '새로운 의무이행확보수단'으로 나눌 수 있다. 그 중 과징금은 새로운 의무이행확보수단의 하나로서 의무위반자에게 불이익을 가한다는 점에서는 행정형벌 및 행정질서벌(과태료)과 같으나, 불이익을 부과하는 주체 및 부과절차, 이에 대한 불복절차 등에 있어서 상당한 차이가 있다.[22] 우선, 행정형벌은 행정상의 의무위반행위에 대하여 형벌을 부과하는 것이므로 법원에 의하여 형사소송법이 정하는 절차에 따라 부과되며, 판결이 확정되어야 집행이 이루어진다. 과태료의 경우 행정청에 의하여 행정행위의 형식으로 부과되지만, 당사자가 이에 대하여 이의제기를 하면 바로 그 부과처분의 효력이 상실되고, 법원이 질서위반행위규제법 및 비송사건절차법에 따른 재판을 거쳐 이를 부과하며, 재판이 확정되어야 집행이 가능하다(질서위반행위규제법 제20조 제2항). 더구나 과태료에 관한 일반법으로서 질서위반행위규제법이 제정되어 2008. 6. 22.부터 시행되었는바, "법률에 따르지 아니하고는 어떤 행위도 질서위반행위로 과태료를 부과하지 아니한다."라고 규정하면서(동법 제6조), 과태료에 대하여도 형벌과 동일하게 고의나 과실과 같은 주관적 요건을 요구하고(동법 제7조), 위법성의 착오도 인정하며(동법 제8조), 책임 감경도 인정하고 있다(동법 제9조, 제10조). 다시 말하면, 과태료에 관하여는 형사상 인정되는 죄형법정주의가 그대로 적용되고, 관련 규정을 위반자에게 불리하게 확장 혹은 유추해석하는 것은 허용되지 아니하므로, 과태료 부과 여부에 대하여는 행정형벌과 거의 동일하게 적법절차 원칙이 적용되고 있다.[23] 반면 과징금은 행정청의 행정행위 형식으로 부과되고, 이에 불복하려면 취소소송을 하여야 하며, 취소소송을 제기한 경우에도 별도로 집행정지(또는 효력정지) 신청을 하여 인용되지 않으면 그 집행이 정지되지 않으므로, 과징금 부과처분에 대하여 불복하더라도 사전에 이를 납부하지 아니할 경우에는 가산금 등이 부가된다(집행부정지원칙, 행정소송법 제23조). 위와 같이 과징금에 대하여 행정형벌이나 과태료와 다른

22) 최광선, 앞의 논문, 93면.

23) 최광선, 앞의 논문, 94면.

취급을 하는 것은 행정형벌이나 과태료가 과거의 의무위반행위에 대한 처벌로서의 의미를 갖는데 비해, 과징금은 의무위반으로 인해 취득한 경제적 이득을 환수하기 위한 제도라는 점, 즉, 과징금은 '처벌'이 아닌 '불법의 경제적 이득을 환수'시키는 '원상회복조치'로서의 성격을 갖는다는 점에 기인한 것이다. 결국 외부감사법에 따른 과징금 제도가 과연 실질에 있어 행정형벌이나 과태료와 같이 과거의 의무위반 행위에 대한 처벌인지, 단순히 원상회복조치로서의 경제적 이득의 환수로 볼 수 있는지를 따져 보아야 한다. 현재의 외부감사법상 과징금은 비상장회사 및 그 감사인에 있어서 불법한 이득이 무엇인지 충분한 예견이 어려움에도 불법한 이득을 환수하는 취지를 가지며 그와 동시에 회계처리기준 위반이라는 의무위반행위에 대한 제재의 성격도 가지고 있다.[24)]

그리고 과징금은 그 유형이 어떠하든 행정상의 목적을 달성하기 위한 수단으로서 제재적인 성격을 가지고 있다. 이때 과징금 제도와 관련하여 중요한 쟁점사항 중의 하나는 과징금 제도가 부당한 이득의 박탈이라는 성격을 초과하여 제재로서의 성격과 목적을 가진다면 현행 헌법 제13조 제1항의 이중처벌의 금지와 관련하여 위헌인지 여부가 문제될 수 있다. 형벌은 행위자의 불법성에 대한 처벌을 통하여 책임을 추궁하는데 그 외에 처벌을 통하여 다른 사람들에게 범죄를 저지르지 못하도록 예방하는 목적도 가진다. 따라서 과징금이 비록 행정제재적 명칭을 가지고 있다고 하더라도 그 실질적인 내용이 형벌과 동일한 정도에 이른다면 이중처벌의 문제가 제기될 수 있는 것이다. 실제로 과징금 제도가 형벌인 벌금 또는 행정질서벌인 과태료와 병과된다면 이중처벌이 아닌지 많이 문제가 되었다. 과징금과 다른 조치를 병과할 수 있는지는 과징금과 당해 제재조치의 취지와 목적이 동일한지 여부가 중요한 요소가 된다. 헌법재판소도 "과징금 또는 이행강제금을 부과하는 것이 이중처벌에 해당하여 헌법에 위반된다고 보기는 어렵고, 다만 동일한 행위를 대상으로 형벌을 부과하면서 과징금이나 이행강제금을 부과하여 대상자에게 거듭 처벌되는 것과 같은 효과를 낳는다면 이중처벌금지의 기본정신에 배치되어 국가입법권이 남용이 문제될 수도 있다고 할 것이나, 이는 이중처벌 금지 원칙의 문제라기보다는 그러한 중복적 제재가 과잉에 해당하는지 여부의 문제로 다투어야 할 것"이라고 보았다.[25)]

---

24) 최광선, 위의 논문, 94면.

25) 헌법재판소 2003. 7. 24. 선고 2001헌가24 결정 등.

따라서 현행법상 과징금 부과로 인한 이중제재는 합법적인 것으로 인정될 여지가 매우 많으며, 과징금과 시정명령 또는 형벌은 원칙적으로 그 규제목적과 성질을 달리하는 것으로 병과되는 데 큰 문제는 없어 보인다. 다만, 헌법상 이중처벌금지 원칙에 반하지 않더라도 자칫 과징금을 산정하고 부과하는 주체에게 과도한 재량을 부여하는 결과를 초래할 수 있어 주의를 요한다. 과징금 제도가 도입된다고 하더라도 과징금이 합리적으로 부과될 수 있도록 설계될 필요가 있다. 즉 과징금의 부과 요건과 절차가 명백히 법정되어야 하고 행위자가 취한 불법 혹은 부당한 이득의 환수가 적정하게 이루어져야 한다. 이러한 점에서 대법원 1995. 5. 28. 선고 99두1571 판결에서 판시한 내용을 주목해 볼 만하다. 위 판결은 불공정거래행위를 한 사업자에 대하여 공정거래법상 과징금을 부과한 후 추후 새로운 자료가 나왔다는 이유로 다시 새로운 과징금 부과처분을 한 사례에서 "과징금은 법이 규정한 범위 내에서 그 부과처분 당시까지 부과 관청이 확인한 사실을 기초로 일의적으로 확정되어야 할 것이고, 부과관청이 과징금을 부과하면서 추후에 부과금 산정기준이 되는 새로운 자료가 나올 경우에는 과징금액이 변경될 수도 있다고 유보한다든가, 실제로 추후에 새로운 자료가 나왔을 경우 새로운 부과처분을 할 수도 없다."는 취지로 판시하였다. 그 이유는 "과징금의 부과와 같이 재산권의 직접적인 침해를 가져오는 처분을 변경하려면 법령에 그 요건 및 절차가 명백히 규정되어 있어야 할 것인데, 위와 같은 변경처분에 대한 법령상의 근거규정이 없고, 이를 인정하여야 할 합리적인 이유 또한 찾아 볼 수 없기 때문이다."라고 판시하였다.

4. 과징금의 법적 성격

과징금의 법적 성격에 대하여는 크게 부당이득세 유사설, 과태료설, 속죄금설 등이 있다. 부당이득세 유사설은 과징금이 구법인 「물가안정 및 공정거래에 관한 법률」 등에서 정부가 제시한 기준가격 이상으로 이득을 취한 경우에 부과하는 조세였다는 점에서 착안한 견해이다. 구 공정거래법에서도 가격인하명령을 전제로 이에 불응한 사업자에게 기준가격과의 차액에 대한 이득을 환수하는 성격을 가졌었다. 그러므로 과징금을 부당이득세와 유사한 징벌로 보는 입장이다. 과태료설은 과징금의 성격은 영업정지에 갈음하여 부과하는 금전제재로서 질서위반행위에 대하여 부과하는 성격을 가진다고 한다. 속죄금설은 영업정지에 갈음하여 과징금을 받기만 하면 영업정지가 면제되므로 과징금은 속죄금의 성격을 가진다고 한다. 이러한 법적 성격에 대한 학설이 모두 각자 타당성과 부당성을 모두 가지고 있다. 왜냐하면 과징금 자체에 여러 유형이 있는데 위에서 언급한 학설은 각각 과징금의 일면의 성격만 보여주기 때문이다. 과징금은 이러한 학설의 종합적인 성격을 가진다고 생각한다.

대법원은 공정거래법 위반사건에서 과징금은 행정법상의 의무를 위반한 자에 대하여 당해 위반행위로 얻게 된 경제적 이익을 박탈하기 위한 목적으로 부과하는 금전적 제재 또는 과징금은 비록 제재적 성격을 가지는 것이기는 해도 기본적으로는 위반행위로 얻은 불법적인 경제적 이익을 박탈하기 위하여 부과되는 것이라고 판시함으로써 과징금은 본래 부당이득환수적 성격을 가진 제도이지만 행정제재로서의 성격도 아울러 지니고 있다고 하였다.[26]

5. 과징금 부과 요건

가. 위반행위

(1) 회계처리기준을 위반한 재무제표의 작성

회사에게 과징금을 부과하기 위해서는 회사가 법 제5조에 따른 회계처리기준을 위반한 경우라야만 한다.

회계처리기준이 어떠한 성질을 가지는가에 대하여는 아래 판례를 참고할 수 있다. 이 판례를 보면 회계처리기준은 입법자가 직접 정할 수 없을 정도로 매우 전문적이므로 구체적인 내용이 행정부에게 위임된 행정입법의 일종이라고 할 수 있다. 즉, 판례는 회계처리기준 위반 재무제표의 작성·공시로 인한 형사처벌이 문제가 된 사안에서 "구 외부감사법(2003. 12. 11. 법률 제6991호로 개정되기 전의 것) 제20조 제1항 제8호가 규정하고 있는 구성요건 중 하나인 '회계처리기준'은 입법자의 상세한 규율이 불가능하거나 상황의 변화에 탄력적으로 대응할 필요성이 강하게 요구되는 극히 전문적인 영역에 속한다고 보이므로, 같은 법 제13조가 금융감독위원회에 위 회계처

26) 대법원 2014. 12. 24. 선고 2014두8193 판결("공정거래법 제22조, 제55조의3 제1항, 제5항은 부당한 공동행위에 의하여 얻은 불법적인 경제적 이익을 박탈하고 이에 더하여 부당한 공동행위의 억지라는 행정목적을 실현하기 위하여 과징금을 부과한다."고 판시).

리기준의 구체적 내용의 정립을 위임한 것을 가리켜 헌법 제75조 및 제95조 등에 위배된 것이라고 할 수는 없다. 한편 위와 같은 입법의 위임이 헌법상 죄형법정주의 원칙에 위배되는지 여부는 당해 법률의 적용대상자로 하여금 행정입법에 의하여 규정될 내용의 대강을 예측할 수 있도록 하였는지 여부에 달려 있고, 이때 그 예측가능성의 유무는 직접적인 위임 규정의 형식과 내용 외에도 당해 법률의 전반적인 체계와 취지·목적, 연혁 등도 아울러 고려하여야 하는 것인바, 위 법률의 입법연혁이나 제1조와 제13조 제2항, 제5항 등의 규정을 종합하여 보면, 입법자가 금융감독위원회에게 그 구체적 정립을 위임한 회계처리기준의 내용의 대강은, '재무제표 등 재무상의 자료를 처리함에 있어서 적용되어야 할, 일반적으로 공정·타당하다고 승인된 회계원칙'이라고 예측할 수 있다고 보이고, 여기에 위 법률조항의 적용 대상자가 회계처리기준의 내용을 잘 알고 있거나 잘 알 수 있는 지위에 있고 또한 이를 알고 있어야 할 책임이 있는 사람들이라는 점까지 아울러 고려한다면, 위 법률조항이 입법위임의 한계를 벗어나는 등 죄형법정주의 원칙에 위배된 것이라고는 볼 수 없고, 적정한 기업회계처리를 통하여 이해관계인의 보호와 기업의 건전한 발전을 도모하려는 위 법률조항의 입법목적이나 그 법정형의 범위 등에 비추어 볼 때 위 법률조항이 죄질과 그에 따른 행위자의 책임 사이에 비례관계가 준수되지 않아 실질적 법치국가이념에 어긋난다거나 형벌체계상의 균형성을 상실하였다고 보이지도 않는다."고 판시하였다.[27] 이 판례를 본다면 회계처리기준 위반을 이유로 형사처벌을 하는 입법은 가능하다고 할 수 있으므로 행정제재를 하는 것도 마찬가지로 가능하다는 취지의 해석도 할 수 있다.

회사가 회계처리기준을 위반하여 재무제표를 작성한 경우에 회사에 과징금을 부과한다는 데 별다른 의문은 없지만 회사는 법인인 관계로 회계처리를 실행하는 자연인이 반드시 필요하게 된다. 그러므로 법 제35조 제1항 제2문에서는 "회사의 위법행위를 알았거나 현저한 주의의무 위반으로 이를 방지하지 못한 상법 제401조의2(업무집행지시자 등 실질상 이사) 및 제635조 제1항에 규정된 자나 그 밖에 회사의 회계업무를 담당하는 자"에 대해서도 과징금을 부과할 수 있도록 하였다. 여기서 '회사의 위법행위를 알았거나 현저한 주의의무 위반'으로 규정된 부분은 특별한 사정이 없는 한 법 제35조 제1항 본문의 '고의 또는 중과실'과 같은 의미로 새겨야 할 것이다. '상법 제401조의2에 규정된 자'란 1) 회사에 대한 자신의 영향력을 이용하여 이사에게 업

27) 대법원 2006. 1. 13. 선고 2005도7474 판결.

무집행을 지시한 자 2) 이사의 이름으로 직접 업무를 집행한 자 3) 이사가 아니면서 명예회장·회장·사장·부사장·전무·상무·이사 기타 회사의 업무를 집행할 권한이 있는 것으로 인정될 만한 명칭을 사용하여 회사의 업무를 집행한 자이다. 상법 제401조의2는 형식적인 직책이 없음에도 회사에 실질적인 영향력을 미치는 자에게 손해배상책임을 묻기 위한 것으로서 법 제35조 제1항의 과징금 부과에서도 책임을 부담하도록 한 것이다. 상법 제635조 제1항에는 회사의 발기인, 설립위원, 업무집행사원, 업무집행자, 이사, 집행임원, 감사, 감사위원회 위원 등이 규정되어 있다. 상법 제401조의2에 규정된 자 이외에도 상법 제635조 제1항에 규정된 자로서 회사의 회계처리에 영향을 준 자는 과징금의 부과대상이 될 수 있다.

(2) 회계감사기준을 위반한 감사보고서의 작성

감사인에게 과징금을 부과하기 위해서는 감사인이 법 제16조에 따른 회계감사기준을 위반하여 감사보고서를 작성한 경우라야 한다. 감사인은 감사를 실시함에 있어서 일반적으로 공정·타당하다고 인정되는 회계감사기준에 따라야 할 의무가 있다(법 제16조 제1항). 회계감사기준은 한국공인회계사회가 금융위원회의 사전승인을 받아 정한다(법 제16조 제2항).

"감사인은 구 주식회사의 외부감사에 관한 법률(2009. 2. 3.법률 제9408호로 개정되기 전의 것)에 따라 주식회사에 대한 감사업무를 수행함에 있어서 일반적으로 공정·타당하다고 인정되는 회계감사기준에 따라 감사를 실시함으로써 피감사회사의 재무제표에 대한 적정한 의견을 표명하지 못함으로 인한 이해관계인의 손해를 방지하여야 할 주의의무가 있다(같은 법 제1조, 제5조 제1항). 한편 같은 법 제5조 제2항에 의하면 회계감사기준은 한국공인회계사회가 정하며, 그에 따라 마련된 구 회계감사기준(2005. 3. 29. 폐지되기 전의 것, 이하 '회계감사기준'이라고 한다) 제34조 제1항에 의하면 한국공인회계사회가 회계감사기준의 시행에 관하여 필요한 세부사항을 별도로 정할 수 있는바, 위와 같은 회계감사기준 및 한국공인회계사회가 그 시행을 위하여 마련한 회계감사준칙은 특별한 사정이 없는 한 일반적으로 공정·타당하다고 인정되는 것으로서 감사인의 위와 같은 주의의무 위반 여부에 대한 판단의 주요한 기준이 된다(대법원 2011. 1. 13. 선고 2008다36930 판결)." 이 판례는 회계감사기준이 민법상 주의의무 위반을 판단함에 있어서 주요한 기준이 된다는 의미를 설시하고 있다. 이를 확장하면 감사인에 대한 행정상 제재(과징금 포함)에 있어서도 감사인의 주의의무 위반을 판단하는 주요한 요소로 기능할 수 있다.

나. 고의 또는 중과실

외부감사법에서는 과징금의 부과대상을 위와 같이 회사 및 그 회사관계자와 감사인으로 나누어 규정하였다. 회사 및 회사관계자가 재무제표 작성을 한 것에 대하여 감사인이 부실감사를 한 것을 제재의 대상으로 삼기 때문이다. 이들이 위 위반행위를 고의나 중과실로 한 경우에만 과징금을 부과할 수 있다(법 제35조 제1항·제2항).

(1) 민사와 형사에서의 고의·중과실 개념 비교

고의 또는 중과실의 개념은 민사와 형사에서의 개념이 다르다. 먼저 민사에서의 고의 또는 중과실의 개념을 살핀다. 민법 제750조에서는 고의 또는 과실로 인한 위법행위로 타인에게 손해를 가한 자는 그 손해를 배상할 책임이 있다고 규정하고 있다. 이때 민법에서는 "고의 또는 과실"이라고 하더라도 불법행위에 있어서 고의와 과실을 구별하는 의미가 상당히 퇴색되고 있다는 지적이 있다.[28] 민사소송 절차에서도 고의와 과실을 엄격하게 구별하여 진행되지 않는다. 당사자가 손해배상청구를 하면서 청구원인으로 고의에 의한 불법행위를 주장하더라도 법원은 청구변경 없이 과실에 의한 불법행위를 인정할 수 있다. 판례도 고의에 의한 불법행위를 원인으로 한 손해배상책임의 주장에는 만일 고의는 없으나 과실이 인정될 경우에는 과실에 의한 불법행위를 원인으로 한 손해배상을 바라는 주장도 포함되어 있다고 보아야 한다고 판시하였다(대법원 1995. 12. 22. 선고 94다21078 판결). 민법상 '고의'의 정의는 일정한 결과가 발생하리라는 것을 알면서 감히 이를 행하는 심리상태라고 설명함이 일반적이라고 한다.[29] 이 개념에 따르면 자기의 행위의 결과에 대하여 인식할 것, 그리고 그 결과의 발생을 인용한 경우에 고의가 인정된다고 할 수 있다. 통상 고의의 인식과 인식의 수준이 현저히 높지 않은 것을 미필적 고의라고 할 수 있으며 미필적 고의 역시 고의에 포함된다.[30]

28) 김용담 편집대표, 「주석민법(채권각칙)」(제4판)(한국사법행정학회, 2016. 6.), 157면.
29) 김용담 편집대표, 앞의 「주석 민법(채권각칙)」, 158면(여기서는 고의에 대한 다양한 견해에 관하여 설명하고 있음).
30) 대법원 1991. 3. 8. 선고 90다16771 판결.

민법상 과실은 전통적으로 추상적 과실과 구체적 과실로 분류한다. 추상적 과실은 추상적인 관점에서 일반인, 통상인(또는 평균인)이라는 관점을 기준으로 제시하여 이 기준에 따른 주의의무를 게을리한 것을 의미한다. 반면 구체적 과실은 행위자 자신의 능력을 기준으로 주의의무를 게을리한 것을 의미한다. 구체적 과실 유무의 판단은 행위자의 수준에 따라 주의의무의 수준과 내용이 달라진다. 예를 들어 민법 제681조의 위임계약에서 수임인은 "선량한 관리자의 주의"라고 표현되어 추상적 과실을 기준으로 삼으며, 민법 제695조의 무상 임치계약은 "자기재산과 동일한 주의"라고 표현되어 있으며 구체적인 과실을 주의의무로 삼는다. 민법 제750조에서 선량한 관리자의 주의라는 문언이 사용되지 않고 있으나 추상적 과실로 보는 것이 통설이어서 과실의 유무에 관한 기준은 일반인·통상인을 기준으로 한다. 그런데 여기서 일반인이나 통상인은 모든 사람의 평균인을 의미하지 않는다는 점에서 주의를 요한다.[31] 다시 말해 당해 상황과 동일한 상황에 있는 평균인을 의미하는데 판례도 같은 취지로 보인다. 불법행위의 성립요건으로서의 과실은 이른바 추상적 과실만이 문제되는 것이고 이러한 과실은 사회평균인으로서의 주의의무를 위반한 경우를 가리키는 것이지만, 그러나 여기서의 '사회평균인'이라고 하는 것은 추상적인 일반인을 말하는 것이 아니라 그때 그때의 구체적인 사례에 있어서의 보통인을 말하는 것이라고 판시하였다.[32] 중과실에 대하여도 대법원 1967. 7. 18. 선고 66다1938 판결은 비슷한 판시를 하였다. 전문적인 직업군에 있다고 한다면 이는 일반인을 기준으로 할 것이 아니라 그와 같은 직업과 직무에 종사하는 사람의 보통인을 기준으로 한다고 한다. "불법행위로 인한 손해배상 의무의 전제가 되는 과실의 유무와 그 과실의 경중에 관한 표준은 그 개인에 관한 구체적인 사정에 의하여 결정하는 것이 아니고, 일반적인 보통인으로서 할 수 있는 주의의 정도를 표준으로 하여야 할 것이며, 위의 일반적 보통인이라 함은 추상적인 일반인을 말함이 아니고 그와 같은 업무와 직무에 종사하는 보통인을 말하는 것이므로 그와 같은 직업과 직무에 종사하는 사람으로서는 보통 누구나 할 수 있는 주의의 정도를 표준으로 하여 그 과실 유무를 논하고 위와 같은 주의를 심히 결여한 때에는 중대한 과실이 있다고 하여야 할 것이다."라고 판시하였다.[33] 그러면 민사책

31) 김용담 편집대표, 앞의 책, 162면.

32) 대법원 2001. 1. 19. 선고 2000다12532 판결.

33) 대법원 1967. 7. 18. 선고 66다1938 판결.

임에서 중과실은 어떠한 의미를 가지는가. 일반적으로 과실 중에서 주의를 게을리한 정도가 현저한 경우를 중과실, 그 정도에 이르지 않는 경우를 경과실이라고 한다. 다시 말해 중과실과 경과실은 주의의무의 양적인 차이만 있을 뿐 확고한 기준을 세우기 어렵다. 이에 대법원은 전통적으로 중과실을 거의 고의에 가까운 것으로 보고 있다. 대법원 2011. 9. 8. 선고 2011다34521 판결에서는 "공무원이 직무수행 중 불법행위로 타인에게 손해를 입힌 경우에 국가나 지방자치단체가 국가배상책임을 부담하는 외에 공무원 개인도 고의 또는 중과실이 있는 경우에는 불법행위로 인한 손해배상책임을 지고, 공무원에게 경과실이 있을 뿐인 경우에는 공무원 개인은 불법행위로 인한 손해배상책임을 부담하지 아니하는데, 여기서 공무원의 중과실이란 공무원에게 통상 요구되는 정도의 상당한 주의를 하지 않더라도 약간의 주의를 한다면 손쉽게 위법·유해한 결과를 예견할 수 있는 경우임에도 만연히 이를 간과함과 같은 거의 고의에 가까운 현저한 주의를 결여한 상태를 의미한다."라고 판시하고 있다.[34] 하급심에서도 거래통념상 중대한 과실은 고의와 동일시할 수 있다(서울고등법원 1993. 9. 24. 선고 92나56065 판결)는 취지의 판결이 나와 있다. 그러나 중과실은 과실의 한 종류로서 고의와 달리 결과의 발생을 인용하는 심리상태가 요구되지 않는다(대법원 1994. 8. 12. 선고 93다52808 판결)고 판시하였다.

고의와 과실의 구별은 민사책임의 범위에서도 실익을 가진다. 동일한 내용의 불법행위라고 하더라도 고의에 의한 경우가 과실에 의한 경우보다 더 많은 비재산상 손해에 대한 배상으로 인정될 수 있다.[35] 나아가 법률에 고의와 과실 사이에 차등을 두는 사례도 있다. 예를 들어 채무자는 과실의 불법행위로 인한 손해배상채권을 수동채권으로 하여서 상계할 수 있으나 고의의 불법행위로 인한 손해배상채권을 수동채권으로 하여서 상계할 수는 없다(민법 제496조). 그 밖에도 민법 제757조에서는 도급인에게 도급 또는 지시에 관하여 중대한 과실이 있는 경우에는 수급인이 그 일에 관하여 제3자에게 가한 손해를 배상해야 할 책임을 부담하도록 규정하고 있고, 「실화책임에 관한 법률」 제3조에서는 중과실이 아닌 실화로 화재가 발생한 경우에 연소延燒로 인한 손해배상액의 경감을 청구할 수 있도록 하고 있으며, 국가배상법 제2조 제2항에서는 공무원에게 고의 또는 중대한 과실이 있는 경우 국가나 또는 지방자치단체가 구상권

34) 대법원 2011. 9. 8. 선고 2011다34521 판결.
35) 김용담 편집대표, 앞의 책, 157면.

을 행사할 수 있다는 취지로 규정되어 있다. 다수의 민사관련 법률에서 고의, 중과실, 과실은 서로 구별되고 있다는 점에는 이론이 없다.

형사에서 고의와 중과실은 완전히 취급을 달리한다. 민사에서는 주로 책임의 범위에 중심을 두고 책임의 성립과 감경이 추가로 논의되는 형국이다. 반면 형사에서는 범죄의 성립은 기본적으로 고의를 전제로 한다. 형법 제13조는 본문에서 죄의 성립요소인 사실을 인식하지 못한 행위는 벌하지 아니한다고 하며 단서에서는 특별한 규정이 있는 경우를 예외로 한다고 하였다. 형법 제13조에서는 사실을 인식하지 못한 경우라고 규정함으로서 사실의 인식만을 구성요소로 구성하였다고 보일 수 있으나 대부분의 학설은 결과발생의 인식 및 의사 등을 요구하고 있다.[36] 여기서 인식과 의사의 수준이 높은 경우에 고의가 성립한다는 점에는 이론이 없으나 그 수준이 낮은 미필적 고의가 문제된다. 다수의 판결에서 미필적 고의라고 함은 결과의 발생이 불확실한 경우 즉 행위자에 있어서 그 결과발생에 대한 확실한 예견은 없으나 그 가능성은 인정하는 것으로 미필적 고의가 있었다고 하려면 결과발생에 대한 인식이 있음은 물론 나아가 이러한 결과발생을 용인하는 내심의 의사가 있음을 요한다고 밝히고 있다.[37] 형사법에서의 고의는 범죄의 성립과 관련된 구성요건과 책임의 구성요소로서 발생되었음을 알 수 있다. 민사에서의 고의 또는 과실이 민사책임의 범위를 보다 강조하는데 비하여 형사에서의 고의는 범죄를 성립하게 할 것인가에 대하여 매우 중요한 지위를 차지하고 있다고 할 수 있다. 따라서 민사법에서는 쉽게 찾을 수 없는 미필적 고의라는 개념은 형사법에서 고의의 지적요소와 의지적 요소가 다소 미약한 경우에 인식 있는 과실과의 구별을 위하여 필연적으로 발전한 개념이다.

(2) 과징금 부과 요건으로서의 고의·중과실 개념

그렇다면 외부감사법에서의 고의와 중과실은 어떠한 의미로 사용되어야 하는가? 손해배상책임을 규정한 법 제31조의 임무해태에 관한 고의·과실은 민사에서의 고의와 같다고 보아야 할 것이다. 해당 조문은 손해배상책임에 관한 민법의 특별법으로 보아야 하기 때문이다. 그런데 법 제35조와 제36조에 과징금의 요건으로 규정되어 있는 '고의 또는 중대한 과실'의 개념은 「외부감사 및 회계 등에 관한 규정」(이하 '외

36) 박재윤 편집대표, 「주석 형법(제2권)」(제2판)(한국사법행정학회, 2011), 232면.

37) 대법원 2004. 2. 27. 선고 2003도7507 판결 등.

감규정'이라 함) 및 「외부감사 및 회계 등에 관한 규정 시행세칙」(이하 '외감규정 시행세칙'이라 함)에 규정되어 있다. 과징금은 민사와는 달리 행정적 제재의 성격을 가지므로 독자적으로 해석하는 것이 이론상 가능할 수 있어서 고의·중과실·과실의 개념을 하위 규정에 명시하고 있는 것이다.

외감규정 제27조 제1항에서는 법 제35조에 따른 과징금 부과조치의 경우에 "위반동기, 위법행위의 중요도 및 조치 등의 가중·경감 사항을 충분히 고려하여야 한다."고 규정하면서, 각 사항에 관한 기준을 정한 외감규정 제2항의 [별표 7](조치등의 기준) 중 '1. 위반동기'에서 고의적인 위법행위란 위법사실 또는 그 가능성을 인식하고 법령 등을 위반한 행위를 말한다고 전제한 뒤, "1의 가.의 구분에 따른 경우에 해당하는 위법행위에는 고의가 있다고 본다. 다만, 피조사자가 고의가 없음을 합리적으로 소명하는 경우에는 그러하지 아니하다."라고 규정하고 있다. '고의가 있다고 본다'는 문언은 통상 간주규정으로 보고 있지만, 피조사자가 고의가 없음을 합리적으로 소명하면 고의를 인정하지 않는다고 하여 반증을 허용하고 있으므로 추정에 가까운 규정으로 해석할 수 있다. 따라서 향후 규정을 정비할 경우에는 형식과 실질을 맞추기 위하여 '본다'를 '추정한다'는 문언으로 변경할 필요가 있다.

위와 같이 고의로 간주하는 외감규정 [별표 7] 1.의 가.항 기재 사항(2019. 4. 1. 시행)은 다음과 같다.

> 외감규정 [별표 7]
>
> 1) 회사 및 임직원
>
> 가) 가공의 자산을 계상하거나 부채를 누락하는 등 회계정보를 의도적으로 은폐·조작 또는 누락시켜서 재무제표를 작성한 경우
>
> 나) 회계장부, 전표(傳票) 등 회계장부 작성의 기초가 되는 서류, 관련 전산자료 및 증빙자료 등을 위·변조하여 재무제표를 작성한 경우
>
> 다) 감사인이 요구한 자료를 위·변조하는 등 외부감사를 방해한 경우
>
> 라) 다음의 어느 하나에 해당하는 상황으로서 위법행위가 회사, 주주 또는 임직원(상법 제401조의2에 따른 사실상의 이사를 포함한다. 이하 같다)의 이익에 직접적이고 상당한 영향을 미치는 경우
>
> (1) 재무제표에 나타나지 않는 자금의 조성, 임직원의 횡령·배임 및 「특정 금융거래정보의 보고 및 이용 등에 관한 법률」 제2조 제4호에 따른 자금세탁행위 등과 관련되는 경우

(2) 특수관계자와의 비정상적 거래와 관련되는 경우
(3) 금융기관의 여신제공, 채무감면 등과 관련되는 경우
(4) 회계처리기준 위반사항을 수정하면 「자본시장과 금융투자업에 관한 법률」 제390조에 따른 상장규정에 따라 거래소에 상장을 할 수 없거나, 상장을 유지할 수 없는 경우
(5) 「자본시장과 금융투자업에 관한 법률」에 따른 불공정거래행위와 관련되는 경우
마) 그 밖에 위법사실 또는 그 가능성을 인식하고 법을 위반한 경우
2) 감사인 및 공인회계사
가) 회사의 회계처리기준 위반을 묵인하거나 회사와 공모(共謀)하여 회사가 회계처리기준을 위반하여 재무제표를 작성하게 한 경우
나) 위법행위가 감사인 또는 공인회계사의 이익에 직접적이고 상당한 영향을 미치는 경우
다) 그 밖에 위법사실 또는 그 가능성을 인식하고 법을 위반한 경우

외감규정 [별표 7] 1.의 나.항에서는 중과실 및 경과실로 보는 사항을 규정하고 있다. 즉, "고의적인 위법행위가 아닌 경우에는 과실에 따른 위법행위로 본다. 다만, 위법행위가 다음 요건을 모두 충족하는 경우에는 그 위법행위에 중과실이 있다고 본다."라고 규정하고 있다. 고의의 경우에는 위 사항 중 어느 하나의 사항에 해당하면 고의가 있는 것으로 보는데 중과실의 경우에는 아래의 1)과 2) 기재사항에 모두 해당되어야 중과실이 성립하는 것으로 볼 수 있다.

외감규정 [별표 7]
1) 직무상 주의의무를 현저히 결(缺)하였다고 판단할 수 있는 상황으로서 다음의 어느 하나에 해당하는 경우
가) 회계처리기준 또는 회계감사기준을 적용하는 과정에서의 판단내용이 합리성을 현저히 결한 경우
나) 회계처리기준 위반과 관련하여 내부회계관리규정 또는 회계감사기준에서 요구하는 통상적인 절차를 명백하게 거치지 않거나, 형식적으로 실시한 경우
다) 그 밖에 사회의 통념에 비추어 직무상 주의의무를 현저히 결하였다고 인정할 수 있는 경우
2) 회계정보이용자의 판단에 미치는 영향력이 큰 회계정보로서 다음의 어느 하나에 해당하는 경우
가) 회계처리기준 위반 관련 금액이 중요성 금액을 4배 이상 초과한 경우
나) 감사인이 회사의 재무제표 또는 경영전반에 대하여 핵심적으로 감사해야 할 항목으로 선정하여 감사보고서에 별도로 작성한 내용인 경우

> 다) 그 밖에 사회의 통념에 비추어 위법행위가 회계정보이용자의 판단에 미치는 영향력이 크다고 볼 수 있거나 경제·사회에 미치는 영향이 클 것이라고 판단되는 경우

외감규정의 하위규정인 외감규정 시행세칙에서도 [별표 1] '심사·감리결과 조치양정기준' 중 'Ⅲ. 위법행위의 동기 판단'에서 고의·과실·중과실로 볼 수 있는 사항을 열거하고 있다(2019. 4. 1. 시행). 외감규정 시행세칙의 경우에도 아래 고의의 경우에는 아래 1. 기재 사항 중 어느 하나에만 해당하면 고의로 보고, 중과실의 경우에는 아래 2.의 가.항 및 나.항을 모두 충족해야 중과실로 판단할 수 있다. 다만, 피조사자가 고의나 중과실이 없음을 합리적으로 소명하는 경우에 고의나 중과실로 볼 수 없는 점은 위 외감규정의 경우와 마찬가지이다.

> 외감규정 시행세칙 [별표 1] '심사·감리결과 조치양정기준' 중 'Ⅲ. 위법행위의 동기 판단'
>
> 1. 고의
>
> 위법사실 또는 그 가능성을 인식하고 위법행위를 한 경우를 말하며, 위법행위가 다음의 구분에 해당하는 위법행위에는 고의가 있다고 본다. 다만, 피조사자가 고의가 없음을 합리적으로 소명하는 경우에는 그러하지 아니하다.
>
> 가. 회사 및 임직원
>
> 1) 가공의 자산을 계상하거나 부채를 누락하는 등 회계정보를 의도적으로 은폐·조작 또는 누락시켜서 재무제표를 작성한 경우
>
> 2) 회계장부, 전표 등 회계장부 작성의 기초가 되는 서류, 관련 전산자료 및 증빙자료 등을 위·변조하여 재무제표를 작성한 경우
>
> 3) 감사인이 요구한 자료를 위·변조하는 등 외부감사를 방해한 경우
>
> 4) 다음 어느 하나에 해당하는 상황으로서 위법행위가 회사, 주주 또는 임직원(상법 제401조의2에 따른 사실상의 이사를 포함한다)의 이익에 직접적이고 상당한 영향을 미치는 경우
>
> 가) 재무제표에 나타나지 않는 자금의 조성, 임직원의 횡령·배임 및 「특정 금융거래정보의 보고 및 이용 등에 관한 법률」 제2조 제4호에 따른 자금세탁행위 등과 관련되는 경우
>
> 나) 특수관계자와의 비정상 거래와 관련되는 경우
>
> 다) 금융기관의 여신제공, 채무감면 등과 관련되는 경우
>
> 라) 회계처리기준 위반사항을 수정하면 「자본시장법」 제390조에 따른 상장규정에 따라 거래소에 상장을 할 수 없거나, 상장을 유지할 수 없는 경우
>
> 마) 「자본시장법」에 따른 불공정거래행위와 관련되는 경우

5) 그 밖에 위법사실 또는 그 가능성을 인식하고 법을 위반한 경우

나. 감사인 및 공인회계사

1) 회사의 회계처리기준 위법사실을 묵인하거나 회사와 공모하여 회사가 회계처리기준을 위반하여 재무제표를 작성하게 한 경우

2) 위법행위가 감사인 또는 공인회계사의 이익에 직접적이고 상당한 영향을 미치는 경우

3) 그 밖에 위법사실 또는 그 가능성을 인식하고 법을 위반한 경우

2. 고의적인 위법행위가 아닌 경우에는 과실에 따른 위법행위로 본다. 다만 위법행위가 다음 요건을 모두 충족하는 경우에는 중과실에 의한 위법행위로 판단할 수 있으나, 피조사자가 합리적으로 소명하는 경우에는 그러하지 아니하다.

가. 직무상 주의의무를 현저히 결하였다고 판단할 수 있는 상황으로서 다음의 어느 하나에 해당하는 경우

1) 회계처리기준 또는 회계감사기준을 적용하는 과정에서의 판단 내용이 합리성을 현저히 결한 경우

2) 회계처리기준 위반과 관련하여 내부회계관리규정 또는 회계감사기준에서 요구하는 통상적인 절차를 명백하게 거치지 않거나, 형식적으로 실시한 경우

3) 그 밖에 사회의 통념에 비추어 직무상 주의의무를 현저히 결하였다고 인정할 수 있는 경우

나. 회계정보이용자의 판단에 미치는 영향력이 큰 회계정보로서 다음의 어느 하나에 해당하는 경우

1) 회계처리기준 위반 관련 금액이 중요성 금액을 4배 이상 초과한 경우

2) 감사인이 회사의 재무제표 또는 경영전반에 대하여 핵심적으로 감사해야 할 항목으로 선정하여 감사보고서에 별도로 작성한 내용인 경우

3) 그 밖에 사회의 통념에 비추어 위법행위가 회계정보이용자의 판단에 미치는 영향력이 크다고 볼 수 있거나 경제·사회에 미치는 영향이 클 것이라고 판단되는 경우

법률에서 규정한 고의 또는 중과실이 하위 규정으로 구체화되는 것이 적법한지 의문이 제기될 수 있다. 그러나 중앙행정심판위원회 재결 2010-00001에서는 외감규정 시행세칙이 "증권선물위원회가 조치안에 대한 심의를 원활히 할 수 있도록 실무조치안을 제기하기 위한 목적으로 마련된 내부규정으로서 행정기관 내부에서 법령의 해석 및 적용에 관한 기준 또는 사무처리기준을 정한 행정규칙에 불과하다."[38]고 판단한 바 있다. 아울러 과징금 부과의 주체는 금융위원회인데(법 제35조 제1항·제2항), 외

38) 금융감독원, 「회계감리제도 조문별 판례분석」(2015. 8), 280면.

감규정 시행세칙은 그 하위기관인 금융감독원의 내부규정으로서 금융위원회를 구속하지 않는 점도 고려되어야 할 것이다. 따라서 외감규정과 외감규정 시행세칙의 고의 또는 중과실은 외감법의 고의 또는 중과실을 해석하는 하나의 기준이 된다고 할 수 있다.

제재적 행정처분의 기준이 부령의 형식으로 규정되어 있더라도 그것은 행정청 내부의 사무처리준칙을 정한 것에 지나지 아니하여 대외적으로 국민이나 법원을 기속하는 효력이 없고 당해 처분의 적법 여부는 위 처분기준만이 아니라 관계 법령의 규정 내용과 취지에 따라 판단되어야 하므로 위 처분기준에 적합하다고 하여 곧바로 당해 처분이 적법한 것이라고 할 수는 없지만, 위 처분기준이 그 자체로 헌법 또는 법률에 합치되지 아니하거나 위 처분기준에 따른 제재적 행정처분이 그 처분사유가 된 위반행위의 내용 및 관계 법령의 규정 내용과 취지에 비추어 현저히 부당하다고 인정할 만한 합리적인 이유가 없는 한 섣불리 그 처분이 재량권의 범위를 일탈하였거나 재량권을 남용한 것으로 판단해서는 안 된다.[39)]

6. 위반 효과

가. 과징금의 범위

회사에게는 회계처리기준과 달리 작성된 금액의 100분의 20 이내에서 과징금이 부과된다(법 제35조 제1항 제1문). 이 경우 회사의 위법행위를 알았거나 현저한 주의의무 위반으로 방지하지 못한 상법 제401조의2, 제635조 제1항에 규정된 자나 그 밖에 회사의 회계업무를 담당하는 자에 대해서도 회사에 부과되는 과징금의 100분의 10을 초과하지 않는 범위 내에서 과징금을 부과할 수 있다(법 제35조 제1항 단서). 한편 감사인에게는 해당 감사로 받은 보수의 5배를 초과하지 않는 범위에서 과징금을 부과할 수 있다(법 제35조 제2항).

나. 과징금 부과의 전제가 되는 기준

회사 및 회사관계자의 경우 '회계처리기준과 달리 작성된 금액'을 과징금 부과의

39) 대법원 2007. 9. 20. 선고 2007두6946 판결.

기준으로 삼는다. 회계처리기준과 달리 작성된 금액은 흔히 분식회계 금액이란 의미로 사용되는데 이는 고의 또는 중과실 여부와는 구별해야 한다. 회계처리기준과 달리 작성된 금액은 과징금 부과의 객관적 기준이며 고의 또는 중과실은 과징금 부과의 주관적 요건인 것이다. 따라서 회계처리기준과 달리 작성된 금액이 커서 사회적 파급력을 미칠 수 있더라도 고의 또는 중과실이 없다면 과징금을 부과할 수 없다고 해석함이 타당하다.

'회계처리기준과 달리 작성된 금액'을 해석함에 있어 과징금 산정에 있어 모호한 점을 해소해야 하는 측면도 있다. 회계처리기준을 위반하여 매출액을 과대계상하여 영업이익을 부풀렸으나 환류세 등 과세부담 및 배당압력을 회피하기 위해 다시 외화채권평가손실 및 파생상품평가 손실을 과대계상함으로써 결과적으로 순이익이 축소된 경우 어떠한 것이 기준이 되는지 불명확하며, 아울러 연결재무제표가 주 재무제표로 제출되는 회사의 경우 피지배회사에 회계처리기준 위반이 있었던 때에는 외부감사대상이었던 지배회사가 과징금 부과대상 회사에 해당하는지도 의문이 제기될 수 있다.

감사인에게는 해당 회계감사계약으로 인하여 받은 보수를 기준으로 하므로 비교적 간편한 방법을 사용하고 있다. 감사인이 부실감사를 하여 불법적인 이익을 취득하더라도 이러한 불법적인 이익은 감사보수와는 다른 별개의 이익이다. 그럼에도 불구하고 과징금 부과의 한도를 불법적인 이익이 아닌 감사보수를 기준으로 삼는 것은 부실감사로 인한 불법적인 이익이 어떤 것인지에 대한 충분한 고민 없이 만연히 감사보수를 불법적인 이익으로 간주하는 문제점이 있다. 공정거래법상 금지되는 행위를 통하여 사업자는 더 많은 이익을 얻었고 자본시장법상 모집·매출도 허위보고서로 인하여 얻은 이익이기 때문에 부당한 이득이 특정될 수 있음에 비하여, 외부감사법상 부실감사를 통하여 감사인은 어떠한 부당한 경제적 이익을 얻었는지 의문이다. 감사인이 외부감사를 수행했다면 어떤 경우든 감사보수는 용역의 대가일 뿐이므로 부당한 경제적 이익이 될 수 없다. 물론 분식회계와 부실감사에 대하여 회사측과 감사인측이 완전히 공모를 한 경우라면 별개의 문제이지만 고의가 아닌 경우까지도 감사인이 받은 보수를 부당한 이익의 기준으로 삼는 것은 문제가 있다. 모든 경우에 감사보수를 위법행위의 대가의 기준이라고 하면 감사인을 잠재적으로 부당한 경제적 이익 수령자로 보는 모순이 초래될 수 있다.

그렇지만 현행법은 '회계처리기준과 달리 작성된 금액', '해당 회계감사계약으로 인하여 받은 보수'를 기준으로 채택하였다. 현행법 테두리에서 가장 인식하기 쉽고 파급력이 큰 사항을 기준으로 삼았다는 평가는 할 수 있겠다. 과징금의 구체적인 산정에 대하여는 법 제36조 제1항을 검토할 때 자세히 살펴보기로 한다.

7. 제척기간

법 제35조 제3항 본문에 따르면 "과징금은 각 해당 규정의 위반행위가 있었던 때부터 8년이 경과하면 이를 부과하여서는 아니 된다."고 규정되어 있으므로, 이 기간은 제척기간의 성격을 가진다고 볼 수 있다. 이에 대하여 아직 판례가 축적된 것 같지는 않다. 왜냐하면 2018. 11. 1. 시행된 개정 외부감사법에 처음으로 도입된 규정인데다가 이전의 외부감사법에서는 징계조치에 대하여 아예 시효규정이 있지 않았기 때문이다. 다만, 감사조서의 보관기간이 8년(법 제19조 제2항)이므로 감독기관은 이를 기준으로 징계시효를 운영하여 왔다. 참고로 공인회계사법 제48조 제4항에는 징계사유가 발생한 날로부터 3년이 경과한 때에는 징계를 할 수 없다는 취지로 규정하고 있다.

일반적으로 소멸시효의 경우에는 당사자의 원용이 있어야 법률효과가 발생하는데 비하여 제척기간의 경우에는 법원의 직권조사사항으로서 당사자의 원용이 반드시 필요한 것은 아니다. 징계나 과징금 부과는 국가공권력의 행사이므로 그 시효는 당사자의 원용이 없더라도 법원이 직권으로 판단해야 하는 소송요건에 가깝다고 새길 수 있다. 제척기간의 성격을 가진다면 별도의 법률로 특별한 사정을 정하지 않는 이상 중단이나 정지가 인정되지 않는다. 그러나 현행 외부감사법은 법 제26조의 증권선물위원회의 감리를 특별한 사정으로 보아 과징금 부과기간의 진행이 중단되는 것으로 보았다(법 제35조 제3항 단서). 시효제도는 당사자가 주장한 사실을 기초로 하는 변론주의가 지배하는 영역에 속한 제도이기 때문에 징계나 과징금 부과의 기간을 단순히 민법상의 시효로 받아들이기는 어렵다. 또한 민법상 소멸시효의 중단의 경우에는 시효가 다시 시작(민법 제178조)하므로 본조에서 언급하고 있는 과징금 부과기간의 중단과는 성격이 달라 보인다. 과징금 부과의 경우에는 감리기간 동안 시효가 진행되지 않으며 감리가 종료된 때에는 시효가 다시 시작되는 것으로 보이지 아니하므로 오히려 민법상 소멸시효의 정지 개념에 가깝다. 그렇다면 과징금의 부과기간은 특수한 중단사유를 유보한 징계제척기간의 성격을 가진다고 할 수 있다. 이때 징계제척기간 및 중단기간 등에 대하여도 기간의 계산은 다른 법령이나 규정에 특별히 정한 바가 없으면 민법상의 기간에 관한 규정을 적용한다(민법 제155조).

II. 과징금의 부과기준 및 부과·징수절차

1. 과징금 부과의 고려요소

가. 부과기준

외부감사법은 회사의 상장 여부, 위반행위의 내용과 정도, 위반행위의 기간 및 횟수, 위반행위로 인하여 취득한 이익의 규모를 고려하여 대통령령(외부감사법 시행령)으로 정하는 기준에 따라 과징금을 부과하도록 규정하고 있다(법 제36조 제1항). 회사가 상장된 경우, 위반행위의 내용과 정도가 큰 경우, 위반행위의 기간 및 횟수가 다수인 경우, 위반행위로 인하여 취득한 이익의 규모가 큰 경우에 과징금의 부과액수도 높아질 것이다. 이 조항은 위임입법의 법리를 충실히 따른 것으로 보인다. 과징금을 부과해야 하는 사안이 매우 다양할 것임에 비하여 법률로서 정할 수 있는 내용은 제한이 되어 있기 때문에 과징금 부과를 뒷받침하는 위임입법은 필수적이다.

위임명령은 법률이나 상위명령에서 구체적으로 범위를 정한 개별적인 위임이 있을 때에 가능하고, 여기에서 구체적인 위임의 범위는 규제하고자 하는 대상의 종류와 성격에 따라 달라지는 것이어서 일률적 기준을 정할 수는 없지만, 적어도 위임명령에 규정될 내용 및 범위의 기본사항이 구체적으로 규정되어 있어서 누구라도 당해 법률이나 상위명령으로부터 위임명령에 규정될 내용의 대강을 예측할 수 있어야 하나, 이 경우 그 예측가능성의 유무는 당해 위임조항 하나만을 가지고 판단할 것이 아니라 그 위임조항이 속한 법률이나 상위명령의 전반적인 체계와 취지·목적, 당해 위임조항의 규정형식과 내용 및 관련 법규를 유기적·체계적으로 종합 판단하여야 하고, 나아가 각 규제 대상의 성질에 따라 구체적·개별적으로 검토함을 요한다(대법원 2004. 1. 29. 선고 2003두10701 판결).

위 위임에 따른 법 시행령 제43조 제1항 별표 1 '과징금 부과기준'은 아래와 같다. 개략적으로 설명하자면 먼저 ① 기준금액을 산정한 후에 ② 부과기준율을 곱한다.

그러면 ③ 기본과징금이 산출되는데 여기에 ④ 가중 또는 감경 사유를 적용한다. 시행령에서는 위의 ①~④까지의 개략적인 내용을 정하고 있고 더 자세한 사항은 하부규정에 다시 위임하고 있는 것이 특징이다.

법 시행령 제43조 제1항 [별표 1] '과징금 부과기준'

1. 과징금 산정방법

과징금 부과금액은 기준금액에 부과기준율을 곱하여 기본과징금을 산출한 후 필요시 가중하거나 감경하여 정한다. 이 경우 금융위원회는 위반행위의 정도, 위반행위의 동기와 그 결과 등을 고려하여 과징금 부과금액을 감경 또는 면제하거나 2분의 1의 범위에서 가중할 수 있다.

2. 기준금액의 정의

가. 회사: 재무제표에서 회계처리기준과 달리 작성된 금액을 기준으로 계정과목의 특성 및 중요성 등을 고려하여 금융위원회가 정하는 금액

나. 회사관계자(「상법」 제401조의2 및 제635조 제1항 각 호 외의 부분 본문에 규정된 자나 그 밖에 회사의 회계업무를 담당하는 자): 회사의 재무제표가 회계처리기준을 위반하여 작성된 것에 대하여 회사관계자가 회사로부터 받았거나 받기로 한 보수, 배당 등 일체의 금전적 보상으로서 금융위원회가 정하는 금액

다. 감사인: 회계감사기준을 위반하여 작성된 감사보고서에 대하여 해당 회사로부터 받았거나 받기로 한 감사보수로서 금융위원회가 정하는 금액

3. 부과기준율의 적용

"부과기준율"이란 회사의 상장 여부, 과징금 부과의 원인이 되는 위반행위의 내용, 정도, 기간 및 횟수, 위반행위로 인하여 취득한 이익의 규모 등을 반영하여 금융위원회가 정하는 비율을 말한다.

가. 위반행위의 내용은 위반 동기가 고의인지, 위반행위가 사전에 공모되었는지, 그 밖에 금융위원회가 정하는 사항을 고려하여 판단한다.

나. 위반행위의 정도는 위반금액, 그 밖에 금융위원회가 정하는 사항을 고려하여 판단한다.

4. 가중 또는 감면의 적용

가. 부과금액의 가중 여부는 법 제26조 제1항 각 호의 업무에 협조하지 않거나 거짓 자료를 제출하는 등 금융위원회가 정하는 바에 따라 판단한다.

나. 부과금액의 감면 여부는 투자자 피해 배상 등 위반상태의 해소 및 예방을 위한 노력, 위반자의 객관적 부담능력, 내부회계관리규정의 준수 또는 품질관리기준 준수 등 예방노력, 경영여건 등 그 밖에 금융위원회가 정하는 바에 따라 판단한다.

5. 제1호부터 제4호까지에서 규정한 사항 외에 과징금 산정에 필요한 세부사항은 금융위원회가 정한다.

법 시행령에는 과징금 산정의 기본프로세스만 정해져 있을 뿐 구체적인 사항은 다시 하부 규정으로 위임하고 있음을 살펴보았다. 재위임을 받은 외감규정 별표 8(2019. 4. 1. 시행)에는 기준금액에 관한 내용을 다시 언급하고 있다. 기준금액에 곱해져야 할 부과기준율은 위법행위 중요도 점수를 먼저 산정하고 회사와 감사인에게 각각 고유한 부과기준율을 대입시켜 정한다.

외감규정 [별표 8]

2. 부과기준율

가. 부과기준율은 위법행위 중요도 점수를 기준으로 하여 다음의 표에 따라 산정한다.

위법행위 중요도 점수	부과기준율	
	회사	감사인 및 회사 관계자
2.6 이상	20%	500%
2.2 이상 ~ 2.6 미만	15%	350%
1.8 이상 ~ 2.2 미만	10%	250%
1.4 이상 ~ 1.8 미만	5%	150%
1.4 미만	2%	50%

나. 위법행위 중요도 점수는 다음의 표에 따라 항목별 중요도 점수와 가중치를 곱한 결과값을 모두 합하여 산정한다. 이 경우, 해당 항목의 중요도가 "상(上)" 또는 "중(中)"보다 낮은 경우에는 "하(下)"에 해당하는 것으로 보아 1점을 매긴다.

항목 \ 중요도		가중치	상(上, 3점)	중(中, 2점)
위법행위 내용	회사 및 회사 관계자	0.4	재무제표에 나타나지 않는 자금의 조성, 임직원의 횡령·배임 및 자금세탁 등과 직접 관련되는 경우	가공의 자산을 계상하거나 부채를 누락하는 등 회계정보를 의도적으로 은폐·조작·누락시킨 경우
			특수관계자와의 비정상적 거래와 직접 관련되는 경우	회계장부, 전표(錢票) 등 회계장부 작성의 기초가 되는 서류, 관련 전산자료 및 증빙자료 등을 위·변조한 경우
			금융기관의 여신제공, 채무감면 등과 직접 관련되는 경우	감사인이 요구한 자료를 위·변조하는 등 외부감사를 방해한 경우

항목 (중요도)		가중치	상(上, 3점)	중(中, 2점)
위법행위내용	회사 및 회사관계자	0.4	금융기관의 여신제공 또는 채무감면 등에 관한 약정에 직접적·중대한 영향을 미치는 경우 내부자거래 등 불공정거래행위와 직접 연계된 경우	• 임직원의 신고 등을 통해 법 제28조 제1항 각 호의 사항을 인지하였음에도 필요한 조치를 취하지 않거나 신고자에 불이익한 대우를 하는 등 부정한 방법으로 회계처리기준 위반 사실을 은폐하려한 경우 • 그 밖에 위법사실 또는 그 가능성을 인식하고 법을 위반한 경우
위법행위내용	감사인	0.4	• 위법행위가 감사인 또는 공인회계사의 이익에 직접적이고 중대한 영향을 미치는 경우 • 위법행위 관련 내부회계관리규정 위반사실을 알았음에도 의도적으로 지적하지 않고 감사계약을 연장한 경우	• 회사의 회계처리기준 위반을 묵인하거나 공모한 경우 • 그 밖에 위법사실 또는 그 가능성을 인식하고 법을 위반한 경우
위법행위정도	위반규모	0.2	중요성 금액	중요성 금액
	회사유형	0.2	주권상장법인 (단, 코넥스상장법인 제외)	코넥스 상장법인, 사업보고서 제출대상법인, 대형비상장주식회사
	시장에 미치는 영향	0.2	위법행위로 인하여 다수 채권자, 투자자 등 이해관계자에게 중대한 손해를 입히거나 사회적 물의를 야기한 경우	위반 재무제표를 이용한 증권 공모발행으로 다수의 채권자, 투자자 등 이해관계자에게 피해를 끼친 경우

금융위원회가 기준금액에 위에서 산정된 부과기준율을 곱하면 기본과징금이 산출된다. 기본과징금은 부과대상자의 고유한 가중사유 또는 감경사유를 고려하여 다음과 같이 조정하게 된다.

외감규정 [별표 8]

3. 기본과징금의 조정

가. 가중 사유 및 가중 규모

1) 별표 7의 제3호 가목 1), 2), 4) 또는 5)의 규정 중 어느 하나에 해당하는 경우에는 기본과징금의 100분의 50 이하의 금액을 기본과징금에 가중할 수 있다.

2) 내부회계관리제도에 중요한 취약사항이 있는 경우에는 기본과징금의 100분의 20 이하의 금액을 기본과징금에 가중할 수 있다.

3) 위법행위 내용의 중요도가 "상"인 경우에 기준금액의 100분의 10과 기본과징금 간의 차액에 해당하는 금액을 기본과징금에 가중할 수 있다. 다만, 가중할 수 있는 금액은 기본과징금의 2분의 1의 범위 내로 한정한다.

4) 그 밖에 사회의 통념에 비추어 위법행위의 내용 또는 정도에 비해 기본과징금이 낮다고 판단되는 경우 기본과징금의 2분의 1의 범위 내에서 가중할 수 있다.

나. 감경 또는 면제에 관한 사유 및 감경 규모

1) 별표 7의 제3호 나목 1) 또는 4)의 규정 중 어느 하나에 해당하는 경우에는 기본과징금의 100분의 50 이하의 금액을 기본과징금에서 감경할 수 있다.

2) 별표 7의 제3호 나목 5)부터 7)까지의 상황 중 어느 하나에 해당하는 경우에는 기본과징금의 100분의 30 이하의 금액을 기본과징금에서 감경할 수 있다.

3) 다음의 어느 하나에 해당하는 경우에는 사회의 통념에 비추어 합리적인 범위 내에서 기본과징금을 감경하거나 면제할 수 있다.

가) 별표 7의 제3호 나목 8) 또는 9)에 해당하는 경우

나) 위법행위가 발생한 사업연도 후 최대주주 및 경영진이 실질적으로 교체되었고, 과징금 부과시 회사 경영에 상당한 피해가 예상되는 경우

다) 회사 또는 주주가 회사 관계자의 회계부정을 신고하였고, 과징금 부과시 회사의 경영에 상당한 피해가 예상되는 경우

나. 부과절차

과징금 부과를 하는 경우에도 감리업무수행기관은 조치예정일 10일 전까지 피조사자 또는 그 대리인 등에게 조치에 관하여 다음의 사항을 통지하여야 한다(외감규정 제31조 제1항).

1. 회의 개최 예정 일시 및 장소
2. 당사자의 성명 또는 명칭과 주소
3. 조치등의 내용에 관한 다음 각 목의 사항
   가. 조치등의 원인이 되는 사실관계(회계처리기준, 회계감사기준 또는 품질관리기준을 위반하였는지에 관한 판단근거를 포함한다)
   나. 조치등의 근거가 되는 법령등
   다. 조치등의 내용(감리위원회에 상정될 안건에 감리업무수행기관이 기재할 내용과 동일하여야 한다) 및 적용기준(고의로 위반을 하였는지에 대한 판단근거 등을 포함한다)
   라. 조치등에 관한 증거자료 목록. 다만, 조치등에 고발이 포함된 경우에는 제외한다.
4. 제3호의 사항에 대하여 의견을 제출할 수 있다는 안내 및 의견을 제출하지 아니하는 경우의 처리방법
5. 의견을 제출할 수 있는 기관의 주소와 연락처
6. 그 밖에 필요한 사항

이 경우 공공의 안전 또는 복리를 위하여 긴급한 조치가 필요한 경우, 증거인멸 등 우려의 경우, 의견청취가 현저히 곤란하거나 명백히 불필요한 경우에는 사전통지를 하지 않을 수 있다(외감규정 제31조 제2항). 따라서 감리수행기관이 과징금을 부과하기 위하여는 당사자에게 사전통지를 함이 원칙이고 당사자 등은 과징금 부과 전에 증권선물위원회 위원장 등에게 의견을 제출할 수 있다.

2. 합병의 경우 과징금 부과의 문제

법 제36조 제2항에서는 회계처리기준을 위반한 회사가 합병을 하는 경우 합병 후 존속하거나 신설된 법인에게 과징금을 부과할 수 있는 근거를 마련하였다. 과징금 부담을 회피하기 위하여 합병제도를 남용하지 못하도록 한 취지라고 보인다.

회계법인에 대하여는 참고할 만한 판례가 있어서 소개한다. 서울행정법원 2000. 11. 2. 선고 99구29349 판결인데, “공인회계사법에 의하여 설립된 회계법인 간에 흡수합병이 있는 경우에는 합병으로 소멸하는 법인의 권리의무는 사법상의 관계나 공법상의 관계를 불문하고 그 성질상 이전을 허용하지 않는 것을 제외하고는 모두 존속법인에게 승계되는 것이므로,[40] 합병으로 소멸되는 법인으로부터 존속법인으로 승계되

40) 대법원 1994. 10. 25. 선고 93누21241 판결.

는 권리의무관계에 하자가 있다면 그 하자를 이유로 소멸법인에게 할 수 있었던 제재처분을 존속법인에게도 할 수 있다 할 것이고, 다만 그 제재처분으로 합병 전부터 존속법인이 가지고 있던 권리의무까지 제한할 수는 없기 때문에 그만큼 존속법인에 대하여 할 수 있는 제재처분에 한계가 있게 될 뿐이라 할 것이다"라고 판시하였다. 이후 "회계법인의 경우에는 존속법인이 합병과는 관계없이 본래부터 독자적인 자격에 의하여 회계법인으로서의 직무를 행할 권한을 가지는 것이기 때문에 소멸법인에게 영업정지처분을 할 사유가 있었다고 하더라도 이를 이유로 존속법인의 업무 전반에 대하여 영업정지처분을 하는 것은 불가능하고, 다만 합병으로 인하여 존속법인에게 승계된 업무 범위 안에서 그 영업의 일부를 제한하는 처분은 할 수 있다"고 판시하였다. 정리하여 말하면, 제재처분에 대하여 전혀 관련이 없는 존속법인에 대하여는 업무전반에 대하여 권리의무를 제한하는 것은 위법하고 존속법인에게 승계된 업무 범위 안에서 제재를 할 수 있다는 의미로 풀이된다. 이 사건에서는 제재조치가 감사인 지정제외처분과 손해배상공동기금 추가처분, 특정회사에 대한 감사업무제한처분이었다. 이때 특정회사에 대한 감사업무제한처분은 당해 감사인이 특정회사에 대하여 부실감사를 하였다는 주관적 사정에 기인한 일신전속적인 것으로서 성질상 그 이전을 허용할 수 없는 권리의무관계로 보아 합병 후 존속법인인 원고에게는 할 수 없다고 하였다.

반면, 대법원 2007. 8. 23. 선고 2005도4471 판결에서는 합병으로 소멸한 법인이 양벌규정에 따라 부담하던 형사책임이 합병 후 존속회사에 승계되는지 여부에 대하여 다음과 같이 판단하였다. 즉, "회사합병이 있는 경우 피합병회사의 권리·의무는 사법상의 관계나 공법상의 관계를 불문하고 모두 합병으로 인하여 존속하는 회사에 승계되는 것이 원칙이지만, 그 성질상 이전을 허용하지 않는 것은 승계의 대상에서 제외되어야 할 것인바, 양벌규정에 의한 법인의 처벌은 어디까지나 형벌의 일종으로서 행정적 제재처분이나 민사상 불법행위책임과는 성격을 달리하는 점, 형사소송법 제328조가 '피고인인 법인이 존속하지 아니하게 되었을 때'를 공소기각결정의 사유로 규정하고 있는 것은 형사책임이 승계되지 않음을 전제로 한 것이라고 볼 수 있는 점 등에 비추어 보면, 합병으로 인하여 소멸한 법인이 그 종업원 등의 위법행위에 대해 양벌규정에 따라 부담하던 형사책임은 그 성질상 이전을 허용하지 않는 것으로서 합병으로 인하여 존속하는 법인에 승계되지 않는다."고 판시하였다.

3. 과징금 중복 부과의 문제

현행 외부감사법상의 과징금 제도는 자본시장법의 과징금 및 공인회계사법의 과징금과 비교되어 왔다. 외부감사법상 과징금 도입을 찬성하는 대표적인 견해는 외부감사법에 관한 정무위원회 2017. 3. 검토보고서(의안번호 제5075호)에 기재되어 있는데, 그 내용은 "현행 외부감사법상 과징금 규정은 없으며, 회사의 분식회계와 감사인의 부실감사 등에 대해 자본시장법과 공인회계사법에 과징금이 일부 도입되어 있으나 회사에 대한 과징금은 그 적용범위가 한정되어 실효성이 높지 않은 실정임. 자본시장법은 회사의 사업보고서·증권신고서 허위기재 시 일평균 거래금액의 10%(최대 20억 원) 또는 모집·매출가액의 3%(최대 20억 원)를 과징금으로 부과하도록 하고 있으나, 사업보고서 의무제출 대상[41)]이 아니거나 증권을 발행하지 않는 회사의 분식회계에 대해서는 과징금 부과근거가 없다."는 것이다. 이 견해처럼 회사에 대하여는 과징금 제도의 공백이 있었던 것은 사실이어서 외부감사법에서 과징금의 도입은 의미가 있다.

그러나 감사인에 대한 과징금은 자본시장법과 공인회계사법과 관련하여 검토해야 할 점이 남아 있다. 외부감사법뿐만 아니라 공인회계사법에도 과징금을 부과할 수 있는 근거조항이 있다. 구체적으로 보면, 회계법인 또는 공인회계사가 감사 또는 증명에 중대한 착오 또는 누락을 하여(공인회계사법 제39조 제1항 제5호 및 제48조 제1항 제2호), 업무정지 또는 직무정지처분을 하여야 하는 경우로서 그 업무정지 또는 직무정지처분이 이해관계인 등에게 중대한 영향을 미치거나 공익을 해할 우려가 있는 경우에는 금융위원회가 업무정지 또는 직무정지처분에 갈음하여 회계법인에 대하여 5억 원 이하의 과징금을, 공인회계사에 대하여 1억 원 이하의 과징금을 각각 부과할 수 있다(공인회계사법 제52조의2 제1항). 이처럼 공인회계사법은 '회계법인'이 '감사 또는 증명에 중대한 착오 또는 누락이 있는 경우' 업무정지에 갈음하여 최대 5억 원의 과징금을 부과할 수 있도록 규정하고 있는 것에 비추어 볼 때, 공인회계사법상 과징금과 외부감사법의 개정안에서 감사인에 대한 과징금의 관계가 분명하지 않다. 외감법은 감사인 중에서도 회계법인을 주된 규율대상으로 삼고 있고, 특히 외부감사법상 과징금 부과사유인 '고의·중과실로 회계감사기준을 위반한 경우'는 공인회계사법상 과징금 부과사유인 '감사 또는 증명에 중대한 착오 또는 누락이 있는 경우'에 포함되는 것으

41) 주권상장법인, 회사채 등 공모발행법인, 외부감사대상 법인 중 증권별 소유자수 500인 이상(자본시장법 제159조 등).

로 충분히 해석될 수 있어, 하나의 위반행위로 회계법인에 대하여 공인회계사법상 과징금과 외부감사법상 과징금이 이중적으로 부과될 가능성이 높기 때문이다. 이렇게 되면, 회계법인이 고의·중과실로 회계감사기준을 위반할 경우 그 위반행위로 얻은 기왕의 이득을 박탈하는 것에 그치지 않고, 사업을 계속하여 얻게 될 장래의 이익까지 모두 박탈할 수 있게 된다.

그럼에도 불구하고 외부감사법은 양자의 관계에 대하여 아무런 조정규정을 두고 있지 않다. 이는 법 제36조 제4항이 동일한 사유로 자본시장법상 부과받은 과징금이 개정안에 따른 감사인에 대한 과징금보다 적을 경우에 한하여, 그 차액만을 부과하도록 규정함으로써 양자의 관계를 규율하고 있는 것과 대조된다. 좀 더 자세히 살펴보면 자본시장법상 부과받은 과징금이 외부감사법보다 큰 경우는 어떻게 되는지에 대한 규정도 없어 해석상 논란이 된다는 비판이 있었다. 그러나 이에 대하여는 2019년 4월 1일 시행된 외감규정 별표 7에서 "'4. 과징금 부과금액의 결정', '가. 자본시장법 제429조에 따른 과징금 부과금액이 더 큰 경우에는 과징금을 부과하지 않을 수 있다.'"고 규정하였다. 다만 이 내용이 법률이 아니라 외감규정으로 도입된 점, 임의적으로 부과하지 않을 수 있다고 한 점, 과징금 부과액의 산정시점와 비교기준 등이 자세히 나와 있지 않은 점 등에 대하여 여전히 아쉬움이 남는다. 과징금의 중복부과 문제는 추후 법률로 도입할 필요가 있다고 생각한다.

그 밖에 공인회계사법 과징금은 언제든지 추가로 부과될 여지가 있으며 외부감사법과 동일한 사유로 중복 부과되는 것을 전제로 하고 있다. 설령 금융위원회가 공인회계사법상 과징금과 외부감사법 개정안에서 과징금의 부과권자로서 양 법에 따른 과징금이 중복적으로 부과되지 않도록 조율할 예정이라 하더라도, 법령에 양자의 관계가 명시되지 않는 이상 향후 집행과정에서 회계법인에게 공인회계사법상 과징금과 외부감사법상 과징금이 중복적으로 부과될 가능성을 배제할 수 없다. 과징금이 이중적으로 부과되는 것을 사전에 차단하기 위하여, 외감법에 공인회계사법상 동일한 사유로 과징금이 부과된 경우 외부감사법상 과징금을 부과할 수 없도록 명시하는 등의 방식으로 양자의 관계를 분명히 규정할 필요가 있다. 실례로 「전기통신사업법」 제54조(다른 법률과의 관계)는 "전기통신사업자가 동법 위반에 의하여 과징금을 부과받은 경우 그 사업자의 동일한 행위에 대하여 동일한 사유로 공정거래법에 의한 시정조치 또는 과징금을 부과할 수 없다."는 명문 조항을 두고 있다.

나아가 외감규정 별표 9의 과태료 부과기준을 살피면 다음과 같은 내용이 있다.

> 4. 과태료 부과의 면제
> 가. 위반자에게 다음과 같은 사유가 있는 경우에는 과태료 부과를 면제할 수 있다.
> 2) 동일한 위법행위에 대하여 형벌·과징금 등 실효성 있는 제재조치를 이미 받은 경우

이 규정의 문언만 보면 동일한 위법행위에 대하여 벌금 또는 과징금을 받은 경우에도 과태료 부과가 감독기관의 재량에 의하여 면제가 될 수 있도록 되어 있어 중복제재의 문제가 발생할 수 있어 주의를 요한다.

해석론상으로 공인회계사법과 외부감사법의 관계가 일반법과 특별법의 관계가 아닌지 문제될 수 있다. 두 개의 법률이 동시에 적용될 수 있는 사안이라면 특별법인 외부감사법이 우선적용 가능한 것인지 검토할 수 있는 것이다. 형벌에 관한 판결이기는 하지만 대법원 1993. 6. 22. 선고 93도498 판결, 대법원 1992. 12. 8. 선고 92도2581 판결에서는 구 외부감사법 제20조 제1항 제2호와 구 공인회계사법 제20조, 제12조 제2항은 특별법과 일반법의 관계가 아닌 각기 독립된 별개의 구성요건이라고 판시하였다. 공인회계사법은 "공인회계사가 직무를 수행함에 있어서 고의로 진실을 은폐하거나 허위의 보고를 한 자"를 처벌하도록 하고 있고, 외부감사법은 "감사보고서에 기재할 사항을 기재하지 아니하거나 허위의 기재를 한 자"를 처벌하도록 하고 있었다. 대법원은 위 판결들에서 위 공인회계사법과 외부감사법의 법규정은 구성요건이 동일한 것도 아닌데다가, 공인회계사법과 외부감사법의 입법목적, 규정사항, 적용대상, 보호법익이 달라 처벌에 있어 일반법과 특별법의 관계에 있다고 볼 수 없다고 하였다. 이러한 대법원의 태도는 공인회계사법과 외부감사법상의 과징금의 관계에 대하여 비슷한 시사점을 줄 수 있지 않을까 한다. 만약 과징금 부과기관이 외부감사법과 공인회계사법을 특별법과 일반법의 관계로 보고 있다면 법적안정성과 예측가능성을 위하여 앞서 예를 든 전기통신사업법과 같이 명문의 규정을 두는 것이 타당하다.

4. 과징금 부과 및 징수의 방법

법 제35조에 따른 과징금의 부과·징수에 관하여는 자본시장법 제431조부터 제434조까지 및 제434조의2부터 제434조의4까지의 규정을 준용한다(법 제36조 제4항).

자본시장법 제431조 및 제432조는 과징금 부과처분에 있어서 당사자의 절차권을 보장하는 조항이다. 당사자의 방어권 보장을 위하여 의견제출의 기회를 보장하고 필요한 자료를 제출하는 절차를 정한 조항이라고 할 수 있다. 자본시장법 제431조는 행정절차법 제22조, 제27조가 정한 의견청취 및 의견제출 규정의 특칙이라고 할 것이므로 자본시장법 제431조가 없다고 하더라도 행정절차법의 적용을 받게 된다.

자본시장법 제432조에서는 과징금 부과처분에 대하여 불복하는 이의신청을 규정하고 있다. 과징금은 행정소송법 및 행정심판법상 처분의 성격을 가지므로 행정소송이나 행정심판에 의하여 다투어질 수 있지만 임의적 절차로서 금융위원회에게 이의신청을 할 수 있는 제도를 마련하였다. 절차를 마련한 것은 긍정적이지만 금융위원회 내부의 절차이므로 자칫하면 형식적으로 운영될 여지가 있다. 당사자들의 권리가 실질적으로 이루어질 수 있는 정책적 고려 및 실무적 운용이 필요하다고 보인다.

자본시장법 제431조(의견제출) ① 금융위원회는 과징금을 부과하기 전에 미리 당사자 또는 이해관계인 등에게 의견을 제출할 기회를 주어야 한다.
② 제1항에 따른 당사자 또는 이해관계인 등은 금융위원회의 회의에 출석하여 의견을 진술하거나 필요한 자료를 제출할 수 있다.
③ 당사자 또는 이해관계인 등은 제2항에 따른 의견 진술 등을 하는 경우 변호인의 도움을 받거나 그를 대리인으로 지정할 수 있다.
제432조(이의신청) ① 제428조, 제429조 및 제429조의2에 따른 과징금 부과처분에 대하여 불복하는 자는 그 처분의 고지를 받은 날부터 30일 이내에 그 사유를 갖추어 금융위원회에 이의를 신청할 수 있다.
② 금융위원회는 제1항에 따른 이의신청에 대하여 60일 이내에 결정을 하여야 한다. 다만, 부득이한 사정으로 그 기간 이내에 결정을 할 수 없을 경우에는 30일의 범위에서 그 기간을 연장할 수 있다.

제433조(과징금납부기한의 연장 및 분할납부) ① 금융위원회는 과징금을 부과 받은 자(이하 "과징금납부의무자"라 한다)가 다음 각 호의 어느 하나에 해당하는 사유로 과징금의 전액을 일시에 납부하기가 어렵다고 인정되는 경우에는 그 납부기한을 연장하거나 분할납부하게 할 수 있다. 이 경우 필요하다고 인정되는 때에는 담보를 제공하게 할 수 있다.

1. 재해 또는 도난 등으로 재산에 현저한 손실을 입은 경우
2. 사업여건의 악화로 사업이 중대한 위기에 처한 경우
3. 과징금의 일시납부에 따라 자금사정에 현저한 어려움이 예상되는 경우
4. 그 밖에 제1호부터 제3호까지의 사유에 준하는 사유가 있는 경우

② 과징금납부의무자가 제1항에 따른 과징금 납부기한의 연장을 받거나 분할납부를 하고자 하는 경우에는 그 납부기한의 10일 전까지 금융위원회에 신청하여야 한다.

③ 금융위원회는 제1항에 따라 납부기한이 연장되거나 분할납부가 허용된 과징금납부의무자가 다음 각 호의 어느 하나에 해당하게 된 경우에는 그 납부기한의 연장 또는 분할납부결정을 취소하고 과징금을 일시에 징수할 수 있다.

1. 분할납부 결정된 과징금을 그 납부기한 내에 납부하지 아니한 경우
2. 담보의 변경, 그 밖에 담보보전에 필요한 금융위원회의 명령을 이행하지 아니한 경우
3. 강제집행, 경매의 개시, 파산선고, 법인의 해산, 국세 또는 지방세의 체납처분을 받는 등 과징금의 전부 또는 나머지를 징수할 수 없다고 인정되는 경우
4. 그 밖에 제1호부터 제3호까지의 사유에 준하는 사유가 있는 경우

④ 제1항부터 제3항까지의 규정에 따른 과징금 납부기한의 연장, 분할납부 또는 담보 등에 관하여 필요한 사항은 대통령령으로 정한다.

제434조(과징금의 징수 및 체납처분) ① 금융위원회는 과징금납부의무자가 납부기한 내에 과징금을 납부하지 아니한 경우에는 납부기한의 다음 날부터 납부한 날의 전일까지의 기간에 대하여 대통령령으로 정하는 가산금을 징수할 수 있다.

② 금융위원회는 과징금납부의무자가 납부기한 내에 과징금을 납부하지 아니한 경우에는 기간을 정하여 독촉을 하고, 그 지정한 기간 이내에 과징금 및 제1항에 따른 가산금을 납부하지 아니한 경우에는 국세체납처분의 예에 따라 징수할 수 있다.

③ 금융위원회는 제1항 및 제2항에 따른 과징금 및 가산금의 징수 또는 체납처분에 관한 업무를 국세청장에게 위탁할 수 있다.

④ 금융위원회는 체납된 과징금의 징수를 위하여 필요하다고 인정되는 경우에는 「국세기본법」 및 「지방세기본법」에 따라 문서로서 해당 세무관서의 장이나 지방자치단체의 장

에게 과세정보의 제공을 요청할 수 있다. 이 경우 과세정보의 제공을 요청받은 자는 정당한 사유가 없으면 그 요청에 따라야 한다.

⑤ 제1항부터 제4항까지의 규정 외에 과징금 또는 가산금의 징수에 관하여 필요한 사항은 대통령령으로 정한다.

제434조의2(과오납금의 환급) ① 금융위원회는 과징금납부의무자가 이의신청의 재결 또는 법원의 판결 등의 사유로 과징금 과오납금의 환급을 청구하는 경우에는 지체 없이 환급하여야 하며, 과징금납부의무자의 청구가 없어도 금융위원회가 확인한 과오납금은 환급하여야 한다.

② 금융위원회는 제1항에 따라 과오납금을 환급하는 경우 환급받을 자가 금융위원회에 납부하여야 하는 과징금이 있으면 환급하는 금액을 과징금에 충당할 수 있다.

제434조의3(환급가산금) 금융위원회는 제434조의2 제1항에 따라 과징금을 환급하는 경우에는 과징금을 납부한 날부터 환급한 날까지의 기간에 대하여 대통령령으로 정하는 가산금 이율을 적용하여 환급가산금을 환급받을 자에게 지급하여야 한다.

제434조의4(결손처분) 금융위원회는 과징금납부의무자에게 다음 각 호의 어느 하나에 해당하는 사유가 있으면 결손처분을 할 수 있다.

1. 체납처분이 끝나고 체납액에 충당된 배분금액이 체납액에 미치지 못하는 경우
2. 징수금 등의 징수권에 대한 소멸시효가 완성된 경우
3. 체납자의 행방이 분명하지 아니하거나 재산이 없다는 것이 판명된 경우
4. 체납처분의 목적물인 총재산의 추산가액이 체납처분 비용에 충당하면 남을 여지가 없음이 확인된 경우
5. 체납처분의 목적물인 총재산이 징수금 등보다 우선하는 국세, 지방세, 전세권·질권·저당권 및 「동산·채권 등의 담보에 관한 법률」에 따른 담보권으로 담보된 채권 등의 변제에 충당하면 남을 여지가 없음이 확인된 경우
6. 그 밖에 징수할 가망이 없는 경우로서 대통령령으로 정하는 사유에 해당하는 경우

[최광선]

제 4 장

보칙

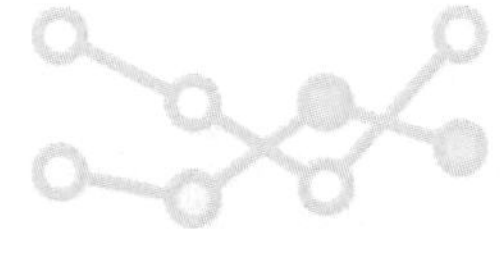

제4장은 외부감사법에서 규정하고 있는 사항 중 감사가 선임된 경우를 전제로 한 규정과 관련하여, 감사가 선임되지 않은 회사에 대해서는 그 적용을 배제하는 것을 내용으로 하는 제37조와 증권선물위원회의 금융감독원, 한국공인회계사회, 한국거래소에 대한 업무위탁에 관한 사항을 규정하고 있는 제38조로 구성되어 있다.

제4장 보칙

제37조(감사 미선임 회사에 대한 특례)

제37조(감사 미선임 회사에 대한 특례) 다른 법률에 따라 감사를 선임하지 아니한 회사에 대해서는 제8조, 제10조, 제11조, 제14조, 제22조, 제23조, 제28조, 제31조 또는 제40조에 따른 감사에 관한 사항을 적용하지 아니한다.

다른 법률에 따라 감사를 선임하지 아니한 회사에 대해서는 제8조(내부회계관리제도의 운영 등), 제10조(감사인의 선임), 제11조(증권선물위원회에 의한 감사인 지정 등), 제14조(전기감사인의 의견진술권), 제22조(부정행위 등의 보고), 제23조(감사보고서의 제출 등), 제31조(손해배상책임), 제40조(벌칙)의 내용 중 감사에 대하여 규정하고 있는 사항을 적용하지 아니한다.

다른 법률에 근거를 두고 감사를 선임하지 아니한 회사에 대해서는 위 각 조항 중 선임된 감사의 존재를 전제로 한 내용을 적용할 수 없기에 이를 확인적으로 규정한 것이다.

[송창영]

제 4 장 보칙

제38조(업무의 위탁)

① 증권선물위원회는 이 법에 따른 업무의 일부를 대통령령으로 정하는 바에 따라 증권선물위원회위원장, 금융감독원장 또는 거래소에 위임하거나 위탁할 수 있다.

② 증권선물위원회는 제26조 제1항, 제27조 제1항, 제29조 제3항 및 제4항에 따른 업무의 전부 또는 일부를 대통령령으로 정하는 바에 따라 한국공인회계사회에 위탁할 수 있다. 이 경우 한국공인회계사회는 감사인의 감사보수 중 일부를 총리령으로 정하는 바에 따라 감리업무 수수료로 징수할 수 있다.

법 시행령 제44조(업무의 위탁) ① 금융위원회는 「금융위원회의 설치 등에 관한 법률」 제71조에 따라 법 제9조의2 제1항에 따른 등록 심사에 관한 업무를 금융감독원장에게 위탁한다.

② 증권선물위원회는 법 제38조 제1항에 따라 다음 각 호의 업무를 금융감독원장에게 위탁한다.

1. 법 제6조 제4항에 따라 회사(주권상장법인은 제외한다)가 제출하는 재무제표를 접수·심사하는 업무
2. 주권상장법인이 법 제6조 제4항에 따른 제출기한을 넘겨 재무제표를 제출하는 경우 같은 조 제5항에 따라 그 사유를 접수하고 공시하는 업무
3. 법 제11조 및 이 영 제17조에 따른 감사인 지정 관련 서류 접수, 자료제출 요구 및 심사, 지정감사인 선정 또는 지정 결과 통보 등 집행에 관한 업무
4. 법 제12조 제2항에 따라 회사가 감사인 선임 또는 변경선임 사실을 보고하는 경우에 그 보고내용을 접수·심사하는 업무
5. 법 제13조 제3항에 따라 주권상장법인, 대형비상장주식회사 또는 금융회사가 감사계약 해지 또는 감사인 해임 사실을 보고하는 경우에 그 보고 내용을 접수하는 업무
6. 법 제14조 제2항에 따른 의견 진술의 보고를 접수하는 업무
7. 법 제15조 제3항에 따른 감사계약 해지 사실의 보고를 접수하는 업무
8. 법 제23조 제1항에 따라 제출하는 감사보고서를 접수하는 업무
9. 법 제23조 제2항에 따라 감사인으로부터 제출받은 감사보고서를 일반인이 열람하도록 하는 업무
10. 법 제23조 제3항에 따라 제출하는 재무제표를 접수하는 업무
11. 법 제23조 제4항에 따라 제출하는 서류를 접수하는 업무

12. 법 제25조 제1항에 따라 제출하는 사업보고서를 접수하는 업무
13. 법 제25조 제4항에 따라 회계법인으로부터 제출받은 사업보고서를 일반인이 열람하도록 하는 업무
14. 법 제25조 제5항에 따라 제출하는 보고서를 접수하는 업무
15. 법 제26조 제1항 제1호 및 제3호에 따라 다음 각 목의 감사인에 대하여 감리 또는 평가를 하는 업무(이하 이 호 및 제4항에서 "감사인 감리등"이라 한다)
  가. 주권상장법인 감사인
  나. 금융감독원장의 감사인 감리등이 필요하다고 금융위원장 또는 증권선물위원회 위원장이 정하여 금융감독원장에게 통지한 감사인
16. 법 제26조 제1항 제2호에 따라 다음 각 목의 회사에 대하여 감리를 하는 업무(이하 이 호 및 제4항에서 "회사 감리등"이라 한다)
  가. 사업보고서 제출대상 법인
  나. 「금융위원회의 설치 등에 관한 법률」 제38조 각 호의 기관
  다. 금융감독원장의 회사 감리등이 필요하다고 금융위원장 또는 증권선물위원회 위원장이 정하여 금융감독원장에게 통지한 회사
17. 법 제27조 제1항·제3항 및 제4항에 따른 업무(이 조 제4항 제2호의 업무는 제외한다)
18. 법 제29조 제1항·제3항 또는 제4항에 따른 조치 중 금융위원회가 정하는 업무(이 항 제15호 및 제16호에 관한 업무에 한정한다)
19. 법 제29조 제5항에 따라 감사인이 증권선물위원회의 개선권고를 이행하는지를 점검하는 업무
20. 법 제30조 제1항에 따른 위반사실 공시 업무
21. 법 제30조 제2항에 따라 감리 결과 및 증권선물위원회의 조치 내용을 인터넷 홈페이지에 게시하는 업무 및 「자본시장과 금융투자업에 관한 법률」 제8조의2 제2항에 따른 거래소(이하 "거래소"라 한다)와 금융기관에 통보하는 업무
22. 그 밖에 제1호부터 제21호까지의 업무에 준하는 업무로서 증권선물위원회의 결정을 집행하는 데 필요하다고 금융위원회가 정하여 고시하는 업무

③ 증권선물위원회는 법 제38조 제1항에 따라 주권상장법인이 법 제6조 제4항에 따라 제출하는 재무제표를 접수하는 업무를 거래소에 위탁한다.

④ 증권선물위원회는 법 제38조 제2항 전단에 따라 다음 각 호의 업무를 한국공인회계사회에 위탁한다.

1. 법 제26조 제1항에 따른 업무(이 조 제1항 제15호 및 제16호의 업무는 제외한다)
2. 법 제27조 제1항에 따른 회사, 관계회사 또는 감사인에 대한 자료 중 제1호에 따른 업무수행에 필요한 범위의 자료 제출 요구 업무

3. 법 제29조 제3항 각 호 또는 같은 조 제4항 각 호의 조치를 하는 업무(제1호에 관한 업무에 한정한다)

⑤ 한국공인회계사회는 제4항에 따라 위탁받은 업무를 수행하기 위하여 총리령으로 정하는 바에 따라 위탁감리위원회를 설치하여야 한다.

⑥ 한국공인회계사회는 제4항에 따라 위탁받은 업무의 수행에 관한 규정을 제정하거나 개정하려는 경우에는 증권선물위원회의 승인을 받아야 한다.

⑦ 금융감독원장 및 한국공인회계사회는 제2항 및 제4항에 따라 위탁받은 업무의 처리결과를 금융위원회가 정하는 방법에 따라 증권선물위원회에 보고하여야 한다.

⑧ 증권선물위원회는 제2항부터 제4항까지의 규정에 따라 금융감독원장, 거래소 및 한국공인회계사회에 위탁한 업무와 관련하여 자료 제출을 요구하거나 그 밖에 필요한 조치를 할 수 있다.

Ⅰ. 입법배경

종래 증권선물위원회의 감리업무 등을 규정하는 조항에 포함되어 있던 내용을 외부감사법에서는 별도의 독립된 조문으로 신설하였다. 조문의 내용은 종전 규정과 유사하다.

다만, 종래 시행령에서는 증권선물위원회 위원장에 대한 위임업무를 규정하고 있었으나 외부감사법 시행령에서는 달리 이를 규정하고 있지 않았다. 외부감사법 시행령에서는 종전에 비해 금융감독원장에 대한 위탁업무의 내용을 구체적으로 상세히 열거하는 방식을 택하고 있다.

Ⅱ. 의의

1. 금융감독원장에 대한 업무 위탁

「금융위원회의 설치 등에 관한 법률」 제71조에 따라 금융위원회 및 증권선물위원회는 금융감독의 효율성을 높이기 위하여 필요한 경우에는 동 법 및 다른 법령에 따른 권한의 일부를 금융감독원장에게 위탁할 수 있다. 법 제9조의2 제1항에 따르면,

주권상장법인의 감사인이 되려는 자는 일정한 요건을 갖추어 금융위원회에 등록하여야 하는바, 금융위원회는 동 조항에 따른 등록 심사에 관한 업무를 금융감독원장에게 위탁한다.

또한 증권선물위원회는 다음과 같은 업무를 금융감독원장에게 위탁한다. ① 법 제6조 제4항에 따라 회사(주권상장법인은 제외)가 제출하는 재무제표를 접수·심사하는 업무, ② 주권상장법인이 법 제6조 제4항에 따른 제출기한을 넘겨 재무제표를 제출하는 경우 같은 조 제5항에 따라 그 사유를 접수하고 공시하는 업무, ③ 법 제11조 및 시행령 제17조에 따른 감사인 지정 관련 서류 접수, 자료제출 요구 및 심사, 지정감사인 선정 또는 지정 결과 통보 등 집행에 관한 업무, ④ 법 제12조 제2항에 따라 회사가 감사인 선임 또는 변경선임 사실을 보고하는 경우에 그 보고 내용을 접수·심사하는 업무, ⑤ 법 제13조 제3항에 따라 주권상장법인, 대형비상장주식회사 또는 금융회사가 감사계약 해지 또는 감사인 해임 사실을 보고하는 경우에 그 보고 내용을 접수하는 업무, ⑥ 법 제14조 제2항에 따른 의견 진술의 보고를 접수하는 업무, ⑦ 법 제15조 제3항에 따른 감사계약 해지 사실의 보고를 접수하는 업무, ⑧ 법 제23조 제1항에 따라 제출하는 감사보고서를 접수하는 업무, ⑨ 법 제23조 제2항에 따라 감사인으로부터 제출받은 감사보고서를 일반인이 열람하도록 하는 업무, ⑩ 법 제23조 제3항에 따라 제출하는 재무제표를 접수하는 업무, ⑪ 법 제23조 제4항에 따라 제출하는 서류를 접수하는 업무, ⑫ 법 제25조 제1항에 따라 제출하는 사업보고서를 접수하는 업무, ⑬ 법 제25조 제4항에 따라 회계법인으로부터 제출받은 사업보고서를 일반인이 열람하도록 하는 업무, ⑭ 법 제25조 제5항에 따라 제출하는 보고서를 접수하는 업무, ⑮ 법 제26조 제1항 제1호 및 제3호에 따른 주권상장법인 감사인, 금융감독원장의 감사인 감리등이 필요하다고 금융위원장 또는 증권선물위원회 위원장이 정하여 금융감독원장에게 통지한 감사인에 대한 감리 또는 평가 업무, ⑯ 법 제26조 제1항 제2호에 따른 사업보고서 제출대상 법인, 「금융위원회의 설치 등에 관한 법률」 제38조에 따른 금융회사, 금융감독원장의 회사 감리등이 필요하다고 금융위원장 또는 증권선물위원회 위원장이 정하여 금융감독원장에게 통지한 회사에 대한 감리 업무, ⑰ 법 제27조 제1항·제3항 및 제4항에 따른 업무(동조 제4항 제2호의 업무는 제외), ⑱ 법 제29조 제1항·제3항 또는 제4항에 따른 조치 중 금융위원회가 정하는 업무(동 항 제15호 및 제16호에 관한 업무에 한정),[1) ⑲ 법 제29조 제5항에 따라 감사인이 증권선물위원회의 개선권고를 이행하는지를 점검하는 업무, ⑳ 법 제30조 제1항에 따른 위반사실 공시 업무, ㉑ 법 제30조 제2항에 따라 감리 결과 및 증권선물위원회의 조치 내용을 인터넷 홈페이지에 게시하는 업무 및 거래소와 금융기관에 통보하는 업무, ㉒ 그 밖에 이에 준하는 업무로서 증권선물위원회의 결정을 집행하는 데 필요하다고 금융위원회가 정하여 고시하는 업무.[2)]

외부감사법 및 시행령에 따른 증권선물위원회의 업무수행을 지원하기 위하여 금융위원회에 전문심의기구를 둘 수 있으며, 해당 업무를 총괄하는 회계전문가 1명(전문심의위원)을 둘 수 있다(법 시행령 제45조, 제46조). 구체적으로 금융감독원장은 감리결과 조치안 작성에 관한 사항, 감리결과 조치와 관련된 소송업무, 그 밖의 금융위원회 및 증권선물위원회의 업무수행을 위하여 필요한 사항을 지원한다(외감규정 제41조).

한편, 증권선물위원회는 기업회계의 기준 및 회계감리에 관한 업무에 관하여 금융감독원을 지도·감독한다(금융위원회의 설치 등에 관한 법률 제23조).

2. 거래소에 대한 업무 위탁

증권선물위원회는 주권상장법인이 법 제6조 제4항에 따라 제출하는 재무제표를 접수하는 업무를 거래소에 위탁한다.

3. 한국공인회계사회에 대한 업무 위탁

증권선물위원회는 다음과 같은 업무를 한국공인회계사회에 위탁한다. ① 법 제26조 제1항에 따른 감사보고서에 대한 감리업무(주권상장법인 감사인, 금융감독원장의 감사인 감리등이 필요하다고 금융위원장 또는 증권선물위원회 위원장이 정하여 금융감독원장에게 통지한 감사인에 대한 감리 또는 평가 업무와 사업보고서 제출대상 법인, 「금융위원회의 설치 등에 관한 법률」 제38조에 따른 금융회사, 금융감독원장의 회사 감리등이 필요하다고 금

1) 재무제표 심사결과에 따른 법 제29조 제1항의 조치로서 경고, 주의, 내부회계관리제도상 취약사항의 해소 등 위법상태를 시정하거나 다른 위법행위를 방지하기 위한 권고(외감규정 제39조 제1항).

2) 법 제4조에 따른 회사인지에 대한 확인 및 통보 업무, 법 제28조 제1항에 따른 신고 접수, 법 시행령 제31조 제6항에 따른 신고·고지의 내용을 특정하는 데 필요한 사항의 확인 및 관련 자료제출 요구 업무, 법 시행령 제44조의 위탁업무 또는 이 규정의 집행에 필요한 서식을 정하는 업무(외감규정 제39조 제2항).

융위원장 또는 증권선물위원회 위원장이 정하여 금융감독원장에게 통지한 회사에 대한 감리는 제외), ② 법 제27조 제1항에 따른 회사, 관계회사 또는 감사인에 대한 자료 중 위 ①의 업무수행에 필요한 범위의 자료제출 요구 업무, ③ 법 제29조 제3항 각 호 또는 같은 조 제4항 각 호의 조치를 하는 업무(위 ①의 업무에 한정).

한국공인회계사회는 위와 같이 위탁받은 업무를 수행하기 위하여 위탁감리위원회를 설치하여야 한다. 위탁감리위원회는 위원장 1명과 8명의 위원으로 구성되고(시행규칙 제11조), 위탁감리위원회 위원장은 감리위원회의 위원이 된다(외감규정 제29조 제4항).

한국공인회계사회는 위와 같이 위탁받은 업무의 수행에 관한 규정을 제정하거나 개정하려는 경우에는 증권선물위원회의 승인을 받아야 한다. 법 제38조 제2항 후단에 따라 한국공인회계사회는 감사인으로터 해당 사업연도에 지급받은 감사보수의 100분의 1 이내의 금액을 감리업무 수수료로 징수할 수 있다(시행규칙 제12조).

한편, 증권선물위원회는 한국공인회계사회의 조치가 위법하거나 부당하다고 인정할 때에는 한국공인회계사회에 재심再審을 요구하거나 그 조치를 취소하고 직접 조치할 수 있다(외감규정 제42조).

4. 위탁받은 업무의 처리결과 보고 등

금융감독원장 및 한국공인회계사회는 위와 같이 위탁받은 업무의 처리결과를 금융위원회가 정하는 방법에 따라 증권선물위원회에 보고하여야 한다(법 시행령 제44조 제7항).

구체적으로 감리집행기관은 감리등을 실시하는 경우에 연간 계획서 및 감리등 대상 선정안을 작성하여 매년 1분기 내에 증권선물위원회에 보고하여야 하고, 감리등의 대상을 선정한 경우에는 지체없이 증권선물위원회 위원장에게 보고하여야 하며, 재무제표 심사 결과를 매분기가 종료된 후 다음 달에 증권선물위원회 위원장에게 보고하여야 한다. 또한 법 제26조 제1항 제3호에 따른 품질관리수준에 대한 평가 결과를 매년 8월 말까지 보고하여야 한다(외감규정 제40조 제1항 내지 제4항).

또한 한국공인회계사회는 감리등을 실시한 결과, 감사인 또는 공인회계사에 대하여 조치를 한 경우(외감규정 제42조에 따른 재심의 경우를 포함), 감사인 또는 공인회계사에 대한 조치는 없으나 회사에 대한 조치가 필요하다고 인정되는 경우, 품질관리감리

결과 개선을 권고한 경우에는 그 처리결과 또는 내용을 지체없이 증권선물위원회에 보고하여야 한다(외감규정 제40조 제5항).

거래소는 위탁업무 수행결과를 매년 5월 말까지 증권선물위원회 위원장에게 보고하여야 한다(외감규정 제40조 제8항).

증권선물위원회는 금융감독원장, 거래소 및 한국공인회계사회에 위탁한 업무와 관련하여 자료제출을 요구하거나 그 밖에 필요한 조치를 할 수 있다(법 시행령 제44조 제8항).

[송창영]

한국공인회계사회 회계법연구회
주석외부감사법

제 5 장

벌칙

외부감사법 제5장은 '벌칙'이라는 제목 아래 외부감사법 위반행위에 대하여, 제39조부터 제46조까지 및 제48조는 형사처벌의 범죄구성요건 및 형벌내용을, 제47조는 과태료의 부과요건·처벌내용 및 부과·징수절차를 규정하고 있다. 2017. 10. 31. 전부개정(법률 제15022호)되어 2018. 11. 1. 시행된 현행 외부감사법은 외부감사 대상회사에 유한회사를 포함하는 등 그 적용범위를 확대하고, 감사인의 독립성·신뢰성 강화, 감사품질 개선 또는 회사 내부통제의 실효성 강화 등 감사 시스템을 획기적으로 개선하고 과징금제도의 신설 등 행정제재를 강화하고 있을 뿐만 아니라, 형사제재 면에서도 그 범죄구성요건을 확대하고 처벌을 대폭 강화하고 있다. 즉, 분식회계와 부실감사에 대하여 징역 및 벌금의 법정형을 상향조정하고 벌금형의 필요적 병과규정을 신설하였으며, 그 행위로 얻은 이익에 대한 필요적 몰수·추징 규정을 추가하였다. 또한 종전 과태료 부과 사안이었던 회계부정행위 신고·고지자에 대한 회사의 불이익조치 행위에 대하여 형사처벌로 전환하고, 회계부정행위 신고·고지를 받은 자의 신고자 인적사항 등에 관한 비밀유지의무 위반행위를 과태료 부과사유로 추가하였다. 위 개정법의 벌칙 및 과태료는 개정법 시행일인 2018. 11. 1. 이후의 위반행위에 적용되고, 그 전의 위반행위에 대하여는 종전 규정을 따라야 한다(법 부칙 제13조). 이러한 벌칙규정은 외부감사법이 보호하는 일정한 법익을 침해하는 행위를 범죄로 규정하여 그 법률효과로서 형벌을 가하는 규정과, 외부감사제도의 원활한 운영을 위하여 부과하는 각종 의무를 위반하는 행위에 대하여 행정질서벌인 과태료를 부과하는 규정으로 대별할 수 있다. 형벌규정의 범죄에는 특별한 규정이 없는 한 형법 제1편 총칙 규정이 적용된다(형법 제8조). 형법 총칙에 따르면 과실범과 미수범은 법률에 이를 처벌하는 규정이 있는 경우에만 처벌할 수 있는데(형법 제14조, 제29조), 외부감사법 벌칙규정에는 과실범이나 미수범을 처벌하는 규정이 별도로 존재하지 않는다. 그러므로 범죄구성요건에 대한 행위자의 고의가 있어야 하고 범죄가 기수에 이르지 않으면 처벌대상이 아니다. 또한 이러한 형사범죄의 경우에는 형사법의 일반원칙인 죄형법정주의가 적용되므로 그 형벌법규의 해석에 있어서 유추해석금지 원칙 및 소급적용금지 원칙이 적용되고, 형벌은 최후수단으로 사용해야 한다는 보충성 원칙, 행위와 책임에 상응하는 형벌이 부과되어야 한다는 비례 원칙, 형벌법규의 내용이 명확해야 한다는 명확성 원칙도 해석 및 입법 원리로 적용된다. 그리고 형벌은 형사소송절차에 따라 법원이 판결에 의하여 선고하고 검사의 지휘에 따라 집행한다(형사소송법 제460조 제1항 본문, 제2항). 벌칙 규정의 범죄를 구성하는 사실(즉, 행위주체, 위반행위 등 객관적 범죄구성요건) 및 이에 대한 고의(즉 주관적 범죄구성요건) 등 범죄성립의 증명책임은 무죄추정 원칙(헌법 제27조 제4항) 및 증거재판주의(형사소송법 제307조)에 따라 검사가 부담한다. 과태료는 증권선물위원회가 대통령령으로 정하는 바에 따라 부과·징수하는데(법 제47조 제5항), 외부감사법 시행령은 금융감독원장이 위반행위를 조사·확인한 후 과태료 부과를 건의할 수 있다는 점과 과태료의 부과기준만 정하고 있을 뿐이다(법 시행령 제48조). 그 밖에 위반행위의 성립요건, 과태료의 부과·징수 및 재판에 관하여는 질서위반행위규제법의 정함에 따라야 한다(질서위반행위규제법 제1조, 제2조). 벌칙규정 중 과태료 부과사유의 행위내용에 관하여는 다른 장에서 설명하는 외부감사제도의 내용에서 살펴볼 수 있으므로, 아래에서는 형벌규정의 내용을 중심으로 검토하고 과태료 부과규정에 대해서는 그 부과사유와 부과·징수절차를 중심으로 살펴본다.

제 5 장 벌칙

제39조(벌칙)

① 「상법」 제401조의2 제1항 및 제635조 제1항에 규정된 자나 그 밖에 회사의 회계업무를 담당하는 자가 제5조에 따른 회계처리기준을 위반하여 거짓으로 재무제표를 작성·공시하거나 감사인 또는 그에 소속된 공인회계사가 감사보고서에 기재하여야 할 사항을 기재하지 아니하거나 거짓으로 기재한 경우에는 10년 이하의 징역 또는 그 위반행위로 얻은 이익 또는 회피한 손실액의 2배 이상 5배 이하의 벌금에 처한다.

② 제1항에도 불구하고 제5조에 따른 회계처리기준을 위반하여 회사의 재무제표상 손익 또는 자기자본 금액이 자산총액의 일정 비중에 해당하는 금액만큼 변경되는 경우에는 다음 각 호에 따라 각각 가중할 수 있다. 다만, 자산총액의 100분의 5에 해당하는 금액이 500억 원 이상인 경우에만 적용한다.

1. 재무제표상 변경된 금액이 자산총액의 100분의 10 이상인 경우에는 무기 또는 5년 이상의 징역에 처한다.
2. 재무제표상 변경된 금액이 자산총액의 100분의 5 이상으로서 제1호에 해당하지 아니하는 경우에는 3년 이상의 유기징역에 처한다.

제45조(몰수)

제39조 제1항을 위반하여 얻은 이익 또는 제40조에 따른 금품이나 이익은 몰수한다. 이 경우 그 전부 또는 일부를 몰수할 수 없으면 그 가액을 추징한다.

제48조(징역과 벌금의 병과)

제39조 제1항에 따라 징역에 처하는 경우에는 같은 항에 따른 벌금을 병과한다.

Ⅰ. 입법취지 및 연혁

법 제39조는 회계처리기준을 위반하여 거짓으로 재무제표(연결재무제표를 작성해야 하는 회사의 경우에는 연결재무제표도 포함, 이하 같음)를 작성·공시하는 행위(속칭 분식회계, 이하 그 범죄를 '허위재무제표작성죄'라 함)와 감사보고서에 기재하여야 할 사항을 기재하지 아니하거나 거짓으로 기재하는 행위(속칭 부실감사, 이하 그 범죄를 '허위감사보고서작성죄'라 함)를 처벌하는 규정이다. 현행 외부감사법은 2017. 10. 31. 전부개정 당시 위 양 죄의 법정형을 대폭 강화하고, 법 제39조 제1항에 따른 처벌시 징역형을 선택하는 경우에 벌금형을 필요적으로 병과하도록 하는 법 제48조를 신설하고, 몰수·추징에 관한 법 제45조에서는 위 양 죄의 위반행위로 얻은 이익도 필요적으로 몰수·추징하도록 하는 내용을 추가하였다.

허위재무제표작성죄와 허위감사보고서작성죄는 대표적 회계부정 범죄로서 벌칙규정 중 가장 빈번하게 문제가 되는 범죄이다. 이들 범죄는 형법의 허위공문서작성죄(형법 제227조)나 허위진단서작성죄(형법 제233조)처럼 문서내용의 허위를 형사처벌하는 무형위조죄 유형에 속하고, 사문서임에도 불구하고 무형위조를 형사처벌하는 예외적인 범죄유형에 속한다.

이처럼 회계처리기준을 위반한 재무제표의 작성행위(즉 분식회계)나 감사보고서의 부실 작성행위(즉 부실감사) 자체를 형사처벌하는 입법례가 흔한 것은 아니다. 우리나라나 일본을 비롯한 주요국가의 회계법제에 큰 영향을 미치고 있는 미국의 경우에 부실감사행위는 형사처벌 대상이 아니며 분식회계행위도 그 행위 자체를 처벌하는 것은 아니다. 다만, 2002년 제정된 사베인스-옥슬리법(Sarbanes-Oxley Act, 이하 'SOX Act'라 함)에서 1934년 증권거래법Securities Exchange Act of 1934상 증권거래위원회Securities and Exchange Commission에 제출하는 재무제표 등 모든 정기보고서에 최고경영자CEO나 최고재무책임자CFO가 그 내용이 중요성 관점에서 회사의 재무상태나 영업성과를 적정하게 제시하고 있음을 인증하는 서면진술서를 첨부해야 할 의무를 부과하고, 이를 거짓으로 인증한 자에 대하여 10년 이하의 징역 또는 100만 달러 이하의 벌금에 처하거나 이를 병과하고, 의도적으로willfully 그 행위를 한 자에 대해서는 20년 이하의 징역 또는 500만 달러 이하의 벌금에 처하거나 이를 병과할 수 있도록 규정하고 있다.[1] 일본의 경우에는 회사의 대표이사·이사·집행임원·감사·회계참여 및 회계감사인(즉 외부감사인) 등이 회계장부·대차대조표·손익계산서·사업보고서·회계참여보고서·감사보고서·회계감사보고서·결산보고서 등에 기재·기록해야 할 사항을 누락하거나 허위로 기재·기록한 경우에는 100만 엔 이하의 과료(過料, 즉 과태료)에 처

1) SOX Act Sec.906.

할 뿐 분식회계나 부실감사 행위자체는 형사처벌 대상이 아니다.[2] 독일의 경우에는 자본회사(즉, 주식회사, 주식합자회사, 유한회사)의 대표기관 또는 감사회 구성원이 개업대차대조표·연도결산서·상황보고서 등에 허위기재 또는 은폐행위를 하거나 결산검사인(즉 외부감사인) 또는 그 보조자가 자본회사의 연도결산서·상황보고서 등의 감사결과를 거짓으로 보고하거나 감사보고서에 중요한 사실을 은폐하거나 거짓으로 확인부기附記를 하면 각 3년 이하의 징역 또는 벌금형에 처한다.[3] 이때 결산검사인 또는 그 보조자에게 그 대가 등 이익을 취득하거나 타인에게 그 이익을 취득하게 하거나 손해를 입게 할 의도가 있었다면 5년 이하의 징역 또는 벌금형에 처한다.[4] 프랑스의 경우에는 주식회사의 대표이사·부대표이사·이사, 업무집행이사회·업무감독이사회의 구성원, 또는 유한회사의 업무집행자가 회사의 실제상황을 은폐하기 위하여 영업실적이나 자산·금융상황을 충실하게 기재하지 아니한 연도계산서류를 제출하면 5년 이하의 징역 및 375,000유로의 벌금형에 처한다.[5] 영국의 경우에는 회사의 이사가 회계원칙 등 회사법상 작성요건을 위반하여 작성된 재무제표를 고의 또는 중과실로 승인하거나 그 요건준수 보장절차를 위반하면 벌금형에 처하고, 연차 재무제표에 대한 회계감사인(즉 외부감사인)에게 고의나 중과실로 중요한 사항에 관하여 오해를 유발시키거나 거짓 진술을 하거나 사기적 정보나 설명을 제공하면 2년 이하의 징역 또는 벌금에 처하거나 이를 병과할 수 있다.[6] 또한 회계감사인, 그 대리인 또는 종업원이 감사보고서에 중요한 사항에 관하여 오해를 유발시키거나 거짓 또는 사기적인 내용을 포함시키거나, 재무제표가 회계자료와 불일치한다는 기재, 필요한 정보와 설명을 받지 못하였다는 기재 또는 이사가 연결재무제표 작성의무의 면제를 오용하였다는 기재를 누락하면 벌금형에 처한다.[7]

원래 외부감사법이 처음 제정된 1980. 12. 31. 당시의 벌칙규정에는 분식회계에 대한 제재규정은 없었고, 허위감사보고서작성죄에 대하여 1년 이하의 징역 또는 300만 원 이하의 벌금에 처할 뿐이었다. 그 후 1989. 12. 30. 개정법(법률 제4168호)에서

2) 일본 會社法 제976조 제7호.

3) 독일 상법(HGB) §331, §332(1).

4) 독일 상법(HGB) §332(2).

5) 프랑스 상법(Code de Commerce) Article L.241-3 2°,3°, L.242-6 1°,2°, L.242-30, L.244-1.

6) 영국 Companies Act 2006 제414조, 제450조, 제501조 (1)(2).

7) 영국 Companies Act 2006 제507조.

허위감사보고서작성죄의 법정형을 2년 이하의 징역 또는 1,000만 원 이하의 벌금으로 상향조정하였고, 1993. 12. 31. 개정법(법률 제4680호)에서 최초로 분식회계를 형사처벌하면서 그 허위재무제표작성죄의 법정형은 부실감사보다 가벼운 1년 이하의 징역 또는 500만 원 이하의 벌금으로 규정하였다. 1998. 2. 24. 개정법(법률 제5522호)에서는 허위재무제표작성죄와 허위감사보고서작성죄의 법정형을 동일하게 3년 이하의 징역 또는 3,000만 원 이하의 벌금으로 상향조정하였고, 2009. 2. 3. 개정법(법률 제9408호)에서는 허위재무제표작성죄의 법정형을 허위감사보고서작성죄보다 무겁게 5년 이하의 징역 또는 5,000만 원 이하의 벌금으로 상향조정하였으며, 2013. 12. 30. 개정법(법률 제12148호)에서는 허위재무제표작성죄의 법정형은 7년 이하의 징역 또는 7,000만 원 이하의 벌금으로, 허위감사보고서작성죄의 법정형은 5년 이하의 징역 또는 5,000만 원 이하의 벌금으로 모두 상향조정하였다. 그리고 앞에서 설명한 것처럼 2017. 10. 31. 전부개정된 현행 외부감사법에서 허위재무제표작성죄와 허위감사보고서작성죄의 법정형을 대폭 상향조정하고 필요적 몰수·추징 규정을 신설한 것이다. 이처럼 여러 차례에 걸친 법 개정을 통하여 그 법정형이 점차 강화되어 현재는 최고 무기징역형까지 규정하고 있는데, 이는 그동안 경제성장에 따른 회사제도의 발전과 함께 빈번하게 발생한 대형 회계부정 사건에 대한 사회적 비난 여론에 기인한 것이다.[8)]

II. 보호법익

허위감사보고서작성죄의 보호법익에 관하여 '자본투자자의 재산'이라고 하는 견해,[9)] '이해관계자인 투자자의 이익과 자본시장의 건전성'이라고 하는 견해[10)]가 있다. 그런데 외부감사법은 외부감사를 받는 회사의 회계처리와 외부감사인의 회계감사에 관하여 필요한 사항을 정함으로써 이해관계인을 보호하고 기업의 건전한 경영과 국민

8) 한석훈, "개정 외부감사법의 회계부정 처벌규정에 대한 평가", 「기업법연구」 제32권 제3호(한국기업법학회, 2018. 9), 278면 각주 5, 6에서 그 개정경위를 상술하고 있다.

9) 이상돈, 「부실감사법 — 이론과 판례 —」(법문사, 2007), 35면.

10) 윤지영, "「주식회사의 외부감사에 관한 법률」 개정과 형사법적 논의", 「형사법연구」 제30권 제1호(한국형사법학회, 2018. 3), 17면.

경제의 발전에 이바지함을 목적으로 하는 것이다(법 제1조). 그리고 법 제39조는 외부감사 대상 회사의 재무제표를 거짓으로 작성·공시하거나 이를 감사하는 외부감사인이 감사보고서를 거짓으로 기재하는 행위를 처벌하는 규정이다. 그러므로 법 제39조의 입법취지는 외부감사 대상 회사의 재무제표에 대한 신뢰의 확보를 통하여 이해관계인을 보호하고 회사의 경영건전성을 확보하려는 것이다. 감사인의 감사보고서 허위작성을 처벌하는 입법목적도 감사보고서 자체의 신뢰 확보를 위해서라고 하기보다는 회사의 재무제표를 감사하는 감사보고서의 진실성 확보를 통하여 재무제표에 대한 신뢰를 확보하려는 것이다. 이러한 점에서 허위감사보고서작성죄는 허위재무제표작성죄의 방조범적 성격을 지니고 있다. 재무제표에 대한 신뢰의 확보를 통하여 주주·채권자 등 회사 이해관계인의 재산적 이익도 간접적으로 보호되는 것이지만, 범죄구성요건의 내용, 재무제표 및 외부감사의 성격에 비추어 회사 이해관계인의 재산상 이익을 직접적 보호대상으로 보기는 어렵다. 따라서 법 제39조의 허위재무제표작성죄와 허위감사보고서작성죄의 보호법익은 '회사 재무제표에 대한 사회의 신뢰 및 회사의 경영건전성'으로 보아야 할 것이다.[11)]

그리고 범죄의 성립에 회사 재무제표에 대한 신뢰 또는 회사의 경영건전성이 현실적으로 침해되거나 그 침해의 구체적 위험이 발생할 것을 요구하는 것은 아니다. 법 제39조의 허위재무제표작성이나 허위감사보고서작성 행위가 있으면 위 보호법익에 대한 추상적 위험이 발생하는 것이고 범죄는 성립한다. 따라서 보호법익의 보호정도에 관하여는 추상적 위험범에 속하는 범죄이다.

위와 같이 법 제39조는 허위재무제표작성죄와 허위감사보고서작성죄로 구분되므로 아래에서는 각 범죄별로 행위주체 및 위반행위 등 범죄구성요건을 설명한다.[12)]

---

11) 한석훈, 앞의 논문["개정 외부감사법의 회계부정 처벌규정에 대한 평가"(각주 8)], 281면.

12) 이하 허위재무제표작성죄와 허위감사보고서작성죄에 관한 서술은 집필자의 논문[앞의 "개정 외부감사법의 회계부정 처벌규정에 대한 평가"(각주 8)] 및 단행본 저서[「비즈니스범죄와 기업법」 제2판(성균관대학교 출판부, 2019)]을 토대로 실무주석서에 적합하게 첨삭·재구성 또는 내용인용을 하였다. 다만, 번잡함을 피하기 위하여 인용표시는 중요한 부분에만 하였다.

Ⅲ. 허위재무제표작성죄

1. 범죄구성요건

가. 행위주체

법 제39조 제1항 전단에서는 허위재무제표작성죄의 행위주체를 "상법 제401조의2 제1항 및 제635조 제1항에 규정된 자나 그 밖에 회사의 회계업무를 담당하는 자"로 포괄적으로 규정하고 있다.

'상법 제401조의2 제1항에 규정된 자'란 상법 규정에 따라 적법하게 선임된 이사는 아니지만 실질상 이사로 불리는 업무집행지시자 등이다. 즉, 회사에 대한 자신의 영향력을 이용하여 이사에게 업무집행을 지시한 자(상법 제401조의2 제1항 제1호, 즉 '업무집행지시자'), 회사에 대한 자신의 영향력을 이용하여 이사의 이름으로 직접 업무를 집행한 자(상법 제401조의2 제1항 제2호, 이른바 '무권대행자')[13] 또는 이사가 아니면서 명예회장·회장·사장·부사장·전무·상무·이사 기타 회사의 업무를 집행할 권한이 있는 것으로 인정될 만한 명칭을 사용하여 회사의 업무를 집행한 자(상법 같은 조항 제3호, 이른바 '표현이사')를 말한다. 이들은 법령상 재무제표의 작성권한이 부여되지는 않았지만 그 작성권한 있는 이사 등으로부터 내부적으로 그 권한을 위임받거나 권한 행사가 묵인됨으로써 묵시적 권한이 인정되고 있는 자이다.

'상법 제635조 제1항에 규정된 자'란 상법 회사편의 벌칙 규정 중 과태료 부과대상 행위의 행위주체로 규정된 "회사의 발기인, 설립위원, 업무집행사원, 업무집행자, 이사, 집행임원, 감사, 감사위원회 위원, 외국회사의 대표자, 검사인, 제298조 제3항·제299조의2·제310조 제3항 또는 제313조 제2항의 공증인, 제299조의2·제310조 제3항 또는 제422조 제1항의 감정인, 지배인, 청산인, 명의개서대리인, 사채모집을 위탁받은 회사와 그 사무승계자 또는 제386조 제2항·제407조 제1항·제415조·제

13) 상법 제401조의2 제1항 제2호에는 '이사의 이름으로 직접 업무를 집행한 자'라고만 기재되어 있으나, 통설·판례는 같은 조항의 입법취지에 비추어 회사에 대한 자신의 영향력을 이용하여 이러한 행위를 하는 자로 제한하고 있다[대법원 2009. 11. 26. 선고 2009다39240 판결; 이철송, 「회사법강의」(박영사, 2018), 808면; 정찬형, 「상법강의(상)」(박영사, 2018), 1063면; 김정호, 「회사법」(법문사, 2015), 539면; 김홍기, 「상법강의」(박영사, 2019), 599면; 「주식회사법대계Ⅱ」(제3판)(한국상사법학회, 2019), 789면(구회근 집필부분)].

542조 제2항 또는 제567조의 직무대행자"를 말한다. 그런데 외부감사법은 주권상장법인, 해당 사업연도 또는 다음 사업연도 중에 주권상장법인이 되려는 회사, 그 밖에 직전 사업연도 말의 자산, 부채, 종업원수 또는 매출액 등 대통령령으로 정하는 기준에 해당하여 외부감사의 대상이 되는 주식회사나 유한회사, 즉, 외부감사 대상 주식회사·유한회사에만 적용되는 것이다(법 제2조 제1호, 제4조). 따라서 상법 제635조 제1항에 규정된 자 중 실제 행위주체가 될 수 있는 자는 외부감사 대상 주식회사나 유한회사의 이사·감사·지배인·청산인, 일시이사·일시감사·일시청산인(단, 유한회사의 일시감사·일시청산인은 제외),[14] 이사·감사·청산인의 직무대행자(단, 유한회사의 감사 직무대행자 및 청산인 직무대행자는 제외),[15] 외부감사 대상 주식회사의 집행임원, 감사위원회 위원 등이다.[16] '그 밖에 회사의 회계업무를 담당하는 자'란 앞에서 설명한 '상법 제401조의2 제1항' 또는 '상법 제635조 제1항에 규정된 자'에 해당하지 않지만 실제로 재무제표의 작성·공시 등 회사의 회계업무를 담당하는 자를 말한다. 이들은 모두 법령상 또는 내부적 위임을 통하여 그 작성권한이 인정되는 자이다.

이들 중 실제로 회사 재무제표를 작성·공시한 자가 행위주체로 되는 것이지만, 회사의 대표이사와 회계담당 임원(회계담당 임원이 없는 경우에는 회계업무를 집행하는 직원)은 회사 재무제표를 작성할 책임이 있으므로(법 제6조 제1항) 대부분의 경우에 행위주체가 될 것으로 보인다.

---

14) '일시이사'란 주식회사나 유한회사에서 이사의 임기만료나 사임으로 결원이 발생한 경우에 법원이 일시 이사의 직무를 행할 자로 선임하는 이사(상법 제386조 제2항, 제567조)를 말하며 '임시이사'란 용어를 사용하기도 한다. 주식회사의 감사나 일시청산인도 그 근거규정인 상법 제415조 또는 제542조 제2항(일시이사에 관한 상법 제386조 제2항 준용)이 상법 제635조 제1항에 포함되어 있고, 같은 항의 "직무대행자"를 직무를 대신 행하는 자의 의미를 포함하는 것으로 해석할 수 있으며, 그보다 권한범위가 적음에도 불구하고 행위주체에 포함된 감사·청산인의 직무대행자와의 균형상 허위재무제표작성죄의 행위주체에 포함할 수 있다. 다만, 유한회사의 일시감사나 일시청산인은 그 근거규정인 상법 제570조 또는 제613조 제2항(상법 제386조 제2항 준용)이 상법 제635조 제1항에 포함되어 있지 않으므로 죄형법정주의 원칙상 "상법 제635조 제1항에 규정된 자"에서는 제외되지만, "그 밖에 회사의 회계업무를 담당하는 자"에 해당하는 경우에는 허위재무제표작성죄의 행위주체가 될 수 있다.

15) 유한회사의 감사 직무대행자나 청산인 직무대행자는 그 근거규정인 상법 제570조 또는 제613조 제2항이 상법 제635조 제1항에 포함되어 있지 않으므로 죄형법정주의 원칙상 '상법 제635조 제1항에 규정된 자'에서는 제외된다. 또한 주식회사의 집행임원 직무대행자도 그 근거규정인 상법 제408조의9가 상법 제635조 제1항에 포함되어 있지 않으므로 마찬가지로 제외된다. 다만, 이들도 "그 밖에 회사의 회계업무를 담당하는 자"에 해당하는 경우에는 허위재무제표작성죄의 행위주체가 될 수 있다.

16) 입법론상으로는 범죄의 행위주체를 명확하게 특정하여 규정함이 죄형법정주의의 명확성원칙에 맞는 입법이므로 입법적 개선이 필요하다.

허위재무제표작성죄는 위와 같은 신분을 가진 자만이 행위주체가 될 수 있으므로 진정신분범에 속하고, 이러한 신분이 없는 자는 공동정범·교사범·종범이 성립하는 경우에 형법 제33조 본문에 따라 처벌할 수 있을 뿐이다. 만약 공인회계사가 회사의 회계업무담당자와 공모하여 회사의 허위재무제표 작성에 가담하였다면 허위재무제표작성죄의 공모공동정범으로 처벌할 수 있을 것이다. 이 경우 공범으로 가담한 공인회계사가 소속 회계법인의 업무에 관하여 위와 같이 가담한 것이라면 후술하는 법 제46조의 양벌규정에 따라 그 회계법인 등 업무주도 처벌할 수 있겠지만, 그 업무관련성을 인정할 수 없는 경우가 대부분일 것이다.

나. 위반행위

위 행위주체가 법 제5조에 따른 회계처리기준을 위반하여 거짓으로 재무제표를 작성·공시하는 행위가 허위재무제표작성죄의 객관적 범죄구성요건이다.

법 제2조 제2호, 제6조 제2항 및 법 시행령 제8조 등의 규정에 비추어 볼 때 외부감사법의 '재무제표'란 주주총회(또는 상법 제449조의2 규정에 따른 이사회 승인)나 사원총회의 승인을 받아야 하는 결산 재무제표만을 의미한다. 그러므로 허위재무제표작성죄의 '재무제표'도 외부감사법에 따라 외부감사인에 의한 감사의 대상이 되는 결산 재무제표만을 가리키고, 외부감사법상 외부감사인의 감사대상이 아닌 반기 재무제표나 분기 재무제표는 이에 해당하지 않는다(판례).[17] 결산 재무제표에 해당한다면 이에 기초하여 새로 작성된 수정 재무제표도 감사인에 의한 외부감사의 대상이므로 허위재무제표작성죄의 행위객체인 '재무제표'에 포함된다.[18] 법 제39조 제1항은 종전 규정(구 외부감사법 제20조 제1항)과는 달리 '연결재무제표'를 범죄구성요건에서 삭제하였다. 그러나 종전까지 범죄구성요건에 포함하였던 연결재무제표를 제외해야 할 이유가 없고, 법 제2조 제8호에서 감사보고서를 정의하면서 '재무제표(연결재무제표를 작성하는 회사의 경우에는 연결재무제표를 포함한다. 이하 같다)'라고 규정하고, 그 후 법 제4조 제1항, 제5조 제3항, 제6조, 제11조 제1항 제5호, 제23조 제3항, 제5항 등의 '재무제표'는 모두 연결재무제표를 포함하는 의미로 사용되고 있다. 그러므로 법 제39조

17) 대법원 2011. 12. 22. 선고 2011도12041 판결; 대법원 2011. 3. 24. 선고 2010도17396 판결; 대법원 2008. 7. 10. 선고 2008도4068 판결.

18) 대법원 2013. 1. 10. 선고 2012도9151 판결[금융감독원, 「회계감리제도 조문별 판례분석」(2017. 12), 211, 212면].

제1항의 '재무제표'란 개별재무제표는 물론 연결재무제표를 포함하는 의미이다.[19]

'법 제5조에 따른 회계처리기준'이란 한국채택국제회계기준(법 제5조 제1항 제1호의 '국제회계기준위원회의 국제회계기준을 채택하여 정한 회계처리기준')과 일반기업회계기준(법 제5조 제1항 제2호의'그 밖에 외부감사법에 따라 정한 회계처리기준')을 말한다.[20] 이들 회계기준은 원래 금융위원회가 증권선물위원회의 심의를 거쳐 정해야 하는 것이지만, 법 제5조 제4항에 따라 금융위원회의 위탁을 받은 사단법인 한국회계기준원(이하 '한국회계기준원'이라 함)에서 그 제정 및 개정을 담당하고 있다.[21] 한국채택국제회계기준은 주권상장법인(단, 코넥스시장 주권상장법인은 제외), 해당 사업연도 또는 다음 사업연도 중에 그 주권상장법인이 되려는 회사, 금융지주회사(단, 금융지주회사법 제22조에 따른 전환대상자는 제외), 은행, 투자매매업자·투자중개업자·집합투자업자·신탁업자·종합금융회사, 보험회사, 신용카드업자에 적용되고(법 시행령 제6조 제1항), 일반기업회계기준은 그 밖의 외부감사 대상 회사에 적용된다. 이러한 회계처리기준은 회사의 회계처리와 감사인의 회계감사에 통일성과 객관성이 확보될 수 있도록 하여야 한다(법 제5조 제2항).

그런데 실제로 제정된 회계처리기준은 일반적으로 공정·타당한 회계관행 등이 규범화된 것이므로 불명확한 내용도 적지 않은데, 특히 한국채택국제회계기준은 회계처리의 기본원칙과 방법론을 제시하는 원칙중심Principle-Based으로 설계되어 있으므

19) 한석훈, 앞의 논문["개정 외부감사법의 회계부정 처벌규정에 대한 평가"(각주 8)], 284면.

20) 한국회계기준원, 일반기업회계기준 제1장 1.3(적용); 한석훈, 위의 논문, 295면.

21) 이러한 행정입법에의 위임은 입법위임의 한계를 벗어나 죄형법정주의 원칙에 위배되는 것은 아니라는 것이 판례의 입장이다. 즉, "구 주식회사의 외부감사에 관한 법률(2003. 12. 11. 법률 제6991호로 개정되기 전의 것) 제20조 제1항 제8호가 규정하고 있는 구성요건 중 하나인 '회계처리기준'은 입법자의 상세한 규율이 불가능하거나 상황의 변화에 탄력적으로 대응할 필요성이 강하게 요구되는 극히 전문적인 영역에 속한다고 보이므로, 동법 제13조가 금융감독위원회에게 위 회계처리기준의 구체적 내용의 정립을 위임한 것을 가리켜 헌법 제75조 및 제95조 등에 위배된 것이라고 할 수는 없고, 한편 위와 같은 입법의 위임이 헌법상 죄형법정주의의 원칙에 위배되는지 여부는 당해 법률의 적용 대상자로 하여금 행정입법에 의하여 규정될 내용의 대강을 예측할 수 있도록 하였는지 여부에 달려 있고, 이때 그 예측가능성의 유무는 직접적인 위임 규정의 형식과 내용 외에도 당해 법률의 전반적인 체계와 취지·목적·연혁 등도 아울러 고려하여야 하는 것인바, 위 법률의 입법연혁이나 제1조와 제13조 제2항, 제5항 등의 규정을 종합하여 보면, 입법자가 금융감독위원회에게 그 구체적 정립을 위임한 회계처리기준의 내용의 대강은, '재무제표 등 재무상의 자료를 처리함에 있어서 적용되어야 할, 일반적으로 공정·타당하다고 승인된 회계원칙'이라고 예측할 수 있다고 보이고, 여기에 위 법률조항의 적용 대상자가 회계처리기준의 내용을 잘 알고 있거나 잘 알 수 있는 지위에 있고 또한 이를 알고 있어야 할 책임이 있는 사람들이라는 점까지 아울러 고려한다면, 위 법률조항이 입법위임의 한계를 벗어나는 등 죄형법정주의의 원칙에 위배된 것이라고는 볼 수 없다."고 판시하였다(대법원 2006. 1. 13. 선고 2005도7474 판결).

로[22] 추상적 원칙이나 불명확한 내용의 해석을 둘러싸고 분쟁을 야기하는 경우가 끊임없이 생기고 있어서 문제가 된다.[23] 이는 범죄구성요건의 명확성을 요구하는 죄형법정주의 원칙에 위배되는 결과를 초래하므로, 회계처리기준의 제정·개정 또는 그 시행 관련 회계기준적용의견서[24] 등의 발표시에는 가급적 그 내용의 불명확성을 제거하려는 노력이 필요하고,[25] 제정된 회계처리기준의 해석이 문제가 되는 경우에 회계처리기준 위반을 인정함에 있어서도 그 적용 대상자가 행위 당시 위반사실의 예측이 가능하였던 범위 내에서 인정함으로써 회계처리의 통일성과 객관성이 확보될 수 있도록 할 필요가 있다.

'거짓으로 재무제표를 작성·공시하는' 행위란 객관적 진실에 부합하지 않게 재무제표의 내용을 작성하거나 회계처리기준에 맞지 않는 방법으로 재무제표를 작성·공시하는 행위를 말한다. 즉, 회계사실의 실재 여부(진실성) 및 회계처리기준의 적용결과(적정성) 모두 거짓 작성·공시의 판단대상이다.[26]

그런데 법 제39조의 범죄구성요건에는 거짓으로 작성된 재무제표 내용의 중요성이 필요한 것인지에 관한 언급이 없는데, 회계처리기준 위반과 관련하여 어떠한 내용의 재무제표 작성을 거짓 작성행위로 보아 범죄구성요건 해당성이 있는 것으로 볼 것인지 문제가 된다. 이에 관하여 한국채택국제회계기준서(이하 'K-IFRS'라 함)에서는 그 재무보고의 목적(즉, 일반목적재무보고의 목적)이 "현재 및 잠재적 투자자, 대여자 및 기타 채권자가 기업에 자원을 제공하는 것에 대한 의사결정을 할 때 유용한 보고기업 재무정보를 제공하는 것"이라고 전제하고, 유용한 재무정보의 질적 특성으로 중요성

22) 한국공인회계사회, 「외부감사인의 책임한계」(2018. 7), 212면.

23) 회계처리기준 및 회계감사기준의 불명확성에 관한 구체적인 설명과 분쟁사례에 관하여는 한석훈, 앞의 논문["개정 외부감사법의 회계부정 처벌규정에 대한 평가"(각주 8)], 296~302면 참조.

24) 회계기준적용의견서는 한국회계기준원이 중요한 회계 현안에 대하여 신속히 회계처리방법을 제시할 필요가 있는 경우, 한국회계기준원의 입장을 표명함으로써 실무계의 요구에 신축성 있게 부응하고 추후 기업회계기준의 제정을 용이하게 하도록 발표하는 것이다. 이는 질의회신에 준하는 효력이 있으며, 과거의 질의회신과 회계기준적용의견서의 내용이 상충되는 경우에는 회계기준적용의견서가 우선한다["회계기준적용의견서", 한국회계기준원, http://www.kasb.or.kr/fe/bbs/NR_list.do?bbsCd=1016, (2018. 12. 16. 확인)].

25) 만약 회계처리기준의 불명확성이 재무제표를 작성하는 자로 하여금 회계처리기준의 해석내용을 예측하기 어렵게 하는 정도에 이른다면, 형벌법규의 범죄구성요건을 행정입법에 입법위임을 하더라도 그 적용 대상자로 하여금 규정할 내용의 대강을 예측할 수 있게 해야 한다는 죄형법정주의 원칙을 위반하는 결과가 될 수 있다.

26) 이상돈, 「부실감사법 — 이론과 판례 —」(법문사, 2007), 123면에서는 감사인의 외부감사범위와 관련하여 재무제표의 진실성과 적정성을 구분하고 있다.

을 들면서 “정보가 누락되거나 잘못 기재된 경우 특정 보고기업의 재무정보에 근거한 정보이용자의 의사결정에 영향을 줄 수 있다면 그 정보는 중요한 것이다. 즉, 중요성은 개별 기업 재무보고서 관점에서 해당 정보와 관련된 항목의 성격이나 규모 또는 이 둘 모두에 근거하여 해당 기업에 특유한 측면의 목적적합성을 의미한다. 따라서 회계기준위원회는 중요성에 대한 획일적인 계량 임계치를 정하거나 특정한 상황에서 무엇이 중요한 것인지를 미리 결정할 수 없다.”고 규정하고 있다.[27] 또한 기업이 일반목적 재무제표를 작성할 때의 중요성 판단에 대한 지침을 제공하기 위한 실무서에서도 “중요성 판단은 재무제표를 작성할 때 보편적으로 필요하다. 기업은 표시와 공시뿐만 아니라 인식과 측정에 대한 의사결정을 할 때에도 중요성 판단을 한다. IFRS(국제회계기준)의 요구사항은 재무제표 전체에 미치는 영향이 중요한 경우에만 적용할 필요가 있다.”고 설명하고 있다.[28] 일반기업회계기준의 경우에도 그 적용에 관하여 “중요하지 않은 항목에 대해서는 이 기준을 적용하지 아니할 수 있다.”, 회계정보의 특성에 관하여 “회계정보의 질적 특성은 비용과 효익, 그리고 중요성의 제약요인 하에서 고려되어야 한다. 회계기준제정기구가 회계기준을 제정 또는 개정할 때에는 회계정보의 제공 및 이용에 소요될 비용이 그 효익보다 작아야 한다. 회계항목의 성격과 크기의 중요성을 고려할 때 정보이용자의 의사결정에 차이를 초래하지 않을 것으로 판단되는 정보는 질적 특성의 평가가 불필요할 것이다.”, 재무제표에 관하여 “재무제표는 기업실체의 외부 정보이용자에게 기업실체에 관한 재무정보를 전달하는 핵심적 재무보고 수단이다.”라고 명시하고 있다.[29] 이러한 규정 등에 비추어 볼 때 재무제표를 작성·공시하는 자가 자신의 인식이나 판단의 결과를 재무제표에 표현할 것인지를 의사결정 함에 있어서는 중요성 판단이 필요하고, 그 중요성 판단의 기준은 회계항목의 성격과 크기의 중요성을 고려할 때 투자자, 채권자 등 정보이용자의 경제적 의사결정에 영향을 줄 수 있는 것인지 여부가 될 것이다. 따라서 그 정보이용자의 경제적 의사결정에 영향을 줄 수 없는 내용에 관하여는 재무제표에 기재를 누락하거나 부실하게 기재하였다고 하더라도 회계처리기준을 위반하여 재무제표를 작성한 것으

27) K-IFRS의 ‘재무보고를 위한 개념체계’ 중 제1장 문단 OB2(일반목적 재무보고의 목적), 제3장 문단 QC11(중요성).

28) K-IFRS의 국제회계기준 실무서2 중 ‘중요성에 대한 판단’ 문단 IN3(중요성 판단).

29) 일반기업회계기준서의 ‘재무회계개념체계’ 중 제1장 문단 1.3(적용) 제3장 문단 39(회계정보의 질적 특성) 제4장 문단 60(재무제표).

로 볼 수 없으므로 범죄구성요건 해당성을 충족할 수 없게 된다.

그리고 K-IFRS에서는 "기업의 재무상태, 재무성과 또는 현금흐름을 특정한 의도대로 표시하기 위하여 중요하거나 중요하지 않은 오류를 포함하여 작성된 재무제표는 한국채택국제회계기준에 따라 작성되었다고 할 수 없다. 당기 중에 발견한 당기의 잠재적 오류는 재무제표의 발행승인일 전에 수정한다. 그러나 중요한 오류를 후속기간에 발견하는 경우, 이러한 전기오류는 해당 후속기간의 재무제표에 비교표시된 재무정보를 재작성하여 수정한다."고 규정하고 있다.[30] 또한 일반기업회계기준서에서도 "경영자는 회계기준에 근거하여 진실되고 적정한 재무제표를 작성하여야 한다",[31] "오류수정은 전기 또는 그 이전의 재무제표에 포함된 회계적 오류를 당기에 발견하여 이를 수정하는 것을 말한다. 중대한 오류는 재무제표의 신뢰성을 심각하게 손상할 수 있는 매우 중요한 오류를 말한다. 당기에 발견한 전기 또는 그 이전기간의 오류는 당기 손익계산서에 영업외손익 중 전기오류수정손익으로 보고한다. 다만, 전기 이전기간에 발생한 중대한 오류의 수정은 자산, 부채 및 자본의 기초금액에 반영한다. 비교재무제표를 작성하는 경우 중대한 오류의 영향을 받는 회계기간의 재무제표 항목은 재작성 한다."고 규정하고 있다.[32] 이러한 회계처리기준에 따르면 재무제표의 기재사항은 모두 진실하게 기재해야 하고 이 범죄는 고의범인 경우에만 성립하는 것이므로, 재무제표에 기업의 재무상태를 특정한 의도대로 표시하기 위하여 적극적인 거짓 기재를 한 경우에는 구체적으로 그 정보이용자의 경제적 의사결정에 영향을 줄 수 있는 중요한 내용인지 여부를 불문하고 회계처리기준을 위반하여 재무제표를 작성한 것이 된다. 이러한 경우에는 그 중요성 여부를 불문하고 보호법익인 '회사 재무제표에 대한 사회의 신뢰 및 회사의 경영건전성'을 침해할 추상적 위험이 있는 것으로 볼 수 있다. 이에 대하여는 재무제표에 적극적으로 거짓 기재를 한 경우에도 정보이용자의 경제적 의사결정에 영향을 줄 수 있는 중요한 내용이 아니라면 '회사 재무제표에 대한 사회의 신뢰 및 회사의 경영건전성'을 침해할 추상적 위험도 발생하였다고 볼 수 없으므로 회계처리기준을 위반하여 재무제표를 작성한 것으로 볼 수 없다고 해석하는 반대견해가 있을 수 있다.

30) K-IFRS 제1008호(회계정책, 회계추정의 변경 및 오류) 문단 41.

31) 일반기업회계기준서 재무회계개념체계 제1장(서론) 문단 11.

32) 일반기업회계기준서 제5장(회계정책, 회계추정의 변경 및 오류) 문단 5.18, 5.19.

다만, 전기오류를 후속기간의 재무제표에서 수정해야 함에도 이를 누락하는 경우에는 위 재무제표의 기재누락이나 부실기재와 같은 소극적 거짓 기재로 보아야 하므로 중요한 오류에 한정하여 회계처리기준 위반 여부를 판단해야 할 것이다. 전기오류 수정에 관하여는 판례도 같은 입장인 것으로 해석된다.[33]

다. 고의

허위재무제표작성죄는 고의범이므로 위와 같은 객관적 범죄구성요건 사실에 대한 인식과 적어도 그 용인이 필요하다. 고의범에 관한 통설·판례의 입장인 용인설[34]에 의하면 위 객관적 범죄구성요건에 해당하는 사실에 대한 인식이 불확실하지만 그 가능성을 인식하면서 그 발생위험을 용인하는 내심의 의사인 미필적 고의만 있는 경우에도 고의가 인정된다. 이때 "그 행위자가 범죄사실이 발생할 가능성을 용인하고 있었는지의 여부는 행위자의 진술에 의존하지 아니하고, 외부에 나타난 행위의 형태와 행위의 상황 등 구체적인 사정을 기초로 하여 일반인이라면 당해 범죄사실이 발생할 가능성을 어떻게 평가할 것인가를 고려하면서 행위자의 입장에서 그 심리상태를 추인하여야 한다"(판례).[35] 그러므로 회사의 재무제표를 작성·공시하는 자가 회계처리기준을 위반하여 거짓으로 작성·공시하는 것임을 인식하였거나 미필적으로 이를 인식하면서 이를 용인하고 재무제표를 작성·공시하였다면 범죄가 성립한다. 고의범

---

33) 전기오류수정손익을 재무제표에 반영하지 아니한 행위를 분식회계로 본 사례로는 대법원 2011. 1. 27. 선고 2008도9615 판결["구 기업회계기준서(1996. 3. 30. 전문 개정되기 전의 것) 제110조는 사실의 오용 등 전기 이전에 발생한 사유로서 전기 이전 재무제표에 대한 회계상 오류의 수정사항에 속하는 손익항목을 전기손익수정이익과 전기손익수정손실로 구분하여 이익잉여금처분계산서의 전기이월이익잉여금의 증감항목으로 표시하도록 규정하고 있으므로, 전기 이전의 재고자산 평가손실의 누락 또는 회수불능 매출채권에 대한 대손상각 누락 등으로 인한 전기손익수정손실은 당기 회계연도의 순이익에 직접 영향을 미치지는 아니한다. 그러나 이러한 전기손익수정손실을 당기 이익잉여금처분계산서와 대차대조표에 반영하지 아니하면 당기에 잔존하는 재고자산의 평가손실 누락액 상당과 회수불능 매출채권의 대손상각 누락액 상당을 여전히 당기에 자산으로 보유하고 있는 것과 같은 외관을 창출하게 된다. 따라서 전기손익수정손실 사유가 있음을 알고서도 이를 이익잉여금처분계산서에 표시하지 아니하거나 대차대조표에 반영하지 아니하여 당기에 순자산을 과다보유하고 있는 것처럼 재무제표를 작성·공시하는 것은 그 자체로 회계정보이용자의 의사결정에 영향을 미치는 재무제표의 분식에 해당한다."]이 있다.

34) 고의(故意)의 본질에 관하여 통설·판례는 용인설을 따르고 있다. 용인설에 의하면 고의란 범죄구성요건 사실에 대한 인식이 있어야 함은 물론, 나아가 그 결과(위험범의 경우에는 위험)를 의욕하거나 적어도 용인(容認)해야 하고, 미필적 고의도 인정하고 있다[대법원 2017. 1. 12. 선고 2016도15470 판결; 대법원 1987. 2. 10. 선고 86도2338 판결; 정성근·박광민, 「형법총론」(성균관대학교 출판부, 2015), 187면; 한석훈, 앞의 책(「비즈니스범죄와 기업법」(각주 12)), 194면].

35) 대법원 2011. 10. 27. 선고 2011도8109 판결; 대법원 2009. 2. 26. 선고 2007도1214 판결.

죄의 피고인이 고의를 부인하는 경우에는 "사물의 성질상 고의와 상당한 관련성이 있는 간접사실을 증명하는 방법에 의하여 입증할 수밖에 없고, 무엇이 상당한 관련성이 있는 간접사실에 해당할 것인가는 정상적인 경험칙에 바탕을 두고 치밀한 관찰력이나 분석력에 의하여 사실의 연결상태를 합리적으로 판단하는 방법에 의하여야 한다."는 것이 판례의 입장이다.[36)]

라. 기수시기

외부감사법의 벌칙에는 미수범 처벌규정이 없기 때문에 외부감사법을 위반한 행위로 형사처벌 되는 외부감사법위반죄는 모두 기수旣遂에 이르지 않으면 범죄가 성립하지 않는다.

허위재무제표작성죄의 기수시기는 거짓으로 회사의 재무제표 또는 연결재무제표를 작성하여 이를 공시한 때이다. 회사는 재무제표와 감사인의 감사보고서를 주식회사의 경우 상법 제448조 제1항, 유한회사의 경우 상법 제579조의3 제1항에 따라 회사에 비치·공시해야 하는데(법 제23조 제5항, 법 시행령 제27조 제7항 제1호), 이들 상법 규정에 의하면 주식회사나 유한회사의 이사는 정기총회회일의 1주 전부터 재무제표를 그에 대한 감사보고서와 함께 본점에 5년간 비치하여 공시해야 하고, 주식회사의 경우에는 그 등본을 지점에도 3년간 비치해야 한다. 또한 연결재무제표는 그에 대한 감사보고서와 함께 그 감사보고서 제출기한이 지난 날부터 본점에 5년간, 지점에 3년간 비치·공시한다(법 제23조 제5항, 법 시행령 제27조 제7항 제2호, 제1항). 그러므로 허위 작성된 재무제표의 경우에는 회사의 이사가 위 비치·공시기한인 정기총회회일 1주간 전에 실제로 이를 본점에 비치한 때 기수에 이른다(판례).[37)] 연결재무제표의 경우에는 감사인이 그에 대한 감사보고서를 회사에 제출해야 하는 기한[38)]이 지나 실제

36) 대법원 2004. 7. 9. 선고 2004도810 판결.

37) 대법원 2004. 6. 24. 선고 2004도520 판결["구 주식회사의외부감사에관한법률(1998. 1. 8. 법률 제5497호로 개정되기 전의 것) 제14조 제1항, 같은 법 시행령(1998. 4. 24. 대통령령 제1579호로 개정되기 전의 것) 제7조 제4항에 의하면 구 주식회사의외부감사에관한법률상 재무제표의 공시방법은 상법 제448조 제1항에 의하도록 되어 있는데, 상법 제448조 제1항에 의하면, 이사는 정기총회회일의 1주간 전부터 재무제표를 본점에 5년간, 그 등본을 지점에 3년간 비치함으로써 재무제표를 공시하도록 규정하고 있으므로, 구 주식회사의외부감사에관한법률 제20조 제2항 제2호 소정의 허위의 재무제표를 작성·공시한 범죄는 정기총회회일의 1주일 전부터 재무제표를 본점에 비치한 때에 성립한다"].

38) 그 감사보고서 제출기한은 K-IFRS를 적용하는 회사의 경우에는 정기총회 개최 1주 전(회생절차가 진행 중인 회사

로 연결재무제표를 본점에 비치한 때 기수에 이르고 범죄가 성립한다. 회사의 재무제표 또는 연결재무제표를 회계처리기준을 위반하여 작성하였을 뿐 위와 같이 공시하지 아니한 경우에는 법 제47조 제4항 제2호 위반으로 500만 원 이하의 과태료에 처하게 된다.

그 밖에 재무제표 등을 금융감독원 전자공시시스템에 등록하는 방법은 외부감사법이 규정한 재무제표의 공시방법으로 볼 수 없다.[39]

2. 위법성의 착오

허위재무제표작성죄의 범죄구성요건에 해당하면 위법성조각사유가 없는 한 위법성이 인정되는 것이지만, 그 형사책임을 묻기 위해서는 행위자에게 위법성에 대한 인식도 있어야 함이 원칙이다.[40] 그런데 행위자가 착오로 그 위법성에 대한 인식을 못한 경우에도 행위자를 처벌할 수 있는지 문제가 된다. 이에 관하여 형법 제16조는 "자기의 행위가 법령에 의하여 죄가 되지 아니하는 것으로 오인한 행위는 그 오인에 정당한 이유가 있는 때에 한하여 벌하지 아니한다."고 규정하고 있다. 앞에서 살펴본 것처럼 허위재무제표작성죄는 '법 제5조에 따른 회계처리기준을 위반하여' 재무제표를 작성한 경우에 성립하는 것인데, 회계처리기준은 추상적이고 다의적인 표현이 산재하여 그 해석이 필요함에도 해석 자체가 불명확한 경우가 많다.[41] 그러므로 행위자가 회계처리기준의 해석을 그르쳐 자신의 행위가 법 제39조 위반이라는 점을 알지 못한 경우에 처벌할 수 있는 것인지 문제가 될 수 있다.

판례는 형법 제16조 규정은 "단순한 법률의 부지를 말하는 것이 아니고 일반적

의 경우에는 사업연도 종료 후 3개월 이내)까지이고, K-IFRS를 적용하지 아니하는 회사의 경우에는 사업연도 종료 후 120일 이내(사업보고서 제출대상법인 중 직전 사업연도 말 현재 자산총액이 2조 원 이상인 법인의 경우에는 사업연도 종료 후 90일 이내)이다(법 시행령 제27조 제1항). 다만, 회사가 사업보고서 제출기한 이후 정기총회를 개최하는 경우로서 해당 회사의 재무제표(K-IFRS를 적용하지 아니하는 회사의 연결재무제표는 제외)를 감사하는 경우에는 감사보고서를 사업보고서 제출기한 1주 전(회생절차가 진행 중인 회사는 사업연도 종료 후 3개월 이내)까지 회사에 제출하여야 한다(법 시행령 제27조 제2항).

39) 대법원 2017. 12. 22. 선고 2017도12649 판결.

40) 박상기, 「형법학」(집현재, 2016), 155면.

41) 회계처리기준 및 회계감사기준의 불명확성에 관한 설명으로는 한석훈, 앞의 논문["개정 외부감사법의 회계부정 처벌규정에 대한 평가"(각주 8)], 300~302면 참조.

으로 범죄가 되는 경우이지만 자기의 특수한 경우에는 법령에 의하여 허용된 행위로서 죄가 되지 아니한다고 그릇 인식하고 그와 같이 그릇 인식함에 정당한 이유가 있는 경우에는 벌하지 않는다는 취지이다."라고 해석하여[42] 원칙적으로 단순한 법률의 부지는 면책되지 않는 것으로 보고 있다. 이에 대하여 법률의 부지인 경우에도 형법 제16조를 적용하여 그 오인에 정당한 이유가 있는 경우에는 면책되어야 한다는 견해가 통설이다.[43] 다만, 판례는 외부감사법의 허위재무제표작성죄에서 회계처리기준의 해석을 그르친 경우이지만 형법 제16조의 적용을 전제로 그 오인에 '정당한 이유'가 있는지 여부를 판단하고 있다.[44] 그러므로 판례도 허위재무제표작성죄에서 회계처리기준의 해석을 잘못한 경우일지라도 그 오인에 '정당한 이유'가 있다면 처벌하지 않는다는 취지로 해석할 수 있다. 이때 그 '정당한 이유'를 판단하는 기준에 관하여 판례는 "행위자에게 자기 행위의 위법 가능성에 대해 심사숙고하거나 조회할 수 있는 계기가 있어 자신의 지적 능력을 다하여 이를 회피하기 위한 진지한 노력을 다하였더라면 스스로의 행위에 대하여 위법성을 인식할 수 있는 가능성이 있었는데도 이를 다하지 못한 결과 자기 행위의 위법성을 인식하지 못한 것인지 여부에 따라 판단하여야 한다. 이러한 위법성의 인식에 필요한 노력의 정도는 구체적인 행위정황과 행위자 개인의 인식능력 그리고 행위자가 속한 사회집단에 따라 달리 평가되어야 한다."고 판시하고 있다.[45]

따라서 회계처리기준의 해석이 불명확한 경우에는 정확한 해석을 위하여 심사숙고함은 물론, 법 시행령 제7조 제1항 제2호에 의하여 회계처리기준의 해석 및 관련 질의에 대한 회신 업무를 위탁받은 한국회계기준원에 질의하여 받은 회신과 전문가의 의견 등을 종합하여 처리할 필요가 있을 것이다. 그러나 전문가의 의견은 물론 한국회계기준원의 질의회신은 회계처리기준이나 법규로서의 효력이 있는 것은 아니므로, 그 질의회신이 잘못된 내용이라면 법원을 기속羈束하지는 않는다. 다만, 이러한 경우에

42) 대법원 2017. 3. 15. 선고 2014도12773 판결; 대법원 2013. 1. 24. 선고 2012도10629 판결.

43) 박상기, 앞의 책, 171면; 배종대, 「형법총론」(홍문사, 2016), 436면.

44) 대법원 2013. 1. 24. 선고 2012도10629 판결(저축은행의 대표이사 또는 감사인 피고인들이 결산 재무제표 작성 당시 미실현 이익을 금융자문수수료 명목의 수익으로 선인식 처리한 허위재무제표작성죄 사례에서, 회계법인 등의 검토결과에 따른 것이므로 법률의 착오에 해당한다는 피고인들의 주장에 대하여 "위 회계법인 등의 검토 결과는 이 사건에서와 같은 성격의 금융자문수수료를 염두에 두고 작성된 것이 아니므로 그에 따랐다고 하여 위법성의 인식이 없다거나 그 인식의 결여에 정당한 이유가 있다고 볼 수 없다"고 판시하였다).

45) 대법원 2017. 3. 15. 선고 2014도12773 판결.

행위자가 그 질의회신 등을 믿고 달리 위법성을 인식하지 못하였다면, 이는 법률의 부지로서 그 오인에 정당한 이유가 있는 경우이므로 책임을 면할 수 있을 것이다.

3. 법정형

가. 법 제39조 제1항

위와 같이 회계처리기준을 위반하여 거짓으로 재무제표를 작성·공시한 경우에는 10년 이하의 징역 및 그 위반행위로 얻은 이익 또는 회피한 손실액의 2배 이상 5배 이하의 벌금을 병과하거나(필요적 병과), 그 벌금만을 부과할 수도 있다(법 제39조 제1항, 제48조). 또한 그 위반행위로 얻은 이익은 몰수하고, 그 전부 또는 일부를 몰수할 수 없으면 그 가액을 추징한다(필요적 몰수·추징).

그리고 법 제46조에 관한 해설 부분에서 후술하는 것처럼 회사의 대표자·대리인·사용인·종업원이 회사의 업무에 관하여 법 제39조의 위반행위(허위재무제표작성 또는 허위감사보고서작성)를 한 경우에는 그 실제 행위자를 위와 같이 처벌할 뿐만 아니라 법 제46조의 양벌규정에 따라 회사에 대하여도 위 법정형의 벌금형을 부과한다. 다만, 회사가 그 위반행위를 방지하기 위하여 그 업무에 관하여 상당한 주의와 감독을 게을리하지 아니한 경우에는 그러하지 아니하다.

이때 '위반행위로 얻은 이익 또는 회피한 손실액'이란 원칙적으로 위반행위로 인하여 행위자가 얻은 이윤, 즉 그로 인한 총수입에서 총비용을 공제한 차액을 말하고, '위반행위로 회피한 손실액'이란 그 반대개념으로서 위반행위로 인하여 회피한 손실액 총액에서 그 총비용을 공제한 차액을 말한다.[46] 또한 위반행위로 인하여 행위자 자신에게 귀속되는 이익이나 회피 손실액을 말하고, 범행에 가담하지 아니한 제3자에

46) 한석훈, 앞의 논문["개정 외부감사법의 회계부정 처벌규정에 대한 평가"(각주 8)], 282, 283면; 「자본시장과 금융투자업에 관한 법률」(이하 '자본시장법'이라 함) 제443조 제1항, 제2항에서도 미공개중요정보이용, 시세조종, 부정거래행위 등 자본시장법위반죄의 벌금형 및 징역형 산정기준으로 "위반행위로 얻은 이익 또는 회피한 손실액"을 들고 있는데, 판례는 "자본시장법 제443조 제1항 단서 및 제2항에서 규정하고 있는 '위반행위로 얻은 이익'이란 거기에 함께 규정되어 있는 '손실액'에 반대되는 개념으로서, 원칙적으로 당해 위반행위로 인하여 행위자가 얻은 이윤, 즉 그 거래로 인한 총수입에서 그 거래를 위한 총비용을 공제한 차액을 말한다."고 판시하고 있다(대법원 2017. 12. 22. 선고 2017도12649 판결; 대법원 2011. 12. 22. 선고 2011도12041 판결; 대법원 2011. 7. 14. 선고 2011도3180 판결).

게 귀속되는 이익이나 회피 손실액은 제외되는 것으로 보아야 한다.[47] 여러 사람이 공동으로 허위재무제표작성죄를 저지른 경우에 그 위반행위로 얻은 이익 또는 회피한 손실액은 범행에 가담한 공범 전체가 취득한 이익이나 회피한 손실액을 말하는 것일 뿐, 범행에 가담하지 아니한 제3자에게 귀속되는 이익이나 회피한 손실액은 포함되지 않는다.[48]

형법 제17조는 "어떤 행위라도 죄의 요소 되는 위험발생에 연결되지 아니한 때에는 그 결과로 인하여 벌하지 아니한다."고 규정하여 범죄행위와 인과관계가 인정되지 않는 결과는 형사처벌의 근거가 될 수 없음을 분명히 하고 있다. 그러므로 '위반행위로 얻은 이익 또는 회피한 손실액'이란 위반행위로 인하여 발생한 보호법익에 대한 침해의 결과나 그 위험과 인과관계가 인정되는 이익 취득액이나 손실 회피액을 말하고, 그 인과관계란 형사법에서 일반적으로 요구되는 상당인과관계로 보아야 한다.[49] 법 제39조의 입법취지, 형사법의 대원칙인 책임주의를 염두에 두고 위반행위의 동기 · 경위 · 태양 등 제반 요소들을 전체적 · 종합적으로 고려하여 상당인과관계가 인정되는 이익 취득액이나 손실 회피액을 산정할 수 있다.[50] 만약 위반행위인 분식회

47) 자본시장법 제443조 제1항, 제2항에 관한 판례이다(대법원 2011. 12. 22. 선고 2011도12041 판결; 대법원 2011. 7. 14. 선고 2011도3180 판결).

48) 대법원 2011. 10. 27. 선고 2011도8109 판결("자본시장법 제443조 제1항 단서 및 제2항에 규정된 '위반행위로 얻은 이익'은 당해 위반행위로 인하여 행위자가 얻은 이익을 의미하고, 여러 사람이 공동으로 시세조종 등 불공정거래의 범행을 저지른 경우 그 범행으로 인한 이익은 범행에 가담한 공범 전체가 취득한 이익을 말하는 것일 뿐, 범행에 가담하지 아니한 제3자에게 귀속되는 이익은 이에 포함되지 아니한다."고 판시하였다).

49) 서울고등법원 2011. 8. 26. 선고 2011노183 판결("자본시장법 제443조에서 정한 '위반행위로 얻은 이익'이라 함은 그 위반행위와 관련된 거래로 인한 이익을 말하는 것으로서 위반행위로 인하여 발생한 위험과 인과관계가 인정되는 것을 의미한다고 볼 것이고, 여기에서의 인과관계는, 이를 직접적인 인과관계로 해석할 경우 지나치게 그 처벌범위가 축소되어 사실상 자본시장법 처벌 규정을 사문화시키는 부당한 결과를 가져오게 되는 점, 반대로 그 인과관계 자체를 요하지 아니하거나 인과관계를 지나치게 넓게 해석한다면, 법정형을 최고 무기징역까지 강화하고, 법정형을 가중하되 징역형의 하한의 가중까지 두고 있는 자본시장법 제443조의 적용에 있어 형벌체계의 균형을 상실할 우려가 있고 형사법이 요구하는 자기책임주의에 반하게 된다는 점에다가 자본시장법 제443조와 형법 제17조의 입법취지 등을 고려하면, 형사법에서 일반적으로 요구되는 상당인과관계라고 봄이 상당하다.").

50) 이는 자본시장법 제443조 제1항 단서 및 제2항에서 벌금액 산정기준으로 규정하고 있는 '위반행위로 얻은 이익 또는 회피한 손실액'의 해석에 관한 판례의 입장이다[대법원 2011. 10. 27. 선고 2011도8109 판결("자본시장법 제443조 제1항 단서 및 제2항에서 정하고 있는 '위반행위로 얻은 이익'이란 위반행위와 관련된 거래로 인한 이익을 말하는 것으로서 위반행위로 인하여 발생한 위험과 인과관계가 인정되는 것을 의미한다. 통상적인 경우에는 위반행위와 관련된 거래로 인한 총수입에서 거래를 위한 총비용을 공제한 차액을 산정하는 방법으로 인과관계가 인정되는 이익을 산출할 수 있지만, 구체적인 사안에서 위반행위로 얻은 이익의 가액을 위와 같은 방법으로 인정하는 것이 부당하다고 볼 만한 사정이 있는 경우에는, 사기적 부정거래행위를 근절하려는 자본시장법 제443조의 입법취

계를 이용하여 대출 등 거래를 한 경우라면 그 거래로 얻게 되는 이익 또는 회피한 손실액의 총액에서 그 거래를 위한 총비용을 공제하여 차액을 산정하는 방법으로 산출할 수 있을 것이다.[51)]

또한 '위반행위로 얻은 이익 또는 회피한 손실액'은 벌금 법정형의 상·하한을 정하는 기준이 되는 것이므로(법 제39조 제1항) 가액 산정이 가능한 경제적 이익(또는 회피 손실액)에 한정해야 할 것이다. 다만, 법 제39조 위반죄의 보호법익인 회사 재무제표에 대한 사회의 신뢰 및 회사의 경영건전성에 비추어 볼 때 위 '이익'이란 유형적이고 현실화된 이익에 한정할 것이 아니라 회사의 경영권 획득, 지배권 확보 등의 무형적 이익이나 장래의 이득일지라도 가액 평가가 가능하다면 포함할 수 있을 것이다.

위와 같이 회사의 대표자·대리인·사용인·종업원이 회사의 업무에 관하여 법 제39조 제1항의 위반행위를 한 경우에는 법 제46조의 양벌규정에 따라 회사도 그 실제 행위자에 대한 법정형 중 벌금형의 처벌을 받게 되므로, 실제 행위자에 대한 벌금 법정형을 정함에 있어서 업무주인 회사의 이익 취득액 또는 회피 손실액도 감안할 것인지 문제가 된다. 이에 관하여 판례는 회사의 대표자 등이 회사의 기관機關으로서 그 회사의 업무에 관하여 허위재무제표작성죄의 위반행위를 하면 그 위반행위로 회사가 얻은 이익 또는 회피한 손실액도 회사의 대표자 등의 위반행위로 얻은 이익 또는 회피한 손실액에 포함된다고 판시하고 있다.[52)] 법인의 대표자 등 기관의 행위는 곧 법인 자신의 행위로서 양벌규정에 따른 법인의 책임도 곧 법인 자신의 행위에 대한 행위책임을 부담하는 것이므로[53)] 양벌규정이 적용되는 경우의 벌금 법정형을 정함에 있어서 대표자 등 기관의 행위로 업무주인 회사가 얻은 이익 또는 회피한 손실액이 포함

지와 형사법의 대원칙인 책임주의를 염두에 두고 위반행위의 동기·경위·태양·기간, 제3자 개입 여부, 증권시장 상황 및 그 밖에 주가에 중대한 영향을 미칠 수 있는 제반 요소들을 전체적·종합적으로 고려하여 인과관계가 인정되는 이익을 산정해야 하며, 그에 관한 증명책임은 검사가 부담한다."고 판시하였다); 대법원 2010. 4. 15. 선고 2009도13890 판결].

51) 대법원 2017. 12. 22. 선고 2017도12649 판결(분식회계를 수단으로 한 사기적 부정거래 사안에서 자본시장법 제443조 제1항 단서 및 제2항에서 규정하고 있는 '위반행위로 얻은 이익 또는 회피한 손실액'의 산정에 관하여 유사하게 판시).

52) 이는 자본시장법 제443조 제1항 및 제2항에서 벌금형의 산정기준으로 규정하고 있는 '위반행위로 얻은 이익 또는 회피한 손실액' 산정에 관한 판례의 입장이다[대법원 2011. 12. 22. 선고 2011도12041 판결("법인의 대표자 등이 그 법인의 기관으로서 그 법인의 업무에 관하여 자본시장법 제443조에 정한 위반행위를 한 경우에는 그 위반행위로 인하여 법인이 얻은 이익도 법인의 대표자 등의 위반행위로 얻은 이익에 포함된다.")].

53) 대법원 2010. 9. 30. 선고 2009도3876 판결; 한석훈, 앞의 책(각주 12), 76면.

되어야 함은 당연할 것이다. 나아가 회사의 기관이 아닌 사용인·종업원·대리인(이하 '사용인등'이라 함)이 그 회사의 업무에 관하여 법 제39조 제1항의 위반행위를 한 경우에도 마찬가지로 해석할 것인지는 문제가 된다. 회사는 사용인등과 구분되는 제3자이므로 공범이 아닌 제3자에게 귀속되는 이익 또는 회피 손실액으로 보아 그 가액을 제외해야 한다는 견해도 가능하다. 그러나 이렇게 해석한다면 업무주인 회사에 대한 벌금형 산정시 분식회계로 인하여 회사가 얻은 이익이나 회피 손실액을 제외하게 되는 부당한 결과가 된다. 또한 분식회계도 회사의 단기적 이익 취득이나 손실 회피를 위하여 범하는 경우가 많으므로 실제 행위자인 사용인등을 처벌함과 동시에 그 이익귀속주체인 회사도 처벌하려는 것이 양벌규정의 입법취지[54]임에 비추어 보면 이러한 경우에도 사용인등의 행위로 회사가 얻은 이익 또는 회피한 손실액을 포함해야 할 것이다.[55] 다만, 양벌규정이 적용되는 경우에 대표자·사용인 등 실제 행위자와 업무주인 회사에 대하여 각 벌금의 선고형은 달리 정할 수 있다.[56]

법 제39조 제1항 위반죄는 벌금 법정형의 상한을 종전처럼 정액으로 규정하지 않고 '위반행위로 얻은 이익 또는 회피한 손실액'을 기준으로 벌금 법정형의 상·하한을 산정하도록 규정하고 있고, 이익 취득액이나 손실 회피액을 산정할 수 없는 경우의 벌금 상·하한액 규정도 두고 있지 않다. 그럼에도 불구하고 징역형을 선택할 경우에는 벌금형도 필요적으로 병과해야 하고(법 제48조), 아니면 벌금형만을 선택해야 한다. 따라서 법 제39조 제1항의 위반행위로 인한 이익 취득액이나 손실 회피액을 검사가 증명하지 못하는 경우에는 이러한 벌금형을 선고할 수 없게 되는 문제가 발생한다.[57]

나. 법 제39조 제2항

전항 기재 허위재무제표작성죄의 위반행위 중 법 제5조에 따른 회계처리기준을 위반하여 회사의 재무제표상 손익 또는 자기자본 금액이 자산총액의 일정 비중에 해당하는 금액만큼 변경되는 경우에는 다음과 같이 가중처벌 된다(법 제39조 제2항 각 호 외 부분). 즉, 그 재무제표상 변경된 손익 또는 자기자본 금액이 자산총액의 100분의

54) 양벌규정의 입법취지에 관하여는 대법원 1999. 7. 15. 선고 95도2870 전원합의체 판결(건축법상 양벌규정 적용사례) 참조.

55) 한석훈, 앞의 논문["개정 외부감사법의 회계부정 처벌규정에 대한 평가"(각주 8)], 283면.

56) 한석훈, 앞의 책, 96면.

57) 이 점은 입법적 흠결이므로 보완 입법이 필요하다.

5 이상인 경우에는 3년 이상의 유기징역에 처하고, 재무제표상 변경된 손익 또는 자기자본 금액이 자산총액의 100분의 10 이상인 경우에는 무기징역 또는 5년 이상의 징역에 처한다(법 제39조 제2항 제1호·제2호).[58] 다만, 이러한 가중처벌은 자산총액의 100분의 5에 해당하는 금액이 500억 원 이상인 경우(법 제39조 제2항 각 호 외 부분 단서), 즉 자산총액이 1조 원 이상이 되는 경우에만 적용된다.

법 제39조 제2항에서 그 가중처벌의 적용기준으로 들고 있는 '자산총액'이나 '손익'은 각 사업연도마다 변동하는 항목이라는 점, '재무제표상 변경된 금액'이라는 문언 등 규정내용에 비추어 볼 때 위 '재무제표상 변경된 손익 또는 자기자본 금액'이란 위반행위가 수 개의 사업연도에 걸쳐 행하여진 경우이더라도 각 결산 재무제표 별로 그 금액을 판단해야 하고, 위 '자산총액'이란 그 재무제표를 진실하게 작성했을 경우의 재무제표상 자산총액을 말하는 것으로 보아야 할 것이다.

위와 같이 회계처리기준을 위반하여 변경되는 회사의 재무제표상 손익 또는 자기자본 금액이 자산총액의 일정 비율에 해당하고 회사 자산총액의 100분의 5에 해당하는 금액이 500억 원 이상인 사실은 가중처벌을 위한 범죄구성요건을 이루는 것이므로 행위자에게 그 사실에 대한 인식과 용인, 즉 고의가 필요하다.

법 제39조 제2항 위반죄로 처벌하는 경우에는 벌금형을 병과할 수 없다(법 제48조). 다만, 법 제39조 제2항에 따라 가중처벌 하는 경우에도 법 제45조 규정에 따라 법 제39조 제1항의 위반행위로 얻은 이익은 몰수하고, 그 전부 또는 일부를 몰수할 수 없으면 그 가액을 추징하여야 한다. 법 제39조 제2항은 같은 조 제1항의 위반행위에 대하여 그 주형主刑에 대한 가중처벌 규정일 뿐이므로 부가형인 몰수·추징 규정은 마찬가지로 적용되기 때문이다.

법 제46조의 양벌규정은 법 제39조 제2항에 따라 가중처벌 하는 경우에도 적용되어 위반 행위자가 속한 회사에 대해서는 양벌규정에 따라 벌금형에 처하게 된다(법 제46조 본문). 그런데 법 제39조 제2항에서는 그 법정형으로 징역형만 규정하고 있으

58) 법 제39조 제2항 각 호 외 부분 본문에서는 같은 항 각 호에 따라 "가중할 수 있다"고 규정하여 마치 같은 항 각 호에 해당하더라도 가중처벌을 하지 않을 수도 있을 것처럼 표현하고 있다. 그러나 같은 항 각 호에서는 재무제표상 변경된 금액이 자산총액의 일정 비율 이상인 경우에는 소정의 법정형에 "처한다"고 규정하고 있는 점, 분식회계 및 부실감사를 엄중히 처벌하고자 하는 법 제39조의 개정입법 취지에 비추어 볼 때 법관이 가중된 법정형을 따르지 않을 수 있는 것으로 해석할 것은 아니다[한석훈, 앞의 논문("개정 외부감사법의 회계부정 처벌규정에 대한 평가"(각주 8)), 282면].

므로 회사 등 법인에 대한 벌금형을 어떻게 정할 것인지 문제가 된다.[59] 이 경우 형벌의 흠결을 막기 위해서는 회사 등 법인에 대한 형벌 규정인 법 제46조 본문의 '해당 조문의 벌금형'이란 법 제39조 제1항의 벌금형을 말하는 것으로 해석할 수밖에 없을 것이다.[60]

다. 몰수·추징

법 제45조에서는 법 제39조 제1항을 위반하여 얻은 이익에 대한 필요적 몰수·추징 규정이 신설되었는데, 몰수·추징의 대상인 '이익'이란 몰수·추징이 가능한 현실화된 경제적 이익을 의미한다.

판례는 필요적 몰수·추징이 징벌적 성질의 처분인지, '범인이 취득한 당해 재산을 범인으로부터 박탈하여 범인으로 하여금 부정한 이익을 보유하지 못하게 함'에 그 목적이 있는 이른바 대물적 보안처분의 성질을 가진 것인지 여부에 따라 몰수·추징의 요건·추징가액 등 법리를 달리 파악하고 있으므로,[61] 위 몰수·추징의 법적 성질이 문제가 된다. 생각건대 '법 제39조 제1항의 위반행위로 얻은 이익'이란 범죄행위로 인하여 취득한 경제적 이익을 말하고, 주형인 징역과 벌금의 법정형을 강화하면서

59) 자본시장법 제443조 위반죄의 경우에도 양벌규정(자본시장법 제448조)을 두고 있지만, 자본시장법 제443조 제2항에서 제1항의 가중처벌 규정을 두면서 "제1항의 징역을 … 가중한다."고 규정하여 징역형만 가중하는 취지임을 분명히 하고 있으므로, 이러한 가중처벌 사유에 해당하더라도 벌금형을 선택할 수 있음은 물론 징역형을 선택하더라도 벌금형을 필요적으로 병과하게 되므로(자본시장법 제447조 제1항) 양벌규정에 따라 법인 등 업무주를 처벌하는 경우에 벌금형을 부과함에 아무런 문제가 없다.

60) 이에 반하여, 허위재무제표작성죄 중 법 제39조 제2항으로 의율되는 경우에는 벌금형을 선택하거나 병과할 수 없으므로 양벌규정에 의하여 회사 등 법인에 대한 벌금형 부과를 할 수 없는 것으로 해석하는 견해도 있을 수 있다. 그러나 법 제39조 제1항 위반의 경우에는 양벌규정을 적용하면서 그보다 위반행위로 인한 변경금액이 고액이어서 가중처벌 하는 법 제39조 제2항 위반의 경우에는 양벌규정으로 처벌할 수 없다고 해석함은 균형이 맞지 않을 뿐만 아니라 입법취지에도 반하는 해석이 아닐 수 없다. 다만, 이는 입법의 불비이므로 죄형법정주의의 명확성 원칙에 따라 법 제39조 제2항에 양벌규정인 제46조를 적용하는 경우의 회사 등 법인에 대한 벌금 법정형을 명확히 규정할 필요가 있다.

61) 판례는 필요적 몰수·추징을 마약류관리에관한법률위반죄, 향정신성의약품관리법위반죄 등의 경우에는 징벌적 성질의 처분으로 보고 있으나(대법원 2010. 8. 26. 선고 2010도7251 판결; 대법원 2001. 12. 28. 선고 2001도5158 판결; 대법원 1984. 3. 13. 선고 83도3228 판결), 뇌물범죄나 변호사법위반죄 등의 경우에는 대물적 보안처분의 성질을 가진 것으로 보고 있다(대법원 2002. 6. 14. 선고 2002도1283 판결; 대법원 1996. 11. 29. 선고 96도2490 판결). 징벌적 성질의 처분으로 파악할 경우에는 그 범행으로 인하여 이득을 취득한 바 없다 하더라도 법원은 그 가액의 추징을 명하여야 하고, 그 추징의 범위에 관하여는 죄를 범한 자가 여러 사람일 때에는 각자에 대하여 그가 취급한 범위 내에서 몰수 대상물 가액 전액의 추징을 명하여야 한다(대법원 2001. 12. 28. 선고 2001도5158 판결).

이러한 몰수·추징 규정을 신설한 것이므로, 이는 범죄로 취득한 부정한 이익을 박탈함으로써 범죄의 동기를 차단하려는 데 입법취지가 있는 것으로 보아야 한다.

이처럼 위 몰수·추징을 대물적 보안처분으로서의 법적 성질을 가진 것으로 파악한다면 법 제39조 제1항의 위반행위로 각 행위주체가 실제로 취득한 이익에 대해서만 개별적으로 몰수하거나 추징하여야 할 것이다. 또한 법 제39조 제2항 위반죄로 가중처벌 하는 경우에도 그 위반행위로 얻은 이익은 곧 '법 제39조 제1항을 위반하여 얻은 이익'에 해당하므로 이에 대하여도 필요적으로 몰수하거나 추징해야 함은 물론이다.

4. 죄수

가. 포괄일죄 여부

포괄일죄란 같은 범죄구성요건에 해당하는 여러 개의 행위가 있더라도 피해법익이 단일하고 범죄의 태양이 동일하며 단일한 범의에 기한 일련의 행위로 볼 수 있는 경우에 그 여러 개의 행위가 포괄하여 1죄를 구성하게 되는 것을 말한다(판례).[62] 앞에서 설명한 것처럼 허위재무제표작성죄는 개별 회사의 각 사업연도 별로 그 위반행위가 성립한다. 그런데 법 제39조는 종전 외부감사법 규정과 달리 '위반행위로 얻은 이익 또는 회피한 손실액'에 따라 벌금 법정형의 상·하한액을 달리하고, '재무제표상 변경된 손익 또는 자기자본 금액'에 따라 최고 무기징역형까지 가중처벌하게 하였으므로, 여러 개의 행위를 수죄로 볼 것인지 포괄일죄로 볼 것인지는 매우 중요한 문제가 되었다.

허위재무제표작성죄의 보호법익은 사회적 법익인'회사 재무제표에 대한 신뢰'와 개인적 법익인 '회사의 경영건전성'인데 그 침해 여부는 각 사업연도 별로 검토함이 타당한 점, 회사의 결산 재무제표는 사업연도별로 작성되는 것으로서 통상 그 위반행위의 태양이 작성시마다 동일하지 않는 점 등을 감안하면, 개별 회사의 각 사업연도 결산 재무제표 별로 허위재무제표작성죄가 성립하는 것으로 보게 되는 경우가 대부분일 것이다.

62) 대법원 2011. 8. 18. 선고 2009도7813 판결; 한석훈, 앞의 책(각주 12), 206면.

따라서 같은 회사에서 여러 사업연도에 걸쳐 유사한 방식으로 허위재무제표작성죄를 범한 경우에도 포괄일죄가 성립하는 것이 아니라, 각 사업연도의 결산 재무제표별로 허위재무제표작성죄가 성립하여 수 개의 죄가 실체적으로 경합하게 된다.

나. 자본시장법위반죄 또는 사기죄와의 관계

거짓으로 재무제표를 작성·공시한 후 그 재무제표를 사용하여 금융투자상품의 사기적 부정거래를 함으로써 허위재무제표작성죄와 자본시장위반죄(자본시장법 제443조 제1항 제8호, 제178조 제1항 각 호)를 범한 경우에, 양 죄는 범죄구성요건 행위의 내용이나 보호법익이 전혀 다르므로[63] 수 개의 행위에 의하여 수 개의 죄를 범한 것이 된다. 따라서 상상적 경합관계에 있다거나 자본시장법위반이 허위재무제표작성의 불가벌적 사후행위에 해당하는 것으로 볼 수도 없고(판례),[64] 양 죄는 실체적 경합관계가 된다.

거짓으로 재무제표를 작성·공시한 후 그 내용에 따라, 자본시장법상 금융위원회 등에 제출·공시하는 증권신고서, 사업보고서 등 공시서류 중 중요사항을 허위로 작성한 경우에도, 위와 마찬가지로 허위재무제표작성죄와 자본시장법위반죄(자본시장법 제444조 제13호, 제119조, 제159조)가 성립하고 양 죄는 실체적 경합관계가 된다.

거짓으로 재무제표를 작성·공시한 후 그 재무제표를 이용하여 금융기관으로부터 대출을 받는 등 금융거래행위를 하여 재물이나 재산상 이익을 취득한 경우에는 허위재무제표작성죄와 사기죄[65]가 각 별개의 행위로 성립하고[66] 상호 보호법익을 달리하므로[67] 양 죄는 실체적 경합관계가 된다.

---

63) 사기적 부정거래행위를 포함하여 자본시장법위반죄의 입법취지는 금융투자상품 거래시장에 대한 일반투자자의 신뢰를 보호하기 위한 것으로서(대법원 2002. 7. 22. 선고 2002도1696 판결) 그 보호법익은 '금융투자상품 거래의 공정성 및 유통의 원활성 확보'라는 사회적 법익이다[대법원 2011. 10. 27. 선고 2011도8109 판결; 한석훈, 앞의 논문("개정 외부감사법의 회계부정 처벌규정에 대한 평가"(각주 8)), 307면].

64) 대법원 2013. 1. 24. 선고 2012도10629 판결.

65) 사기의 범죄행위로 인한 이득액이 5억 원 이상인 경우에는 「특정경제범죄 가중처벌 등에 관한 법률」(이하 '특정경제범죄법'이라 함) 제3조 위반(사기)죄로 처벌된다.

66) 대법원 2017. 12. 22. 선고 2017도12649 판결; 대법원 2005. 4. 29. 선고 2002도7262 판결.

67) 사기죄의 보호법익은 '개인의 재산권'이라는 개인적 법익이다[대법원 2014. 9. 26. 선고 2014도8076 판결; 정성근·박광민, 「형법각론」(성균관대학교 출판부, 2015), 364면].

Ⅳ. 허위감사보고서작성죄

1. 범죄구성요건

가. 행위주체

허위감사보고서작성죄의 행위주체는 '감사인 또는 그에 소속된 공인회계사'이다(법 제39조 제1항 후단). '감사인'이란 공인회계사법 제23조에 따른 회계법인과 한국공인회계사회에 등록한 감사반으로서(법 제2조 제7호) 감사 대상 회사와 외부감사계약을 체결하여 외부감사 임무를 수임한 자이다. 그런데 후술하는 것처럼 외부감사법의 감사 대상은 결산 재무제표(또는 연결재무제표)이고 감사보고서란 그 결산 재무제표를 회계기준에 따라 감사하고 그에 따른 감사의견을 표명한 보고서이므로(법 제2조 제8호) 법 제39조 이하 벌칙 조항의 '감사인'이란 그 결산 재무제표를 감사하는 감사인만을 의미한다(판례).[68] 또한 외부감사법에서의 '감사인'이란 법 제4조 등 법령에 의하여 외부감사를 받아야 하는 회사에 대하여 감사를 하는 감사인만을 의미한다(판례).[69] 그러므로 자본시장법 규정에 따라 반기·분기보고서에 포함된 재무제표에 대한 감사나 확인 및 의견표시를 담당하는 감사인(자본시장법 제160조, 동법 시행령 제170조)이나, 외부감사법에 따른 외부감사 대상이 아닌 회사가 임의로 회계감사를 실시하는 경우의 회계법인이나 감사반은 이 죄의 행위주체인 감사인에 포함되지 않는다.

판례는 법인의 범죄능력을 부정하고 실제 행위자를 범죄의 행위주체로 보고 처벌하는 입장이므로,[70] 감사인이 회계법인인 경우에는 회계법인의 대표이사, 이사 또는 소속 공인회계사, 감사인이 감사반인 경우에는 소속 공인회계사가 행위주체로서 처벌되고, 회계법인은 후술하는 양벌규정(법 제46조)에 따라 그 실제 행위자에 대한 법정

---

68) 대법원 2008. 7. 10. 선고 2008도4068 판결[(구)외부감사법과 그 시행령의 관계 규정을 살펴보면, 외부감사법상의 재무제표 관련 조항은 모두 각 회계연도에 있어서 정기주주총회의 승인을 얻어야 하는 재무제표, 즉 결산 재무제표를 그 전제로 하고 있음이 명백하여, 외부감사법에 의하여 외부감사인에 의한 감사를 받아야 하는 재무제표는 결산 재무제표로서 이러한 결산 재무제표만이 외부감사법의 규율대상인 재무제표임을 알 수 있는바, 그렇다면 외부감사법 제20조 제2항 제8호(현행 외부감사법 제39조 제1항)에서 규정한 재무제표 또한, 외부감사인에 의한 감사의 대상이 되는 결산 재무제표만을 가리킨다고 할 것이고, 외부감사법에 의한 외부 감사인의 감사대상이 아닌 분기재무제표는 이에 해당하지 않는다고 할 것이다.].

69) 대법원 2010. 5. 27. 선고 2010도369 판결.

70) 대법원 1984. 10. 10. 선고 82도2595 전원합의체 판결(형법상 배임죄 사안); 한석훈, 앞의 책(각주 12), 63면.

형 중 벌금형의 처벌을 받게 될 뿐이다.

허위감사보고서작성죄는 위와 같은 신분을 가진 자만이 행위주체가 될 수 있으므로 진정신분범에 속하고, 이러한 신분이 없는 자는 공동정범·교사범·종범이 성립하는 경우에 형법 제33조 본문에 따라 처벌할 수 있을 뿐이다. 만약 회사의 회계업무 담당자일지라도 그 회사의 외부감사를 하는 감사인과 공모하여 허위감사보고서 작성에 가담하였다면 허위감사보고서작성죄의 공모공동정범으로 처벌할 수 있을 것이다. 이에 대하여 법 제41조 제1호, 제42조 제3호·제8호 등 회사 회계업무 담당자의 회계정보 위조·변조·훼손·파기, 감사인에 대한 조사 거부·방해·기피 또는 거짓자료 제출 등 감사방해 행위를 처벌하는 규정이 별도로 규정되어 있음을 근거로 허위감사보고서작성죄의 공범으로 처벌할 수 없는 것으로 해석하는 반대견해가 있을 수 있다. 그러나 위와 같은 정도의 감사방해 행위인 경우에는 위와 같은 처벌규정이 별도로 있으므로 허위감사보고서작성죄의 종범으로 의율할 수 없겠지만, 나아가 회사 회계업무 담당자가 감사인에게 허위감사보고서의 작성을 교사하거나 공동가공의 의사로 기능적 행위지배를 하는 경우에는 허위감사보고서작성죄의 교사범 또는 공모공동정범 등 공범이 성립할 수 있을 것이다. 이러한 행위는 외부감사법 제41조 제1호, 제42조 제3호 또는 같은 조 제8호 벌칙의 위법성 평가를 넘어서는 행위이므로, 같은 벌칙 규정이 허위감사보고서작성죄의 공범을 배제하는 입법취지를 가진 것으로 해석하는 것은 무리이다.

나. 위반행위

감사인은 감사 대상 회사와 외부감사계약을 체결하여 외부감사 임무를 수행하는 자이므로 감사인 및 그에 소속된 공인회계사는 외부감사법령에 따라 감사하고 그 감사보고서를 작성·제출해야 하는데, 허위감사보고서작성죄의 위반행위는 감사인 또는 그에 소속된 공인회계사가 '감사보고서에 기재해야 할 사항을 기재하지 아니하거나 거짓으로 기재한 경우'이다.

위 '감사보고서'란 감사인이 회사가 법 제5조 제3항에 따라 작성한 재무제표(연결재무제표를 작성하는 회사의 경우에는 연결재무제표도 포함, 이하 '재무제표'란 '연결재무제표'도 포함하여 지칭하는 것임)를 법 제16조의 회계감사기준에 따라 감사하고 그에 따른 감사의견을 표명한 보고서를 말한다(법 제2조 제8호). 그런데 앞의 허위재무제표작성죄에서 설명한 것처럼 외부감사법에서의 재무제표란 정기 주주총회나 정기 사원총회의 승인을 받아야 하는 결산 재무제표만을 말하는 것이므로, 위 '감사보고서'란 외부감사 대상 회사에 대하여 외부감사법에 따른 감사대상인 결산 재무제표에 대하여 작성하는 감사보고서로 한정해야 한다.

감사인은 일반적으로 공정·타당하다고 인정되는 회계감사기준에 따라 감사하고 그에 따른 감사의견을 표명한 감사보고서를 작성해야 하고, 회계감사기준은 한국공인회계사회가 금융위원회의 사전승인을 받아 정한다(법 제16조). 또한 현행 회계감사기준서 전문前文에 의하면 한국공인회계사회의 회계감사기준위원회는 회계감사기준의 이해와 실무적용에 있어 요구되는 감사인의 판단을 돕기 위하여 '회계감사 실무지침'을 제정·공포할 수 있는데,[71] 위와 같이 제정되는 회계감사기준서 및 회계감사 실무지침에 따라 감사보고서를 작성하였다면 특별한 사정이 없는 한 일반적으로 공정·타당하다고 인정되는 회계감사기준에 따라 작성한 것으로 인정된다.[72]

'감사보고서에 기재해야 할 사항을 기재하지 아니하거나 거짓으로 기재한 경우'란 감사인이 감사보고서를 작성함에 있어서 법 제18조 제1항, 제2항 및 위 회계감사기준에 따라 기재해야 할 사항을 누락하거나, 감사인의 감사에 관한 인식 및 판단결과에 대한 감사보고서의 기재내용이 객관적 진실과 일치하지 않거나 감사인이 회계감사기준에 따르지 아니한 감사를 하고 그 결과를 감사보고서에 기재하는 것을 말한다.[73] 허위감사보고서작성죄의 보호법익은 감사 대상 회사가 임의로 처분할 수 있는 것이 아니며 감사인은 그 회사의 의사와 무관하게 법 제18조 제1항, 제2항 및 회계감

71) 한국공인회계사회, 회계감사기준서(2018년 개정) 전문(前文) 문단 8.

72) 대법원 2011. 1. 13. 선고 2008다36930 판결["구 외부감사법 제5조 제2항에 의하면 회계감사기준은 한국공인회계사회가 정하며, 그에 따라 마련된 회계감사기준(2005. 3. 29. 폐지되기 전의 것) 제34조 제1항에 의하면 한국공인회계사회가 회계감사기준의 시행에 관하여 필요한 세부사항을 별도로 정할 수 있는바, 위와 같은 회계감사기준 및 한국공인회계사회가 그 시행을 위하여 마련한 회계감사준칙은 특별한 사정이 없는 한 일반적으로 공정·타당하다고 인정되는 것으로서 감사인의 위와 같은 주의의무 위반 여부에 대한 판단의 주요한 기준이 된다."].

73) 대법원 2007. 8. 23. 선고 2005도4471 판결["구 주식회사의 외부감사에 관한 법률(2001. 3. 28. 법률 제6427호로 개정되기 전의 것) 제20조 제1항 제2호(현행 법 제39조 제1항 후단)의 '감사보고서에 허위의 기재를 한 때'라고 함은 행위자인 외부감사인이 감사보고서의 내용에 자신이 감사한 사실에 관한 인식이나 판단의 결과를 표현함에 있어서 자신의 인식·판단이 감사보고서에 기재된 내용과 불일치하는 것임을 알고서도 일부러 내용이 진실 아닌 기재를 한 때를 말한다."]; 헌법재판소 2004. 1. 29. 선고 2002헌가20 결정["구 외부감사법 제20조 제1항 제2호(현행 법 제39조 제1항 후단)의 '감사보고서에 허위의 기재를 한 때'라고 함은 행위자인 외부감사인이 감사보고서의 내용에 자신이 감사한 사실에 관한 인식이나 판단의 결과를 표현함에 있어서 자기의 인식판단이 감사보고서에 기재된 내용과 불일치하는 것임을 알고서도 일부러 내용이 진실 아닌 기재를 하는 것을 말하는 것으로 볼 수 있다."].

사기준을 준수해야 하는 것이므로 감사 대상 회사가 위 감사보고서의 기재 누락이나 거짓 기재 사실을 알고 있었는지 여부는 문제가 되지 않는다.

감사보고서의 내용은 재무제표에 대한 감사, '내부회계관리제도에 대한 검토나 감사' 및 '외부감사 실시내용'으로 구성되는데, 그 중 '내부회계관리제도에 대한 검토나 감사' 및 '외부감사 실시내용'의 기재 누락이나 거짓 기재도 위반행위에 포함되는지 문제가 된다.[74] '내부회계관리제도에 대한 검토나 감사'란 감사 대상 회사가 내부회계관리제도의 운영에 관한 사항을 준수했는지 여부, 회사 대표자의 주주총회 등에 대한 내부회계관리제도 운영실태에 관한 보고내용을 검토하거나 감사하는 것이다(법 제8조 제6항). '외부감사 실시내용'이란 외부감사 참여 인원수(즉, 직무 또는 직급에 따라 구분된 외부감사 참여인원과 총 외부감사 참여인원), 외부감사 참여 인원별 감사시간과 총 감사시간, 회계감사기준에 따른 감사절차에 따라 수행한 주요 감사내용(감사인이 감사 업무와 관련하여 외부 전문가로부터 자문·조언 등의 용역을 제공받은 경우 그 내용 포함), 감사 또는 감사위원회와의 대면회의 횟수, 각 회의의 참석자 및 주요 논의내용 등으로 구성된다(법 제18조 제3항, 법 시행령 제25조). 생각건대 앞에서 살펴본 것처럼 외부감사법에서의 '감사보고서'란 재무제표(또는 연결재무제표)를 감사하고 그에 따른 감사의견을 표명한 보고서를 말하므로, 재무제표에 대한 감사 부분의 기재 누락이나 거짓 기재는 허위감사보고서작성죄의 위반행위가 될 수 있지만, '내부회계관리제도에 대한 검토나 감사' 부분의 기재 누락이나 거짓 기재는 허위감사보고서작성죄의 위반행위에 포함할 수 없을 것이다. 또한 법 제18조 제3항에 따르면 '외부감사 실시내용'은 감사보고서와는 별도의 서류로 작성하여 재무제표와 함께 감사보고서에 첨부하는 것이므로, 그 내용을 감사보고서에 기재하였다고 하더라도 법 제39조 제1항 후단의 '감사보고서'에 포함되는 것으로 볼 수는 없을 것이다.

그리고 법 제18조 제2항에서는 감사보고서의 구체적 기재사항으로 '감사범위, 감사의견과 이해관계인의 합리적 의사결정에 유용한 정보'를 명시하고 있으므로 감사보고서 기재사항 중 '감사범위'와 '감사의견'의 기재 누락이나 거짓 기재가 허위감사보고서작성죄에 해당함에는 의문이 없다. 또한 '이해관계인의 합리적 의사결정에 유용한 정보'의 기재 누락이나 거짓 기재도 허위감사보고서작성죄에 해당한다고 볼 수 있다. 이와 관련하여 회계감사기준서에서도 재무제표 감사에 관하여 "감사의 목적은

74) 한국공인회계사회, 「외부감사인의 책임한계」(2018), 202면.

의도된 재무제표 이용자의 신뢰수준을 향상시키는 데 있다. 이 목적은 재무제표가 해당 재무보고체계에 따라 중요성의 관점에서 작성되었는지에 관해 감사인이 의견을 표명함으로써 달성된다."[75] "감사기준은 감사인이 감사의견의 기초로서 재무제표가 전체적으로 부정이나 오류로 인하여 중요하게 왜곡표시 되지 아니하였는지에 대하여 합리적인 확신을 얻을 것을 요구한다."[76] "감사인은 감사를 계획하고 수행할 때, 그리고 식별된 왜곡표시가 감사에 미치는 영향과 미수정 왜곡표시가 재무제표에 미치는 영향을 평가할 때 중요성의 개념을 적용한다. 일반적으로 누락 등 왜곡표시가 재무제표를 근거로 하는 이용자의 경제적 의사결정에 개별적으로 또는 집합적으로 영향을 미칠 것이 합리적으로 예상되면 그 왜곡표시는 중요하다고 간주된다. 중요성에 대한 판단은 주변상황에 비추어 내려지는 것이며, 재무제표 이용자의 재무정보 수요에 대한 감사인의 인식, 그리고 왜곡표시의 크기와 성격, 또는 두 가지 모두로부터 영향을 받는다. 감사의견은 재무제표 전체를 대상으로 하는 것이므로, 감사인은 재무제표 전체에 대하여 중요하지 않은 왜곡표시의 발견에 대해서는 책임지지 않는다."[77] 그러므로 재무제표가 이해관계인인 정보이용자의 합리적 의사결정에 영향을 미치는 것이라면 중요한 사항이고, 이러한 중요한 사항에 관한 기재 누락이나 거짓 기재의 경우에만 허위감사보고서작성죄의 범죄구성요건인 위반행위에 해당하는 것으로 보아야 할 것이다.[78] 이에 대하여, 감사보고서에 거짓으로 기재한 경우에는 기재 누락의 경우와는 달리 중요한 사항이 아니더라도 "감사의 결과를 혼란스럽게 하고 회사의 경영상태에 관한 외부의 객관적 평가를 오류에 빠뜨리게 하는 요인이 될 수 있다."는 점에서

75) 한국공인회계사회, 회계감사기준서(2008년 개정, 이하 '회계감사기준서'라 함) 200번 문단 3.

76) 회계감사기준서 200번 문단 5.

77) 회계감사기준서 200번 문단 6.

78) 이상돈, 앞의 책(각주 26), 262면에서도 "'감사보고서에 기재하여야 할 사항'이란 허위로 기재되거나 기재가 누락된 사항이 '중요한 사항'(materiality)일 것을 요구하며, 중요한 사항이란 법문언은 미국 연방증권법에서 보듯이 명확성 원칙에 위배되는 것이 아니다."라고 설명하고 있다; 한국공인회계사회, 앞의 책(각주 74), 203, 213면에서도 같은 입장에서 "감사의견이 '중요성의 관점'을 포함하고 있으므로 '중요성' 개념이 사실상 구성요건의 일부로 포함된다.", "단순히 어떤 사항이 기업회계기준을 위반하고 외부감사인이 그것을 용인하였다고 해서 곧바로 외부감사법 위반죄가 성립하지 않는다. 동 범죄의 성립은 회계기준 위반사항이 양적·질적으로 어떤 기준을 넘겨야만 한다."고 설명한다; 나아가 입법론으로서 자본시장법 제444조 제13호(증권신고서 등 허위기재)의 경우처럼 법 제39조 제1항 후단을 "감사인 또는 그에 소속된 공인회계사가 감사보고서에 기재하여야 할 중요사항을 기재하지 아니하거나 중요사항에 관하여 거짓으로 기재한 경우에는" 처벌하는 것으로 개정함이 죄형법정주의의 명확성 원칙에 부합할 것이다.

허위감사보고서작성죄의 위반행위에 포함된다고 보는 견해[79]가 있을 수 있다. 다만, 감사보고서에 적극적으로 거짓 기재를 한 경우에는 단순한 기재 누락과는 달리 대부분 이해관계인인 정보이용자의 합리적 의사결정에 영향을 미치는 중요한 사항에 해당하게 될 것이므로, 양 견해는 실무상으로는 큰 차이가 없을 것으로 보인다.

다. 고의

허위감사보고서작성죄도 고의범이므로 통설·판례의 입장인 용인설에 따르면 위와 같은 범죄구성요건 사실에 대한 인식과 적어도 그 용인이 필요하다. 감사인이 감사보고서 작성시 그것이 허위라는 점을 몰랐다고 주장하는 경우에 허위 기재의 고의는 사물의 성질상 그와 상당한 관련성이 있는 간접사실을 증명하는 방법에 의하여 이를 증명할 수밖에 없고, 이때 무엇이 상당한 관련성이 있는 간접사실에 해당할 것인가는 정상적인 경험칙에 바탕을 두고 치밀한 관찰력이나 분석력에 의하여 사실의 연결상태를 합리적으로 판단하는 방법에 의하여야 함은 고의 인정의 일반적 방법에 속한다(판례).[80] 그러므로 어느 정도의 간접사실이 있을 때 고의를 인정할 수 있을 것인지는 구체적 사안별로 파악할 수밖에 없다.

그리고 판례는 미필적 고의를 인정하는 입장에서 "감사 대상 재무제표에 분식회계의 내용이 있다는 점을 구체적으로 알지 못하였다 하더라도, 그 재무제표에 영향을 미치게 될 중요한 부정이나 오류의 가능성을 보여주는 여러 표지가 있음을 인식하였고 그러한 경우 감사범위를 확대하여야 함을 알고 있었던 이상, 감사절차를 수정 또는 추가하여 감사범위를 확대하지 아니한 채 만연히 감사보고서에 '적정의견'을 기재하였다면 이는 허위의 기재에 해당할 뿐만 아니라 그것이 허위라는 점에 대하여 적어

79) 헌법재판소 2004. 1. 29. 선고 2002헌가20, 21(병합) 전원재판부 결정의 입장이다["구 외부감사법 제20조 제1항 제2호(법 제39조 제1항 후단)의 '감사보고서에 허위의 기재를 한 때'라고 함은 행위자인 외부감사인이 감사보고서의 내용에 자신이 감사한 사실에 관한 인식이나 판단의 결과를 표현함에 있어서 자기의 인식판단이 감사보고서에 기재된 내용과 불일치하는 것임을 알고서도 일부러 내용이 진실 아닌 기재를 하는 것을 말하는 것"이고, "허위의 기재는 비록 필요적 기재사항이 아니라고 할지라도 감사의 결과를 혼란스럽게 하고 나아가 회사의 경영상태에 대한 외부의 객관적 평가를 오류에 빠뜨리게 하는 요인이 될 수 있음을 부정할 수 없다."고 판시]. 다만, 이 재판은 위 조항이 죄형법정주의의 명확성 원칙에 위배되는지 여부에 관한 것이고, 그 후 감사보고서의 기재사항을 특정하는 구 외부감사법 제7조의2(현행 법 제18조)가 신설되었는데, 같은 조항에서는 감사보고서의 기재 누락이나 거짓 기재 여부를 불문하고 '이해관계인의 합리적 의사결정에 유용한 정보'를 포함하도록 요구하고 있으므로, 현재도 위와 같은 해석을 유지할 수 있을 것인지는 의문이다.

80) 대법원 2007. 8. 23. 선고 2005도4471 판결.

도 미필적 고의는 있었던 것으로 보아야 한다."고 판시하고 있다.[81] 또한 감사인이 감사 대상 회사의 회계감사에 지속적으로 관여하여 그 회사의 재무상태와 영업상황을 잘 알고 있었고, 회사의 회계업무 담당자들이 기존의 회계처리 방법을 변경하거나 분식으로 나아갈 때 감사인에게 문의한 점 등 제반 사정을 종합할 때, 감사인이 회사의 분식회계 사실을 알면서도 감사보고서에 '적정의견'을 기재하였거나 적어도 감사보고서상 적정의견의 기재가 허위인 점에 대하여 미필적 고의가 있었음을 인정한 사례[82]도 있다.[83] 다만, 허위감사보고서작성죄의 법정형이 대폭 상향조정된 현행 벌칙 아래에서는 회계처리기준이나 회계감사기준의 추상성·불명확성 및 회계감사의 전문성에 비추어 미필적 고의를 인정함에는 신중을 기할 필요가 있을 것이다.

81) 대법원 2007. 8. 23. 선고 2005도4471 판결["1998. 6. 30.을 기준으로 한 주식회사 고합(이하 '고합'이라고만 한다)의 자산실사 결과 고합이 당시 제시한 대차대조표상 건설중인 자산의 잔액 1,796억 원(천만 원 이하 버림, 이하 같다) 중 66%에 해당하는 1,197억 원이 과대계상된 것으로 밝혀진 점, 특히 이 사건 회계감사 당시 피고인이 지적한 바에 의하더라도 고합이 제시한 대차대조표상 건설 중인 자산의 기말잔액 1,023억 원 중 56%에 해당하는 578억 원이 과대계상되었으며 과대계상 된 금액 중 54% 정도인 317억 원이 전기오류수정손실로 파악되었고, 건설 중인 자산의 전기이월잔액 4,890억 원 중 위와 같이 오류로 밝혀진 부분이 6.5% 정도에 이르는데, 이는 대차대조표 계정에 있어 금액적으로 중요성이 있다고 평가되어야 하는 점, 건설 중인 자산 계정의 특성상 당해 계정에 있어서는 기말잔액뿐만 아니라 전기이월 된 기초잔액, 당기증가분 및 당기감소분 모두 기업회계상 중요한 의미가 있는데, 위와 같이 오류로 밝혀진 당기잔액 부분의 금액적 중요성에 비추어 볼 때, 1998회계연도에 건설중인 자산의 전기이월잔액인 4,890억 원 및 그 중 당기에 기계장치로 대체된 4,513억 원에 있어서도 분명 오류가 있고 그러한 오류금액의 영향력이 상당할 것임을 충분히 예측할 수 있는 점, 더구나 피고인은 고합이 당해연도에 분식회계를 시도한 바 있다는 사실까지 인식하고 있었던 점, 고합의 회계감사에 3년째 참여하여 왔고 이 사건 회계감사 당시 공인회계사로서의 상당한 경력을 보유한 자로서 현장에서 감사의 총괄책임을 지고 있던 피고인으로서는 위와 같이 재무제표에 영향을 미치게 될 중요한 부정이나 오류의 존재가능성을 발견한 경우에는 감사절차를 적절히 수정 또는 추가하여 실시하여야 한다는 회계감사준칙을 숙지하고 있었던 것으로 보이는 점, 그런데도 피고인은 1998회계연도 개시일 현재의 대차대조표 계정잔액(전기이월계정잔액)에 대한 추가 감사절차를 실시하는 등으로 위와 같은 전기이월계정잔액의 왜곡을 지적하지 아니한 채, 기계장치 3,098억 원, 감가상각누계액 380억 원 및 제조경비 101억 원을 과대계상하고 전기수정오류손실 2,820억 원을 과소계상함으로써 대차대조표일 현재의 자산·부채 및 자본을 적정하게 표시하고 있지 아니한 고합의 재무제표에 대한 감사보고서에 '적정의견'을 기재"한 사안에서 감사보고서 허위작성의 미필적 고의를 인정하였다].

82) 부산지방법원 2012. 1. 6. 선고 2010고단6397 판결.

83) 이에 대하여, 허위감사보고서작성죄가 부실감사행위로 인한 손해의 발생을 형사책임의 요건으로 하지 아니한 현행 외부감사법 아래에서 헌법상 과잉금지원칙에 위반되지 않기 위해서는 허위감사보고서작성죄의 고의 개념에 경제적 이득 의사를 추가해야 함을 전제로, 공정감사 의무를 충족하지 못하였을 뿐 경제적 이득 의사가 없는 '미필적 고의'는 이를 '고의'로 인정할 수 없다고 보는 견해도 있다[이상돈, 앞의 책(각주 26), 285~287면].

라. 기수시기

감사인은 결산 재무제표에 대한 감사보고서를 작성하여 K-IFRS를 적용하는 회사의 감사보고서는 정기총회 개최 1주 전(회생절차가 진행 중인 회사의 경우에는 사업연도 종료 후 3개월 이내)에, K-IFRS를 적용하지 않는 회사의 경우에 재무제표에 대한 감사보고서는 같은 기한 내, 연결재무제표의 감사보고서는 사업연도 종료 후 120일 이내(사업보고서 제출대상 법인 중 직전 사업연도 말 현재 자산총액이 2조 원 이상인 법인의 경우에는 사업연도 종료 후 90일 이내)에 회사(감사 또는 감사위원회 포함)에 제출해야 한다(법 제23조 제1항 본문, 법 시행령 제27조 제1항).[84] 또한 감사인은 증권선물위원회 및 한국공인회계사회에 대하여, 재무제표에 대한 감사보고서와 K-IFRS를 적용하는 회사의 연결재무제표에 대한 감사보고서는 정기총회 종료 후 2주 이내(회생절차가 진행 중인 회사인 경우에는 해당 회사의 관리인에게 보고한 후 2주 이내)에, K-IFRS를 적용하지 않는 회사의 연결재무제표에 대한 감사보고서는 사업연도 종료 후 120일 이내(사업보고서 제출대상 법인 중 직전 사업연도 말 현재 자산총액이 2조 원 이상인 법인의 경우에는 사업연도 종료 후 90일 이내)에 제출하여야 한다(법 제23조 제1항 본문, 법 시행령 제27조 제3항). 다만, 자본시장법 제159조 제1항에 따른 사업보고서 제출대상 법인인 회사가 사업보고서에 감사보고서를 첨부하여 금융위원회와 거래소에 제출하는 경우에는 감사인이 증권선물위원회 및 한국공인회계사회에 감사보고서를 제출한 것으로 본다(법 제23조 제1항 단서). 주식회사나 유한회사의 이사는 위와 같이 제출된 재무제표에 대한 감사보고서를 정기총회회일의 1주 전부터 본점에 5년간 비치하여 공시하고 주식회사의 경우에는 그 등본을 지점에도 3년간 비치·공시해야 하며, 연결재무제표에 대한 감사보고서는 회사에 대한 위 감사보고서 제출기한이 지난 날부터 본점에 5년간, 지점에 3년간 비치·공시해야 한다(법 제23조 제5항, 법 시행령 제27조 제7항). 그러므로 감사인 등이 감사보고서를 허위로 작성한 때, 감사인이 이를 감사 대상 회사, 증권선물위원회 또는 한국공인회계사회 등에 제출한 때, 감사 대상 회사가 제출받은 감사보고서를 본점에 비치·공시한 때 중 어느 시기를 기수시기로 볼 것인지 문제가 된다.

---

84) 다만, 회사가 사업보고서 제출기한 이후 정기총회를 개최하는 경우로서 해당 회사의 재무제표(K-IFRS를 적용하지 아니하는 회사의 연결재무제표는 제외)를 감사하는 경우에는 감사보고서를 사업보고서 제출기한 1주 전(회생절차가 진행 중인 회사는 사업연도 종료 후 3개월 이내)까지 회사에 제출하여야 한다(법 시행령 제27조 제2항).

범죄의 기수시기는 범죄구성요건을 충족한 때인데,[85] 구체적으로는 위반행위를 종료하고 보호법익의 보호정도에 따르는 결과가 발생한 때이다. 그러므로 범죄별로 범죄구성요건의 규정형식과 보호법익 및 보호정도에 따라 판단할 수밖에 없다. 허위감사보고서작성죄의 범죄구성요건은 "감사인 또는 그에 소속된 공인회계사가 감사보고서에 기재하여야 할 사항을 기재하지 아니하거나 거짓으로 기재한 경우"이고, 보호법익은 '회사 재무제표에 대한 사회의 신뢰 및 회사의 경영건전성'이며 그 보호의 정도가 추상적 위험범임은 앞에서 살펴본 바와 같다. 따라서 감사인이 감사보고서를 허위로 작성하고 외부감사법에 따라 감사보고서를 감사 대상 회사에 제출한 때 위 보호법익을 침해할 추상적 위험이 발생한 것이므로, 이때 기수에 이른 것으로 보아야 할 것이다. 이에 대하여 범죄구성요건의 규정형식이 유사한 통상의 무형위조 범죄의 경우[86]처럼 감사인이 감사보고서를 작성한 것으로 볼 수 있는 때, 즉 감사인이 감사보고서에 대한 내부결재를 종료한 때를 기수시기로 보는 견해도 있을 수 있다. 그러나 감사보고서는 감사 대상 회사와의 외부감사계약에 따라 감사 대상 회사에 제출할 것이 예정되어 있는 문서이므로, 범죄구성요건에 규정된 '감사보고서'란 감사인이 감사 대상 회사에 제출하는 감사보고서를 말하는 것으로 보아야 할 것이다. 따라서 감사인이 감사보고서를 허위로 작성하여 내부결재를 종료하였다고 하더라도, 외부감사법에 따라 감사보고서를 감사 대상 회사에 제출하기 전에는 미수범 처벌규정이 없는 이상 미수범으로도 처벌할 수 없다.

그리고 감사인이 외부감사법 적용대상인 주식회사나 유한회사로 알고 외부감사계약을 체결한 다음 허위의 감사보고서를 작성·제출하였으나, 직전 사업연도 말의 자산·부채·종업원수 또는 매출액 등이 적용대상 기준에 미달하여 외부감사법 적용대상 회사가 아닌 경우에는 대상의 착오로 인하여 결과발생이 불가능한 불능미수(형법 제27조)에 해당하지만, 미수범 처벌규정이 없으므로 처벌할 수 없다.

---

85) 박상기, 앞의 책[「형법학」(각주 40)], 211면; 정성근·박광민, 앞의 책[「형법총론」(각주 25)], 379면; 손동권·김재윤, 「새로운 형법총론」(율곡출판사, 2011), 428면.

86) 형법상 허위진단서작성죄의 경우에는 진단서를 작성한 때 기수에 이르고 이를 공무소에 제출하였는지 여부는 범죄의 성립 여부에 영향이 없다[정성근·박광민, 앞의 책[「형법각론」(각주 67)], 649면].

2. 위법성의 착오

감사인은 일반적으로 공정·타당하다고 인정되는 회계감사기준에 따라 감사하고 그에 따른 감사의견을 표명한 감사보고서를 작성해야 하는데, 이러한 회계감사기준도 앞의 회계처리기준의 경우처럼 추상적·다의적인 불명확한 표현이 적지 않다.[87] 그러므로 회계감사기준의 불명확한 표현에 대한 해석이 한국공인회계사회의 회계감사기준위원회가 제정·공포한 '회계감사 실무지침'에 의하더라도 명확하지 않는 경우가 있을 수 있다. 이러한 경우에 행위자가 회계감사기준의 해석을 그르쳐 자신의 행위를 법 제39조 위반이 아니라고 믿은 위법성 착오가 있었던 경우에 처벌할 수 있는 것인지 문제가 될 수 있다.

앞의 허위재무제표작성죄의 회계처리기준 해석에 관한 위법성 착오의 경우와 마찬가지로 허위감사보고서작성죄에서 회계감사기준의 해석을 잘못한 위법성 착오의 경우에도 그 오인에 '정당한 이유'(형법 제16조)가 있었다면 면책되는 것으로 보아야 할 것이다. 다만, 판례는 그 '정당한 이유'의 인정 여부에 관하여 "행위자에게 자기 행위의 위법 가능성에 대해 심사숙고하거나 조회할 수 있는 계기가 있어 자신의 지적 능력을 다하여 이를 회피하기 위한 진지한 노력을 다하였더라면 스스로의 행위에 대하여 위법성을 인식할 수 있는 가능성이 있었는데도 이를 다하지 못한 결과 자기 행위의 위법성을 인식하지 못한 것인지 여부에 따라 판단하여야 한다."고 판시하고 있다.[88]

3. 법정형

가. 법 제39조 제1항

위와 같은 감사보고서 기재 누락이나 거짓 기재, 즉 감사보고서 허위작성의 경우에는 허위재무제표작성죄의 경우와 마찬가지로 10년 이하의 징역 및 그 위반행위로 얻은 이익 또는 회피한 손실액의 2배 이상 5배 이하의 벌금을 병과하거나(필요적 병과), 그 벌금만을 부과할 수도 있다(법 제39조 제1항, 제48조). 이때 '위반행위로 얻은

87) 회계감사기준 중 불명확한 표현의 사례에 관하여는 한석훈, 앞의 논문["개정 외부감사법의 회계부정 처벌규정에 대한 평가"(각주 8)], 301, 302면 참조.

88) 대법원 2017. 3. 15. 선고 2014도12773 판결.

이익 또는 회피한 손실액'이란 원칙적으로 위반행위로 인하여 행위자 자신에게 귀속되는 이익이나 회피 손실액을 말하고, 여러 사람이 공동으로 허위감사보고서작성죄를 저지른 경우에는 범행에 가담한 공범 전체가 취득한 이익이나 회피한 손실액을 말할 뿐, 범행에 가담하지 아니한 제3자에게 귀속되는 이익이나 회피 손실액이 제외되는 점도 허위재무제표작성죄의 경우와 같다.

양벌규정에 관한 법 제46조의 적용으로 회계법인 등 업무주가 위반행위자인 그 대표자·사용인·종업원 등과 함께 처벌되는 경우에는 실제 행위자의 위반행위로 회계법인이 얻은 이익 또는 회피 손실액도 양벌규정의 벌금 법정형을 정함에 있어서 '위반행위로 얻은 이익 또는 회피한 손실액'에 포함되는 점도 허위재무제표작성죄의 경우와 마찬가지이다.

그리고 '위반행위로 얻은 이익 또는 회피한 손실액'이란 감사보고서 허위작성 행위로 인하여 발생한 보호법익에 대한 침해의 위험과 상당인과관계가 인정되는 것을 말한다. 이는 허위재무제표작성죄의 경우와 마찬가지로 법 제39조의 입법취지, 형사법의 대원칙인 책임주의를 염두에 두고 위반행위의 동기·경위·태양 등 제반 요소들을 전체적·종합적으로 고려하여 상당인과관계가 인정되는 이익 취득액이나 손실 회피액을 산정할 수 있을 것이다. 다만, 감사보고서 허위작성 행위와 인과관계가 있어야 하므로 주로 감사보고서 허위작성의 대가로 감사인이나 감사인 소속 공인회계사가 취득하는 경제적 이익이 이에 해당할 것으로 보인다.

또한 법 제45조에 따라 위 위반행위로 얻은 이익은 몰수하고, 그 전부 또는 일부를 몰수할 수 없으면 그 가액을 추징한다(필요적 몰수·추징). 그 몰수·추징 규정의 법적 성질 및 해석에 관하여는 앞의 허위재무제표작성죄의 법정형 부분에서 설명한 내용과 같다.

나. 법 제39조 제2항

법 제39조 제2항은 "제1항에도 불구하고 … 가중할 수 있다."고 규정하여 허위재무제표작성죄와 허위감사보고서작성죄를 구분함이 없이 그 가중처벌 규정을 두고 있다. 그러므로 법 제39조 제1항에 규정된 허위감사보고서작성죄의 위반행위 중 해당 감사보고서의 감사 대상 재무제표가 법 제5조에 따른 회계처리기준을 위반하여 재무제표상 손익 또는 자기자본 금액이 자산총액의 일정 비중에 해당하는 금액만큼 변경되는 경우에는 허위재무제표작성죄의 경우와 마찬가지로 가중처벌 된다. 즉, 그 재무제표상 변경된 손익 또는 자기자본 금액이 자산총액의 100분의 5 이상인 경우에는 3년 이상의 유기징역에 처하고, 재무제표상 변경된 손익 또는 자기자본 금액이 자산총액의 100분의 10 이상인 경우에는 무기징역 또는 5년 이상의 징역에 처한다(법 제39조 제2항 제1호 · 제2호).[89] 다만, 이러한 가중처벌은 자산총액의 100분의 5에 해당하는 금액이 500억 원 이상인 경우(법 제39조 제2항 각 호 외 부분 단서), 즉 자산총액이 1조 원 이상이 되는 경우에만 적용된다.

이에 대하여 법 제39조 제2항은 가중처벌의 요건으로 '제5조에 따른 회계처리기준을 위반하여'라고 기재하고 있고, 종전 외부감사법 벌칙에서는 허위감사보고서작성죄의 법정형이 허위재무제표작성죄의 법정형보다 가볍게 규정되어 있었음을 이유로 법 제39조 제2항의 가중처벌 규정은 허위감사보고서작성죄에 적용되지 않는 것으로 해석하는 견해[90]가 있다. 그러나 현행 외부감사법은 허위감사보고서작성죄를 허위재무제표작성죄와 별개 조항에서 상대적으로 가볍게 처벌하던 종전 규정과는 달리, 동법 제39조 제1항에서 같은 법정형으로 처벌하고 있고, 그 가중처벌 규정인 법 제39조 제2항도 양 죄를 구분함이 없이 "제1항에도 불구하고 … 경우에는 … 가중할 수 있다."고 가중처벌 규정을 두고 있을 뿐이다. 또한 허위감사보고서작성죄의 '감사보고서'란 회사의 결산 재무제표가 법 제5조의 회계처리기준에 따라 작성된 것인지 여부를 회계감사기준에 따라 감사하고 감사의견을 표명하는 것이다(법 제2조 제8호).[91] 그러므로 허위감사보고서작성죄는 허위재무제표작성죄의 방조범적 성격을 지니는 것이고,[92] 그 사안의 경중은 감사 대상 재무제표의 변경된 손익 또는 자기자본 금액에 따라 달리 평가할 수 있는 것이다. 따라서 법 제39조 제2항은 허위감사보고서작성죄를

89) 법 제39조 제2항 각 호 외 부분 본문에서는 같은 항 각 호에 따라 "가중할 수 있다"고 규정하여 마치 같은 항 각 호에 해당하더라도 가중처벌을 하지 않을 수도 있을 것처럼 표현하고 있지만, 입법취지 등에 비추어 법 제39조 제1항 형벌과의 선택을 허용한 것이 아님은 허위재무제표작성죄의 법정형 부분에서 설명한 내용과 같다.

90) 윤지영, 앞의 논문["「주식회사의 외부감사에 관한 법률」 개정과 형사법적 논의"(각주 10)], 20면.

91) 회계감사기준서 200번 문단 3("감사의 목적은 의도된 재무제표 이용자의 신뢰수준을 향상시키는 데 있다. 이 목적은 재무제표가 해당 재무보고체계에 따라 중요성의 관점에서 작성되었는지에 관해 감사인이 의견을 표명함으로써 달성된다."), 문단 13(a)['해당 재무보고체계'의 정의 ~ "경영진(적절한 경우 지배기구를 포함)이 재무제표를 작성할 때 채택한 재무보고체계로서, 기업의 성격 및 재무제표 목적의 관점에서 수용가능하거나 법규에 의해 요구되는 재무보고체계(예를 들면, 외부감사법에 따른 감사일 경우 해당 재무보고체계는 '한국채택국제회계기준' 또는 '일반기업회계기준'이 법규에 의해 요구되는 재무보고체계이다)"].

92) 이상돈, 앞의 책(각주 26), 234면.

허위재무제표작성죄와 구분함이 없이 감사 대상 재무제표상 변경된 손익 또는 자기자본 금액에 따라 가중처벌 하는 규정으로 해석할 수밖에 없다.[93)]

법 제39조 제2항에서 그 가중처벌의 적용기준으로 들고 있는 '재무제표상 변경된 손익 또는 자기자본 금액' 및 '자산총액'의 개념이나 가중처벌 요건에 대한 고의의 필요성에 대해서는 허위재무제표작성죄의 법정형에서 설명한 내용과 같다.

또한 법 제39조 제2항에 따라 가중처벌 하는 경우에는 벌금형을 병과할 수 없다(법 제48조). 다만, 법 제45조에 의하여 법 제39조 제1항의 위반행위로 얻은 이익은 몰수하고, 그 전부 또는 일부를 몰수할 수 없으면 그 가액을 추징하여야 하는 점은 위 가.항의 경우와 마찬가지이다.

양벌규정의 적용으로 회계법인 등 업무주를 처벌하는 경우에는 법 제39조 제1항의 벌금 법정형에 따를 수밖에 없는 점은 앞의 허위재무제표작성죄의 법정형 부분에서 설명한 내용과 같다.

4. 죄수

가. 포괄일죄 여부

허위감사보고서작성죄의 보호법익을 '회사 재무제표에 대한 신뢰의 확보 및 회사의 경영건전성'으로 보아야 하고, 회사의 감사보고서도 감사 대상인 결산 재무제표와 마찬가지로 사업연도별로 작성되는 것으로서 사업연도별로 그 위반행위의 태양이 동일할 수 없는 점 등을 감안하면, 개별 회사의 각 사업연도에 대한 감사보고서별로 허위감사보고서작성죄의 죄수를 파악함이 타당할 것이다.

따라서 같은 회사에 대한 수 개의 사업연도에 대하여 유사한 방식으로 허위감사

93) 다만, 방조범적 성격을 가진 허위감사보고서작성죄를 정범으로 볼 수 있는 허위재무제표작성죄와 동일한 법정형으로 처벌하는 입법이 책임주의 및 비례원칙에 위배되는 과잉입법에 해당한다는 비판이 가능하지만, 이는 해석론과는 별개의 입법론에 속한다[한석훈, 앞의 논문("개정 외부감사법의 회계부정 처벌규정에 대한 평가"(각주 8)), 282면]. 나아가 법 제39조 제2항의 가중처벌 규정 자체가 불명확한 회계처리기준이나 회계감사기준을 직·간접적 범죄구성요건으로 하고 있는 허위재무제표작성죄 및 허위감사보고서작성죄를 가중처벌하는 것으로서 죄형법정주의의 명확성 원칙에 역행하며, 위반행위자의 이익 취득을 범죄구성요건으로 함이 없이 그 이익 취득을 범죄구성요건으로 하여 유사하게 가중처벌하는 특정경제범죄법 제3조나 자본시장법 제443조 제2항 등과 비교하여 지나치게 과중한 입법으로서 책임주의 및 비례원칙에 위배하여 현저히 형벌체계상 균형을 상실하고 있다는 비판을 할 수 있다(한석훈, 위의 논문, 306, 308면).

보고서작성죄를 범한 경우에도 포괄일죄가 성립하는 것이 아니라, 각 사업연도의 감사보고서 별로 허위감사보고서작성죄가 성립하여 수 개의 죄가 실체적으로 경합하게 된다.

나. 공인회계사법위반죄와의 관계

공인회계사로서 그 직무를 행할 때 고의로 진실을 감추거나 거짓 보고를 한 자에 대하여는 3년 이하의 징역 또는 3천만 원 이하의 벌금에 처한다(공인회계사법 제53조 제2항 제1호, 제15조 제3항). 이 공인회계사법위반죄는 그 사무를 위임한 자가 공인회계사의 진실 은폐나 보고내용의 거짓을 알고 있는 경우에도 성립한다.[94] 그러므로 예컨대 감사인인 회계법인 또는 감사반 소속 공인회계사가 결산 재무제표에 대한 감사보고서를 작성하여 회사에 제출·보고하면서 기재 누락 또는 거짓 기재를 한 경우에는 허위감사보고서작성죄와 위 공인회계사법위반죄의 범죄구성요건을 충족하게 되므로 양 죄의 죄수관계가 문제된다.

판례는 이러한 사례에서 양 죄의 죄수관계에 관하여 "각 법률의 입법목적, 규정사항, 적용대상, 보호법익 등을 달리하는 것으로서, 외부감사법의 위 처벌법규를 공인회계사법의 위 처벌법규에 대한 특별법규로 볼 것이 아니라, 위 각 처벌법규는 각기 독립된 별개의 구성요건으로 봄이 상당하다."고 판시하여[95] 법조경합 관계를 부인하고 양 죄의 성립을 인정하고 있다. 법조경합이란 1개의 행위가 외관상 수개의 죄의 범죄구성요건에 해당하는 것처럼 보이나 실질적으로는 1죄만을 구성하는 경우로서, 그 중 특별관계의 법조경합이란 "어느 범죄구성요건이 다른 범죄구성요건의 모든 요소를 포함하고 그 이외에 다른 요소를 구비하여야 성립하는 경우로서 특별관계에 있어서는 특별법의 구성요건을 충족하는 행위는 일반법의 구성요건을 충족하지만 반대로 일반법의 구성요건을 충족하는 행위는 특별법의 구성요건을 충족하지 못하는 관계"를 말한다.[96] 이에 대하여 상상적 경합이란 1개의 행위가 실질적으로 수 개의 범죄구성요건을 충족하여 수 개의 죄가 되는 경우이고(형법 제40조), 실체적 경합이란 수 개의 죄가 별개의 행위로 행하여진 경우이다(형법 제37조). 공인회계사법은 공인회계사제도를

94) 대법원 2012. 5. 24. 선고 2010도2797 판결.

95) 대법원 1992. 12. 8. 선고 92도2581 판결(대법원 1993. 6. 22. 선고 93도498 판결도 같은 취지임).

96) 대법원 2003. 4. 8. 선고 2002도6033 판결.

확립함으로써 국민의 권익보호와 기업의 건전한 경영 및 국가경제의 발전에 이바지함을 목적으로 하고 있는 점(공인회계사법 제1조) 및 위 공인회계사법위반죄의 구성요건 등에 비추어 그 보호법익은 '공인회계사 직무집행의 공정 및 공인회계사제도에 대한 사회의 신뢰'로 볼 수 있다. 그러므로 보호법익과 범죄구성요건을 달리하는 양 죄를 수 개의 죄로 의율한 판례의 입장은 타당하다. 이 경우 양 죄의 죄수관계를 실체적 경합범 관계로 볼 것인지 상상적 경합범 관계로 볼 것인지는 구체적 사안별로 수 개의 행위인지 1개의 행위인지 여부에 따라 판단해야 할 것이다. 생각건대 위 사례의 경우에는 허위감사보고서작성죄의 기수시기를 감사보고서를 작성하여 내부결제를 마친 때로 본다면 그 후 해당 회사에 감사보고서를 제출하여 보고하는 행위는 별개의 행위이므로 양 죄는 실체적 경합범이 될 것이다. 그러나 감사보고서를 작성하여 해당 회사에 제출한 때를 기수시기로 보는 입장에서는 1개의 행위가 수 개의 죄에 해당하는 경우이므로 양 죄를 상상적 경합범으로 보아야 할 것이다.

V. 공범

1. 공모공동정범

회사의 재무제표 작성이나 감사인의 감사보고서 작성은 각기 수인의 협력 아래 이루어지는 행위이므로 허위재무제표작성죄나 허위감사보고서작성죄는 모두 공범이 관여하는 경우가 대부분이다. 공범의 유형으로는 공동정범, 교사범 및 종범이 있는데, 그 중에서도 공동정범의 한 형태인 공모공동정범 형태로 관여하는 경우가 많다. 공모공동정범의 경우에는 "2인 이상이 공모하여 공동가공하여 범죄를 실현하려는 의사의 결합만 있으면 되는 것으로서, 비록 전체의 모의과정이 없었다고 하더라도 수인 사이에 순차적으로 또는 암묵적으로 상통하여 그 의사의 결합이 이루어지면 공모관계가 성립하고, 이러한 공모가 이루어진 이상 실행행위에 직접 관여하지 아니한 자라도 다른 공모자의 행위에 대하여 공동정범으로서의 형사책임을 진다"(판례).[97] 이러한 공모사실의 인정에는 엄격한 증명이 필요하지만, 공모사실을 부인하는 경우에는 "상당한

97) 대법원 2004. 6. 24. 선고 2004도520 판결; 대법원 2002. 7. 26. 선고 2001도4947 판결.

관련성이 있는 간접사실을 증명하는 방법에 의하여 이를 입증할 수밖에 없고, 무엇이 상당한 관련성이 있는 간접사실에 해당할 것인가는 정상적인 경험칙에 바탕을 두고 치밀한 관찰력이나 분석력에 의하여 사실의 연결상태를 합리적으로 판단하는 방법에 의하여야 한다."고 판시하고 있다(판례).[98]

2. 공범과 신분

허위재무제표작성죄나 허위감사보고서작성죄는 앞의 행위주체 부분에서 살펴본 것처럼 행위주체가 일정한 신분자일 것을 요구하는데, 그 신분 유무가 범죄의 성립 여부를 좌우하므로 진정신분범[99]에 속한다. 그러나 그러한 신분이 없는 자일지라도 공모공동정범 등 공범으로 가담하면 신분자와 함께 허위재무제표작성죄나 허위감사보고서작성죄의 공범으로 처벌된다(형법 제33조 본문).

[한석훈]

98) 대법원 2002. 7. 26. 선고 2001도4947 판결; 대법원 2000. 3. 14. 선고 99도4923 판결.

99) 박상기, 앞의 책[「형법학」(각주 40)], 326면.

제 5 장 벌칙

제40조(벌칙)

① 감사인, 감사인에 소속된 공인회계사, 감사, 감사위원회의 위원 또는 감사인선임위원회의 위원이 그 직무에 관하여 부정한 청탁을 받고 금품이나 이익을 수수(收受)·요구 또는 약속한 경우에는 5년 이하의 징역 또는 5천만 원 이하의 벌금에 처한다. 다만, 벌금형에 처하는 경우 그 직무와 관련하여 얻는 경제적 이익의 5배에 해당하는 금액이 5천만 원을 초과하면 그 직무와 관련하여 얻는 경제적 이익의 5배에 해당하는 금액 이하의 벌금에 처한다.
② 제1항에 따른 금품이나 이익을 약속·공여하거나 공여의 의사를 표시한 자도 제1항과 같다.

제45조(몰수)

제39조 제1항을 위반하여 얻은 이익 또는 제40조에 따른 금품이나 이익은 몰수한다. 이 경우 그 전부 또는 일부를 몰수할 수 없으면 그 가액을 추징한다.

Ⅰ. 입법취지 및 연혁

외부감사법의 입법목적은 외부감사 대상 회사의 회계처리 및 감사인의 회계감사를 적정하게 처리하려는 것인데(법 제1조), 이를 위해서는 감사인·감사 등 관련자들의 직무 관련 부정부패를 방지하여 직무의 공정성을 확보할 필요가 있다. 법 제40조는 회계감사를 하는 감사인 및 그 소속 공인회계사는 물론, 감사인의 선정·해임요청, 회사 내부회계관리제도 운영실태 평가 등의 직무를 수행하는 감사 및 감사위원회 위원 등의 그 직무 관련 부정부패 행위를 형사처벌하는 규정이다.

법 제45조에서는 법 제40조에 따른 금품이나 이익은 필요적으로 몰수하고, 그 전부 또는 일부를 몰수할 수 없으면 그 가액을 추징하도록 규정하고 있다(필요적 몰수·추징). 법 제40조 위반죄는 「부패재산의 몰수 및 회복에 관한 특례법」(이하 '부패재산몰수법'이라 함)상 '부패범죄'에 해당하므로(부패재산몰수법 제2조 제1호 별표 제13호)

후술하는 것처럼 그 몰수·추징·환수 등의 특례와 국제공조에 관한 특칙도 적용된다. 또한 2019. 4. 23.부터 시행된 개정 「범죄수익은닉의 규제 및 처벌 등에 관한 법률」(법률 제16343호) 제2조 제1호 별표 제36호 및 제37호에서는 법 제40조 위반죄를 공인회계사법 제53조 제1항 제1호 위반죄(공인회계사의 부정이득 관여)와 함께 자금세탁 규제 대상인 '중대범죄'에 포함하였다.

외부감사법이 1980. 12. 31. 제정된 때에는 이 죄의 행위주체를 감사인으로 한정하고 그 법정형은 3년 이하의 징역 또는 500만 원 이하의 벌금으로 정하였고, 현재와 같은 필요적 몰수·추징 규정도 두었다. 당시에는 앞의 허위재무제표작성죄는 존재하지 않았고 허위감사보고서작성죄의 법정형은 1년 이하의 징역 또는 300만 원 이하의 벌금에 불과하였으므로 이 죄가 외부감사법의 벌칙 중 가장 중한 죄에 속하였다. 그 후 1989. 12. 30.자 개정(법률 제4168호) 당시 행위주체에 '감사인에 소속된 공인회계사'를 추가하고 벌금 법정형을 '2천만 원 이하의 벌금'으로 상향조정하였다. 1998. 2. 24.자 개정(법률 제5522호) 당시 벌금 법정형을 '3천만 원 이하의 벌금'으로 상향조정하고 "다만, 벌금형에 처하는 경우 그 직무와 관련하여 얻는 경제적 이익의 5배에 해당하는 금액이 3천만 원을 초과하는 때에는 그 직무와 관련하여 얻는 경제적 이익의 5배에 상당하는 금액 이하의 벌금에 처한다."는 규정을 추가하였다. 2001. 3. 28.자 개정(법률 제6427호) 당시 감사인 선임·해임에 감사 및 감사인선임위원회의 역할을 강화하면서 행위주체에 '감사 또는 감사인선임위원회의 위원(감사위원회가 설치된 경우에는 감사위원회의 위원을 말한다)'을 추가하였다. 2013. 12. 30. 개정(법률 제12148호) 당시 법정형을 "5년 이하의 징역 또는 5천만 원 이하의 벌금에 처한다. 다만, 벌금형에 처하는 경우 그 직무와 관련하여 얻는 경제적 이익의 5배에 해당하는 금액이 5천만 원을 초과하면 그 직무와 관련하여 얻는 경제적 이익의 5배에 상당하는 금액 이하의 벌금에 처한다."로 변경하여 상향조정 하였다. 2017. 10. 31. 전부개정 된 현행 외부감사법은 종전 규정의 조문(제19조)만 변경하고 행위주체 중 '감사 또는 감사인선임위원회의 위원(감사위원회가 설치된 경우에는 감사위원회의 위원을 말한다)' 부분을 '감사, 감사위원회의 위원 또는 감사인선임위원회의 위원'으로 변경하였을 뿐이다.

이 죄는 같은 민간 부정부패 범죄에 속하는 형법상 배임수증재죄(형법 제357조), 상법상 회사 임직원 등의 독직죄(상법 제630조), 특정경제범죄 가중처벌 등에 관한 법률(이하 '특정경제범죄법'이라 함) 제5조 위반죄(금융회사 등 임직원의 수재·증재죄) 등의 범죄유형을 기초로 하여 그 용어를 차용하고 있다. 그러므로 구성요건의 용어 등 해석에 있어서도 이들 범죄의 해석에 관한 판례·학설을 참고할 필요가 있다.

II. 보호법익

외부감사법의 입법취지는 외부감사를 받는 회사의 회계처리와 외부감사인의 회계감사에 관하여 필요한 사항을 정함으로써 이해관계인을 보호하고 기업의 건전한 경영과 국민경제의 발전에 이바지함에 있다(법 제1조). 그러므로 이를 위하여 감사인·감사 등 관련자들의 직무 관련 부정부패를 방지하여 그 직무의 공정성을 확보하고자 하는 이 죄의 보호법익은 '외부감사 대상 회사 회계처리의 공정과 이에 대한 사회의 신뢰'로 보아야 할 것이다.[1] 보호법익을 파악하는 문제는 이 죄의 범죄구성요건 해석, 죄수관계 등 여러 쟁점에 영향을 미치는 중요한 문제이다.

감사인·감사 등이 직무에 관하여 부정한 청탁을 받고 금품이나 이익을 수수·요구·약속 또는 공여나 공여의 의사표시가 있으면 회계처리의 공정이나 이에 대한 사회의 신뢰가 침해되지 않더라도 그 법익침해의 추상적 위험은 발생하여 범죄가 성립하는 것이므로, 보호법익의 보호정도에 관하여는 추상적 위험범으로 볼 수 있다.

III. 범죄구성요건

1. 행위주체

이 죄의 행위주체는 감사인, 감사인에 소속된 공인회계사, 감사, 감사위원회 위원 또는 감사인선임위원회의 위원이다.

앞의 허위감사보고서작성죄의 행위주체에서 살펴본 것처럼 외부감사법의 '감사인'이란 법 제4조, 자본시장법 제169조 제1항 본문 등의 법령에 의하여 외부감사법에 따른 외부의 회계감사를 받아야 하는 회사에 대하여 감사를 실시하는 회계법인과 감사반

1) 한석훈, 「비즈니스범죄와 기업법」 제2판(성균관대학교 출판부, 2019), 598면.

을 말한다. 그러므로 '감사인'이란 외부감사법에 따라 회계감사를 받아야 하는 회사와 외부감사계약을 체결하여 외부감사 임무를 수임한 회계법인 또는 감사반을 지칭한다. 그리고 원칙적으로 법인의 범죄능력이 인정되지 않으므로[2] '감사인'이 회계법인인 경우에는 회계법인의 대표이사나 소속 공인회계사 등의 실제 행위자, '감사인'이 감사반인 경우에는 소속 공인회계사가 행위주체로 된다. 회계법인은 후술하는 양벌규정(법 제46조)에 따라 그 실제 행위자에 대한 법정형 중 벌금형의 처벌을 받게 될 뿐이다.

'감사', '감사위원회 위원' 및 '감사인선임위원회의 위원'은 이 죄의 보호법익에 비추어 볼 때 외부감사법에 따라 회계감사를 받아야 하는 회사에서 선임된 자만을 말한다. 감사나 감사위원회 위원은 상법 규정에 따라 주주총회나 이사회에서 선임되고(상법 제409조 제1항부터 제3항까지, 제415조의2 제1항부터 제3항까지, 제542조의12 제1항부터 제4항까지), 감사인선임위원회의 위원은 외부감사법령에 따라 구성된다(법 제10조 제4항 제1호 나.목, 법 시행령 제12조 제1항부터 제3항까지).

이처럼 이 죄는 행위주체가 일정한 지위에 있을 것을 요구하는 신분범이므로 위 지위를 취득하기 전에 부정한 청탁을 받은 경우에는 이 죄가 성립하지 않는다. 다만, 장래에 그 지위를 취득할 것이 합리적으로 기대되는 직무에 관하여 부정한 청탁을 받고 금품이나 이익을 취득한 후 그 청탁에 관한 직무를 실제로 담당하게 되었다면 범죄가 성립할 수 있을 것이다.[3]

위 신분에 있는 자가 그 직무에 관하여 부정한 청탁을 받았다면 그 후 사직 등으로 그 지위가 종료된 후에 그 부정한 청탁과 관련하여 금품이나 이익을 수수한 경우에도 보호법익의 침해위험을 인정할 수 있으므로 범죄의 성립을 인정할 수 있다.[4]

---

2) 대법원 1984. 10. 10. 선고 82도2595 전원합의체 판결(형법상 배임죄 사안).

3) 대법원 2010. 4. 15. 선고 2009도4791 판결("타인의 사무를 처리하는 자가 그 신임관계에 기한 사무의 범위에 속한 것으로서 장래에 담당할 것이 합리적으로 기대되는 임무에 관하여 부정한 청탁을 받고 재물 또는 재산상 이익을 취득한 후 그 청탁에 관한 임무를 현실적으로 담당하게 되었다면 이로써 타인의 사무를 처리하는 자의 청렴성은 훼손되는 것"이라는 이유로 배임수재죄의 성립을 인정한 사례).

4) 대법원 1997. 10. 24. 선고 97도2042 판결("형법 제357조 제1항의 배임수재죄는 타인의 사무를 처리하는 자의 청렴성을 보호법익으로 하는 것으로, 그 임무에 관하여 부정한 청탁을 받고 재물을 수수함으로써 성립하고 반드시 수재 당시에도 그와 관련된 임무를 현실적으로 담당하고 있음을 그 요건으로 하는 것은 아니므로, 타인의 사무를 처리하는 자가 그 임무에 관하여 부정한 청탁을 받은 이상 그 후 사직으로 인하여 그 직무를 담당하지 아니하게 된 상태에서 재물을 수수하게 되었다 하더라도, 그 재물 등의 수수가 부정한 청탁과 관련하여 이루어진 것이라면 배임수재죄가 성립한다.").

2. 위반행위

위 행위주체가 그 직무에 관하여 부정한 청탁을 받고 금품이나 이익을 수수·요구 또는 약속하는 행위, 또는 그 금품이나 이익을 약속·공여하거나 공여의 의사를 표시하는 행위가 범죄를 구성한다.

이때 '그 직무에 관하여'의 '직무'란 외부감사법의 입법취지 및 이 죄의 보호법익에 비추어 볼 때, 감사인, 감사인에 소속된 공인회계사 및 감사인선임위원회 위원의 직무는 물론이고, 감사나 감사위원회 위원의 경우에도 외부감사법상의 직무로 한정해야만 할 것이다.[5] 다만, 자본시장법[6] 등 다른 법령에 의하여 외부감사법에 따른 회계감사를 받아야 하는 경우도 외부감사법상의 직무에 포함할 수 있다. 감사나 감사위원회 위원은 외부감사법상 감사인의 선정·해임요청, 감사보수·감사시간 등 지정, 내부회계관리제도 운영실태 보고의 접수 및 평가, 이사 직무수행 관련 부정행위·분식회계 등 보고·통보의 접수 및 조사, 감사인 감사보고서의 접수(법 제8조 제4항·제5항, 제10조 제4항·제5항·제6항, 제13조 제2항, 제22조, 제23조 제1항) 등 직무를 맡고 있다. 그 직무에 '관하여'란 행위주체가 그 지위에 수반하여 위 직무와 관련하여 취급하는 일체의 사무를 말하며, 그 권한에 속하는 직무행위뿐만 아니라 그와 밀접한 관계가 있는 사무 및 그와 관련하여 사실상 처리하고 있는 사무도 포함된다.[7]

'부정한 청탁을 받고'의 '청탁'이란 위 직무에 관하여 장래 일정한 행위를 하거나 하지 아니할 것을 명시적 또는 묵시적으로 의뢰하는 것을 말하므로 어느 정도 특정되고 구체성이 있어야만 한다.[8] '부정'이란 청탁의 내용이 위법하거나 사회상규 또는

---

5) 한석훈, 앞의 책(각주 1), 598면 각주 5.

6) 자본시장법 제169조 제1항 본문, 자본시장법 시행령 제189조 제1항에 의하면, 자본시장법 제3편 규정에 따라 금융위원회와 거래소에 재무에 관한 서류를 제출한 자 중, 사업보고서 제출대상 법인, 동법 시행령 제167조 제1항 제2호 각 목의 어느 하나에 해당하는 증권에 대하여 자본시장법 제130조에 따라 신고서를 제출하지 아니하고 모집 또는 매출을 한 법인은 외부감사법에 따른 회계감사를 받아야 한다.

7) 대법원 2005. 7. 15. 선고 2003도4293 판결("특정경제범죄법 제5조 제1항 소정의 '금융기관 임·직원이 직무에 관하여'라 함은 금융기관의 임·직원이 그 지위에 수반하여 취급하는 일체의 사무를 말하는 것으로서, 그 권한에 속하는 직무행위뿐만 아니라, 그와 밀접한 관계가 있는 사무 및 그와 관련하여 사실상 처리하고 있는 사무도 포함된다.").

8) 대법원 1983. 12. 27. 선고 83도2472 판결("형법 제357조 제1항의 배임수재죄는 타인의 사무를 처리하는 자가 그 업무에 관하여 부정한 청탁을 받았음을 요건으로 하고 있는바, 이와 같은 부정한 청탁은 반드시 명시적임을 요하지는 않으나 그 청탁의 내용은 어느 정도 구체적이고 특정한 임무행위에 관한 것임을 요하며, 만연히 임무와 관련하

신의성실의 원칙에 반하는 것을 내용으로 하면 족하고, 이를 판단할 때에는 청탁의 내용 및 이에 관련한 대가의 액수·형식, 보호법익인 회계처리의 공정과 이에 대한 사회의 신뢰 등을 종합적으로 고찰하여야 한다.[9] 단순히 규정이 허용하는 범위 안에서 최대한 선처를 바란다는 내용의 부탁이거나 그 직무의 정상적인 처리범위 내에 속하는 내용의 부탁인 경우에는 부정한 청탁으로 볼 수 없을 것이다.[10] 부정한 청탁을 '받고'란 금품이나 이익 수수 등과의 인과관계를 의미하므로 청탁을 '승낙하고'의 의미로 보아야 하고 명시적 승낙은 물론 묵시적 승낙도 포함된다. 나아가 그 청탁에 따른 부정한 행위를 하였는지 여부를 불문함은 물론이다. 그러므로 '부정한 청탁을 받고'란 직무집행 자체가 위법·부당한 경우뿐 아니라 의뢰한 직무집행 자체는 위법하거나 부당하지 않더라도 당해 직무집행을 어떤 대가관계와 연결시켜 그 직무집행에 관한 대가의 교부를 내용으로 하는 청탁이면 되고 반드시 명시적 의사표시에 의해서 뿐 아니라 묵시적 의사표시에 의해서도 가능하지만, 묵시적 의사표시에 의한 부정한 청탁이 있다고 하기 위해서는 청탁의 대상이 되는 직무집행의 내용과 제공되는 금품이나 이익이 그 직무집행에 대한 대가라는 점에 대하여 당사자 사이에 공통의 인식이나 양해가 있어야 한다.[11] 따라서 그러한 인식이나 양해 없이 막연히 선처하여 줄 것이라는 기대나 직무집행과는 무관한 다른 동기에 의하여 금품이나 이익을 공여한 경우에는 묵시적 의사표시에 의한 부정한 청탁이 있다고 볼 수 없다.

부정한 청탁의 대가로 금품이나 이익의 수수 등 행위를 하는 것인데, 이때 '이익'이란 재산상 이익으로 한정되어 있지 않고 개인의 재산을 보호법익으로 포함하고 있는 것도 아니므로 재물이나 재산상 이익뿐만 아니라 사람의 수요나 욕망을 충족시키기에 족한 일체의 유형·무형의 이익을 의미한다.[12]

여 재물 또는 재산상 이익을 취득하는 것만으로는 배임수재죄를 구성하지 않는다.").

9) 대법원 2013. 11. 14. 선고 2011도11174 판결(형법상 배임수증재죄에 관한 판례의 입장이다).

10) 대법원 1982. 9. 28. 선고 82도1656 판결(형법상 배임수증재죄에 관하여 "단순히 규정이 허용하는 범위 내에서 최대한 선처를 바란다는 내용에 지나지 않는 것으로 보이므로 사회상규에 어긋난 부정한 청탁이라고 볼 수 없고, 따라서 이러한 청탁의 사례로 금품을 수수한 것은 배임증재 또는 배임수재에 해당하지 않는다."고 판시).

11) 서울고등법원 2013. 12. 12. 선고 2013노1579 판결(공인회계사법 제22조 제3항 기재 '부정한 청탁'의 개념에 관한 판결내용).

12) 대법원 2005. 7. 15. 선고 2003도4293 판결("특정경제범죄가중법 제5조 제1항 소정의 '이익'이란 금전·물품 기타의 재산적 이익뿐만 아니라, 사람의 수요나 욕망을 충족시키기에 족한 일체의 유형·무형의 이익을 포함하는 것이고, 투기적 사업에 참여할 기회를 얻는 것도 이에 해당한다고 보아야 할 것이다.").

'수수'란 자기 소유의 의사로 현실적으로 취득하는 것이므로[13] 반환할 의사로 일시적으로 보관하는 것은 수수에 해당하지 않지만, 일단 소유의 의사로 받았으면 나중에 반환하였더라도 수수 행위는 인정한다. 또한 행위주체 자신이 받는 것이 아니라 제3자로 하여금 취득하게 한 것은 그 제3자가 행위주체의 사자(使者)나 대리인인 경우처럼 사회통념상 행위주체가 직접 받은 것으로 평가할 수 있는 관계가 아닌 한 '수수'에 해당하지 않는다(판례).[14]

'요구'란 금품이나 이익의 공여를 구하는 의사표시로서, 상대방이 그 요구를 현실적으로 인식하지 않더라도 인식할 수 있는 상태에 있기만 하면 인정된다.[15]

'약속'이란 장래에 금품이나 이익을 수수하기로 쌍방이 합의하는 것을 말하고 그 이행기의 확정을 불문한다.

'공여'란 상대방으로 하여금 금품이나 이익을 현실적으로 취득하게 하는 것을 말한다. 공여행위는 위 수수행위를 전제로 성립하는 행위유형이므로 이처럼 상대방의 현실적인 취득을 필요로 하고, 공여행위에 따른 법 제40조 제2항의 죄와 수수행위에 따른 같은 조 제1항의 죄는 위 약속행위와 마찬가지로 필요적 공범(대향범) 관계이다. 만약 금품이나 이익의 수수를 한 자에게 그것이 부정한 청탁의 대가라는 점을 인식하지 못하여(즉, 고의의 결여) 법 제40조 제1항의 수재죄가 성립하지 않는 경우에 법 제40조 제2항의 공여죄도 성립하지 않는 것인지, 또는 그 반대의 경우도 문제가 될 수 있다. 필요적 공범에 관하여 판례는 "필요적 공범이라는 것은 법률상 범죄의 실행이 다수인의 협력을 필요로 하는 것을 가리키는 것으로서 이러한 범죄의 성립에는 행위의 공동을 필요로 하는 것에 불과하고 반드시 협력자 전부가 책임이 있음을 필요로 하는 것은 아니다."라는 입장이다.[16] 이러한 입장에서는 위 문제의 경우에 법 제40조 제2항의 공여죄만 성립하거나, 그 반대의 경우에는 법 제40조 제1항의 수재죄만 성립할 수 있다.

---

13) 대법원 1999. 1. 29. 선고 98도4182 판결("형법상 배임수재죄에서 말하는 '재산상 이익의 취득'이라 함은 현실적인 취득만을 의미한다.").

14) 대법원 2013. 1. 10. 선고 2012도9151 판결[금융감독원, 「회계감리제도 조문별 판례분석」(2017. 12), 183, 184면].

15) 상법 제630조 제1항의 '요구'[한석훈, 앞의 책(각주 1), 645면]와 같은 의미이다.

16) 대법원 2008. 3. 13. 선고 2007도10804 판결(함정수사에 의한 뇌물수수죄 인정 사례); 대법원 1987. 12. 22. 선고 87도1699 판결(뇌물수수자에게 뇌물성 인식이 없는 경우 뇌물공여죄 인정 사례).

'공여 의사표시'란 상대방에게 금품이나 이익을 제공하겠다고 하는 일방적 의사표시이고, 의사표시의 일반원칙상 그 의사표시가 상대방에게 도달하여 상대방이 그 의사표시를 수령할 수 있는 객관적 상태에 있다면 상대방이 실제로 의사표시를 수령하여 요지了知해야 하는 것은 아니다.

3. 고의

행위주체에게 행위 당시 전항 기재 행위주체 및 위반행위에 대한 인식 및 용인(용인설), 즉 고의가 있어야만 범죄가 성립한다. 미필적 고의도 인정됨은 물론이다. 특히 직무에 관한 부정한 청탁이라는 사실, 수수 대상인 금품이나 이익이 그 청탁의 대가라는 사실에 대한 인식 및 용인이 증명되어야 한다.

4. 기수시기

법 제40조 제1항의 죄는 직무에 관한 부정한 청탁을 받고 금품이나 이익을 수수·요구 또는 약속한 때 범죄행위가 종료하고 기수旣遂로 된다. 그 후에 청탁에 따른 부정행위를 하였더라도 공소시효는 범죄행위가 종료한 때로부터 진행한다(형사소송법 제252조 제1항).

Ⅳ. 몰수·추징

법 제45조에서는 법 제40조에 따른 금품이나 이익에 대한 필요적 몰수·추징을 규정하고 있다. 그 몰수·추징의 대상인 '이익'은 몰수·추징이 가능한 경제적 이익을 의미한다. 판례는 필요적 몰수·추징이 징벌적 성질의 처분인지, '범인이 취득한 당해 재산을 범인으로부터 박탈하여 범인으로 하여금 부정한 이익을 보유하지 못하게 함'에 그 목적이 있는 이른바 대물적 보안처분의 성질을 가진 것인지 여부에 따라 몰수·추징의 요건·추징가액 등 법리를 달리 파악하고 있으므로, 몰수·추징의 법적 성질이 문제가 됨은 앞의 허위재무제표작성죄의 법정형 부분에서 살펴보았다. 생각건대 '법 제40조에 따른 금품이나 이익'이란 법 제40조의 범죄행위에 제공하였거나 제공하려고 한 금품 또는 경제적 이익이거나 그 범죄행위로 인하여 취득한 금품 또는 경제적 이익을 말하는데, 이는 범죄에 제공되거나 범죄로 취득한 부정한 이익을 박탈함으로써 범죄의 수단이나 동기를 차단하려는 데 입법취지가 있는 것으로 보아야 한다. 이처럼 위 몰수·추징을 대물적 보안처분으로서의 법적 성질을 가진 것으로 파악한다면 법 제39조 제1항의 위반행위로 각 행위주체가 실질적으로 취득한 금품이나 이익에 대해서만 개별적으로 몰수하거나 추징하여야 할 것이다.

그리고 법 제40조 위반죄는 부패재산몰수법상 '부패범죄'에 해당하므로 그 '범죄수익'[17] 및 '범죄수익에서 유래한 재산'[18]은 '부패재산'으로서 이를 몰수할 수 있다(부패재산몰수법 제3조 제1항 본문). 만약 그 몰수하는 부패재산이 부패재산 외의 재산과 합하여진 경우에는 부패재산과 그 외의 재산이 합하여진 재산(이하 '혼합재산'이라 함) 중 부패재산의 비율에 상당하는 부분을 몰수할 수 있다(부패재산몰수법 제3조 제2항). 다만, 부패재산이나 혼합재산이 범인 외의 자에게 귀속된 경우에는 몰수할 수 없으나, 범인 외의 자가 범죄 후 그 정情을 알면서 그 부패재산이나 혼합재산을 취득한 경우[19]에는 그 부패재산 또는 혼합재산이 범인 외의 자에게 귀속된 경우에도 몰수할 수 있다(부패재산몰수법 제4조 제1항). 부패재산 또는 혼합재산이 범인 외의 자에게 상속이나 증여 등으로 무상 또는 현저한 저가低價로 귀속된 경우에는 범인 외의 자가 그 정을 알지 못하고 그 부패재산 또는 혼합재산을 취득한 때에도 전부 또는 일부를 몰수할 수 있다(부패재산몰수법 제4조 제2항). 만약 지상권, 저당권, 그 밖의 권리가 그 위에 존재하는 재산을 위와 같이 부패재산몰수법 제3조에 따라 몰수하는 경우에 범인 외의 자가 범죄 전에 그 권리를 취득한 때 또는 범인 외의 자가 범죄 후 그 정을 알지 못하고 그 권리를 취득한 때에는 그 권리를 존속시킨다(부패재산몰수법 제4조 제3항).

17) '범죄수익'이란 법 제40조 위반 범죄행위에 의하여 생긴 재산 또는 그 범죄행위의 보수로서 얻은 재산을 말한다[부패재산몰수법 제2조 제2호 (가)목].

18) '범죄수익에서 유래한 재산'이란 위 범죄수익의 과실(果實)로서 얻은 재산, 범죄수익의 대가로서 얻은 재산 및 이들 재산의 대가로서 얻은 재산, 그 밖에 범죄수익의 보유 또는 처분에 의하여 얻은 재산을 말한다[부패재산몰수법 제2조 제2호 (나)목].

19) 다만, 법령에 따른 의무 이행으로서 제공된 것을 수수하거나, 계약(채권자가 상당한 재산상의 이익을 제공하는 것만 해당한다) 시에 그 계약에 관련된 채무의 이행이 범죄수익 등에 의하여 행하여지는 것이라는 정황을 알지 못하고 그 계약과 관련된 채무의 이행으로서 제공된 것을 수수한 자의 경우는 제외한다(부패재산몰수법 제4조 제1항 괄호 부분, 「범죄수익은닉의 규제 및 처벌 등에 관한 법률」 제4조 단서).

부패재산을 몰수할 수 없거나 그 재산의 성질, 사용상황, 그 재산에 관한 범인 외의 자의 권리 유무, 그 밖의 사정으로 인하여 이를 몰수함이 상당하지 아니하다고 인정될 때에는 그 가액을 범인으로부터 추징한다(부패재산몰수법 제5조 제1항). 그 밖에 부패재산몰수법은 부패재산 및 혼합재산의 몰수·추징 보전절차나 국제공조절차 등에 관한 특례규정을 두고 있다(부패재산몰수법 제7조부터 제21조까지).

V. 죄수

1. 포괄일죄 여부

금품이나 이익을 요구·약속·수수한 행위가 일련의 행위로 이어져 행하여진 경우에, 요구·약속 또는 수수 행위가 개별적으로는 독립된 범죄구성요건에 해당하는 위반행위이지만, 수수 행위를 목표로 하는 단일한 범의에 기한 행위이므로 포괄하여 법 제40조 제1항의 수수죄를 구성한다. 마찬가지로 같은 조 제2항의 죄의 경우에도 공여 의사표시, 약속 및 공여 행위가 일련의 행위로 이어져 행하여진 경우에는 공여행위를 목표로 하는 단일한 범의에 기한 행위인 한 포괄하여 법 제40조 제2항의 공여죄를 구성한다.

행위자가 그 직무에 관하여 동일인으로부터 부정한 청탁을 받고 수차례에 걸쳐 반복하여 금품이나 이익을 수수한 경우에도, 단일하고 계속된 범의 아래 일정기간 반복하여 이루어진 것이고 피해법익도 동일한 때에는 포괄하여 법 제40조 제1항의 1죄가 성립한다.[20] 다만, 여러 사람으로부터 각각 부정한 청탁을 받고 그들로부터 각각 금품을 수수한 경우에는 비록 그 청탁이 동종의 것이라고 하더라도 단일하고 계속된 범의 아래 이루어진 범행으로 보기 어려워 그 전체를 포괄일죄로 볼 수 없고 각 증재자별로 별개의 범죄가 성립한다.[21]

20) 대법원 2008. 12. 11. 선고 2008도6987 판결(배임수재죄 사례); 대법원 2000. 6. 27. 선고 2000도1155 판결(특정경제범죄법 제5조 금융회사 임직원의 수재죄 사례).

21) 대법원 2008. 12. 11. 선고 2008도6987 판결(배임수재죄 사례).

2. 공인회계사법위반죄와의 관계

공인회계사법 제53조 제1항 제1호에서는 공인회계사가 직무를 행할 때 부정한 청탁을 받고 금품이나 이익을 수수·요구 또는 약속한 때 5년 이하의 징역 또는 5천만 원 이하의 벌금에 처한다. 그러므로 감사인에 소속된 공인회계사 등이 외부감사 직무에 관하여 부정한 청탁을 받고 금품이나 이익을 수수·요구 또는 약속한 때에는 1개의 행위로 법 제40조 제1항 위반죄와 위 공인회계사법위반죄의 범죄구성요건을 충족하게 되므로 양 죄의 죄수관계는 문제가 될 수 있다.

공인회계사법의 입법목적(공인회계사법 제1조) 및 공인회계사법 제53조 제1항 제1호의 범죄구성요건 등에 비추어 볼 때 위 공인회계사법위반죄의 보호법익은 공인회계사 직무집행의 공정 및 공인회계사제도에 대한 사회의 신뢰이다. 그러므로 양 죄는 입법목적, 보호법익, 행위주체, 직무의 내용 등이 일치하지 아니하여 실질적으로 별개의 범죄를 구성하는 것이다. 따라서 양 죄는 1개의 행위가 실질적으로 수 개의 죄에 해당하는 상상적 경합관계로 보아야 할 것이다.

3. 형법상 배임수재죄 및 상법상 독직죄와의 관계

형법상 배임수재죄는 타인의 사무를 처리하는 자가 그 임무에 관하여 부정한 청탁을 받고 재물 또는 재산상 이익을 취득한 때에는 5년 이하의 징역 또는 1천만 원 이하의 벌금에 처하는 범죄이다(형법 제357조 제1항). 또한 상법상 독직죄(이하 '독직죄'라 함)는 회사 임원 등이 그 직무에 관하여 부정한 청탁을 받고 재산상 이익을 수수·요구 또는 약속한 때에는 5년 이하의 징역 또는 1천 500만 원 이하의 벌금에 처하는 범죄이다(상법 제630조 제1항). 그러므로 감사인 또는 감사 등 법 제40조 제1항의 행위주체가 외부감사법상 직무에 관하여 부정한 청탁을 받고 금품이나 이익을 수수한 때에는 1개의 행위이지만 법 제40조 제1항 위반죄뿐만 아니라 배임수재죄나 독직죄의 범죄구성요건을 충족하게 되므로 각 죄의 죄수관계가 문제될 수 있다.

배임수재죄의 보호법익은 타인의 재산 및 사무처리의 공정성이라는 개인적 법익이고,[22] 독직죄의 보호법익은 그 중에서도 회사의 재산 및 회사직무집행의 공정성이

22) 한석훈, 앞의 책(각주 1), 613면. 이에 대하여 판례나 일부 학설은 형법상 배임수증재죄의 보호법익을 거래의 청렴

라는 개인적 법익이다.[23] 우선 독직죄는 배임수재죄의 구성요건 요소를 모두 포함하면서 다른 요소를 더 요구하고 있고 그 보호법익도 배임수재죄의 보호법익에 포괄되므로 독직죄가 배임수재죄의 특별관계가 되는 법조경합 관계이다.[24] 그런데 법 제40조 제1항 위반죄는 외부감사 대상 회사 회계처리의 공정이라는 개인적 법익과 회계처리의 공정에 대한 사회의 신뢰라는 사회적 법익을 보호법익으로 하고 있다. 즉, 법 제40조 제1항 위반죄는 배임수재죄 또는 독직죄와 보호법익, 행위주체 등이 일치하는 것이 아니다. 따라서 법 제40조 제1항 위반죄와 배임수재죄 또는 독직죄는 1개의 행위로 실질적으로 수 개의 죄를 범하는 상상적 경합관계가 된다.[25]

[한석훈]

성 또는 사무처리자의 청렴성(또는 공정성)으로 파악하고 있다[대법원 2010. 4. 15. 선고 2009도6634 판결; 박상기, 「형법학」(집현재, 2016), 696면]. 이러한 입장에서도 개인적 법익으로 파악하는 점은 마찬가지이다.

23) 한석훈, 위의 책, 639면.

24) 법조경합의 한 형태인 특별관계란 어느 구성요건이 다른 구성요건의 모든 요소를 포함하는 이외에 다른 요소를 구비하여야 성립하는 경우로서 특별관계에 있어서는 특별법의 구성요건을 충족하는 행위는 일반법의 구성요건을 충족하지만 반대로 일반법의 구성요건을 충족하는 행위는 특별법의 구성요건을 충족하지 못한다(대법원 2005. 2. 17. 선고 2004도6940 판결; 대법원 2003. 4. 8. 선고 2002도6033 판결; 대법원 1997. 6. 27. 선고 97도1085 판결).

25) 한석훈, 앞의 책(각주 1), 601면.

제5장 벌칙

제41조(벌칙)

「상법」 제401조의2 제1항 및 제635조 제1항에 규정된 자, 그 밖에 회사의 회계업무를 담당하는 자, 감사인 또는 그에 소속된 공인회계사나 제20조 제4호에 따른 감사업무와 관련된 자가 다음 각 호의 어느 하나에 해당하는 행위를 하면 5년 이하의 징역 또는 5천만 원 이하의 벌금에 처한다.

1. 「상법」 제401조의2 제1항 및 제635조 제1항에 규정된 자나 그 밖에 회사의 회계업무 등 내부회계관리제도의 운영에 관련된 자로서 제8조 제2항을 위반하여 내부회계관리제도에 따라 작성된 회계정보를 위조·변조·훼손 또는 파기한 경우
2. 감사인 또는 그에 소속된 공인회계사나 감사업무와 관련된 자로서 제19조 제3항을 위반하여 감사조서를 위조·변조·훼손 또는 파기한 경우
3. 제22조에 따른 이사의 부정행위 등을 보고하지 아니한 경우
4. 제24조에 따른 주주총회등[1]에 출석하여 거짓으로 진술을 하거나 사실을 감춘 경우
5. 제28조 제2항을 위반하여 신고자등[2]의 신분 등에 관한 비밀을 누설한 경우

Ⅰ. 입법취지 및 연혁

외부감사를 받은 회사의 회계처리 적정適正과 그에 대한 외부감사의 적정을 기하기 위해서는 내부회계관리제도에 따라 작성된 회계정보나, 감사절차의 내용·관련정보 등을 수록한 감사조서의 보존이 필요하다. 또한 감사인이 직무수행 중 발견한 이사의 직무 관련 부정행위 등을 주주총회 또는 사원총회나 증권선물위원회에 보고하거나 그 진실을 밝혀 그 책임규명 및 시정조치를 하게 함으로써 궁극적으로 회계처리와 외부감사의 적정에 기여할 필요도 있고, 내부자 등의 회계부정 신고를 장려하기 위하여 신고자의 신분 등에 관한 비밀을 지켜줄 필요가 있다. 법 제41조는 이를 위하여 부과하는 의무를 위반한 행위를 형사처벌함으로써 회계처리와 외부감사의 적정을 지

1) '주주총회등'이란 주식회사의 주주총회 또는 유한회사의 사원총회를 말한다(법 제22조 제1항).
2) '신고자등'이란 법 제28조 제1항 기재 회계부정행위의 신고자 또는 고지자를 말한다(법 제28조 제1항).

원하기 위한 규정이다. 그러므로 법 제41조 제1호부터 제4호까지 규정된 범죄의 보호법익은 외부감사 대상 회사 회계처리 및 외부감사의 적정이고, 같은 조 제5호에 규정된 범죄의 보호법익은 회계부정행위 신고·고지의 비밀과 회계처리 및 외부감사의 적정이라고 할 수 있다. 또한 법 제41조 각 호의 행위가 있으면 그 보호법익 침해의 결과나 구체적 위험이 발생하지 않더라도 추상적 위험 발생이 인정되어 범죄가 성립하는 것이므로, 그 보호의 정도에 관하여는 추상적 위험범으로 볼 수 있다.

법 제41조 각 호 중 감사인이 직무수행 중 발견한 이사의 직무 관련 부정행위 보고 의무를 위반한다거나 주주총회에서 진실을 밝힐 의무를 위반하는 경우의 처벌규정(법 제41조 제3호, 제4호)은 1980. 12. 31. 외부감사법 제정 당시 처음 규정되면서 법정형을 '1년 이하의 징역 또는 300만 원 이하의 벌금'으로 정하였으나, 그 후 1989. 12. 30.자 개정(법률 제4168호) 당시 법정형을 '2년 이하의 징역 또는 1천만 원 이하의 벌금'으로 상향조정하였고, 1998. 2. 24.자 개정(법률 제5522호) 당시 법정형을 '3년 이하의 징역 또는 3천만 원 이하의 벌금'으로 상향조정하였으며, 2013. 12. 30.자 개정(법률 제12148호) 당시 현행과 같이 '5년 이하의 징역 또는 5천만 원 이하의 벌금'으로 상향조정하였다.

그리고 회계정보·감사조서의 보존의무 위반 및 회계부정 신고자 신분 등 비밀유지의무 위반시의 처벌규정(법 제41조 제1호, 제2호, 제5호)은 2003. 12. 11.자 개정(법률 제6991호) 당시 회계부정에 대비한 내부회계관리제도를 처음 도입하면서 처음 신설되었고 그 법정형은 '5년 이하의 징역 또는 3천만 원 이하의 벌금'으로 정하였다. 이처럼 내부회계관리제도를 마련하고 새로운 처벌규정을 신설한 것은 미국에서 엔론Enron사 등의 회계부정 사태로 2002년경 제정된 사베인스-옥슬리법SOX Act의 영향을 받은 것으로 보인다.[3] 그 후 2009. 2. 3.자 개정(법률 제9408호) 당시 벌금의 법정형

3) SOX Act SEC.802(Criminal Penalties for Altering Documents)에서 '연방수사 및 파산에 관한 기록물의 파기·변경·조작(Destruction, alteration, or falsification of records in Federal investigations and bankruptcy)' 범죄유형에 해당하는 경우에는 20년 이하의 징역 또는 벌금에 처하거나 이를 병과할 수 있고, '회사 감사기록 파기(Destruction of corporate audit records)' 범죄유형에 해당하는 경우에는 10년 이하의 징역 또는 벌금에 처하거나 이를 병과할 수 있는 것으로 규정하고 있다. 회계법인인 Arthur Andersen, L.L.P.가 2001. 10.경 회계부정을 저지른 엔론사에 대한 수사에 대비하여 부실감사 기록을 대대적으로 파쇄한 사건이 계기가 되어, 그 소송상 쟁점이 되었던 문제들을 보완하기 위하여 입법화 된 조항이다[Gary G. Grindler & Jason A. Jones, "PLEASE STEP AWAY FROM THE SHREDDER AND THE 'DELETE' KEY: §§802 AND 1102 OF THE SARBANES-OXLEY ACT", 41 Am. Crim. L. Rev. 67, 76-77 (2004)].

을 '5천만 원 이하'로 상향조정하여 현행 법정형과 같이 '5년 이하의 징역 또는 5천만 원 이하의 벌금'으로 정하였다.

II. 범죄구성요건

1. 법 제41조 제1호 위반죄

법 제41조 제1호 위반죄의 행위주체 및 위반행위는, "상법 제401조의2 제1항[4] 및 제635조 제1항에 규정된 자[5]나 그 밖에 회사[6]의 회계업무 등 내부회계관리제도의 운영에 관련된 자가 법 제8조 제2항을 위반하여 내부회계관리제도에 따라 작성된 회계정보를 위조·변조·훼손 또는 파기한" 행위이다.

그런데 법 제41조 각 호 외 부분에는 마치 '감사인 또는 그에 소속된 공인회계사나 제20조 제4호에 따른 감사업무와 관련된 자'도 이 죄의 행위주체가 될 수 있는 것처럼 기재되어 있다. 그 중 '법 제20조 제4호에 따른 감사업무와 관련된 자'란 법 제20조 제4호의 내용에 비추어 볼 때 '감사인 또는 그에 소속된 공인회계사를 보조하거나 지원하는 자'를 말한다. 그러나 위 법 제8조 제2항은 "회사는 내부회계관리제도에 의하지 아니하고 회계정보를 작성하거나 내부회계관리제도에 따라 작성된 회계정보를 위조·변조·훼손 및 파기해서는 아니 된다."고 규정하고 있으므로, 이를 위반하는 이 죄의 행위주체란 위 회사의 의무를 위반하는 자를 말하는 것이다. 따라서 감사인, 그에 소속된 공인회계사 또는 이들을 보조하거나 지원하는 자는 공범으로 처벌되지 않는 한 이 죄의 행위주체가 될 수 없다.[7]

위와 같이 이 죄의 위반행위는 회사가 부담하는 의무를 위반하는 행위이지만, 법

4) 상법 제401조의2 제1항에 규정된 자란 주식회사의 업무집행지시자 등 실질상 이사로서 그 개념은 앞의 허위재무제표작성죄 행위주체 부분에서 설명하였다.

5) 상법 제635조 제1항에 규정된 자란 상법 회사편의 과태료 부과대상자이다.

6) 외부감사법에서 '회사'란 외부감사 대상이 되는 주식회사나 유한회사를 의미한다(법 제2조 제1호).

7) 이는 같은 조문에서 행위주체를 각 호에 기재하였으면서 각 호 외 부분에도 중복하여 기재함으로써 발생하는 문제이다. 혼동을 피하기 위하여 행위주체는 각 호의 범죄별로 명확하게 기재하면 충분하고 이를 중복하여 규정하는 것은 피할 필요가 있다.

인인 회사의 범죄능력이 인정되지 아니하므로[8] 이 죄의 행위주체를 "상법 제401조의 2 제1항 및 제635조 제1항에 규정된 자나 그 밖에 회사의 회계업무 등 내부회계관리제도의 운영에 관련된 자"로 규정하고 있다. 이들 중 외부감사 대상 주식회사나 유한회사에서 실제로 위와 같은 위반행위를 하는 자가 행위주체로서 처벌될 것이다. 그리고 회사의 대표자·대리인·사용인·종업원이 회사의 업무에 관하여 그 위반행위를 한 경우에는 실제 행위자를 위와 같이 처벌할 뿐만 아니라 법 제46조의 양벌규정에 따라 회사에 대하여도 위 법정형의 벌금형을 부과한다. 다만, 회사가 그 위반행위를 방지하기 위하여 그 업무에 관하여 상당한 주의와 감독을 게을리하지 아니한 경우에는 그러하지 아니하다.

위반행위 중 '내부회계관리제도에 따라 작성된 회계정보'란 법 제8조 제1항에 따라 정해진 내부회계관리규정에 따라 이를 관리·운영하는 조직에 의하여 작성된 회계정보를 말하고, 그 '회계정보'에는 회계정보의 기초가 되는 거래에 관한 정보도 포함한다(법 제8조 제1항 제1호). '위조'란 권한 없이 회계정보를 새롭게 작성하는 행위이고, '변조'란 이미 작성된 회계정보의 내용을 그 동일성을 유지하면서 변경하는 것으로서 서류모음인 회계정보에 새로운 문서를 추가하여 회계정보의 구성내용을 변경하는 것도 변조행위에 포함된다. '훼손'이란 회계정보를 물리적으로 파괴하여 그 효용을 감소시키는 행위이고, '파기'란 회계정보의 전부나 일부를 컴퓨터 파일 삭제, 물리적 파괴 등으로 그 효용을 소멸시키는 행위이다.

이 죄는 고의범이므로 행위주체에게 위와 같은 객관적 범죄구성요건에 대한 인식과 용인이 있어야만 범죄가 성립한다(용인설).

기수시기는 회계정보의 위조·변조·훼손 또는 파기 행위가 종료된 때이다. 훼손 또는 파기 행위의 종료시기와 관련하여 회사의 데이터베이스 서버Database Server에 수록된 회계정보를 삭제하기 전에 그 자료를 다른 저장장치에 백업Back-up해 둔 경우에 파기행위가 종료되지 않은 것으로 볼 것인지 문제가 된다. 그 백업이 행위자의 임의적인 행위로서 이를 회사의 행위로 인정할 수 없다면 훼손이나 파기 행위는 종료된 것으로 보아야 할 것이다.[9]

---

8) 대법원 1984. 10. 10. 선고 82도2595 전원합의체 판결(형법상 배임죄 사안).

9) 서울중앙지방법원 2006. 5. 19. 선고 2005고합1185 판결(회사의 대표이사인 피고인은 2005. 9.경 재경팀 이사에게 회사의 회계 관련 전산자료를 모두 폐기하라고 지시한 사실, 이에 따라 이사는 담당 과장에게 피고인의 지시를

2. 법 제41조 제2호 위반죄

법 제41조 제2호 위반죄의 행위주체 및 위반행위는, "감사인 또는 그에 소속된 공인회계사나 감사업무와 관련된 자가 법 제19조 제3항을 위반하여 감사조서를 위조·변조·훼손 또는 파기한" 행위이다. 법 제19조 제3항은 "감사인(그에 소속된 자 및 그 사용인을 포함한다)은 감사조서를 위조·변조·훼손 및 파기해서는 아니 된다."고 규정하고 있다. 그러므로 그 의무를 부담하게 되는 감사인, 그에 소속된 공인회계사 또는 감사인이나 감사인 소속 공인회계사의 사용인이 행위주체가 된다. 그런데 법 제41조 각 호 외 부분에는 마치 "상법 제401조의2 제1항, 제635조 제1항에 규정된 자, 그 밖에 회사의 회계업무를 담당하는 자, 법 제20조 제4호에 따른 감사업무와 관련된 자"도 이 죄의 행위주체가 될 수 있는 것처럼 기재되어 있다. 그 중 '법 제20조 제4호에 따른 감사업무와 관련된 자'란 법 제20조 제4호의 내용에 비추어 볼 때 '감사인 또는 그에 소속된 공인회계사를 보조하거나 지원하는 자'를 말한다. 그러나 상법 제401조의2 제1항, 제635조 제1항에 규정된 자 및 그 밖에 회사의 회계업무를 담당하는 자는 물론, 감사인 또는 그에 소속된 공인회계사를 보조하거나 지원하는 자일지라도 감사인이나 감사인 소속 공인회계사의 사용인이 아니라면 법 제19조 제3항의 의무를 부담하는 자가 아니어서 그 의무위반자가 될 수 없으므로 공범으로 처벌되지 않는 한 이 죄의 행위주체가 될 수는 없다.[10]

앞의 허위감사보고서작성죄의 행위주체에서 살펴본 것처럼 외부감사법의 '감사인'이란 법 제4조, 자본시장법 제169조 제1항 본문 등의 법령에 의하여 외부감사법에 따른 외부의 회계감사를 받아야 하는 회사에 대하여 감사를 실시하는 회계법인과 감사반을 말한다. 그러므로 이 죄의 행위주체인 '감사인'도 외부감사법에 따라 회계감사를 받아야 하는 회사와 외부감사계약을 체결하여 외부감사 임무를 수임한 회계법인

전달하였으나 담당 과장은 회사 내 데이터베이스 서버상의 회계정보를 삭제하기 전에 자신이 가지고 있던 CD에 해당 자료를 백업해 둔 다음 이를 삭제한 사안에서, "비록 데이터베이스 서버상 삭제된 회계정보가 삭제되기 전 CD에 백업되었다 하더라도 이는 전산담당 과장이 임의로 백업해 둔 것일 뿐 회사의 공식적인 전산자료로는 볼 수 없는 점, 2개의 컴퓨터에 회계정보를 입력하여 보관하도록 한 회사의 내부회계관리규정 등에 비추어 보면, 비록 삭제된 데이터베이스 서버상의 회계정보가 CD로 백업되어 존재하고 있다 하더라도 데이터베이스 서버상의 공식 회계정보가 삭제된 이상 그 회계정보는 파기된 것이라고 보아야 할 것이다."라고 판시).

10) 법 제41조 제1호의 행위주체에 관하여 언급한 것처럼 혼동을 피하기 위하여 행위주체는 각 호의 범죄별로 명확하게 기재하는 입법적 개선이 필요하다.

또는 감사반을 말한다. 그리고 원칙적으로 법인의 범죄능력이 인정되지 않으므로[11] '감사인'이 회계법인인 경우에는 회계법인의 대표이사나 소속 공인회계사, '감사인'이 감사반인 경우에는 소속 공인회계사가 행위주체로 된다. 이때 회계법인은 후술하는 양벌규정(법 제46조)에 따라 그 실제 행위자에 대한 법정형 중 벌금형의 처벌을 받게 될 뿐이다.

'감사조서'란 법 제19조 제1항에 따라 감사인이 감사를 실시하여 감사의견을 표명한 경우에 회사의 회계기록으로부터 감사보고서를 작성하기 위하여 적용하였던 감사절차의 내용과 그 과정에서 입수한 정보 및 정보의 분석결과 등을 기재한 문서(자기테이프·디스켓 및 그 밖의 정보보존장치 포함)를 말한다. 감사조서는 감사업무 중에 작성될 수도 있고 감사업무 후에 작성될 수도 있지만 감사인은 감사조서를 적시에 작성해야 하고,[12] 일단 작성이 종료된 후에는 예컨대 내·외부에서 수행한 모니터링 검사 중에 받은 검토의견 등에 따라 불분명한 부분을 명확하게 하는 경우에만 그 수정이나 추가가 허용되고,[13] 이러한 경우에도 그 수정·추가의 구체적인 이유, 수정·추가를 하거나 이를 검토한 사람 및 그 시기를 감사조서에 기재하여야 한다.[14] 그 밖에는 작성이 종료된 감사조서를 그 보존기간(즉, 감사종료 시점부터 8년간 - 법 제19조 제2항) 경과 전까지 변경하거나 폐기할 수 없다.[15] 따라서 감사조서의 작성 종료 후 위와 같은 수정·추가 사유가 없음에도 불구하고 새로운 문서를 감사조서에 추가하여 감사조서의 내용을 변경하였으면 감사조서의 변조행위에 해당하고, 감사조서의 일부 문서를 분리하여 감사조서에서 제외시키는 행위는 감사조서의 파기행위에 해당한다.[16]

---

11) 대법원 1984. 10. 10. 선고 82도2595 전원합의체 판결(형법상 배임죄 사안).

12) 회계감사기준서 230번 문단 7, A1["감사문서(즉 감사조서)를 적시에 충분하고 적합하게 작성하는 것은 감사품질을 높이는 데 도움을 주며, 입수한 감사증거 및 도달된 결론에 대하여 감사보고서가 확정되기 전에 효과적으로 검토하고 평가하는 데 도움을 준다. 감사업무 수행 후에 작성된 감사문서는 감사업무 수행 중에 작성된 것보다는 정확성이 낮을 것이다.].

13) 회계감사기준서 230번 문단 A24("감사파일의 취합이 완료된 후 감사인이 기존 감사문서를 변형시키거나 새로운 감사문서를 추가할 필요성이 있는 상황은, 예를 들어 내부 또는 외부에서 수행한 모니터링 검사 중에 받은 검토의견에 따라 기존 감사문서를 명확하게 할 필요가 있을 때이다.").

14) 회계감사기준서 230번 문단 16.

15) 회계감사기준서 230번 문단 15.

16) 서울고등법원 2013. 12. 12. 선고 2013노1579 판결("감사조서는 이미 완결되어 있었다고 할 것이므로, '대출채권 입증감사절차'를 감사조서에 편입하는 행위는 실제로 행해진 감사절차와 감사조서의 내용상 불일치를 가져옴으로써 실질적으로 감사조서의 내용에 변경을 가져오는 것이어서 감사조서의 변조에 해당한다.", "감사조서는 모두 완결되었다고 할 것이므로, 여기에 편철됨에 따라 감사조서의 일부가 되어있던 금융자문수수료 약정서를 감사조서

'위조'란 권한 없이 감사조서를 새롭게 작성하는 행위이고, '변조'란 이미 작성된 감사조서의 내용을 그 동일성을 유지하면서 변경하는 것으로서 서류모음인 감사조서에 새로운 문서를 추가하여 감사조서의 구성내용을 변경하는 것도 변조행위에 포함된다. '훼손'이란 감사조서를 물리적으로 파괴하여 그 효용을 감소시키는 행위이고, '파기'란 감사조서의 전부나 일부를 컴퓨터 파일 삭제, 물리적 파괴 등으로 그 효용을 소멸시키는 행위이다.

이 죄는 고의범이므로 행위주체에게 위와 같은 객관적 범죄구성요건에 대한 인식과 용인이 있어야 한다(용인설).

기수시기는 감사조서의 위조·변조·훼손 또는 파기 행위가 종료된 때이다.

3. 법 제41조 제3호 위반죄

법 제41조 제3호 위반죄의 위반행위는 '법 제22조에 따른 이사의 부정행위 등을 보고하지 아니한' 행위이다. 법 제22조에서는 감사인, 감사 또는 감사위원회 위원의 보고·통보·제출 의무를 규정하고 있는데, 이 죄의 위반행위는 그 중 보고의무를 위반한 경우로 한정하고 있다. 법 제22조는 감사인이 같은 조 제1항 후단 및 제7항에 따라 주주총회 또는 사원총회 및 증권선물위원회에 대하여 부담하는 진술 의무를 '보고'의무로 명시하고 있다. 한편 감사 또는 감사위원회가 주주총회에서 이사가 제출하는 의안 및 서류를 조사하여 법령·정관에 위반되거나 현저하게 부당한 사항이 있는지 여부에 관한 의견을 진술해야 할 의무는 상법에서 '보고'의무로 표현하면서(상법 제413조, 제415조의2 제7항), 감사인과 감사·감사위원회가 이사의 직무수행에 관하여 부정행위 또는 법령·정관에 위반되는 중대한 사실을 발견한 경우에 상호 알려주어야 할 의무는 '통보'의무로 표현하고 있다(법 제22조 제1항 전단, 제6항). 그러므로 법 제41조 제3호의 '보고'의무란 '제출'의무는 물론 '통보'의무와도 구분되는 개념으로 보아야 할 것이다. 그 중 주주총회 또는 사원총회 및 증권선물위원회에 대하여 부담하는 '보고'의무 위반의 경우에만 형사처벌 하는 이유는 이러한 보고의무 위반의 경우에는 소수주주 또는 소수사원의 이사해임 청구(상법 제385조 제2항, 제567조)나 증권선물위원회의 해당 임원 해임·면직 권고 등 행정제재(법 제29조 제1항 제2호 참조) 또는 감

로부터 분리하여 제외하는 행위는 감사조서의 파기에 해당한다.").

독업무에 지장을 주기 때문이다. 따라서 법 제41조 제3호의 위반행위는 법 제22조 제1항 후단 및 제7항에 규정된 감사인의 주주총회 또는 사원총회나 증권선물위원회에 대한 보고의무 위반행위로 제한하는 것이 그 입법취지나 죄형법정주의 원칙에 부합하는 해석이다.

법 제22조에 규정된 보고의무의 내용은, 감사인이 직무를 수행할 때 이사의 직무수행에 관하여 부정행위 또는 법령이나 정관에 위반되는 중대한 사실을 발견하면 주주총회 또는 사원총회(이하 '주주총회등'이라 함)에 보고해야 할 의무(법 제22조 제1항 후단)와, 감사인이 위와 같이 이사의 직무수행에 관하여 부정행위 또는 법령에 위반되는 중대한 사실을 발견하거나 감사 또는 감사위원회로부터 이러한 사실을 통보받은 경우에 증권선물위원회에 보고해야 할 의무이다(법 제22조 제7항). 그러므로 이 죄의 행위주체는 감사인이고,[17] 위반행위는 감사인이 직무를 수행하면서 이사의 직무수행에 관한 부정행위나 중대한 법령·정관 위반 사실을 발견하고도 주주총회등에 보고하지 않거나, 이사의 직무수행에 관한 부정행위나 중대한 법령 위반 사실을 발견하거나 감사 또는 감사위원회로부터 이러한 사실을 통보받고도 증권선물위원회에 보고하지 아니하는 행위이다.

외부감사법에서 말하는 '감사인'이란 외부감사법에 따라 회계감사를 받아야 하는 회사와 외부감사계약을 체결하여 외부감사 임무를 수임한 회계법인 또는 감사반을 지칭한다. 또한 '감사인'이 회계법인인 경우에는 회계법인의 대표이사나 소속 공인회계사, '감사인'이 감사반인 경우에는 소속 공인회계사가 행위주체로서 처벌되고, 회계법인은 양벌규정(법 제46조)에 따라 그 실제 행위자에 대한 법정형 중 벌금형의 처벌을 받게 될 뿐임은 전항 기재와 같다.

법 제22조 제1항 후단의 "이사의 직무수행에 관한 부정행위 또는 법령이나 정관에 위반되는 중대한 사실"이란 이 죄의 입법취지나 규정 문언에 비추어 소수주주나 소수사원의 이사해임 청구의 소 제기사유(상법 제385조 제2항, 제567조)와 동일한 것으로 보아야 할 것이다. 참고로 회계감사기준서에서는 재무제표의 부정한 왜곡표시의 '부정'개념에 관하여 "경영진, 지배기구, 종업원, 또는 제3자 중 1인 이상이 부당하거

17) 법 제41조 각 호 외 부분에는 마치 "상법 제401조의2 제1항 및 제635조 제1항에 규정된 자, 그 밖에 회사의 회계업무를 담당하는 자, 법 제20조 제4호에 따른 감사업무와 관련된 자"도 제41조 제3호 위반죄의 행위주체가 될 수 있는 것처럼 기재되어 있으나, 이들은 법 제22조에 따른 보고의무를 부담하는 자가 아니므로 제41조 제3호 위반죄의 행위주체가 될 수 없다.

나 불법적인 이득을 취하기 위해 기만행위가 연루된 의도적 행위"라고 정의하고 있다.[18] 그러나 법 제22조 제1항이나 제7항의 '부정행위'란 소수주주나 소수사원의 이사해임 청구의 소 제기사유인 '부정행위' 개념과 마찬가지로 이사로서의 의무를 위반하여 회사에 손해를 끼친 고의적 행위를 뜻하는 것으로 보아야 할 것이다.[19] 이와 마찬가지로 법 제22조 제1항의 '이사의 직무수행에 관하여 법령이나 정관에 위반되는 중대한 사실'이나, 법 제22조 제7항의 '이사의 직무수행에 관하여 법령에 위반되는 중대한 사실'은 소수주주나 소수사원의 이사해임 청구의 소 제기사유와 마찬가지로 선관주의의무 위반 등 일반적인 의무위반을 말하는 것이 아니라 납입가장 범죄, 경업금지의무 위반 등 특정 위법행위를 말하는 것으로 보아야 할 것이다.[20]

이 죄는 보고의무의 불이행으로 범죄가 성립하는 부작위범이므로 보고의무의 이행기가 있다면 그 이행기가 종료된 때를 기수시기로 보아야 할 것이다. 그런데 감사인이 이사의 부정행위 등을 위 주주총회등이나 증권선물위원회에 언제까지 보고해야 하는지에 관하여는 아무런 명문 규정이 없다. 생각건대 이 죄는 고의범으로서 작위의무의 이행기가 정해져 있지 아니한 부작위범이므로, 보고의무의 고의적 불이행으로 볼 수 있는 시기를 위반행위를 한 시기로 보아야 할 것이다. 주주총회등에 대한 보고의 경우에는 감사인이 위 보고의무의 발생사실을 직접 또는 법 제22조 제6항에 따라 감사·감사위원회로부터 통보받아 알게 되었다면, 그 보고의무의 발생을 알게 된 이후 최초로 개최되는 주주총회등의 종료시까지 주주총회등에 보고하지 않았으면 보고의무의 고의적 불이행을 인정할 수 있을 것이다. 증권선물위원회에 대한 보고의 경우에는 위 보고의무의 발생사실을 알게 된 이후 보고할 수 없는 특별한 사정이 없는 한 지체 없이 그 보고를 하지 않았다면 보고의무의 고의적 불이행을 인정할 수 있을 것이다. 따라서 이때 위반행위의 기수에 이르고 범죄가 성립하는 것으로 보아야 할 것이다. 죄형법정주의의 명확성 원칙에 비추어 볼 때 그 보고의 기한·절차·형식 등을 법률로 명확히 규정할 필요가 있다.

18) 회계감사기준서 240번 문단 11(a).

19) 소수주주의 이사 해임청구사유에 관한 이철송, 「회사법강의」(제26판)(박영사, 2018), 661면 및 「주식회사법대계 II」 제3판(한국상사법학회, 2019), 421면(김지환 집필부분) 등 참조.

20) 소수주주의 이사 해임청구사유에 관한 대법원 2010. 9. 30. 선고 2010다35985 판결, 대법원 1993. 4. 9. 선고 92다53583 판결, 대법원 1990. 11. 2.자 90마745 결정 및 이철송, 위의 책, 661면 참조.

4. 법 제41조 제4호 위반죄

감사인 또는 그에 소속된 공인회계사는 주주총회등이 요구하면 주주총회등에 출석하여 의견을 진술하거나 주주 또는 사원(이하 '주주등'이라 함)의 질문에 답변하여야 한다(법 제24조). 이때 감사인 또는 그에 소속된 공인회계사가 그 주주총회등에 출석하여 의견이나 답변을 거짓으로 진술하거나 사실을 감춘 경우에는 법 제41조 제4호 위반죄가 성립한다.

그러므로 이 죄의 행위주체는 감사인 또는 그에 소속된 공인회계사이다.[21] '감사인'이란 외부감사법에 따라 회계감사를 받아야 하는 회사와 외부감사계약을 체결하여 외부감사 임무를 수임한 회계법인 또는 감사반을 말한다. 또한 '감사인'이 회계법인인 경우에는 회계법인의 대표이사나 소속 공인회계사, '감사인'이 감사반인 경우에는 소속 공인회계사가 행위주체로서 처벌되고, 회계법인은 양벌규정(법 제46조)에 따라 그 실제 행위자에 대한 법정형 중 벌금형의 처벌을 받게 될 뿐임은 위 제2항 기재와 같다.

'거짓으로 진술을 하거나 사실을 감춘 경우'란 보호법익인 '외부감사 대상 회사 회계처리 및 외부감사의 적정'에 비추어 볼 때 객관적인 진실에 반하는 것을 말하는 것으로 보아야 할 것이다.[22] 그러므로 자기의 인식에 반하여 거짓 진술을 하였더라도 객관적 진실에 부합하는 진술인 것으로 판명되었다면 범죄는 성립하지 않는다. 만약 객관적인 진실에 반하여 거짓 진술을 하였으나 행위주체가 그 진술 당시에는 그것이 거짓임을 모른 채 자기가 인식한 대로 진술한 경우에는 위반행위는 있었으나 위반행위에 대한 고의가 없었던 것이므로 범죄가 성립하지 않는다. 주주총회등에서의 진술은 그 주주총회등에서의 진술 전부를 일체로 관찰·판단해야 할 것이므로 행위주체가 주주총회등에서 일단 거짓으로 진술하거나 사실을 감추는 행위가 있었더라도 그 주주총회등이 종료하기 전에 진실을 진술하였다면 범죄는 성립하지 않는다.[23] 그러므로

21) 법 제41조 각 호 외 부분에는 마치 "상법 제401조의2 제1항 및 제635조 제1항에 규정된 자, 그 밖에 회사의 회계업무를 담당하는 자, 법 제20조 제4호에 따른 감사업무와 관련된 자"도 제41조 제4호 위반죄의 행위주체가 될 수 있는 것처럼 기재되어 있으나, 이들은 법 제24조에 따른 출석 및 진실진술 의무를 부담하는 자가 아니므로 제41조 제4호 위반죄의 행위주체가 될 수 없다.

22) 이 점은 국가의 사법작용 및 징계작용을 보호법익으로 하는 형법 제152조 위증죄(대법원 2010. 1. 21. 선고 2008도942 전원합의체 판결)의 "허위의 진술" 개념이 자신의 기억에 반하는 사실의 진술을 의미하는 것(대법원 1988. 5. 24. 선고 88도350 판결)과 다른 점이다.

23) 형법상 위증죄의 경우에는 증인이 그 증인신문이 끝나기 전에 그 진술을 철회·시정하였다면 위증이 되지 않는다

기수시기는 주주총회등이 종료한 때이다.

이 죄는 고의범이므로 주주총회등에 출석하여 진술하거나 답변하는 행위주체에게 그 진술·답변이 거짓이거나 사실을 감추는 것에 대한 인식 및 용인이 있어야만 한다.

5. 법 제41조 제5호 위반죄

외부감사 대상 회사의 회계정보와 관련하여, ① 내부회계관리제도에 의하지 아니하고 회계정보를 작성하거나 내부회계관리제도에 따라 작성된 회계정보를 위조·변조·훼손 또는 파기한 사실, ② 회사가 회계처리기준을 위반하여 재무제표(연결재무제표를 작성해야 하는 회사의 경우에는 연결재무제표도 포함, 이하 같음)를 작성한 사실, ③ 회사·감사인 또는 그 감사인에 소속된 공인회계사가 외부감사 대상 회사의 재무제표를 대신 작성하거나 관련 회계처리 자문에 응하거나 그 재무제표 작성에 필요한 계산 또는 회계분개를 대신 해 주거나 관련 회계처리방법 결정에 관여하거나, 해당 회사가 감사인 및 그 소속 공인회계사에게 이러한 행위를 요구한 사실, ④ 감사인이 회계감사기준에 따라 감사를 실시하지 아니하거나 거짓으로 감사보고서를 작성한 사실, ⑤ 그 밖에 위 각 사례에 준하는 경우로서 회계정보를 거짓으로 작성하거나 사실을 감춘 사실을 알게 된 자가 그 사실을 증권선물위원회에 신고하거나 해당 회사의 감사인 또는 감사(감사위원회 위원 포함 - 법 제2조 제6호)에게 고지한 때, 그 신고 또는 고지를 받은 자는 신고자 또는 고지자(이하 '신고자등'이라 함)의 신분 등에 관한 비밀을 유지해야 한다(법 제28조 제1항·제2항). 이 경우 그 신고를 받은 증권선물위원회의 신고 관련 담당자나 고지를 받은 감사인, 감사 또는 감사위원회 위원이 그 비밀유지의무를 위반하여 비밀을 누설한 경우에 법 제41조 제5호 위반죄가 성립한다.

그런데 법 제41조 각 호 외 부분에서는 각 호의 행위주체를 제한하고 있으므로 증권선물위원회의 신고 관련 담당자, 감사인, 감사 또는 감사위원회 위원이 법 제41조 각 호 외 부분에서 규정하고 있는 행위주체에 포함되는지도 검토해 보아야 한다. 이들 중 감사인이 법 제41조 각 호 외 부분에 포함되어 있음은 분명하고, 감사 또는 감사위원회 위원도 '상법 제635조 제1항에 규정된 자'이므로 그 행위주체에 포함된다. 또한 이 '상법 제635조 제1항에 규정된 자' 중에는 감사에 관한 '상법 제415조

(대법원 2008. 4. 24. 선고 2008도1053 판결).

의 … 직무대행자'도 포함되어 있는데, 상법 제415조는 일시이사에 관한 상법 제386조 제2항과 이사직무대행자에 관한 상법 제407조 제1항을 준용하고 있으므로 일시감사 및 감사직무대행자도 이 죄의 행위주체에 포함되는 것으로 해석할 수 있을 것이다.[24] 증권선물위원회의 신고 관련 담당자는 감사 업무와 관련하여 증권선물위원회 위원을 보조하거나 지원하는 자로서 '법 제20조 제4호에 따른 감사업무와 관련된 자'에 포함되는 것으로 볼 수 있다. 따라서 이 죄의 행위주체는 신고자등으로부터 위 신고를 받은 증권선물위원회의 담당자와, 위 고지를 받은 감사인, 감사, 감사위원회 위원, 일시감사 및 감사직무대행자이다. 감사인이 회계법인인 경우처럼 법인의 대표자·대리인·사용인·종업원이 법인의 업무에 관하여 위반행위를 한 경우에는 법 제46조의 양벌규정에 따라 법인도 그 실제 행위자에 대한 법정형 중 벌금형의 처벌을 받게 된다.

위반행위는 위 행위주체가 '신고자등의 신분 등에 관한 비밀을 누설한' 행위이다. 그 중 '비밀'이란 일반적으로 알려져 있지 않은 사실로서 이를 다른 사람에게 알리지 않는 것이 신고자등에게 이익이 있는 것을 말한다.[25] '누설'이란 아직 알지 못하는 타인에게 알려주는 일체의 행위를 말한다.[26] 신고자등은 신고서 또는 고지서에 신고자등의 인적사항, 위반행위를 한 자, 위반행위의 내용, 신고 또는 고지의 취지 및 이유를 기재하고 위반행위의 증거 등을 첨부하여 제출하는데(법 시행령 제31조 제2항), 이러한 사항 모두가 비밀의 내용을 구성한다.

공범에 관한 형법 총칙 규정이 적용되므로 이 죄의 공동정범, 교사범 또는 종범도 성립할 수 있다. 그러나 범죄구성요건상 2인 이상의 서로 대립된 방향의 행위를 필요로 하는 대향범에서는 대향된 상대방에 대한 처벌규정이 없다면 상대방을 처벌하

---

24) 법 제41조 각 호 외 부분에는 마치 "상법 제401조의2 제1항에 규정된 자, 감사, 감사위원회 위원, 일시감사 및 감사직무대행자를 제외한 상법 제635조 제1항에 규정된 자, 그 밖에 회사의 회계업무를 담당하는 자, 법 제20조 제4호에 따른 감사업무와 관련된 자"도 제41조 제5호 위반죄의 행위주체가 될 수 있는 것처럼 기재되어 있으나, 이들은 법 제28조 제2항에 따른 비밀유지의무를 부담하는 자가 아니므로 제41조 제5호 위반죄의 행위주체가 될 수 없다.

25) 대법원 2007. 6. 28. 선고 2006도6389 판결(「정보통신망 이용촉진 및 정보보호 등에 관한 법률」 제49조 중 '타인의 비밀 누설'의 '비밀' 개념에 관한 해석 사례) 참조.

26) 대법원 2017. 6. 19. 선고 2017도4240 판결[구 「정보통신망 이용촉진 및 정보보호 등에 관한 법률」(2016. 3. 22. 법률 제14080호로 개정되기 전의 것) 제49조의 비밀 '누설' 개념에 관한 해석 사례]; 대법원 2015. 7. 9. 선고 2013도13070 판결[구 「공공기관의 개인정보보호에 관한 법률」(2011. 3. 29. 법률 제10465호로 폐지되기 전의 것) 제11조 중 개인정보의 '누설' 개념에 관한 해석 사례] 참조.

지 않는 입법취지에 비추어 대향된 상대방을 공범에 관한 형법 총칙 규정을 적용하여 처벌할 수는 없다는 것이 판례의 입장이다.[27] 그러므로 이 죄의 위반행위 중 비밀을 누설하는 행위의 경우에 누설받은 상대방에 대하여는 공범에 관한 형법 총칙 규정을 적용하여 처벌할 수도 없다.

법 제47조 제1항 제1호에서는 "법 제28조 제2항을 위반하여 신고자등의 인적사항 등을 공개하거나 신고자등임을 미루어 알 수 있는 사실을 다른 사람에게 알려주거나 공개한 자"에 대하여 과태료를 부과하고 있는데, 그 과태료 부과사유는 이 죄의 위반행위와 중복되는 경우도 있을 수 있으므로 그러한 경우의 상호관계가 문제된다. 비록 상법 제635조 제1항 각 호 외 부분 단서 기재내용과 같이 동일한 행위에 대하여 형벌을 과할 경우에는 과태료를 부과하지 아니한다는 취지의 명문 규정은 없지만, "행정질서벌로서의 과태료는 행정상 의무의 위반에 대하여 국가가 일반통치권에 기하여 과하는 제재로서 형벌(특히 행정형벌)과 목적·기능이 중복되는 면이 없지 않으므로, 동일한 행위를 대상으로 하여 형벌을 부과하면서 아울러 행정질서벌로서의 과태료까지 부과한다면 그것은 이중처벌금지의 기본정신에 배치되어 국가 입법권의 남용으로 인정될 여지가 있다"(판례).[28] 따라서 동일 행위가 법 제41조 제5호와 법 제47조 제1호를 모두 충족시키는 경우에는 사안의 정도에 따라 형벌과 과태료 중 어느 하나를 선택할 수 있을 뿐, 이를 중복하여 부과하는 것은 부당하다고 본다.[29]

[한석훈]

27) 대법원 2017. 6. 19. 선고 2017도4240 판결; 대법원 2011. 4. 28. 선고 2009도3642 판결; 대법원 2009. 6. 23. 선고 2009도544 판결.

28) 헌법재판소 1994. 6. 30. 선고 92헌바38 전원재판부 결정.

29) 이에 대하여, 과태료 부과사유 중 법 제47조 제1항 제1호는 2017. 10. 31.자 전부개정 당시 내부 신고자등의 보호를 강화하기 위하여 신설된 규정이라는 입법취지에 비추어 동일한 행위가 위 과태료 부과사유와 법 제41조 제5호 위반행위에 해당할 경우에는 그 형벌과 과태료를 중복하여 부과할 수도 있는 것으로 해석하는 반대견해도 있을 수 있다. 해석상 논란을 막기 위해서는 입법적 개선이 필요하다.

제 5 장 벌칙

제42조(벌칙)

「상법」 제401조의2 제1항 및 제635조 제1항에 규정된 자, 그 밖에 회사의 회계업무를 담당하는 자, 감사인 또는 그에 소속된 공인회계사나 제20조 제4호에 따른 감사업무와 관련된 자가 다음 각 호의 어느 하나에 해당하는 행위를 하면 3년 이하의 징역 또는 3천만 원 이하의 벌금에 처한다.

1. 제6조 및 제23조 제3항을 위반하여 재무제표를 제출하지 아니한 경우
2. 제6조 제6항을 위반하여 감사인 또는 그에 소속된 공인회계사가 재무제표를 작성하거나 회사가 감사인 또는 그에 소속된 공인회계사에게 재무제표 작성을 요구하는 경우
3. 정당한 이유 없이 제7조 및 제21조에 따른 지배회사 또는 감사인의 열람, 복사, 자료제출 요구 또는 조사를 거부·방해·기피하거나 거짓 자료를 제출한 경우
4. 정당한 이유 없이 제10조 제1항·제2항 또는 제8항에 따른 기간 내에 감사인을 선임하지 아니한 경우
5. 제20조를 위반하여 비밀을 누설하거나 부당한 목적을 위하여 이용한 경우
6. 정당한 이유 없이 제27조 제1항에 따른 자료제출 등의 요구·열람 또는 조사를 거부·방해·기피하거나 거짓 자료를 제출한 경우
7. 재무제표를 작성하지 아니한 경우
8. 감사인 또는 그에 소속된 공인회계사에게 거짓 자료를 제시하거나 거짓이나 그 밖의 부정한 방법으로 감사인의 정상적인 회계감사를 방해한 경우

Ⅰ. 입법취지 및 연혁

외부감사법은 외부감사 대상 회사 회계처리의 적정適正과 그에 대한 외부감사의 적정을 기하기 위하여 회사와 감사인 등에게 여러 가지 의무를 부과하고 있다. 그 의무위반행위 중 법 제41조 각 호의 의무위반보다는 비교적 가볍지만 법 제44조 각 호의 의무위반보다는 중한 위반행위에 대한 처벌규정이 법 제42조이다. 법 제42조 제1호는 감사인 및 증권선물위원회에의 재무제표 미제출, 같은 조 제2호는 감사인 등의

재무제표 작성금지 위반, 같은 조 제3호는 지배회사·감사인의 종속회사·관계회사에 대한 조사 방해, 같은 조 제4호는 감사인 미선임, 같은 조 제5호는 감사인 등의 직무상 비밀 누설, 같은 조 제6호는 증권선물위원회의 감리업무 등을 위한 조사 방해, 같은 조 제7호는 재무제표 미작성, 같은 조 제8호는 감사인의 회계감사 방해를 위반행위로 하고 있다. 그러므로 법 제42조 각 호 위반죄의 보호법익은 외부감사 대상 회사 회계처리 및 외부감사의 적정으로 볼 수 있다. 또한 법 제42조 각 호의 행위가 있으면 그 보호법익 침해의 결과나 구체적 위험이 발생하지 않더라도 위 보호법익 침해의 추상적 위험 발생이 인정되어 범죄가 성립하는 것이므로, 그 보호의 정도에 관하여는 추상적 위험범으로 볼 수 있다.

1980. 12. 31. 외부감사법 제정 당시에는 법 제42조 각 호 중 일부만 규정되어 있었고 그 법정형도 비교적 가벼웠으나, 그 후 점차 법정형이 무겁게 변경되고 범죄 구성요건도 정밀하게 수정되었으며 새로운 범죄유형도 추가되어 왔다. 즉, 위 법 제정 당시에는 감사인 미선임(법 제42조 제4호), 감사인 등의 직무상 비밀 누설(법 제42조 제5호) 및 감리업무 등을 위한 조사 방해(법 제42조 제6호)를 각 '1년 이하의 징역 또는 300만 원 이하의 벌금', 재무제표 미제출(제1호) 및 감사인의 회계감사 방해(제8호)를 '200만 원 이하의 벌금'의 법정형으로 처벌함에 그쳤으나, 여러 차례의 개정을 거치면서 현재와 같이 법정형이 각 '3년 이하의 징역 또는 3천만 원 이하의 벌금'으로 상향조정되고 범죄구성요건도 수정되었다. 재무제표 미작성(법 제42조 제7호) 행위의 처벌규정은 1993. 12. 31.자 개정(법률 제4680호) 당시 신설되어 '1년 이하의 징역 또는 500만 원 이하의 벌금'의 법정형으로 처벌하였으나, 그 후 1998. 2. 24.자 개정(법률 제5522호) 당시 법정형을 '3년 이하의 징역 또는 3천만 원 이하의 벌금'으로 상향조정하였고, 지배회사·감사인의 종속회사·관계회사에 대한 조사 방해(법 제42조 제3호) 행위의 처벌규정은 2009. 2. 3.자 개정(법률 제9408호) 당시 신설되어 '2년 이하의 징역 또는 2천만 원 이하의 벌금'의 법정형으로 처벌하였으며, 감사인 등의 재무제표 작성금지 위반(법 제42조 제2호) 행위의 처벌규정은 2017. 10. 31.자 개정(법률 제15022호) 당시 신설되었는데, 이때 이들 범죄의 법정형을 모두 현재와 같이 각 '3년 이하의 징역 또는 3천만 원 이하의 벌금'으로 규정하였다.

II. 범죄구성요건

1. 법 제42조 제1호 위반죄

이 죄는 '법 제6조 및 제23조 제3항을 위반하여 재무제표를 제출하지 아니한 경우'에 성립한다. 이에 관한 법 제6조 제1항 및 제2항은 "회사의 대표이사와 회계담당 임원(회계담당 임원이 없는 경우에는 회계업무를 집행하는 직원을 말함)은 해당 회사의 재무제표(연결재무제표를 작성해야 하는 회사의 경우에는 연결재무제표도 포함, 이하 같음)를 작성할 책임이 있다. 회사는 해당 사업연도의 재무제표를 작성하여 대통령령으로 정하는 기간 내에 감사인에게 제출하여야 한다."고 규정하고 있다. 또한 법 제23조 제3항은 "회사는 상법에 따라 정기총회 또는 이사회의 승인을 받은 재무제표(연결재무제표를 작성해야 하는 회사의 경우에는 연결재무제표도 포함, 이하 같음)를 대통령령으로 정하는 바에 따라 증권선물위원회에 제출하여야 한다. 다만, 정기총회 또는 이사회의 승인을 받은 재무제표가 제1항 본문에 따라 감사인이 증권선물위원회 등에 제출하는 감사보고서에 첨부된 재무제표 또는 같은 항 단서에 따라 회사가 금융위원회와 거래소에 제출하는 사업보고서에 적힌 재무제표와 동일하면 제출하지 아니할 수 있다."고 규정하고 있다. 그러므로 이 죄의 행위주체는 위 규정들에 따라 감사인 또는 증권선물위원회에 재무제표를 제출해야 할 의무가 있는 외부감사 대상 회사이다. 그런데 법인인 회사의 범죄능력이 인정되지 않으므로 법 제42조 각 호 외 부분에 그 행위주체를 규정하고 있는데, 위반행위의 내용에 비추어 볼 때 '상법 제635조 제1항에 규정된 자' 중 외부감사 대상 회사를 대표하는 대표기관인 자연인이 재무제표 제출의무를 부담하는 자로서 행위주체가 된다. 그리고 회사의 대표자·대리인·사용인·종업원이 회사의 업무에 관하여 그 위반행위를 한 경우에는 실제 행위자를 위와 같이 처벌할 뿐만 아니라 법 제46조의 양벌규정에 따라 회사에 대하여도 위 법정형의 벌금형을 부과한다. 다만, 회사가 그 위반행위를 방지하기 위하여 그 업무에 관하여 상당한 주의와 감독을 게을리하지 아니한 경우에는 그러하지 아니하다.

법 제6조 제2항 및 법 시행령 제8조 등의 규정에 비추어 볼 때 외부감사법의 위 '재무제표'란 정기 주주총회나 정기 사원총회의 승인을 받아야 하는 결산 재무제표만을 의미한다.

회사가 재무제표와 연결재무제표를 감사인에게 제출해야 하는 기한은, 재무제표는 정기총회 개최 6주 전(회생절차가 진행 중인 회사는 사업연도 종료 후 45일 이내)까지, 연결재무제표는 K-IFRS를 적용하는 회사의 경우 정기총회 개최 4주 전(회생절차가 진행 중인 회사는 사업연도 종료 후 60일 이내)까지, K-IFRS를 적용하지 아니하는 회사의 경우 사업연도 종료 후 90일 이내(자본시장법 제159조 제1항에 따른 사업보고서 제출대상 법인 중 직전 사업연도 말의 자산총액이 2조 원 이상인 법인은 사업연도 종료 후 70일 이내)이다(법 제6조 제2항, 법 시행령 제8조 제1항). 다만, 사업보고서 제출대상 법인이 자본시장법 제159조 제1항에 따른 사업보고서 제출기한(이하 '사업보고서 제출기한'이라 함) 이후 정기총회를 개최하는 경우이면, 재무제표는 사업보고서 제출기한 6주 전(회생절차가 진행 중인 회사는 사업연도 종료 후 45일 이내)까지, 연결재무제표는 K-IFRS를 적용하는 회사의 경우 사업보고서 제출기한 4주 전(회생절차가 진행 중인 회사는 사업연도 종료 후 60일 이내)까지, K-IFRS를 적용하지 아니하는 회사의 경우 사업연도 종료 후 90일 이내(자본시장법 제159조 제1항에 따른 사업보고서 제출대상법인 중 직전 사업연도 말의 자산총액이 2조 원 이상인 법인은 사업연도 종료 후 70일 이내)이다(법 제6조 제2항, 법 시행령 제8조 제2항).

그리고 회사가 재무제표와 연결재무제표를 증권선물위원회에 제출해야 하는 경우에 그 기한은 정기총회 또는 이사회 승인을 받은 날부터 2주 이내이다. 다만, 회생절차가 진행 중인 회사의 경우에는 그 회사의 관리인에게 보고하여 승인받은 날부터 2주 이내이다(법 제23조 제3항 본문, 법 시행령 제27조 제5항).

따라서 외부감사 대상 회사를 대표하여 재무제표 제출의무를 부담하는 자가 위 각 기한까지 감사인 또는 증권선물위원회에 재무제표 및 연결재무제표를 제출하지 아니한 때 기수에 이르고 범죄가 성립한다.

2. 법 제42조 제2호 위반죄

법 제42조 제2호 위반죄는 감사인 또는 그에 소속된 공인회계사가 해당 외부감사 대상 회사의 재무제표(연결재무제표를 작성해야 하는 회사의 경우에는 연결재무제표도 포함, 이하 같음)를 작성하거나, 그 회사가 감사인 또는 그에 소속된 공인회계사에게 재무제표의 작성을 요구하는 경우에 성립한다(법 제42조 제2호, 제6조 제6항). 원래 회사의 재무제표는 그 대표이사와 회계담당 임원(회계담당 임원이 없는 경우에는 회계업무 집행 직원)에게 작성 책임이 있는데(법 제6조 제1항), 그 재무제표를 감사인이나 그에 소속된 공인회계사가 대신 작성한다면 자기감사에 따르는 부실감사의 위험이 있기 때문에 이를 금지하고 그 위반행위를 형사처벌하고 있는 것이다.

앞의 허위감사보고서작성죄의 행위주체에서 살펴본 것처럼 외부감사법의 '감사인'이란 법 제4조, 자본시장법 제169조 제1항 본문 등의 법령에 의하여 외부감사법에 따른 외부의 회계감사를 받아야 하는 회사에 대하여 감사를 실시하는 회계법인과 감사반을 말한다. 그러므로 '감사인'이란 외부감사법에 따라 회계감사를 받아야 하는 회사와 외부감사계약을 체결하여 외부감사 임무를 수임한 회계법인 또는 감사반을 지칭하고, 앞에서 살펴본 것처럼 원칙적으로 법인의 범죄능력이 인정되지 않으므로 '감사인'이 회계법인인 경우에는 회계법인의 대표이사나 소속 공인회계사, '감사인'이 감사반인 경우에는 소속 공인회계사가 행위주체로서 처벌되고, 회계법인은 후술하는 양벌규정(법 제46조)에 따라 그 실제 행위자에 대한 법정형 중 벌금형의 처벌을 받게 될 뿐이다. 또한 앞의 허위재무제표작성죄의 위반행위 부분에서 살펴본 것처럼 외부감사법의 '재무제표'란 정기 주주총회나 정기 사원총회의 승인을 받아야 하는 결산 재무제표만을 의미한다. 그런데 아직 감사인이 되기 전에 회사의 결산 재무제표를 대신 작성한 회계법인이나 공인회계사가 나중에 그 재무제표의 감사를 하는 감사인 또는 그 소속 공인회계사가 된 경우에도 자기감사에 따른 부실감사의 위험은 발생한다. 그러나 '감사인'이라는 문언이나 죄형법정주의 원칙상 이 죄의 행위주체에 장래 감사인이 될 수 있는 자까지 포함되는 것으로 해석할 수는 없을 것이다.

회사가 감사인 또는 그 소속 공인회계사에게 재무제표의 작성을 요구하는 경우에는 법인인 회사의 범죄능력이 인정되지 아니하여 법 제42조 각 호 외 부분에 그 행위주체를 기재하고 있는데, 위반행위의 내용에 비추어 볼 때 그 중 "상법 제401조의2 제1항 및 제635조 제1항에 규정된 자, 그 밖에 회사의 회계업무를 담당하는 자"가 행위주체로서 처벌된다. 그 개념이나 구체적인 범위는 앞에서 허위재무제표작성죄의 행위주체 부분에서 설명한 내용과 같다. 이들 중 실제로 감사인 또는 그 소속 공인회계사에게 재무제표의 작성을 요구한 자가 행위주체로 된다. 그리고 회사의 대표자·대리인·사용인·종업원이 회사의 업무에 관하여 그 위반행위를 한 경우에는 실제 행위자를 위와 같이 처벌할 뿐만 아니라 법 제46조의 양벌규정에 따라 회사에 대하여도 위법정형의 벌금형을 부과한다. 다만, 회사가 그 위반행위를 방지하기 위하여 그 업무에 관하여 상당한 주의와 감독을 게을리하지 아니한 경우에는 그러하지 아니하다.

감사인 또는 그 소속 공인회계사가 재무제표를 작성하는 경우에는 그 작성행위를 종료한 때가 기수시기이다. 그리고 회사가 감사인 또는 그 소속 공인회계사에게 재무제표의 작성을 요구하는 경우에는 그 '요구'란 재무제표의 작성을 의뢰하는 의사표시이므로 상대방이 그 요구를 현실적으로 인식하지 않더라도 인식할 수 있는 상태에 있기만 하면 기수가 된다.

다만, 이 죄는 고의범으로서 위 행위주체 및 위반행위에 대한 인식과 용인이 필요하므로(용인설), 만약 회사가 공인회계사에게 재무제표의 작성을 요구할 당시 그 공인회계사가 회사의 감사인 소속이었음을 알지 못하였다면 고의의 결여로 인하여 범죄가 성립하지 않는다.

3. 법 제42조 제3호 위반죄

지배회사는 연결재무제표의 작성을 위하여 필요한 범위에서 종속회사(법 제2조 제3호에 따른 지배·종속의 관계에 있는 회사 중 종속되는 회사, 이하 같음)[1]의 회계에 관한 장부와 서류를 열람 또는 복사하거나 회계에 관한 자료의 제출을 요구할 수 있고, 그것만으로는 연결재무제표 작성에 필요한 자료를 입수할 수 없거나 그 자료의 내용을 확인할 필요가 있을 때에는 종속회사의 업무와 재산상태를 조사할 수 있다(법 제7조). 그리고 감사인은 언제든지 종속회사를 포함하여 회사 및 해당 회사의 주식 또는 지분을 일정 비율 이상 소유하고 있는 등 법 시행령 제26조 제1항에서 정하는 관계에 있는 회사(이하 '관계회사'라 함)[2]의 회계에 관한 장부와 서류를 열람 또는 복사하거나 회

1) 법 제2조 제3호의 지배·종속 관계에 있는 '종속회사'란 회사가 경제활동에서 효용과 이익을 얻기 위하여 다른 회사(조합 등 법인격이 없는 기업을 포함한다)의 재무정책과 영업정책을 결정할 수 있는 능력을 가지는 경우로서 법 제5조 제1항 각 호의 어느 하나에 해당하는 회계처리기준에서 정하는 종속회사를 말한다(법 제2조 제3호 각 목 외 부분, 법 시행령 제3조 제1항).

2) '관계회사'란 법 시행령 제3조 제1항에 따른 지배·종속 관계에 있는 종속회사, 회계처리기준에 따른 관계기업(종속회사는 아니지만 투자자가 일정한 영향력을 보유하는 기업), 회계처리기준에 따른 공동기업(둘 이상의 투자자가 공동으로 지배하는 기업), 그 밖에 해당 회사와 이해관계가 있는 것으로 금융위원회가 정하는 회사를 말한다(법 제21조 제1항 전단, 법 시행령 제26조 제1항). 그런데, 금융위원회는 그 '이해관계' 있는 회사를 "해당 회사의 발행주식총수 또는 출자지분의 100분의 20 이상을 소유하고 있는 회사 또는 해당 회사가 발행주식총수 또는 출자지분의

계에 관한 자료의 제출을 요구할 수 있고, 그 직무를 수행하기 위하여 특히 필요하면 회사 및 관계회사의 업무와 재산상태를 조사할 수 있으며, 이 경우 회사 및 관계회사는 지체 없이 감사인의 자료제출 요구에 따라야 한다(법 제21조 제1항). 또한 연결재무제표를 감사하는 감사인은 그 직무의 수행을 위하여 필요하면 회사 또는 관계회사의 감사인에게 감사 관련 자료의 제출 등 필요한 협조를 요청할 수 있고, 이 경우 회사 또는 관계회사의 감사인은 지체 없이 이에 따라야 한다(법 제21조 제2항). 이때 감사인이 제출 요구 또는 협조 요청을 할 수 있는 자료는 장부, 서류 및 전자문서(회사 경영과정에서 발생하는 정보를 전산처리하는 시스템에 축적된 전자파일 등 포함) 등 그 형태에 관계없이 감사인이 감사업무를 수행하는 데 필요한 정보를 효과적으로 제공할 수 있는 매체이다(법 시행령 제26조 제2항). 여기서 말하는 '연결재무제표'란 법 제6조 제2항 및 법 시행령 제8조 제1항에 비추어 볼 때 지배·종속관계의 지배회사가 작성하는 법 제2조 제3호 각 목의 서류 중 정기 주주총회나 정기 사원총회의 승인을 받아야 하는 결산 재무제표에 속하는 것만을 의미한다. 또한 앞에서 설명한 것처럼 외부감사법의 '감사인'이란 외부감사법에 따라 회계감사를 받아야 하는 회사와 외부감사계약을 체결하여 외부감사 임무를 수임한 회계법인 또는 감사반을 지칭하므로 여기에서도 마찬가지로 보아야 한다.

그런데 법 제42조 제3호는 "정당한 이유 없이 법 제7조 및 제21조에 따른 지배회사 또는 감사인의 열람, 복사, 자료제출 요구 또는 조사를 거부·방해·기피하거나 거짓 자료를 제출한 경우"를 범죄구성요건으로 하고 있다. 그러므로 연결재무제표의 감사인이 회사 또는 관계회사의 감사인에게 감사 관련 자료의 제출 등 '필요한 협조를 요청할 수' 있고, 대상 회사 감사인은 이에 따라야 할 의무를 부과한 법 제21조 제2항의 의무위반행위도 위 법 제42조 제3호의 '열람, 복사, 자료제출 요구'에 포함되어 이를 거부·방해·기피하거나 거짓 자료를 제출한 경우에도 그 범죄구성요건에 포

100분의 20 이상을 소유하고 있는 회사", "동일인이 해당 회사를 포함한 둘 이상의 회사의 각 발행주식총수 또는 출자지분의 100분의 30 이상을 소유하고 있는 경우 해당 회사 외의 회사" 및 "그 밖에 해당 회사와 이해관계가 있다고 인정되는 회사"로 정하고 있다[「외부감사 및 회계 등에 관한 규정」(금융위원회고시 제2019-44호) 제21조]. 이처럼 형벌법규 범죄구성요건의 일부를 이루는 '관계회사'의 범위를 법률의 위임에 따른 시행령에서 모두 특정하지 않고, '해당 회사와 이해관계가 있는 회사'라는 추상적인 제한 아래 금융위원회 고시인 행정규칙에 위임하고, 금융위원회 고시에서도 위와 같이 금융위원회가 '해당 회사와 이해관계가 있다고 인정되는 회사'를 모두 포함시킬 수 있도록 규정한 것은 관계회사의 범위를 불명확하게 하고, 위임의 필요성과 예측가능성을 인정하기 어렵다는 점에서 죄형법정주의의 명확성 원칙 및 위임입법의 한계를 벗어난 것으로서 위헌 여지가 있다고 본다.

함되는 것으로 해석할 것인지 문제가 된다. 이는 법 제21조 제2항에서 같은 조 제1항과 달리 '요청'이란 표현을 사용함에 기인하는 문제이지만, 지배회사의 연결재무제표 작성이나 감사인의 회계감사에 필요한 회계자료의 확보 및 조사의 편의를 도모하려는 법 제42조 제3호의 입법취지에 비추어 범죄구성요건 중 '요구'는 위 '요청'도 포함하는 뜻으로 해석하더라도 죄형법정주의 원칙에 위배되는 것은 아니라고 본다. 따라서 외부감사 대상 회사, 그 종속회사 또는 관계회사와 이들 회사의 감사인이 정당한 이유 없이, 법 제7조 또는 제21조에 따른 위 지배회사나 감사인의 열람, 복사, 자료제출 요구 또는 조사를 거부·방해·기피하거나 거짓 자료를 제출한 행위가 이 죄의 위반행위이다. 그러므로 그 행위내용에 비추어 볼 때 법 제42조 각 호 외 부분에 기재된 "상법 제401조의2 제1항 및 제635조 제1항에 규정된 자, 그 밖에 회사의 회계업무를 담당하는 자, 감사인 또는 그에 소속된 공인회계사나 법 제20조 제4호에 따른 감사업무와 관련된 자" 모두 행위주체로 될 수 있다. 그 개념이나 구체적인 범위는 앞의 허위재무제표작성죄, 허위감사보고서작성죄 또는 법 제41조 제2호 위반죄의 각 행위주체 부분에서 설명한 내용과 같다. 이들 중 정당한 이유 없이 실제로 지배회사나 감사인의 열람, 복사, 자료제출 요구 또는 조사를 거부·방해·기피하거나 거짓 자료를 제출한 경우에 범죄가 성립한다. 그리고 회사의 대표자·대리인·사용인·종업원이 회사의 업무에 관하여 그 위반행위를 한 경우에는 실제 행위자를 위와 같이 처벌할 뿐만 아니라 법 제46조의 양벌규정에 따라 회사에 대하여도 위 법정형의 벌금형을 부과한다. 다만, 회사가 그 위반행위를 방지하기 위하여 그 업무에 관하여 상당한 주의와 감독을 게을리하지 아니한 경우에는 그러하지 아니하다.

원래 지배회사나 감사인의 위와 같은 열람, 복사, 자료제출 요구 또는 조사는 필요한 범위에서 할 수 있는 것이므로(법 제7조, 제21조), 그 필요 범위를 벗어나거나 다른 법령 등에 따르는 거절사유가 있는 경우에는 '정당한 이유'가 있는 거부·기피에 해당하여 범죄가 성립하지 않는다.

4. 법 제42조 제4호 위반죄

법 제10조 제1항, 제2항 및 제8항에서는 회사에게 일정 기간 내에 해당 사업연도의 감사인을 선임해야 할 의무를 부과하고 있는데, 회사가 정당한 이유 없이 그 기간 내에 감사인을 선임하지 아니하면 이 죄의 위반행위가 된다. 그 규정내용에 비추어 볼 때 위 '감사인'이란 외부감사 대상 회사의 결산 재무제표(연결재무제표를 작성해야 하는 회사의 경우에는 연결재무제표도 포함, 이하 같음)의 감사인을 말한다. 그 구체적인 선임절차는 직전 사업연도의 감사인을 선임해야 하는 경우, 감사나 감사위원회가 선정한 자를 선임해야 하는 경우, 감사인선임위원회의 승인을 받아 감사가 선정한 자를 선임해야 하는 경우, 사원총회의 승인을 받은 자를 선임해야 하는 경우 및 회사가 직접 선정하거나 증권선물위원회가 지정한 자를 선임하는 경우가 있는데, 어느 경우에나 선임행위를 하는 주체는 회사이다(법 제10조 제3항, 제4항, 제7항). 다만, 법인인 회사는 원칙적으로 범죄능력이 인정되지 않으므로 법 제42조 각 호 외 부분에 그 행위주체를 규정하고 있는데, 위반행위의 내용에 비추어 볼 때 '상법 제635조 제1항에 규정된 자' 중 외부감사 대상 회사를 대표하는 대표기관인 자연인이 그 선임의무를 부담하는 자로서 이 죄의 행위주체로 된다. 그리고 회사의 대표자·대리인·사용인·종업원이 회사의 업무에 관하여 그 위반행위를 한 경우에는 실제 행위자를 위와 같이 처벌할 뿐만 아니라 법 제46조의 양벌규정에 따라 회사에 대하여도 위 법정형의 벌금형을 부과한다. 다만, 회사가 그 위반행위를 방지하기 위하여 그 업무에 관하여 상당한 주의와 감독을 게을리하지 아니한 경우에는 그러하지 아니하다.

만약 회사가 정해진 기간 내에 감사인을 선임하지 못한 이유가 위와 같은 선임절차상 감사나 감사위원회의 선정, 감사인선임위원회나 사원총회의 승인 또는 증권선물위원회의 지정 등의 사전 절차가 지체되었기 때문이고, 그 절차지연에 회사의 의도적 관여가 없었던 경우라면 '정당한 이유'가 있는 경우이므로 위반행위가 될 수 없다.

이 죄는 부작위범이므로 그 작위의무의 이행기한인 법 제10조 제1항, 제2항 및 제8항에서 정한 감사인 선임기간이 종료한 때 기수로 되어 범죄가 성립한다.

5. 법 제42조 제5호 위반죄

법 제20조에서는 감사인, 감사인에 소속된 공인회계사, 증권선물위원회 위원, 감사 또는 감리 업무와 관련하여 이들을 보조하거나 지원하는 자 또는 증권선물위원회의 업무를 위탁받아 수행하는 한국공인회계사회의 관련자가 그 직무상 알게 된 비밀을 누설하거나 부당한 목적을 위하여 이용하는 행위를 금지하고 있다. 다만, 다른 법률에 특별한 규정이 있는 경우 또는 증권선물위원회가 법 제26조 제1항(증권선물위원회의 감리업무 등)에 상당하는 업무를 수행하는 외국 감독기관과 정보를 교환하거나 그 외국 감독기관이 하는 감리·조사에 협조하기 위하여 필요하다고 인정한 경우에는 그러하지 아니하다(법 제20조 각 호 외 부분 단서). 이러한 금지의무를 위반하여 비밀을 누설하거나 부당한 목적을 위하여 이용하는 행위가 이 죄의 위반행위이다. 그러므로 이 죄의 행위주체는 법 제20조 각 호에 규정된 의무자 중 법 제42조 각 호 외 부분에 규정된 "감사인 또는 그에 소속된 공인회계사나 제20조 제4호에 따른 감사업무와 관련된 자"이므로, 결국 감사인, 감사인에 소속된 공인회계사 및 감사업무와 관련하여 이들을 보조하거나 지원하는 자가 행위주체로 된다. 그리고 앞의 허위감사보고서작성죄의 행위주체에서 설명한 것처럼 '감사인'이란 외부감사법에 따라 회계감사를 받아야 하는 회사와 외부감사계약을 체결하여 외부감사 임무를 수임한 회계법인 또는 감사반을 말하고, 원칙적으로 법인의 범죄능력이 인정되지 않으므로 '감사인'이 회계법인인 경우에는 회계법인의 대표이사나 소속 공인회계사, '감사인'이 감사반인 경우에는 소속 공인회계사가 행위주체로서 처벌되고, 회계법인은 후술하는 양벌규정(법 제46조)에 따라 그 실제 행위자에 대한 법정형 중 벌금형의 처벌을 받게 될 뿐이다.

'비밀'이란 회사 등 감사 대상자의 객관적·일반적 입장에서 외부에 알려지지 않는 것에 상당한 이익이 있는 사항으로서 실질적으로 비밀로 보호할 만한 가치가 있는 것을 말한다.[3] '누설'이란 아직 비밀을 알지 못하는 타인에게 알려주는 일체의 행위를 말한다.[4] '부당한 목적'이란 감사업무와 무관한 목적으로서 법령이나 사회상규에 비추어 허용되지 아니하는 목적이라고 해석할 수 있을 것이다.[5]

공범에 관한 형법 총칙 규정이 적용되므로 이 죄의 공동정범, 교사범 또는 종범도 성립할 수 있으나, 범죄구성요건상 2인 이상의 서로 대향된 행위의 존재를 필요로 하는 대향범의 경우에는 대향된 입장의 상대방을 처벌하는 규정이 없다면 공범에 관

3) 대법원 2012. 3. 15. 선고 2010도14734 판결(형법 제127조 공무상비밀누설죄의 '비밀' 개념에 관한 해석 사례) 참조.

4) 대법원 2017. 6. 19. 선고 2017도4240 판결[구 「정보통신망 이용촉진 및 정보보호 등에 관한 법률」(2016. 3. 22. 법률 제14080호로 개정되기 전의 것) 제49조의 비밀 '누설' 개념에 관한 해석 사례]; 대법원 2015. 7. 9. 선고 2013도13070 판결[구 「공공기관의 개인정보보호에 관한 법률」(2011. 3. 29. 법률 제10465호로 폐지되기 전의 것) 제11조의 개인정보 '누설' 개념에 관한 해석 사례] 참조.

5) 기본적 위법성조각사유인 형법 제20조의 정당행위의 개념[손동권·김재윤, 「새로운 형법총론」(율곡출판사, 2011), 254면; 박상기, 「형법학」(집현재, 2016), 100면] 참조.

한 형법 총칙 규정을 적용하여 처벌할 수는 없다는 것이 판례의 입장이다.[6] 그러므로 이 죄의 위반행위 중 비밀을 누설한 경우에 비밀을 누설받은 자에 대해서는 공범에 관한 형법 총칙 규정을 적용하여 처벌할 수 없다.

6. 법 제42조 제6호 위반죄

증권선물위원회는 법 제26조 제1항에 따른 감리·평가 업무를 수행하기 위하여 필요하면 회사 또는 관계회사와 감사인에게 자료의 제출, 의견의 진술 또는 보고를 요구하거나, 금융감독원장에게 회사 또는 관계회사의 회계에 관한 장부와 서류를 열람하게 하거나 업무와 재산상태를 조사하게 할 수 있다(법 제27조 제1항 1문). 이 경우 회사 또는 관계회사에 대한 업무와 재산상태의 조사는 업무수행을 위한 최소한의 범위에서 이루어져야 하며, 다른 목적으로 남용해서는 아니 된다(법 제27조 제1항 2문). 그런데 정당한 이유 없이 이러한 자료제출 등의 요구·열람 또는 조사를 거부·방해·기피하거나 거짓 자료를 제출한 행위는 이 죄의 위반행위가 된다.

따라서 위 위반행위의 내용에 비추어 볼 때 이 죄의 행위주체는 법 제42조 각 호 외 부분에 기재된 "상법 제401조의2 제1항 및 제635조 제1항에 규정된 자, 그 밖에 회사의 회계업무를 담당하는 자, 감사인 또는 그에 소속된 공인회계사나 법 제20조 제4호에 따른 감사업무와 관련된 자" 모두 행위주체로 될 수 있다. 그 개념이나 구체적인 범위는 앞의 허위재무제표작성죄, 허위감사보고서작성죄 또는 법 제41조 제2호 위반죄의 각 행위주체 부분에서 설명한 내용과 같다. 이들 중 실제로 증권선물위원회나 금융감독원장의 위 자료제출 등의 요구·열람 또는 조사에 대하여 정당한 이유 없이 이를 거부·방해·기피하거나 거짓 자료를 제출한 경우에 범죄가 성립한다. 그리고 법인의 대표자·대리인·사용인·종업원이 법인의 업무에 관하여 그 위반행위를 한 경우에는 실제 행위자를 위와 같이 처벌할 뿐만 아니라 법 제46조의 양벌규정에 따라 법인에 대하여도 위 법정형의 벌금형을 부과한다. 다만, 법인이 그 위반행위를 방지하기 위하여 그 업무에 관하여 상당한 주의와 감독을 게을리하지 아니한 경우에는 그러하지 아니하다.

---

6) 대법원 2017. 6. 19. 선고 2017도4240 판결; 대법원 2011. 4. 28. 선고 2009도3642 판결; 대법원 2009. 6. 23. 선고 2009도544 판결.

위와 같은 자료제출 등의 요구·열람 또는 조사는 감리·평가 업무를 수행하기 위하여 필요한 범위 내에서 할 수 있고, 특히 회사 또는 관계회사에 대한 업무 및 재산상태의 조사는 그 조사업무 수행을 위한 최소한의 범위에서 이루어져야 하며, 이를 다른 목적으로 남용해서는 아니 된다. 그러므로 그 조사범위를 벗어나거나 다른 목적으로 조사권한을 남용하는 경우에는 '정당한 이유'가 있는 거부·기피에 해당하여 범죄가 성립하지 않는다.

7. 법 제42조 제7호 위반죄

회사의 대표이사와 회계담당 임원(회계담당 임원이 없는 경우에는 회계업무를 집행하는 직원)은 해당 회사의 재무제표를 작성해야 할 책임이 있다(법 제6조 제1항). 그 재무제표를 작성하지 아니하는 행위가 이 죄의 위반행위이다. 그러므로 이 죄의 행위주체는 법 제42조 각 호 외 부분에 기재된 "상법 제635조 제1항에 규정된 자, 그 밖에 회사의 회계업무를 담당하는 자" 중 외부감사 대상 회사의 대표이사와 회계담당 임원(회계담당 임원이 없는 경우에는 회계업무를 집행하는 직원)이다. 그리고 회사의 대표자·대리인·사용인·종업원이 회사의 업무에 관하여 그 위반행위를 한 경우에는 실제 행위자를 위와 같이 처벌할 뿐만 아니라 법 제46조의 양벌규정에 따라 회사에 대하여도 위 법정형의 벌금형을 부과한다. 다만, 회사가 그 위반행위를 방지하기 위하여 그 업무에 관하여 상당한 주의와 감독을 게을리하지 아니한 경우에는 그러하지 아니하다.

법 제6조 제2항 및 법 시행령 제8조 등의 규정에 비추어 볼 때 외부감사법의 위 '재무제표'란 정기 주주총회나 정기 사원총회의 승인을 받아야 하는 결산 재무제표만을 의미하고, 연결재무제표를 작성하는 회사의 경우에는 연결재무제표도 포함한다(법 제2조 제8호). 이러한 재무제표는 해당 사업연도마다 작성하여 일정 기간 내에 감사인에게 제출하여야 하는데(법 제6조 제2항), 그 작성기간은 앞의 제1항에서 살펴보았다.

이 죄는 부작위범으로서 그 작위의무의 이행기한은 위 재무제표 작성기간이 종료하는 때이므로, 이때 기수에 이르고 범죄가 성립한다.

8. 법 제42조 제8호 위반죄

감사인 또는 그에 소속된 공인회계사에게 거짓 자료를 제시하거나 거짓이나 그 밖의 부정한 방법으로 감사인의 정상적인 회계감사를 방해한 행위가 이 죄의 위반행위이다.

앞의 허위감사보고서작성죄의 행위주체에서 살펴본 것처럼 외부감사법의 '감사인'이란 법 제4조, 자본시장법 제169조 제1항 본문 등의 법령에 의하여 외부감사법에 따른 외부의 회계감사를 받아야 하는 회사에 대하여 감사를 실시하는 회계법인과 감사반을 말하고, 이 죄도 이러한 감사인의 감사업무를 방해하는 행위를 처벌하는 규정이다(판례).[7] 그러므로 위'감사인'이란 외부감사법에 따라 회계감사를 받아야 하는 회사와 외부감사계약을 체결하여 외부감사 임무를 수임한 회계법인 또는 감사반을 지칭한다. 또한 외부감사법에 따른 회계감사를 받지 않아도 되는, 자본시장법 제169조 제1항 단서, 자본시장법 시행령 제189조 제2항 제2호 기재 반기보고서와 분기보고서에 포함된 재무제표 및 그 재무제표에 대한 확인 및 의견표시를 담당하는 감사인에게 거짓 자료를 제시하거나 거짓이나 그 밖의 부정한 방법으로 방해하였다고 하더라도 이를 법 제42조 제8호를 적용하여 처벌할 수는 없다(판례).[8]

이 죄의 위반행위에 비추어 그 행위주체는 법 제42조 각 호 외 부분 중 "상법 제401조의2 제1항 및 제635조 제1항에 규정된 자, 그 밖에 회사의 회계업무를 담당하는 자"이다. 그 개념이나 구체적인 범위는 앞의 허위재무제표작성죄의 행위주체 부분

---

7) 대법원 2004. 5. 13. 선고 2002도7340 판결.

8) 대법원 2011. 3. 24. 선고 2010도17396 판결["(구)외부감사법 제20조 제4항 제1호는 상법 제635조 제1항에 규정된 자나 그 밖에 외부감사 대상인 회사의 회계업무를 담당하는 자가 감사인 또는 그에 소속된 공인회계사에게 거짓 자료를 제시하거나 거짓이나 그 밖의 부정한 방법으로 감사인의 정상적인 외부감사를 방해하는 행위를 처벌하도록 규정하고 있다. 그런데 (구)외부감사법과 같은 법 시행령에는, 외부감사 대상인 회사는 그 사업연도의 재무제표를 작성하여 정기주주총회 6주일 전에 감사인에게 제출하여야 하고, 감사인은 이에 대한 감사보고서를 작성하여 정기주주총회 1주일 전에 회사에 제출하여야 하며, 회사는 정기주주총회 1주일 전부터 5년간 그 본점에서 재무제표와 그에 대한 감사인의 감사보고서를 함께 비치·공시하도록 규정되어 있는바, 위 각 규정 내용과 위 처벌규정의 문언에 비추어, (구)외부감사법 제20조 제4항 제1호는 외부감사법의 규율대상이 되는 결산재무제표에 대한 외부감사를 방해하는 행위를 처벌하는 규정으로 해석된다. 따라서 자본시장법 제160조에 따라 주권상장법인, 코스닥상장법인 등이 작성·제출하는 반기·분기보고서에 포함된 재무제표에 대한 확인 및 의견표시를 담당하는 감사인에게 거짓 자료를 제시하였다고 하더라도 이를 (구)외부감사법 제20조 제4항 제1호를 적용하여 처벌할 수는 없다."고 판시]; 대법원 2008. 7. 10. 선고 2008도4068 판결.

에서 설명한 내용과 같다. 그리고 회사의 대표자·대리인·사용인·종업원이 회사의 업무에 관하여 그 위반행위를 한 경우에는 실제 행위자를 위와 같이 처벌할 뿐만 아니라 법 제46조의 양벌규정에 따라 회사에 대하여도 위 법정형의 벌금형을 부과한다. 다만, 회사가 그 위반행위를 방지하기 위하여 그 업무에 관하여 상당한 주의와 감독을 게을리하지 아니한 경우에는 그러하지 아니하다.

'거짓 자료'의 자료 범위에 외부감사 대상 재무제표도 포함되는지 문제가 될 수 있다. 그러나 이 죄는 재무제표의 감사를 방해하기 위하여 재무제표의 작성에 관계되는 거짓 자료를 제시하는 행위를 처벌하려는 것이라는 점, 재무제표의 거짓 작성에 관하여는 법 제39조에서 보다 엄중하게 처벌하고 있는 점, 증권선물위원회가 재무제표 등에 대한 감리업무 수행을 위하여 회사에 제출을 요구하는 경우에 거짓 자료를 제출하는 행위를 처벌하는 법 제42조 제6호의 '자료'범위에 재무제표를 포함하는 것으로 볼 수 없는 점 등에 비추어 법 제42조 제8호의 '자료' 범위에 외부감사 대상 재무제표는 제외되는 것으로 보아야 할 것이다.

Ⅲ. 죄수

1. 법 제42조 제1호 위반죄와 법 제42조 제7호 위반죄의 관계

회사의 대표이사가 결산 재무제표 작성기간이 종료할 때까지 재무제표를 작성하지 아니하였을 뿐만 아니라 그 제출기간이 종료할 때까지 감사인 또는 증권선물위원회에 결산 재무제표를 제출하지 아니한 경우에는 법 제42조 제1호 위반죄와 법 제42조 제7호 위반죄의 범죄구성요건에 모두 해당하므로 양 죄의 죄수관계가 문제될 수 있다.

재무제표를 작성하지 아니하여 법 제42조 제7호 위반죄의 구성요건을 충족하면 비록 논리 필연적인 것은 아니더라도 일반적·전형적으로 감사인이나 증권선물위원회에 재무제표를 제출하지도 않게 되어 법 제42조 제1호 위반죄의 구성요건 요소도 충족하게 된다. 또한 양 죄 모두 그 보호법익은 외부감사 대상 회사 회계처리 및 외부감사의 적정으로 동일하고 입법취지도 재무제표의 작성·제출을 확보하려는 데 있는 점이 동일하므로, 구성요건의 불법이나 책임 내용상 상호 별도의 처벌을 예정하고 있는 것으로 볼 수도 없다. 따라서 법 제42조 제7호 위반죄는 법 제42조 제1호 위반죄를 흡수하는 법조경합 관계로 보아야 할 것이다.[9)]

2. 법 제42조 제3호 위반죄와 법 제42조 제8호 위반죄의 관계

회사의 회계담당 이사가 결산 재무제표에 대한 회계감사를 하는 감사인의 자료제출 요구에 대하여 거짓 자료를 제출하여 정상적인 회계감사를 방해한 경우에는 법 제42조 제3호 위반죄와 법 제42조 제8호 위반죄의 범죄구성요건에 모두 해당하므로 양 죄의 죄수관계가 문제될 수 있다.

이에 대하여, 양 죄의 보호법익이 동일하며, 법 제42조 제8호 위반죄의 구성요건은 법 제21조에 따른 감사인의 요구나 조사에 대한 법 제42조 제3호 위반죄의 구성요건 요소를 모두 포함하면서 "거짓이나 그 밖의 부정한 방법으로 감사인의 정상적인 회계감사를 방해한 경우"라는 다른 요소를 더 요구하고 있으므로 법 제42조 제8호 위반죄가 법 제42조 제3호 위반죄의 특별관계가 되는 법조경합 관계라는 견해가 있을 수 있다.[10)]

그러나 양 죄의 보호법익이 동일하더라도 법 제42조 제3호 위반죄의 입법취지는 지배회사의 연결재무제표 작성이나 감사인의 회계감사에 필요한 회계자료의 확보 및 조사의 편의 도모에 있는 반면, 법 제42조 제8호 위반죄의 입법취지는 회계감사의 방해행위를 차단하려는 것이므로 상호 입법취지가 동일하지 않다. 또한 범죄구성요건 중 위반행위의 태양도 일부 중복되는 점은 있지만 한 죄가 다른 죄의 위반행위를 포괄한다고 보기 어렵다. 그러므로 양 죄는 실질적으로 별개의 범죄를 구성하므로 다른

---

9) 대법원 2012. 10. 11. 선고 2012도1895 판결(흡수관계인 법조경합관계에 관하여 "'불가벌적 수반행위'란 법조경합의 한 형태인 흡수관계에 속하는 것으로서, 행위자가 특정한 죄를 범하면 비록 논리 필연적인 것은 아니지만 일반적·전형적으로 다른 구성요건을 충족하고 이때 그 구성요건의 불법이나 책임의 내용이 주된 범죄에 비하여 경미하기 때문에 처벌이 별도로 고려되지 않는 경우를 말한다."고 판시).

10) 대법원 2011. 3. 24. 선고 2010도17396 판결[피고인이 주식회사의 대표이사 및 임원들과 공모하여, 사채업자를 통해 조달한 자금을 위 회사의 계좌로 입금하여 마치 이행보증금이 회수된 것처럼 꾸민 통장 사본을 만들어 2009년 회계연도 반기보고서에 포함된 재무제표에 대한 확인 및 의견표시를 담당하는 감사인에게 거짓 자료인 위 통장 사본을 제출한 후, 즉시 위 자금을 인출하여 사채업자에게 반환함으로써 감사인의 정상적인 외부감사를 방해한 사안으로서, 구 외부감사법 제20조 제4항 제1호 위반죄(현행 법 제42조 제8호 위반죄)로만 기소되었으나, 이는 외부감사법에 따른 외부감사를 하는 경우가 아니므로 구 외부감사법 제20조 제4항 제1호 위반죄에 해당하지 않는다고 판시] 참조.

감사방해 행위가 없어서 1개의 행위로 보게 되는 경우에는 상상적 경합관계로 보아야 할 것이다.

3. 사문서위조죄 및 위조사문서행사죄와 법 제42조 위반죄의 관계

회사의 회계담당 임직원이 사문서인 회계자료를 위조한 후 결산 재무제표를 외부감사 하는 감사인에게 마치 진정하게 성립한 문서인 것처럼 제출하여 이를 행사하고 감사를 방해한 경우에는 사문서위조죄 및 위조사문서행사죄와 법 제42조 제8호 위반죄의 죄수관계가 문제된다. 문서에 대한 공공의 신용을 보호법익으로 하는 사문서위조죄 및 위조사문서행사죄[11]와 법 제42조 제8호 위반죄는 상호 보호법익이나 구성요건이 상이하므로 별개의 범죄를 구성한다. 이 경우 사문서위조죄와 위조사문서행사죄는 별개의 행위로 수개의 죄를 범한 것이므로 실체적 경합관계이지만, 위조사문서행사죄와 법 제42조 제8호 위반죄는 위조사문서 행사 외에 다른 감사방해 행위가 없어서 1개의 행위로 보게 되는 경우에는 1개의 행위로 수 개의 죄를 범한 것이므로 상상적 경합관계로 보아야 할 것이다.

만약 위 사례에서 감사인으로부터 회계자료의 제출 요구를 받고 위 행위를 한 경우에는 법 제42조 제3호 위반죄와 사문서위조죄 및 위조사문서행사죄와의 죄수관계가 문제될 수 있고, 결산 재무제표에 대한 감리를 하는 증권선물위원회로부터 회계자료의 제출 요구를 받고 위와 같이 회계자료를 위조하여 증권선물위원회에 제출한 경우에는 법 제42조 제6호 위반죄와 사문서위조죄 및 위조사문서행사죄와의 죄수관계가 문제될 수 있으나, 위와 마찬가지로 해석할 수 있다.

[한석훈]

11) 대법원 2016. 7. 14. 선고 2016도2081 판결.

제 5 장 벌칙

제43조(벌칙)

제28조 제3항을 위반하여 신고자등에게 「공익신고자 보호법」 제2조 제6호에 해당하는 불이익조치를 한 자는 2년 이하의 징역 또는 2천만 원 이하의 벌금에 처한다.

Ⅰ. 입법취지 및 연혁

분식회계나 부실감사 등 회계부정은 회사 내부에서 몇몇 임직원 등에 의하여 은밀하게 이루어지므로 회사 외부에는 쉽게 드러나지 않는 경우가 많고, 회사의 내부자들이 그 사실을 알게 되더라도 회사로부터 받게 될 불이익을 두려워하여 외부에 신고하기를 꺼리게 된다. 그러므로 외부감사 대상 회사의 회계처리 및 외부감사의 적정을 도모하기 위해서는 회사 내부자 등의 회계부정 신고가 원활히 이루어질 수 있는 제도적 여건을 조성할 필요가 있다. 그 제도로서 회계부정 신고를 받은 자에 대하여 그 신고자의 신분 등에 관한 비밀을 유지해야 할 의무를 부과하고, 신고를 한 자에 대한 해당 회사의 불이익 조치를 금지하며, 각 그 위반행위를 형사처벌하고 있다.

그 중 신고자의 신분 등에 관한 비밀을 누설한 경우의 형사처벌 규정은 앞의 법 제41조 제5호 위반죄로 살펴보았다. 그리고 신고를 한 자에 대한 해당 회사의 불이익 조치에 대해서는 종전까지는 과태료 부과사유에 그쳤으나 외부감사법의 2017. 10. 31.자 전부개정(법률 제15022호) 당시 이를 형사처벌하는 법 제43조를 신설하였다. 즉, 종전 과태료 규정(법 제47조 제1항 제2호)과는 별도로 법 제43조에 "법 제28조 제3항을 위반하여 신고자등에게 「공익신고자 보호법」 제2조 제6호에 해당하는 불이익조치를 한 자는 2년 이하의 징역 또는 2천만 원 이하의 벌금에 처한다."는 규정을 신설하였다.

이는 신고·고지자의 법적 안정을 강하게 보호함으로써 회계부정의 신고·고지가 원활하게 이루어지도록 지원하고, 이를 통하여 회계처리와 외부감사의 적정을 도모하려는 것이다. 따라서 이 죄의 보호법익은 신고·고지자의 법적 안정과 회계처리 및 외부감사의 적정이라 할 수 있다. 또한 일단 신고·고지자에 대한 불이익조치를 하였으면 그 사법상 효력이 발생하는지 여부를 불문하고 위 보호법익을 침해할 추상적 위험은 발생하고 범죄는 성립하는 것이므로 보호법익의 보호정도에 관하여는 추상적 위험범이라 할 수 있다.

II. 범죄구성요건

1. 행위주체와 위반행위

회사의 회계정보와 관련하여, ① 법 제8조에 따른 내부회계관리제도에 의하지 아니하고 회계정보를 작성하거나, 내부회계관리제도에 따라 작성된 회계정보를 위조·변조·훼손 또는 파기한 사실, ② 회사가 법 제5조에 따른 회계처리기준을 위반하여 재무제표(연결재무제표를 작성해야 하는 회사의 경우에는 연결재무제표도 포함, 이하 같음)를 작성한 사실, ③ 회사·감사인 또는 그 감사인에 소속된 공인회계사가 법 제6조 제6항(감사인의 재무제표 작성 등 관여금지)을 위반한 사실, ④ 감사인이 법 제16조에 따른 회계감사기준에 따라 감사를 실시하지 아니하거나 거짓으로 감사보고서를 작성한 사실, ⑤ 그 밖에 위 각 사례에 준하는 경우로서 회계정보를 거짓으로 작성하거나 사실을 감춘 사실을 알게 된 자가 증권선물위원회에 신고하거나 해당 회사의 감사인 또는 감사에게 고지한 경우에, 해당 회사(해당 회사의 임직원 포함)는 그 신고·고지와 관련하여 직접 또는 간접적인 방법으로 그 신고자 또는 고지자(이하 '신고자등'이라 함)에 대하여 불이익한 대우를 해서는 아니 된다(법 제28조 제3항). 이를 위반하여 신고자등에게 「공익신고자 보호법」 제2조 제6호에 해당하는 불이익조치[1)]를 한 행위가 이 죄의 위반행

---

1) 「공익신고자 보호법」 제2조 제6호의 불이익조치란 "가. 파면, 해임, 해고, 그 밖에 신분상실에 해당하는 신분상의 불이익조치, 나. 징계, 정직, 감봉, 강등, 승진 제한, 그 밖에 부당한 인사조치, 다. 전보, 전근, 직무 미부여, 직무 재배치, 그 밖에 본인의 의사에 반하는 인사조치, 라. 성과평가 또는 동료평가 등에서의 차별과 그에 따른 임금 또는 상여금 등의 차별 지급, 마. 교육 또는 훈련 등 자기계발 기회의 취소, 예산 또는 인력 등 가용자원의 제한 또는 제거, 보안정보 또는 비밀정보 사용의 정지 또는 취급 자격의 취소, 그 밖에 근무조건 등에 부정적 영향을 미치는 차별 또는 조치, 바. 주의 대상자 명단 작성 또는 그 명단의 공개, 집단 따돌림, 폭행 또는 폭언, 그 밖에 정신적·신체적 손상을 가져오는 행위, 사. 직무에 대한 부당한 감사(監査) 또는 조사나 그 결과의 공개, 아. 인·허가 등의 취소, 그 밖에 행정적 불이익을 주는 행위, 자. 물품계약 또는 용역계약의 해지(解止), 그 밖에 경제적 불이익을 주는 조치"이다.

위이다. 그러므로 이 죄의 행위주체는 불이익조치 금지의무를 부담하는 해당 회사 또는 그 임직원이라 할 것인데, 원칙적으로 법인인 회사의 범죄능력이 인정되지 않으므로 회사를 대표하여 불이익조치를 한 대표이사나 실제 불이익조치를 한 회사 임직원이 행위주체로 된다. 그리고 회사의 대표자·대리인·사용인·종업원이 회사의 업무에 관하여 그 위반행위를 한 경우에는 실제 행위자를 위와 같이 처벌할 뿐만 아니라 법 제46조의 양벌규정에 따라 회사에 대하여도 위 법정형의 벌금형을 부과한다. 다만, 회사가 그 위반행위를 방지하기 위하여 그 업무에 관하여 상당한 주의와 감독을 게을리하지 아니한 경우에는 그러하지 아니하다.

만약 신고자등에 대한 불이익한 대우가 위 「공익신고자 보호법」 제2조 제6호에 해당하는 불이익조치가 아닌 경우에는 법 제47조 제1항 제2호의 과태료 부과사유에 해당한다.

2. 고의

이 죄는 고의범이므로 위 행위주체는 그 불이익조치를 할 당시 신고자등의 위 신고·고지 사실을 알고 그 신고·고지와 관련하여 신고자등에 대하여 불이익조치를 하는 것임을 인식하고 적어도 이를 용인하여(용인설) 행위를 하는 것이라야만 범죄가 성립한다.

3. 기수시기

앞에서 설명한 것처럼 위 불이익조치를 한 때 기수에 이르므로 그 불이익조치의 사법적 효력 발생 여부를 불문하고 이때 범죄가 성립한다.

[한석훈]

제 5 장 벌칙

제44조(벌칙)

「상법」 제401조의2 제1항 및 제635조 제1항에 규정된 자, 그 밖에 회사의 회계업무를 담당하는 자, 감사인 또는 그에 소속된 공인회계사가 다음 각 호의 어느 하나에 해당하는 행위를 하면 1년 이하의 징역 또는 1천만 원 이하의 벌금에 처한다.

1. 정당한 이유 없이 제11조 제4항을 위반하여 증권선물위원회의 요구에 따르지 아니한 경우
2. 제11조 제6항을 위반하여 감사인을 선임한 경우
3. 제23조 제1항에 따른 감사보고서를 제출하지 아니한 경우
4. 제23조 제6항을 위반하여 감사인의 명칭과 감사의견을 함께 적지 아니한 경우

Ⅰ. 입법취지 및 연혁

외부감사법이 외부감사 대상 회사 회계처리 및 그에 대한 외부감사의 적정適正을 위하여 회사와 감사인 등에게 부과하는 여러 가지 의무 중, 법 제42조 각 호의 의무위반보다 비교적 가벼운 의무위반행위에 대한 처벌규정이 법 제44조이다. 법 제44조 제1호는 증권선물위원회가 지정 또는 변경요구한 감사인에 대한 회사의 선임의무 위반, 같은 조 제2호는 증권선물위원회 지정 감사인에 대한 회사의 연임금지의무 위반, 같은 조 제3호는 감사인의 감사보고서 미제출, 같은 조 제4호는 주식회사의 대차대조표 공고시 감사인 명칭 및 감사의견 미기재를 위반행위로 하고 있다.

그러므로 법 제44조 각 호 위반죄의 보호법익은 외부감사 대상 회사 회계처리 및 외부감사의 적정으로 볼 수 있다. 또한 법 제44조 각 호의 행위가 있으면 그 보호법익 침해의 결과나 구체적 위험이 발생하지 않더라도 위 보호법익 침해의 추상적 위험 발생이 인정되어 범죄가 성립하는 것이므로, 그 보호의 정도에 관하여는 추상적 위험범에 속한다.

1980. 12. 31. 외부감사법 제정 당시에는 법 제44조 각 호 중 주식회사의 대차대조표 공고시 감사인 명칭 및 감사의견 미기재 행위(현행 법 제44조 제4호)만 규정되

어 있었고 그 법정형도 '200만 원 이하의 벌금'에 그쳤으나, 그 후 점차 법정형이 무겁게 변경되고 제도의 변경에 따른 새로운 범죄유형이 추가되거나 범죄구성요건이 수정되어 왔다. 즉, 1989. 12. 30.자 개정(법률 제4168호) 당시에는 위 벌칙사항의 법정형만 '500만 원 이하의 벌금'으로 상향조정 하였다. 1993. 12. 31.자 개정(법률 제4680호) 당시에는 과태료 규정을 신설하면서 위 주식회사의 대차대조표 공고시 감사인 명칭 및 감사의견 미기재 행위는 '300만 원 이하의 과태료' 부과사유로 정하고, 증권관리위원회[1)]가 지명·변경요구한 감사인에 대한 회사의 선임의무 위반(현행 법 제44조 제1호) 및 감사인의 감사보고서 미제출 행위(현행 법 제44조 제3호)를 각 '500만 원 이하의 벌금'에 처하는 규정을 신설하였다가, 1998. 2. 24.자 개정(법률 제5522호) 당시에는 위 과태료 부과사유도 다시 형사처벌을 하는 벌칙사항에 포함시키고, 위 각 벌칙사항들의 법정형을 현재와 같이 '1년 이하의 징역 또는 1천만 원 이하의 벌금'으로 상향조정 하였다. 그 후 2013. 12. 30.자 개정(법률 제12148호) 당시에는 벌칙규정의 행위주체에 '상법 제401조의2에 규정된 자'를 포함하였고, 2014. 5. 28.자 개정(법률 제12715호) 당시에는 증권선물위원회 지정 감사인에 대한 회사의 연임금지의무 위반행위(현행 법 제44조 제2호)도 벌칙사항으로 신설하면서 그 법정형을 현재와 같이 '1년 이하의 징역 또는 1천만 원 이하의 벌금'으로 정하였다.

II. 범죄구성요건

1. 법 제44조 제1호 위반죄

주권상장법인(코넥스시장 상장 법인 제외 – 법 시행령 제15조 제2항) 및 일정 규모의 대주주 지배 회사[2)]가 연속하는 6개 사업연도에 대하여 감사인을 선임한 경우에, 법

1) 증권관리위원회의 기능을 증권선물위원회가 담당하면서 외부감사법에서도 1998. 1. 8.자 개정(법률 제5497호) 당시 그 명칭을 '증권선물위원회'로 변경하였다.

2) 직전 사업연도 말 기준 자산총액 1천억 원 이상이고, 대주주 및 그 대주주와 「법인세법 시행령」 제43조 제8항에 따른 특수관계에 있는 자가 합하여 발행주식총수(의결권 없는 주식 제외)의 100분의 50 이상을 소유하고 있는 회사로서 대주주 또는 그 대주주와 특수관계에 있는 자가 해당 회사의 대표이사인 회사를 말한다(법 제11조 제2항 제2호, 법 시행령 제15조 제3항, 제4항).

제11조 제3항 각 호의 어느 하나 회사에 해당하지 않는 한 증권선물위원회는 그 다음 사업연도부터 연속하는 3개 사업연도에 대하여 증권선물위원회가 지정하는 회계법인을 감사인으로 선임하거나 변경선임할 것을 요구할 수 있다(법 제11조 제2항, 제3항, 법 시행령 제15조 제1항). 또한 감사인 선임기간 내에 감사인을 선임하지 아니한 회사, 주권상장법인·대형비상장주식회사 또는 금융회사가 연속하는 3개 사업연도의 감사인을 동일한 감사인으로 선임하지 않거나 감사인 선임절차를 위반한 회사, 증권선물위원회가 회사의 감사인 교체 사유가 부당하다고 인정한 회사, 증권선물위원회의 감리 결과 회계처리기준을 위반하여 재무제표를 작성한 사실이 확인된 회사, 회사의 재무제표(연결재무제표를 작성해야 하는 회사의 경우에는 연결재무제표도 포함, 이하 같음)를 감사인이 대신하여 작성하거나 재무제표 작성과 관련된 회계처리에 대한 자문을 요구하거나 받은 회사, 3개 사업연도 연속 영업이익이나 연속 영업현금흐름이 0보다 작거나 3개 사업연도 연속 이자보상배율이 1 미만인 경우 등 일정 재무기준에 해당하는 회사, 법 시행령 제14조 제3항 각 호에 해당하는 주권상장법인 중 증권선물위원회가 공정한 감사가 필요하다고 인정하여 지정하는 회사, 법 제13조 제1항 또는 제2항을 위반하여 감사계약의 해지 또는 감사인의 해임을 하지 아니하거나 새로운 감사인을 선임하지 아니한 회사, 감사인의 감사시간이 표준 감사시간보다 현저히 낮은 수준이라고 증권선물위원회가 인정한 회사, 직전 사업연도를 포함하여 과거 3년간 최대주주의 변경이 2회 이상 발생하거나 대표이사의 교체가 3회 이상 발생한 주권상장법인, 공정한 감사가 특히 필요하다고 인정된 법 시행령 제14조 제6항 각 호에 해당하는 회사 등 법 제11조 제1항 각 호의 어느 하나에 해당하는 회사의 경우에, 증권선물위원회는 3개 사업연도의 범위에서 증권선물위원회가 지정하는 회계법인을 감사인으로 선임하거나 변경선임할 것을 요구할 수 있다(법 제11조 제1항, 법 시행령 제14조). 이 경우 회사는 특별한 사유가 없으면 이에 따라야 하는데(법 제11조 제4항 본문),[3] 회사가 정당한 이유 없이 이를 위반하여 증권선물위원회의 요구에 따르지 아니하면 이 죄의 위반행위가 된다.

그런데 법인인 회사의 범죄능력이 인정되지 않으므로 법 제44조 각 호 외 부분에

3) 다만, 해당 회사 또는 감사인으로 지정받은 자는 법 시행령 제17조 제7항 각 호의 사유가 있으면 증권선물위원회에 감사인을 다시 지정하여 줄 것을 요청할 수 있다(법 제11조 제4항 단서). 회사가 그러한 요청을 할 경우에는 사전에 감사 또는 감사위원회(감사위원회가 설치되지 아니한 주권상장법인, 대형비상장주식회사 또는 금융회사의 경우는 감사인선임위원회를 말함)의 승인을 받아야 한다(법 제11조 제5항).

그 행위주체를 규정하고 있는데, 위반행위의 내용에 비추어 볼 때 '상법 제635조 제1항에 규정된 자' 중 회사를 대표하는 대표기관인 자연인이 감사인 선임의무를 부담하는 자로서 이 죄의 행위주체로서 처벌되고, 회사는 후술하는 양벌규정(법 제46조)에 따라 그 실제 행위자에 대한 법정형 중 벌금형의 처벌을 받게 될 뿐이다.

'정당한 이유'란 법 제11조 제4항 단서 규정에 따라 해당 회사 또는 감사인으로 지정받은 자가 법 시행령 제17조 제7항 각 호의 사유를 근거로 증권선물위원회에 감사인을 다시 지정하여 줄 것을 요청하였으나 그 결과가 미정인 상태에 있거나, 그 지정된 감사인이 수임할 수 없는 상태에 있는 등 법령이나 사회상규에 비추어 허용되는 이유를 말한다.

회사는 위와 같이 증권선물위원회가 지정하는 자를 감사인으로 선임하거나 변경선임 하는 경우에는 그 사유 발생일부터 2개월 이내에 감사인을 선임하여야 한다(법 제10조 제7항 제1호, 제8항). 그러므로 회사가 증권선물위원회의 지정 감사인 선임 또는 변경선임 요구를 받은 날부터 2개월이 경과할 때까지 그 감사인을 선임하지 아니하면 그 기간 종료시 기수에 이르고 범죄가 성립한다. 만약 그 기간 경과 전에 다른 자를 감사인으로 선임한 경우에도, 감사인을 변경할 수 있는 한 위 법정기간이 종료하기 전에는 아직 '증권선물위원회의 요구에 따르지 아니한 경우'로 단정할 수 없으므로 범죄가 기수에 이르렀다고 할 수는 없을 것이다.

2. 법 제44조 제2호 위반죄

회사는 전항 기재와 같이 증권선물위원회로부터 지정받은 감사인을 지정 사업연도 이후 최초로 도래하는 사업연도의 감사인으로 선임할 수 없다(법 제11조 제6항). 이는 증권선물위원회가 지정한 감사인이 지정된 사업연도 이후의 연임을 기대함이 없이 회사로부터 독립하여 적정한 감사를 할 수 있게 하려는 입법취지를 지니고 있다. 이 죄의 위반행위는 위 금지규정을 위반하여 감사인을 선임하는 행위이다.

그러므로 위반행위의 행위주체는 감사인을 선임하는 회사이지만, 법인인 회사의 범죄능력이 인정되지 않으므로 법 제44조 각 호 외 부분에 그 행위주체를 규정하고 있는데, 위반행위의 내용에 비추어 볼 때 '상법 제635조 제1항에 규정된 자' 중 회사를 대표하는 대표기관인 자연인이 감사인 선임의무를 부담하게 되므로 이 죄의 행위주체로서 처벌되고, 회사는 후술하는 양벌규정(법 제46조)에 따라 그 실제 행위자에 대한 법정형 중 벌금형의 처벌을 받게 될 뿐이다.

그리고 법 제11조 제6항의 문언에 비추어 볼 때 법 제44조 제2호의 '감사인'이란 외부감사법에 따른 외부의 회계감사를 받아야 하는 회사에서 각 사업연도에 관한 결산 재무제표(연결재무제표를 작성해야 하는 회사의 경우에는 연결재무제표도 포함)를 감사하는 감사인을 말한다.

외부감사 대상 회사의 감사인 선임도 내부절차를 거쳐 회사가 감사인과 외부감사 계약을 체결하게 되는데, 그 계약 체결시 선임행위가 종료되는 것이므로 이때 기수에 이르고 범죄가 성립한다.

이 죄도 고의범이므로 행위주체에게 감사인 선임행위 당시에 선임 대상 감사인이 증권선물위원회가 지정한 감사인으로서 그 지정 사업연도 이후 최초로 도래하는 사업연도의 감사인으로 선임하는 사실에 대한 인식이 필요함은 물론이다.

3. 법 제44조 제3호 위반죄

감사인은 감사보고서를 법 시행령 제27조에서 정한 제출기간 내에 회사(감사 또는 감사위원회 포함)·증권선물위원회 및 한국공인회계사회에 제출하여야 한다(법 제23조 제1항 본문). 그 중 회사에 대한 제출기간은, K-IFRS를 적용하는 회사의 경우 정기총회 개최 1주 전까지(회생절차가 진행 중인 회사의 경우에는 사업연도 종료 후 3개월 이내)이고, K-IFRS를 적용하지 아니하는 회사의 경우에 재무제표에 대한 감사보고서는 정기총회 개최 1주 전까지(회생절차가 진행 중인 회사의 경우에는 사업연도 종료 후 3개월 이내), 연결재무제표에 대한 감사보고서는 사업연도 종료 후 120일 이내(사업보고서 제출대상법인 중 직전 사업연도 말 현재 자산총액이 2조 원 이상인 법인의 경우에는 사업연도 종료 후 90일 이내)이다(법 시행령 제27조 제1항). 다만, 회사가 사업보고서 제출기한 이후 정기총회를 개최하는 경우로서 해당 회사의 재무제표(K-IFRS를 적용하지 아니하는 회사의 연결재무제표는 제외)를 감사하는 경우에는 감사보고서를 사업보고서 제출기한 1주 전(회생절차가 진행 중인 회사는 사업연도 종료 후 3개월 이내)까지 회사에 제출하여야 한다(법 시행령 제27조 제2항). 이처럼 감사인이 회사에 제출하는 감사보고서는 금융위원회가 정하는 바에 따라 전자문서로 제출하여야 한다(법 시행령 제27조 제8항). 그리고 증권선물위원회 및 한국공인회계사회에 대한 제출기간은, 재무제표에 대한 감사보고서와 K-IFRS를 적용하는 회사의 연결재무제표에 대한 감사보고서는 정기총회 종료 후 2주 이내(회생절차가 진행 중인 회사인 경우에는 해당 회사의 관리인에게 보고한 후 2주 이내), K-IFRS를 적용하지 아니하는 회사의 연결재무제표에 대한 감사보고서는 사업연도 종료 후 120일 이내(사업보고서 제출대상법인 중 직전 사업연도 말 현재 자산총액이 2조 원 이상인 법인의 경우에는 사업연도 종료 후 90일 이내)이다(법 시행령 제27조 제3항). 다만, 자본시장법 제159조 제1항에 따른 사업보고서 제출대상 법인인 회사가 사업보고서에 감사보고서를 첨부하여 금융위원회와 같은 법에 따라 거래소허가를 받은 거래소에 제출하는 경우에는 감사인이 증권선물위원회 및 한국공인회계사회에 감사보고서를 제출한 것으로 본다(법 제23조 제1항 단서).

위 규정에 따른 감사보고서를 제출하지 아니한 행위가 이 죄의 위반행위이다. 이때 '감사보고서'란 정기 주주총회나 정기 사원총회의 승인을 받아야 하는 결산 재무제표(연결재무제표를 작성해야 하는 회사의 경우에는 연결재무제표도 포함)를 말한다. 그러므로 이 죄의 행위주체는 감사인이고, 그 '감사인'이란 외부감사법에 따른 외부의 회계감사를 받아야 하는 회사에서 각 사업연도에 관한 결산 재무제표를 감사하는 감사인을 말한다. 따라서 앞에서 설명한 것처럼 원칙적으로 법인의 범죄능력을 인정하지 않는 판례의 입장에서는 '감사인'이 회계법인인 경우에는 회계법인의 대표이사, '감사인'이 감사반인 경우에는 소속 공인회계사 등 실제 행위자가 행위주체로 된다. 회계법인은 후술하는 양벌규정(법 제46조)에 따라 그 실제 행위자에 대한 법정형 중 벌금형의 처벌을 받게 될 뿐이다.

감사인이 감사보고서를 위 제출기간이 종료할 때까지 회사, 증권선물위원회 및 한국공인회계사회에 제출하지 아니하면 그 제출기간 종료시 기수에 이르고 범죄가 성립한다.

4. 법 제44조 제4호 위반죄

주식회사는 결산 재무제표(연결재무제표의 작성이 필요한 회사의 경우에는 연결재무제표 포함, 이하 같음)와 그 부속명세서에 대한 정기 주주총회의 승인을 받으면 지체 없이 그 중 대차대조표를 공고해야 하는데(상법 제449조 제3항), 그 대차대조표를 공고하는 경우에는 감사인의 명칭과 감사의견을 함께 적어야 한다(법 제23조 제6항). 그런데 회사가 그 대차대조표를 공고하면서 감사인의 명칭과 감사의견을 함께 적지 아니한 행위가 이 죄의 위반행위이다.

그러므로 위 위반행위의 주체는 회사이지만, 법인인 회사의 범죄능력이 인정되지 않으므로 법 제44조 각 호 외 부분에 그 행위주체를 규정하고 있는데, 위반행위의 내용에 비추어 볼 때 '상법 제635조 제1항에 규정된 자' 중 주식회사를 대표하는 대표기관인 자연인이 대차대조표 공고의무를 부담하게 되므로 이 죄의 행위주체로서 처벌되고, 회사는 후술하는 양벌규정(법 제46조)에 따라 그 실제 행위자에 대한 법정형 중 벌금형의 처벌을 받게 될 뿐이다.

위 '감사인'이란 법 제23조 제6항에 비추어 볼 때 외부감사법에 따른 외부의 회계감사를 받아야 하는 주식회사의 결산 재무제표에 대하여 감사를 실시하는 회계법인과 감사반을 말한다.

이 죄의 기수시기는 감사인의 명칭과 감사의견을 함께 적지 아니한 채 대차대조표를 공고한 때이다.

[한석훈]

제 5 장 벌칙

제46조(양벌규정)

법인의 대표자나 법인 또는 개인의 대리인, 사용인, 그 밖의 종업원이 그 법인 또는 개인의 업무에 관하여 제39조부터 제44조까지의 위반행위를 하면 그 행위자를 벌하는 외에 그 법인 또는 개인에게도 해당 조문의 벌금형을 과(科)한다. 다만, 법인 또는 개인이 그 위반행위를 방지하기 위하여 해당 업무에 관하여 상당한 주의와 감독을 게을리하지 아니한 경우에는 그러하지 아니하다.

Ⅰ. 입법취지 및 연혁

양벌규정이란 행위자가 형사처벌 대상인 위반행위를 법인 등 타인의 업무에 관하여 행한 경우에 위반행위를 한 실제 행위자를 처벌할 뿐만 아니라 그 업무주인 법인 등 타인도 처벌하는 규정을 말한다. 이러한 양벌규정은 법인 등 업무주의 처벌을 통하여 벌칙조항의 실효성을 확보하려는 데 입법취지가 있다.[1] 원칙적으로 법인의 범죄능력이 인정되지 않는 우리나라에서는 주로 법인을 예외적으로 처벌하는 규정으로 기능하고 있고 대부분의 형벌법규에 도입되어 있다. 외부감사법의 벌칙에서도 회사의 업무에 관하여 위반행위를 하게 되는 경우가 대부분이므로 1980. 12. 31. 외부감사법 제정 당시부터 양벌규정을 두고 있다.

외부감사법의 제정 당시에는 양벌규정에 단서의 면책조항이 없었다. 그러나 2007. 11. 29. 헌법재판소가 양벌규정에 면책조항이 없는 「보건범죄 단속에 관한 특별조치법」 제6조가 형사법의 기본원리인 "책임 없는 자에게 형벌을 부과할 수 없고 책임의 정도를 초과하는 형벌을 과할 수 없다."는 책임주의 원칙에 반한다는 이유로 위헌결정을 한 후,[2] 2009. 2. 3.자 개정(법률 제9408호) 당시 현행 규정과 같은 면책조항을 추가하였다.

---

1) 대법원 2012. 5. 9. 선고 2011도11264 판결.

2) 그 후 외부감사법상 양벌규정에 관해서도 마찬가지 이유로 위헌결정을 하였다(헌법재판소 2012. 11. 29. 선고 2012헌가15 전원재판부 결정).

그리고 양벌규정이 적용되는 벌칙조항은 외부감사법 벌칙에 규정된 벌칙조항 전부이다. 외부감사법 제정 당시에는 벌칙조항 자체가 적었으나, 그 후 회계처리 및 외부감사의 적정을 위한 제도가 정비됨에 따라 벌칙조항도 증가하여 왔다. 현재 양벌규정의 적용대상인 벌칙조항은 범죄구성요건에 관한 규정인 법 제39조부터 제44조까지이다.

II. 법적 성질

법 제46조를 포함하여 각 법률에 규정된 양벌규정은 일반적으로 "법인의 대표자나 법인 또는 개인(이하 업무주인 법인 또는 개인을 '업무주'라 함)의 대리인·사용인·종업원(이하 '실제 행위자'라 함)이 그 업무주의 업무에 관하여 위반행위를 하면, 실제 행위자를 벌하는 외에 업무주에게도 해당 조문의 벌금형을 과科한다. 다만, 업무주가 그 위반행위를 방지하기 위하여 해당 업무에 관하여 상당한 주의와 감독을 게을리하지 아니한 경우에는 그러하지 아니하다."라는 형식으로 규정되어 있다. 그런데 동일한 위반행위에 관하여 실제 행위자와 더불어 법인 등 업무주를 처벌하는 근거가 무엇인지, 즉 업무주가 부담하는 책임의 법적 성질을 어떻게 볼 것인지 문제가 된다. 현행 양벌규정은 위와 같이 책임주의 원칙을 관철하기 위하여 업무주에 대한 면책조항을 규정하고 있으므로 책임주의 원칙 아래에서 그 법적 성질을 살펴보아야 한다.

이에 관하여 학설·판례가 대립하고 있지만 판례와 유력설의 입장은 행위책임·감독책임 이원설이라 할 수 있다.[3] 즉, 양벌규정의 업무주가 법인이고 실제 행위자가 그 대표이사 등 대표자인 경우에는 법인의 기관機關인 대표자의 행위는 곧 법인 자체의 행위로서 법인은 자기 행위에 대한 행위책임을 부담하는 것이고, 업무주가 개인이거나 실제 행위자가 업무주의 대리인·사용인·종업원인 경우에 업무주가 부담하는 책임은 실제 행위자에 대한 선임·감독상 과실책임이다.[4] 이러한 입장에서는 법 제46조

3) 이에 관한 학설·판례의 내용은 한석훈, 「비즈니스범죄와 기업법」 제2판(성균관대학교 출판부, 2019), 74~79면.

4) 헌법재판소 2010. 7. 29. 선고 2009헌가25, 29, 36, 2010헌가6, 25(병합) 전원재판부 결정("구 「농산물품질관리법」 제37조 중 '법인의 대표자가 그 법인의 업무에 관하여 제34조의2의 위반행위를 한 때에는 그 법인에 대하여도 해당 조의 벌금형을 과한다.'는 부분도 앞서 본 종업원 관련 부분과 마찬가지로, 법인의 대표자가 일정한 위반행위를 한 사실이 인정되면 곧바로 영업주인 법인에게도 대표자에 대한 처벌조항에 규정된 벌금형을 과하도록 규정하

단서에 규정된 면책조항은 업무주가 개인이거나 실제 행위자가 업무주의 대리인·사용인·종업원인 경우에만 적용되는 것으로 보게 된다.

Ⅲ. 처벌 요건

1. 대표자·대리인·사용인·종업원

법 第46조 규정 중 '대표자'란 그 의사와 행위가 법인의 의사와 행위로 인정되는 법인의 기관機關을 말하고, 외부감사법의 경우 주식회사·유한회사·회계법인 등의 대표이사와 같은 대표기관이 이에 속한다. 대표자는 법령 및 회사 정관 등에 기재된 내부절차에 따라 적법하게 선임되었으면 그 명칭이나 선임등기 여부는 불문한다.[5] 나아가 회사 내부절차에 따라 적법하게 선임되지 않았거나 이미 퇴임한 자일지라도 당해 법인을 실질적으로 경영하면서 사실상 대표하고 있는 자도 포함하는 것이 판례의 입장이다.[6]

위 규정의 '대리인'이란 법인 등 업무주를 위하여 자기 명의로 대외적 법률행위를 하되 그 법률효과를 업무주에게 귀속시키는 관계에 있는 자, '사용인'이란 고용관계가 없이 업무주의 업무를 처리하거나 보조하는 자, '종업원'이란 고용관계 아래 업무주의 업무를 보조하는 자로서, 모두 직·간접적으로 업무주의 감독·통제를 받는 종속관계에 있는 자이다.[7] 이들은 업무주와 정식 고용계약이 체결되어 근무하는 자뿐만

고 있다. 그러나 법인 대표자의 행위와 종업원 등의 행위는 달리 보아야 한다. 법인의 행위는 법인을 대표하는 자연인인 대표기관의 의사결정에 따른 행위에 의하여 실현되므로, 자연인인 대표기관의 의사결정 및 행위에 따라 법인의 책임 유무를 판단할 수 있다. 즉, 법인은 기관을 통하여 행위를 하므로 법인이 대표자를 선임한 이상 그의 행위로 인한 법률효과는 법인에게 귀속되어야 하고, 법인 대표자의 범죄행위에 대하여는 법인 자신이 자신의 행위에 대한 책임을 부담하는 것이다. … 결국, 법인 대표자의 법규위반행위에 대한 법인의 책임은, 법인 자신의 법규위반행위로 평가될 수 있는 행위에 대한 법인의 직접책임으로서, 대표자의 고의에 의한 위반행위에 대하여는 법인 자신의 고의에 의한 책임을, 대표자의 과실에 의한 위반행위에 대하여는 법인 자신의 과실에 의한 책임을 부담하는 것이다. 따라서, 이 사건 법률조항 중 법인의 대표자 관련 부분은 대표자의 책임을 요건으로 하여 법인을 처벌하므로 책임주의 원칙에 반하지 아니한다."라고 판시).

5) 한석훈, 앞의 책(각주 3), 84면.

6) 대법원 1997. 6. 13. 선고 96도1703 판결. 그러나 사실상 대표자로서 행위를 하는 자는 '사용인'이나 '종업원'으로 보아야 할 것이다[한석훈, 위의 책, 85면].

7) 한석훈, 위의 책, 85, 86면.

아니라 그 법인의 업무를 직접 또는 간접으로 수행하면서 법인의 통제·감독 아래 있는 자도 포함된다(판례).[8] 이러한 관계에 있는 자라면 업무주가 아닌 타인이 고용하고 보수도 타인으로부터 받고 있더라도 무방하다(판례).[9]

2. 위반행위의 업무 관련성

법 제46조 규정 중 실제 행위자가 '업무에 관하여' 위반행위를 한다는 것은 객관적·외형상으로 업무주의 업무에 관한 행위로서 실제 행위자가 그러한 업무주의 업무를 수행함에 있어서 위반행위를 한 경우라야만 한다는 의미이다.[10] 그러므로 종업원 등이 그러한 업무주의 업무를 수행함에 있어서 위법행위를 한 것이라면 그 위법행위의 동기가 종업원 등이나 제3자의 이익을 위한 것에 불과하고 업무주의 영업에 이로운 행위가 아니라고 할지라도 업무주는 그 감독을 게을리한 책임을 면할 수 없다는 판례가 있다.[11]

이에 대하여 판례 중에는 "'법인의 업무에 관하여' 행한 것으로 보기 위해서는 객관적으로 법인의 업무를 위하여 하는 것으로 인정할 수 있는 행위가 있어야 하고, 주관적으로는 피용자 등이 법인의 업무를 위하여 한다는 의사를 가지고 행위를 함을 요한다."고 판시하여,[12] 객관적·외형상으로 업무주의 업무에 관한 행위일 뿐만 아니라, 행위자의 주관적인 의사도 업무주의 업무를 위하여 행위를 하는 경우라야만 한다고 보는 판례도 있다.[13] 이러한 입장에서는 실제 행위자가 개인적인 목적이나 동기로 위반행위를 하였다면 업무주에게 실제 행위자에 대한 선임·감독을 게을리한 책임이 있

8) 대법원 2012. 5. 9. 선고 2011도11264 판결; 대법원 2009. 4. 23. 선고 2008도11921 판결; 대법원 2006. 2. 24. 선고 2003도4966 판결.

9) 대법원 1987. 11. 10. 선고 87도1213 판결("종업원 등의 행정법규 위반행위에 대하여 양벌규정으로 영업주의 책임을 묻는 것은 종업원 등에 대한 영업주의 선임·감독상의 과실책임을 근거로 하는 것이며, 그 종업원은 영업주의 사업경영과정에 있어서 직접 또는 간접으로 영업주의 감독통제 아래 그 사업에 종사하는 자를 일컫는 것이므로 영업주 스스로 고용한 자가 아니고 타인의 고용인으로서 타인으로부터 보수를 받고 있다 하더라도 객관적·외형상으로 영업주의 업무를 처리하고 영업주의 종업원을 통하여 간접적으로 감독통제를 받는 자라면 위에 포함된다."고 판시).

10) 대법원 2002. 1. 25. 선고 2001도5595 판결; 대법원 1987. 11. 10. 선고 87도1213 판결.

11) 대법원 2002. 1. 25. 선고 2001도5595 판결; 대법원 1987. 11. 10. 선고 87도1213 판결; 대법원 1977. 5. 24. 선고 77도412 판결.

12) 대법원 2006. 6. 15. 선고 2004도1639 판결; 대법원 1983. 3. 22. 선고 80도1591 판결.

13) 같은 입장을 취하는 학설로는, 신동운, 「형법총론」(법문사, 2015), 112면.

는지 여부를 불문하고 양벌규정을 적용할 수 없게 되어 '벌칙조항의 실효성 확보'라는 양벌규정의 입법취지가 반감될 것이다.[14]

3. 업무주 범죄성립의 종속성

양벌규정에 따른 업무주 처벌은 실제 행위자의 위반행위를 전제로 하고 있는데, 실제 행위자의 위반행위가 구성요건해당성, 위법성 및 유책성 등의 범죄성립요건 및 처벌조건 중 어느 단계까지 충족되면 업무주를 처벌할 수 있는지 문제가 된다. 예컨대 실제 행위자에게 범죄구성요건에 대한 고의가 없었거나 행위주체로서의 신분이 없었던 경우에도 양벌규정으로 업무주를 처벌할 수 있는지 여부가 문제될 수 있다.

이에 관하여 판례는 종업원이 실제 행위자인 사례에서, "양벌규정에 의한 영업주의 처벌은 종업원의 처벌에 종속하는 것이 아니라 독립하여 그 자신의 종업원에 대한 선임·감독상의 과실로 인하여 처벌되는 것이므로 종업원의 범죄성립이나 처벌이 영업주 처벌의 전제조건이 될 필요는 없다."고 판시하였다.[15] 또한 "양벌규정에 의한 영업주의 선임·감독상 과실책임을 묻는 이 사건에서 금지위반행위자인 종업원에게 구성요건상의 자격이 없다고 하더라도 영업주인 피고인의 범죄성립에는 아무런 지장이 없다."고 판시하였다.[16] 그러나 전자의 판례는 실제 행위자를 제외하고 업무주만 기소하더라도 적법하다는 취지에 불과하고, 후자의 판례는 영업자로서의 의무를 위반하여 극장에 미성년자를 출입하게 한 사안(현재의 청소년보호법위반죄 사안)에서 영업자가 아닌 종업원과 영업자인 업무주를 양벌규정으로 모두 처벌한 사례이다. 따라서 위 판례들은 업무주 범죄성립의 종속성에 관한 사례로 볼 수 없으므로 아직 판례의 입장이 명확한 것은 아니다.

학설 중에는, 실제 행위자의 위반행위가 구성요건해당성 및 위법성까지 충족하면 책임조각사유가 있더라도 그것은 행위자에 대한 비난가능성 문제에 불과하므로 양벌규정을 적용하여 업무주를 처벌할 수 있는 것으로 보는 견해[17]가 있다.

14) 한석훈, 앞의 책(각주 3), 88면.

15) 대법원 2006. 2. 24. 선고 2005도7673 판결(실제 행위자인 종업원은 처벌함이 없이 양벌규정에 따라 업무주만 기소한 사안에서 업무주만 처벌할 수도 있다고 판시).

16) 대법원 1987. 11. 10. 선고 87도1213 판결[이 판례에 관한 비판으로는 한석훈, 앞의 책(각주 3), 89면 각주 141 참조].

17) 신동운, 앞의 책[「형법총론」(각주 13)], 112면.

생각건대 실제 행위자가 법인의 대표자인 경우에는 대표자의 행위가 곧 법인의 행위로 평가되는 관계이므로 범죄구성요건해당성 및 위법성은 물론 강요된 행위(형법 제12조)나 법률의 착오(형법 제16조) 등 행위 관련 책임조각사유에 관하여는 법인은 대표자의 행위에 종속되어 처벌 여부가 좌우되지만, 책임능력(형법 제9조, 제10조) 등 행위자 관련 책임조각사유나 행위자별로 파악하게 되는 처벌조건에 관하여는 법인은 대표자와 독립하여 처벌할 수 있을 것이다. 그러나 실제 행위자가 대리인·사용인·종업원인 경우에는 업무주 책임의 법적 성질이 실제 행위자에 대한 선임·감독상 과실책임이므로, 실제 행위자의 행위가 범죄를 구성하지 않거나 위법하지 않다면 업무주의 선임·감독책임을 물을 대상행위조차 없다는 점에서 그 책임은 실제 행위자의 행위에 종속되지만, 행위자별로 파악해야 하는 책임조각사유나 처벌조건에 관하여는 업무주의 선임·감독책임 여부에 따라 업무주를 실제 행위자와 독립하여 처벌할 수 있을 것이다.[18]

4. 면책조항

법 제46조 단서에서는 "다만, 법인 또는 개인이 그 위반행위를 방지하기 위하여 해당 업무에 관하여 상당한 주의와 감독을 게을리하지 아니한 경우에는 그러하지 아니하다."라는 면책조항을 규정하고 있다. 업무주 책임의 법적 성질에 관한 행위책임·감독책임 이원설 및 판례의 입장에서는 위 면책조항은 실제 행위자가 대리인·사용인·종업원인 경우에 적용된다. 이 경우 업무주에게 실제 행위자인 대리인·사용인·종업원에 대하여 '상당한 주의와 감독'을 게을리한 선임·감독상 과실이 있는지 여부가 문제되는데, 그 증명책임은 무죄추정의 원칙에 따라 검사가 부담한다.[19] 다만, 그 증명 여부가 문제되는 경우에 법원은 "구체적인 사안에서 법인이 상당한 주의 또는 감독을 게을리하였는지 여부는 당해 위반행위와 관련된 모든 사정, 즉 당해 법률의 입법취지, 처벌조항 위반으로 예상되는 법익 침해의 정도, 위반행위에 관하여 양벌규정을 마련한 취지는 물론 위반행위의 구체적인 모습과 그로 인하여 실제 야기된 피해 또는 결과의 정도, 법인의 영업규모 및 행위자에 대한 감독가능성이나 구체적인 지휘·감독 관계, 법인이 위반행위 방지를 위하여 실제 행한 조치 등을 전체적으로 종합

18) 한석훈, 앞의 책(각주 3), 90, 91면.

19) 한석훈, 위의 책(각주 3), 81, 82면.

하여 판단하여야 한다."는 입장이다.[20] 외부감사법의 벌칙(감사조서 변조 사안) 양벌규정에 관해서도 마찬가지로 판시하면서 "따라서 위 양벌규정에 기하여 피고인 법인에 책임을 묻기 위해서는 피고인 법인의 직원수 등 그 규모와 직원들에 대한 지휘·감독의 체계, 특히 감사조서 변조행위자의 직책과 권한 및 그 직무수행에 대한 피고인 법인의 지휘·감독의 정도, 실제 피고인 법인이 자체 또는 소속 감사인들로부터 보고 받아 파악하고 있는 피감사회사 및 그 관계 계열사의 현황, 금융감독원의 감리 상황 등에 비추어 피감사회사의 분식회계 및 이에 대한 감사 규정 위반, 공시 후 감사조서 변조 등의 가능성을 예상하여 이를 방지하기 위한 상당한 주의를 기울이거나 관리·감독을 철저히 할 필요가 있었는지, 그러한 필요가 있었다면 피고인 법인이 그와 같은 의무를 충실히 이행하였는지 여부 등을 종합적으로 살펴 피고인 법인이 소속 공인회계사의 위반행위에 관하여 상당한 주의 또는 관리·감독 의무를 게을리하는지 여부를 심리·판단할 필요가 있다."고 판시하고 있다.[21] 그러므로 회사 내 법규자율준수제도 Compliance Program의 도입은 업무주의 면책조항 적용에 큰 영향을 미칠 수 있을 것이다.

Ⅳ. 처벌 관련 문제점

1. 선고형

업무주에 대한 법정형은 해당 벌칙조항의 실제 행위자에 대한 법정형 중 동일한 벌금형을 과하도록 규정되어 있다. 그러므로 양벌규정에 따라 업무주를 처벌하는 경우에는 해당 벌칙조항의 벌금 법정형 범위 내에서 선고형을 정하게 되는데, 이때 실제 행위자와 동일한 벌금형을 선고해야 하는지 문제가 된다. 업무주와 실제 행위자에 대한 처벌은 그 형사책임의 근거나 양형사유가 다르므로 선고형을 달리 정하는 것도 허용된다.[22]

---

20) 대법원 2013. 10. 24. 선고 2012도7558 판결; 대법원 2012. 5. 9. 선고 2011도11264 판결; 대법원 2010. 4. 15. 선고 2009도9624 판결; 대법원 2010. 12. 9. 선고 2010도12069 판결.

21) 광주고등법원 2012. 9. 27. 선고 2011노449 판결[금융감독원, 「회계감리제도 조문별 판례분석」(2017. 12), 238~240면].

22) 대법원 1995. 12. 12. 선고 95도1893 판결("회사 대표자의 위반행위에 대하여 징역형의 형량을 작량감경하고

2. 회사 합병의 경우 형사책임의 승계 여부

회사가 합병된 경우에 합병으로 소멸하는 회사에 부과된 벌금형에 따르는 책임도 합병 후의 존속회사나 신설회사가 포괄적으로 승계하는 것인지 문제가 된다. 이에 대하여 판례는 "회사 합병이 있는 경우 피합병회사의 권리·의무는 사법상의 관계나 공법상의 관계를 불문하고 모두 합병으로 인하여 존속하는 회사에 승계되는 것이 원칙이지만, 그 성질상 이전을 허용하지 않는 것은 승계의 대상에서 제외되어야 할 것인바, 양벌규정에 의한 법인의 처벌은 어디까지나 형벌의 일종으로서 행정적 제재처분이나 민사상 불법행위책임과는 성격을 달리하는 점, 형사소송법 제328조가 '피고인인 법인이 존속하지 아니하게 되었을 때'를 공소기각결정의 사유로 규정하고 있는 것은 형사책임이 승계되지 않음을 전제로 한 것이라고 볼 수 있는 점 등에 비추어 보면, 합병으로 인하여 소멸한 법인이 그 종업원 등의 위법행위에 대해 양벌규정에 따라 부담하던 형사책임은 그 성질상 이전을 허용하지 않는 것으로서 합병으로 인하여 존속하는 법인에 승계되지 않는다고 봄이 상당하다."고 판시하여[23] 부정설의 입장이다. 이에 대하여는 합병의 법적 성질에 관한 인격합일설(통설)에 의하면 합병으로 당사회사 간 법인격이 합쳐져 존속회사나 신설회사를 통해 이어지는 것이고,[24] 청산절차를 거치지 않는 합병을 청산절차를 거쳐 법인이 더 이상 존속하지 않게 되는 경우와 동일하게 파악하여 형사소송법 제328조 제1항 제2호의 공소기각 사유로 삼는 것은 부당하다는 비판이 가능하다.[25]

[한석훈]

병과하는 벌금형에 대하여 선고유예를 한 이상 양벌규정에 따라 그 회사를 처단함에 있어서도 같은 조치를 취하여야 한다는 논지는 독자적인 견해에 지나지 아니하여 받아들일 수 없다."고 판시).

23) 대법원 2007. 8. 23. 선고 2005도4471 판결.

24) 최준선, 「회사법」(삼영사, 2019), 761면.

25) 한석훈, 앞의 책(각주 3), 97면.

제5장 벌칙

제47조(과태료)

① 다음 각 호의 어느 하나에 해당하는 자에게는 5천만 원 이하의 과태료를 부과한다.

1. 제28조 제2항을 위반하여 신고자등의 인적사항 등을 공개하거나 신고자등임을 미루어 알 수 있는 사실을 다른 사람에게 알려주거나 공개한 자
2. 제28조 제3항을 위반하여 신고자등에게 불이익한 대우를 한 자

② 다음 각 호의 어느 하나에 해당하는 자에게는 3천만 원 이하의 과태료를 부과한다.

1. 제8조 제1항 또는 제3항을 위반하여 내부회계관리제도를 갖추지 아니하거나 내부회계관리자를 지정하지 아니한 자
2. 제8조 제4항을 위반하여 내부회계관리제도의 운영실태를 보고하지 아니한 자 또는 같은 조 제5항을 위반하여 운영실태를 평가하여 보고하지 아니하거나 그 평가보고서를 본점에 비치하지 아니한 자
3. 제8조 제6항 및 제7항을 위반하여 내부회계관리제도의 운영실태에 관한 보고내용 등에 대하여 검토 및 감사하지 아니하거나 감사보고서에 종합의견을 표명하지 아니한 자
4. 제22조 제5항을 위반하여 감사 또는 감사위원회의 직무수행에 필요한 자료나 정보 및 비용의 제공 요청을 정당한 이유 없이 따르지 아니한 회사의 대표자

③ 감사인 또는 그에 소속된 공인회계사가 제24조에 따른 주주총회등의 출석요구에 따르지 아니한 경우 1천만 원 이하의 과태료를 부과한다.

④ 다음 각 호의 어느 하나에 해당하는 자에게는 500만 원 이하의 과태료를 부과한다.

1. 제12조 제2항에 따른 보고를 하지 아니한 자
2. 제23조 제5항을 위반하여 재무제표 또는 감사보고서를 비치·공시하지 아니한 자

⑤ 제1항부터 제4항까지의 규정에 따른 과태료는 대통령령으로 정하는 바에 따라 증권선물위원회가 부과·징수한다.

법 시행령 제43조(과태료 부과기준 및 부과·징수) ① 법 제47조에 따른 과태료를 부과할 때 금융감독원장은 해당 위반행위를 조사·확인한 후 위반사실을 명시하여 증권선물위원회에 과태료를 부과할 것을 건의할 수 있다.

② 법 제47조 제1항부터 제4항까지에 따른 과태료의 부과기준은 별표 2와 같다.

[별표 2] 과태료의 부과기준(제43조 제2항 관련)

1. 일반 기준
증권선물위원회는 위반행위의 정도, 위반행위의 동기와 그 결과 등을 고려하여 과태료 부과금액을 감경 또는 면제하거나 2분의 1의 범위에서 가중할 수 있다. 다만, 가중하는 경우에도 법 제47조의 규정에 따른 과태료 부과금액의 상한을 초과할 수 없다.

2. 개별 기준

(단위: 만 원)

위반행위	근거 법조문	금액
가. 법 제8조 제1항 또는 제3항을 위반하여 내부회계관리제도를 갖추지 않거나 내부회계관리자를 지정하지 않은 경우	법 제47조 제2항 제1호	3,000
나. 법 제8조 제4항을 위반하여 내부회계관리제도의 운영실태를 보고하지 아니하거나 같은 조 제5항을 위반하여 운영실태를 평가하여 보고하지 아니한 경우	법 제47조 제2항 제2호	3,000
다. 법 제8조 제5항을 위반하여 내부회계관리제도의 운영실태 평가보고서를 본점에 비치하지 않은 경우	법 제47조 제2항 제2호	600
라. 법 제8조 제6항 및 제7항을 위반하여 내부회계관리제도의 운영실태에 관한 보고내용 등에 대하여 검토 및 감사하지 아니하거나 감사보고서에 종합의견을 표명하지 아니한 경우	법 제47조 제2항 제3호	3,000
마. 법 제12조 제2항에 따른 보고를 하지 아니한 경우	법 제47조 제4항 제1호	500
바. 법 제22조 제5항을 위반하여 감사 또는 감사위원회의 직무수행에 필요한 자료나 정보 및 비용의 제공 요청을 정당한 이유 없이 따르지 아니한 경우	법 제47조 제2항 제4호	3,000
사. 법 제23조 제5항을 위반하여 재무제표 또는 감사보고서를 비치·공시하지 아니한 경우	법 제47조 제4항 제2호	100
아. 법 제24조에 따른 주주총회등의 출석요구에 따르지 아니한 경우	법 제47조 제3항	1,000
자. 법 제28조 제2항을 위반하여 신고자등의 인적사항 등을 공개하거나 신고자등임을 미루어 알 수 있는 사실을 다른 사람에게 알려주거나 공개한 경우	법 제47조 제1항 제1호	5,000 다만, 직원의 경우에는 2,000만 원으로 한다.
차. 법 제28조 제3항을 위반하여 신고자등에게 불이익한 대우를 한 경우	법 제47조 제1항 제2호	5,000 다만, 직원의 경우에는 2,000만 원으로 한다.

Ⅰ. 입법취지 및 연혁

외부감사법은 외부감사를 받는 회사의 회계처리와 회계감사의 적정適正을 위하여 각종 의무규정을 두고 질서를 규율하고 있다. 그 의무를 위반하는 질서위반 행위 중 사안이 중한 경우에는 형벌을 과하고, 사안이 가볍더라도 제재를 통한 질서유지가 필요한 경우에는 법 제47조에서 과태료를 부과하고 있다. 법 제47조 제1항부터 제4항까지는 과태료 부과사유를 규정하고 있고, 같은 조 제5항에서는 그 과태료 부과·징수 절차를 규정하고 있다.

외부감사법에 과태료 규정이 처음 신설된 것은 1993. 12. 31.자 개정(법률 제4680호) 당시였는데, 그 당시 과태료 부과사유는 회사의 증권관리위원회(현재의 증권선물위원회)에 대한 감사인 선임 보고의무위반(현행 법 제47조 제4항 제1호), 회사의 감사보고서 비치·공시 의무위반(현행 법 제47조 제4항 제2호) 및 대차대조표 공고시 감사인 명칭 및 감사의견 미기재 행위(현행 법 제44조 제4호)로 한정하였고 과태료 부과금액도 '300만 원 이하'에 불과하였다. 1998. 2. 24.자 개정(법률 제5522호) 당시 위 대차대조표 공고시 감사인 명칭 및 감사의견 미기재 행위는 형사처벌을 하는 것으로 변경하면서 나머지 과태료 부과사유에 대한 과태료 부과금액은 '500만 원 이하'로 증액하였다. 2003. 12. 11.자 개정(법률 제6991호) 당시 종전 과태료 부과사유 외에, 내부회계관리제도 미비 또는 내부회계관리자 미지정(현행 법 제47조 제2항 제1호), 내부회계관리제도 운영실태 보고 관련 의무위반(현행 법 제47조 제2항 제2호), 감사인의 내부회계관리제도 운영실태 보고내용 등 검토 및 의견표명 의무위반(현행 법 제47조 제2항 제3호), 회계부정행위 신고·고지자 불이익대우 금지위반(현행 법 제47조 제1항 제2호)을 '3천만 원 이하'의 과태료 부과사유로 추가하였다. 2009. 2. 3.자 개정(법률 제9408호) 당시 증권선물위원회의 자료제출 등 요구에 대한 거부·기피 및 거짓 자료 제출행위(현행 법 제42조 제6호 위반)를 2천만 원 이하의 과태료 부과사유로 추가하고, 감사인 또는 소속 공인회계사의 주주총회 출석의무위반(현행 법 제47조 제3항)을 1천만 원 이하의 과태료 부과사유로 추가하였다. 2017. 10. 31.자 개정(법률 제15022호) 당시 위 증권선물위원회의 자료제출 등 요구에 대한 거부·기피 및 거짓 자료 제출행위는 형사처벌을 하는 것으로 변경하고, 위 회계부정행위 신고·고지자 불이익대우 금지위반은 과태료 부과금액을 '5천만 원 이하'로 증액하고 그 중 「공익신고자 보호법」 제2조 제6호의 불이익조치를 한 자는 형사처벌을 하는 것으로 변경하였으며, 회계부정행위 신고·고지자 인적사항 등을 공개하거나 신고·고지자임을 미루어 알 수 있는 사실을 타인에게 알려주거나 공개한 행위를 5천만 원 이하의 과태료 부과사유로 추가하고, 회사 대표자가 감사 또는 감사위원회의 직무수행에 필요한 자료·정보·비용 제공요청을 정당한 이유 없이 따르지 아니한 행위를 3천만 원 이하의 과태료 부과사유로 추가하였다.

II. 법적 성질

과태료란 형벌은 아니지만 법령에 의하여 형성된 질서를 유지하기 위하여 그 질서를 침해하거나 법령상 의무를 위반한 자에 대하여 금전지급 의무를 강제로 부과하는 질서벌이다.[1] 외부감사법의 과태료도 외부감사법상 의무를 위반한 '질서위반행위'를 제재하는 질서벌이다. 그러므로 법 제47조 소정의 과태료 부과사유는 질서위반행위로서 그 성립요건과 과태료의 부과·징수 및 재판 등에 관하여는 질서위반행위규제법(이하 '질서법'이라 함)이 적용된다(질서법 제1조, 제2조 제1호 본문).

과태료 부과대상은 범죄가 아니므로 특별한 규정이 없는 한 형법의 총칙규정은 적용되지 않고(형법 제8조), 과태료의 부과·징수절차에는 형사소송법 규정이 적용되지 않는다. 그러므로 위반행위의 행위주체로서 과태료 부과대상자가 되는 자에는 자연인뿐만 아니라 법인(법인이 아닌 사단 또는 재단으로서 대표자 또는 관리인이 있는 것을 포함)도 포함되고(질서법 제2조 제3호), 법인의 대표자, 법인 또는 개인의 대리인·사용인 및 그 밖의 종업원이 업무에 관하여 법인 또는 그 개인에게 부과된 법률상의 의무를 위반한 때에는 업무주인 법인 또는 그 개인에게 과태료를 부과한다(질서법 제11조 제1항). 형법 총칙의 공범 규정도 적용되지 않으므로 2인 이상이 질서위반행위에 가담한 때에는 각자가 질서위반행위를 한 것으로 보고 과태료를 부과하지만(질서법 제12조 제1항), 신분에 의하여 성립하는 질서위반행위에 신분이 없는 자가 가담한 때에는 신분이 없는 자에 대하여도 질서위반행위가 성립한다(질서법 제12조 제2항). 다만, 신분에 의하여 과태료를 감경 또는 가중하거나 과태료를 부과하지 아니하는 때에는 그 신분

1) 한석훈, 「비즈니스범죄와 기업법」 제2판(성균관대학교 출판부, 2019), 580면.

의 효과는 신분이 없는 자에게는 미치지 아니한다(질서법 제12조 제3항). 또한 하나의 행위가 2 이상의 질서위반행위에 해당하는 경우에는 각 질서위반행위에 대하여 정한 과태료 중 가장 중한 과태료를 부과하지만(질서법 제13조 제1항), 과태료 부과대상 행위가 수개인 경우에는 형법 총칙의 경합범규정(형법 제37조, 제38조)이 적용되지 않고 각 행위에 대하여 정한 과태료를 각각 부과한다(질서법 제13조 제2항 본문).

과태료도 제재의 일종으로서 형벌(특히 행정형벌)과는 목적과 기능이 중복되는 면이 있으므로, 동일한 행위에 대하여 형벌을 부과하면서 과태료도 부과한다면 이중처벌금지 원칙의 기본정신에 배치될 수 있다.[2] 그러므로 외부감사법의 벌칙사항으로 형벌을 과할 때에는 동일한 행위에 대하여 과태료를 부과할 수 없는 것으로 보아야 할 것이다.

Ⅲ. 과태료 부과요건

1. 부과사유와 부과대상자

법 제47조 제1항 제1호는 "법 제28조 제2항을 위반하여 신고자등의 인적사항 등을 공개하거나 신고자등임을 미루어 알 수 있는 사실을 다른 사람에게 알려주거나 공개한 자"를 과태료 부과사유 및 부과대상자로 규정하고 있다. 법 제28조 제2항은 회계부정행위를 알게 된 자가 그 사실을 증권선물위원회에 신고하거나 해당 회사의 감사인 또는 감사(감사위원회 위원 포함 - 법 제2조 제6호)에게 고지한 때, 그 신고 또는 고지를 받은 자에게 신고자 또는 고지자('신고자등'이라 함)의 신분 등에 관한 비밀을 유지해야 할 의무를 부과하고 있다(법 제28조 제1항, 제2항). 그러므로 위 신고를 받은

2) 헌법재판소 1994. 6. 30. 선고 92헌바38 전원재판부 결정["헌법 제13조 제1항에서 말하는 "처벌"은 원칙으로 범죄에 대한 국가의 형벌권 실행으로서의 과벌을 의미하는 것이고, 국가가 행하는 일체의 제재나 불이익처분을 모두 그 '처벌'에 포함시킬 수는 없다 할 것이다. 다만, 행정질서벌로서의 과태료는 행정상 의무의 위반에 대하여 국가가 일반통치권에 기하여 과하는 제재로서 형벌(특히 행정형벌)과 목적·기능이 중복되는 면이 없지 않으므로, 동일한 행위를 대상으로 하여 형벌을 부과하면서 아울러 행정질서벌로서의 과태료까지 부과한다면 그것은 이중처벌금지의 기본정신에 배치되어 국가 입법권의 남용으로 인정될 여지가 있음을 부정할 수 없다. 이때 이중처벌금지의 원칙은 처벌 또는 제재가 '동일한 행위'를 대상으로 행해질 때에 적용될 수 있는 것이고, 그 대상이 동일한 행위인지의 여부는 기본적 사실관계가 동일한지 여부에 의하여 가려야 할 것이다."라고 판시].

증권선물위원회의 신고 관련 담당자와, 위 고지를 받은 감사인, 감사 또는 감사위원회 위원이 위 비밀 유지의무를 부담하는 자이므로 그 의무를 위반하는 법 제47조 제1항 제1호 위반행위의 행위주체로서 과태료 부과대상자가 된다.

법 제47조 제1항 제2호는 "법 제28조 제3항을 위반하여 신고자등에게 불이익한 대우를 한 자"를 과태료 부과사유 및 부과대상자로 규정하고 있다. 법 제28조 제3항은 위 신고 또는 고지를 하는 경우 해당 회사(해당 회사의 임직원 포함)에게 그 신고 또는 고지와 관련하여 직접 또는 간접적인 방법으로 신고자등에게 불이익한 대우를 해서는 아니 된다는 부작위의무를 부과하고 있다. 따라서 해당 회사와 해당 회사의 임직원이 위 부작위의무를 부담하는 자이므로 그 의무를 위반하는 법 제47조 제1항 제2호 위반행위의 행위주체로서 과태료 부과대상자가 된다. 만약 해당 회사의 임직원이 회사의 업무에 관하여 그 위반행위를 한 때에는 해당 회사에만 과태료를 부과한다(질서법 제11조 제1항).

법 제47조 제2항 제1호는 "법 제8조 제1항 또는 제3항을 위반하여 내부회계관리제도를 갖추지 아니하거나 내부회계관리자를 지정하지 아니한 자"를 과태료 부과사유 및 부과대상자로 규정하고 있다. 법 제8조 제1항, 제3항은 회사에게 신뢰할 수 있는 회계정보의 작성과 공시를 위하여 내부회계관리제도를 갖추어야 할 의무를 부과하고, 회사의 대표자에게는 내부회계관리제도의 관리·운영을 책임지고, 이를 담당하는 상근이사(담당하는 이사가 없는 경우에는 해당 이사의 업무를 집행하는 자) 1명을 내부회계관리자로 지정해야 할 의무를 부과하고 있다. 따라서 해당 회사 또는 그 회사의 대표자가 위 작위의무를 부담하는 자이므로 그 의무를 위반하는 법 제47조 제2항 제1호의 행위주체로서 과태료 부과대상자가 된다.

법 제47조 제2항 제2호는 "법 제8조 제4항을 위반하여 내부회계관리제도의 운영실태를 보고하지 아니한 자 또는 같은 조 제5항을 위반하여 운영실태를 평가하여 보고하지 아니하거나 그 평가보고서를 본점에 비치하지 아니한 자"를 과태료 부과사유 및 부과대상자로 규정하고 있다. 법 제8조 제4항은 회사의 대표자에게 사업연도마다 주주총회, 이사회 및 감사(감사위원회가 설치된 경우에는 감사위원회)에게 해당 회사의 내부회계관리제도 운영실태를 보고해야 할 의무를 부과하고 있다(다만, 회사의 대표자가 필요하다고 판단하는 경우 이사회 및 감사에 대한 보고는 내부회계관리자가 하도록 할 수 있음). 또한 법 제8조 제5항은 회사의 감사에게 내부회계관리제도의 운영실태를 평가하여 이사회에 사업연도마다 보고하고 그 평가보고서를 해당 회사의 본점에 5년간 비치해야 할 의무를 부과하고 있다. 이 경우 내부회계관리제도의 관리·운영에 대하여 시정 의견이 있으면 그 의견을 포함하여 보고하여야 한다. 따라서 법 제8조 제4항 위반의 경우에는 회사의 대표자가, 법 제8조 제5항 위반의 경우에는 회사의 감사가 위와 같이 작위의무를 부담하는 자이므로 그 의무를 위반하는 법 제47조 제2항 제2호의 행위주체로서 과태료 부과대상자가 된다.

법 제47조 제2항 제3호는 "법 제8조 제6항 및 제7항을 위반하여 내부회계관리제도의 운영실태에 관한 보고내용 등에 대하여 검토 및 감사하지 아니하거나 감사보고서에 종합의견을 표명하지 아니한 자"를 과태료 부과사유 및 부과대상자로 규정하고 있다. 법 제8조 제6항, 제7항은 감사인에게 회계감사를 실시할 때 해당 회사가 같은 조에서 정한 사항을 준수했는지 여부와 같은 조 제4항에 따른 내부회계관리제도의 운영실태에 관한 보고내용을 검토해야 할 의무를 부과하고, 주권상장법인의 감사인에게는 같은 내용을 감사監査해야 할 의무를 부과하고 있다. 또한 위와 같이 검토나 감사를 한 감사인은 그 검토결과 또는 감사결과에 대한 종합의견을 감사보고서에 표명하여야 한다. 따라서 감사인이 위 작위의무를 부담하는 자이므로 그 의무를 위반하는 법 제47조 제2항 제3호의 행위주체로서 과태료 부과대상자가 된다.

법 제47조 제2항 제4호는 "법 제22조 제5항을 위반하여 감사 또는 감사위원회의 직무수행에 필요한 자료나 정보 및 비용의 제공 요청을 정당한 이유 없이 따르지 아니한 회사의 대표자"를 과태료 부과사유 및 부과대상자로 규정하고 있다. 회사의 감사 또는 감사위원회가 감사인으로부터 회사의 회계처리기준 위반사실을 통보받으면 회사 비용으로 외부전문가를 선임하여 이를 조사하게 하고 그 조사결과에 따라 회사 대표자에게 시정 등을 요구해야 하며, 그 조사 및 시정조치 결과 등을 즉시 증권선물위원회와 감사인에게 제출해야 한다(법 제22조 제2항·제3항·제4항). 또한 법 제22조 제5항에 의하면 감사 또는 감사위원회가 이러한 직무를 수행할 때 회사의 대표자에게 필요한 자료나 정보 및 비용의 제공을 요청할 수 있고, 이 경우 회사의 대표자는 특별한 사유가 없으면 이에 따라야 한다. 그런데 회사의 대표자가 감사 또는 감사위원회의 위와 같은 요청을 정당한 이유 없이 따르지 아니한 행위가 법 제47조 제2항 제4호의 위반행위이므로, 회사의 대표자가 그 위반행위의 행위주체로서 과태료 부과대상자가 된다.

감사인 또는 그에 소속된 공인회계사는 주주총회나 사원총회가 요구하면 그 총회에 출석하여 의견을 진술하거나 주주나 사원의 질문에 답변해야 하는데(법 제24조), 법 제47조 제3항에서는 "감사인 또는 그에 소속된 공인회계사가 법 제24조에 따른 주주총회등의 출석요구에 따르지 아니한 경우"를 과태료 부과사유로 규정하고 있다. 따라서 위 출석요구에 따라야 할 의무를 부담하는 감사인 또는 그에 소속된 공인회계사가 그 의무를 위반하는 법 제47조 제3항 위반행위의 행위주체로서 과태료 부과대상자가 된다.

법 제47조 제4항 제1호는 '법 제12조 제2항에 따른 보고를 하지 아니한 자'를 과태료 부과사유 및 부과대상자로 규정하고 있다. 법 제12조 제2항 및 법 시행령 제18조 제2항, 제4항에 의하면 회사가 감사인을 선임 또는 변경선임하는 경우 해당 회사 및 감사인은 감사계약을 체결한 날부터 2주 이내에 증권선물위원회에 그 사실을 보고하여야 한다. 다만, 회사는 회사의 요청에 따라 증권선물위원회가 지정한 자를 감사인으로 선임한 경우이거나, 증권선물위원회의 요구에 따라 감사인을 선임 또는 변경선임하는 경우이거나, 주권상장법인, 대형비상장주식회사 또는 금융회사가 아닌 회사가 직전 사업연도의 감사인을 다시 선임한 경우에는 그 보고를 생략할 수 있다. 따라서 감사계약을 체결하여 감사인을 선임 또는 변경선임한 회사와 감사인이 감사인 선임 보고의무를 부담하는 자이므로, 그 의무를 위반하는 법 제47조 제4항 제1호의 행위주체로서 과태료 부과대상자가 된다.

법 제47조 제4항 제2호는 "법 제23조 제5항을 위반하여 재무제표 또는 감사보고서를 비치·공시하지 아니한 자"를 과태료 부과사유 및 부과대상자로 규정하고 있다. 법 제23조 제5항 및 법 시행령 제27조 제7항에 의하면 회사는 재무제표와 이에 대한 감사보고서를 정기총회 회일 1주간 전부터 본점에 5년간 비치·공시해야 하고, 주식회사는 그 등본을 지점에도 3년간 비치·공시해야 하며, 연결재무제표와 이에 대한 감사보고서는 그 감사보고서 제출기한[3]이 지난 날부터 본점에 5년간, 지점에 3년간 비치·공시해야 한다. 따라서 위 비치·공시의무를 부담하는 회사가 그 의무를 위반하는 법 제47조 제4항 제2호의 행위주체로서 과태료 부과대상자가 된다.

3) 감사인이 연결재무제표에 대한 감사보고서를 회사에 제출기한은 K-IFRS를 적용하는 회사의 경우 정기총회 개최 1주 전까지(회생절차가 진행 중인 회사의 경우에는 사업연도 종료 후 3개월 이내)이고, K-IFRS를 적용하지 않는 회사의 경우 사업연도 종료 후 120일 이내(사업보고서 제출대상법인 중 직전 사업연도 말 현재 자산총액이 2조 원 이상인 법인의 경우에는 사업연도 종료 후 90일 이내)이다(법 시행령 제27조 제1항).

2. 위반행위의 성립

과태료는 형벌은 아니지만 제재로서의 기능 면에서는 형벌, 특히 벌금형과 유사하므로 책임주의 원칙을 관철할 필요가 있다. 그러므로 고의 또는 과실이 없는 질서위반행위는 과태료를 부과하지 아니한다(질서법 제7조). 따라서 외부감사법상 질서위반행위에 부과하는 과태료도 위 행위주체의 각 위반행위에 대한 고의 또는 과실이 없으면 과태료를 부과하지 못한다.

그리고 행정청 등의 잘못된 행정지도·질의회신이나 행위 당시의 판례 입장에 따른 결과 행위주체에게 자신의 행위가 외부감사법상 의무를 위반하여 과태료 부과사유가 되는 것임을 알지 못하였고 그 오인에 정당한 이유가 있었던 경우에는, 마치 형벌법규에 대한 법률의 착오(형법 제16조)의 경우처럼 과태료를 부과할 수 없는 것인지를 검토할 필요가 있다. 특히 외부감사법상 의무규정들의 경우 불명확한 추상적 표현이 적지 아니하므로 이러한 사례가 발생할 가능성이 높은 편이다. 이에 대하여 「질서위반행위규제법」에서는 책임주의 원칙을 관철하기 위하여 "자신의 행위가 위법하지 아니한 것으로 오인하고 행한 질서위반행위는 그 오인에 정당한 이유가 있는 때에 한하여 과태료를 부과하지 아니한다."고 규정하고 있다(질서법 제8조). 외부감사법의 과태료 부과에 있어서도 이 규정이 적용되므로 그 법규 해석이 불분명한 경우에는 행정청 등의 공식적인 질의회신 등을 거침으로써, 나중에 법규해석에 오인이 있었던 것으로 밝혀지더라도 그 오인에 정당한 이유가 있는 것으로 인정될 만한 노력을 기울일 필요가 있을 것이다.

3. 과태료 부과의 제척기간

증권선물위원회는 과태료 부과 위반행위가 종료된 날(다수인이 위반행위에 가담한 경우에는 최종행위가 종료된 날)부터 5년이 경과한 경우에는 해당 위반행위에 대하여 과태료를 부과할 수 없다(질서법 제19조 제1항). 이 기간은 제척기간이므로 시효의 중단은 인정되지 않는다.

Ⅳ. 과태료 부과절차

1. 증권선물위원회의 과태료 부과·징수

외부감사법의 과태료 부과에 관하여, 금융감독원장이 해당 위반행위를 조사·확인한 후 위반사실을 명시하여 증권선물위원회에 과태료 부과를 건의할 수 있고, 이에 따라 증권선물위원회가 과태료를 부과·징수한다(법 제47조 제5항, 법 시행령 제48조 제1항). 법 제47조 제1항부터 제4항까지의 각 과태료 부과사유에 대한 과태료 부과기준은 법 시행령 별표 2에서 정하고 있다(법 시행령 제48조 제2항). 그 밖의 과태료 부과절차에 관하여는 외부감사법이나 그 시행령에 특별한 규정이 없으므로 「질서위반행위규제법」의 규정에 따른다.

증권선물위원회가 과태료를 부과하고자 할 때에는 미리 부과대상자에게 과태료 부과의 원인이 되는 사실, 과태료 금액 및 적용 법령 등 과태료 부과에 관하여 필요한 사항을 서면으로 통지하고 10일 이상의 기간을 정하여 의견을 제출할 기회를 주어야 한다(질서법 제16조, 질서법 시행령 제3조 제1항). 그 의견제출 절차를 마친 후 위반행위, 과태료 금액 등을 명시한 서면으로 과태료 부과를 해야 한다(질서법 제17조).

과태료 부과대상자는 과태료 부과 통지를 받은 날부터 60일 이내에 과태료를 부과한 증권선물위원회에 서면으로 이의제기를 할 수 있고(질서법 제20조 제1항), 그 이의제기가 있으면 과태료 부과처분은 효력을 상실한다(질서법 제20조 제2항). 증권선물위원회는 위 이의제기를 받은 날부터 14일 이내에 이에 대한 의견 및 증빙서류를 첨부하여 관할 법원에 통보해야 한다(질서법 제21조 제1항).

과태료 부과처분에 대하여 납부기한까지 납부하지 아니하면 소정의 가산금과 중가산금을 징수하고(질서법 제24조 제1항, 제2항), 위 이의제기 기간 이내에 이의를 제기하지 아니하고 가산금도 납부하지 아니한 때에는 국세 또는 지방세 체납처분의 예에 따라 징수한다(질서법 제24조 제3항).

과태료는 그 부과대상자가 과태료 부과처분에 대하여 이의를 제기하지 아니한 채 위 이의제기 기간이 종료된 후 사망한 경우에는 그 상속재산에 대하여 집행할 수 있다(질서법 제24조의2 제1항). 법인에 대한 과태료는 법인이 과태료 부과처분에 대하여 이의를 제기하지 아니한 채 위 이의제기 기간이 종료된 후 합병에 의하여 소멸한 경우에는 합병 후 존속한 법인 또는 합병에 의하여 설립된 법인에 대하여 집행할 수 있다(질서법 제24조의2 제2항).

2. 법원의 과태료 재판 및 징수

과태료 부과대상자가 과태료 부과처분에 불복하여 위와 같이 이의를 제기하여 법원에 통보되면, 법원은 즉시 그 통보사실을 검사에게 통보하고 과태료 재판을 진행한다(질서법 제30조). 과태료 재판은 검사의 의견을 구해야 하며 심문기일을 열어 과태료 부과대상자의 진술을 듣고 민사소송법에 따른 증거조사를 한 다음 이유를 붙인 결정으로써 한다(질서법 제31조, 제33조, 제36조 제1항). 법원은 상당하다고 인정하는 경우에는 위 심문기일을 열지 않는 약식재판을 할 수 있으나, 그 재판을 고지받은 과태료 부과대상자나 검사가 고지를 받은 날부터 7일 이내에 이의신청을 하면 약식재판은 효력을 잃고 위와 같이 심문을 거치는 정식재판을 해야 한다(질서법 제44조, 제45조, 제50조).

과태료 재판은 과태료 부과대상자와 검사에게 고지함으로써 효력이 생긴다(제37조 제1항). 과태료 부과대상자와 검사는 법원의 과태료 재판에 대하여 즉시항고를 할 수 있고, 이 경우 즉시항고는 집행정지의 효력이 생긴다(질서법 제38조 제1항). 항고절차는 특별한 규정이 있는 경우를 제외하고는 민사소송법의 항고에 관한 규정(민사소송법 제3편 제3장)에 따르고, 항고법원의 과태료 재판에는 이유를 적어야 한다(질서법 제39조, 제40조). 재판에 영향을 미친 헌법·법률·명령 또는 규칙의 위반을 이유로 하는 경우에는 재항고를 할 수 있다(민사소송법 제442조). 법원의 과태료 재판은 검사의 명령으로써 집행하고, 이 경우 그 명령은 집행력 있는 집행권원과 동일한 효력이 있으며, 그 집행절차는 민사집행법에 따르거나 국세 또는 지방세 체납처분의 예에 따른다(질서법 제42조 제1항·제2항).

법원의 과태료 재판의 집행에 대하여도 그 재판이 확정된 후 과태료 부과대상자가 사망한 경우에는 그 상속재산에 대하여 집행할 수 있고, 법인에 대한 과태료 재판의 경우에는 그 재판 확정 후 법인이 합병에 의하여 소멸한 경우에는 합병 후 존속한 법인 또는 합병에 의하여 설립된 법인에 대하여 집행할 수 있다(질서법 제42조 제3항, 제24조의2).

법원의 과태료 재판이 있는 경우에는 과태료 부과의 제척기간 경과 여부에 불구하고 그 재판(결정)이 확정된 날부터 1년이 경과하기 전까지는 증권선물위원회가 과태료를 정정부과 하는 등 해당 결정에 따르는 필요한 처분을 할 수 있다(질서법 제19조 제2항).

3. 과태료의 시효

질서위반행위에 대한 과태료는 행정청의 과태료 부과처분이나 법원의 과태료 재판이 확정된 후 5년간 징수하지 아니하거나 집행하지 아니하면 시효로 인하여 소멸한다(질서법 제15조 제1항). 그러므로 외부감사법상 과태료 부과의 경우에도 증권선물위원회의 과태료 부과처분에 대하여 과태료 부과통지를 받은 날부터 60일 이내 이의제기를 함이 없어 확정되었거나(질서법 제20조 제1항), 그 이의제기에 따르는 법원의 과태료 재판이 확정되면, 그 확정일부터 5년간 징수하지 아니하거나 집행하지 아니하면 시효로 인하여 소멸한다.

이러한 소멸시효의 중단 또는 정지에 관하여는 「국세기본법」 제28조가 준용된다(질서법 제15조 제2항).

[한석훈]

한국공인회계사회 회계법연구회
주석외부감사법

회계감사 일반론

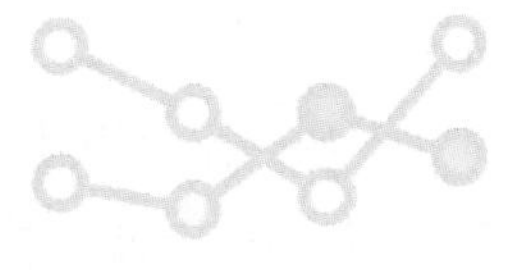

회계감사 일반론

1. 회계감사의 의의

감사auditing는 인증대상에 대하여 적극적인 확신positive assurance을 제공하는 업무를 말하며 수행하는 주체와 인증대상, 감사의 목적에 따라 재무제표 감사와 업무감사, 이행감사 등으로 나눌 수 있다.

감사의 분류

구분	의의
재무제표 감사	외부감사인인 공인회계사가 재무제표의 신뢰성 검증('회계감사')
업무감사	업무의 효율성과 효과성 검증
이행감사	법률이나 규정의 이행 여부 검증

일반적으로 '회계감사'라고 함은 감사인(회계법인과 감사반)[1])이 기업이 작성한 재무제표의 신뢰성을 검증하는 업무, 즉 '재무제표 감사'를 말한다. 회계감사는 법에 의해 강제되는 법정감사와 회사가 필요시 임의로 받는 임의감사로 나눌 수 있으나, 대부분의 회계감사는 「주식회사 등의 외부감사에 관한 법률」("외부감사법")에 의한 법정 회계감사를 의미한다. 따라서 일반적으로 회계감사라고 함은 '외부감사법에 의한 재무제표 감사'를 말한다.

회사의 경영자(회사의 대표이사와 회계담당 임원)는 재무제표를 작성할 책임이 있으며(법 제6조 제1항), 감사인은 회사가 작성한 재무제표에 대한 회계감사를 실시하고 독립적인 외부감사인으로서 감사의견을 표명할 책임을 부담한다. 감사인이 회사의 재무제표를 대신 작성하는 경우에는 자기검토위협self-review threat이 발생하여 감사인의 독립성을 해치므로 해서는 안 된다.

---

1) 외부감사법에서의 감사인은 회계법인과 감사반을 말하며(법 제2조 제7호), 기업 내부의 감사(監事, 상법상의 감사)와 구분하기 위하여 '외부감사인'으로 부르기도 한다. 또한 외부감사법에 의한 회계감사를 기업 내부의 감사에 의한 감사(監査)와 구분하기 위하여 '외부감사'라고 부르기도 한다.

2. 회계감사의 대상

외부감사법에 의해 회계감사를 받아야 하는 회사(주식회사와 유한회사)는 다음과 같다(법 제4조, 법 시행령 제5조 제1항).

감사인에 의해 회계감사를 받아야 하는 회사

① 직전 사업연도말의 자산총액이 500억 원 이상인 회사 ② 직전 사업연도말의 매출액이 500억 원 이상인 회사 ③ 다음의 사항 중 3개 이상에 해당하지 아니하는 회사 ㉠ 직전 사업연도 말의 자산총액이 120억 원 미만 ㉡ 직전 사업연도 말의 부채총액이 70억 원 미만 ㉢ 직전 사업연도의 매출액이 100억 원 미만 ㉣ 직전 사업연도 말의 종업원이 100명 미만 (유한회사의 경우에는 위 요건 외에도 "㉤ 사원이 50명 미만인 경우"를 포함하여 3개 이상에 해당하지 아니하는 경우에 외부감사의 대상이 됨) ④ 주권상장법인 및 해당 또는 다음 사업연도에 주권상장법인이 되려는 회사

3. 회계감사의 절차

회계감사는 (1) 감사계약의 수임, (2) 감사위험 평가와 감사계획 수립, (3) 감사증거의 수집, (4) 감사의견의 형성과 감사보고서 작성과정을 거쳐 이루어진다.

회계감사의 절차

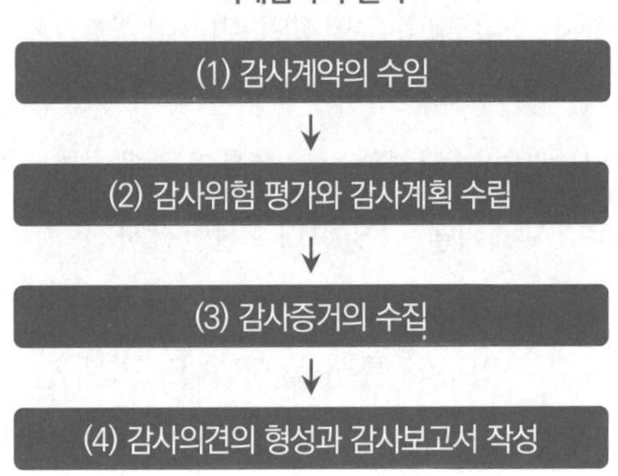

(1) 감사계약의 수임

감사계약의 수임단계에서 감사인은 다음과 같은 절차를 수행한다.

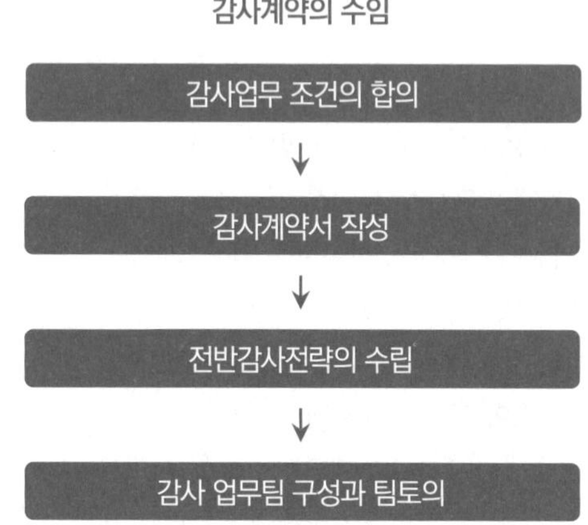

첫째, 감사인은 감사계약의 수임단계에서 독립성의 준수 여부, 재무제표 작성에 적용된 재무보고체계의 수용 여부, 회계감사에 대한 경영진의 올바른 동의 여부, 경영진 또는 지배기구가 감사인의 감사업무범위 제한을 부과하는지 여부(즉, 충분하고 적합한 감사증거 수집이 가능한지 여부) 등을 고려하여 감사수임 여부를 결정한다. 감사인은 회계감사가 가능하다고 판단한 경우에 감사업무 조건에 대하여 회사와 합의를 하여야 한다.

둘째, 감사인은 회계감사에 착수하기 전에 감사계약서를 회사에 보낸 후 감사계약을 체결한다. 감사인이 계속해서 회계감사를 수행하는 계속감사의 경우에도 기업이 회계감사의 목적과 범위를 오해하고 있다는 징후가 있는 경우나 최근에 고위 경영진이 교체된 경우 또는 회사 소유권의 유의적인 변동이 있는 경우 등이 발생하면 감사계약 내용을 다시 알리는 것이 적합하다.

셋째, 감사인은 감사계약을 체결한 후 감사업무에 대한 전반감사전략overall audit strategy을 수립하고 세부감사계획을 개발한다. 전반감사전략은 감사의 범위, 시기 및 방향 설정과 세부감사계획 개발의 지침을 마련하기 위하여 수립한다. 감사인은 전반감사전략의 수립을 통해 감사업무의 특성을 식별하고 업무팀의 업무방향을 설정하는 데 유의적이라고 판단되는 요소들을 고려하고 해당 감사를 수행하는 데 필요한 자원의 성격, 시기 및 범위를 확인하는 등의 절차를 수행한다.

넷째, 전반감사전략을 수립한 후 업무팀을 구성assignment하고 팀토의를 수행brain-storming한다. 업무수행원들의 적격성과 감사대상회사에 대한 독립성을 고려하여 업무팀을 구성하고, 재무상태표상의 계정과목과 손익계산서상의 계정과목이 서로 연계되어서 감사가 이루어질 수 있도록 업무를 배정하고, 업무수행이사engagement partner[2]와 다른 핵심업무 팀원들 간에 토의를 해야 한다.

(2) 감사위험 평가와 감사계획 수립

감사위험 평가와 감사계획 수립단계에서는 다음과 같은 절차를 수행한다.

감사위험 평가와 감사계획 수립

(1단계) 기업의 내부통제 등 기업과 기업환경에 대한 이해

⬇

(2단계) 중요왜곡표시위험의 식별과 평가

⬇

(3단계) 유의적 위험에 해당되는 요인들의 고려와 식별

⬇

(4단계) 위험평가에 대한 대응

⬇

(5단계) 문서화

감사위험 평가와 감사계획 수립단계의 절차에 대하여 구체적으로 알아보면 다음과 같다.

---

2) 업무수행이사는 감사업무와 감사업무 수행 및 발행된 감사보고서에 대하여 회계법인을 대신하여 책임을 지며, 관련 요구사항이 있을 경우에는 전문직단체, 정부 또는 규제기관으로부터 적합한 권한을 받은 파트너 또는 회계법인 내 기타의 사람을 말한다.

(1단계) 기업의 내부통제 등 기업과 기업환경에 대하여 이해를 한다. 기업을 둘러싼 산업적 요인이나 규제적 요인, 기타 외부적 요인(경제 여건, 이자율과 자금조달 가능성, 인플레이션 등) 등을 고려하고, 기업의 회계정책의 선택, 중요왜곡표시위험을 초래할 수 있는 관련 사업위험 등을 고려하여 기업과 기업환경에 대하여 이해를 한다. 또한 통제환경control environment과 통제활동control activity 등을 고려하여 기업의 내부통제제도에 대하여 이해를 한다.[3)]

(2단계) 감사인은 추가감사절차의 설계와 수행에 대한 근거를 제공하기 위하여 다음과 같이 재무제표 수준과 경영진 주장 수준의 중요왜곡표시위험을 식별하고 평가한다. 재무제표 수준의 왜곡표시위험이 좀 더 포괄적이고 전반적인 영향을 미친다는 점에서 경영진 주장 수준의 왜곡표시위험보다 중요시 될 수 있다.

재무제표 수준의 위험평가	재무제표 전체에 전반적으로 관련된 위험을 말하며 잠재적으로 다수의 경영진 주장에 영향을 미치는 위험
경영진 주장 수준의 위험평가	경영진 주장 수준의 추가감사절차의 성격, 범위, 시기를 결정하는 데 도움을 주기 위하여 평가하는 거래유형과 계정잔액 및 공시에 대한 경영진 주장 수준의 왜곡표시위험

(3단계) 유의적 위험significant risk에 해당되는 요인들을 고려하고 식별한다. 유의적 위험이란 감사인이 판단할 때 감사상 특별한 고려가 요구되는 것으로 식별되고 평가된 중요왜곡표시위험을 말한다. 감사인은 식별된 위험 중에 유의적이라고 판단되는 것이 있는지를 결정하여야 하고, 유의적 위험이 존재한다고 결정한 경우, 통제활동 등 동 위험과 관련된 기업의 통제를 이해하는 등의 감사절차를 수행하여야 한다.

3) 내부통제(internal control)란 재무보고의 신뢰성, 경영의 효과성 및 효율성, 그리고 관련 법규의 준수와 관련된 기업의 목적 달성에 관한 합리적 확신을 제공할 목적으로 지배기구, 경영진 및 기타의 인원에 의해 설계, 실행, 유지되고 있는 절차를 말하며 통제환경과 통제절차 등으로 구성된다.

구분	상황 예시	감사인의 결론
통제환경	지배기구(이사회나 감사위원회 등)가 경영진으로부터 독립성을 잘 유지하고 있음	통제환경이 우수하고 기업의 위험이 낮은 것으로 평가할 수 있음
통제절차	자금을 집행하는 부서와 자금집행을 승인하는 부서가 분리되어 있음(즉, 업무분장이 잘 되어 있음)	통제활동이 적절한 것으로 평가하고 기업의 위험이 낮은 것으로 평가할 수 있음

(4단계) 위험평가(즉, 재무제표 수준의 평가된 중요왜곡표시위험과 경영진 주장 수준의 중요왜곡표시위험 평가)에 대한 대응방안을 다음과 같이 마련하여야 한다.

재무제표 수준의 평가된 중요왜곡표시위험에 대처하기 위한 전반적인 대응절차

① 업무팀이 전문가적 의구심을 유지할 필요성을 강조함
② 경험이 풍부하거나 특수한 기술을 보유한 인력을 배정하거나 전문가를 활용함
③ 감독활동을 강화함
④ 수행될 추가감사절차를 선택할 때 예측불가능성 요소를 추가로 반영함
⑤ 감사절차의 성격, 시기 또는 범위를 전반적으로 변경함. 예를 들어 실증절차는 기중보다는 보고기간 말에 수행하거나, 보다 설득력 있는 감사증거를 입수하기 위하여 감사절차의 성격을 변경함(즉, 실증절차를 강화함)

경영진주장 수준의 평가된 중요왜곡표시위험에 대응한 감사절차

대안 1	대안 2	대안 3
통제테스트[1]를 수행하는 것만으로 특정 경영진 주장에 대한 평가된 중요왜곡표시위험에 효과적으로 대응할 수 있음	특정 경영진 주장에 대하여는 실증절차[2]만을 수행하는 것이 적합하므로, 관련된 위험을 평가할 때 통제가 미치는 영향을 배제함	통제테스트와 실증절차를 모두 병행하는 결합적 접근방법이 효과적임

1) 통제테스트(test of control): 통제 운영의 효과성에 대하여 감사증거를 수집하는 절차로서 질문, 관찰, 검사(문서검사), 재수행 등을 수행함.
2) 실증절차(substantive procedures): 재무제표의 중요왜곡표시를 적발하기 위하여 감사증거를 수집하는 절차

대안 1은 실증절차를 수행하지 않고 통제테스트만을 수행하는 것으로서 기업의 내부통제가 매우 우수한 경우에 해당할 수 있으나, 실제로는 거의 발생하지 않는다. 대안 2는 감사인이 위험평가절차를 통해 해당 경영진 주장과 관련된 어떠한 효과적인 통제도 식별하지 못했거나 통제테스트를 하는 것이 비효율적이기 때문에, 실증절차의 성격, 시기 및 범위를 결정하는 데 통제의 운영효과성에 의존하지 않기로 한 경우이다. 즉, 기업의 내부통제를 신뢰하기 어려운 경우에 내부통제에 대한 통제테스트는 수행하지 않고 거래유형과 계정잔액 및 공시에 대한 실증절차만을 수행하는 경우를 말한다. 대안 3은 대안 1과 대안 2를 결합한 방법으로서 일반적으로 적용되는 방법이다. 즉, 대안 3이 일반적인 경우이고 대안 2는 기업의 내부통제를 신뢰하기 어려운 경우에 이루어지며 대안 1이 이루어지는 경우는 실무에서 거의 존재하지 않는 경우이다.

(5단계) 감사인은 위험평가절차를 수행한 이후 관련 내용을 문서화documentation하여야 한다. 감사인이 회계감사 과정에서 문서화한 기록을 "감사조서(audit documentation 또는 working papers)"라고 하는데 감사조서는 감사인이 수행한 감사절차, 입수한 관련 감사증거 및 감사인이 도달한 결론에 관한 기록을 말하며 종이, 전자 또는 기타 매체의 형태로 기록될 수 있다. 감사인은 감사조서를 통하여 자신이 전문가적 판단에 따라 정당한 주의의무를 다하여 회계감사기준과 관련 법규를 준수하였다는 것을 입증하고 자신이 표명한 감사 결론이 적정하다는 사실을 주장하는데 그 근거로 사용한다. 즉, 감사인의 부실감사 여부는 감사조서를 통하여 확인되므로 문서화는 회계감사의 전 과정에서 매우 중요하다. 감사조서의 소유권은 감사인에게 있으며 감사종료 시점으로부터 8년간 보존하여야 한다(법 제19조 제2항).

(3) 감사증거의 수집

회사가 작성한 재무제표를 감사인에게 제시하면 감사인은 그 재무제표를 통한 경영진주장assertions이 적정한가에 대한 합리적인 확신을 얻기 위하여 감사절차를 수행하여 감사증거를 수집한다.

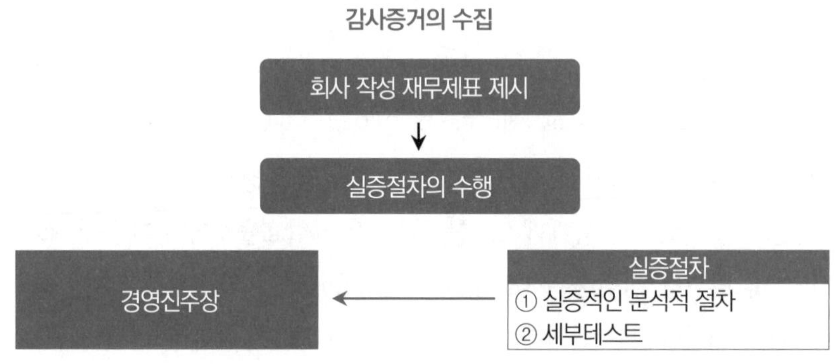

경영진주장은 ① 감사대상기간의 거래 및 사건의 유형에 대한 경영진주장과 ② 보고기간 말 계정잔액에 대한 경영진주장 및 ③ 표시와 공시에 대한 경영진주장으로 나눌 수 있다. '② 보고기간 말 계정잔액에 대한 경영진주장'의 예를 들면 다음과 같다.[4]

4) 참고로 (1) 감사대상기간의 거래 및 사건의 유형에 대한 경영진주장은 (i) 발생사실, (ii) 완전성, (iii) 정확성, (iv) 기

보고기간말 계정잔액에 대한 경영진주장

경영진주장	내용
(1) 실재성(existence)	자산, 부채 및 주주지분이 실재함
(2) 완전성(completeness)	기록되어야 하는 자산, 부채 및 주주지분이 모두 기록되었음
(3) 권리와 의무(rights and obligations)	기업이 자산에 대한 권리를 보유하거나 통제하고 있으며 부채는 기업의 의무임
(4) 평가와 배분(valuation and allocation)	자산, 부채 및 주주지분이 적합한 금액으로 재무제표에 계상되어 있으며, 평가나 배분의 결과는 적합하게 기록되어 있음

감사인은 재무제표를 통하여 경영진이 제시한 경영진주장이 적정한가를 확인하기 위한 감사계획을 세우고 감사절차를 수행하여 감사증거를 수집하여야 한다.

[사례] 보고기간말 계정잔액에 대한 경영진주장과 감사인의 감사증거 수집방법
(예: 회사가 제시한 재무제표에 매출채권이 100억 원으로 기록된 경우)

경영진주장의 내용		감사인의 감사증거 수집방법
실재성	매출채권 100억 원이 실제로 존재함	감사인은 매출채권 100억 원이 실제로 존재하는지를 확인하기 위하여 매출채권 명세서를 입수하고 표본을 추출하여 거래처에 조회를 실시함
권리와 의무	매출채권 100억 원은 회사가 적절한 소유권을 가지고 있으며 매출채권에 대한 권리의 제한은 적절하게 공시되어 있음	감사인은 회사가 매출채권에 대한 권리를 실제로 보유하고 있는지 여부를 거래처에 조회를 통하여 확인하고, 매출채권 중에서 담보 설정된 채권이 존재하는지 여부를 확인함
완전성	회사가 현재 보유하고 있는 모든 매출채권의 총액이 100억 원임	감사인은 매출 관련 증빙서류를 검토하여 회사가 재무제표일 현재 보유하고 있는 모든 채권이 빠짐없이 장부에 전부 기록되었는지를 확인함
평가와 배분	매출채권 100억 원은 적절한 금액이며 실제 실현가능한 금액으로 평가가 되어 있음	감사인은 매출채권 금액(100억 원)의 정확성을 검증하기 위하여 관련 증빙서류를 검토하고, 매출채권의 실현가능성을 평가하기 위하여 대손충당금 설정금액의 적정성을 검증함

감사인이 수행하는 실증절차substantive procedures는 재무제표의 중요왜곡표시를 적발하기 위하여 감사증거를 수집하는 단계로서 실증적인 분석적 절차substantive analytical

간귀속, (v) 분류가 있으며, (2) 표시와 공시에 대한 경영진주장은 (i) 발생사실과 권리와 의무, (ii) 완전성, (iii) 분류와 이해가능성, (iv) 정확성과 평가가 있다.

procedures와 세부테스트test of details로 나누어진다. 세부테스트는 다시 ① 계정잔액에 대한 테스트(예: 외부조회, 실물검사, 관찰, 재계산 등)와 ② 거래유형에 대한 테스트(예: 문서검사, 질문, 재계산 등), ③ 표시 및 공시에 대한 테스트로 나누어진다. 감사인은 이러한 실증절차 중 적절한 방법을 이용하여 감사의견 형성에 필요한 충분한 감사증거를 수집하여야 한다.

아래 사례에서 보듯이 매출채권 잔액의 적정성을 검증하기 위해서는 계정잔액에 대한 테스트뿐만 아니라 거래유형에 대한 테스트를 병행하여야 적절한 감사증거를 수집할 수 있다.

[사례] 계정잔액에 대한 테스트와 거래유형에 대한 테스트

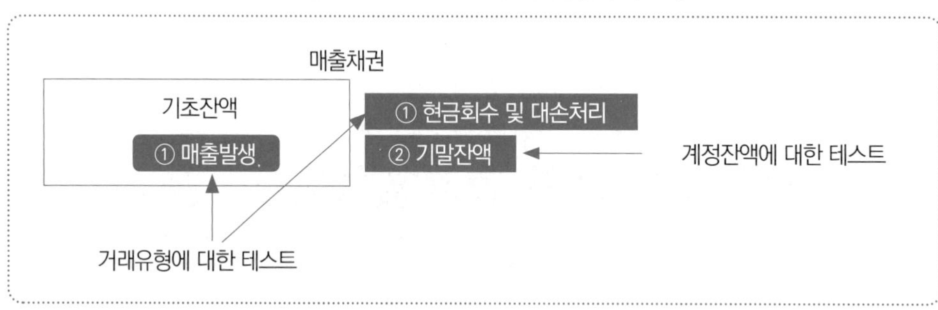

계정잔액에 대한 테스트: 기말잔액을 직접 확인하기 위한 테스트. 매출채권 잔액에 대한 외부조회, 동 금액에 대한 재계산 등의 방법으로 기말잔액의 적정성을 확인하는 감사절차.

거래유형에 대한 테스트: 기초잔액에서 출발하여 증가와 감소를 확인하는 테스트. 매출거래 내역을 확인하기 위하여 선적서류, 출고증, 인도(수)증, 운송서류 등을 검사하는 절차.

(4) 감사의견의 형성과 감사보고서 작성

감사인은 경영진주장을 확인하기 위한 감사절차를 수행하여 감사증거를 수집한 후에 ① 충분하고 적합한 감사증거를 수집하였는지(즉, 감사범위의 제한이 없었는지)와 ② 재무제표에 중요한 왜곡표시 사항이 있는지(즉, 회계처리기준의 위배가 있는지), ③ 계속기업 가정에 대한 중요한 불확실성이 존재하는지와 존재한다면 적절하게 공시되었는지 등을 확인하여 감사의견을 형성한다. 형상된 감사의견에 기초하여 감사보고서 초안을 작성한 후 업무수행이사의 분석적절차를 통한 검토절차를 거친 후 감사보고서를 최종 확정하여 회사에 감사보고서를 제출한다.

감사의견의 형성과 감사보고서 작성

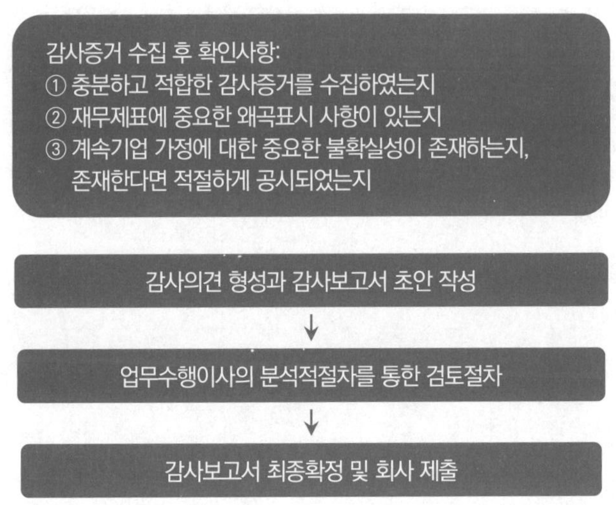

감사의견의 유형에 대한 구체적인 내용은 다음 "4. 감사의견의 유형"에서 자세히 알아본다.

4. 감사의견의 유형

감사인은 회계감사를 수행한 후에 4가지 감사의견(적정의견, 한정의견, 부적정의견과 의견거절) 중 하나를 표명하게 된다. 적정의견이 아닌 다른 감사의견이 표명되는 경우(이를 '감사의견이 변형되는 경우'라고 함)는 ① 감사범위가 제한되는 경우와 ② 회계처리기준의 위배가 존재하는 경우(즉, 특정 회계처리에 대하여 경영진과 의견 불일치가 존재하는 경우) 및 ③ 계속기업의 존속가능성에 위배되는 경우가 있다. 감사의견의 종류와 감사의견이 표명되는 경우를 정리하면 다음과 같다.

감사의견의 종류과 감사의견이 표명되는 경우

구 분	적정의견	한정의견	부적정의견	의견거절
1) 감사범위 제한				
• 경미	○			
• 중요		○		
• 특히 중요				○
2) 회계처리기준의 위배				
• 경미	○			
• 중요		○		
• 특히 중요			○	
3) 계속기업 가정				
• 타당하나 중요한 불확실성 존재				
– 적절하게 공시	○[1]			
– 부적절하게 공시		○[2]	○[3]	
• 타당하지 않음			○[4]	

주: 1) 재무제표 주석에 주의를 기울이도록, 별도단락에 계속기업 불확실성을 기재
2) 그 영향이 중요하나 전반적이지는 않은 경우
3) 그 영향이 중요하며 전반적임
4) 재무제표에 대한 경영진의 계속기업 가정 적용이 적합하지 않다고 판단하는 경우
출처: 금융감독원, "2018 회계연도 상장법인 감사보고서 분석 및 시사점", 2019년 8월 14일.

위 표에서 볼 수 있는 것처럼 감사인이 감사를 수행하면서 감사범위의 제한이 존재한다고 해서 무조건 적정의견이 아닌 다른 의견을 표명(즉, 감사의견을 변형)하는 것이 아니라 감사범위의 제한이 경미하면 적정의견을 표명하고 중요하면 한정의견을 표명하며 특히 중요하면 의견거절을 표명하는 것이다.

회계처리기준의 위배가 존재하는 경우(경영진과 의견 불일치가 존재하는 경우)에도 경미하면 적정의견을 표명하고 중요하면 한정의견을 표명하며 특히 중요하면 부적정의견을 표명하는 것이다. 회계처리기준의 위배가 존재하는 경우에 특히 중요하면 부적정의견을 표명할 뿐 의견거절을 표명하지 않는 반면에 감사범위의 제한이 존재하고 특히 중요한 경우에는 부적정의견을 표명하지 않고 의견거절을 표명한다. 이는 감사범위의 제한이 존재하는 경우가 회계처리기준의 위배가 존재하는 경우보다 회사에 미치는 부정적인 영향이 더 크기 때문이다.

기업의 계속기업 가정이 타당하지만 중요한 불확실성이 존재하는 경우에 이를 적절하게 공시하면 적정의견을 표명하지만 부적절하게 공시하면 한정의견(그 영향이 중요하나 전반적이지는 않은 경우) 또는 부적정의견(그 영향이 중요하며 전반적인 경우)을 표명

한다. 그러나 기업의 계속기업 가정이 타당하지 않으면 부적정의견을 표명한다.

적정의견이란 기업이 제시한 재무제표에 대하여 감사인이 감사범위에 중요한 제한이 없이 회계감사를 실시한 결과, 중요한 회계처리기준 위반이 발견되지 않았으며, 계속기업 가정에 불확실성이 존재하지 않거나 존재하더라도 적절하게 공시하였다는 것을 의미할 뿐이다. 즉, 기업의 이해관계자들(현재나 미래의 주주와 채권자, 종업원, 정부 등)이 적정의견을 받은 재무제표를 신뢰하고 의사결정에 활용해도 된다는 것을 의미할 뿐이며, 적정의견을 받은 기업의 전망이 밝거나 경영진이 유능하거나 주가상승 가능성이 존재한다는 것을 의미하는 것은 아님에 유의해야 한다.

5. 회계감사의 구분

(1) 중간감사와 재고실사 및 기말감사

회계감사는 회계연도가 종료된 후 다음 연도 초 회사가 결산을 완료한 이후에 수행하는 "기말감사year-end audit"가 원칙이지만 재무상태표 금액의 적정성을 확인하기 위해서는 회계연도말(예: 12월 31일)의 재고자산이나 현금 등의 적정성을 확인하기 위하여 회계연도말에 "재고실사"를 하여야 한다. 또한 회사의 내부통제에 대한 적정성을 확인하기 위하여 회계연도 중에 통제테스트를 실시하는 것이 일반적인데 이를 "중간감사interim audit"라고 한다. 중간감사를 실시할 때는 회사의 내부통제에 대한 통제테스트 외에 거래유형이나 계정잔액에 대한 실증절차를 함께 수행하기도 한다. 감사인이 필요하다고 판단되는 경우에는 회사와 상의하여 수시로 회계감사를 실시할 수도 있다. 또한 일부 회사의 경우에는 반기 재무제표나 분기 재무제표[5]에 대한 검토[6]가 이루어지므로 이러한 기업의 경우에는 회계감사(검토 포함)가 연중 여러 차례에 걸쳐 이루어진다.

---

5) 사업보고서 제출대상법인(주권상장법인과 주주 500인 이상의 법인 등)은 반기 보고서와 분기 보고서를 작성·제출하여야 한다.

6) 감사(auditing)는 재무제표가 중요성의 관점에서 일반적으로 인정된 회계처리기준에 따라 작성되었는지에 관하여 감사인이 의견(적극적인 확신 또는 합리적인 확신)을 표명하는 반면에 검토(review)는 질문과 분석적 절차 등을 주로 적용하여 소극적인 확신만을 제공한다는 점에서 감사와 다르다.

중간감사와 재고실사 및 기말감사

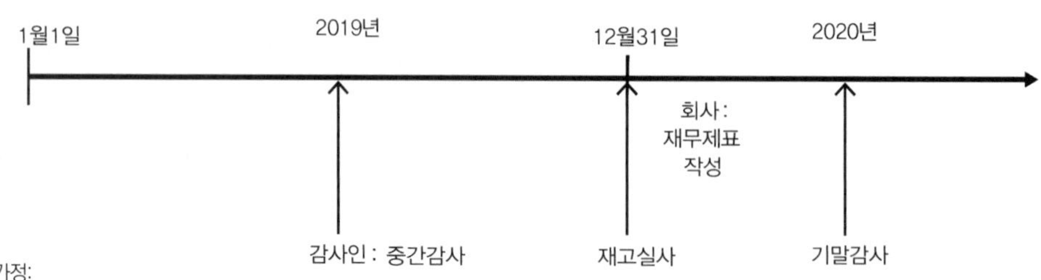

가정:
회계연도: 2019년 1월 1일~12월 31일
반기 재무제표와 분기 재무제표에 대한 검토는 없음

(2) 표본감사와 전수감사

어떤 거래유형이나 계정잔액을 구성하는 항목의 전체 모집단을 검증하는 것을 "전수감사"라고 하고 일부만을 표본추출하여 검증하는 것을 "표본감사"라고 한다. 회계감사에서는 일부 항목(예: 금융기관조회서의 회수와 검증)을 제외하고는 대부분 표본감사를 수행하는 것이 일반적이다. 표본감사에서는 감사인이 적절한 감사절차를 수행하더라도 표본이 모집단을 대표하지 못한 표본위험sampling이 존재한다. 감사인은 표본위험이 최소화되도록 노력하여야 하며, 회계정보이용자들은 표본감사의 한계를 인식하여야 한다.

[전규안]

한국공인회계사회 회계법연구회
주석외부감사법

재무제표 예시

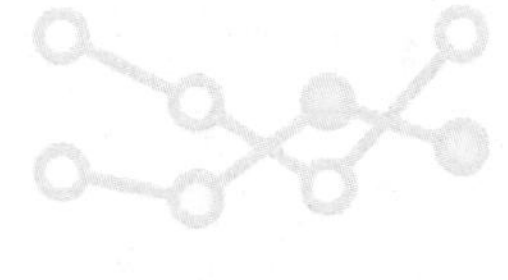

재무제표 예시

1. 별도재무제표

재 무 상 태 표

제 12 기 : 2018년 12월 31일 현재

제 11 기 : 2017년 12월 31일 현재

○○주식회사 (단위: 백만원)

과 목	주석	제 12 기		제 11 기	
자 산					
유동자산			7,838,343		9,515,895
현금및현금성자산	4,5,37	1,109,883		1,586,258	
금융기관예치금	4,5,37	80,500		80,500	
매출채권	4,6,37	3,726,012		5,612,250	
기타수취채권	4,6,37	545,431		472,794	
기타금융자산	4,7,37	1,281		-	
재고자산	8	1,505,385		1,343,666	
당기법인세자산		3,157		1,455	
계약자산	9	465,307		-	
기타자산	10	401,387		412,902	
매각예정분류자산	38	-		6,070	
비유동자산			20,027,120		18,643,886
금융기관예치금	4,5,37	1,211		1,785	
기타수취채권	4,6,37	243,485		292,123	
기타금융자산	4,7,37	43,001		33,945	
유형자산	11	7,278,238		7,142,306	
무형자산	12	1,671,617		1,474,201	
이연법인세자산	17	967,496		973,957	
종속기업, 관계기업 및 공동기업 투자	13	9,108,014		8,066,087	
투자부동산	14	93,999		95,307	
계약자산	9	90,092		-	
기타자산	10	529,967		564,175	
자 산 총 계			27,865,463		28,159,781

○○주식회사 (단위: 백만원)

과　　목	주석	제 12 기		제 11 기	
부　　채					
유 동 부 채			10,758,238		11,475,924
매입채무	4,37	5,553,794		6,126,168	
차입금	4,15,	768,275		767,666	
기타지급채무	4,16	2,371,053		2,351,601	
기타금융부채	4,7,37	6,453		6,985	
충당부채	19	349,001		316,235	
계약부채	10	458,539		-	
기타부채	20	1,251,123		1,907,269	
비 유 동 부 채			7,744,345		7,139,000
차입금	4,15	7,132,237		6,674,174	
기타지급채무	4,16	1,011		215	
기타금융부채	4,7,37	83,759		69,892	
순확정급여부채	18	305,921		220,610	
충당부채	19	124,467		91,763	
계약부채	10	1,034		-	
기타부채	20	95,916		82,346	
부 채 총 계			18,502,583		18,614,924
자 본					
납입자본	21		3,992,348		3,992,348
자본금		904,169		904,169	
주식발행초과금		3,088,179		3,088,179	
이익잉여금	22		5,460,710		5,602,967
기타포괄손익누계액	23		(57,359)		(17,639)
기타자본구성요소	24		(32,819)		(32,819)
자 본 총 계			9,362,880		9,544,857
부 채 와 자 본 총 계			27,865,463		28,159,781

손 익 계 산 서

제 12 기 : 2018년 12월 31일 현재

제 11 기 : 2017년 12월 31일 현재

○○주식회사 (단위: 백만원)

과 목	주석	제 12 기	제 11 기
매출액	25	29,982,010	31,966,513
매출원가	26	23,613,681	25,341,438
매출총이익		6,368,329	6,625,075
판매비	26,27	2,851,568	2,810,541
관리비	26,27	549,614	571,445
연구개발비	26,27	1,922,364	1,994,767
서비스비	26,27	557,067	547,096
영업이익		487,716	701,226
금융수익	28	203,001	219,704
금융비용	29	409,487	474,542
기타영업외수익	30	802,410	1,264,641
기타영업외비용	31	1,016,086	938,536
법인세비용차감전순이익		67,554	772,493
법인세비용	17	72,328	14,447
당기순이익(손실)		(4,774)	758,046
주당순이익(손실)(단위: 원)	32		
기본주당순이익(손실):			
보통주기본주당순이익(손실)		(31)	4,205
우선주기본주당순이익		19	4,255

포 괄 손 익 계 산 서

제 12 기 : 2018년 12월 31일 현재

제 11 기 : 2017년 12월 31일 현재

○○주식회사 (단위: 백만원)

과 목	주석	제 12 기		제 11 기	
당기순이익(손실)			(4,774)		758,046
법인세비용차감후기타포괄이익(손실)			(107,859)		94,244
후속적으로 당기손익으로 재분류되지 않는 항목:					
순확정급여부채의 재측정요소	18	(76,428)		66,233	
기타포괄손익-공정가치 측정 금융자산	7	(1,317)		-	
후속적으로 당기손익으로 재분류될 수 있는 항목:					
현금흐름위험회피	37	(30,114)		29,191	
매도가능금융자산	7	-		(1,180)	
총포괄이익(손실)			(112,633)		852,290

자 본 변 동 표

제 12 기 : 2018년 12월 31일 현재
제 11 기 : 2017년 12월 31일 현재

○○주식회사 (단위: 백만원)

과 목	주석	납입자본	이익잉여금	기타포괄 손익누계액	기타자본 구성요소	총 계
제11기초 (2017.1.1)		3,992,348	4,851,573	(45,650)	(32,819)	8,765,452
총포괄손익						
당기순이익		-	758,046	-	-	758,046
순확정급여부채의 재측정요소	18	-	66,233	-	-	66,233
현금흐름위험회피	37	-	-	29,191	-	29,191
매도가능금융자산	7	-	-	(1,180)	-	(1,180)
총포괄이익 소계		-	824,279	28,011	-	852,290
자본에 직접 반영된 소유주와의 거래						
연차배당	22	-	(72,885)	-	-	(72,885)
자본에 직접 반영된 소유주와의 거래 소계		-	(72,885)	-	-	(72,885)
제11기말 (2017.12.31)		3,992,348	5,602,967	(17,639)	(32,819)	9,544,857
제12기초 (2018.1.1)		3,992,348	5,602,967	(17,639)	(32,819)	9,544,857
회계정책 변경효과			11,830	(8,289)		3,541
재작성된 금액		3,992,348	5,614,797	(25,928)	(32,819)	9,548,398
총포괄손익						
당기순손실		-	(4,774)	-	-	(4,774)
순확정급여부채의 재측정요소	18	-	(76,428)	-	-	(76,428)
기타포괄손익-공정가치 측정 금융자산	7	-	-	(1,317)	-	(1,317)
현금흐름위험회피	37	-	-	(30,114)	-	(30,114)
총포괄손실 소계		-	(81,202)	(31,431)	-	(112,633)
자본에 직접 반영된 소유주와의 거래						
연차배당	22	-	(72,885)	-	-	(72,885)
자본에 직접 반영된 소유주와의 거래 소계		-	(72,885)	-	-	(72,885)
제12기말 (2018.12.31)		3,992,348	5,460,710	(57,359)	(32,819)	9,362,880

현 금 흐 름 표

제 12 기 : 2018년 12월 31일 현재
제 11 기 : 2017년 12월 31일 현재

○○주식회사 (단위: 백만원)

과 목	주석	제 12 기		제 11 기	
영업활동으로 인한 현금흐름			1,816,681		692,810
영업으로부터 창출된 현금	33	1,828,269		558,366	
이자의 수취		22,798		13,375	
이자의 지급		(241,441)		(216,903)	
배당금의 수취		221,115		453,546	
법인세의 납부		(14,060)		(115,574)	
투자활동으로 인한 현금흐름			(2,638,949)		(1,107,124)
투자활동으로 인한 현금유입액		198,464		675,610	
금융기관예치금의 감소		574		-	
기타수취채권의 감소		98,640		90,286	
기타금융자산의 회수 및 처분		877		11,028	
유형자산의 처분		41,530		490,037	
무형자산의 처분		1,831		1,297	
종속기업, 관계기업 및 공동기업 투자의 회수 및 처분		1,544		56,310	
매각예정분류자산의 처분		3,850		12,710	
사업양도	33	49,618		13,942	
투자활동으로 인한 현금유출액		(2,837,413)		(1,782,734)	
금융기관예치금의 증가		-		625	
기타수취채권의 증가		44,417		62,062	
기타금융자산의 취득		14,904		2,963	
유형자산의 취득		923,093		1,108,219	
무형자산의 취득		513,112		538,727	
종속기업, 관계기업 및 공동기업 투자의 취득		1,341,887		70,138	
재무활동으로 인한 현금흐름			348,248		823,597
재무활동으로 인한 현금유입액		1,192,215		1,527,017	
차입금의 증가		1,192,215		1,527,017	
재무활동으로 인한 현금유출액		(843,967)		(703,420)	
차입금의 상환		771,082		630,535	
배당금의 지급	22	72,885		72,885	
현금및현금성자산의 환율변동효과			(2,355)		(4,750)
현금및현금성자산의 증가(감소)			(476,375)		404,533
기초의 현금및현금성자산	5		1,586,258		1,181,725
기말의 현금및현금성자산	5		1,109,883		1,586,258

2. 연결재무제표

연 결 재 무 상 태 표

제 12 기 : 2018년 12월 31일 현재
제 11 기 : 2017년 12월 31일 현재

○○주식회사 (단위: 백만원)

과 목	주석	제 12 기		제 11 기	
자 산					
유동자산			19,362,854		19,194,969
현금및현금성자산	5,6,38	4,270,388		3,350,597	
금융기관예치금	5,6,38	80,516		80,515	
매출채권	5,7,38	6,371,594		8,178,213	
기타수취채권	5,7,38	506,437		467,427	
기타금융자산	5,8,38	8,401		3,534	
재고자산	9	6,021,356		5,908,437	
당기법인세자산		151,778		134,159	
계약자산	10	763,776		-	
기타자산	11	1,073,396		1,050,651	
매각예정분류자산	40	115,212		21,436	
비유동자산			24,965,589		22,025,990
금융기관예치금	5,6,38	45,853		52,775	
기타수취채권	5,7,38	452,366		470,216	
기타금융자산	5,8,38	78,072		52,981	
유형자산	12	13,333,951		11,800,782	
무형자산	13	3,001,155		1,854,620	
이연법인세자산	18	1,410,793		1,365,367	
관계기업 및 공동기업 투자	14	5,537,556		5,620,331	
투자부동산	15	94,396		95,712	
순확정급여자산	19	942		684	
계약자산	10	221,008		-	
기타자산	11	789,497		712,522	
자 산 총 계			44,328,443		41,220,959
부 채					
유 동 부 채			17,135,029		17,536,470
매입채무	5,38	7,216,739		8,137,526	
차입금	5,38	1,405,116		1,360,756	

○○주식회사 (단위: 백만원)

과 목	주석	제 12 기		제 11 기	
기타지급채무	5,38	3,670,453		3,522,839	
기타금융부채	5,8,38	3,343		2,280	
당기법인세부채		185,687		100,353	
충당부채	20	672,544		649,555	
계약부채	10	1,119,806		-	
기타부채	21	2,861,341		3,763,161	
비 유 동 부 채			10,886,507		9,010,805
차입금	5,38	9,496,070		8,089,724	
기타지급채무	5,38	17,995		6,490	
기타금융부채	5,38	89,267		68,610	
이연법인세부채	18	127,014		8,759	
순확정급여부채	19	398,611		326,699	
충당부채	20	343,811		298,121	
계약부채	10	23,787		-	
기타부채	21	389,952		212,402	
부 채 총 계			28,021,536		26,547,275
자 본					
지배기업의 소유주지분			14,253,268		13,224,261
납입자본	22		3,992,348		3,992,348
자본금		904,169		904,169	
주식발행초과금		3,088,179		3,088,179	
이익잉여금	23		12,075,414		10,964,155
기타포괄손익누계액	24		(1,604,730)		(1,522,478)
기타자본구성요소	25		(209,764)		(209,764)
비지배지분			2,053,639		1,449,423
자 본 총 계			16,306,907		14,673,684
부 채 와 자 본 총 계			44,328,443		41,220,959

연 결 손 익 계 산 서

제 12 기 : 2018년 12월 31일 현재
제 11 기 : 2017년 12월 31일 현재

○○주식회사 (단위: 백만원)

과 목	주석	제 12 기	제 11 기
매출액	26	61,341,664	61,396,284
매출원가	27	46,260,620	46,737,563
매출총이익		15,081,044	14,658,721
판매비	27,28	7,431,183	7,125,664
관리비	27,28	1,341,955	1,345,606
연구개발비	27,28	2,324,022	2,386,876
서비스비	27,28	1,280,593	1,332,026
영업이익		2,703,291	2,468,549
금융수익	29	487,370	483,665
금융비용	30	796,569	831,114
지분법이익(손실)	14	(77,161)	667,475
기타영업외수익	31	1,251,599	1,346,607
기타영업외비용	32	1,559,955	1,577,070
법인세비용차감전순이익		2,008,575	2,558,112
법인세비용	18	535,761	688,594
당기순이익		1,472,814	1,869,518
당기순이익의 귀속:			
지배기업의 소유주지분		1,240,139	1,725,774
비지배지분		232,675	143,744
지배기업의 소유주지분에 대한 주당순이익(단위:원)	33		
기본주당순이익:			
보통주기본주당순이익		6,882	9,579
우선주기본주당순이익		6,932	9,629

연 결 포 괄 손 익 계 산 서

제 12 기 : 2018년 12월 31일 현재
제 11 기 : 2017년 12월 31일 현재

○○주식회사 (단위: 백만원)

과 목	주석	제 12 기		제 11 기	
당기순이익			1,472,814		1,869,518
법인세비용차감후기타포괄손실			(140,567)		(435,822)
후속적으로 당기손익으로 재분류되지 않는 항목:					
순확정급여부채의 재측정요소	19	(73,882)		96,514	
관계기업의 재측정요소에 대한 지분	14	1,945		(1,020)	
기타포괄손익-공정가치 측정 금융자산	8	(618)		-	
후속적으로 당기손익으로 재분류될 수 있는 항목:					
관계기업 및 공동기업의 기타포괄손익(재측정요소 제외)에 대한 지분	14	(8,574)		(98,852)	
현금흐름위험회피	38	(35,551)		29,462	
매도가능금융자산	8	-		(1,180)	
해외사업장환산외환차이		(23,887)		(460,746)	
총포괄이익			1,332,247		1,433,696
총포괄이익의 귀속:					
지배기업의 소유주지분			1,098,351		1,310,108
비지배지분			233,896		123,588

연 결 자 본 변 동 표

제 12 기 : 2018년 12월 31일 현재
제 11 기 : 2017년 12월 31일 현재

○○주식회사 (단위: 백만원)

과 목	주석	지배기업의 소유주지분					비지배 지분	총 계
		납입 자본	이익 잉여금	기타 포괄 손익 누계액	기타 자본 구성 요소	소계		
제 11 기초 (2017.1.1)		3,992,348	9,233,416	(1,028,962)	(209,708)	11,987,094	1,369,648	13,356,742
총포괄손익								
당기순이익		-	1,725,774	-	-	1,725,774	143,744	1,869,518
순확정급여부채의 재측정요소	19	-	78,870	-	-	78,870	17,644	96,514
관계기업의 재측정요소에 대한 지분	14	-	(1,020)	-	-	(1,020)	-	(1,020)
관계기업 및 공동기업의 기타포괄손익(재측정요소 제외)에 대한 지분	14	-	-	(98,852)	-	(98,852)	-	(98,852)
현금흐름위험회피	38	-	-	29,462	-	29,462	-	29,462
매도가능금융자산	8	-	-	(1,180)	-	(1,180)	-	(1,180)
해외사업장환산외 환차이		-	-	(422,946)	-	(422,946)	(37,800)	(460,746)
총포괄이익(손실) 소계		-	1,803,624	(493,516)	-	1,310,108	123,588	1,433,696
자본에 직접 반영된 소유주와의 거래								
연차배당	23	-	(72,885)	-	-	(72,885)	(43,626)	(116,511)
종속기업에 대한 소유주지분의 변동		-	-	-	(56)	(56)	(187)	(243)
자본에 직접 반영된 소유주와의 거래 소계		-	(72,885)	-	(56)	(72,941)	(43,813)	(116,754)
제 11 기말 (2017.12.31)		3,992,348	10,964,155	(1,522,478)	(209,764)	13,224,261	1,449,423	14,673,684
제 12 기초 (2018.1.1)		3,992,348	10,964,155	(1,522,478)	(209,764)	13,224,261	1,449,423	14,673,684

○○주식회사 (단위: 백만원)

과 목	주석	지배기업의 소유주지분					비지배 지분	총 계
		납입 자본	이익 잉여금	기타 포괄 손익 누계액	기타 자본 구성 요소	소계		
회계정책 변경효과	2	-	20,639	(17,098)		3,541	-	3,541
재작성된 금액		3,992,348	10,984,794	(1,539,576)	(209,764)	13,227,802	1,449,423	14,677,225
총포괄손익								
당기순이익		-	1,240,139	-	-	1,240,139	232,675	1,472,814
순확정급여부채의 재측정요소	19	-	(78,579)	-	-	(78,579)	4,697	(73,882)
관계기업의 재측정요소에 대한 지분	14	-	1,945	-	-	1,945	-	1,945
기타포괄손익-공정가치 측정 금융자산	8	-	-	(686)	-	(686)	68	(618)
관계기업 및 공동기업의 기타포괄손익(재측정요소 제외)에 대한 지분	14	-	-	(8,574)	-	(8,574)	-	(8,574)
현금흐름위험회피	38	-	-	(35,478)	-	(35,478)	(73)	(35,551)
해외사업장환산외환차이		-	-	(20,416)	-	(20,416)	(3,471)	(23,887)
총포괄이익(손실) 소계		-	1,163,505	(65,154)	-	1,098,351	233,896	1,332,247
자본에 직접 반영된 소유주와의 거래								
연차배당	23	-	(72,885)	-	-	(72,885)	(49,661)	(122,546)
종속기업에 대한 소유주지분의 변동		-	-	-	-	-	(20)	(20)
사업결합	39	-	-	-	-	-	420,001	420,001
자본에 직접 반영된 소유주와의 거래 소계		-	(72,885)	-	-	(72,885)	370,320	297,435
제 12 기말(2018.12.31)		3,992,348	12,075,414	(1,604,730)	(209,764)	14,253,268	2,053,639	16,306,907

연 결 현 금 흐 름 표

제 12 기 : 2018년 12월 31일 현재
제 11 기 : 2017년 12월 31일 현재

○○주식회사 (단위: 백만원)

과 목	주석	제 12 기		제 11 기	
영업활동으로 인한 현금흐름			4,541,566		2,166,270
영업으로부터 창출된 현금	34	5,292,811		2,937,550	
이자의 수취		100,503		81,268	
이자의 지급		(425,816)		(384,446)	
배당금의 수취		68,717		68,471	
법인세의 납부		(494,649)		(536,573)	
투자활동으로 인한 현금흐름			(4,420,289)		(2,582,872)
투자활동으로 인한 현금유입액		478,535		918,239	
금융기관예치금의 감소		33,742		22,062	
기타수취채권의 감소		140,267		159,885	
기타금융자산의 회수 및 처분		65,516		27,532	
유형자산의 처분		147,541		628,342	
무형자산의 처분		2,751		2,043	
관계기업 및 공동기업 투자의 회수 및 처분		8		51,676	
매각예정분류자산의 처분		39,092		12,710	
사업양도	34	49,618		13,942	
기타의 감소		-		47	
투자활동으로 인한 현금유출액		(4,898,824)		(3,501,111)	
금융기관예치금의 증가		27,161		17,976	
기타수취채권의 증가		138,587		130,915	
기타금융자산의 취득		63,166		49,759	
유형자산의 취득		3,166,489		2,575,542	
무형자산의 취득		677,882		643,772	
관계기업 및 공동기업 투자의 취득		87,510		79,665	
사업결합	39	738,029		3,482	
재무활동으로 인한 현금흐름			819,254		840,836
재무활동으로 인한 현금유입액		2,279,823		2,224,377	
차입금의 증가		2,279,823		2,224,377	
재무활동으로 인한 현금유출액		(1,460,569)		(1,383,541)	
차입금의 상환		1,338,002		1,266,787	
배당금의 지급 등		122,567		116,754	
현금및현금성자산의 환율변동효과			(20,740)		(88,774)
현금및현금성자산의 증가			919,791		335,460
기초의 현금및현금성자산			3,350,597		3,015,137
기말의 현금및현금성자산			4,270,388		3,350,597

3. 독립된 감사인의 감사보고서(별도재무제표)

독립된 감사인의 감사보고서

○○주식회사
주주 및 이사회 귀중

감사의견

우리는 ○○주식회사(이하 "회사")의 재무제표를 감사하였습니다. 해당 재무제표는 2018년 12월 31일과 2017년 12월 31일 현재의 재무상태표, 동일로 종료되는 양 보고기간의 손익계산서, 포괄손익계산서, 자본변동표, 현금흐름표 그리고 유의적인 회계정책의 요약을 포함한 재무제표의 주석으로 구성되어 있습니다.
우리의 의견으로는 별첨된 회사의 재무제표는 회사의 2018년 12월 31일과 2017년 12월 31일 현재의 재무상태와 동일로 종료되는 양 보고기간의 재무성과 및 현금흐름을 한국채택국제회계기준에 따라, 중요성의 관점에서 공정하게 표시하고 있습니다.

감사의견근거

우리는 대한민국의 회계감사기준에 따라 감사를 수행하였습니다. 이 기준에 따른 우리의 책임은 이 감사보고서의 재무제표감사에 대한 감사인의 책임 단락에 기술되어 있습니다. 우리는 재무제표감사와 관련된 대한민국의 윤리적 요구사항에 따라 회사로부터 독립적이며, 그러한 요구사항에 따른 기타의 윤리적 책임들을 이행하였습니다. 우리가 입수한 감사증거가 감사의견을 위한 근거로서 충분하고 적합하다고 우리는 믿습니다.

핵심감사사항

핵심감사사항은 우리의 전문가적 판단에 따라 당기 재무제표감사에서 가장 유의적인 사항들입니다. 해당 사항들은 재무제표 전체에 대한 감사의 관점에서 우리의 의견형성시 다루어졌으며, 우리는 이런 사항에 대하여 별도의 의견을 제공하지는 않습니다.

가. 관계기업투자 손상평가

핵심감사사항으로 결정한 이유

주석13에서 공시한 바와 같이, 회사는 AAA주식회사(이하 "AAA")의 지분을 37.9% 보유하여 관계기업으로 분류하고 있으며, 보고기간말 현재 AAA 지분에 대한 장부금액은 3,480,623백만원입니다.

회사는 당기 중 AAA 지분의 시장가치가 하락한 것에 주목하여 기업회계기준서 제1036호 '자산손상'에 따라 손상평가를 수행하였습니다.

우리는 당기 중 AAA의 시장가치 하락이 유의적인 수준이고, 손상평가 수행 시 사용가치 평가에 유의적인 경영진의 판단이 수반되는 점을 고려하여 해당 항목을 핵심감사사항에 포함하였습니다.

감사에서 다루어진 방법

우리는 사용가치 평가와 연관되어 있는 가치평가모델, 주요 가정 및 판단에 대한 감사절차를 다음과 같이 수행하였습니다. 우리는 이와 같은 감사절차 수행 시 가치평가 전문가를 감사팀에 포함하였습니다.

- 회사가 적용한 가치평가모델에 대해 질문과 검토 수행
- AAA의 향후 현금흐름에 대해 이해하고, 향후 현금흐름 추정이 경영진이 승인한 사업계획과 일치하는지 검증
- AAA의 과거 사업계획 대비 실적을 비교함으로써 경영진의 과거 사업계획 추정의 적절성에 대해 평가
- 할인율, 성장률 등 가치평가모델의 주요 가정을 동종업계 내의 외부 벤치마크 및 AAA의 과거 재무정보와 비교함으로써 그 적절성 평가
- 가치평가모델에 적용된 주요 가정들이 어느 정도까지 변동되는 경우 손상이 발생할 수 있는지 고려하기 위하여 이에 대한 민감도 분석을 수행

추가로, 우리는 AAA의 독립된 감사인(이하 "부문감사인")이 수행한 영업권 손상평가 관련감사 절차의 수행결과를 검토하였으며, AAA의 경영진이 영업권 손상평가 시 활용한 독립적인 외부전문가의 객관성 및 적격성에 대한 부문감사인의 확인 결과를 검

토하였습니다.

재무제표에 대한 경영진과 지배기구의 책임

경영진은 한국채택국제회계기준에 따라 이 재무제표를 작성하고 공정하게 표시할 책임이 있으며, 부정이나 오류로 인한 중요한 왜곡표시가 없는 재무제표를 작성하는데 필요하다고 결정한 내부통제에 대해서도 책임이 있습니다.

경영진은 재무제표를 작성할 때, 회사의 계속기업으로서의 존속능력을 평가하고 해당되는 경우, 계속기업 관련 사항을 공시할 책임이 있습니다. 그리고 경영진이 기업을 청산하거나 영업을 중단할 의도가 없는 한, 회계의 계속기업전제의 사용에 대해서도 책임이 있습니다.

지배기구는 회사의 재무보고절차의 감시에 대한 책임이 있습니다.

재무제표감사에 대한 감사인의 책임

우리의 목적은 회사의 재무제표에 전체적으로 부정이나 오류로 인한 중요한 왜곡표시가 없는지에 대하여 합리적인 확신을 얻어 우리의 의견이 포함된 감사보고서를 발행하는데 있습니다. 합리적인 확신은 높은 수준의 확신을 의미하나, 감사기준에 따라 수행된 감사가 항상 중요한 왜곡표시를 발견한다는 것을 보장하지는 않습니다. 왜곡표시는 부정이나 오류로부터 발생할 수 있으며, 왜곡표시가 재무제표를 근거로 하는 이용자의 경제적 의사결정에 개별적으로 또는 집합적으로 영향을 미칠 것이 합리적으로 예상되면, 그 왜곡표시는 중요하다고 간주됩니다.

감사기준에 따른 감사의 일부로서 우리는 감사의 전 과정에 걸쳐 전문가적 판단을 수행하고 전문가적 의구심을 유지하고 있습니다. 또한, 우리는:

- 부정이나 오류로 인한 재무제표의 중요왜곡표시위험을 식별하고 평가하며 그러한 위험에 대응하는 감사절차를 설계하고 수행합니다. 그리고 감사의견의 근거로서 충분하고 적합한 감사증거를 입수합니다. 부정은 공모, 위조, 의도적인 누락, 허위진술 또는 내부통제 무력화가 개입될 수 있기 때문에 부정으로 인한 중요한 왜곡표시를 발견하지 못할 위험은 오류로 인한 위험보다 큽니다.
- 상황에 적합한 감사절차를 설계하기 위하여 감사와 관련된 내부통제를 이해합니다. 그러나 이는 내부통제의 효과성에 대한 의견을 표명하기 위한 것이 아닙

니다.
- 재무제표를 작성하기 위하여 경영진이 적용한 회계정책의 적합성과 경영진이 도출한 회계추정치와 관련 공시의 합리성에 대하여 평가합니다.
- 경영진이 사용한 회계의 계속기업전제의 적절성과, 입수한 감사증거를 근거로 계속기업으로서의 존속능력에 대하여 유의적 의문을 초래할 수 있는 사건이나 상황과 관련된 중요한 불확실성이 존재하는지 여부에 대하여 결론을 내립니다. 중요한 불확실성이 존재한다고 결론을 내리는 경우, 우리는 재무제표의 관련 공시에 대하여 감사보고서에 주의를 환기시키고, 이들 공시가 부적절한 경우 의견을 변형시킬 것을 요구받고 있습니다. 우리의 결론은 감사보고서일까지 입수된 감사증거에 기초하나, 미래의 사건이나 상황이 회사의 계속기업으로서 존속을 중단시킬 수 있습니다.
- 공시를 포함한 재무제표의 전반적인 표시와 구조 및 내용을 평가하고, 재무제표의 기초가 되는 거래와 사건을 재무제표가 공정한 방식으로 표시하고 있는지 여부를 평가합니다.

우리는 여러 가지 사항들 중에서 계획된 감사범위와 시기 그리고 감사 중 식별된 유의적 내부통제 미비점 등 유의적인 감사의 발견사항에 대하여 지배기구와 커뮤니케이션합니다.
또한, 우리는 독립성 관련 윤리적 요구사항들을 준수하고, 우리의 독립성 문제와 관련된다고 판단되는 모든 관계와 기타사항들 및 해당되는 경우 관련 제도적 안전장치를 지배기구와 커뮤니케이션한다는 진술을 지배기구에게 제공합니다.
우리는 지배기구와 커뮤니케이션한 사항들 중에서 당기 재무제표감사에서 가장 유의적인 사항들을 핵심감사사항으로 결정합니다. 법규에서 해당 사항에 대하여 공개적인 공시를 배제하거나, 극히 드문 상황으로 우리가 감사보고서에 해당 사항을 기술함으로 인한 부정적 결과가 해당 커뮤니케이션에 따른 공익적 효익을 초과할 것으로 합리적으로 예상되어 해당 사항을 감사보고서에 커뮤니케이션해서는 안 된다고 결론을 내리는 경우가 아닌 한, 우리는 감사보고서에 이러한 사항들을 기술합니다.
이 감사보고서의 근거가 된 감사를 실시한 업무수행이사는 김백두입니다.

서울특별시 서대문구 충정로 7길 12
한 국 회 계 법 인
대 표 이 사 홍 길 동

2019년 3월 7일

이 감사보고서는 감사보고서일(2019년 3월 7일) 현재로 유효한 것입니다. 따라서 감사보고서일 이후 이 보고서를 열람하는 시점 사이에 별첨된 회사의 재무제표에 중요한 영향을 미칠 수 있는 사건이나 상황이 발생할 수도 있으며, 이로 인하여 이 감사보고서가 수정될 수도 있습니다.

4. 독립된 감사인의 감사보고서(연결재무제표)

독립된 감사인의 감사보고서

○○주식회사
주주 및 이사회 귀중

감사의견

우리는 ○○주식회사와 종속기업들(이하 "연결회사")의 연결재무제표를 감사하였습니다. 해당 연결재무제표는 2018년 12월 31일과 2017년 12월 31일 현재의 연결재무상태표, 동일로 종료되는 양 보고기간의 연결손익계산서, 연결포괄손익계산서, 연결자본변동표, 연결현금흐름표 그리고 유의적인 회계정책의 요약을 포함한 연결재무제표의 주석으로 구성되어 있습니다.

우리의 의견으로는 별첨된 연결회사의 연결재무제표는 연결회사의 2018년 12월 31일과 2017년 12월 31일 현재의 연결재무상태와 동일로 종료되는 양 보고기간의 연결재무성과 및 연결현금흐름을 한국채택국제회계기준에 따라, 중요성의 관점에서 공정하게 표시하고 있습니다.

감사의견근거

우리는 대한민국의 회계감사기준에 따라 감사를 수행하였습니다. 이 기준에 따른 우리의 책임은 이 감사보고서의 연결재무제표감사에 대한 감사인의 책임 단락에 기술되어 있습니다. 우리는 연결재무제표감사와 관련된 대한민국의 윤리적 요구사항에 따라 회사로부터 독립적이며, 그러한 요구사항에 따른 기타의 윤리적 책임들을 이행하였습니다. 우리가 입수한 감사증거가 감사의견을 위한 근거로서 충분하고 적합하다고 우리는 믿습니다.

핵심감사사항

핵심감사사항은 우리의 전문가적 판단에 따라 당기 연결재무제표감사에서 가장 유의적인 사항들입니다. 해당 사항들은 연결재무제표 전체에 대한 감사의 관점에서 우리의 의견형성 시 다루어졌으며, 우리는 이런 사항에 대하여 별도의 의견을 제공하지는 않습니다.

가. 사업결합

핵심감사사항으로 결정한 이유

주석39에서 공시한 바와 같이, 연결회사는 2018년 8월 3일자로 ZZZ Holding과 그 종속기업 등(이하 "ZZZ")의 지분 70%를 979,108백만원에 인수하여 지배력을 획득하였고, 동 사업결합으로 영업권 542,346백만원, 브랜드, 기술가치, 고객관계 등 기타의 무형자산 354,719백만원이 증가하였습니다.

연결회사는 기업회계기준서 제1103호 '사업결합'에 따라, 취득한 자산과 인수한 부채의 공정 가치를 평가하여 이전대가를 배분하였으며, 주요 유무형자산의 공정가치를 평가하기 위하여 독립적인 외부전문가를 활용하였습니다.

우리는 이전대가의 규모가 유의적인 수준이고, 이전대가의 배분 시 공정가치 평가에 유의적인 경영진의 판단이 수반되는 점을 고려하여 해당 항목을 핵심감사사항에 포함하였습니다.

감사에서 다루어진 방법

우리는 ZZZ 지분에 대한 사업결합 회계처리가 적절한지 여부를 평가하기 위해 연결회사의 주식매입계약서 상 계약조건을 확인하였습니다.

우리의 감사절차는 연결회사의 사업결합 회계처리 및 취득한 자산과 인수한 부채의 공정가치 평가와 관련된 내부통제의 효과성에 대한 테스트를 포함합니다. 우리는 공정가치 평가 및 이전대가 배분에 대한 감사절차 수행 시 가치평가 전문가를 감사팀에 포함하였습니다.

우리는 공정가치 평가 및 이전대가 배분과 연관되어 있는 가치평가모델, 주요 가정 및 판단에 대한 감사절차를 다음과 같이 수행하였습니다.

- 연결회사가 적용한 가치평가모델에 대해 질문과 검토 수행
- 취득한 자산 및 사업에서 발생할 향후 현금흐름에 대해 이해하고, 동 현금흐름 추정이 자산의 공정가치 평가에 적절하게 반영되었는지 검증

- 할인율, 로열티 등 가치평가모델의 주요 가정을 동종업계 내의 외부 벤치마크 및 ZKW의과거 재무정보와 비교함으로써 그 적절성 평가
- 연결회사가 활용한 독립적인 외부전문가의 객관성 및 적격성 확인
- 취득일 기준 재고자산 및 유형자산 실사 입회, 금융상품 조회확인 등을 수행하여 취득한 자산의 실재성과 인수한 부채의 완전성 확인
- 사업결합, 취득일의 결정 및 이전대가 배분과 관련하여 연결재무제표 주석에 제공된 공시사항의 적합성을 평가

나. 관계기업투자 손상평가

핵심감사사항으로 결정한 이유

주석14에서 공시한 바와 같이, 연결회사는 AAA주식회사(이하 "AAA")의 지분을 37.9% 보유하여 관계기업으로 분류하고 지분법을 적용하여 회계처리하고 있으며, 보고기간말 현재 AAA 지분에 대한 장부금액은 5,191,084백만원입니다.
연결회사는 당기 중 AAA 지분의 시장가치가 하락한 것에 주목하여 기업회계기준서 제1036호 '자산손상'에 따라 손상평가를 수행하였습니다.
우리는 당기 중 AAA의 시장가치 하락이 유의적인 수준이고, 손상평가 수행 시 사용가치 평가에 유의적인 경영진의 판단이 수반되는 점을 고려하여 해당 항목을 핵심감사사항에 포함하였습니다.

감사에서 다루어진 방법

우리는 사용가치 평가와 연관되어 있는 가치평가모델, 주요 가정 및 판단에 대한 감사절차를 다음과 같이 수행하였습니다. 우리는 이와 같은 감사절차 수행 시 가치평가 전문가를 감사팀에 포함하였습니다.

- 연결회사가 적용한 가치평가모델에 대해 질문과 검토 수행
- AAA의 과거 사업계획 대비 실적을 비교함으로써 경영진의 과거 사업계획 추정의 적절성에 대해 평가
- AAA의 향후 현금흐름에 대해 이해하고, 향후 현금흐름 추정이 경영진이 승인한 사업계획과 일치하는지 검증

- 할인율, 성장률 등 가치평가모델의 주요 가정을 동종업계 내의 외부 벤치마크 및 AAA의 과거 재무정보와 비교함으로써 그 적절성 평가
- 가치평가모델에 적용된 주요 가정들이 어느 정도까지 변동되는 경우 손상이 발생할 수 있는지 고려하기 위하여 이에 대한 민감도 분석을 수행

추가로, 우리는 AAA의 독립된 감사인(이하 "부문감사인")이 수행한 영업권 손상평가 관련 감사절차의 수행결과를 검토하였으며, AAA의 경영진이 영업권 손상평가 시 활용한 독립적인 외부전문가의 객관성 및 적격성에 대한 부문감사인의 확인 결과를 검토하였습니다.

연결재무제표에 대한 경영진과 지배기구의 책임

경영진은 한국채택국제회계기준에 따라 이 연결재무제표를 작성하고 공정하게 표시할 책임이 있으며, 부정이나 오류로 인한 중요한 왜곡표시가 없는 연결재무제표를 작성하는데 필요하다고 결정한 내부통제에 대해서도 책임이 있습니다.

경영진은 연결재무제표를 작성할 때, 연결회사의 계속기업으로서의 존속능력을 평가하고 해당되는 경우, 계속기업 관련 사항을 공시할 책임이 있습니다. 그리고 경영진이 기업을 청산하거나 영업을 중단할 의도가 없는 한, 회계의 계속기업전제의 사용에 대해서도 책임이 있습니다.

지배기구는 연결회사의 재무보고절차의 감시에 대한 책임이 있습니다.

연결재무제표감사에 대한 감사인의 책임

우리의 목적은 연결회사의 연결재무제표에 전체적으로 부정이나 오류로 인한 중요한 왜곡표시가 없는지에 대하여 합리적인 확신을 얻어 우리의 의견이 포함된 감사보고서를 발행하는데 있습니다. 합리적인 확신은 높은 수준의 확신을 의미하나, 감사기준에 따라 수행된 감사가 항상 중요한 왜곡표시를 발견한다는 것을 보장하지는 않습니다. 왜곡표시는 부정이나 오류로부터 발생할 수 있으며, 왜곡표시가 연결재무제표를 근거로 하는 이용자의 경제적 의사결정에 개별적으로 또는 집합적으로 영향을 미칠 것이 합리적으로 예상되면, 그 왜곡표시는 중요하다고 간주됩니다.

감사기준에 따른 감사의 일부로서 우리는 감사의 전 과정에 걸쳐 전문가적 판단을 수

행하고 전문가적 의구심을 유지하고 있습니다. 또한, 우리는:

- 부정이나 오류로 인한 연결재무제표의 중요왜곡표시위험을 식별하고 평가하며 그러한 위험에 대응하는 감사절차를 설계하고 수행합니다. 그리고 감사의견의 근거로서 충분하고 적합한 감사증거를 입수합니다. 부정은 공모, 위조, 의도적인 누락, 허위진술 또는 내부통제 무력화가 개입될 수 있기 때문에 부정으로 인한 중요한 왜곡표시를 발견하지 못할 위험은 오류로 인한 위험보다 큽니다.
- 상황에 적합한 감사절차를 설계하기 위하여 감사와 관련된 내부통제를 이해합니다. 그러나 이는 내부통제의 효과성에 대한 의견을 표명하기 위한 것이 아닙니다.
- 재무제표를 작성하기 위하여 경영진이 적용한 회계정책의 적합성과 경영진이 도출한 회계추정치와 관련 공시의 합리성에 대하여 평가합니다.
- 경영진이 사용한 회계의 계속기업전제의 적절성과, 입수한 감사증거를 근거로 계속기업으로서의 존속능력에 대하여 유의적 의문을 초래할 수 있는 사건이나 상황과 관련된 중요한 불확실성이 존재하는지 여부에 대하여 결론을 내립니다. 중요한 불확실성이 존재한다고 결론을 내리는 경우, 우리는 연결재무제표의 관련 공시에 대하여 감사보고서에 주의를 환기시키고, 이들 공시가 부적절한 경우 의견을 변형시킬 것을 요구받고 있습니다. 우리의 결론은 감사보고서일까지 입수된 감사증거에 기초하나, 미래의 사건이나 상황이 연결회사의 계속기업으로서 존속을 중단시킬 수 있습니다.
- 공시를 포함한 연결재무제표의 전반적인 표시와 구조 및 내용을 평가하고, 연결재무제표의 기초가 되는 거래와 사건을 재무제표가 공정한 방식으로 표시하고 있는지 여부를 평가합니다.
- 연결재무제표에 대한 의견을 표명하기 위해 기업의 재무정보 또는 그룹내의 사업활동과 관련된 충분하고 적합한 감사증거를 입수합니다. 우리는 그룹감사의 지휘, 감독 및 수행에 대한 책임이 있으며 감사의견에 대한 전적인 책임이 있습니다.

우리는 여러 가지 사항들 중에서 계획된 감사범위와 시기 그리고 감사 중 식별된 유의적 내부통제 미비점 등 유의적인 감사의 발견사항에 대하여 지배기구와 커뮤니케이션합니다.

또한, 우리는 독립성 관련 윤리적 요구사항들을 준수하고, 우리의 독립성 문제와 관련된다고 판단되는 모든 관계와 기타사항들 및 해당되는 경우 관련 제도적 안전장치를 지배기구와 커뮤니케이션한다는 진술을 지배기구에게 제공합니다.

우리는 지배기구와 커뮤니케이션한 사항들 중에서 당기 연결재무제표감사에서 가장 유의적인 사항들을 핵심감사사항으로 결정합니다. 법규에서 해당 사항에 대하여 공개적인 공시를 배제하거나, 극히 드문 상황으로 우리가 감사보고서에 해당 사항을 기술함으로 인한 부정적 결과가 해당 커뮤니케이션에 따른 공익적 효익을 초과할 것으로 합리적으로 예상되어 해당 사항을 감사보고서에 커뮤니케이션해서는 안 된다고 결론을 내리는 경우가 아닌 한, 우리는 감사보고서에 이러한 사항들을 기술합니다.

이 감사보고서의 근거가 된 감사를 실시한 업무수행이사는 김백두입니다.

서울특별시 서대문구 충정로 7길 12
한 국 회 계 법 인
대 표 이 사 홍 길 동

2019년 3월 7일

이 감사보고서는 감사보고서일(2019년 3월 7일) 현재로 유효한 것입니다. 따라서 감사보고서일 이후 이 보고서를 열람하는 시점 사이에 별첨된 회사의 재무제표에 중요한 영향을 미칠 수 있는 사건이나 상황이 발생할 수도 있으며, 이로 인하여 이 감사보고서가 수정될 수도 있습니다.

한국공인회계사회 회계법연구회
주석외부감사법

부록 I

감사보고서 작성사례

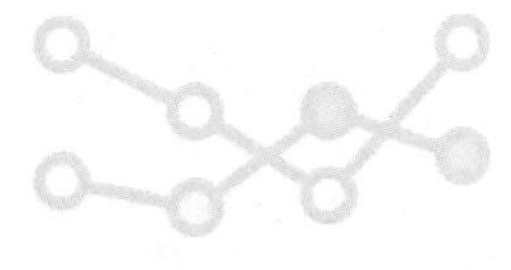

이 작성사례는 감사인이 회계감사기준에 따라 감사보고서를 작성할 때 도움을 주기 위하여 한국공인회계사회가 감사·인증기준위원회의 심의를 거쳐 작성한 것입니다.
이 작성사례는 회계감사기준에 포함되는 것이 아니므로 감사인이 감사보고서를 작성할 때 이 작성사례에 있는 모든 표현이나 문구를 반드시 그대로 사용해야 할 의무가 있는 것이 아닙니다. 또한 이 작성사례에 따라 감사보고서를 작성하였다고 해서 회계감사기준을 모두 준수하였다고 할 수 없습니다.
그러므로 감사인은 감사보고서를 작성할 때 회계감사기준을 충분히 숙독하고 이해하여야 하며 개별 감사의 상황에 따라 관련 사례를 적절하게 수정·변경하여 사용하는 것이 바람직합니다.

• 차 례 •

1. 적정의견 감사보고서

1.1 공정표시체계 상장기업 재무제표에 대한 감사보고서 (감사기준서 700 보론 사례 1)

일반목적 공정표시체계[1]에 따라 작성된 상장기업의 재무제표에 대한 감사보고서

독립된 감사인의 감사보고서

ABC주식회사
주주 및 이사회 귀중

재무제표감사에 대한 보고[2]

감사의견

우리는 ABC 주식회사(이하 "회사")의 재무제표를 감사하였습니다. 해당 재무제표는 20X1년 12월 31일 현재의 재무상태표, 동일로 종료되는 보고기간의 손익계산서(또는 포괄손익계산서), 자본변동표, 현금흐름표 그리고 유의적인 회계정책의 요약을 포함한 재무제표의 주석으로 구성되어 있습니다.

우리의 의견으로는 별첨된 회사의 재무제표는 회사의 20X1년 12월 31일 현재의 재무상태와 동일로 종료되는 보고기간의 재무성과 및 현금흐름을 한국채택국제회계기준(또는 일반기업회계기준)에 따라, 중요성의 관점에서 공정하게 표시하고 있습니다.

감사의견근거

우리는 대한민국의 회계감사기준에 따라 감사를 수행하였습니다. 이 기준에 따른 우리의 책임은 이 감사보고서의 재무제표감사에 대한 감사인의 책임 단락에 기술되어 있습니다. 우리는 재무제표감사와 관련된 대한민국의 윤리적 요구사항에 따라 회사로부터 독립적이며, 그러한 요구사항에 따른 기타의 윤리적 책임들을 이행하였습니다. 우리가 입수한 감사증거가 감사의견을 위한 근거로서 충분하고 적합하다고 우리는 믿습니다.

핵심감사사항[3]

핵심감사사항은 우리의 전문가적 판단에 따라 당기 재무제표감사에서 가장 유의적인 사항들입니다. 해당 사항들은 재무제표 전체에 대한 감사의 관점에서 우리의 의견형성 시 다루어졌으며, 우리는 이런 사항에 대하여 별도의 의견을 제공하지는 않습니다.

[감사기준서 701에 따른 핵심감사사항 각각에 대한 기술]

(핵심감사사항 1)
[재무제표의 관련 공시에 대한 언급, 해당 사항이 핵심감사사항으로 결정된 이유, 해당 사항이 감사에서 다루어진 방법]

(핵심감사사항 2)

[재무제표의 관련 공시에 대한 언급, 해당 사항이 핵심감사사항으로 결정된 이유, 해당 사항이 감사에서 다루어진 방법]

재무제표에 대한 경영진과 지배기구의 책임[4]

경영진은 한국채택국제회계기준(또는 일반기업회계기준)에 따라 이 재무제표를 작성하고 공정하게 표시할 책임이 있으며, 부정이나 오류로 인한 중요한 왜곡표시가 없는 재무제표를 작성하는데 필요하다고 결정한 내부통제에 대해서도 책임이 있습니다.

경영진은 재무제표를 작성할 때, 회사의 계속기업으로서의 존속능력을 평가하고 해당되는 경우, 계속기업 관련 사항을 공시할 책임이 있습니다. 그리고 경영진이 기업을 청산하거나 영업을 중단할 의도가 없는 한, 회계의 계속기업전제의 사용에 대해서도 책임이 있습니다.

지배기구는 회사의 재무보고절차의 감시에 대한 책임이 있습니다.

1) 재무제표 작성시 경영진이 채택한 재무보고체계(해당재무보고체계), 일반목적체계 및 공정표시체계에 대한 용어 설명은 감사기준서 200 문단 13의 (a)와 감사기준서 700 문단 7의 (a)에 기술되어 있다.
2) "기타 법규의 요구사항에 대한 보고"라는 두 번째 소제목의 해당사항이 없을 경우, "재무제표감사에 대한 보고"라는 소제목은 불필요하다.(감사기준서 700 문단 44, A55)
3) 핵심감사사항은 상장기업(유가증권시장 및 코스닥상장기업)의 일반목적 전체재무제표에 대한 감사와 감사인이 감사보고서에 핵심감사사항을 커뮤니케이션할 것을 결정하는 상황에 적용한다.(감사기준서 701 문단 5)
4) 재무제표 작성 책임자와 재무보고절차 감시 책임자가 동일할 경우 지배기구의 감시책임을 삭제한다.(감

재무제표감사에 대한 감사인의 책임

우리의 목적은 회사의 재무제표에 전체적으로 부정이나 오류로 인한 중요한 왜곡표시가 없는지에 대하여 합리적인 확신을 얻어 우리의 의견이 포함된 감사보고서를 발행하는데 있습니다. 합리적인 확신은 높은 수준의 확신을 의미하나, 감사기준에 따라 수행된 감사가 항상 중요한 왜곡표시를 발견한다는 것을 보장하지는 않습니다. 왜곡표시는 부정이나 오류로부터 발생할 수 있으며, 왜곡표시가 재무제표를 근거로 하는 이용자의 경제적 의사결정에 개별적으로 또는 집합적으로 영향을 미칠 것이 합리적으로 예상되면, 그 왜곡표시는 중요하다고 간주됩니다.

5)• 부정이나 오류로 인한 재무제표의 중요왜곡표시위험을 식별하고 평가하며 그러한 위험에 대응하는 감사절차를 설계하고 수행합니다. 그리고 감사의견의 근거로서 충분하고 적합한 감사증거를 입수합니다. 부정은 공모, 위조, 의도적인 누락, 허위진술 또는 내부통제 무력화가 개입될 수 있기 때문에 부정으로 인한 중요한 왜곡표시를 발견하지 못할 위험은 오류로 인한 위험보다 큽니다.
- 상황에 적합한 감사절차를 설계하기 위하여 감사와 관련된 내부통제를 이해합니다. 그러나 이는 내부통제의 효과성에 대한 의견을 표명하기 위한 것이 아닙니다.
- 재무제표를 작성하기 위하여 경영진이 적용한 회계정책의 적합성과 경영진이 도출한 회계추정치와 관련 공시의 합리성에 대하여 평가합니다.
- 경영진이 사용한 회계의 계속기업전제의 적절성과, 입수한 감사증거를 근거로 계속기업으로서의 존속능력에 대하여 유의적 의문을 초래할 수 있는 사건이나, 상황과 관련된 중요한 불확실성이 존재하는지 여부에 대하여 결론을 내립니다. 중요한 불확실성이 존재한다고 결론을 내리는 경우, 우리는 재무제표의 관련 공시에 대하여 감사보고서에 주의를 환기시키고, 이들 공시가 부적절한 경우 의견을 변형시킬 것을 요구받고 있습니다. 우리의 결론은 감사보고서일까지 입수된 감사증거에 기초하나, 미래의 사건이나 상황이 회사의 계속기업으로서 존속을 중단시킬 수 있습니다.
- 공시를 포함한 재무제표의 전반적인 표시와 구조 및 내용을 평가하고, 재무제표의 기초가 되는 거래와 사건을 재무제표가 공정한 방식으로 표시하고 있는지 여부를 평가합니다.

우리는 여러 가지 사항들 중에서 계획된 감사범위와 시기 그리고 감사 중 식별된 유의적 내부통제 미비점 등 유의적인 감사의 발견사항에 대하여 지배기구와 커뮤니케이션합니다.

또한, 우리는 독립성 관련 윤리적 요구사항들을 준수하고, 우리의 독립성 문제와 관련된다고 판단되는 모든 관계와 기타사항들 및 해당되는 경우 관련 제도적 안전장치를 지배기구와 커뮤니케이션한다는 진술을 지배기구에게 제공합니다.

우리는 지배기구와 커뮤니케이션한 사항들 중에서 당기 재무제표감사에서 가장 유의적인 사항들을 핵심감사사항으로 결정합니다. 법규에서 해당 사항에 대하여 공개적인 공시를 배제하거나, 극히 드문 상황으로 우리가 감사보고서에 해당 사항을 기술함으로 인한 부정적 결과가 해당 커뮤니케이션에 따른 공익적 효익을 초과할 것으로 합리적으로 예상되어 해당 사항을 감사보고서에 커뮤니케이션해서는 안 된다고 결론을 내리는 경우가 아닌 한, 우리는 감사보고서에 이러한 사항들을 기술합니다.

기타 법규의 요구사항에 대한 보고

[감사보고서에서 이 문단의 형태와 내용은 감사인의 기타의 보고책임에 대한 성격에 따라 달라짐]

이 감사보고서의 근거가 된 감사를 실시한 업무수행이사는 *[이름]* 입니다.6)

서울특별시 XX구 XX로 XXX
X X 회 계 법 인
대표이사　X X X (인)

20X2년 X월 X일

이 감사보고서는 감사보고서일 현재로 유효한 것입니다. 따라서 감사보고서일 후 이 보고서를 열람하는 시점 사이에 첨부된 회사의 재무제표에 중요한 영향을 미칠 수 있는 사건이나 상황이 발생할 수도 있으며, 이로 인하여 이 감사보고서가 수정될 수도 있습니다.

사기준서 700 문단 34, A44)

5) 두 번째 이하의 감사인의 책임 문단은 감사기준서 700 문단 40(b)에서 감사보고서의 보론에 위치할 수 있다고 설명한다. 문단 40(c)는 법규 또는 해당 국가의 감사기준에서 명시적으로 허용하는 경우 웹사이트의 기술이 아래 감사인의 책임에 대한 기술을 설명하고 이와 일관성이 있으면, 감사보고서에 이 자료를 포함하는 것 보다는 감사인의 책임을 기술하고 있는 관계 당국의 웹사이트를 언급할 수 있다고 설명한다.

6) 상장기업의 일반목적 전체재무제표에 대한 감사보고서에는 업무수행이사의 이름을 포함한다.(감사기준서 700 문단45)

1.2 공정표시체계 상장기업 연결재무제표에 대한 감사보고서
(감사기준서 700 보론 사례 2)

독립된 감사인의 감사보고서

ABC주식회사
주주 및 이사회 귀중

연결재무제표감사에 대한 보고

감사의견

우리는 ABC 주식회사와 그 종속기업들(이하 "연결회사")의 연결재무제표를 감사하였습니다. 해당 연결재무제표는 20X1년 12월 31일 현재의 연결재무상태표, 동일로 종료되는 보고기간의 연결손익계산서(또는 연결포괄손익계산서), 연결자본변동표, 연결현금흐름표 그리고 유의적인 회계정책의 요약을 포함한 연결재무제표의 주석으로 구성되어 있습니다.

우리의 의견으로는 별첨된 연결회사의 연결재무제표는 연결회사의 20X1년 12월 31일 현재의 연결재무상태와 동일로 종료되는 보고기간의 연결재무성과 및 연결현금흐름을 한국채택국제회계기준(또는 일반기업회계기준)에 따라, 중요성의 관점에서 공정하게 표시하고 있습니다.

감사의견근거

우리는 대한민국의 회계감사기준에 따라 감사를 수행하였습니다. 이 기준에 따른 우리의 책임은 이 감사보고서의 연결재무제표감사에 대한 감사인의 책임 단락에 기술되어 있습니다. 우리는 연결재무제표감사와 관련된 대한민국의 윤리적 요구사항에 따라 회사로부터 독립적이며, 그러한 요구사항에 따른 기타의 윤리적 책임들을 이행하였습니다. 우리가 입수한 감사증거가 감사의견을 위한 근거로서 충분하고 적합하다고 우리는 믿습니다.

핵심감사사항

핵심감사사항은 우리의 전문가적 판단에 따라 당기 연결재무제표감사에서 가장 유의적인 사항들입니다. 해당 사항들은 연결재무제표 전체에 대한 감사의 관점에서 우리의 의견 형성 시 다루어졌으며, 우리는 이런 사항에 대하여 별도의 의견을 제공하지는 않습니다.

[감사기준서 701에 따른 핵심감사사항 각각에 대한 기술]

(핵심감사사항 1)
[재무제표의 관련 공시에 대한 언급, 해당 사항이 핵심감사사항으로 결정된 이유, 해당 사항이 감사에서 다루어진 방법]

(핵심감사사항 2)
[재무제표의 관련 공시에 대한 언급, 해당 사항이 핵심감사사항으로 결정된 이유, 해당 사항이 감사에서 다루어진 방법]

연결재무제표에 대한 경영진과 지배기구의 책임

경영진은 한국채택국제회계기준(또는 일반기업회계기준)에 따라 이 연결재무제표를 작성하고 공정하게 표시할 책임이 있으며, 부정이나 오류로 인한 중요한 왜곡표시가 없는 연결재무제표를 작성하는데 필요하다고 결정한 내부통제에 대해서도 책임이 있습니다.

경영진은 연결재무제표를 작성할 때, 연결회사의 계속기업으로서의 존속능력을 평가하고 해당되는 경우, 계속기업 관련 사항을 공시할 책임이 있습니다. 그리고 경영진이 기업을 청산하거나 영업을 중단할 의도가 없는 한, 회계의 계속기업전제의 사용에 대해서도 책임이 있습니다.

지배기구는 연결회사의 재무보고절차의 감시에 대한 책임이 있습니다.

연결재무제표감사에 대한 감사인의 책임

우리의 목적은 연결회사의 연결재무제표에 전체적으로 부정이나 오류로 인한 중요한 왜곡표시가 없는지에 대하여 합리적인 확신을 얻어 우리의 의견이 포함된 감사보고서를 발행하는데 있습니다. 합리적인 확신은 높은 수준의 확신을 의미하나, 감사기준에 따라 수행된 감사가 항상 중요한 왜곡표시를 발견한다는 것을 보장하지는 않습니다. 왜곡표시는 부정이나 오류로부터 발생할 수 있으며, 왜곡표시가 연결재무제표를 근거로 하는 이용자의 경제적 의사결정에 개별적으로 또는 집합적으로 영향을 미칠 것이 합리적으로 예상되면, 그 왜곡표시는 중요하다고 간주됩니다.

감사기준에 따른 감사의 일부로서 우리는 감사의 전 과정에 걸쳐 전문가적 판단을 수행하고 전문가적 의구심을 유지하고 있습니다. 또한, 우리는:

- 부정이나 오류로 인한 연결재무제표의 중요왜곡표시위험을 식별하고 평가하며 그러한

위험에 대응하는 감사절차를 설계하고 수행합니다. 그리고 감사의견의 근거로서 충분하고 적합한 감사증거를 입수합니다. 부정은 공모, 위조, 의도적인 누락, 허위진술 또는 내부통제 무력화가 개입될 수 있기 때문에 부정으로 인한 중요한 왜곡표시를 발견하지 못할 위험은 오류로 인한 위험보다 큽니다.

- 상황에 적합한 감사절차를 설계하기 위하여 감사와 관련된 내부통제를 이해합니다. 그러나 이는 내부통제의 효과성에 대한 의견을 표명하기 위한 것이 아닙니다.
- 연결재무제표를 작성하기 위하여 경영진이 적용한 회계정책의 적합성과 경영진이 도출한 회계추정치와 관련 공시의 합리성에 대하여 평가합니다.
- 경영진이 사용한 회계의 계속기업전제의 적절성과, 입수한 감사증거를 근거로 계속기업으로서의 존속능력에 대하여 유의적 의문을 초래할 수 있는 사건이나, 상황과 관련된 중요한 불확실성이 존재하는지 여부에 대하여 결론을 내립니다. 중요한 불확실성이 존재한다고 결론을 내리는 경우, 우리는 연결재무제표의 관련 공시에 대하여 감사보고서에 주의를 환기시키고, 이들 공시가 부적절한 경우 의견을 변형시킬 것을 요구받고 있습니다. 우리의 결론은 감사보고서일까지 입수된 감사증거에 기초하나, 미래의 사건이나 상황이 연결회사의 계속기업으로서 존속을 중단시킬 수 있습니다.
- 공시를 포함한 연결재무제표의 전반적인 표시와 구조 및 내용을 평가하고, 연결재무제표의 기초가 되는 거래와 사건을 재무제표가 공정한 방식으로 표시하고 있는지 여부를 평가합니다.
- 연결재무제표에 대한 의견을 표명하기 위해 기업의 재무정보 또는 그룹내의 사업활동과 관련된 충분하고 적합한 감사증거를 입수합니다. 우리는 그룹감사의 지휘, 감독 및 수행에 대한 책임이 있으며 감사의견에 대한 전적인 책임이 있습니다.

우리는 여러 가지 사항들 중에서 계획된 감사범위와 시기 그리고 감사 중 식별된 유의적 내부통제 미비점 등 유의적인 감사의 발견사항에 대하여 지배기구와 커뮤니케이션합니다.

또한, 우리는 독립성에 대한 관련 윤리적 요구사항들을 준수하고, 우리의 독립성 문제와 관련된다고 판단되는 모든 관계와 기타사항들 및 해당되는 경우 관련 제도적 안전장치를 지배기구와 커뮤니케이션한다는 진술을 지배기구에게 제공합니다.

우리는 지배기구와 커뮤니케이션한 사항들 중에서 당기 연결재무제표감사에서 가장 유의적인 사항들을 핵심감사사항으로 결정합니다. 법규에서 해당 사항에 대하여 공개적인 공시를 배제하거나, 극히 드문 상황으로 우리가 감사보고서에 해당 사항을 기술함으로 인한 부정적 결과가 해당 커뮤니케이션에 따른 공익적 효익을 초과할 것으로 합리적으로 예상되어 해당 사항을 감사보고서에 커뮤니케이션해서는 안 된다고 결론을 내리는 경우가 아닌 한, 우리는 감사보고서에 이러한 사항들을 기술합니다.

기타 법규의 요구사항에 대한 보고

[감사보고서에서 이 문단의 형태와 내용은 감사인의 기타의 보고책임에 대한 성격에 따라 달라짐]

이 감사보고서의 근거가 된 감사를 실시한 업무수행이사는 *[이름]* 입니다.

서울특별시 XX구 XX로 XXX
X X 회 계 법 인
대표이사 X X X (인)

20X2년 X월 X일

이 감사보고서는 감사보고서일 현재로 유효한 것입니다. 따라서 감사보고서일 후 이 보고서를 열람하는 시점 사이에 첨부된 회사의 연결재무제표에 중요한 영향을 미칠 수 있는 사건이나 상황이 발생할 수도 있으며, 이로 인하여 이 감사보고서가 수정될 수도 있습니다.

1.3 공정표시체계 비상장기업 재무제표에 대한 감사보고서 (감사기준서 700 보론 사례 3 수정)

독립된 감사인의 감사보고서

ABC주식회사
주주 및 이사회 귀중

감사의견

우리는 ABC 주식회사(이하 "회사")의 재무제표를 감사하였습니다. 해당 재무제표는 20X1년 12월 31일 현재의 재무상태표, 동일로 종료되는 보고기간의 손익계산서(또는 포괄손익계산서), 자본변동표, 현금흐름표 그리고 유의적인 회계정책의 요약을 포함한 재무제표의 주석으로 구성되어 있습니다.

우리의 의견으로는 별첨된 회사의 재무제표는 회사의 20X1년 12월 31일 현재의 재무상태와 동일로 종료되는 보고기간의 재무성과 및 현금흐름을 한국채택국제회계기준(또는 일반기업회계기준)에 따라, 중요성의 관점에서 공정하게 표시하고 있습니다.

감사의견근거

우리는 대한민국의 회계감사기준에 따라 감사를 수행하였습니다. 이 기준에 따른 우리의 책임은 이 감사보고서의 재무제표감사에 대한 감사인의 책임 단락에 기술되어 있습니다. 우리는 재무제표감사와 관련된 대한민국의 윤리적 요구사항에 따라 회사로부터 독립적이며, 그러한 요구사항에 따른 기타의 윤리적 책임들을 이행하였습니다. 우리가 입수한 감사증거가 감사의견을 위한 근거로서 충분하고 적합하다고 우리는 믿습니다.

재무제표에 대한 경영진과 지배기구의 책임

경영진은 한국채택국제회계기준(또는 일반기업회계기준)에 따라 이 재무제표를 작성하고 공정하게 표시할 책임이 있으며, 부정이나 오류로 인한 중요한 왜곡표시가 없는 재무제표를 작성하는데 필요하다고 결정한 내부통제에 대해서도 책임이 있습니다.

경영진은 재무제표를 작성할 때, 회사의 계속기업으로서의 존속능력을 평가하고 해당되는 경우, 계속기업 관련 사항을 공시할 책임이 있습니다. 그리고 경영진이 기업을 청산하거나 영업을 중단할 의도가 없는 한, 회계의 계속기업전제의 사용에 대해서도 책임이 있습니다.

지배기구는 회사의 재무보고절차의 감시에 대한 책임이 있습니다.

재무제표감사에 대한 감사인의 책임

우리의 목적은 회사의 재무제표에 전체적으로 부정이나 오류로 인한 중요한 왜곡표시가 없는지에 대하여 합리적인 확신을 얻어 우리의 의견이 포함된 감사보고서를 발행하는데 있습니다. 합리적인 확신은 높은 수준의 확신을 의미하나, 감사기준에 따라 수행된 감사가 항상 중요한 왜곡표시를 발견한다는 것을 보장하지는 않습니다. 왜곡표시는 부정이나 오류로부터 발생할 수 있으며, 왜곡표시가 재무제표를 근거로 하는 이용자의 경제적 의사결정에 개별적으로 또는 집합적으로 영향을 미칠 것이 합리적으로 예상되면, 그 왜곡표시는 중요하다고 간주됩니다.

감사기준에 따른 감사의 일부로서 우리는 감사의 전 과정에 걸쳐 전문가적 판단을 수행하고 전문가적 의구심을 유지하고 있습니다. 또한, 우리는:

- 부정이나 오류로 인한 재무제표의 중요왜곡표시위험을 식별하고 평가하며 그러한 위험에 대응하는 감사절차를 설계하고 수행합니다. 그리고 감사의견의 근거로서 충분하고 적합한 감사증거를 입수합니다. 부정은 공모, 위조, 의도적인 누락, 허위진술 또는 내부통제 무력화가 개입될 수 있기 때문에 부정으로 인한 중요한 왜곡표시를 발견하지 못할 위험은 오류로 인한 위험보다 큽니다.
- 상황에 적합한 감사절차를 설계하기 위하여 감사와 관련된 내부통제를 이해합니다. 그러나 이는 내부통제의 효과성에 대한 의견을 표명하기 위한 것이 아닙니다.
- 재무제표를 작성하기 위하여 경영진이 적용한 회계정책의 적합성과 경영진이 도출한 회계추정치와 관련 공시의 합리성에 대하여 평가합니다.
- 경영진이 사용한 회계의 계속기업전제의 적절성과, 입수한 감사증거를 근거로 계속기업으로서의 존속능력에 대하여 유의적 의문을 초래할 수 있는 사건이나, 상황과 관련된 중요한 불확실성이 존재하는지 여부에 대하여 결론을 내립니다. 중요한 불확실성이 존재한다고 결론을 내리는 경우, 우리는 재무제표의 관련 공시에 대하여 감사보고서에 주의를 환기시키고, 이들 공시가 부적절한 경우 의견을 변형시킬 것을 요구받고 있습니다. 우리의 결론은 감사보고서일까지 입수된 감사증거에 기초하나, 미래의 사건이나 상황이 회사의 계속기업으로서 존속을 중단시킬 수 있습니다.
- 공시를 포함한 재무제표의 전반적인 표시와 구조 및 내용을 평가하고, 재무제표의 기초가 되는 거래와 사건을 재무제표가 공정한 방식으로 표시하고 있는지 여부를 평가합니다.

우리는 여러 가지 사항들 중에서 계획된 감사범위와 시기 그리고 감사 중 식별된 유의적 내부통제 미비점 등 유의적인 감사의 발견사항에 대하여 지배기구와 커뮤니케이션합니다.

서울특별시 XX구 XX로 XXX
X X 회 계 법 인
대표이사 X X X (인)

20X2년 X월 X일

이 감사보고서는 감사보고서일 현재로 유효한 것입니다. 따라서 감사보고서일 후 이 보고서를 열람하는 시점 사이에 첨부된 회사의 재무제표에 중요한 영향을 미칠 수 있는 사건이나 상황이 발생할 수도 있으며, 이로 인하여 이 감사보고서가 수정될 수도 있습니다.

2. 한정의견 감사보고서

2.1 재무제표의 왜곡표시가 중요하지만 전반적이지 않은 경우
(감사기준서 705 보론 사례 1)

독립된 감사인의 감사보고서

ABC주식회사
주주 및 이사회 귀중

재무제표감사에 대한 보고

한정의견

우리는 ABC 주식회사(이하 "회사")의 재무제표를 감사하였습니다. 해당 재무제표는 20X1년 12월 31일 현재의 재무상태표, 동일로 종료되는 보고기간의 손익계산서(또는 포괄손익계산서), 자본변동표, 현금흐름표 그리고 유의적인 회계정책의 요약을 포함한 재무제표의 주석으로 구성되어 있습니다.

우리의 의견으로는 별첨된 회사의 재무제표는 이 감사보고서의 한정의견근거 단락에 기술된 사항이 미치는 영향을 제외하고는, 회사의 20X1년 12월 31일 현재의 재무상태와 동일로 종료되는 보고기간의 재무성과 및 현금흐름을 한국채택국제회계기준(또는 일반기업회계기준)에 따라, 중요성의 관점에서 공정하게 표시하고 있습니다.

한정의견근거

ABC 주식회사의 재무상태표에는 재고자산이 XXX원으로 계상되어 있습니다. 경영진은 재고자산을 취득원가와 순실현가능가치 중 낮은 금액으로 표시하지 아니하고, 취득원가로만 계상하였습니다. 이러한 회계처리는 한국채택국제회계기준(또는 일반기업회계기준)에 위배된 것입니다. 회사의 기록에 따르면, 만약 경영진이 취득원가와 순실현가능가치 중 낮은 금액으로 재고자산을 계상하였을 경우, 재고자산은 XXX원 만큼 감액되어 순실현가능가치로 계상되었어야 합니다. 따라서, 매출원가는 XXX원 만큼 증가되고, 법인세 비용과 당기순이익 그리고 자본은 각각 XXX원, XXX원 및 XXX원 만큼씩 감소되었을 것입니다.

우리는 대한민국의 회계감사기준에 따라 감사를 수행하였습니다. 이 기준에 따른 우리의 책임은 이 감사보고서의 재무제표감사에 대한 감사인의 책임 단락에 기술되어 있습니다. 우리는 재무제표 감사와 관련된 대한민국의 윤리적 요구사항에 따라 회사로부터 독립적이며, 그러한 요구사항에 따른 기타의 윤리적 책임들을 이행하였습니다. 우리가 입수한 감사증거가 한정의견을 위한 근거로서 충분하고 적합하다고 우리는 믿습니다.

핵심감사사항

핵심감사사항은 우리의 전문가적 판단에 따라 당기 재무제표감사에서 가장 유의적인 사항들입니다. 해당 사항들은 재무제표 전체에 대한 감사의 관점에서 우리의 의견형성 시 다루어졌으며, 우리는 이런 사항에 대하여 별도의 의견을 제공하지는 않습니다. 우리는 한정의견근거 단락에 기술된 사항에 추가하여, 아래에 기술된 사항을 이 감사보고서에서 커뮤니케이션할 핵심감사사항으로 결정하였습니다.

[감사기준서 701에 따른 핵심감사사항 각각에 대한 기술]

(핵심감사사항 1)
[재무제표의 관련 공시에 대한 언급, 해당 사항이 핵심감사사항으로 결정된 이유, 해당 사항이 감사에서 다루어진 방법]

(핵심감사사항 2)
[재무제표의 관련 공시에 대한 언급, 해당 사항이 핵심감사사항으로 결정된 이유, 해당 사항이 감사에서 다루어진 방법]

재무제표에 대한 경영진과 지배기구의 책임

[사례 1.1 참고]

재무제표감사에 대한 감사인의 책임

[사례 1.1 참고]

기타 법규의 요구사항에 대한 보고

[사례 1.1 참고]

이 감사보고서의 근거가 된 감사를 실시한 업무수행이사는 *[이름]* 입니다.

서울특별시 XX구 XX로 XXX
X X 회 계 법 인
대표이사　X X X (인)

20X2년 X월 X일

이 감사보고서는 감사보고서일 현재로 유효한 것입니다. 따라서 감사보고서일 후 이 보고서를 열람하는 시점 사이에 첨부된 회사의 재무제표에 중요한 영향을 미칠 수 있는 사건이나 상황이 발생할 수도 있으며, 이로 인하여 이 감사보고서가 수정될 수도 있습니다.

2.2 연결재무제표에 대한 충분하고 적합한 감사증거를 입수하지 못한 경우 (감사기준서 705 보론 사례 3)

독립된 감사인의 감사보고서

ABC주식회사
주주 및 이사회 귀중

연결재무제표감사에 대한 보고

한정의견

우리는 ABC 주식회사와 그 종속기업들(이하"연결회사")의 연결재무제표를 감사하였습니다. 해당 연결재무제표는 20X1년 12월 31일 현재의 연결재무상태표, 동일로 종료되는 보고기간의 연결손익계산서 (또는 연결포괄손익계산서), 연결자본변동표, 연결현금흐름표 그리고 유의적인 회계정책의 요약을 포함한 연결재무제표의 주석으로 구성되어 있습니다.

우리의 의견으로는 별첨된 연결회사의 연결재무제표는 이 감사보고서의 한정의견근거 단락에 기술된 사항이 미칠 수 있는 영향을 제외하고는, 연결회사의 20X1년 12월 31일 현재의 연결재무상태와 동일로 종료되는 보고기간의 연결재무성과 및 연결현금흐름을 한국채택국제회계기준(또는 일반기업회계기준)에 따라 중요성의 관점에서 공정하게 표시하고 있습니다.

한정의견근거

연결회사는 기중에 취득한 해외관계기업 XYZ에 대한 투자에 대하여 지분법으로 회계처리하고, 20X1년 12월 31일 현재 연결재무상태표에 XXX 원을 계상하고 있습니다. XYZ의 당기순이익 중 ABC 주식회사의 지분에 해당되는 금액은 ABC 주식회사의 동일로 종료되는 보고기간의 당기순이익에 포함되어 있습니다. 우리는 해외 관계기업 XYZ의 재무정보, 경영진 및 감사인에 대한 접근이 거절되어 20X1년 12월 31일 현재 ABC 주식회사가 XYZ에 대한 투자에 대하여 재무상태표에 계상한 금액, 그리고 XYZ의 당기순이익 중 ABC 주식회사의 지분에 해당되는 금액에 대하여 충분하고 적합한 감사증거를 입수할 수 없었습니다. 따라서 우리는 연결회사가 계상한 금액에 대하여 수정이 필요한지 여부를 결정할 수 없었습니다.

우리는 대한민국의 회계감사기준에 따라 감사를 수행하였습니다. 이 기준에 따른 우리의 책임은 이 감사보고서의 연결재무제표감사에 대한 감사인의 책임 단락에 기술되어 있습니다. 우리는 연결재무제표 감사와 관련된 대한민국의 윤리적 요구사항에 따라 연결회사로부터 독립적이며, 그러한 요구사항에 따른 기타의 책임들을 이행하였습니다. 우리가 입수한 감사증거가 한정의견을 위한 근거로서 충분하고 적합하다고 우리는 믿습니다.

핵심감사사항

핵심감사사항은 우리의 전문가적 판단에 따라 당기 연결재무제표감사에서 가장 유의적인 사항들입니다. 해당 사항들은 연결재무제표 전체에 대한 감사의 관점에서 우리의 의견형성 시 다루어졌으며, 우리는 이런 사항에 대하여 별도의 의견을 제공하지는 않습니다. 우리는 한정의견근거 단락에 기술된 사항에 추가하여, 아래에 기술된 사항을 이 감사보고서에서 커뮤니케이션할 핵심감사사항으로 결정하였습니다.

[감사기준서 701에 따른 핵심감사사항 각각에 대한 기술]

(핵심감사사항 1)
[재무제표의 관련 공시에 대한 언급, 해당 사항이 핵심감사사항으로 결정된 이유, 해당 사항이 감사에서 다루어진 방법]

(핵심감사사항 2)
[재무제표의 관련 공시에 대한 언급, 해당 사항이 핵심감사사항으로 결정된 이유, 해당 사항이 감사에서 다루어진 방법]

연결재무제표에 대한 경영진과 지배기구의 책임

[사례 1.2 참고]

연결재무제표감사에 대한 감사인의 책임

[사례 1.2 참고]

기타 법규의 요구사항에 대한 보고

[사례 1.2 참고]

이 감사보고서의 근거가 된 감사를 실시한 업무수행이사는 *[이름]* 입니다.

서울특별시 XX구 XX로 XXX
X X 회 계 법 인
대표이사 X X X (인)

20X2년 X월 X일

이 감사보고서는 감사보고서일 현재로 유효한 것입니다. 따라서 감사보고서일 후 이 보고서를 열람하는 시점 사이에 첨부된 회사의 연결재무제표에 중요한 영향을 미칠 수 있는 사건이나 상황이 발생할 수도 있으며, 이로 인하여 이 감사보고서가 수정될 수도 있습니다.

2.3 기타 한정의견 근거의 예시

(비교표시 재무제표의 미공시로 인한 재무제표의 왜곡표시)

한정의견근거

재무제표에 대한 주석 1에서 서술하고 있는 바와 같이, 회사의 재무제표는 기업회계기준서 제1001호(또는 일반기업회계기준 문단 2.12)에서 요구하는 비교정보를 포함하지 않고 있습니다.

(영업권 손상관련 정보에 대한 충분하고 적합한 감사증거를 입수할 수 없는 경우)

한정의견 근거

20X1년 12월 31일 현재 회사의 재무상태표에는 XXX백만원의 영업권이 계상되어 있습니다. 당기 중 회사의 종속기업인 DEF주식회사의 유의적인 영업손실은 기업회계기준서 제1036호에 따른 영업권의 손상징후로 파악되었습니다. 그러나 경영진은 관련 영업권에 대한 손상검사를 수행하지 아니하였으며, 이로 인하여 우리는 관련 영업권의 장부가액에 대하여 충분하고 적합한 감사증거를 입수할 수 없었습니다.

3. 부적정의견 감사보고서

3.1 재무제표의 왜곡표시가 중요하고 전반적인 경우 (감사기준서 705 보론 사례 2 수정)

독립된 감사인의 감사보고서

ABC주식회사
주주 및 이사회 귀중

재무제표감사에 대한 보고

부적정의견

우리는 ABC주식회사(이하"회사")의 재무제표를 감사하였습니다. 해당 재무제표는 20X1년 12월 31일 현재의 재무상태표, 동일로 종료되는 보고기간의 손익계산서(또는 포괄손익계산서), 자본변동표, 현금흐름표 그리고 유의적인 회계정책의 요약을 포함한 재무제표의 주석으로 구성되어 있습니다.

우리의 의견으로는 별첨된 회사의 재무제표는 이 감사보고서의 부적정의견근거 단락에서 기술된 사항의 유의성 때문에 회사의 20X1년 12월 31일 현재의 재무상태와 동일로 종료되는 보고기간의 재무성과 및 현금흐름을 한국채택국제회계기준(또는 일반기업회계기준)에 따라 중요성의 관점에서 공정하게 표시하고 있지 않습니다.

부적정의견근거

주석X에서 설명된 바와 같이, 회사는 보유 중인 매도가능금융자산에 대하여 기업회계기준서 제1039호(또는 일반기업회계기준 제 6장)를 적용하여 공정가치로 회계처리하지 않고, 취득원가로 계상하고 있습니다. 매도가능금융자산을 기업회계기준서 제1039호에 따른 공정가치로 평가하였을 경우, 회사의 매도가능금융자산은 XXX백만원 감소되어야 합니다. 따라서 법인세 비용과 당기순이익 그리고 주주지분은 각각 XXX 백만원만큼씩 감소되었을 것입니다.

우리는 대한민국의 회계감사기준에 따라 감사를 수행하였습니다. 이 기준에 따른 우리의 책임은 이 감사보고서의 재무제표감사에 대한 감사인의 책임 단락에 기술되어 있습니다. 우리는 재무제표 감사와 관련된 대한민국의 윤리적 요구사항에 따라 회사로부터 독립적이며, 그러한 요구사항에 따른 기타의 윤리적 책임들을 이행하였습니다. 우리가 입수한 감사증거가 부적정의견을 위한 근거로서 충분하고 적합하다고 우리는 믿습니다.

핵심감사사항

핵심감사사항은 우리의 전문가적 판단에 따라 당기 재무제표감사에서 가장 유의적인 사항들입니다. 해당 사항들은 재무제표 전체에 대한 감사의 관점에서 우리의 의견형성시 다루어졌으며, 우리는 이런 사항에 대하여 별도의 의견을 제공하지는 않습니다. 우리는 부적정의견근거 단락에 기술된 사항에 추가하여, 아래에 기술된 사항을 이 감사보고서에서 커뮤니케이션할 핵심감사사항으로 결정하였습니다.

[감사기준서 701에 따른 핵심감사사항 각각에 대한 기술]

(핵심감사사항 1)
[재무제표의 관련 공시에 대한 언급, 해당 사항이 핵심감사사항으로 결정된 이유, 해당 사항이 감사에서 다루어진 방법]

(핵심감사사항 2)
[재무제표의 관련 공시에 대한 언급, 해당 사항이 핵심감사사항으로 결정된 이유, 해당 사항이 감사에서 다루어진 방법]

재무제표에 대한 경영진과 지배기구의 책임

[사례 1.1 참고]

재무제표감사에 대한 감사인의 책임

[사례 1.1 참고]

기타 법규의 요구사항에 대한 보고

[사례 1.1 참고]

이 감사보고서의 근거가 된 감사를 실시한 업무수행이사는 *[이름]* 입니다.

서울특별시 XX구 XX로 XXX
X X 회 계 법 인
대표이사 X X X (인)

20X2년 X월 X일

이 감사보고서는 감사보고서일 현재로 유효한 것입니다. 따라서 감사보고서일 후 이 보고서를 열람하는 시점 사이에 첨부된 회사의 재무제표에 중요한 영향을 미칠 수 있는 사건이나 상황이 발생할 수도 있으며, 이로 인하여 이 감사보고서가 수정될 수도 있습니다.

3.2 연결재무제표의 왜곡표시가 중요하고 전반적인 경우 (감사기준서 705 보론 사례 2)

독립된 감사인의 감사보고서

ABC주식회사
주주 및 이사회 귀중

연결재무제표감사에 대한 보고

부적정의견

우리는 ABC 주식회사와 그 종속기업들(이하"연결회사")의 연결재무제표를 감사하였습니다. 해당 연결재무제표는 20X1년 12월 31일 현재의 연결재무상태표, 동일로 종료되는 보고기간의 연결손익계산서 (또는 연결포괄손익계산서), 연결자본변동표, 연결현금흐름표 그리고 유의적인 회계정책의 요약을 포함한 연결재무제표의 주석으로 구성되어 있습니다.

우리의 의견으로는 별첨된 연결회사의 연결재무제표는 이 감사보고서의 부적정의견 근거 단락에 기술된 사항의 유의성 때문에 연결회사의 20X1년 12월 31일 현재의 연결재무상태와 동일로 종료되는 보고기간의 연결재무성과 및 연결현금흐름을 한국채택국제회계기준(또는 일반기업회계기준)에 따라 중요성의 관점에서 공정하게 표시하고 있지 않습니다.

부적정의견 근거

주석 X에서 설명된 바와 같이, 연결회사는 20X1년 중에 취득한 종속기업 XYZ의 중요한 자산과 부채에 대하여 취득일 현재의 공정가치를 아직 결정하지 못하여 종속기업 XYZ의 재무제표를 연결하지 않았습니다. 따라서 회사는 이 종속기업에 대한 투자를 취득원가 기준으로 회계처리 하였습니다. 한국채택국제회계기준(또는 일반기업회계기준)에 따르면 회사는 종속기업 XYZ를 연결하고 잠정금액에 근거하여 회계처리 하여야 합니다. XYZ 종속기업이 연결대상에 포함되었다면, 별첨된 연결재무제표의 많은 요소들이 중요하게 영향을 받을 것입니다. 종속기업 XYZ의 재무제표가 연결대상에 포함되지 않았으므로 별첨 연결재무제표에 미치는 영향은 결정되지 아니하였습니다.

우리는 대한민국의 회계감사기준에 따라 감사를 수행하였습니다. 이 기준에 따른 우리의 책임은 이 감사보고서의 연결재무제표감사에 대한 감사인의 책임 단락에 기술되어 있습니다. 우리는 연결재무제표 감사와 관련된 대한민국의 윤리적 요구사항에 따라 연결회사로부터 독립적이며, 그러한 요구사항에 따른 기타의 윤리적 책임들을 이행하였습니다. 우리가 입수한 감사증거가 부적정의견을 위한 근거로서 충분하고 적합하다고 우리는 믿습니다.

핵심감사사항

핵심감사사항은 우리의 전문가적 판단에 따라 당기 연결재무제표감사에서 가장 유의적인 사항들입니다. 해당 사항들은 연결재무제표 전체에 대한 감사의 관점에서 우리의 의견형성 시 다루어졌으며, 우리는 이런 사항에 대하여 별도의 의견을 제공하지는 않습니다. 우리는 부적정의견근거 단락에 기술된 사항에 추가하여, 아래에 기술된 사항을 이 감사보고서에서 커뮤니케이션할 핵심감사사항으로 결정하였습니다.

[감사기준서 701에 따른 핵심감사사항 각각에 대한 기술]

(핵심감사사항 1)
[재무제표의 관련 공시에 대한 언급, 해당 사항이 핵심감사사항으로 결정된 이유, 해당 사항이 감사에서 다루어진 방법]

(핵심감사사항 2)
[재무제표의 관련 공시에 대한 언급, 해당 사항이 핵심감사사항으로 결정된 이유, 해당 사항이 감사에서 다루어진 방법]

연결재무제표에 대한 경영진과 지배기구의 책임

[사례 1.2 참고]

연결재무제표감사에 대한 감사인의 책임

[사례 1.2 참고]

기타 법규의 요구사항에 대한 보고

[사례 1.2 참고]

이 감사보고서의 근거가 된 감사를 실시한 업무수행이사는 *[이름]* 입니다.

서울특별시 XX구 XX로 XXX
X X 회 계 법 인
대표이사 X X X (인)

20X2년 X월 X일

이 감사보고서는 감사보고서일 현재로 유효한 것입니다. 따라서 감사보고서일 후 이 보고서를 열람하는 시점 사이에 첨부된 회사의 연결재무제표에 중요한 영향을 미칠 수 있는 사건이나 상황이 발생할 수도 있으며, 이로 인하여 이 감사보고서가 수정될 수도 있습니다.

4. 의견거절 감사보고서

4.1 재무제표의 한 구성요소에 대해 충분하고 적합한 감사증거를 입수하지 못한 경우

(감사기준서 705 보론 사례 4 수정)

독립된 감사인의 감사보고서

ABC주식회사
주주 및 이사회 귀중

재무제표감사에 대한 보고

의견거절

우리는 ABC 주식회사(이하"회사")의 재무제표에 대한 감사계약을 체결하였습니다. 해당 재무제표는 20X1년 12월 31일 현재의 재무상태표, 동일로 종료되는 보고기간의 손익계산서(또는 포괄손익계산서), 자본변동표, 현금흐름표 그리고 유의적인 회계정책의 요약을 포함한 재무제표의 주석으로 구성되어 있습니다.

우리는 별첨된 회사의 재무제표에 대하여 의견을 표명하지 않습니다. 우리는 이 감사보고서의 의견거절근거 단락에서 기술된 사항의 유의성 때문에 재무제표에 대한 감사의견의 근거를 제공하는 충분하고 적합한 감사증거를 입수할 수 없었습니다.

의견거절근거

회사는 X국 소재 조인트벤처 XYZ에 대한 투자에 대하여 재무상태표에 XXX원을계상하고 있습니다. 이는 20X1년 12월 31일 현재 회사 순자산의 90%를 초과하고 있습니다. 우리는 조인트벤처 XYZ의 감사인의 감사문서를 비롯하여 XYZ의 경영진과 감사인에 대한 접근이 허용되지 않았습니다. 이에 따라 우리는 회사가 공동으로 지배하는 XYZ의 자산에 대한 비례지분, 회사가 공동으로 책임을 지는 XYZ의 부채에 대한 비례지분 및 XYZ의 당기순이익과 비용에 대한 비례지분 그리고 자본변동표와 현금흐름표의 구성요소들에 관하여 수정이 필요한지 여부를 결정할 수 없었습니다.

재무제표에 대한 경영진과 지배기구의 책임

[사례 1.1 참고]

재무제표감사에 대한 감사인의 책임

우리의 책임은 대한민국의 회계감사기준에 따라 회사의 재무제표를 감사하고 감사보고서를 발행하는데 있습니다. 그러나 우리는 이 감사보고서의 의견거절근거 단락에서 기술된 사항의 유의성 때문에 해당 재무제표에 대한 감사의견의 근거를 제공하는 충분하고 적합한 감사증거를 입수할 수 없었습니다.

우리는 재무제표 감사와 관련된 대한민국의 윤리적 요구사항에 따라 회사로부터 독립적이며, 그러한 요구사항에 따른 기타의 윤리적 책임들을 이행하였습니다.

기타 법규의 요구사항에 대한 보고

[사례 1.1 참고]

서울특별시 XX구 XX로 XXX
X X 회 계 법 인
대표이사 X X X (인)

20X2년 X월 X일

이 감사보고서는 감사보고서일 현재로 유효한 것입니다. 따라서 감사보고서일 후 이 보고서를 열람하는 시점 사이에 첨부된 회사의 재무제표에 중요한 영향을 미칠 수 있는 사건이나 상황이 발생할 수도 있으며, 이로 인하여 이 감사보고서가 수정될 수도 있습니다.

4.2 연결재무제표의 한 구성요소에 대해 충분하고 적합한 감사증거를 입수하지 못한 경우

(감사기준서 705 보론 사례 4)

독립된 감사인의 감사보고서

ABC주식회사
주주 및 이사회 귀중

연결재무제표감사에 대한 보고

의견거절

우리는 ABC 주식회사와 그 종속기업들(이하"연결회사")의 연결재무제표에 대한 감사계약을 체결하였습니다. 해당 연결재무제표는 20X1년 12월 31일 현재의 연결재무상태표, 동일로 종료되는 보고기간의 연결손익계산서(또는 연결포괄손익계산서), 연결자본변동표, 연결현금흐름표 그리고 유의적인 회계정책의 요약을 포함한 연결재무제표의 주석으로 구성되어 있습니다.

우리는 별첨된 연결회사의 연결재무제표에 대하여 의견을 표명하지 않습니다. 우리는 이 감사보고서의 의견거절근거 단락에서 기술된 사항의 유의성 때문에 연결재무제표에 대한 감사의견의 근거를 제공하는 충분하고 적합한 감사증거를 입수할 수 없었습니다.

의견거절근거

연결회사는 조인트벤처 XYZ에 대한 투자에 대하여 연결재무상태표에 XXX 원을 계상하고 있습니다. 이는 20X1년 12월 31일 현재 연결회사 순자산의 90%를 초과하고 있습니다. 우리는 조인트벤처 XYZ의 감사인의 감사문서를 비롯하여 XYZ의 경영진과 감사인에 대한 접근이 허용되지 않았습니다. 이에 따라 우리는 연결회사가 공동으로 지배하는 XYZ의 자산에 대한 비례지분, 연결회사가 공동으로 책임을 지는 XYZ의 부채에 대한 비례지분 및 XYZ의 당기순이익과 비용에 대한 비례지분 그리고 연결자본변동표와 연결현금흐름표의 구성요소들에 수정이 필요한지 여부를 결정할 수 없었습니다.

연결재무제표에 대한 경영진과 지배기구의 책임

[사례 1.2 참고]

연결재무제표감사에 대한 감사인의 책임

우리의 책임은 대한민국의 회계감사기준에 따라 연결회사의 연결재무제표를 감사하고 감사보고서를 발행하는데 있습니다. 그러나 우리는 이 감사보고서의 의견거절근거 단락에서 기술된 사항의 유의성 때문에 해당 연결재무제표에 대한 감사의견의 근거를 제공하는 충분하고 적합한 감사증거를 입수할 수 없었습니다.

우리는 연결재무제표 감사와 관련된 대한민국의 윤리적 요구사항에 따라 연결회사로부터 독립적이며, 그러한 요구사항에 따른 기타의 윤리적 책임들을 이행하였습니다.

기타 법규의 요구사항에 대한 보고

[사례 1.2 참고]

서울특별시 XX구 XX로 XXX
X X 회 계 법 인
대표이사 X X X (인)

20X2년 X월 X일

이 감사보고서는 감사보고서일 현재로 유효한 것입니다. 따라서 감사보고서일 후 이 보고서를 열람하는 시점 사이에 첨부된 회사의 연결재무제표에 중요한 영향을 미칠 수 있는 사건이나 상황이 발생할 수도 있으며, 이로 인하여 이 감사보고서가 수정될 수도 있습니다.

4.3 재무제표의 다수 구성요소에 대해 충분하고 적합한 감사증거를 입수하지 못한 경우

(감사기준서 705 보론 사례 5)

독립된 감사인의 감사보고서

ABC주식회사
주주 및 이사회 귀중

재무제표감사에 대한 보고

의견거절

우리는 ABC 주식회사(이하 "회사")의 재무제표에 대한 감사계약을 체결하였습니다. 해당 재무제표는 20X1년 12월 31일 현재의 재무상태표, 동일로 종료되는 보고기간의 손익계산서(또는 포괄손익계산서), 자본변동표, 현금흐름표 그리고 유의적인 회계정책의 요약을 포함한 재무제표의 주석으로 구성되어 있습니다.

우리는 별첨된 회사의 재무제표에 대하여 의견을 표명하지 않습니다. 우리는 이 감사보고서의 의견거절근거 단락에서 기술된 사항의 유의성 때문에 재무제표에 대한 감사의견의 근거를 제공하는 충분하고 적합한 감사증거를 입수할 수 없었습니다.

의견거절근거

우리는 20X1년 12월 31일 이후까지 회사의 감사인으로 선임되지 않았으며, 이에 우리는 당 보고기간의 기초와 기말의 재고자산 실사에 입회하지 못하였습니다. 우리는 회사의 재무상태표에 계상된 20X0년과 20X1년 12월 31일 현재의 재고자산 XXX원과 XXX원에 대하여 대체적인 방법으로도 그 수량에 대하여 만족할 수 없었습니다. 뿐만 아니라 회사가 20X1년 9월에 새로 도입한 매출채권전산시스템에 다수의 오류가 발생하였습니다. 경영진은 보고서일 현재 상기 시스템의 미비점을 교정하고 오류를 수정하는 과정에 있습니다. 우리는 회사의 재무상태표에 계상된 20X1년 12월 31일 현재의 매출채권 잔액 XXX에 대하여 대체적인 방법으로도 이를 확인하거나 검증할 수 없었습니다. 이와 같은 사항들의 결과, 우리는 기록되었거나 기록되지 아니한 재고자산과 매출채권, 그리고 손익계산서, 자본변동표, 현금흐름표의 구성요소에 관하여 수정이 필요한 사항이 발견되었을 것인지 여부를 결정할 수 없었습니다.

재무제표에 대한 경영진과 지배기구의 책임

[사례 1.1 참고]

재무제표감사에 대한 감사인의 책임

우리의 책임은 대한민국의 회계감사기준에 따라 회사의 재무제표를 감사하고 감사보고서를 발행하는데 있습니다. 그러나 우리는 이 감사보고서의 의견거절근거 단락에서 기술된 사항의 유의성 때문에 해당 재무제표에 대한 감사의견의 근거를 제공하는 충분하고 적합한 감사증거를 입수할 수 없었습니다.

우리는 재무제표 감사와 관련된 대한민국의 윤리적 요구사항에 따라 회사로부터 독립적이며, 그러한 요구사항에 따른 기타의 윤리적 책임들을 이행하였습니다.

기타 법규의 요구사항에 대한 보고

[사례 1.1 참고]

서울특별시 XX구 XX로 XXX
X X 회 계 법 인
대표이사 X X X (인)

20X2년 X월 X일

이 감사보고서는 감사보고서일 현재로 유효한 것입니다. 따라서 감사보고서일 후 이 보고서를 열람하는 시점 사이에 첨부된 회사의 재무제표에 중요한 영향을 미칠 수 있는 사건이나 상황이 발생할 수도 있으며, 이로 인하여 이 감사보고서가 수정될 수도 있습니다.

4.4 다수의 불확실성이 관련된 극히 드문 상황에서 재무제표에 대한 의견을 형성하는 것이 가능하지 않다고 결론을 내리는 경우 (감사기준서 705 문단 10)

다수의 불확실성이 관련된 극히 드문 상황에서 감사인이 각각의 불확실성에 대해 충분하고 적합한 감사증거를 입수하였음에도 불구하고 이들 개별 불확실성 사이의 잠재적 상호작용과 이들 불확실성이 재무제표에 미칠 수 있는 누적적 영향 때문에 재무제표에 대한 의견을 형성하는 것이 가능하지 않다고 결론을 내리는 경우의 사례

독립된 감사인의 감사보고서

ABC주식회사
주주 및 이사회 귀중

재무제표감사에 대한 보고

의견거절

우리는 ABC 주식회사(이하"회사")의 재무제표에 대한 감사계약을 체결하였습니다. 해당 재무제표는 20X1년 12월 31일 현재의 재무상태표, 동일로 종료되는 보고기간의 손익계산서(또는 포괄손익계산서), 자본변동표, 현금흐름표 그리고 유의적인 회계정책의 요약을 포함한 재무제표의 주석으로 구성되어 있습니다.

우리는 별첨된 회사의 재무제표에 대하여 의견을 표명하지 않습니다. 우리는 이 감사보고서의 의견거절근거 단락에서 기술된 사항의 유의성 때문에 재무제표에 대한 감사의견의 근거를 제공하는 충분하고 적합한 감사증거를 입수할 수 없었습니다.

의견거절 근거

우리는 다음 사항과 관련하여 재무제표에 공시된 유의적 불확실성의 영향을 고려하였습니다.

[불확실성 사례1 기술]

[불확실성 사례2 기술]

우리는 상기 불확실성 사이의 잠재적 상호작용으로 인해 이들 불확실성의 누적적 영향에 관해 충분하고 적합한 감사증거를 입수할 수 없었습니다.

재무제표에 대한 경영진과 지배기구의 책임

[사례 1.1 참고]

재무제표감사에 대한 감사인의 책임

우리의 책임은 대한민국의 회계감사기준에 따라 회사의 재무제표를 감사하고 감사보고서를 발행하는데 있습니다. 그러나 우리는 이 감사보고서의 의견거절근거 단락에서 기술된 사항의 유의성 때문에 해당 재무제표에 대한 감사의견의 근거를 제공하는 충분하고 적합한 감사증거를 입수할 수 없었습니다.

우리는 재무제표 감사와 관련된 대한민국의 윤리적 요구사항에 따라 회사로부터 독립적이며, 그러한 요구사항에 따른 기타의 윤리적 책임들을 이행하였습니다.

기타 법규의 요구사항에 대한 보고

[사례 1.1 참고]

이 감사보고서의 근거가 된 감사를 실시한 업무수행이사는 *[이름]* 입니다.

서울특별시 XX구 XX로 XXX
X X 회 계 법 인
대표이사 X X X (인)

20X2년 X월 X일

이 감사보고서는 감사보고서일 현재로 유효한 것입니다. 따라서 감사보고서일 후 이 보고서를 열람하는 시점 사이에 첨부된 회사의 재무제표에 중요한 영향을 미칠 수 있는 사건이나 상황이 발생할 수도 있으며, 이로 인하여 이 감사보고서가 수정될 수도 있습니다.

5. 계속기업 관련 중요한 불확실성

5.1 중요한 불확실성이 존재하고 재무제표에 대한 공시가 적절하다고 결론 내린 경우(적정의견)

(감사기준서 570 보론 사례 1)

독립된 감사인의 감사보고서

ABC주식회사
주주 및 이사회 귀중

재무제표감사에 대한 보고

감사의견

우리는 ABC 주식회사(이하 "회사")의 재무제표를 감사하였습니다. 해당 재무제표는 20X1년 12월 31일 현재의 재무상태표, 동일로 종료되는 보고기간의 손익계산서(또는 포괄손익계산서), 자본변동표, 현금흐름표 그리고 유의적인 회계정책의 요약을 포함한 재무제표의 주석으로 구성되어 있습니다.

우리의 의견으로는 별첨된 회사의 재무제표는 회사의 20X1년 12월 31일 현재의 재무상태와 동일로 종료되는 보고기간의 재무성과 및 현금흐름을 한국채택국제회계기준(또는 일반기업회계기준)에 따라, 중요성의 관점에서 공정하게 표시하고 있습니다.

감사의견근거

우리는 대한민국의 회계감사기준에 따라 감사를 수행하였습니다. 이 기준에 따른 우리의 책임은 이 감사보고서의 재무제표감사에 대한 감사인의 책임 단락에 기술되어 있습니다. 우리는 재무제표감사와 관련된 대한민국의 윤리적 요구사항에 따라 회사로부터 독립적이며, 그러한 요구사항에 따른 기타의 윤리적 책임들을 이행하였습니다. 우리가 입수한 감사증거가 감사의견을 위한 근거로서 충분하고 적합하다고 우리는 믿습니다.

계속기업 관련 중요한 불확실성

재무제표에 대한 주석 XXX에 주의를 기울여야 할 필요가 있습니다. 재무제표에 대한 주석 XXX은 20X1년 12월 31일로 종료되는 보고기간에 순손실 ZZZ 가 발생하였고, 재무제표일 현재로 기업의 유동부채가 총자산보다 YYY 만큼 더 많음을 나타내고 있습니다. 주석 XXX에서 기술된 바와 같이, 이러한 사건이나 상황은 주석 XXX에서 설명하고 있는 다른 사항과 더불어 계속기업으로서의 존속능력에 유의적 의문을 제기할 만한 중요한 불확실성이 존재함을 나타냅니다. 우리의 의견은 이 사항으로부터 영향을 받지 아니합니다.

핵심감사사항

핵심감사사항은 우리의 전문가적 판단에 따라 당기 재무제표감사에서 가장 유의적인 사항들입니다. 해당 사항들은 재무제표 전체에 대한 감사의 관점에서 우리의 의견형성시 다루어졌으며, 우리는 이런 사항에 대하여 별도의 의견을 제공하지는 않습니다. 우리는 계속기업 관련 중요한 불확실성 단락에 기술된 사항에 추가하여, 아래에 기술된 사항을 이 감사보고서에서 커뮤니케이션할 핵심감사사항으로 결정하였습니다.

[감사기준서 701에 따른 핵심감사사항 각각에 대한 기술]

(핵심감사사항 1)

[재무제표의 관련 공시에 대한 언급, 해당 사항이 핵심감사사항으로 결정된 이유, 해당 사항이 감사에서 다루어진 방법]

(핵심감사사항 2)

[재무제표의 관련 공시에 대한 언급, 해당 사항이 핵심감사사항으로 결정된 이유, 해당 사항이 감사에서 다루어진 방법]

재무제표에 대한 경영진과 지배기구의 책임

[사례 1.1 참고]

재무제표감사에 대한 감사인의 책임

[사례 1.1 참고]

기타 법규의 요구사항에 대한 보고

[사례 1.1 참고]

이 감사보고서의 근거가 된 감사를 실시한 업무수행이사는 *[이름]* 입니다.

서울특별시 XX구 XX로 XXX
X X 회 계 법 인
대표이사 X X X (인)

20X2년 X월 X일

이 감사보고서는 감사보고서일 현재로 유효한 것입니다. 따라서 감사보고서일 후 이 보고서를 열람하는 시점 사이에 첨부된 회사의 재무제표에 중요한 영향을 미칠 수 있는 사건이나 상황이 발생할 수도 있으며, 이로 인하여 이 감사보고서가 수정될 수도 있습니다.

5.2 청산가치를 기반으로 한 재무제표의 작성(적정의견)
(감사기준서 570 문단 A27)

회사가 한국채택국제회계기준 제1001호 문단 25 및 일반기업회계기준 문단 2.5에 따라 관련 공시를 하고 감사인이 이에 대하여 강조사항을 기재하는 경우

독립된 감사인의 감사보고서

ABC주식회사
주주 및 이사회 귀중

재무제표감사에 대한 보고

감사의견

우리는 ABC 주식회사(이하 "회사")의 재무제표를 감사하였습니다. 해당 재무제표는 20X1년 12월 31일 현재의 재무상태표, 동일로 종료되는 보고기간의 손익계산서(또는 포괄손익계산서), 자본변동표, 현금흐름표 그리고 유의적인 회계정책의 요약을 포함한 재무제표의 주석으로 구성되어 있습니다.

우리의 의견으로는 별첨된 회사의 재무제표는 회사의 20X1년 12월 31일 현재의 재무상태와 동일로 종료되는 보고기간의 재무성과 및 현금흐름을 한국채택국제회계기준(또는 일반기업회계기준)에 따라, 중요성의 관점에서 공정하게 표시하고 있습니다.

감사의견근거

우리는 대한민국의 회계감사기준에 따라 감사를 수행하였습니다. 이 기준에 따른 우리의 책임은 이 감사보고서의 재무제표감사에 대한 감사인의 책임 단락에 기술되어 있습니다. 우리는 재무제표감사와 관련된 대한민국의 윤리적 요구사항에 따라 회사로부터 독립적이며, 그러한 요구사항에 따른 기타의 윤리적 책임들을 이행하였습니다. 우리가 입수한 감사증거가 감사의견을 위한 근거로서 충분하고 적합하다고 우리는 믿습니다.

핵심감사사항

[사례 1.1 참고]

재무제표에 대한 경영진과 지배기구의 책임

[사례 1.1 참고]

재무제표감사에 대한 감사인의 책임

[사례 1.1 참고]

강조사항

감사의견에는 영향을 미치지 않는 사항으로서, 이용자는 재무제표에 대한 주석 X에 주의를 기울여야 할 필요가 있습니다. 재무제표에 대한 주석 X에 기술하고 있는 바와 같이, 회사는 20X1년 X월 X일 주주총회의 결의에 따라 20X2년 중 청산될 예정에 있습니다. 이에 따라 회사의 재무제표는 청산가치를 기반으로 작성되었습니다.

기타 법규의 요구사항에 대한 보고

[사례 1.1 참고]

이 감사보고서의 근거가 된 감사를 실시한 업무수행이사는 *[이름]* 입니다.

서울특별시 XX구 XX로 XXX
X X 회 계 법 인
대표이사 X X X (인)

20X2년 X월 X일

이 감사보고서는 감사보고서일 현재로 유효한 것입니다. 따라서 감사보고서일 후 이 보고서를 열람하는 시점 사이에 첨부된 회사의 재무제표에 중요한 영향을 미칠 수 있는 사건이나 상황이 발생할 수도 있으며, 이로 인하여 이 감사보고서가 수정될 수도 있습니다.

5.3 중요한 불확실성이 존재하고 부적절한 공시로 인하여 재무제표가 중요하게 왜곡표시되어 있다고 결론 내린 경우(한정의견)

(감사기준서 570 보론 사례 2)

독립된 감사인의 감사보고서

ABC주식회사
주주 및 이사회 귀중

재무제표감사에 대한 보고

한정의견

우리는 ABC 주식회사(이하 "회사")의 재무제표를 감사하였습니다. 해당 재무제표는 20X1년 12월 31일 현재의 재무상태표, 동일로 종료되는 보고기간의 손익계산서(또는 포괄손익계산서), 자본변동표, 현금흐름표 그리고 유의적인 회계정책의 요약을 포함한 재무제표의 주석으로 구성되어 있습니다.

우리의 의견으로는 별첨된 회사의 재무제표는 이 감사보고서의 한정의견근거 단락에서 언급된 정보의 불완전한 공시를 제외하고는 회사의 20X1년 12월 31일 현재의 재무상태와 동일로 종료되는 보고기간의 재무성과 및 현금흐름을 한국채택국제회계기준(또는 일반기업회계기준)에 따라, 중요성의 관점에서 공정하게 표시하고 있습니다.

한정의견근거

주석 yy에서 논의된 바와 같이, 회사의 금융약정은 20x2년 3월 19일에 종료되며 잔액은 해당 일자로 상환되어야 합니다. 회사는 재협상을 결론짓거나 이를 대체할 자금조달 수단을 마련하지 못하였습니다. 이 상황은 계속기업으로서의 존속능력에 유의적 의문을 제기할 수 있는 중요한 불확실성의 존재를 나타냅니다. 재무제표에는 이 사실이 적절하게 공시되지 않았습니다.

우리는 대한민국의 회계감사기준에 따라 감사를 수행하였습니다. 이 기준에 따른 우리의 책임은 이 감사보고서의 재무제표감사에 대한 감사인의 책임 단락에 기술되어 있습니다. 우리는 재무제표감사와 관련된 대한민국의 윤리적 요구사항에 따라 회사로부터 독립적이며, 그러한 요구사항에 따른 기타의 윤리적 책임들을 이행하였습니다. 우리가 입수한 감사증거가 한정의견을 위한 근거를 제공하는데 충분하고 적합하다고 우리는 믿습니다.

핵심감사사항

[사례 2.1 참고]

재무제표에 대한 경영진과 지배기구의 책임

[사례 1.1 참고]

재무제표감사에 대한 감사인의 책임

[사례 1.1 참고]

기타 법규의 요구사항에 대한 보고

[사례 1.1 참고]

이 감사보고서의 근거가 된 감사를 실시한 업무수행이사는 *[이름]* 입니다.

서울특별시 XX구 XX로 XXX
X X 회 계 법 인
대표이사 X X X (인)

20X2년 X월 X일

이 감사보고서는 감사보고서일 현재로 유효한 것입니다. 따라서 감사보고서일 후 이 보고서를 열람하는 시점 사이에 첨부된 회사의 재무제표에 중요한 영향을 미칠 수 있는 사건이나 상황이 발생할 수도 있으며, 이로 인하여 이 감사보고서가 수정될 수도 있습니다.

5.4 중요한 불확실성이 존재하고 회계의 계속기업전제에 대한 평가를 경영진이 기피하는 경우(한정의견)

(감사기준서 570 문단24, A35)

독립된 감사인의 감사보고서

ABC주식회사
주주 및 이사회 귀중

재무제표감사에 대한 보고

한정의견

우리는 ABC 주식회사(이하 "회사")의 재무제표를 감사하였습니다. 해당 재무제표는 20X1년 12월 31일 현재의 재무상태표, 동일로 종료되는 보고기간의 손익계산서(또는 포괄손익계산서), 자본변동표, 현금흐름표 그리고 유의적인 회계정책의 요약을 포함한 재무제표의 주석으로 구성되어 있습니다.

우리의 의견으로는 별첨된 회사의 재무제표는 이 감사보고서의 한정의견근거 단락에서 기술된 사항이 미칠 수 있는 영향을 제외하고는 회사의 20X1년 12월 31일 현재의 재무상태와 동일로 종료되는 보고기간의 재무성과 및 현금흐름을 한국채택국제회계기준(또는 일반기업회계기준)에 따라, 중요성의 관점에서 공정하게 표시하고 있습니다.

한정의견근거

경영진은 회계의 계속기업전제의 적정성을 평가하기 위하여 재무제표일로부터 9개월간의 기간에 대하여 자금수지분석 및 기타 정보를 준비하였습니다. 그러나 회사의 재무상태와 영업의 특징을 고려할 때, 적어도 재무제표일로부터 12개월의 기간에 발생될 사건이나 상황이 계속기업으로서의 존속능력의 평가에 미칠 수 있는 잠재적 유의성에 대한 평가가 필요합니다. 만약 이러한 정보가 제공되었다면 재무제표에 대한 우리의 의견이 달라질 수도 있습니다.

우리는 대한민국의 회계감사기준에 따라 감사를 수행하였습니다. 이 기준에 따른 우리의 책임은 이 감사보고서의 재무제표감사에 대한 감사인의 책임 단락에 기술되어 있습니다. 우리는 재무제표감사와 관련된 대한민국의 윤리적 요구사항에 따라 회사로부터 독립적이며, 그러한 요구사항에 따른 기타의 윤리적 책임들을 이행하였습니다. 우리가 입수한 감사증거가 한정의견을 위한 근거를 제공하는데 충분하고 적합하다고 우리는 믿습니다.

핵심감사사항

[사례 2.1 참고]

재무제표에 대한 경영진과 지배기구의 책임

[사례 1.1 참고]

재무제표감사에 대한 감사인의 책임

[사례 1.1 참고]

기타 법규의 요구사항에 대한 보고

[사례 1.1 참고]

이 감사보고서의 근거가 된 감사를 실시한 업무수행이사는 *[이름]* 입니다.

서울특별시 XX구 XX로 XXX
X X 회 계 법 인
대표이사 X X X (인)

20X2년 X월 X일

이 감사보고서는 감사보고서일 현재로 유효한 것입니다. 따라서 감사보고서일 후 이 보고서를 열람하는 시점 사이에 첨부된 회사의 재무제표에 중요한 영향을 미칠 수 있는 사건이나 상황이 발생할 수도 있으며, 이로 인하여 이 감사보고서가 수정될 수도 있습니다.

5.5 중요한 불확실성이 존재하고 재무제표에 중요한 불확실성 관련 요구된 공시가 누락되어 있다고 결론 내린 경우(부적정의견)

(감사기준서 570 보론 사례 3)

독립된 감사인의 감사보고서

ABC주식회사
주주 및 이사회 귀중

재무제표감사에 대한 보고

부적정의견

우리는 ABC 주식회사(이하 "회사")의 재무제표를 감사하였습니다. 해당 재무제표는 20X1년 12월 31일 현재의 재무상태표, 동일로 종료되는 보고기간의 손익계산서(또는 포괄손익계산서), 자본변동표, 현금흐름표 그리고 유의적인 회계정책의 요약을 포함한 재무제표의 주석으로 구성되어 있습니다.

우리의 의견으로는 별첨된 회사의 재무제표는 이 감사보고서의 부적정의견근거 단락에 언급된 정보의 누락 때문에 회사의 20X1년 12월 31일 현재의 재무상태와 동일로 종료되는 보고기간의 재무성과 및 현금흐름을 한국채택국제회계기준(또는 일반기업회계기준)에 따라 중요성의 관점에서 공정하게 표시하고 있지 아니합니다.

부적정의견근거

회사의 금융약정은 20x1년 12월 31일에 종료되며, 잔액은 해당 일자로 상환되어야 합니다. 회사는 재협상을 결정하거나 이를 대체할 자금조달 수단을 마련하지 못하였으며, 파산신청을 고려하고 있습니다. 이러한 상황은 계속기업으로서의 존속능력에 유의적 의문을 초래할 수 있는 중요한 불확실성이 존재함을 나타냅니다. 재무제표에는 이와 같은 사실이 적절히 공시되지 않았습니다.

우리는 대한민국의 회계감사기준에 따라 감사를 수행하였습니다. 이 기준에 따른 우리의 책임은 이 감사보고서의 재무제표감사에 대한 감사인의 책임 단락에 기술되어 있습니다. 우리는 재무제표감사와 관련된 대한민국의 윤리적 요구사항에 따라 회사로부터 독립적이며, 그러한 요구사항에 따른 기타의 윤리적 책임들을 이행하였습니다. 우리가 입수한 감사증거가 부적정의견을 위한 근거를 제공하는데 충분하고 적합하다고 우리는 믿습니다.

핵심감사사항

[사례 3.1 참고]

재무제표에 대한 경영진과 지배기구의 책임

[사례 1.1 참고]

재무제표감사에 대한 감사인의 책임

[사례 1.1 참고]

기타 법규의 요구사항에 대한 보고

[사례 1.1 참고]

이 감사보고서의 근거가 된 감사를 실시한 업무수행이사는 *[이름]* 입니다.

서울특별시 XX구 XX로 XXX
X X 회 계 법 인
대표이사 X X X (인)

20X2년 X월 X일

이 감사보고서는 감사보고서일 현재로 유효한 것입니다. 따라서 감사보고서일 후 이 보고서를 열람하는 시점 사이에 첨부된 회사의 재무제표에 중요한 영향을 미칠 수 있는 사건이나 상황이 발생할 수도 있으며, 이로 인하여 이 감사보고서가 수정될 수도 있습니다.

5.6 중요한 불확실성이 존재하고 회계의 계속기업전제 사용이 부적합한 경우(부적정의견)

(감사기준서 570 문단21, A26)

독립된 감사인의 감사보고서

ABC주식회사
주주 및 이사회 귀중

재무제표감사에 대한 보고

부적정의견

우리는 ABC 주식회사(이하 "회사")의 재무제표를 감사하였습니다. 해당 재무제표는 20X1년 12월 31일 현재의 재무상태표, 동일로 종료되는 보고기간의 손익계산서(또는 포괄손익계산서), 자본변동표, 현금흐름표 그리고 유의적인 회계정책의 요약을 포함한 재무제표의 주석으로 구성되어 있습니다.

우리의 의견으로는 별첨된 회사의 재무제표는 이 감사보고서의 부적정의견근거 단락에 기술된 사항의 유의성으로 때문에 회사의 20X1년 12월 31일 현재의 재무상태와 동일로 종료되는 보고기간의 재무성과 및 현금흐름을 한국채택국제회계기준(또는 일반기업회계기준)에 따라 중요성의 관점에서 공정하게 표시하고 있지 아니합니다.

부적정의견근거

회사의 재무제표는 회사가 계속기업으로서 존속한다는 가정을 전제로 작성되었으므로 회사의 자산과 부채가 정상적인 사업활동과정을 통하여 회수되거나 상환될 수 있다는 가정 하에 회계처리되었습니다. 그러나 재무제표에 대한 주석 X에서 설명하고 있는 바와 같이, 회사는 20X2년 X월 X일에 이사회 결의를 통하여 영업정지를 결정하고 이를 공시하였습니다. 이에 따라 회사는 모든 신규 사업수주를 중단하였으며, 진행중인 소송에 대응하고 있습니다.

또한 재무제표에 대한 주석 Y에서 설명하고 있는 바와 같이, 회사는 20X2년 X월 X일에 예정된 주주총회에서 회사의 해산을 결의할 예정에 따라 현재로서 계속기업으로서의 존속가능성은 극히 불확실합니다. 따라서 회사의 영업이익에 의한 자금창출과 적절한 자본조달 등 정상적인 사업활동과정을 통하여 회사의 자산과 부채가 회수되고 상환된다는 회계의 계속기업전제의 사용은 부적합하다고 판단됩니다.

우리는 대한민국의 회계감사기준에 따라 감사를 수행하였습니다. 이 기준에 따른 우리의 책임은 이 감사보고서의 재무제표감사에 대한 감사인의 책임 단락에 기술되어 있습니다. 우리는 재무제표감사와 관련된 대한민국의 윤리적 요구사항에 따라 회사로부터 독립적이며, 그러한 요구사항에 따른 기타의 윤리적 책임들을 이행하였습니다. 우리가 입수한 감사증거가 부적정의견을 위한 근거를 제공하는데 충분하고 적합하다고 우리는 믿습니다.

핵심감사사항

[사례 3.1 참고]

재무제표에 대한 경영진과 지배기구의 책임

[사례 1.1 참고]

재무제표감사에 대한 감사인의 책임

[사례 1.1 참고]

기타 법규의 요구사항에 대한 보고

[사례 1.1 참고]

이 감사보고서의 근거가 된 감사를 실시한 업무수행이사는 *[이름]* 입니다.

서울특별시 XX구 XX로 XXX
X X 회 계 법 인
대표이사 X X X (인)

20X2년 X월 X일

이 감사보고서는 감사보고서일 현재로 유효한 것입니다. 따라서 감사보고서일 후 이 보고서를 열람하는 시점 사이에 첨부된 회사의 재무제표에 중요한 영향을 미칠 수 있는 사건이나 상황이 발생할 수도 있으며, 이로 인하여 이 감사보고서가 수정될 수도 있습니다.

5.7 회계의 계속기업전제와 관련된 유의적인 여러 가지의 중요한 불확실성이 있으며 이로 인하여 충분하고 적합한 감사증거를 입수하지 못한 경우(의견거절)

(감사기준서 570 문단 18, A21-A22)

독립된 감사인의 감사보고서

ABC주식회사
주주 및 이사회 귀중

재무제표감사에 대한 보고

의견거절

우리는 ABC 주식회사(이하"회사")의 재무제표에 대한 감사계약을 체결하였습니다. 해당 재무제표는 20X1년 12월 31일 현재의 재무상태표, 동일로 종료되는 보고기간의 손익계산서(또는 포괄손익계산서), 자본변동표, 현금흐름표 그리고 유의적인 회계정책의 요약을 포함한 재무제표의 주석으로 구성되어 있습니다.

우리는 별첨된 회사의 재무제표에 대하여 의견을 표명하지 않습니다. 우리는 이 감사보고서의 의견거절근거 단락에서 기술된 사항의 유의성 때문에 재무제표에 대한 감사의견의 근거를 제공하는 충분하고 적합한 감사증거를 입수할 수 없었습니다.

의견거절근거

회사의 재무제표는 회사가 계속기업으로서 존속한다는 가정을 전제로 작성되었으므로, 회사의 자산과 부채가 정상적인 사업활동과정을 통하여 회수되거나 상환될 수 있다는 가정 하에 회계처리되었습니다. 그러나 재무제표에 대한 주석 X에서 설명하고 있는 바와 같이, 회사는 20X1년 12월 31일로 종료되는 회계연도에 영업손실이 XXX백만원이며 당기순손실이 XXX백만원입니다. 그리고 동일자 현재로 유동부채가 유동자산을 XXX백만원 초과하고 있으며, 총부채가 총자산을 XXX백만원 초과하고 있습니다. 또한 주석 X에서 설명하고 있는 바와 같이, 동일자 현재로 관계회사에 대한 지급보증액 XXX백만원에 대한 우발채무를 지고 있습니다. 이러한 상황은 회사의 계속기업으로의 존속능력에 대하여 유의적인 의문을 초래합니다. 회사가 계속기업으로서 존속할지의 여부는 주석 X에서 설명하고 있는 회사의 향후 자금조달계획과 생산, 판매, 재무 등 경영개선계획의 성패와 우발채무의 최종결과에 따라 좌우되는 중요한 불확실성을 내포하고 있습니다. 그러나 이러한 불확실성의 최종결과로 발생될 수도 있는 자산과 부채 및 관련 손익항목에 대한 수정을 위해 이를 합리적으로 추정할 수 있는 감사증거를 확보할 수 없었습니다.

재무제표에 대한 경영진과 지배기구의 책임

[사례 1.1 참고]

재무제표감사에 대한 감사인의 책임

우리의 책임은 대한민국의 회계감사기준에 따라 회사의 재무제표를 감사하고 감사보고서를 발행하는데 있습니다. 그러나 우리는 이 감사보고서의 의견거절근거 단락에서 기술된 사항의 유의성 때문에 해당 재무제표에 대한 감사의견의 근거를 제공하는 충분하고 적합한 감사증거를 입수할 수 없었습니다.

우리는 재무제표 감사와 관련된 대한민국의 윤리적 요구사항에 따라 회사로부터 독립적이며, 그러한 요구사항에 따른 기타의 윤리적 책임들을 이행하였습니다.

기타 법규의 요구사항에 대한 보고

[사례 1.1 참고]

서울특별시 XX구 XX로 XXX
X X 회 계 법 인
대표이사 X X X (인)

20X2년 X월 X일

이 감사보고서는 감사보고서일 현재로 유효한 것입니다. 따라서 감사보고서일 후 이 보고서를 열람하는 시점 사이에 첨부된 회사의 재무제표에 중요한 영향을 미칠 수 있는 사건이나 상황이 발생할 수도 있으며, 이로 인하여 이 감사보고서가 수정될 수도 있습니다.

5.8 경영진이 회계의 계속기업전제 사용의 적정성에 대한 평가를 하지 않은 경우(의견거절)

(감사기준서 570 문단 24, A35)

독립된 감사인의 감사보고서

ABC주식회사
주주 및 이사회 귀중

재무제표감사에 대한 보고

의견거절

우리는 ABC 주식회사(이하"회사")의 재무제표에 대한 감사계약을 체결하였습니다. 해당 재무제표는 20X1년 12월 31일 현재의 재무상태표, 동일로 종료되는 보고기간의 손익계산서(또는 포괄손익계산서), 자본변동표, 현금흐름표 그리고 유의적인 회계정책의 요약을 포함한 재무제표의 주석으로 구성되어 있습니다.

우리는 별첨된 회사의 재무제표에 대하여 의견을 표명하지 않습니다. 우리는 이 감사보고서의 의견거절근거 단락에서 기술된 사항의 유의성 때문에 재무제표에 대한 감사의견의 근거를 제공하는 충분하고 적합한 감사증거를 입수할 수 없었습니다.

의견거절근거

[회계의 계속기업전제에 유의적 의문을 제기하는 사건이나 상황에 대한 설명]

이러한 회계의 계속기업전제에 유의적 의문을 제기하는 상황에도 불구하고 회사의 경영진은 회계의 계속기업전제에 대한 평가를 수행하지 않았으며, 이로 인해 우리는 회계의 계속기업전제의 사용이 적합한지에 대한 충분하고 적합한 감사증거를 입수할 수 없었습니다.

재무제표에 대한 경영진과 지배기구의 책임

[사례 1.1 참고]

재무제표감사에 대한 감사인의 책임

우리의 책임은 대한민국의 회계감사기준에 따라 회사의 재무제표를 감사하고 감사보고서를 발행하는데 있습니다. 그러나 우리는 이 감사보고서의 의견거절근거 단락에서 기술된 사항의 유의성 때문에 해당 재무제표에 대한 감사의견의 근거를 제공하는 충분하고 적합한 감사증거를 입수할 수 없었습니다.

우리는 재무제표 감사와 관련된 대한민국의 윤리적 요구사항에 따라 회사로부터 독립적이며, 그러한 요구사항에 따른 기타의 윤리적 책임들을 이행하였습니다.

기타 법규의 요구사항에 대한 보고

[사례 1.1 참고]

서울특별시 XX구 XX로 XXX
X X 회 계 법 인
대표이사 X X X (인)

20X2년 X월 X일

이 감사보고서는 감사보고서일 현재로 유효한 것입니다. 따라서 감사보고서일 후 이 보고서를 열람하는 시점 사이에 첨부된 회사의 재무제표에 중요한 영향을 미칠 수 있는 사건이나 상황이 발생할 수도 있으며, 이로 인하여 이 감사보고서가 수정될 수도 있습니다.

6. 핵심감사사항[7)]

6.1 핵심감사사항에 대한 기술

(감사기준서 706 보론3 사례)

핵심감사사항 단락, 강조사항문단 및 기타사항문단을 포함하는 감사보고서 사례

7) 감사기준서701(감사보고서 핵심감사사항 커뮤니케이션)은 적용대상 별로 다음 각 일자 이후 종료하는 보고기간의 재무제표에 대한 감사부터 시행된다. 2018년 12월 15일 이후 종료하는 보고기간의 재무제표 대한 감사부터 조기적용이 가능하다.(감사기준서701 문단6)

독립된 감사인의 감사보고서

ABC주식회사
주주 및 이사회 귀중

재무제표감사에 대한 보고

감사의견

우리는 ABC 주식회사(이하 "회사")의 재무제표를 감사하였습니다. 해당 재무제표는 20X1년 12월 31일 현재의 재무상태표, 동일로 종료되는 보고기간의 손익계산서(또는 포괄손익계산서), 자본변동표, 현금흐름표 그리고 유의적인 회계정책의 요약을 포함한 재무제표의 주석으로 구성되어 있습니다.

우리의 의견으로는 별첨된 회사의 재무제표는 회사의 20X1년 12월 31일 현재의 재무상태와 동일로 종료되는 보고기간의 재무성과 및 현금흐름을 한국채택국제회계기준(또는 일반기업회계기준)에 따라, 중요성의 관점에서 공정하게 표시하고 있습니다.

감사의견근거

우리는 대한민국의 회계감사기준에 따라 감사를 수행하였습니다. 이 기준에 따른 우리의 책임은 이 감사보고서의 재무제표감사에 대한 감사인의 책임 단락에 기술되어 있습니다. 우리는 재무제표감사와 관련된 대한민국의 윤리적 요구사항에 따라 회사로부터 독립적이며, 그러한 요구사항에 따른 기타의 윤리적 책임들을 이행하였습니다. 우리가 입수한 감사증거가 감사의견을 위한 근거로서 충분하고 적합하다고 우리는 믿습니다.

강조사항8)

재무제표 이용자는 재무제표에 대한 주석 X 에 주의를 기울여야 할 필요가 있습니다. 재무제표에 대한 주석 X는 회사의 생산설비 화재의 영향을 기술하고 있습니다. 우리의 의견은 이 사항으로부터 영향을 받지 아니합니다.

핵심감사사항

핵심감사사항은 우리의 전문가적 판단에 따라 당기 재무제표감사에서 가장 유의적인 감사사항들 입니다. 해당 사항들은 전체재무제표감사의 관점에서 우리의 의견형성시 다루어졌으며, 우리는 이런 사항에 대하여 별도의 의견을 제공하지는 않습니다.

[감사기준서 701에 따른 각각의 핵심감사사항에 대한 기술]

(핵심감사사항 1)
[재무제표의 관련 공시에 대한 언급, 해당 사항이 핵심감사사항으로 결정된 이유, 해당 사항이 감사에서 다루어진 방법]

(핵심감사사항 2)
[재무제표의 관련 공시에 대한 언급, 해당 사항이 핵심감사사항으로 결정된 이유, 해당 사항이 감사에서 다루어진 방법]

기타사항

ABC 주식회사의 20X0년 12월 31일로 종료된 보고기간의 재무제표는 타감사인이 감사하였으며, 이 감사인의 20X1년 3월 31일자 감사보고서에는 해당 재무제표에 대하여 적정의견이 표명되었습니다.

재무제표에 대한 경영진과 지배기구의 책임

[사례 1.1 참고]

재무제표감사에 대한 감사인의 책임

[사례 1.1 참고]

기타 법규의 요구사항에 대한 보고

[사례 1.1 참고]

이 감사보고서의 근거가 된 감사를 실시한 업무수행이사는 *[이름]* 입니다.

8) 강조사항문단은 강조사항문단에 포함된 정보의 상대적 유의성에 대한 감사인의 판단에 근거하여, 핵심감사사항 단락 이전이나 다음에 직접적으로 표시될 수도 있다.(감사기준서706 문단 A16)

서울특별시 XX구 XX로 XXX
X X 회 계 법 인
대표이사 X X X (인)

20X2년 X월 X일

이 감사보고서는 감사보고서일 현재로 유효한 것입니다. 따라서 감사보고서일 후 이 보고서를 열람하는 시점 사이에 첨부된 회사의 재무제표에 중요한 영향을 미칠 수 있는 사건이나 상황이 발생할 수도 있으며, 이로 인하여 이 감사보고서가 수정될 수도 있습니다.

6.2 한정의견(부적정의견)을 표명한 경우 핵심감사사항에 대한 기술 (감사기준서 701 문단 15, A6-A7)

핵심감사사항

핵심감사사항은 우리의 전문가적 판단에 따라 당기 재무제표감사에서 가장 유의적인 사항들입니다. 해당 사항들은 재무제표 전체에 대한 감사의 관점에서 우리의 의견형성 시 다루어졌으며, 우리는 이런 사항에 대하여 별도의 의견을 제공하지는 않습니다. 우리는 한정의견(부적정의견)근거 단락에 기술된 사항에 추가하여, 아래에 기술된 사항을 이 감사보고서에서 커뮤니케이션할 핵심감사사항으로 결정하였습니다.

[감사기준서 701에 따른 핵심감사사항 각각에 대한 기술]

6.3 커뮤니케이션할 핵심감사사항이 없다고 결정한 경우 (감사기준서 701 문단 A58)

핵심감사사항

[한정의견(부적정의견)근거 단락 또는 계속기업 관련 중요한 불확실성 단락에 기술된 사항을 제외하고는,] 우리는 감사보고서에 보고해야 할 *[다른]* 핵심감사사항이 없다고 결정하였습니다.

7. 강조사항이 있는 감사보고서[9)]

7.1 소송사건과 관련한 중요한 불확실성 (감사기준서 706 문단 A5)

강조사항

이 보고서의 이용자는 회사의 재무제표에 대한 주석 X에 주의를 기울여야 할 필요가 있습니다. 재무제표에 대한 주석 X는 회사를 상대로 XYZ 주식회사가 소송을 제기하였으며, 소송의 결과는 불확실하다고 기술하고 있습니다. 우리의 의견은 이 사항과 관련하여 영향을 받지 아니합니다.

7.2 신규 제·개정된 중요한 회계기준의 조기적용 (감사기준서 706 문단 A5)

강조사항

감사의견에는 영향을 미치지 않는 사항으로서, 이용자는 재무제표에 대한 주석 X에 주의를 기울여야 할 필요가 있습니다. 재무제표에 대한 주석 X에 기술하고 있는 바와 같이, 회사는 개정된 기업회계기준서 제1115호를 조기적용하였습니다. 동 기준서는 20X1년 1월 1일 이후 개시하는 회계연도부터 적용하게 되어 있으며, 조기적용을 허용하고 있습니다.

9) 감사보고서 내 강조사항문단 또는 기타사항문단의 위치는 커뮤니케이션할 정보의 성격과 감사인의 판단에 따라 달라진다. 또한 "강조사항 - 후속사건"과 같이 "강조사항" 제목에 분연하는 문구로 추가할 수도 있다.(감사기준서 706 문단 A16)

7.3 주요 재해의 유의적인 영향

(감사기준서 706 문단 A5)

강조사항

감사의견에는 영향을 미치지 않는 사항으로서, 이용자는 재무제표에 대한 주석 X에 주의를 기울여야 할 필요가 있습니다. 재무제표에 대한 주석 X에 기술하고 있는 바와 같이, 회사는 당기중 XX소재 공장에서 화재가 발생하였으며, 이로 인하여 건물 및 기계장치 등에 손상이 발생하였으며, XX제품의 생산이 전면 중단된 상태입니다. 이와 관련하여 당기 유형자산손상차손 XXX백만원 및 재고자산평가손실 XXX백만원을 인식하였으며, 보험사로부터의 보상금액은 보험사와 협의 중에 있습니다.

7.4 감사보고서의 재발행

(감사기준서 560 문단 16)

강조사항

감사의견에는 영향을 미치지 않는 사항으로서, 이용자는 재무제표에 대한 주석 X에 주의를 기울여야 할 필요가 있습니다. 재무제표에 대한 주석 X에 기술하고 있는 바와 같이, 우리는 20X1년 12월 31일로 종료하는 보고기간의 재무제표에 대하여 감사를 실시하고 20X2년 X월 X일자로 감사보고서를 발행한 바 있습니다.

동일자 감사보고서에 첨부된 재무제표상의 매출채권 XXX백만원은 XXX백만원이 되어야 합니다. 이러한 수정사항을 반영하여 감사보고서를 재발행하게 되었습니다.

7.5 후속사건

(감사기준서 560 문단 12)

강조사항

감사의견에는 영향을 미치지 않는 사항으로서, 이용자는 재무제표에 대한 주석 X에 주의를 기울여야 할 필요가 있습니다. 주석 X에서 설명하고 있는 바와 같이, 회사는 20X2년 X월 X일자 이사회 결의 및 20X2년 Y월 Y일자 임시주주총회의 승인에 따라 20X2년 Z월 Z일에 ABC사업부문을 영위할 존속법인인 DEF회사와 브랜드 및 신사업부문 등을 영위할 신설법인인 GHI회사로 분할하였습니다.

7.6 강조사항이 여러 개 있는 경우

[사례1]

강조사항

감사의견에는 영향을 미치지 않는 사항으로서, 이용자는 다음 사항들에 주의를 기울여야 할 필요가 있습니다.

강조사항 소제목1

회사의 재무제표에 대한 주석 X에 기술되어 있는 바와 같이, *[강조사항에 대한 설명 기재]*

강조사항 소제목2

회사의 재무제표에 대한 주석 Y에 기술되어 있는 바와 같이, *[강조사항에 대한 설명 기재]*

…

[사례2]

강조사항

강조사항 소제목1

감사의견에는 영향을 미치지 않는 사항으로서, 이용자는 재무제표에 대한 주석 X에 주의를 기울여야 할 필요가 있습니다.

주석 X에 기술되어 있는 바와 같이, *[강조사항에 대한 설명 기재]*

강조사항 소제목2

감사의견에는 영향을 미치지 않는 사항으로서, 이용자는 재무제표에 대한 주석 Y에 주의를 기울여야 할 필요가 있습니다.

주석 Y에 기술되어 있는 바와 같이, *[강조사항에 대한 설명 기재]*

…

8. 기타사항이 있는 감사보고서

8.1 둘 이상의 재무보고체계에 대한 감사보고서 발행 관련 (감사기준서 706 문단 A8)

[감사인의 선택에 따라 의견문단 다음에 아래의 문구를 기재할 수 있음]

기타사항

본 감사보고서에 첨부되지는 아니하였으나, 회사는 20X1년 12월 31일로 종료되는 보고기간에 대해서 한국채택국제회계기준에 따른 별첨된 재무제표 외에 일반기업회계기준에 따른 재무제표도 작성하였습니다. 우리는 동 재무제표에 대하여도 감사를 수행하였으며, 20X1년 X월 X일자 감사보고서에서 적정의견을 표명하였습니다.

9. 기초잔액 감사미비와 관련된 감사보고서

9.1 기초잔액감사 미비로 인한 한정의견 (감사기준서 510 보론 사례 1)

독립된 감사인의 감사보고서

ABC주식회사
주주 및 이사회 귀중

재무제표감사에 대한 보고

한정의견

우리는 ABC 주식회사(이하 "회사")의 재무제표를 감사하였습니다. 해당 재무제표는 20X1년 12월 31일 현재의 재무상태표와 동일로 종료되는 보고기간의 손익계산서(또는 포괄손익계산서), 자본변동표, 현금흐름표 그리고 유의적인 회계정책의 요약을 포함한 재무제표의 주석으로 구성되어 있습니다.

우리의 의견으로는 별첨된 회사의 재무제표는 이 감사보고서의 한정의견근거 단락에 기술된 사항이 미칠 수 있는 영향을 제외하고는 회사의 20X1년 12월 31일 현재의 재무상태와 동일로 종료되는 보고기간의 재무성과 및 현금흐름을 한국채택국제회계기준(또는 일반기업회계기준)에 따라, 중요성의 관점에서 공정하게 표시하고 있습니다.

한정의견근거

우리는 20X1년 6월 30일에 회사의 감사인으로 선임되었기 때문에, 보고기간 개시일 현재의 재고자산 실사에 입회하지 못하였습니다. 대체적인 방법으로도 해당 20X0년 12월31일 현재 보유 중인 재고자산 수량에 대하여 만족할만한 결과를 얻지 못하였습니다. 기초 재고자산이 재무성과와 현금흐름의 결정에 영향을 미치기 때문에, 우리는 손익계산서에 보고된 연간 손익과 현금흐름표에 보고된 영업활동으로부터의 순 현금흐름에 수정을 요하는 사항이 있는지 여부에 대하여 결정할 수 없었습니다.

우리는 대한민국의 회계감사기준에 따라 감사를 수행하였습니다. 이 기준에 따른 우리의 책임은 이 감사보고서의 재무제표감사에 대한 감사인의 책임 단락에 기술되어 있습니다. 우리는 재무제표감사와 관련된 대한민국의 윤리적 요구사항에 따라 회사로부터 독립적이며, 그러한 요구사항에 따른 기타의 윤리적 책임들을 이행하였습니다. 우리가 입수한 감사증거가 한정의견을 위한 근거로서 충분하고 적합하다고 우리는 믿습니다.

핵심감사사항

[사례 2.1 참고]

기타사항

회사의 20X0년 12월 31일로 종료된 보고기간의 재무제표는 감사받지 않았습니다.

재무제표에 대한 경영진과 지배기구의 책임

[사례 1.1 참고]

재무제표감사에 대한 감사인의 책임

[사례 1.1 참고]

기타 법규의 요구사항에 대한 보고

[사례 1.1 참고]

이 감사보고서의 근거가 된 감사를 실시한 업무수행이사는 *[이름]* 입니다.

서울특별시 XX구 XX로 XXX
X X 회 계 법 인
대표이사 X X X (인)

20X2년 X월 X일

이 감사보고서는 감사보고서일 현재로 유효한 것입니다. 따라서 감사보고서일 후 이 보고서를 열람하는 시점 사이에 첨부된 회사의 재무제표에 중요한 영향을 미칠 수 있는 사건이나 상황이 발생할 수도 있으며, 이로 인하여 이 감사보고서가 수정될 수도 있습니다.

9.2 기초잔액감사미비로 인하여 재무상태에 대하여는 적정의견, 재무성과와 현금흐름에 대하여는 한정의견을 표명하는 경우

(감사기준서 510 보론 사례 2)

독립된 감사인의 감사보고서

ABC주식회사
주주 및 이사회 귀중

재무제표감사에 대한 보고

감사의견

우리는 ABC 주식회사(이하 "회사")의 재무제표를 감사하였습니다. 해당 재무제표는 20X1년 12월 31일 현재의 재무상태표와 동일로 종료되는 보고기간의 손익계산서(또는 포괄손익계산서), 자본변동표, 현금흐름표 그리고 유의적인 회계정책의 요약을 포함한 재무제표의 주석으로 구성되어 있습니다.

재무성과와 현금흐름에 대한 한정의견

우리의 의견으로는 별첨된 손익계산서와 현금흐름표는 이 감사보고서의 한정의견근거 단락에서 기술된 사항이 미칠 수 있는 영향을 제외하고는, 20X1년 12월 31일로 종료되는 보고기간의 재무성과 그리고 현금흐름의 내용을 한국채택국제회계기준(또는 일반기업회계기준)에 따라 중요성의 관점에서 공정하게 표시하고 있습니다.

재무상태에 대한 의견

우리의 의견으로는 별첨된 재무상태표는 회사의 20X1년 12월 31일 현재의 재무상태를 한국채택국제회계기준(또는 일반기업회계기준)에 따라 중요성의 관점에서 공정하게 표시하고 있습니다.

재무성과와 현금흐름에 대한 한정의견 근거를 포함한 감사의견근거

우리는 20X1년 6월 30일에 회사의 감사인으로 선임되었기 때문에, 보고기간 개시일 현재의 재고자산 실사에 입회하지 못하였습니다. 우리는 대체적인 방법으로도 20X0년 12월 31일 현재 보유 중인 재고자산 수량에 대하여 만족할 만한 결과를 얻지 못하였습니다. 기초 재고자산이 재무성과와 현금흐름의 결정에 영향을 미치기 때문에, 우리는 손익계산서에 보고된 연간손익과 현금흐름표에 보고된 영업활동으로부터의 순현금흐름에 수정을 요하는 사항이 있는지 여부를 결정할 수 없었습니다.

우리는 대한민국의 회계감사기준에 따라 감사를 수행하였습니다. 이 기준에 따른 우리의 책임은 이 감사보고서의 재무제표감사에 대한 감사인의 책임 단락에 기술되어 있습니다. 우리는 재무제표감사와 관련된 대한민국의 윤리적 요구사항에 따라 회사로부터 독립적이며, 그러한 요구사항에 따른 기타의 윤리적 책임들을 이행하였습니다. 우리가 입수한 감사증거가 재무상태는 적정의견, 그리고 재무성과와 현금흐름은 한정의견을 위한 근거로서 충분하고 적합하다고 우리는 믿습니다.

핵심감사사항

[사례 2.1 참고]

기타사항

회사의 20X0년 12월 31일로 종료된 보고기간의 재무제표는 타감사인이 감사하였으며, 이 감사인의 20X1년 3월 31일자 감사보고서에는 해당 재무제표에 대하여 적정의견이 표명되었습니다.

재무제표에 대한 경영진과 지배기구의 책임

[사례 1.1 참고]

재무제표감사에 대한 감사인의 책임

[사례 1.1 참고]

기타 법규의 요구사항에 대한 보고

[사례 1.1 참고]

이 감사보고서의 근거가 된 감사를 실시한 업무수행이사는 *[이름]* 입니다.

서울특별시 XX구 XX로 XXX
X X 회 계 법 인
대표이사 X X X (인)

20X2년 X월 X일

이 감사보고서는 감사보고서일 현재로 유효한 것입니다. 따라서 감사보고서일 후 이 보고서를 열람하는 시점 사이에 첨부된 회사의 재무제표에 중요한 영향을 미칠 수 있는 사건이나 상황이 발생할 수도 있으며, 이로 인하여 이 감사보고서가 수정될 수도 있습니다.

10. 비교재무제표에 대한 감사보고서

10.1 상장기업 재무제표의 양 회계연도에 대한 적정의견 (감사기준서 710 문단 15)

독립된 감사인의 감사보고서

ABC주식회사
주주 및 이사회 귀중

재무제표감사에 대한 보고

감사의견

우리는 ABC 주식회사(이하 "회사")의 재무제표를 감사하였습니다. 해당 재무제표는 재무제표는 20X1년 12월 31일과 20X0년 12월 31일 현재의 재무상태표, 동일로 종료되는 양 보고기간의 손익계산서(또는 포괄손익계산서), 자본변동표, 현금흐름표 그리고 유의적인 회계정책의 요약을 포함한 재무제표의 주석으로 구성되어 있습니다.

우리의 의견으로는 별첨된 회사의 재무제표는 회사의 20X1년 12월 31일과 20X0년 12월 31일 현재 현재의 재무상태와 동일로 종료되는 양 보고기간의 재무성과 및 현금흐름을 한국채택국제회계기준(또는 일반기업회계기준)에 따라, 중요성의 관점에서 공정하게 표시하고 있습니다.

감사의견근거

우리는 대한민국의 회계감사기준에 따라 감사를 수행하였습니다. 이 기준에 따른 우리의 책임은 이 감사보고서의 재무제표감사에 대한 감사인의 책임 단락에 기술되어 있습니다. 우리는 재무제표감사와 관련된 대한민국의 윤리적 요구사항에 따라 회사로부터 독립적이며, 그러한 요구사항에 따른 기타의 윤리적 책임을 이행하였습니다. 우리가 입수한 감사증거가 감사의견을 위한 근거로서 충분하고 적합하다고 우리는 믿습니다.

핵심감사사항

[사례 1.1 참고]

재무제표에 대한 경영진과 지배기구의 책임

[사례 1.1 참고]

재무제표감사에 대한 감사인의 책임

[사례 1.1 참고]

기타 법규의 요구사항에 대한 보고

[사례 1.1 참고]

이 감사보고서의 근거가 된 감사를 실시한 업무수행이사는 *[이름]* 입니다.

[감사인의 주소]
XXX 회계법인
대표이사 X X X (인)

20X2년 X월 X일

> 이 감사보고서는 감사보고서일 현재로 유효한 것입니다. 따라서 감사보고서일 후 이 보고서를 열람하는 시점 사이에 첨부된 회사의 재무제표에 중요한 영향을 미칠 수 있는 사건이나 상황이 발생할 수도 있으며, 이로 인하여 이 감사보고서가 수정될 수도 있습니다.

10.2 상장기업 재무제표의 양 회계연도에 대한 한정의견
(감사기준서 710 보론 사례 4)

독립된 감사인의 감사보고서

ABC주식회사의 주주 귀중

재무제표감사에 대한 보고

한정의견

우리는 ABC주식회사(이하"회사")의 재무제표를 감사하였습니다. 해당 재무제표는 20X1년 12월 31일과 20X0년 12월 31일 현재의 재무상태표, 동일로 종료되는 양 보고기간의 손익계산서(또는 포괄손익계산서), 자본변동표, 현금흐름표 그리고 유의적인 회계정책의 요약을 포함한 재무제표의 주석으로 구성되어 있습니다.

우리의 의견으로는 별첨된 회사의 재무제표는 한정의견근거 단락에 기술된 사항이 미치는 영향을 제외하고는 회사의 20X1년 12월 31일과 20X0년 12월 31일 현재의 재무상태와 동일로 종료되는 양 보고기간의 재무성과 및 현금흐름을 한국채택국제회계기준(또는 일반기업회계기준)에 따라 중요성의 관점에서 공정하게 표시하고 있습니다.

한정의견근거

재무제표에 대한 주석 X에서 논의된 바와 같이, 상기 재무제표에는 감가상각비가 반영되지 않았으며, 이는 한국채택국제회계기준(또는 일반기업회계기준)에 위배됩니다. 감가상각의 미실시는 경영진이 전기에 결정한 결과에 따른 것이며, 우리는 전기재무제표에 대하여 한정의견을 표명하였습니다. 정액법에 기초하여 건물에 대하여 연 5%, 기계장치에 대하여 연 20%의 상각률을 적용하면 20X1 보고기간과 20X0 보고기간의 당기순손실은 각각 XXX백만원과 XXX백만원이 증가되어야 하고, 유형자산은 20X1 년말과 20X0 년말에 각각 XXX백만원과 XXX백만원만큼의 감가상각누계액 해당액만큼 감소되어야 합니다. 또한 20X1 보고기간과 20X0 보고기간의 누적손실은 각각 XXX백만원과 XXX백만원만큼 증가되어야 합니다.

우리는 대한민국의 회계감사기준에 따라 감사를 수행하였습니다. 이 기준에 따른 우리의 책임은 이 감사보고서의 재무제표감사에 대한 감사인의 책임 단락에 기술되어 있습니다. 우리는 재무제표 감사와 관련된 대한민국의 윤리적 요구사항에 따라 회사로부터 독립적이며, 그러한 요구사항에 따른 기타의 윤리적 책임들을 이행하였습니다. 우리가 입수한 감사증거가 한정의견을 위한 근거로서 충분하고 적합하다고 우리는 믿습니다.

핵심감사사항

[사례 2.1 참고]

재무제표에 대한 경영진과 지배기구의 책임

[사례 1.1 참고]

재무제표감사에 대한 감사인의 책임

[사례 1.1 참고]

기타 법규의 요구사항에 대한 보고

[사례 1.1 참고]

이 감사보고서의 근거가 된 감사를 실시한 업무수행이사는 *[이름]* 입니다.

[감사인의 주소]
XXX 회계법인
대표이사　X X X (인)

20X2년 X월 X일

이 감사보고서는 감사보고서일 현재로 유효한 것입니다. 따라서 감사보고서일 후 이 보고서를 열람하는 시점 사이에 첨부된 회사의 재무제표에 중요한 영향을 미칠 수 있는 사건이나 상황이 발생할 수도 있으며, 이로 인하여 이 감사보고서가 수정될 수도 있습니다.

10.3 계속감사인이 전기에는 한정의견을 표명하였으나 당기에는 적정의견을 표명하는 경우

(감사기준서 710 문단 16)

전기 재무제표에 대하여 한정의견을 표명하였으나 의견변형을 초래하게 된 사항이 해결되어 당기 재무제표에 대하여 적정의견을 표명하는 경우

독립된 감사인의 감사보고서

ABC주식회사의 주주 귀중

재무제표감사에 대한 보고

감사의견

우리는 ABC주식회사(이하"회사")의 재무제표를 감사하였습니다. 해당 재무제표는 20X1년 12월 31일 현재의 재무상태표, 동일로 종료되는 보고기간의 손익계산서(또는 포괄손익계산서), 자본변동표, 현금흐름표 그리고 유의적인 회계정책의 요약을 포함한 재무제표의 주석으로 구성되어 있습니다.

우리의 의견으로는 별첨된 회사의 재무제표는 회사의 20X1년 12월 31일 현재의 재무상태와 동일로 종료되는 보고기간의 재무성과 및 현금흐름을 한국채택국제회계기준(또는 일반기업회계기준)에 따라, 중요성의 관점에서 공정하게 표시하고 있습니다.

감사의견근거

우리는 대한민국의 회계감사기준에 따라 감사를 수행하였습니다. 이 기준에 따른 우리의 책임은 이 감사보고서의 연결재무제표감사에 대한 감사인의 책임 단락에 기술되어 있습니다. 우리는 재무제표감사와 관련된 대한민국의 윤리적 요구사항에 따라 연결회사로부터 독립적이며, 그러한 요구사항에 따른 기타의 윤리적 책임을 이행하였습니다. 우리가 입수한 감사증거가 감사의견을 위한 근거로서 충분하고 적합하다고 우리는 믿습니다.

핵심감사사항

[사례 2.1 참고]

기타사항

회사의 20X0년 12월 31일로 종료되는 재무제표는 우리가 감사하였으며, 20X1년 X

월 X일자 감사보고서에는 계속기업 가정의 불확실성에 대한 부적절한 공시로 인한 한정의견이 표명되었습니다.

재무제표에 대한 경영진과 지배기구의 책임

[사례 1.1 참고]

재무제표감사에 대한 감사인의 책임

[사례 1.1 참고]

기타 법규의 요구사항에 대한 보고

[사례 1.1 참고]

이 감사보고서의 근거가 된 감사를 실시한 업무수행이사는 *[이름]* 입니다.

[감사인의 주소]
XXX 회계법인
대표이사　X X X (인)

20X2년 X월 X일

이 감사보고서는 감사보고서일 현재로 유효한 것입니다. 따라서 감사보고서일 후 이 보고서를 열람하는 시점 사이에 첨부된 회사의 재무제표에 중요한 영향을 미칠 수 있는 사건이나 상황이 발생할 수도 있으며, 이로 인하여 이 감사보고서가 수정될 수도 있습니다.

10.4 계속감사인의 전기 재무제표에 대한 사후수정(강조사항)
(감사기준서 710 문단 A6)

전기 재무제표에 대한 사후수정에 대하여 강조사항을 기재하고자 하는 경우

강조사항

감사의견에는 영향을 미치지 않는 사항으로서, 이용자는 회사의 재무제표에 대한 주석 X에 주의를 기울여야 할 필요가 있습니다. 재무제표에 대한 주석 X에서 설명하는 바와 같이, 20X1년 2월 25일자 감사보고서에 첨부된 20X0년 12월 31일로 종료되는 회계연도 재무제표의 당기순이익과 미처분이익잉여금이 대손충당금 XXX백만원의 과소계상으로 인하여 각각 XXX백만원만큼 과대계상되어 있습니다. 따라서, 비교표시된 전년도 재무제표는 이러한 수정사항을 반영하여 재작성된 것입니다.

10.5 계속감사인이 전기재무제표에 대해 다른 재무보고체계에 따른 감사의견도 표명한 경우(기타사항)

[감사인의 선택에 따라 의견문단 다음에 아래의 문구를 기재할 수 있음]

기타사항

본 감사보고서에 첨부되지는 아니하였으나, 회사는 비교표시된 한국채택국제회계기준에 따른 전기재무제표 외에 [다른 재무보고체계, 예를 들면 일반기업회계기준]에 따른 재무제표도 작성하였습니다. 우리는 동 재무제표에 대하여도 감사를 수행하였으며, 20X1년 X월 X일자 감사보고서에서 적정의견을 표명하였습니다.

10.6 전기 재무제표를 타감사인이 감사한 경우

10.6.1 전기재무제표에 대한 전기감사인의 감사의견 기재(기타사항)
(감사기준서 710 보론 사례 3)

기타사항
회사의 20X0년 12월 31일로 종료되는 보고기간의 재무제표는 타감사인이 감사하였으며, 이 감사인의 20X1년 X월 X일자 감사보고서에는 적정의견이 표명되었습니다.

10.6.2 전기감사인이 감사한 전기재무제표에 대한 사후수정의 반영(기타사항) (감사기준서 710 문단 18과 문단 A11)

기타사항
회사의 20X0년 12월 31일로 종료되는 보고기간의 재무제표는 타감사인이 감사하였으며, 이 감사인의 20X1년 X월 X일자 감사보고서에는 적정의견이 표명되었습니다. 한편 해당 감사인이 적정의견을 표명한 재무제표는 재무제표에 대한 주석 X에서 기술되어 있는 조정사항들을 반영하기 전의 재무제표이며, 비교표시된 20X0년 12월 31일로 종료되는 재무제표는 해당 조정사항이 반영된 재무제표입니다.

[감사인이 감사계약을 체결하고, 수정의 적절성에 대해 만족할 만큼 충분하고 적합한 감사증거를 얻은 경우에는 다음의 문단을 포함시킬 수 있음]

우리는 20X1 재무제표에 대한 감사의 일부로서, 재무제표에 대한 주석 X에서 설명하는 바와 같이, 20X0 재무제표를 수정하기 위해 적용된 조정사항들에 대하여도 감사를 수행하였습니다. 우리의 의견으로는, 해당 조정사항들은 적절하며 바르게 적용되었습니다. 우리는 위의 조정사항을 제외하고는, 회사의 20X0 재무제표에 대해 감사나 검토, 기타 어떠한 계약도 체결하지 않았습니다. 따라서 우리는 20X0 재무제표 전체에 대하여 감사의견 또는 기타 어떠한 형태의 확신도 표명하지 아니합니다.

10.7 전기 재무제표를 감사받지 않은 경우

10.7.1 전기 재무제표를 감사받지 않은 경우(기타사항) (감사기준서 710 문단 14)

기타사항
회사의 20X0년 12월 31일로 종료되는 재무제표는 감사받지 않았습니다.

10.7.2 한국채택국제회계기준 최초적용연도의 계속감사인이 당기에 대한 감사의견만 표명하는 경우(기타사항)

기타사항
회사의 20X0년 12월 31일로 종료되는 보고기간의 재무제표는 감사를 받지 않았습니다.

[감사인의 선택에 따라 의견문단 다음에 아래의 문구를 기재할 수 있음]

본 감사보고서에는 첨부되지 않았으나, 회사는 일반기업회계기준에 따라 20X0년 12월 31일 종료하는 회계연도의 재무제표를 작성하였습니다. 우리는 동 재무제표에 대해서도 감사를 수행하였으며, 20X1년 2월 X일자 감사보고서에서 적정의견을 표명하였습니다. 우리가 적정의견을 표명한 재무제표는 주석 X에서 기술된 한국채택국제회계기준 조정사항이 반영되기 전의 재무제표였으며, 비교표시된 첨부 20X0 회계연도의 재무제표는 이러한 조정사항이 반영된 것입니다.

10.7.3 한국채택국제회계기준 최초적용연도의 감사인과 전기감사인이 다르고 당기감사인이 당기에 대한 감사의견만 표명하는 경우(기타사항)

기타사항
회사의 20X0년 12월 31일로 종료되는 보고기간의 재무제표는 감사받지 않았습니다.

[감사인의 선택에 따라 의견문단 다음에 아래의 문구를 기재할 수 있음]

본 감사보고서에는 첨부되지 않았으나, 회사는 일반기업회계기준에 따라 20X0년 12월 31일 종료하는 회계연도의 재무제표를 작성하였습니다. [XX회계법인]이 동 재무제표에 대하여 감사를 수행하였으며, 20X1년 2월 X일자 감사보고서에서 적정의견을 표명하였습니다. [XX회계법인]이 적정의견을 표명한 재무제표는 주석 X에서 기술된 한국채택국제회계기준 조정사항이 반영되기 전의 재무제표였으며, 비교표시된 첨부 20X0 회계연도의 재무제표는 이러한 조정사항이 반영된 것입니다.

11. 그룹재무제표 감사와 관련된 감사보고서

11.1 그룹업무팀이 그룹감사의견의 근거가 되는 충분하고 적합한 감사증거를 입수할 수 없는 경우

(감사기준서 600 보론 1 사례)

독립된 감사인의 감사보고서

ABC주식회사
주주 및 이사회 귀중

연결재무제표감사에 대한 보고

한정의견

우리는 XXX주식회사와 그 종속기업 (이하 "연결회사")의 연결재무제표를 감사하였습니다. 해당 연결재무제표는 20X1년 12월 31일 현재의 연결재무상태표, 동일로 종료되는 보고기간의 연결손익계산서(또는 연결포괄손익계산서), 연결자본변동표, 연결현금흐름표 그리고 유의적인 회계정책의 요약을 포함한 연결재무제표의 주석으로 구성되어 있습니다.

우리의 의견으로는 이 감사보고서의 한정의견근거 단락에서 언급하고 있는 사항이 미칠 수 있는 영향을 제외하고는 별첨된 연결재무제표는 연결회사의 20X1년 12월 31일 현재의 재무상태와 동일로 종료되는 보고기간의 재무성과 및 현금흐름을 한국채택국제회계기준(또는 일반기업회계기준)에 따라 중요성의 관점에서 공정하게 표시하고 있습니다.

한정의견 근거

XXX주식회사가 해당 보고기간에 취득하고 지분법으로 회계처리하는 해외 관계기업 YYY에 대한 투자주식은 20X1년 12월 31일 현재의 연결재무상태표에 1천5백만 달러로 계상되어 있으며, YYY의 순이익에 대한 XXX주식회사의 지분인 1백만 달러가 동일로 종료되는 보고기간의 연결손익계산서에 포함되어 있습니다. 우리는 YYY회사의 재무정보와 경영진 및 감사인에 대한 접근을 거부당하였습니다. 따라서 우리는 20X1년 12월 31일 현재의 XXX주식회사의 YYY회사에 대한 투자주식 계상액 및 YYY회사의 해당 보고기간 순이익에 대한 XXX주식회사의 지분에 대하여 충분하고 적합한 감사증거를 입수하지 못하였습니다. 그 결과, 우리는 이들 금액의 수정이 필요한지 여부를 결정할 수 없었습니다.

우리는 대한민국의 회계감사기준에 따라 감사를 수행하였습니다. 이 기준에 따른 우리의 책임은 이 감사보고서의 연결재무제표감사에 대한 감사인의 책임 단락에 기술되어 있습니다. 우리는 재무제표감사와 관련된 대한민국의 윤리적 요구사항에 따라 회사로부터 독립적이며, 그러한 요구사항에 따른 기타의 윤리적 책임들을 이행하였습니다. 우리가 입수한 감사증거가 한정의견을 위한 근거로서 충분하고 적합하다고 우리는 믿습니다.

핵심감사사항

[사례 2.2 참고]

연결재무제표에 대한 경영진과 지배기구의 책임

[사례 1.2 참고]

연결재무제표감사에 대한 감사인의 책임

[사례 1.2 참고]

기타 법규의 요구사항에 대한 보고

[사례 1.2 참고]

이 감사보고서의 근거가 된 감사를 실시한 업무수행이사는 *[이름]* 입니다.

서울특별시 XX구 XX로 XXX
X X 회 계 법 인
대표이사 X X X (인)

20X2년 X월 X일

이 감사보고서는 감사보고서일 현재로 유효한 것입니다. 따라서 감사보고서일 후 이 보고서를 열람하는 시점 사이에 첨부된 회사의 연결재무제표에 중요한 영향을 미칠 수 있는 사건이나 상황이 발생할 수도 있으며, 이로 인하여 이 감사보고서가 수정될 수도 있습니다.

한국공인회계사회 회계법연구회
주석외부감사법

부록 II

외부감사 법규

1. 주식회사 등의 외부감사에 관한 법률·시행령·시행규칙
2. 외부감사 및 회계 등에 관한 규정·시행세칙

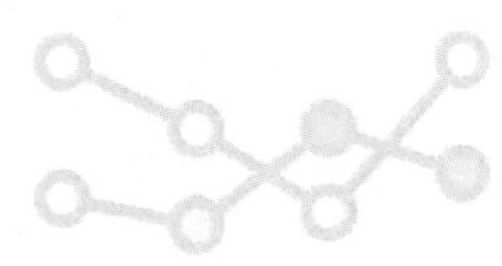

주식회사 등의 외부감사에 관한 법률·시행령·시행규칙

주식회사 등의 외부감사에 관한 법률 [법 률 제15514호, 2018. 3. 20., 타법개정]

주식회사 등의 외부감사에 관한 법률 시행령 [대통령령 제29269호, 2018. 10. 30., 전부개정]

주식회사 등의 외부감사에 관한 법률 시행규칙 [총 리 령 제 1497호, 2018. 11. 1., 전부개정]

주식회사 등의 외부감사에 관한 법률·시행령·시행규칙

제1장 총칙

제1조(목적) 이 법은 외부감사를 받는 회사의 회계처리와 외부감사인의 회계감사에 관하여 필요한 사항을 정함으로써 이해관계인을 보호하고 기업의 건전한 경영과 국민경제의 발전에 이바지함을 목적으로 한다.

제2조(정의) 이 법에서 사용하는 용어의 뜻은 다음과 같다.

1. "회사"란 제4조제1항에 따른 외부감사의 대상이 되는 주식회사 및 유한회사를 말한다.
2. "재무제표"란 다음 각 목의 모든 서류를 말한다.
   가. 재무상태표(「상법」 제447조 및 제579조의 대차대조표를 말한다)
   나. 손익계산서 또는 포괄손익계산서(「상법」 제447조 및 제579조의 손익계산서를 말한다)
   다. 그 밖에 대통령령으로 정하는 서류
3. "연결재무제표"란 회사와 다른 회사(조합 등 법인격이 없는 기업을 포함한다)가 대통령령으로 정하는 지배·종속의 관계에 있

제1조(목적) 이 영은 「주식회사 등의 외부감사에 관한 법률」에서 위임된 사항과 그 시행에 필요한 사항을 규정함을 목적으로 한다.

시행규칙

제1조(목적) 이 규칙은 「주식회사 등의 외부감사에 관한 법률」 및 「주식회사 등의 외부감사에 관한 법률 시행령」에서 위임된 사항과 그 시행에 필요한 사항을 규정함을 목적으로 한다.

제2조(재무제표) 「주식회사 등의 외부감사에 관한 법률」(이하 "법"이라 한다) 제2조제2호다목에서 "대통령령으로 정하는 서류"란 다음 각 호의 서류를 말한다.

1. 자본변동표
2. 현금흐름표
3. 주석(註釋)

제3조(연결재무제표 등) ① 법 제2조제3호 각 목 외의 부분에서 "대통령령으로 정하는 지배·종속의 관계"란 회사가 경제 활동에서 효

주식회사 등의 외부감사에 관한 법률	시행령·시행규칙
는 경우 지배하는 회사(이하 "지배회사"라 한다)가 작성하는 다음 각 목의 모든 서류를 말한다. 가. 연결재무상태표 나. 연결손익계산서 또는 연결포괄손익계산서	용과 이익을 얻기 위하여 다른 회사(조합 등 법인격이 없는 기업을 포함한다)의 재무정책과 영업정책을 결정할 수 있는 능력을 가지는 경우로서 법 제5조제1항 각 호의 어느 하나에 해당하는 회계처리기준(이하 "회계처리기준"이라 한다)에서 정하는 그 회사(이하 "지배회사"라 한다)와 그 다른 회사(이하 "종속회사"라 한다)의 관계를 말한다.
다. 그 밖에 대통령령으로 정하는 서류 4. "주권상장법인"이란 주식회사 중 「자본시장과 금융투자업에 관한 법률」 제9조제15항제3호에 따른 주권상장법인을 말한다.	② 법 제2조제3호다목에서 "대통령령으로 정하는 서류"란 다음 각 호의 서류를 말한다. 1. 연결자본변동표 2. 연결현금흐름표 3. 주석
5. "대형비상장주식회사"란 주식회사 중 주권상장법인이 아닌 회사로서 직전 사업연도 말의 자산총액이 대통령령으로 정하는 금액 이상인 회사를 말한다. 6. "임원"이란 이사, 감사[「상법」 제415조의2 및 제542조의11에 따른 감사위원회(이하 "감사위원회"라 한다)의 위원을 포함한다], 「상법」 제408조의2에 따른 집행임원 및 같은 법 제401조의2제1항 각 호의 어느 하나에 해당하는 자를 말한다. 7. "감사인"이란 다음 각 목의 어느 하나에 해당하는 자를 말한다. 가. 「공인회계사법」 제23조에 따른 회계법인(이하 "회계법인"이라 한다) 나. 「공인회계사법」 제41조에 따라 설립된 한국공인회계사회(이	**제4조(대형비상장주식회사)** 법 제2조제5호에서 "대통령령으로 정하는 금액"이란 1천억원을 말한다.

하 "한국공인회계사회"라 한다)에 총리령으로 정하는 바에 따라 등록을 한 감사반(이하 "감사반"이라 한다)

8. "감사보고서"란 감사인이 회사가 제5조제3항에 따라 작성한 재무제표(연결재무제표를 작성하는 회사의 경우에는 연결재무제표를 포함한다. 이하 같다)를 제16조의 회계감사기준에 따라 감사하고 그에 따른 감사의견을 표명(表明)한 보고서를 말한다.

제3조(다른 법률과의 관계) ① 회사의 외부감사에 관한 다른 법률을 제정하거나 개정하는 경우에는 이 법의 목적과 기본원칙에 맞도록 하여야 한다.

② 공인회계사의 감사에 관한 「자본시장과 금융투자업에 관한 법률」의 규정이 이 법과 다른 경우에는 그 규정을 적용한다. 다만, 회사의 회계처리기준에 관한 사항은 그러하지 아니하다.

시행규칙

제2조(감사반의 등록) ① 「주식회사 등의 외부감사에 관한 법률」(이하 "법"이라 한다) 제2조제7호나목에 따른 감사반(이하 "감사반"이라 한다)이 되려는 자(이하 "신청인"이라 한다)는 다음 각 호의 요건을 모두 갖추어 「공인회계사법」 제41조에 따라 설립된 한국공인회계사회(이하 "한국공인회계사회"라 한다)에 등록하여야 한다.

1. 구성원은 「공인회계사법」 제7조에 따라 등록된 공인회계사로서 「주식회사 등의 외부감사에 관한 법률 시행령」(이하 "영"이라 한다) 제10조에서 정하는 실무수습 등을 이수한 자일 것
2. 구성원은 3명 이상일 것
3. 구성원은 「공인회계사법」 제26조제1항제2호 또는 제3호에 해당하지 아니할 것
4. 구성원이 「공인회계사법」 제23조에 따른 회계법인(이하 "회계법인"이라 한다) 또는 다른 감사반에 소속되지 아니할 것

② 신청인은 다음 각 호의 문서를 한국공인회계사회에 제출하여야 한다.

1. 등록신청서
2. 감사반의 운영 등과 관련하여 구성원들 간에 합의한 규약
3. 제2호에 따른 규약에 모든 구성원이 합의하였다는 사실을 증명할 수 있는 문서
4. 그 밖에 한국공인회계사회가 정하는 서류

③ 한국공인회계사회는 제2항에 따른 문서를 접수하면 신청인에게 등록증을 내주어야 한다.

④ 한국공인회계사회는 신청인에게 등록증을 내준 후에 다음 각 호의 사항을 문서에 작성·관리하여야 한다.

1. 감사반의 등록번호
2. 구성원의 성명 및 주소

주식회사 등의 외부감사에 관한 법률	시행령·시행규칙
	3. 구성원의 사무소 소재지 4. 감사반의 주된 사무소 5. 그 밖에 한국공인회계사회가 정하는 사항 ④ 한국공인회계사회는 감사반이 다음 각 호의 어느 하나에 해당하는 경우에는 등록을 취소할 수 있다. 다만, 제1호부터 제3호까지의 경우 중 어느 하나에 해당할 때에는 등록을 취소하여야 한다. 1. 제1항의 요건을 갖추지 못하게 된 날부터 3개월 이내에 요건을 보완하지 아니한 경우 2. 제2항 각 호의 문서를 거짓으로 작성하는 등의 부정한 방법으로 등록한 경우 3. 감사반이 해산을 결의한 경우 4. 감사반이 법 제4조에 따른 회사에 대한 회계감사를 하는 경우에 지켜야 하는 다음 각 목의 기준을 준수하지 아니한 경우 가. 구성원 중 3명 이상이 참여할 것 나. 법 제18조제1항에 따른 감사보고서를 작성하는 경우에 해당 회계감사에 참여한 모든 구성원이 서명하거나 기명날인할 것 다. 직전 사업연도의 영업실적을 기재한 보고서를 매년 6월 30일까지 한국공인회계사회에 제출할 것 ⑤ 감사반은 제1항 각 호의 요건에 대한 변경사항이 있거나 해산을 결의한 경우에는 지체 없이 그 사실을 한국공인회계사회에 알려야 한다.
제2장 회사 및 감사인	
제4조(외부감사의 대상) ① 다음 각 호의 어느 하나에 해당하는 회사는 재무제표를 작성하여 회사로부터 독립된 외부의 감사인(재무제표 및 연결재무제표의 감사인은 동일하여야 한다. 이하 같다)에 의한 회계감사를 받아야 한다. 1. 주권상장법인 2. 해당 사업연도 또는 다음 사업연도 중에 주권상장법인이 되려는 회사 3. 그 밖에 직전 사업연도 말의 자산, 부채, 종업원수 또는 매출액 등 대통령령으로 정하는 기준에 해당하는 회사. 다만, 해당 회사가 유한회사인 경우에는 본문의 요건 외에 사원 수, 유한회사로 조직변경 후 기간 등을 고려하여 대통령령으로 정하는 기준에 해당하는 유한회사에 한정한다.	**제5조(외부감사의 대상)** ① 법 제4조제1항제3호 본문에서 "직전 사업연도 말의 자산, 부채, 종업원 수 또는 매출액 등 대통령령으로 정하는 기준에 해당하는 회사"란 다음 각 호의 어느 하나에 해당하는 회사를 말한다. 1. 직전 사업연도 말의 자산총액이 500억원 이상인 회사

2. 직전 사업연도의 매출액(직전 사업연도가 12개월 미만인 경우에는 12개월로 환산하며, 1개월 미만은 1개월로 본다. 이하 같다)이 500억원 이상인 회사
3. 다음 각 목의 사항 중 3개 이상에 해당하지 아니하는 회사
   가. 직전 사업연도 말의 자산총액이 120억원 미만
   나. 직전 사업연도 말의 부채총액이 70억원 미만
   다. 직전 사업연도의 매출액이 100억원 미만
   라. 직전 사업연도 말의 종업원(「근로기준법」 제2조제1항제1호에 따른 근로자를 말하며, 다음의 어느 하나에 해당하는 사람은 제외한다. 이하 같다)이 100명 미만
   1) 「소득세법 시행령」 제20조제1항 각 호의 어느 하나에 해당하는 사람
   2) 「파견근로자보호 등에 관한 법률」 제2조제5호에 따른 파견근로자

② 법 제4조제1항제3호 단서에서 "대통령령으로 정하는 기준에 해당하는 유한회사"란 제1항제1호 또는 제2호에 해당하거나, 같은 항 제3호 각 목의 사항 및 직전 사업연도 말의 사원(「상법」 제543조제1항에 따른 정관에 기재된 사원을 말한다. 이하 같다)이 50명 미만인 경우 중 3개 이상에 해당하지 아니하는 유한회사를 말한다. 다만, 2019년 11월 1일 이후 「상법」 제604조에 따라 주식회사에서 유한회사로 조직을 변경한 유한회사는 같은 법 제606조에 따라 등기한 날부터 5년간 제1항에 따른다.

주식회사 등의 외부감사에 관한 법률	시행령·시행규칙
② 제1항에도 불구하고 다음 각 호의 어느 하나에 해당하는 회사는 외부의 감사인에 의한 회계감사를 받지 아니할 수 있다. 1. 「공공기관의 운영에 관한 법률」에 따라 공기업 또는 준정부기관으로 지정받은 회사 중 주권상장법인이 아닌 회사 2. 그 밖에 대통령령으로 정하는 회사	③ 법 제4조제2항제2호에서 "대통령령으로 정하는 회사"란 다음 각 호의 회사를 말한다. 1. 해당 사업연도에 최초로 「상법」 제172조에 따라 설립등기를 한 회사 2. 법 제10조제1항 및 제2항에 따른 감사인 선임기간의 종료일에 다음 각 목의 어느 하나에 해당되는 회사[감사인을 선임한 후 다음 각 목의 어느 하나에 해당하게 된 회사로서 「금융위원회의 설치 등에 관한 법률」 제19조에 따른 증권선물위원회(이하 "증권선물위원회"라 한다)가 인정하는 회사를 포함한다] 가. 「지방공기업법」에 따른 지방공기업 중 주권상장법인이 아닌 회사 나. 「자본시장과 금융투자업에 관한 법률」 제9조제18항제2호 및 제3호에 따른 투자회사 및 투자유한회사, 같은 법 제249조의13에 따른 투자목적회사 다. 「기업구조조정투자회사법」 제2조제3호에 따른 기업구조조정투자회사 라. 「자산유동화에 관한 법률」 제2조제5호에 따른 유동화전문회사 마. 「민법」 제32조에 따라 금융위원회의 허가를 받아 설립된 금융결제원으로부터 거래정지처분을 받고 그 처분의 효력이 지속되고 있는 회사. 다만, 「채무자 회생 및 파산에 관한 법률」에 따라 회생절차의 개시가 결정된 회사는 제외한다. 바. 해산·청산 또는 파산 사실이 등기되거나 1년 이상 휴업 중인
제5조(회계처리기준) ① 금융위원회는 「금융위원회의 설치 등에 관한 법률」에 따른 증권선물위원회(이하 "증권선물위원회"라 한다)의 심의를 거쳐 회사의 회계처리기준을 다음 각 호와 같이 구분하여	

정한다.

1. 국제회계기준위원회의 국제회계기준을 채택하여 정한 회계처리기준
2. 그 밖에 이 법에 따라 정한 회계처리기준

② 제1항에 따른 회계처리기준은 회사의 회계처리와 감사인의 회계감사에 통일성과 객관성이 확보될 수 있도록 하여야 한다.

③ 회사는 제1항 각 호의 어느 하나에 해당하는 회계처리기준에 따라 재무제표를 작성하여야 한다. 이 경우 제1항제1호의 회계처리기준을 적용하여야 하는 회사의 범위와 회계처리기준의 적용 방법은 대통령령으로 정한다.

회사

사. 「상법」 제174조에 따라 합병절차가 진행 중인 회사로서 해당 사업연도 내에 소멸될 회사

아. 그 밖에 가목부터 사목까지에 준하는 사유로 외부감사를 할 필요가 없는 회사로서 금융위원회가 고시하는 기준에 해당하는 회사

제6조(회계처리기준) ① 다음 각 호의 어느 하나에 해당되는 회사는 법 제5조제3항 후단에 따라 같은 조 제1항제1호의 회계처리기준(이하 "한국채택국제회계기준"이라 한다)을 적용하여야 한다.

1. 주권상장법인. 다만, 「자본시장과 금융투자업에 관한 법률 시행령」 제11조제2항에 따른 코넥스시장(이하 "코넥스시장"이라 한다)에 주권을 상장한 법인은 제외한다.
2. 해당 사업연도 또는 다음 사업연도 중에 주권상장법인이 되려는 회사. 다만, 코넥스시장에 주권을 상장하려는 법인은 제외한다.
3. 「금융지주회사법」에 따른 금융지주회사. 다만, 같은 법 제22조에 따른 전환대상자는 제외한다.
4. 「은행법」에 따른 은행
5. 「자본시장과 금융투자업에 관한 법률」에 따른 투자매매업자, 투자중개업자, 집합투자업자, 신탁업자 및 종합금융회사
6. 「보험업법」에 따른 보험회사
7. 「여신전문금융업법」에 따른 신용카드업자

주식회사 등의 외부감사에 관한 법률	시행령·시행규칙
	② 제3조제1항에 따른 지배·종속의 관계에 있는 경우로서 지배회사가 연결재무제표에 한국채택국제회계기준을 적용하는 경우에는 연결재무제표가 아닌 재무제표에도 한국채택국제회계기준을 적용하여야 한다.
④ 금융위원회는 제1항에 따른 업무를 대통령령으로 정하는 바에 따라 전문성을 갖춘 민간 법인 또는 단체에 위탁할 수 있다. ⑤ 금융위원회는 이해관계인의 보호, 국제적 회계처리기준과의 합치 등을 위하여 필요하다고 인정되면 증권선물위원회의 심의를 거쳐 제4항에 따라 업무를 위탁받은 민간 법인 또는 단체(이하 "회계기준제정기관"이라 한다)에 회계처리기준의 내용을 수정할 것을 요구할 수 있다. 이 경우 회계기준제정기관은 정당한 사유가 없으면 이에 따라야 한다.	**제7조(회계처리기준 관련 업무 위탁 등)** ① 금융위원회는 법 제5조제4항에 따라 다음 각 호의 업무를 「민법」 제32조에 따라 금융위원회의 허가를 받아 설립된 사단법인 한국회계기준원(이하 "한국회계기준원"이라 한다)에 위탁한다. 1. 회계처리기준의 제정 또는 개정 2. 회계처리기준 해석 및 관련 질의에 대한 회신 3. 그 밖에 회계처리기준과 관련하여 금융위원회가 정하는 업무 ② 한국회계기준원은 회계처리기준에 관한 사항을 심의·의결하기 위하여 총리령으로 정하는 바에 따라 9명 이내의 위원으로 구성되는 회계처리기준위원회를 두어야 한다. ③ 한국회계기준원은 매년 총지출 예산의 10퍼센트에 해당하는 금액을 직전 2개 사업연도 총지출 예산액이 될 때까지 적립하여야 한다.
⑥ 「금융위원회의 설치 등에 관한 법률」에 따라 설립된 금융감독원(이하 "금융감독원"이라 한다)은 「자본시장과 금융투자업에 관한 법률」 제442조제1항에 따라 금융감독원이 징수하는 분담금의 100분의 8을 초과하지 아니하는 범위에서 대통령령으로 정하는 바에 따라 회계기준제정기관에 지원할 수 있다.	④ 「금융위원회의 설치 등에 관한 법률」에 따라 설립된 금융감독원(이하 "금융감독원"이라 한다)은 법 제5조제6항에 따라 「자본시장과 금융투자업에 관한 법률」 제442조제1항에 따라 징수한 분담금의 8퍼센트를 넘지 아니하는 범위에서 한국회계기준원의 해당 사업연도 총지출 예산과 제3항에 따라 해당 사업연도에 적립하여

⑦ 회계기준제정기관은 사업연도마다 총수입과 총지출을 예산으로 편성하여 해당 사업연도가 시작되기 1개월 전까지 금융위원회에 보고하여야 한다.

야 하는 금액을 더한 금액에서 해당 사업연도 자체수입(금융감독원으로부터 지원받는 금액을 제외한 나머지 수입을 말한다)을 뺀 금액을 지원한다.

⑤ 한국회계기준원은 제4항에 따른 지원금이 감소하는 등 재정상 어려움으로 사업을 정상적으로 유지하기 어렵다고 인정되는 경우에는 금융위원회의 승인을 받아 제3항에 따른 적립금을 사용할 수 있다.

⑥ 제4항에 따른 지원금의 지급 방법, 지급 시기 및 그 밖에 필요한 사항은 금융위원회가 정한다.

⑦ 제1항부터 제6항까지에서 규정한 사항 외에 회계처리기준과 관련된 업무에 필요한 사항은 금융위원회가 정한다.

시행규칙

제3조(회계처리기준위원회의 구성 등) ① 영 제7조제2항에 따른 회계처리기준위원회(이하 "회계처리기준위원회"라 한다)는 위원장 1명을 포함한 9명의 위원으로 성별을 고려하여 구성한다.

② 위원장은 「민법」에 따라 금융위원회의 허가를 받아 설립된 사단법인 한국회계기준원(이하 "한국회계기준원"이라 한다)의 원장이 겸임한다.

③ 회계처리기준위원회의 위원은 회계처리기준위원 후보추천위원회가 추천한 후보 중 8명을 한국회계기준원 이사회의 의결을 거쳐 한국회계기준원의 원장이 위촉하며, 그 중 1명은 한국회계기준원 총회의 승인을 받아 한국회계기준원의 원장이 상임위원으로 위촉한다.

④ 회계처리기준위원 후보추천위원회는 다음 각 호의 사람이 추천하는 9명의 위원으로 성별을 고려하여 구성한다.

주식회사 등의 외부감사에 관한 법률	시행령·시행규칙
	1. 「상공회의소법」 제34조에 따라 설립된 대한상공회의소(이하 “대한상공회의소”라 한다) 회장 2. 「자본시장과 금융투자업에 관한 법률」 제370조제1항에 따라 금융위원회의 허가를 받아 설립된 한국상장회사협의회(이하 “한국상장회사협의회”라 한다) 회장 3. 「민법」에 따라 금융위원회의 허가를 받아 설립된 사단법인 전국은행연합회 회장 4. 「자본시장과 금융투자업에 관한 법률」에 따라 설립된 한국금융투자협회 회장 5. 한국공인회계사회 회장 6. 「금융위원회의 설치 등에 관한 법률」 제24조에 따라 설립된 금융감독원(이하 “금융감독원”이라 한다) 원장(이하 “금융감독원장”이라 한다) 7. 「자본시장과 금융투자업에 관한 법률」 제373조의2에 따라 금융위원회의 허가를 받은 거래소(이하 “거래소”라 한다) 이사장 8. 「민법」에 따라 금융위원회의 허가를 받아 설립된 사단법인 한국회계학회(이하 “한국회계학회”라 한다) 회장 9. 한국회계기준원 원장 ⑤ 회계처리기준위원 후보추천위원회는 회계에 관한 전문지식과 공정한 직무수행을 위한 도덕성을 갖춘 사람으로서 다음 각 호의 어느 하나에 해당하는 사람을 위촉할 인원의 2배수 내에서 추천할 수 있다. 1. 공인회계사 자격을 가진 사람으로서 그 자격을 취득한 후에 관련된 업무에 10년 이상의 실무 경력이 있는 사람 2. 재무 또는 회계 분야의 석사 이상 학위를 취득한 사람으로서 다음 각 목의 어느 하나에 해당하는 사람 가. 재무 또는 회계 분야의 공인된 연구기관의 연구원으로서 10년 이상 근무한 경력이 있는 사람 나. 「고등교육법」 제2조제1호부터 제6호까지의 대학(이에 상응하는 외국 대

학을 포함하며, 이하 "대학"이라 한다)에서 조교수 이상으로 재직하면서 재무 또는 회계 분야를 가르치는 사람으로서 10년 이상 근무한 경력이 있는 사람

3. 주권상장법인(「자본시장과 금융투자업에 관한 법률」 제9조제15항제3호에 따른 주권상장법인을 말한다. 이하 같다) 또는 「금융위원회의 설치 등에 관한 법률」 제38조에 따른 검사 대상 기관(이에 상응하는 외국금융기관을 포함한다)에서 재무 또는 회계 분야 업무에 임원으로 10년 이상 또는 직원으로 15년 이상 근무한 경력이 있는 사람
4. 국가, 지방자치단체, 「공공기관의 운영에 관한 법률」에 따른 공공기관, 금융감독원, 거래소 또는 「자본시장과 금융투자업에 관한 법률」 제9조제17항에 따른 금융투자업관계기관(같은 항 제8호는 제외한다)에서 재무 또는 회계 분야 업무 또는 이에 대한 감독 업무에 10년 이상 종사한 경력이 있는 사람

⑥ 다음 각 호의 어느 하나에 해당하는 사람은 위원이 될 수 없다.

1. 피성년후견인 또는 피한정후견인
2. 파산선고를 받고 복권되지 아니한 사람
3. 금고 이상의 실형을 선고받고 그 집행이 끝나거나(집행이 끝난 것으로 보는 경우를 포함한다) 집행이 면제된 날부터 5년이 지나지 아니한 사람
4. 금고 이상의 형의 집행유예를 선고받고 그 유예기간 중에 있는 사람
5. 「금융회사의 지배구조에 관한 법률 시행령」 제5조에 따른 금융관련법령에 따라 벌금 이상의 형을 선고받고 그 집행이 끝나거나(집행이 끝난 것으로 보는 경우를 포함한다) 집행이 면제된 날부터 5년이 지나지 아니한 사람
6. 「공인회계사법」 제48조에 따라 직무정지(일부 직무정지를 포함한다)를 받은 후 그 직무정지기간 중에 있거나 등록취소 또는 직무정지를 받은 날부터 5년이 지나지 아니한 사람

⑦ 위원의 임기는 3년으로 하며, 한 차례만 연임할 수 있다. 다만, 임기가 만료된 경우에도 후임자가 위촉될 때까지 그 직무를 수행할 수 있다.

주식회사 등의 외부감사에 관한 법률	시행령·시행규칙
제6조(재무제표의 작성 책임 및 제출) ① 회사의 대표이사와 회계담당 임원(회계담당 임원이 없는 경우에는 회계업무를 집행하는 직원을 말한다. 이하 이 조에서 같다)은 해당 회사의 재무제표를 작성할 책임이 있다. ② 회사는 해당 사업연도의 재무제표를 작성하여 대통령령으로 정하는 기간 내에 감사인에게 제출하여야 한다. ③ 「자본시장과 금융투자업에 관한 법률」 제159조제1항에 따른 사업보고서 제출대상법인인 회사는 제2항에 따라 재무제표를 기간 내에 감사인에게 제출하지 못한 경우 사업보고서 공시 후 14일 이내에 그 사유를 공시하여야 한다.	⑧ 위원장이 부득이한 사유로 직무를 수행할 수 없을 때에는 상임위원이 그 직무를 대행하며, 위원장과 상임위원이 모두 부득이한 사유로 직무를 수행할 수 없을 때에는 위원으로 위촉된 순서에 따라 그 직무를 대행한다. ⑨ 제1항부터 제8항까지에서 규정한 사항 외에 회계처리기준위원회의 구성 및 운영 등에 필요한 사항은 한국회계기준원이 정한다. **제8조(재무제표의 작성 책임 및 제출)** ① 법 제6조제2항에서 "대통령령으로 정하는 기간"이란 다음 각 호의 구분에 따른 기한을 말한다. 1. 재무제표: 정기총회 개최 6주 전(회생절차가 진행 중인 회사는 사업연도 종료 후 45일 이내) 2. 연결재무제표: 다음 각 목의 구분에 따른 기한 가. 한국채택국제회계기준을 적용하는 회사: 정기총회 개최 4주 전(회생절차가 진행 중인 회사는 사업연도 종료 후 60일 이내) 나. 한국채택국제회계기준을 적용하지 아니하는 회사: 사업연도 종료 후 90일 이내[「자본시장과 금융투자업에 관한 법률」 제159조제1항에 따른 사업보고서 제출대상법인(이하 "사업보고서 제출대상법인"이라 한다) 중 직전 사업연도 말의 자산총액이 2조원 이상인 법인은 사업연도 종료 후 70일 이내] ② 제1항에도 불구하고 사업보고서 제출대상법인이 「자본시장과 금융투자업에 관한 법률」 제159조제1항에 따른 사업보고서 제출기한(이하 "사업보고서 제출기한"이라 한다) 이후 정기총회를 개최

④ 주권상장법인인 회사 및 대통령령으로 정하는 회사는 제2항에 따라 감사인에게 제출한 재무제표 중 대통령령으로 정하는 사항을 증권선물위원회에 제출하여야 한다. 이 경우 제출 기한·방법·절차 등 제출에 필요한 사항은 대통령령으로 정한다.

⑤ 주권상장법인인 회사가 제4항에 따른 제출기한을 넘길 경우 그 사유를 제출기한 만료일의 다음 날까지 증권선물위원회에 제출하여야 한다. 이 경우 증권선물위원회는 해당 사유를 「자본시장과 금융투자업에 관한 법률」 제163조의 방식에 따라 공시하여야 한다.

하는 경우에 재무제표를 감사인에게 제출하여야 하는 기한은 다음 각 호의 구분에 따른다.

1. 재무제표: 사업보고서 제출기한 6주 전(회생절차가 진행 중인 회사는 사업연도 종료 후 45일 이내)
2. 연결재무제표: 다음 각 목의 구분에 따른 기한
   가. 한국채택국제회계기준을 적용하는 회사: 사업보고서 제출기한 4주 전(회생절차가 진행 중인 회사는 사업연도 종료 후 60일 이내)
   나. 한국채택국제회계기준을 적용하지 아니하는 회사: 제1항제2호나목의 기한

③ 법 제6조제4항 전단에서 "대통령령으로 정하는 회사"란 다음 각 호의 회사를 말한다.

1. 대형비상장주식회사
2. 「금융산업의 구조개선에 관한 법률」 제2조제1호에 따른 금융기관 및 「농업협동조합법」에 따른 농협은행(이하 "금융회사"라 한다)

④ 법 제6조제4항 전단에서 "대통령령으로 정하는 사항"이란 법 제6조제2항에 따라 회사가 감사인에게 제출한 재무제표를 말한다.

⑤ 주권상장법인인 회사 및 제3항 각 호의 회사는 법 제6조제4항 후단에 따라 감사인에게 재무제표를 제출한 후에 즉시 그 재무제표를 「정보통신망 이용촉진 및 정보보호 등에 관한 법률」 제2조제5호에 따른 전자문서(이하 "전자문서"라 한다)로 증권선물위원회

주식회사 등의 외부감사에 관한 법률	시행령·시행규칙
⑥ 회사의 감사인 및 그 감사인에 소속된 공인회계사는 해당 회사의 재무제표를 대표이사와 회계담당 임원을 대신하여 작성하거나 재무제표 작성과 관련된 회계처리에 대한 자문에 응하는 등 대통령령으로 정하는 행위를 해서는 아니 되며, 해당 회사는 감사인 및 그 감사인에 소속된 공인회계사에게 이러한 행위를 요구해서는 아니 된다. **제7조(지배회사의 권한)** ① 지배회사는 연결재무제표 작성을 위하여 필요한 범위에서 종속회사(제2조제3호에 따른 지배·종속의 관계에 있는 회사 중 종속되는 회사를 말한다. 이하 같다)의 회계에 관한 장부와 서류를 열람 또는 복사하거나 회계에 관한 자료의 제출을 요구할 수 있다. ② 지배회사는 제1항에 따르더라도 연결재무제표 작성에 필요한 자료를 입수할 수 없거나 그 자료의 내용을 확인할 필요가 있을 때에는 종속회사의 업무와 재산상태를 조사할 수 있다.	에 제출하여야 한다. ⑥ 법 제6조제6항에서 "대통령령으로 정하는 행위"란 다음 각 호의 어느 하나에 해당하는 행위를 말한다. 1. 해당 회사의 재무제표를 대표이사와 회계담당 이사(회계담당 이사가 없는 경우에는 회계업무를 집행하는 직원을 말한다)를 대신하여 작성하는 행위 2. 해당 회사의 재무제표 작성과 관련된 회계처리에 대한 자문에 응하는 행위 3. 해당 회사의 재무제표 작성에 필요한 계산 또는 회계 분개[분개, 부기(簿記)에서 거래 내용을 차변(借邊)과 대변(貸邊)으로 나누어 적는 일을 말한다]를 대신하여 해주는 행위 4. 해당 회사의 재무제표 작성과 관련된 회계처리방법의 결정에 관여하는 행위
제8조(내부회계관리제도의 운영 등) ① 회사는 신뢰할 수 있는 회계정보의 작성과 공시(公示)를 위하여 다음 각 호의 사항이 포함된 내부회계관리규정과 이를 관리·운영하는 조직(이하 "내부회계관리제도"라 한다)을 갖추어야 한다. 다만, 주권상장법인이 아닌 회사로서 직전 사업연도 말의 자산총액이 1천억원 미만인 회사와 대통령령으로 정하는 회사는 그러하지 아니하다. 1. 회계정보(회계정보의 기초가 되는 거래에 관한 정보를 포함한다. 이하 이 조에서 같다)의 식별·측정·분류·기록 및 보고 방법	**제9조(내부회계관리제도의 운영 등)** ① 법 제8조제1항 각 호 외의 부분 단서에서 "대통령령으로 정하는 회사"란 다음 각 호의 어느 하나에 해당되는 회사를 말한다. 1. 유한회사 2. 「법인세법」 제51조의2제1항 각 호의 어느 하나에 해당하는 회사 3. 그 밖에 회사의 특성을 고려할 때 법 제8조제1항에 따른 내부회계관리제도(이하 "내부회계관리제도"라 한다)를 운영하기가

에 관한 사항
2. 회계정보의 오류를 통제하고 이를 수정하는 방법에 관한 사항
3. 회계정보에 대한 정기적인 점검 및 조정 등 내부검증에 관한 사항
4. 회계정보를 기록·보관하는 장부(자기테이프·디스켓, 그 밖의 정보보존장치를 포함한다)의 관리 방법과 위조·변조·훼손 및 파기를 방지하기 위한 통제 절차에 관한 사항
5. 회계정보의 작성 및 공시와 관련된 임직원의 업무 분장과 책임에 관한 사항
6. 그 밖에 신뢰할 수 있는 회계정보의 작성과 공시를 위하여 필요한 사항으로서 대통령령으로 정하는 사항

② 회사는 내부회계관리제도에 의하지 아니하고 회계정보를 작성하거나 내부회계관리제도에 따라 작성된 회계정보를 위조·변조·훼손 및 파기해서는 아니 된다.

③ 회사의 대표자는 내부회계관리제도의 관리·운영을 책임지며, 이를 담당하는 상근이사(담당하는 이사가 없는 경우에는 해당 이사의 업무를 집행하는 자를 말한다) 1명을 내부회계관리자(이하 "내부회계관리자"라 한다)로 지정하여야 한다.

어려운 회사로서 금융위원회가 정하여 고시하는 기준에 맞는 회사

② 법 제8조제1항제6호에서 "대통령령으로 정하는 사항"이란 다음 각 호의 사항을 말한다.
1. 법 제8조제1항에 따른 내부회계관리규정(이하 "내부회계관리규정"이라 한다)의 제정 및 개정을 위한 절차
2. 법 제8조제3항에 따른 내부회계관리자(이하 "내부회계관리자"라 한다)의 자격요건 및 임면절차
3. 법 제8조제4항에 따른 운영실태[회사의 대표자, 감사[회사에 법 제2조제6호에 따른 감사위원회(이하 "감사위원회"라 한다)가 설치되어 있는 경우에는 감사위원회를 말한다. 이하 이 조에서 같다], 내부회계관리규정을 관리·운영하는 임직원 및 회계정보를 작성·공시하는 임직원(이하 이 조에서 "회사의 대표자등"이라 한다)이 법 제8조제2항을 준수하였는지를 포함한다] 보고의 기준 및 절차
4. 법 제8조제5항에 따른 평가·보고의 기준 및 절차

주식회사 등의 외부감사에 관한 법률	시행령·시행규칙
	5. 법 제8조제5항에 따른 평가 결과를 회사의 대표자등의 인사·보수 및 차기 사업연도 내부회계관리제도 운영계획 등에 반영하기 위한 절차 및 방법 6. 연결재무제표에 관한 회계정보를 작성·공시하기 위하여 필요한 사항(지배회사가 주권상장법인인 경우만 해당한다) 7. 내부회계관리규정 위반의 예방 및 사후조치에 관한 다음 각 목의 사항 가. 회사의 대표자등을 대상으로 하는 교육·훈련의 계획·성과평가·평가결과의 활용 등에 관한 사항 나. 회사의 대표자등이 내부회계관리규정을 관리·운영하는 임직원 또는 회계정보를 작성·공시하는 임직원에게 내부회계관리규정에 위반되는 행위를 지시하는 경우에 해당 임직원이 지시를 거부하더라도 그와 관련하여 불이익을 받지 아니하도록 보호하는 제도에 관한 사항 다. 내부회계관리규정 위반행위 신고제도의 운영에 관한 사항 라. 법 제22조제3항·제4항에 따른 조사·시정 등의 요구 및 조사결과 제출 등과 관련하여 필요한 감사의 역할 및 책임에 관한 사항 마. 법 제22조제5항에 따른 자료나 정보 및 비용의 제공과 관련한 회사 대표자의 역할 및 책임에 관한 사항 바. 내부회계관리규정을 위반한 임직원의 징계 등에 관한 사항 8. 그 밖에 내부회계관리규정에 포함하여야 할 사항으로서 금융위

④ 회사의 대표자는 사업연도마다 주주총회, 이사회 및 감사(감사위원회가 설치된 경우에는 감사위원회를 말한다. 이하 이 조에서 같다)에게 해당 회사의 내부회계관리제도의 운영실태를 보고하여야 한다. 다만, 회사의 대표자가 필요하다고 판단하는 경우 이사회 및 감사에 대한 보고는 내부회계관리자가 하도록 할 수 있다.	원회가 정하는 사항 ③ 회사는 내부회계관리규정을 제정하거나 개정할 때 감사의 승인 및 이사회의 결의를 거쳐야 한다. 이 경우 감사와 이사회는 승인 또는 결의의 이유 등을 문서(전자문서를 포함한다. 이하 같다)로 작성·관리하여야 한다. ④ 회사의 대표자는 법 제8조제4항 본문에 따라 다음 각 호의 사항이 포함된 문서(이하 "내부회계관리제도 운영실태보고서"라 한다)를 작성하여 이사회 및 감사에게 대면(對面) 보고를 하여야 한다. 다만, 법 제8조제4항 단서에 따라 내부회계관리자가 보고하는 경우에는 보고 전에 회사의 대표자가 그 사유를 이사회 및 감사에게 문서로 제출하여야 한다. 1. 내부회계관리제도의 운영실태를 점검한 결과 및 취약 사항에 대한 시정조치 계획 2. 직전 사업연도에 보고한 제1호에 따른 시정조치 계획의 이행 결과 3. 다음 각 목의 사항을 확인하고 서명하여 보고 내용에 첨부하였다는 사실 가. 보고 내용이 거짓으로 기재되거나 표시되지 아니하였고, 기재하거나 표시하여야 할 사항을 빠뜨리고 있지 아니하다는 사실 나. 보고 내용에 중대한 오해를 일으키는 내용이 기재되거나 표시되지 아니하였다는 사실

주식회사 등의 외부감사에 관한 법률	시행령·시행규칙
	다. 충분한 주의를 다하여 보고 내용의 기재 사항을 직접 확인·검토하였다는 사실
⑤ 회사의 감사는 내부회계관리제도의 운영실태를 평가하여 이사회에 사업연도마다 보고하고 그 평가보고서를 해당 회사의 본점에 5년간 비치하여야 한다. 이 경우 내부회계관리제도의 관리·운영에 대하여 시정 의견이 있으면 그 의견을 포함하여 보고하여야 한다.	⑤ 감사는 법 제8조제5항 전단에 따라 내부회계관리제도의 운영실태를 평가(감사위원회가 설치되어 있는 경우에는 대면 회의를 개최하여 평가하여야 한다)한 후 다음 각 호의 사항을 문서(이하 "내부회계관리제도 평가보고서"라 한다)로 작성·관리하여야 한다. 1. 해당 회사의 내부회계관리제도가 신뢰성 있는 회계정보의 작성 및 공시에 실질적으로 기여하는지를 평가한 결과 및 시정 의견 2. 내부회계관리제도 운영실태보고서에 거짓으로 기재되거나 표시된 사항이 있거나, 기재하거나 표시하여야 할 사항을 빠뜨리고 있는지를 점검한 결과 및 조치 내용 3. 내부회계관리제도 운영실태보고서의 시정 계획이 회사의 내부회계관리제도 개선에 실질적으로 기여할 수 있는지를 검토한 결과 및 대안 ⑥ 감사 또는 감사인은 법 제8조제5항 또는 제6항에 따른 평가 또는 검토 등을 하는 데 필요한 자료나 정보를 회사의 대표자에게 요청할 수 있다. 이 경우 회사의 대표자는 특별한 사유가 없으면 지체 없이 이를 제공하여야 한다. ⑦ 감사는 정기총회 개최 1주 전까지 내부회계관리제도 평가보고서를 이사회에 대면 보고하여야 한다.
⑥ 감사인은 회계감사를 실시할 때 해당 회사가 이 조에서 정한 사항을 준수했는지 여부 및 제4항에 따른 내부회계관리제도의 운영	⑧ 주권상장법인의 감사인은 법 제8조제6항 단서에 따라 감사를 할 때에는 법 제16조에 따른 회계감사기준(이하 "회계감사기준"이

실태에 관한 보고내용을 검토하여야 한다. 다만, 주권상장법인의 감사인은 이 조에서 정한 사항을 준수했는지 여부 및 제4항에 따른 내부회계관리제도의 운영실태에 관한 보고내용을 감사하여야 한다.

⑦ 제6항에 따라 검토 또는 감사를 한 감사인은 그 검토결과 또는 감사결과에 대한 종합의견을 감사보고서에 표명하여야 한다.

⑧ 제1항부터 제7항까지에서 규정한 사항 외에 내부회계관리제도의 운영 등에 필요한 사항은 대통령령으로 정한다.

제9조(감사인의 자격 제한 등) ① 다음 각 호의 어느 하나에 해당하는 회사의 재무제표에 대한 감사는 회계법인인 감사인이 한다.

1. 주권상장법인. 다만, 대통령령으로 정하는 주권상장법인은 제외한다.
2. 대형비상장주식회사
3. 「금융산업의 구조개선에 관한 법률」 제2조제1호에 해당하는 금융기관, 「농업협동조합법」에 따른 농협은행 또는 「수산업협동조합법」에 따른 수협은행(이하 "금융회사"라 한다)

② 금융위원회는 감사인의 형태와 그에 소속된 공인회계사의 수 등을 고려하여 감사인이 회계감사할 수 있는 회사의 규모 등을 총리령으로 정하는 바에 따라 제한할 수 있다.

③ 회계법인인 감사인은 「공인회계사법」 제33조제1항 각 호의 어느 하나에 해당하는 관계에 있는 회사의 감사인이 될 수 없으며, 감사반인 감사인은 그에 소속된 공인회계사 중 1명 이상이 같은 라 한다)을 준수하여야 한다.

⑨ 사업보고서 제출대상법인은 금융위원회가 정하는 바에 따라 다음 각 호의 사항을 공시하여야 한다.

1. 내부회계관리제도 운영실태보고서
2. 내부회계관리제도 평가보고서
3. 그 밖에 금융위원회가 정하는 사항

⑩ 제1항부터 제9항까지에서 규정한 사항 외에 내부회계관리제도를 효과적으로 운영하는 데 필요한 사항은 금융위원회가 정한다.

주식회사 등의 외부감사에 관한 법률	시행령·시행규칙
법 제21조제1항 각 호의 어느 하나에 해당하는 관계에 있는 회사의 감사인이 될 수 없다.	
④ 감사인에 소속되어 회계감사업무를 수행할 수 있는 공인회계사는 대통령령으로 정하는 실무수습 등을 이수한 자이어야 한다.	**제10조(감사인의 자격)** ① 법 제9조제4항에서 "대통령령으로 정하는 실무수습 등을 이수한 자"란 「공인회계사법 시행령」 제12조제1항 각 호의 어느 하나에 해당하는 기관에서 2년 이상(같은 항 제4호의 기관인 경우에는 3년 이상) 실무수습을 받은 사람을 말한다. 이 경우 실무수습기간을 산정할 때에는 「공인회계사법」 제7조제1항에 따른 실무수습기간을 포함한다. ② 제1항에 따른 실무수습에 관하여는 「공인회계사법 시행령」 제12조제3항 및 제4항을 준용한다.
⑤ 회계법인인 감사인은 동일한 이사(「공인회계사법」 제26조제1항에 따른 이사를 말한다. 이하 이 조에서 같다)에게 회사의 연속하는 6개 사업연도(주권상장법인인 회사, 대형비상장주식회사 또는 금융회사의 경우에는 4개 사업연도)에 대한 감사업무를 하게 할 수 없다. 다만, 주권상장법인인 회사, 대형비상장주식회사 또는 금융회사의 경우 연속하는 3개 사업연도에 대한 감사업무를 한 이사에게는 그 다음 연속하는 3개 사업연도의 모든 기간 동안 해당 회사의 감사업무를 하게 할 수 없다. ⑥ 회계법인인 감사인은 그 소속공인회계사(「공인회계사법」 제26조제3항에 따른 소속공인회계사를 말한다)를 주권상장법인인 회사에 대한 감사업무의 보조자로 함에 있어서 동일한 보조자에게 해당 회사의 연속하는 3개 사업연도에 대한 감사업무를 하게 한 경우, 그 다음 사업연도에는 그 보조자의 3분의 2 이상을 교체하여야 한다. ⑦ 감사반인 감사인은 대통령령으로 정하는 주권상장법인인 회사의 연속하는 3개 사업연도에 대한 감사업무를 한 경우, 그 다음 사업연도에는 그 감사에 참여한 공인회계사의 3분의 2 이상을 교체하여야 한다.	

제9조의2(주권상장법인 감사인의 등록 및 취소) ① 제9조에도 불구하고 주권상장법인의 감사인이 되려는 자는 다음 각 호의 요건을 모두 갖추어 금융위원회에 등록하여야 한다. 1. 「공인회계사법」 제24조에 따라 금융위원회에 등록된 회계법인일 것 2. 감사품질 확보를 위하여 금융위원회가 정하는 바에 따른 충분한 인력, 예산, 그 밖의 물적 설비를 갖출 것 3. 감사품질 관리를 위한 사후 심리체계, 보상체계, 업무방법, 그 밖에 금융위원회가 정하는 요건을 갖출 것 ② 제1항 각 호의 요건을 모두 갖추고 있는지 여부를 심사하는 절차와 관련하여 필요한 세부사항은 대통령령으로 정한다. ③ 금융위원회는 제1항에 따라 주권상장법인 감사인 등록을 결정한 경우 등록결정한 내용을 관보 및 인터넷 홈페이지 등에 공고하여야 한다.	**제11조(주권상장법인 감사인의 등록 및 취소)** ① 법 제9조의2제1항에 따라 주권상장법인의 감사인이 되려는 자(이하 이 조에서 "신청인"이라 한다)는 등록신청서를 금융위원회에 제출하여야 한다. ② 금융위원회는 제1항에 따른 등록신청서를 접수하면 신청인이 법 제9조의2제1항 각 호의 요건(이하 이 조에서 "등록요건"이라 한다)을 모두 갖추었는지를 심사하여 등록신청서를 접수한 날부터 4개월 이내에 등록 여부를 결정하고, 그 결과와 이유를 지체 없이 신청인에게 문서로 통지하여야 한다. 이 경우 등록신청서에 흠결(欠缺)이 있으면 보완을 요구할 수 있으며, 필요한 경우에는 신청인이 등록요건을 갖추었는지를 확인하기 위하여 현장조사를 할 수 있다. ③ 제2항에 따른 심사기간을 산정할 때 등록신청서 흠결의 보완기간 등 금융위원회가 정하는 기간은 심사기간에 산입하지 아니한다.
④ 제1항 및 제2항에 따라 주권상장법인 감사인으로 등록한 자는 등록 이후 제1항 각 호의 등록요건을 계속 유지하여야 한다.	
⑤ 금융위원회는 제1항에 따라 등록한 감사인이 같은 항의 요건을 갖추지 못하게 되거나 증권선물위원회로부터 대통령령으로 정하는 업무정지 수준 이상의 조치를 받은 경우 해당 감사인의 주권상장법인 감사인 등록을 취소할 수 있다.	④ 법 제9조의2제5항에서 "증권선물위원회로부터 대통령령으로 정하는 업무정지 수준 이상의 조치를 받은 경우"란 법 제29조제3항제1호 또는 제2호에 따른 조치를 받은 경우를 말한다. ⑤ 제1항부터 제4항까지에서 규정한 사항 외에 신청인의 등록신청서 제출에 따른 심사, 주권상장법인 감사인의 등록 및 등록취소에 관한 세부적인 사항은 금융위원회가 정한다.
제10조(감사인의 선임) ① 회사는 매 사업연도 개시일부터 45일 이내(다만, 「상법」 제542조의11 또는 「금융회사의 지배구조에 관한 법	

<table>
<tr><th>주식회사 등의 외부감사에 관한 법률</th><th>시행령·시행규칙</th></tr>
<tr><td>률」 제16조에 따라 감사위원회를 설치하여야 하는 회사의 경우에는 매 사업연도 개시일 이전)에 해당 사업연도의 감사인을 선임하여야 한다. 다만, 회사가 감사인을 선임한 후 제4조제1항제3호에 따른 기준을 충족하지 못하여 외부감사의 대상에서 제외되는 경우에는 해당 사업연도 개시일부터 4개월 이내에 감사계약을 해지할 수 있다.
② 제1항 본문에도 불구하고 직전 사업연도에 회계감사를 받지 아니한 회사는 해당 사업연도 개시일부터 4개월 이내에 감사인을 선임하여야 한다.
③ 주권상장법인, 대형비상장주식회사 또는 금융회사는 연속하는 3개 사업연도의 감사인을 동일한 감사인으로 선임하여야 한다. 다만, 주권상장법인, 대형비상장주식회사 또는 금융회사가 제7항 각 호의 사유로 감사인을 선임하는 경우에는 해당 사업연도의 다음 사업연도부터 연속하는 3개 사업연도의 감사인을 동일한 감사인으로 선임하여야 한다.
④ 회사는 다음 각 호의 구분에 따라 선정한 회계법인 또는 감사반을 해당 회사의 감사인으로 선임하여야 한다.
1. 주권상장법인, 대형비상장주식회사 또는 금융회사
가. 감사위원회가 설치된 경우: 감사위원회가 선정한 회계법인 또는 감사반
나. 감사위원회가 설치되지 아니한 경우: 감사인을 선임하기 위하여 대통령령으로 정하는 바에 따라 구성한 감사인선임위원</td><td>

제12조(감사인선임위원회 등) ① 법 제10조제4항제1호나목에 따른 감사인선임위원회(이하 "감사인선임위원회"라 한다)는 위원장 1명</td></tr>
</table>

회(이하 "감사인선임위원회"라 한다)의 승인을 받아 감사가 선정한 회계법인 또는 감사반

을 포함하여 7명 이상의 위원으로 구성한다.

② 감사인선임위원회의 위원(이하 이 조에서 "위원"이라 한다)은 다음 각 호의 사람이 된다. 다만, 다음 각 호에 해당하는 사람이 없는 등 부득이한 경우에는 감사인을 선임하는 회사로부터 독립하여 공정하게 심의를 할 수 있는 사람으로서 경영·회계·법률 또는 외부감사에 대한 전문성을 갖춘 사람으로 감사인선임위원회를 구성할 수 있다.

1. 감사 1명
2. 다른 법령에 따라 선임된 사외이사(이사로서 그 회사의 상시업무에 종사하지 아니하는 이사를 말한다. 이하 이 조에서 "사외이사"라 한다)가 있는 회사의 경우에는 그 사외이사 중 2명 이내
3. 「법인세법 시행령」 제43조제7항 및 제8항에 따른 지배주주 및 그와 특수관계에 있는 주주를 제외한 기관투자자(「법인세법 시행령」 제161조제1항제4호에 따른 기관투자자를 말한다) 중에서 의결권 있는 주식(「자본시장과 금융투자업에 관한 법률」 제9조제17항제3호에 따른 증권금융회사가 같은 법 제326조제1항제2호에 따른 대여 업무 수행을 위하여 담보 목적으로 취득한 주식은 제외하며, 직전 사업연도 말에 소유한 주식을 기준으로 한다. 이하 이 호에서 같다)을 가장 많이 소유하고 있는 기관투자자의 임직원 1명. 다만, 사업연도 개시 후 감사인선임위원회 개최 통보일 전날까지 소유한 의결권 있는 주식 수가 현저하게 감소한 기관투자자는 제외한다.

주식회사 등의 외부감사에 관한 법률	시행령·시행규칙
	4. 다음 각 목의 어느 하나에 해당하는 주주를 제외한 주주 중에서 의결권 있는 주식(「자본시장과 금융투자업에 관한 법률」 제9조제17항제3호에 따른 증권금융회사가 같은 법 제326조제1항제2호에 따른 대여 업무 수행을 위하여 담보 목적으로 취득한 주식은 제외하며, 직전 사업연도 말에 소유한 주식을 기준으로 한다)을 가장 많이 소유한 주주(기관투자자인 경우 소속 임직원을 말한다) 2명. 다만, 사업연도 개시 후 감사인선임위원회 개최 통보일의 전날까지 소유한 의결권 있는 주식(담보 목적으로 취득한 주식은 제외한다) 수가 현저하게 감소한 주주는 제외한다. 가. 「법인세법 시행령」 제43조제7항 및 제8항에 따른 지배주주 및 그와 특수관계에 있는 주주 나. 해당 회사의 임원인 주주 다. 제3호에 따른 기관투자자 5. 「법인세법 시행령」 제43조제7항 및 제8항에 따른 지배주주 및 그와 특수관계에 있는 주주를 제외한 채권자 중 채권액(감사인선임위원회 개최 통보일의 전날에 보유한 채권을 기준으로 한다)이 가장 많은 2개 금융회사(「한국산업은행법」에 따른 한국산업은행 및 「한국수출입은행법」에 따른 한국수출입은행을 포함한다)의 임원 각 1명 ③ 감사인선임위원회의 위원장(이하 이 조에서 "위원장"이라 한다)은 사외이사 중에서 호선(互選)하되, 사외이사가 없는 경우에는 금융위원회가 정하는 바에 따라 위원 중에서 호선한다.

2. 그 밖의 회사: 감사 또는 감사위원회가 선정한 회계법인 또는 감사반. 다만, 다음 각 목의 어느 하나에 해당하는 경우에는 해당 목에서 정한 바에 따라 선정한다. 가. 직전 사업연도의 감사인을 다시 감사인으로 선임하는 경	④ 감사인선임위원회의 회의는 재적위원 3분의 2 이상의 출석으로 개의(開議)하고, 출석위원 과반수의 찬성으로 의결한다. ⑤ 제4항에도 불구하고 위원(질병, 외국거주, 소재불명 또는 그 밖에 이에 준하는 부득이한 사유로 직접 의결권을 행사할 수 없음이 명백한 위원은 제외한다)이 모두 동의할 때에는 다음 각 호의 위원이 모두 출석하면 감사인선임위원회의 회의를 개의하여 출석위원 전원의 찬성으로 의결할 수 있다. 1. 위원장 2. 제2항제1호에 따른 위원 3. 제2항제2호에 따른 위원 중 1명. 다만, 해당 위원이 없거나 부득이한 사유로 의결권을 행사할 수 없는 경우에는 제2항제3호부터 제5호까지의 규정에 따른 위원 중 1명 ⑥ 제2항제3호부터 제5호까지의 규정의 어느 하나에 해당하는 위원이 부득이한 사유로 의결권을 행사할 수 없는 경우에는 그 위원의 대리인이 의결권을 행사할 수 있다. 이 경우 그 대리인은 위원이 의결권을 행사하지 못한 사유 및 그 위원의 대리인임을 객관적으로 증명할 수 있는 문서를 감사인선임위원회에 제출하여야 한다. ⑦ 회사는 감사인선임위원회에 출석한 위원의 인적사항 및 감사인선임위원회 회의의 주요 발언 내용 등을 문서로 작성·관리하여야 한다. ⑧ 제1항부터 제7항까지에서 규정한 사항 외에 감사인선임위원회

주식회사 등의 외부감사에 관한 법률	시행령·시행규칙
우: 그 감사인 나. 감사가 없는 대통령령으로 정하는 일정규모 이상의 유한회사인 경우: 사원총회의 승인을 받은 회계법인 또는 감사반 다. 나목 외의 감사가 없는 유한회사인 경우: 회사가 선정한 회계법인 또는 감사반 ⑤ 감사 또는 감사위원회(제4항제2호 단서에 따라 감사인을 선임한 회사는 회사를 대표하는 이사를 말한다. 이하 이 조에서 같다)는 감사인의 감사보수와 감사시간, 감사에 필요한 인력에 관한 사항을 문서로 정하여야 한다. 이 경우 감사위원회가 설치되지 아니한 주권상장법인, 대형비상장주식회사 또는 금융회사의 감사는 감사인선임위원회의 승인을 받아야 한다. ⑥ 감사 또는 감사위원회는 제23조제1항에 따라 감사보고서를 제출받은 경우 제5항에서 정한 사항이 준수되었는지를 확인하여야 한다. 이 경우 감사위원회가 설치되지 아니한 주권상장법인, 대형비상장주식회사 또는 금융회사의 감사는 제5항에서 정한 사항이 준수되었는지를 확인한 문서를 감사인선임위원회에 제출하여야 한다. ⑦ 회사가 다음 각 호의 구분에 따라 감사인을 선임하는 경우에는 해당 호에서 정한 규정을 적용하지 아니한다. 1. 제11조제1항 및 제2항에 따라 증권선물위원회가 지정하는 자를 감사인으로 선임하거나 변경선임하는 경우: 제1항 본문, 제2항, 제3항 본문 및 제4항	의 운영 등에 필요한 세부적인 사항은 금융위원회가 정한다. **제13조(감사인 선정 등)** ① 법 제10조제4항제2호나목에서 "대통령령으로 정하는 일정규모"란 자본금 10억원을 말한다.

2. 제15조제1항 또는 제2항에 따라 감사계약이 해지된 경우: 제1항 본문, 제2항 및 제3항 본문
3. 선임된 감사인이 사업연도 중에 해산 등 대통령령으로 정하는 사유로 감사를 수행하는 것이 불가능한 경우: 제1항 본문, 제2항 및 제3항 본문

⑧ 회사가 제7항 각 호에 따른 사유로 감사인을 선임하는 경우에는 그 사유 발생일부터 2개월 이내에 감사인을 선임하여야 한다.

⑨ 제1항부터 제8항까지에서 규정한 사항 외에 감사인 선임 절차 및 방법, 감사인선임위원회의 운영 등에 필요한 사항은 대통령령으로 정한다.

② 법 제10조제7항제3호에서 "해산 등 대통령령으로 정하는 사유"란 다음 각 호의 어느 하나에 해당하는 경우를 말한다.

1. 감사인이 파산 등의 사유로 해산하는 경우(합병으로 인한 해산의 경우는 제외한다)
2. 감사인인 회계법인이 「공인회계사법」 제39조제1항에 따라 등록이 취소되거나 업무의 전부 또는 일부가 정지된 경우
3. 감사인인 감사반의 등록이 총리령으로 정하는 바에 따라 취소되거나 효력이 상실된 경우
4. 감사인인 감사반의 구성원이 「공인회계사법」 제48조제2항제1호부터 제3호까지의 규정에 해당하는 징계를 받은 경우
5. 주권상장법인의 감사인이 법 제9조의2제5항에 따라 등록이 취소된 경우
6. 감사인이 법 제29조제3항 또는 제4항에 따른 조치로 해당 회사에 대한 감사업무를 계속 수행할 수 없는 경우
7. 그 밖에 감사인이 해당 사업연도의 회계감사를 수행할 수 없다고 증권선물위원회가 인정하는 경우

③ 법 제10조제4항에 따라 감사인 선정(승인을 포함한다. 이하 이 조에서 같다)을 하는 자는 미리 선정에 필요한 기준과 절차를 마련하여야 한다. 이 경우 법 제10조제4항제1호나목, 같은 항 제2호나목 또는 같은 호 다목에 해당할 때에는 그 기준과 절차에 대하여

주식회사 등의 외부감사에 관한 법률	시행령·시행규칙
	감사인선임위원회 또는 사원총회의 승인을 받아야 한다. ④ 제3항 전단에 따른 기준에는 다음 각 호의 사항이 포함되어야 한다. 1. 감사시간·감사인력·감사보수 및 감사계획의 적정성 2. 감사인의 독립성(감사 의견에 편견을 발생시키는 등 부당한 영향을 미칠 우려가 있는 이해관계를 회피하는 것을 말한다) 및 전문성(감사업무를 수행하는 데 필요한 교육·훈련 및 경험, 감사대상 회사의 업무 등에 대한 전문지식 등을 충분히 갖춘 것을 말한다)
제11조(증권선물위원회에 의한 감사인 지정 등) ① 증권선물위원회는 다음 각 호의 어느 하나에 해당하는 회사에 3개 사업연도의 범위에서 증권선물위원회가 지정하는 회계법인을 감사인으로 선임하거나 변경선임할 것을 요구할 수 있다. 1. 감사 또는 감사위원회(감사위원회가 설치되지 아니한 주권상장법인, 대형비상장주식회사 또는 금융회사의 경우는 감사인선임위원회를 말한다. 이하 이 조에서 같다)의 승인을 받아 제10조에 따른 감사인의 선임기간 내에 증권선물위원회에 감사인 지정을 요청한 회사 2. 제10조에 따른 감사인의 선임기간 내에 감사인을 선임하지 아니한 회사 3. 제10조제3항 또는 제4항을 위반하여 감사인을 선임하거나 증권선물위원회가 회사의 감사인 교체 사유가 부당하다고 인정한 회사	3. 직전 사업연도에 해당 회사에 대하여 감사업무를 한 감사인[이하 "전기감사인(前期監査人)"이라 한다]의 의견진술 내용 및 다음 각 목의 사항. 다만, 직전 사업연도에 회계감사를 받지 아니한 경우에는 제외한다. 가. 전기감사인이 감사인 선임 시 합의한 감사시간·감사인력·감사보수·감사계획 등을 충실하게 이행하였는지에 대한 평가 결과 나. 전기감사인이 감사업무와 관련하여 회사에 회계처리기준 해석, 자산 가치평가 등에 대한 자문을 외부기관에 할 것을 요구한 경우 요구 내용에 대한 감사·감사위원회와 전기감사인 간의 협의 내용, 자문 결과 및 그 활용 내용 다. 해당 사업연도의 감사·감사위원회와 전기감사인 간의 대면회의 개최횟수, 참석자 인적사항, 주요 발언 내용 등

4. 증권선물위원회의 감리 결과 제5조에 따른 회계처리기준을 위반하여 재무제표를 작성한 사실이 확인된 회사. 다만, 증권선물위원회가 정하는 경미한 위반이 확인된 회사는 제외한다.
5. 제6조제6항을 위반하여 회사의 재무제표를 감사인이 대신하여 작성하거나, 재무제표 작성과 관련된 회계처리에 대한 자문을 요구하거나 받은 회사
6. 주권상장법인 중 다음 각 목의 어느 하나에 해당하는 회사
가. 3개 사업연도 연속 영업이익이 0보다 작은 회사
나. 3개 사업연도 연속 영업현금흐름이 0보다 작은 회사
다. 3개 사업연도 연속 이자보상배율이 1 미만인 회사
라. 그 밖에 대통령령으로 정하는 재무기준에 해당하는 회사
라. 그 밖에 감사인 선정의 객관성 및 신뢰성을 확보하기 위하여 필요한 기준으로서 금융위원회가 정하는 사항

⑤ 감사위원회, 감사인선임위원회 및 사원총회는 감사인을 선정하기 위하여 대면 회의를 개최하여야 한다. 이 경우 다음 각 호의 사항을 문서로 작성·관리하여야 한다.
1. 제4항 각 호의 사항에 대한 검토 결과
2. 대면 회의의 개최횟수, 참석자 인적사항, 주요 발언 내용 등

⑥ 제1항부터 제5항까지에서 규정한 사항 외에 감사·감사위원회·감사인선임위원회 또는 사원총회의 감사인 선임 및 관리 등에 필요한 세부적인 사항은 금융위원회가 정한다.

제14조(증권선물위원회의 감사인 지정을 받는 회사) ① 법 제11조제1항제6호라목에서 "대통령령으로 정하는 재무기준에 해당하는 회사"란 다음 각 호의 기준을 모두 충족하는 회사를 말한다. 다만, 금융회사 및 「자본시장과 금융투자업에 관한 법률 시행령」 제6조제4항제14호에 따른 기업인수목적회사(이하 "기업인수목적회사"라 한다)는 제외한다.
1. 직전 사업연도의 재무제표(연결재무제표를 작성하는 회사의 경우에는 연결재무제표를 말한다. 이하 이 항에서 같다)의 부채비율(부채총액을 자기자본으로 나눈 값을 말한다. 이하 같다)이 같은 업종[「통계법」에 따라 통계청장이 고시하는 한국표준산업분류의 대분류 기준에 따른 업종(제조업은 제외한다)을 말하며, 제조업은 중분류 기준에 따른 업종을 말한다] 평균의 1.5배를 넘는

주식회사 등의 외부감사에 관한 법률	시행령·시행규칙
7. 주권상장법인 중 대통령령으로 정하는 바에 따라 증권선물위원회가 공정한 감사가 필요하다고 인정하여 지정하는 회사	회사 2. 직전 사업연도 재무제표의 부채비율이 200퍼센트를 넘는 회사 3. 직전 사업연도 재무제표의 이자보상배율(영업이익을 이자비용으로 나눈 값을 말한다)이 1 미만인 회사 ② 제1항 각 호의 사항을 산정하는 방법은 금융위원회가 정한다. ③ 증권선물위원회는 법 제11조제1항제7호에 따라 다음 각 호의 어느 하나에 해당하는 회사 중에서 공정한 감사가 필요하다고 인정되는 회사를 지정한다. 1. 「자본시장과 금융투자업에 관한 법률」 제390조에 따른 상장규정(이하 "상장규정"이라 한다)에 따라 관리종목으로 지정된 회사. 다만, 다음 각 목의 어느 하나에 해당하여 관리종목으로 지정된 경우는 제외한다. 가. 주주 수 또는 상장주식 수 등 주식분산 기준을 충족하지 못한 경우 나. 주식거래량 기준을 충족하지 못한 경우 다. 시가총액 기준을 충족하지 못한 경우 2. 대통령령 제24697호 자본시장과 금융투자업에 관한 법률 시행령 일부개정령 부칙 제8조에 따른 코스닥시장(이하 "코스닥시장"이라 한다)에 대하여 별도로 정하는 상장규정에 따라 투자주의 환기종목으로 지정된 법인. 다만, 감사인이 회사가 법 제8조제6항에 따라 같은 조에서 정한 사항을 준수했는지 여부 및 같은 조 제4항에 따른 내부회계관리제도의 운영실태에 관한 보고

8. 「기업구조조정 촉진법」 제2조제5호에 따른 주채권은행 또는 대통령령으로 정하는 주주가 대통령령으로 정하는 방법에 따라 증권선물위원회에 감사인 지정을 요청하는 경우의 해당 회사
9. 제13조제1항 또는 제2항을 위반하여 감사계약의 해지 또는 감사인의 해임을 하지 아니하거나 새로운 감사인을 선임하지 아니한 회사
10. 감사인의 감사시간이 제16조의2제1항에서 정하는 표준 감사시간보다 현저히 낮은 수준이라고 증권선물위원회가 인정한 회사
11. 직전 사업연도를 포함하여 과거 3년간 최대주주의 변경이 2회 이상 발생하거나 대표이사의 교체가 3회 이상 발생한 주권상장법인

내용을 검토하거나 감사한 결과 다음 각 목의 어느 하나에 해당하여 투자주의 환기종목으로 지정된 경우는 제외한다.

가. 중요한 취약점이 발견된 경우
나. 감사인의 검토 또는 감사 범위에 제한이 있는 경우
다. 감사인의 검토 의견 또는 감사 의견이 표명되지 아니한 경우

④ 법 제11조제1항제8호에서 "대통령령으로 정하는 주주"란 투자대상회사의 장기적인 가치 향상과 지속적인 성장을 추구함으로써 고객과 수익자의 중장기적인 이익을 도모할 책임(이하 "수탁자 책임"이라 한다)을 효과적으로 이행할 기관투자자인 주주로서 증권선물위원회가 인정하는 자를 말한다. 이 경우 증권선물위원회는 금융위원회가 정하는 바에 따라 다음 각 호의 사항을 고려하여야 한다.

1. 기관투자자가 수탁자 책임을 효과적으로 이행하는 데 필요한 핵심 원칙에 따라 주주활동을 수행하였는지 여부
2. 투자대상회사의 지분을 보유한 기간
3. 투자대상회사 지분율
4. 그 밖에 금융위원회가 정하는 사항

⑤ 「기업구조조정 촉진법」 제2조제5호에 따른 주채권은행 및 제4항에 따른 기관투자자인 주주가 법 제11조제1항제8호에 따라 증권선물위원회에 감사인 지정을 요청하려면 금융위원회가 정하는 바에 따라 감사인 지정을 신청하는 서류를 작성하여 제출하여야 한다. 이 경우 제4항에 따른 기관투자자인 주주는 같은 항 각 호의

주식회사 등의 외부감사에 관한 법률	시행령·시행규칙
12. 그 밖에 공정한 감사가 특히 필요하다고 인정되어 대통령령으로 정하는 회사	사항을 증명할 수 있는 자료를 첨부하여야 한다. ⑥ 법 제11조제1항제12호에서 "대통령령으로 정하는 회사"란 다음 각 호의 어느 하나에 해당하는 회사를 말한다. 1. 해당 사업연도 또는 다음 사업연도 중에 주권상장법인이 되려는 회사. 다만, 다음 각 목의 회사는 제외한다. 가. 코스닥시장에 상장된 주권을 발행한 법인(이하 "코스닥시장상장법인"이라 한다)이 되려는 「자본시장과 금융투자업에 관한 법률 시행령」 제176조의9제1항에 따른 유가증권시장에 상장된 주권을 발행한 법인(이하 "유가증권시장상장법인"이라 한다) 나. 유가증권시장상장법인이 되려는 코스닥시장상장법인 다. 코넥스시장에 주권을 상장하려는 법인 라. 주권상장법인이 되려는 기업인수목적회사 2. 제21조제1항제3호부터 제5호까지 및 같은 조 제3항제1호에 해당하여 감사인이 감사업무에 대한 계약을 해지한 회사 3. 다음 각 목의 어느 하나를 위반한 회사. 다만, 증권선물위원회가 정하는 경미한 위반 사항으로 확인된 경우는 제외한다. 가. 법 제6조제2항부터 제5항까지의 규정에 따른 재무제표 제출 및 공시 나. 법 제8조제1항부터 제5항까지 및 이 영 제9조에 따른 내부회계관리제도의 운영 다. 법 제9조제1항에 따른 감사인의 자격제한

② 증권선물위원회는 다음 각 호의 어느 하나에 해당하는 회사가 연속하는 6개 사업연도에 대하여 제10조제1항에 따라 감사인을 선임한 경우에는 증권선물위원회가 대통령령이 정하는 기준과 절차에 따라 지정하는 회계법인을 감사인으로 선임하거나 변경선임

라. 법 제10조제5항 및 제6항에 따른 감사인 선임 시 준수 사항
마. 법 제12조에 따른 감사인 선임 등의 보고·통지·공고
바. 법 제13조에 따른 감사인 해임 및 재선임
사. 법 제14조에 따른 의견진술권
아. 법 제21조에 따른 감사인의 권한
자. 법 제22조제3항부터 제6항까지의 규정에 따른 부정행위 등의 조사 및 시정요구 등
차. 법 제28조제2항 및 제3항에 따른 부정행위 신고자의 보호

4. 다른 법률에서 정하는 바에 따라 증권선물위원회에 감사인 지정이 의뢰된 회사
5. 금융위원회가 정하는 금액 이상의 횡령 또는 배임을 하였다는 이유로 주권상장법인이 소속 임직원(퇴임하거나 퇴직한 임직원을 포함한다. 이하 이 호에서 같다)을 고소하거나, 그 임직원에 대하여 공소가 제기된 회사
6. 회사가 제17조제1항을 위반한 경우(제17조제1항에 따라 증권선물위원회에 제출해야하는 자료에 거짓으로 기재되거나 표시된 내용이 있는 경우 또는 기재하거나 표시하여야 할 사항을 빠뜨린 경우를 포함한다)

제15조(주권상장법인 등에 대한 감사인 지정) ① 증권선물위원회는 법 제11조제2항에 따라 연속하는 6개 사업연도에 대하여 감사인을 선임한 회사에 대하여 그 다음 사업연도부터 연속하는 3개 사업연도에 대하여 증권선물위원회가 지정하는 감사인을 선임하거나 변

주식회사 등의 외부감사에 관한 법률	시행령·시행규칙
할 것을 요구할 수 있다. 1. 주권상장법인. 다만, 대통령령으로 정하는 주권상장법인은 제외한다. 2. 제1호에 해당하지 아니하는 회사 가운데 자산총액이 대통령령으로 정하는 금액 이상이고 대주주 및 그 대주주와 대통령령으로 정하는 특수관계에 있는 자가 합하여 발행주식총수(의결권이 없는 주식은 제외한다. 이하 같다)의 100분의 50 이상을 소유하고 있는 회사로서 대주주 또는 그 대주주와 특수관계에 있는 자가 해당 회사의 대표이사인 회사	경선임할 것을 요구할 수 있다. ② 법 제11조제2항제1호 단서에서 "대통령령으로 정하는 주권상장법인"이란 코넥스시장에 상장된 법인을 말한다. ③ 법 제11조제2항제2호에서 "대통령령으로 정하는 금액"이란 직전 사업연도 말을 기준으로 1천억원을 말한다. ④ 법 제11조제2항제2호에서 "대통령령으로 정하는 특수관계에 있는 자"란 「법인세법 시행령」 제43조제8항에 따른 특수관계에 있는 자를 말한다.
③ 제2항에도 불구하고 다음 각 호의 어느 하나에 해당되는 회사는 제10조제1항에 따라 감사인을 선임할 수 있다. 1. 증권선물위원회가 정하는 기준일로부터 과거 6년 이내에 제26조에 따른 증권선물위원회의 감리를 받은 회사로서 그 감리 결과 제5조에 따른 회계처리기준 위반이 발견되지 아니한 회사 2. 그 밖에 회계처리의 신뢰성이 양호한 경우로서 대통령령으로 정하는 회사	⑤ 법 제11조제3항제2호에서 "대통령령으로 정하는 회사"란 다음 각 호의 요건을 모두 갖춘 경우로서 증권선물위원회에 감리를 신청하여 감리 결과 회계처리기준 위반이 발견되지 아니한 회사를 말한다. 1. 증권선물위원회가 감사인의 선임 또는 변경선임을 요구하는 날(이하 이 조 및 제17조에서 "지정기준일"이라 한다)부터 과거 6년 이내에 법 제26조제1항제2호에 따른 감리(이 항 제2호에 따라 신청한 감리는 제외한다)를 받지 아니하였을 것

2. 회사가 증권선물위원회에 감리를 신청한 날이 속하는 사업연도 및 그 직전 2개 사업연도의 감사 의견(내부회계관리제도에 대한 검토 의견을 포함한다. 이하 이 항에서 같다)에 회사의 내부회계관리제도에 중요한 취약점이 발견되었다는 내용이 표명되지 아니하였을 것

3. 회사가 제2호의 감사 의견을 작성한 감사인을 지정기준일 이후 도래하는 다음 3개 사업연도의 감사인으로 선임하지 아니하기로 하는 확약서를 증권선물위원회에 제출할 것

⑥ 제5항에 따른 감리 등에 관한 구체적인 기준 및 절차는 금융위원회가 정한다.

제16조(감사인 지정의 기준) ① 증권선물위원회는 법 제11조제2항에 따라 다음 각 호의 어느 하나에 해당하는 회계법인 중에서 감사인을 지정한다.

1. 법 제9조의2제1항에 따라 등록된 회계법인
2. 최근 3년간 다음 각 목의 어느 하나에 해당하는 기관으로부터 법 제29조제3항 또는 「공인회계사법」 제39조제1항에 따른 조치로서 금융위원회가 정하는 조치를 받지 아니한 회계법인
   가. 금융위원회
   나. 증권선물위원회
   다. 「공인회계사법」 제41조에 따라 설립된 한국공인회계사회(이하 "한국공인회계사회"라 한다)

② 제1항에도 불구하고 증권선물위원회는 회계법인이 다음 각 호

주식회사 등의 외부감사에 관한 법률	시행령·시행규칙
	의 어느 하나에 해당하는 경우에는 감사인으로 지정하지 아니할 수 있다. 1. 법 제23조제1항에 따른 감사보고서에 기재하여야 할 사항을 기재하지 아니하거나 거짓으로 기재한 혐의로 해당 회계법인에 대하여 공소가 제기된 경우 2. 법 제25조제1항에 따른 사업보고서 또는 같은 조 제5항에 따른 수시보고서에 거짓으로 기재하거나 표시한 사항이 있는 경우 또는 보고하여야 할 사항을 빠뜨린 경우 3. 증권선물위원회로부터 지정 사실을 통보받은 날부터 2주 이내에 특별한 사유 없이 해당 회사와 감사계약을 체결하지 아니한 경우 4. 그 밖에 감사인이 그 지위를 이용하여 회사에 부당한 비용 부담을 요구하는 등 금융위원회가 정하는 사유가 있는 경우 ③ 증권선물위원회는 법 제11조제2항에 따라 감사인을 지정하려는 경우에는 다음 각 호의 사항을 고려하여야 한다. 1. 해당 회사의 규모나 업종 2. 해당 회계법인에 소속된 등록 공인회계사 수 및 해당 회계법인의 감사품질관리 수준 3. 법 제26조제1항에 따라 감사인을 감리 또는 평가한 결과 4. 그 밖에 금융위원회가 정하는 사항 ④ 제1항부터 제3항까지에서 규정한 사항 외에 감사인을 지정하는 기준에 관한 세부적인 사항은 금융위원회가 정한다.

제17조(감사인 지정의 절차) ① 법 제11조제2항 각 호의 어느 하나에 해당하는 회사는 같은 항에 따른 감사인 선임 또는 변경선임 여부 결정에 필요한 자료를 금융위원회가 정하는 바에 따라 증권선물위원회에 전자문서로 제출하여야 한다.

② 증권선물위원회는 법 제11조제2항에 따라 감사인의 선임 또는 변경선임을 요구하려는 경우에는 해당 회사와 그 회사의 감사인으로 지정하려는 회계법인에 지정기준일부터 4주 전까지 지정 예정 내용을 문서로 통지하여야 한다. 다만, 지정 예정 내용을 신속하게 통지하여야 하는 경우로서 금융위원회가 정하는 경우에는 그 기간을 단축하거나 구두로 통지할 수 있다.

③ 제2항에 따른 통지를 받은 회사와 회계법인은 통지를 받은 날부터 2주 이내에 증권선물위원회에 의견을 제출할 수 있다.

④ 증권선물위원회는 제3항에 따른 의견이 금융위원회가 정하는 기준에 맞다고 판단되면 그 의견을 반영할 수 있다.

⑤ 증권선물위원회는 법 제11조제2항에 따라 감사인의 선임 또는 변경선임을 요구하려는 경우에는 지정기준일까지 해당 회사와 그 회사의 감사인으로 지정하는 회계법인(이하 "지정감사인"이라 한다)에 지정 내용을 통지한다. 이 경우 증권선물위원회는 회사와 지정감사인 간의 감사업무에 대한 계약(이하 "감사계약"이라 한다)을 원활하게 체결하거나 감사품질 확보 등을 위하여 적정 감사시간 또는 적정 감사보수 등을 정하여 권고할 수 있다.

⑥ 회사는 특별한 사유가 없으면 지정기준일부터 2주 이내에 감사

주식회사 등의 외부감사에 관한 법률	시행령·시행규칙
	계약을 체결하여야 한다. ⑦ 법 제11조제4항 단서에서 "대통령령으로 정하는 사유"란 다음 각 호의 어느 하나에 해당하는 경우를 말한다. 1. 해당 회사가 「외국인투자 촉진법」 제2조제1항제5호에 따른 외국투자가(개인은 제외하며, 이하 "외국투자가"라 한다)가 출자한 회사로서 그 출자조건에서 감사인을 한정하고 있는 경우 2. 지정감사인이 제16조제2항제2호부터 제4호까지의 규정에 해당하는 경우 3. 해당 회사가 「공인회계사법」 제33조제1항 각 호의 어느 하나에 해당되는 경우 4. 그 밖에 다른 법령 등에 따른 제한으로 지정감사인을 감사인으로 선임할 수 없는 경우 등 제1호부터 제3호까지의 규정에 준하여 금융위원회가 정하는 경우
제11조(증권선물위원회에 의한 감사인 지정 등) ④ 제1항 및 제2항에 따라 증권선물위원회가 감사인의 선임이나 변경선임을 요구한 경우 회사는 특별한 사유가 없으면 이에 따라야 한다. 다만, 해당 회사 또는 감사인으로 지정받은 자는 대통령령으로 정하는 사유가 있으면 증권선물위원회에 감사인을 다시 지정하여 줄 것을 요청할 수 있다. ⑤ 제4항 단서에 따라 회사가 증권선물위원회에 감사인을 다시 지정하여 줄 것을 요청할 경우 사전에 감사 또는 감사위원회의 승인을 받아야 한다. ⑥ 회사는 제1항 및 제2항에 따라 증권선물위원회로부터 지정받은 감사인을 지정 사업연도 이후 최초로 도래하는 사업연도의 감사인으로 선임할 수 없다. ⑦ 증권선물위원회가 감사인의 선임이나 변경선임을 요구하여 회사가 감사인을 선임하는 경우에도 제10조제5항 및 제6항을 적용한다.	⑧ 법 제11조제4항 단서에 따라 감사인을 다시 지정하여 줄 것을 요청하려는 자는 그 요청사유를 증명하는 서류를 첨부하여 제5항 전단에 따른 통지를 받은 날부터 1주 이내에 증권선물위원회에 요청하여야 한다. ⑨ 제1항부터 제8항까지에서 규정한 사항 외에 감사인 지정의 절차에 관한 세부적인 사항은 금융위원회가 정한다.
제12조(감사인 선임 등의 보고) ① 회사는 감사인을 선임 또는 변경선임하는 경우 그 사실을 감사인을 선임한 이후에 소집되는 「상법」에 따른 정기총회에 보고하거나 대통령령으로 정하는 바에 따라	**제18조(감사인 선임 등의 보고)** ① 회사는 법 제12조제1항에 따라 감사인을 선임 또는 변경선임하였다는 사실을 주주(최근 주주명부 폐쇄일의 주주를 말한다) 또는 사원에게 문서로 통지하거나 인터

주주 또는 사원(이하 "주주등"이라 한다)에게 통지 또는 공고하여야 한다.

② 회사가 감사인을 선임 또는 변경선임하는 경우 해당 회사 및 감사인은 대통령령으로 정하는 바에 따라 증권선물위원회에 보고하여야 한다. 다만, 회사는 다음 각 호의 어느 하나에 해당되는 경우에는 보고를 생략할 수 있다.

1. 회사의 요청에 따라 증권선물위원회가 지정한 자를 감사인으로 선임한 경우
2. 증권선물위원회의 요구에 따라 감사인을 선임 또는 변경선임하는 경우
3. 주권상장법인, 대형비상장주식회사 또는 금융회사가 아닌 회사가 직전 사업연도의 감사인을 다시 선임한 경우

제13조(감사인의 해임) ① 감사인이 「공인회계사법」 제21조 또는 제33조를 위반한 경우 회사는 지체 없이 감사인과의 감사계약을 해지하여야 하며, 감사계약을 해지한 후 2개월 이내에 새로운 감사인을 선임하여야 한다.

넷 홈페이지에 선임 또는 변경선임한 감사인과의 감사계약이 종료될 때까지 공고하여야 한다.

② 회사는 법 제12조제2항 각 호 외의 부분 본문에 따라 감사계약을 체결한 날부터 2주 이내에 다음 각 호의 서류를 증권선물위원회에 전자문서로 제출하여야 한다.

1. 해당 감사인과의 감사계약서 사본
2. 감사위원회 개최 사실을 증명하는 서류 또는 감사인선임위원회 또는 사원총회의 감사인 선임 승인사실을 증명하는 서류
3. 감사인을 변경선임하는 경우에는 그 사유 및 전기감사인의 의견진술 내용

③ 제2항에도 불구하고 다음 각 호의 구분에 따라 제출하는 서류를 달리 할 수 있다.

1. 법 제10조제4항제1호 또는 같은 항 제2호나목에 따라 감사인을 선임한 경우: 제2항제1호 및 제2호의 서류
2. 법 제10조제7항 각 호의 사유로 감사인을 선임한 경우: 제2항제2호의 서류

④ 감사인은 법 제12조제2항 각 호 외의 부분 본문에 따라 감사계약을 체결한 날부터 2주 이내에 해당 회사와의 감사계약서 사본을 증권선물위원회에 전자문서로 제출하여야 한다.

⑤ 제2항 및 제3항에 따른 서류를 제출받은 증권선물위원회는 「전자정부법」 제36조제1항에 따른 행정정보의 공동이용을 통하여 해당 회사의 법인등기사항증명서를 확인하여야 한다.

주식회사 등의 외부감사에 관한 법률	시행령·시행규칙
② 제10조제3항에도 불구하고 주권상장법인, 대형비상장주식회사 또는 금융회사는 연속하는 3개 사업연도의 동일 감사인으로 선임된 감사인이 직무상 의무를 위반하는 등 대통령령으로 정하는 사유에 해당하는 경우에는 연속하는 3개 사업연도 중이라도 매 사업연도 종료 후 3개월 이내에 다음 각 호의 구분에 따라 해임요청된 감사인을 해임하여야 한다. 이 경우 회사는 감사인을 해임한 후 2개월 이내에 새로운 감사인을 선임하여야 한다. 1. 감사위원회가 설치된 경우: 감사위원회가 해임을 요청한 감사인 2. 감사위원회가 설치되지 아니한 경우: 감사가 감사인선임위원회의 승인을 받아 해임을 요청한 감사인 ③ 주권상장법인, 대형비상장주식회사 또는 금융회사는 제1항 또는 제2항에 따라 감사계약을 해지하거나 감사인을 해임한 경우에는 지체 없이 그 사실을 증권선물위원회에 보고하여야 한다.	**제19조(감사인의 해임)** 법 제13조제2항에서 "직무상 의무를 위반하는 등 대통령령으로 정하는 사유에 해당하는 경우"란 다음 각 호의 어느 하나에 해당하는 경우를 말한다. 1. 감사인이 회사의 기밀을 누설하는 등 직무상 의무를 위반한 경우 2. 감사인이 그 임무를 게을리하여 회사에 손해를 발생하게 한 경우 3. 감사인이 회계감사와 관련하여 부당한 요구를 하거나 압력을 행사한 경우 4. 외국투자가가 출자한 회사로서 그 출자조건에서 감사인을 한정하고 있는 경우 5. 지배회사 또는 종속회사가 그 지배·종속의 관계에 있는 회사와 같은 지정감사인을 선임하여야 하는 경우
제14조(전기감사인의 의견진술권) ① 회사는 직전 사업연도에 해당 회사에 대하여 감사업무를 한 감사인[이하 "전기감사인"(前期監査人)이라 한다] 외의 다른 감사인을 감사인으로 선임하거나 제13조제2항에 따라 전기감사인을 해임하려면 해당 전기감사인에게 감사 또는 감사위원회(감사위원회가 설치되지 아니한 주권상장법인, 대형비상장주식회사 또는 금융회사의 경우에는 감사인선임위원회를 말한다)에 의견을 진술할 수 있는 기회를 주어야 한다.	**제20조(전기감사인의 의견진술권)** ① 회사는 법 제14조제1항에 따라 전기감사인에게 새로운 감사인과의 감사계약 체결 2주 전까지 문서 또는 구술로 의견을 진술할 수 있다는 사실을 문서로 통지하여야 한다. ② 회사는 법 제13조제2항에 따라 해임되는 전기감사인이 의견을 진술한 경우에는 지체 없이 다음 각 호의 사항을 금융위원회가 정하는 바에 따라 증권선물위원회에 문서로 제출하여야 한다.

법률	시행령
② 회사는 제13조제2항에 따라 해임되는 감사인이 제1항에 따라 의견을 진술한 경우에는 그 내용을 증권선물위원회에 보고하여야 한다. ③ 제1항과 제2항에 따른 의견진술의 방법, 보고절차 등에 관한 사항은 대통령령으로 정한다.	1. 전기감사인을 해임한 사유 2. 전기감사인이 진술한 의견 3. 감사위원회 위원 전원 또는 감사인선임위원회 위원 중 과반수가 제1호 및 제2호의 내용을 확인하고 서명한 사실
제15조(감사인의 감사계약 해지) ① 감사인은 제16조에 따른 회계감사기준에서 정하는 독립성이 훼손된 경우 등 대통령령으로 정하는 사유에 해당하는 경우에는 사업연도 중이라도 감사계약을 해지할 수 있다.	**제21조(감사인의 감사계약 해지)** ① 법 제15조제1항에서 "회계감사기준에서 정하는 독립성이 훼손된 경우 등 대통령령으로 정하는 사유에 해당하는 경우"란 다음 각 호의 어느 하나에 해당하는 경우를 말한다. 1. 법 제9조에 따라 감사인이 될 수 없는 경우 2. 다음 각 목의 어느 하나에 해당하는 경우 가. 회계감사기준에서 정하는 독립성이 훼손된 경우로서 증권선물위원회가 인정하는 경우 나. 「공인회계사법」 제43조제1항에 따른 직업윤리에 관한 규정에서 정한 감사인의 독립성이 훼손된 경우로서 증권선물위원회가 인정하는 경우 3. 회사가 직전 사업연도 또는 해당 사업연도 중 감사보수 지급에 관한 감사계약에 따른 의무를 이행하지 아니한 경우 4. 감사계약을 체결한 후 회사의 합병, 분할 또는 사업의 양도·양수로 주요 사업부문의 성격이나 회사의 규모가 현저히 달라졌으나 감사보수에 대한 재계약이 이루어지지 아니한 경우 5. 감사인(주권상장법인, 대형비상장주식회사 또는 금융회사의 감

주식회사 등의 외부감사에 관한 법률	시행령·시행규칙
	사인으로 한정한다)이 감사업무(「자본시장과 금융투자업에 관한 법률 시행령」 제170조제1항에 따라 반기보고서 또는 분기보고서에 첨부하는 회계감사인의 확인 및 의견 표시를 위하여 수행하는 업무를 포함한다)와 관련하여 회사에 자료를 요청하였으나 회사가 특별한 사유 없이 요청한 자료를 제출하지 아니하여 감사업무에 현저한 지장을 주었다고 인정되는 경우 ② 감사인이 제1항제3호부터 제5호까지의 규정에 따른 사유로 감사계약을 해지할 수 있는 기한은 해당 회사의 사업연도가 시작된 후 9개월 이 되는 날이 속하는 달의 초일로 한다.
② 제10조제3항에도 불구하고 주권상장법인, 대형비상장주식회사 또는 금융회사의 감사인은 감사의견과 관련하여 부당한 요구나 압력을 받은 경우 등 대통령령으로 정하는 사유에 해당하는 경우에는 연속하는 3개 사업연도 중이라도 매 사업연도 종료 후 3개월 이내에 남은 사업연도에 대한 감사계약을 해지할 수 있다.	③ 법 제15조제2항에서 "감사의견과 관련하여 부당한 요구나 압력을 받은 경우 등 대통령령으로 정하는 사유에 해당하는 경우"란 다음 각 호의 어느 하나에 해당하는 경우를 말한다. 1. 「상법」 제635조제1항 각 호 외의 부분 본문에서 규정한 자, 회사의 회계업무를 담당하는 자, 주주 또는 채권자로부터 감사 의견과 관련하여 부당한 요구나 압력을 받은 경우 2. 법 제8조제6항 단서에 따른 내부회계관리제도 감사 의견에 2개 사업연도 연속하여 중요한 취약점이 발견되었다는 내용이 포함된 경우
③ 감사인은 제1항 또는 제2항에 따라 감사계약을 해지한 경우에는 지체 없이 그 사실을 증권선물위원회에 보고하여야 한다.	④ 감사인은 법 제15조제3항에 따라 감사계약을 해지한 후에 지체 없이 다음 각 호의 사항을 금융위원회가 정하는 바에 따라 증권선물위원회에 보고하여야 한다. 1. 감사계약을 해지한 사유 및 그 사유를 증명할 수 있는 자료

	2. 감사계약 해지에 대한 해당 회사의 의견 3. 그 밖에 금융위원회가 정하는 사항
제16조(회계감사기준) ① 감사인은 일반적으로 공정·타당하다고 인정되는 회계감사기준에 따라 감사를 실시하여야 한다. ② 제1항의 회계감사기준은 한국공인회계사회가 감사인의 독립성 유지와 재무제표의 신뢰성 유지에 필요한 사항 등을 포함하여 대통령령으로 정하는 바에 따라 금융위원회의 사전승인을 받아 정한다.	**제22조(회계감사기준)** ① 회계감사기준에는 다음 각 호의 사항이 포함되어야 한다. 1. 감사인의 독립성을 유지하기 위한 요건 2. 감사계획의 수립 방법과 감사 절차 3. 감사 의견의 구분 및 결정 방법 4. 감사조서의 작성 등 감사업무의 관리 5. 감사결과의 보고기준 ② 회계감사기준에 관한 사항을 심의·의결하기 위하여 한국공인회계사회에 11명 이내의 위원으로 구성되는 회계감사기준위원회를 둔다. ③ 제2항에 따른 회계감사기준위원회의 구성 및 운영 등에 필요한 사항은 총리령으로 정한다. ④ 한국공인회계사회는 법 제16조제2항에 따라 회계감사기준에 대한 금융위원회의 사전승인을 받기 위하여 회계감사기준 제정안 또는 개정안을 회계감사기준위원회의 심의·의결을 거쳐 금융위원회에 제출하여야 한다. ⑤ 금융위원회는 이해관계인의 보호, 국제적 회계감사기준과의 합치 등을 위하여 필요한 경우 한국공인회계사회에 회계감사기준의 개정을 요청할 수 있다.

주식회사 등의 외부감사에 관한 법률	시행령·시행규칙
	시행규칙 제4조(회계감사기준위원회의 구성 등) ① 영 제22조제2항에 따른 회계감사기준위원회(이하 "회계감사기준위원회"라 한다)는 위원장 1명을 포함한 11명의 위원으로 성별을 고려하여 구성한다. ② 회계감사기준위원회의 위원장은 제4항제1호 및 제2호의 위원이 아닌 위원 중에서 호선(互選)한다. ③ 회계감사기준위원회의 위원은 회계에 관한 전문지식과 공정한 직무수행을 위한 도덕성을 갖춘 사람으로서 제3조제5항 각 호의 어느 하나에 해당하는 자격을 갖추어야 한다. ④ 회계감사기준위원회의 위원은 제3항의 자격을 갖춘 사람 중에서 다음 각 호의 사람을 한국공인회계사회 회장이 임명하거나 위촉한다. 다만, 제1호 및 제2호에 해당하는 위원은 제3항을 적용하지 아니한다. 1. 한국공인회계사회 회장이 지명하는 소속 상근부회장 1명 2. 금융감독원장이 지명하는 소속 회계 관련 부서의 장 1명 3. 다음 각 목의 어느 하나에 해당하는 사람 중에서 한국회계학회의 회장이 추천하는 소속 회원 1명 가. 재무 또는 회계 분야의 공인된 연구기관의 연구원 나. 대학에서 조교수 이상으로 재직하면서 재무 또는 회계 분야를 가르치는 사람 4. 다음 각 목의 공인회계사 중 한국공인회계사회 회장이 추천하는 사람 각 2명 가. 소속 공인회계사 수가 500명 이상인 회계법인 소속 공인회계사 나. 소속 공인회계사 수가 500명 미만인 회계법인 또는 감사반 소속 공인회계사 5. 회계법인 또는 감사반에 소속되지 아니한 공인회계사 중 다음 각 목의 사람이 추천하는 사람 각 1명 가. 한국상장회사협의회 회장

나. 거래소 이사장
다. 대한상공회의소 회장
6. 「변호사법」 제78조에 따라 설립된 대한변호사협회의 회장이 추천하는 재무 또는 회계 분야에 전문지식이 있는 변호사 1명

⑤ 위원의 결격사유에 관하여는 제3조제6항을 준용한다.

⑥ 위원장이 부득이한 사유로 직무를 수행할 수 없을 때에는 위원으로 임명되거나 위촉된 순서에 따라 그 직무를 대행한다.

⑦ 제4항제3호부터 제6호까지의 위원의 임기는 2년으로 하며, 한 차례만 연임할 수 있다. 다만, 임기가 만료된 경우에도 후임자가 위촉될 때까지 그 직무를 수행할 수 있다.

⑧ 제1항부터 제7항까지에서 규정한 사항 외에 회계감사기준위원회의 구성 및 운영 등에 필요한 사항은 한국공인회계사회가 정한다.

제16조의2(표준 감사시간) ① 한국공인회계사회는 감사업무의 품질을 제고하고 투자자 등 이해관계인의 보호를 위하여 감사인이 투입하여야 할 표준 감사시간을 정할 수 있다. 이 경우 대통령령으로 정하는 절차에 따라 금융감독원 등 대통령령으로 정하는 이해관계자의 의견을 청취하고 이를 반영하여야 한다.

② 한국공인회계사회는 3년마다 감사환경 변화 등을 고려하여 제1항에서 정한 표준 감사시간의 타당성 여부를 검토하여 이를 반영하고 그 결과를 공개하여야 한다.

제23조(표준 감사시간 제정·변경 절차 등) ① 법 제16조의2제1항 후단에서 "금융감독원 등 대통령령으로 정하는 이해관계자"란 다음 각 호의 자를 말한다.

1. 회사
2. 회계법인
3. 투자자 또는 회사의 재무제표를 분석하는 업무를 수행하는 사람 등 회계정보이용자
4. 금융감독원

② 한국공인회계사회는 표준 감사시간을 공정하게 정하기 위하여 표준감사시간심의위원회(이하 이 조에서 "위원회"라 한다)를 둔다.

③ 위원회는 위원장 1명을 포함한 15명 이내의 위원으로 구성한다. 이 경우 위원회의 위원(이하 이 조에서 "위원"이라 한다)은 회

주식회사 등의 외부감사에 관한 법률	시행령·시행규칙
	사·회계법인을 대표하는 위원 각각 5명, 투자자 또는 회사의 재무제표를 분석하는 업무를 수행하는 사람 등 회계정보이용자를 대표하는 위원 4명, 금융감독원장이 추천하는 위원 1명으로 구성한다. ④ 회사를 대표하는 위원은 다음 각 호의 사람이 1명씩 추천하며, 한국공인회계사회 회장이 위촉한다. 1. 「자본시장과 금융투자업에 관한 법률」 제370조에 따른 허가를 받은 한국상장회사협의회 회장 2. 「자본시장과 금융투자업에 관한 법률」 제370조에 따른 허가를 받은 한국코스닥협회 회장 3. 「상공회의소법」에 따라 설립된 대한상공회의소 회장 4. 「중소기업협동조합법」에 따라 설립된 중소기업중앙회 회장 5. 그 밖에 금융위원회가 정하는 단체의 장 ⑤ 회계법인 및 회계정보이용자를 대표하는 위원은 한국공인회계사회 회장이 위촉한다. ⑥ 위원회의 위원장은 회계정보이용자를 대표하는 위원 중에서 한국공인회계사회 회장이 위촉한다. ⑦ 한국공인회계사회는 위원회 심의를 거친 표준 감사시간 제정안 또는 개정안을 20일 이상 인터넷 홈페이지에 공고하고, 공청회를 개최하여야 한다. ⑧ 한국공인회계사회는 위원회의 심의를 거쳐 표준 감사시간을 정한다. ⑨ 제1항부터 제8항까지에서 규정한 사항 외에 위원회 운영 등에

제17조(품질관리기준) ① 감사인은 감사업무의 품질이 보장될 수 있도록 감사인의 업무설계 및 운영에 관한 기준(이하 "품질관리기준"이라 한다)을 준수하여야 한다.

② 품질관리기준은 한국공인회계사회가 감사업무의 품질관리 절차, 감사인의 독립성 유지를 위한 내부통제 등 감사업무의 품질보장을 위하여 필요한 사항을 포함하여 대통령령으로 정하는 바에 따라 금융위원회의 사전승인을 받아 정한다.

③ 감사인의 대표자는 품질관리기준에 따른 업무설계 및 운영에 대한 책임을 지며, 이를 담당하는 이사 1명을 지정하여야 한다.

제18조(감사보고서의 작성) ① 감사인은 감사결과를 기술(記述)한 감사보고서를 작성하여야 한다.

② 제1항의 감사보고서에는 감사범위, 감사의견과 이해관계인의

필요한 세부적인 사항은 한국공인회계사회가 정한다.

제24조(품질관리기준) ① 법 제17조제1항에 따른 품질관리기준(이하 "품질관리기준"이라 한다)에는 다음 각 호의 사항이 포함되어야 한다. 이 경우 회계법인의 형태나 규모 등을 고려하여 그 내용 및 적용 방식을 달리 정할 수 있다.

1. 회계법인의 경영진 등 감사업무의 품질관리를 위한 제도를 만들고 운영하는 자의 책임
2. 감사인의 독립성 등 윤리적 요구사항을 준수하는 데 필요한 내부통제 방안
3. 감사대상 회사의 위험에 대한 평가 등 감사업무를 맡고 유지하는 데 필요한 내부통제 방안
4. 감사업무수행 인력 및 감사업무의 품질관리 인력의 운영
5. 감사업무의 품질관리에 필요한 업무방식
6. 제1호부터 제5호까지의 규정에 따른 사항을 지속적으로 점검하고 평가하는 업무와 관련된 사항

② 한국공인회계사회는 법 제17조제2항에 따라 품질관리기준에 대한 금융위원회의 사전승인을 받기 위하여 품질관리기준 제정안 또는 개정안을 회계감사기준위원회의 심의·의결을 거쳐 금융위원회에 제출하여야 한다.

③ 금융위원회는 이해관계인의 보호, 국제적 품질관리기준과의 합치 등을 위하여 필요한 경우 한국공인회계사회에 대하여 품질관리기준의 개정을 요구할 수 있다. 이 경우 한국공인회계사회는 특별

주식회사 등의 외부감사에 관한 법률	시행령·시행규칙
합리적 의사결정에 유용한 정보가 포함되어야 한다. ③ 감사인은 감사보고서에 회사가 작성한 재무제표와 대통령령으로 정하는 바에 따라 외부감사 참여 인원수, 감사내용 및 소요시간 등 외부감사 실시내용을 적은 서류를 첨부하여야 한다. **제19조(감사조서)** ① 감사인은 감사를 실시하여 감사의견을 표명한 경우에는 회사의 회계기록으로부터 감사보고서를 작성하기 위하여 적용하였던 감사절차의 내용과 그 과정에서 입수한 정보 및 정보의 분석결과 등을 문서화한 서류(자기테이프·디스켓, 그 밖의 정보보존장치를 포함한다. 이하 "감사조서"라 한다)를 작성하여야 한다. ② 감사인은 감사조서를 감사종료 시점부터 8년간 보존하여야 한다. ③ 감사인(그에 소속된 자 및 그 사용인을 포함한다)은 감사조서를 위조·변조·훼손 및 파기해서는 아니 된다. **제20조(비밀엄수)** 다음 각 호의 어느 하나에 해당하는 자는 그 직무상 알게 된 비밀을 누설하거나 부당한 목적을 위하여 이용해서는 아니 된다. 다만, 다른 법률에 특별한 규정이 있는 경우 또는 증권선물위원회가 제26조제1항에 상당하는 업무를 수행하는 외국 감독기관과 정보를 교환하거나 그 외국 감독기관이 하는 감리·조사에 협조하기 위하여 필요하다고 인정한 경우에는 그러하지 아니하다. 1. 감사인	한 사유가 없으면 이에 따라야 한다. **제25조(감사보고서의 첨부서류)** ① 법 제18조제3항에 따라 감사인은 다음 각 호의 사항을 감사보고서에 첨부하여야 한다. 1. 직무 또는 직급에 따라 구분된 외부감사 참여인원과 총 외부감사 참여인원 2. 제1호에 따라 구분된 외부감사 참여인원별 감사 시간과 총 감사 시간 3. 회계감사기준에 따른 감사절차에 따라 수행한 주요 감사 내용(감사인이 감사업무와 관련하여 외부 전문가로부터 자문·조언 등의 용역을 제공받은 경우 그 내용을 포함한다) 4. 감사 또는 감사위원회와의 대면 회의 횟수, 각 회의의 참석자 및 주요 논의 내용 ② 제1항에 따라 첨부하여야 하는 사항에 관한 서류의 작성서식 및 그 밖의 세부적인 사항은 금융위원회가 정한다.

2. 감사인에 소속된 공인회계사
3. 증권선물위원회 위원
4. 감사 또는 감리 업무와 관련하여 제1호부터 제3호까지의 자를 보조하거나 지원하는 자
5. 증권선물위원회의 업무를 위탁받아 수행하는 한국공인회계사회의 관련자

제21조(감사인의 권한 등) ① 감사인은 언제든지 회사 및 해당 회사의 주식 또는 지분을 일정 비율 이상 소유하고 있는 등 대통령령으로 정하는 관계에 있는 회사(이하 "관계회사"라 한다)의 회계에 관한 장부와 서류를 열람 또는 복사하거나 회계에 관한 자료의 제출을 요구할 수 있으며, 그 직무를 수행하기 위하여 특히 필요하면 회사 및 관계회사의 업무와 재산상태를 조사할 수 있다. 이 경우 회사 및 관계회사는 지체 없이 감사인의 자료 제출 요구에 따라야 한다.

② 연결재무제표를 감사하는 감사인은 그 직무의 수행을 위하여 필요하면 회사 또는 관계회사의 감사인에게 감사 관련 자료의 제출 등 필요한 협조를 요청할 수 있다. 이 경우 회사 또는 관계회사의 감사인은 지체 없이 이에 따라야 한다.

제22조(부정행위 등의 보고) ① 감사인은 직무를 수행할 때 이사의 직무수행에 관하여 부정행위 또는 법령이나 정관에 위반되는 중대한 사실을 발견하면 감사 또는 감사위원회에 통보하고 주주총회 또는 사원총회(이하 "주주총회등"이라 한다)에 보고하여야 한다.

② 감사인은 회사가 회계처리 등에 관하여 회계처리기준을 위반한

제26조(관계회사의 범위 등) ① 법 제21조제1항 전단에서 "해당 회사의 주식 또는 지분을 일정 비율 이상 소유하고 있는 등 대통령령으로 정하는 관계에 있는 회사"란 다음 각 호의 어느 하나에 해당하는 회사를 말한다.

1. 제3조제1항에 따른 지배·종속의 관계에 있는 종속회사
2. 회계처리기준에 따른 관계기업(종속회사는 아니지만 투자자가 일정한 영향력을 보유하는 기업을 말한다)
3. 회계처리기준에 따른 공동기업(둘 이상의 투자자가 공동으로 지배하는 기업을 말한다)
4. 그 밖에 해당 회사와 이해관계가 있는 것으로 금융위원회가 정하는 회사

② 법 제21조에 따라 감사인이 제출 요구 또는 협조 요청을 할 수 있는 자료는 장부, 서류 및 전자문서(회사 경영 과정에서 발생하는 정보를 전산처리하는 시스템에 축적된 전자파일 등을 포함한다) 등 그 형태에 관계없이 감사인이 감사업무를 수행하는 데 필요한 정보를 효과적으로 제공할 수 있는 매체로 한다.

주식회사 등의 외부감사에 관한 법률	시행령·시행규칙
사실을 발견하면 감사 또는 감사위원회에 통보하여야 한다. ③ 제2항에 따라 회사의 회계처리기준 위반사실을 통보받은 감사 또는 감사위원회는 회사의 비용으로 외부전문가를 선임하여 위반사실 등을 조사하도록 하고 그 결과에 따라 회사의 대표자에게 시정 등을 요구하여야 한다. ④ 감사 또는 감사위원회는 제3항에 따른 조사결과 및 회사의 시정조치 결과 등을 즉시 증권선물위원회와 감사인에게 제출하여야 한다. ⑤ 감사 또는 감사위원회는 제3항 및 제4항의 직무를 수행할 때 회사의 대표자에 대해 필요한 자료나 정보 및 비용의 제공을 요청할 수 있다. 이 경우 회사의 대표자는 특별한 사유가 없으면 이에 따라야 한다. ⑥ 감사 또는 감사위원회는 이사의 직무수행에 관하여 부정행위 또는 법령이나 정관에 위반되는 중대한 사실을 발견하면 감사인에게 통보하여야 한다. ⑦ 감사인은 제1항 또는 제6항에 따른 이사의 직무수행에 관하여 부정행위 또는 법령에 위반되는 중대한 사실을 발견하거나 감사 또는 감사위원회로부터 이러한 사실을 통보받은 경우에는 증권선물위원회에 보고하여야 한다.	
제23조(감사보고서의 제출 등) ① 감사인은 감사보고서를 대통령령으로 정하는 기간 내에 회사(감사 또는 감사위원회를 포함한다)·증권선물위원회 및 한국공인회계사회에 제출하여야 한다. 다만, 「자본	**제27조(감사보고서의 제출 등)** ① 법 제23조제1항 본문에 따라 감사인이 감사보고서를 회사에 제출하여야 하는 기한은 다음 각 호의 구분에 따른다.

시장과 금융투자업에 관한 법률」 제159조제1항에 따른 사업보고서 제출대상법인인 회사가 사업보고서에 감사보고서를 첨부하여 금융위원회와 같은 법에 따라 거래소허가를 받은 거래소에 제출하는 경우에는 감사인이 증권선물위원회 및 한국공인회계사회에 감사보고서를 제출한 것으로 본다.	1. 한국채택국제회계기준을 적용하는 회사: 정기총회 개최 1주 전(회생절차가 진행 중인 회사의 경우에는 사업연도 종료 후 3개월 이내) 2. 한국채택국제회계기준을 적용하지 아니하는 회사: 다음 각 목의 구분에 따른 기한 가. 재무제표: 제1호의 기한 나. 연결재무제표: 사업연도 종료 후 120일 이내(사업보고서 제출대상법인 중 직전 사업연도 말 현재 자산총액이 2조원 이상인 법인의 경우에는 사업연도 종료 후 90일 이내) ② 제1항에도 불구하고 감사인은 회사가 사업보고서 제출기한 이후 정기총회를 개최하는 경우로서 해당 회사의 재무제표(한국채택국제회계기준을 적용하지 아니하는 회사의 연결재무제표는 제외한다)를 감사하는 경우에는 감사보고서를 사업보고서 제출기한 1주 전(회생절차가 진행 중인 회사는 사업연도 종료 후 3개월 이내)까지 회사에 제출하여야 한다. ③ 법 제23조제1항 본문에 따라 감사인이 감사보고서를 증권선물위원회 및 한국공인회계사회에 제출해야 하는 기한은 다음 각 호의 구분에 따른다. 1. 재무제표: 정기총회 종료 후 2주 이내(회생절차가 진행 중인 회사인 경우에는 해당 회사의 관리인에게 보고한 후 2주 이내) 2. 연결재무제표: 다음 각 목의 구분에 따른 기한 가. 한국채택국제회계기준을 적용하는 회사: 제1호의 기한. 이

주식회사 등의 외부감사에 관한 법률	시행령·시행규칙
	경우 재무제표에 대한 감사보고서와 동시에 제출한다. 나. 한국채택국제회계기준을 적용하지 아니하는 회사: 사업연도 종료 후 120일 이내(사업보고서 제출대상법인 중 직전 사업연도 말 현재 자산총액이 2조원 이상인 법인의 경우에는 사업연도 종료 후 90일 이내)
② 증권선물위원회와 한국공인회계사회는 제1항에 따라 감사인으로부터 제출받은 감사보고서를 대통령령으로 정하는 기간 동안 대통령령으로 정하는 바에 따라 일반인이 열람할 수 있게 하여야 한다. 다만, 유한회사의 경우에는 매출액, 이해관계인의 범위 또는 사원 수 등을 고려하여 열람되는 회사의 범위 및 감사보고서의 범위를 대통령령으로 달리 정할 수 있다.	④ 증권선물위원회 및 한국공인회계사회는 제3항에 따라 감사인으로부터 제출받은 감사보고서를 법 제23조제2항 본문에 따라 3년 동안 일반인이 열람할 수 있도록 하고, 인터넷 홈페이지에 게시하여야 한다.
③ 회사는 「상법」에 따라 정기총회 또는 이사회의 승인을 받은 재무제표를 대통령령으로 정하는 바에 따라 증권선물위원회에 제출하여야 한다. 다만, 정기총회 또는 이사회의 승인을 받은 재무제표가 제1항 본문에 따라 감사인이 증권선물위원회 등에 제출하는 감사보고서에 첨부된 재무제표 또는 같은 항 단서에 따라 회사가 금융위원회와 거래소에 제출하는 사업보고서에 적힌 재무제표와 동일하면 제출하지 아니할 수 있다.	⑤ 회사는 법 제23조제3항 본문에 따라 재무제표를 정기총회 또는 이사회 승인을 받은 날부터 2주 이내에 증권선물위원회에 제출하여야 한다. 다만, 회생절차가 진행 중인 회사의 경우에는 그 회사의 관리인에게 보고하여 승인받은 날부터 2주 이내에 증권선물위원회에 제출하여야 한다.
④ 직전 사업연도 말의 자산총액이 제11조제2항제2호에서 정하는 금액 이상인 주식회사(주권상장법인은 제외한다)는 같은 호에 따른 대주주 및 그 대주주와 특수관계에 있는 자의 소유주식현황 등 대통령령으로 정하는 서류를 정기총회 종료 후 14일 이내에 증권	⑥ 법 제23조제4항에서 "대주주 및 그 대주주와 특수관계에 있는 자의 소유주식현황 등 대통령령으로 정하는 서류"란 대주주 및 그 대주주와 특수관계에 있는 자의 소유주식현황과 그 변동내용 등을 기재한 문서를 말한다.

선물위원회에 제출하여야 한다.

⑤ 회사는 대통령령으로 정하는 바에 따라 재무제표와 감사인의 감사보고서를 비치·공시하여야 한다.

⑥ 주식회사가 「상법」 제449조제3항에 따라 대차대조표를 공고하는 경우에는 감사인의 명칭과 감사의견을 함께 적어야 한다.

⑦ 회사의 주주등 또는 채권자는 영업시간 내에 언제든지 제5항에 따라 비치된 서류를 열람할 수 있으며, 회사가 정한 비용을 지급하고 그 서류의 등본이나 초본의 발급을 청구할 수 있다.

제24조(주주총회등에의 출석) 감사인 또는 그에 소속된 공인회계사는 주주총회등이 요구하면 주주총회등에 출석하여 의견을 진술하거나 주주등의 질문에 답변하여야 한다.

제25조(회계법인의 사업보고서 제출과 비치·공시 등) ① 회계법인인 감사인은 매 사업연도 종료 후 3개월 이내에 사업보고서를 증권선물위원회와 한국공인회계사회에 제출하여야 한다.

② 제1항의 사업보고서에는 그 회계법인의 상호, 사업내용, 재무에 관한 사항, 감사보고서 품질관리 관련 정보, 연차별 감사투입 인력 및 시간, 이사 보수(개별 보수가 5억원 이상인 경우에 한정한다), 이사의 징계 내역, 그 밖에 총리령으로 정하는 사항을 기재한다.

⑦ 회사가 법 제23조제5항에 따라 재무제표와 감사인의 감사보고서를 비치·공시할 때에는 다음 각 호의 방법에 따른다.

1. 재무제표 및 감사보고서: 다음 각 목의 구분에 따른 방법
   가. 주식회사: 「상법」 제448조제1항에 따라 비치·공시
   나. 유한회사: 「상법」 제579조의3제1항에 따라 비치·공시
2. 연결재무제표 및 감사보고서: 제1항에 따른 제출기한이 지난 날부터 본점에 5년간, 지점에 3년간 비치·공시

⑧ 제1항, 제2항, 제5항 및 제6항에 따른 감사보고서 등은 금융위원회가 정하는 바에 따라 전자문서로 제출하여야 한다.

시행규칙

제5조(사업보고서의 기재사항 및 제출) ① 법 제25조제2항에 따라 사업보고서에 기재하여야 할 사항은 다음 각 호와 같다.

1. 회계법인의 개략적 현황
   가. 재무제표와 그 부속명세서
   나. 최근 3개 사업연도 회계감사, 세무대리 및 경영자문 등 사업부문별 매출액
   다. 그 밖에 조직, 외국 회계법인과의 제휴 등 해당 회계법인의 경영 현황으로서 금융위원회가 정하는 사항

주식회사 등의 외부감사에 관한 법률	시행령·시행규칙
	2. 법 제17조제1항에 따른 감사인의 업무설계 및 운영에 관한 기준에 관하여 금융위원회가 정하는 사항 3. 회계법인의 인력에 관한 사항 가. 이사·사원 및 소속 공인회계사 현황 나. 최근 3개 사업연도의 회계감사, 세무대리 및 경영자문 등 사업부문별 인원 및 보수 다. 그 밖에 인력의 교육훈련 및 변동 등에 관하여 금융위원회가 정하는 사항 4. 「공인회계사법」 제28조제1항에 따른 손해배상준비금의 적립, 법 제32조제1항에 따른 손해배상공동기금의 적립 및 영 제38조제1항에 따른 손해배상책임보험의 가입에 관한 사항 5. 최근 3년간 「금융위원회의 설치 등에 관한 법률」에 따른 증권선물위원회(이하 "증권선물위원회"라 한다)로부터 법 제26조제1항에 따른 감리 및 평가(이하 "감리등"이라 한다)를 받은 결과 중 금융위원회가 정하는 사항 6. 회계법인(이사와 소속 공인회계사를 포함한다)의 업무와 관련된 최근 3년간 민사·형사 소송에 관한 사항 ② 제1항에 따른 사업보고서의 작성 서식은 금융감독원장이 정한다. ③ 회계법인은 제1항에 따른 사업보고서를 금융감독원장과 한국공인회계사회에 「정보통신망 이용촉진 및 정보보호 등에 관한 법률」 제2조제5호에 따른 전자문서(이하 "전자문서"라 한다)로 제출할 수 있다.
③ 회계법인인 감사인은 제1항에 따라 제출한 사업보고서를 대통령령으로 정하는 바에 따라 비치·공시하여야 한다.	**제28조(회계법인의 사업보고서 제출과 비치·공시 등)** ① 회계법인인 감사인은 법 제25조제3항에 따라 사업보고서를 해당 사업연도 종료일부터 3년간 주사무소와 분사무소에 각각 비치하고, 인터넷 홈페이지에 공시하여야 한다. 이 경우 사업보고서 내용 중 회계법인의 지배구조 등 감사업무의 품질관리와 관련하여 중요한 사항은

④ 증권선물위원회와 한국공인회계사회는 제1항에 따라 회계법인으로부터 제출받은 사업보고서를 대통령령으로 정하는 기간 동안 대통령령으로 정하는 바에 따라 일반인이 열람할 수 있게 하여야 한다.

⑤ 주권상장법인의 회계법인인 감사인은 그 회계법인의 경영, 재산, 감사보고서 품질 관리 등에 중대한 영향을 미치는 사항으로서 대통령령으로 정하는 사실이 발생한 경우에는 해당 사실을 적은 보고서(이하 "수시보고서"라 한다)를 지체 없이 증권선물위원회에 제출하여야 한다.

⑥ 제5항에 따른 수시보고서의 작성 절차 및 방법 등에 관한 사항은 총리령으로 정한다.

제3장 감독 및 처분

제26조(증권선물위원회의 감리업무 등) ① 증권선물위원회는 재무제표 및 감사보고서의 신뢰도를 높이기 위하여 다음 각 호의 업무를 한다.

1. 제23조제1항에 따라 감사인이 제출한 감사보고서에 대하여 제16조에 따른 회계감사기준의 준수 여부에 대한 감리
2. 제23조제3항에 따라 회사가 제출한 재무제표에 대하여 제5조

금융위원회가 정하는 바에 따라 별도로 인터넷 홈페이지에 공시하여야 한다.

② 증권선물위원회와 한국공인회계사회는 법 제25조제4항에 따라 사업보고서를 3년 동안 일반인이 열람할 수 있도록 하고, 인터넷 홈페이지에 공시하여야 한다.

③ 법 제25조제5항에서 "대통령령으로 정하는 사실"이란 다음 각 호의 사항을 말한다.

1. 감사업무 수행 과정에서 중요 사항이 나타난 사실
2. 회계법인의 내부에 중요한 변화가 발생한 사실
3. 행정청의 처분 등 외부환경의 변화로 회계법인의 경영에 중요한 변화가 발생한 사실
4. 그 밖에 감사업무의 이해관계자 보호 등을 위하여 긴급하게 공시하여야 할 필요가 있다고 금융위원회가 정하는 사항

시행규칙

제6조(수시보고서의 작성 절차 및 방법) ① 주권상장법인의 회계법인인 감사인(이하 이 조에서 "감사인"이라 한다)은 영 제28조제3항 각 호의 어느 하나에 해당하는 사실을 기재한 보고서(이하 이 조에서 "수시보고서"라 한다)를 금융감독원장이 정하는 서식에 따라 작성하여야 한다.

② 감사인은 법 제25조제5항에 따라 금융감독원장에게 수시보고서를 제출할 때 금융감독원장이 그 내용을 객관적으로 확인하는데 필요한 자료를 함께 제출하여야 한다.

③ 감사인은 수시보고서를 금융감독원장에게 전자문서로 제출할 수 있다.

주식회사 등의 외부감사에 관한 법률	시행령·시행규칙
에 따른 회계처리기준의 준수 여부에 대한 감리 3. 감사인의 감사업무에 대하여 제17조에 따른 품질관리기준의 준수 여부에 대한 감리 및 품질관리수준에 대한 평가	
4. 그 밖에 대통령령으로 정하는 업무 ② 이 법에 따른 증권선물위원회의 업무수행에 필요한 사항은 금융위원회가 증권선물위원회의 심의를 거쳐 정한다. **제27조(자료의 제출요구 등)** ① 증권선물위원회는 제26조제1항에 따른 업무를 수행하기 위하여 필요하면 회사 또는 관계회사와 감사인에게 자료의 제출, 의견의 진술 또는 보고를 요구하거나, 금융감독원의 원장(이하 "금융감독원장"이라 한다)에게 회사 또는 관계회사의 회계에 관한 장부와 서류를 열람하게 하거나 업무와 재산상태를 조사하게 할 수 있다. 이 경우 회사 또는 관계회사에 대한 업무와 재산상태의 조사는 업무수행을 위한 최소한의 범위에서 이루어져야 하며, 다른 목적으로 남용해서는 아니 된다. ② 제1항에 따라 회사 또는 관계회사의 장부와 서류를 열람하거나 업무와 재산상태를 조사하는 자는 그 권한을 표시하는 증표를 지니고 관계인에게 보여 주어야 한다.	**제29조(증권선물위원회의 감리업무 등)** 법 제26조제1항제4호에서 "대통령령으로 정하는 업무"란 회사가 내부회계관리제도를 법 제8조에 따라 운영했는지에 대한 감리(법 제26조제1항제2호의 업무를 수행하면서 필요한 경우로 한정한다) 업무를 말한다.
③ 증권선물위원회는 제11조에 따른 업무를 수행하기 위하여 필요하면 세무관서의 장에게 대통령령으로 정하는 자료의 제출을 요청할 수 있다. 이 경우 요청을 받은 기관은 특별한 사유가 없으면 이에 따라야 한다. ④ 증권선물위원회는 이 법에 따른 업무를 수행하기 위하여 필요	**제30조(자료의 제출요구 등)** 법 제27조제3항 전단에서 "대통령령으로 정하는 자료"란 증권선물위원회가 법 제11조제1항 및 제2항에 따라 감사인의 선임 또는 변경선임을 요구하는 데 필요한 회사의 상호, 대표자의 성명, 본점 주소, 사업자등록번호, 법인등록번호, 전화번호, 사업연도의 기간과 그 개시일 및 종료일, 자산총액, 부

하면 한국공인회계사회 또는 관계 기관에 자료의 제출을 요청할 수 있다. 이 경우 요청을 받은 기관은 특별한 사유가 없으면 이에 따라야 한다.

제28조(부정행위 신고자의 보호 등) ① 증권선물위원회는 회사의 회계정보와 관련하여 다음 각 호의 어느 하나에 해당하는 사실을 알게 된 자가 그 사실을 대통령령으로 정하는 바에 따라 증권선물위원회에 신고하거나 해당 회사의 감사인 또는 감사에게 고지한 경우에는 그 신고자 또는 고지자(이하 "신고자등"이라 한다)에 대해서는 제29조에 따른 조치를 대통령령으로 정하는 바에 따라 감면(減免)할 수 있다.

1. 제8조에 따른 내부회계관리제도에 의하지 아니하고 회계정보를 작성하거나 내부회계관리제도에 따라 작성된 회계정보를 위조·변조·훼손 또는 파기한 사실
2. 회사가 제5조에 따른 회계처리기준을 위반하여 재무제표를 작성한 사실
3. 회사, 감사인 또는 그 감사인에 소속된 공인회계사가 제6조제6항을 위반한 사실
4. 감사인이 제16조에 따른 회계감사기준에 따라 감사를 실시하지 아니하거나 거짓으로 감사보고서를 작성한 사실
5. 그 밖에 제1호부터 제4호까지의 규정에 준하는 경우로서 회계정보를 거짓으로 작성하거나 사실을 감추는 경우

② 제1항에 따라 신고 또는 고지를 받은 자는 신고자등의 신분 등

채총액, 매출액, 종업원 수 및 법인유형 등 국세청의 과세 관련 자료를 말한다.

제31조(부정행위 신고 또는 고지) ① 법 제28조제1항에 따른 신고 또는 고지는 다음 각 호의 구분에 따라 하여야 한다.

1. 감사인(소속 공인회계사를 포함한다. 이하 이 조 및 제32조에서 같다)이 법 제28조제1항 각 호의 행위(이하 "위반행위"라 한다)를 한 경우(회사의 임직원과 감사인이 공동으로 위반행위를 한 경우를 포함한다): 증권선물위원회에 신고
2. 회사의 임직원이 위반행위를 한 경우: 그 회사의 감사인 또는 감사에게 고지하거나 증권선물위원회에 신고

② 법 제28조제1항에 따른 신고 또는 고지를 하는 자(이하 "신고자등"이라 한다)는 다음 각 호의 사항을 적은 문서(이하 "신고서"라 한다)에 위반행위의 증거 등을 첨부하여 제출하여야 한다.

1. 신고자등의 인적사항
2. 위반행위를 한 자
3. 위반행위의 내용
4. 신고 또는 고지의 취지 및 이유

③ 신고자등은 제2항에도 불구하고 신고서를 제출할 수 없는 특별한 사정이 있는 경우에는 구술(口述)로 위반행위를 신고하거나 고지할 수 있다. 이 경우 위반행위의 증거 등을 제출하여야 한다.

④ 제3항에 따른 구술신고 또는 구술고지를 받는 자는 신고서에

주식회사 등의 외부감사에 관한 법률	시행령·시행규칙
에 관한 비밀을 유지하여야 한다. ③ 신고자등이 제1항에 따른 신고 또는 고지를 하는 경우 해당 회사(해당 회사의 임직원을 포함한다)는 그 신고 또는 고지와 관련하여 직접 또는 간접적인 방법으로 신고자등에게 불이익한 대우를 해서는 아니 된다. ④ 제3항을 위반하여 불이익한 대우로 신고자등에게 손해를 발생하게 한 회사와 해당 회사의 임직원은 연대하여 신고자등에게 손해를 배상할 책임이 있다.	신고자등이 말한 사항을 적은 후 신고자등에게 보여주거나 읽어 들려주고 신고자등이 그 신고서에 서명하거나 도장을 찍도록 하여야 한다. ⑤ 제1항제2호에 따른 고지를 받은 감사인 또는 감사는 신고서 및 신고자등으로부터 받은 증거 등을 신속하게 증권선물위원회에 넘겨야 한다. ⑥ 증권선물위원회는 신고 또는 고지 사항에 대하여 신고자등을 대상으로 인적사항, 신고 또는 고지의 경위와 취지 및 그 밖에 신고 또는 고지의 내용을 특정하는 데 필요한 사항 등을 확인할 수 있다. 이 경우 증권선물위원회는 해당 사항의 진위 여부를 확인하는 데 필요한 범위에서 신고자등에게 필요한 자료의 제출을 요구할 수 있다. ⑦ 제1항부터 제6항까지에서 규정한 사항 외에 신고자등이 증권선물위원회에 신고하거나 해당 회사의 감사인 또는 감사에게 고지하는 방법 등은 금융위원회가 정한다. **제32조(신고자등에 대한 조치의 감면)** 증권선물위원회는 신고자등이 다음 각 호의 요건을 모두 갖춘 경우 법 제28조제1항에 따라 신고자등에 대한 법 제29조에 따른 조치를 감면(減免)할 수 있다. 1. 신고자등이 신고하거나 고지한 위반행위의 주도적 역할을 하지 아니하였고, 다른 관련자들에게 이를 강요한 사실이 없을 것 2. 증권선물위원회, 감사인이나 감사가 신고자등이 신고하거나 고지한 위반행위에 관한 정보를 입수하지 아니하였거나 정보를 입

⑤ 증권선물위원회는 제1항에 따른 신고가 회사의 회계정보와 관련하여 같은 항 각 호의 어느 하나에 해당하는 사항을 적발하거나 그에 따른 제29조 또는 제30조에 따른 조치 등을 하는 데에 도움이 되었다고 인정하면 대통령령으로 정하는 바에 따라 신고자에게 포상금을 지급할 수 있다.

제29조(회사 및 감사인 등에 대한 조치 등) ① 증권선물위원회는 회사가 다음 각 호의 어느 하나에 해당하면 해당 회사에 임원의 해임 또는 면직 권고, 6개월 이내의 직무정지, 일정 기간 증권의 발행제한, 회계처리기준 위반사항에 대한 시정요구 및 그 밖에 필요한 조치를 할 수 있다.

1. 재무제표를 작성하지 아니하거나 제5조에 따른 회계처리기준을 위반하여 재무제표를 작성한 경우
2. 제6조, 제10조제4항부터 제6항까지, 제12조제2항, 제22조제6항 또는 제23조제3항부터 제6항까지의 규정을 위반한 경우
3. 정당한 이유 없이 제11조제1항 및 제2항에 따른 증권선물위원회의 요구에 따르지 아니한 경우
4. 정당한 이유 없이 제27조제1항에 따른 자료제출 등의 요구·열

수하고 있어도 충분한 증거를 확보하지 아니한 상황에서 신고하거나 고지하였을 것

3. 위반행위를 신고하거나 고지하였으며, 그 위반행위를 증명하는데 필요한 증거를 제공하고 조사가 완료될 때까지 협조하였을 것

제33조(신고자등에 대한 포상) ① 증권선물위원회는 법 제28조제5항에 따라 같은 조 제1항에 따른 신고 행위를 위반행위로 의결한 날부터 4개월 이내(특별한 사정이 있는 경우를 제외한다)에 10억원의 범위에서 신고된 위반행위의 중요도와 위반행위의 적발 또는 그에 따른 조치 등에 대한 기여도 등을 고려하여 포상금의 지급 여부 및 지급액 등을 심의·의결하여야 한다. 이 경우 금융위원회는 그 심의·의결일부터 1개월 이내에 포상금을 지급한다.

② 그 밖에 포상금 지급기준 등 포상금 지급에 필요한 사항은 금융위원회가 정한다.

주식회사 등의 외부감사에 관한 법률	시행령·시행규칙
람 또는 조사를 거부·방해·기피하거나 거짓 자료를 제출한 경우 5. 그 밖에 이 법 또는 이 법에 따른 명령을 위반한 경우 ② 증권선물위원회는 퇴임하거나 퇴직한 임원이 해당 회사에 재임 또는 재직 중이었더라면 제1항에 따른 조치를 받았을 것으로 인정되는 경우에는 그 받았을 것으로 인정되는 조치의 내용을 해당 회사에 통보할 수 있다. 이 경우 통보를 받은 회사는 그 사실을 해당 임원에게 통보하여야 한다. ③ 증권선물위원회는 감사인이 별표 1 각 호의 어느 하나에 해당하는 경우에는 다음 각 호의 조치를 할 수 있다. 1. 해당 감사인의 등록을 취소할 것을 금융위원회에 건의 2. 일정한 기간을 정하여 업무의 전부 또는 일부 정지를 명할 것을 금융위원회에 건의 3. 제32조에 따른 손해배상공동기금 추가 적립 명령 4. 일정한 기간을 정하여 다음 각 목의 어느 하나에 해당하는 회사에 대한 감사업무 제한 가. 제11조에 따라 증권선물위원회가 감사인을 지정하는 회사 나. 그 밖에 증권선물위원회가 정하는 특정 회사 5. 경고 6. 주의 7. 그 밖에 위법행위를 시정하거나 방지하기 위하여 필요한 조치 ④ 증권선물위원회는 감사인에 소속된 공인회계사(「공인회계사법」 제26조제4항에 따른 대표이사를 포함한다)가 별표 2 각 호의 어느	

하나에 해당하는 경우에는 다음 각 호의 조치를 할 수 있다. 1. 공인회계사 등록을 취소할 것을 금융위원회에 건의 2. 일정한 기간을 정하여 직무의 전부 또는 일부 정지를 명할 것을 금융위원회에 건의 3. 일정한 기간을 정하여 다음 각 목의 어느 하나에 해당하는 회사에 대한 감사업무 제한 가. 주권상장법인 나. 대형비상장주식회사 다. 제11조에 따라 증권선물위원회가 감사인을 지정하는 회사 라. 그 밖에 증권선물위원회가 정하는 특정 회사 4. 경고 5. 주의 6. 그 밖에 위법행위를 시정하거나 방지하기 위하여 필요한 조치	
⑤ 증권선물위원회는 감사인에 대한 제26조제1항제3호에 따른 품질관리기준 준수 여부에 대한 감리 결과 감사업무의 품질 향상을 위하여 필요한 경우에는 1년 이내의 기한을 정하여 감사인의 업무설계 및 운영에 대하여 개선을 권고하고, 대통령령으로 정하는 바에 따라 그 이행 여부를 점검할 수 있다.	**제34조(품질관리기준 감리 후 개선권고 이행 점검)** ① 증권선물위원회는 법 제29조제5항에 따라 감사인으로부터 개선권고사항 이행계획 및 실적 등을 문서로 제출받고 필요한 경우 현장조사를 할 수 있다. ② 감사인이 증권선물위원회의 개선권고사항을 금융위원회가 정하는 기한까지 이행하지 아니할 때에는 그 경위 및 향후 처리방안을 증권선물위원회에 지체 없이 보고하여야 한다. ③ 제1항 및 제2항에서 규정한 사항 외에 개선권고사항의 이행 점검에 필요한 세부적인 사항은 금융위원회가 정한다.

주식회사 등의 외부감사에 관한 법률	시행령·시행규칙
⑥ 증권선물위원회는 제5항의 개선권고사항을 대통령령으로 정하는 바에 따라 외부에 공개할 수 있다.	**제35조(품질관리기준 감리 후 개선권고사항 등의 공개)** ① 증권선물위원회는 법 제29조제6항에 따라 같은 조 제5항의 개선권고사항을 해당 감사인에 개선권고를 한 날부터 3년 이내의 기간 동안 외부에 공개할 수 있다.
⑦ 증권선물위원회는 감사인이 제5항에 따른 개선권고를 정당한 이유 없이 이행하지 아니하는 경우에는 미이행 사실을 대통령령으로 정하는 바에 따라 외부에 공개할 수 있다.	② 증권선물위원회는 법 제29조제7항에 따라 감사인이 같은 조 제5항에 따른 개선권고를 받은 날부터 1년 이내에 정당한 이유 없이 해당 개선권고사항을 이행하지 아니하는 경우에는 증권선물위원회가 그 사실을 확인한 날부터 3년 이내의 기간 동안 그 사실을 외부에 공개할 수 있다. ③ 증권선물위원회는 제1항 및 제2항에 따른 공개를 하기 전에 해당 감사인의 의견을 청취하여야 한다. ④ 제1항부터 제3항까지에서 규정한 사항 외에 개선권고사항 및 미이행 사실 등의 공개에 필요한 사항은 금융위원회가 정한다.
제30조(위반행위의 공시 등) ① 증권선물위원회는 회사 또는 감사인이 다음 각 호의 어느 하나에 해당하는 경우에는 금융위원회가 정하는 바에 따라 그 위반사실이 확정된 날부터 3년 이내의 기간 동안 해당 위반사실을 공시할 수 있다. 1. 제5조에 따른 회계처리기준을 위반하여 재무제표를 작성한 경우 2. 감사보고서에 적어야 할 사항을 적지 아니하거나 거짓으로 적은 경우 3. 제6조에 따른 재무제표를 사전에 제출하지 않은 경우 4. 그 밖에 이 법 또는 「금융실명거래 및 비밀보장에 관한 법률」 등 대통령령으로 정하는 금융 관련 법령을 위반한 경우	**제36조(위반행위의 공시 등)** ① 법 제30조제1항제4호에서 "「금융실명거래 및 비밀보장에 관한 법률」 등 대통령령으로 정하는 금융 관련 법령"이란 「기업구조조정투자회사법 시행령」 제5조제1항 각 호의 법령을 말한다.
② 증권선물위원회는 제26조제1항제1호·제2호에 따른 감리 결과 및 이에 대한 증권선물위원회의 조치내용을 금융위원회가 정하는	② 법 제30조제2항에서 "대통령령으로 정하는 금융기관"이란 다음 각 호의 금융기관을 말한다.

바에 따라 인터넷 홈페이지에 게시하고 거래소(대상회사가 주권상장법인인 경우만 해당한다)와 대통령령으로 정하는 금융기관에 각각 통보하여야 한다.

③ 제2항에 따른 금융기관은 증권선물위원회로부터 통보받은 내용을 신용공여의 심사 등에 반영할 수 있다.

제31조(손해배상책임) ① 감사인이 그 임무를 게을리하여 회사에 손해를 발생하게 한 경우에는 그 감사인은 회사에 손해를 배상할 책임이 있다.

② 감사인이 중요한 사항에 관하여 감사보고서에 적지 아니하거나 거짓으로 적음으로써 이를 믿고 이용한 제3자에게 손해를 발생하게 한 경우에는 그 감사인은 제3자에게 손해를 배상할 책임이 있다. 다만, 연결재무제표에 대한 감사보고서에 중요한 사항을 적지 아니하거나 거짓으로 적은 책임이 종속회사 또는 관계회사의 감사인에게 있는 경우에는 해당 감사인은 이를 믿고 이용한 제3자에게 손해를 배상할 책임이 있다.

③ 제1항 또는 제2항에 해당하는 감사인이 감사반인 경우에는 해당 회사에 대한 감사에 참여한 공인회계사가 연대하여 손해를 배상할 책임을 진다.

④ 감사인이 회사 또는 제3자에게 손해를 배상할 책임이 있는 경우에 해당 회사의 이사 또는 감사(감사위원회가 설치된 경우에는 감사위원회의 위원을 말한다. 이하 이 항에서 같다)도 그 책임이 있으면 그 감사인과 해당 회사의 이사 및 감사는 연대하여 손해를

1. 「은행법」에 따라 인가를 받은 은행(같은 법 제59조에 따라 은행으로 보는 자를 포함한다)
2. 「농업협동조합법」에 따른 농협은행
3. 「수산업협동조합법」에 따른 수협은행
4. 「한국산업은행법」에 따른 한국산업은행
5. 「한국수출입은행법」에 따른 한국수출입은행
6. 「중소기업은행법」에 따른 중소기업은행
7. 「자본시장과 금융투자업에 관한 법률」에 따른 집합투자업자, 신탁업자 및 종합금융회사
8. 「보험업법」에 따른 보험회사
9. 「신용보증기금법」에 따른 신용보증기금
10. 「기술보증기금법」에 따른 기술보증기금
11. 그 밖에 회사에 대한 신용공여의 심사 등에 반영하기 위하여 증권선물위원회에 감리결과 등의 통보를 요청하는 금융기관

주식회사 등의 외부감사에 관한 법률	시행령·시행규칙
배상할 책임이 있다. 다만, 손해를 배상할 책임이 있는 자가 고의가 없는 경우에 그 자는 법원이 귀책사유에 따라 정하는 책임비율에 따라 손해를 배상할 책임이 있다.	
⑤ 제4항 단서에도 불구하고 손해배상을 청구하는 자의 소득인정액(「국민기초생활 보장법」 제2조제9호에 따른 소득인정액을 말한다)이 대통령령으로 정하는 금액 이하에 해당되는 경우에는 감사인과 해당 회사의 이사 및 감사는 연대하여 손해를 배상할 책임이 있다.	**제37조(손해배상책임)** ① 법 제31조제5항에서 "대통령령으로 정하는 금액 이하에 해당하는 경우"란 손해배상을 청구한 날이 속하는 달의 직전 12개월간 손해배상을 청구하는 자의 소득인정액(「국민기초생활 보장법」 제2조제9호에 따른 소득인정액을 말한다)을 합산한 금액이 1억5천만원 이하인 경우를 말한다.
⑥ 제4항 단서에 따라 손해를 배상할 책임이 있는 자 중 배상능력이 없는 자가 있어 손해액의 일부를 배상하지 못하는 경우에는 같은 항 단서에 따라 정해진 각자 책임비율의 100분의 50 범위에서 대통령령으로 정하는 바에 따라 손해액을 추가로 배상할 책임을 진다.	② 법 제31조제6항에 따른 손해액의 추가 배상 책임은 같은 조 제4항 단서에 따라 손해를 배상할 책임이 있는 자 중 배상능력이 없는 자를 제외한 자가 그 배상능력이 없는 자로 인하여 배상하지 못하는 손해액에 대하여 같은 항 단서에 따라 정해진 각자 책임비율의 50퍼센트 내에서 그 책임비율에 비례하여 정한다.
⑦ 감사인 또는 감사에 참여한 공인회계사가 제1항부터 제3항까지의 규정에 따른 손해배상책임을 면하기 위하여는 그 임무를 게을리하지 아니하였음을 증명하여야 한다. 다만, 다음 각 호의 어느 하나에 해당하는 자가 감사인 또는 감사에 참여한 공인회계사에 대하여 손해배상 청구의 소를 제기하는 경우에는 그 자가 감사인 또는 감사에 참여한 공인회계사가 임무를 게을리하였음을 증명하여야 한다. 1. 제10조에 따라 감사인을 선임한 회사 2. 「은행법」 제2조제1항제2호에 따른 은행	

3. 「농업협동조합법」에 따른 농협은행 또는 「수산업협동조합법」에 따른 수협은행
4. 「보험업법」에 따른 보험회사
5. 「자본시장과 금융투자업에 관한 법률」에 따른 종합금융회사
6. 「상호저축은행법」에 따른 상호저축은행

⑧ 감사인은 제1항부터 제4항까지의 규정에 따른 손해배상책임을 보장하기 위하여 총리령으로 정하는 바에 따라 제32조에 따른 손해배상공동기금의 적립 또는 보험가입 등 필요한 조치를 하여야 한다.

⑨ 제1항부터 제4항까지의 규정에 따른 손해배상책임은 그 청구권자가 해당 사실을 안 날부터 1년 이내 또는 감사보고서를 제출한 날부터 8년 이내에 청구권을 행사하지 아니하면 소멸한다. 다만, 제10조에 따른 선임을 할 때 계약으로 그 기간을 연장할 수 있다.

제32조(손해배상공동기금의 적립 등) ① 회계법인은 제31조제1항 및 제2항에 따른 회사 또는 제3자에 대한 손해를 배상하기 위하여 한국공인회계사회에 손해배상공동기금(이하 "공동기금"이라 한다)을 적립하여야 한다. 다만, 대통령령으로 정하는 배상책임보험에 가입한 경우에는 공동기금 중 제2항에 따른 연간적립금을 적립하지 아니할 수 있다.

제38조(손해배상책임보험의 가입 등) ① 법 제32조제1항 단서에서 "대통령령으로 정하는 배상책임보험"이란 다음 각 호의 요건을 모두 갖춘 손해배상책임보험(이하 이 조에서 "손해배상책임보험"이라 한다)을 말한다.

1. 보상한도가 그 회계법인에 소속된 공인회계사의 수에 5천만원을 곱하여 산출한 금액(그 산출금액이 30억원 미만인 경우에는 30억원) 이상인 보험
2. 사고 한 건당 보상한도와 회계법인의 자기부담금이 금융위원회의 승인을 받아 한국공인회계사회가 정하는 기준에 맞는 보험

주식회사 등의 외부감사에 관한 법률	시행령·시행규칙
	② 회계법인은 손해배상책임보험에 가입한 경우에는 증명서류를 갖추어 한국공인회계사회에 그 사실을 통지하여야 한다. ③ 한국공인회계사회는 손해배상책임보험에 가입한 회계법인이 다음 각 호의 어느 하나에 해당하는 경우에는 그 회계법인이 법 제32조제2항에 따라 적립한 연간적립금(연간적립금 운용에 따른 수익금을 포함한다)을 반환하여야 한다. 1. 회계법인이 가입한 손해배상책임보험이 가입 전에 발생한 손해배상책임을 보장하는 보험인 경우 2. 소멸시효 완성 등의 사유로 손해배상책임보험 가입 전에 발생한 손해배상책임이 소멸한 경우
② 제1항에 따라 적립하여야 할 공동기금은 기본적립금과 매 사업연도 연간적립금으로 하며, 그 적립한도 및 적립금액은 대통령령으로 정한다.	**제39조(손해배상공동기금의 적립금액 등)** ① 법 제32조제2항에 따라 회계법인이 같은 조 제1항에 따른 손해배상공동기금(이하 "공동기금"이라 한다)으로 적립하여야 하는 기본적립금은 다음 각 호의 구분에 따른 금액으로 한다. 1. 회계법인에 소속된 공인회계사의 수(산정방법은 한국공인회계사회가 정하는 바에 따른다. 이하 같다)가 100명 미만인 경우: 5천만원 2. 회계법인에 소속된 공인회계사의 수가 100명 이상인 경우: 2억 5천만원 ② 법 제32조제2항에 따른 적립한도는 직전 2개 사업연도와 해당 사업연도 감사보수 평균의 20퍼센트로 한다. 이 경우 적립금 총액(회계법인이 공동기금으로 적립하여야 하는 기본적립금과 연간적

립금의 누계액 및 그 운용수익금의 합계액을 말한다. 이하 이 조 및 제42조에서 같다) 산정 시 법 제29조제3항제3호에 따른 추가 적립금은 제외한다.

③ 회계법인이 매년 공동기금으로 적립하여야 하는 연간적립금은 해당 사업연도 감사보수의 4퍼센트로 한다. 다만, 금융위원회는 회계법인의 감사보수 증가율, 적립금 총액 또는 법 제33조제5항에 따른 공동기금의 실질잔액 등을 고려하여 회계법인이 연간적립금의 적립비율을 달리하여 적립하게 할 수 있다.

④ 제3항에도 불구하고 증권선물위원회는 법 제29조제3항제3호에 해당하는 회계법인에 직전 사업연도 감사보수의 3퍼센트 이내의 금액을 연간적립금으로 추가 적립하게 할 수 있다.

⑤ 한국공인회계사회는 제4항에 따라 추가로 적립된 연간적립금(그 적립금의 운용수익금은 제외한다)에 대하여 추가 적립의 원인이 되는 감사업무에 대한 법 제31조제9항에 따른 손해배상 청구권 행사기간이 끝났을 때에는 이를 적립한 회계법인의 반환청구에 따라 반환한다. 다만, 손해배상 청구권 행사기간 종료일에 그 감사업무를 원인으로 하여 법 제31조에 따른 손해배상을 청구하는 소송이 진행 중인 경우에는 그 소송의 확정판결이 내려진 후에 반환한다.

⑥ 회계법인은 다음 각 호의 어느 하나에 해당하는 경우 해당 초과분에 상당하는 금액을 인출할 수 있다.

1. 제1항제2호에 해당하는 회계법인이 같은 항 제1호에 해당하게

주식회사 등의 외부감사에 관한 법률	시행령·시행규칙
	된 경우: 기본적립금의 초과분(초과분 운용에 따른 수익금을 포함한다) 2. 해당 회계법인의 적립금 총액이 적립한도의 110퍼센트를 넘게 된 경우: 적립한도의 초과분 **제40조(공동기금의 적립시기)** 회계법인은 다음 각 호의 구분에 따른 기간에 기본적립금과 연간적립금을 공동기금으로 적립하여야 한다. 1. 기본적립금: 설립인가일부터 1년 이내. 다만, 사업연도 중에 공인회계사의 수가 증가하여 100명 이상이 된 경우에는 그 다음 사업연도 종료일 이내로 한다. 2. 연간적립금: 매 사업연도 종료일부터 3개월 이내
③ 제1항에 따라 공동기금을 적립한 회계법인은 대통령령으로 정하는 경우 외에는 한국공인회계사회에 적립한 공동기금을 양도하거나 담보로 제공할 수 없으며, 누구든지 이를 압류 또는 가압류할 수 없다.	**제41조(공동기금의 양도)** ① 회계법인은 법 제32조제3항에 따라 「공인회계사법」 제37조제1항 각 호(제3호는 제외한다)의 사유로 해산하는 경우 공동기금을 양도할 수 있다. ② 회계법인은 제1항에 따른 양도를 하는 경우 그 사유 발생일(승인이 필요한 경우에는 그 승인일)부터 3년이 지난 날(이하 이 항에서 "양도가능일"이라 한다) 이후 공동기금을 양도할 수 있다. 다만, 양도가능일에 법 제31조에 따른 해당 회계법인의 손해배상책임과 관련한 소송이 진행 중인 경우에는 그 소송의 확정판결에 따른 공동기금의 지급이 종료된 날부터 양도할 수 있다.
제33조(공동기금의 지급 및 한도 등) ① 한국공인회계사회는 회계법인이 제31조제1항 및 제2항에 따른 회사 또는 제3자에 대한 손해배상	**제42조(공동기금의 지급 및 한도 등)** ① 한국공인회계사회는 법 제33조제1항에 따라 공동기금을 지급할 때에는 그 손해배상의 원인을

의 확정판결을 받은 경우에는 해당 회사 또는 제3자의 신청에 따라 공동기금을 지급한다.	제공한 회계법인(이하 이 조에서 "배상책임법인"이라 한다)이 적립한 공동기금을 우선 사용하여야 하며, 부족분에 대해서는 같은 조 제2항에 따른 회계법인별 한도(회계법인이 한국공인회계사회에 공동기금 지급을 신청한 날의 직전 사업연도 말 적립금 총액의 2배를 말한다. 이하 이 조에서 같다) 내에서 다른 회계법인이 적립한 금액을 그 적립금액에 비례하여 사용한다. 이 경우 회계법인별 한도 산정 시 법 제29조제3항제3호에 따른 추가 적립금은 적립금 총액에서 제외한다. ② 한국공인회계사회는 제1항에 따라 지급을 하는 경우 신청자별로 지급하여야 할 배상금액의 총계가 회계법인별 한도를 넘게 된 경우에는 회계법인별 한도 내에서 한국공인회계사회가 산정하는 기준에 따라 신청자에게 나누어 지급한다.
② 제1항에 따라 한국공인회계사회가 지급하는 신청자별, 회계법인별 한도는 대통령령으로 정한다.	③ 법 제33조제2항에 따른 신청자별 한도는 신청자의 손해배상 확정판결 금액과 3천만원 중 적은 금액으로 한다.
③ 한국공인회계사회가 제1항에 따른 지급을 하는 경우 회계법인은 제2항에 따른 한도에서 연대책임을 진다.	
④ 한국공인회계사회는 제1항에 따른 지급을 한 경우 그 지급의 원인을 제공한 해당 회계법인에 대하여 구상권을 가진다.	④ 한국공인회계사회는 법 제33조제4항에 따라 배상책임법인의 적립금 총액을 넘게 지급한 금액에 대하여 구상권(求償權)을 행사한다. ⑤ 한국공인회계사회는 제4항에 따라 구상한 경우 다른 회계법인이 적립한 공동기금의 사용분을 그 사용비율에 따라 우선하여 보전(補塡)한다.

주식회사 등의 외부감사에 관한 법률	시행령·시행규칙
⑤ 한국공인회계사회가 제1항에 따른 지급을 한 결과 한국공인회계사회가 정하는 바에 따라 산정한 공동기금의 실질잔액이 제32조제2항에 따른 기본적립금보다 적으면 한국공인회계사회는 대통령령으로 정하는 바에 따라 회계법인으로 하여금 그 부족한 금액을 적립하게 할 수 있다. **제34조(공동기금의 관리 등)** ① 한국공인회계사회는 공동기금을 회계법인별로 구분하여 관리하여야 하며, 한국공인회계사회의 다른 재산과 구분하여 회계처리하여야 한다. ② 공동기금의 운용방법, 지급 시기·절차, 반환, 그 밖에 공동기금의 관리에 필요한 세부사항은 총리령으로 정한다. ③ 금융위원회는 필요하다고 인정되는 경우 한국공인회계사회의 공동기금의 관리 등에 관하여 검사를 할 수 있다.	⑥ 한국공인회계사회는 공동기금의 사용으로 공동기금의 실질잔액이 기본적립금보다 적게 된 경우에 법 제33조제5항에 따라 1년 이내의 기간을 정하여 해당 회계법인으로 하여금 그 부족한 금액을 적립하게 하여야 한다. 다만, 배상책임법인은 그 부족한 금액을 즉시 적립하여야 한다. **시행규칙** 제7조(손해배상공동기금의 운용 등) ① 한국공인회계사회는 법 제32조제1항에 따른 손해배상공동기금(이하 "공동기금"이라 한다)의 운용·관리에 관한 사항을 심의·의결하기 위하여 공동기금운용위원회(이하 이 조에서 "위원회"라 한다)를 둔다. ② 한국공인회계사회는 공동기금을 다음 각 호의 방법으로 운용한다. 1. 국채·공채, 그 밖에 위원회가 정하는 유가증권의 매입 2. 위원회가 지정하는 금융기관에의 예치 3. 그 밖에 금융위원회가 정하는 방법 ③ 한국공인회계사회는 공동기금을 운용한 결과 수익금이 발생하는 경우 해당 사업연도에 그 수익금(공동기금을 운용하는 과정에서 발생한 비용을 제외한 금액을 말한다)을 공동기금에 적립한다. ④ 위원회의 구성과 운영, 그 밖에 공동기금 관리에 필요한 사항은 한국공인회계사회가 금융위원회의 승인을 받아 정한다.
제35조(과징금) ① 금융위원회는 회사가 고의 또는 중대한 과실로 제5조에 따른 회계처리기준을 위반하여 재무제표를 작성한 경우에는 그 회사에 대하여 회계처리기준과 달리 작성된 금액의 100분의	제8조(공동기금 관리현황 등의 보고) 한국공인회계사회는 매년 7월말까지 해당 사업연도 공동기금의 관리 등에 관한 주요 사항을 금융위원회에 보고하여야 한다. 제9조(공동기금의 지급) ① 한국공인회계사회는 법 제33조에 따라 법 제31조제1항 및 제2항에 따른 회사 또는 제3자가 공동기금 지급을 신청하는 경우 신청한

20을 초과하지 아니하는 범위에서 과징금을 부과할 수 있다. 이 경우 회사의 위법행위를 알았거나 현저한 주의의무 위반으로 방지하지 못한 「상법」 제401조의2 및 제635조제1항에 규정된 자나 그 밖에 회사의 회계업무를 담당하는 자에 대해서도 회사에 부과하는 과징금의 100분의 10을 초과하지 아니하는 범위에서 과징금을 부과할 수 있다.

② 금융위원회는 감사인이 고의 또는 중대한 과실로 제16조에 따른 회계감사기준을 위반하여 감사보고서를 작성한 경우에는 그 감사인에 대하여 해당 감사로 받은 보수의 5배를 초과하지 아니하는 범위에서 과징금을 부과할 수 있다.

③ 제1항 및 제2항의 규정에 따른 과징금은 각 해당 규정의 위반행위가 있었던 때부터 8년이 경과하면 이를 부과하여서는 아니 된다. 다만, 제26조에 따른 감리가 개시된 경우 위 기간의 진행이 중단된다.

제36조(과징금의 부과·징수) ① 금융위원회는 제35조에 따른 과징금을 부과하는 경우에는 대통령령으로 정하는 기준에 따라 다음 각 호의 사항을 고려하여야 한다.

1. 회사의 상장 여부
2. 위반행위의 내용 및 정도
3. 위반행위의 기간 및 횟수
4. 위반행위로 인하여 취득한 이익의 규모

② 금융위원회는 고의 또는 중대한 과실로 제5조에 따른 회계처리

날부터 다음 달 말일까지 공동기금을 지급하여야 한다.

② 한국공인회계사회는 제1항에 따라 공동기금을 지급하였을 때에는 그 사실을 금융위원회에 보고하여야 한다.

제10조(공동기금의 반환) ① 한국공인회계사회는 공동기금을 적립한 회계법인이 「공인회계사법」 제37조제1항 각 호의 사유(같은 항 제3호는 제외한다. 이하 이 조에서 같다)로 해산하는 경우 그 회계법인이 공동기금에 적립한 금액에서 한국공인회계사회가 영 제42조제1항 및 제2항에 따라 사용한 금액을 뺀 금액(이하 이 조에서 "공동기금 잔액"이라 한다)을 그 회계법인의 사원(해산 당시의 사원으로 한정한다)에게 반환한다.

② 한국공인회계사회는 공동기금 잔액을 제1항에 따른 반환의 사유가 발생한 날부터 3년이 지난 후에 반환한다. 다만, 반환을 하려는 날에 법 제31조에 따른 손해배상책임과 관련된 소송의 판결이 확정되지 않은 경우에는 판결이 확정된 날(제9조에 따라 공동기금을 지급하는 경우에는 공동기금을 지급한 날을 말한다) 이후에 반환한다.

제43조(과징금 부과기준 및 부과·징수) ① 법 제36조제1항 각 호 외의 부분에서 "대통령령으로 정하는 기준"이란 별표 1의 기준을 말한다.

② 법 제35조에 따라 과징금을 부과하는 경우에는 금융위원회가 정하여 고시하는 방법에 따라 그 위반행위의 종별과 해당 과징금의 금액을 명시하여 이를 납부할 것을 문서로 통지하여야 하고, 통지를 받은 자는 통지를 받은 날부터 60일 이내에 금융위원회가 정하여 고시하는 수납기관에 과징금을 납부하여야 한다.

주식회사 등의 외부감사에 관한 법률	시행령·시행규칙
기준을 위반하여 재무제표를 작성한 법인이 합병을 하는 경우 그 법인이 한 위반행위는 합병 후 존속하거나 합병으로 신설된 법인이 한 위반행위로 보아 과징금을 부과·징수할 수 있다. ③ 금융위원회는 회사 또는 감사인이 동일한 사유로 「자본시장과 금융투자업에 관한 법률」 제429조에 따른 과징금을 부과받는 경우 해당 과징금이 제35조에 따른 과징금보다 적으면 그 차액만을 부과한다. ④ 제35조에 따른 과징금의 부과·징수에 관하여는 「자본시장과 금융투자업에 관한 법률」 제431조부터 제434조까지 및 제434조의2부터 제434조의4까지의 규정을 준용한다. ⑤ 제1항부터 제4항까지에서 규정한 사항 외에 과징금의 부과·징수에 필요한 사항은 대통령령으로 정한다. **제4장 보칙** **제37조(감사 미선임 회사에 대한 특례)** 다른 법률에 따라 감사를 선임하지 아니한 회사에 대해서는 제8조, 제10조, 제11조, 제14조, 제22조, 제23조, 제28조, 제31조 또는 제40조에 따른 감사에 관한 사항을 적용하지 아니한다.	
제38조(업무의 위탁) ① 증권선물위원회는 이 법에 따른 업무의 일부를 대통령령으로 정하는 바에 따라 증권선물위원회위원장, 금융감독원장 또는 거래소에 위임하거나 위탁할 수 있다.	**제44조(업무의 위탁)** ① 금융위원회는 「금융위원회의 설치 등에 관한 법률」 제71조에 따라 법 제9조의2제1항에 따른 등록 심사에 관한 업무를 금융감독원장에게 위탁한다.

② 증권선물위원회는 법 제38조제1항에 따라 다음 각 호의 업무를 금융감독원장에게 위탁한다.

1. 법 제6조제4항에 따라 회사(주권상장법인은 제외한다)가 제출하는 재무제표를 접수·심사하는 업무
2. 주권상장법인이 법 제6조제4항에 따른 제출기한을 넘겨 재무제표를 제출하는 경우 같은 조 제5항에 따라 그 사유를 접수하고 공시하는 업무
3. 법 제11조 및 이 영 제17조에 따른 감사인 지정 관련 서류 접수, 자료제출 요구 및 심사, 지정감사인 선정 또는 지정 결과 통보 등 집행에 관한 업무
4. 법 제12조제2항에 따라 회사가 감사인 선임 또는 변경선임 사실을 보고하는 경우에 그 보고 내용을 접수·심사하는 업무
5. 법 제13조제3항에 따라 주권상장법인, 대형비상장주식회사 또는 금융회사가 감사계약 해지 또는 감사인 해임 사실을 보고하는 경우에 그 보고 내용을 접수하는 업무
6. 법 제14조제2항에 따른 의견 진술의 보고를 접수하는 업무
7. 법 제15조제3항에 따른 감사계약 해지 사실의 보고를 접수하는 업무
8. 법 제23조제1항에 따라 제출하는 감사보고서를 접수하는 업무
9. 법 제23조제2항에 따라 감사인으로부터 제출받은 감사보고서를 일반인이 열람하도록 하는 업무
10. 법 제23조제3항에 따라 제출하는 재무제표를 접수하는 업무

주식회사 등의 외부감사에 관한 법률	시행령·시행규칙
	11. 법 제23조제4항에 따라 제출하는 서류를 접수하는 업무 12. 법 제25조제1항에 따라 제출하는 사업보고서를 접수하는 업무 13. 법 제25조제4항에 따라 회계법인으로부터 제출받은 사업보고서를 일반인이 열람하도록 하는 업무 14. 법 제25조제5항에 따라 제출하는 보고서를 접수하는 업무 15. 법 제26조제1항제1호 및 제3호에 따라 다음 각 목의 감사인에 대하여 감리 또는 평가를 하는 업무(이하 이 호 및 제4항에서 “감사인 감리등”이라 한다) 가. 주권상장법인 감사인 나. 금융감독원장의 감사인 감리등이 필요하다고 금융위원장 또는 증권선물위원회 위원장이 정하여 금융감독원장에게 통지한 감사인 16. 법 제26조제1항제2호에 따라 다음 각 목의 회사에 대하여 감리를 하는 업무(이하 이 호 및 제4항에서 “회사 감리등”이라 한다) 가. 사업보고서 제출대상 법인 나. 「금융위원회의 설치 등에 관한 법률」 제38조 각 호의 기관 다. 금융감독원장의 회사 감리등이 필요하다고 금융위원장 또는 증권선물위원회 위원장이 정하여 금융감독원장에게 통지한 회사 17. 법 제27조제1항·제3항 및 제4항에 따른 업무(이 조 제4항제2호의 업무는 제외한다)

제38조(업무의 위탁) ② 증권선물위원회는 제26조제1항, 제27조제1항, 제29조제3항 및 제4항에 따른 업무의 전부 또는 일부를 대통령령으로 정하는 바에 따라 한국공인회계사회에 위탁할 수 있다. 이 경우 한국공인회계사회는 감사인의 감사보수 중 일부를 총리령으로 정하는 바에 따라 감리업무 수수료로 징수할 수 있다.

18. 법 제29조제1항·제3항 또는 제4항에 따른 조치 중 금융위원회가 정하는 업무(이 항 제15호 및 제16호에 관한 업무에 한정한다)
19. 법 제29조제5항에 따라 감사인이 증권선물위원회의 개선권고를 이행하는지를 점검하는 업무
20. 법 제30조제1항에 따른 위반사실 공시 업무
21. 법 제30조제2항에 따라 감리 결과 및 증권선물위원회의 조치 내용을 인터넷 홈페이지에 게시하는 업무 및 「자본시장과 금융투자업에 관한 법률」 제8조의2제2항에 따른 거래소(이하 "거래소"라 한다)와 금융기관에 통보하는 업무
22. 그 밖에 제1호부터 제21호까지의 업무에 준하는 업무로서 증권선물위원회의 결정을 집행하는 데 필요하다고 금융위원회가 정하여 고시하는 업무

③ 증권선물위원회는 법 제38조제1항에 따라 주권상장법인이 법 제6조제4항에 따라 제출하는 재무제표를 접수하는 업무를 거래소에 위탁한다.

④ 증권선물위원회는 법 제38조제2항 전단에 따라 다음 각 호의 업무를 한국공인회계사회에 위탁한다.

1. 법 제26조제1항에 따른 업무(이 조 제2항제15호 및 제16호의 업무는 제외한다)
2. 법 제27조제1항에 따른 회사, 관계회사 또는 감사인에 대한 자료 중 제1호에 따른 업무수행에 필요한 범위의 자료 제출 요구

주식회사 등의 외부감사에 관한 법률	시행령·시행규칙
제5장 벌칙 **제39조(벌칙)** ① 「상법」 제401조의2제1항 및 제635조제1항에 규정된 자나 그 밖에 회사의 회계업무를 담당하는 자가 제5조에 따른 회계처리기준을 위반하여 거짓으로 재무제표를 작성·공시하거나 감사인 또는 그에 소속된 공인회계사가 감사보고서에 기재하여야 할 사항을 기재하지 아니하거나 거짓으로 기재한 경우에는 10년 이하의 징역 또는 그 위반행위로 얻은 이익 또는 회피한 손실액의 2배 이상 5배 이하의 벌금에 처한다. ② 제1항에도 불구하고 제5조에 따른 회계처리기준을 위반하여 회사의 재무제표상 손익 또는 자기자본 금액이 자산총액의 일정 비중에 해당하는 금액만큼 변경되는 경우에는 다음 각 호에 따라 각각 가중할 수 있다. 다만, 자산총액의 100분의 5에 해당하는 금액이 500억원 이상인 경우에만 적용한다. 1. 재무제표상 변경된 금액이 자산총액의 100분의 10 이상인 경우에는 무기 또는 5년 이상의 징역에 처한다. 2. 재무제표상 변경된 금액이 자산총액의 100분의 5 이상으로서 제1호에 해당하지 아니하는 경우에는 3년 이상의 유기징역에 처한다. **제40조(벌칙)** ① 감사인, 감사인에 소속된 공인회계사, 감사, 감사위원회의 위원 또는 감사인선임위원회의 위원이 그 직무에 관하여	업무 3. 법 제29조제3항 각 호 또는 같은 조 제4항 각 호의 조치를 하는 업무(제1호에 관한 업무에 한정한다) ⑤ 한국공인회계사회는 제4항에 따라 위탁받은 업무를 수행하기 위하여 총리령으로 정하는 바에 따라 위탁감리위원회를 설치하여야 한다. ⑥ 한국공인회계사회는 제4항에 따라 위탁받은 업무의 수행에 관한 규정을 제정하거나 개정하려는 경우에는 증권선물위원회의 승인을 받아야 한다. ⑦ 금융감독원장 및 한국공인회계사회는 제2항 및 제4항에 따라 위탁받은 업무의 처리결과를 금융위원회가 정하는 방법에 따라 증권선물위원회에 보고하여야 한다 ⑧ 증권선물위원회는 제2항부터 제4항까지의 규정에 따라 금융감독원장, 거래소 및 한국공인회계사회에 위탁한 업무와 관련하여 자료 제출을 요구하거나 그 밖에 필요한 조치를 할 수 있다. **시행규칙** 제11조(위탁감리위원회의 구성 등) ① 영 제44조제5항에 따른 위탁감리위원회(이하 "위탁감리위원회"라 한다)는 위원장 1명과 8명의 위원으로 성별을 고려하여 구성한다. ② 위원장은 회계에 관한 전문지식과 공정한 직무수행을 위한 도덕성을 갖춘 사람으로서 한국공인회계사회의 회장(이하 이 조에서 "회장"이라 한다)이 증권선물위원회의 동의를 받아 위촉한다. ③ 위탁감리위원회의 위원은 다음 각 호의 사람 중에서 회장이 임명하거나 위촉

부정한 청탁을 받고 금품이나 이익을 수수(收受)·요구 또는 약속한 경우에는 5년 이하의 징역 또는 5천만원 이하의 벌금에 처한다. 다만, 벌금형에 처하는 경우 그 직무와 관련하여 얻는 경제적 이익의 5배에 해당하는 금액이 5천만원을 초과하면 그 직무와 관련하여 얻는 경제적 이익의 5배에 해당하는 금액 이하의 벌금에 처한다.

② 제1항에 따른 금품이나 이익을 약속·공여하거나 공여의 의사를 표시한 자도 제1항과 같다.

제41조(벌칙) 「상법」 제401조의2제1항 및 제635조제1항에 규정된 자, 그 밖에 회사의 회계업무를 담당하는 자, 감사인 또는 그에 소속된 공인회계사나 제20조제4호에 따른 감사업무와 관련된 자가 다음 각 호의 어느 하나에 해당하는 행위를 하면 5년 이하의 징역 또는 5천만원 이하의 벌금에 처한다.

1. 「상법」 제401조의2제1항 및 제635조제1항에 규정된 자나 그 밖에 회사의 회계업무 등 내부회계관리제도의 운영에 관련된 자로서 제8조제2항을 위반하여 내부회계관리제도에 따라 작성된 회계정보를 위조·변조·훼손 또는 파기한 경우
2. 감사인 또는 그에 소속된 공인회계사나 감사업무와 관련된 자로서 제19조제3항을 위반하여 감사조서를 위조·변조·훼손 또는 파기한 경우
3. 제22조에 따른 이사의 부정행위 등을 보고하지 아니한 경우
4. 제24조에 따른 주주총회등에 출석하여 거짓으로 진술을 하거나

한다.

1. 금융위원회 4급 이상 공무원 중에서 공인회계사제도 관련 업무를 담당하는 사람 1명
2. 금융감독원 부서장 중에서 감리등을 담당하는 사람 1명
3. 한국공인회계사회 부서장 중에서 감리등을 담당하는 사람 1명
4. 한국회계기준원 소속 임원 1명
5. 회계와 회계감사 또는 관련 법률 등에 관한 학식과 경험이 풍부한 사람으로서 한국공인회계사회의 동의를 받은 사람 1명
6. 대학의 재무 또는 회계 분야 교수로서 한국회계학회가 추천하는 사람 1명
7. 회계 또는 회계감사업무에 관한 전문지식과 실무경험이 있는 사람으로서 대한상공회의소가 추천하는 사람 1명
8. 회계 또는 회계감사업무에 전문지식이 있는 변호사 1명

④ 위원의 결격사유에 관하여는 제3조제6항을 준용한다.

⑤ 위원장 및 제3항제5호부터 제8호까지의 위원의 임기는 2년으로 하며, 한 차례만 연임할 수 있다. 다만, 임기가 만료된 경우에도 후임자가 위촉될 때까지 그 직무를 수행할 수 있다.

⑥ 위원장이 부득이한 사유로 직무를 수행할 수 없을 때에는 위원장이 지명하는 위원이 그 직무를 대행하며, 위원장이 부득이한 사유로 그 직무를 대행할 위원을 지명할 수 없을 때에는 회장이 지명하는 위원이 그 직무를 대행한다.

⑦ 증권선물위원회는 제3항에 따라 임명되거나 위촉된 위원이 법령을 위반하는 행위를 하거나 직무를 게을리하는 등 위원으로서의 직무수행에 현저한 지장이 있다고 판단되는 경우 회장에게 그 위원을 해촉할 것을 요구할 수 있다.

⑧ 제1항부터 제7항까지에서 규정한 사항 외에 위탁감리위원회의 구성 및 운영 등에 필요한 사항은 한국공인회계사회가 정한다.

제12조(감리업무 수수료) ① 한국공인회계사회는 법 제38조제2항 후단에 따라 감사인이 해당 사업연도에 받은 감사보수의 1퍼센트 이내의 금액을 감리업무 수수료로 징수할 수 있다.

주식회사 등의 외부감사에 관한 법률	시행령·시행규칙
사실을 감춘 경우 5. 제28조제2항을 위반하여 신고자등의 신분 등에 관한 비밀을 누설한 경우 **제42조(벌칙)** 「상법」 제401조의2제1항 및 제635조제1항에 규정된 자, 그 밖에 회사의 회계업무를 담당하는 자, 감사인 또는 그에 소속된 공인회계사나 제20조제4호에 따른 감사업무와 관련된 자가 다음 각 호의 어느 하나에 해당하는 행위를 하면 3년 이하의 징역 또는 3천만원 이하의 벌금에 처한다. 1. 제6조 및 제23조제3항을 위반하여 재무제표를 제출하지 아니한 경우 2. 제6조제6항을 위반하여 감사인 또는 그에 소속된 공인회계사가 재무제표를 작성하거나 회사가 감사인 또는 그에 소속된 공인회계사에게 재무제표 작성을 요구하는 경우 3. 정당한 이유 없이 제7조 및 제21조에 따른 지배회사 또는 감사인의 열람, 복사, 자료제출 요구 또는 조사를 거부·방해·기피하거나 거짓 자료를 제출한 경우 4. 정당한 이유 없이 제10조제1항·제2항 또는 제8항에 따른 기간 내에 감사인을 선임하지 아니한 경우 5. 제20조를 위반하여 비밀을 누설하거나 부당한 목적을 위하여 이용한 경우 6. 정당한 이유 없이 제27조제1항에 따른 자료제출 등의 요구·열람 또는 조사를 거부·방해·기피하거나 거짓 자료를 제출한 경우	② 그 밖에 감리업무 수수료 징수에 필요한 세부사항은 한국공인회계사회가 정한다. **제45조(전문심의기구)** 법 및 이 영에 따른 증권선물위원회의 업무수행을 지원하기 위하여 금융위원회에 전문심의기구를 둘 수 있다. **제46조(금융감독원의 업무 지원)** 금융감독원은 법 및 이 영에 따른 금융위원회 및 증권선물위원회의 업무를 지원하기 위하여 해당 업무를 총괄하는 회계전문가 1명을 둘 수 있다. **제47조(민감정보 및 고유식별정보의 처리)** 증권선물위원회(제44조에 따라 증권선물위원회의 업무를 위탁받은 자를 포함한다)는 다음 각 호의 사무를 수행하기 위하여 불가피한 경우 「개인정보 보호법 시행령」 제18조제2호에 따른 범죄경력자료에 해당하는 정보 또는 같은 영 제19조제1호·제2호·제4호에 따른 주민등록번호, 여권번호 또는 외국인등록번호가 포함된 자료를 처리할 수 있다. 1. 법 제26조에 따른 감리업무 등의 사무 2. 법 제27조에 따른 자료 제출요구 및 조사 등의 사무 3. 법 제28조에 따른 부정행위 신고자의 보호 및 포상 등에 관한 사무 4. 법 제29조에 따른 조치에 관한 사무

7. 재무제표를 작성하지 아니한 경우
8. 감사인 또는 그에 소속된 공인회계사에게 거짓 자료를 제시하거나 거짓이나 그 밖의 부정한 방법으로 감사인의 정상적인 회계감사를 방해한 경우

제43조(벌칙) 제28조제3항을 위반하여 신고자등에게 「공익신고자 보호법」 제2조제6호에 해당하는 불이익조치를 한 자는 2년 이하의 징역 또는 2천만원 이하의 벌금에 처한다.

제44조(벌칙) 「상법」 제401조의2제1항 및 제635조제1항에 규정된 자, 그 밖에 회사의 회계업무를 담당하는 자, 감사인 또는 그에 소속된 공인회계사가 다음 각 호의 어느 하나에 해당하는 행위를 하면 1년 이하의 징역 또는 1천만원 이하의 벌금에 처한다.
1. 정당한 이유 없이 제11조제4항을 위반하여 증권선물위원회의 요구에 따르지 아니한 경우
2. 제11조제6항을 위반하여 감사인을 선임한 경우
3. 제23조제1항에 따른 감사보고서를 제출하지 아니한 경우
4. 제23조제6항을 위반하여 감사인의 명칭과 감사의견을 함께 적지 아니한 경우

제45조(몰수) 제39조제1항을 위반하여 얻은 이익 또는 제40조에 따른 금품이나 이익은 몰수한다. 이 경우 그 전부 또는 일부를 몰수할 수 없으면 그 가액(價額)을 추징한다.

제46조(양벌규정) 법인의 대표자나 법인 또는 개인의 대리인, 사용인, 그 밖의 종업원이 그 법인 또는 개인의 업무에 관하여 제39조

주식회사 등의 외부감사에 관한 법률	시행령·시행규칙
부터 제44조까지의 위반행위를 하면 그 행위자를 벌하는 외에 그 법인 또는 개인에게도 해당 조문의 벌금형을 과(科)한다. 다만, 법인 또는 개인이 그 위반행위를 방지하기 위하여 해당 업무에 관하여 상당한 주의와 감독을 게을리하지 아니한 경우에는 그러하지 아니하다.	
제47조(과태료) ① 다음 각 호의 어느 하나에 해당하는 자에게는 5천만원 이하의 과태료를 부과한다. 1. 제28조제2항을 위반하여 신고자등의 인적사항 등을 공개하거나 신고자등임을 미루어 알 수 있는 사실을 다른 사람에게 알려주거나 공개한 자 2. 제28조제3항을 위반하여 신고자등에게 불이익한 대우를 한 자 ② 다음 각 호의 어느 하나에 해당하는 자에게는 3천만원 이하의 과태료를 부과한다. 1. 제8조제1항 또는 제3항을 위반하여 내부회계관리제도를 갖추지 아니하거나 내부회계관리자를 지정하지 아니한 자 2. 제8조제4항을 위반하여 내부회계관리제도의 운영실태를 보고하지 아니한 자 또는 같은 조 제5항을 위반하여 운영실태를 평가하여 보고하지 아니하거나 그 평가보고서를 본점에 비치하지 아니한 자 3. 제8조제6항 및 제7항을 위반하여 내부회계관리제도의 운영실태에 관한 보고내용 등에 대하여 검토 및 감사하지 아니하거나 감사보고서에 종합의견을 표명하지 아니한 자	**제48조(과태료의 부과기준 등)** ① 법 제47조에 따른 과태료를 부과할 때 금융감독원장은 해당 위반행위를 조사·확인한 후 위반사실을 명시하여 증권선물위원회에 과태료를 부과할 것을 건의할 수 있다. ② 법 제47조제1항부터 제4항까지의 규정에 따른 과태료의 부과기준은 별표 2와 같다. **제49조(규제의 재검토)** ① 금융위원회는 제5조에 따른 외부감사의 대상에 대하여 2020년 1월 1일을 기준으로 3년마다(매 3년이 되는 해의 1월 1일 전까지를 말한다) 그 타당성을 검토하여 개선 등의 조치를 하여야 한다. ② 금융위원회는 제14조제1항에 따른 재무기준에 해당하는 회사의 범위에 대하여 2019년 1월 1일을 기준으로 3년마다(매 3년이 되는 해의 1월 1일 전까지를 말한다) 그 타당성을 검토하여 개선 등의 조치를 하여야 한다.

4. 제22조제5항을 위반하여 감사 또는 감사위원회의 직무수행에 필요한 자료나 정보 및 비용의 제공 요청을 정당한 이유 없이 따르지 아니한 회사의 대표자

③ 감사인 또는 그에 소속된 공인회계사가 제24조에 따른 주주총회등의 출석요구에 따르지 아니한 경우 1천만원 이하의 과태료를 부과한다.

④ 다음 각 호의 어느 하나에 해당하는 자에게는 500만원 이하의 과태료를 부과한다.

1. 제12조제2항에 따른 보고를 하지 아니한 자
2. 제23조제5항을 위반하여 재무제표 또는 감사보고서를 비치·공시하지 아니한 자

⑤ 제1항부터 제4항까지의 규정에 따른 과태료는 대통령령으로 정하는 바에 따라 증권선물위원회가 부과·징수한다.

제48조(징역과 벌금의 병과) 제39조제1항에 따라 징역에 처하는 경우에는 같은 항에 따른 벌금을 병과한다.

주식회사 등의 외부감사에 관한 법률	시행령·시행규칙
부칙 〈법률 제15022호, 2017. 10. 31.〉 **제1조(시행일)** 이 법은 공포 후 1년이 경과한 날부터 시행한다. **제2조(유한회사의 외부감사에 관한 적용례)** 이 법 중 유한회사에 대한 부분은 이 법 시행일부터 1년이 경과한 날 이후 시작되는 사업연도부터 적용한다. **제3조(내부회계관리제도 감사에 관한 적용례)** 제8조제6항 단서의 개정규정에 따른 감사인의 내부회계관리제도 감사는 감사보고서 작성일 기준 전년 말 자산총액 2조원 이상의 주권상장법인에 대해서는 2019년 감사보고서부터, 자산총액 5천억원 이상의 주권상장법인에 대해서는 2020년 감사보고서부터, 자산총액 1천억원 이상의 주권상장법인에 대해서는 2022년 감사보고서부터 적용하고, 2023년 감사보고서부터는 전체 주권상장법인에 대하여 적용한다. **제4조(감사인 자격 제한 등에 관한 적용례 등)** ① 제9조제5항의 개정규정은 이 법 시행 이후 시작되는 사업연도의 재무제표에 대한 감사업무를 하는 이사부터 적용한다. 이 경우 연속하는 사업연도의 산정은 제9조제5항의 개정규정이 적용되기 전의 사업연도를 포함하여 계산한다. ② 이 법 시행 전에 선임(변경선임을 포함한다)된 감사인에 대해서는 그 임기 동안 제9조제1항의 개정규정에도 불구하고 종전의 제3조제1항에 따른다. **제5조(주권상장법인 감사인 등록제에 관한 적용례)** 제9조의2의 개정규정은 이 법 시행일부터 1년이 경과한 날 이후 시작되는 사업연	**부칙 〈제29269호, 2018. 10. 30.〉** **제1조(시행일)** 이 영은 2018년 11월 1일부터 시행한다. **제2조(외부감사 대상기준에 관한 적용례)** 제5조제1항의 개정규정은 다음 각 호의 구분에 따른 사업연도부터 적용한다. 1. 이 영 시행 당시 종전의 「주식회사의 외부감사에 관한 법률 시행령」(대통령령 제00000호로 전부개정되기 전의 것을 말한다. 이하 같다) 제2조제1항 각 호의 어느 하나에 해당하는 주식회사: 다음 각 목의 구분에 따른 사업연도 가. 제5조제1항 각 호의 개정규정의 어느 하나에 해당하는 주식회사: 이 영 시행일이 속하는 사업연도 나. 제5조제1항 각 호의 개정규정의 어느 하나에 해당하지 아니하는 주식회사: 2019년 11월 1일 이후 시작되는 사업연도. 이 경우 2019년 11월 1일 전에 개시된 사업연도에는 종전의 「주식회사의 외부감사에 관한 법률 시행령」 제2조제1항을 적용한다. 2. 이 영 시행 당시 종전의 「주식회사의 외부감사에 관한 법률 시행령」 제2조제1항 각 호의 어느 하나에 해당하지 아니하는 주식회사: 2019년 11월 1일 이후 시작되는 사업연도 **제3조(내부회계관리규정에 관한 적용례)** 제9조제2항제6호의 개정규정은 다음 각 호의 구분에 따른 사업연도의 첫날부터 적용한다. 1. 직전 사업연도말 자산총액 2조원 이상인 주권상장법인: 2021년 12월 31일 이후 시작되는 사업연도 2. 직전 사업연도말 자산총액 5천억원 이상 2조원 미만인 주권상

도부터 적용한다. 다만, 주권상장법인 감사인 등록 신청은 제9조의2의 개정규정 적용시점으로부터 6개월 전부터 할 수 있다.

제6조(감사인 선임 등에 관한 적용례 등) ① 제10조제1항·제5항·제6항, 제12조제2항 및 제13조제2항의 개정규정은 이 법 시행 이후 선임(변경선임을 포함한다) 또는 해임하는 감사인부터 적용한다. 다만, 이 법 시행 전에 이 법 시행일이 속하는 사업연도가 개시된 경우에는 제10조제1항의 개정규정에도 불구하고 종전의 제4조제1항에 따라 감사인을 선임할 수 있다.

② 이 법 시행 전에 종전의 제4조제2항 및 제6항에 따라 선임(변경선임을 포함한다)된 감사인에 대해서는 그 임기동안 제10조제4항의 개정규정에 따라 선임된 것으로 본다.

제7조(대형비상장주식회사 및 금융회사에 대한 적용례) 제10조제3항, 제11조제1항제1호 및 제14조제1항의 개정규정 중 대형비상장주식회사 및 금융회사에 대한 부분은 이 법 시행 이후 시작되는 사업연도부터 적용한다.

제8조(주권상장법인 감사인 지정제에 관한 적용례) 제11조제2항의 개정규정은 이 법 시행일부터 1년이 경과한 날 이후 시작되는 사업연도부터 적용한다. 이 경우 연속하는 6개 사업연도의 산정은 제11조제2항의 개정규정이 최초로 적용되기 이전의 사업연도를 포함하여 계산한다.

제9조(회계법인의 사업보고서 제출 등에 관한 적용례) ① 제25조제2항의 개정규정은 이 법 시행 이후 시작되는 사업연도부터 적용한다.

장법인: 2022년 12월 31일 이후 시작되는 사업연도

3. 그 밖의 주권상장법인: 2023년 12월 31일 이후 시작되는 사업연도

제4조(손해배상공동기금 추가 적립금 반환에 관한 적용례) 제39조제5항의 개정규정은 이 영 시행 이후 법 제29조제3항제3호에 따라 추가로 적립한 연간적립금을 반환하는 경우부터 적용한다.

제5조(한국회계기준원 재정지원에 관한 특례) 한국회계기준원은 이 영 시행 전에 종전의 「주식회사의 외부감사에 관한 법률 시행령」 제7조의3제4항에 따라 적립한 금액에서 2018년 이전 2개 사업연도의 총지출 예산을 뺀 금액의 20퍼센트 이상을 2019년부터 2023년까지의 사업연도마다 제7조제4항의 개정규정에 따른 자체수입에 포함시킨다.

제6조(지배·종속의 관계에 관한 경과조치) 이 영 시행일이 속하는 사업연도의 지배·종속의 관계에 대해서는 제3조제1항의 개정규정에도 불구하고 종전의 「주식회사의 외부감사에 관한 법률 시행령」 제1조의3에 따른다.

제7조(실무수습에 관한 경과조치) 대통령령 제18351호 주식회사의 외부감사에 관한 법률 시행령 일부개정령 시행 전에 「공인회계사법 시행령」(대통령령 제18352호로 개정되기 전의 것을 말한다) 제12조에 따라 실무수습을 받은 사람은 제10조제1항의 개정규정에 따른 실무수습을 받은 것으로 본다.

제8조(부정행위 신고자의 보호 등에 관한 경과조치) 이 영 시행 전에

주식회사 등의 외부감사에 관한 법률	시행령·시행규칙
② 제25조제5항의 개정규정은 이 법 시행 이후 해당 사실이 발생한 경우부터 적용한다. **제10조(부정행위 신고자의 보호 등에 관한 적용례)** 제28조제1항 및 제5항의 개정규정은 이 법 시행 이후 신고하거나 고지하는 자부터 적용한다. **제11조(과징금에 관한 적용례)** 제35조 및 제36조의 개정규정은 이 법 시행 이후 회사 또는 감사인이 고의 또는 중대한 과실로 제5조에 따른 회계처리기준을 위반하여 재무제표를 작성하거나 제16조에 따른 회계감사기준을 위반하여 감사보고서를 작성한 경우부터 적용한다. **제12조(회사 및 감사인 등에 대한 조치에 관한 경과조치)** 이 법 시행 전의 위반행위에 대하여 조치를 하는 경우에는 제29조의 개정규정에도 불구하고 종전의 제16조에 따른다. **제13조(벌칙 및 과태료에 관한 경과조치)** 이 법 시행 전의 위반행위에 대하여 벌칙 및 과태료를 적용하는 경우에는 종전의 규정에 따른다. **제14조(다른 법률의 개정)** ① ~ ㊲ 생략 **제15조(다른 법령과의 관계)** 이 법 시행 당시 다른 법령에서 종전의 「주식회사의 외부감사에 관한 법률」 또는 그 규정을 인용한 경우에 이 법 가운데 그에 해당하는 규정이 있으면 종전의 「주식회사의 외부감사에 관한 법률」 또는 그 규정을 갈음하여 이 법 또는 이 법의 해당 규정을 인용한 것으로 본다.	종전의 「주식회사의 외부감사에 관한 법률」(법률 제15022호로 전부개정되기 전의 것을 말한다. 이하 같다) 제15조의3제1항에 따라 증권선물위원회에 신고하거나 감사인 또는 감사에게 고지한 자에 대해서는 제31조의 개정규정에도 불구하고 종전의 「주식회사의 외부감사에 관한 법률 시행령」 제14조를 적용한다. **제9조(포상금 지급 금액에 관한 경과조치)** 대통령령 제28041호 주식회사의 외부감사에 관한 법률 시행령 일부개정령 시행 전에 종전의 「주식회사의 외부감사에 관한 법률」 제15조의3제1항에 따라 증권선물위원회에 신고하거나 감사인 또는 감사에게 고지한 자에 대해서는 제33조제1항 및 제2항의 개정규정에도 불구하고 대통령령 제28041호로 개정되기 전의 「주식회사의 외부감사에 관한 법률 시행령」 제15조의2를 적용한다. **제10조(다른 법령의 개정)** ① ~ 〈51〉 생략 **제11조(다른 법령과의 관계)** 이 영 시행 당시 다른 법령에서 종전의 「주식회사의 외부감사에 관한 법률 시행령」 또는 그 규정을 인용한 경우에 이 영 가운데 그에 해당하는 규정이 있으면 종전의 「주식회사의 외부감사에 관한 법률 시행령」 또는 그 규정을 갈음하여 이 영 또는 이 영의 해당 규정을 인용한 것으로 본다.

부칙 〈법률 제15040호, 2017. 11. 28.〉

제1조(시행일) 이 법은 공포 후 6개월이 경과한 날부터 시행한다. 다만, 부칙 제4조는 2018년 11월 1일부터 시행한다.

제2조 및 제3조 생략

제4조(다른 법률의 개정) 법률 제15022호 주식회사의 외부감사에 관한 법률 전부개정법률 일부를 다음과 같이 개정한다.

부칙 제14조제17항을 삭제한다.

부칙 〈법률 제15514호, 2018. 3. 20.〉

제1조(시행일) 이 법은 공포한 날부터 시행한다.

제2조 생략

제3조(다른 법률의 개정) 법률 제15022호 주식회사의 외부감사에 관한 법률 전부개정법률 일부를 다음과 같이 개정한다.

부칙 제14조제1항을 다음과 같이 한다.

① 감정평가 및 감정평가사에 관한 법률 일부를 다음과 같이 개정한다.

제3조제2항 및 제5조제2항 중 "「주식회사의 외부감사에 관한 법률」"을 각각 "「주식회사 등의 외부감사에 관한 법률」"로 한다.

제29조제9항 중 "「주식회사의 외부감사에 관한 법률」 제13조"를 "「주식회사 등의 외부감사에 관한 법률」 제5조"로 하고, 같은 조 제10항 중 "「주식회사의 외부감사에 관한 법률」 제1조의2제1호"를 "「주식회사 등의 외부감사에 관한 법률」 제2조제2호"로 한다.

시행규칙

부칙 〈제1497호, 2018. 11. 1.〉

제1조(시행일) 이 규칙은 2018년 11월 1일부터 시행한다.

제2조(위원의 결격사유에 관한 경과조치) 총리령 제1440호 주식회사의 외부감사에 관한 법률 시행규칙 일부개정령 시행 전에 임명되거나 위촉된 회계기준위원회 및 위탁감리위원회의 위원은 각각 제3조제6항 또는 제11조제4항의 개정규정에 따른 결격사유에 해당하지 아니하는 것으로 본다.

제3조(위원회 구성에 관한 경과조치) 총리령 제1440호 주식회사의 외부감사에 관한 법률 시행규칙 일부개정령 시행 당시의 회계기준위원회 및 위탁감리위원회는 각각 이 규칙에 따라 구성된 회계처리기준위원회와 위탁감리위원회로 본다.

제4조(위원장 및 위원의 임기 등에 관한 경과조치) 총리령 제1440호 주식회사의 외부감사에 관한 법률 시행규칙 일부개정령 시행 당시의 회계기준위원회 및 위탁감리위원회의 위원장과 위원은 각각 이 규칙에 따른 회계처리기준위원회 및 위탁감리위원회의 위원장과 위원으로 임명되거나 위촉된 것으로 보며, 그 임기는 임명되거나 위촉된 당시의 임기가 만료할 때까지로 한다.

제5조(회계처리기준 등에 관한 경과조치) 총리령 제1440호 주식회사의 외부감사에 관한 법률 시행규칙 일부개정령 시행 당시 적용 중이던 회계감사기준, 회계처리기준 및 감리기준은 각각 이 규칙에 따라 심의·의결된 회계감사기준, 회계처리기준 및 감리기준으로 본다.

제6조(다른 법령과의 관계) 이 규칙 시행 당시 다른 법령에서 종전의 「주식회사의 외부감사에 관한 법률 시행규칙」 또는 그 규정을 인용한 경우에 이 규칙 가운데 그에 해당하는 규정이 있으면 종전의 「주식회사의 외부감사에 관한 법률 시행규칙」 또는 그 규정을 갈음하여 이 규칙 또는 이 규칙의 해당 규정을 인용한 것으로 본다.

제7조(다른 법령의 개정) 생략

주식회사 등의 외부감사에 관한 법률	시행령·시행규칙
[별표 1] 감사인에 대한 조치 사유(제29조제3항 관련) 1. 제6조제6항을 위반하여 해당 회사의 재무제표를 대신하여 작성하거나 재무제표 작성과 관련된 회계처리에 대한 자문에 응하는 등의 행위를 한 경우 2. 제8조제6항을 위반하여 같은 조에서 정한 사항의 준수 여부 및 내부회계관리제도의 운영실태에 관한 보고내용을 검토 또는 감사하지 않은 경우 3. 제9조제2항을 위반하여 감사인이 회계감사할 수 없는 회사를 회계감사한 경우 4. 제9조제3항을 위반하여 감사인이 될 수 없는 회사의 감사인이 된 경우 5. 제9조제5항을 위반하여 감사업무를 한 경우 6. 제15조제3항을 위반하여 감사계약을 해지한 사실을 증권선물위원회에 보고하지 않은 경우 7. 제16조제1항을 위반하여 일반적으로 공정·타당하다고 인정되는 회계감사기준에 따르지 않고 감사를 실시한 경우 8. 제19조제2항을 위반하여 감사조서를 감사종료 시점부터 8년간 보존하지 않은 경우 9. 제19조제3항을 위반하여 감사조서를 위조·변조·훼손 또는 파기한 경우 10. 제20조를 위반하여 직무상 알게 된 비밀을 누설하거나 부당한	[별표 1] 과징금 부과기준(제43조제1항 관련) 1. 과징금 산정방법 과징금 부과금액은 기준금액에 부과기준율을 곱하여 기본과징금을 산출한 후 필요 시 가중하거나 감경하여 정한다. 이 경우 금융위원회는 위반행위의 정도, 위반행위의 동기와 그 결과 등을 고려하여 과징금 부과금액을 감경 또는 면제하거나 2분의 1의 범위에서 가중할 수 있다. 2. 기준금액의 정의 가. 회사: 재무제표에서 회계처리기준과 달리 작성된 금액을 기준으로 계정과목의 특성 및 중요성 등을 고려하여 금융위원회가 정하는 금액 나. 회사관계자(「상법」 제401조의2 및 제635조제1항 각 호 외의 부분 본문에 규정된 자나 그 밖에 회사의 회계업무를 담당하는 자): 회사의 재무제표가 회계처리기준을 위반하여 작성된 것에 대하여 회사관계자가 회사로부터 받았거나 받기로 한 보수, 배당 등 일체의 금전적 보상으로서 금융위원회가 정하는 금액 다. 감사인: 회계감사기준을 위반하여 작성된 감사보고서에 대하여 해당 회사로부터 받았거나 받기로 한 감사보수로서 금융위원회가 정하는 금액

목적을 위하여 이용한 경우

11. 제22조제1항 또는 제7항을 위반하여 이사의 부정행위 또는 법령 위반사항 등에 대한 통보 또는 보고의무를 이행하지 않은 경우
12. 제22조제2항을 위반하여 회사의 회계처리기준 위반 사실을 감사 또는 감사위원회에 통보하지 않은 경우
13. 제23조제1항을 위반하여 감사보고서를 기간 내에 제출하지 않은 경우
14. 제24조를 위반하여 주주총회등의 출석요구 등에 응하지 않은 경우
15. 제25조제1항 또는 제5항을 위반하여 사업보고서 또는 수시보고서를 미제출 또는 지연제출하거나, 사업보고서 또는 수시보고서의 기재사항 중 중요사항에 관하여 거짓의 기재 또는 표시가 있거나 중요사항의 기재 또는 표시가 누락되어 있는 경우
16. 제25조제3항을 위반하여 사업보고서를 비치·공시하지 않은 경우
17. 제27조제1항을 위반하여 증권선물위원회의 자료제출 등의 요구·열람 또는 조사를 거부·방해·기피하거나 거짓 자료를 제출한 경우
18. 제31조제8항을 위반하여 손해배상공동기금의 적립 또는 보험가입 등 필요한 조치를 하지 않은 경우
19. 제32조제1항을 위반하여 손해배상공동기금을 적립하지 않은 경우
20. 그 밖에 이 법 또는 이 법에 따른 명령을 위반한 경우

3. 부과기준율의 적용

"부과기준율"이란 회사의 상장 여부, 과징금 부과의 원인이 되는 위반행위의 내용, 정도, 기간 및 횟수, 위반행위로 인하여 취득한 이익의 규모 등을 반영하여 금융위원회가 정하는 비율을 말한다.

가. 위반행위의 내용은 위반 동기가 고의인지, 위반행위가 사전에 공모되었는지, 그 밖에 금융위원회가 정하는 사항을 고려하여 판단한다.
나. 위반행위의 정도는 위반금액, 그 밖에 금융위원회가 정하는 사항을 고려하여 판단한다.

4. 가중 또는 감면의 적용

가. 부과금액의 가중 여부는 법 제26조제1항 각 호의 업무에 협조하지 않거나 거짓 자료를 제출하는 등 금융위원회가 정하는 바에 따라 판단한다.
나. 부과금액의 감면 여부는 투자자 피해 배상 등 위반상태의 해소 및 예방을 위한 노력, 위반자의 객관적 부담능력, 내부회계관리규정의 준수 또는 품질관리기준 준수 등 예방노력, 경영여건 등 그 밖에 금융위원회가 정하는 바에 따라 판단한다.

5. 제1호부터 제4호까지에서 규정한 사항 외에 과징금 산정에 필요한 세부사항은 금융위원회가 정한다.

주식회사 등의 외부감사에 관한 법률

[별표 2] 감사인에 소속된 공인회계사에 대한 조치 사유 (제29조제4항 관련)

1. 제6조제6항을 위반하여 해당 회사의 재무제표를 대신하여 작성하거나 재무제표 작성과 관련된 회계처리에 대한 자문에 응하는 등의 행위를 한 경우
2. 제8조제6항을 위반하여 같은 조에서 정한 사항의 준수 여부 및 내부회계관리제도의 운영실태에 관한 보고내용을 검토 또는 감사하지 않은 경우
3. 제9조제5항을 위반하여 감사업무를 한 경우
4. 제16조제1항을 위반하여 일반적으로 공정·타당하다고 인정되는 회계감사기준에 따르지 않고 감사를 실시한 경우
5. 회계법인의 대표이사 또는 품질관리업무 담당이사가 제17조제1항을 위반하여 품질관리기준에 따른 업무설계·운영을 소홀히 함으로써 금융위원회가 정하여 고시하는 회사에 대한 중대한 감사 부실이 발생한 경우. 이 경우 감사 부실의 중대성에 대한 판단기준은 위반행위의 동기, 내용 및 정도 등을 감안하여 금융위원회가 정하여 고시한다.
6. 제19조제2항을 위반하여 감사조서를 감사종료 시점부터 8년간 보존하지 않은 경우
7. 제19조제3항을 위반하여 감사조서를 위조·변조·훼손 또는 파기한 경우

시행령·시행규칙

[별표 2] 과태료 부과기준(제48조제2항 관련)

1. 일반기준

증권선물위원회는 위반행위의 정도, 위반행위의 동기와 그 결과 등을 고려하여 과태료 부과금액을 감경 또는 면제하거나 2분의 1의 범위에서 가중할 수 있다. 다만, 가중하는 경우에도 법 제47조에 따른 과태료 부과금액의 상한을 초과할 수 없다.

2. 개별기준

(단위: 만원)

위반행위	근거 법조문	금액
가. 법 제8조제1항 또는 제3항을 위반하여 내부회계관리제도를 갖추지 않거나 내부회계관리자를 지정하지 않은 경우	법 제47조제2항제1호	3,000
나. 법 제8조제4항을 위반하여 내부회계관리제도의 운영실태를 보고하지 않거나 같은 조 제5항을 위반하여 운영실태를 평가하여 보고하지 않은 경우	법 제47조제2항제2호	3,000
다. 법 제8조제5항을 위반하여 내부회계관리제도의 운영실태 평	법 제47조제2항제2호	600

8. 제20조를 위반하여 직무상 알게 된 비밀을 누설하거나 부당한 목적을 위하여 이용한 경우
9. 제22조제1항 또는 제7항을 위반하여 이사의 부정행위 또는 법령 위반사항 등에 대한 통보 또는 보고의무를 이행하지 않은 경우
10. 제22조제2항을 위반하여 회사의 회계처리기준 위반 사실을 감사 또는 감사위원회에 통보하지 않은 경우
11. 제23조제1항을 위반하여 감사보고서를 기간 내에 제출하지 않은 경우
12. 제24조를 위반하여 주주총회등의 출석요구 등에 응하지 않은 경우
13. 제27조제1항을 위반하여 증권선물위원회의 자료제출 등의 요구·열람 또는 조사를 거부·방해·기피하거나 거짓 자료를 제출한 경우
14. 그 밖에 이 법 또는 이 법에 따른 명령을 위반한 경우

위반행위	근거 법조문	금액
가보고서를 본점에 비치하지 않은 경우		
라. 법 제8조제6항 및 제7항을 위반하여 내부회계관리제도의 운영실태에 관한 보고내용 등에 대하여 검토 및 감사하지 않거나 감사보고서에 종합의견을 표명하지 않은 경우	법 제47조제2항제3호	3,000
마. 법 제12조제2항에 따른 보고를 하지 않은 경우	법 제47조제4항제1호	500
바. 법 제22조제5항을 위반하여 회사의 대표자가 감사 또는 감사위원회의 직무수행에 필요한 자료나 정보 및 비용의 제공 요청을 정당한 이유 없이 따르지 않은 경우	법 제47조제2항제4호	3,000
사. 법 제23조제5항을 위반하여 재무제표 또는 감사보고서를 비치·공시하지 않은 경우	법 제47조제4항제2호	100
아. 감사인 또는 그에 소속된 공인회계사가 법 제24조에 따른 주주총회등의 출석요구에 따	법 제47조제3항	1,000

주식회사 등의 외부감사에 관한 법률	시행령·시행규칙
	(see table below)

위반행위	근거 법조문	금액
르지 않은 경우		
자. 법 제28조제2항을 위반하여 신고자등의 인적사항 등을 공개하거나 신고자등임을 미루어 알 수 있는 사실을 다른 사람에게 알려주거나 공개한 경우	법 제47조제1항제1호	5,000 다만, 직원의 경우에는 2,000만원으로 한다.
차. 법 제28조제3항을 위반하여 신고자등에게 불이익한 대우를 한 경우	법 제47조제1항제2호	5,000 다만, 직원의 경우에는 2,000만원으로 한다.

외부감사 및 회계 등에 관한 규정·시행세칙

외부감사 및 회계 등에 관한 규정 [금융위원회고시 제2019-44호, 2019. 10. 4., 일부개정]

외부감사 및 회계 등에 관한 규정 시행세칙 [금융감독원세칙 2019. 3. 29., 일부개정]

외부감사 및 회계 등에 관한 규정·시행세칙

외부감사 및 회계 등에 관한 규정·시행세칙

외부감사 및 회계 등에 관한 규정·시행세칙

외부감사 및 회계 등에 관한 규정·시행세칙

제1조(목적) 이 규정은 「주식회사 등의 외부감사에 관한 법률」, 「주식회사 등의 외부감사에 관한 법률 시행령」, 「주식회사 등의 외부감사에 관한 법률 시행규칙」 및 그 밖의 관련 법령에서 위임한 사항과 시행에 필요한 사항을 정함을 목적으로 한다.

시행세칙

제1조(목적) 이 세칙은 「주식회사 등의 외부감사에 관한 법률」(이하 "법"이라 한다), 법 시행령(이하 "영"이라 한다) 및 법 시행규칙과 「외부감사 및 회계 등에 관한 규정」(이하 "규정"이라 한다)에서 금융감독원장(이하 "감독원장"이라 한다)에게 위임한 사항과 그 시행에 관하여 필요한 사항을 정함을 목적으로 한다.

제2조(정의) 이 세칙에서 사용하는 용어의 정의는 법, 영, 법 시행규칙 및 규정에서 정하는 바에 따른다.

제3조(신고서식 등) ① 법 제6조제4항에 따라 회사가 감독원장에게 제출하는 감사전 재무제표는 별지 제1호 및 제1호의2 서식에 따른다.

② 법 제6조제3항 및 제5항에 의한 감사전 재무제표 미제출사유의 제출·공시방법은 별지 제2호 서식에 따른다.

③ 규정 제7조제2항의 규정에 의해 회사의 사업보고서에 첨부되는 서류(이하 "내부회계관리제도 운영보고서"라 한다)를 작성하는 방법 및 서식은 별지 제3호 서식에 따른다.

④ 규정 제19조제3항에 의한 감사인의 감사보고서 첨부서류는 별지 제4호 서식, 규정 제19조제1항에 의한 중요성 금액의 첨부서류는 별지 제4호의2부터 제4호의4까지의 서식에 따른다. 다만 감사인이 중요성 금액을 일반인이 열람하는 감사보고서에 첨부하고자 하는 경우에는 별지 제4호 서식에 중요성 금액을 포함하여 기재할 수 있다.

⑤ 규정 제22조제2항의 규정에 의한 사업보고서는 별지 제5호 서식, 같은 항의 규정에 의한 인터넷홈페이지 게시는 별지 제6호 서식에 따른다.

⑥ 규정 제22조제4항의 규정에 의한 수시보고서는 별지 제7호 서식에 따른다.

제2조(외부감사의 대상) ① 「주식회사 등의 외부감사에 관한 법률」(이하 "법"이라 한다) 제4조제1항제2호에 따른 회사에는 다음 각 호의 회사가 포함된다.

1. 「자본시장과 금융투자업에 관한 법률」 제390조의 상장규정에 따른 우회상장이 인정되는 회사
2. 「자본시장과 금융투자업에 관한 법률 시행령」 제6조제4항제14호에 따른 기업인수목적회사와 합병하여 주권상장법인이 되려는 회사

② 법 제4조제1항제3호의 회사가 사업연도 중에 분할하거나 합병하여 「상법」 제172조에 따라 설립등기를 한 회사는 설립등기를 한 날을 기준으로 최초 사업연도에 다음 각 호의 어느 하나에 해당하는 경우에 「주식회사 등의 외부감사에 관한 법률 시행령」(이하 "영"이라 한다) 제5조제3항제1호의 회사에 해당하지 않는 것으로 본다.

1. 영 제5조제1항제1호
2. 영 제5조제1항제3호 각 목의 사항(다목은 제외한다)에 모두 해당하지 않는 경우. 다만, 유한회사는 같은 호 각 목의 사항(다목은 제외한다) 및 직전 사업연도 말의 사원(「상법」 제543조제1항에 따른 정관에 기재된 사원을 말한다. 이하 같다)이 50명 미만인 경우 중 3개 이상에 해당하지 않는 경우

③ 다음 각 호의 어느 하나에 해당하는 회사는 영 제5조제3항제

2호아목에 따라 감사인으로부터 회계감사를 받지 아니할 수 있다.

1. 금융위원회가 「상호저축은행법」 또는 「금융산업의 구조개선에 관한 법률」에 따라 상호저축은행의 관리인을 선임한 경우
2. 국세청에 휴업 또는 폐업을 신고한 경우
3. 채권, 부동산 또는 그 밖의 재산권을 기초로 「자본시장과 금융투자업에 관한 법률」에 따른 증권을 발행하거나 자금을 차입할 목적으로 설립된 법인으로서 「법인세법 시행령」 제10조제1항제4호 각 목의 요건(마목은 제외한다)을 모두 갖춘 경우
4. 연락 두절 등 사회의 통념에 비추어 폐업한 회사로 인정될 수 있는 경우로서 「금융위원회의 설치 등에 관한 법률」에 따른 증권선물위원회(이하 "증권선물위원회"라 한다)가 회사에 감사인으로부터 회계감사를 받을 것을 요구하기가 거의 불가능한 경우

시행세칙

제18조(신고사항) 회사가 당해 사업연도에 법 제4조제2항에 따라 외부감사를 받지 아니하고자 하는 경우에는 감사인 선임기간의 종료일부터 2주 이내까지(감사인 선임기간의 종료일 이후에 외부감사를 받지 아니하고자 하는 경우에는 지체없이) 그 사실을 입증할 수 있는 서류를 첨부하여 이를 감독원장에게 신고하여야 한다.

제3조(회계제도심의위원회의 설치) ① 금융위원회 또는 증권선물위원회가 다음 각 호의 사항을 효율적으로 심의할 수 있도록 증권선물위원회 위원장 소속으로 회계제도심의위원회(이하 이 조 및 제4조에서 "위원회"라 한다)를 둔다.

1. 법 제16조에 따른 회계감사기준(이하 "회계감사기준"이라 한다)의 제·개정에 관한 사항
2. 법 제17조에 따른 품질관리기준(이하 "품질관리기준"이라 한다)의 제·개정에 관한 사항
3. 영 제7조제1항 각 호의 업무 중 금융위원회 또는 증권선물위원회에 보고가 필요한 사항
4. 감사인이 「자본시장과 금융투자업에 관한 법률 시행령」 제189조제2항제2호 단서에 따른 반기보고서와 분기보고서 중 재무에 관한 서류를 확인하고 의견을 표시하는데 기준으로 적용되는 규정의 제·개정에 관한 사항
5. 법령 또는 고시 등(이하 "법령등"이라 한다)에서 금융위원회 또는 증권선물위원회의 업무로 규정한 회계 또는 외부감사 관련 기준 등의 제·개정에 관한 사항
6. 그 밖에 제1호부터 제5호까지의 업무에 준하는 사항

② 위원회는 위원장 1명을 포함한 11명의 위원으로 성별을 고려하여 구성한다.

③ 위원회의 위원장(이하 이 조 및 제4조에서 "위원장"이라 한다)은 「금융위원회와 그 소속기관 직제 시행규칙」 제3조에 따른 증권선물위원회 상임위원(이하 제29조제3항에서 "증권선물위원회 상임위원"이라 한다)으로 한다.

④ 위원회의 위원(위원장을 제외하며, 이하 이 조 및 제4조에서 "위원"이라 한다)은 재무·회계·회계감사 또는 관련 법률에 관한

외부감사 및 회계 등에 관한 규정·시행세칙

전문지식과 공정한 직무수행을 위한 윤리성을 갖춘 사람으로서 증권선물위원회 위원장이 임명 또는 위촉하는 다음 각 호의 사람이 된다.

1. 영 제46조에 따른 회계전문가
2. 다음 각 목의 어느 하나에 해당하는 사람

가. 공인회계사의 자격을 가진 사람으로서 그 자격을 취득한 후에 관련된 업무에 10년 이상의 실무 경력이 있는 사람

나. 재무·회계·회계감사 또는 관련 법률 분야의 석사 이상의 학위를 취득한 사람으로서 다음의 어느 하나에 해당하는 사람

1) 재무·회계·회계감사 또는 관련 법률 분야의 공인된 연구기관의 연구원으로서 10년 이상 근무한 경력이 있는 사람

2) 「고등교육법」 제2조제1호부터 제6호까지의 규정에 따른 대학(이에 상응하는 외국 대학을 포함한다)에서 조교수 이상의 직에 재직하면서 재무·회계·회계감사 또는 관련 법률 분야를 가르치는 사람으로서 10년 이상 근무한 경력이 있는 사람

다. 주권상장법인(「자본시장과 금융투자업에 관한 법률」 제9조제15항제3호에 따른 주권상장법인을 말한다. 이하 같다) 또는 「금융위원회의 설치 등에 관한 법률」 제38조에 따른 검사 대상 기관(이에 상응하는 외국 금융기관을 포함한다)에서 재무·회계·회계감사 또는 관련 법률 분야 업무에 임원으로 10년 이상 또는 직원으로 15년 이상 근무한 경력이 있는 사람

라. 국가, 지방자치단체, 「공공기관의 운영에 관한 법률」에 따른 공공기관, 「금융위원회의 설치 등에 관한 법률」에 따라 설립된 금융감독원(이하 "금융감독원"이라 한다), 「자본시장과 금융투자업에 관한 법률」 제8조의2제2항에 따른 거래소(이하 "거래소"라 한다) 또는 「자본시장과 금융투자업에 관한 법률」 제9조제17항에 따른 금융투자업 관계기관(같은 항 제8호는 제외한다)에서 재무·회계·회계감사 또는 관련 법률 분야 업무 또는 이에 대한 감독업무에 10년 이상 종사한 경력이 있는 사람

3. 금융위원회의 고위공무원단에 속하는 공무원 중에서 자본시장 정책 업무를 담당하는 사람
4. 기획재정부의 고위공무원단에 속하는 공무원 중에서 조세 정책 업무를 담당하는 사람

⑤ 제4항에도 불구하고 다음 각 호의 기관 중 어느 하나에 소속된 사람은 제4항제2호에 따른 위원으로 위촉할 수 없다.

1. 금융위원회
2. 금융감독원
3. 「민법」에 따라 금융위원회의 인가를 받아 설립된 사단법인 한국회계기준원(이하 "한국회계기준원"이라 한다)
4. 「공인회계사법」 제41조에 따라 설립된 한국공인회계사회(이하 "한국공인회계사회"라 한다)

⑥ 위원장이 부득이한 사유로 그 직무를 수행할 수 없는 경우에는

제4항제2호에 따른 위원(이하 이 조에서 "위촉위원"이라 한다)이 위촉된 순서에 따라 그 직무를 대리한다.

⑦ 제4항제3호 또는 제4호에 따른 위원이 부득이한 사유로 회의에 참석할 수 없는 경우에는 그 직무를 대리할 수 있는 4급 이상 공무원이 심의·의결에 참여할 수 있다.

⑧ 다음 각 호의 어느 하나에 해당하는 사람은 위원이 될 수 없다.

1. 피성년후견인 또는 피한정후견인
2. 파산선고를 받고 복권되지 아니한 사람
3. 금고 이상의 실형을 선고받고 그 집행이 끝나거나(집행이 끝난 것으로 보는 경우를 포함한다) 집행이 면제된 날부터 5년이 지나지 아니한 사람
4. 금고 이상의 형의 집행유예를 선고받고 그 유예기간 중에 있는 사람
5. 「금융회사의 지배구조에 관한 법률 시행령」 제5조에 따른 금융관련 법령에 따라 벌금 이상의 형을 선고받고 그 집행이 끝나거나(집행이 끝난 것으로 보는 경우를 포함한다) 집행이 면제된 날부터 5년이 지나지 아니한 사람
6. 「공인회계사법」 제48조에 따라 직무정지(일부 직무정지를 포함한다. 이하 이 호에서 같다)를 받은 상태이거나 등록취소 또는 직무정지를 받은 날부터 5년이 지나지 아니한 사람

⑨ 위원의 임기는 3년으로 하며, 한 차례만 연임할 수 있다. 다만, 임기가 만료된 경우에도 후임자가 위촉될 때까지 그 직무를 수행할 수 있다.

⑩ 증권선물위원회 위원장은 위촉위원이 다음 각 호의 어느 하나에 해당하는 경우에는 해당 위원을 해촉(解囑)할 수 있다.

1. 심신장애로 인하여 직무를 수행할 수 없게 된 경우
2. 비밀누설 등 직무와 관련된 비위사실이 있는 경우
3. 직무태만, 품위손상이나 그 밖의 사유로 위원으로 적합하지 아니하다고 인정되는 경우
4. 위원 스스로 직무를 수행하는 것이 곤란하다는 의사를 전달한 경우

제4조(회계제도심의위원회의 운영) ① 위원회의 회의(이하 이 조에서 "회의"라 한다)는 다음 각 호의 어느 하나에 해당하는 경우에 위원장이 소집하며, 위원장이 의장이 된다.

1. 금융위원회 위원장 또는 증권선물위원회 위원장이 위원회에 회부한 안건을 회의에 상정하고자 하는 경우
2. 제3조제5항제2호부터 제4호까지에 해당하는 기관의 기관장(이하 이 조에서 "기관장"이라 한다)이 위원장에 부의를 요청한 안건을 회의에 상정하고자 하는 경우
3. 그 밖에 위원장이 회의를 소집하는 것이 필요하다고 판단한 경우

② 회의는 재적위원 과반수의 출석으로 개의(開議)하고, 출석위원 과반수의 찬성으로 의결한다.

③ 위원은 다음 각 호의 어느 하나에 해당하는 사항에 대한 심의·

외부감사 및 회계 등에 관한 규정·시행세칙

의결에서 제척(除斥)된다.

1. 자기와 직접적인 이해관계가 있는 사항
2. 배우자, 4촌 이내의 혈족, 2촌 이내의 인척 또는 자기가 속한 법인과 이해관계가 있는 사항

④ 위원은 제3항 각 호의 어느 하나에 해당하면 위원회에 그 사실을 알리고 스스로 안건의 심의·의결에서 회피하여야 한다.

⑤ 위원장은 회의가 열리는 날부터 5일 전까지 회의 개최일시 및 장소, 해당 회의에 상정되는 안건 등을 문서(「정보통신망 이용촉진 및 정보보호 등에 관한 법률」 제2조제5호에 따른 전자문서를 포함한다. 이하 같다)로 위원에게 보내야 한다.

⑥ 위원장은 안건을 상정하며, 해당 안건에 관한 업무를 수행하는 기관장에게 소속 임직원이 회의에 출석하여 위원에게 안건을 설명할 것을 요구할 수 있다.

⑦ 금융감독원의 원장(이하 "금융감독원장"이라 한다)은 위원장에게 제3조제1항 각 호의 사항에 대한 검토의견을 제출할 수 있다. 이 경우, 위원장은 필요한 경우에 금융감독원 소속 임직원에게 회의에서 검토의견을 설명할 것을 요구할 수 있다.

⑧ 위원장은 필요한 경우에 회사, 관계회사, 회계법인, 민간전문가 또는 제3조제5항 각 호의 기관 중 어느 하나에 소속된 임직원을 회의에 참석하게 하여 의견을 들을 수 있다.

⑨ 금융위원회의 4급 이상 공무원 중에서 회계정책 업무를 담당하는 사람은 다음 각 호의 사항을 기록하는 문서(이하 이 조 및 제5조에서 "의사록"이라 한다)를 작성하고 회의가 종료된 후 위원장에게 보고하여야 한다. 이 경우, 의사록을 작성한 사람과 위원장은 의사록에 기명날인하여야 한다.

1. 회의 개최 일시 및 장소
2. 위원 출결(出缺) 내역 및 위원 외 참석자의 성명·소속
3. 안건별 주요 논의내용
4. 의결내용 및 이에 반대하는 의견의 요지
5. 그 밖에 위원장 또는 위원이 기록을 요청한 사항

⑩ 제9항에 따라 의사록을 작성한 사람은 차기 회의에서 그 의사록을 보고하여야 한다.

⑪ 금융위원회 위원장 또는 증권선물위원회 위원장은 제1항제1호에 따른 안건을 금융위원회 또는 증권선물위원회에 상정하는 경우에 안건과는 별도로 제9항제4호에 따른 내용을 첨부하여야 한다.

⑫ 회의는 공개하지 아니함을 원칙으로 한다.

⑬ 위원 및 그 직에 있었던 사람은 그 직무에 관하여 알게 된 비밀을 누설 또는 이용하여서는 아니된다.

제5조(회계처리기준 관련 업무 위탁 등) ① 한국회계기준원은 법 제5조제1항에 따른 회계처리기준(이하 "회계처리기준"이라 한다)을 제정하거나 개정하는 경우에 다음 각 호의 사항을 금융위원회에 지체없이 보고하여야 한다.

1. 제·개정 내용 및 외부 의견청취 결과
2. 제1호와 관련하여 영 제7조제2항에 따라 설치된 회계처리기준

위원회에 상정된 안건과 의사록

② 금융위원회는 한국회계기준원에 위탁한 업무와 관련하여 업무협의 및 자료 제출을 요구할 수 있다.

③ 금융감독원장은 분기별로 영 제7조제4항에 따라 한국회계기준원에 지원하는 금액(이하 이 항에서 "지원금"이라 한다)을 4등분한 금액을 그 분기가 시작된 달의 말일까지 한국회계기준원에 지급한다. 다만, 지원금과 「자본시장과 금융투자업에 관한 법률」 제442조제1항에 따라 징수한 금액 간에 상당한 차이가 발생하는 등 부득이한 이유로 한국회계기준원에 지원금을 제때 지급하기가 곤란한 경우에 금융감독원장은 금융위원회의 승인을 받아 해당 분기의 지원금 지급액을 조정할 수 있다.

제6조(내부회계관리제도의 운영) ① 회사는 법 제8조제1항제5호에 따른 회계정보의 작성·공시와 관련된 임직원의 업무분장과 책임에 관한 사항을 법 제8조제1항제1호부터 제4호까지의 업무가 효과적으로 수행될 수 있도록 정하여야 한다.

② 법 제8조제1항 각 호의 사항이 포함된 내부회계관리규정과 이를 관리·운영하는 조직(이하 "내부회계관리제도"라 한다)과 관련된 임직원 및 회계정보의 작성·공시와 관련된 임직원은 맡은 업무를 수행하는데 필요한 권한과 역량을 충분히 갖추어야 한다.

③ 회사는 법 제8조제4항에 따른 보고를 위한 문서(이하 이 조 및 제7조에서 "내부회계관리제도 운영실태보고서"라 한다) 및 같은 조 제5항에 따른 보고를 위한 문서(이하 이 조 및 제7조에서 "내부회계관리제도 평가보고서"라 한다)를 작성하는데 필요한 기준 및 절차를 다음 각 호의 구분에 따른 사항을 고려하여 각각 정하여야 한다.

1. 내부회계관리제도 운영실태보고서 작성에 관한 사항
   가. 내부회계관리제도가 회사에 적합한 형태로 설계·운영될 것
   나. 신뢰할 수 있는 회계정보의 작성과 공시를 저해하는 위험을 예방하거나 적시에 발견하여 조치할 수 있는 상시적·정기적인 점검체계를 갖출 것
   다. 내부회계관리제도의 효과성을 점검하기 위한 객관적인 성과지표를 정할 것
   라. 회사의 대표자는 다목에 따른 성과지표 및 내부회계관리제도에 취약사항이 있는지에 대한 점검결과 등을 고려하여 회사의 내부회계관리제도가 효과적인지에 대한 의견을 제시할 것
   마. 내부회계관리제도에 대하여 영 제29조에 따른 감리를 받은 경우에는 그 감리에 따른 시정조치 계획을 영 제9조제4항제1호의 계획에 반영할 것
2. 내부회계관리제도 평가보고서 작성에 관한 사항
   가. 회사의 경영진 및 회사의 경영에 사실상 영향력을 미칠 수 있는 자가 회계정보의 작성·공시 과정에 부당하게 개입할 수 없도록 내부회계관리제도가 설계 및 운영되는지를 평가할 것

외부감사 및 회계 등에 관한 규정·시행세칙

나. 법 제8조제1항제1호부터 제6호까지의 사항이 실질적으로 운영되는지를 평가할 것

다. 회사의 대표자가 내부회계관리제도 운영실태보고서 작성에 관한 기준 및 절차를 준수하는지를 평가할 것

제7조(내부회계관리제도 운영실태 공시) ①「자본시장과 금융투자업에 관한 법률」 제159조제1항에 따른 사업보고서 제출대상법인은 다음 각 호의 사항을 사업보고서에 첨부하여야 한다.

1. 법 제8조제1항에 따른 내부회계관리규정과 이를 관리·운영하는 조직 및 인력에 관한 사항
2. 법 제8조제6항에 따른 감사인의 검토의견 또는 감사의견
3. 내부회계관리제도 운영실태보고서
4. 내부회계관리제도 평가보고서

② 제1항 각 호의 사항을 작성하는 방법 및 서식은 금융감독원장이 정한다.

제8조(주권상장법인 감사인의 등록요건 등) ① 법 제9조의2제1항제2호 및 제3호에 따른 요건(이하 이 조에서 "등록요건"이라 한다)은 별표 1과 같다.

② 주권상장법인의 감사인이 되려는 자(이하 이 조에서 "신청인"이라 한다)는 등록요건에 관한 사항을 정관 또는 내규로 정한다.

③ 신청인은 영 제11조제1항에 따른 등록신청서(이하 이 조에서 "등록신청서"라 한다)에 다음 각 호의 사항을 기재 또는 첨부하여 금융위원회에 제출하여야 한다.

1. 신청인 및 소속 임직원의 현황
2. 등록요건에 관한 사항
3. 제1호 및 제2호 관련 증빙자료

④ 등록신청서 작성에 필요한 서식은 금융감독원장이 정한다.

⑤ 금융감독원장은 금융위원회로부터 등록신청서를 접수받은 후 신청인이 등록요건을 모두 갖추고 있는지를 심사한다. 이 경우 금융감독원장은 심사에 필요한 범위 내에서 신청인에 자료를 요구할 수 있다.

⑥ 신청인이 등록요건을 모두 갖추고 있는지는 신청인의 직전 사업연도 개시일부터 법 제9조의2제1항에 따른 등록(이하 이 조에서 "등록"이라 한다)을 신청한 날까지의 실적을 고려하여 판단한다.

⑦ 금융감독원장은 영 제11조제2항 후단에 따른 현장조사(이하 이 조에서 "현장조사"라 한다)를 하기 전에 다음 각 호의 사항이 기재된 문서를 신청인에 발송하여야 한다.

1. 조사의 목적
2. 조사기간과 장소
3. 조사원의 성명과 직위
4. 조사범위와 내용
5. 요구할 자료

⑧ 금융감독원장은 신청인이 동의한 경우에 신청인이 동의한 범위 내에서 현장조사를 실시할 수 있다.

⑨ 영 제11조제3항에서 "등록신청서 흠결의 보완기간 등 금융위원

회가 정하는 기간"이란 다음 각 호의 어느 하나에 해당하는 기간을 말한다.

1. 금융감독원장이 신청인에 등록신청서에 있는 흠결(심사결과에 영향을 미칠 수 있는 오류 또는 누락을 말한다. 이하 이 항에서 같다)을 보완할 것을 신청인에 요구한 날부터 신청인이 금융감독원장의 요구에 따라 그 흠결을 보완한 결과를 금융감독원장에게 제출하는 날까지의 기간
2. 금융감독원장이 신청인에 자료를 요구한 날부터 신청인이 그 자료를 금융감독원장에게 제출하는 날까지의 기간
3. 금융감독원장이 신청인에 현장조사를 요구한 날부터 신청인이 그 요구에 동의한다는 의사를 금융감독원장에게 문서로 제출하는 날까지의 기간
4. 신청인의 대표이사 또는 품질관리업무 담당이사(감사인의 대표자가 법 제17조제3항에 따라 지정한 이사를 말한다. 이하 같다)가 형사소송의 당사자인 경우에 그 소송 절차가 끝날 때까지의 기간. 다만, 해당 소송이 등록에 중대한 영향을 미칠 수 있는 경우에 한정한다.
5. 신청인이 법 제9조의2제1항 각 호의 요건을 충족하는지 확인하기 위하여 금융감독원장이 한국공인회계사회 또는 관계 기관 등에 심사에 필요한 자료를 요청한 날부터 해당 기관이 자료를 금융감독원장에게 제출한 날까지의 기간
6. 금융위원회 위원장이 금융감독원장으로부터 심사결과를 접수한 날부터 금융위원회가 등록을 의결하는 날까지의 기간

시행세칙

제4조(주권상장법인 감사인 등록신청서 접수 등) ① 규정 제8조제3항 및 제4항에 따른 등록신청서의 기재사항과 첨부서류의 구체적 사항은 주권상장법인 감사인 등록신청서(별지 제8호 서식)에 따른다.

② 법 제9조의2에 따른 신청인은 규정 제8조제3항에 따른 등록신청서를 금융위원회와 감독원장에게 함께 제출할 수 있다.

③ 등록심사담당부서장은 등록심사담당자를 부서의 소속직원 또는 심사반으로 편성할 수 있으며, 제23조의 회피사유를 준용하여 담당자를 선정한다.

제5조(등록심사 및 결과보고) ① 감독원장은 규정 제8조에 따른 심사업무를 수행함에 있어 심사에 필요한 자료를 요구할 경우 감독원장이 발부한 자료제출요구서(별지 제9호 서식)에 따라 요구하며, 현장조사를 실시할 때에는 현장조사통보서(별지 제10호 서식)와 감독원 직원임을 표시하는 증표를 휴대하고 관계자에게 제시한다.

② 감독원장은 영 제11조제2항에 따른 심사결과 등록신청서에 흠결이 있는 경우 보완요구서(별지 제11호 서식)에 따라 보완을 요구할 수 있다.

③ 등록심사담당부서장은 등록심사를 종료한 때에는 지체없이 등록심사결과보고서(별지 제12호 서식)를 작성하여 감독원장에게 보고하여야 한다.

④ 감독원장은 제3항의 절차를 거쳐 금융위원회에 등록심사결과보고서를 통보하여야 한다.

제6조(주권상장법인 감사인 등록 관리) 감독원장은 금융위원회에서 최종 등록결정한 사실이 확인된 경우에는 지체없이 다음 각 호의 사항을 기재하여 등록심사처리 및 등록에 관한 사항을 주권상장법인 감사인 등록관리부(별지 제13호 서식)로 관리한다.

1. 등록심사 시작일과 금융위원회에 심사결과 통보일
2. 자료제출 요구 등 심사기간 산정에 필요한 사항

외부감사 및 회계 등에 관한 규정·시행세칙

3. 등록심사결과
4. 금융위원회가 신청인에게 통보한 등록결정 내용과 통보일
5. 등록취소 및 거부에 관한 사항

제7조(등록요건 유지의무 위반사항 발견시 업무처리) ① 법 제26조제1항제3호의 품질관리기준의 준수 여부에 대한 감리를 담당하는 부서장은 업무수행과정 중 등록요건 유지의무 위반 혐의가 발견된 경우에는 감리를 실시한다.

② 감리담당부서장은 제1항에 따라 감리를 실시한 결과 등록한 감사인이 등록요건을 갖추지 못한 것으로 판단되는 경우에는 제5조제3항에 따른 등록심사결과 보고서를 작성하여 감독원장에게 보고하고, 감독원장은 이를 금융위원회에 통보하여야 한다. 이 경우 감리담당부서장은 등록심사담당부서장에게 통보내용 등 관련 사실을 알려야 한다.

제9조(감사인선임위원회의 구성) ① 영 제12조제2항제3호부터 제5호까지의 규정 중 2개 이상에 해당하는 사람이 있는 경우에 감사인선임위원회 위원(이하 이 조에서 "위원"이라 한다)은 다음 각 호의 구분에 따른 기준에 따른 사람으로 본다.

1. 영 제12조제2항제3호에 해당하는 사람이 같은 항 제4호 또는 제5호에도 해당되는 경우: 영 제12조제2항제3호에 해당하는 사람
2. 영 제12조제2항제4호에 해당하는 사람이 같은 항 제5호에도 해당되는 경우: 영 제12조제2항제4호에 해당하는 사람

② 영 제12조제2항제3호부터 제5호까지의 규정 각각에 해당하는 사람의 수가 해당 규정에서 정하는 인원 수(數)보다 많은 경우에 감사는 주식의 보유규모·보유기간 또는 채권의 잔존만기 등을 고려하여 내규 또는 정관에 따라 위원을 정한다.

③ 감사는 다음 각 호의 사항을 문서로 작성·관리하여야 한다.

1. 영 제12조제2항 단서에 따라 위원을 구성한 사유
2. 영 제12조제5항에 따라 위원을 구성하는데 동의한 위원의 명단 및 서명

④ 사외이사가 없는 경우에 감사인선임위원회의 위원장은 영 제12조제3항에 따라 감사를 제외한 위원 중에서 호선(互選)한다.

제10조(감사인 지정 기간) 법 제11조제1항 및 제2항에 따라 금융감독원장이 회사에 금융감독원장이 지정하는 회계법인을 감사인으로 선임 또는 변경선임할 것을 요구할 수 있는 기간은 다음 각 호의 구분에 따른다.

1. 법 제11조제2항 각 호에 해당하는 회사: 연속하는 3개 사업연도
2. 그 밖의 회사: 3개 사업연도의 범위에서 금융감독원장이 정하는 기간

시행세칙

제10조(감사인 지정 기간) ① 법 제11조제1항에 따라 감사인을 지정함에 있어 「금융위원회의 설치 등에 관한 법률」에 따른 증권선물위원회(이하 "증권선물위원회"라 한다)가 지정대상 사업연도를 정하여 감사인 지정조치를 내린 회사에 대하여는 증권선물위원회의 조치내용에 따른다.

② 규정 제10조제2호에서 "금융감독원장이 정하는 기간"이란 다음 각 호에 따른 기간을 말한다.

1. 직전 사업연도에 "법 제11조제1항제2호, 제3호(법 제10조제3항 또는 제4항을 위반하여 감사인을 선임한 경우에 한한다), 제5호, 제9호, 영 제14조제6항제3호 및 제6호"(이하 이 호에서 "법규위반 지정사유"라 한다) 중 어느 하나에

해당하여 감사인을 지정받은 회사가 당해 사업연도에 직전 사업연도와 동일한 법규위반 지정사유에 해당하여 다시 감사인을 지정받는 회사 : 2개 사업연도
2. 제1호 이외의 회사 : 1개 사업연도

제11조(감사인 부당교체 판단기준) 법 제11조제1항제3호에서 "증권선물위원회가 회사의 감사인 교체 사유가 부당하다고 인정한 회사"란 다음 각 호 중 어느 하나에 해당하는 회사를 말한다.

1. 회사가 감사인이 회계감사기준에 따른 중요한 절차를 수행하는 것을 제한하는 감사계약을 감사인에 요구하는 경우
2. 「상법」 제635조제1항에 규정된 자, 회사의 회계업무를 담당하는 자, 주주 또는 채권자가 감사의견과 관련하여 부당한 요구를 하거나 압력을 행사한 경우
3. 회사가 정당한 이유없이 감사보수를 현저히 낮출 것을 요구하거나 직전 사업연도의 감사계약에 따른 의무를 이행하지 않은 경우

제12조(감사인 지정 대상 판단기준) ① 법 제11조제1항제4호 단서 및 영 제14조제6항제3호 단서에 따른 "증권선물위원회가 정하는 경미한 위반이 확인된 회사"란 증권선물위원회, 금융감독원장 또는 한국공인회계사회가 조치를 하지 않거나 경고 이하의 조치를 한 경우를 말한다.

② 법 제11조제1항제6호 각 목의 "3개 사업연도"란 직전 사업연도를 포함한 이전 3개 사업연도를 말한다.

③ 법 제11조제1항제6호 각 목의 영업이익, 영업현금흐름 및 이자보상배율[영업이익을 이자비용으로 나눈 비율을 말한다. 이 경우 금융회사(「금융산업의 구조개선에 관한 법률」 제2조제1호에 해당하는 금융기관 및 「농업협동조합법」에 따른 농협은행을 말한다. 이하 같다)의 영업이익은 이자비용을 차감하지 않고 산정한다]은 회사가 법 제23조제3항에 따라 증권선물위원회에 제출한 재무제표(연결재무제표를 작성하는 회사인 경우에는 연결재무제표를 말한다)를 기준으로 산정한다.

④ 영 제14조제1항제1호에 따른 "같은 업종[「통계법」에 따라 통계청장이 고시하는 한국표준산업분류의 대분류 기준에 따른 업종(제조업은 제외한다)을 말하며, 제조업은 중분류 기준에 따른 업종을 말한다] 평균"은 12월에 결산을 하는 주권상장법인 중 같은 업종(연결재무제표를 작성하는 회사인 경우에는 지배회사의 업종을 말한다)에 속한 회사의 직전 사업연도 말 평균 부채비율(부채총액을 자기자본으로 나눈 비율을 말한다. 이하 이 조에서 같다)을 말한다.

⑤ 제4항에 따른 부채비율을 산정하는 경우에 다음 각 호의 어느 하나에 해당하는 회사는 포함하지 아니한다.

1. 해당 업종 내 부채비율이 가장 높은 회사 및 가장 낮은 회사. 이 경우, 부채비율이 음수인 회사는 제외한다.
2. 자기자본이 영(零)이거나 음수인 회사

⑥ 제4항에도 불구하고 해당 업종에 속하는 회사가 5개 미만인 경

외부감사 및 회계 등에 관한 규정·시행세칙

우에는 주권상장법인 전체의 평균 부채비율을 적용한다. 다만, 제조업인 경우에는 제조업에 속하는 주권상장법인 전체의 평균 부채비율을 적용한다.

⑦ 자기자본이 영(零)이거나 음수인 회사는 영 제14조제1항 각 호의 기준을 모두 충족하는 회사로 본다.

⑧ 법 제11조제1항제11호에 따른 "과거 3년간"이란, 금융감독원장이 법 제11조제1항 또는 제2항에 따라 지정한 회계법인을 감사인으로 선임하거나 변경선임할 것을 요구(이하 "감사인 지정"이라 한다)할 회사를 판단하는 기준이 되는 날(이하 "지정대상 선정일"이라 한다)부터 3년 전에 해당하는 날까지의 기간을 말한다.

⑨ 지정대상 선정일을 판단하는 기준은 별표 2와 같다.

시행세칙

제12조(감사인 지정 대상 판단기준) ① 영 제14조제3항제1호 및 제2호에 해당하는지 여부는 지정대상 선정일 현재 관리종목 또는 투자주의 환기종목으로 지정되었는지 여부에 따라 판단한다.

② 회사가 법 제11조제2항제2호에 해당하는지 여부는 직전 사업연도말을 기준으로 판단한다. 다만 회사가 지정대상 선정일 현재 법 제11조제2항제2호에 해당하지 아니함을 입증하는 서류를 지정대상 선정일부터 2주 이내에 제출하는 경우 당해 회사는 법 제11조제2항제2호의 회사가 아닌 것으로 볼 수 있다.

제17조(감사인 지정방법 등) ① 규정 별표 2 제1호가목에도 불구하고 영 제14조제6항제1호의 회사로서 지정대상 선정일이 해당 사업연도 종료 전 3개월 이내인 경우에는 감사인 지정대상 사업연도를 지정대상 선정일이 속하는 사업연도의 다음 사업연도로 할 수 있다.

② 규정 별표 2 제1호가목부터 다목에 해당하는 감사인 지정사유로 직전 사업연도의 감사인을 지정받은 회사가 규정 제10조에 따라 해당 사업연도의 감사인을 다시 지정받아야 하는 경우 당해 회사의 지정대상 선정일 및 지정대상 사업연도는 규정 별표 2 제1호라목에 따를 수 있다.

제13조(주주의 감사인 지정 신청 등) ① 영 제14조제4항에 따른 기관투자자인 주주(이하 이 조에서 "기관투자자"라 한다)는 다음 각 호의 요건에 모두 해당하는 경우에 법 제11조제1항제8호에 따른 요청(이하 이 조에서 "감사인 지정 요청"이라 한다)을 할 수 있다.

1. 수탁자 책임에 관한 원칙(해당 주식을 발행한 회사의 중장기적인 가치 향상과 지속가능한 성장을 추구함으로써 고객과 수익자의 중장기적인 이익을 도모할 책임을 효과적으로 이행하는데 중요한 핵심 원칙과 이를 구체화한 내용으로서 국내 자본시장에서 통상적으로 인정되는 기준을 말한다. 이하 같다)에 따라 주주활동을 수행하였을 것
2. 감사인 지정 요청 대상이 되는 회사(이하 이 조에서 "피신청인"이라 한다)가 발행한 주식(의결권 없는 주식은 제외한다. 이하 이 조에서 같다)의 100분의 5 이상을 1년 이상 계속 보유하였을 것
3. 피신청인의 회계처리 또는 외부감사가 적정하게 이루어지고 있는지를 확인하기 위하여 다음 각 목 중 어느 하나에 해당하는 행위를 하였을 것

   가. 「상법」 제466조제1항에 따라 회사에 회계의 장부와 서류의 열람 또는 등사를 청구. 다만, 회사가 특별한 이유가 있어 해당 청구를 거부한 경우는 제외한다.

나. 「상법」 제363조의2제1항에 따라 피신청인에 소속된 이사에게 회계처리 또는 외부감사와 관련된 사항을 논의하기 위하여 주주총회를 개최할 것을 제안

4. 기관투자자가 피신청인에 금융감독원장이 피신청인의 감사인을 지정한 날부터 1년 이상의 기간 동안 피신청인이 발행한 주식의 100분의 5 이상을 계속하여 보유하겠다고 문서로 확약한 경우

② 기관투자자 및 「기업구조조정 촉진법」 제2조제5호에 따른 주채권은행(이하 이 조에서 "주채권은행"이라 한다)은 감사인 지정 요청을 하는 경우에 다음 각 호의 사항이 기재된 문서(금융감독원장이 정하는 서식에 따라 작성하여야 하며, 이하 이 조에서 "신청서"라 한다)를 금융감독원장에게 제출하여야 한다.

1. 법인 개황
2. 제1항 각 호의 사항 관련 증빙자료(기관투자자가 감사인 지정 요청을 하는 경우에 한정한다)
3. 감사인 지정 요청 이유

③ 금융감독원장은 신청서를 접수한 경우에 지체없이 피신청인에 그 사실을 문서로 알려야 한다.

④ 감사인 지정 요청 내용이 다음 각 호(주채권은행인 경우에는 제3호를 제외한다)의 요건을 모두 충족하는 경우에 금융감독원장은 피신청인의 감사인을 지정할 수 있다.

1. 신청서에 흠결이 없을 것
2. 감사인 지정이 피신청인의 경영에 미치는 피해가 크지 않을 것
3. 제2항제3호가 기관투자자의 수탁자 책임에 관한 원칙에 부합할 것

⑤ 기관투자자 또는 주채권은행(이하 이 항에서 "신청인"이라 한다)의 감사인 지정 요청에도 불구하고 금융감독원장이 감사인 지정을 하지 않는 경우에는 감사인 지정을 하지 않는다는 사실과 그 이유를 지체 없이 신청인과 피신청인에 각각 문서로 통지하여야 한다.

⑥ 영 제14조제6항제5호에서 "금융위원회가 정하는 금액"이란 다음 각 호의 구분에 따른 금액을 말한다. 이 경우 연결재무제표를 작성하는 회사인 경우에는 다음 각 목의 자기자본과 자산총액을 연결재무제표를 기준으로 판단한다.

1. 「자본시장과 금융투자업에 관한 법률 시행령」 제176조의9제1항에 따른 유가증권시장(이하 제27조에서 "유가증권시장"이라 한다)에 상장된 법인인 경우에 다음 각 목의 구분에 따른다.
   가. 임원: 자기자본의 1000분의 5(직전 사업연도말 자산총액이 2조원 이상인 경우 자기자본의 10000분의 25)
   나. 직원: 자기자본의 100분의 5(직전 사업연도말 자산총액이 2조원 이상인 경우 자기자본의 1000분의 25)
2. 대통령령 제24697호 자본시장과 금융투자업에 관한 법률 시행령 일부개정령 부칙 제8조에 따른 코스닥시장(이하 제27조에서 "코스닥시장"이라 한다)에 상장된 법인인 경우에 다음 각 목의 구분에 따른다.

외부감사 및 회계 등에 관한 규정·시행세칙

가. 임원: 자기자본의 1000분의 5(직전 사업연도말 자산총액이 2천억원 이상인 경우 자기자본의 10000분의 25)

나. 직원: 자기자본의 100분의 5(직전 사업연도말 자산총액이 2천억원 이상인 경우 자기자본의 100분의 3)

3. 「자본시장과 금융투자업에 관한 법률 시행령」 제11조제2항에 따른 코넥스시장(이하 제27조에서 "코넥스시장"이라 한다)에 상장된 법인인 경우에 다음 각 목의 구분에 따른다.

가. 임원: 자기자본의 1000분의 5(직전 사업연도말 자산총액이 2천억원 이상인 경우 자기자본의 10000분의 25)

나. 직원: 자기자본의 100분의 10

시행세칙

제13조(감사인 지정의 신청) ① 규정 제13조제2항에 따른 신청서의 제출은 별지 제18호 서식에 따른다.

② 감독원장은 회사가 영 제14조제6항제1호에 따른 신청이유를 명시하여 감사인 지정을 신청한 경우에 감사인 지정을 할 수 있다.

제14조(감사인 지정의 기준) ① 금융감독원장은 법 제11조제1항에 따라 감사인을 지정하는 경우에 영 제16조제1항부터 제4항까지의 규정을 준수하여야 한다.

② 금융감독원장은 법 제11조제2항에 따른 감사인 지정 대상인 회사가 다음 각 호의 어느 하나에 해당하는 경우에는 감사인 지정을 연기할 수 있다.

1. 법 제11조제2항이 최초로 적용되는 사업연도의 직전 사업연도를 포함한 3개 사업연도에 대하여 체결한 계약(법 제10조제3항에 따라 연속하는 3개 사업연도의 감사인을 동일한 감사인으로 선임하는 계약에 한정한다)이 종료되지 않은 경우
2. 법 제26조제1항제2호에 따른 감리(이하 "재무제표 감리"라 한다)가 종료되지 않은 경우
3. 연결재무제표에 포함되는 둘 이상의 회사(이하 이 조에서 "회사집단"이라 한다)가 법 제11조제2항에 따른 감사인 지정을 받아야 하는 경우. 이 경우 금융감독원장은 회사집단이 다음 각 목의 어느 하나에 해당되는 경우에는 회사집단 내에서 법 제11조제2항에 따른 감사인 지정을 받는 사업연도가 빠른 회사(연결재무제표를 작성하는 회사는 제외한다)에 대한 감사인 지정을 2개 사업연도의 범위 내에서 연기할 수 있다.

가. 회사집단 내 회사들 간에 감사인 지정을 받는 사업연도가 달라서 회사집단의 경영효율성이 현저히 저해되는 등 과도한 비용이 발생할 수 있다고 판단한 경우

나. 회사집단 내에서 감사인 지정을 받아야 하는 사업연도가 비교적 늦은 회사가 감사인 지정을 받는 사업연도를 앞당기는 것이 곤란한 특별한 사유가 있는 경우

시행세칙

제14조(감사인 지정 연기 후 지정기준) 규정 제14조제2항에 따라 감사인 지정이

연기된 회사가 이후 법 제11조제2항에 해당하지 않게 된 경우에는 감사인을 지정하지 아니할 수 있다.

③ 법 제11조제2항에 따라 감사인 지정 대상이 되는 회사의 수(법 제11조제2항제1호와 같은 항 제2호에 해당하는 회사로 각각 구분하여 산정한다)가 법 제11조제2항이 시행하는 날부터 8년째 되는 날이 속하는 사업연도까지의 연평균에 상당하는 수를 초과할 것으로 예상되는 경우에 금융감독원장은 다음 각 호의 기준을 순서대로 적용하여 초과분에 해당하는 회사의 감사인을 다음 해에 지정할 수 있다.

1. 직전 사업연도에 감사인 지정이 연기된 회사가 있는 경우에 그 회사의 감사인부터 지정
2. 직전 사업연도 말 자산총액이 큰 회사의 감사인부터 지정

④ 법 제11조제3항제1호 및 영 제15조제5항 각 호 외의 부분에서 "감리 결과 회계처리기준 위반이 발견되지 아니한 회사"란 증권선물위원회가 조치를 하지 아니하는 경우를 말한다.

⑤ 금융감독원장은 영 제15조제5항에 따른 감리 신청을 접수하는 경우에 그 신청에 대한 판단 내용 및 근거, 처리계획 등을 매년 3월에 증권선물위원회에 보고하여야 한다.

⑥ 영 제16조제1항제2호 각 목 외의 부분에 따른 "금융위원회가 정하는 조치"란 업무정지를 말한다.

⑦ 영 제16조제2항제4호에 따른 "금융위원회가 정하는 사유"란 다음 각 호의 어느 하나에 해당하는 경우로서 「공인회계사법 시행령」 제24조제5호에 따른 윤리위원회의 심의를 거쳐 한국공인회계사회로부터 징계를 받은 경우를 말한다.

1. 회사에 과도한 감사보수를 요구하는 경우
2. 감사인이 감사대상 회사에 감사에 불필요한 자료를 요구하거나, 회사가 감사에 필요한 회계처리기준의 해석, 가치평가 등에 관한 자료를 감사증거로서 충분한 수준으로 작성할 수 있다는 사실을 객관적으로 확인할 수 있음에도 불구하고 해당 자료를 외부기관이 작성하도록 회사에 요구하는 경우

⑧ 금융감독원장은 회계법인이 영 제16조제2항 각 호의 어느 하나에 해당하는 경우에는 다음 각 호의 구분에 따른 기준에 따라 해당 회계법인을 감사인으로 지정하지 않을 수 있다.

1. 영 제16조제2항제1호: 공소의 대상이 되는 감사보고서에 대하여 법 제26조제1항제1호에 따른 감리를 시작한 날부터 감리결과에 따른 조치가 확정되기 전까지 영 제16조제1항 각 호의 회계법인에서 제외
2. 영 제16조제2항제2호: 별표 4 제4호나목의 표(表)에 따라 지정 제외점수를 부과
3. 영 제16조제2항제3호: 금융감독원장으로부터 감사인 지정 사실을 통보받은 날부터 2주째 되는 날부터 1년간 감사인으로 지정하지 않을 것
4. 영 제16조제2항제4호(금융감독원장이 감사인으로 지정한 경우

에 한정한다): 다음 각 목의 조치를 부과
가. 지정제외점수 90점을 부과
나. 해당 회사에 대한 감사인 지정을 취소. 이 경우 별표 3 제3호에도 불구하고 감사인지정 점수를 산정하는 경우에 해당 회사를 "감사인으로 지정을 받은 회사 수"에 포함한다.
다. 영 제16조제2항제4호에 해당하는 날부터 1년 이내에 법 제26조제1항제3호에 따른 감리를 실시

⑨ 금융감독원장이 감사인을 지정하는 방법은 별표 4와 같다.

시행세칙

제17조(감사인 지정방법 등) ③ 규정 별표 4 제3호가목에 따라 회사의 지정순서를 정함에 있어 직전 사업연도말의 자산총액이 동일한 회사간에는 설립경과일수가 오래된 회사부터 순서대로 지정한다.
④ 회사가 법 제10조제3항 또는 제4항을 위반하여 감사인을 선임한 경우 회사가 선임한 회계법인은 당해 회사의 감사인으로 지정하지 아니할 수 있다.
⑤ 규정 별표 4 제2호의 감사인군 구분 기준은 다음 각 호에서 정한 바에 따른다.
1. '법 제9조제4항에 따른 공인회계사 수'는 산정기준일 현재를 기준으로 산정한다.
2. '감사업무 매출액'은 산정기준일의 직전 사업연도의 회계감사(이 법 이외의 법정감사 및 임의감사를 포함한다) 수입금액으로 한다.
3. '품질관리업무 담당이사 및 담당자 비중'은 산정기준일 현재를 기준으로 산정한다.

제15조(감사인 지정의 절차) ① 금융감독원장은 법 제11조제1항 각 호의 어느 하나에 해당하는 회사의 감사인을 지정하는 경우에 영 제17조제2항부터 제5항까지의 규정을 준수하여야 한다.

② 법 제11조제2항에서 "대주주"란, 「법인세법 시행령」 제43조제7항에 따른 지배주주를 말하며, "특수관계에 있는 자"란 특수관계에 있는 주주를 의미한다.

③ 법 제11조제2항 각 호의 어느 하나에 해당하는 회사는 영 제17조제1항에 따라 법 제11조제1항 또는 제2항 각 호의 어느 하나에 해당하는지에 관한 자료를 금융감독원장이 정하는 서식에 따라 작성하여 매 사업연도가 시작된 후 9개월째 되는 달의 초일부터 2주 이내에 금융감독원장에게 제출하여야 한다. 이 경우 회사는 독립성(감사의견에 편견을 발생시키는 등 부당한 영향을 미칠 우려가 있는 이해관계를 회피하는 것을 말한다. 이하 같다) 위반 가능성이 있는 회계법인에 관한 자료도 함께 제출할 수 있다.

④ 금융감독원장은 법 제11조제4항 단서 또는 영 제17조제3항에 따른 요청을 고려하여 감사인을 다시 지정하는 경우에는 영 제17조제2항에 따른 통지를 생략하거나 그 기간을 단축할 수 있다.

⑤ 금융감독원장은 영 제17조제4항에 따라 같은 조 제3항에 따른 의견이 다음 각 호의 어느 하나에 해당하는 경우에는 그 의견을 고려하여 감사인을 다시 지정할 수 있다.
1. 영 제17조제7항제1호부터 제3호까지에 해당하는 경우
2. 「공인회계사법」 제43조제1항에 따른 직업윤리에 관한 규정에서 정한 감사인의 독립성이 훼손되는 경우
3. 금융감독원장이 지정한 감사인이 별표 4 제2호의 표에서 가군

이 아닌 경우에 회사가 다음 각 목의 구분에 따른 기준에 따른 회계법인을 감사인으로 지정해줄 것을 요청하는 경우

가. 금융감독원장이 지정한 감사인이 나군인 경우: 가군에 속하는 회계법인

나. 금융감독원장이 지정한 감사인이 다군인 경우: 가군 또는 나군에 속하는 회계법인

다. 금융감독원장이 지정한 감사인이 라군인 경우: 가군, 나군 또는 다군에 속하는 회계법인

라. 금융감독원장이 지정한 감사인이 마군인 경우: 가군, 나군, 다군 또는 라군에 속하는 회계법인

4. 회사가 속하는 군이 별표4제1호의 표에서 가군이 아닌 경우 회사가 다음 각 목의 구분에 따른 회계법인(법 제9조의2제1항에 따라 등록한 회계법인에 한정한다)을 감사인으로 지정해줄 것을 요청하는 경우

가. 회사 나군에 속하는 회사가 회계법인 가군에 속하는 회계법인을 지정받은 경우 : 나군에 속하는 회계법인

나. 회사 다군에 속하는 회사가 회계법인 가군에 속하는 회계법인을 지정받은 경우 : 나군 또는 다군에 속하는 회계법인

다. 회사 다군에 속하는 회사가 회계법인 나군에 속하는 회계법인을 지정받은 경우 : 다군에 속하는 회계법인

라. 회사 라군에 속하는 회사가 회계법인 가군에 속하는 회계법인을 지정받은 경우 : 나군, 다군 또는 라군에 속하는 회계법인

마. 회사 라군에 속하는 회사가 회계법인 나군에 속하는 회계법인을 지정받은 경우 : 다군 또는 라군에 속하는 회계법인

바. 회사 라군에 속하는 회사가 회계법인 다군에 속하는 회계법인을 지정받은 경우 : 라군에 속하는 회계법인

사. 회사 마군에 속하는 회사가 회계법인 가군에 속하는 회계법인을 지정받은 경우 : 나군, 다군, 라군 또는 마군에 속하는 회계법인

아. 회사 마군에 속하는 회사가 회계법인 나군에 속하는 회계법인을 지정받은 경우 : 다군, 라군 또는 마군에 속하는 회계법인

자. 회사 마군에 속하는 회사가 회계법인 다군에 속하는 회계법인을 지정받은 경우 : 라군 또는 마군에 속하는 회계법인

차. 회사 마군에 속하는 회사가 회계법인 라군에 속하는 회계법인을 지정받은 경우 : 마군에 속하는 회계법인

5. 지배회사 또는 종속회사가 지배·종속의 관계에 있는 회사와 같은 감사인을 지정받으려 하는 경우

6. 「채무자 회생 및 파산에 관한 법률」에 따라 회생절차 개시가 결정되는 경우에 법원의 허가 등으로 선임한 감사인을 지정할 것을 요청한 경우

7. 그 밖에 감사인으로 지정받은 회계법인이 법령등에 따라 해당 회사의 감사인이 될 수 없는 경우

외부감사 및 회계 등에 관한 규정·시행세칙

⑥ 영 제17조제7항제4호에서 "금융위원회가 정하는 경우"란 제5항제2호부터 제7호까지의 어느 하나에 해당하는 경우를 말한다.

⑦ 법 제11조제2항 각 호의 어느 하나에 해당하는 회사는 지정기준일(금융감독원장이 감사인 지정 사실을 해당 회사에 통지하는 날을 말하며 별표 2와 같다. 이하 같다) 1년 전까지 금융감독원장 또는 한국공인회계사회(이하 "감리집행기관"이라 한다)에 재무제표 감리를 신청할 수 있다.

⑧ 금융감독원장은 특별한 사유가 없는 한 영 제17조제5항에 따라 지정기준일에 감사인 지정 사실을 해당 회사, 그 회사의 감사인으로 지정된 회계법인(이하 "지정감사인"이라 한다) 및 한국공인회계사회에 통지하여야 한다.

⑨ 금융감독원장은 법 제11조제1항 및 제2항에 따른 감사인 지정과 관련하여 한국공인회계사회 및 거래소에 자료 제출을 요구할 수 있다.

시행세칙

제11조(조기 지정감사계약 체결 등) ① 회사와 감사인이 영 제17조제3항에 따른 통지에 대하여 제출할 의견이 없는 경우에는 규정 제15조제8항에 따른 지정감사인 통지일 이전이라도 감사계약을 체결할 수 있다. 이 경우 규정 제15조제8항에 따른 회사 및 감사인에 대한 통지는 생략할 수 있다.

② 회사가 법 제10조에 따라 감사인을 선임한 이후 영 제3조제1항에 따른 지배·종속의 관계가 성립되어 지배회사가 된 경우에는 해당 회사의 재무제표 감사인을 연결재무제표 감사인으로 선임한 것으로 본다.

제15조(지정기초자료 제출방법) ① 규정 제15조제3항에 따른 자료제출은 회사가 별지 제19호 및 제20호 서식에 의하여 매 사업연도가 시작된 후 9개월 째 되는 달의 초일부터 2주 이내에 감독원장에게 전자문서로 제출하는 방법에 의한다.

② 법 제11조제1항 및 제2항에 따라 감사인으로 지정받고자 하는 회계법인은 규정 별표 3 제2호에 따른 산정기준일(이하 "산정기준일"이라 한다)부터 2주 이내에 감사인 지정을 위해 필요한 자료를 별지 제21호 서식에 따라 감독원장에게 제출하여야 한다.

제16조(감사인 재지정 요청사유) 규정 제15조제5항제4호에 해당하는 경우란 회사가 지정받은 감사인이 당해 회사의 지배회사 또는 종속회사의 지정감사인과 다른 경우를 의미한다.

제19조(감리의 신청) ① 규정 제15조제7항의 규정에 의한 감리의 신청은 별지 제22호 서식에 따른다.

② 영 제15조제5항제2호의 규정에 의한 감리를 신청한 날(이하 이 조에서 "신청일"이라 한다)은 제1항에 따른 감리신청서가 금융감독원에 제출된 날로 본다.

③ 감리담당부서장은 제1항에 따른 신청을 받은 경우 신청일이 속하는 사업연도에 대한 사업보고서 제출기한 종료일부터 30일 이내에 신청인이 영 제15조제5항 각 호의 요건을 충족하는지 여부를 확인하여 그 결과를 신청인 및 감사인지정담당부서장에게 통보하여야 한다.

제16조(감사인의 선임 및 해임) ① 회사는 영 제18조제2항에 따라 같은 항 각 호의 사항을 감사계약 체결 후 2주일 이내에 금융감독원장이 정하는 서식에 따라 작성하여 금융감독원장에게 제출하여야 한다.

② 감사인은 영 제18조제4항에 따라 감사계약 체결 후 그 계약 내용을 2주일 이내에 금융감독원장이 정하는 서식에 따라 작성하여 금융감독원장에게 제출하여야 한다.

③ 회사는 영 제20조제2항에 따라 같은 항 각 호의 사항을 금융감

독원장이 정하는 서식에 따라 작성하여 금융감독원장에게 제출하여야 한다.

제17조(감사인의 감사계약 해지결과 보고) 감사인은 영 제21조제4항에 따라 감사계약 해지 후 2주 이내에 같은 항 각 호의 사항을 금융감독원장이 정하는 서식에 따라 작성하여 금융감독원장에게 제출하여야 한다.

시행세칙

제8조(감사인 선임 관련 신고서식 등) ① 영 제18조제2항의 규정에 의한 회사의 감사인 선임보고는 별지 제14호 서식에 따른다.

② 규정 제16조제2항에 의한 감사인의 감사계약 체결보고는 별지 제15호 서식에 따른다.

③ 영 제20조제2항에 의한 회사의 전기감사인 해임 관련 의견진술 내용보고는 별지 제16호 서식에 따른다.

④ 영 제21조제4항의 규정에 의한 감사인의 감사계약 해지보고는 별지 제17호 서식에 따른다.

제9조(감사보고서의 제출 등) ① 감사인은 법 제12조제2항에 따른 감사계약체결보고서 및 법 제23조제1항에 따른 감사보고서를 「정보통신망 이용촉진 및 정보보호 등에 관한 법률」에 따른 정보통신망을 이용한 전자문서(이하 "전자문서"라 한다)로 제출한다.

② 회사는 법 제6조제4항에 따라 감사인에게 제출한 재무제표, 법 제12조제2항에 따른 감사인 선임보고 및 영 제17조제1항에 따른 자료를 감독원장에게 전자문서로 제출한다.

③ 감사인은 회사의 위임을 받아 제2항에 의한 전자문서(법 제6조제4항에 따라 감사인에게 제출한 재무제표를 제외한다)를 감독원장에게 대리제출할 수 있다.

제18조(표준감사시간심의위원회의 위원) 영 제23조제4항제5호에 따른 "그 밖에 금융위원회가 정하는 단체의 장"이란 감사업무의 품질을 제고하고 투자자 등 이해관계인을 보호해야할 필요성이 높은 업종, 회사 등을 대표할 수 있는 단체의 장을 말한다.

제19조(감사보고서의 첨부서류 등) ① 감사인은 법 제23조제1항에 따라 감리집행기관에 감사보고서를 제출하는 경우에 중요성 금액(재무제표상 회계정보의 누락 또는 왜곡으로 인해 회계정보이용자의 판단에 영향을 미칠 수 있는 금액을 말한다. 이하 같다) 및 그 판단근거를 기재한 문서를 첨부하여야 한다. 다만, 감사보고서에 중요성 금액 및 그 판단근거를 기재하거나 첨부한 경우에는 그러하지 아니하다.

② 감사인은 영 제25조제1항제4호에 따라 주권상장법인에 대한 외부감사를 수행하는 과정에서 핵심적으로 감사해야할 항목을 선정하기 위해 감사(감사위원회가 설치된 경우에는 감사위원회를 말한다)와 함께 논의한 대면 회의 횟수, 각 회의의 참석자 및 주요 논의내용을 감사보고서에 기재하여야 한다.

③ 감사인은 법 제23조제1항에 따라 영 제25조제1항 각 호의 사항을 금융감독원장이 정하는 서식에 따라 작성하여 감리집행기관에 제출하여야 한다.

제20조(비밀엄수의 예외) ① 법 제20조 각 호 외의 부분 단서에서 "증권선물위원회가 법 제26조제1항에 상당하는 업무를 수행하는 외국 감독기관과 정보를 교환하거나 그 외국 감독기관의 조사에

외부감사 및 회계 등에 관한 규정·시행세칙

협조하기 위하여 필요하다고 인정하는 경우"란, 금융위원회 또는 금융감독원장이 외국의 회계감독기관과 법 제26조제1항에 따른 업무에 관하여 체결한 협약에 따른 정보의 제공 또는 교환이 필요한 경우 또는 그에 준하는 경우를 말한다.

② 제1항에 따른 협약에는 다음 각 호의 사항이 포함되어야 한다.

1. 제공된 정보가 협약상의 목적 외 용도로 사용되지 아니할 것
2. 제공된 정보 및 해당 정보가 제공되었다는 사실이 비밀로 유지될 것

제21조(관계회사의 범위) 영 제26조제1항제4호에서 "그 밖에 해당 회사와 이해관계가 있는 것으로 금융위원회가 정하는 회사"란 다음 각 호의 어느 하나에 해당하는 회사를 말한다.

1. 해당 회사의 발행주식총수 또는 출자지분의 100분의 20 이상을 소유하고 있는 회사 또는 해당 회사가 발행주식총수 또는 출자지분의 100분의 20 이상을 소유하고 있는 회사
2. 동일인이 해당 회사를 포함한 둘 이상의 회사의 각 발행주식총수 또는 출자지분의 100분의 30 이상을 소유하고 있는 경우 해당 회사 외의 회사
3. 그 밖에 해당 회사와 이해관계가 있다고 인정되는 회사

제22조(회계법인의 공시사항) ① 회계법인이 「주식회사 등의 외부감사에 관한 법률 시행규칙」 제5조제1항 각 호의 규정에 따라 사업보고서에 기재하여야 할 사항은 별표 5와 같다.

② 회계법인은 영 제28조제1항 후단에 따라 법 제25조제1항에 따른 사업보고서(이하 "사업보고서"라 한다)의 내용 중 다음 각 호의 사항을 기재한 문서(이하 이 조에서 "투명성 보고서"라 한다)를 사업보고서와 별도로 인터넷 홈페이지에 게시하여야 한다.

1. 지배구조
2. 이사의 보수
3. 감사인의 업무설계 및 운영 관련 업무(이하 "품질관리업무"라 한다) 담당 인력
4. 소속 공인회계사 연차별 인원 수
5. 심리(審理)체계

③ 투명성 보고서의 서식은 금융감독원장이 정한다.

④ 주권상장법인의 감사인은 영 제28조제3항제4호에 따라 별표 6에서 정하는 사실이 발생한 경우에 그 사실을 적은 보고서를 증권선물위원회에 제출하여야 한다.

제23조(감리등의 착수) ① 감리집행기관은 회사가 다음 각 호의 어느 하나에 해당하는 경우에는 재무제표 감리를 실시할 수 있다.

1. 회사(해당 사업연도 또는 다음 사업연도 중에 주권상장법인이 되려는 회사가 아닌 회사로서 지정감사인으로부터 감사를 받고 있는 회사는 제외한다)가 다음 각 목의 기준 중 어느 하나에 해당하는 경우
   가. 전산시스템에 의한 분석 등을 통해 회계처리기준 위반 가능성 또는 예방 필요성이 높다고 판단되는 경우
   나. 재무제표 감리 또는 재무제표 심사(감리집행기관이 회사의

공시된 재무제표 등에 회계처리기준 위반사항이 있는지를 검토하여 발견된 특이사항에 대한 회사의 소명을 들은 후에 회계처리기준 위반사항이 있다고 판단되는 경우에 재무제표의 수정을 권고하는 업무를 말한다. 이하 같다)를 받은 후 경과한 기간 등을 고려하여 무작위로 표본을 추출한 결과 선정된 경우

2. 재무제표 심사를 수행한 결과가 다음 각 목의 어느 하나에 해당하는 경우
   가. 회계처리기준 위반 혐의가 고의 또는 중과실에 해당한다고 판단한 경우
   나. 재무제표 심사를 시작한 날부터 과거 5년 이내의 기간 동안 경고를 2회 이상 받은 상태에서 회계처리기준 위반 혐의가 발견된 경우
   다. 감리집행기관이 회사의 공시된 재무제표에 회계처리기준 위반이 있다고 판단하여 그 재무제표를 수정하여 공시할 것을 권고하였으나 해당 회사가 특별한 이유없이 권고사항을 이행하지 않는 경우
3. 공시된 재무제표를 회사가 자진하여 수정하는 경우로서, 수정된 금액이 중요성 금액의 4배 이상이거나 최근 5년 이내에 3회 이상 수정한 경우
4. 감리집행기관이 법 제26조제1항의 업무(이하 "감리등"이라 한다)를 수행한 결과 재무제표 감리가 필요하다고 판단한 경우
5. 금융위원회 또는 증권선물위원회가 재무제표 감리 대상 회사를 정하여 감리집행기관에 알리는 경우
6. 회사가 영 제15조제5항에 따라 감리집행기관에 재무제표 감리를 신청한 경우
7. 회사의 회계처리기준 위반에 관한 제보(실명으로 제보하는 건에 한정한다)가 접수되거나 중앙행정기관이 재무제표 감리를 의뢰한 경우
8. 「금융위원회의 설치 등에 관한 법률」 제37조 각 호의 어느 하나에 해당하는 업무(이 법에 따른 업무를 제외하며, 이하 제28조에서 "금융회사 검사"라 한다)를 수행한 결과 회계처리기준 위반 혐의가 발견된 경우

② 감리집행기관은 회사가 제1항제1호 또는 제3호에 해당하는 경우에는 재무제표 감리를 실시하기 전에 재무제표 심사를 실시하여야 하며, 그 결과가 제1항제2호 각 목의 어느 하나에 해당하지 않는 경우에는 제28조제1항 또는 제2항에 따라 해당 업무를 종결한다.

③ 감리집행기관은 회사가 제1항제7호 또는 제8호에 해당하는 경우에 제1항에도 불구하고 제2항에 따라 업무를 수행할 수 있다.

④ 감리집행기관은 재무제표 심사를 수행하는 과정에서 회계처리기준의 해석이 쟁점이 되는 경우에는 그 쟁점 관련 사항을 증권선물위원회 위원장에게 지체없이 보고하여야 한다.

⑤ 감리집행기관은 재무제표 심사를 실시한 결과가 제1항제2호 각

외부감사 및 회계 등에 관한 규정·시행세칙

목에 해당하여 재무제표 감리를 실시하는 경우에 그 사실을 지체없이 증권선물위원회 위원장에게 보고하여야 한다.

⑥ 제1항에도 불구하고 감리집행기관은 다음 각 호의 어느 하나에 해당하는 회사에 대하여 재무제표 감리를 실시하지 아니할 수 있다.

1. 해당 혐의와 관련하여 수사, 형사소송 또는 증권 관련 집단소송이 진행 중인 경우(수사기관이 재무제표 감리를 의뢰한 경우는 제외한다)
2. 해당 혐의에 대한 상당한 증거가 있으나 사안의 성격상 수사기관의 강제조사가 필요하다고 판단되는 경우
3. 해당 혐의가 금융감독원장이 정하는 기준에 미달하여 증권선물위원회의 조치 가능성이 없다고 판단되는 경우
4. 법 제19조제2항에 따른 감사조서 보존기간이 경과된 경우
5. 제4항에 따라 감리집행기관이 보고한 내용 중에서 증권선물위원회 위원장이 증권선물위원회의 심의가 필요하다고 판단한 사안을 증권선물위원회에서 심의한 결과 해당 회계처리기준에 대한 회사의 해석이 적절한 것으로 인정되는 경우

⑦ 감리집행기관은 다음 각 호의 어느 하나에 해당하는 감사인에 대하여 법 제26조제1항제1호 또는 제3호에 따른 감리(이하 "감사인 감리"라 한다)를 실시할 수 있다. 이 경우 법 제26조제1항제3호에 따른 품질관리수준에 대한 평가를 함께 실시할 수 있다.

1. 감사인이 다음 각 목의 기준 중 어느 하나에 해당하는 경우
   가. 회계감사를 하는 회사 중에서 주권상장법인 또는 감사인 지정을 받은 회사가 차지하는 비중이 높은지, 법 제29조제5항에 따른 감리집행기관의 개선권고사항을 충실하게 이행하였는지 등을 고려하여 감리집행기관이 감사인 감리 대상으로 선정한 경우
   나. 사업보고서 또는 법 제25조제5항에 따른 수시보고서를 부실하게 작성하는 등 경영투명성이 낮다고 판단되는 경우
   다. 감사인 감리를 받은 후 경과한 기간 등을 고려하여 무작위로 표본을 추출한 결과 감사인 감리 대상으로 선정된 경우
2. 외국 회계감독기관의 요청을 고려하여 외국 회계감독기관과 함께 감사인 감리를 해야할 필요가 있는 경우
3. 법 제9조의2제1항에 따른 등록요건 유지의무, 회계감사기준 또는 품질관리기준 등을 위반했다는 제보(실명으로 제보하는 건에 한정한다)가 접수되거나 중앙행정기관이 감사인 감리를 의뢰한 경우에 그 내용 및 관련 증빙자료를 각각 검토한 결과 법령등의 위반 혐의가 상당한 개연성이 있다고 인정되는 경우
4. 감리집행기관이 감리등을 수행한 결과 감사인 감리가 필요하다고 판단한 경우
5. 금융위원회 또는 증권선물위원회가 감사인 감리 대상 감사인을 선정하여 감리집행기관에 알리는 경우

⑧ 감리집행기관은 재무제표 감리 또는 재무제표 심사를 받는 회사가 다음 각 호의 어느 하나에 해당하는 경우에 내부회계관리제도 감리를 실시할 수 있다.

1. 회계처리기준 위반이 회사의 내부회계관리규정 위반에 기인한다고 판단되는 경우
2. 직전 사업연도의 감사보고서에서 회사의 내부회계관리제도에 취약사항이 있다는 감사의견 또는 검토의견을 제시한 경우

시행세칙

제20조(심사, 감리실시품의) ① 심사, 감리담당부서장은 규정 제23조에 의하여 심사, 감리를 실시하는 경우에는 심사, 감리실시 품의서에 다음 각 호의 사항을 기재하여 감독원장의 승인을 받아야 한다.
1. 심사, 감리의 구분
2. 심사, 감리할 사항
3. 심사, 감리를 필요로 하는 이유
4. 심사, 감리의 범위
5. 심사, 감리의 방법(규정 제24조에 의한 조사가 필요한 경우에는 조사대상회사, 조사의 범위 등을 포함한다)
6. 심사, 감리담당직원
7. 소요경비
8. 기타 참고사항

② 제1항의 규정에 의한 승인을 받은 후 실지조사가 필요하거나, 조사대상 및 조사의 범위 등이 변경되는 경우에는 감독원장의 승인을 받아야 한다.

제20조의2(심사, 감리·조사의 범위) ① 심사, 감리·조사업무의 효율적 운영을 위하여 필요한 경우에는 협의사항, 특정 계정·조직·업무부문 또는 항목으로 범위를 제한하여 심사, 감리·조사를 실시할 수 있다.

② 제1항의 규정에 의하여 범위를 제한하여 심사, 감리·조사를 실시하는 경우에도 대상범위가 아닌 사항 중 중대한 혐의사항이 발견되는 경우에는 이에 대하여도 심사, 감리·조사를 실시할 수 있다.

제21조(경미한 사항에 대한 심사, 감리미실시) 규정 제23조제6항제3호에서 "금융감독원장이 정하는 기준"은 별표 1에서 정하는 "위법행위 유형별 중요성 기준금액"을 말한다.

제22조(심사, 감리반의 편성) ① 심사, 감리업무를 수행하는 직원은 금융감독원의 조직관리세칙에 의하여 당해 업무를 담당하는 부서의 소속직원으로 한다. 다만, 감독원장이 필요하다고 인정하는 경우에는 그러하지 아니할 수 있다.

② 심사, 감리를 실시함에 있어서는 심사, 감리반을 편성할 수 있다.

제23조(심사, 감리·조사의 회피) 심사, 감리·조사업무를 수행하는 직원은 다음 각 호의 어느 하나에 해당하는 사유로 심사, 감리·조사의 공정성을 잃을 염려가 있다고 인정되는 사건에 대하여는 그 심사, 감리·조사를 회피하여야 한다. 다만, 긴급한 경우 등 감독원장이 필요하다고 인정하는 경우에는 예외로 한다.
1. 자기와 직접적인 이해관계가 있거나 심사, 감리·조사를 받는 자와 배우자, 4촌 이내의 혈족 또는 2촌 이내의 인척관계에 있는 경우
2. 과거 2년 이내에 소속되었던 감사인과 관련한 심사, 감리업무인 경우

제24조(감리·조사명령서, 심사명령서 등) ① 제20조의 규정에 의한 감리를 실시하는 경우에는 감리·조사명령서(별지 제22호의2 서식)를, 같은 규정에 의한 심사를 실시하는 경우에는 심사명령서(별지 제22호의3 서식)를 감독원장으로부터 발부받아야 하고, 현장조사를 실시하는 경우에는 위 감리·조사명령서, 심사명령서 및 금융감독원의 직원임을 표시하는 증표를 휴대하고 관계자에게 제시하여야 한다.

② 「자본시장과 금융투자업에 관한 법률」 위반혐의에 대한 조사를 병행하는 경우에는 「자본시장조사 업무규정」 제8조부터 제11조까지의 규정, 제13조부터 제17조까지의 규정 및 같은 규정 시행세칙을 준용한다.

③ 제2항의 경우 「자본시장조사 업무규정」 제7조의 조사명령서는 제1항의 감리·조사명령서로 갈음할 수 있다.

④ 외국인을 심사, 감리·조사할 때에는 국제법과 조약에 위배되는 일이 없도록

외부감사 및 회계 등에 관한 규정·시행세칙

하여야 한다.

⑤ 품질관리감리를 실시하는 경우에는 감독원장이 발부한 품질관리감리실시통보서(별지 제23호 서식)를 감사인에게 교부하여야 한다.

제25조(감사보고서, 재무제표감리부서통보) 품질관리감리 담당부서장은 품질관리감리 실시 중 법 제26조제1항제1호, 제2호의 규정에 의한 특정 감사보고서, 재무제표에 대한 감리가 필요하다고 판단되는 경우 이를 당해 감사보고서, 재무제표에 대한 감리를 담당하는 부서장에게 관련 자료와 함께 통보하여야 한다.

제24조(감리등의 방법) ① 감리집행기관은 매년 6월에 다음 사업연도 재무제표 감리 또는 재무제표 심사에서 중점적으로 점검할 업종, 계정 또는 회계처리기준 등을 홈페이지 등을 통해 공표하여야 한다. 이 경우 불가피한 이유로 6월 이후에 추가적으로 중점적으로 점검할 사항을 공표하는 경우에는 회사가 회계처리에 대한 판단을 하기 위하여 검토할 수 있는 시간 등을 고려하여야 한다.

② 감리집행기관은 감리등을 수행하는데 필요한 범위 내에서 다음 각 호의 구분에 따른 사항을 감리등의 대상(이하 "피조사자"라 한다), 관계회사 또는 감사인에 요구할 수 있다.

1. 회사, 관계회사 및 감사인에 요구할 수 있는 사항: 자료의 제출 및 의견의 진술 또는 보고
2. 회사 및 관계회사에 요구할 수 있는 사항: 회계에 관한 장부와 서류의 열람 및 업무와 재산상태의 조사

③ 감리집행기관은 제2항에 따른 요구를 하는 경우에 피조사자가 그 요구를 이행하는데 필요한 충분한 기간을 정하여 다음 각 호의 사항을 피조사자에 문서로 알려야 한다. 다만, 요구사항을 미리 문서로 알리면 감리등의 목적을 달성하기가 곤란하다고 판단되는 경우에는 구두(口頭)로 알릴 수 있다.

1. 목적
2. 구체적인 요구내용
3. 요구하는 사람의 성명과 직위
4. 그 밖에 피조사자가 제1호 및 제2호를 이해하는데 필요한 사항으로서 감리집행기관이 정하는 사항

④ 피조사자가 「행정절차법」 제12조제1항에 따른 대리인(이하 "대리인"이라 한다)을 조사 과정에 참여시켜줄 것을 감리집행기관에 요구하는 경우에 감리집행기관은 그 대리인을 조사 과정에 참여시켜야 한다. 다만, 다음 각 호의 어느 하나에 해당하는 상황이 발생할 가능성이 있다고 판단되는 경우에는 그러하지 아니하다.

1. 증거의 인멸·은닉·조작 또는 조작된 증거의 사용
2. 공범의 도주 등 감리등에 현저한 지장을 초래
3. 피해자, 해당 사건에 대한 감리등에 필요한 사실을 알고 있다고 인정되는 자 또는 그 친족의 생명, 신체나 재산에 대한 침해
4. 피조사자가 진술 등 조사과정에 협조함으로 인해 소속 회사 또는 회계법인 등으로부터 받는 불이익

⑤ 감리집행기관은 대리인이 조사과정에 참여한 후에 제4항 각 호의 어느 하나에 해당하는 상황 또는 다음 각 호의 어느 하나에 해당하는 상황이 발생하거나 발생할 가능성이 있다고 판단되는 경우

에는 대리인에게 퇴거를 요구하고 대리인 없이 조사를 개시 또는 진행할 수 있다.

1. 피조사자의 대리인 참여요청이 조사의 개시 및 진행을 지연시키거나 방해하는 것으로 판단되는 경우
2. 감리집행기관의 승인 없이 심문에 개입하거나 모욕적인 언동을 하는 경우
3. 피조사자에게 특정한 답변 또는 부당한 진술 번복을 유도하는 경우
4. 조사과정을 촬영, 녹음, 기록하는 경우
5. 그 밖에 제1호부터 제4호까지의 상황에 준하여 조사목적 달성을 현저하게 어렵게 하는 경우

⑥ 감리집행기관은 제4항 각 호 또는 제5항 각 호 중 어느 하나에 해당한다는 이유로 대리인의 참여를 제한하는 경우에 그 구체적 사유를 피조사자의 진술내용을 기록한 문답서(이하 "문답서"라 한다), 제29조에 따른 감리위원회(이하 "감리위원회"라 한다) 및 증권선물위원회에 상정하는 안건에 각각 기재하여야 한다.

⑦ 제1항부터 제6항까지의 사항 외에 감리등을 수행하는 방법, 절차 및 서식 등은 감리집행기관이 정한다.

시행세칙

제26조(출석요구) ① 규정 제24조제2항제1호의 규정에 의하여 관계자의 의견진술을 위한 출석을 요구할 때에는 감독원장이 발부한 출석요구서(별지 제24호 서식)에 의하여야 한다.

② 제1항의 출석요구서에는 출석요구의 취지를 명백히 기재하여야 한다.

③ 관계자가 출석한 경우에는 책임소재와 그 한계를 명확히 하고 행위의 동기·원인 또는 해명을 듣기 위해 관계자와의 문답서(별지 제25호 서식)를 작성할 수 있다.

제27조(진술서 제출요구) ① 규정 제24조제2항제1호의 규정에 의하여 관계자에 대하여 진술서의 제출을 요구할 때에는 감독원장이 발부한 진술서제출요구서(별지 제26호 서식)에 의하여야 한다.

② 제1항의 규정에 의하여 진술서 제출을 요구하는 때에는 질문서 형식으로 작성하여 감리·조사사항에 관한 위법행위의 동기, 배경, 결과 등 그 전말이 구체적으로 나타나도록 하여야 한다.

제28조(자료제출의 요구) ① 규정 제24조제2항제1호 및 제2호의 규정에 의하여 관계자에게 장부와 서류의 열람, 기타자료의 제출을 요구할 때에는 감독원장이 발부한 자료제출요구서(별지 제27호 서식)에 의하여야 한다.

② 제1항의 자료제출요구서에는 제출할 자료, 제출기한 등을 명백히 기재하여야 한다.

제29조(업무·재산상태의 조사) ① 규정 제24조제2항제2호의 규정에 의한 업무와 재산상태를 조사하는 경우에는 감리·조사에 필요한 최소한의 자료를 징구 또는 요구하여야 한다.

② 감리·조사결과 위법한 사항에 대하여는 이를 입증할 증거자료 또는 확인서를 징구할 수 있다.

제30조(제보인 진술의 청취) 규정 제23조제1항제7호 또는 같은 조 제3항의 규정에 해당하는 자(법인인 경우 그 임직원)에 대하여 제보사항 등에 관한 진술을 듣기 위하여 출석을 요청할 수 있으며, 진술을 들을 때에는 문답서 또는 진술서를 작성할 수 있다.

제31조(소명의 기회제공) 감독원장은 심사, 감리·조사를 실시한 결과 위법행위에 대하여 조치를 하는 경우에는 회사 또는 감사인에게 질문서를 발부하여 이에 대한 답변과 소명의 기회를 주어야 한다. 다만, 심사, 감리·조사과정에서 확보한 문

외부감사 및 회계 등에 관한 규정·시행세칙

답서, 진술서 또는 확인서에 질문서를 발부하고자 하는 목적과 내용 등이 충분히 소명된 경우에는 그러하지 아니하다.

제32조(서식의 발부·관리) ① 심사, 감리담당부서장은 별지 제22호의2부터 제27호까지의 서식에 감독원장의 직인과 발송인을 날인하고 수신처 등을 기재하지 아니한 서식을 일괄발행하여 운용할 수 있다.

② 제1항의 경우에 서식의 문서번호는 「문서관리절차」 제6조의 규정에도 불구하고 당해 기안문서의 문서번호에 일련번호를 추가하여 부여할 수 있다.

③ 심사, 감리담당부서장은 심사, 감리담당직원에게 제1항의 서식(별지 제23호, 제25호의 서식을 제외한다)을 교부하는 경우 별지 제28호부터 제31호까지의 서식발급대장에 소정사항을 기재하여 기록을 유지하여야 한다.

제34조(조사진행상황 등의 보고) ① 심사, 감리반장은 심사 또는 감리·조사의 진행상황을 수시로 심사, 감리담당부서장에게 보고하여야 한다.

② 심사, 감리담당부서장은 심사 또는 감리·조사시에 발견된 위법사항이 중대하고 긴급한 처리가 필요하다고 인정되는 경우에는 그 사실을 감독원장에게 보고하고 그 지시에 따라야 한다.

제25조(피조사자의 자료열람 요구 등) ① 피조사자는 문답서, 감리집행기관의 요청에 따라 사건과 관련된 특정 사실관계 등에 관한 진술에 거짓이 없다는 내용을 본인이 작성하고 기명날인한 문서(이하 이 조에서 "확인서"라 한다) 및 사건과 관련하여 본인이 감리집행기관에 제출한 자료(이하 이 조에서 "제출자료"라 한다)에 대한 열람을 신청할 수 있다. 다만, 감리등의 과정에서 작성된 문답서는 감리집행기관이 제31조제1항에 따른 통지를 한 이후에 신청할 수 있다.

② 감리집행기관은 제1항에 따른 신청이 있는 경우에 열람을 허용하여야 한다. 다만, 다음 각 호의 어느 하나에 해당하는 경우에는 그러하지 아니하다.

1. 제24조제4항 각 호의 어느 하나에 해당하는 경우
2. 조사결과 발견된 위법행위에 대하여 검찰총장에게 고발, 통보 또는 수사의뢰(이하 "고발등"이라 한다)를 해야 한다고 판단한 경우(문답서에 대한 열람을 신청한 경우에 한정한다)

시행세칙

제33조(피조사자의 자료열람신청) 규정 제25조의 규정에 의한 피조사자의 자료열람신청은 별지 제32호 서식에 따른다.

제26조(조치의 유형) ① 증권선물위원회는 회사가 법령등을 위반한 경우에는 다음 각 호의 조치를 할 수 있다.

1. 임원의 해임 또는 면직 권고
2. 임원의 6개월 이내 직무정지
3. 1년 이내의 증권 발행제한
4. 3개 사업연도 이내의 감사인 지정
5. 경고
6. 주의
7. 시정요구, 각서(회계처리기준을 성실하게 준수하겠다는 확약을 말한다. 이하 이 조에서 같다) 제출요구 등 그 밖에 필요한 조치

② 증권선물위원회는 「금융위원회의 설치 등에 관한 법률」 제38조에 따른 금융감독원의 검사대상기관이 금융감독원장의 검사결과

에 따라 조치를 받거나 받을 예정인 경우에는 조치의 수준, 성질 등을 감안하여 필요한 경우 조치를 아니할 수 있다.

③ 증권선물위원회는 감사인이 법령등을 위반한 경우에는 다음 각 호의 조치를 할 수 있다.

1. 금융위원회에의 처분건의
   가. 등록취소
   나. 1년 이내의 업무의 전부 또는 일부의 정지
2. 감사인이 조치결과를 통지받은 날부터 1년 이내에 결산일이 도래하는 회사 중 금융감독원장으로부터 감사인을 지정받은 회사에 대한 감사업무 제한
3. 증권선물위원회의 조치가 있는 날부터 5년 이내의 기간 동안 위법행위와 관련된 회사에 대한 감사업무 제한
4. 법 제32조에 따른 손해배상공동기금의 추가적립(위법행위와 관련된 회사로부터 받았거나 받기로 한 감사보수를 한도로 한다)
5. 경고
6. 주의
7. 시정요구, 각서 제출요구 등 그 밖에 필요한 조치

④ 증권선물위원회는 공인회계사가 법령등을 위반한 경우에는 다음 각 호의 조치를 할 수 있다.

1. 금융위원회에의 처분건의
   가. 등록취소
   나. 2년 이내의 직무의 전부 또는 일부의 정지
2. 공인회계사가 조치결과를 통지받은 날부터 1년 이내에 결산일이 도래하는 회사 중 다음 각 목의 어느 하나에 해당하는 회사에 대한 감사업무 제한
   가. 금융감독원장으로부터 감사인을 지정받은 회사
   나. 주권상장법인
   다. 대형비상장주식회사
3. 증권선물위원회의 조치가 있는 날부터 5년 이내의 기간 동안 위법행위와 관련된 회사에 대한 감사업무 제한
4. 연간 20시간 이내의 범위 내에서 한국공인회계사회가 실시하는 직무연수 실시의무 부과
5. 경고
6. 주의
7. 시정요구, 각서 제출요구 등 그 밖에 필요한 조치

⑤ 증권선물위원회는 제4항 각 호의 조치를 하는 경우에 감사를 담당했던 이사를 주책임자로 하고, 주책임자의 감사업무를 보조한 공인회계사(이하 이 조에서 "담당 공인회계사"라 한다)를 보조책임자로 한다. 다만, 주책임자와 보조책임자를 구별하여 조치를 부과하는 것이 상당히 부당한 경우에는 그러하지 아니하다.

⑥ 증권선물위원회는 위법행위에 대하여 제4항 각 호의 조치를 하는 경우에 그 위법행위와 관련하여 다음 각 호의 구분에 따른 사람이 감독을 소홀히 한 경우에는 필요한 조치를 할 수 있다.

1. 주책임자에 법 제29조제4항제1호 또는 1년 이상의 전부 직무

외부감사 및 회계 등에 관한 규정·시행세칙

정지를 내리는 경우: 해당 감사보고서에 서명한 대표이사

2. 주책임자에 법 제29조제4항제1호부터 제3호까지의 조치를 하는 경우: 주책임자의 지시·위임에 따라 담당 공인회계사를 감독하는 공인회계사

⑦ 증권선물위원회는 재무제표 감리 또는 감사인 감리를 한 결과 법 제39조부터 제44조까지에 해당하는 위법행위(이하 이 조에서 "벌칙부과 대상행위"라 한다)가 발견된 경우에는 관계자를 검찰총장에게 고발하여야 한다. 다만, 위법행위의 동기·원인 또는 결과 등에 비추어 정상참작의 사유가 있는 경우에는 검찰총장에게 통보할 수 있다.

⑧ 증권선물위원회는 위법행위에 대한 직접적인 증거는 없으나 제반 정황으로 보아 벌칙부과 대상행위가 있다는 상당한 의심이 가고 사건의 성격상 수사기관의 강제조사가 필요하다고 판단되는 경우에는 검찰총장에게 수사를 의뢰할 수 있다.

시행세칙

제43조(소속변경시 통보) 감독원장은 규정 제26조제4항제2호 또는 제3호의 조치를 받은 공인회계사가 그 소속을 변경한 경우에는 공인회계사회로 하여금 변경된 당해 회계법인에 그 조치사실을 알려주도록 요청할 수 있다.

제27조(조치등의 기준) ① 증권선물위원회는 감리등을 수행한 결과에 대하여 법 제29조 또는 법 제35조에 따른 조치 또는 고발등(이하 "조치등"이라 한다)을 하는 경우에 다음 각 호의 사항을 충분히 고려하여야 한다.

1. 위반동기
2. 위법행위의 중요도
3. 조치등의 가중·경감

② 제1항 각 호의 사항에 관한 기준은 별표 7과 같다.

③ 금융감독원장은 재무제표 심사(내부회계관리제도 감리를 한 경우에는 내부회계관리제도 감리를 포함한다. 이하 같다)를 수행한 결과 다음 각 호의 어느 하나에 해당하는 조치를 할 수 있다. 다만, 피조사자의 재무제표에 회계처리기준 위반이 발견된 경우에는 그 위반사항에 대한 수정공시를 한 경우에 한정한다.

1. 경고
2. 주의
3. 내부회계관리제도상 취약사항의 해소 등 위법상태를 시정하거나 다른 위법행위를 방지하기 위한 권고

④ 금융감독원장은 별표 7에 따른 조치등에 관한 기준(이하 이 조에서 "양정기준"이라 한다)을 정할 수 있다.

⑤ 증권선물위원회는 조치등을 결정하는 경우에 양정기준을 참고할 수 있다.

⑥ 증권선물위원회는 양정기준에서 고려되지 아니하거나 양정기준과 다르게 고려할 사유가 있는 경우에는 양정기준과 달리 결정할 수 있다.

⑦ 증권선물위원회 및 감리집행기관은 피조사자가 다음 각 호의 어느 하나에 해당하는 경우에는 조치등을 하지 않을 수 있다.

1. 피조사자가 사망한 경우
2. 회사가 청산사무를 사실상 종결하여 조치등 대상의 소재지를 찾을 수 없는 경우 또는 청산등기가 완료된 경우
3. 회사가 영업을 폐지한 후 해산 또는 청산 절차를 밟지 않고 있으나 인적·물적 시설 등 법인의 실체가 없는 상태로 방치되어 있어 조치등이 불가능한 경우
4. 위법행위의 중요도가 일정수준 미만인 경우. 다만 다음 각 목의 어느 하나에 해당하는 경우로서 고의적인 법령등 위반에 따른 회계처리기준 위반금액이 50억원 이상인 경우에는 그러하지 아니하다.
   가. 재무제표에 나타나지 않는 자금의 조성, 임직원의 횡령·배임 및 「특정 금융거래정보의 보고 및 이용 등에 관한 법률」 제2조제4호에 따른 자금세탁행위 등과 관련되는 경우
   나. 유가증권시장, 코스닥시장 또는 코넥스시장에의 상장 또는 상장폐지와 관련되는 경우

제28조(감리집행기관의 감리결과 처리) ① 감리집행기관은 재무제표 심사를 수행한 결과 공시된 재무제표에 회계처리기준 위반사항이 있는 경우에는 피조사자에 해당 재무제표를 수정하여 공시할 것을 권고할 수 있다. 이 경우 회계처리기준 위반사항이 없는 경우에는 조치등이 없다는 사실을 해당 회사에 알려야 한다.

② 한국공인회계사회는 재무제표 심사를 수행한 결과에 대하여 제39조제1항 각 호의 어느 하나에 해당하는 조치가 필요하다고 판단한 경우에 그 심사가 종료되는 날이 속하는 분기가 종료된 후 다음 달까지 증권선물위원회 위원장에게 해당 심사 결과를 증권선물위원회 회의의 안건으로 부의할 것을 요청하여야 한다.

③ 감리집행기관은 증권선물위원회 위원장에게 다음 각 호의 사항을 증권선물위원회 회의의 안건으로 부의할 것을 요청할 수 있다.
1. 감리등을 수행한 결과
2. 조치등에 대한 이의신청에 관한 사항
3. 법 제29조에 따른 조치에 대한 직권재심에 관한 사항

④ 증권선물위원회 위원장은 제3항 각 호의 안건을 증권선물위원회에 부의하고자 하는 경우 감리위원회의 심의를 거쳐야 한다. 다만, 증권선물위원회 위원장이 긴급한 처리 등이 필요하다고 인정하는 경우에는 그러하지 아니할 수 있다.

⑤ 증권선물위원회 위원장은 제23조제1항제8호에 따른 감리결과를 관련 금융회사 검사에 대한 금융위원회의 조치가 있기 전에 증권선물위원회에 상정하여야 한다. 다만, 다른 법령등의 위반이 회계처리기준 위반에 대한 판단보다 먼저 결정되어야 하는 경우에는 그러하지 아니하다.

시행세칙

제35조(심사, 감리결과의 보고) 심사, 감리담당부서장은 심사, 감리를 종료한 때에는 지체없이 그 결과를 감독원장에게 보고하여야 한다.

외부감사 및 회계 등에 관한 규정·시행세칙

제36조(제재심의 관련 심사·조정의뢰) 규정 제26조, 제27조, 제33조, 제35조 및 제39조의 규정에 의한 금융위원회, 증권선물위원회의 조치 또는 심의, 감독원장의 조치가 필요한 사항은 심사, 감리담당부서장이 다음 각 호의 사항을 첨부하여 제재심의담당부서장에게 심사·조정(이하 "제재심의 관련 심사·조정"이라 한다)을 의뢰하여야 한다.

1. 심사, 감리결과보고 및 처리안(이의신청, 재심사항 포함)
2. 관련 입증자료
3. 기타 제재심의 관련 심사·조정에 필요한 참고자료

제37조(제재심의 관련 심사·조정 및 결과통보) ① 제재심의담당부서장은 제36조의 규정에 의한 제재심의 관련 심사·조정신청이 있는 경우에는 다음 각 호의 사항을 심사한 후 그 결과를 기록유지하고, 심사, 감리담당부서장에게 통보하여야 한다. 이 경우 제재심의 관련 심사·조정에 필요하다고 인정하는 때에는 해당 심사, 감리담당부서장에게 추가자료의 제출 또는 의견진술을 요청할 수 있다.

1. 위법행위에 대한 적용법규의 적정성 등 실질적 사항
2. 입증자료의 확보 및 제36조제1호의 규정에 의한 보고서의 기술방식 등 형식적 사항
3. 처리의견의 형평·타당성 여부

② 제재심의담당부서장은 제1항의 규정에 의한 제재심의 관련 심사·조정결과 의견이 있는 경우에는 이를 해당 심사, 감리담당부서장에게 통보하여 내용의 보정을 요구할 수 있다.

③ 심사, 감리담당부서장은 제2항의 규정에 의한 보정요구에 대하여 이견이 있는 경우에는 심사, 감리·조사담당부원장의 재정절차를 거쳐 제재심의 관련 심사·조정결과의 수용 여부를 결정하고 그 결과를 제재심의담당부서장에게 통보한다.

제37조의2(회계위반 수정권고) ① 심사담당부서장은 규정 제28조제1항의 규정에 의하여 피조사자에게 수정공시를 권고하는 경우 수정권고 품의서에 다음 각 호의 사항을 기재하여 감독원장의 승인을 받아야 한다.

1. 회계처리기준 위반(이하 "회계위반"이라 한다)으로 판단한 항목의 내용
2. 회계위반으로 판단한 근거
3. 피조사자에 대하여 제1호의 회계위반사항을 수정공시할 것을 권고하는 내용

② 감독원장은 규정 제28조제1항의 규정에 의하여 피조사자에게 수정공시를 권고하는 경우 제1항 각 호의 사항을 피조사자에게 통지하여야 한다. 이 경우 감독원장은 피조사자가 통지를 받은 날부터 10영업일 이내에 다음 각 호의 사항을 기재한 문서를 감독원장에게 제출할 것을 피조사자에게 요청할 수 있다.

1. 권고내용에 대한 피조사자의 자체 검토 및 감사인과의 협의 결과
2. 권고사항의 이행 여부
3. 권고사항의 이행 결과 또는 미이행 사유

③ 감독원장은 피조사자가 제2항의 규정에 의한 통지를 받은 날부터 10영업일 또는 제2호의 이행계획기간 이내에 감독원장의 권고를 이행하지 않은 경우 규정 제23조제1항제2호다목에 해당하는 것으로 본다. 다만, 다음 각 호의 경우에는 그러하지 아니하다.

1. 해당 회사가 수정권고를 이행하지 않아도 되는 정당한 이유를 감독원장에게 제출한 경우
2. 해당 회사가 제2항의 규정에 의한 통지를 받은 날부터 10영업일 이내에 감독원장의 권고에 대한 이행의사 및 이행계획을 감독원장에게 제출하여 합리적인 것으로 인정받은 경우

④ 감독원장은 제1항부터 제3항까지의 규정에도 불구하고 수정공시를 권고하기 전에 해당 수정권고의 대상인 회계위반이 이미 충실히 수정공시된 것으로 판단하는 경우 수정권고를 생략하고 피조사자가 규정 제23조제1항제2호다목에 해당하지 않는 것으로 볼 수 있다.

제38조(심사, 감리결과의 처리) ① 감독원장은 감리결과 위법행위가 발견된 경우 또는 품질관리감리결과 개선권고가 필요하다고 판단한 경우에는 감리결과보고

및 처리안(별지 제33호 서식)을 작성하여 증권선물위원회에 상정을 요청한다.
② 심사담당부서장은 심사결과 규정 제27조제3항의 규정에 의한 조치를 하는 경우 심사결과보고 및 처리안(별지 제33호의2 서식)을 작성하여 감독원장의 승인을 받아야 한다.
③ 제1항의 규정에 의한 감리결과의 처리를 함에 있어서 「자본시장과 금융투자업에 관한 법률」 위반혐의에 대한 조사를 병행한 경우에는 그 조사결과를 반영하여야 한다.
④ 감리·조사결과 조치의 대상회사가 「자본시장과 금융투자업에 관한 법률」의 규제대상인 경우에는 당해 회사에 대하여는 「자본시장조사 업무규정」에 의한 조치를 할 수 있다.
제39조(조치안 작성) 제38조에 의한 감리결과보고 및 처리안은 부의안 형식으로 작성한다. 이 경우 증권선물위원회의 원활한 심의를 위하여 부의안에는 특별한 사유가 없는 한 별표 1부터 4까지의 기준에 의하여 작성한 조치안을 기재한다.

제29조(감리위원회의 설치) ① 증권선물위원회는 다음 각 호의 사항을 효율적으로 심의하기 위하여 증권선물위원회 소속으로 감리위원회(이하 이 조 및 제30조에서 "위원회"라 한다)를 둔다.
1. 법 제26조제1항제1호부터 제3호까지의 규정에 따른 감리(이하 "감리"라 한다) 결과에 대한 조치등에 관한 사항
2. 제33조에 따른 이의신청 및 제35조에 따른 직권재심에 관한 사항
3. 그 밖에 제1호 및 제2호의 업무에 준하는 사항으로서 위원회의 위원장(이하 이 조 및 제30조에서 "위원장"이라 한다)이 심의가 필요하다고 인정하는 사항

② 위원회는 위원장 1명을 포함한 9명의 위원으로 성별을 고려하여 구성한다.
③ 위원장은 증권선물위원회 상임위원으로 한다.
④ 위원회의 위원(위원장을 제외하며 이하 이 조 및 제30조에서 "위원"이라 한다)은 회계 또는 회계감사에 관한 전문지식과 공정한 직무수행을 위한 윤리성을 갖춘 사람으로서 증권선물위원회 위원장이 임명 또는 위촉하는 다음 각 호의 사람이 된다.
1. 금융위원회의 고위공무원단에 속하는 공무원 중에서 자본시장 정책 업무를 담당하는 사람
2. 영 제44조제5항에 따른 위탁감리위원회 위원장
3. 영 제46조에 따른 회계전문가
4. 회계 또는 회계감사에 관하여 전문지식과 실무경험이 있는 자로서 「자본시장과 금융투자업에 관한 법률」 제370조에 따른 허가를 받은 한국상장회사협의회 회장이 추천하는 사람 1명
5. 회계에 대한 전문지식을 가진 변호사 1명
6. 채권자 또는 소비자보호단체 등 회계정보이용자 대표 1명
7. 회계, 회계감사 또는 관련 법률 등에 관하여 학식과 경험이 풍부한 사람 2명

⑤ 위원장이 부득이한 사유로 그 직무를 수행할 수 없을 때에는 위원장이 지명하는 위원(제4항제2호부터 제4호까지의 위원을 제외한다. 이하 이 항에서 같다)이 그 직무를 대행한다. 다만, 불가피한 사유로 위원장이 그 직무를 대행할 위원을 지명하지 못할 경우에는

외부감사 및 회계 등에 관한 규정·시행세칙

증권선물위원회 위원장이 지명하는 위원이 그 직무를 대행한다.

⑥ 제4항제4호부터 제7호까지의 위원(이하 이 조에서 "위촉위원"이라 한다)의 결격사유는 제3조제8항을 준용한다.

⑦ 위촉위원의 임기는 2년으로 하며, 한 차례만 연임할 수 있다. 다만, 임기가 만료된 경우에도 후임자가 위촉될 때까지 그 직무를 수행할 수 있다.

⑧ 증권선물위원회 위원장은 위촉위원이 제3조제10항 각 호의 어느 하나에 해당하는 경우에는 해당 위원을 해촉할 수 있다.

제30조(감리위원회의 운영) ① 위원회의 회의(이하 이 조에서 "회의"라 한다)는 다음 각 호 중 어느 하나에 해당하는 경우에 위원장이 소집하며, 위원장이 의장이 된다.

1. 증권선물위원회 위원장이 위원회에 회부한 안건을 회의에 상정하고자 하는 경우
2. 그 밖에 위원장이 회의를 소집하는 것이 필요하다고 판단한 경우

② 회의는 재적위원 과반수의 출석으로 개의(開議)하고, 출석위원 과반수의 찬성으로 의결한다.

③ 위원은 다음 각 호 중 어느 하나에 해당하는 사항에 대한 심의·의결에서 제척(除斥)된다.

1. 자기와 직접적인 이해관계가 있는 사항
2. 배우자, 4촌 이내의 혈족, 2촌 이내의 인척 또는 자기가 속한 법인과 이해관계가 있는 사항

④ 위원은 제3항 각 호의 어느 하나에 해당하면 위원회에 그 사실을 알리고 스스로 안건의 심의·의결에서 회피하여야 한다.

⑤ 피조사자 및 감리집행기관의 안건을 담당하는 임직원은 해당 안건에 대한 심의가 종결되기 전까지 위원과 개별적으로 접촉하여서는 아니된다. 다만, 위원장이 시간, 장소 등을 지정하여 허용하는 경우에는 그러하지 아니하다.

⑥ 위원장은 회의가 열리는 날부터 5일 전까지 회의 개최일시 및 장소, 해당 회의에 상정되는 안건 등을 문서로 위원에게 보내야 한다.

⑦ 위원장은 안건을 상정하며, 해당 안건에 관한 업무를 수행하는 기관장에게 소속 임직원이 회의에 출석하여 위원에게 안건을 설명할 것을 요청할 수 있다.

⑧ 위원장은 필요한 경우에 회사, 관계회사, 감사인, 민간전문가 또는 제3조제5항 각 호의 기관 중 어느 하나에 소속된 업무담당자를 회의에 참석하게 하여 의견을 들을 수 있다.

⑨ 금융위원회의 4급 이상 공무원 중에서 회계정책 업무를 담당하는 사람은 다음 각 호의 사항을 기록하는 문서(이하 이 조에서 "의사록"이라 한다)를 작성하고 회의가 종료된 후 위원장에게 보고하여야 한다. 이 경우, 의사록을 작성한 사람과 위원장은 의사록에 기명날인하여야 한다.

1. 회의 개최 일시 및 장소
2. 위원 출결(出缺) 내역 및 위원 외 참석자의 성명·소속
3. 안건별 주요 논의내용
4. 의결내용 및 이에 반대하는 의견의 요지

5. 그 밖에 위원장 또는 위원이 기록을 요청한 사항

⑩ 제9항에 따라 의사록을 작성한 사람은 차기 회의에서 그 의사록을 보고하여야 한다.

⑪ 금융위원회 위원장 또는 증권선물위원회 위원장은 제1항제1호에 따른 안건을 금융위원회 또는 증권선물위원회에 상정하는 경우에 안건과는 별도로 제9항제4호에 따른 내용을 첨부하여야 한다.

⑫ 회의는 공개하지 아니함을 원칙으로 한다.

⑬ 위원 및 그 직에 있었던 사람은 그 직무에 관하여 알게 된 비밀을 누설 또는 이용하여서는 아니된다.

제31조(사전통지) ① 감리집행기관(과징금 부과금액이 5억원 이상인 경우에는 금융위원회를 말한다)은 조치예정일 10일 전까지 피조사자 또는 그 대리인(이하 "당사자등"이라 한다)에게 다음 각 호의 사항을 통지(이하 이 조에서 "사전통지"라 한다)하여야 한다.

1. 회의 개최 예정 일시 및 장소
2. 당사자의 성명 또는 명칭과 주소
3. 조치등의 내용에 관한 다음 각 목의 사항
   가. 조치등의 원인이 되는 사실관계(회계처리기준, 회계감사기준, 품질관리기준, 그 밖에 법령등의 위반에 대한 판단근거를 포함한다)
   나. 조치등의 근거가 되는 법령등
   다. 조치등의 내용(감리위원회에 상정될 안건에 감리집행기관이 기재할 내용과 동일하여야 한다) 및 적용기준(위반동기 등을 포함한다)
   라. 조치등에 관한 증거자료 목록. 다만, 조치등에 검찰총장에의 고발등이 포함된 경우에는 제외한다.
4. 제3호의 사항에 대하여 의견을 제출할 수 있다는 안내 및 의견을 제출하지 아니하는 경우의 처리방법
5. 의견을 제출할 수 있는 기관의 주소와 연락처
6. 그 밖에 필요한 사항

② 제1항의 규정에 불구하고 다음 각 호의 어느 하나에 해당하는 경우에는 사전통지를 하지 아니할 수 있다.

1. 공공의 안전 또는 복리를 위하여 긴급히 조치할 필요가 있는 경우
2. 해당 조치의 성질상 의견청취가 현저히 곤란하거나 명백히 불필요하다고 인정될 만한 타당한 이유가 있는 경우

③ 제2항에 따라 사전통지를 하지 아니한 경우에 금융위원회 위원장 또는 증권선물위원회 위원장은 회의에서 당사자등에게 그 사유를 알려야 한다.

시행세칙

제40조(사전통지) ① 감독원장은 규정 제26조제1항 및 제3항부터 제6항까지의 규정에 의한 조치가 예상되는 경우 제38조의 감리결과보고 및 처리안을 증권선물위원회에 상정을 요청하기 전에, 규정 제27조제3항 및 제39조제1항에 의한 조치가 예상되는 경우 감독원장의 조치예정일 10일 전까지 위반사실 및 예정된 조치의 종류를 기재한 조치사전통지서(별지 제34호 서식)를 피조치자에게 송부하여야 한다.

② 제1항의 규정에도 불구하고 다음 각 호의 어느 하나에 해당하는 경우에는

외부감사 및 회계 등에 관한 규정·시행세칙

사전통지를 하지 아니할 수 있다.

1. 공공의 안전 또는 복리를 위하여 긴급히 조치할 필요가 있는 경우
2. 해당 조치의 성질상 의견청취가 현저히 곤란하거나 명백히 불필요하다고 인정될 만한 상당한 이유가 있는 경우

③ 제1항의 경우에 다음 각 호의 방법에 의하여 의견진술을 할 수 있도록 기회를 부여하여야 한다.

1. 서면에 의한 방법
2. 감리위원회 및 증권선물위원회에 직접 출석하여 의견을 진술하는 방법(금융위원회, 증권선물위원회의 조치의 경우)
3. 정보통신망에 의한 방법

④ 증권선물위원회 조치안, 감독원장이 조치하려는 내용이 사전통지 내용과 달라진 경우 증권선물위원회 개최 전(증권선물위원회 조치안의 경우), 감독원장의 조치 전(감독원장 조치의 경우)에 조치안, 감독원장이 조치하려는 내용에 맞는 조치사전통지서를 별도로 송부한다.

제32조(당사자등의 의견제출) 당사자등은 금융위원회, 증권선물위원회 또는 감리집행기관이 조치등을 하기 전에 금융위원회 위원장, 증권선물위원회 위원장, 감리위원회 위원장 또는 감리집행기관에 문서 및 구두로 감리등의 결과에 대한 의견을 제출할 수 있다.

제33조(조치등의 통지 및 이의신청) ① 금융위원회 위원장, 증권선물위원회 위원장 또는 감리집행기관은 조치등을 하는 경우에 피조사자에게 조치등의 내용, 사유 및 조치등에 대한 불복절차를 알려주어야 한다. 다만, 검찰에 고발등을 하는 경우에는 알려주지 아니할 수 있다.

② 피조사자는 조치등을 통지받은 날부터 30일 이내에 금융위원회 또는 증권선물위원회에 이의신청을 할 수 있다.

③ 피조사자는 제2항에 따라 이의신청을 하는 경우에 그 이유를 관련 증빙자료와 함께 금융위원회 또는 증권선물위원회에 제출하여야 한다.

④ 금융위원회 위원장 또는 증권선물위원회 위원장은 제2항에 따른 이의신청을 접수한 날부터 60일 이내에 이의신청에 대한 판단 결과를 당사자등에게 알려야 한다. 다만, 부득이한 사정이 있으면 30일의 범위에서 그 기간을 연장할 수 있다.

⑤ 제4항 단서에 따라 이의신청에 대한 판단 결과를 알려야 하는 기한을 연기하려는 경우에는 그 기한이 도래하기 7일 전까지 그 사실(연기사유, 새로운 처리기한 등을 포함한다)을 당사자등에게 알려야 한다.

⑥ 제4항에 따라 이의신청에 대한 판단 결과를 당사자등에게 알린 이후에 당사자등은 동일한 조치에 대하여 추가로 이의신청을 할 수 없다.

제34조(대표이사 등에 대한 조치 사유) ① 법 별표 2 제5호 전단에서 "금융위원회가 정하여 고시하는 회사"란 다음 각 호의 회사를 말한다.

1. 주권상장법인
2. 대형비상장주식회사
3. 금융회사

② 법 별표 2 제5호 후단에서 "중대한 감사부실"이란 감사업무를 수행한 이사가 등록취소 또는 1년 이상의 전부 직무정지 조치를

받는 경우를 말한다.

제35조(증권선물위원회의 직권재심) 금융위원회 또는 증권선물위원회는 다음 각 호의 어느 하나에 해당하는 경우에 직권으로 다시 심의하여 조치를 취소하거나 변경할 수 있다.

1. 법원의 확정판결 또는 검찰의 혐의없음 결정 취지를 감안하여 조치의 원인이 된 사실관계와 법률적 판단을 검토할 때 조치가 위법 또는 부당하다고 판단되는 경우
2. 증거문서의 오류·누락 또는 조치의 원인이 된 사실관계에 반하는 새로운 증거의 발견 등으로 조치가 위법 또는 부당하다고 판단되는 경우

제36조(사후관리) ① 감리집행기관은 감리결과 조치사항의 이행여부를 확인하기 위하여 다음 각 호의 구분에 따른 기한 내에 조치대상자로 하여금 그 이행내용을 보고하도록 할 수 있다.

1. 임원의 해임 권고: 임원의 해임 결정을 위한 주주총회 종료일로부터 1개월
2. 다음 각 목의 어느 하나에 해당하는 조치: 증권선물위원회의 조치를 통지 받은 날부터 1개월
   가. 임원의 면직 권고
   나. 임원 6개월 이내 직무정지
   다. 법 제32조에 따른 손해배상공동기금 추가 적립
   라. 시정요구 또는 각서제출 요구에 따른 이행사항
3. 감사업무 제한: 감사업무 제한 기간 종료 후 1개월

② 감사인은 법 제29조제5항에 따른 개선권고(이하 이 항에서 "개선권고"라 한다) 후 3개월 이내 및 개선권고사항의 이행기한 이후 1개월 이내에 그 이행여부 및 진행상황에 관한 문서를 감리집행기관에 제출하여야 한다.

③ 영 제34조제1항에 따른 현장조사는 제8조제7항 및 제8항을 준용한다.

시행세칙

제41조(처리상황의 관리) ① 감독원장은 다음 각 호의 사항을 기재하여 심사, 감리결과처리상황을 관리하여야 한다.

1. 조치사항
2. 이행시기 또는 기한
3. 이행보고 일자 및 내용
4. 이행요구 등 특별관리에 관한 사항
5. 기타 필요한 사항

② 감독원장은 증권선물위원회, 감독원장이 조치한 사항에 관하여는 회사, 감사인 또는 공인회계사로부터 조치사항이행보고서(이하 "이행보고서"라 한다. 별지 제35호, 제35호의2 서식)를 제출받아 그 이행내용의 적정성을 검토하여야 한다. 다만, 규정 제26조제4항제4호의 "직무연수 실시의무 부과"조치에 대한 이행보고서는 공인회계사회가 일괄하여 제출할 수 있다.

③ 감독원장은 이행보고서 및 차기 감사보고서를 검토한 결과 그 이행내용이 적정하지 아니하다고 인정되거나 증권선물위원회, 감독원장의 조치를 이행하지 아니하였다고 인정되는 경우에는 이행요구 등 필요한 조치를 취할 수 있다. 다만, 증권선물위원회 조치의 미이행 등의 내용이 중대하고 고의성이 있는 경우에는 처리의견을 첨부하여 증권선물위원회에 보고하고 증권선물위원회의 재조치를

외부감사 및 회계 등에 관한 규정·시행세칙

받아야 한다.

④ 감독원장은 회사, 감사인 또는 공인회계사가 증권선물위원회의 조치를 6월 이상 이행하지 아니하는 때에는 그 경위 및 앞으로의 처리대책 등을 증권선물위원회에 보고하고, 증권선물위원회의 조치, 감독원장의 조치 미이행사항은 제42조의 규정에 의하여 종결될 때까지 별도로 관리한다.

⑤ 제1항부터 제4항까지의 규정은 품질관리감리결과 개선권고사항에 대하여도 이를 준용한다. 이 경우 "조치"는 "개선권고"로, "이행요구"는 "재권고"로, "조치사항이행보고서"는 "개선권고사항이행보고서(별지 제36호 서식)"로 한다.

제42조(사후관리의 종결) ① 감독원장은 이행보고서를 검토한 결과 증권선물위원회, 감독원장의 조치에 대한 회사, 감사인 또는 공인회계사의 이행내용이 적정하다고 인정되는 때에는 사후관리를 종결한다. 다만, 다음 각 호의 어느 하나에 해당하는 때에는 조치가 이행된 것으로 보아 사후관리를 종결할 수 있으며, 제2호의 사유로 사후관리를 종결한 경우에는 소송 또는 기타 처리절차의 진행상황을 파악하는 등의 방법으로 그 결과를 점검하여야 한다.

1. 이행내용이 조치와 일치하지는 않으나 그 취지에 부합하거나 동일한 효과를 거두었다고 인정되는 때
2. 이행의 대상이 되는 사항이 소송에 계류 중인 때
3. 관련자의 사망, 이민, 소재불명과 회사의 부도 발생 등의 사유로 조치의 이행이 불가능하다고 판단되는 때
4. "직무연수 실시의무 부과"조치의 경우 조치대상자가 조치일 이후 2년 이상 공인회계사 업무를 수행하지 아니한 때

② 제1항의 규정은 품질관리감리결과 개선권고사항에 대하여도 이를 준용한다. 이 경우 "조치"는 "개선권고"로 한다.

제37조(품질관리 개선권고사항 등 공개) 증권선물위원회는 영 제35조 제1항 또는 제2항에 따라 개선권고사항 등을 인터넷 홈페이지를 통해 공개하는 경우에 다음 각 호의 사항을 제외하여야 한다.

1. 감사인 감리 중 발견된 회계처리기준 위반 혐의 등 시장에 혼란을 발생시킬 수 있는 사항
2. 그 밖에 감사인의 정당한 이익을 해할 우려가 있다고 인정되는 경영상 비밀에 관한 사항

제38조(위법행위의 공시 등) ① 증권선물위원회 위원장은 감리등에 따른 조치등이 결정되면 지체없이 다음 각 호의 사항을 인터넷 홈페이지에 게시하여야 한다. 다만, 경고 이하의 조치 및 과실에 따른 위법행위에 대한 조치는 그러하지 아니하다.

1. 조치등의 일시
2. 조치등의 원인이 되는 사실
3. 조치등의 내용

② 증권선물위원회는 감리등의 결과에 따른 조치등에 관한 사항을 다음 각 호의 기관에 통보하여야 한다.

1. 영 제36조제2항 각 호의 금융기관
2. 공정거래위원회
3. 국세청
4. 한국공인회계사회
5. 「민법」 제32조에 따라 설립된 전국은행연합회
6. 「민법」 제32조에 따라 설립된 종합금융협회
7. 「보험업법」 제175조에 따라 설립된 보험협회 중 생명보험회사로 구성된 협회

8. 「보험업법」 제175조에 따라 설립된 보험협회 중 손해보험회사로 구성된 협회
9. 「상호저축은행법」 제25조에 따라 설립된 상호저축은행중앙회
10. 「예금자보호법」에 따라 설립된 예금보험공사
11. 「여신전문금융업법」 제62조에 따라 설립된 여신전문금융업협회
12. 거래소
13. 「자본시장과 금융투자업에 관한 법률」 제283조에 따라 설립된 한국금융투자협회
14. 금융위원회가 무보증사채의 신용평가 전문기관 및 채권가격평가기관으로 지정한 기관

제39조(업무의 위탁) ① 영 제44조제2항제18호의 "금융위원회가 정하는 업무"란, 재무제표 심사결과에 따른 법 제29조제1항의 조치로서 다음 각 호의 조치를 말한다.
1. 경고
2. 주의
3. 내부회계관리제도상 취약사항의 해소 등 위법상태를 시정하거나 다른 위법행위를 방지하기 위한 권고

② 증권선물위원회는 영 제44조제2항제22호에 따라 다음 각 호의 업무를 금융감독원장에 위탁한다.
1. 법 제4조에 따른 회사인지에 대한 확인 및 통보 업무
2. 법 제28조제1항에 따른 신고 접수
3. 영 제31조제6항에 따른 신고·고지의 내용을 특정하는 데 필요한 사항의 확인 및 관련 자료제출 요구 업무
4. 영 제44조의 위탁업무 또는 이 규정의 집행에 필요한 서식을 정하는 업무

제40조(위탁업무의 보고) ① 감리집행기관은 감리등을 실시하는 경우에 연간 계획서 및 감리등 대상 선정안을 작성하여 매년 1분기 내에 증권선물위원회에 보고하여야 한다.

② 감리집행기관이 감리등의 대상을 선정한 경우에는 지체없이 증권선물위원회 위원장에게 보고하여야 한다.

③ 감리집행기관은 재무제표 심사 결과를 매분기가 종료된 후 다음 달에 증권선물위원회 위원장에게 보고하여야 한다.

④ 감리집행기관은 법 제26조제1항제3호에 따른 품질관리수준에 대한 평가 결과를 매년 8월말까지 보고하여야 한다.

⑤ 한국공인회계사회는 감리등을 실시한 결과 다음 각 호의 어느 하나에 해당하는 경우에는 그 처리결과 또는 내용을 지체없이 증권선물위원회에 보고하여야 한다.
1. 감사인 또는 공인회계사에 대하여 조치를 한 경우(제42조에 따른 재심의 경우를 포함한다)
2. 감사인 또는 공인회계사에 대한 조치는 없으나 회사에 대한 조치가 필요하다고 인정되는 경우
3. 품질관리감리결과 개선을 권고한 경우

⑥ 증권선물위원회는 감리등과 관련하여 금융감독원장과 한국공인회계사회에 관련 서류의 제출을 요구하거나 그 밖의 필요한 조치

외부감사 및 회계 등에 관한 규정·시행세칙

를 할 수 있다.

⑦ 금융감독원장은 위탁업무의 처리결과를 매년 다음 각 호의 기한까지 증권선물위원회 위원장에게 보고하여야 한다.

1. 1월말: 영 제44조제2항제3호, 제39조제2항제1호 및 제2호의 업무
2. 5월말: 영 제44조제2항제1호 및 제2호의 업무
3. 9월말: 영 제44조제2항제8호·제12호·제14호의 업무

⑧ 한국거래소는 위탁업무 수행결과를 매년 5월말까지 증권선물위원회 위원장에게 보고하여야 한다.

제41조(업무의 지원) 금융감독원장은 영 제46조에 따라 다음 각 호의 업무를 지원한다.

1. 감리결과 조치안 작성에 관한 사항
2. 감리결과 조치와 관련된 소송업무
3. 그 밖의 금융위원회 및 증권선물위원회의 업무수행을 위하여 필요한 사항

제42조(위탁업무에 대한 사후통제) 증권선물위원회는 한국공인회계사회의 조치가 위법하거나 부당하다고 인정할 때에는 한국공인회계사회에 재심(再審)을 요구하거나 그 조치를 취소하고 직접 조치할 수 있다.

제43조(금전적 제재의 부과기준) ① 과징금 부과기준은 별표 8과 같다.

② 과태료 부과기준은 별표 9와 같다.

제44조(수당) 회계제도심의위원회 또는 감리위원회에 출석한 사람에게는 금융위원회의 예산 범위 내에서 증권선물위원회 위원장이 별도로 정하는 바에 따라 수당 및 기타 필요한 경비를 지급할 수 있다.

제45조(재검토기한) 「훈령·예규 등의 발령 및 관리에 관한 규정」(대통령훈령 제248호)에 따라 이 규정 발령 후의 법령이나 현실여건의 변화 등을 검토하여 이 규정의 유지, 폐지, 개정 등의 조치를 하여야 하는 기한은 2019년 1월 1일을 기준으로 매 2년이 되는 시점(매 2년째의 12월 31일까지를 말한다)으로 한다.

부칙 〈2018. 11. 1.〉

제1조(시행일) 이 규정은 2018년 11월 1일부터 시행한다.

제2조(내부회계관리제도 운영실태 공시에 관한 적용례) 제7조의 개정규정은 2018년 11월 1일 이후 종료되는 사업연도부터 적용하고, 적용 전 사업연도에 대해서는 이 규정 시행 당시 종전의 「외부감사 및 회계 등에 관한 규정」(금융위원회고시 제2018-28호로 전부개정되기 전의 것을 말한다. 이하 같다)을 적용한다.

제3조(지정 기초자료 제출에 관한 적용례) 제15조제3항의 개정규정은 2018년 11월 1일 이후 시작되는 사업연도부터 적용한다.

제4조(감사보고서의 첨부서류 등에 관한 적용례) 제19조의 개정규정은 2018년 11월 1일 이후 종료되는 사업연도부터 적용하고, 적용 전 사업연도에 대해서는 종전의 「외부감사 및 회계 등에 관한 규정」을 적용한다.

제5조(회계법인의 공시사항에 관한 적용례) 제22조제4항의 개정규정은 2019년 11월 1일 이후 시작되는 사업연도부터 적용한다.

제6조(지정기준일 등에 관한 적용례) 별표2 제1호라목(증권선물위원회가 지정대상 사업연도를 결정한 경우는 제외한다)의 개정규정은 다음 각 호와 같이 적용한다.

1. 「자본시장과 금융투자업에 관한 법률」 제159조제1항에 따른 사업보고서 제출대상법인 및 금융회사 : 2019년 6월 1일부터
2. 제1호 외의 회사 : 2019년 3월 1일부터

제7조(감리등 및 조치등에 관한 적용례) 제23조, 제27조, 제28조제1항 및 제2항, 제40조 및 별표 7의 개정규정은 2019년 4월 1일부터 적용한다.

제8조(업무위탁에 관한 적용례) 제39조제1항의 개정규정은 2019년 4월 1일부터 적용한다.

제9조(주권상장법인 감사인 등록심사에 관한 특례) 법 제9조의2가 최초로 시행되기 전에 영 제11조제1항에 따라 등록신청서를 제출한 회계법인에 대하여 같은 조 제2항 및 제3항에 따라 심사를 하는 경우에는 이 규정 시행일 이전의 실적은 고려하지 아니할 수 있다.

제10조(품질관리 개선권고사항 등 공개에 관한 특례) 영 제35조제1항 또는 제2항에 따른 개선권고사항 등의 공개는 2019년 4월 1일부터 적용한다.

제11조(회계제도심의위원회 위원에 관한 경과조치) 이 규정 시행일 이전에 종전의 「외부감사 및 회계 등에 관한 규정」에 따라 증권선물위원회 위원장이 위촉한 회계제도심의위원회 위원은 이 규정에 따라 위촉된 것으로 본다.

제12조(감사인 지정의 기준에 관한 경과조치) 2018년 11월 1일 이전에 종전의 「주식회사의 외부감사에 관한 법률」(법률 제15022호로 전부개정되기 전의 것을 말한다. 이하 같다) 제4조의2제1항에 따라 선임된 감사인은 법 제10조제3항의 개정 규정에 따라 선임된 것으로 본다.

제13조(감사인 지정 관련 경과조치) ① 별표 3의 개정규정은 2019년

외부감사 및 회계 등에 관한 규정·시행세칙

8월 31일부터, 별표 4의 개정규정은 2019년 10월 1일부터 적용하고, 적용 전 기간에 대하여는 종전의 「외부감사 및 회계 등에 관한 규정」을 적용한다.

② 2019년 10월 31일 이전에 지정기준일이 도래하는 감사인 지정의 경우에는 종전의 「외부감사 및 회계 등에 관한 규정」에 따라 산정된 감사인지정 점수를 적용한다.

③ 2019년 11월 30일 이전에 지정기준일이 도래하는 감사인 지정의 경우에 별표 4 제3호에서 "법 제9조의2제1항에 따라 등록한 회계법인"에 해당하는지는 지정대상 선정일이 속하는 달의 말일을 기준으로 판단한다.

제14조(감리의 착수에 관한 경과조치) 2019년 4월 1일 이전에 수행한 감리에 대해서는 제23조의 개정규정에도 불구하고 종전의 「외부감사 및 회계 등에 관한 규정」을 적용한다.

제15조(조치등에 관한 경과조치) 2019년 4월 1일 이전의 위반행위에 대하여 조치등을 하는 경우에는 제27조 및 별표 7의 개정규정에도 불구하고 종전의 「외부감사 및 회계 등에 관한 규정」을 적용한다.

제16조(감리위원회 위원에 관한 경과조치) 이 규정 시행일 이전에 종전의 「외부감사 및 회계 등에 관한 규정」에 따라 증권선물위원회 위원장이 위촉한 감리위원회 위원은 이 규정에 따라 위촉된 것으로 본다.

시행세칙

부칙 〈2018. 10. 31.〉

제1조(시행일) 이 시행세칙은 2018년 11월 1일부터 시행한다.

제2조(신고서식 등에 관한 적용례) 별지 제3호, 제4호, 제4호의2 서식은 2018년 11월 1일 이후 종료되는 사업연도부터 적용하고, 적용 전 사업연도에 대해서는 종전의 규정을 적용한다.

부칙 〈2019. 2. 21.〉

제1조(시행일) 이 시행세칙은 2019년 2월 21일부터 시행한다.

부칙 〈2019. 3. 29.〉

제1조(시행일) 이 시행세칙은 2019년 4월 1일부터 시행한다.

부칙 〈2019. 4. 3.〉

제1조(시행일) 이 규정은 공고한 날부터 시행한다.

제2조(조치등에 관한 적용례) 2019년 4월 1일 이전의 위반행위에 대하여 조치등을 하는 경우에는 제27조의 개정규정 및 별표 7에도 불구하고 2018년 11월 1일 전부개정되기 전의 규정(금융위원회 고시 제2017-33호)에 따른다. 다만, 제27조의 개정규정 및 별표 7을 적용하는 것이 피조사자에게 유리한 경우에는 이를 적용한다.

부칙 〈2019. 10. 4.〉

제1조(시행일) 이 규정은 공고한 날부터 시행한다.

[별표 1] 주권상장법인 감사인 등록요건(제8조제1항 관련)

1. 인력

가. 상시적으로 근무하는 법 제9조제4항에 따른 공인회계사(이하 "공인회계사"라 한다)를 40명 이상으로 유지하여야 한다. 다만, 지방회계법인(주사무소의 소재지가 수도권정비계획법 제2조제1호에 따른 수도권이 아닌 회계법인을 말한다. 이하 같다)은 공인회계사를 20명 이상으로 유지할 수 있다.

나. 대표이사(감사보고서에 서명을 하는 대표이사에 한정한다. 이하 같다) 및 품질관리업무 담당이사(감사인의 대표자가 법 제17조제3항에 따라 감사업무 설계 및 운영에 대한 책임을 지도록 지정한 담당이사 1명을 말한다. 이하 같다)의 경력기간(법 제9조제4항에 따른 실무수습 등을 이수한 이후에 「공인회계사법 시행령」 제12조제1항 각 호의 어느 하나에 해당하는 기관에서 회계처리 또는 외부감사 업무를 수행한 기간을 말한다. 이하 이 별표에서 같다)이 다음의 구분에 따른 기간일 것

1) 대표이사: 10년 이상

2) 품질관리업무 담당이사: 7년 이상

다. 품질관리업무를 담당하는 사람(품질관리업무 담당이사는 제외하며, 이하 "품질관리업무 담당자"라 한다)은 경력기간이 5년 이상인 사람으로 한다.

라. 품질관리업무 담당이사와 품질관리업무 담당자는 다음의 업무만을 수행한다.

1) 품질관리 제도의 설계 및 관리

2) 감사보고서 발행 전·후 심리(감사업무 수행과정에서의 중요한 판단사항 및 감사보고서 작성 내용을 감사조서, 증빙자료 등에 따라 객관적으로 평가하여 감사의견에 흠결이 없도록 하는 품질관리 활동을 말한다)

3) 법령등·회계처리기준·회계감사기준·품질관리기준 등 외부감사 시 준수해야할 사항에 관한 자문

4) 외부감사 업무 수임 건의 감사위험(감사인이 중요하게 왜곡표시되어 있는 재무제표에 대하여 부적절한 감사의견을 표명할 위험을 말한다. 이하 같다) 유무 확인 등 타당성 검토

5) 품질관리 관련 교육훈련 기획 및 운영

6) 법 제26제1항제3호에 따른 감리 결과에 대한 개선권고사항 이행상태 점검

7) 감사조서 관리

8) 그 밖에 주권상장법인 감사인 등록요건 유지 등 품질관리에 관한 업무

마. 품질관리업무 담당자의 수는 다음 표와 같다. 이 경우 공인회계사가 20명 이상 40명 미만인 지방회계법인은 품질관리업무 담당자를 1명 이상 두어야 한다.

외부감사 및 회계 등에 관한 규정·시행세칙

공인회계사 수	40명~70명	71명~100명	101명~300명	301명~
품질관리업무 담당자의 수	1명 이상	2명 이상	2명에 100명을 초과한 인원의 2%를 합한 수 이상(소수점 이하는 버린다)	6명에 300명을 초과한 인원의 1%를 합한 수 이상(소수점 이하는 버린다)

2. 물적설비 및 업무방법
   가. 품질관리의 효과성·일관성을 확보할 수 있도록 회계법인 내 인사(人事), 수입·지출의 자금관리, 회계처리, 내부통제, 감사업무 수임(受任) 및 품질관리 등 경영 전반의 통합관리를 위한 체계(이하 이 호에서 조직, 내부규정, 전산시스템 등을 말한다)를 갖출 것
   나. 지배구조의 건전성 및 의사결정의 투명성을 확보하기 위하여 대표이사 및 경영에 사실상 영향력을 행사하는 자 등을 효과적으로 견제할 수 있는 체계를 갖출 것
   다. 감사업무를 수임하거나 수행하는 과정에서 담당 공인회계사가 독립성(감사의견에 편견을 발생시키는 등 부당한 영향을 미칠 우려가 있는 이해관계를 회피하는 것을 말한다. 이하 같다)을 유지하였는지를 신뢰성있게 점검·관리할 수 있는 체계를 갖출 것
   라. 개별 감사업무에 대해 독립성과 전문성(감사업무를 수행하는데 필요한 교육·훈련 및 경험, 감사대상 회사의 업무 등에 대한 전문지식 등을 충분히 갖춘 것을 말한다)을 가진 자가 담당 이사로 선정될 수 있도록 그 절차 및 방법이 공정성, 투명성 및 합리성을 가질 것
   마. 소속 공인회계사(법 제9조제4항에 따른 실무수습 등을 이수하지 않은 사람도 포함한다)가 외부감사 업무를 수행하는데 투입한 시간의 신뢰성 및 타당성을 확보할 수 있는 체계를 갖출 것
   바. 감사조서 등 감사업무 관련 정보의 생산부터 보존까지의 모든 과정에 걸쳐 진본성(眞本性), 무결성(無缺性), 신뢰성 및 이용가능성이 보장될 수 있도록 관리하는 체계를 갖출 것

3. 심리체계
   가. 품질관리업무 담당이사, 품질관리업무 담당자 또는 경력기간이 5년 이상인 공인회계사로서 일정한 기준 및 절차에 따라 독립성과 전문성을 갖추었다고 인정된 사람이 심리를 수행할 것
   나. 심리의 대상·범위·방법·절차, 심리를 담당하는 사람의 자격요건, 권한 및 책임 등을 구체적으로 명확하게 정할 것
   다. 다음 중 어느 하나에 해당하는 회사의 감사보고서는 대표이사가 서명을 하기 전에 심리를 거칠 것
      1) 주권상장법인
      2) 대형비상장주식회사
      3) 금융회사

4) 감사인 지정을 받은 회사
5) 분사무소 소속 공인회계사가 감사업무를 수행한 회사
6) 그 밖에 이해관계자 보호 필요성이 크거나 감사위험이 높은 회사

라. 직전 사업연도에 감사업무를 수행한 이사 중 100분의 30 이상에 대하여 그 이사가 담당하여 작성한 직전 사업연도 감사보고서를 심리할 것

마. 감사의견에 영향을 미칠 수 있는 중요한 지적사항에 대한 검토내용은 문서로 작성하여 보관할 것

4. 보상체계

가. 감사업무를 수행하는 이사의 성과평가에서 감사업무의 품질을 평가하는 지표(다음의 사항을 포함한다)가 차지하는 비중을 100분의 70 이상으로 할 것
1) 금융위원회, 증권선물위원회 및 한국공인회계사회의 조치유무 또는 수사기관의 공소제기 여부
2) 내부규정 준수여부 및 심리결과
3) 외부감사 업무를 수행하는데 투입한 시간 및 독립성 유지상태에 대한 점검결과
4) 교육시간
5) 해당 사업연도에 함께 감사업무를 수행한 자들을 대상으로 한 설문조사 결과

나. 품질관리업무 담당자의 평균 연봉(기본급여, 성과에 따른 급여, 그 밖에 부가급여 등 급여의 성격을 불문하고 매년 지급되는 일체의 금전적 보상을 말한다. 이하 이 목에서 같다)은 그 직무의 곤란성 및 책임의 정도를 충분히 반영하여 다음의 구분에 따른 연봉보다 높은 수준으로 차별화하여 지급할 것
1) 품질관리업무 담당자가 이사인 경우: 소속 이사의 평균 연봉
2) 품질관리업무 담당자가 이사가 아닌 경우: 소속 공인회계사(이사는 제외한다)의 평균 연봉

[별표 2] 지정대상 선정일 및 지정기준일 (제12조제9항 및 제15조제7항 관련)

1. 법 제11조제1항에 따라 감사인을 지정하는 경우

감사인 지정 사유	지정대상 선정일	지정대상 사업연도	지정기준일
가. 법 제11조제1항 제1호 및 제8호, 영 제14조제6항 제1호 및 제4호	회사 등이 증권선물위원회에 감사인 지정을 요청한 날	지정대상 선정일이 속하는 사업연도	지정대상 선정일이 속한 달의 다음 달 초일부터 6주가 지난 날
나. 법 제11조제1항 제2호	사업연도가 시작된 후 6개월째 되는 달의 초일		

외부감사 및 회계 등에 관한 규정·시행세칙

감사인 지정 사유	지정대상 선정일	지정대상 사업연도	지정기준일
다. 법 제11조제1항 제3호 및 제9호, 영 제14조제6항 제2호 및 제6호	금융감독원장이 감사인 지정 사유가 발생하였음을 확인한 날		
라. 그 밖의 경우	사업연도가 시작된 후 9개월 째 되는 달의 초일	지정대상 선정일이 속하는 사업연도의 다음 사업연도	

비고
1. 법 제11조제1항제1호 또는 영 제14조제6항제1호에 해당하는 회사로서 지정대상 선정일이 해당 사업연도 종료 전 3개월 이내인 경우에는 지정대상 선정일이 속하는 사업연도의 다음 사업연도의 감사인을 지정할 수 있다.
2. 영 제14조제6항제6호에 해당하는 회사는 지정대상 선정일이 속하는 사업연도의 다음 사업연도의 감사인을 지정한다.
3. 가목부터 다목까지의 감사인 지정 사유 중 어느 하나에 해당하여 감사인 지정을 받은 회사의 감사인을 동일한 감사인 지정 사유에 따라 다시 지정하는 경우에는 라목에 따른 지정대상 선정일 및 지정대상 사업연도를 적용한다.
4. 영 제14조제3항제1호에 해당하는 회사 중 감사의견이 회계감사기준에 따른 적정의견이 아닌 경우로서 「자본시장과 금융투자업에 관한 법률」 제390조의 상장규정에 따라 상장이 폐지될 수 있는 요건에 해당하게 된 회사는 다목에 따른다.

2. 법 제11조제2항에 따라 감사인을 지정하는 경우
가. 지정대상 선정일은 사업연도가 시작된 후 9개월 째 되는 달의 초일로 한다.
나. 지정기준일은 지정대상 선정일이 속한 달의 다음 달 초일부터 6주가 지난 날로 한다.
다. 지정대상 사업연도는 지정대상 선정일이 속하는 사업연도의 다음 사업연도로 한다.

[별표 3] 감사인지정 점수 산정방식(제14조제8항제4호나목 관련)

1. 감사인지정 점수는 다음 산식에 따른다.

$$\text{감사인지정 점수} = \frac{\text{감사인 점수}}{1 + \text{감사인으로 지정을 받은 회사 수}}$$

2. “감사인 점수”는 매년 8월 31일(이하 이 별표에서 “산정기준일”이라 한다)에 금융위원회에 공인회계사법 제24조에 따라 등록된 회계법인(직전 사업연도 또는 해당 사업연도에 재무제표를 감사하거나 증명하는 업무의 계약을 체결하고 이를 수행하였거나 수행하는 회계법인에 한정한다. 이하 이 별표에서 같다)을 대상으로 다음

각 목의 순서에 따라 산정하여 매년 10월 1일부터 적용한다. 다만, 증권선물위원회는 법 제26조제1항에 따른 감리 또는 평가 결과를 고려하여 감사인 점수를 조정할 수 있다.

가. 산정기준일에 소속된 공인회계사 중 법 제9조제4항에 따른 공인회계사의 수를 경력기간(법 제9조제4항에 따른 실무수습 등을 이수한 이후에 감사인에 소속되어 외부감사 업무를 수행한 기간을 말한다. 이하 같다)에 따라 구분하여 산출한다. 다만, 법 제9조제4항에 따른 공인회계사가 아닌 공인회계사의 수(소속된 공인회계사 수의 30% 이내로 한정한다)는 경력기간이 2년 미만인 공인회계사(법 제9조제4항에 따른 공인회계사를 말하며, 이하 이 별표에서 "공인회계사"라 한다)의 0.5인으로 간주하여 계산(소수점 이하는 절사한다)한다.

나. 경력기간별 공인회계사 수에 다음 표에 따른 가중치를 곱하여 경력기간별 감사인 점수를 산출한다. 이 경우 법 제9조의2에 따라 등록한 회계법인인 경우에는 경력기간별 감사인 점수 각각에 대하여 3%를 가산한다.

경력기간 15년 이상	경력기간 10년 이상	경력기간 6년 이상	경력기간 2년 이상	경력기간 2년 미만
120	115	110	100	80

다. 나목에서 산출된 경력기간별 감사인 점수를 모두 합한다.

라. 직전 사업연도("직전 사업연도"가 12개월 미만인 경우 직전 사업연도 말일을 기준으로 과거 1년간의 기간을 사업보고서에 공시하면 해당기간을 직전 사업연도로 본다.) 회계법인의 전체 매출액 중 회계감사업무(이 법에 따른 회계감사업무 외의 회계감사업무를 포함한다) 매출액이 차지하는 비중이 100분의 50 미만인 경우에는 다음 표에 따라 감사인 점수를 차감한다.

회계감사업무 매출액 비중	40%이상 50%미만	30%이상 40%미만	20%이상 30%미만	10%이상 20%미만	10%미만
감사인 점수 차감비율	5%	10%	15%	20%	25%

3. "감사인으로 지정을 받은 회사 수"는 해당연도 10월 1일부터 다음 해 9월 30일까지 감사인으로 지정을 받은 회사 수(감사인으로 지정을 받았으나 감사계약이 체결되지 않거나 중도에 해지된 회사는 포함하지 않는다)에 다음 표에 따른 가중치를 곱하여 산출한다.

감사인으로 지정받은 회사의 직전 사업연도말 자산총액	5조원 이상	4천억원 이상부터 5조원 미만까지	4천억원 미만
가중치	3배	2배	1배

[별표 4] 감사인 지정 방법(제14조제9항 관련)

1. 법 제11조제1항 또는 제2항에 해당하는 회사(이하 이 별표에서 "회사"라 한다)는 다음 표에 따라 5개의 군(群)으로 구분한다.

외부감사 및 회계 등에 관한 규정·시행세칙

구분	구분 기준
가군	직전 사업연도 말(직전 사업연도의 결산이 없는 경우에는 회사의 설립일을 말한다. 이하 이 호에서 같다) 자산총액이 5조원 이상인 경우
나군	직전 사업연도 말 자산총액 1조원 이상이고 5조원 미만인 경우
다군	직전 사업연도 말 자산총액이 4천억원 이상이고 1조원 미만인 경우
라군	직전 사업연도 말 자산총액이 1천억원 이상이고 4천억원 미만인 경우
마군	직전 사업연도 말 자산총액이 1천억원 미만인 경우

2. 영 제16조제1항 각 호의 회계법인(이하 이 별표에서 "회계법인"이라 한다)은 다음 표에 따라 5개의 군으로 구분한다. 다만, 증권선물위원회는 법 제26조제1항에 따른 감리 또는 평가 결과를 고려하여 회계법인이 속하는 군을 조정할 수 있다.

구분	구분 기준					해당 회계 법인
	법 제9조제4항에 따른 공인회계사 수	직전 사업연도 감사업무 매출액	품질관리 업무 담당이사 및 담당자의 비중	손해배상 능력	직전 사업연도 감사대상 상장사수	
가군	600인 이상	500억원 이상	별표 1 제1호마목에 따른 품질관리 업무담당자(품질관리업무 담당이사 포함) 수의 120% 이상 (소수점 이하는 절사한다)	200억원 이상	100사 이상	4개 충족
나군	120인 이상	120억원 이상		60억원 이상	30사 이상	4개 충족
다군	60인 이상	40억원 이상		20억원 이상	10사 이상	4개 충족
라군	30인 이상	15억원 이상	2명 이상	10억원 이상	5사 이상	3개 충족
마군	감사인 지정이 가능한 그 밖의 회계법인					

비고

1. 위 표에서 "품질관리 업무 담당이사 및 담당자의 비중"이란, 품질관리 업무 담당이사 및 담당자의 수가 해당 회계법인에 소속된 법 제9조제4항에 따른 공인회계사 수에서 차지하는 비중을 말한다.
2. 위 표에서 "손해배상능력"이란, 산정기준일의 직전 사업연도 말 법 제32조에 따른 손해배상공동기금 적립액 및 손해배상책임보험의 연간보험료,

「공인회계사법」 제28조에 따른 손해배상준비금 적립액을 합산한 금액을 말한다

3. 위 표에서 "직전 사업연도 감사대상 상장사 수"는 산정기준일이 속하는 사업연도의 직전 사업연도 중에 결산일이 도래하는 주권상장법인(법에 따라 외부감사를 받는 주권상장법인이 아닌 경우는 제외한다)인 감사대상 회사의 수로 한다.

4. 위 표에서 "직전 사업연도"가 12개월 미만인 경우 직전 사업연도 말일을 기준으로 과거 1년간의 기간을 사업보고서에 공시하면 해당기간을 직전 사업연도로 본다.

3. 회사의 감사인(회사가 법 제4조제1항제1호 또는 제2호에 해당하는 경우에는 법 제9조의2제1항에 따라 등록한 회계법인에 한정한다. 이하 같다)은 다음 각 목의 기준에 따라 정한다.
  가. 금융감독원장은 제1호의 표에 따른 회사 군별로 직전 사업연도 말 자산총액이 높은 회사부터 순서대로 감사인을 지정한다.
  나. 회사 가군에 속하는 회사의 감사인은 회계법인 가군에 속하는 회계법인 중에서 감사인지정 점수가 높은 회계법인부터 순서대로 지정한다.
  다. 회사 나군에 속하는 회사의 감사인은 회계법인 가군 또는 회계법인 나군에 속하는 회계법인 중에서 감사인지정 점수가 높은 회계법인부터 순서대로 지정한다.
  라. 회사 다군에 속하는 회사의 감사인은 회계법인 가군부터 회계법인 다군까지에 속하는 회계법인 중에서 감사인지정 점수가 높은 회계법인부터 순서대로 지정한다.
  마. 회사 라군에 속하는 회사의 감사인은 회계법인 가군부터 회계법인 라군까지에 속하는 회계법인 중에서 감사인지정 점수가 높은 회계법인부터 순서대로 지정한다.
  바. 회사 마군에 속하는 회사의 감사인은 회계법인 가군부터 회계법인 마군까지에 속하는 회계법인 중에서 감사인지정 점수가 높은 회계법인부터 순서대로 지정한다.
  사. 금융감독원장은 회사의 의견이 제15조제5항제3호에 해당하는 경우 다음 표에 따라 감사인을 다시 지정한다.

회사가 속한 군(群)	기지정한 회계법인이 속한 군(群)	재지정할 회계법인이 속한 군(群)			
		가군을 재지정요청한 경우	나군 이상을 재지정요청한 경우	다군 이상을 재지정요청한 경우	라군 이상을 재지정요청한 경우
나군	나군	가군	-	-	-
다군	나군	가군	-	-	-
	다군	가군	가~나군	-	-

외부감사 및 회계 등에 관한 규정·시행세칙

회사가 속한 군(群)	기지정한 회계법인이 속한 군(群)	재지정할 회계법인이 속한 군(群)			
		가군을 재지정요청한 경우	나군 이상을 재지정요청한 경우	다군 이상을 재지정요청한 경우	라군 이상을 재지정요청한 경우
라군	나군	가군	-	-	-
	다군	가군	가~나군	-	-
	라군	가군	가~나군	가~다군	-
마군	나군	가군	-	-	-
	다군	가군	가~나군	-	-
	라군	가군	가~나군	가~다군	-
	마군	가군	가~나군	가~다군	가~라군

아. 금융감독원장은 회사의 의견이 제15조제5항제4호에 해당하는 경우 다음 표에 따라 감사인을 다시 지정한다.

회사가 속한 군(群)	기지정한 회계법인이 속한 군(群)	재지정할 회계법인이 속한 군(群)*			
		나군을 재지정요청한 경우	다군 이상을 재지정요청한 경우	라군 이상을 재지정요청한 경우	마군 이상을 재지정요청한 경우
나군	가군	나군	-	-	-
다군	가군	나군	나~다군	-	-
	나군	-	다군	-	-
라군	가군	나군	나~다군	나~라군	-
	나군	-	다군	다~라군	-
	다군	-	-	라군	-
마군	가군	나군	나~다군	나~라군	나~마군
	나군	-	다군	다~라군	다~마군
	다군	-	-	라군	라~마군
	라군	-	-	-	마군

* 이 경우 법 제9조의2제1항에 따라 등록한 회계법인 중에서 재지정

4. 제3호에도 불구하고 다음 각 목의 경우에는 별도의 기준에 따른다.

가. 연속하는 2개 이상 사업연도의 감사인을 지정하는 경우에 그 감사인은 동일한 회계법인으로 정한다. 다만, 3개 사업연도로 한정한다.

나. 금융감독원장은 회계법인이 증권선물위원회 또는 한국공인회계사회로부터 법 제29조에 따른 조치를 받은 경우에 다음 표에 따른 지정제외점수를 부과한다. 다만, 회계처리기준 위반 외 법령등의 위반에 대해서는 금융감독원장이 정하는 기준에 따라 지정제외점수를 부과한다.

	가중시 최대	I	II	III	IV	V	감경시 최소
고의	300	250	200	150	100	60	40
중과실	150	100	60	40	30	20	10
과실	40	30	20	10	-	-	-

다. 매년 8월 31일을 기준으로 누적된 지정제외점수가 30점 이상에 해당하게 되는 때에는 10월 1일부터 다음의 기준에 해당하는 점수당 1개의 회사를 감사인 지정을 받을 수 있는 회사에서 제외한다.

1) 직전 사업연도 말(직전 사업연도의 결산이 없는 경우에는 회사의 설립일을 말한다. 이하 이 목에서 같다) 자산총액이 5조원 이상인 경우: 90점

2) 직전 사업연도 말 자산총액이 4천억원 이상이고 5조원 미만인 경우: 60점

3) 직전 사업연도 말 자산총액이 4천억원 미만인 경우: 30점

라. 매년 9월 30일에 남은 지정제외점수는 다음 해로 이월한다. 이 경우 3년간 사용하지 아니한 지정제외점수는 소멸한다.

마. 금융감독원장이 감사인으로 지정한 자가 다음 중 어느 하나에 해당하는 경우에 해당 회계법인은 제3호에 따른 감사인이 될 수 없다.

1) 해당 회사가 직전 사업연도에 법 제10조에 따라 감사인으로 선임했던 자인 경우. 다만, 영 제17조제7항제1호에 해당하는 경우에는 그러하지 아니할 수 있다.

2) 법 제10조제3항 또는 제4항을 위반하여 감사인으로 선임했던 자인 경우

3) 회사 또는 감사인으로 지정받은 자가 법 제11조제4항 단서에 따라 금융감독원장에게 감사인을 다시 지정하여 줄 것을 요청하여 금융감독원장이 다른 감사인을 지정한 경우

4) 법 제29조제3항에 따라 해당 회사에 대한 감사업무가 제한된 자인 경우

바. 회사 가군에 속하는 회사의 감사인을 회계법인 가군에 속하는 회계법인으로 지정할 수 없는 경우에는 회계법인 나군에 속하는 회계법인을 제3호의 기준에 따라 지정한다.

사. 금융회사의 감사인은 다음의 사항을 문서로 제출한 회계법인

외부감사 및 회계 등에 관한 규정·시행세칙

중에서 지정한다.

1) 최근 5년간 금융회사 감사 실적

2) 금융회사 감사 시 투입가능한 인원 및 감사업무를 수행하는 공인회계사의 경력기간

아. 회계법인들 간에 감사인지정 점수가 동일한 경우에는 다음의 기준을 순서대로 적용하여 감사인을 지정한다.

1) 감사인 점수가 높은 회계법인

2) 법 제9조의2에 따라 금융위원회에 등록한 회계법인

3) 법 제9조제4항에 따른 공인회계사 수가 많은 회계법인

4) 영업기간(「공인회계사법」 제24조에 따른 등록일 이후 경과 일수를 말한다)이 긴 회계법인

[별표 5] 회계법인의 사업보고서 기재사항(제22조제1항 관련)

1. 조직·인력·예산

가. 지배구조 및 계열회사

나. 외국 회계법인과의 제휴 현황

다. 사업부문별 소속 등록 공인 회계사의 경력기간 및 변동 현황

라. 사업부문별 소속 등록 공인회계사의 최근 3년간 교육훈련 실적

마. 품질관리업무 담당 인력

바. 임직원의 성과를 평가하기 위한 지표에서 감사업무의 품질 관련 지표의 비중

사. 회계법인의 예산 중 품질관리업무 관련 예산의 비중

2. 운영체계

가. 감사위험이 높은 회사에 대한 관리 체계

나. 수습 공인회계사가 참여한 감사업무에 대한 관리 체계

다. 심리(외국제휴법인이 수행한 심리를 포함한다) 및 관련 문서보관체계 현황

3. 최근 3년간 감리집행기관으로부터 법 제26조제1항에 따른 감리 및 평가를 받은 결과 중 다음 각 목의 사항

가. 조치내용

나. 감리집행기관이 감리 또는 평가를 한 결과 개선을 권고한 사항의 이행 상황

[별표 6] 수시 보고 사항(제22조제4항 관련)

1. 감사품질관리에 관한 사항

가. 감사보고서의 철회 및 재발행(사유 및 발생원인을 포함한다)

나. 독립성 위반에 관한 사항

다. 외국 회계감독기구에 감사인으로 등록하는 것에 관한 사항

2. 회계법인의 경영일반에 해당하는 사항

가. 상호의 변경

나. 정관의 변경(단, 사원 및 이사의 변경은 제외한다)
다. 대표이사 및 품질관리업무 담당이사의 선임과 해임
라. 고문 계약의 체결 및 해지
마. 주사무소 또는 분사무소의 이전, 분사무소의 설치 및 폐쇄
바. 합병 등에 관한 사항
사. 외국법인과의 제휴에 관한 사항
아. 특수관계자에 관한 사항(특수관계자 추가 및 해제 등)

3. 경영환경에 중대한 변동을 초래하는 사항
가. 금융위원회 또는 외국감독기구 등으로부터 업무정지 이상의 조치를 받는 경우
나. 소속 공인회계사가 금융위원회 또는 한국공인회계사회로부터 직무정지 이상의 처분을 받은 경우
다. 자기자본 10%(단, 자기자본의 10%에 해당하는 금액이 1억원 미만인 경우에는 1억원) 이상의 벌금, 과태료 또는 추징금 등이 부과된 경우
라. 회계감사에 대한 손해배상청구금액이 자기자본의 10%(단, 자기자본의 10%에 해당하는 금액이 1억원 미만인 경우에는 1억원) 이상인 경우
마. 임원의 직무집행정지 가처분신청 등 경영분쟁이 발생한 경우
바. 소속 이사가 기소되어 형사 재판이 진행중인 사실을 알게 된 경우
사. 주요 출자사원(지분이 5% 이상인 경우에 한정한다)의 변경에 관한 사항
아. 이사 등 임직원이 횡령, 위조, 뇌물, 공무집행방해, 위증 등으로 기소되었거나 감사, 증권, 세무, 은행, 소비자보호, 보험 등과 관련이 있는 범죄혐의로 기소되었다는 사실을 알게 된 경우

[별표 7] 조치등의 기준(제27조제2항 관련)

1. 위반동기
가. 고의적인 위법행위란 위법사실 또는 그 가능성을 인식하고 법령등을 위반한 행위를 말하며, 다음의 구분에 따른 경우에 해당하는 위법행위에는 고의가 있다고 본다. 다만, 피조사자가 고의가 없음을 합리적으로 소명하는 경우에는 그러하지 아니하다.
1) 회사 및 임직원
가) 가공의 자산을 계상하거나 부채를 누락하는 등 회계정보를 의도적으로 은폐·조작 또는 누락시켜서 재무제표를 작성한 경우
나) 회계장부, 전표(傳票) 등 회계장부 작성의 기초가 되는 서류, 관련 전산자료 및 증빙자료 등을 위·변조하여 재무제표를 작성한 경우
다) 감사인이 요구한 자료를 위·변조하는 등 외부감사를 방해

외부감사 및 회계 등에 관한 규정·시행세칙	
한 경우 라) 다음의 어느 하나에 해당하는 상황으로서 위법행위가 회사, 주주 또는 임직원(「상법」 제401조의2에 따른 사실상의 이사를 포함한다. 이하 같다)의 이익에 직접적이고 상당한 영향을 미치는 경우 (1) 재무제표에 나타나지 않는 자금의 조성, 임직원의 횡령·배임 및 「특정 금융거래정보의 보고 및 이용 등에 관한 법률」 제2조제4호에 따른 자금세탁행위 등과 관련되는 경우 (2) 특수관계자와의 비정상적 거래와 관련되는 경우 (3) 금융기관의 여신제공, 채무감면 등과 관련되는 경우 (4) 회계처리기준 위반사항을 수정하면 「자본시장과 금융투자업에 관한 법률」 제390조에 따른 상장규정에 따라 거래소에 상장을 할 수 없거나, 상장을 유지할 수 없는 경우 (5) 「자본시장과 금융투자업에 관한 법률」에 따른 불공정거래행위와 관련되는 경우 마) 그 밖에 위법사실 또는 그 가능성을 인식하고 법을 위반한 경우 2) 감사인 및 공인회계사 가) 회사의 회계처리기준 위반을 묵인하거나 회사와 공모(共謀)하여 회사가 회계처리기준을 위반하여 재무제표를 작성	하게 한 경우 나) 위법행위가 감사인 또는 공인회계사의 이익에 직접적이고 상당한 영향을 미치는 경우 다) 그 밖에 위법사실 또는 그 가능성을 인식하고 법을 위반한 경우 나. 고의적인 위법행위가 아닌 경우에는 과실에 따른 위법행위로 본다. 다만, 위법행위가 다음을 모두 충족하는 경우에는 그 위법행위에 중과실(重過失)이 있다고 본다. 1) 직무상 주의의무를 현저히 결(缺)하였다고 판단할 수 있는 상황으로서 다음의 어느 하나에 해당하는 경우 가) 회계처리기준 또는 회계감사기준을 적용하는 과정에서의 판단 내용이 합리성을 현저히 결한 경우 나) 회계처리기준 위반과 관련하여 내부회계관리규정 또는 회계감사기준에서 요구하는 통상적인 절차를 명백하게 거치지 않거나, 형식적으로 실시한 경우 다) 그 밖에 사회의 통념에 비추어 직무상 주의의무를 현저히 결하였다고 인정할 수 있는 경우 2) 회계정보이용자의 판단에 미치는 영향력이 큰 회계정보로서 다음의 어느 하나에 해당하는 경우 가) 회계처리기준 위반 관련 금액이 중요성 금액을 4배 이상 초과한 경우 나) 감사인이 회사의 재무제표 또는 경영전반에 대하여 핵심

적으로 감사해야할 항목으로 선정하여 감사보고서에 별도로 작성한 내용인 경우

다) 그 밖에 사회의 통념에 비추어 위법행위가 회계정보이용자의 판단에 미치는 영향력이 크다고 볼 수 있거나 경제·사회에 미치는 영향이 클 것이라고 판단되는 경우

2. 위법행위의 중요도

가. 위법행위의 중요도에 따른 등급은 중요성 금액 대비 회계처리기준 위반 금액의 비율에 따라 정한다. 다만, 위법행위의 중요도를 회계처리기준 위반 금액으로 판단하기 어려운 경우에는 해당 위법행위가 회계정보이용자의 판단에 미치는 영향력을 판단할 수 있는 기준을 별도로 정하여 판단한다.

나. 중요성 금액은 감사인이 회계감사기준에 따라 합리적으로 판단한 금액으로 본다. 다만, 그 금액을 정하는 과정에서의 판단내용이 합리성을 현저히 결한 경우 또는 감사인이 중요성 금액을 정하지 않은 경우에는 금융감독원장이 다음의 사항을 고려하여 중요성 금액을 정한다.

1) 회사의 자산총액, 매출액 또는 그 밖의 재무성과

2) 그 밖에 회계처리기준 위반이 이해관계자에 미치는 영향

3. 조치등의 가중·감경

가. 가중사유

1) 회사가 증권선물위원회 또는 금융감독원장으로부터 조치(위반동기가 과실인 경우에 한정한다)를 받은 날부터 3년 이내에 고의 또는 중과실에 따른 법령등의 위반이 있는 경우

2) 회사가 증권선물위원회로부터 조치(위반동기가 고의 또는 중과실인 경우로 한정한다)를 받은 날부터 5년 이내에 고의 또는 중과실에 따른 법령등의 위반이 있는 경우

3) 공인회계사가 증권선물위원회 또는 한국공인회계사회로부터 조치를 받은 날부터 2년 이내에 다시 위법행위를 한 경우. 다만, 경고 이하의 조치를 받은 경우 2회 이상 받은 경우에 적용한다.

4) 위반기간이 3개 사업연도를 초과한 경우(고의인 경우에 한정한다)

5) 위법행위를 은폐 또는 축소하기 위하여 허위자료를 제출하거나 자료제출을 거부하는 경우

6) 내부회계관리제도에 중요한 취약사항이 있는 경우

7) 그 밖에 사회의 통념에 비추어 위법행위의 내용 또는 정도에 비해 조치등의 수준이 낮다고 판단되는 경우

나. 감경사유

1) 회사의 직전 사업연도 말 자산규모 또는 직전 3개 사업연도의 평균 매출액 규모가 1,000억원 미만인 경우(단, 법 제4조제1항제1호 또는 제2호에 해당하는 회사, 대형비상장주식회사 및 금융회사는 제외한다)

외부감사 및 회계 등에 관한 규정·시행세칙

2) 감사인 감리 또는 법 제26조제1항제3호에 따른 품질관리수준에 대한 평가를 한 결과 법 제17조에 따른 품질관리기준을 충실히 이행하였다고 판단되는 경우
3) 회사 또는 감사인이 위법행위와 직접 관련된 투자자 등 이해관계자의 피해를 충분히 보상하였다고 판단되는 경우
4) 법 제28조제1항 각 호의 어느 하나에 해당하는 사실을 증권선물위원회에 신고하거나 해당 회사의 감사인 또는 감사(감사위원회가 설치된 경우에는 감사위원회를 말한다)에게 고지한 경우
5) 회사가 감리집행기관으로부터 재무제표 감리 또는 재무제표 심사가 시작된다는 사실을 통지받기 전(감리집행기관이 감리 등을 실시하기 전에 해당 회사가 회계처리기준 위반 혐의가 있다는 사실을 인지하게 된 경우에는 그 인지한 날 이전)에 자진하여 회계처리기준 위반 내용을 수정공시하거나 수정공시해야할 사항을 별도의 공시자료를 통해 투자자 등 이해관계자에 알린 경우
6) 회사가 감리집행기관이 감리를 실시한다는 내용의 문서를 최초로 받은 날 이후 1개월 이내에 회사가 자진하여 회계처리기준 위반 내용을 수정공시한 경우. 다만, 수정공시한 내용이 다음의 어느 하나에 해당하는 경우는 제외한다.
   가) 감리집행기관의 재무제표 심사 결과 회계처리기준 위반으로 지적된 사항
   나) 회사가 감리집행기관이 감리를 실시한다는 내용의 문서를 최초로 받은 날 이후 1개월 이내에 감리집행기관으로부터 받은 문서의 내용과 직접 관련된 사항
7) 공인회계사가 조치일로부터 10년 이내에 정부 표창규정에 따른 장관급 이상의 표창, 금융위원회 위원장, 금융감독원장으로부터 기업 회계투명성 제고에 기여한 공적으로 표창을 받은 경우. 다만, 동일한 공적에 의한 감경은 1회에 한하며, 검찰총장에의 고발등, 금융위원회에의 등록취소·전부 직무정지가 건의된 경우에는 적용하지 아니한다.
8) 위법행위의 원인, 결과, 방법 등으로 보아 정상을 특별히 참작할 사유가 있는 경우
9) 그 밖에 위반자의 현실적 부담능력, 위반행위로 인해 취득한 이익의 규모 등을 고려해야할 필요가 있는 경우

4. 조치등의 병과
증권선물위원회와 감리집행기관은 2개 이상의 조치를 병과할 수 있다.

5. 회계처리기준 위반 외 법령등 위반에 대해서는 금융감독원장이 위반행위의 원인 및 결과 등을 고려하여 조치등의 기준을 정할 수 있다.

[별표 8] 과징금 부과기준(제43조제1항 관련)

1. 기준금액
   가. 회사: 공시된 재무제표에서 회계처리기준과 달리 작성된 금액을 기준으로 중요성 금액, 연결재무제표가 투자자의 의사결정에 영향을 미치는 정도 등을 고려한 금액
   나. 회사 관계자: 회계처리기준 위반이 발견된 사업연도에 회사로부터 받은 보수, 배당, 이익이 실현되지 않은 증권·현물 등 일체의 금전적 보상
   다. 감사인: 회계감사기준을 위반하여 작성된 감사보고서에 대하여 해당 회사로부터 받았거나 받기로 한 감사보수
2. 부과기준율
   가. 부과기준율은 위법행위 중요도 점수를 기준으로 하여 다음의 표에 따라 산정한다.

위법행위 중요도 점수	부과기준율	
	회사	감사인 및 회사 관계자
2.6 이상	20%	500%
2.2 이상 ~ 2.6 미만	15%	350%
1.8 이상 ~ 2.2 미만	10%	250%
1.4 이상 ~ 1.8 미만	5%	150%
1.4 미만	2%	50%

   나. 위법행위 중요도 점수는 다음의 표에 따라 항목별 중요도 점수와 가중치를 곱한 결과값을 모두 합하여 산정한다. 이 경우, 해당 항목의 중요도가 "상(上)" 또는 "중(中)"보다 낮은 경우에는 "하(下)"에 해당하는 것으로 보아 1점을 매긴다.

항목 (중요도)		가중치	상(上, 3점)	중(中, 2점)
위법행위 내용	회사 및 회사 관계자	0.4	• 재무제표에 나타나지 않는 자금의 조성, 임직원의 횡령·배임 및 「특정 금융거래정보의 보고 및 이용 등에 관한 법률」 제2조제4호에 따른 자금세탁행위 등과 관련되는 경우 • 내부자거래 등 불공정거래행위와 직접 연계된 경우	• 가공의 자산을 계상하거나 부채를 누락하는 등 회계정보를 의도적으로 은폐·조작·누락시킨 경우 • 회계장부, 전표 등 회계장부 작성의 기초가 되는 서류, 관련 전산자료 및 증빙자료 등을 위·변조한 경우 • 감사인이 요구한 자료를 위·변조하는 등 외부감사를 방해한 경우

외부감사 및 회계 등에 관한 규정·시행세칙

항목		가중치	상(上, 3점)	중(中, 2점)
				• 그 밖에 위법사실 또는 그 가능성을 인식하고 법을 위반한 경우
	감사인	0.4	• 위법행위가 감사인 또는 공인회계사의 이익에 직접적이고 상당한 영향을 미치는 경우 • 회사의 회계처리기준 위반을 묵인하거나 공모한 경우 • 위법행위 관련 내부회계관리규정 위반사실을 알았음에도 의도적으로 지적하지 않고 감사계약을 연장한 경우	• 그 밖에 위법사실 또는 그 가능성을 인식하고 법을 위반한 경우
위법행위	위반규모	0.2	중요성 금액을 16배 이상 초과	중요성 금액을 8배 이상 초과
	회사유형	0.2	주권상장법인 (단, 코넥스시장 상장법인 제외)	코넥스시장 상장법인, 「자본시장과 금융투자업에 관한

항목		가중치	상(上, 3점)	중(中, 2점)
정도				법률」 제159조제1항에 따른 사업보고서 제출대상법인, 대형비상장주식회사
	시장에 미치는 영향	0.2	위법행위로 인하여 다수 채권자, 투자자 등 이해관계자에게 중대한 손해를 입히거나 사회적 물의를 야기한 경우	위반 재무제표를 이용한 증권 공모발행으로 다수의 채권자, 투자자 등 이해관계자에게 피해를 끼친 경우

3. 기본과징금의 조정

가. 가중 사유 및 가중 규모

1) 별표 7의 제3호가목1), 2), 4) 또는 5)의 규정 중 어느 하나에 해당하는 경우에는 기본과징금의 100분의 50 이하의 금액을 기본과징금에 가중할 수 있다.

2) 내부회계관리제도에 중요한 취약사항이 있는 경우에는 기본과징금의 100분의 20 이하의 금액을 기본과징금에 가중할 수 있다.

3) 위법행위 내용의 중요도가 "상"인 경우에 기준금액의 100분의 10과 기본과징금 간의 차액에 해당하는 금액을 기본과징

금에 가중할 수 있다. 다만, 가중할 수 있는 금액은 기본과징금의 2분의 1의 범위 내로 한정한다.

4) 그 밖에 사회의 통념에 비추어 위법행위의 내용 또는 정도에 비해 기본과징금이 낮다고 판단되는 경우 기본과징금의 2분의 1의 범위 내에서 가중할 수 있다.

나. 감경 또는 면제에 관한 사유 및 감경 규모

1) 별표 7의 제3호나목1)부터 4)의 규정 중 어느 하나에 해당하는 경우에는 기본과징금의 100분의 50 이하의 금액을 기본과징금에서 감경할 수 있다.

2) 별표 7의 제3호나목5)부터 7)의 규정 중 어느 하나에 해당하는 경우에는 기본과징금의 100분의 30 이하의 금액을 기본과징금에서 감경할 수 있다.

3) 다음의 어느 하나에 해당하는 경우에는 사회의 통념에 비추어 합리적인 범위 내에서 기본과징금을 감경하거나 면제할 수 있다.

가) 별표 7의 제3호나목8) 또는 9)에 해당하는 경우

나) 위법행위가 발생한 사업연도 후 최대주주 및 경영진이 실질적으로 교체되었고, 과징금 부과 시 회사 경영에 상당한 피해가 예상되는 경우

다) 회사 또는 주주가 회사 관계자의 회계부정을 신고하였고, 과징금 부과 시 회사의 경영에 상당한 피해가 예상되는 경우

4. 과징금 부과금액의 결정

가. 「자본시장과 금융투자업에 관한 법률」 제429조에 따른 과징금 부과금액이 더 큰 경우에는 과징금을 부과하지 않을 수 있다.

나. 동일한 위법행위에 대하여 법원으로부터 받은 벌금, 과태료가 있는 경우에는 그 금액을 고려하여 과징금 부과금액을 조정할 수 있다.

다. 과징금이 10만원 미만인 경우에는 절사한다

[별표 9] 과태료 부과기준(제43조제2항 관련)

1. 과태료 산정방식

가. 영 별표 2 제2호 각 목의 금액을 과태료 부과 기준금액(이하 "기준금액"이라 한다)으로 한다.

나. 하나의 행위가 2개 이상의 위법행위에 해당하는 경우에는 각 위법행위에 대하여 정한 과태료 중 기준금액이 큰 과태료를 부과한다.

다. 2개 이상의 위법행위가 경합하는 경우에는 각 위법행위에 대하여 정한 과태료를 각각 부과한다. 다만, 2개 이상의 동일한 종류의 위법행위에 대하여 과태료를 각각 부과하는 것이 합리적이지 않은 경우에는 그러하지 아니하다.

라. 2개 이상의 동일한 종류의 위법행위를 반복한 경우에는 반복

외부감사 및 회계 등에 관한 규정·시행세칙

된 행위의 시간적·장소적 근접성, 행위의사의 단일성, 침해된 법 규정의 동일성에 따라 행위의 동일성이 인정된다면 이를 하나의 행위로 평가할 수 있다.

마. 위법행위의 동기 및 결과를 고려하여 기준금액의 일정비율로 예정금액(동일인의 2개 이상의 위법행위가 경합하여 과태료를 각각 부과하는 경우 각 위법행위별 예정금액을 말한다. 이하 같다)을 산정한다.

바. 위반자에게 가중·감면사유가 있는 경우에는 예정금액을 가중·감면하여 과태료 부과금액을 산정한다.

사. 과태료 부과와 관련하여 이 규정에서 정하고 있는 내용을 제외하고는 「질서위반행위규제법」에 따른다.

2. 예정금액의 산정

가. 예정금액은 다음 표와 같이 산정한다.

위반결과 \ 동기	상	중	하
중대	기준금액의 100%	기준금액의 80%	기준금액의 60%
보통	기준금액의 80%	기준금액의 60%	기준금액의 40%
경미	기준금액의 60%	기준금액의 40%	기준금액의 20%

나. 위반결과

1) "중대"란, 해당 위법행위가 언론(「방송법」에 따른 지상파방송사업자가 전국을 대상으로 행하는 방송 또는 「신문 등의 진흥에 관한 법률」에 따른 일반일간신문 중 서울에 발행소를 두고 전국을 대상으로 발행되는 둘 이상의 신문을 말한다. 이하 같다)에 공표되거나, 회사의 회계처리기준 위반과 관련되어 있어 회계정보의 투명성 및 신뢰성이 크게 훼손된 경우 등 사회·경제적 물의를 야기한 경우 또는 이해관계자에게 중대한 손해를 입히는 경우 등을 말한다.

2) "보통"이란, '중대', '경미'에 해당하지 않는 경우를 말한다.

3) "경미"란, 사회·경제적 파급효과가 없고 이해관계자에 미치는 영향이 미미한 경우 등을 말한다.

다. 위반동기

1) "상"이란, 위법행위가 위반자의 고의에 의한 경우로서 위법행위의 목적, 동기, 해당 행위에 이른 경위 등에 특히 참작할 사유가 없는 경우

2) "중"이란, 위법행위가 위반자의 고의에 의한 경우로서 위법행위의 목적, 동기, 해당 행위에 이른 경위 등에 특히 참작할 사유가 있는 경우 또는 위법행위가 위반자의 중과실에 의한 경우

3) "하"란, "상" 또는 "중"에 해당하지 않는 경우

라. 가목에도 불구하고, 위반결과 및 위반동기를 고려하여 정한 비

율(이하 "예정비율"이라 한다)과 다른 비율을 적용할 사유(해당 사유가 가중 또는 감면사유와 중복되는 경우는 제외한다)가 있는 경우에는 예정비율을 달리 결정할 수 있다. 다만, 이 경우 그 사유를 조사결과 조치안에 명시하여야 한다.

마. 나목에도 불구하고, 감사인이 정당한 이유없이 법 제27조제1항에 따른 자료제출 등의 요구를 거부 또는 기피하거나 거짓 자료를 제출한 경우에 대하여 과태료를 부과할 때에는 위반결과를 "중대"로 본다.

3. 최종 과태료 부과금액의 결정

가. 위반자에게 가중사유 또는 감경사유가 있는 경우에는 가중금액에서 감경금액을 차감한 금액을 예정금액의 100분의 50 범위 내에서 가감하여 최종 과태료 부과금액을 결정한다. 이 경우 가중하는 경우에는 법률상 최고한도액을 넘지 못하며, 다목3)에 해당하는 경우에는 예정금액의 100분의 50을 초과하여 감경할 수 있다.

나. 가중사유

1) 과태료를 부과받은 날부터 5년 이내에 동일한 위법행위를 한 경우에는 예정금액의 100분의 20 이내에서 가중할 수 있다.

2) 그 밖의 위법행위의 원인, 결과, 방법 등을 감안하여 필요하다고 인정되는 경우 예정금액의 100분의 20 이내에서 가중할 수 있다.

다. 감경사유

1) 위법행위를 감리집행기관이 인지하기 전에 자진하여 신고하는 등 조사에 적극적으로 협조한 경우에는 예정금액의 100분의 30 이내에서 감경할 수 있다.

2) 위법행위를 감독기관이 인지하기 전에 스스로 시정 또는 치유한 경우에는 예정금액의 100분의 30 이내에서 감경할 수 있다.

3) 2개 이상의 동일한 종류의 위법행위에 대하여 부과하려는 예정금액의 총액이 해당 위법행위에 대한 법률상 최고한도액(위법행위를 한 자가 법인이 아닌 경우에는 기준금액으로 한다)의 10배를 초과하는 경우에는 그 초과부분 이내에서 감경할 수 있다.

4) 2개 이상의 동일한 종류의 위법행위에 대하여 부과하려는 예정금액의 총액이 위법행위자의 연령(법인은 제외한다), 현실적인 부담능력, 환경 또는 위법행위의 내용 및 정황 등을 고려할 때 감경이 불가피하다고 인정되는 경우에는 예정금액의 100분의 50 이내에서 감경할 수 있다.

5) 그 밖에 위법행위의 원인, 결과, 방법 등을 감안하여 필요하다고 인정되는 경우 예정금액의 100분의 50 이내에서 감경할 수 있다.

4. 과태료 부과의 면제

위반자가 다음 각 목의 사유에 해당하는 경우에는 과태료 부과를

외부감사 및 회계 등에 관한 규정·시행세칙

면제할 수 있다.

가. 제27조제7항제1호부터 제3호까지의 사유 등으로 과태료 납부가 사실상 불가능하여 과태료 부과의 실효성이 없는 경우

나. 동일한 위법행위에 대하여 형벌·과징금 등 실효성 있는 제재조치를 이미 받은 경우

다. 공무원(금융감독원장을 포함한다)의 서면회신이나 행정지도, 기타 공적인 견해표명에 따라 위법행위를 행한 경우 등 「질서위반행위규제법」 제8조(위법성의 착오)에서 정한 바와 같이 자신의 행위가 위법하지 아니한 것으로 오인하고 행한 행위로서 그 오인에 정당한 사유가 있는 경우

라. 동일한 위법행위에 대하여 해당 회사 및 임직원 각각에 대하여 과태료를 부과할 수 있으나, 위법행위가 해당 회사의 경영방침 또는 해당 회사의 대표의 업무집행 행위로 발생되었거나 해당 회사의 내부통제의 미흡 또는 감독소홀에 기인하여 발생된 경우 그 임직원

마. 최종 과태료 부과금액(동일인의 2개 이상의 동일한 종류의 위법행위가 경합하는 경우에는 해당 위법행위에 대한 최종 과태료 부과금액의 합산액을 말한다. 이하 같다)이 10만원 미만인 경우

바. 고의나 중대한 과실이 아닌 사소한 부주의나 오류로 인한 위법행위로서 이해관계자에 미치는 영향이 없거나 미미한 경우

사. 그 밖에 가목부터 바목까지에 준하는 사유가 있어 과태료부과 면제가 불가피하다고 인정되는 경우

5. 기타

최종 과태료 부과금액을 결정함에 있어서 10만원 단위 미만의 금액은 절사한다.

6. 내부회계관리제도 미구축 등 위반으로 인한 세부기준

가. 위반결과를 고려함에 있어 그 구분기준의 세부내용은 다음과 같다.

중대	보통	경미
제2호나목1)	제2호나목2)	1) 「자본시장과 금융투자업에 관한 법률」 제159조제1항에 따른 사업보고서 제출대상법인이 아닌 경우 2) 그 밖에 사회·경제적 파급효과가 없고 이해관계자에게 미치는 영향이 미미한 경우

나. 제4호사목에서 “그 밖에 가목부터 바목까지에 준하는 사유가 있어 과태료부과 면제가 불가피하다고 인정되는 경우”란 조치대상 회계연도에 위반회사의 임직원수가 5명 이하이거나 「채무자의 회생 및 파산에 관한 법률」에 따른 기업회생절차 또는 파산절차를 진행하는 경우 등 회사의 인력구조, 회사 활동의 특수성 등을 고려할 때 정상적인 내부회계관리제도의 구축·운영·관리가 어렵다고 판단되는 경우를 말한다.

시행세칙

[별표 1] 심사·감리결과 조치양정기준

Ⅰ. 목적

이 기준은 「주식회사 등의 외부감사에 관한 법률」(이하 "외부감사법"이라 한다) 제29조에 의한 조치 등을 위하여 「외부감사 및 회계 등에 관한 규정」(이하 "외부감사규정"이라 한다)에서 금융감독원장에게 위임한 사항과 기타 필요한 사항을 정함을 목적으로 한다.

Ⅱ. 일반원칙

1. 기본원칙

가. 위법행위에 대한 조치양정은 관련금액의 중요성, 질적 특성, 고의성의 유무, 과실의 정도 및 발생원인·결과·방법 등을 종합적으로 판단하여 결정한다.

나. 위법행위가 동일 회계기간 내에서 동일 재무제표 양식의 관련 계정과목에 영향을 미치는 경우에는 이의 상쇄효과를 고려하고 위법행위가 서로 다른 회계기간(예를 들면 당기손익과 전기손익 수정항목)에 걸쳐 영향을 미치는 경우에는 이를 고려하지 아니한다.

다. 위법행위 관련금액 결정에 필요한 자산·부채의 잔액 또는 거래내역 등을 회사의 파산 등 불가피한 사유로 인하여 확인이 불가능하거나 추정·판단의 차이 등으로 관련금액을 확정하기 곤란한 경우에는 계정과목간 연관성, 연간발생정도, 기타 제반요인을 종합적으로 고려하여 회계처리기준 위법혐의가 있거나 그 가능성이 높다고 판단한 금액을 위법행위 관련금액으로 사용한다.

라. 조치는 증권선물위원회 또는 금융감독원장의 행정조치(이하 "기본조치"라 한다)와 검찰고발·통보·수사의뢰(검찰고발·통보·수사의뢰를 합하여 "고발등"이라 한다), 금융위원회에의 조치건의로 구분하고, 기본조치와 고발등, 금융위원회에의 조치건의는 병과할 수 있다. 다만, 기본조치만으로 제재효과를 충분히 달성할 수 있다고 인정되는 경우에는 고발등, 금융위원회에의 조치건의는 아니할 수 있다.

마. 감리결과 「외부감사법」에 의한 과징금을 부과하는 경우에는 「외부감사규정」 [별표 8] 과징금 부과기준을 적용하여 산출되는 금액을 과징금으로 부과한다.

바. 감리결과 「자본시장과 금융투자업에 관한 법률」(이하 "자본시장법"이라 한다)에 의한 과징금을 부과하는 경우에는 「자본시장조사 업무규정」에 의한 과징금부과기준을 적용하여 산출되는 금액을 과징금으로 부과한다.

사. 회사(회사 관계자를 포함한다) 또는 감사인이 동일한 회계처리기준 위반 또는 회계감사기준 위반으로 각「외부감사법」과 「자본시장법」에 따른 과징금 부과요건에 해당하는 경우에는 마., 바.에 의하여 각 산출되는 금액 중 큰 금액을 과징금으로 부과한다.

아. 동일한 위법행위가 2회계연도 이상에 걸쳐 발생한 경우에는 각 회계연도별 조치 중 가장 중한 조치를 부과한다.

자. 같은 회계연도에서 위법행위의 동기(이하 "위법동기"라 한다)가

다른 위법행위가 2가지 이상 발생한 경우에는 위법동기별 규모배수에 따라 산출된 기본조치 중 가장 중한 조치에서 1단계를 가중할 수 있다.

차. 회사 재무제표의 주요사항 등에 대하여 감사인이 회계감사기준에서 명백히 규정하고 있는 중요한 감사절차를 현저히 위반한 경우에는 회사의 회계처리기준 위반이 적발되지 않은 경우에도 조치할 수 있다.

카. 이미 위법행위로 조치를 받은 자에 대하여 그 조치 이전에 발생한 별개의 위법행위가 추가로 발견된 경우에는 다음 1), 2)에 따라 조치할 수 있다.

1) 추가 발견된 위법행위를 종전 조치시 함께 조치하였더라도 조치수준이 높아지지 않을 경우에는 조치하지 않는다.

2) 추가 발견된 위법행위를 종전 조치시 함께 조치하였더라면 종전 조치수준이 더 높아지게 될 경우에는 함께 조치하였더라면 받았을 조치 수준을 감안하여 추가로 발견된 위법행위에 대하여 조치할 수 있다.

타. 위법행위가 법의 벌칙부과 대상행위로 판단되는 경우 검찰총장에게 고발하여야 하고, 위법행위의 동기·원인 또는 결과 등에 비추어 정상참작의 사유가 있는 경우에는 고발을 검찰총장 통보로 갈음할 수 있으며, 위법행위에 대한 직접적인 증거는 없으나 제반 정황으로 보아 벌칙부과 대상행위가 있다는 상당한 의심이 가고 사건의 성격상 수사기관의 강제조사가 필요하다고 판단되는 경우에는 고발·통보에 갈음하여 검찰총장에게 수사를 의뢰할 수 있다.

2. 연결재무제표 또는 연결감사보고서에 대한 양정기준 특례

지배회사와 종속회사들로 구성된 연결실체내 다수의 재무제표 또는 감사보고서, 연결재무제표 또는 연결감사보고서에서 위법행위가 발견되는 경우 관련금액의 중요성, 위법동기 등을 각 재무제표별로 판단하여 회사단위로 조치를 부과하되 다음 가. 부터 차.까지의 규정을 고려할 수 있다.

가. 위법행위가 지배회사의 별도재무제표(별도재무제표에 대한 감사보고서)와 연결재무제표(연결재무제표에 대한 감사보고서)에서 모두 발견된 때에는 각 재무제표별로 조치를 양정하되, 조치가 중복되거나 병과하는 것이 불합리하다고 판단되는 경우 가장 중한 조치를 부과할 수 있다.

나. 위법행위가 종속회사의 재무제표(종속회사의 감사보고서)와 지배회사의 연결재무제표(연결재무제표에 대한 감사보고서)에서 모두 발견된 때에는 각 재무제표별로 판단하여 회사단위로 조치를 부과할 수 있으며, 연결재무제표의 위법행위가 종속회사의 위법행위로 인하여 발생한 경우를 포함한다. 이 경우 지배회사의 위법동기를 판단함에 있어 지배·종속관계의 성격 및 정도, 종속회사의 위법동기, 종속회사의 종류 및 설립지 등을 종합적으로 고려할 수 있으며 조치가 중복되거나 병과하는 것이 불합리하다고 판단되는 경우 가장 중한 조치를 부과할 수 있다.

다. 나.에 따라 지배회사를 조치함에 있어 지배회사가 종속회사의 위법행위를 묵인·방조하거나 종속회사에 대한 중대한 감독 소홀로 연결재무제표의 위법행위가 발생하는 경우 가중 조치하거나

종속회사의 책임에 준하는 조치를 부과할 수 있다. 종속회사가 「외부감사법」에 의한 외부감사 대상법인이 아닌 경우에도 이를 준용할 수 있다.

라. 종속회사 및 종속회사 감사인이 「외부감사법」제7조, 제21조에 따른 지배회사 및 지배회사 감사인의 자료제출 요구 또는 조사 등을 거부할 경우 종속회사 및 종속회사 감사인을 가중 조치할 수 있다.

마. 지배회사의 감사인과 종속회사의 감사인이 동일인이고 종속회사 위법행위가 연결재무제표에도 직접 영향을 미치는 경우 지배회사의 연결재무제표와 관련된 감사인의 위법동기는 종속회사에 대한 감사인의 위법동기와 동일한 것으로 판단할 수 있다. 다만, 지배회사와 종속회사의 감사담당 이사가 상이한 경우에는 종속회사 감사인의 위법동기를 고려하되, 회계감사기준에 따른 연결재무제표 감사절차 소홀 정도 등을 기준으로 지배회사 감사인의 위법동기를 별도로 판단할 수 있다.

바. 연결재무제표 작성 범위와 관련된 위법행위는 연결재무제표 기준으로 규모금액을 산정한다.

사. 연결재무제표 작성 범위와 관련된 위법행위가 다음의 어느 하나에 해당하지 아니하고, 그 위법동기가 고의가 아닌 경우에는 중요도를 계산할 때 각 유형별 중요성 기준금액을 4배 상향하여 적용한다.

1) 누락 또는 잘못 포함된 피투자회사의 주요 재무정보가 공시된 재무제표 등을 통해 파악(피투자회사가 전자공시시스템을 통해 감사보고서, 사업보고서(분·반기 보고서를 포함한다)를 공시하거나 투자회사가 재무제표 주석 등에서 피투자회사의 재무정보를 공시하는 경우 등)되지 않는 경우

2) 위법행위를 정정하면 상장진입요건에 미달하거나, 상장퇴출요건, 관리종목 지정요건 또는 감사인 지정요건에 해당하는 경우

3) 연결 범위 결정 첫 해에 위법행위를 정정하면 순자산과 당기순이익이 모두 유의적으로 악화되거나, 적자반전 또는 완전 자본잠식 상태가 되는 경우

아. 연결재무제표 작성 범위와 관련된 위법행위가 사.에 해당하는 경우에는 Ⅳ.2.에 의해 계산된 최종 규모배수가 64배 이상이더라도 회사(임직원 포함) 또는 감사인(공인회계사 포함)에 대한 조치를 가중하지 아니할 수 있다.

자. 연결재무제표 작성 범위와 관련된 위법행위가 사.에 해당하는 경우에는 내부거래 금액이 대상 회사 재무제표의 단순합산 금액에서 차지하는 비중의 크기에 따라 회사(임직원 포함) 또는 감사인(공인회계사 포함)에 대하여 기본조치를 감경할 수 있다.

<u>내부거래금액의 비중에 따른 감경</u>

비중*	감경
40% 이상	-
10% 이상 ~ 40% 미만	1단계
10% 미만	2단계

* MAX = [자산비중, 부채비중, 매출액비중, 매출원가비중]

차. 연결재무제표 작성 범위와 관련된 위법행위가 사.에 해당함에 따라 중요도가 최소 조치 수준에 미달하는 경우에는 회사(임직원 포함) 또는 감사인(공인회계사 포함)에 대하여 '감경시 최소

외부감사 및 회계 등에 관한 규정·시행세칙

조치'를 부과한다.

Ⅲ. 위법행위의 동기 판단

1. 고의

위법사실 또는 그 가능성을 인식하고 법령등을 위반한 행위를 말하며, 다음의 구분에 따른 경우에 해당하는 위법행위에는 고의가 있다고 본다. 다만, 피조사자가 고의가 없음을 합리적으로 소명하는 경우에는 그러하지 아니하다.

가. 회사 및 임직원

1) 가공의 자산을 계상하거나 부채를 누락하는 등 회계정보를 의도적으로 은폐·조작 또는 누락시켜서 재무제표를 작성한 경우

2) 회계장부, 전표(傳票) 등 회계장부 작성의 기초가 되는 서류, 관련 전산자료 및 증빙자료 등을 위·변조하여 재무제표를 작성한 경우

3) 감사인이 요구한 자료를 위·변조하는 등 외부감사를 방해한 경우

4) 다음의 어느 하나에 해당하는 상황으로서 위법행위가 회사, 주주 또는 임직원(「상법」 제401조의2에 따른 사실상의 이사를 포함한다. 이하 같다)의 이익에 직접적이고 상당한 영향을 미치는 경우

가) 재무제표에 나타나지 않는 자금의 조성, 임직원의 횡령·배임 및 「특정 금융거래정보의 보고 및 이용 등에 관한 법률」 제2조제4호에 따른 자금세탁행위 등과 관련되는 경우

나) 특수관계자와의 비정상적 거래와 관련되는 경우

다) 금융기관의 여신제공, 채무감면 등과 관련되는 경우

라) 회계처리기준 위반사항을 수정하면 「자본시장법」 제390조에 따른 상장규정에 따라 거래소에 상장을 할 수 없거나, 상장을 유지할 수 없는 경우

마) 「자본시장법」에 따른 불공정거래행위와 관련되는 경우

5) 그 밖에 위법사실 또는 그 가능성을 인식하고 법을 위반한 경우

나. 감사인 및 공인회계사

1) 회사의 회계처리기준 위반을 묵인하거나 회사와 공모(共謀)하여 회사가 회계처리기준을 위반하여 재무제표를 작성하게 한 경우

2) 위법행위가 감사인 또는 공인회계사의 이익에 직접적이고 상당한 영향을 미치는 경우

3) 그 밖에 위법사실 또는 그 가능성을 인식하고 법을 위반한 경우

2. 고의적인 위법행위가 아닌 경우에는 과실에 따른 위법행위로 본다. 다만, 위법행위가 다음 요건을 모두 충족하는 경우에는 중과실(重過失)에 의한 위법행위로 판단할 수 있으나, 피조사자가 합리적으로 소명하는 경우에는 그러하지 아니하다.

가. 직무상 주의의무를 현저히 결(缺)하였다고 판단할 수 있는 상황으로서 다음의 어느 하나에 해당하는 경우

1) 회계처리기준 또는 회계감사기준을 적용하는 과정에서의 판단 내용이 합리성을 현저히 결한 경우

2) 회계처리기준 위반과 관련하여 내부회계관리규정 또는 회계감사기준에서 요구하는 통상적인 절차를 명백하게 거치지 않거나, 형식적으로 실시한 경우

3) 그 밖에 사회의 통념에 비추어 직무상 주의의무를 현저히 결하였다고 인정할 수 있는 경우

나. 회계정보이용자의 판단에 미치는 영향력이 큰 회계정보로서 다음의 어느 하나에 해당하는 경우

1) 회계처리기준 위반 관련금액이 중요성 금액을 4배 이상 초과한 경우

2) 감사인이 회사의 재무제표 또는 경영전반에 대하여 핵심적으로 감사해야할 항목으로 선정하여 감사보고서에 별도로 작성한 내용인 경우

3) 그 밖에 사회의 통념에 비추어 위법행위가 회계정보이용자의 판단에 미치는 영향력이 크다고 볼 수 있거나 경제·사회에 미치는 영향이 클 것이라고 판단되는 경우

Ⅳ. 위법행위 유형 구분 및 위법행위의 중요도 결정과정 등

1. 위법행위의 구분

가. 위법행위가 당기손익 또는 자기자본에 영향을 미치는 경우(이하 "A유형"이라 한다.)

나. 위법행위가 당기손익이나 자기자본에는 영향이 없으나 자산·부채의 과대·과소계상, 수익·비용의 과대·과소계상, 영업활동으로 인한 현금흐름의 과대·과소계상, 영업·비영업손익간 계정재분류, 유동·비유동항목간 계정재분류에 영향을 미치는 경우(이하 "B유형"이라 한다)

다. 위법행위가 다음 1)부터 3)까지의 각 항목과 관련한 주석사항인 경우(이하 "C유형"이라 한다)

1) 특수관계자 거래

2) 타인을 위한 담보제공, 질권설정, 지급보증 등으로 인하여 발생가능한 자산의 사용이나 처분의 제한 또는 우발부채(다만, 관련 채무잔액의 130% 이내 금액에 한하고, 관련 채무잔액의 130% 초과금액 또는 자신을 위하여 담보제공, 질권설정, 지급보증 등과 관련한 금액은 제외한다)

3) 진행 중인 소송사건 등으로 발생가능한 우발부채

라. 위법행위가 계정과목 재분류 등 가.부터 다.까지의 사항 이외에서 발생한 경우(이하 "D유형"이라 한다)

2. 중요성 기준금액

위법행위의 중요도를 결정하기 위해 중요성 기준금액을 결정하여야 하며, 중요성 기준금액은 감사인이 회계감사기준에 따라 합리적으로 판단하여 「외부감사규정」제19조에 따라 감사보고서 첨부한 문서에 기재하거나 감사보고서에 기재하는 방법으로 금융감독원장에게 제출한 중요성 금액(원칙적으로 재무제표 전체 중요성 금액)을 적용한다. 다만, 감사인이 중요성 금액을 정하는 과정에서의 판단 내용이 합리성을 현저히 결한 경우 또는 감사인이 중요성 금액을 정하지 않은 경우에는 '나. 표준 중요성 기준'에 따라 판단한다.

감사인이 중요성 금액을 정하는 과정에서의 판단 내용이 합리성을

외부감사 및 회계 등에 관한 규정·시행세칙

현저히 결한 경우는 1) 회계법인이 회사별 규모, 상장여부, 감사위험 등을 고려한 구체적이고 체계적인 중요성 금액 결정기준을 마련하지 않은 경우, 2) 회사별 중요성 금액을 정함에 있어 담당이사의 재량에 크게 의존하는 경우 3) 합리적 근거 없이 표준 중요성 기준 방식의 중요성 금액과 현저하게 차이가 나는 경우 등을 말한다.

이 경우 당해 위법행위의 수정으로 인한 법인세효과는 고려하지 아니한다. 한편, 위법행위의 중요도를 회계처리기준 위반금액으로 판단하기 어려운 경우에는 해당 위법행위가 회계정보이용자의 판단에 미치는 영향력을 판단할 수 있는 기준을 별도로 정하여 판단할 수 있다.

가. 감사인의 중요성 기준 적용

1) 감사인의 재무제표 전체 중요성 금액을 감사인의 중요성 기준금액으로 본다.

2) 위법행위 유형별 중요성 기준금액

① A유형 : 감사인의 중요성 기준금액의 1배

② B유형 : 감사인의 중요성 기준금액의 4배

③ C유형 : 감사인의 중요성 기준금액의 5배

④ D유형 : 감사인의 중요성 기준금액의 15배

나. 표준 중요성 기준 적용

1) 회사의 자산 및 매출 규모 등을 고려하여 표준 중요성 기준금액을 산정한다.

2) 위법행위 유형별 중요성 기준금액

① A유형 : 규모금액의 1%

② B유형 : 규모금액의 4%

③ C유형 : 규모금액의 5%

④ D유형 : 규모금액의 15%

* 규모금액: "표1"의 규모금액산출표에 따라 계산한 금액

3. 규모배수의 계산 및 적용방법

다음의 순서에 따라 위법행위 관련금액의 중요성 기준금액 대비 배수를 산정한다.

① 위법행위의 유형이 2가지 이상인 경우에는 위법동기별로 분류한다.

② 위법동기별로 분류된 위법행위의 유형 중 같은 유형의 위법행위 관련금액은 합산하여 위법행위 유형별 중요성 기준금액 대비 배수(유형별 규모배수)를 계산한다.

③ 위법동기별로 분류된 위법행위 유형별 규모배수를 합산하여 위법동기별 규모배수를 계산한다.

④ 위법동기가 2가지 이상인 경우 〈표2〉에 따라 각각의 위법동기별 규모배수를 위법동기별로 환산하여 환산후 규모배수를 계산한다.

⑤ D유형은 유형별 규모배수를 6배로 제한한다. 동 한도 적용은 위법동기별로 환산하기 전의 위법동기별로 규모배수의 합계를 기준으로 판단한다.

4. 규모배수 정도에 따른 중요도의 구분

위법행위는 위법동기별 규모배수 및 환산후 규모배수에 따라 중요도를 다음과 같이 구분하며, 환산후 규모배수에 따른 중요도는 위법동기별 규모배수에 따른 중요도보다 1단계 범위 내에서 가중할 수 있다.

중요도	I	II	III	IV	V
규모배수	16배 이상	8배 이상 16배 미만	4배 이상 8배 미만	2배 이상 4배 미만	1배 이상 2배 미만

V. 조치기준

1. 회사 및 임직원

중요도	기본조치		
	고의	중과실	과실
가중시 최대	고의 I 단계와 동일	과징금 또는 증권발행제한 10월(회사) 과징금(회사 관계자) 감사인지정 3년 담당임원 해임(면직)권고 감사(감사위원) 해임권고 직무정지 6월 이내	증권발행제한 6월 감사인지정 2년 담당임원 해임(면직)권고 직무정지 6월 이내
I	과징금 또는 증권발행제한 12월(회사) 과징금(회사 관계자) 감사인지정 3년 대표이사 및 담당임원 해임(면직)권고 감사(감사위원) 해임권고 직무정지 6월 이내 회사(임직원 포함) 검찰고발	과징금 또는 증권발행제한 8월(회사) 과징금(회사 관계자) 감사인지정 2년 담당임원 해임(면직)권고 감사(감사위원) 해임권고 직무정지 6월 이내	증권발행제한 4월 감사인지정 2년
II	과징금 또는 증권발행제한 11월(회사) 과징금(회사 관계자) 감사인지정 3년 대표이사 및 담당임원 해임(면직)권고 감사(감사위원) 해임권고 직무정지 6월 이내 회사(임직원 포함) 검찰고발	과징금 또는 증권발행제한 6월(회사) 과징금(회사 관계자) 감사인지정 2년 담당임원 해임(면직)권고 감사(감사위원) 해임권고 직무정지 6월 이내	증권발행제한 2월 감사인지정 1년
III	과징금 또는 증권발행제한 10월(회사) 과징금(회사 관계자) 감사인지정 3년 담당임원 해임(면직)권고 감사(감사위원) 해임권고	과징금 또는 증권발행제한 4월(회사) 과징금(회사 관계자) 감사인지정 2년	경고

외부감사 및 회계 등에 관한 규정·시행세칙

중요도	기본조치		
	고의	중과실	과실
	직무정지 6월 이내 회사(임직원 포함) 검찰통보		
Ⅳ	과징금 또는 증권발행제한 8월(회사) 과징금(회사 관계자) 감사인지정 2년 담당임원 해임(면직)권고 감사(감사위원) 해임권고 직무정지 6월 이내 회사(임직원 포함) 검찰통보	과징금 또는 증권발행제한 2월(회사) 과징금(회사 관계자) 감사인지정 1년	주의
Ⅴ	과징금 또는 증권발행제한 6월(회사) 과징금(회사 관계자) 감사인지정 2년 담당임원 해임(면직)권고 직무정지 6월 이내 회사(임직원 포함) 검찰통보	과징금 또는 증권발행제한 1월(회사) 과징금(회사 관계자) 감사인지정 1년	주의
감경시 최소	과징금 또는 증권발행제한 4월(회사) 과징금(회사 관계자) 감사인지정 2년	증권발행제한 1월	조치없음

※1. 과징금은 「외부감사법」 또는 「자본시장법」상 과징금을 말한다. 과징금 부과의 세부적인 사항은 Ⅱ.1.마.부터 사.까지의 규정에 따른다.

2. 대표이사, 담당 임원, 감사(감사위원 포함. 이하 같음) 등의 해임(면직)권고 는 조치대상자가 조치일 현재 조치대상회사에서 대표이사, 담당 임원, 감사 등으로 근무 중인 경우에 한하여 조치하고, 원칙적으로 6월 이내의 직무정지를 병과한다.

3. 퇴임하거나 퇴직한 임원이 해당 회사에 재임 또는 재직 중이었더라면 해임(면직)권고 조치를 받았을 것으로 인정되는 경우 그 받았을 것으로 인정되는 조치의 내용을 해당 회사에 통보할 수 있다. 이 경우 통보를 받은 회사는 그 사실을 해당 임원에게 통보하여야 한다.

4. 담당 임원 해임(면직)권고 조치를 해야 하는 상황임에도 담당 임원이 없는 경우에는 대표이사의 책임이 상당부분 인정되는 경우에 대표이사에 대하여 해임권고 조치를 하되, 담당 임원이 없고 대표이사의 책임을 인정하기도 어려운 경우에는 임원 해임권고 조치를 생략하고 감사인지정 등 다른 조치를 가중하고 담당 임원을 두도록 개선권고 조치를 병과할 수 있다.

5. 검찰고발·통보는 다른 조치만으로 제재효과를 충분히 달성할 수 있다고

인정되는 경우에는 아니할 수 있으며, 혐의는 충분하나 객관적인 증거의 확보가 어렵다고 인정되는 경우 검찰고발을 검찰통보로 갈음할 수 있다.

6. 필요하다고 인정되는 때에는 상기 조치(조치없음을 포함한다)에 추가하여 시정요구, 각서(회계처리기준의 성실한 준수를 확약하는 내용이어야 한다) 제출요구, 관계기관통보, 개선권고 등의 조치를 부과할 수 있다.
7. 「외부감사법」제11조제2항에 해당하는 회사에 대하여는 감리결과 감사인 지정 조치를 하는 경우 원칙적으로 지정기간을 3년으로 한다.

2. 감사인

중요도	기본조치		
	고의	중과실	과실
가중시 최대	고의 I 단계와 동일	과징금 손해배상공동기금 추가적립 80% 당해회사 감사업무 제한 4년	손해배상공동기금 추가적립 50% 당해회사 감사업무 제한 3년
I	과징금 손해배상공동기금 추가적립 100% 당해회사 감사업무 제한 5년	과징금 손해배상공동기금 추가적립 70% 당해회사 감사업무 제한 3년	손해배상공동기금 추가적립 30% 당해회사 감사업무 제한 2년
II	과징금 손해배상공동기금 추가적립 90% 당해회사 감사업무 제한 4년	과징금 손해배상공동기금 추가적립 50% 당해회사 감사업무 제한 3년	손해배상공동기금 추가적립 20% 당해회사 감사업무 제한 2년
III	과징금 손해배상공동기금 추가적립 80% 당해회사 감사업무 제한 4년	과징금 손해배상공동기금 추가적립 30% 당해회사 감사업무 제한 2년	경고
IV	과징금 손해배상공동기금 추가적립 70% 당해회사 감사업무 제한 3년	과징금 손해배상공동기금 추가적립 20% 당해회사 감사업무 제한 2년	주의
V	과징금 손해배상공동기금 추가적립 50% 당해회사 감사업무 제한 3년	과징금 손해배상공동기금 추가적립 10% 당해회사 감사업무 제한 1년	주의
감경시 최소	과징금 손해배상공동기금 추가적립 30% 당해회사 감사업무 제한 2년	손해배상공동기금 추가적립 10%	조치 없음

※1. 과징금은 「외부감사법」 또는 「자본시장법」상 과징금을 말한다. 과징금 부과의 세부적인 사항은 II.1.마.부터 사.까지의 규정에 따른다.
2. 감사인이 소속 공인회계사의 회계감사기준 위법행위를 묵인·방조·지

외부감사 및 회계 등에 관한 규정·시행세칙

시하는 등 조직적으로 관여한 것으로 확인되고 감사보고서 이용자에게 막대한 손실을 초래한 경우 또는 일정기간 동안 계속적으로 중대한 위법행위를 하여 감사인으로서 적격성 있는 업무수행에 중대한 의문이 있는 경우로서 등록취소 또는 업무정지건의의 필요가 있다고 인정되는 경우에는 상기 조치에 더하여 등록취소 또는 업무정지건의를 할 수 있다.

3. 필요하다고 인정되는 때에는 상기 조치(조치없음을 포함한다)에 추가하여 시정요구, 각서 제출요구, 관계기관통보, 개선권고 등의 조치를 부과할 수 있다.

3. 공인회계사

중요도	기본조치		
	고의	중과실	과실
가중시 최대	고의 I단계와 동일	직무정지건의 2년 당해회사 감사업무 제한 5년 주권상장·지정회사·대형비상장주식회사 감사업무제한 1년 직무연수 16시간	당해회사 감사업무 제한 3년 주권상장·지정회사 감사업무제한 1년 직무연수 12시간
I	등록취소건의 당해회사 감사업무 제한 5년 주권상장·지정회사·대형비상장주식회사 감사업무제한 1년	직무정지건의 1년 당해회사 감사업무 제한 4년 주권상장·지정회사·대형비상장주식회사 감사업무제한 1년	당해회사 감사업무 제한 2년 주권상장(코스닥 및 코넥스상장 제외)·지정회사 감사업무제한 1년
	직무연수 20시간 검찰고발	직무연수 16시간	직무연수 8시간
II	직무정지건의 2년 당해회사 감사업무 제한 5년 주권상장·지정회사·대형비상장주식회사 감사업무제한 1년 직무연수 20시간 검찰고발	직무일부정지건의 6월 당해회사 감사업무 제한 3년 주권상장·지정회사·대형비상장주식회사 감사업무제한 1년 직무연수 12시간	당해회사 감사업무 제한 1년 지정회사 감사업무 제한 1년 직무연수 6시간
III	직무정지건의 1년 당해회사 감사업무 제한 5년 주권상장·지정회사·대형비상장주식회사 감사업무제한 1년 직무연수 16시간 검찰통보	당해회사 감사업무 제한 2년 주권상장·지정회사 감사업무제한 1년 직무연수 8시간	경고 직무연수 2시간
IV	직무정지건의 6월 당해회사 감사업무 제한 4년 주권상장·지정회사·대형비상장주식회사 감사업무제한 1년	당해회사 감사업무 제한 1년 주권상장(코스닥 및 코넥스상장 제외)·지정회사 감사업무제한 1년	주의

중요도	기본조치		
	고의	중과실	과실
	직무연수 16시간 검찰통보	직무연수 6시간	
V	직무일부정지건의 6월 당해회사 감사업무 제한 3년 주권상장·지정회사·대형비상장주식회사 감사업무제한 1년 직무연수 12시간 검찰통보	당해회사 감사업무 제한 1년 지정회사 감사업무 제한 1년 직무연수 4시간	주의
감경시 최소	당해회사 감사업무 제한 2년 주권상장·지정회사 감사업무제한 1년 직무연수 8시간	지정회사 감사업무 제한 1년 직무연수 2시간	조치없음

※1. 직무연수는 제재조치의 실효성확보를 위해 필요한 경우에 선택적으로 부과한다.

2. 검찰고발·통보와 금융위원회에의 등록취소 또는 직무(일부)정지건의 조치는 다른 조치만으로 제재효과를 충분히 달성할 수 있다고 인정되는 경우에는 아니할 수 있으며, 혐의는 충분하나 객관적인 증거의 확보가 어렵다고 인정되는 경우 검찰고발을 검찰통보로 갈음할 수 있다.

3. 직무일부정지건의 조치는 조치대상자인 공인회계사에 대하여 직무정지건의 기간 동안 「외부감사법」상 감사 관련 모든 업무(감사계약 체결, 중간·기말감사, 감사보고서 작성 등)와 「자본시장법」상 분·반기 검토업무를 정지함을 원칙으로 한다.

4. 필요하다고 인정되는 때에는 상기 조치(조치없음을 포함한다)에 추가하여 시정요구, 각서 제출요구, 관계기관통보, 개선권고 등의 조치를 부과할 수 있다.

4. 위법행위 '과실'의 조치 특례

「외부감사규정」제23조에 따른 재무제표 심사 또는 심사를 거쳐 감리를 실시한 결과 위법동기가 과실인 경우 1.부터 3.까지의 규정에도 불구하고 위법행위 중요도가 가중시 최대, Ⅰ 또는 Ⅱ에 해당하더라도 경고로 조치할 수 있다. 다만, 「외부감사규정」 제23조제1항제2호 나목 및 다목에 따른 감리 및 종전의 「외부감사규정」에 따른 감리를 실시한 경우에는 이를 적용하지 아니한다.

5. 회계법인 대표이사 또는 품질관리업무 담당 이사에 대한 조치기준

회계법인의 대표이사 또는 품질관리업무 담당 이사가 품질관리기준에 따른 업무 설계·운영을 소홀히 함으로써 중대한 감사부실이 발생한 경우에 다음과 같이 기본조치를 부과할 수 있다.

위법 중요도	중대	보통	경미
조치 종류	직무일부정지 건의 1년	주권상장·지정회사 감사업무 제한 1년	경고

※1. 회계법인의 대표이사 또는 품질관리업무 담당 이사가 「외부감사법」 제17조제1항을 위반하여 품질관리기준에 따른 업무 설계·운영을 소

외부감사 및 회계 등에 관한 규정·시행세칙

홀히 함으로써 법 [별표2] 5. 및 규정 제34조에 따른 조치사유에 해당하는 경우에 적용함을 원칙으로 한다. 이 경우 중대한 감사부실이란 주권상장법인, 대형비상장주식회사 또는 금융회사의 감사업무를 수행한 이사가 회계감사기준 위반 등으로 등록취소 또는 1년 이상의 전부 직무정지 조치를 받는 경우를 말한다.

2. 위법 중요도를 고려함에 있어 그 구분기준은 다음과 같다.
   (1) 중대 : 품질관리기준에 따른 품질관리 업무체계가 구축되지 아니하거나 형식적인 설계 및 운영으로 중대한 감사부실이 발생한 것으로 인정되는 경우
   (2) 보통 : '중대', '경미'에 해당하지 않는 경우
   (3) 경미 : 품질관리기준에 따라 업무체계가 대부분 적정하게 구축·운용되고 있으나 일부 운영상 미흡 등으로 중대한 감사부실을 미연에 방지하지 못하는 것으로 인정되는 경우

6. 자료제출 거부 등에 대한 조치

회사, 감사인 또는 공인회계사가 정당한 이유 없이 「외부감사법」 제27조 제1항에 의한 자료제출 등의 요구·열람 또는 조사를 거부(자료제출 요구에 대하여 3회 이상 거부 또는 현저하게 미흡한 자료를 제출하는 경우를 포함한다)·방해·기피하거나 허위의 자료를 제출하는 경우에는 특별한 사정이 없는 한 최소한 다음과 같이 조치할 수 있다. 다만, 자료 미제출의 특별한 사유가 있는 것으로 인정되는 경우에는 다음의 조치보다 감경하여 조치할 수 있다.

조치대상	기본조치	기본조치 이외의 조치 요구
회사	증권발행제한 11월 감사인 지정 3년 대표이사 및 담당임원 해임(면직)권고 감사(감사위원) 해임권고 직무정지 6월	검찰고발
감사인	당해회사 감사업무제한 4년	-
공인회계사	주권상장·지정회사·대형비상장주식회사 감사업무제한 1년 당해회사 감사업무제한 5년	직무정지건의 1년

7. 회사의 고의적 회계처리기준 위반 조치 특례

회사의 위법행위의 동기가 고의로서 Ⅲ.1.가.4) 가) 또는 라)에 해당하는 경우에는 중요성 기준금액 미만이더라도 위법행위 관련금액이 50억원 이상인 경우에는 고의 Ⅴ단계의 조치를 부과할 수 있다.

8. 회사의 회계처리기준 위반과 관련이 없는 감사인의 감사절차 위반 조치 특례

회사의 회계처리기준 위반사항이 적발되지 않더라도 감사인이 회계감사기준에서 명백히 규정하고 있는 중요한 감사절차를 합리적인 근거 및 그 근거에 대한 문서화 없이 생략하거나 현저히 미흡하게 실시한 경우에는 다음과 같이 기본조치를 부과할 수 있다.

가. 회사의 회계처리기준 위반과 관련이 없는 감사인의 감사절차 위반의

경우 감사인 및 공인회계사에 대하여 중과실 V단계에 해당하는 조치(회계법인인 감사인에 대하여는 별표 2에 의한 중과실 V단계 해당 지정제외점수를 포함한다)를 부과할 수 있다. 다만, 동일 회계연도에 발생한 감사절차 위반행위의 개수가 2개(감사절차가 재무제표상 복수의 계정과목과 관련되어 있고 성격상 각각의 감사절차로 분리하기 어려운 경우에는 1개의 감사절차로 본다) 이상인 경우에는 1단계 가중할 수 있다.

나. '회사의 회계처리기준 위반과 관련이 없는 감사인의 감사절차 위반'과 '회사의 회계처리기준 위반과 관련한 감사인의 감사절차 위반'이 모두 존재하는 경우에는 회사의 회계처리기준 위반과 관련한 감사인의 감사절차 위반 조치수준을 1단계 가중한 조치와 중과실 V단계 조치(감사절차위반 행위의 개수가 2개 이상인 경우 1단계 가중한 조치) 중 중한 조치를 부과할 수 있다.

VI. 기본조치의 가중·감경

1. 기본조치 가중·감경의 일반원칙 등

가. 가중 또는 감경은 기본조치에 대하여 사유별로 1단계를 조정하며, 가중·감경사유는 이와 직접 관련되는 위법행위에 대하여만 적용한다. 다만, 회사(임직원을 포함한다)에 대하여 3.가.7), 8)의 감경사유를 적용하거나 감사인(공인회계사를 포함한다)에 대하여 3.나.10), 11)의 감경사유를 적용하는 경우에는 2단계 감경할 수 있다.

나. 감사인 또는 공인회계사가 회사의 위법사항과 관련하여 전문가로서 정당한 주의의무를 다하여 회계감사기준에 따라 충분하고 적합한 감사증거 수집을 위한 감사절차를 취하였음에도 불구하고, 회사가 단독으로 또는 외부와 공모하여 핵심적인 증거가 되는 문서를 위·변조하는 등 조직적으로 위법사실을 은폐하여 다른 감사절차에 의하여도 위법가능성을 전혀 의심할 수 없었거나, 회사의 진술에 의하지 아니하고는 당해 위법사실을 알 수 없는 사항이라고 인정되는 때에는 감사인, 해당 공인회계사에 대하여 그 조치를 면제한다.

2. 기본조치의 가중사유

가. 위법행위가 다음의 어느 하나에 해당하는 경우에는 회사(임직원 포함)에 대하여 기본조치를 가중할 수 있다.

1) 회사가 증권선물위원회 또는 금융감독원장으로부터 조치(위법동기가 과실인 경우로 한정한다)를 받은 날부터 3년 이내에 고의 또는 중과실에 따른 법령등의 위반이 있는 경우. 이 경우 다시 위법행위를 한 시점은 확정된 재무제표 공시일 또는 재무제표에 대한 주주총회 승인일 중 빠른 날을 기준으로 판단한다.

2) 회사가 증권선물위원회로부터 조치(위법동기가 고의 또는 중과실인 경우로 한정한다)를 받은 날부터 5년 이내에 고의 또는 중과실에 따른 법령등의 위반이 있는 경우. 이 경우 다시 위법행위를 한 시점은 1)과 같다.

3) 위반기간이 3개 사업연도를 초과한 경우(다만, 위법동기가 고의인 경우로 한정한다.)

4) 위법행위를 은폐 또는 축소하기 위하여 허위자료를 제출하거나 자료제출을 거부(자료제출을 현저하게 지연하는 경우를 포함한다)하는 경우

외부감사 및 회계 등에 관한 규정·시행세칙

5) 내부회계관리제도에 중요한 취약사항이 있는 경우

6) 다수의 채권자, 투자자 등 이해관계자에게 중대한 손해를 입히거나 사회적 물의를 야기한 경우

7) 위법행위로 인해 당기손실이 당기이익이 되는 결과가 발생하거나 위법행위를 정정하면 완전 자본잠식상태가 되는 경우. 다만, 위법동기가 고의라고 판단하는 경우에는 적용하지 아니한다.

8) Ⅳ.2.에 따라 계산된 최종 규모배수가 64배 이상인 경우

9) 그 밖에 사회의 통념에 비추어 위법행위의 내용 또는 정도에 비해 조치등의 수준이 낮다고 판단되는 경우

나. 위법행위가 다음의 1에 해당하는 경우에는 감사인 및 공인회계사에 대하여 기본조치를 가중할 수 있다.

1) 공인회계사가 증권선물위원회 또는 한국공인회계사회로부터 조치를 받은 날부터 2년 이내에 다시 위법행위를 한 경우. 다만 경고 또는 주의 조치를 받은 경우에는 2회 이상 받은 경우에 적용한다. 이 경우 다시 위법행위를 한 시점은 '감사인이 회사에 제출하는 감사보고서에 기재된 일자'로 보되 동 기재일자가 확인되지 않는 경우에는 감사인이 회사에 대하여 감사보고서를 제출한 날 또는 회사의 감사보고서 공시일자 중 빠른 날을 기준으로 판단한다.

2) 위반기간이 3개 사업연도를 초과한 경우(다만, 위법동기가 고의인 경우로 한정한다.)

3) 위법행위를 은폐 또는 축소하기 위하여 허위자료를 제출하거나 자료제출을 거부(자료제출을 현저하게 지연하는 경우를 포함한다)한 사실이 있는 경우

4) Ⅳ.2.에 따라 계산된 최종 규모배수가 64배 이상인 경우

5) 그 밖에 사회의 통념에 비추어 위법행위의 내용 또는 정도에 비해 조치등의 수준이 낮다고 판단되는 경우

3. 기본조치의 감경사유

가. 위법행위가 다음의 어느 하나에 해당하는 경우에는 회사(임직원 포함)에 대하여 기본조치를 감경할 수 있다.

1) 회사의 직전 사업연도 말 자산규모 또는 직전 3개 사업연도의 평균 매출액 규모가 1,000억원 미만인 경우(다만, 「외부감사법」 제4조제1항제1호 또는 제2호에 해당하는 회사, 대형비상장주식회사 및 금융회사는 제외한다)

2) 회사가 위법행위와 직접 관련된 투자자 등 이해관계자의 피해를 충분히 보상하였다고 판단되는 경우

3) 「외부감사법」 제28조제1항 각 호의 어느 하나에 해당하는 사실을 증권선물위원회에 신고하거나 해당 회사의 감사인 또는 감사(감사위원회가 설치된 경우에는 감사위원회를 말한다)에게 고지한 경우

4) 회사가 금융감독원장으로부터 재무제표 심사(심사를 거치지 않고 감리를 실시하는 경우에는 감리) 실시를 통지받은 시점(금융감독원장이 심사·감리 실시 이전에 해당 회사의 회계처리기준 위반 혐의를 인지하게 된 경우에는 그 인지한 시점) 이전에 자진하여 회계처리기준 위반 내용을 수정공시하거나 수정공시해야 할 사항을 별도의 공시자료를 통해 투자자 등 이해관계자에 알린 경우. 이 경우 검찰 등 외부기관의 혐의사항 통보일, 금융위원회·증권선물위원회 또는 금융감독원 내 타부서의 혐의통보일[금융감독원의 검사대상기관(이하 "금융회사"라 한다)인 경우 검사착수일], 민원제보 접수일, 언론보도일, 조회공

시요구일 등은 해당 회사에 회계처리기준 위반 혐의가 있다는 사실을 인지한 시점으로 본다. 한편 회계처리기준 위반 내용을 수정공시하거나 수정공시해야 할 사항을 별도의 공시자료를 통해 투자자 등 이해관계자에 알린 경우라 함은 다음의 어느 하나에 해당하는 경우를 말한다.

가) 증권선물위원회(금융위원회 및 금융감독원 포함)에 위법행위 사실을 문서(전자문서 포함)로 신고한 후 신고내용을 거래소 수시공시(상장법인) 등을 이용하여 즉시 공개하고 신고일부터 1개월 내에 회계처리기준에 맞게 재무제표를 수정·공시한 경우

나) 위법행위로 인한 오류를 회계처리기준에 맞게 재무제표에 반영하여 이미 수정·공시한 경우

5) 회사가 금융감독원장이 감리를 실시한다는 내용의 문서를 최초로 받은 날 이후 1개월 이내에 회사가 자진하여 회계처리기준 위반 내용을 수정공시 한 경우. 다만, 수정공시 한 내용이 다음의 어느 하나에 해당하는 경우는 제외한다.

가) 금융감독원장의 재무제표 심사 결과 회계처리기준 위반으로 지적된 사항

나) 회사가 금융감독원장이 감리를 실시한다는 내용의 문서를 최초로 받은 날 이후 1개월 이내에 감리집행기관으로부터 받은 문서의 내용과 직접 관련된 사항

6) 한국채택국제회계기준을 적용한 회사가 종전 기업회계기준과 차이가 있는 회계처리방법에서 위법행위를 하였으나 위법동기가 고의가 아닌 경우. 다만, 2013. 12. 31. 이전 결산일이 도래한 사업연도에 발생한 위법행위로서 4) 또는 5)에 따른 감경사유에 해당하는 경우에 한정한다.

7) 위법행위의 원인, 결과, 방법 등으로 보아 정상을 특별히 참작할 사유가 있는 경우

8) 그 밖에 위반자의 현실적 부담능력, 위반행위로 인해 취득한 이익의 규모 등을 고려해야 할 필요가 있는 경우

나. 위법행위가 다음의 어느 하나에 해당하는 경우에는 감사인 및 공인회계사에 대한 기본조치를 감경할 수 있다.

1) 회사의 직전 사업연도 말 자산규모 또는 직전 3개 사업연도의 평균 매출액 규모가 1,000억원 미만인 경우(다만, 「외부감사법」 제4조제1항제1호 또는 제2호에 해당하는 회사, 대형비상장주식회사 및 금융회사는 제외한다)

2) 「외부감사법」제26조제1항제1호에 따른 감리 또는 같은 항 제3호에 따른 감리 또는 품질관리수준에 대한 평가를 한 결과 같은 법 제17조에 따른 품질관리기준을 충실히 이행하였다고 판단되는 경우

3) 감사인이 위법행위와 직접 관련된 투자자 등 이해관계자의 피해를 충분히 보상하였다고 판단되는 경우

4) 「외부감사법」 제28조제1항 각 호의 어느 하나에 해당하는 사실을 증권선물위원회에 신고하거나 해당 회사의 감사인 또는 감사(감사위원회가 설치된 경우에는 감사위원회를 말한다)에게 고지한 경우

5) 회사가 가.4)에 따른 행위를 하도록 사전에 의견을 제시하는 등 적극 조력한 사실이 서류 등을 통하여 객관적으로 인정되는 경우

6) 회사가 가.5)에 따른 행위를 하도록 사전에 의견을 제시하는 등 적극 조력한 사실이 서류 등을 통하여 객관적으로 인정되는 경우

7) 회사가 가.4) 또는 5)에 따른 행위를 하도록 회사에 권고하였으나

외부감사 및 회계 등에 관한 규정·시행세칙

회사가 이를 거부하는 등 불가피한 상황에서 위법행위로 인한 오류를 반영하여 가.4) 또는 5)에 따른 감경시한 내에 감사의견 등을 변경하여 감사보고서를 재발행한 경우

8) 한국채택국제회계기준을 채택한 회사의 감사인 및 공인회계사가 종전 기업회계기준과 차이가 있는 회계처리기준에서 발생한 위법행위로 위법동기가 고의가 아닌 경우. 다만, 2013. 12. 31. 이전 결산일이 도래한 사업연도에 발생한 위법행위로서 5)부터 7)까지의 규정에 따른 감경사유에 해당하는 경우로 한정한다.

9) 공인회계사가 조치일로부터 10년 이내에 기업 회계투명성 제고에 기여한 공적으로 정부 표창규정에 따른 장관급 이상, 금융위원회 위원장, 금융감독원장의 표창을 받은 경우. 다만, 동일한 공적에 의한 감경은 1회에 한하며, 검찰총장에의 고발등 또는 금융위원회에의 등록취소·전부 직무정지 건의의 경우에는 적용하지 아니한다.

10) 위법행위의 원인, 결과, 방법 등으로 보아 정상을 특별히 참작할 사유가 있는 경우

11) 그 밖에 위반자의 현실적 부담능력, 위반행위로 인해 취득한 이익의 규모 등을 고려해야 할 필요가 있는 경우

Ⅶ. 공인회계사의 책임구분

1. 일반원칙

가. 위법행위에 대하여 책임이 있는 공인회계사는 원칙적으로 감사보고서 및 감사조서에 기재된 바에 따른다. 다만, 감사보고서 및 감사조서에 기재된 자 이외에 위법행위에 대하여 책임있는 자가 있는 경우에는 그 자에 대하여도 감사보고서 및 감사조서에 기재된 자에 준하는 조치를 할 수 있다.

나. 위법행위에 대한 조치를 함에 있어서는 담당이사를 주책임자로 하여 조치하고, 당해 업무를 보조한 공인회계사(이하 "담당공인회계사"라 한다)를 보조책임자로 하여 조치할 수 있다. 다만, 주책임자와 보조책임자를 구분하여 조치하는 것이 심히 부당하다고 인정되는 경우에는 그러하지 아니하다.

다. 하나의 위법행위에 대하여 담당자가 2인 이상인 경우에는 업무분장의 내용과 업무의 특성에 따라 그 책임정도를 판단한다.(예를 들어 매출 및 매출채권 과다계상 사실에 대하여 매출액담당자와 매출채권담당자가 서로 다를 경우 각자의 담당부분에 의한 책임정도를 판단)

라. 미등록 수습공인회계사 등 등록공인회계사가 아닌 감사보조자의 잘못으로 인한 위법행위에 대하여는 당해 감사보조자에 대하여 일차적인 감독책임이 있는 공인회계사를 조치할 수 있다.

마. 회계법인의 대표이사 등 담당 이사 외의 다른 감독자의 지시나 강요에 의해 위법행위가 이루어진 경우에는 당해 감독자를 주책임자로 조치할 수 있다.

2. 보조책임자에 대한 조치

보조책임자는 주책임자에게 부과되는 조치보다 한단계 낮은 조치를 부과할 수 있다. 다만 주책임자에 대한 조치가 "감경시 최소조치"에 해당하는 경우에는 주책임자와 동일한 조치를 부과할 수 있다.

3. 중간감독자에 대한 조치

가. 담당 이사의 지시·위임에 따라 담당공인회계사를 감독할 위치에 있는 공인회계사(이하 "중간감독자"라 한다)가 해당 업무에 관하여 감독책임을 소홀히 한 경우 조치를 할 수 있다. 다만, 주책임자에 대하여 주권상장(코스닥 및 코넥스 상장 제외)·지정회사 감사업무제한 1년(중과실 Ⅳ단계) 이하의 조치를 하는 경우 또는 주책임자의 위법동기가 과실인 경우에는 중간감독자에 대한 조치를 생략할 수 있다.

나. 다음의 어느 하나에 해당하는 경우 중간감독자의 감독 소홀이 있는 것으로 추정한다. 다만, 중간감독자가 위법행위를 방지하기 위하여 해당 업무에 관하여 감독책임을 소홀히 하지 아니한 것으로 인정되는 경우에는 감독책임 소홀이 없는 것으로 본다.

1) 중간감독자로서 감사참여자의 전문성 또는 적격성 검토, 담당 업무 배정, 감사업무계획 수립, 제반 감사업무 실시 과정에서 중요한 사항에 대하여 지시·감독업무를 소홀히 하여 감사절차 소홀이 발생한 경우

2) 중간감독자로서 감사업무의 내용, 감사증거 및 감사결론, 동 내용의 적절한 문서화 여부 등에 대한 검토를 소홀히 하여 감사절차 소홀이 발생한 경우

3) 기타 1), 2)에 준하는 사유가 있는 경우

다. 중간감독자가 다수인 경우 원칙적으로 중간감독자 중 최상위의 중간감독자를 조치대상으로 하되, 실질적으로 주책임자(담당 이사)의 지시·위임을 받아 업무를 수행한 자가 있는 경우에는 그 자를 조치대상으로 한다.

라. 중간감독자의 위법동기는 원칙적으로 주책임자와 동일한 것으로 보되, 주책임자의 위법동기가 고의인 경우에는 중간감독자의 위법행위 관여정도에 따라 달리 볼 수 있다.

마. 중간감독자의 위법행위의 중요도는 원칙적으로 주책임자의 중요도보다 1단계 낮은 수준으로 부과하되, 중간감독자가 위법행위에 적극적 개입, 묵인·방조하는 등 고의적 위반행위의 경우에는 주책임자와 동일한 중요도로 조치할 수 있다.

Ⅷ. 감사(감사위원)의 책임구분

가. 위법행위에 대한 조치대상은 원칙적으로 상근 감사(감사위원)로 하되, 상근직이 없거나 실제 영향력 등을 고려할 때 상근직에 대한 조치가 부당한 경우로서 해당 비상근 감사 또는 비상근 감사위원의 직무소홀이 큰 경우 비상근직에 대하여 조치할 수 있으며, 감사위원회의 경우 협의체 특성 등으로 인해 감사위원의 개별적 책임 구분이 어렵고, 위법행위에 대한 감사위원회의 책임이 인정되는 경우 모든 감사위원에 대하여 조치할 수 있다.

나. 감사(감사위원)는 회사의 회계 관련 위법행위가 발생한 경우 원칙적으로 감독 소홀에 따른 책임을 진다. 다만, 감사(감사위원)가 회사의 위법행위를 저지하기 위해 노력한 점 또는 감사업무를 충실하게 수행한 점 등이 인정되는 경우 감사(감사위원)에 대한 조치를 감면할 수 있다.

다. 감사(감사위원)의 위법동기는 원칙적으로 회사의 위법동기와 동일한 것으로 보되, 회사의 위법행위를 알기 어려운 경우 회계 관련 감사(감사위원)의 직무를 소홀히 한 정도에 따라 중과실 또는 과실로 본다. 다만, 외부감사인이 감사(감사위원회)에게 내부통제 취약 또는 특정항목에 대한 이상징후 경고(warning letter) 등을 보고했음에도 이에 대한

외부감사 및 회계 등에 관한 규정·시행세칙

감독업무 소홀로 회계 관련 위법행위가 발생한 경우 위법동기를 중과실로 본다.

라. 감사(감사위원)의 위법행위의 중요도는 원칙적으로 회사의 위법행위의 중요도보다 1단계 낮은 수준으로 보되, 감사(감사위원)의 위법행위 적극개입, 묵인·방조 등 고의적 위반행위 또는 내부통제절차의 중대한 결함 방치 등 중대한 감독 소홀의 경우에는 회사와 위법행위의 중요도와 동일한 것으로 보며, 감사(감사위원)의 고의적 위법행위의 경우 감사(감사위원) 해임권고에 더하여 감사(감사위원)에 대한 고발 등을 할 수 있다.

마. 감리결과 감사(감사위원)의 전문성 및 책임성 등이 미흡하거나 지원조직이 부실한 경우 회사에 대하여 개선권고를 병행할 수 있다.

〈표1〉

규모금액산출표

1. 규모금액의 산출

가. 대상 회계연도 말의 자산총계	:	억원
나. 대상 회계연도의 매출액 (*1)	:	억원
다. 회사의 규모조정계수 적용 전 규모금액 (*2)	:	억원
라. "라" 금액에 상응하는 규모조정계수	:	
마. 규모금액[다(가 또는 나)÷라]	:	원

(*1) 금융기관, 서비스업종 등의 경우에는 영업수익을 매출액으로 보며, 대상기간이 분·반기인 경우 원칙적으로 분·반기매출액을 연간으로 환산하여 사용할 수 있다.

(*2) "규모금액" 이란 위법행위가 A유형 및 C유형(D유형 중 주석기재사항으로서 타인을 위하여 담보제공, 질권 설정, 지급 보증 등으로 인하여 발생가능한 자산의 사용이나 처분의 제한 또는 우발부채 로서 관련 채무잔액의 130% 초과금액, 또는 자신을 위하여 담보제공, 질권설정, 지급보증 등과 관련한 금액을 포함한다.)의 경우에는 심사·감리대상이 되는 회계기간의 기말자산총계와 매출액을 평균한 금액을, B유형 및 D유형의 경우에는 위반행위로 인해 영향을 받는 자산총계 또는 매출액 등을 말함. 단, B유형 중 영업활동으로 인한 현금흐름의 과대·과소계상의 경우에는 심사·감리대상이 되는 회계기간의 기말자산총계와 매출액을 평균한 금액을 말하며, 직전 사업연도말 자산총계가 1,000억원 미만으로서 아래 (*3)에 해당하는 회사의 경우 매출액이 자산총계의 30% 미만이더라도 자산총계의 30%를 매출액으로 간주하여 규모금액을 산출할 수 있다.

(*3) 비상장법인으로서 다음의 어느 하나에 해당하지 아니한 경우에는 〈표1〉 2.에 따라 산출된 규모조정계수의 100분의 50에 해당하는 조정된 규모조정계수를 사용할 수 있다. 다만, VI.3.가.1) 또는 VI.3.나.1)에 따른 감경 적용시 이를 적용하지 아니한다.

가) 사업보고서 또는 분·반기보고서를 제출한 법인

나) 거래소로부터 상장예정기업으로 통보받은 법인

다) 차입금 의존도가 50% 이상인 법인.(다만, 직전 사업연도말 자산총계 1,000억원 미만이면서 가), 나), 마)에 해당하지 아니한 회사는 제외한다) 이 경우 차입금 의존도는 '차입금÷총자산×100'로 계산하며 차입금에는 장·단기차입금, 금융리스부채, 기타 차입금, 사채 등 이자지급의무가 있는 제반 부채를 포함한다.

라) 자산총액이 5천억원 이상인 법인

마) 금융회사

2. 규모조정계수

규모금액(억원) 구간		규모조정계수		
최소	최대	기본	보간율	구간 최소금액 (억원) 초과값
0	100	0.4	-	
100	300	0.6	+ 0.00100000 ×	
300	700	0.8	+ 0.00050000 ×	
700	1,000	1.0	+ 0.00066667 ×	
1,000	2,000	1.2	+ 0.00030000 ×	
2,000	5,000	1.5	+ 0.00010000 ×	
5,000	10,000	1.8	+ 0.00006000 ×	
10,000	20,000	2.1	+ 0.00003000 ×	
20,000	50,000	2.4	+ 0.00002000 ×	
50,000	100,000	3.0	+ 0.00001200 ×	
100,000	200,000	3.6	+ 0.00000700 ×	
200,000	500,000	4.3	+ 0.00000233 ×	
500,000	1,000,000	5.0	+ 0.00000400 ×	
1,000,000	2,000,000	7.0	+ 0.00000300 ×	
2,000,000	-	10.0	×	

※ 주권상장법인, 주권상장예정법인 및 금융회사으로서 규모금액이 700억원 미만인 회사에 대하여는 그 규모조정계수를 "1.0"으로 본다.

〈표2〉

위법동기가 다른 위법행위의 규모배수 합산방식

1. 지적사항의 위법동기(고의, 중과실, 과실)가 2가지 이상인 경우에는 각각의 위법동기별로 규모배수를 합하여 중요도와 기본조치수준을 결정한 후, 각각의 위법동기별에 따른 기본조치 중 가장 중한조치를 기본조치로 한다.(이하 "환산전 조치수준") 다만, 위법동기가 과실인 위법행위는 고의 또는 중과실로 환산하지 아니하고, 고의 또는 중과실 위법행위도 과실로 환산에서 제외한다.

2. 별표 제1호 Ⅳ.2.가. 1)부터 3)까지, Ⅳ.2.나. 1)과 2)까지에 따라 계산된 위법동기별 규모배수는 다음의 환산계수를 곱하여 하나의 위법동기 규모배수로 환산하고, 환산된 규모배수를 합산한다.

가. 고의로 환산시 적용계수

구분	고의 해당 규모배수	중과실 해당 규모배수
환산계수	1배	1/8배

나. 중과실로 환산시 적용계수

구분	고의 해당 규모배수	중과실 해당 규모배수
환산계수	8배	1배

외부감사 및 회계 등에 관한 규정·시행세칙

3. 2.에 따라 결정된 각각의 위법동기별 규모배수에 따른 각 조치 수준 중 가장 중한조치를 기본조치로 한다.(이하 "환산후 조치수준")

4. 1.에 따른 환산전 조치수준과 3.에 따른 환산후 조치수준를 비교하여 이 중 중한 조치를 최종 기본조치로 한다. 이 경우 최종 기본조치는 1.에 따른 환산전 조치보다 1단계 범위를 초과할 수 없다.

5. 검찰고발·통보는 4.에 따라 결정된 최종 기본조치를 적용하지 아니하고, 1.에 따른 기본조치 중 고의에 의한 기본조치에 따른다.

6. 과징금산정을 위한 위법행위 중요도는 고의와 중과실의 규모배수를 단순합산하여 계산한다.

[별표 2] 지정제외점수의 부과 및 적용기준

1. 위법행위로 인해 감사인 중 회계법인에 대하여 규정 제26조제3항에 따라 증권선물위원회 또는 금융감독원장이 조치를 하는 경우에는 다음의 조치단계별지정제외점수표에 따라 지정제외점수를 부과한다. 다만, 특정 위법행위와 관련하여 업무일부정지 이상의 조치가 부과된 경우에는 지정제외점수를 부과하지 아니한다.

조치단계별 지정제외점수표

위법동기	중요도						
	가중시 최대	I	II	III	IV	V	감경시 최소
고의	300	250	200	150	100	60	40
중과실	150	100	60	40	30	20	10
과실	40	30	20	10	-	-	-

※ 지정제외점수의 부과시 적용되는 중요도는 "별표 제1호"에 의한 가중·감경 후 최종 조치에 해당하는 중요도를 말한다.

※ 회계법인에 대하여 별표 제1호 V.6.에 의한 조치를 하는 경우에는 특별한 사정이 없는 한 지정제외점수 200점을 부과한다.

2. 지정제외점수 부과처분에 대한 법원의 집행정지결정이 나오는 경우 동 집행정지기간 동안 지정제외점수의 유효기간의 진행은 정지되며, 집행정지결정이 효력을 상실한 날부터 나머지 유효기간이 진행된다.

[별표 3] 독립성의무 위반 및 감사조서 보존 등 의무 위반 조치양정기준

I. 목적

이 기준은 「주식회사 등의 외부감사에 관한 법률」(이하 "외부감사법"이라 한다) 제6조제6항, 제9조제3항, 제5항부터 제7항까지의 규정에 따른 외부감사인의 독립성 관련 의무 위반행위(이하 독립성 관련 의무 위반행위를 합하여 "독립성의무 위반행위"라 한다), 「외부감사법」 제19조제2항, 제3항에 따른 감사조서의 보존의무 및 위조 등 금지의무 위반행위(이하 감사조서 관련 의무 위반행위를 합하여 "감사조서 보존 등 의무 위반행위"라 한다)에 대한 조치등을 위하여 「외부감사 및 회계 등에 관한 규정」(이하 "외부감사규정"이라 한다)에서 금융감독원장(이하 "금감원장"이라 한다)에게 위임된 사항 및 기타 필요한 사항을 정함을 목적으로 한다.

Ⅱ. 일반원칙

1. 독립성의무 위반행위 및 감사조서 보존 등 의무 위반행위(이하 이들 의무 위반행위를 합하여 "위법행위"라 한다)에 대한 조치양정은 고의성의 유무, 과실의 정도, 위법행위의 중요도 및 발생원인·결과·방법 등을 종합적으로 판단하여 결정한다.

2. 위법행위에 대한 조치는 증권선물위원회의 행정조치(이하 "기본조치"라 한다)와 검찰고발·통보·수사의뢰(검찰고발·통보·수사의뢰를 합하여 "고발등"이라 한다), 금융위원회에의 조치건의로 구분하고, 기본조치와 고발등, 금융위원회에의 조치건의는 병과할 수 있다. 다만, 기본조치만으로 제재효과를 충분히 달성할 수 있다고 인정되는 경우에는 고발등, 금융위원회에의 조치건의는 아니할 수 있다.

3. 독립성의무 위반행위의 조치대상자는 감사인, 회사의 외부감사에 참여한 담당 이사 및 담당 공인회계사로 하고, 감사조서 보존 등 의무 위반행위의 조치대상자는 감사인, 감사조서 보존의무위반행위 및 위조·변조, 훼손·파기 등 행위의 행위자로 한다. 다만, 독립성의무 위반행위의 원인을 제공한 자가 당해 외부감사에 참여한 공인회계사가 아닌 경우 또는 감사조서 보존 등 의무 위반행위의 원인을 제공한 자가 당해 감사조서 보존의무를 부담하는 자가 아닌 경우에는 그 자에 대한 관련 법령에 따른 적절한 조치가 부과될 수 있도록 한국공인회계사회 등에 관련 사실을 통보한다.

4. 위법행위가 법의 벌칙부과 대상행위로 판단되는 경우 검찰총장에게 고발하여야 하고, 위법행위의 동기·원인 또는 결과 등에 비추어 정상참작의 사유가 있는 경우에는 고발을 검찰총장 통보로 갈음할 수 있으며, 위법행위에 대한 직접적인 증거는 없으나 제반 정황으로 보아 벌칙부과 대상행위가 있다는 상당한 의심이 가고 사건의 성격상 수사기관의 강제조사가 필요하다고 판단되는 경우에는 고발·통보에 갈음하여 검찰총장에게 수사를 의뢰할 수 있다.

Ⅲ. 위법행위의 동기 판단

1. 위법동기의 유형

감사인, 담당 이사, 담당 공인회계사 및 감사조서 보존 의무 등 위반행위자의 위법행위 동기는 고의, 중과실, 과실로 구분하며, 그 내용은 다음과 같다.

가. 고　의 : 위법사실 또는 그 가능성을 인식하고 위법행위를 하는 동기
나. 중과실 : 직무상 주의의무를 현저히 결(缺)하여 위법행위를 하는 동기
다. 과　실 : 직무상 주의의무를 결(缺)하여 위법행위를 하는 동기

외부감사 및 회계 등에 관한 규정·시행세칙

2. 감사인, 담당 이사, 담당 공인회계사 및 감사조서 보존 의무 등 위반행위자 각각의 위법동기는 개별적인 행위 등 사정을 근거로 판단한다.

3. 감사인이 자신의 독립성의무 위반행위를 적절한 기간 내에(감사인 내부규정에 따른 독립성 점검주기 내, 다만 감사보고서일로부터 3년 이내) 자체발견하여 시정조치하였고, 감사인의 내부통제시스템이 정상적으로 작동한 것으로 판단되는 경우 동 독립성의무 위반행위의 동기를 '과실'로 판단한다. 이 경우 내부통제시스템의 정상적인 작동 여부는 감사인의 내부통제시스템 구축·운용실태를 근거로 판단한다.

〈감사인의 내부통제시스템 정상작동 판단 기준(재무적 이해관계 관련)〉

일반사항	위법행위 관련 사항
①연간 1회 이상 감사인의 전체 임직원으로부터 독립성의무 준수 확인서 징구 ②감사인의 전체 임직원(배우자 포함) 보유주식(지분 포함) 및 배우자 취업상황에 대한 신고시스템 구축 ③감사기간 중 담당 이사에 의한 감사참여자(배우자 포함)의 보유주식(지분 포함) 확인 ④표본 추출을 통해 감사인의 전체 임직원(배우자 포함) 신고내용의 적정성에 대한 주기적 점검	①감사인의 위반자에 대한 적정수준의 내부징계 ②독립성 침해 위험의 제거·감소를 위한 노력 ③위반사례 전파 및 관련 근거(기록) 유지 등 적극적인 독립성 유지 관련 교육

Ⅳ. 위법행위의 중요도 판단

1. 독립성의무 위반행위의 중요도 판단
재무적 이해관계 금액, 경제적 이익의 보수에 대한 비율, 독립성 침해의 정도 등을 판단기준으로 하여 다음 표와 같이 독립성의무 위반행위의 중요도를 '중대', '보통', '경미'로 구분한다.

〈독립성의무 위반행위의 중요도 판단기준〉

독립성의무 위반행위	중대	보통	경미
Ⅰ.회계법인의 이해관계(법§9③, 「공인회계사법」§33①)			
①회계법인이 주식 또는 출자지분을 소유하고 있는 자(주식 또는 출자지분의 취득금액은 위반대상회사의 합계액을 말한다.)	주식 또는 출자지분 취득금액이 1억원 이상	주식 또는 출자지분 취득금액이 3천만원~1억원 미만	주식 또는 출자지분 취득금액이 3천만원 미만
②과거 1년 내에 자기의 재무제표 등에 대하여 감사 또는 증명업무를 행한 회계법인의 담당사원 또는 배우자가 임원(준하는 직위)에 있는 자	담당사원이 재무 관련 임원인 경우	담당사원의 배우자가 재무 관련 임원인 경우	담당사원 및 배우자가 재무와 관련 없는 임원인 경우
③회계법인과 1억원 이상의 채권·채무관계에 있는 자	채권·채무가 3억원 이상	채권·채무가 1.5억원~3억원 미만	채권·채무가 1억원~1.5억원 미만
④회계법인에게 무상 또는 현저히 낮은 대가(실제 이득액	이득액이 연 6억원	이득액이 연 2억원~6억	이득액이 연 2억원 미만

독립성의무 위반행위	중대	보통	경미
을 말한다.)로 회계법인 사무소를 제공하고 있는 자	이상	원 미만	
⑤회계법인 업무 외의 업무로 계속 보수를 지급하거나 기타 경제상 특별이익을 제공하고 있는 자	경제상 이익이 당해회사의 회계법인 업무보수의 50% 이상	경제상 이익이 당해회사의 회계법인 업무보수의 10~50% 미만	경제상 이익이 당해회사의 회계법인 업무보수의 10% 미만
⑥회계법인에게 직무수행 대가로 주식, 신주인수권부사채, 전환사채, 주식매수선택권을 제공하였거나 제공하기로 한 자(주식 또는 채권 등의 취득금액은 위반대상회사의 합계액을 말한다.)	주식 등 취득금액이 직무수행대가의 50% 이상	주식 등 취득금액이 직무수행대가의 10~50% 미만	주식 등 취득금액이 직무수행대가의 10% 미만
Ⅰ-1.회계법인 사원의 이해관계(법§9③, 「공인회계사법」§21①, §33①)			
①사원 또는 배우자가 피감회사의 임원(준하는 직위), 사용인이거나 과거 1년 내에 그러한 직위에 있었던 자	임원(준하는 직위), 사용인인 경우	과거 1년 내에 임원(준하는 직위), 사용인이었던 경우	-
②사원 또는 배우자가 주식 또는 출자지분을 소유하고 있	주식 또는 출자지분	주식 또는 출자지분	주식 또는 출자지분

독립성의무 위반행위	중대	보통	경미
는 자(주식 또는 출자지분의 취득금액은 위반대상회사의 합계액을 말한다.)	취득금액이 1억원 이상	취득금액이 3천만원~1억원 미만	취득금액이 3천만원 미만
③사원 또는 배우자와 3천만원 이상의 채권·채무관계에 있는 자	채권·채무가 1억원 이상	채권·채무가 5천만원~1억원 미만	채권·채무가 3천만원~5천만원 미만
④사원에게 무상 또는 현저히 낮은 대가(실제 이득액을 말한다.)로 공인회계사 사무소를 제공하고 있는 자	이득액이 연 9천만원 이상	이득액이 연 3천만원~9천만원 미만	이득액이 연 3천만원 미만
⑤사원에게 공인회계사 업무 외의 업무로 계속 보수를 지급하거나 기타 경제상 특별이익을 제공하고 있는 자	경제상 이익이 당해회사의 공인회계사 업무보수의 50% 이상	경제상 이익이 당해회사의 공인회계사 업무보수의 10~50% 미만	경제상 이익이 당해회사의 공인회계사 업무보수의 10% 미만
⑥사원에게 직무수행 대가로 주식, 신주인수권부사채, 전환사채, 주식매수선택권을 제공하였거나 제공하기로 한 자(주식 또는 채권 등의 취득금액은 위반대상회사의 합계액을 말한다.)	주식 등 취득금액이 직무수행대가의 50% 이상	주식 등 취득금액이 직무수행대가의 10~50% 미만	주식 등 취득금액이 직무수행대가의 10% 미만

외부감사 및 회계 등에 관한 규정·시행세칙

독립성의무 위반행위	중대	보통	경미
II. 연속기간 감사금지(법§9⑤~⑦)			
①회계법인의 동일이사 교체의무(연속 6개연도 감사업무 제한, 상장·대형비상장·금융회사의 경우 연속 4개연도 감사업무 제한)	독립성 침해가 중대한 경우	일반적인 경우	-
②회계법인이 소속 공인회계사를 상장법인에 대한 감사보조자로 함에 있어 동일 보조자에게 해당회사의 연속 3개연도 감사업무를 하게 한 경우 그 다음 연도에 보조자의 2/3 이상 교체			
③감사반이 상장법인의 연속 3개연도 감사업무를 한 경우 그 다음 연도에 참여 공인회계사의 2/3 이상 교체			
III. 감사인 및 소속 공인회계사의 감사대상회사 재무제표 작성 대행 등 금지(법§6⑥)			
①감사대상회사의 재무제표 작성 대행	독립성 침해가 중대[주]한 경우	일반적인 경우	독립성 침해가 경미한 경우
②감사대상회사의 재무제표 작성 관련 회계처리 자문			
③감사대상회사의 재무제표 작성에 필요한 계산 또는 회계분개 대행			
④감사대상회사의 재무제표 작성 관련 회계처리방법의 선택·결정 관여			

주) 중대성 여부는 '감사보수 대비 비감사보수의 비율'[50% 이상(중대), 10%~50% 미만(보통), 10% 미만(경미)], '제공 비감사용역의 범위'(기술적 자문 한정 여부), '비감사용역 제공의 결과'(재무제표 왜곡 여부), '비감사용역 제공의 시기'(기말결산시기에 용역을 제공한 것인지 여부) 등 양적·질적 요소를 감안하여 결정

2. 감사조서 보존 등 의무 위반행위의 중요도 판단

감사대상회사가 상장법인·대형비상장 주식회사·금융회사인지 여부를 판단기준으로 하여 다음 표와 같이 감사조서 보존 등 의무 위반행위의 중요도를 '중대', '보통', '경미'로 구분한다.

〈감사조서 보존 등 의무 위반행위의 중요도 판단기준〉

감사조서 보존 등 의무 위반행위	중대	보통	경미
감사인의 감사조서 보존의무 위반(법§19②)	-	감사대상회사가 상장법인 등[주1]인 경우	감사대상회사가 상장법인 등이 아닌 경우[주2]

감사조서 보존 등 의무 위반행위	중대	보통	경미
감사인(사용인 포함)의 감사조서 위조·변조(법§19③)	감사대상회사가 상장법인 등[주1]인 경우	감사대상회사가 상장법인 등이 아닌 경우[주2]	-
감사인(사용인 포함)의 감사조서 훼손[주3]·파기 (법§19③)	감사대상회사가 상장법인 등[주1]인 경우	감사대상회사가 상장법인 등이 아닌 경우[주2]	-

주1) 감사대상회사가 상장법인(유가증권시장, 코스닥시장, 코넥스시장 상장법인), 대형비상장 주식회사, 금융회사인 경우

주2) 감사대상회사가 상장법인 등이 아니더라도 법상 외부감사대상법인이어야 함

주3) 감사조서의 동일성에 차이점을 발생시키지 않는 경미한 훼손은 조치하지 않음

V. 위법행위의 조치기준

1. 기본조치기준

가. 위법행위의 위반동기 및 위반중요도를 고려하여 다음 표에 따라 「외부감사 및 회계 등에 관한 규정 시행세칙」 [별표 1] '심사·감리결과 조치양정기준' 'V. 2.부터 3.'에 의한 조치기준을 적용하며, 감사인 중 회계법인에게는 동 시행세칙 [별표 2] '지정제외점수의 부과 및 적용기준'에 의한 지정제외점수도 부과한다. 다만, 감사조서 보존 등 의무 위반행위의 경우 손해배상책임과의 직접적인 인과관계가 인정되기 어려우므로 '손해배상공동기금 추가적립' 조치는 하지 않는다.

※ 위법행위에 대한 과징금은 부과규정이 없으므로 부과하지 않는다.

〈위법행위의 조치기준〉

위반중요도 \ 위반동기	고 의	중과실	과 실
중 대	고의Ⅲ	중과실Ⅱ	과실Ⅱ
보 통	고의Ⅳ	중과실Ⅲ	과실Ⅲ
경 미	중과실Ⅲ	중과실Ⅳ	과실Ⅳ
감경시 최소	중과실Ⅳ	과실Ⅲ	과실Ⅴ

나. 독립성 의무 위반행위가 금융시장에 미치는 영향이 미미한 것으로 판단되는 특수목적법인(Special Purpose Company)[주]에 대한 감사인의 독립성 의무 위반행위의 경우 지정제외점수를 50% 감경한다.

주) 독립성 의무 위반시점에 다음 각 사항의 어느 하나에도 해당하지 않는 특수목적법인
① 사업보고서 또는 분·반기보고서를 제출한 법인
② 한국거래소로부터 상장예정기업으로 통보받은 법인
③ 자산총액이 5천억원 이상인 법인
④ 금융회사
⑤ 기타 위반행위가 금융시장 등에 중대한 영향을 미치거나 사회적 물의를 야기한 법인

2. 2개 이상 위법행위의 경합시 조치기준

외부감사 및 회계 등에 관한 규정·시행세칙

가. 2회계연도 이상에 걸쳐 발생한 동일한 독립성의무 위반행위, 동일한 감사조서 보존 등 의무 위반행위('Ⅳ.1항'의 〈독립성의무 위반행위의 중요도 판단기준〉, 'Ⅳ.2항'의 〈감사조서 보존 등 의무 위반행위의 중요도 판단기준〉의 동일 줄의 위반행위를 동일 위반행위로 본다)는 각 회계연도 단위로 끊고, 각 회계연도별 조치수준 중 가장 중한 조치수준으로 산정한다.

나. 2개 이상의 감사보고서에 관하여 발생한 동일한 감사조서 보존 등 의무 위반행위는 각 감사보고서 단위로 구분하고, 각 감사보고서별 조치수준 중 가장 중한 조치수준으로 산정한다.

다. 2개 이상의 독립성의무 위반행위 경합시 각 독립성의무 위반행위에 대한 조치수준 중 가장 중한 조치수준을 1단계 가중한다. 다만, 각 조치수준을 합산한 조치수준을 초과할 수 없다.

라. 2개 이상의 감사조서 보존 등 의무 위반행위 경합시 각 감사조서 보존 등 의무 위반행위에 대한 조치수준 중 가장 중한 조치수준을 1단계 가중한다. 다만, 각 조치수준을 합산한 조치수준을 초과할 수 없다.

마. 독립성의무 위반행위, 감사조서 보존 등 의무 위반행위, 회계감사기준 위반행위가 2개 이상 경합하는 경우 각 위반종류('독립성의무 위반행위', '감사조서 보존 등 의무 위반행위', '회계감사기준 위반행위'를 각각 별개의 위반종류로 본다)별로 산정된 조치수준을 합산하여 조치하되, 합산이 어려운 조치는 합산하지 아니한다(아래 〈합산 및 합산하지 않는 조치 구분〉 참조).

※ 위 '가~마항'은 감사인의 동일 회사에 대한 감사와 관련하여 발생한 독립성의무 위반행위, 감사조서 보존 등 의무 위반행위 및 회계감사기준 위반행위의 조치수준 산정을 위한 기준인바, 동 기준을 통해 각 회사별 조치수준을 산정하고, 회사가 2개 이상인 경우에는 아래 '바항'과 같이 각 회사별 조치수준을 합산하여 조치할 수 있다.

바. 독립성의무 위반행위, 감사조서 보존 등 의무 위반행위, 회계감사기준 위반행위가 2개 이상의 회사에 대하여 발생한 경우 각 회사별로 조치수준(가중·감경까지 거친 조치수준)을 산정하고, 각 회사별 조치수준을 합산하여 조치하되, 합산이 어려운 조치는 합산하지 아니한다(아래 〈합산 및 합산하지 않는 조치 구분〉 참조).

〈합산 및 합산하지 않는 조치 구분〉

합산하는 조치[주1]	합산하지 않는 조치
· 업무(직무)정지(감사인, 공인회계사) · 손해배상공동기금 추가적립[주2](감사인) · 당해회사 감사업무제한(감사인, 공인회계사) · 주권상장·지정회사·대형비상장주식회사 감사업무제한[주3](공인회계사) · 직무연수(공인회계사) · 지정제외점수 부과(감사인)	· 등록취소(감사인, 공인회계사) · 경고, 주의[주4](감사인, 공인회계사)

주1) 합산시 최대 한도 : 업무(전부·일부)정지 1년, 직무정지 2년, 직무일부정지 1년, 손해배상공동기금 추가적립 100%(당해 회사), 당해 회사 감사업무 제한 5년, 주권상장·지정회사·대형비상장주식회사 감사업무 제한 1년, 직무연수 20시간, 지정제외점수 300점

주2) 감사조서 보존 등 의무 위반행위의 경우 손해배상책임과의 직접적인 인과관계가 인정되기 어려우므로 '손해배상공동기금 추가적립' 조치는 하지 않는다.

주3) 다수의 감사업무제한 조치 중 제한의 범위가 가장 넓은 조치를 한다.
주4) 경고, 주의는 다수의 조치라도 하나의 경고, 주의 조치를 한다.

VI. 기본조치의 가중·감경 및 면제

1. 기본조치 가중·감경의 기본원칙

가. 위법행위가 아래의 가중·감경사유에 해당하는 경우 각 사유별로 기본조치를 1단계 가중·감경할 수 있고, 가중·감경사유는 이와 직접 관련되는 위법행위에 대하여만 적용한다. 다만, '2. 나. 2)항'(감사인의 독립성의무 위반행위 자체발견 및 시정조치)의 감경사유는 각 하위사유별로 1단계씩 감경할 수 있다.

나. 다수의 감경사유가 적용되더라도 감사인 및 공인회계사의 경각심 제고를 위해 '감경시 최소조치'를 부과한다. 다만, 고의가 아닌 경우로서, 감사인의 자체발견 및 시정으로 인한 독립성의무 위반행위에 대한 조치의 감경시에는 '감경시 최소조치' 적용을 배제하여 최종 조치수준 결정이 가능하다(조치의 필요성이 없는 경우 조치생략 가능).

다. 2개 이상의 위법행위 경합 가중으로 조치의 효과를 충분히 달성할 수 있어 추가적인 가중사유를 적용할 필요성이 없는 것으로 인정되는 경우 추가적인 가중사유를 적용하지 아니할 수 있다.

2. 독립성의무 위반행위에 대한 조치의 가중·감경

가. 독립성의무 위반행위에 대한 조치의 가중사유

1) 독립성의무 위반으로 인한 조치(경고·주의는 2회 이상 조치를 받은 경우에 한한다)를 받은 날로부터 2년 이내에 독립성의무 위반행위를 한 경우. 다만, 감사인이 자체발견하여 시정한 독립성의무 위반행위는 가중하지 아니한다.

2) 감리과정에서 허위자료 제출, 정당한 이유없는 자료제출 거부 또는 현저한 지연제출 등 감리업무를 방해하여 조치의 가중이 필요하다고 인정되는 경우

3) 동일 회사에 대한 독립성의무 위반행위가 3개 사업연도를 초과하여 발생한 경우(다만, 위법동기가 고의인 경우에 한정한다)

4) 기타 위법행위의 원인, 결과, 방법 등을 감안하여 가중이 필요하다고 인정되는 경우

나. 독립성의무 위반행위에 대한 조치의 감경사유

1) 공인회계사가 조치일로부터 10년 이내에 기업 회계투명성 제고에 기여한 공적으로 정부 표창규정에 따른 장관급 이상, 금융위원회 위원장, 금융감독원장의 표창을 받은 경우. 다만, 동일한 공적에 의한 감경은 1회에 한하며, 검찰총장에의 고발등 또는 금융위원회에의 등록취소·전부 직무정지 건의의 경우에는 적용하지 아니한다(동 감경사유는 공인회계사에 대한 조치에 한하여 적용한다).

2) 감사인이 적절한 기간 내에(감사인 내부규정에 따른 독립성 점검주기 내, 다만 감사보고서일로부터 3년 이내) 자체발견하여 시정조치한 독립성의무 위반행위가 다음의 사유 중 하나에 해당하는 경우 각 사유별로 1단계씩 감경할 수 있다(동 감경사유는 감사인에 대한 조치에 한하여 적용한다).

① 정상적인 내부통제 시스템으로 발견하기에는 현실적인 한계주가 있다고 인정되는 경우

주) 예시 : 감사인 임직원의 배우자가 원인이 되어 발생한 독립성

외부감사 및 회계 등에 관한 규정·시행세칙

의무 위반행위, 비상장주식 등 재무정보의 파악이 용이하지 않은 경우 등

② 계약해지 또는 독립성의무 위반이 감사보고서일 이전에 발견되어 적절한 사후조치(예시 : 위반자를 업무에서 제외, 업무 재수행 등)를 통해 독립성 침해가 치유된 것으로 볼 수 있는 경우

③ 독립성의무 위반행위 발견 즉시 소관기관(금융감독원 또는 한국공인회계사회)에 자진신고한 경우

④ 기타 이에 준하거나 유사한 사유 등으로 감사인이 자체발견하여 시정조치한 독립성의무 위반행위에 대한 조치의 감경이 필요하다고 인정되는 경우

3) 독립성의무 위반행위 대상회사의 직전 사업연도 말 자산규모 또는 직전 3개 사업연도의 평균 매출액 규모가 1,000억원 미만인 경우(다만, 「외부감사법」 제4조제1항제1호 또는 제2호에 해당하는 회사, 대형비상장주식회사 및 금융회사는 제외한다)

4) 감사인이 독립성의무 위반행위와 관련된 감사로 인하여 발생한 손해배상책임을 충분히 이행한 경우

5) 기타 위반행위의 원인, 결과, 방법 등을 감안하여 감경이 필요하다고 인정되는 경우

3. 감사조서 보존 등 의무 위반행위에 대한 조치의 가중·감경

가. 감사조서 보존 등 의무 위반행위에 대한 조치의 가중사유

1) 감사조서 보존 등 의무 위반으로 인한 조치(경고·주의는 2회 이상 조치를 받은 경우에 한한다)를 받은 날로부터 2년 이내에 감사조서 보존 등 의무 위반행위를 한 경우

2) 감리과정에서 허위자료 제출, 정당한 이유없는 자료제출 거부 또는 현저한 지연제출 등 감리업무를 방해하여 조치의 가중이 필요하다고 인정되는 경우

3) 동일 회사에 대한 감사조서 보존 등 의무 위반행위가 3개 사업연도를 초과하여 발생한 경우(다만, 위법동기가 고의인 경우에 한정한다)

4) 감사조서 보존 등의 의무위반과 관련된 재무제표 계정의 성격·중요성 등을 감안하여 조치의 가중이 필요하다고 인정되는 경우

5) 기타 위법행위의 원인, 결과, 방법 등을 감안하여 가중이 필요하다고 인정되는 경우

나. 감사조서 보존 등 의무 위반행위에 대한 조치의 감경사유

1) 감사조서 보존 등 의무 위반행위 대상회사의 직전 사업연도 말 자산규모 또는 직전 3개 사업연도의 평균 매출액 규모가 1,000억원 미만인 경우(다만, 「외부감사법」 제4조제1항제1호 또는 제2호에 해당하는 회사, 대형비상장주식회사 및 금융회사는 제외한다)

2) 감사인의 감사조서 보존 등과 관련된 내부통제시스템의 구축·운용 실태가 양호하여 조치의 감경이 필요하다고 인정되는 경우

3) 감사조서 보존 등의 의무위반과 관련된 재무제표 계정의 성격·중요성 등을 감안하여 조치의 감경이 필요하다고 인정되는 경우

4) 기타 위반행위의 원인, 결과, 방법 등을 감안하여 감경이 필요하다고 인정되는 경우

4. 위법행위에 대한 조치의 감면(減免)

가. 감사인, 공인회계사(담당 이사 포함)가 독립성의무, 감사조서 보존 등 의무의 이행을 위하여 전문가로서 선량한 주의의무를 이행하였음

에도 불구하고, 위법행위자의 의도적인 위법행위 은폐, 허위보고 등으로 인하여 위법행위를 방지할 수 없었던 것으로 인정되는 경우 동 위법행위로 인한 감사인, 해당 공인회계사에 대한 조치를 면제할 수 있다.

나. 위법행위를 증권선물위원회에 신고한 신고자가 다음의 요건을 모두 갖춘 경우 동 신고자에 대한 조치를 감면할 수 있다.

1) 신고자가 신고한 위법행위의 주도적 역할을 하지 아니하였고, 다른 관련자들에게 이를 강요한 사실이 없을 것

2) 증권선물위원회, 감리집행기관이 신고 위법행위에 관한 정보를 입수하지 아니하였거나 정보를 입수하고 있어도 충분한 증거를 확보하지 아니한 상황에서 신고하였을 것

3) 위법행위를 신고하였고, 그 위법행위의 증명에 필요한 증거를 제공하고 조사가 완료될 때까지 협조하였을 것

Ⅶ. 공인회계사의 책임구분

1. 일반원칙

가. 위법행위에 대한 조치를 함에 있어서는 해당 업무의 담당자를 주책임자, 해당 업무의 감독자를 감독책임자, 해당 업무의 보조자를 보조책임자로 각각 조치할 수 있다. 다만, 주책임자, 감독책임자, 보조책임자를 구분하여 조치하는 것이 심히 부당하다고 인정되는 경우에는 그러하지 아니하다.

나. 하나의 위법행위에 대하여 담당자가 2인 이상인 경우에는 업무분장의 내용과 업무의 특성에 따라 그 책임정도를 판단한다.

다. 감사인 소속 공인회계사로서 위법행위의 지시 또는 강요를 하여 해당 위법행위가 발생한 경우 그 지시 또는 강요자도 주책임자로 조치할 수 있다.

2. 감독책임자, 보조책임자에 대한 조치

감독책임자, 보조책임자에 대하여는 주책임자에게 부과되는 조치보다 낮은 조치를 부과할 수 있다. 다만, 주책임자에 대한 조치가 "감경시 최소조치"에 해당하는 경우에는 주책임자와 동일한 조치를 부과할 수 있다.

[별표 4] 감사인의 사업보고서 및 수시보고서 제출 등 의무 위반 조치양정기준

Ⅰ. 목적

이 기준은 「주식회사 등의 외부감사에 관한 법률(이하 "외부감사법"이라 한다)」제25조제1항부터 제5항까지의 규정에 따른 외부감사인의 사업보고서 및 수시보고서 관련 의무 위반행위(이하 사업보고서 및 수시보고서 관련 의무 위반행위를 합하여 "사업보고서 및 수시보고서 제출 등 의무 위반행위"라 한다.)에 대하여 「외부감사법」 제29조에 의한 조치 등을 위하여 「외부감사 및 회계 등에 관한 규정」(이하 "외부감사규정"이라 한다)에서 금융감독원장에게 위임한 사항과 기타 필요한 사항을 정함을 목적으로 한다.

외부감사 및 회계 등에 관한 규정·시행세칙

II. 일반원칙

가. 사업보고서 또는 수시보고서를 제출기한 이후 유예기간을 경과하여 제출하는 경우에는 미제출로 본다.

나. 사업보고서의 제출기한은 사업연도 종료후 3개월이 되는 날이고 수시보고서의 제출기한은 수시보고사유 발생일로 본다.

다. 사업보고서와 수시보고서의 유예기간은 제출기한 경과후 각각 7일과 3일로 한다. 단, 유예기간의 최종일이 영업일이 아닌 경우에는 그 다음 영업일을 최종일로 한다.

라. 수시보고의 경우 보고해야할 사항을 수시보고사유 발생일에 문자메시지 또는 이메일로 우선 보고하고 익영업일까지 서면보고하는 경우 제출기한내에 제출한 것으로 본다.

마. 사업보고서 등을 제출하였으나 사실과 다르게 기재하였거나 기재하여야 할 사항을 기재하지 않은 경우에는 위법가능성 인식여부와 직무상 주의의무 소홀정도 등을 고려하여 거짓기재 또는 미기재(고의)와 기재사항의 오류 또는 누락으로 구분한다.

III. 조치기준

1. 사업보고서

위반 유형	기본조치 (지정제외점수)
가중시 최대	150점
I. 미제출, 거짓 기재 및 미기재(고의)	100점
II. 지연제출 (기한경과후 유예기간이내)	60점
III. 기재사항의 누락	30점
IV. 기재사항의 오류	20점
V. 비치·공시의무 위반	10점
감경시 최소	경고

2. 수시보고서

위반 유형	기본조치 (지정제외점수)
가중시 최대	60점
I. 미제출, 거짓 기재 및 미기재(고의)	40점
II. 기재사항의 누락	20점
III. 지연제출(기한경과후 유예기간이내), 기재사항의 오류	10점
감경시 최소	경고

Ⅳ. 기본조치의 가중·감경 등

1. 기본조치 가중·감경의 일반원칙

가. 가중 또는 감경은 기본조치에 대하여 사유별로 1단계를 조정하며, 가중·감경사유는 이와 직접 관련되는 위법행위에 대하여만 적용한다.

2. 기본조치의 가중사유

가. 사업보고서 및 수시보고서 관련 의무 위반으로 조치를 받은 날로부터 2년 이내에 재위반한 경우

나. 기타 위반행위의 원인, 결과, 방법 등을 감안하여 조치의 가중이 필요하다고 인정되는 경우*

* 예시 : 하나의 보고사항에 2개 이상의 허위기재·표시 또는 기재·표시의 누락이 있는 경우

3. 기본조치의 감경사유

가. 법 시행 후 최초 2년간(2019. 11. 1.~2021. 10. 31.) 제출해야 하는 수시보고서 위반의 경우

나. 위반일 현재 상장회사 감사인으로 등록되지 않은 회계법인

다. 사업보고서 제출 후 기재오류 등을 감독당국이 발견(단, 품질관리감리 실시통보서 수령일 또는 사업보고서 제출후 1월이 경과한 날이 감독당국의 발견일 보다 이전일 경우 가장 빠른 날로 한다)하기 전에 자진 정정한 경우

라. 수시보고서 서면제출 후 기재오류 등을 감독당국이 발견(단, 품질관리감리 실시통보서 수령일 또는 수시보고서 제출후 1주일이 경과한 날이 감독당국의 발견일 보다 이전일 경우 가장 빠른 날로 한다)하기 전에 자진 정정한 경우

마. 기타 위반행위의 원인, 결과, 방법 등을 감안하여 정상참작이 필요하다고 인정되는 경우*

* 예시 : 위반행위의 내용이 중요하지 아니하다고 인정되는 경우

Ⅴ. 기본조치 이외의 조치

위반행위의 원인, 결과, 방법 등을 감안하여 추가적인 조치가 필요하다고 인정되는 경우 적절한 조치를 취할 수 있다.

[별지 1] ~ [별지 36] (생　략)

한국공인회계사회 회계법연구회
주석외부감사법

색인

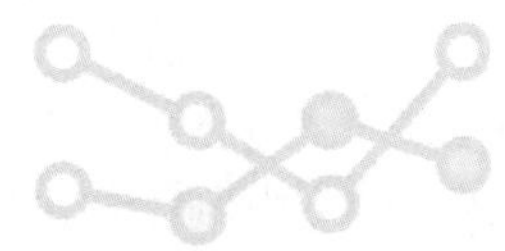

• 판례색인 •

[대법원]

[고등법원 및 하급심]

[헌법재판소]

• 사항색인 •